D1722779

Keukenschrijver
Sortenschutz
2. Auflage

Heymanns Taschenkommentare
zum gewerblichen Rechtsschutz

Sortenschutz

Deutsches und europäisches Sortenschutzrecht
(Sortenschutzgesetz; Verordnung Nr. 2100/94
(EG) des Rates über den gemeinschaftlichen
Sortenschutz)
*unter Berücksichtigung der Gesetzgebung in
Österreich und in der Schweiz*

Kommentar von

Alfred Keukenschrijver
Richter am Bundesgerichtshof a.D.

2. Auflage

Carl Heymanns Verlag 2017

Zitierweise: Keukenschrijver, SortSch, 2. Aufl., § 10 Rn 32

Bibliografische Information der Deutschen Nationalbibliothek

Die Deutsche Nationalbibliothek verzeichnet diese Publikation in der
Deutschen Nationalbibliografie; detaillierte bibliografische Daten sind im
Internet über http://dnb.ddb.de abrufbar.

(Heymanns Taschenkommentare zum gewerblichen Rechtsschutz)

ISBN 978-3-452-28857-8

www.wolterskluwer.de
www.carl-heymanns.de

Umschlagkonzeption: Martina Busch, Grafikdesign, Homburg Kirrberg
Satz: Innodata Inc., Noida, Indien
Druck und Weiterverarbeitung: Williams Lea & Tag, GmbH, München

Gedruckt auf säurefreiem, alterungsbeständigem und chlorfreiem Papier.

Vorwort zur 2. Auflage

Der hiermit in zweiter Auflage vorgelegte kleine Kommentar zum deutschen und europäischen Sortenschutzrecht baut auf der im Jahr 2001 unter dem Titel »Sortenschutzgesetz« erschienenen ersten Auflage auf, berücksichtigt aber das Sortenschutzrecht der Europäischen Union, das seine Grundlage in der Verordnung Nr. 2100/94 (EG) des Rates über den gemeinschaftlichen Sortenschutz hat, in wesentlich stärkerem Maß als die erste Auflage. Das hat seinen Grund darin, dass der unionsweite Sortenschutz den nationalen mittlerweile weit in den Hintergrund gedrängt hat; inzwischen sind deutlich weniger als 10% der in Deutschland in Kraft stehenden Sortenschutzrechte nationale, in Österreich, wo es kaum mehr nationale Sortenschutzanträge gibt, ist das Verhältnis noch deutlich klarer zugunsten der Gemeinschaftsrechte. Gleichwohl wurde der Aufbau nach dem nationalen Recht – wie auch in anderen Kommentaren – beibehalten; dies im wesentlichen, weil das nationale Recht mit rund einem Drittel der Bestimmungen auskommt, die das unionsrechtliche Grundverordnung verzeichnet. Zudem kommt den nationalen Ämtern und damit auch dem deutschen Bundessortenamt schon deshalb weiterhin eine hohe Bedeutung zu, weil die Prüfungen auf Schutzfähigkeit auch heute bei den nationalen Ämtern durchgeführt werden.

Auch die Neuauflage versteht sich in erster Linie als Ergänzung zu den patentrechtlichen Kommentaren, die dieses den technischen Schutzrechten nahestehende Rechtsgebiet nicht oder allenfalls ganz am Rand berücksichtigen. Von einer Kommentierung der für die Biopatentierung maßgeblichen Bestimmungen des Patentrechts wurde daher ganz abgesehen. Auch eine ins einzelne gehende Darstellung all dessen, was im Sortenschutzrecht nicht anders als im Patentrecht ist und sich durch die gängige Literatur hierzu erschließt, erfolgt hier nicht.

Literatur zum Sortenschutz als solchem ist weiterhin eher spärlich, wenn man von einigen wenigen im Fokus der Öffentlichkeit stehenden Bereichen wie die Schutzfähigkeit lebender Materie, gentechnische Veränderungen oder die Nachbauproblematik absieht. Immerhin sind seit Erscheinen der ersten Auflage ein englischsprachiger Kommentar zum Gemeinschaftsrecht, das Handbuch von *Leßmann/Würtenberger* und der Kommentar von *Metzger/Zech* veröffentlicht worden. Aufsätze allgemeinerer Art sind aber weiterhin rar, und auch die Rechtsprechung außerhalb des Nachbaubereichs ist nicht gerade überbordend. Damit geht einher, dass der Markt für einschlägige

Veröffentlichungen eher eng ist. Auf weitere Schwierigkeiten bei der Bearbeitung des Themas wurde bereits im Vorwort zur ersten Auflage hingewiesen.

Um die Benutzung des Kommentars auch in Österreich und in der Schweiz zu erleichtern, sind die Bestimmungen des österreichischen Sortenschutzgesetzes, des Schweizer Bundesgesetzes über den Schutz von Pflanzenzüchtungen (Sortenschutzgesetz), der Schweizer Sortenschutzverordnung (ohne die Schlussbestimmungen) und der österreichischen Artenliste im Anschluss an die gemeinschaftsrechtlichen Regelungen abgedruckt; die Gliederungstitel sind in der Konkordanzliste enthalten. Aufgenommen sind auch Hinweise auf die Rechtslage in den anderen Mitgliedstaaten der Union und des Europäischen Wirtschaftsraums, soweit diese über eine Gesetzgebung verfügen und diese zugänglich ist.

Die Bearbeitung ist auf dem Stand von Anfang Juli 2017.

Zu danken ist für vielfältige Unterstützung der Bibliothek des Bundesgerichtshofs sowie insbesondere Herrn Rechtsanwalt *Dr. Würtenberger*, Herrn Patentanwalt *Dr. Wichmann*, Frau Vorsitzender Richterin am Bundespatentgericht *Friehe*, den Mitgliedern des Instituts für Geistiges Eigentum der Technischen Universität Dresden, an dem sich der Verfasser seit Jahren bemüht, das Sortenschutzrecht den Studenten näherzubringen, und den Mitgliedern des Fachausschusses zum Schutz von Pflanzenzüchtungen der GRUR-Vereinigung.

München und Karlsruhe, im Juli 2017

Alfred Keukenschrijver

Inhaltsverzeichnis

Vorwort.   V
Abkürzungen   XI
Literatur   XIX

Sortenschutzgesetz vom 11. Dezember 1985   1

Einleitung.   5
Abschnitt 1 Voraussetzungen und Inhalt des Sortenschutzes   67

Vor § 1   67
§ 1   Voraussetzungen des Sortenschutzes   67
§ 2   Begriffsbestimmungen   71
§ 3   Unterscheidbarkeit.   82
§ 4   Homogenität.   93
§ 5   Beständigkeit.   97
§ 6   Neuheit.   101
§ 7   Sortenbezeichnung   113
§ 8   Recht auf Sortenschutz   135
§ 9   Nichtberechtigter Antragsteller.   148
§ 10   Wirkung des Sortenschutzes.   154
§ 10a   Beschränkung der Wirkung des Sortenschutzes.   181
§ 10b   Erschöpfung des Sortenschutzes   256
§ 10c   Ruhen des Sortenschutzes   263
§ 11   Rechtsnachfolge, Nutzungsrechte   266
§ 12   Zwangsnutzungsrecht   279
§ 12a   Zwangsnutzungsrecht bei biotechnologischen Erfindungen   303
§ 13   Dauer des Sortenschutzes.   309
§ 14   Verwendung der Sortenbezeichnung.   314
§ 15   Persönlicher Anwendungsbereich   326

Abschnitt 2 Bundessortenamt   333
Vor § 16 Das Gemeinschaftliche Sortenamt   333
§ 16   Stellung und Aufgaben.   350
§ 17   Mitglieder   353
§ 18   Prüfabteilungen und Widerspruchsausschüsse.   356
§ 19   Zusammensetzung der Prüfabteilungen   359
§ 20   Zusammensetzung der Widerspruchsausschüsse   360

Inhaltsverzeichnis

Abschnitt 3 Verfahren vor dem Bundessortenamt 363

Vor § 21 Verfahren vor dem Gemeinschaftlichen Sortenamt 363
§ 21 Förmliches Verwaltungsverfahren 385
§ 22 Sortenschutzantrag 395
§ 23 Zeitrang des Sortenschutzantrags 411
§ 24 Bekanntmachung des Sortenschutzantrags 423
§ 25 Einwendungen 427
§ 26 Prüfung.. 438
§ 27 Säumnis 465
Vor § 28 Entscheidung über den Sortenschutzantrag................... 469
§ 28 Sortenschutzrolle 475
§ 29 Einsichtnahme.. 487
§ 30 Änderung der Sortenbezeichnung........................ 494
§ 31 Beendigung des Sortenschutzes 502
§ 32 Ermächtigung zum Erlaß von Verfahrensvorschriften 524
§ 33 Gebühren und Auslagen................................ 530

Abschnitt 4 Verfahren vor Gericht 551

Vor § 34 551
§ 34 Beschwerde 578
§ 35 Rechtsbeschwerde 585
§ 36 Anwendung des Patentgesetzes........................... 587

Abschnitt 5 Rechtsverletzungen 589

Vor § 37 589
§ 37 Anspruch auf Unterlassung, Schadensersatz und Vergütung........ 594
§ 37a Anspruch auf Vernichtung und Rückruf.................... 613
§ 37b Anspruch auf Auskunft 616
§ 37c Besichtigungs- und Vorlageansprüche...................... 623
§ 37d Sicherung von Schadensersatzansprüchen.................. 630
§ 37e Urteilsbekanntmachung................................ 632
§ 37f Verjährung 633
§ 37g Ansprüche aus anderen gesetzlichen Vorschriften 636
Vor § 38 Verfahren in Sortenschutzstreitsachen...................... 639
§ 38 Sortenschutzstreitsachen 648
§ 39 Strafvorschriften 658
§ 40 Bußgeldvorschriften.................................... 665
§ 40a Vorschriften über Maßnahmen der Zollbehörde 670
§ 40b Verfahren nach der Verordnung (EU) Nr. 608/2013 675

Abschnitt 6 Schlußvorschriften 678

Vor § 41 678

§ 41   Übergangsvorschriften 678

§ 42   Inkrafttreten 689

Anhänge

Anhang 1 Abdrucknachweise. 692

Anhang 2 Ausländisches Sortenschutzrecht 702

Anhang 3 Internationales Übereinkommen zum Schutz von
          Pflanzenzüchtungen in der Fassung vom 19. März 1991 739

Anhang 4 Verordnung über Verfahren vor dem Bundessortenamt (BSAVfV)
          vom 30.12.1985 (BGBl 1986 I 23) – Auszug –................. 761

Anhang 5 Einigungsvertrag – Auszug – 776

Entscheidungsregister 781

Stichwortverzeichnis 819

Abkürzungen

aA	anderer Ansicht
aaO	am angegebenen Ort
abgedr	abgedruckt
abl	ablehnend(-e, -er)
ABl	Amtsblatt
Abs	Absatz
Abschn	Abschnitt
abw	abweichend
aE	am Ende
AEUV	Vertrag über die Arbeitsweise der Europäischen Union
aF	alte Fassung
AIPPI	Association Internationale pour la Protection de la Propriété Industrielle (Internationale Vereinigung für gewerblichen Rechtsschutz)
allg	allgemein
allgM	allgemeine Meinung
ÄndG	Änderungsgesetz
ÄndVO	Änderungsverordnung
Anh	Anhang
Anl	Anlage
Anm	Anmerkung
ao	außerordentlich
ArbEG	Gesetz über Arbeitnehmererfindungen
ArbN	Arbeitnehmer (auch in Zusammensetzungen)
Art	Artikel
ASSINSEL	Association internationale des sélectionneurs pour la protection des obtentions végétales (Internationaler Verband der Pflanzenzüchter für den Schutz von Pflanzenzüchtungen)
ASt	Antragsteller
Aufl	Auflage
ausf	ausführlich
ausländ	ausländisch
Az	Aktenzeichen
Bd	Band
Bde	Bände
bdkl	bedenklich

Abkürzungen

Begr	Begründung
Beil	Beilage
Bek	Bekanntmachung
ber	berichtigt
betr	betreffend(-e, -en, -es)
BFH	Bundesfinanzhof
BG	(schweiz.) Bundesgericht
BGB	Bürgerliches Gesetzbuch
BGH	Bundesgerichtshof
BioTRl	Richtlinie über den rechtlichen Schutz biotechnologischer Erfindungen (Biotechnologie-Richtlinie)
BioTRlUmsG	Gesetz zur Umsetzung der Richtlinie über den rechtlichen Schutz biotechnologischer Erfindungen
BK	Beschwerdekammer (GSA)
BML	Bundesminister(ium) für Ernährung, Landwirtschaft und Forsten, seit 2001: für Verbraucherschutz, Ernährung und Landwirtschaft, seit 2013: für Ernährung und Landwirtschaft
BPatG	Bundespatentgericht (Deutschland)
BRAGebO	Bundesgebührenordnung für Rechtsanwälte
BSA	Bundessortenamt
BSAVfV	Verordnung über das Verfahren vor dem Bundessortenamt
Bsp	Beispiel(-e)
Buchst	Buchstabe
BUKO	Bundeskongress entwicklungspolitsicher Aktionsgruppen
bzgl	bezüglich
bzw	beziehungsweise
CA	Corte di Appello, Cour d'appel, Court of Appeal
CAFC	Court of Appeal for the Federal Circuit (USA)
CIOPORA	Communauté internationale des obteneurs de plantes ornamentales de reproduction asexuée (Internationale Gemeinschaft der Züchter vegetativ vermehrter Pflanzen)
COMASSO	Vereinigung der Pflanzenzüchter in der EWG
CPI	(frz) Code de la propriété intellectuelle
CPVR	Community Plant Variety Regulation
DDR	Deutsche Demokratische Republik
dh	das heißt

Diss	Dissertation
DPA	Deutsches Patentamt, seit 1.11.1998 Deutsches Patent- und Markenamt
DPMA	Deutsches Patent- und Markenamt
DRiG	Deutsches Richtergesetz
dt	deutsch(-er, -es)
DVGR	Deutsche Vereinigung für gewerblichen Rechtsschutz und Urheberrecht
dzt	derzeit
EDV	essentially derived variety (im Wesentlichen abgeleitete Sorte)
EFTA	Europäische Freihandelszone
EG	Europäische Gemeinschaft(en)
EGStGB	Einführungsgesetz zum Strafgesetzbuch
EGV	Vertrag zur Gründung der Europäischen Gemeinschaft
EinigV	Einigungsvertrag
Einl	Einleitung
EPA	Europäisches Patentamt
EPGV	Vertrag über das Einheitliche Patentgericht
EPÜ	Übereinkommen über die Erteilung europäischer Patente (Europäisches Patentübereinkommen)
ErfV	VO über die einkommensteuerliche Behandlung der freien Erfinder
EU	Europäische Union
EuG	Europäisches Gericht (früher 1. Instanz)
EuGH	Europäischer Gerichtshof
EUIPO	Amt der Europäischen Union für Geistiges Eigentum (bis 2016 HABM)
eur	europäisch(-er, -es)
EWG	Europäische Wirtschaftsgemeinschaft
EWGV	Vertrag zur Gründung der Europäischen Wirtschaftsgemeinschaft
EWR	Europäischer Wirtschaftsraum
f	folgende(r –r, -s)
FAO	Food and Agriculture Organization
ff	folgende (Mehrzahl)
FICPI	Fédération internationale des conseils en propriété industrielle
Fn	Fußnote
franz, frz	französisch(-er, -es)

Abkürzungen

FS	Festschrift
GBK	Große Beschwerdekammer (EPA)
GBl	Gesetzblatt
Gbm-	Gebrauchsmuster-
geänd	geändert
GebrMG	Gebrauchsmustergesetz
GebVerz	Gebührenverzeichnis
gem	gemäß (auch in Zusammensetzungen wie ordnungsgemäß)
GemSortV	Verordnung über den gemeinschaftlichen Sortenschutz (VO [EG] Nr°2100/94)
GemSortVDV	VO (EG) Nr 1239/95, ersetzt durch VO (EG) Nr 874/2009
GG	Grundgesetz für die Bundesrepublik Deutschland
ggf	gegebenenfalls
GKG	Gerichtskostengesetz
GMV	Verordnung über die Gemeinschaftsmarke, jetzt: Verordnung über die Unionsmarke
GPÜ	Gemeinschaftspatentübereinkommen
GPVO	Verordnung über das Gemeinschaftspatent
grds	grundsätzlich
GSA	Gemeinschaftliches Sortenamt
GWB	Gesetz gegen Wettbewerbsbeschränkungen
HABM	Harmonisierungsamt für den Binnenmarkt; jetzt: Amt der Europäischen Union für Geistiges Eigentum (EUIPO)
Halbs	Halbsatz
HG	Handelsgericht (Österreich, Schweiz)
hM	herrschende Meinung
Hrsg	Herausgeber
hrsg	herausgegeben
ICNCP	International Commission for the Nomenclature of Cultivated Plants of the International Union for Biological Sciences
idF	in der Fassung
idR	in der Regel
inländ	inländisch
insb	insbesondere
internat	international

IntPatÜG	Gesetz über Internationale Patentübereinkommen
iS	im Sinne
iSd	im Sinne des (der)
iSv	im Sinne von
iVm	in Verbindung mit
iZw	im Zweifel
J	Journal
JVEG	Justizvergütungs- und Entschädigungsgesetz
Kap	Kapitel
KostRegBerG	Gesetz zur Bereinigung von Kostenregelungen auf dem Gebiet des geistigen Eigentums
KostO	Kostenordnung
kr	kritisch
lfd	laufend(-e, -en, -er, auch in Zusammensetzungen wie fortlaufend)
LG	Landgericht
Lit	Literatur
LRev	Law Review
Ls	Leitsatz
m	mit (nur in Verbindungen wie m Anm, m Nachw)
MarkenG	Gesetz über den Schutz von Marken und sonstigen Kennzeichen (Markengesetz)
MarkenRRefG	Markenrechtsreformgesetz
m Nachw	mit Nachweis(en)
MittPräsBSA	Mitteilung des Präsidenten des Bundessortenamts
MMA	Madrider Markenabkommen
mwN	mit weiteren Nachweisen
NachbauV	VO (EG) Nr 1768/95
Nachw	Nachweis(e)
Neubek	Neubekanntmachung
niederländ, niederl	niederländisch (-e, -er, -es)
Nr	Nummer

ö, österreich (öSortG; öPA usw)	österreichisch(er, -es)
OAPI	Afrikanische Organisation für geistiges Eigentum
OAU	Organisation für Afrikanische Einheit
OLG	Oberlandesgericht
öOGH	(österreichischer) Oberster Gerichtshof
OVG	Oberverwaltungsgericht
OWiG	Gesetz über Ordnungswidrigkeiten
PA	Patentamt
PatAnwO	Patentanwaltsordnung
PatG	Patentgesetz
PatGÄndG	Gesetz zur Änderung des Patentgesetzes
PatGebG	Patentgebührengesetz
PflZÜ	Internationales Übereinkommen zum Schutz von Pflanzenzüchtungen (»UPOV-Übereinkommen«)
PrPG	Produktpiraateriegesetz
PVA	Plant Varieties Act (Vereinigtes Königreich); Plant Varieties (Proprietary Rights) Act (Irland)
PV(A)A	Plant Varieties (Proprietary Rights) (Amendment) Act (Irland)
PVÜ	Pariser Verbandsübereinkunft
RAFI	Rural Advancement Foundation International
RBerG	Rechtsberatungsgesetz
Rdn	Randnummer (innerhalb dieser Kommentierung)
rechtl	-rechtlich(er, -es) (auch in Zusammensetzungen)
RefE	Referentenentwurf
RegE	Regierungsentwurf
Rn	Randnummer (in anderen Werken)
RPA	Reichspatentamt
Rspr	Rechtsprechung
RVG	Rechtsanwaltsvergütungsgesetz
s	siehe
S	Seite
SaatG	Saatgutgesetz; Saatgutverkehrsgesetz
SaatGÄndG	Gesetz zur Änderung des Saatgutgesetzes/Saatgutverkehrsgesetzes

schweiz	schweizerisch
Sgb	Sachgebiet
sog	sogenannt
Sort	Sortenschutz (in Zusammensetzungen)
SortÄndG	Gesetz zur Änderung des Sortenschutzgesetzes
Sortenamtsge- bührenVO	VO (EG) Nr 1138/95
SortG	Sortenschutzgesetz
str	strittig
stRspr	ständige Rechtsprechung
STV	Saatgut-Treuhandverwaltungs GmbH
SuprC	Supreme Court
TGI	Tribunal de Grande Instance
TRIPS	Trade-Related Aspects of Intellectual Property Rights
ua	unter anderem
unbdkl	unbedenklich
undok	undokumentiert
unzutr	unzutreffend
UPOV	Union Internationale pour la Protection des obtentions végétales (Internationaler Verband zum Schutz von Pflanzenzüchtungen)
USA	Vereinigte Staaten von Amerika
uU	unter Umständen
UWG	Gesetz gegen unlauteren Wettbewerb
vAw	von Amts wegen
VereinfNovelle	Vereinfachungsnovelle
VertrGebErstG	Vertretergebühren-Erstattungsgesetz
VG	Verwaltungsgericht
VGH	Verwaltungsgerichtshof
vgl	vergleiche
VK	Vereinigtes Königreich
VO	Verordnung
Vv	Veröffentlichung vorgesehen
VwGO	Verwaltungsgerichtsordnung
VwKostG	Verwaltungskostengesetz
VwVfG	Verwaltungsverfahrensgesetz

Abkürzungen

WIPO	World Intellectual Property Organization (Weltorganisation für geistiges Eigentum; OMPI)
Wz-	Warenzeichen-
WZG	Warenzeichengesetz
zB	zum Beispiel
ZPO	Zivilprozessordnung
ZSEG	Gesetz über die Entschädigung von Zeugen und Sachverständigen, jetzt JVEG
zT	zum Teil
zust	zustimmend
zutr	zutreffend
zwd	zweifelnd
zwh	zweifelhaft

Literatur

Zitierweise und Nomenklatur folgen denselben Grundsätzen, wie sie im Kommentar zum Patentgesetz von *Busse/Keukenschrijver* (8. Aufl 2016), S XXI, niedergelegt sind.

Abgekürzt zitierte Literatur

Altner (1990)	Die Zukunft der Nutzpflanzen, 1990
Bauer	Patente für Pflanzen – Motor des Fortschritts? 1993 (Umweltrechtliche Studien Bd 15, zugl Diss Bremen)
Benkard	Patentgesetz, Gebrauchsmustergesetz, bearbeitet von Asendorf, Bacher, Deichfuß, Engel, Dricke, Goebel, Grabinski, Hall, Kober-Dehm, Melullis, Nobbe, Rogge, Schäfers, Scharen, Schmidt, Schramm, Schwarz, Tochtermann, Ullmann, Zülch, 11. Aufl 2015 (C. H. Beck)
Blakeney (1999)	Blakeney (Hrsg) Intellectual Property Aspects of Ethnobiology (1999)
Blum/Pedrazzini	Das schweizerische Patentrecht, 3 Bde, 1957 ff
Bruchhausen	Patent-, Sortenschutz- und Gebrauchsmusterrecht, 1985 (Schaeffers Grundriss)
Bühring	Gebrauchsmustergesetz, 6. Aufl 2003 (Heymanns Taschenkommentar)
Busse/Keukenschrijver	Patentgesetz, bearbeitet von Engels, Hacker, Kaess, Keukenschrijver, Schneider, Schuster, Tochtermann, 8. Aufl 2016 (de Gruyter Kommentar)
Busse/Starck WZG	Warenzeichengesetz, bearbeitet von Starck, 6. Aufl 1990 (Sammlung Guttentag)
CIPA Guide	White (Hrsg) C.I.P.A. Guide to the Patent Acts, 5. Aufl 2000
Fitzner/Lutz/Bodewig	Patentrechtskommentar, 4. Aufl 2012 (Franz Vahlen)
GesRPol (1988)	Gesellschaft für Rechtspolitik (Hrsg) Biotechnologie und gewerblicher Rechtsschutz (1988)
B. Goebel	Pflanzenpatente und Sortenschutzrechte im Weltmarkt, 2001 (Schriften zum Technikrecht Bd 2)
Herring	Biopatentierung und Sortenschutz (2013)
ICDA (1989)	ICDA Seeds Campaign (Hrsg) Patenting Life Forms in Europe (1989)

Literatur

Kopp/Ramsauer VwVfG	Verwaltungsverfahrensgesetz, 17. Aufl 2016 (C. H. Beck)
Kopp/Schenke VwGO	Verwaltungsgerichtsordnung, 22. Aufl 2016 (C.H. Beck)
Kraßer/Ann	Patentrecht, 7. Aufl 2016
Krieger (2001)	Der Nachbau von geschützten Pflanzensorten in Deutschland, 2001 (Agribusiness & food, Bd 15, zugl Diss Marburg)
Leßmann/ Würtenberger[2]	Deutsches und europäisches Sortenschutzrecht, 2006 (Nomos)
Loth	Gebrauchsmustergesetz, Kommentar, 2. Aufl 2017 (C. H. Beck)
Mes	Patentgesetz, Gebrauchsmustergesetz, Kommentar, 4. Aufl 2015 (C. H. Beck)
Metzger/Zech	Sortenschutzrecht, Kommentar, 2016 (C. H. Beck)
MGK/Moufang	Europäisches Patentübereinkommen, Münchener Gemeinschaftskommentar, 15. Lieferung, April 1991 (Heymanns)
Moufang	Genetische Erfindungen im Gewerblichen Rechtsschutz, 1988 (Schriftenreihe zum gewerblichen Rechtsschutz des Max-Planck-Instituts für ausländisches und internationales Patent-, Urheber- und Wettbewerbsrecht, Bd 75)
Neumeier	Sortenschutz und/oder Patentschutz für Pflanzenzüchtungen, 1990 (Schriftenreihe zum gewerblichen Rechtsschutz des Max-Planck-Instituts für ausländisches und internationales Patent-, Urheber- und Wettbewerbsrecht, Bd 80)
Nirk/Ullmann	Patent-, Gebrauchsmuster- und Sortenschutzrecht, 3. Aufl 2007 (C. F. Müller START)
Obermayer/ Funke-Kaiser VwVfG	Verwaltungsverfahrensgesetz, 4. Aufl 2013 (Luchterhand)
Schulte	Patentgesetz mit EPÜ, 9. Aufl 2014 (Heymanns Kommentar, 10. Aufl. 2017 noch nicht berücksichtigt)
Singer/Stauder	Europäisches Patentübereinkommen, 7. Aufl 2016 (Heymanns Taschenkommentar)
Ströbele/Hacker	Markengesetz, 11. Aufl 2015 (Heymanns Kommentar)
van Overwalle (1998)	Octrooirecht, ethiek en biotechnologie, 1998
van de Graaf	Patent Law and Modern Biotechnology, Diss Rotterdam 1997
van der Kooij	Introduction to the EC Regulation on Plant Varieties Protection, 1997

Wuesthoff/ Leßmann/ Würtenberger[1]	Deutsches und europäisches Sortenschutzrecht, 2000
Wuesthoff[1]	Wuesthoff/Wendt Sortenschutzgesetz, 1977
Wuesthoff[2]	Wuesthoff/Leßmann/Wendt Sortenschutzgesetz 2. Aufl 1990
Würtenberger	Die Priorität im Sortenschutzrecht, 1993 (Centaurus-Verlag Reihe Rechtswissenschaft Bd 153)
Würtenberger/ Ekvad/van der Kooij/Kiewiet[2]	European Union Plant Variety Protection, 2016 (Oxford University Press)

Zeitschriften und Entscheidungssammlungen

ABl EG	Amtsblatt der Europäischen Gemeinschaften
ABl EPA	Amtsblatt des Europäischen Patentamts
ABl EU	Amtsblatt der Europäischen Union
ABl GSA	Amtsblatt des Gemeinschaftlichen Sortenamts
AgrarR	Agrarrecht (bis 2002)
AgrarischR	(Tijdschrift voor) Agrarisch Recht
AUR	Agrar- und Umweltrecht (seit 2003)
BB	Der Betriebsberater
BFHE	Sammlung der Entscheidungen und Gutachten des Bundesfinanzhofs
BFH/NV	Sammlung amtlich nicht veröffentlichter Entscheidungen des BFH
BfS	Blatt für Sortenwesen
BGBl	Bundesgesetzblatt
BGE	Entscheidungen des schweiz. Bundesgerichtes
BGH-DAT Z	BGH-DAT Zivilsachen (Datenbank)
BGHZ	Entscheidungen des Bundesgerichtshofs in Zivilsachen
BIE	Bijblad bij De Industriële Eigendom
BiotDevMon	Biotechnology and Development Monitor
BlPMZ	Blatt für Patent-, Muster- und Zeichenwesen
BPatGE	Entscheidungen des Bundespatentgerichts
BRDrs	Bundesratsdrucksache
BSLR	Bioscience Law Review
BStBl	Bundessteuerblatt

Literatur

BTDrs	Bundestagsdrucksache
BVerwGE	Entscheidungen des Bundesverwaltungsgerichts
CR	Computer und Recht
DB	Der Betrieb
DDZ	Der Deutsche Zollbeamte
DRiZ	Deutsche Richterzeitung
DuR	Demokratie und Recht
EIPR	European Intellectual Property Review
Entsch	Landgericht Düsseldorf, Entscheidungen der 4. Zivilkammer
FS	Festschrift
GRUR	Gewerblicher Rechtsschutz und Urheberrecht
GRURPrax	Gewerblicher Rechtsschutz und Urheberrecht, Praxis im Immaterialgüter- und Wettbewerbsrecht
GRUR-RR	GRUR-Rechtsprechungs-Report (ab 2001, zuvor NJWE-WettbR)
GRUR Int	Gewerblicher Rechtsschutz und Urheberrecht Internationaler Teil, teilweise Auslands- und Internationaler Teil
HFR	Höchstrichterliche Finanzrechtsprechung
IER	Intellectuele Eigendom en Reclamerecht (Niederlande)
IIC	International Review of Industrial Property and Copyright Law
IndProp	Industrial Property, seit 1995 Industrial Property and Copyright (s PropInd)
Information StW	Information über Steuer und Wirtschaft
IngCons	L'Ingénieur-Conseil (Belgien)
InstGE	Entscheidungen der Instanzgerichte zum Recht des geistigen Eigentums, 2002 – 2012
IPB	Intellectual Property in Business
JPOS	Journal of the Patent Office Society (jetzt JPTOS)
JPTOS	Journal of the Patent and Trademark Office Society
JR	Juristische Rundschau
JWIP	Journal of World Intellectual Property
LM	Lindenmaier/Möhring, Nachschlagewerk des Bundesgerichtshofs
MarkenR	Markenrecht
Mitt	Mitteilungen der deutschen Patentanwälte, zeitweise Mitteilungen aus dem Verband der deutschen Patentanwälte
NIR	Nordisk Immateriellt Rättsskydd (Schweden)

NJW	Neue juristische Wochenschrift
NJW-RR	NJW-Rechtsprechungs-Report
NJWE-WettbR	NJW-Entscheidungsdienst Wettbewerbsrecht (ab 2001 weitergeführt als GRUR-RR)
NVwZ	Neue Zeitschrift für Verwaltungsrecht
ÖBl	Österreichische Blätter für gewerblichen Rechtsschutz und Urheberrecht
PatWorld	Patent World, London
PIBD	Propriété industrielle – Bulletin de documentation (Frankreich)
ProphytAnn	Prophyta Annual
PropInd	La Propriété Industrielle, seit 1995 La Propriété Industrielle et le Droit d'auteur, bis Mai 1998, seither Revue de l'OMPI
PVP	Plant Variety Protection (UPOV Gazette and Newsletter)
RdL	Recht der Landwirtschaft
RDPI	Revue du droit de la propriété industrielle (Frankreich)
RGBl	Reichsgesetzblatt
Riv.dir.ind.	Rivista di diritto industriale (Italien)
RIW	Recht der internationalen Wirtschaft
RPC	Reports of Patent, Design and Trademark cases
Rutgers J	Rutgers Journal of Computers, Technology and the Law
SgW	SAFA-Saatgutwirtschaft, jetzt GAFA-Gartenfachhandel und Saatgutwirtschaft
sic!	(schweiz.) Zeitschrift für Immaterialgüter-, Informations- und Wettbewerbsrecht (ab 1997, zuvor SMI)
SJZ	Schweizerische Juristen-Zeitung
Slg	Sammlung der Entscheidungen des Europäischen Gerichtshofs
SMI	Schweizerische Mitteilungen über Immaterialgüterrecht (bis 1996), bis 1984 Schweizerische Mitteilungen über gewerblichen Rechtsschutz und Urheberrecht, seit 1997 sic!
VersR	Versicherungsrecht
VPP-Rdbr	VPP-Rundbrief
Yale LJ	Yale Law Journal
ZZP	Zeitschrift für Zivilprozess

Sortenschutzgesetz

vom 11. Dezember 1985

Änderungen des Gesetzes:

Nr	ändernde Norm	vom	BGBl	geänd (Ä) eingefügt (E) aufgehoben (A)
	SaatG	**27.06.1953**	**I 450**	**1–72**
1	KostRÄndErgG	26.07.1957	I 861	20 Ä
2	SaatGÄndG	30.07.1965	I 654	39 Satz 1 Ä
3	2. SaatGÄndG	23.12.1966	I 686	11 Abs 1 Ä
	SortG (1968)	**20.05.1968**	**I 429**	**1–63**
1	EGStGB	02.03.1974	I 469	49 Ä, 50 A
2	SortÄndG	09.12.1974	I 3416	2, 3, 7, 8, 9, 10, 11, 14, 18, 19, 21, 22, 24, 25, 27, 29, 30, 31, 32, 34, 35, 36, 37, 38, 39, 40, 42, 44, 51, 57 Ä, Anlage A, 31a E
3	BSAKostErhebG	01.10.1976	I 2873	44 Abs 2 Ä
4	VereinfNovelle	03.12.1976	I 3281	40 Abs 5 Ä
5	Neubek	04.01.1977	I 105, 286	
6	PKHG	13.06.1980	I 677	44 Abs 5, 46 Abs 3 Ä
	SortG	**11.12.1985**	**I 2170**	**1–45**

VO über das Artenverzeichnis

| | | 18.12.1985 | I 2325 | Artenverz |

1. VO zur Änderung saatgutrechtlicher Verordnungen

| | | 18.12.1986 | I 2527 | Artenverz Ä |

3. VO zur Änderung saatgutrechtlicher Verordnungen

| | | 27.07.1988 | I 1192 | Artenverz Ä |

Nr	ändernde Norm	vom	BGBl	geänd (Ä) eingefügt (E) aufgehoben (A)
1	PrPG	07.03.1990	I 422	3 Abs 2, 6, 10, 14 Abs 1, 37, 38, 39, 40 Ä, 37a, 37b, 37c, 40a E
	3. VO zur Änderung der VO über das Artenverzeichnis			
		21.03.1990	I 557	Artenverz Ä
2	1. SortÄndG	27.03.1992	I 727	1, 6, 10, 12, 13, 15, 17, 23, 26, 39, 40a, 41 Ä, 42, 43, 44, Artenverz A, 45 wird 42
3	1. SaatgutVerkÄndG	23.07.1992	I 1367	2, 33 Ä
4	EWR-AusfG	27.04.1993	I 512, 2436	2 Nr 5, 7, 10, 15, 40a Ä
5	RPNeuOG	02.09.1994	I 2278	38 Abs 3 Ä
6	MarkenRRefG	25.10.1994	I 3082	23 Abs 3 Ä
7	SortÄndG	17.07.1997	I 1854	2–8, 10–12, 14–17, 18 Abs 2, 20, 28, 30–34, 37–41 Ä, 1 Abs 2, 10a, 10b, 10c E
8	Neubek	19.12.1997	I 3164	1–42
9	5. Euro-EinführungsG	25.06.2001	I 1215	40 Ä
10	7. ZustAnpassVO	29.10.2001	I 2785	10a, 15, 16, 17, 20, 32, 33 Ä
11	SchuldRModG	26.11.2001	I 3138	37c, 41 Ä
12	KostRegBerG	13.12.2001	I 3656	34, 38, 40a Ä
13	OLGVertrÄndG	23.07.2002	I 2850	38 Ä
14	8. ZustAnpassVO	25.11.2003	I 2304	33 Ä
15	Geschmacksmuster-reformG	12.03.2004	I 390	38 Ä
16	KostRMoG	05.05.2004	I 718	38 Ä
17	BioTRichtlUmsG	21.01.2005	I 146	12a E

Nr	ändernde Norm	vom	BGBl	geänd (Ä) eingefügt (E) aufgehoben (A)
18	9. ZustAnpassVO	31.10.2006	I 2407	10a, 15, 16, 17, 20, 32, 33 Ä
19	2. FinanzVerwG-ÄndG	13.12.2007	I 2897	40a Ä
20	Gesetz zur Verbesserung der Durchsetzung von Rechten des geistigen Eigentums	07.07.2008	I 1191	37, 37a, 37b, 40a Ä, 37c – 37e, 37g, 40b E, 37c wird 37f
21	FGG-RG	7.12.2008	I 2586	37b Ä
22	BMELV-Vertrag von Lissabon-Anpassungsgesetz	09.12.2010	I 1934	6, 7
23	BGebStrRefG	07.08.2013		33 Ä
24	10. ZuständigkeitsanpassungsVO	31.08.2015	I 1474	10a, 15, 16, 17, 20, 32, 33 Ä
25	G zur Neuorganisation der Zollverwaltung	03.12.2015	I 2178	40a Ä
26	G zur Änderung des Designgesetzes und weiterer Vorschriften des gewerblichen Rechtsschutzes	04.04.2016	I 558	40a, 40b Ä
27	G zur Aktualisierung der Strukturreform des Gebührenrechts des Bundes	18.07.2016	I 1666	33 Ä (in Kraft ab 01.10.2021)
28	G zur Reform der strafrechtlichen Vermögensabschöpfung	13.04.2017	I 872	39 Abs 5 Ä

Einleitung

Übersicht   Rdn.
A.   Entstehungsgeschichte   1
I.   Vor 1950.   1
II.   Seit 1950.   2
      1. Saatgutgesetz 1953   2
      2. Internationales Übereinkommen zum Schutz von Pflanzenzüchtungen   3
      3. Sortenschutzgesetz 1968   4
      4. Sortenschutzgesetz 1985   5
B.   Ziele des Sortenschutzes.   8
C.   Gesetzgebungskompetenz   11
D.   Rechtsnatur; Verhältnis zum Patent-, Marken- und
      Saatgutverkehrsrecht   12
I.   Rechtsnatur des Sortenschutzes.   12
II.   Verhältnis zum Patentrecht.   15
      1. Allgemeines.   15
      2. Sortenschutzrechtlicher Sonderweg; Patentierungsausschluss   20
      3. Kollisionsregelung.   34
      4. Regelungslücke   35
III.   Verhältnis zum Markenrecht.   36
IV.   Verhältnis zum Saatgutverkehrsrecht.   38
V.   Bedeutung des Sortenschutzes.   39
E.   Ehemalige DDR; Einigungsvertrag   40
I.   Deutsche Demokratische Republik.   40
II.   Regelung im Einigungsvertrag   41
III.   Kollision erstreckter Sortenschutzrechte   42
IV.   Nichtgeltung des »Landwirteprivilegs«   43
F.   Gemeinschaftlicher Sortenschutz.   44
G.   Internationaler Sortenschutz   49
H.   Steuerrecht   50
I.   Bewertung; Zurechnung.   50
II.   Erfinderverordnung.   52

Schrifttum

Allgemein; Entstehungsgeschichte; Kommentare; älteres Schrifttum zum Verhältnis zum Patentrecht (neueres vor Rdn. 15, zu TRIPS vor Rdn. 33):

Aktuellere Gesamtdarstellungen: *Leßmann/Würtenberger* Deutsches und europäisches Sortenschutzrecht[2], 2009; *Metzger/Zech* Sortenschutzrecht, Kommentar. 2016; *Nirk/*

Ullmann Patent-, Gebrauchsmuster- und Sortenschutzrecht[3], 2007; *van der Kooij* Kwekersrecht, in: *Bruil/Brussaard/de Haan (Hrsg)* Inleiding Agrarisch Recht, (2004) 326

Bis 1945: *Allyn* Plant Patent Queries, JPOS 1933, 180; *Allyn* More About Plant Patents, JPOS 1933, 963; *Allyn* The First Plant Patents, 1934; *Baur* Bericht über den Vortragsabend vom 28.2.1930, Der Züchter 1930, 87; *Benjamin* Plant Patents in Germany, JPOS 1936, 462, 886; *Edler* Die Getreide-, Hülsenfrucht-, Klee- und Grassaatanerkennung im Deutschen Reiche 1929, Der Züchter 1930, 199; *Edler* Die Kartoffel-Pflanzgut-Anerkennung 1929, Der Züchter 1930, 109; *Gissel* Patentfähigkeit von Pflanzenzüchtungsverfahren und Pflanzenzüchtungen, Recht des Reichsnährstandes 1941, 473; *Herzfeld-Wuesthoff* Durchbrechung von Grundprinzipien des Warenzeichenrechts durch das neue Pflanzenschutzgesetz, GRUR 1931, 300; *Herzfeld-Wuesthoff* Gesetzlicher Schutz für neue Pflanzensorten, GRUR 1932, 510; *Herzfeld-Wuesthoff* Gewerbliches Eigentum an neuen Pflanzensorten, Der Züchter 1932, 202; *Herzfeld-Wuesthoff* Geheimhaltung neuer Pflanzenzüchtungen, die patentiert werden sollen, Der Züchter 1933, 48; *G. Hesse* Rechtsschutz des Saat- und Pflanzguts, insbesondere Entwurf eines Saat- und Pflanzgutschutzgesetzes, Diss Jena 1931; *Isay* Bericht über den Entwurf eines Saat- und Pflanzgutgesetzes, GRUR 1931, 905; *Müller* Zum Saat- und Pflanzgutgesetz, Der Züchter 1930, 336; *Pinzger* Über die Patentfähigkeit von Pflanzenzüchtungen, GRUR 1938, 733; *Quade* Tier und Pflanze im Patentrechte, GRUR 1913, 2; *Schanze* Die Patentfähigkeit landwirtschaftlicher Verfahren, Mitt 1911, 13; *Snell* Sortenschutz durch Registrierung, Der Züchter 1939, 22; *Todaro* Le problème législatif de l'application des brevets aux nouvelles variétés de plantes, PropInd 1931, 75; *Ullrich* Schutz von Pflanzenzüchtungen, Mitt 1938, 361; *von der Trenck* Zum Patentschutz von Pflanzenzüchtungen, GRUR 1939, 437; *Wiegand* Zur Frage der Patentfähigkeit landwirtschaftlicher Verfahren, Mitt 1915, 5.

1946–1960: *Benkard* Wiederholbarkeit als Erfordernis der Patentfähigkeit, GRUR 1953, 97; *Büttner* Die Saatgutordnung, 1954; *Chavanne* La protection des inventions végétales, Recueil Dalloz 19e cahier (1954), 98; *Dunan* Note sur la protection des nouveautés végétales, PropInd 1955, 116; *Eggener* Schutzrechtmöglichkeiten für neue Pflanzenzüchtungen in anderen Ländern und ihre praktische Brauchbarkeit, Mitt 1958, 4; *Eggener* Schutz neuer Pflanzenzüchtungen nach UWG sowie in Verbindung mit §§ 21 und 20 des Gesetzes gegen Wettbewerbsbeschränkungen, Mitt 1959, 172; *Fähnrich* Über den Schutz von Pflanzenzüchtungen, 1952; *Geisler* Untersuchungen über die Möglichkeiten zum Schutze der Erfolge der Pflanzenzüchtung, Diss München (TH) 1953; *Graeber* Der Sortenschutz, ein neues Urheberrecht, NJW 1953, 1540; *Groß* Verhindern die Bestimmungen des BGB den Patentschutz für Erzeugnisse von Pflanzen-züchtungsverfahren? GRUR 1952, 452; *Kappert* Der Schutz für Pflanzenzüchtungen, Zs für Pflanzenzüchtung 34 (1955), 307; *Kirchner* Zur Frage der Wie-derholbarkeit bei Pflanzenzüchtungserfindungen, GRUR 1951, 372; *Kirchner* Wiederholbarkeit bei Pflanzenzüchtungserfindungen, GRUR 1952, 453; *Marx* Zur Patentierung von Pflanzenzüchtungen, GRUR 1952, 456; *Matthey* Les brevets de végétaux, Diss Lausanne 1954; *Schade* Patentierung von

Pflanzenzüchtungen, GRUR 1950, 312; *Schade* Der Schutz neuer Pflanzenzüchtungen, GRUR Int 1957, 325; *Schade* Pflanzenpatente, Mitt 1956, 44; *Schippel* Zur Patentierung landwirtschaftlicher Kulturverfahren, GRUR Int 1958, 333; *Schmidt* Warum nicht Pflanzenzüchtungspatente? GRUR 1952, 168; *Tetzner* Patentschutz und Landwirtschaft, JR 1951, 748; *Tetzner* Patentfähigkeit und Wiederholbarkeit, GRUR 1952, 176*; von der Trenck* Patentrecht und Quantenphysik, JR 1951, 298; *Franz Wuesthoff* Geistiges Eigentum an Pflanzenzüchtungen, SgW 1950, 148; *Franz Wuesthoff* Die »Amtliche Begründung« zum Saatgutgesetzentwurf im Lichte des gewerblichen Rechtsschutzes, GRUR 1951, 568; *Franz Wuesthoff* Erschließung des Patentrechts für neue Gebiete (dargelegt am Beispiel der Pflanzenzüchtungserfindungen), GRUR 1953, 230; *Franz Wuesthoff* Patentschutz von Pflanzenzüchtungen, Mitt 1955, 75; *Franz Wuesthoff* Patentierbarkeit von Pflanzenzüchtungeerfindungen, GRUR 1959, 230; *Franz Wuesthoff* Schöpferische Fortentwicklung auf dem Gebiet der belebten Natur, eine neue Grundsatzfrage des gewerblichen Rechtsschutzes, GRUR 1960, 517; *Freda Wuesthoff* Patentschutz für Pflanzen, GRUR 1957, 49 = De la protection des plantes par le brevet, PropInd 1956, 176; *Wuesthoff/Wuesthoff* Der Schutz von Pflanzenzüchtungen, GRUR Int 1952, 64.

Seit 1961: *Adler* Biotechnology as an Intellectual Property, 224 Science (1984), 357; *Bauer* Patente für Pflanzen – Motor des Fortschritts? Umweltrechtliche Studien Bd 15 = Diss Bremen 1993; *Beier* Zukunftsprobleme der Patentrechts, GRUR 1972, 214; *Becker* Pflanzenzüchtung[2], 2011; *Bent/Schwaab/Conlin/Jeffery* Intellectual Property Rights in Biotechnology Worldwide, 1987 (Bespr *Moufang* GRUR Int 1991, 172); *Berlincourt* Chancen und Risiken von Pflanzeninnovationen im Recht, 2016; *Böringer* Erläuterungen zum Gesetz über den Schutz von Pflanzensorten (Sortenschutzgesetz), in: Das deutsche Bundesrecht, II E 35; *Böringer* Technical and Legal Aspects of New Plant Varieties and the Use of Plant Breeder's Rights in the Marketing of Seed, PVP 17 (1979), 3; *Böringer* Sortenschutz und Prüfungssystem aus der Sicht des Bundessortenamts, Evangelischer Pressedienst 1981, 59; *Böringer* Industrial Property Rights and Biotechnology, PVP 55 (1988), 45; *Bousquet* Plant Genetic Resources: Protection of Rights, in ICDA (1989), 43; *Bruchhausen* Patent-, Sortenschutz- und Gebrauchsmusterrecht, 1985 (Schaeffers Grundriss); *Bruchhausen* Die päpstliche Verordnung vom 3. September 1833 – ein frühes Zeugnis des Sortenschutzes, FS H. Kirchner (1985), 21; Bruchhausen *Vierzig* Jahre Rechtsprechung des Bundesgerichtshofes zum Recht der Erfinder, Züchter und Entdecker und deren Schutzrechten, DRiZ 1990, 401; *Brühwiler* Patentrechtliche Probleme der Mikrobiologie, Chemie-Ingenieur-Technik 1971, 90; *Büchting* Sortenschutz und Patent, Diss Bonn 1962; *Byrne* The Agritechnical Criteria in Plant Breeders' Rights Law, IndProp 1983, 293; *Caldwell/Shillinger/Barton/Qualset/Duvick/Barnes (Hrsg)* Intellectual Property Rights Associated with Plants, 1989; *Davidson* Microbiologie en octrooirecht, BIE 1972, 34; *de Brabanter* Brevetabilité des inventions microbiologiques, IngCons 1972, 45; *Duttenhöfer* Über den Patentschutz biologischer Erfindungen, FS 10 Jahre BPatG (1971), 171; *Epstein* Der Schutz der Erfindungen auf dem Gebiet der Mikrobiologie, GRUR Int 1974, 271; *Flitner/Laskien* Patent- und Sortenschutz, Genetische Ressourcen und Genbanken, unveröffentlichtes Gutachten im Auftrag der GRÜNEN im Bundestag, Juli 1990; *Friehe* Nationales und europäisches

Sortenschutzrecht, Skriptum 2014; *Gill/Brandl* Legitimation von Sortenschutz und Sortenzulassung aus soziologischer Sicht, *von Gierke/Trauernicht* Die Rechtsdurchsetzung im Sortenschutzrecht, in: *Metzger (Hrsg)* Rechtsschutz von Pflanzenzüchtungen (2014), 163; *Großhauser* AIPPI-Kongress befasst sich mit Schutz von Pflanzenzüchtungen, SgW 1973, 14; *Gutman* Incidences de l'évolution technique des biotechnologies sur les droits de propriété intellectuelle qui leur sont applicables, Vortragsmanuskript Genf September 1988; *Haedicke* Die Harmonisierung von Patent- und Sortenschutz im Gesetz zur Umsetzung der Biotechnologie-Richtlinie, Mitt 2005, 241; *Haley* Current Status of the Patenting of the Fruits of Biotechnology and Genetic Engineering, in: Biotech 84 (1984) Vol 2 S 541; *Halluin* Patenting the Results of Genetic Engineering Research: An Overview, in *Plant ua* Patenting of Life Forms, 1982, 67; *Hardon* Industrial Patents, Plant Breeding and Genetic Resources: A Plant Breeder's View, in: ICDA (1989), 34; *Härlin* Patenting Life? A Political Question, in: ICDA (1989), 57; *Helfer* Intellectual property rights in plant varieties, FAO legislative study 85, 2004; *Hermitte* Patenting Life Forms: The Legal Environment, in: ICDA (1989), 15; *H. G. Hesse* Zur Patentierbarkeit von Züchtungen, GRUR 1969, 644; *H. G. Hesse* Der Schutz der züchterischen Leistung und die Grundrechte, GRUR 1971, 101; *Hoffmann/Peinemann* Das neue Sortenschutzrecht, BB 1968, 1140; *Höppner* Sortenschutz, in: *Hoffmann ua (Hrsg)* Lehrbuch der Züchtung landwirtschaftlicher Kulturpflanzen Bd 1, 1971; *Huber* Der Sortenschutz und seine Auswirkungen auf die Patentierung von Pflanzen, Mitt 1994, 174; *Hüni* Stoffschutz für Erzeugnisse mikrobiologischer Verfahren, GRUR 1970, 542; *Hüni* Der Gewerbliche Rechtsschutz auf dem Gebiet der Mikrobiologie, SMI 1978, 140; *Jestaedt* Gegenstand und Schutzumfang des Sortenschutzrechts und Probleme des Verletzungsverfahrens, GRUR 1982, 595; *Janis/Jervis/Peet* Intellectual Property Law on Plants, 2014; *Jühe* Der Neuheitsbegriff nach dem Sortenschutzgesetz, GRUR 1969, 118.

Kempton Broad Biotech Patent Claims – Latest EPO Case Law, BSLR 1997, 4, 152; *Kiewiet* Interaction between Intellectual Property Rights and Biodiversity, 2000 (im Internet unter www.cpvo.fr); *Kesan* Agricultural Biotechnology and Intellectual Property: Seeds of Change, 2007; *Kirschner* Bringing Stability to Biotechnology Patents, 13 Biotechnology (1995), 1178; *Krauß* Die Effekte der Umsetzung der Richtlinie über den rechtlichen Schutz biotechnologischer Erfindungen auf die deutsche Praxis im Bereich dieser Erfindungen, Mitt 2005, 490; *Kunhardt* 25 Jahre Sortenschutz in der Bundesrepublik Deutschland, SgW 1978, 18; *Lawson* Intellectual Property and the Material Transfer Agreement under the International Treaty on Plant Genetic Resources for Food and Agriculture, EIPR 2009, 244; *le Buanec* Variety Creation and Intellectual Property, PVP 60 (1991); *Le Grand* L'invention en biologie. Les nouveautés végétales (ou animales) sont-elles brevetables, PropInd 1961, 30; *Lesser/Masson* An Economic Analysis of the Plant Variety Protection Act, 1985; *Leßmann* Der Schutz von Pflanzenzüchtungen im deutschen Recht, DB 1980, 577; *Leßmann* Das neue Sortenschutzgesetz, GRUR 1986, 279; *Leßmann* Neues Sortenschutzgesetz 1985, DB 1986, 679; *Leßmann* Der Schutz von Pflanzenzüchtungen im deutschen Recht, in: FS H. G. Leser

8

(1998), 247; *McGough/Burke* A Case for Expansive Patent Protection of Biotechnology Inventions, 6 Harvard J of Law and Technology (1992), 85; *Papke* Der Züchter und sein Recht, Mitt 1988, 61; *Royon* The limited scope of breeders' rights under the International Convention for the Protection of New Varieties of Plants, EIPR 1980, 139; *Rutz* Das deutsche Sortenschutzrecht und die Umsetzung des UPOV-Übereinkommens, AgrarR 1999 Beil I S 3; *Sanderson* Reconsidering Plant Variety Rights in the European Union after Monsanto v Cefetra BV, EIPR 2012, 387; *Schlick* Der Rechtsschutz für neue Pflanzenzüchtungen in Deutschland und Vorschläge zu seiner Fortentwicklung, Diss Köln 1963; *Tak* Protection of Applied Microbiology, IIC 1974, 382; *Thörner* Das Sortenrecht als Gegenstand wissenschaftlicher Auseinandersetzung, ZGE 2011, 343; *H. Timpe* Zur Frage der Gebrauchsmusterschutzfähigkeit von Pflanzenzüchtungen, GRUR 1962, 131; *Tscharland* Sortenschutzrecht, in: *von Büren/David (Hrsg)* Schweizerisches Immaterialgüter- und Wettbewerbsrecht Bd IV, 2006, 727 ff; *van der Kooij* »Met onwillige honden ...« Over de implementatie van de EG-richtlijn biotechnologie., AgrarischRecht 2003, 215; *van Overwalle* Influence of intellectual property law on safety in biotechnology, in: Safety of modern technical systems, Congress-documentation, Saarbrücken 2001, 663; *van Wijk* Broad Biotechnology Patents Hamper Innovation, 25 BiotDevMon (1995), 15; *von Pechmann* Über nationale und internationale Probleme des Schutzes mikrobiologischer Erfindungen, GRUR 1972, 51 = National and International Problems Concerning the Protection of Biological Inventions, IIC 1972, 295; *von Pechmann* Entwicklungen des Schutzes mikrobiologischer Erfindungen, in: *AIPPI Hungarian Group (Hrsg)* Conference on Some Topical Questions Concerning Protection of Industrial Property, Budapest 24–28 September 1973, 1974, 355; *von Pechmann* Gewerblicher Rechtsschutz auf dem Gebiet der Mikrobiologie, GRUR Int 1974, 128 und 448; *von Pechmann* Sind Vermehrungsansprüche bei biologischen Erfindungen ungesetzlich? GRUR 1975, 395; *Vossius* Der Patentschutz von Mikroorganismen und Viren nach dem deutschen Patentgesetz und dem zukünftigen europäischen Patenterteilungsverfahren, GRUR 1973, 159; *Wegner* Patent Protection for Novel Microorganisms Useful for the Preparation of Known Products, IIC 1974, 285; *Widtmann* Patentfähikeit von Mikroorganismen, Mitt 1972, 89; *Willnegger* Conference Report on the WIPO-UPOV Symposium on Intellectual Property Rights in Plant Biotechnology, IIC 35 (2004), 543; *H. Wirtz* Der Patentschutz biochemischer Verfahren, Diss Fribourg 1967; *H. Wirtz* Die Einordnung der mikrobiologischen Verfahren sowie der durch diese zu gewinnenden Erzeugnisse unter den Erfindungsbegriff im Straßburger Übereinkommen, GRUR 1970, 105; *Franz Wuesthoff* Patentschutz für Pflanzenzüchtungen, GRUR 1962, 555; *Franz Wuesthoff* Der Stand der Gesetzgebung auf dem Gebiet des Schutzes neuer Pflanzenzüchtungen, GRUR 1964, 644; *Franz Wuesthoff* Vorschlag für den Entwurf eines Pflanzenschutzrechtgesetzes, GRUR 1964, 650; *Franz Wuesthoff* Schutzrechte auf biologischem Gebiet, FS Ph. Möhring (1965), 315; *Franz Wuesthoff* Das neue Gesetzeswerk auf dem Gebiet des Pflanzensortenwesens, GRUR 1968, 24; *Franz Wuesthoff* Der Neuheitsbegriff nach dem Sortenschutzgesetz, GRUR 1968, 474; *Franz Wuesthoff* Schutz von Pflanzensorten, in: *Klauer/Möhring*

Patentrechtskommentar[3] (1971), Anhang zu § 1; *Franz Wuesthoff* Schutzumfang des Sortenschutzrechts und Benutzungszwang für die Sortenbezeichnung, GRUR 1972, 68; *Franz Wuesthoff* Die Anhörung der internationalen Verbände, SgW 1973, 326; *Franz Wuesthoff* Die Novelle zum Sortenschutzgesetz, GRUR 1975, 12; *Franz Wuesthoff* Die Novelle zum Sortenschutzgesetz, SgW 1975, 26; *Franz Wuesthoff* Biologische Erfindungen im Wandel der Rechtsprechung, GRUR 1977, 404; *Wuesthoff/Leßmann/Wendt* Sortenschutzgesetz[2], 1990 (zit *Wuesthoff*[2], Bespr *Jestaedt* GRUR 1991, 260, *Straus* GRUR Int 1991, 77; 1. Aufl von *Wuesthoff/Wendt* 1977, zit *Wuesthoff*[1], Bespr *Hesse* GRUR 1977, 681, *Mast* PropInd 1980, 254); *Wuesthoff/Leßmann/Würtenberger* Deutsches und europäisches Sortenschutzrecht, 1999 (zit nach §/Rn; Bespr *Jestaedt* GRUR 2000, 174, *Köller* AgrarR 2000, 68); *Würtenberger* Die Priorität im Sortenschutzrecht, Diss Marburg 1992; *Würtenberger* Wem gehört die Mutation einer geschützten Pflanzensorte? GRUR 2009, 378; *Würtenberger* Zum Schutzbereich geschützter Pflanzensorten, Mitt. 2015, 1

Sortenschutz, wirtschaftliche Bedeutung; Biodiversität: *Abraham* Some Consumer and Third World Concerns on the Patenting of Biotechnology Products and Processes, in: ICDA (1989), 53; *Adler* Biotechnology Development and Transfer: Recommendations for an Integrated Policy, 11 Rutgers J 469 (1985); *Albrecht* Regulierung und Deregulierung bei der Nutzung der modernen Biotechnologie in der Europäischen Gemeinschaft und der Bundesrepublik, DuR 1989, 279; *Almekinders ua* Local seed systems and their importance for an improved seed supply in developing countries, 78 Euphytica (1994), 207; *Aoki* Neocolonialism, Anticommons Property, and Biopiracy in the (Not-So-Brave) New World Order of International Intellectual Property Protection, Indiana J of Global Legal Studies 1998, 11; *Arup* TRIPs: Across the Global Field of Intellectual Property, EIPR 2004, 7; *Bauer* Patente für Pflanzen – Motor des Fortschritts? Umweltrechtliche Studien Bd 15 = Diss Bremen 1993; *Bauer* Patente machen Monopole – die sozialen und historischen Entstehungsbedingungen von Patent- und Sortenschutzrecht, Gen-ethischer Informationsdienst 114/1996, 25; *Bergmans* Propriété industrielle et diversité biologique des espèces végétales et animales, L'Ingénieur-Conseil 1987, 319; *Berland/Lewotin* Breeder's Rights and Patenting Life Forms, 322 Nature (1986), 785; *Bette* Ökonomische Aspekte Geistigen Eingentums an Pflanzenerfindungen, in: *Bette/Stephan* Biodiversität, Geistiges Eigentum und Innovation (2012), 45; *Bette/Rerich* Empirische Analyse des europäischen Saatgutmarktes 1975–2011, in: *Bette/Stephan* (2012), 147; *Bette/Stephan* Biodiversität, Geistiges Eingentum und Innovation, 2012; *Biber-Klemm/Cottier* Rights to Plant Genetic Ressources and Traditional Knowledge: Basic Issues and Perspectives, 2006; *Biothai/GRAIN (Hrsg)* Road Maps to a Peoples' Sui Generis Rights Plan of Action, 1998; *Blakeney* Biodiversity Rights and Traditional Resource Rights of Indigenous Peoples, Bio-Science Law Review 1998, 2, 52; *Blakeney* Biotechnology, TRIPs and the Convention on Biological Diversity, Bio-Science Law Review 1998/1999, 144; *Blakeney* The International Framework of Access to Plant Genetic Resources, in: *Blakeney* (1999), 14; *Blakeney* The Protection of Traditional Knowledge under Intellectual Property Law, EIPR 2000, 251; *Blakeney* Protection of Plant Varieties and Farmers' Rights, EIPR 2002, 9; *R. Blum*

Gefährdung unseres Lebensraums und Schutz des geistigen Eigentums, GRUR 1972, 205; *Boonman* Plant Patenting as seen by a Plant Breeding Professional, in: ICDA (1989), 27; *Bordwin* The Legal and Political Implications of the International Undertaking on Plant Genetic Resources, Ecology Law Quarterly 1984/85, 1053; *Boyd/Kerr/Perdikis* Agricultural Biotechnology Innovations versus Intellectual Property Rights – Are Developing Countiries at the Mercy of Multinationals? 6 JWIP 211 (2003); *Brandl/Schleissing (Hrsg)* Biopatente: Saatgut als Ware und öffentliches Gut, 2016; *Brauer* Perspektiven der modernen Biotechnologie für die Pflanzenzuchtbetriebe in der Bundesrepublik Deutschland im nationalen und internationalen Wettbewerb, in: *Altner* (1990), 41; *Brockstrothen* Von der Grünen Revolution zur Genrevolution oder: Was man mit patentiertem Weizen anfangen kann, in: *Altner ua (Hrsg)* Gentechnik und Landwirtschaft, 1988, 54; *Bucher* The Protection of Genetic Resources and Indigenous Knowledge – Disclosure of Origin on the International and Latin-American Agenda, IIC 2008, 35; *Burch/Léon* Amérique latine – La biopiraterie dans les relations Nord – Sud, Diffusion d'information sur l'Amérique Latine no 2135; *Bustler/Pistorius* How Farmers' Rights Can Be Used to Adapt Plant Breeders' Rights, 28 BiotDevMon (1996), 7; *Butler/Marion* The Impacts of Patent Protection on the U.S. Seed Industry and Public Plant Breeding, 1983; *Buttel/Belsky* Biotechnology, Plant Breeding, and Intellectual Property: Social and Ethical Dimensions, Science, Technology & Human Values 1987, 31; *Byrne* Plant Breeders' Rights – A Benefit or a Burden to the Community? EIPR 1982, 95;

Cameron/Makuch The UN Biodiversity Convention and the WTO TRIPS Agreement: Recommendations to Avoid Conflict and Promote Sustainable Development, 1995; *Cantauária* Marin Providing Protection for Plant Genetic Resources: Patents, Sui Generis Systems, and Biopartnerships, 2002; *Charturvedi/Agrawal* Analysis of Farmers' Rights in the Light of the Protection of Plant Varieties and Farmers' Rights Act of India, EIPR 2011, 708; *Choplin* Patenting Life Forms: The Impact on Farmers, in: ICDA (1989), 41; *Cleveland/Murray* The World's Crop Genetic Resources and the Rights of Indigenous Farmers, 38 Current Anthropology (1997), 477; *Comte* The Position of COPA and COGECA on the Legal Protection of Biotechnological Inventions, in: ICDA (1989), 38; *Coombe* Intellectual Property, Human Rights & Sovereignty: New Dilemmas in International Law Posed by the Recognition of Indigenous Knowledge and the Conservation of Biodiversity, 6 Indiana J of Global Legal Studies (1998), 59; *Correa* Intellectual Property Rights and Agriculture: Strategies and Policies for Developing Countries, in: *van Wijk/Jaffe (Hrsg)* Intellectual Property Rights and Agriculture in Developing Countries, 1996, 100; *Crespi* Patenting Nature's Secrets and Protecting Microbiologists' Interests, Nature 284 (1980), 590*Crucible Group (The)* People, Plants and Patents: Impact of Intellectual Property on Trade, Plant Biodiversity and Rural Society (1994); *Crucible Group (The)* Seeding Situations Vol 1, Policy Options for Genetic Resources: People, Plants, and Patents Revisited, 2000; *Das* Patenting and Ownership of Genes and Life Forms – The Indian Perspective, JWIP 2000, 577; *Cullet* Revision of the TRIPS Agreement concerning the Protection of Plant Varieties. Lessons from India concerning the Development of a Sui Generis System, 2 JWIP 617

(1999); *Curchod* Obligation de déclarer la source des ressources génétiques et des savoirs traditionnels et Traité de coopération en matière de brevets (PCT), in: FS Kolle/ Stauder (2005), 31; *Curci* The Protection of Biodiversity and Traditional Knowledge in International Law of Intellectual Property, 2010; *Debener* Trends in der Pflanzenzüchtungsforschung mit Relevanz für den Sortenschutz, in: *Metzger (Hrsg)* Rechtsschutz von Pflanzenzüchtungen (2014), 27; *Demirbilek* Der Schutz indigenen Wissens im Spannungsfeld von Immaterialgüterrecht und customary law, 2015; *Dembo/Dias/ Morehouse* Biotechnology and the Third World: Some Ethical, Economic, Political and legal Impacts and Concerns, Rutgers J 1985, 431; *Dickson* Chemical Giants Push for Patents on Plants, 228 Science (1985), 1290; *Dolder* Patente auf der Grundlage biologischer Ressourcen aus Entwicklungsländern, Mitt 2003, 349; *Drahos* Indigenous Knowledge, Intellectual Property and Biopiracy: Is a Global Bio-Collecting Society the Answer? EIPR 2000, 245; *Drahos/Blakeney (Hrsg)* IP in Biodiversity and Agriculture: Regulating the Biosphere, 2001; *Duesing* Patent Protection for Inventions from Agricultural Biotechnology, in: ICDA (1989), 22; *Dutfield* Protecting and Revisiting Traditional Ecological Knowledge: Intellectual Property Rights and Community Knowledge Databases in India, in: *Blakeney* (1999), 103; *Dutfield* Intellectual Property Rights, Trade and Biodiversity. Seeds and Plant Varieties, 2000; *Dutfield* A Critical Analysis of the Debate on Traditional Knowlwdge, Drug Discovery and Patent-based Biopiracy, EIPR 2011, 238; *Eberhart ua (Hrsg)* Intellectual Property Rights III. Global Genetic Resources: Access and Property Rights, 1998; *Ekpere* Alternative to UPOV for the Protection of New Plant Varieties, Paper distributed at the UPOV-WIPO-WTO Joint Regional Workshop on »The Protection of Plant Varieties under Article 27.3(b) of the TRIPS Agreement«, Nairobi, 6–7 May 1998, im Internet unter www.gene.ch; *Engler* Indigene äußern sich zum Schutz ihres traditionellen Wissens, sic! 2008, 404; *Evenson ua* Private Sector Agricultural Inventions in Developing Countries, in: *Ruttan/Pray (Hrsg)* Policy for Agricultural Research, 1987, 469;

Fabry/Fischer (Bio-)Piraten der Karibik, Mitt 2010, 346; *Feuerlein* Umsetzung des Patentgesetzes vom 21.1.2005 in die Praxis, VPP-Rdbr 2006, 53; *Fiorillo-Buonomano* Das Zustimmungserfordernis bei der Patentierung von biotechnologischen Erfindungen unter Verwendung menschlichen Materials, Bern 2007; *Friedland/Prall* Schutz der Biodiversität: Erhaltung und nachhaltige Nutzung in der Konvention über biologische Vielfal, ZUR 2004, 193; *Frison/Dedeurwaerdere/Halewood* Intellectual Property and Facilitated Access to Genetic Resources under the International Treaty on Plant Genetic Resources for Food and Agriculture, EIPR 2010, 1; *Flitner/Leskien/Myers* Plants and Patents: Some Southern Perspectives, 1994; *Foltmann* Bedeutung der privaten Pflanzenzüchtung, in: *Metzger (Hrsg)* Rechtsschutz von Pflanzenzüchtungen (2014), 41; *Fourmile* Protecting Indigenous Property Rights in Biodiversity, Current Affairs Bulletin Februar/März 1996, 36; *Fowler* Unnatural Science: Technology, Politics and Plant Evolution, 1994; *Gareis* Anwendungsfelder und wirtschaftliche Bedeutung der Biotechnologie, GRUR Int 1987, 287; *Ghijsen* Plant Variety Protection in a Developing and Demanding World, 36 BiotDevMon (1998), 2; F. *Girard/Noiville* Propriété industrielle et biotechnologies végétales: La nova atlantis, Rev. int. dr. écon. 2014, 59; *Girsberger* Keine Patente mehr auf Weizen & Co.? sic! 2002, 541; *Girsberger* Transparency Measures under Patent Law regarding Genetic Resources and Traditional Knowledge, JWIP 2004, 451; *Girsberger/Kraus-Wollheim* Die Offenlegung der Quelle von genetischen Ressourcen und traditionellem Wissen in Patentanmeldungen: Die Vorschläge der Schweiz, sic! 2005, 832; *Godden* Plant Variety Rights in Australia: Some Economic Issues, 50 Review of Marketing and Agricultural Economics (1982), 51; *Godden* Plant Breeders' Rights and International Agricultural Research, Food Policy 1984, 206; *Godden* Plant Variety Rights: Framework for Evaluating Recent Research and Continuing Issues, 3 J of Rural Studies (1987), 255; *Godden* Induced Institutional Innovation: Plant Variety Rights, Patents and Genetic Engineering, 19 Oxford Agrarian Studies (1991), 3; *Godden/Powell* Economic Aspects of Plant Variety Rights: Models for Examining their Effects, in: *Land/ Illingsworth (Hrsg)* The Economic Implications of Patents in Australia, 1998; *B. Goebel* Pflanzenpatente und Sortenschutzrechte im Weltmarkt, zugleich ein Beitrag zur Revision von Art. 27 Abs. 2 b) TRIPS-Übereinkommen, 2001 (Schriften zum Technikrecht Bd 2), zugl Diss Freiburg/Br 2000; *Götting* Biodiversität und Patentrecht, GRUR Int 2004, 731; *Gollin* An Intellectual Rights Framework for Biodiversity Prospecting, in: *Reid ua (Hrsg)* Biodiversity Prospecting, 1993, 159; *Gopalakrishnan* TRIPs and Protection of Traditional Knowledge of Genetic Resources: New Challenges to the Patent System, EIPR 2005, 11; *Grabienski/Schuster/Bausch/Dombowski* Die Bedeutung von traditionellem Wissen für das Recht des geistigen Eigentums (Q232), GRUR Int 2012, 1003; *GRAIN (Hrsg)* Signposts to Sui Generis Rights. Background discussion papers for the international seminar on sui generis rights, Bangkok (1997); *GRAIN* Plant Variety Protection to feed Africa? Seedling Vol 16 Nr 4 (12/1999); *Grobmann* Seed Industry in South America and Other Developing Countries, PVP 62 (1991); *Großhauser* Landeskultureller Wert einer neuen Pflanzensorte, RdL 1981, 31;

Hagemann Das Sortenschutzrecht und seine Bedeutung für die Nutzpflanzenzüchtung und die Nahrungsmittelproduktion in den Entwicklungsländern, unveröffentlichte Arbeit Bremen 1982; *Hamilton* Why Own the Farm if You Can Own the Farmer (and the Crop)? 73 Nebraska Law Review (1994), 48; *Hamilton* Who Owns Dinner: Evolving Legal Mechanisms for Ownership of Plant Genetic Resources, 931 Drake University Law School White Paper (1993), 45; *Hoagland/Rossman* Global *Genetic Resources: Access, Ownershio, and Intellectual Property Rights, 1997; Henne* Genetische Vielfalt als Ressource, 1998; *Jaffe/van Wijk* The Impact of Plant Breeders' Rights in Developing Countries: Debate and Experience in Argentina, Chile, Colombia, Mexico and Uruguay, 1995; *Jagels-Sprenger* Common Heritage of Mankind, KJ 1991, 409; *Joly* Should Seeds be Patented? Elements of an Economic Analysis, in: ICDA (1989), 17; *Joly/de Looze* An Analysis of Innovation Strategies and Industrial Differentiation Through Patent Applications: The Case of Plant Biotechnology, 25 Research Policy (1996), 1027; *Johnston* Intellectual Property Rights and Access to Genetic Resources, in: *Mugabe ua (Hrsg)* Access to Genetic Resources: Strategies for Sharing Benefits, 1997, 245; *Juma*

The Gene Hunters: Biotechnology and the Scramble for Seeds, 1989; *Junne* Biotechnologie und nichtindustrialisierte Länder, in: *Altner* (1990), 72; *Kamau/Winter* Genetic Resources, Traditional Knowledge & the Law: Solutions for Access and Benefit Sharing, 2009; *Kariyawasam* Access to Biological Resources and Benefit-sharing: Exploring a Regional Mechanism to Implement the Convention on Biological Diversity in SAARC Countries, EIPR 2007, 325; *Keating* Access to Genetic Resources and Equitable Benefit Sharing Through a New Disclosure Requirement in the Patent System, JPTOS 2005, 525; *Kewenig* Common heritage of mankind – politischer Slogan oder völkerrechtlicher Schlüsselbegriff? FS H.-J. Schlochauer (1981), 385; *Keystone Center* Final Report of The Keystone International Dialogue on Plant Genetic Resources, 1988; *Keystone Center* Final Consensus Report of the Keystone International Dialogue Series on Plant Genetic Resources. Madras Plenary Session, 1990; *Kiley* Speculations on Proprietary Rights and Biotechnology, in: *Plant ua* Patenting of Life Forms, 1982, 191; *King/Eyzaguirre* Intellectual Property Rights and Agricultural Biodiversity: Literature Addressing the Suitability of IPR for the Protection of Indigenous Resources, 16/1 Agriculture and Human Values (1999), 41; *Kinsman* Farmer's Rights: What is Fair, in: Genes for the Future: Discovery, Ownership, Access, NABC Report Nr 7/1995; *Kloppenburg (Hrsg)* Seeds and Sovereignity, 1988; *Ko* An Economic Analysis of Biotechnology Patent Protection, 102 Yale LJ (1992), 777; *Koechlin* Patente auf Lebewesen: »Biopiraterie« und die private Kontrolle genetischer Ressourcen, in: *Brühl ua (Hrsg)* Die Privatisierung der Weltpolitik: Entstaatlichung und Kommerzialisierung im Globalisierungsprozess (2001), 299; *Kolle* Internationales – Entwicklungshilfeorganisation warnt vor weltweitem Saatgutmonopol und Zerstörung genetischer Ressourcen – Sortenschutzrecht als Sündenbock? GRUR Int 1980, 195; *Kongolo* Biodiversity and African Countries, EIPR 2002, 579; *Kongolo* Towards a More Balanced Coexistence of Traditional Knowledge and Pharmaceuticals, 2001 Journal of World Trade 349; *Kongolo/Shyllon* Panorama of the Most Controversial IP Issues in Developing Countries, EIPR 2004, 258; *Küng* Sui generis system nach Trips, Diplomarbeit ETH Zürich 1999; *Kunhardt* Industrial Property Rights and Their Impact on Industry and Agriculture, PVP 59 (1990), 30; *Ladzinsky* Ecological and Genetic Considerations in Collecting and Using Wild Relatives, in: *Brown ua (Hrsg)* The Use of Plant Genetic Resources, Cambridge Mass 1988, 297; *Laird/ten Kate* The Commercial Use of Biodiversity: Access to Genetic Re-sources and Benefit-Sharing, 1999; *Lawson* Biodiversity Conservation Access and Benefit-sharing Contracts and the Role and Place of Patents, EIPR 2011, 135; *Lawson/Pickering* The Conflict for Patented Genetic Materials under the Convention on Biological Diversity and the Agreement on Trade Related Aspects of Intellectual Property Rights, 12 AIPJ 104 (2001); *Lesser/Horstkotte (Hrsg)* Intellectual Property Rights in Agriculture: The World Bank's Role in Assisting Borrower and Member Counties, 1999; *Lim* Privatization of Species: An Economic History of Biotechnology and Intellectual Property Rights in Living Organisms, Diss Stanford 1993; *Logemann* Die Landwirtschaft zwischen Produktivitätssteigerung und zunehmender Umweltbelastung: Kann das Dilemma durch Gentechnologie gelöst werden? GRUR 1992, 248; *Lopez* Initiatives for the Protection of Holders of Traditional Knowledge, Indigenous Peoples and Local Communities, WIPO/INDIP/RT/98/4B; *Lukes* Rechtssetzung als wirtschaftlicher Faktor – Die Folgen einer Dominanz des Patentrechts über das Sortenschutzrecht, in: *Altner (1990)*, 83;

Mabille Wem gehört das Saatgut? epd Entwicklungspolitik 11–12/1990, 23; *Martinez* Sortenschutzrecht und gemeinsame Agrarpolitik, in: *Metzger (Hrsg)* Rechtsschutz von Pflanzenzüchtungen (2014), 3; *Masood* Social Equity versus Private Property: Striking the Right Balance, 392 Nature (1998), 537; *Mahop* Intellectual Property, Community Rights and Human Rights: The Biological and Genetic Resources of Developing Countries, 2010; *Mastenbroek* Die Bedeutung der Pflanzenzüchtung im privaten Bereich, in UPOV (Hrsg) Züchterische Tätigkeiten von Regierungseinrichtungen, internationalen Zentren und des privaten Bereichs, Aufzeichnungen über ein Symposion, das anlässlich der Fünfzehnten Ordentlichen Tagung des Rates des Internationalen Verbands zum Schutz von Pflanzenzüchtungen am 10. November 1981 in Genf stattgefunden hat, 1982, 27 = The Significance of Plant Breeding by the Private Sector, PVP 31 (1977), 20; *Meermann* Mehr Patentschutz für die Biotechnologie. MPG-Spiegel 4/1986, 5; *Meermann* Patentschutz und Biotechnologie, Wissenschaftliche Rundschau 1987, 56; *Mendonça Wolff* Indigenous Peoples and the Protection of Genetic Resources in Brazil, in: *Blakeney (1999)*, 175; *Menon* Access to and Transfer of Genetic Resources, 10 International J of Technology Management (1995), 311; *Mooney* From Cabbages to Kings: Intellectual Property vs. Intellectual Integrity, in: ICDA (1989), 31; *Morgera/Tsioumani/Buck* Unraveling the Nagoya Protocol: A Commentary on the Nagoya Protocol on Access and Benefit-sharing tot he Convention on Biological Diversity, 2014; *Moufang* Ethische Voraussetzungen und Grenzen des patentrechtlichen Schutzes biotechnologischer Erfindungen, in: Geistiges Eigentum: Schutzrecht oder Ausbeutungstitel? (2008), 89; *Murphy* Pflanzenzüchterrechte und die Verbesserung von Pflanzensorten, in: UPOV (Hrsg) Die Verwendung genetischer Ressourcen im Pflanzenreich, Aufzeichnungen über ein Symposion, das anlässlich der Vierzehnten Ordentlichen Tagung des Rats des Internationalen Verbands zum Schutz von Pflanzenzüchtungen am 15. Oktober 1980 in Genf stattgefunden hat, 1981, 31; *Mutter* Traditional Knowledge related to Genetic Resources and its Intellectual Property Protection in Colombia, EIPR 2005, 327; *Nägele/Jacobs* Patentrechtlicher Schutz indigenen Wissens, Mitt 2014, 353; *Nijar/Ling* The Implications of the Intellectual Rights Regime of the Convention on Biological Diversity and GATT on Biodiversity Conservation: a Third World Perspective, in: *Krattiger ua (Hrsg)* Widening Perspective on Biodiversity, 1994; *Nitsch* Patentschutz und Marktstruktur, GRUR 1972, 105; *Patterson* Agricultural Applications and Economic Impacts of Patents on Plant Breeding, contract document prepared for the OTA, 1988; *Perrin/Kunnings/Ihnen* Some Effects of the U.S. Plant Variety Prosecution Act of 1970, North Carolina State University 1983; *Plenderleith* Farmers' Rights: Who Owns the Genetic Treasure Chest? 25 Appropriate Technology (1996), 2, 23; *Plucknett ua* Crop Germplasm Conservation and Developing Countries, 220 Science (1983), 163; *Posey/Dutfield* Beyond Intellectual Property Rights: Toward Traditional Resource Rights for Indigenous

Peoples and Local Communities, 1996; *Posey/Dutfield* Plants, Patents and Traditional Knowledge: Ethical Concerns of Indigenous and Traditional Peoples, *in: van Overwalle (1998); Pray/Knudson* Impact of Intellectual Property Rights on Genetic Diversity: The Case of U.S. Wheat, 12 Contemporary Economic Policy (1994), 102; *Price* The Economic Impact of Novel Genes in Plant Biotechnology: Not without Strong Intellectual Property Rights, in: *Adams/Adams* Conservation of Plant Genes, 1992; *RAFI* Farmers' Rights: the Informal Innovation Systam at GATT (TRIPs) and in Intellectual Property Negotiations in the Context of New Biotechnologies, RAFI Communiqué Mai/Juni 1989, 1; *Rangnekar* GATT, Intellectual Property Rights, and the Seed Industry: Some Unsolved Problems, 1996; *Ruttekolk* Der Schatten des zahnlosen § 34a PatG: Mögliche Konsequenzen des Inkrafttretens des Nagoya-Protokolls für die Praxis, Mitt 2015, 434;

Sahai Protection of New Plant Varieties – A Developing Country Alternative, 34/10–11 Econ. & Pol. Weekly 579 (1999); *Santamauro* Reducing the Rhetoric: Reconsidering the Relationship of the TRIPs Agreement, CBD and Proposed New Patent Disclosure Requirements Relating to Genetic Resources and Traditional Knowledge, EIPR 2007, 91; *Scalise/Nugent* International Intellectual Property Protection for Living Matter: Biotechnology, Multinational Conventions and the Exception for Agriculture, 27 Case Western Reserve J of International Law (1995), 85; *Secretariat of the Convention on Biological Diversity* The Impact of Intellectual Property Rights Systems on the Conservation and Sustainable Use of Biological Diversity and on the Equitable Sharing of Benefits from its Use: A Preliminary Study, 1996; *Sehgal* IPR Driven Restructuring of the Seed Industry, 29 BiotDevMon (1996), 18; *Sellnick* Erfindung, Entdeckung und die Auseinandersetzung um die Umsetzung der Biopatentrichtlinie der EU, GRUR 2002, 121; *Sherman* Regulating Access and Use of Genetic Resources: Intellectual Property Law and Biodiscovery, EIPR 2003, 301; *Shiva* Agricultural Biodiversity, Intellectual Property Rights and Farmers' Rights, Economic and Political Weekly 1996, 1621; *Shiva* Biodiversity Totalitarianism: IPRs and Seed Monopolies, 32 Economic and Political Weekly (1997), 2582; *Spangenberg* Auswirkungen der Bio- und Gentechnik auf die »Dritte Welt«, in: *Altner ua (Hrsg)* Gentechnik und Landwirtschaft, 1988, 127; *Spranger* Indigene Völker, »Biopiraterie« und internationales Patentrecht, GRUR 2001, 89; *Stallmann/Schmid* Property Rights in Plants: Implications for Biotechnological Research and Extension, American J for Agricultural Economy 1987, 432; *Stenson/Gray* Cultural Communities and Intellectual Property Rights in Plant Genetic Resources, in: *Hayward/O'Neill (Hrsg)* Justice, Property and the Environment (1997), 178; *Stenton* Biopiracy within the Pharmaceutical Industry: A Stark Illustration of how Abusive, Manipulative and Perverse the Patenting Process can be towards Countries of the South, EIPR 2004, 17; *Straus* The Rio Biodiversity Convention and Intellectual Property, IIC 1993, 602; *Straus* Biodiversity and Intellectual Property, in *Hill/Takenaka/Takeuchi (Hrsg)* Rethinking International Intellectual Property (2001), 141; *Straus* Angabe des Ursprungs genetischer Ressourcen als Problem des Patentrechts, GRUR Int 2004, 792; *Study Committee on Biotechnology and Intellectual Property Rights with Respect to Developing Countries* The Impact of Intellectual Property Rights in Biotechnology and Plant Breeding in Developing Countries, Den Haag 1991; *Subramanian* Genetic Resources, Biodiversity, and Environmental Protection: An Analysis, and Proposals Towards a Solution, 26 Journal of World Trade (1992), 105; *Sung/Pelto* The Biotechnology Patent Landscape in the United States as we enter the New Millenium, 1 JWIP 889 (1998); *Suppan* Biotechnology's Takeover of the Seed Industry, Institute for Agriculture and Trade Policy, Minneapolis, 1998; *Suthersanen* Legal and Economic Considerations of Bioprospecting, in: *Blakeney (1999),* 72; *Swaminathan* Farmers' Rights and Plant Genetic Resources. Recognition and Reward: A Dialogue, 1995; *Swaminathan* Agrobiodiversity and Farmers' Rights, 1996; *Swanson (Hrsg)* Intellectual Property Rights and Biodiversity Conservation: an interdisciplinary analysis of the values of medicinal plants, 1995; *Swarna Latha* Biopiracy and Protection of Traditional Medicine in India, EIPR 2009, 465; *ten Tate/Laird* The Commercial Use of Biodiversity, 1999; *Thomas/Joly/Birtwistle/Hopkins/Simmonds/de Looze/Assouline* The Impact of Intellectual Property Rights on the Development of European Biotechnology, Report for the European Commission, 1998; *Thörner* Das Sortenrecht als Gegenstand wissenschaftlicher Auseinandersetzungen, ZGE/IPJ Band 3, 343 (2011); *Tripp* New Seed and Old Laws: Regulatory Reform and the Diversification of National Seed Systems, 1997; *UPOV* Bericht über die Auswirkungen des Sortenschutzes, 2006; *Urbanski* Chemical Prospecting, Biodiversity Convention, and the Importance of International Protection of Intellectual Property Rights in Biological Materials, 2 Buffalo J of Int Law (1995), 131; *van Dillen/Leen* Patente auf Leben und die Bedrohung der Ernährungssicherheit, eine christliche und entwicklungspolitische Perspektive, April 2000, im Internet unter www.cidse.org/pubs/tg1gecon.htm; *van Wijk* Plant Breeders' Rights Create Winners and Loosers, 23 BiotDevMon (1995), 15; *van Overwalle* Traditional Medicinal Knowledge, Patents and the Convention on Biological Diversity, IngCons 2001, 161; *van Overwalle* Belgium Goes its Own Way on Biodiversity and Patents; EIPR 2002, 233; *van Overwalle* The Implementation of the Biotechnology Directive in Belgium and its After-Effects, IIC 37 (2006), 889; *van Wijk* How Does Stronger Protection of Intellectual Property Rights Affect Seed Supply? Early Evidence of Impact, ODI Natural Resource Perspectives, 1996 Nr 13; *van Wijk* Plant Patenting Provision Revised in WTO, 34 BiotDevMon (1998), 6; *Velvé* An Overview of Concerns Regarding ihe Impacts of Patenting Life Forms in the Third World, Cornell Univ. 2./3.10.1989; *Viswanathan* The Proposed Biological Diversity Act in India, 13/5 World Intellectual Property Report (1999), 170; *von Dungern* Zur Praxis der Lizenzvergabe für gentechnische Erfindungen in den USA, GRUR Int 1982, 502; *von Hahn* Traditionelles Wissen indigener und lokaler Gemeinschaften zwischen geistigen Eigentumsrechten und der public domain, Diss Heidelberg 2002/2003; *von Lewinski* WIPO-Sitzung des zwischenstaatlichen Ausschusses über geistiges Eigentum und genetische Ressourcen, überliefertes Wissen und Folklore, GRUR Int 2002, 836; *Watal* Intellectual Property and Biotechnology: Trade Interests of Developing Countries, 2000 Int. J. Biotechnology 44; *Wells* Patenting New Life Forms: An Ecological Perspective, EIPR 1994, 111; *Wendland* Intellectual Property, Traditional Knowledge and Folklore: WIPO's Exploratory Program, 33 IIC (2002) 485, 606; *G. Winter* Patent Law Policy in Biotechnology, J of Environmental Law 1992, 167; *Wolfrum* The Principle of Common Heritage of Mankind, Zs für ausländisches öffentliches Recht und Völkerrecht 1983, 312; *Wolfrum ua* Genetische Ressourcen, traditionelles Wissen und geistiges Eigentum im Rahmen des Übereinkommens über die Biologische Vielfalt. Schlussbericht des F + E-Vorhabens »Rechtliche Analyse des Übereinkommens über die Biologische Vielfalt unter besonderer Berücksichtigung der Fragen des geistigen Eigentums«, 2001; *Wright* Intellectual Property and Farmers' Rights, in: *Evenson/Gollin/Santaniello (Hrsg)* Agricultural Values of Plant Genetic Resources, 1998; *Wynberg* Bioprospecting, access and benefit-sharing in South Africa, 2004; *Wynberg* Bioprospecting Delivers Limited Benefits in South Africa, EIPR 2004, 239; *Yinliang Liu* Justification of Subject-matter for Legal Protection of Traditional Knowledge, EIPR 2007, 456; *Xuan Li* Novelty and Inventive Step: Obstacles to Traditional Knowledge Protection under Patent Regimes. A Case Study in China, EIPR 2007, 134; *Zografos* Intellectual Property and TCEs, 2010.

Textausgaben: *Kunhardt* Saatgut- und Sortenschutzrecht in der Bundesrepublik Deutschland, 1983 (Loseblatt); *Rutz/Freudenstein (Hrsg)* Sorten- und Saatgut-Recht[12], 2010. Engl Übersetzung des SortG in PVP 86 (1999), 16

Schrifttum zum GemSortV: *Kiewiet* Colloquium »Modern Plant Breeding and Intellectual Property Rights« on January, 26th, 2001 in Einbeck, im Internet unter ww.cpvo.fr; *Kiewiet* The Community Plant Variety Protection System, 2009; *Llewelyn/Addock* European Plant Variety Protection, 2007; *van der Kooij* Introduction to the EC Regulation on Plant Varieties Protection, 1997; *van der Koij* Naar een EG-richtlijn kwekersrecht? BIE 2001, 187; *Wuesthoff/Reda* EuroSortenschutz, GRUR 1974, 601; *van der Kooij* Introduction to the EC Regulation on Plant Variety Protection, 1997; *Würtenberger/Ekvad/van der Kooj/Kiewiet* European Union Plant Variety Protection, 2. Aufl 2015

Schrifttum zum PflZÜ: *Barton* The International Breeder's Rights System and Crop Plant Innovation, 216 Science (1982), 1071; *Bootsmann* Het Kwekersrecht en de Implementatie van het UPOV-Verdrag, AgrarR 1999 Beil I S 7; *Byrne* Commentary on the Substantive Law of the UPOV 1991 Convention, 1991; *Byrne* Plant Breeding and the UPOV, 2 Review of European Community and International Environmental Law (1993), 136; *Erbisch/Maredia (Hrsg)* Intellectual Property Rights in Agricultural Biotechnology[2], 2004; *Fikkert/van der Kooij* 50 jaar Internationaal Verdrag tot bescherming van kweekprodukten, Agrarisch Recht 72 (2012): 256; *Genetic Resources Action International GRAIN* Ten Reasons Not to Join UPOV, Global Trade and Biodiversity in Conflict, 1998; *GRAIN* Beyond UPOV: Examples of developing countries preparing non-UPOV sui generis plant variety protection schemes for compliance with TRIPS, July 1999; *GRAIN* UPOV on the War Path, Seedling Vol 16 Nr 2 (June) 1999, *B. Goebel* Pflanzenpatente und Sortenschutzrechte im Weltmarkt, zugleich ein Beitrag zur Revision von Art. 27 Abs. 2 b) TRIPS-Übereinkommen, 2001 (Schriften zum Technikrecht Bd 2), zugl Diss Freiburg/Br 2000; *Greengrass* Recent Phenomena in the Protection of Industrial Property, PVP 57 (1989), 28; *Greengrass* UPOV and the Protection of Plant Breeders – Past Developments, Future Perspectives, IIC 1989, 622; *Greengrass* UPOV and Farmers' Rights, in: *Swaminathan (Hrsg)* Agrobiodiversity and Farmers' Rights, 1996, 50; *Greengrass/UPOV/International Union for the Protection of New Varieties of Plants* UPOV Seminar on the Nature and Rationale for the Protection of Plant Varieties Under the UPOV Convention: The Interface between Plant Breeders' Rights and Other Forms of Intellectual Property and the Future, Budapest, 19.–21.9.1990 (1991); *Jühe Das* Züchterrecht des Internationalen Übereinkommens zum Schutz von Pflanzenzüchtungen, GRUR Int 1963, 525; *LaClavière* The Convention of Paris of December 2, 1961 for the Protection of New Varieties of Plants and the International Union for the Protection of New Varieties of Plants, IndProp 1965, 224; *LaClavière* A New Intellectual Property Union is Born: The International Union for the Protection of New Plant Varieties, IndProp 1969, 154; *Mast* Der Schutz von Pflanzenzüchtungen – internationale Aspekte, FS 20 Jahre VVPP (1975), 195; *Ronga* La protection internationale des obtentions végétales (Convention de Paris du 2 Décembre 1961), SMI 1966, 23; *Rutz* Das deutsche Sortenschutzrecht und die Umsetzung des UPOV-Übereinkommens, AgrarR 1999 Beil I S 3; *Schade* Der Schutz neuer Pflanzenzüchtungen, GRUR Int 1957, 325; *Schade/Pfanner* Internationaler Schutz von Pflanzenzüchtungen, GRUR Int 1961, 1; *Schade/Pfanner* Das internationale Übereinkommen zum Schutz von Pflanzenzüchtungen, GRUR Int 1962, 341 (enthält knappe Kommentierung, auch separat); *Schennen* Die diplomatische Konferenz zur Revision des UPOV-Übereinkommens im März 1991, Mitt 1991, 129; *Skov* The Work of UPOV, in: *UPOV (Hrsg)* The Protection of New Varieties of Plants, Records of a Meeting of Member and Non-Member States of the Union for the Protection of New Varieties of Plants, 1975, 35; *UPOV* Aide Mémoire pour la Ratification du Nouvel Accord de Bangui et l'Adhésion à l'Union Internationale pour la Protection des Obtentions Végétales (UPOV), Genève, Juin 1999; *von Pechmann* Anwendung der Internationalen Übereinkunft zum Schutz von Pflanzenzüchtungen von 1961, GRUR Int 1970, 233; *von Pechmann/Straus* Die Diplomatische Konferenz zur Revision des Internationalen Übereinkommens zum Schutz von Pflanzenzüchtungen, GRUR Int 1991, 507; *Windisch* Gewerblicher Rechtsschutz und Urheberrecht im zwischenstaatlichen Bereich (1969), S 207 ff; *Franz Wuesthoff* Internationales Übereinkommen zum Schutz von Pflanzenzüchtungen, GRUR 1962, 334; *Franz Wuesthoff* Zur Auslegung der Pariser Internationalen Konvention zum Schutz von Pflanzenzüchtungen von 1961, SgW 1972, 430

Materialien: SaatG 1953: zu Entwürfen *Wuesthoff* SgW 1950, 148, 1951, 172, 199 und *Wuesthoff* GRUR 1951, 568. **SortG 1968:** Begr BTDrs V/1630 = BlPMZ 1968, 215. **SortÄndG 1974:** Begr BTDrs 7/596 = BlPMZ 1975, 44; vgl Eingabe der DVGR MittDVGR 1968, 26. **SortG 1985:** Begr BTDrs 10/816 = BlPMZ 1986, 136. **1. SortÄndG 1992:** RegE mit Begr, Stellungnahme Bundesrat, Gegenäußerung Bundesregierung BTDrs 12/1059, Beschlussempfehlung und Bericht BTDrs 12/1755. **SortÄndG 1997:** RegE BTDrs 13/7038, Stellungnahme Bundesrat und Gegenäußerung

Bundesregierung BTDrs 13/7446, Beschlussempfehlung und Bericht BTDrs 13/7639; vgl auch BTDrs 13/2720 (GRUR 1996, 33); **BioTRIUmsG:** RegE vom 18.10.2000, BRDrs 655/00, Stellungnahme Bundesrat BRDrs 655/1/00; Bundestagsvorlage und Gegenäußerung der Bundesregierung BTDrs 14/5642; **PflZÜ:** Materialien zur Pariser Konferenz in PropInd 1961, 11; WIPO Report of the Committee of Experts on the Interface Between Patent Protection and Plant Breeders Rights, WIPO/UPOV/CE/14 (1990); umfangreicher Nachweis weiterer Materialien zum Sortenschutz bei *Neumeier* S XLVIII ff.

A. Entstehungsgeschichte

I. Vor 1950

1 Das SortRecht ist im Verhältnis zum Patentrecht erst spät entwickelt worden,[1] obwohl die Materie, auf die er sich bezieht, das Pflanzenzüchtungswesen, alt ist.[2] Bemühungen um ein modernes Züchterrecht gehen auf den »Vater der modernen Pflanzenzüchtung«, den Direktor des Kaiser-Wilhelm-Instituts für Züchtungsforschung Erwin Baur, zurück.[3] Systeme der Saatgutprüfung und -anerkennung bestanden in Deutschland seit 1895.[4] Der Schutz über vertragliche Bindungssysteme wie über das Warenzeichenrecht der Sortenbezeichnung erwies sich als unzureichend.[5] Der erste Entwurf eines Saat- und Pflanzgutgesetzes wurde 1929 vorgelegt.[6] Weitere Entwurfsfassungen, die auf den »landeskulturellen Wert« als Schutzvoraussetzung abstellten, entstanden nach 1933, jedoch kamen nur saatgutverkehrsrechtl Regelungen zustande.[7] Die Vereinigten Staaten schufen 1930 eine Patentierungsmöglichkeit (US Plant Patent Act).[8] Auch in Frankreich und den Niederlanden wurden Schutzsysteme geschaffen.

---

1 Vgl zur Regelung des Kirchenstaats aus dem Jahr 1833, nach der jeder, der ein natürliches Erzeugnis entdeckt oder eine neue landwirtschaftliche Art einführt, für eine begrenzte Zeitdauer ein exklusives Eigentumsrecht daran erhalten sollte, *Vannutelli* Acta Gregorii Papae XVI., Bd IV 2 (1904), 269; *Lange* GRUR Int 1985, 88; *Bruchhausen* FS H. Kirchner (1985), 21.
2 Vgl die Darstellung bei *B. Goebel* S 57 ff.
3 *Franz Wuesthoff* SgW 1950, 148; *Freda Wuesthoff* GRUR 1957, 49.
4 Vgl *Lange* GRUR Int 1985, 88; *Neumeier* S 13ff.
5 Vgl *Wuesthoff*¹ II.1., 2; KG JW 1921, 1550 Substantia-Nachbau m kr Anm *Katz*.
6 GRUR 1930, 244; *Herzfeld-Wuesthoff* 1931, 300; *G. Hesse* 1931; *Lange* GRUR Int 1985, 88; *Neumeier* S 15 f.
7 *Wuesthoff*¹ II.3; zum politischen Hintergrund *Neumeier* S 21 ff.
8 Vgl *Neumeier* S 63ff.

II. Seit 1950

1. Saatgutgesetz 1953

Entwürfe für ein Saatgutgesetz wurden in der Bundesrepublik Deutschland 2
1950 vorgelegt.[9] Ein eigenständiger Sortenschutz wurde in der Bundesrepublik 1953 im Rahmen des Gesetzes über Sortenschutz und Saatgut von Kulturpflanzen vom 27.6.1953 (SaatG) eingeführt, dessen Erster Teil zunächst die Rechtsgrundlage bildete.[10] Mit diesem Gesetz ist erstmals in Deutschland ein privatrechtliches, dem Patentrecht ähnliches Schutzrecht für Pflanzenzüchtungen geschaffen worden.[11] Grund hierfür waren insb Schwierigkeiten bei der Patentierung botanischer Neuzüchtungen.[12] Das Saatgutverkehrsrecht war im Zweiten Teil des SaatG geregelt, der in § 68 auch eine Kollisionsnorm für patentierte Pflanzensorten enthielt. Zugleich wurde das Bundessortenamt (BSA) in Rethmar (jetzt in Hannover) errichtet. Ausschließlich den Verkehr mit Saatgut betraf das Gesetz über forstliches Saat- und Pflanzgut vom 25.9.1957,[13] das durch das Fortvermehrungsgutgesetz vom 22.5.2002[14] abgelöst worden ist. Im Saarland ist das SaatG mWv 1.1.1964 eingeführt worden (§ 3 Abs 3 Nr 5 BRSaarEG).

2. Internationales Übereinkommen zum Schutz von Pflanzenzüchtungen

Die Forderung nach einem wirksamen internat Schutz wurde auf dem AIP- 3
PI-Kongress 1952 erhoben.[15] Dem unter maßgeblicher dt Beteiligung unter frz Federführung ausgearbeitete Internationale Übereinkommen zum Schutz von Pflanzenzüchtungen vom 2.12.1961 (PflZÜ)[16] hat die Bundesrepublik mit Gesetz vom 10.5.1968[17] zugestimmt.[18] Das Übk steht außerhalb der PVÜ, entspricht aber deren grundlegenden Prinzipien.[19] Kennzeichnend für

---

9 *Wuesthoff*¹ II.4. mwN; *Neumeier* S 24 ff; *Moufang* S 90 ff.
10 Hierzu *Büttner* Die Saatgutordnung, 1954.
11 Vgl Begr BTDrs V/1630 = BlPMZ 1968, 215.
12 Vgl Begr BTDrs 12/816 = BlPMZ 1986, 136.
13 BGBl I 1388; Neufassung BGBl 1969 I 2057; vgl *Schwarzer* Das Gesetz über forstliches Saat- und Pflanzgut, Mitt 1958, 6.
14 BGBl I 1658.
15 *Würtenberger* S 13 mwN.
16 GRUR Int 1962, 348; BlPMZ 1968, 250; vgl *Neumeier* S 33 ff.
17 BGBl II 428.
18 Vgl Denkschrift BlPMZ 1968, 262.
19 Vgl *Windisch* Gewerblicher Rechtsschutz und Urheberrecht im zwischenstaatlichen Bereich (1969), S 207 f.

das internat SortSystem ist, dass der Schutz in den Konventionsländern grds nur Konventionsangehörigen zugänglich ist; Ausnahmen kommen jedoch insb bei Gegenseitigkeit in Betracht. Das System weist damit Parallelen zum späteren Halbleiterschutz auf. Der durch das PflZÜ begründete Verband (UPOV, International Union for the Protection of New Varieties of Plants, Union Internationale pour la Protection des obtentions végétales, Internationaler Verband zum Schutz von Pflanzenzüchtungen) ist kein besonderer Verband iSd Art 15 PVÜ, sondern eigenständig,[20] allerdings in engster Zusammenarbeit mit der Weltorganisation für geistiges Eigentum (WIPO).[21] Das Übk ist durch die Zusatzakte vom 10.11.1972[22] ergänzt, am 23.10.1978[23] und erneut am 19.3.1991 revidiert worden;[24] die Revision ist am 24.4.1998 in Kraft getreten.[25] Die Fassung 1978 kennt anders als die von 1991 noch keine Abhängigkeitsregelung, erstreckt den Schutz nicht auf Endprodukte und setzt dem »Landwirteprivileg« praktisch keine Grenzen.[26] Nach Art 34 Abs 3 PflZÜ »ersuchen jeder Staat, der dem Verband nicht angehört, sowie jede zwischenstaatliche Organisation vor Hinterlegung ihrer Beitrittsurkunde den Rat um Stellungnahme, ob ihre Rechtsvorschriften mit diesem Übereinkommen vereinbar sind.« **Mitglieder**[27] s Anhang ausländisches Recht. Ein Recht zum Beitritt zum PflZÜ 1978 haben noch Indien und Simbabwe.

3. Sortenschutzgesetz 1968

4 Das PflZÜ erforderte eine Neuregelung, die durch das Gesetz über den Schutz von Pflanzensorten (Sortenschutzgesetz) vom 20.5.1968 unter Abtrennung des Saatgutverkehrsrechts erfolgt ist,[28] das 1974 umfassend geänd und 1977 sowie 2004 neu bekanntgemacht wurde. Infolge des Übk konnte der Schutz nicht mehr vom landeskulturellen Wert der Sorte abhängig gemacht werden,[29] der allerdings weiterhin (mit Ausnahmen) Voraussetzung für die

20 Vgl *Wuesthoff*[2] § 1 Rn. 3.
21 Vgl Art 4 Nr iii WIPO-Übk.
22 BGBl 1976 II 437 = BlPMZ 1976, 161.
23 Gesetz vom 28.8.1984, BGBl II 809 = BlPMZ 1984, 351.
24 BGBl 1998 II 259 = BlPMZ 1998, 232; vgl auch *B. Goebel* S 94 ff.
25 Vgl Beitrittsgesetz vom 25.3.1998 BGBl II 258 = BlPMZ 1998, 232.
26 *Straus* GRUR Int 1996, 179, 191; zur Praxis von Vertragsstaaten, in ihre Gesetzgebung einzelne Vorschriften der Fassung 1991 zu übernehmen, *B. Goebel* S 272.
27 Im Jahr 2017 74 (einschließlich EG und OAPI); Aufstellung BlPMZ 2017, 174.
28 Vgl Begr BTDrs V/1630 = BlPMZ 1968, 215; *Neumeier* S 48 ff.
29 Begr BTDrs V/1630 = BlPMZ 1968, 215.

Sortenzulassung nach § 30 SaatG ist. Durch die Neuregelung sollte das Sort-Recht zudem stärker an das Patentrecht angeglichen werden.[30]

4. Sortenschutzgesetz 1985

Das SortG vom 11.12.1985 berücksichtigt insb die Revision des PflZÜ vom   5
23.10.1978; es enthält darüber hinaus eine Bereinigung der verfahrensrechtl
Regelungen, die durch eine weitgehende Verweisung auf das Verwaltungsver-fahrensrecht des Bundes möglich wurde.[31]

Das SortG 1985 wurde in der Folgezeit mehrfach **geändert**, insb durch das PrPG   6
und das Erste Gesetz zur Änderung des Sortenschutzgesetzes (1.SortÄndG) aus
dem Jahr 1992, das eine Ausdehnung des Sortenschutzes auf nunmehr alle
Pflanzensorten brachte.

Weitere Änderungen brachte das **Sortenschutzänderungsgesetz 1997**   7
(SortÄndG 1997), in dessen Folge das Gesetz neu bekanntgemacht wurde.
Dieses Gesetz berücksichtigt die Neufassung des PflZÜ vom 19.3.1991 sowie
die GemSortV (Rn. 44 ff), die ihrerseits in ihrem materiellen Recht auf der
Neufassung des PflZÜ beruht.[32] Kleinere Änderungen haben ua das Schuld-rechtsmodernisierungsgesetz sowie das Gesetz zur Bereinigung von Kosten-regelungen auf dem Gebiet des geistigen Eigentums gebracht. Das Gesetz zur
Umsetzung der Richtlinie über den rechtlichen Schutz biotechnologischer
Erfindungen (BioTRlUmsG) vom 21.1. 2005 hat den neuen § 12a eingefügt.
Im Zug der Umsetzung der Durchsetzungsrichtlinie sind durch das Gesetz
zur Verbesserung der Durchsetzung von Rechten des geistigen Eigentums wei-tere Änderungen erfolgt, die denen im Patentrecht entsprechen. Im Zug der
Anpassung an den Lissabon-Vertrag wurden die §§ 6 und 7 geänd. Infolge
der Einführung des Bundesgebührengesetzes wurde § 33 geänd; die abschlie-ßende Fassung dieser Bestimmung ist noch nicht in Kraft getreten.

B. Ziele des Sortenschutzes

Die Entwicklung einer neuen Sorte dauert in der Regel mindestens zehn Jah-   8
re.[33] Mit dem Inverkehrbringen von Vermehrungsgut wird anders als bei toter
Materie der Allgemeinheit auch die Möglichkeit zur praktisch unbegrenzten

---

30 Begr BTDrs V/1630 = BlPMZ 1968, 215.
31 Vgl Begr BTDrs 12/816 = BlPMZ 1986, 136.
32 Begr BTDrs 13/7038 S 10.
33 *Wuesthoff*[1] Einl SortG; *Leßmann/Würtenberger*[2] § 1 Rn. 1.

Vermehrung zur Verfügung gestellt.[34] Die züchterische Leistung begründet eine der Eigentumsgarantie des Art 14 GG unterliegende Position,[35] bei deren Ausgestaltung dem Gesetzgeber allerdings ein weiter Spielraum zukommt.[36] Ziel der Einführung des Sortenschutzes war die Schaffung eines dem Patentschutz vergleichbaren Schutzrechts, das dem Züchter oder Entdecker bei Vorliegen der Schutzvoraussetzungen und nach seiner Erteilung »ein Verbietungsrecht gegenüber Dritten und eine Grundlage für Lizenz- oder Vermehrungsverträge gibt und dessen Anwendung die züchterische Betätigung anregt und damit zur Förderung der Pflanzenzüchtung beiträgt«.[37]

9   Der Sortenschutz steht – wie der Patentschutz – in einem **Spannungsverhältnis** zu dem Interesse der Allgemeinheit,[38] insb aber der unmittelbar betroffenen Nutzer, an einem freien Zugang zu den vorhandenen Ressourcen[39] und zum Nachbau vor allem in der Landwirtschaft (»Landwirteprivileg«, »farmers' rights«;[40] vgl § 10a). Auf den Einfluss der Züchterorganisationen ist wiederholt hingewiesen worden.[41] Ein weiteres Spannungsfeld eröffnet sich zwischen den traditionellen Pflanzenzüchtern und den Bauernverbänden einerseits[42] und der Industrie und den pflanzengenetischen Forschungsinstituten andererseits; hierin liegt ein wesentlicher Grund für die Diskussion des Verhältnisses von Patentschutz und Sortenschutz (Rn. 15 ff.). Insb im Verhältnis zu Entwicklungsländern wird verschiedentlich nicht nur in Bezug auf Patente, sondern auch auf SortRechte der Vorwurf der Biopiraterie erhoben (vgl hierzu die Regelung in § 34a PatG).[43] Zu den Auswirkungen des gewerblichen

---

34 Vgl *Freda Wuesthoff* GRUR 1957, 49.

35 Vgl *H. G. Hesse* GRUR 1971, 101.

36 Vgl *Busse/Keukenschrijver* PatG Einl Rn. 57 f.

37 *Wuesthoff*¹ Einl SortG; eingehend zu den wirtschaftlichen Auswirkungen *Bauer* S 38 ff.

38 Vgl *van de Graaf* S 91.

39 Vgl *Busse/Keukenschrijver* Einl PatG Rn. 62; *MGK/Moufang* Art 53 EPÜ Rn. 59; *Neumeier* S 232 ff; vgl weiter die Forderung des Bundesrats (BRDrs 655/1/00 S 7), die Bemühungen zu verstärken, um die Verhandlungen, die auf einen gerechten Ausgleich hinsichtlich der Nutzung der genetischen Ressourcen zwischen den Ländern der Dritten Welt und entwickelten Ländern zielen, zu einem Abschluss zu bringen.

40 Vgl *Bauer* S 289 ff.

41 *Tilmann* GRUR 1979, 512; *Bauer* S 39.

42 *Beier* (Vorwort zu *Neumeier* S VII) bezeichnet sie als »grüne Front«.

43 Bsp (farbige Baumwolle) bei *B. Goebel* S 39 mNachw.

Rechtsschutzes auf die genetische Vielfalt (Biodiversität)[44] ist vor allem die rechtlich nicht bindende Verpflichtung der FAO zu Pflanzengenetischen Ressourcen aus dem Jahr 1983 mit dem »Common Heritage«-Grundsatz[45] von Interesse. Mit der auf der 27. FAO-Konferenz 1993 beschlossenen Neuverhandlung wurde eine rechtlich bindende Vereinbarung angestrebt,[46] in deren Rahmen sich die Vertragsstaaten unter Anpassung der Verpflichtung an das Übk über die Biologische Vielfalt vom 5.6.1992 (Convention on Biological Diversity – CBD;[47] dessen Art 16 Abs 5 lautet: »The Contracting Parties, recognizing that patents and other intellectual property rights may have an influence on the implementation of the present Convention, shall cooperate in this regard subject to national legislation and international law in order to ensure that such rights are supportive of and do not run counter to the objectives of this convention.«) verpflichten sollten, im Hinblick auf die weltweite Ernährungssicherung und eine nachhaltige Landwirtschaft einen erleichterten Zugang zu pflanzengenetischen Ressourcen zu gewähren. Danach sind unter bestimmten Voraussetzungen Pflichtabgaben für Inhaber gewerblicher Schutzrechte vorgesehen.[48] Die Commission on Genetic Food Resources for Agriculture der FAO hat im Juni 2001 einen Text über Rechte der Landwirte angenommen.[49] Die 31. FAO-Konferenz hat am 3.11.2001 den am 29.6.2004 in Kraft getretenen Internationalen Vertrag über pflanzengenetische Ressourcen für Ernährung und Landwirtschaft[50] verabschiedet, dem 120 Mitglieder angehören, darunter alle EU-Mitgliedstaaten, Norwegen, Island und die Schweiz.[51] AIPPI hat vorgeschlagen, dass der Öffentlichkeit zugängliches traditionelles Wissen wie jede andere der Öffentlichkeit zugängliche

---

44 Vgl auch *Neumeier* S 229 ff; *B. Goebel* S 35 ff.

45 Vgl *Bauer* S 266 ff; *Neumeier* S 165 ff; *B. Goebel* S 40 ff; *Spranger* GRUR 2001, 89, 90 f; Antwort der Bundesregierung BTDrs 12/3871 S 4; zu Äußerungen in Deutschland auch Nachw bei *Busse*[5] § 2 PatG Rn. 72; vgl zur schweiz Gen-Schutz-Initiative *Calame/Schweizer* SJZ 1998, 173, 178.

46 Entwurf im Internet unter www.fao.org/Waicent/FAOINFO/agricult/cgrfa.

47 BGBl 1993 II 1741; auch im Internet unter www.biodiv.org/chm/conv/default/ htm; vgl vgl *Lawson* EIPR 2011, 135; kr *Spranger* GRUR 2001, 89 ff, ua unter Hinweis auf den EG-Ratsbeschluss vom 25.10.1993 ABl EG L 309 vom 13.12.1993 S 1, 20.

48 Näher zur Konvention *B. Goebel* S 109 ff.

49 Wortlaut des Art 10 bei *Blakeney* EIPR 2002, 9 f.

50 Näher hierzu *Metzger/Zech* Einf D Rn. 105 ff.

51 Näher *Girsberger* sic! 2002, 541; Verzeichnis der Vetrtagsstaaten im Internet unter http://www.planttreaty.org/list_of_countries.

Information behandelt wird, und die Gesetze nur verlangen sollen, dass der Anmelder nach bestem Wissen und Gewissen die Quelle identifiziert, aus der der Erfinder das genetische Material oder die auf traditionellem Wissen aufbauende Information erhalten hat, und den Anmelder berechtigen, eine fehlende Quellenangabe zu korrigieren oder später erhaltene Information über den Ursprung des genetischen Materials hinzuzufügen.[52] Die durch das BioTRlUmsG eingefügte Bestimmung in § 34a Abs 1 PatG übernimmt den Erwägungsgrund 27 der BioTRl, der wiederum einen Gedanken aus Art 15 des Übk über die Biologische Vielfalt (Convention on Biodiversity, CBD) aufgreift. Die Bestimmung steht in Übereinstimmung mit Art 27 Abs 1 PCT und mit dem PLT.[53] Die Einfügung einer entsprechenden Regelung in die BioTRl (Art 8a) hatte das Parlament der EU vorgeschlagen, während die Kommission sie ablehnte.[54] Durch die Regelung im PatG soll Transparenz geschaffen werden, ohne dem laufenden internat Diskussionsprozess vorzugreifen (Näheres s Begr).[55] Durch das Inkrafttreten des Nagoya-Protokolls[56] für die EU und die EU-VO Nr 511/2014 des Europäischen Parlaments und des Rates vom 16.4.2014 über Maßnahmen für die Nutzer zur Einhaltung der Vorschriften des Protokolls von Nagoya über den Zugang zu genetischen Ressourcen und die ausgewogene und gerechte Aufteilung der sich aus ihrer Nutzung ergebenden Vorteile in der Union[57] (PNagV) sowie die EU-DurchführungsVO 2015/1866 und die hierzu am 27.8.2016 veröffentlichten Leitlinien hat die Diskussion über die Herkunftsangabe bei biologischem Material zusätzlichen Auftrieb erhalten.[58] Es ist vorgeschlagen worden, als genetische Ressourcen in diesem Sinn nur natürliche und nicht auch kultivierte Ressourcen anzusehen.[59] Gegen die EU-VO haben zahlreiche niederländ und dt Züchtungsunternehmen Nichtigkeitsklagen erhoben, die vom EuG wegen fehlender direkter und unmittelbarer Betroffenheit (Art 263 Abs 4 AEUV) als unzulässig

---

52 Entschließung zu Frage Q166.
53 *Curchod* FS Kolle/Stauder (2005), 31, 42.
54 Dok COM (97) 446 final; vgl *Benkard* § 34a PatG Rn. 2 f.
55 Vgl auch die in sic! 2003, 648 referierten Vorschläge der Schweiz betr die Offenlegung der Quelle von genetischen Ressourcen und traditionellem Wissen in Patentanmeldungen; zum Diskussionsstand in der WIPO, der WTO, der CBD-Konferenz und in der EU *Benkard* § 34a PatG Rn. 4 – 5e.
56 ABl EU L 150/234 vom 20.5.2014; eingehend zum Protokoll und dessen Umsetzung *Metzger/Zech* Einf D Rn. 19 ff.
57 ABl EU L 150/59 vom 20.5.2014.
58 Vgl *Ruttekolk* Mitt 2015, 434.
59 *Kock* in *Metzger/Zech* Einf D Rn. 64 ff.

abgewiesen wurden.[60] Die Mitteilungspflicht nach § 34a Abs 2 PatG ist durch Art 2 des Gesetzes zur Umsetzung der Verpflichtungen nach dem Nagoya-Protokoll, zur Durchführung der Verordnung (EU) Nr. 511/2014 und zur Änderung des Patentgesetzes sowie zur Änderung des Umweltauditgesetzes[61] mWv 1.7.2016 eingeführt worden. Für den Sortenschutz dürfte die Einführung einer entsprechenden Bestimmung im Widerspruch zu Art 5 Abs 2 PflZÜ 1991 stehen. Es scheint sich abzuzeichnen, dass Unternehmen insb wegen der sich ergebenden Kettenabhängigkeiten[62] nunmehr vermehrt auf ihre eigenen Genpools zurückgreifen. Biopatent-Monitoring führen in Deutschland das Bundessortenamt (im pflanzlichen Bereich) und die Bundesanstalt für Landwirtschaft und Ernährung (im Bereich der Nutztiere) durch.[63]

Als **Zweck des Sortenschutzes** bezeichnete § 1 SaatG »die Förderung der   10
Züchtung neuer wertvoller Sorten von Kulturpflanzen«. Der BGH hat es als Zweck des SortG bezeichnet, dem SortInhaber den gesamten Bereich der gewerbsmäßigen Erzeugung und des gewerbsmäßigen Vertriebs von Vermehrungsgut der geschützten Sorte zu sichern.[64] »Die Pflanzenzüchtung ist eine unabdingbare Voraussetzung für die Förderung einer wirtschaftlichen und zugleich umweltgerechten Landwirtschaft. [Sie] wird auch weiterhin und in zunehmendem Maße gefordert sein, neue Sorten mit verbesserten Eigenschaften zu entwickeln, um Betriebsmittel einzusparen und Anbauverfahren umweltverträglicher zu gestalten. Entscheidende Grundlage für die Fortführung der Pflanzenzüchtung, die in zunehmendem Maße auf den Einsatz moderner Biotechnologien mit steigenden Aufwendungen für Forschung und Entwicklung angewiesen ist, ist der Sortenschutz, weil nur über ihn die kontinuierlich durchzuführende Züchtungsarbeit finanziert werden kann«.[65] Auf die Begründungen wie im Patentrecht (insb Belohnungs- und Anspornungstheorie) kann zurückgegriffen werden.[66]

---

60 EuG 18.5.2015 T-559/14 und T-560/14, Celex-Nr 62014TO0559_INF und 62014TO0560_INF (jeweils Beschlusstenor).

61 BGBl I 2092, Auszug in BlPMZ 2016, 2; vgl *Metzger/Zech* Einf D Rn. 56.

62 Hierzu *Kock* in *Metzger/Zech* Einf D Rn. 49 ff.

63 Zum Biopatent Monitoring Komitee nach österr Recht öBGBl 2009 I 126.

64 BGHZ 102, 373 = GRUR 1988, 370 Achat.

65 *Papier* GRUR 1995, 241, 243.

66 Vgl *Wuesthoff*² § 10 Rn. 4; *Leßmann/Würtenberger*² § 1 Rn. 22 ff.; *Nirk/Ullmann* S 187; kr *Neumeier* S 226 ff.

C. Gesetzgebungskompetenz

11 Die Gesetzgebungskompetenz liegt beim Bund insb aufgrund des Art 73 Nr 9 GG (gewerblicher Rechtsschutz), dessen Teil der Sortenschutz nach früher bestr, inzwischen aber wohl einhelliger Auffassung darstellt.[67] Ergänzend kann eine Gesetzgebungszuständigkeit des Bunds weiterhin aus Art 74 Nr 17 GG (Förderung der land- und forstwirtschaftlichen Erzeugung), für einzelne Teilregelungen (bürgerlich-rechtl Ansprüche, Straf- und Bußgeldvorschrift, gerichtliches Verfahren) auch aus Art 74 Nr 1 GG abgeleitet werden.

D. Rechtsnatur; Verhältnis zum Patent-, Marken- und Saatgutverkehrsrecht

I. Rechtsnatur des Sortenschutzes

12 Der Sortenschutz ist ein durch Hoheitsakt erteiltes privatrechtliches, dem Zivilrecht angehörendes[68] gewerbliches Schutzrecht, das in erster Linie dazu dient, die Züchter im Interesse der Landwirtschaft einschließlich des Gartenbaus und der Forstwirtschaft zur Schaffung neuer, leistungsfähiger Sorten anzuregen.[69]

13 Das im Rahmen des Sortenschutzes gewährte **Züchterrecht** begründet als besonderes Schutzrecht wie das Patentrecht Immaterialgüterschutz.[70] Die Einordnung in das Immaterialgüterrecht kann auf verschiedene Weise erfolgen. So bildet in Frankreich das Sortenschutzrecht einen Teil des Gesetzbuchs des geistigen Eigentums (Code de la Propriété intellectuelle). Einen ähnlichen Weg ist Belgien (Code de droit économique/Wetboek van economisch recht) gegangen. In anderen Staaten wird der Sortenschutz traditionell vom Patentrecht erfasst, so in Ungarn. Überwiegend erfolgt die Regelung aber in einem Sondergesetz (»Gesetz über den Schutz von Pflanzenzüchtungen«, »Plant Variety Act«, »Act on Breeders' Rights«). In Deutschland wurde im Jahr 2012 von

---

67 Vgl EuGH Slg 1982, 2015 = GRUR Int 1982, 530 Maissaatgut; *Leßmann/ Würtenberger* [2] Kap 1 Rn. 25.

68 *Leßmann* GRUR 1986, 19, 22.

69 Begr BTDrs 12/816 = BlPMZ 1986, 136.

70 Str; vgl BGHZ 49, 331 = GRUR 1968, 195, 197 Voran; BGHZ 65, 347, 351 = GRUR 1976, 385 Rosenmutation; LG Lüneburg VersR 1991, 296; *Wuesthoff*[2] § 1 Rn. 3; *Leßmann/Würtenberger*[2] § 1 Rn. 25; *Heydt* GRUR 1967, 452, 453 mwN; *Tilmann* GRUR 1979, 512, 514; *Metzger/Zech* § 2 SortG Rn. 11 f.; aA noch *Nirk* in *Klauer/ Möhring* Patentrechtskommentar[3] (1972) Internationales Patentrecht Rn. 6 S 1658.

professoraler Seite ein »Modellgesetz für Geistiges Eigentum«[71] als Entwurf vorgelegt, der sortrechtl Bestimmungen sowohl im Allgemeinen Teil (Buch 1, § 76, § 94, § 139) als auch im Organisations- und Verfahrensrecht (Buch 2, §§ 13 ff, §§ 45 ff) sowie materielle Regelungen insb über die Schutzvoraussetzungen und spezielle Verfahrensfragen in Buch 8 enthält; die Erfassung von Arbeitnehmerzüchtungen wird zu Buch 10 diskutiert. Schutzgegenstand ist bei ihm eine bestimmte neue Pflanzensorte, und zwar nicht das konkrete Vermehrungsmaterial, sondern die Gesamtheit der für die Pflanzensorte entscheidenden genetischen Information, die im Weg der natürlichen Vererbung an die Generationen der Nachkommen weitergegeben wird.[72] Gegenüber der herrschenden Auffassung, die man als Immaterialgüterrechtstheorie bezeichnen kann,[73] vertreten andere die Auffassung, dass es sich um Sachschutz handle.[74]

Die Erteilung des Sortenschutzes erfolgt wie beim Patent durch staatlichen **14** oder überstaatlichen Verleihungsakt[75] (vgl Rdn. 3 zu § 28).

II. Verhältnis zum Patentrecht[76]

Schrifttum seit 1975 (älteres vor Rdn. 1): *Adam* Ethische und rechtliche Probleme der Patentierung genetischer Information. Ein Tagungsbericht, GRUR Int 1998, 391; *Adler* Können Patente und Pflanzenzüchterrechte nebeneinander bestehen? GRUR Int 1988, 11 = Can Patents Coexist with Breeders' Rights? IIC 1986, 195; *Adler* Patenting of Gene Sequences – Why and When, FS F.-K. Beier (1996), 3; *Ahrens* Genpatente – Rechte am Leben? GRUR 2003, 89; *Andersen/Koktvedgaard* Biotechnologi og patentret, 1990; *Anderson* NIH drops bid for gene patents, 263 Science (1994), 909; *Anderson/Tilmann* Patent protection for plants – The Novartis Ruling by the European Patent Office, Mitt 2000, 192; *Astudillo Gómez* La protección legal de las invenciones. Especial referencia a la biotecnologia, 1995; *Astudillo Gómez ua* Biotecnologia y Derecho, 1997; *Azéma* Chroniques de législation et de jurisprudence

---

71 *Ahrens/McGuire* Modellgesetz für Geistiges Eigentum, 2012.
72 *Straus* GRUR 1993, 794, 795.
73 Vgl auch *Lange* PVP 83 (1998), 25, 28; *Moufang* IIC 1992, 328, 336; *Roberts* EIPR 1996, 531, 532; *Funder* EIPR 1999, 551, 555.
74 *Papke* Mitt 1988, 61f; *Huber* Mitt 1994, 174.
75 *Leßmann* GRUR 1986, 19, 22.
76 Vgl die Stellungnahmen der Pflanzenzüchterverbände ASSINSEL und CIOPORA GRUR Int 1988, 852.

françaises, II. Propriétés incorporelles, Revue trimestrielle de droit commercial 1996, 259;

Bauer Patente für Pflanzen – Motor des Fortschritts? Umweltrechtliche Studien Bd 15 = Diss Bremen 1993; *Baumbach* Mikroorganismenschutz per se – Eine Brücke zwischen Patentschutz und Sortenschutz, Mitt 1991, 13; *Beier* Biotechnologie und gewerblicher Rechtsschutz, GRUR Int 1987, 285, auch in GesRPol (1988), 1; *Beier* Gewerblicher Rechtsschutz für moderne biotechnologische Verfahren und Produkte, GRUR Int 1990, 219; *Beier/Crespi/Straus* Biotechnology and Patent Protecting, 1985 = Biotechnologie und Patentschutz, 1986; *Beier/Ohly* Was heißt »unmittelbares Verfahrenserzeugnis«? GRUR Int 1996, 973; *Beier/Straus* Gentechnologie und gewerblicher Rechtsschutz, FS 25 Jahre BPatG (1986), 133 = IndProp 1986, 447 = PropInd 1986, 483 = Bitburger Gespräche 1986 Bd 1 S 127; *Ben-Ami (Hrsg)* Legal Aspects of Biotechnology – Proceedings of International Symposium, October 1986, chaired by *Shoshana Berman* (Bespr *Moufang* GRUR Int 1991, 172); *Bent/Schraal/Gulin/Jeffery* Intellectual Property Rights in Biotechnology Worldwide, 1987; *Bercovits* Problemática de la protección de las invenciones biotecnológicas desde una perspectiva europea, RDI 1990, 55; *Bergel* El proyecto de directiva europea relativo a la protección jurídica de invenciones biotecnológicas, RDI 1990, 85; *Bergmans* Propriété industrielle et diversité biologique des espèces végétales et animales, IngCons 1987, 319; *Bergmans* La protection des innovations biologiques – Une étude de Droit comparé, Diss Louvain-la-N. 1991 (Bespr *Moufang* GRUR Int 1993, 899); *Bezold* Protection of Biotechnological Matter, European and German Law, 1996; Biotechnologie: Umfrage des Bundesjustizministeriums, GRUR 1988, 194 (Stellungnahme DVGR GRUR 1987, 506); *Billon/Guérin* La propriété industrielle en biotechnologie, in *Pelissolo* La biotechnologie, demain? 1981 Annexe III, 91; *R. Blum* Fragen der Patentfähigkeit von Erfindungen auf dem Gebiet der lebenden Materie, GRUR Int 1981, 293; *U. Blum* Der Patentschutz für mikrobiologische Erzeugnisse nach dem schweizerischen Patentrecht und dem europäischen Patentübereinkommen, Diss Zürich 1978, auch St Galler Studien zum Wettbewerbs- und Immaterialgüterrecht 1979; *U. Blum* Ausgewählte Fragen über den Patentschutz von Mikroorganismen nach dem Europäischen Patentübereinkommen und dem schweizerischen Patentrecht, FS 100jähr Bestehen der Fa E. Blum & Co., Patentanwälte, Zürich, 1978; *Bordwin* The Legal and Political Implications of the International Undertaking on Plant Genetic Resources, Ecology Law Quarterly 1053; *Böringer* Industrial Property Rights and Biotechnology, PVP 55 (1988), 45; *Bostyn* Octrooieren van klonen en andere biologische merkwaardigheden, BIE 1997, 403; *Bostyn* The Legal Protection of Biological Material, in *Hondius (Hrsg)* Netherlands Reports to the Fifteenth International Congress of Comparative Law Bristol 1998 (1998), 286; *Bostyn* The Patentability of Genetic Information Carriers, 1 Intellectual Property Quarterly (1999), 1; *Bostyn* Enabling Biotechnological Inventions in Europe and the United States, EPOScript Vol 4, 2001; *Botana Agra* La patentabilidad de las invenciones microbiologicas, ADI 6 (1979/80), 29; *Brauer* Biotechnology. Legal, Economic and Ethical Dimensions, 1995; *Brockstrothen* Sortenschutz – Patentschutz, Öko-Mitteilungen 5/1987, 14; *Brush/Stabinski* Valuing Local Knowledge: Indigenous People and Intellectual Property Rights, 1996; *Bush* Eight Reasons Why Patents Should Not Be Extended to Plants and Animals, 24 BiotDevMon (1995), 2; *Busche* Die Patentierung biologischer Erfindungen nach Patentgesetz und EPÜ, GRUR Int 1999, 299; *Busche* Patentrecht zwischen Innovationsschutz und ethischer Verantwortung, Mitt 2001, 4; *Butler/Pistorius* How Farmers' Rights Can Be Used to Adapt Plant Breeders' Rights, 28 BiotDevMon (1996), 7; *Byrne* Patents on Life, EIPR 1979, 297; *Byrne* Plants, Animals and Patents, The Inventor 26/3, 4; *Byrne* Plants, Animals, and Industrial Patents, IIC 1985, 1; *Byrne* Patents for Plants, Seed and Tissue Cultures, IIC 1986, 324; *Byrne* The Scope of Intellectual Property Protection for Plants and Other Life Forms – Part 1, 1989; *Byrne* Patents for biological inventions in the European Communities, World Patent Information (15) Juni 1993 (2), 77; *Byrne* Legal protection for plants and other biological materials, in: *Vancraesbeeck (Hrsg)* Problems of Patent Law (1994), 490;

Cadman Der Schutz von Mikroorganismen im Europäischen Patentrecht, GRUR Int 1985, 242 = IIC 1985, 311; *Calame* Patentschutz für eine neue Kamillensorte? recht 1996, 138; *Calame/Schweizer* Zum Patentierungsverbot der Gen-Schutz-Initiative. Ein Diskussionsbeitrag zu den Möglichkeiten und Grenzen der Patentierung von gentechnisch veränderten Tieren und Pflanzen, SJZ 1998, 173; *Caldwell/Shillinger/Barton/Qualset/Duvick/Barnes (Hrsg)* Intellectual Property Rights Associated with Plants, 1989; *Christie* Patents for Plant Innovation, EIPR 1989, 394; *Chrocziel/Kur/Straus/von Pechmann* Berichte der Deutschen Landesgruppe für den XXXV. Kongress der AIPPI, GRUR Int 1992, 203, *Claffey* Patenting Life Forms: Issues Surrounding the Plant Varieties Protection Act, 13 Southern J of Agricultural Economics 29 (1981); *Combaldieu* La brevetabilité des microorganismes, GazPal 1975, Doctr. 190; *Correa* Biological Resources and Intellectual Property Rights, EIPR 1992, 154; *Correa* Sovereign and Property Rights over Plant Genetic Resources, 12 Agriculture and Human Values (1995), 58; *Crespi* Biotechnology and

Patents – Past and Future, EIPR 1981, 134; *Crespi* Patenting in the Biological Sciences, 1982; *Crespi* Biotechnology and Patents: Outstanding Issues, EIPR 1983, 201; *Crespi* Microbiological Inventions and the Patent Law – The International Dimension, 3 Biotechnology and Genetic Engineering Review, Sept. 1985, S 1; *Crespi* Biotechnology Patents – A Case for Special Pleading? EIPR 1985, 190; *Crespi* Innovation in Plant Biotechnology: The Legal Options, EIPR 1986, 262; *Crespi* Patents: A Basic Guide to Patenting in Biotechnology, 1988; *Crespi* Reflections on the Genentech Decision, 1 IPB 1989/2, S 25; *Crespi* The Legal Protection of Plant Innovation in Europe, 1 IPB 1989/1, S 15; *Crespi* Patents in Biotechnology: The Legal Background, in: ICDA (1989), 7; *Crespi* Patents and Plant Variety Rights. Is there an Interface Problem? IIC 1992, 168; *Crucible Group (The)* People, Plants and Patents: Impact of Intellectual Property on Trade, Plant Biodiversity and Rural Society (1994); *Cubert* U.S. Patent Policy and Biotechnology: Growing Pains on the Cutting Edge, JPTOS 1995, 151; *Curry* The Patentability of Genetically Engineered Plants and Animals in the US and Europe, 1987;

Darmon Protection juridique des inventions biotechnologiques, Revue d'économie industrielle, Nr 18, 4ème trimestre 1981, 93; *Davies* Technical Cooperation and the International Coordination of Patentability of Biotechnical Inventions, 2002 (29, 1) Journal of Law and Society 137; *Dessemontet (Hrsg)* Le Génie génétique. Biotechnology and Patent Law, 1996; *Deutsch* Gentechnologie und Recht, ZRP 1985, 73; *Deutsche Forschungsgemeinschaft, Senatskommission für Grundsatzfragen der Genforschung (Hrsg)* Genforschung – Therapie, Technik, Patentierung, 1997; *Dickson* Patenting living organisms – how to beat the bugrustlers, Nature 1980, 128; *Dolder* Schranken der Patentierbarkeit biotechnologischer Erfindungen nach dem Europäischen Patentübereinkommen, Mitt 1984, 1; *Dörries* Patentansprüche auf DNA-Sequenzen: ein Hindernis für die Forschung? Mitt 2001, 15; *Drahos* Biotechnology Patents, Markets and Morality, EIPR 1999, 441; *Dunleavy/Briggs/Emerson* Tribunals Uphold Patent Protection for Plant-Based Biotechnology Inventions in the United States and Europe, JWIP 2000, 555; *Dunleavy/Vinnola* A Comparative Review of the Patenting of Biotechnological Inventions in the United States and Europe, 3 JWIP 65 (2000);

Ebbink The Performance of Biotech Patents in the National Courts of Europe, PatWorld 1995, 25; *Ebbink* Octrooieerbarheid van levende materie: de Europese Commissie komt met een voorstel van richtlijn, IER 1989, 61; *Eisenberg* Proprietary Rights and the Norms of Science in Biotechnology Research, 97 Yale LJ (1987), 177; Eisenberg Genes, Patents, and Product Development, Science

1992, 903; *Engel* Der Sachschutz für Mikroorganismen nach deutschem Patentrecht, GRUR 1987, 332; *Ensthaler/Zech* Stoffschutz bei gentechnischen Patenten, Rechtslage nach Erlass des Biopatentgesetzes und Auswirkung auf Chemiepatente, GRUR 2006, 529; *Erbisch/Maredia (Hrsg)* Intellectual Property Rights in Agricultural Biotechnology, 1998; *Feuerlein* Patentrechtliche Probleme der Biotechnologie, GRUR 2001, 561; *Fitzner* Der patentrechtliche Schutz mikrobiologischer Erfindungen, Diss FU Berlin 1982; *Fitzner* Der patentrechtliche Schutz von Erfindungen auf dem Gebiet der Biologie, FS W. Nordemann (1999), 51; *Flammer* Biotechnologische Erfindungen im Patentrecht, Diss Wien 1998; *Flammer* Einige Aspekte der Richtlinie über den rechtlichen Schutz biotechnologischer Erfindungen, ÖBl 1999, 166; *Floridia* Brevetto o certificato di protezione per le varietà vegetali? Riv.dir.ind. 1987 I, 199; *R. Ford* The Morality of Biotech Patents: Differing Legal Obligations in Europe? EIPR 1997, 315; *Frazier* The Green Alternative to Classical Liberal Property Theory, 20 Vermont LRev (1995), 299; *Freudling* Biotechnologie und Patentierung am Beispiel Mikroorganismen und Pflanzen (Öko-Institut Freiburg), 1988; *Funder* Rethinking Patents for Plant Innovation, EIPR 1999, 551;

Galloux La brevetabilité des innovations génétiques sous la Convention sur le brevet européen: Réalités et perspectives, 2 Cahiers de la propriété intellectuelle (1990); *Gershman/Scafetta* Patents on Microorganisms, IDEA 21 (1), 1982; *Gaythwaite* Patents for Microbiological Inventions in the United Kingdom, IndProp 1977, 465; *Ghidini/Hassan* Biotecnologie – novità vegetali e brevetti, 1990; *Girsberger* The Protection of Traditional Plant Genetic Resources for Food and Agriculture and the related Know-How by Intellectual Property Rights in International Law – The Current Legal Environment, 1 JWIP 1017 (1998); *Goebel* Biotechnologische Erfindungen in der Erteilungspraxis des Deutschen Patentamts, GRUR Int 1987, 297, auch in GesRPol (1988), 21; *Goebel* Bio-/Gentechnik und Patentrecht – Anmerkungen zur Rechtsprechung, Mitt 1999, 173; *Goebel* Pflanzenpatente und Sortenschutzrechte im Weltmarkt, 2001; *Goldbach/Vogelsang-Wenke/Zimmer* Protection of Biotechnological Matter under European and German Law, 1997; *Goldstein* Problems in the Patenting of Plant and Animal Varieties, in: *ATCC (Hrsg)* Biotechnology Patent Conference Workbook, 1985, 156; *Goldstein* Der Schutz biotechnologischer Erfindungen in den Vereinigten Staaten, GRUR Int 1987, 310, auch in GesRPol (1988), 55; *Gorny* Zum Schutz neuartiger Lebensmittel (Novel Foods), GRUR 1995, 721; *Goss* Guiding the Hand that Feeds: Towards Socially Optimal Approbability in Agricultural Biotechnology Innovation, 84 California LRev (1997), 1397; *Gotzen*

Intellectuele eigendom en nieuwe technologieen: bescherming van computerprogramma's. Biologische uitvindingen. Kwekersrechten, R.W. 1983/84, 2375; *Groenendijk* Octrooierbaarheid van microorganismen, Diss Leiden 1982; *Gross* Protection of Inventions in the Field of Biotechnology, IndProp in Asia and Pacific 21 (1988), 27; *Grubb* Patents in Chemistry and Biotechnology, 1986; *Grubb* Patents for Chemicals, Pharmaceuticals and Biotechnology, 1999; *Grund* Patentierbarkeit von transgegen Pflanzen, Tieren und Tests nach der Transformation der EU-Biotechnologie-Richtlinie und der EPA-Entscheidung G 1/98, Mitt 2000, 328; *Grünwald* Patentierung von Genen und Gensequenzen, in: *Rittner ua (Hrsg)* Genomanalyse und Gentherapie: medizinische, gesellschaftpolitische, rechtliche und ethische Aspekte, Symposium der Akademie der Wissenschaften und der Literatur Mainz 18./19.10.1996, S. 211; *Grütter* Patentierung von Pflanzen möglich, plädoyer 1995 Nr 4, 22; *Grütter/Padrutt* Patentierung von Lebewesen: Kamille als Versuchsballon, plädoyer 1994 Nr 2, 27; *Guttmann* La protection des inventions biotechnologiques dans le cadre de l'Organisation européenne des brevets et, plus particulièrement, en France, PropInd 1991, 398;

Haedicke Die Harmonisierung von Patent- und Sortenschutz im Gesetz zur Umsetzung der Biotechnologie-Richtlinie, Mitt 2005, 241; *Häußer* Industrial Property Protection for Advanced Biotechnical Processes and Products, IndProp 1989, 161 = La protection des procédés et produits biotchnologiques modernes en titre de la propriété industrielle, PropInd 1989, 177; *Häußer* Neue Pflanzen im Spannungsfeld zwischen Patent- und Sortenschutz, GRUR Int 1996, 330; *Heitz* Intellectual Property in New Plant Varieties and Biotechnical Inventions, EIPR 1988, 297; *Herring* Biopatentierung und Sortenschutz, Komplementäres Schutzregime oder konfliktträchtiges Spannungsverhältnis, 2013; *Hoeren* Der Schutz von Pflanzenerfindungen in Europa, AUR 2005, 145; *Hoffmaster* The Ethics of Patenting Higher Life Forms, The Intellectual Property J 1988, Nr 4, 1; *Huber* Der Sortenschutz und seine Auswirkung auf die Patentierung von Pflanzen, Mitt 1994, 174; *Hüni/Buss* Patent Protection in the Field of Genetic Engineering, IndProp 1982, 356 = PropInd 1982, 396; *Hüttermann/Storz* Zur Patentierbarkeit von Pflanzenzuchtverfahren, Mitt 2009, 277; *Ilbert/Tubiana* Protection juridique des inventions biotechnologiques: analyse de la directive européenne et propositions, 1992; *Institut de recherche en propriété intellectuelle Henri-Desbois/Académie de droit européen Trèves* Les inventions biotechnologiques – Protection et exploitation, Colloque Paris 12.10.1998; *Iwasaka* From Chakrabarty to Chimeras: The Growing Need for Evolutionary Biology in Patent Law, 109 Yale LJ 1505

(2000); *Jaenichen* Die Patentierung von Biotechnologie-Erfindungen beim Europäischen Patentamt, GRUR Int 1992, 327; *Jaenichen* The European Patent Office's Case Law on the Patentability of Biotechnology Inventions[2], 1997; *Jaenichen* A Biotechnology Update: Recent Developments in Europe, in: *Hansen (Hrsg)* International Intellectual Property Laws & Policy, Bd 2; *Jaenichen/Stolzenburg* Recent Developments in the Patenting of Plants at the European Patent Office, 2 Biotechnology Law Report (1998), 242; *Janis/Jervis/Peet* Intellectual Property Law of Plants, 2014; *Joly/Hermitte* Biotechnology and Patents: The Protection of Innovations and the Free Movement of Genetic Resources, 3 INRA Sciences Sociales (1991), 1; *Jondle* Legal Protection for Plant Intellectual Property, in: *Baxton ua (Hrsg)* International Crop Science I (1983), 481; *Jones* Biotechnical Patents in Europe – Update on the Draft Directive, EIPR 1992, 455; *Jones* Biotechnology Patents: A Change of Heart, EIPR 1994, 37; *Jones* The New Draft Biotechnology Directive, EIPR 1996, 363; *Jones/Britton* Biotech Patents – The Trend Reversed Again, EIPR 1996, 171; *Joos* Biotechnologie und gewerblicher Rechtsschutz – Ein Tagungsbericht, GRUR Int 1987, 350; *Jurgensen* Of plants, patents and breeders' rights: some proposals for the international unification of proprietary protection of plant biotechnology, 12 J of Agricultural Taxation and Law (1991), 291;

Keegan The Proposed Directive on the Legal Protection of Biotechnical Inventions, in: ICDA (1989), 10; *Kern* Patentability of Biotechnical Inventions in the United Kingdom: The House of Lords Charts the Course, IIC 1998, 247; *Kienle* Die neue EU-Richtlinie zum Schutz biotechnologischer Erfindungen – rechtliche und ethische Probleme der Patentierung biologischer Substanzen, WRP 1998, 692 = EWS 1998, 156 = PharmaRecht 1998, 300; *Kiewiet* Colloquium »Modern Plant Breeding and Intellectual Property Rights« on January, 26th, 2001 in Einbeck, im Internet unter www.cpvo.fr; *King* Patenting Modified Life Forms, 24 Environment 7/8 1981, 38; *U. Kinkeldey* Patente für das Leben, Umschau 1982, 202; *Kinsman* Farmer's Rights: What is Fair, in: Genes for the Future: Discovery, Ownership, Access, NABC Report Nr 7/1995; *Kirchenamt der EKD (Hrsg)* Einverständnis mit der Schöpfung[2], 1997, S 136 ff (4. Zur Patentierbarkeit biotechnologischer Erfindungen); *Kjeldgaard/Marsh* Recent Developments in the Patent Protection of Plant-based Technology in the United States, EIPR 1997, 16; *Klett* Exceptions to Patentablity Under Article 1(a) Swiss Patent Law, IIC 1997, 858 = Die Ausnahmen von der Patentierbarkeit nach Art. 1a schweizerisches Patentgesetz, GRUR Int 1998, 215; *Kock* Broccoli and Tomato: Free or not Free? Decisions G 2/12 and G 2/13 of the enlarged board of appeal, BSLR 14/2014), 167; *Kock* Purpose-bound

protection for DNA sequences: in through the back door? JIPLP 2010, 495;
Kock/Porzig/Willnegger Der Schutz von pflanzenbiotechnologischen Erfindungen und von Pflanzensorten unter Berücksichtigung der Umsetzung der Biopatentrichtlinie, GRUR Int 2005, 183 = The Legal Protection of Plant-Biotechnical Inventions in Light of the EC Biopatent Directive, 37 IIC (2006) 135; *Köster* Absoluter oder auf die Funktion eingeschränkter Stoffschutz im Rahmen von »Biotech«-Erfindungen, insbesondere bei Gen-Patenten, GRUR 2002, 833; *Kokke* Genetische manipulatie en de toekomst van artikel 53-b EOV, BIE 1990, 271; *Koktvedgaard* Retsbeskyttelse af gensknologisk udvikling af planter og dyr, NIR 1989, 119; *Kolb/Hansen* New Aspects of Patenting Biological Inventions before the EPO, Patents & Licensing Juni 1985, S 25; *Kraßer* Zum Patentschutz chemischer und biologischer Erfindungen, Naturwissenschaften 1976, 401; *Krauß* Die Effekte der Umsetzung der Richtlinie über den rechtlichen Schutz biotechnologischer Erfindungen auf die deutsche Praxis im Bereich dieser Erfindungen, Mitt 2005, 490; *Krauß* Aktuelles aus der Biotechnologie: Von Brokkoli und Sonnenblumen. Wann sind Pflanzen »natürlich« hergestellt? Mitt 2008, 254; *Krauß* Aktuelles aus dem Bereich der Biotechnologie: Zu den Entscheidungen »Brokkoli II« (G 2/13) und »Tomate II« (G 2/12) der Großen Beschwerdekammer des Europäischen Patentamts, Mitt 2015, 245; *Kresbach* Patentschutz in der Gentechnologie, 1994; *Kreye* Schutzrechtliche Aspekte der Gentechnologie bei Pflanzensorten, in: *UPOV (Hrsg)* Aufzeichnungen über ein Symposion, das anlässlich der Sechzehnten Ordentlichen Tagung des Rates des Internationalen Verbands zum Schutz von Pflanzenzüchtungen am 13. Oktober 1982 in Genf stattgefunden hat, 1983, 69; *Kucziensky* Patentoffensive in der Biotechnologie, DuR 1992, 291; *Künzler* Macht der Technik – Ohnmacht des Rechts? Regelungsbedarf und Regelungsmöglichkeiten im Bereich Gentechnologie, 1990;

Lange Die Natur des Züchterrechts (Sortenschutzrecht) in Abgrenzung zur patentfähigen Erfindung, GRUR Int 1985, 88; *Lange* Pflanzenpatente und Sortenschutz – friedliche Koexistenz? GRUR 1993, 801; *Lange* Patentierungsverbot für Pflanzensorten, GRUR Int 1996, 586; *Lange* The Non-Patentability of Plant Varieties. The Decision of the Technical Board of Appeal 3.3.4 of February 21, 1995 – T 356/93, PVP 83 (1997), 25; *Lapeyre/Marechal* Particularismes des inventions de biotechnologie vis-à-vis du droit commun des brevets, RDPI April 1987, S 18; *Laudien* Patentschutz für biotechnologische Erfindungen: Vorschlag für eine EU-Richtlinie, VPP-Rdbr 1997, 15; *Lawson/Pickering* Patenting Genetic Materials – Failing to Reflect the Value of Variation in DNA, RNA and Amino Acids, 11 AIPJ 69 (2000); *Lederer* A

Perspective on Patenting Microorganisms under the European Convention: Perspectives and Considerations, APLA QJ 1979, 288; *LeGrand* L'invention en biologie – Les nouveautés végétales (ou animales) sont-elles brevetables? PropInd 1961, 30: *Leskien* Patente auf die Gentechnik, InfUR 1992, 207; *Leskien* Gentechnologie und Patentrecht, ZUR 1996, 299; *Leskien/Flitner* Intellectual Property Rights and Plant Genetic Resources: Opinions for a Sui Generis System, Issues in Genetic Resources Bd 6 (1997); *Llewelyn* The Problems of Patenting Plants in Europe, PatWorld 1987/7, S 16; *Llewelyn* Future Prospects for Plant Breeders' Rights Within the European Community, EIPR 1989, 303; *Llewelyn* Industrial Applicability/Utility and Genetic Engineering: Current Practices in Europe and the United States, EIPR 1994, 473; *Llewelyn* Article 53 revisited: Greenpeace v. Plant Genetic Systems NV, EIPR 1995, 506; *Llewelyn* The Relationship between Plant Breeders' Rights and Patents for Biotechnical Inventions, in: The Legal Protection of Biotechnical Materials, Conference Proceedings June 27 and 28, 1996, London; *Llewelyn* The Legal Protection of Plant Varieties in the European Union: A Policy of Consensus or Confusion, BSLR 1997, 2, 50; *Llewelyn* The Legal Protection of Biotechnical Inventions. An Alternative Approach, EIPR 1997, 115; *Llewelyn* European Plant Variety Protection: A Reactionary Time, BSLR 1999, 211; *Llewelyn* The Patentability of Biological Material: Continuing Contradiction and Confusion. EIPR 2000, 191; *Lommi* Is the Patent System Applicable to Biotechnological Inventions? PVP 54 (1988), 42; *Lommi* Problems Related to Legal Protection of Plants, NIR 1989, 1; *Ludlow* Genetically Modified Organisms and Their Products as Patentable Subject-matter in Australia, EIPR 1999, 298; *Lukes* Das Verhältnis von Sortenschutz und Patentschutz bei biotechnologischen Erfindungen, GRUR Int 1987, 318, auch in GesRPol (1988), 87; *Luttermann* Patentschutz für Biotechnologie, RIW 1998, 916; *Luttermnn/Mitulla* Genpatente und Monopolbildung bei Saatgut (Genetic Use Restriction Technologies), ZLR 2008, 390;

Maebius Patenting DNA Claims After In re Bell: How much better off are we? JPTOS 1994, 508; *Marterer* Die Patentierbarkeit von Mikroorganismen per se, GRUR Int 1987, 490 = IIC 1987, 666; *Marshall* Biotechnology Patents – A Further Twist, PatWorld 1995, 25; *Mast* Sortenschutz/Patentschutz und Biotechnologie, 1986 (Bespr *Straus* GRUR Int 1987, 886); *Mast* Das Verhältnis von Sorten- und Patentschutz im Lichte der Entwicklung der Biotechnologie, 1986; *Mast* The Relationship Between Plant Variety Protection and Patent Protection in the Light of Development in Biotechnology, PVP 52 (1987), 13; *Mattéi* Breveter la matière vivante. Proposition pour une résponse européenne, 1996; *Mayer* Neuere Rechtsprechung des Bundespatentgerichts zur Schutzfähigkeit von mikrobiologischen Verfahren und Pflanzenzüchtungsverfahren, in: FS 20 Jahre VVPP (1975), 87; *McGough/Burke* A Case for Expansive Patent Protection of Biotechnology Inventions, 6 Harvard J of Law and Technology (1992), 85; *Mentz* Het rasbegrip in het Kwekersrecht, BIE 2002, 20; *Metzger* Innovationen im Grenzbereich von Patent- und Sortenschutz: Exklusivität oder Kumulation der Schutzrechte? in: *Metzger (Hrsg)* Rechtsschutz von Pflanzenzüchtungen (2014), 77; *Metzger* Der Schutzumfang von Patenten auf Pflanzen nach den EPA-Entscheidungen »Brokkoli II«/«Tomate II«, GRUR 2016, 549; *Monya* Der Rechtsschutz der Ergebnisse der Biotechnik aus der Sicht eines japanischen Juristen, in: *UPOV (Hrsg)* Gewerbliche Patente und Sortenschutzrechte – ihre Anwendungsbereiche und Möglichkeiten für ihre Abgrenzung, Aufzeichnungen über ein Symposion, das anlässlich der Achtzehnten Ordentlichen Tagung des Rates des Internationalen Verbands zum Schutz von Pflanzenzüchtungen am 17. Oktober 1984 in Genf stattgefunden hat, 1985, 51; *Moore* Challenge to the Biotechnology Directive, EIPR 2002, 149; *Moser* Exceptions to Patentability Under Article 53(b) EPC, IIC 1997, 845 = Die Ausnahmen von der Patentierbarkeit nach Artikel 53 b) EPÜ, GRUR Int 1998, 209; *Mellor* Patent and Genetic Engineering – Is It a New Problem? EIPR 1988, 159; *Moufang* Genetische Erfindungen im Gewerblichen Rechtsschutz, 1988; *Moufang* Protection for Plant Breeding and Plant Varieties, IIC 1992, 328;

Nero Propriedade intelectual a tutela jurídica da biotecnologia, Sao Paulo 1998; *Neumeier* Sortenschutz und/oder Patentschutz für Pflanzenzüchtungen, Diss Universität München 1989/90 (Bespr *Teschemacher* GRUR Int 1991, 78); *Norman* Genetic manipulation to be patented? Nature 1976, 624; *Noilhan/de Casanove* La protection juridique des nouveautés vivantes, GazPal 1978 I, Doctr. 104; *Noilhan/de Casanove* A propos de la protection juridique des nouveautés obtenues sur les êtres vivants, GazPal 1978 II, Doctr. 457; *Nott* Patent Protection for Plants and Animals, EIPR 1992, 79; *Nott* Plants and Animals: Why they Should be Protected by Patents and Variety Rights, PatWorld Juli/August 1993; *Nott* The Proposed EC Directive on Biotechnological Inventions, EIPR 1994, 191; *Nott* The Biotech Directive: Does Europe Need a New Draft? EIPR 1995, 563; *Nott* »You Did It!« The European Biotechnology Directive At Last, EIPR 1998, 347; *Nott* The Novartis Case in The EPO, EIPR 1999, 33; *Oredsson* Biological Inventions and Swedish Patent Legislation, NIR 1985, 229 = PVP 50 (1986); *Papke* Der Züchter und sein Recht, Mitt 1988, 61; *Pedrazzini* Gentechnik und Patentrecht, in: Genethik,

Patentierung von Leben? (1995); *Pehu ua* From Application to Patent in Genetic Engineering – 19 Cases of the European Patent Office, 10 World Patent Information 184 (1988); *Perret* La brevetabilité des inventions biotechnologiques – le cas du virus HIV-2, SMI 1991, 359; *Peterson* Understanding Biotechnology Law. Protection, Licensing, and Intellectual Property Policies, 1993; *Plogell* Bioteknik och patentskydd – möjligheterne till patentskydd for biotekniske opfinningar, 1987; *Purvis* Patents and Genetic Engineering – Does a New Problem Need a New Solution? EIPR 1987, 347;

Rajotte Some Theological and Ethical Points of Concern on the Issue of the Patenting of Genetically Engineered Living Organisms, in: ICDA (1989), 50; *Remiche/Bergmans/Desterbecq* Biotechnologie et propriété intellectuelle, 1988; *Rémond* Protection of Inventions in Biotechnology and Practice of Examination Within the European Patent Office, 16 Patents & Licensing 1986/6, S 13; *Rémond* Current Trends in Patenting Biotechnological Inventions Before the European Patent Office, 11 World Patent Information 63 (1989); *Roberts* Patenting Plants Around the World, EIPR 1996, 531; *E. Rogge* Zur Anwendbarkeit der Grundsätze des Tollwutvirus-Beschlusses des Bundesgerichtshofs auf makrobiologische Erfindungen, insbesondere im Bereich der Pflanzenzüchtungen, GRUR 1988, 653; *Rohrbaugh* The Patenting of Extinct Organisms: Revival of Lost Arts, 25(3) AIPLA 371 (1997); *Roth* Gegenwärtige Probleme beim Schutz von Erfindungen auf dem Gebiete der Pflanzentechnologie, GRUR Int 1986, 759 = Current Problems in the Protection of Inventions in the Field of Plant Biotechnology, IIC 1987, 41; *Royon* Die Schutzbedürfnisse der Züchter von Obst- und Zierpflanzen, GRUR Int 1987, 329, auch in GesRPol (1988), 117;

Sabellek Patente auf nanotechnologische Erfindungen, 2014; Salivanchik Legal Protection for Microbiological and Genetic Engineering Inventions, 1982; *Sandri/Caporascio* Biotecnologie: l'ultima proposta dell'Unione Europea, Riv. dir.ind. 1994 I 645; *Savignon* Die Natur des Schutzes der Erfindungspatente und seine Anwendung auf lebende Materie, GRUR Int 1985, 83; *Savignon* Considérations sur les principes du rapprochement des législations en matière de brevets: la brevetabilité des êtres vivants, GRUR Int 1990, 766; *Schatz* Zur Patentierbarkeit gentechnischer Erfindungen in der Praxis des Europäischen Patentamts, GRUR Int 1997, 588 = Patentability of Genetic Engineering Inventions in European Patent Office Practice, IIC 1998, 2; *Schertenleib* The Patentability and Protection of Living Organisms in the European Union, EIPR 2004, 203; *Schmitz* Auslegung des Art. 53 b) EPÜ hinsichtlich des Begriffs »Pflanzensorten« unter Berücksichtigung der späteren Praxis der

EPÜ-Vertragsstaaten, Diplomarbeit ETH Zürich 1998; *Schrell* (Entscheidungsanm) GRUR Int 1995, 986; *Schrell* Are Plants (Still) Patentable? EIPR 1996, 242; *Sehgal* IPR Driven Restructuring of the Seed Industry, 29 BiotDev-Monitor (1996), 18; *Sena* Directive on Biotechnical Inventions: Patentability of Discoveries, IIC 1999, 731; *Seiler* Sui Generis Systems: Obligations and Options for Developing Countries, 34 BiotDevMon (1998), 2; *Senatskommission der Deutschen Forschungsgemeinschaft* Genforschung, Therapie, Technik, Patentierung, 1997; *Shillito/Smith/Morgan* Patenting Genetically Engineered Plants, EIPR 2002, 333; *Shuman (Hrsg)* Intellectual Property Rights and Their Special Impact on Biotechnology, 1999; *Sparrow* An International Comparative Analysis of the Patentability of Recombinant DNA-Derived Organisms, 12 Univ. Toledo LRev 945 (1981); *Stamm* Biotechnologische Erfindungen, in: FS 100 Jahre eidgen. Patentgesetz (1988), 159; *Stenger ua* Question 93: Relation entre la protection par les brevets pour les inventions biotechnologiques et la protection des obtentions végétales. Brevetabilité des races d'animaux, RDPI Dezember 1987 S 17; *Straus* AIPPI and the Protection of Inventions in Plants, IIC 1980, 600; *Straus* Patentschutz für gentechnologische Pflanzenzüchtungen? Zum Verbot des »Doppelschutzes« von Pflanzensorten, GRUR Int 1983, 591 = Patent Protection for New Varieties of Plants Produced by Genetic Engineering — Should »Double Protection« be Prohibited? IIC 1984, 426; *Straus* Gewerblicher Rechtsschutz für biotechnologische Erfindungen, 1987; *Straus* Das Verhältnis von Sortenschutz und Patentschutz für biotechnologische Erfindungen in internationaler Sicht, GRUR Int 1987, 333, auch in GesRPol (1988), 127; *Straus* The Principle of »Dependence« under Patents and Plant Breeders' Rights, IndProp 1987, 433; *Straus* Plant Biotechnology, Industrial Property, and Plant Genetic Resources, Intellectual Property in Asia and the Pacific, Nr 21 (1988), S 41; *Straus* AIPPI and the Protection of Inventions in Plants – Past Developments, Future Perspectives, IIC 1989, 600; *Straus* Patentierung von Pflanzen und Tieren, in Grosch ua (Hrsg) Herstellung der Natur? 1990, S 159; *Straus* WIPO/UPOV-Sachverständigenausschuss über das Verhältnis zwischen Patentschutz und Sortenschutz, GRUR Int 1990, 617; *Straus* Ethische, rechtliche und wirtschaftliche Probleme des Patent- und Sortenschutzes für die biotechnologische Tierzüchtung und Tierproduktion, GRUR Int 1990, 913; *Straus* Der Schutz biologischer Erfindungen, insbesondere von Pflanzenzüchtungen, in FS 100 Jahre GRUR (1991), 363; *Straus* Pflanzenpatente und Sortenschutz – friedliche Koexistenz, GRUR 1993, 794; *Straus* Völkerrechtliche Verträge und Gemeinschaftsrecht als Auslegungsfaktoren des Europäischen Patentübereinkommens – dargestellt am Patentierungsausschluss von Pflanzensorten in Artikel 53 (b), GRUR Int

1998, 1; *Straus* Genpatentierung – eine »abstruse Idee«? Deutsches Ärzteblatt 2000, 903; *Straus/Moufang* Legal Aspects of Acquiring, Holding and Utilizing Patents with Reference to the Activities of the International Centre for Genetic Engineering and Biotechnology (ICGEB), UNIDO-Dok ICGEB/Prep. Comm./14/3/Add.1; *Straus/von Pechmann* (Bericht) GRUR Int 1988, 53; *Subramanian* Genetic Resources, Biodiversity, and Environmental Protection: An Analysis, and Proposals Towards a Solution, 26 J of World Trade (1992), 105; *Swanson (Hrsg)* Intellectual Property Rights and Biodiversity Conservation: an interdisciplinary analysis of the values of medicinal plants, 1995; *Szabo* Patent Protection of Biological Inventions – European Perspectives, IIC 1990, 468;

Takii/Kiyofuji/Sommer Rechtliche Fragen zum Schutz gentechnologischer Erfindungen in Japan, GRUR Int 1997, 210; *Tang* Recent Development of Patent Law Protection for Products of Genetic Engineering in Great Britain – Genentech Inc.'s Patent for tPA, 15 Syrac.J.Int.L. & Comm. 125 (1988); *Teschemacher* Ein Sonderrecht für mikrobiologische Erfindungen? GRUR Int 1979, 444; *Teschemacher* Die Patentfähigkeit von Mikroorganismen nach deutschem und europäischem Recht, GRUR Int 1981, 357 = Patentability of Microorganisms per se, IIC 1982, 27; *Teschemacher* Biotechnologische Erfindungen in der Erteilungspraxis des Europäischen Patentamts, GRUR Int 1987, 303 = IIC 1988, 18, auch in GesRPol (1988), 37; *Teschemacher* Die Schnittstelle zwischen Patent- und Sortenschutz nach der Revision des UPOV-Übereinkommens von 1991, FS R. Nirk (1992), 1005; *Thurston* Recent EC Developments in Biotechnology, EIPR 1993, 187; *Thomsen* The Exception to Patentability Under Article 53(b) EPC and Corresponding Laws of the EPC Contracting States, IIC 1997, 850 = Die Ausnahmen von der Patentierbarkeit nach Artikel 53 b) EPÜ und den entsprechenden Rechtsvorschriften in den Vertragsstaaten, GRUR Int 1998, 212; *Thomson/Gammon* Patenting Biotechnology: When the Means Justify the End, 13 Bio/Technology (1995), 1446; *Tilmann* Zum Begriff des »im Wesentlichen biologischen Verfahrens« zur Züchtung von Pflanzen in Art. 53 lit. B EPÜ, GRUR 2009, 361; *Trotta* Sulla brevettabilità dei microorganismi, Dir. Aut. 1979, 897; *Trüstedt* Patentierung mikrobiologischer Erfindungen, GRUR 1983, 95; *Trüstedt* Patentrecht und Gentechnologie, GRUR 1986, 640; *Uhrich* Stoffschutz, 2010; *Utermann* Patentschutz für biotechnologische Erfindungen, GRUR Int 1985, 34;

van de Graaf De industriële eigendomsbescherming voor (moleculair-)genetische vindingen, Biotechnologie in Nederland 1988, 335; *van de Graaf* Zum Begriff der Pflanzensorte und des im wesentlichen biologischen Pflanzenzüchtungsverfahrens im Patentrecht und Sortenschutzrecht, GRUR Int 1990, 632;

van de Graaf Patent Law and Modern Biotechnology, Diss Rotterdam 1997; *van der Kooij* De EG-richtlijn inzake biotechnologie, of: de opoffering van het kwekersrecht aan het octrooirecht, AgrarischR 1989, 403; *van der Kooij* Het gewijzigde voorstel voor de EG-Richtlijn Biotechnologie – een tussentijds verslag, AgrarischR 1993, 487; *van der Kooij* Kwekersrecht, octrooirecht, en de betekenis van de kwekersvrijstelling, Agrarisch Recht 70 (2010), 377; *van der Kooij* Bescherming van door kruising en selectie verkregen planten via het octrooirecht? Berichten Industriële Eigendom 4 (2013), 218: *van der Kooij* Octrooirecht, kwekersrecht en voedselkwaliteit, Ars Aequi 63 (2014), 214; *van Nieuwenhoven Helbach* Europese bescherming van microbiologische uitvindingen, BIE 1980, 127; *van Overwalle* Octrooierbaarheid van plantenbiologische uitvindingen, in *Vancraesbeeck (Hrsg)* Problems of Patent Law (1994), 599; *van Overwalle* Protecting Innovations in Plant Biotechnology: Patents or Plant Breeder's Rights? Mededelingen van de Faculteit Landbouwwetenschappen Universiteit Gent, 1993, Bd 57; *van Overwalle* Octrooierbaarheid van plantenbiotechnologische uitvindingen, 1996 = Patentability of Biotechnical Inventions: A Comparative Study, 1996; *van Overwalle* The Legal Protection of Biotechnical Inventions in Europe and in the United States. Current Framework and Future Developments, Leuven 1997; *van Overwalle* Biotechnology Patents in Europe, From Law to Ethics, in: Biotechnology Patents and Morality, 1997, 139; *van Overwalle* Patents for Plants and Plant Varieties: Towards the Abolition of Article 53 (b) EPC, ProphytAnn 1997, 32; *van Overwalle* Patent Protection for Plants: A Comparison of American and European Approaches, 39 IDEA (1999), 143; *van Overwalle* Octrooien voor planten onder de EG-Biotechnologierichtlijn van 6. Juli 1998, AgrarR 1999 Beilage I S 9 = AgrarischR 1999, 111; *van Overwalle* The Legal Protection of Biological Material in Belgium, IIC 2000, 259; *van Overwalle* The Implementation of the Biotechnology Directive in Belgium and its After-Effects, IIC 37 (2006), 889; *van Overwalle/Jacobs* Octrooien op genen: een alternatieve benadering, BIE 2001, 115; *van Poucke* La protection des obtentions végétales en question, IngCons 1983, 281; *van Wezenbeek* Patents and DNA, 1993; *van Wijk* Broad Biotechnology Patents Hamper Innovation, 25 BiotDevMon (1995), 15; *van Wijk* Plant Patenting Provision Reviewed in WTO, 34 BiotDevMon (1998), 6; *Vandergheynst* La notion d'ordre public et des bonnes moeurs dans la proposition de directive européenne relative à la protection juridique des inventions biotechnologiques, in *van Overwalle* Octrooirecht, Ethiek en Biotechnologie (1998); *Vanzetti* I nuovi brevetti. Biotecnologie e invenzioni chimiche, 1995; *Vermeersch* Ethische implicaties van octrooien op plant, dier en mens, in van *Overwalle* Octrooirecht, Ethiek en Biotechnologie

(1998); *Vida* Patentfähigkeit neuer Pflanzensorten und Tierarten in Ungarn, FS R. König (2003), 511; *Vida/Hegyi* Zweite Reform des ungarischen Patentgesetzes: Anpassung an das europäische Patentsystem und den PCT, GRUR Int 2003, 709; *von Füner* Sachschutz für neuen Mikroorganismus – Zum x-ten Mal »Bäckerhefe«, Mitt 1985, 169; *von Pechmann* Sind Vermehrungsansprüche bei biologischen Erfindungen ungesetzlich? GRUR 1975, 395; *von Pechmann* Zum Problem des Schutzes gentechnologischer Erfindungen bei Pflanzen durch Sortenschutz und/oder Patente, GRUR 1985, 717; *von Pechmann* Ausschöpfung des bestehenden Patentrechts für Erfindungen auf dem Gebiet der Pflanzen- und Tierzüchtung unter Berücksichtigung des Beschlusses des Bundesgerichtshofs – Tollwutvirus, GRUR 1987, 475; *von Renesse/Tanner/von Renesse* Das Biopatent – eine Herausforderung an die rechtsethische Reflexion, Mitt 2001, 1; *Vossius* Der Schutz von Mikroorganismen und mikrobiologischen Verfahren, GRUR 1975, 477; *Vossius* Patentfähige Erfindungen auf dem Gebiet der genetischen Manipulationen, GRUR 1979, 579; *Vossius* Patentschutz für biologische Erfindungen – Ein Überblick über die jüngste Rechtsprechung in den EWG-Ländern, forum Mikrobiologie 1979, 305 = Patent Protection for Biological Inventions – Review of Recent Case Law in EEC Countries, EIPR 1979, 278; *Vossius* Ein wichtiger Schritt zur Anerkennung der Patentfähigkeit von Mikroorganismen in den USA. Bericht über die CCPA-Entscheidung in den Fällen Bergy und Chakrabarty, GRUR Int 1980, 16; *Vossius* The Patenting of Life Forms Under the European Patent Convention and German Patent Law, in *Plant ua (Hrsg)* Patenting of Life Forms, 1982; *Vossius* Patenting living material, Naturwissenschaften 1984, 552; *Vossius* Zur Patentierung von Erfindungen im Bereich der DNA-Rekombinations-Technologie und Hybridoma-Technologie, in *Gaul/Bartenbach* Aspekte des gewerblichen Rechtsschutzes (1986), 1; *Vossius* Über den Patentschutz von Erfindungen auf dem Gebiet der Biologie in Deutschland und Europa, FS Z. Kitagawa (1992), 1046; *Vossius* Die Beurteilung der Patentfähigkeit von Erfindungen auf dem Gebiete der Biotechnologie, GRUR 1993, 344; *Vossius* Patenting Inventions in the Field of Biology and Chemistry: German and European Patent Law and Case Law, Naturwissenschaften 1997, 431; *Vossius/Jaenichen* Zur Patentierung biologischer Erfindungen nach Europäischem Patentübereinkommen und Deutschem Patentgesetz, GRUR 1985, 821; *Vossius/Schnappauf* Anmerkungen zum Vorlagebeschluss T 1054/96 – transgene Pflanze/NOVARTIS, Mitt 1999, 253 = BSLR 1998/99, 179;

Walles Biotechnical Inventions and Swedish Patent Legislation, NIR 1985, 509, 1986, 71 = PVP 50 (1986); *Walles* Biotechnological Inventions and Legislation,

PVP 53 (1987); *Walles* Bioteknik och patentbarhet, NIR 1989, 14; *Walser* Gewerblicher Rechtsschutz an gentechnisch veränderten Pflanzen unter Berücksichtigung des US-amerikanischen Rechts, Diss München 2002; *D. Walter* Patentrechtliche Betrachtungen zu modernen Züchtungsverfahren und daraus hervorgehenden Pflanzen und Tieren, Journal für Verbraucherschutz und Lebensmittelsicherheit 2008, 359; *D. Walter* Klassische und markergestützte Zuchtverfahren: Nach kein Patentrezept für Tomaten und Brokkoli, GRURPrax 2010, 329; *Warcoin* Les développements de la biotechnologie et les brevets d'invention, RDPI, Jan. 1985, S 2; *Wegner* Patenting Nature's Secrets – Microorganisms, IIC 1976, 235; *Wegner* Patent Law in Biotechnology, Chemicals and Pharmaceuticals[2], 1995; *Whaite/Jones* Biotechnical Patents in Europe – The Draft Directive, EIPR 1989, 145; *White* Problems in Obtaining Patents in Biological Cases, in *Kemp (Hrsg)* Patent Claim Drafting and Interpretation, 1982, S 189; *Wies* Patent Protection of Biotechnical Inventions – American Perspectives, IIC 1990, 480; *Williams* Schutzrechtliche Aspekte der Gentechnologie bei Pflanzensorten, GRUR Int 1983, 702; *Williams* Patent Protection of Genetically Engineered Plant Varieties and Parts Thereof, in: The World Biotech Report 1984 Bd II: USA; *Williams* Protection of Plant Varieties and Parts as Intellectual Property, 225 Science (1984), 18; *Willnegger* Schutz nicht unterscheidbarer Pflanzensorten, GRUR Int 2003, 815; *Willnegger* ISF International Seminar »Protection of Intellectual Property and Access to Plant Genetic Resources« am 27.–28. Mai 2004 in Berlin, GRUR Int 2004, 611; *Willnegger* Conference Report on the WIPO-UPOV Symposium on Intellectual Property Rights in Plant Biotechnology, 35 IIC (2004) 543; *Winkler* Sortenschutz und Patentrecht, VPP-Rdbr 2004, 89; *Winnacker* Eröffnet die Gentechnologie neue Beschreibungsmöglichkeiten für Erfindungen im Bereich der lebenden Natur? – Derzeitiger Stand und Aussichten, GRUR Int 1987, 292; *Winter* Das Patentierungsverbot für Pflanzensorten – ein unzeitgemäßes Hindernis für die Patentierung gentechnisch veränderter Pflanzen? Mitt 1996, 270; *WIPO* Report of the Committee of Experts on the Interface Between Patent Protection and Plant Breeders Rights, WIPO/UPOV/CE/14 (1990); *Wong* Patenting Innovations in Biotechnology, IP ASIA März 1999, 38; *Yesley* Protecting Genetic Difference, 13 Berkeley Tech. L.J. 653 (1998); *Zach* Sortenschutz und Biopatente, Bericht über die 51. Arbeitstagung 2000 der Vereinigung österreichischer Pflanzenzüchter, Saatzüchter 2000, 127.

Materialien: Comparative Study of Biotechnology Patent Practices, im Internet www.jpo-miti.go.jp/siryoe/contents.htm.; Report COM (2002)), 2 final, 2002 (545) final, 2005 312 final, Zweiter Bericht der Bundesregierung über die Auswirkungen des Patentrechts im Bereich der Biotechnologie unter anderem hinsichtlich ausreichender Technizität sowie Auswirkungen im Bereich der Pflanzen- und Tierzüchtung, im Internet unter http://www.bmjv. de/SharedDocs/Downloads/DE/Fachinformationen/zweiter_Biopatentbericht.pdf?__blob=publicationFile&v=1, Final Report of the Expert Group on the development and implications of patent law in the field of biotechnology and genetic engineering, vom 17.5.2016 (Kommissionsdokument EO 2973), im Internet unter ec.europa.eu/DocsRoom/documents/16686/attachments/1/.../en/.../native, Zusammenfassung http//english.eu2016.nl/documents/publications/2016/05/18/presentation-finding-the-balance

1. Allgemeines

Erfindung und schutzfähige Pflanzensorte schließen sich begrifflich nicht aus.[77] Der Schutz von Pflanzen ließe sich aber nicht ohne weiteres in das System des Patentschutzes einfügen. *Funder*[78] verweist darauf, dass die Verwendung von Pflanzen in der Landwirtschaft meist naheliegend ist und dass die Möglichkeiten zur Schaffung neuer Pflanzen nicht ohne weiteres zu beschreiben, zu wiederholen und zu offenbaren sind, andererseits für die Öffentlichkeit eine Offenbarung der Wiederholbarkeit hinsichtlich der Vermehrung grds nicht erforderlich ist. Er führt weiter aus:

> *»Patents for microbes per se provide one model. ... Plant variety rights provide a second model of narrower biological scope in the case of product protection of living innovations which could be extended to a wider range of living organisms. ... Plant variety protection of innovation has generally be seen as easier to administer, cheaper, better examined, more certain, easier to enforce, and less prone to litigation than patent protection.«[79]*

Zum **Verhältnis von Sortenschutz und Patentschutz** führt das schweiz BG[80] aus:

> *»Das Rechtsinstitut des Sortenschutzes ist historisch aus dem technischen Verständnis des Patentrechts zu begreifen. In der im 19. Jahrhundert breit einsetzenden Entwicklung der europäischen Patentrechtsetzung stand der Gedanke der Förderung der industriell und gewerblich anwendbaren Technik*

15

16

---

77 Vgl EPA (GBK) 25.3.2015 G 2/12 GRUR 2016, 585 omate II; EPA (GBK) 25.3.2015 G 2/13 GRUR 2016, 596 GRUR 2016, 596 Ls Brokkoli II.
78 EIPR 1999, 551, 554 f.
79 EIPR 1999, 551, 575 f.
80 BGE 121 III 125, 129 = GRUR Int 1996, 1059, 1060 Manzana II.

*im Vordergrund. Zu diesem Zweck ermöglichte das Patentrecht die zeitlich
beschränkte Monopolisierung gewerblich anwendbarer Lehren zum technischen Handeln mit ›toter Materie‹. Verfahren zur Behandlung von Lebewesen
wurden nicht als zum Gebiet der Technik gehörend betrachtet, da deren Erfolg
nach damaliger Auffassung wesentlich von der selbständigen, dh technisch
nicht beherrschbaren Funktion der lebenden Natur abhing und damit dem
patentgemäßen Erfordernis der Wiederholbarkeit, der überschaubaren Kausal-
kette vom technischen Einsatz zum angestrebten Erfolg, angesichts des mitwirkenden Zufalls der naturgegebenen Aleatorik nicht genügte. Zum gleichen
Ergebnis führte die Entwicklung des Patentrechts in den USA, das nach der
›Product-of-Nature-Doctrine‹ Naturerzeugnisse grundsätzlich nicht als patentfähige Leistungen anerkannte. Zwar wurden in Europa wie in Amerika in
Durchbrechung dieser Grundsätze bereits im letzten Jahrhundert Patente für
die Züchtung von Hefen, später auch für Bakterien zur Herstellung von Butyl-
alkohol und Aceton sowie für biologische Antibiotika (Penicillin) erteilt, doch
setzte die Diskussion über die Patentfähigkeit von Pflanzenzüchtungen erst in
den dreißiger Jahren dieses Jahrhunderts ein. Diese mündete, im Bestreben, den
technischen Erfindungsbegriff nicht übermäßig aufzuweichen, in einen eigen-
ständigen Schutz von Züchterrechten. Folge dieser Gabelung des Rechtsschutzes
ist das Doppelschutzverbot ...«*

17 Die **frühe Praxis** des PA hat Verfahren der Pflanzenzüchtung und Tierer-
zeugung, Tierpflege und -dressur als nicht patentfähig angesehen.[81] Jedoch
hat schon das RPA seit 1934 Verfahren für Pflanzenzüchtungen bekanntgemacht.[82]

18 **Nach dem Zweiten Weltkrieg** sind zahlreiche Patente für Pflanzenzüchtungen
erteilt worden,[83] jedoch hat das BPatG Patentansprüche, die die vegetative

---

81 PA BlPMZ 1914, 257, 258 kinematographische Vorführungen; eingehend *Benkard*
§ 2a PatG Rn. 13 ff.; *Busse* PatG[4] § 1 Rn. 17; *Neumeier S* 17 ff; *Moufang* S 81 f.
82 I. Beschwerdesenat RPA Mitt 1936, 94: Saatgut für Tabak; I. Beschwerdesenat RPA
Mitt 1936, 95: Lupinensaatgut; X. Beschwerdesenat RPA Mitt 1936, 286: klein-
körnige Markerbse; vgl RPA BlPMZ 1932, 340 Kulturverfahren; *Schade* GRUR
1950, 312 ff, auch zur Praxis im Ausland; zur Praxis in der Schweiz *Blum/Pedrazzini*
Bd I S 91 f; auf die Antipatent-Einstellung des Reichsnährstands weist *Moufang*
GRUR Int 1991, 172 hin.
83 *Wuesthoff*[1] II.6.; *Schade* Mitt 1956, 44; *Schade* GRUR Int 1957, 325, 326 Fn 4;
Freda Wuesthoff GRUR 1957, 49, 50 f; *Neumeier S* 29 f; *Moufang* S 85 ff; vgl
DPA GRUR Int 1958, 337 Poinsettia (Verfahrensanspruch); DPA BlPMZ 1957,
291 Weizenroggen (Sachanspruch); DPA BlPMZ 1959, 70 Rosenzüchtung; DPA

Vermehrung von Pflanzen ohne sonstiges erfinderisches Zutun betreffen, als unzulässig erachtet.[84]

Der **Bundesgerichtshof** war erstmals 1962 mit der Patentierbarkeit von Pflan- 19
zenzüchtungen befasst;[85] Schwierigkeiten bereitete insb die Frage der Wiederholbarkeit der Erfindung.[86] Am Wiederholbarkeitskriterium wurde grds
festgehalten, einen gewissen Wandel brachten hier erst spätere Entscheidungen des BPatG aus dem Jahr 1978 und insb des BGH aus dem Jahr 1987.[87]

2. Sortenschutzrechtlicher Sonderweg; Patentierungsausschluss

Der sortenschutzrechtliche Sonderweg ist durch das Straßburger Überein- 20
kommen zur Vereinheitlichung gewisser Begriffe des materiellen Rechts der
Erfindungspatente (StraÜ) vom 27.11.1963[88] und später durch das EPÜ und
die nationale Rezeption seiner maßgeblichen Regelungen verfestigt worden.[89]

Ein Patentierungsausschluss bestand bis zum Inkrafttreten des 1. SortÄndG nur 21
für Sorten der Pflanzenarten, die im Artenverzeichnis zum SortG aufgeführt
waren. Nach der geltenden, durch die Revision des PflZÜ – das allerdings idF
vom 19.3.1991 ein Patentierungsverbot nicht mehr vorsieht[90] – mit veranlassten
Regelung in § 2a Abs. 1 Nr 1 PatG ist Patentschutz für Pflanzensorten generell
ausgeschlossen (»Doppelschutzverbot«,[91] der Begriff ist indes mehrdeutig, weil

---

BlPMZ 1960, 86 Pappelsorte; zur Auslegung von Patentansprüchen, die die vege-
tative Vermehrung von Pflanzen zum Gegenstand haben, BGH GRUR 1962, 577
Rosenzüchtung; vgl aber zur Praxis in den Niederlanden Octrooirad, Afdeling van
Beroep GRUR Int 1958, 338 Poinsettia, im Vereinigten Königreich Patents Appeal
Tribunal GRUR Int 1958, 337 Poinsettia, und hierzu *Schippel* GRUR Int 1958,
333, 335 f; allg zur Praxis im Ausland *Schade* GRUR Int 1957, 325, 327.

84 BPatG GRUR 1975, 654 Usambaraveilchen.
85 BGH GRUR 1962, 577 Rosenzüchtung.
86 Hierzu insb *Wuesthoff* GRUR 1953, 230, 231 f; *Kirchner* GRUR 1951, 572, 574;
    Kirchner GRUR 1952, 453 f; *Marx* GRUR 1952, 456, 459; *Schade* GRUR 1950,
    312, 317 ff; aus neuerer Sicht *Neumeier* S 108 ff; *van de Graaf* S 81 f.
87 BPatG GRUR 1978, 586 lactobacillus bavaricus; BGHZ 100, 67 = GRUR 1987,
    231 Tollwutvirus; vgl *Neumeier* S 57 ff.
88 BGBl 1976 II 658 = BlPMZ 1976, 270.
89 Vgl *van de Graaf* S 86.
90 Zum Hintergrund *van der Kooij* Art 92 GemSortV Anm 1 sowie UPOV-Dokument
    CAJ/XXIII/2 vom 13.7.1988 S 4 ff; zu den Folgen UPOV-Dokument IOM/5/2
    Rev. vom 22.8.1990 S 11; vgl Erwägungsgrund 31 der BioTRl; zur Regelung in der
    damaligen Regel 23b (jetzt Regel 26) AOEPÜ auch MittEPA ABl EPA 1999, 573.
91 Vgl *Leßmann/Würtenberger*[2] § 1 Rn. 13; *Neumeier* S 219 ff.

er auch die Kollision zwischen dem nationalen und dem eur Schutzrechtssystem bezeichnet, vgl § 10c[92]); dies gilt seit 1992 – wie nach Art 53 Buchst b EPÜ, der insoweit durch die Revisionsakte vom 29.11.2000 nicht geänd wurde;[93] und nach § 2 Nr 2 GebrMG (nach verbreiteter Auffassung geht der Ausschluss im Gebrauchsmusterrecht trotz gleichen Wortlauts der Bestimmung weiter als im Patentrecht und umfasst alle Pflanzen);[94] – für jegliche Pflanzensorte, nunmehr ohne Begrenzung auf die früher im Artenverzeichnis zum SortG genannten Arten, und auch für den gemeinschaftlichen Sortenschutz (Art 92 Abs 1 Satz 1 GemSortV).[95] Insoweit besteht im Sortenschutz ein spezifisches Schutzsystem.[96] Durch seine Änderung ist das SortG (anders als etwa nach Rechtsordnungen, für die das PflZÜ 1991 noch nicht gilt) auf alle Pflanzenarten anwendbar geworden. Entsprechend ist der Ausschlusstatbestand auf alle Pflanzenarten ausgeweitet worden und die frühere Ausnahme konnte als gegenstandslos entfallen.[97] Die Regelung entspricht nunmehr der in Art 53 Buchst b EPÜ. Eine Übernahme des ursprünglichen, bei der Revision 1978 gestrichenen Sortenbegriffs des PflZÜ (»alle Zuchtsorten, Klone, Linien, Stämme und Hybriden, die so angebaut werden können, dass sie den Bestimmungen des Art 6 (1) c und d entsprechen«) in das Patentrecht wurde abgelehnt.[98] Das gilt nach hM nicht mehr für den geltenden Sortenbegriff[99] und wurde schon durch die frühere Regel 23b (jetzt Regel

---

92 Zur Ungenauigkeit der Terminologie auch *MGK/Moufang* Art 53 EPÜ Rn. 64.

93 Vgl zur Regelung *Singer/Stauder* Art 53 EPÜ Rn. 42 ff.

94 So *Bühring* § 2 GebrMG Rn. 12; aA *Busse/Keukenschrijver* § 2 GebrMG Rn. 5; *Loth*[2] § 2 GebrMG Rn. 39, 48; differenzierend, aber ohne Berücksichtigung der geltenden Rechtslage *Benkard* § 2 GebrMG Rn. 5; vgl Begr GebrMÄndG 1986 BlPMZ 1986, 322, 324; zum früheren Recht (insb Raumformerfordernis) BPatGE 1, 145, 149 f = GRUR 1965, 84 Schnittblumen; BPatGE 29, 102 = GRUR 1988, 201, 203 Blumenstielstütze; zu Mikroorganismen BPatGE 25, 60 = Mitt 1983, 73 Starterkultur; kr *Timpe* GRUR 1962, 131.

95 Vgl *Leßmann/Würtenberger*[2] § 2 Rn. 52.

96 Vgl EPA T 49/83 ABl EPA 1984, 112 = GRUR Int 1984, 301, 302 Vermehrungsgut; EPA T 320/87 ABl EPA 1990, 71, 79 = GRUR Int 1990, 629 Hybridpflanzen; *Benkard* § 2a PatG Rn. 18; *Leßmann/Würtenberger*[2] § 1 Rn. 10 ff.; zur Rechtslage in der Schweiz auch HG Bern SMI 1995, 331 = GRUR Int 1995, 511.

97 Begr BTDrs 12/1059; vgl auch Antwort der Bundesregierung BTDrs 12/3871.

98 Vgl *MGK/Moufang* Art 53 EPÜ Rn. 69 – 71, 81, 82, der auch weiterhin den Sortenbegriff patentrechtlich autonom bestimmen will.

99 Für eine Übernahme der Definition des PflZÜ schon *Schulte*[5] § 2 PatG Rn. 30a; *Mes* § 2a PatG Rn. 8; *Straus* GRUR Int 1998, 1, 6, anders noch in GRUR 1993,

26) Abs 4 AOEPÜ[100] und § 2a Abs 3 Nr 4 PatG klargestellt (vgl Art 2 Abs 3 BioTRl und Erwägungsgründe 30, 31 hierzu). Auch die Begr des SortÄndG 1997 geht davon aus, dass mit der Definition ein Hilfsmittel zur Auslegung des Begriffs Pflanzensorte in Art 53 (b) EPÜ geschaffen wird, um die Schnittstelle zwischen den Übk zu klären.[101] Patentschutz kommt auch in Betracht, wenn zusätzlich zu den Schritten Kreuzung und Selektion zusätzliche technische Schritte (die nicht neu sein müssen und sogar trivial sein können) erfolgen, mit denen das Genom verändert wird.[102] Der im RegE BioTRichtlUmsG zunächst vorgesehene Patentierungsausschluss für jegliche biotechnologische Erfindung ist nicht verwirklicht worden.[103]

Der Ausschluss für im **wesentlichen biologische Züchtungsverfahren** in 22 Art 53 Buchst b Satz 1 2. Halbs EPÜ bereitet in seiner Reichweite wegen einer Diskrepanz im deutschen und im englischen Wortlaut (Verfahren zur Züchtung – processes for the production) Schwierigkeiten, insb für Hybridisierungsverfahren zur Saatgutproduktion. Das EPA hat hier Verfahren den Schutz versagt, bei denen mit dem Schritt der »self pollination« jedenfalls kein Züchtungsschritt im klassischen Sinn vorlag.[104]

Nicht die Frage des Verhältnisses von Patentschutz und Sortenschutz zueinan- 23 der betrifft der Patentierungsausschluss für ausschließlich durch mit Hilfe von biologischen Züchtungsverfahren gewonnene Pflanzen (und Tiere), wie ihn die Patentrechtsnovelle 2013 in das nationale Recht eingefügt hat. Nach dem im Gesetzgebungsverfahren geänd PatRNovG wurden in § 2a Abs 1 Nr 1 PatG nach dem Wort »Tieren« die Wörter »und die **ausschließlich durch solche Verfahren gewonnenen Pflanzen und Tiere**« eingefügt;[105] die Neuregelung ist am

---

794, 800; vgl *Busse* § 2a PatG Rn. 43; *Leßmann/Würtenberger*[2] § 2 Rn. 55 ff.; *Singer/Stauder* EPÜ Art 53 Rn. 45; MittPräsEPA vom 1.7.1999 ABl EPA 1999, 573.

100 Vgl EPA G 1/98 ABl EPA 2000, 111 = GRUR Int 2000, 431 transgene Pflanze II.

101 BTDrs 13/7038 S 11.

102 EPA G 2/07, G 1/08 ABl EPA 2010, 456 = GRUR Int 2011, 266 Brokkoli/Tomate.

103 Kr Stellungnahme DVGR GRUR 2000, 680 mit dem Bsp eines Rollrasens mit eingekapselten Samen; kr auch *Dörries* Mitt 2001, 15, 18 f.

104 EPA, Einspruchsabteilung, vom 29.4.2013 zu EP B 2 002 711.

105 Beschlussempfehlung BTDrs 17/14221 = BlPMZ 2013, 376, Bericht BTDrs 17/14222 = BlPMZ 2013, 376 ff (dort auch zu weitergehenden Änderungsanträgen der Fraktionen der SPD und von Bündnis 90/Die Grünen); zur nicht erfolgten Änderung von Abs 3 Nr 3 auch *Krauß* Mitt 2015, 245, 251.

Tag nach der Verkündung, also am 25.10.2013, in Kraft getreten (Art 6 Abs 1 PatRNovG). Die Regelung weicht von Art 53 Abs 1 Buchst b EPÜ ab, der einen solchen Ausschluss nicht vorsieht. Damit gilt sie nur für Anmeldungen, die von diesem Zeitpunkt an erfolgt sind, sofern sie nicht nur eine Klarstellung der bereits bestehenden Rechtslage zur Folge hat (wie es erkennbar der Auffassung des Rechtsausschusses entspricht[106]). Nach der Begr des Rechtsausschusses wird mit dieser Ergänzung klargestellt, dass bei der im wesentlichen biologischen Züchtung von Pflanzen und Tieren nicht nur die Verfahren, sondern auch die mit solchen Verfahren hergestellten Pflanzen und Tiere selbst nicht patentierbar sind, selbst wenn sie keine Pflanzensorten oder Tierrassen darstellen, die ohnehin dem Patentierungsverbot nach § 2a Abs 1 Nr 1 PatG unterliegen. Die GBK des EPA habe festgestellt, dass die bloße Verwendung technischer Verfahrensschritte zur Durchführung bzw Unterstützung im wesentlichen biologischer Verfahren diese nicht patentierbar mache; sie gehe aber nicht auf die Patentierbarkeit der durch solche tier- und pflanzenbezogenen Verfahren gewonnenen Erzeugnisse in Form der hergestellten Tiere und Pflanzen ein. Die Bundesregierung sei der Auffassung, dass nach Sinn und Zweck des Art 4 der BioTRl der Patentierungsausschluss zwingend auch hierfür gelten müsse. Die Nichtpatentierbarkeit herkömmlicher Züchtungsverfahren könnte sonst unschwer umgangen werden. Im Interesse der Züchter und Landwirte solle daher klargestellt werden, dass die unmittelbar aus ihrer konventionellen Züchtung stammenden Pflanzen und Tiere nicht von Patenten Dritter erfasst werden können, die sich auf umfassende Erzeugnisansprüche beriefen (abw die Praxis der GBK des EPA). Die Patentierungsmöglichkeiten der dt Industrie sollten aber nicht über diesen Regelungszweck hinaus eingeschränkt werden. Die aus biologisch gezüchteten Tieren und Pflanzen abgeleiteten Erzeugnisse wie zB Pflanzenöle sollten, wenn sie die übrigen Patentierungsvoraussetzungen erfüllten, patentierbar bleiben. Nur mit einer Formulierung, die den Patentierungsausschluss für Verfahren und Erzeugnisse ausdrücklich auf den gleichen Gegenstand, nämlich »Pflanzen und Tiere«, beziehe, werde es möglich, den nat Regelungsspielraum der BioTRl einzuhalten, der sich auf eine lediglich klarstellende Konkretisierung beschränke. Dabei unterfielen diesen Begriffen nicht nur die erzeugten Tiere und Pflanzen, sondern auch das in herkömmlichen biologischen Verfahren hergestellte, das zu deren Erzeugung bestimmte Material wie zB Samen (Saatgut) bzw bei Tieren Samen (Sperma), Eizellen und Embryonen. Die Verwendung des Worts »ausschließlich« solle sicherstellen, dass unstreitig patentierbare, insb genetisch modifizierte Pflanzen und Tiere nicht nur deshalb vom Patentierungsverbot

---

106 So wohl auch RB Den Haag 31.1.2012 IIC 2012, 604 Raphanus sativa.

erfasst werden, weil sie zusätzlich ein im wesentlichen biologisches Kreuzungs- und Selektionsverfahren durchlaufen hätten.[107] Der Zweite Bericht der Bundesregierung führt dazu aus (S 5): »Die Bundesregierung unterstützt deshalb die am 18. Mai 2016 in Brüssel von der zuständigen EU-Kommissarin Elżbieta Bieńkowska verkündete Absicht, baldmöglichst eine »clarifying notice« zu veröffentlichen. In dieser soll die Intention des europäischen Gesetzgebers im Hinblick auf die Patentierbarkeit von Produkten im Wesentlichen biologischer Züchtungsverfahren erläutert werden. Die Bundesregierung erachtet eine solche Erklärung der Europäischen Kommission – nach Möglichkeit gemeinsam mit dem Europäischen Rat und dem Europäischen Parlament – zur genaueren Auslegung der Patentierungsausnahmen in der Biopatent-Richtlinie für eine geeignete und sinnvolle Maßnahme. Die Bundesregierung wird sich dafür einsetzen, dass die »Notice« so formuliert wird, wie es der Deutsche Bundestag mit § 2a PatG getan hat, so dass keine Patente auf Pflanzen und Tiere als Produkte im Wesentlichen biologischer Verfahren erteilt werden können. Parallel wird sich die Bundesregierung weiter dafür einsetzen, dass der Patentrechtsausschuss der Europäischen Patentorganisation die Auslegung des EPÜ zur Frage der Erteilung von Patenten auf Pflanzen in weiteren Sitzungen berät, und darauf hinwirken, dass ein abgestimmtes Vorgehen von Europäischer Patentorganisation einerseits sowie der Mitgliedstaaten der Europäischen Union und der Europäischen Kommission andererseits gewährleistet ist.«

Die Frage, wieweit Sortenschutz Patentschutz ausschließt, ist auch wegen der **24** spezifischen **Stärken und Schwächen** der beiden Systeme für Bedeutung; eine Öffnung des Patentschutzes schafft erweiterte Schutzmöglichkeiten zu Lasten der Öffentlichkeit, kann aber auch auf Seiten der Berechtigten zu Verschiebungen führen, wenn die Schutzsysteme den Interessen verschiedener Wirtschaftskreise (Züchter; Agrarindustrie) unterschiedlich Rechnung tragen.[108]

Nach verbreiteter Meinung sind die Patentierungsausschlüsse als Ausnahme- **25** bestimmungen eng auszulegen;[109] dies trifft jedoch nur zu, soweit es nicht

107 Beschlussempfehlung BTDrs 17/14222 = BlPMZ 2013, 377 f.

108 Vgl zu den wirtschaftlichen Auswirkungen *Bauer* S 62 ff, 247 ff mwN; vgl auch die Forderung des Bundesrats (BRDrs 655/1/00 S 5 f), einer Aushöhlung des Sortenschutzes durch das Patentrecht entgegenzuwirken.

109 EPA Hybridpflanzen; EPA (Einspruchsabteilung) GRUR Int 1993, 865 Patent für pflanzliche Lebensformen; *Schulte* § 2a PatG Rn. 18; *Mes* § 2 PatG Rn. 6; *MGK/Moufang* Art 53 EPÜ Rn. 61; *Looser* GRUR 1986, 27; *Funder* EIPR 1999, 551, 560.

um die **Abgrenzung der** beiden **Schutzsysteme** Patentschutz und Sorten-schutz geht.[110] Auch Art 1 GemSortV schließt jeglichen anderen (materiellen) Schutz für Pflanzensorten aus.[111] Der Patentierungsausschluss ist auf Pflanzensorten unabhängig davon anzuwenden, wie diese erzeugt wurden; deshalb sind Pflanzensorten, die mittels rekombinanter Gentechnik in eine Elternpflanze eingebrachte Gene enthalten, von der Patentierung ausgeschlossen.[112] Soweit die spezifischen Voraussetzungen einer Pflanzensorte nicht erfüllt sind, kommt Patentschutz dagegen in Betracht.[113]

26 Der **Unterschied zwischen den Schutzsystemen** besteht auch darin, dass das Patentrecht generischen Schutz zur Verfügung stellt, während sich das Züchterrecht stets auf die konkrete Sorte beschränkt[114] und sich damit auf die Sorte als verkehrsfähiges Produkt bezieht, was durch das dem Patentrecht in dieser Form fremde Erfordernis der Sortenbezeichnung akzentuiert wird. Es wird berichtet, dass bei transgenen Pflanzensorten meist mehrere Patente betroffen sind.[115]

27 Umfasst der Patentanspruch auch Pflanzensorten, sollte dies nach früherer Praxis des EPA grds den Patentierungsausschluss begründen,[116] dies gilt nach der Rspr der GBK nicht mehr.[117] Damit überlappen sich Patent- und Sor-

---

110 Vgl *Benkard* § 2a PatG Rn. 24 f.; *Teschemacher* (LitBespr) GRUR Int 1991, 78, 80; *Straus* GRUR Int 1998, 1, 9; *Funder* EIPR 1999, 551, 564 Fn 83.

111 Vgl *van der Kooij* Art 1 Anm 1.

112 EPA G 1/98 ABl EPA 2000, 111 = GRUR Int 2000, 431 transgene Pflanze II auf Vorlage EPA T 1054/96 ABl EPA 1998, 511 = GRUR Int 1999, 162 transgene Pflanze, und hierzu *Nott* EIPR 1999, 33; *Vossius/Schnappauf* Mitt 1999, 253; Stellungnahme der DVGR GRUR 1999, 682.

113 Vgl EPA Hybridpflanzen; *Benkard* § 2a PatG Rn. 32 ff.

114 *Crespi* IIC 1992, 168, 182; *Straus* GRUR 1993, 794, 796.

115 *Willnegger* GRUR Int 2003, 815, 818 mwN in Fn 32.

116 EPA T 356/93 ABl EPA 1995, 545 = GRUR Int 1995, 978 Pflanzenzellen, Entscheidungsgründe 40.8; anders allerdings EPA – Einspruchsabteilung – GRUR Int 1993, 865 Patent für pflanzliche Lebensformen.

117 EPA G 1/98 ABl EPA 2000, 111 = GRUR Int 2000, 431 transgene Pflanze II und hierzu *Anderson/Tilmann* Mitt 2000, 192, die auf den sytematisch-verwaltungsmäßigen Charakter der Unterscheidung nach dieser Entscheidung verweisen; *Kiewiet* Kolloquium Einbeck; schon zuvor abl ua *White/Brown* EIPR 1996, 419 ff; *Roberts* EIPR 1996, 531, 534; *Schatz* GRUR Int 1997, 588, 591, so explizit auch Art 4 Abs 2 der BioTRl, vgl hierzu *Straus* GRUR Int 1998, 1, 8 ff, auch unter Hinweis auf die schweiz Prüfungsrichtlinien 1986; vgl hierzu auch *Leßmann/Würtenberger²* § 1 Rn. 14 ff.

tenschutz weitgehend; beide Systeme sind durch Kreuzlizenzierung und die Übernahme der Nachbauregelung im Patentrecht verknüpft.[118] Der Ausschlusstatbestand im PatG/Art 53 (b) EPÜ erfasst in Anlehnung an die Regelung im revidierten PflZÜ lediglich Pflanzen oder deren Vermehrungsgut in der genetisch fixierten Form der **Pflanzensorte**[119] als solche.[120] Nach Auffassung des EuGH wird die Sorte durch ihr gesamtes Genom bestimmt; wenn eine Gruppe von Pflanzen durch ein bestimmtes Gen charakterisiert wird, ist sie nicht von der Patentierung ausgeschlossen, auch wenn sie neue Sorten umfasst. Andererseits ist das Genom einer Pflanzensorte auch dann von der Patentierung ausgeschlossen, wenn es Gene enthält, die mittels rekombinanter Gentechnologie in die Elternpflanze eingebracht worden sind.[121] Dass der Patentierungsausschluss wegen Fehlens der Wiederholbarkeit erfolgt und eine Pflanze als Erzeugnis deshalb als Patent schützbar sein soll, wenn Wiederholbarkeit vorliegt,[122] ist mit dem Wortlaut der dt wie der eur Ausschlussbestimmung in dieser Allgemeinheit nicht vereinbar. Ein Patentanspruch, in dem keine bestimmten Pflanzensorten beansprucht sind, ist von der Patentierung auch dann nicht ausgeschlossen, wenn er Pflanzensorten umfasst.[123] Die Praxis des EPA ging schon nach der Revision des PflZÜ davon aus, dass Patente auf Pflanzen, modifizierte Pflanzenzellen und pflanzliches Gewebe weiterhin erteilt werden können;[124] nach der Praxis der Beschwerdekammern sind lediglich Pflanzengruppen innerhalb eines einzigen botanischen Taxons der untersten bekannten Rangstufe, die zumindest durch ein übertragbares Cha-

---

118 Vgl *Willnegger* GRUR Int 2004, 28 f.

119 Vgl EPA T 49/83 ABl EPA 1984, 112 = GRUR Int 1984, 301 Vermehrungsgut, zur früheren Fassung des PflZÜ; EPA T 320/87 ABl EPA 1990, 71 = GRUR Int 1990, 629 Hybridpflanzen.

120 *Schulte*[6] § 2 PatG Rn. 114 sah Pflanzensorten, deren technische Behandlung die Sorte als solche unverändert lässt, als patentfähig an; bdkl jedenfalls, soweit damit das Patentierungsverbot unterlaufen wird.

121 EuGH C-377/98 Slg 2001 I 7079 = GRUR Int 2001, 1043 Niederlande/Parlament und Rat (BioTRl) II.

122 So HG Bern SMI 1995, 331, 339 f = GRUR Int 1995, 511, 513 f; zur Wiederholbarkeit auch *Kraßer/Ann* § 13 Rn. 17 f.; *Blum/Pedrazzini* Bd I S 93; *van de Graaf* (Entscheidungsanm) GRUR Int 1990, 632, 633; *Schulte*[6] § 2 PatG Rn. 116; schweiz BG BGE 79 I 77, 82f Rouge Meilland-Happiness.

123 EPA G 1/98 ABl EPA 2000, 111 = GRUR Int 2000, 431 transgene Pflanze II; *Schulte* § 2a PatG Rn. 24; kr zu diesem Ansatz *Funder* EIPR 1999, 551, 560 ff.

124 EPA (Einspruchsabteilung) GRUR Int 1993, 865 Patent für pflanzliche Lebensformen.

rakteristikum gekennzeichnet ist, das sie von anderen Pflanzengruppen unterscheidet, und in seinen maßgebenden Charakteristika hinreichend homogen und beständig ist, von der Patentierung ausgeschlossen.[125]

28 Der GBK des EPA wurden die Fragen vorgelegt, ob sich der Ausschluss negativ auf die **Gewährbarkeit eines Erzeugnisanspruchs** auswirken kann, der auf Pflanzen oder Pflanzenmaterial wie eine Frucht gerichtet ist, insb in solcher Patentanspruch auch dann gewährbar ist, wenn das einzige am Anmeldetag verfügbare Verfahren ein in der Patentanmeldung offenbartes im wesentlichen biologisches Verfahren zur Züchtung von Pflanzen ist.[126] Die GBK hat dazu entschieden, dass der Ausschluss in wesentlichen biologischer Verfahren zur Pflanzenzüchtung keine negativen Auswirkungen auf die Patentierbarkeit für einen Erzeugnisanspruch hat, der auf Pflanzen oder Pflanzenmaterial wie Früchte gerichtet ist; der Umstand, dass das einzige zum Anmeldezeitpunkt verfügbare Verfahren, um den beanspruchten Gegenstand zu erhalten, ein im wesentlichen biologisches Züchtungsverfahren ist, steht der Patentierung nicht entgegen.[127] Weiter wurde die Frage vorgelegt, ob sich der Ausschluss auch auf Erzeugnisansprüche für Pflanzen und Pflanzenteile bezieht, die keine Pflanzensorte sind, insb wenn bei einem product-by-process-Anspruch die Verfahrensmerkmale ein im wesentlichen biologisches Verfahren definieren und das einzige zur Verfügung stehende Verfahren ein solches Verfahren ist und ob ein möglicher Patentierungsausschluss durch einen Disclaimer umgangen werden kann.[128] Hierzu hat die GBK entschieden, dass der Umstand, dass das Verfahren als product-by-process-Anspruch formuliert ist, der auf Pflanzen oder Pflanzenmaterial, aber nicht auf eine Pflanzensorte gerichtet ist, nicht zur Unzulässigkeit des Anspruchs führt; es kommt dabei nicht darauf an, dass der Schutzumfang des Erzeugnisanspruchs die Erzeugung mittels eines im wesentlichen biologischen Verfahrens umfasst.[129] »Züchter, Landwirte und

---

125 EPA (Einspruchsabteilung) GRUR Int 1993, 865 Patent für pflanzliche Lebensformen; EPA T 356/93 ABl EPA 1995, 545, 569 ff = GRUR Int 1995, 978 Pflanzenzellen; vgl hierzu *Götting* Gewerblicher Rechtsschutz § 13 IV Rn. 9; *Schrell* EIPR 1996, 242 f; *Schrell* GRUR Int 1995, 986; *van de Graaf* S 96 ff; *Straus* IIC 1995, 920, 946; *Lange* GRUR Int 1996, 586, 591; *Singer/Stauder* Art 53 EPÜ Rn. 48.

126 EPA T 1242/06 ABl EPA 2013, 42 = GRUR Int 2013, 432 Ls (Vorlage an die GBK).

127 EPA G 2/12 GRUR 2016, 585 Tomate II.

128 EPA 8.7.2013 T 83/05.

129 EPA 25.3.2015 G 2/13 Brokkoli II, Ls in GRUR 2016, 596.

die Allgemeinheit werden sich bis auf weiteres mit dieser neuen Form der Patente auf Pflanzen arrangieren müssen.«[130]

Die **Patentierungsmöglichkeiten** gehen damit bei eur Patenten weiter als bei **29** dt Patenten. Es wurde gefordert, die BioTRl dahin zu ändern, dass durch im wesentlichen biologische Verfahren gewonnene Pflanzen von der Patierung auszunehmen,[131] alternativ eine umfassende Züchterausnahme im Patentrecht einzuführen. In der Schweiz bestimmt Art 36a PatG, dass bei der Abhängigkeitslizenz für den Pflanzenzüchter/Sortenschutzinhaber bei Sorten für Landwirtschaft und Ernährung die Kriterien der schweiz SaatgutVO als Anhaltspunkte zu berücksichtigen sind. Zu verweisen ist auch auf den Züchtervorbehalt in § 11 Nr 2a PatG sowie in Art 27 Buchst c EPGÜ. Der Patentierungsausschluss für die ausschließlich durch im wesentlichen biologischen Züchtungsverfahren gewonnenen Pflanzen und Tiere betrifft nur die Pflanzen und Tiere an sich, nicht auch die von diesen Pflanzen und Tieren abgeleiteten Produkte wie Pflanzenöle.[132]

Dem Patentschutz sind weiterhin Pflanzen zugänglich, die nicht einer einzel- **30** nen Sorte, sondern zB einer **höheren taxonomischen Einheit** angehören.[133] Danach sind zB somatische Hybride aus Kartoffel und Tomate grds patentierbar.[134] Dasselbe gilt für durch Einzelmerkmale definierte sortenübergreifende Pflanzeneinheiten wie transgene Pflanzen mit Resistenz gegen bestimmte Faktoren;[135] die Resistenzbehandlung von Vermehrungsmaterial,[136] nach Auffas

---

130 *Metzger* GRUR 2016, 549, 555; vgl aber den im Juni 2017 angefügten Satz 2 in Regel 28 AOEPÜ: »Under Article 53(b), European patents shall not be granted in respect of plants or animals exclusively obtained by means of an essentially biological process.«

131 Bund deutscher Pflanzenzüchter; http://www.bdp-online.de/de/Presse/Aktuelle__ Mitteilungen/BDP_uebt_Krtitik_an_Entscheidung_im_Brokkoli_Fall.pdf

132 Beschlussempfehlung BTDrs 17/1422 = BlPMZ 2013, 376, 378; *Mes* § 2a PatG Rn. 18.

133 Vgl EPA G 1/98 ABl EPA 2000, 111 = GRUR Int 2000, 431 transgene Pflanze II; *Schulte* § 2a PatG Rn. 24; *Mes* § 2a PatG Rn. 16; *van de Graaf* S 93 mwN; EP 0 445 929 (»Kekspatent«), im Einspruchsverfahren widerrufen.

134 DE-Patent 28 42 179; vgl *Benkard* § 2a PatG Rn. 38; *MGK/Moufang* Art 53 EPÜ Rn. 76; *Goebel* GRUR Int 1987, 300.

135 EPA – Einspruchsabteilung – GRUR Int 1993, 865 Patent für pflanzliche Lebensformen; *Schulte* § 2a PatG Rn. 24 (deutlicher *Schulte*[5] § 2 PatG Rn. 30b); *MGK/ Moufang* Art 53 EPÜ Rn. 77 f. mit Hinweis auf das EP-Patent 0 122 791 und die DE-Patente 37 38 657 und 38 10 286; vgl *Straus* GRUR Int 1998, 1, 10; EPA 7.4.2005 T 179/01 »Round-up«.

136 Vgl die von *van de Graaf* S 94 referierte Entscheidung der EPA-Einspruchsabteilung vom 5.6.1992 Lubrizol Genetics.

sung des EPA ebenso für Pflanzenmehrheiten von beschränkter Homogenität und Beständigkeit.[137]

31 Dem Patentschutz sind auch **Vektoren** wie Plasmide und einzelne Pflanzenteile oder –organe,[138] auch Teile des Pflanzengenoms zugänglich. Das gilt auch für Pflanzenzellen, die nach Auffassung des EPA eher als mikrobiologische Erzeugnisse angesehen werden können,[139] was sie an sich nicht sind.[140]

32 Verfahren. Im wesentlichen biologische Züchtungsverfahren sind mit Ausnahme von mikrobiologischen Verfahren von der Patentierung ausgeschlossen (Art 53 Buchst b EPÜ; § 2a Abs 1 PatG mit Definitionen des mikrobiologischen Verfahrens in § 2a Abs 3 Nr 2 PatG unter Übernahme von Art 2 Abs 1 Buchst b BioTRl wie Regel 23b (jetzt Regel 26) Abs 6 AOEPÜ und des im wesentlichen biologischen Verfahrens in § 2a Abs 3 Nr 3 PatG in Übereinstimmung mit dem auf Art 2 Abs 2 BioTRl beruhenden Art 23b (jetzt Regel 26) Abs 5 AOEPÜ); patentfähig sind nicht im wesentlichen biologische Verfahren jedenfalls dann, wenn sie nicht zur Züchtung einer Sorte dienen.[141]

33 Dass die Kollisionsregelung auch einen Schutz der Sorte als **unmittelbares Verfahrenserzeugnis** (§ 9 Satz 2 Nr 3 PatG; § 9a Abs 2 PatG mit einer wohl als abschließend anzusehenden Regelung; Art 64 Abs 2 EPÜ) verhindere, wird – anders als für den als ausgeschlossen angesehenen Schutz als Erzeugnis eines mikrobiologischen Verfahrens – überwiegend[142] und auch in der

---

137 EPA T 320/87 ABl EPA 1990, 71 = GRUR Int 1990, 629 Hybridpflanzen; *Schulte* § 2a PatG Rn. 24; im Ergebnis zust, allerdings kr zur Begr *MGK/Moufang* Art 53 EPÜ Rn. 79 f.; ebenso *van de Graaf* (Anm) GRUR Int 1990, 632 f; vgl *van de Graaf* S 95 f.

138 *Huber* Mitt 1994, 174, 175 f; *MGK/Moufang* Art 53 EPÜ Rn. 83; *Schulte* § 2a PatG Rn. 24.

139 EPA T 356/93 ABl EPA 1995, 545, 569 ff = GRUR Int 1995, 978 Pflanzenzellen; *Schulte* § 2a PatG Rn. 24.

140 Zur Problematik bei somatischen Pflanzenzellen und pflanzlichem Konsummaterial *MGK/Moufang* Art 53 EPÜ Rn. 84.

141 Vgl *Huber* Mitt 1994, 174, 175.

142 Übersicht zum Streitstand bei *Moufang* S 382 f, *Neumeier* S 199 f und *van de Graaf* S 111 ff; vgl *Kraßer/Ann* § 14 Rn. 110 ff.; Denkschrift zum GPÜ BlPMZ 1979, 325, 333; Schutz als Verfahrenserzeugnis bejahen schweiz BG BGE 121 III 125 = GRUR Int 1996, 1059 f Manzana II; *Straus* GRUR Int 1998, 1, 6 ff; *Benkard* § 2a PatG Rn. 40; *Benkard-EPÜ* Art 53 Rn. 83; *Neumeier* S 205 f; Schutz über das Verfahrenserzeugnis verneinen *Lange* GRUR Int 1985, 88, 93; *Funder* EIPR 1999, 551, 570 ff mit eingehender Erörterung des Schutzes als Erzeugnis

Rspr des EPA[143] verneint;[144] dem ist unter systematischen Gesichtspunkten zuzustimmen, und dem tragen auch die Abhängigkeitsregelungen der BioTRl Rechnung.

3. Kollisionsregelung

Eine Kollisionsregelung anlässlich der Ausweitung des Sortenschutzes 1992 **34** auf alle Arten enthält § 41 Abs 2 idF des 1. SortÄndG vom 27.3.1992.[145] Danach ist ein Wahlrecht des Anmelders oder Patentinhabers vorgesehen (Rdn. 5 ff. zu § 41).

4. Regelungslücke

Soweit die Regelungen im SortRecht Tatbestände nicht enthalten, die im **35** Patentrecht geregelt sind, muss im Einzelfall geprüft werden, ob es sich um eine bewusste oder um eine unbewusste Regelungslücke handelt. Hierbei wird auch zu berücksichtigen sein, ob die übrigen Gesetze des gewerblichen Rechtsschutzes entsprechende Regelungen enthalten. Auf dieser Grundlage werden etwa die Bestimmungen über die Streitwertherabsetzung (§ 144 PatG) und über die Klagenkonzentration (§ 145 PatG) im SortRecht nicht heranzuziehen sein, während beim Auskunftsanspruch nach § 146 PatG an die Schließung der Regelungslücke im Weg der Rechtsanalogie zu denken sein wird.[146]

---

eines mikrobiologischen Verfahrens; *MGK/Moufang* Art 53 EPÜ Rn. 128; *Schulte* § 9a PatG Rn. 13, der aber Schutz als Erzeugnis eines mikrobiologischen Verfahrens zulässt; vgl auch *Singer/Stauder* Art 53 EPÜ Rn. 67 ff.; *Deutsch* ZRP 1985, 73, 75; *Teschemacher* GRUR Int 1987, 303, 308 ff; HG Bern SMI 1995, 331, 345 ff, nicht in GRUR Int.

143 Nach EPA G 1/98 ABl EPA 2000, 111, 137 ff = GRUR Int 2000, 431 transgene Pflanze II ist bei der Entscheidung über die Patentfähigkeit eines Verfahrens zur Herstellung einer Pflanzensorte Art 64 Abs 2 EPÜ (Schutz des unmittelbaren Verfahrenserzeugnisses) nicht zu berücksichtigen; dass patentechtl Schutz als Verfahrenserzeugnis eintritt, steht der Patentierung demnach nicht entgegen, dagegen kommt Schutz der Sorte als Erzeugnis eines mikrobiologischen Verfahrens nicht in Betracht.

144 Zur Einbeziehung der Absaat in den Schutz des Verfahrenserzeugnisses *Beier/Ohly* GRUR Int 1996, 973, 981; *Neumeier* S 206, allg *Busse/Keukenschrijver* § 9 PatG Rn. 111 und § 9b PatG Rn. 7 ff.; *Schulte* § 9 PatG Rn. 92; vgl die Regelung in § 10b Nr 1 und § 9b PatG aufgrund des Art 10 BioTRl.

145 BGBl I 727 f.

146 Vgl *Busse/Keukenschrijver* § 146 PatG Rn. 6.

III. Verhältnis zum Markenrecht

36 Kollisionen können zwischen Sortenbezeichnung und Marke vorkommen. Diese hat der Gesetzgeber unterschiedlich behandelt. Nach § 4 Abs 2 Nr 6 des Warenzeichengesetzes (WZG) idF vom 2.1. 1968[147] bildete die Übereinstimmung des Zeichens mit einer eingetragenen Sortenbezeichnung ein absolutes Schutzhindernis für das Zeichen. Diese Regelung wurde durch das SortG 1985 aufgegeben. § 4 Abs 2 Nr 6 WZG wurde gestrichen, die Übereinstimmung wurde in dem späteren § 5 Abs 2 Nr 3 WZG als relatives, nur auf Widerspruch hin zu prüfendes Eintragungshindernis ausgestaltet.[148] § 13 Abs 1, Abs 2 Nr 4 MarkenG sieht nunmehr in der älteren Sortenbezeichnung ein relatives Schutzhindernis (Löschungsgrund), der nicht zum Widerspruch berechtigt.[149]

37 Eine **Kollisionsnorm in umgekehrter Richtung** stellt § 14 Abs 2 dar.

IV. Verhältnis zum Saatgutverkehrsrecht

Schrifttum: *Ellenberg* Sind Sortenschutz und Saatgutrecht noch zeitgemäß? in: *Metzger (Hrsg)* Rechtsschutz von Pflanzenzüchtungen (2014), 69; *Sohnemann* Sortenschutz und Saatgutrecht, in: *Metzger (Hrsg)* Rechtsschutz von Pflanzenzüchtungen (2014), 57

38 Das Saatgutverkehrsrecht gehört dem öffentlichen Recht (Wirtschaftsrecht, Landwirtschaftsrecht) an;[150] es ist vom SortRecht zu unterscheiden, auch wenn der Vollzug beider Rechtsgebiete beim BSA liegt. SortRecht und Saatgutverkehrsrecht sind voneinander unabhängig; saatgutverkehrsrechtl Regelungen dürfen den Sortenschutz nicht beeinträchtigen (vgl Art 18 PflZÜ 1991).[151] Jedoch sind die sortenrechtl Registerprüfung und die saatgutrechtliche Wertprüfung miteinander verzahnt. Auch darüber hinaus greifen beide

---

147 BGBl I 29.
148 Vgl *Busse/Starck* § 5 WZG Rn. 2, 44ff; *Würtenberger* S 132 f.
149 Vgl Begr MarkenG BTDrs 12/6581 = BlPMZ 1994 Sonderheft S 68; *Ströbele/Hacker* § 13 MarkenG Rn. 29; vgl zum Verhältnis zum Markenrecht auch öOGH ÖBl 1958, 79, 80 Concerto.
150 BGH GRUR 2017, 527 Konsumgetreide; BGH 27.4.2017 I ZR 215/15 WRP 2017, 941 Aufzeichnungspflicht.
151 *Leßmann/Würtenberger²* § 1 Rn. 32 ff.; zur Verzahnung von sortrechtl Registerprüfung und saatgutrechtl Wertprüfung *Leßmann/Würtenberger²* § 1 Rn. 46; zur Bedeutung der Sortenbezeichnung für die saatgutrechtl zugelassene Sorte *Leßmann/Würtenberger²* § 1 Rn. 48; vgl auch BGH NVwZ 1994, 1237 Hela.

Materien ineinander (instruktiv der Fall der Kartoffelsorte Linda).[152] Zu Recht ist eine Pflicht der Importzulassungsstellen zur Prüfung, ob Importeure, die die Zulassung von Saatgutimporten beantragen, im Verhältnis zu dem Sort-Berechtigten befugt sind, Saatgut der einzuführenden Art einzuführen, verneint worden.[153] Im Saatgutverkehrsrecht wird weiterhin weitgehend auf den »landeskulturellen Wert« der Sorte abgestellt (vgl Rdn. 1 zu § 1). Für die von ihm erfassten Arten[154] ist der Vertrieb von nicht zugelassenem Saatgut grds verboten. Das Saatgutverkehrsgesetz (SaatG) ist am 16.7.2004 neu bekannt-gemacht[155] und zuletzt durch das Vierte Gesetz zur Änderung des Saatgut-verkehrsgesetzes vom 20.12.2016[156] in Umsetzung der Durchführungsricht-linien 2014/97/EU und 2014/98/EU der Kommission vom 15.10.2014 zur Durchführung der Rl 2008/90EG des Rates vom 29.9.2008 über das Inver-kehrbringen von Pflanzen von Obstarten zur Fruchterzeugung geänd worden, die Saatgutverordnung (SaatV) gilt idF der Bek vom 8.2.2006,[157] die durch Art 1 der 12.VO zur Änderung der Saatgutverordnung vom 29.6.2016[158] geänd worden ist. Zu beachten ist auch die Pflanzenschutz-Saatgutanwen-dungsVO vom 22.7.2016.[159]

V. Bedeutung des Sortenschutzes

Die Zahl der Anmeldungen beim Gemeinschaftlichen Sortenamt liegt seit 39 Jahren kontinuierlich zwischen 2.500 und 3.300 pro Jahr (davon 2016 46% Zierpflanzen – 2012 mit Abstand führend Rose und Chrysantheme) und 23% landwirtschaftliche Nutzpflanzen (2012 mit Abstand an erster Stelle Mais vor

---

152 Vgl hierzu Seite »Linda (Kartoffel)«. In: Wikipedia, Die freie Enzyklopädie. Bear-beitungsstand: 27. März 2016, 21:19 UTC. URL: https://de.wikipedia.org/w/index.php?title=Linda_(Kartoffel)&oldid=152922175 (Abgerufen: 10. April 2016, 09:42 UTC)).

153 BGH NJW 1959, 1967 Importzulassungsstellen.

154 VO über das Artenverzeichnis zum Saatgutverkehrsgesetz idF der Bek vom 27.10.2004, BGBl I 2696, zuletzt geänd durch Art 1 der VO vom 6.1.2014, BGBl I 26; vgl auch die EU-Richtlinien 2002/53 ABl EU 2002 L 193/1, und 2002/55, ABl EU 2002 L 193/33, sowie 2003/90, ABl EU 2003 L 354/7 und 2003/91, ABl EU 2003 L 254/11.

155 BGBl I 1673.

156 BGBl I 3041.

157 BGBl I 345.

158 BGBl I S 1508.

159 BGBl I 1782.

Sommerweizen und Kartoffel), bei den gärtnerischen Sorten an der Spitze Gartensalat. Bei der Herkunft der Anmelder liegen die Niederlan-de deutlich vor Deutschland, Frankreich und den USA an der Spitze. Am 3.4.2017 waren 25.274 gemeinschaftliche Sortenschutzrechte in Kraft. National bestanden am 1.3.2007 2.391 Schutzrechte; die Zahl hat sich infolge des gemeinschaftlichen Sortenschutzes in den letzten Jahren stark vermindert, am 1.7.2016 lag der Bestand bei 1.524 Schutzrechten (davon 523 geschützte Zierpflanzensorten).

E. Ehemalige DDR; Einigungsvertrag

Schrifttum: *Vogel* Zur Auswirkung des Vertrages über die Herstellung der Einheit Deutschlands auf die Verfahren vor dem Deutschen Patentamt und dem Bundespatentgericht, GRUR 1991, 83; *von Mühlendahl* Gewerblicher Rechtsschutz im vereinigten Deutschland: eine Zwischenbilanz, GRUR 1990, 719

I. Deutsche Demokratische Republik

40 In der ehem DDR galt die VO über den Rechtsschutz für neue Pflanzensorten in der DDR (SortenschutzVO) vom 22.3.1972.[160]

II. Regelung im Einigungsvertrag

41 Eine Erstreckung der im Beitrittsgebiet wie im früheren Bundesgebiet bestehenden Rechte auf das jeweils andere Gebiet ist anders als im Patentrecht bereits am 3.10.1990 erfolgt. Anl I Kap VI Sgb A Abschn III EinigV regelt das SortRecht. Eine weitere Regelung enthielt Anl I Kap VI Sgb E Kap VI Nr 5 EinigV. Die Nichtanwendbarkeit dieser Regelung ist durch das Gesetz über die weitere Bereinigung von Übergangsrecht aus dem Einigungsvertrag vom 21.1.2013[161] angeordnet worden.

III. Kollision erstreckter Sortenschutzrechte

42 Die Erstreckung eines in der DDR erteilten SortRechts steht dem Bestand eines zuvor entsprechend § 2 Nr 2 Satz 1 PatG für die Erfindung derselben Pflanzensorte erteilten Patents nicht entgegen, da die Kollisionsvorschrift in

---

160 GBl II 213 = BlPMZ 1973, 210.
161 BGBl I 91.

§ 41 Abs 2 SortG nur den Fall regelt, dass bei Inkrafttreten dieses Gesetzes für die Sorte bereits ein Patent angemeldet oder erteilt war.[162]

IV. Nichtgeltung des »Landwirteprivilegs«

Die zeitweilige Nichtgeltung des »Landwirteprivilegs« (jetzt § 10a) im **43** Beitrittsgebiet verstieß nicht gegen Art 3 Abs 1 GG;[163] das Landwirteprivileg ist auch dort durch das 1.SortÄndG eingeführt worden.[164] Die Regelung war seit dem Inkrafttreten des 1.SortGÄndG vom 27.3.1992 nicht mehr anzuwenden.[165] Eine Vorlage des LG Leipzig[166] zur Verfassungsmäßigkeit dieser Regelung ist vom BVerfG nicht mehr beschieden worden.[167]

F. Gemeinschaftlicher Sortenschutz

GemSortV:

Art 1 Gemeinschaftlicher Sortenschutz

Durch diese Verordnung wird ein gemeinschaftlicher Sortenschutz als einzige und ausschließliche Form des gemeinschaftlichen gewerblichen Rechtsschutzes für Pflanzensorten geschaffen.

Art 2 Einheitliche Wirkung des gemeinschaftlichen Sortenschutzes

Der gemeinschaftliche Sortenschutz hat einheitliche Wirkung im Gebiet der Gemeinschaft und kann für dieses Gebiet nur einheitlich erteilt, übertragen und beendet werden.

Der gemeinschaftliche Sortenschutz (CPVRs, Community Plant Variety **44** Rights) in der Europäischen Union ist in Übereinstimmung mit Art 32 PflZÜ[168] in der VO (EG) Nr 2100/94 über den gemeinschaftlichen Sor-

---

162 BGHZ 122, 144 = GRUR 1993, 651 tetraploide Kamille; vgl Rn. 5 ff. zu § 41 sowie BPatG BlPMZ 1991, 72, 77 »Kamille«.

163 BezG Potsdam 30.7.1993 7 S 11/93, zitiert bei *Papier* GRUR 1995, 241, 246.

164 Kr aus verfassungsrechtl Gründen *Papier* GRUR 1995, 241.

165 Vgl *Krieger* (2001), 24.

166 LG Leipzig 12 10.1995 5 O 1620/94, bei *Krieger* (2001), 24.

167 Vgl *Krieger* (2001), 24.

168 Vgl *van der Kooij* Art 1 Anm 4.

tenschutz vom 27.7.1994 (GemSortV),[169] geänd durch VO Nr 2506/95,[170] durch VO Nr 1650/2003[171] und VO (EG) Nr 15/2008 vom 20.12.2007[172] sowie in der VO (EG) Nr 1238/95 der Kommission vom 31.5.1995 (SortenamtsgebührenVO),[173] geänd durch VO (EG) Nr 329/2000 der Kommission vom 11.2.2000,[174] der VO (EG) Nr 874/2009 der Kommission vom 17.9.2009 zur Durchführung der Verordnung (EG) Nr. 2100/94 des Rates im Hinblick auf das Verfahren vor dem Gemeinschaftlichen Sortenamt (GemSortVDV),[175] umfangreich geänd durch die VO (EU) 2016/1448 der Kommission vom 1.9.2016,[176] sowie der VO (EG) Nr 1768/95 über die Ausnahmeregelung gemäß Art 14 Abs 3 der VO (EG) Nr 2100/94 (NachbauV),[177] geänd durch VO Nr 2605/98 der Kommission vom 3.12.1998 zur Änderung der VO (EG) Nr 1768/95,[178] geregelt.[179] Die GemSortV schafft ein gemeinschaftsautonomes einheitliches gemeinschaftsweites Schutzrecht[180] (Art 2 GemSortV; zur Behandlung des gemeinschaftlichen Sortenschutzes als Vermögensgegenstand Rdn. 23 ff. zu § 8 und Rdn. 5 ff. zu § 11), beeinträchtigt die Möglichkeit nationaler Regelungen der Mitgliedstaaten jedoch grds nicht (Art 3 GemSortV). Die GemSortV sowie die GemSortVDV sind mit Ausnahme der Erwägungsgründe sowie der Schlussvorschriften und der Anhänge der GemSortVDV in der Kommentierung abgedruckt; der Nachweis der Abdruckstellen befindet sich im Anhang.

45　Die **nationalen Regelungen** (in Griechenland, Luxemburg, Malta und Zypern bestehen nationale SortSchutzsysteme nicht) sind nicht harmonisiert worden,

---

169　ABl EG L 227 vom 1.9.1994 = BlPMZ 1995, 353; Vorschlag der Kommission Dok 90/347 endg ABl EG C 244/1 vom 28.9.1990.

170　ABl EG L 258/3 vom 28.10.1995 = BlPMZ 1995, 436.

171　ABl EG L 245/28 vom 29.9.2003 = BlPMZ 2003, 421.

172　ABl EG 2008 L 8 S 2.

173　ABl EG L 121/31 vom 1.6.1995 = BlPMZ 1995, 396.

174　ABl EG L 37/19f vom 12.2.2000 = BlPMZ 2000, 158.

175　ABl EG L 251/3 vom 24.9.2009 = BlPMZ 2009, 468.

176　ABl EU L 236/1 vom 2.9.2016 = BlPMZ 2016, 354.

177　ABl EG L 173/14 vom 25.7.1995.

178　ABl EG Nr L 328/6 vom 4.12.1998.

179　Vgl hierzu *Leßmann/Würtenberger*[2] § 1 Rn. 27 ff.; Informationen für Antragsteller BfS 1995, 273, 338.

180　Vgl zur Frage des räumlichen Anwendungsbereichs *van der Kooij* Art 2 Anm 2.

insoweit bestehen auch keine gemeinschaftsrechtl Vorgaben,[181] jedoch geht von der GemSortV faktisch eine Harmonisierungswirkung, auch über den Bereich der Mitgliedstaaten hinaus, aus.[182] Die EU ist am 29.6.2005 dem PflZÜ beigetreten.

EU-Erweiterung; »Brexit«. Die EU-Erweiterung bringt eine Ausdehnung des **46** gemeinschaftlichen Sortenschutzes, der dem acquis communautaire zuzurechnen ist, ggf nach Maßgabe der Beitrittsverträge.[183] Mit dem Beitritt erstrecken sich die Rechte des gemeinschaftlichen Sortenschutzes vorbehaltlich der Vereinbarungen beim Beitritt auf die neu hinzugetretenen Mitgliedstaaten.[184] Schwierigkeiten mögen sich dabei für die Wirkungen vor Erteilung des gemeinschaftlichen Sortenschutzes nach Art 95 GemSortV ergeben können.[185] Der Beitritt von zehn neuen Mitgliedstaaten hat eine Ausnahmeregelung bis 2010 nur für den Nachbau in Litauen gebracht.

Der nach Art 50 Lissabon-Vertrag mögliche, erstmals erklärte Austritt eines **47** Mitgliedstaats (Vereinigtes Königreich) aus der Union in der Folge des Referendums vom Juni 2016 (»**Brexit**«) dürfte sich nach Maßgabe des Ergebnisses der im März 2017 eingeleiteten Austrittsverhandlungen auf den gemeinschaftlichen Sortenschutz auswirken.[186] Dieser kann aber nur für den austretenden Mitgliedstaat wegfallen und wird im Übrigen unberührt bleiben.

Zur **Konkurrenz zwischen gemeinschaftlichem und nationalem Schutz** **48** (Doppelschutzverbot) s § 10c.

G. Internationaler Sortenschutz

Schrifttum zu TRIPS: *Ahrens* Die europarechtlichen Möglichkeiten der Beschlagnahme von Produktpirateriewaren an der Grenze unter

---

181 Vgl OLG Braunschweig 29.6.2000 2 U 35/00, zur Auslegung des § 10a Abs 6; vgl weiter *van der Kooij* BIE 2001, 187.

182 Vgl auch *Leßmann/Würtenberger*[2] § 1 Rn. 31.

183 Vgl *Würtenberger/van der Kooij/Kiewiet/Ekvad* European Union Plant Variety Protection[2] (2015) Rn. 1.11.

184 Vgl *Würtenberger/van der Kooij/Kiewiet/Ekvad* European Union Plant Variety Protection[2] (2015) Rn. 1.11.

185 Vgl *Würtenberger/van der Kooij/Kiewiet/Ekvad* European Union Plant Variety Protection[2] (2015) Rn. 1.12.

186 Vgl *Hüttermann* Was bedeutet die »Brexit«-Abstimmung für den gewerblichen Rechtsschutz in Europa? Mitt 2016, 353 f.

Berücksichtigung des TRIPS-Abkommens, RIW 1996, 727; *Bai* Protecting Plant Varieties Under TRIPS and NAFTA: Should Utility Patents Be Available for Plants? 322 Texas Int Law J (1997), 139; *Bonadio* Crop Breeding ans Intellectual Property in the Global Village, EIPR 2007, 167; *Correa* Implementing the TRIPS Agreement in the Patents Field, Options for Developing Countries, 1 JWIP (1998), 76; *Cosbey* The Sustainable Development Effects of the WTO TRIPS Agreement: A Focus on Developing Countries, 1996; *Cullet* Revision of the TRIPS Agreement concerning the Protection of Plant Varieties. Lessons from India concerning the Development of a Sui Generis System, 2 JWIP 617 (1999); *B. Goebel* Pflanzenpatente und Sortenschutzrechte im Weltmarkt, zugleich ein Beitrag zur Revision von Art. 27 Abs. 2 b) TRIPS-Übereinkommen, 2001 (Schriften zum Technikrecht Bd 2), zugl Diss Freiburg/Br 2000; *GRAIN* TRIPS versus biodiversity: What to do with the 1999 review of Article 27.3(b), May 1999; *Heath* Bedeutet TRIPS wirklich eine Schlechterstellung von Entwicklungsländern? GRUR Int 1996, 1169; *Lesser* The Elements of an Effective Sui Generis System for the Protection of Plant Varieties, in: UPOV (Hrsg) UPOV-WIPO-WTO Joint Symposium The Protection of Plant Varieties under Article 27.3 (b) of the TRIPS Agreement, Genf 15.2.1999; *Küng* Sui generis System nach TRIPS, Diplomarbeit ETH Zürich 1999; *Nwauche* Die Reform des Gewerblichen Rechtsschutzes in Nigeria und die Perspektive Afrikas südlich der Sahara, GRUR Int 2000, 829; *Roberts* Patent Protection for Plants, in: UPOV (Hrsg) UPOV-WIPO-WTO Joint Symposium The Protection of Plant Varieties Under Article 27.3 (b) of the TRIPS Agreement, Genf 15.2.1999; *RAFI* Farmers' Rights: the Informal Inno-vation Systam at GATT (TRIPs) and in Intellectual Property Negotiations in the Context of New Biotechnologies, RAFI Communiqué Mai/Juni 1999; *Seiler* Sui Generis Systems: Obligations and Options for Developing Countries, 34 BiotDevMon (1998), 2; *Seiler* Das TRIPS-Abkommen und die für 1999 vorgesehene Überprüfung von Art 27.3 (b), BUKO Agrar Info Nr 82 Juni 1999; *Tansey* Trade, Intellectual Property, Food and Biodiversity: Key Issues and Options for the 1999 Review of Article 27.3(b) of the TRIPS-Agreement, 1999; *Tarasofsky* The Relationship between the TRIPs Agreement and the Convention of Biological Diversity: Towards a Pragmatic Approach, 6 Review of European Community and International Environment Law (1997), 148; *van der Kooj* TRIPS en de kwekersvrijstelling, Berichten Industriële Eigendom 3 (2012), 12; *Verma* TRIPS and Plant Variety Protection in Developing Countries, EIPR 1995, 281; *Verma* Protecting Traditional Knowledge: Is a Sui Generis System an Answer? JWIP 2004, 789; *Willnegger* Tagungsbericht zum WIPO-UPOV-Symposium über Immaterialgüterrechte in der Pflanzenbiotechnologie am 24. Oktober 2003 in Genf, GRUR Int 2004, 28

Zum PflZÜ s Rdn. 3. Das im Rahmen der Uruguay-Runde des GATT am **49** 15.4.1994 unterzeichnete Übk über handelsbezogene Aspekte der Rechte des geistigen Eigentums (TRIPS-Übk),[187] dem die Bundesrepublik Deutschland durch Gesetz vom 30.8.1994[188] zugestimmt hat, erfasst den Sortenschutz als solchen nicht (Art 1 Abs 2 TRIPS-Übk); lediglich Art 27 Abs 3 TRIPS-Übk sieht die Möglichkeit eines Patentierungsausschlusses für Pflanzen und Tiere vor; es verpflichtet die Mitgliedstaaten nach Ablauf bestimmter Übergangsfristen[189] unter Präferenzbehandlung der Entwicklungs- und Schwellenländer zum Schutz von Pflanzensorten »entweder durch Patente oder durch ein wirksames System sui generis oder durch eine Kombination beider«.[190] Umstr ist insb, ob auch Systeme des Schutzes von »Landsorten« oder genetischen Ressourcen (vgl Rdn. 9) oder nur das PflZÜ (letzteres uU nur idF 1991) als System sui generis in Betracht kommen.[191] Die Organisation für Afrikanische Einheit (OAU) hat nach einem ersten Entwurf 1999 im Jahr 2000 einen vom PflZÜ abw Modellgesetzentwurf vorgelegt,[192] eine solche Lösung strebten auch verschiedene Entwicklungsländer an. Bei den laufenden Arbeiten zur Reform der Bestimmung werden auch die Aspekte der Biodiversität und des Schutzes von überliefertem Wissen berücksichtigt.[193] Defizite gegenüber dem Patentschutz bestehen insb hinsichtlich der Universalität der Schutzsysteme, die im Patentrecht über die Pariser Verbandsübereinkunft (PVÜ) und die Welthandelsorganisation (WTO) weitestgehend gewährleistet ist, beim Sortenschutz wegen der weiterhin geringeren Zahl von Vertragsmitgliedern des PflZÜ und der Nichtgeltung der Grundsätze der Art 3, 4 TRIPS-Übk aber erheblich eingeschränkt ist (vgl Rdn. 2 zu § 12).

---

187 BGBl 1994 II 1438 = BlPMZ 1995, 23; vgl *Busse/Keukenschrijver* Einl IntPatÜG Rn. 27.

188 BGBl 1994 II 1438 = BlPMZ 1995, 18.

189 Insb Art 65, 66 TRIPS.

190 Vgl hierzu *Straus* GRUR Int 1996, 179, 190f; *Funder* EIPR 1999, 551; *Rutz* AgrarR 1999 Beil I S 3, 6; *Blakeney* EIPR 2002, 9, 19; *B. Goebel* S 137 ff, 243 ff, zu den materiellen Anforderungen an ein sui-generis-System 270 ff.

191 Vgl *Rutz* AgrarR 1999 Beil I S 3, 6; *Seiler* BUKO Agrar Info Nr 82; *Cullet* 2 JWIP 617, 652 ff (1999).

192 Vgl *Seuret/Brac de la Perrière* in Le Monde diplomatique Nr. 6192 vom 14.7.2000 S 8; vgl auch die Hinweise in PVP 87 (2000), 14.

193 *Willnegger* GRUR Int 2004, 28.

H. Steuerrecht

Schrifttum: *Kassühlke* Sind geschützte Pflanzenzüchtungen als steuerbegünstigte Arbeitnehmererfindungen anzusehen? Information StW 1979, 106; *Straus* Zur Anwendbarkeit der Erfinderverordnung auf Sortenschutz für Pflanzenzüchtungen freier Erfinder, GRUR 1986, 767

I. Bewertung; Zurechnung[194]

50 Bei der Ermittlung des Ertragswerts einer Saatzucht sind die Lizenzeinnahmen aus der Überlassung geschützter Pflanzensorten zur Fremdvermehrung zu erfassen.[195]

51 **Zollwert.** Bei einem Kaufgeschäft über Erntesaatgut, zu dessen Erzeugung vom Käufer geliefertes Basissaatgut verwendet wurde, sind für die Ermittlung des Zollwerts dem gezahlten oder zu zahlenden Preis gem Art 8 Abs 1 Buchst b Nr i der VO (EWG) Nr 1224/80 des Rates vom 28.5.1980 über den Zollwert der Waren Lizenzgebühren für die Vermehrung des Basissaatguts, die der Käufer an den Züchter des Basissaatguts für das Erntesaatgut zu entrichten hat, auch dann hinzuzurechnen, wenn die züchterische Leistung im Zollgebiet der EG erarbeitet worden ist.[196]

II. Erfinderverordnung[197]

52 Die Vergünstigung nach § 4 Nr 3 ErfV fand keine Anwendung auf Einkünfte aus der Neuentwicklung von Pflanzensorten, die ihrer Art nach im Artenverzeichnis zum SortG aufgeführt waren.[198]

---

194 Vgl *Busse/Keukenschrijver* § 6 PatG Rn. 60 ff.
195 BFHE 168, 428 = HFR 1992, 682; vgl BFH/NV 2000, 1255.
196 EuGH Slg 1991 I, 1095 = RIW 1991, 687 Erntesaatgut; vgl schon BFHE 116, 420; vgl auch BFH/NV 1992, 213.
197 Vgl *Busse/Keukenschrijver* § 6 PatG Rn. 65.
198 OVG Münster GRUR 1991, 38; BFHE 176, 544 = DB 1995, 1256; FG Baden-Württemberg 1.9.1993 13 K 204/89.

Abschnitt 1 Voraussetzungen und Inhalt des Sortenschutzes

Vor § 1

Der Abschnitt enthält zunächst die **materiellrechtlichen Regelungen** des nationalen Sortenschutzes (neben den materiellen Schutzvoraussetzungen auch Berechtigung, Rechte aus dem Sortenschutz und ihre Einschränkungen, Übertragung und Einräumung von Nutzungsrechten, Schutzdauer); er ist insoweit mit dem ersten Abschnitt des Patentgesetzes (PatG) vergleichbar. Weitere materiellrechtliche Regelungen (Unterlassungs-, Schadensersatz- und Entschädigungsansprüche, Ansprüche nach der Durchsetzungsrichtinie) enthalten die §§ 37 ff. 1

Geregelt sind weiter das **Recht der Sortenbezeichnung** als formelle Schutzvoraussetzung, das im Patentrecht keine Parallele hat, sowie die Verwendung der Sortenbezeichnung. 2

Daneben enthält der Abschnitt auch einzelne **verfahrensrechtliche Bestimmungen**, so in §§ 12, 12a und in § 15 Abs 2. 3

§ 1 Voraussetzungen des Sortenschutzes

(1) Sortenschutz wird für eine Pflanzensorte (Sorte) erteilt, wenn sie
1. unterscheidbar,
2. homogen,
3. beständig,
4. neu und
5. durch eine eintragbare Sortenbezeichnung bezeichnet ist.

(2) Für eine Sorte, die Gegenstand eines gemeinschaftlichen Sortenschutzes ist, wird ein Sortenschutz nach diesem Gesetz nicht erteilt.

GemSortV:

Art 6 Schützbare Sorten

Der gemeinschaftliche Sortenschutz wird für Sorten erteilt, die
a) unterscheidbar
b) homogen
c) beständig und

d) neu
sind.

Zudem muß für jede Sorte gemäß Artikel 63 eine Sortenbezeichnung festgesetzt werden.

Ausland: Österreich:

Anwendungsbereich

§ 2. (1) Der Bundesminister für Land- und Forstwirtschaft, Umwelt und Wasserwirtschaft hat durch Verordnung jene Arten für durch ein Sortenschutzrecht schützbar zu erklären, bei denen die Möglichkeit der Durchführung der erforderlichen Sortenprüfungen besteht und bei deren Sorten ein wirtschaftlicher Bedarf gegeben ist.

(2) [abgedruckt bei § 10c]

(3) [abgedruckt bei § 10]

Verordnung des Bundesministers für Land- und Forstwirtschaft, Umwelt und Wasserwirtschaft über eine Sortenschutz-Artenliste

§ 1. Durch ein Sortenschutzrecht schützbar sind Sorten aller Pflanzengattungen und -arten.

§ 2. (1) Diese Verordnung tritt mit 15. November 2006 in Kraft.

(2) Mit dem In-Kraft-Treten dieser Verordnung tritt die Verordnung über eine Sortenschutz-Artenliste 2001, BGBl. II Nr. 315/2001, außer Kraft.

Schutzvoraussetzungen

§ 3. (1) Sortenschutz ist vom Bundesamt für Ernährungssicherheit für Sorten zu erteilen, die unterscheidbar, homogen, beständig und neu sind.

(2) [abgedruckt bei § 3]

(3) [abgedruckt bei § 4]

(4) [abgedruckt bei § 5]

(5) [abgedruckt bei § 6]

Schweiz: Art 1 Gegenstand

Dieses Gesetz regelt den Schutz von neuen Sorten in Ausführung des Internationalen Übereinkommens vom 2. Dezember 1961[6] zum Schutz von Pflanzenzüchtungen.

Art 8b

(1) Der Schutz wird für alle Sorten gewährt, die neu, unterscheidbar, homogen und beständig sind.

(2) [abgedruckt bei § 6]

(3) [abgedruckt bei § 3]

(4) [abgedruckt bei § 4]

(5) [abgedruckt bei § 5]

Belgien: Art XI.104, XI.105 Code du droit économique; **Bulgarien:** Art 1, Art 7 Pflanzen- und TierzuchtG; **Dänemark:** Art 1, 2 SortG; **Estland:** § 10, vgl § 1 Plant Propagation and Plant Variety Rights Act; **Finnland:** Sec 1, 11 Abs 1, 3 SortG 2009; **Frankreich:** Art L 623-1, 2 (Doppelschutzverbot), 3 (Bezeichnung, Beschreibung, Belegstück), jeweils geänd 2011, Art R 623–55 CPI; **Irland:** 1st Schedule PVA, geänd 1998; **Island:** Art 1a, 2 Abs 1 SortG; **Italien:** Art 4 VO 455; **Kroatien:** Art 7 SortG (geänd 2008 und 2011); **Lettland:** Sec 3 SortG; **Litauen:** Art 3 SortG; **Niederlande:** Art 49 Abs 1 Zaaizaad- en plantgoedwet 2005; **Norwegen:** Art 2 Abs 1 SortG; **Portugal:** Art 5, 7 SortVO; vgl Art 1, 2 GesetzesVO 213/90; **Rumänien:** Art 5, vgl Art 1 SortG; **Schweden:** vgl Kap 1 § 3, Kap 3 §§ 1, 7 Växtförädlarrättslag; **Slowakei:** Art 1, 4 Abs 1 Pflanzen- und TierzuchtG; **Slowenien:** Art 1 (geänd 2006), Art 4 (geänd 2006) SortG; **Spanien:** Art 4, 5 SortG 2000; **Tschechische Rep:** Art 3 Abs 1 SortG 2000; **Ungarn:** Art 105, Art 106 PatG; **Vereinigtes Königreich:** Sec 4 Abs 2 PVA

Übersicht   Rdn.

A.   Nationale Regelung; Entstehungsgeschichte   1

B.   Sortenschutz.   3

C.   Begriff der Sorte   5

D.   Sortenbezeichnung   6

E.   Gemeinschaftsrecht   7

F.   Kollisionsregelung (Abs 2)   8

A. Nationale Regelung; Entstehungsgeschichte

Vgl §§ 1 (Zweck des Sortenschutzes), 2 (Voraussetzungen des Sortenschutzes), 3 (Ausnahmen) SaatG. § 2 SaatG 1953 sah Schutz für neue gezüchtete   1

Sorten von Kulturpflanzen vor, wenn diese selbstständig und beständig waren, landeskulturellen Wert besaßen und ihrer Art nach im Artenverzeichnis aufgeführt waren. Im SortG 1968 § 1. Fassung des Abs 1 durch das 1. SortÄndG, durch das auch der ursprüngliche Abs 2 (Artenverzeichnis) aufgehoben wurde.[1] Der geltende Abs 2 ist angefügt durch das SortÄndG 1997.

2   Für die **Sortenzulassung** regelt § 30 die Voraussetzungen teilweise abw (insb Voraussetzung des landeskulturellen Werts,[2] kein Neuheitserfordernis).

B. Sortenschutz

3   Sortenschutz wird in Deutschland in Form eines besonderen Schutzrechts und grds nicht im Rahmen des Patentrechts gewährt (zum Verhältnis zum Patentschutz Rdn. 15 ff. Einl).

4   Schutzfähig sind seit der Novelle 1992 alle Pflanzensorten (zum Begriff der Pflanze Rdn. 2 f. zu § 2) ohne Beschränkung auf in einem **Artenverzeichnis** genannte bestimmte Arten, nachdem schon das Artenverzeichnis nach der VO vom 18.12.1985 in der zuletzt geltenden Fassung[3] weitestgehend umfassend war. Die Beschränkung durch das Artenverzeichnis bedeutete eine aus praktischen Erwägungen erfolgte zeitgebundene Einschränkung des Sortenschutzes.[4] Ein »Sortenschutz« (sui-generis-Schutz) für Tiere ist wiederholt erwogen worden.[5]

C. Begriff der Sorte

5   Zum Begriff der Sorte s Rdn. 3 ff. zu § 2. Die Schutzvoraussetzungen sind in Abs 1 abschließend aufgezählt; insb Wiederholbarkeit der Züchtung/

---

1 Zur Aufhebung *Metzger/Zech* Rn. 4.
2 Kr *Großhauser* RdL 1981, 31, 33; *Bauer* S 49 Fn 89.
3 BGBl I 2325 = BlPMZ 1986, 163, zuletzt geänd durch VO vom 21.3.1990, BGBl I 557 = BlPMZ 1990, 216; vgl *Bauer* S 46.
4 Vgl *Wuesthoff*[2] Rn. 9 ff.
5 Vgl *Straus* GRUR Int 1990, 913, 929; *Busse/Keukenschrijver* § 2a PatG Rn. 29 mNachw; *Neumeier* S 237f; *Looser* Zur Diskussion um ein gewerbliches Schutzrecht in der Tierzüchtung, GRUR 1986, 27; *Looser* Diplomarbeit Universität Hohenheim Mai 1984; *Trüstedt* Patentrecht und Gentechnologie, GRUR 1986, 640, 641 f; *Hesse* GRUR 1971, 101; Ausschussempfehlungen BRDrs 655/1/00 S 7 f. Zum zum 1.1.2003 abgeschafften Patentschutz für Tierarten in Ungarn *Vida/Hegyi* GRUR Int 2003, 709, 712 f.

Entdeckung wird nicht verlangt[6] (vgl Rdn. 20 Einl), jedoch muss die Sorte fortbestehen und erhalten werden[7] (vgl Rdn. 27 f. zu § 10, Rdn. 23 f. zu § 31).

D. Sortenbezeichnung

Zur Sortenbezeichnung s §§ 7, 14 und 30. **6**

E. Gemeinschaftsrecht

Die Regelung in **Art 6 GemSortV** stimmt inhaltlich mit Abs 1 überein. **7**

F. Kollisionsregelung (Abs 2)

Die Regelung ist komplementär zu Art 92 Abs 1 GemSortV. Sie begründet ein **8** Schutzhindernis für den nationalen Sortenschutz, wenn gemeinschaftlicher Sortenschutz bereits begründet wurde, dh gemeinschaftlicher Sortenschutz bereits erteilt ist.[8] Zum Ruhen des nationalen Sortenschutzes bei Erteilung gemeinschaftlichen Sortenschutzes s § 10c.

§ 2 Begriffsbestimmungen

Im Sinne des Gesetzes sind
1. Arten: Pflanzenarten sowie Zusammenfassungen und Unterteilungen von Pflanzenarten,
1a. Sorte: eine Gesamtheit von Pflanzen oder Pflanzenteilen, soweit aus diesen wieder vollständige Pflanzen gewonnen werden können, innerhalb eines bestimmten Taxons der untersten bekannten Rangstufe, die, unabhängig davon, ob sie den Voraussetzungen für die Erteilung eines Sortenschutzes entspricht,
   a) durch die sich aus einem bestimmten Genotyp oder einer bestimmten Kombination von Genotypen ergebende Ausprägung der Merkmale definiert,
   b) von jeder anderen Gesamtheit von Pflanzen oder Pflanzenteilen durch die Ausprägung mindestens eines dieser Merkmale unterschieden und

---

6 Vgl *von Pechmann* GRUR 1985, 717, 720.
7 Vgl *Lange* GRUR Int 1985, 88, 90; *Bauer* S 248.
8 Vgl *Metzger/Zech* Rn. 10.

    c) hinsichtlich ihrer Eignung, unverändert vermehrt zu werden, als Einheit angesehen werden kann,

2. Vermehrungsmaterial: Pflanzen und Pflanzenteile einschließlich Samen, die für die Erzeugung von Pflanzen oder sonst zum Anbau bestimmt sind,

3. Inverkehrbringen: das Anbieten, Vorrätighalten zur Abgabe, Feilhalten und jedes Abgeben an andere,

4. Antragstag: der Tag, an dem der Sortenschutzantrag dem Bundessortenamt zugeht,

5. Vertragsstaat: Staat, der Vertragspartei des Abkommens über den Europäischen Wirtschaftsraum ist,

6. Verbandsmitglied: Staat, der, oder zwischenstaatliche Organisation, die Mitglied des Internationalen Verbandes zum Schutz von Pflanzenzüchtungen ist.

GemSortV:

Art 5 Gegenstand des gemeinschaftlichen Sortenschutzes

(1) Gegenstand des gemeinschaftlichen Sortenschutzes können Sorten aller botanischen Gattungen und Arten, unter anderem auch Hybriden zwischen Gattungen und Arten sein.

(2) Eine »Sorte« im Sinne dieser Verordnung ist eine pflanzliche Gesamtheit innerhalb eines einzigen botanischen Taxons der untersten bekannten Rangstufe, die, unabhängig davon, ob die Bedingungen für die Erteilung des Sortenschutzes vollständig erfüllt sind,

– durch die sich aus einem bestimmten Genotyp oder einer bestimmten Kombination von Genotypen ergebende Ausprägung der Merkmale definiert,

– zumindest durch die Ausprägung eines der erwähnten Merkmale von jeder anderen pflanzlichen Gesamtheit unterschieden und

– in Anbetracht ihrer Eignung, unverändert vermehrt zu werden, als Einheit angesehen werden kann.

(3) Eine Pflanzengruppe besteht aus ganzen Pflanzen oder Teilen von Pflanzen, soweit diese Teile wieder ganze Pflanzen erzeugen können; beide werden im folgenden »Sortenbestandteile« genannt.

(4) Die Ausprägung der Merkmale nach Absatz 2 erster Gedankenstrich kann bei Sortenbestandteilen derselben Art variabel oder invariabel sein,

sofern sich der Grad der Variation auch aus dem Genotyp oder der Kombination von Genotypen ergibt.

Ausland: Österreich

Begriffsbestimmungen

§ 1. Im Sinne dieses Bundesgesetzes bedeuten

1. Arten: Pflanzenarten sowie deren Zusammenfassungen und Unterteilungen einschließlich solcher, die durch ein bestimmtes Vermehrungssystem oder eine bestimmte Endnutzung gekennzeichnet sind;

2. Sorte: eine pflanzliche Gesamtheit innerhalb eines einzigen botanischen Taxons der untersten bekannten Rangstufe, die, unabhängig davon, ob sie voll den Voraussetzungen für die Erteilung eines Züchterrechts entspricht,

   a) durch die sich aus einem bestimmten Genotyp oder einer bestimmten Kombination von Genotypen ergebende Ausprägung der Merkmale definiert werden kann,

   b) zumindest durch die Ausprägung eines der erwähnten Merkmale von jeder anderen pflanzlichen Gesamtheit unterschieden werden kann und

   c) in Anbetracht ihrer Eignung, unverändert vermehrt zu werden, als Einheit angesehen werden kann;

3. Im Wesentlichen abgeleitete Sorte: eine Sorte, die

   a) vorwiegend aus einer Ursprungssorte oder einer Sorte, die selbst vorwiegend von der Ursprungssorte abgeleitet ist, unter Beibehaltung der Ausprägung der wesentlichen Merkmale gezüchtet wurde und

   b) sich von der Ursprungssorte deutlich unterscheidet und

   c) außer den sich aus der Ableitung ergebenden Unterschieden in der Ausprägung der wesentlichen Merkmale, die sich aus dem Genotyp oder der Kombination von Genotypen der Ursprungssorte ergeben, der Ursprungssorte entspricht;

4. Vermehrungsmaterial: Samen, Pflanzen und Pflanzenteile, die zur Erzeugung von Pflanzen oder sonst zum Anbau bestimmt sind;

5. Züchter: natürliche oder juristische Person, die eine Sorte hervorgebracht oder sie entdeckt und entwickelt hat, sowie dessen Rechtsnachfolger;

6. Verbandsstaat: Mitgliedstaat des Internationalen Verbandes zum Schutz von Pflanzenzüchtungen (»UPOV«);

7. Mitgliedstaat: Mitgliedstaat der Europäischen Gemeinschaft (EG);
8. EWR-Staat: Mitgliedstaat des Übereinkommens über den Europäischen Wirtschaftsraum (EWR).

Schweiz: Art 2 Begriffe

(1) Als Sorte gilt eine pflanzliche Gesamtheit innerhalb eines einzigen botanischen Taxons der untersten bekannten Rangstufe, die:

a. durch die sich aus einem bestimmten Genotyp oder einer bestimmten Kombination von Genotypen ergebende Ausprägung der Merkmale definiert werden kann;

b. durch die Ausprägung zumindest eines der Merkmale nach Buchstabe a von jeder anderen pflanzlichen Gesamtheit unterschieden werden kann; und

c. in Anbetracht ihrer Eignung, unverändert vermehrt zu werden, als Einheit angesehen werden kann.

(2) Als im Wesentlichen von einer anderen Sorte (Ursprungssorte) abgeleitet gilt eine Sorte, wenn sie:

a. vorwiegend von der Ursprungssorte oder von einer Sorte, die selbst vorwiegend von der Ursprungssorte abgeleitet ist, abgeleitet ist;

b. sich von der Ursprungssorte deutlich unterscheidet; und

c. abgesehen von den sich aus der Ableitung ergebenden Unterschieden, in der Ausprägung der wesentlichen Merkmale, die sich aus dem Genotyp oder der Kombination von Genotypen der Ursprungssorte ergeben, der Ursprungssorte entspricht.

(3) Als Vermehrungsmaterial gelten Saatgut, Pflanzgut, Edelreiser, Unterlagen und alle anderen Pflanzenteile, einschliesslich in vitro hergestellten Materials, die zur Vermehrung, Saat, Pflanzung oder Wiederpflanzung vorgesehen sind.

Estland: § 2, 3, 4, 5, 6, 6[1] und 6[2] Plant Propagation and Plant Variety Rights Act; **Finnland:** Sec 3 SortG 2009; **Irland:** Sec 1, 2 PVA, geänd 1998, Sec 1 PV(A)A; **Italien:** Art 3 VO 455; **Kroatien:** Art 1 SortG (geänd 2011), Art 2 Nr 1 SortG (geänd 2008), Art 51a SortG (eingefügt 2008); **Lettland:** Sec 2 Abs 1 SortG; **Litauen:** Art 2 SortG; **Niederlande:** Art 2 Zaaizaad- en plantgoedwet 2005; **Polen:** Art 2 SortG; **Portugal:** Art 2 SortVO; **Rumänien:** Art 2 SortG; **Slowakei:** Art 2 Pflanzen- und TierzuchtG; **Slowenien:** Art 2 (geänd 2006), Art 2a SortG; **Spanien:** Art 2 SortG 2000; **Tschechische Rep:** Art 2 SortG 2000; **Ungarn:** Art 105 PatG; **Vereinigtes Königreich:** Sec 1 Abs 3 PVA

Schrifttum

Mentz Het rasbegrip in het Kwekersrecht, BIE 2002, 203

Übersicht   Rdn.
A.   **Nationale Regelung; Entstehungsgeschichte**   1
B.   **Begriffsbestimmungen**   2
I.   Art   2
II. Sorte   5
         1. Allgemeines; Sortenbegriff   5
         2. Gesamtheiten von Pflanzen oder Pflanzenteilen   9
         3. Reichweite der Definition   13
III. Vermehrungsmaterial   14
IV. Inverkehrbringen   17
V.   Antragstag   18
VI. Vertragsstaat   19
VII. Verbandsmitglied   20
C.   **Gemeinschaftlicher Sortenschutz**   21

A. Nationale Regelung; Entstehungsgeschichte

Die Bestimmung ist in das SortG 1985 neu eingestellt worden; sie fasst die **1** früher auf verschiedene Gesetzesstellen verteilten Begriffsbestimmungen unter Aufnahme einiger neuer im Interesse einer besseren Lesbarkeit des Gesetzes und einer verbreiteten Praxis der Gesetzgebungstechnik folgend zusammen.[1] Nr 1a ist durch das SortÄndG 1997 eingefügt worden, Nr 5 durch das EWR-Anpassungsgesetz, Nr 6 durch das Erste Gesetz zur Änderung des Saatgutverkehrsgesetzes und durch das SortÄndG 1997 geänd worden.

B. Begriffsbestimmungen

I. Art

Für die in Abgrenzung zu anderen Lebensformen nur auf normativem Weg zu **2** treffende **Definition der Pflanze** (Art 1 Nr vi PflZÜ definiert nur die Sorte als pflanzliche Gesamtheit innerhalb eines einzigen botanischen Taxons der untersten botanischen Rangstufe) ist infolge der Bezugnahme auf die Regelung in Abs 3 Nr 4 GemSortV und der in der Sache parallelen Regelung im EPÜ von der biologischen Systematik auszugehen. Pflanzen bilden in der Eukaryotensystematik

---

1 Begr BTDrs 10/816 = BlPMZ 1986, 136, 138; vgl *Metzger/Zech* Rn. 1, 3.

von *Sina Adl ua* (2005, 2012) ein Reich innerhalb der Domäne der Eukaryoten (Eukaryonten, Lebewesen mit Zellkern; Archaeplastida, die neben den Pflanzen auch die Glaucophyta, die Chloroplastida mit den Grünalgen und die Rotalgen umfassen); das Reich der Pflanzen als Teil der Gruppe der Charophyta (mit Ausnahme der Armleuchteralgen und der Schmuckalgen – Zygnematophyceae –, die jeweils Schwestertaxa bilden) umfasst dabei die Moose und die Gefäßpflanzen, aber nicht die Ophistokonta (Tiere und Pilze) und einzellige Organismen wie die Prokaryoten (Bakterien und Archaea), Amoebozoa, Rhizaria, Eumycetozoa (Schleimpilze) und Excavata und erst recht nicht Viren; solche sind vom Ausschlusstatbestand des § 2a PatG nicht erfasst.[2]

3   Die **Praxis in den einzelnen UPOV-Vertragsstaaten** ist unterschiedlich. So sind bestimmte Pilze in Japan schutzfähig, ebenso in Neuseeland. In Kanada werden Pilze, Bakterien und Algen ausdrücklich ausgeschlossen, dagegen sind in Japan mehrzellige Algen schutzfähig, in Kenia können Bakterien und Algen nicht geschützt werden, dagegen können in Australien Pilze und Algen geschützt werden, in Neuseeland sind Algen vom Schutz ausgenommen; die USA kennen keinen Sortenschutz für Pilze und Bakterien.[3] Auch in der Literatur zur GemSortV und in der Praxis des GSA sind Pilze und Endophyta mehrfach als schutzfähig angesehen worden.[4] Daraus, dass in der »Klassenliste für Sortenbezeichnungen«[5] gemäß den Erläuterungen zu Sortenbezeichnungen nach dem UPOV-Übk (PflZÜ), angenommen vom Rat der UPOV am 21.10.2010 (UPOV/INF/12/3),[6] Pilze als Klasse 211 aufgenommen sind, wird angesichts des Charakters dieser Veröffentlichung (Rdn. 38 f. zu § 7) und der unterschiedlichen Praxis der Vertragsstaaten keine normative Festlegung zum Pflanzenbegriff zu sehen sein.

4   Das Pflanzenreich ist systematisch (taxonomisch) in Abteilungen, Klassen, Gattungen und Arten eingeteilt.[7] Die **Art** (»Species«) ist die grundlegende

---

2 Näher *Busse/Keukenschrijver* PatG § 2a Rn. 14.

3 UPOV, Achtundvierzigste ordentliche Tagung 16.10.2014: Liste der in den Verbandsmitgliedern schutzfähigen Taxa.

4 Vgl *van der Kooij* Art 5 Anm 1; *Würtenberger/van der Kooij/Kiewiet/Ekvad* European Union Plant Variety Protection[2] (2015) Rn. 3.12; eine Internetabfrage am 26.4.2017 ergab erteilten Sortenschutz für agaricus bisporus (Zuchtchampion) beim GSA in 4 Fällen.

5 BfS 2011, 178.

6 Im Internet unter http://www.upov.int/information_documents/de/fulltext_infdocs.jsp?q=Klassenliste.

7 Bsp bei *Metzger/Zech* Rn. 4 ff.

Einheit des natürlichen Systems, sie erfasst die Individuen, die sich durch übereinstimmende beständige und vererbliche Merkmale von allen anderen unterscheiden und die miteinander fruchtbar vermehrt werden können.[8] Nr 1 definiert die Art iSd SortRechts. Einem praktischen Bedürfnis folgend ist der Begriff so gefasst, dass auch höhere taxonomische Einheiten als die in § 7 Abs 1 Nr 2 SortG 1968 aufgeführten von ihm umfasst werden.[9]

II. Sorte

1. Allgemeines; Sortenbegriff

Das Gesetz verwendet die Begriffe »Sorte« und »Pflanzensorte« synonym (§ 1   **5** Abs 1).[10] Das SortÄndG 1997 hat die Definition[11] der Sorte (wieder) in das Gesetz eingestellt. Die Pflanzensorte in diesem Sinn ist ein unterscheidbares, hinreichend homogenes und beständiges Pflanzenkollektiv (vgl Art 5 Abs 2 GemSortV).[12] Die Kriterien Unterscheidbarkeit, Beständigkeit und Homogenität (§§ 3–5) sind wesentlich biologischer Natur.[13] Sie müssen beim gemeinschaftlichen Sortenschutz in allen Mitgliedstaaten erfüllt sein; ist nur ein Kriterium in einem Mitgliedstaat nicht erfüllt, kann gemeinschaftlicher Sortenschutz nicht gewährt werden.[14]

Taxonomisch liegt der Begriff der Sorte unter dem der Gattung und der Art.   **6** Eine Sorte kann durch züchterische Tätigkeit entstehen oder entdeckt werden. Das HG Bern[15] hat demgegenüber unter »Sorte« nicht eine Kategorie des botanischen Klassifizierungssystems, sondern jede Weiterentwicklung des vorhandenen Pflanzenmaterials verstanden.

Die Definition in Nr 1a entspricht weitgehend wörtlich der in Art 1 (vi)   **7** **PflZÜ** und in Art 5 Abs 2 GemSortV.

---

8 *Wuesthoff*[2] Rn. 2; vgl *Metzger/Zech* Rn. 7 ff., auch zur Abweichung des sortrechtl Artbegriffs vom taxonomischen.

9 Begr BTDrs 10/816 = BlPMZ 1986, 136, 138.

10 *Wuesthoff*[2] § 1 Rn. 6; *Metzger/Zech* § 1 Rn. 7; zur Bedeutung des Begriffs *Leßmann/ Würtenberger*[2] § 2 Rn. 54 ff.

11 Zu Definitionsversuchen *Neumeier* S 67 ff.

12 EPA T 49/83 ABl EPA 1984, 112 = GRUR Int 1984, 301 Vermehrungsgut; EPA T 320/87 ABl EPA 1990, 71 = GRUR Int 1990, 629, 632. Hybridpflanzen; s auch *Huber* Mitt 1994, 174; *Dybdahl* Europäisches Patentrecht Rn. 129 ff.

13 Vgl *Wuesthoff*[2] § 1 Rn. 4.

14 GSA (BK) InstGE 2, 189 Enara.

15 SMI 1995, 331 = GRUR Int 1995, 511, 514 f.

8 Art 5 Abs 1 GemSortV arbeitet demgegenüber mit einem Begriff der **schutz-fähigen Sorte**.[16]

2. Gesamtheiten von Pflanzen oder Pflanzenteilen

9 Erfasst sind Gesamtheiten von Pflanzen oder Pflanzenteilen. Das nationale wie das Gemeinschaftsrecht beziehen Pflanzenteile mit ein;[17] erforderlich ist aber, dass diese den vollständigen Satz der Gene enthalten, erfasst ist damit auch die einzelne reproduktionsfähige Pflanzenzelle,[18] nicht aber eine genetische Komponente, die mehrere Pflanzensorten umfasst.[19]

10 Als **Taxon der untersten bekannten Rangstufe** kommt in erster Linie die Art (Rdn. 2) in Betracht, höhere Taxa (Gattung, Familie) nur dann, wenn sie ihrerseits die unterste bekannte Rangstufe darstellen.[20] Das Abstellen auf einen bestimmten Genotyp oder eine bestimmte Kombination von Genotypen stellt sicher, dass der Sortenbegriff auf Gesamtheiten einheitlichen natürlichen Erscheinungsbilds beschränkt bleibt.[21]

11 **Unterschiedliche Ausprägung mindestens eines genotypischen Merkmals** nimmt in der Sortendefinition das Erfordernis der Unterscheidbarkeit (§ 3) im Grundsatz, wenn auch nicht in der Tragweite, vorweg.[22] Das sich aus dem Genotyp ergebende Merkmal muss sich nicht notwendig im Phänotyp niederschlagen.[23] Die Ausprägung der Merkmale definiert (nur) die geschützte Sorte, sie bestimmt nicht den Schutzbereich des Sortenschutzes.[24] Eine (individuelle) Pflanze kann nicht mehreren Sorten angehören.[25]

---

16 Vgl *van der Kooij* Art 5 Anm 1.
17 Kr *Leßmann/Würtenberger*[2] § 2 Rn. 61 unter Hinweis auf EPA T 356/93 ABl EPA 1995, 545, 573 = GRUR Int 1995, 978 Pflanzenzellen.
18 *Leßmann/Würtenberger*[2] § 2 Rn. 60; vgl aber EPA T 356/93 ABl EPA 1995, 545, 573 = GRUR Int 1995, 978 Pflanzenzellen.
19 *Leßmann/Würtenberger*[2] § 2 Rn. 65 ff.
20 Vgl *Metzger/Zech* Rn. 14.
21 *Teschemacher* FS R. Nirk (1992) 1005, 1008ff; *Leßmann/Würtenberger*[2] § 2 Rn. 59; zur Doppelnatur des Genoms als physischer Stoff und Träger von Information *Metzger/Zech* Rn. 13 mwN.
22 *Leßmann/Würtenberger*[2] § 2 Rn. 64 sehen die Regelung zu Unrecht als synonym mit § 3 an.
23 Vgl *Metzger/Zech* Rn. 17.
24 OLG Karlsruhe GRUR-RR 2004, 283, 284.
25 *Metzger/Zech* Rn. 18.

Hinzukommen muss die **Eignung, unverändert vermehrt zu werden.**[26] Damit 12
ist das Erfordernis der Beständigkeit (§ 5) im Grundsatz, aber ebenfalls nicht
in der Tragweite,[27] bereits in der Definition der Sorte vorweggenommen.[28]

3. Reichweite der Definition

Zur Reichweite der Definition Rdn. 14. Darauf, ob die Erteilungsvorausset- 13
zungen erfüllt sind, kommt es für das Vorliegen einer Sorte in diesem Sinn
nicht an.[29]

III. Vermehrungsmaterial[30]

Eine sachlich übereinstimmende Regelung über Vermehrungsgut war in § 3 14
SortG 1968 enthalten. Das SaatG verwendete den engeren Begriff Saatgut. Die
Begriffsbildung folgt dem PflZÜ.[31] Vermehrungsmaterial umfasst Material
zur generativen Vermehrung (Samen, Jungpflanzen), wobei auch die Selbst-
befruchtung erfasst ist,[32] wie solches zur vegetativen Vermehrung[33] (Pflanzen
und Pflanzenteile wie Stecklinge, Augen, Edelreiser uä). Zur Erschöpfung
Rdn. 2 ff. zu § 10b.

Hinzu treten muss die **Bestimmung** für die Erzeugung von Pflanzen oder sonst 15
zum Anbau. Nicht zum Vermehrungsmaterial zählen Pflanzen und Pflanzenteile, die nicht zum Anbau bestimmt sind, wie verkaufsfertige Topfpflanzen oder
Schnittblumen, Speisekartoffeln und Obst.[34] Vermehrungsmaterial, das zum
nichtgewerblichen Gebrauch bestimmt ist, wird von der Definition umfasst.

Die Bestimmung wird entweder von der Natur geschaffen, wie etwa bei 16
Rüben-, Klee- und Gräsersamen, die sich grds nur zur Vermehrung eig-
nen (**geborenes Vermehrungsmaterial**), oder sie beruht auf menschlicher

---

26 Vgl *Metzger/Zech* Rn. 13; *Leßmann/Würtenberger*[2] § 2 60.
27 Vgl GSA (BK) InstGE 4, 40 Maribelle.
28 Vgl *Leßmann/Würtenberger*[2] § 2 Rn. 62; *Metzger/Zech* Rn. 19.
29 Vgl *Metzger/Zech* Rn. 15; *van der Kooij* Art 5 Anm 2; *Byrne* Commentary on the
    Substantive Law of the UPOV 1991 Convention, 1991, 20f; vgl auch BPatGE 42,
    26 = GRUR 2000, 312 Schnee; GSA (BK) InstGE 4, 35 Inuit.
30 Vgl BGHZ 166, 203 = GRUR 2006, 575 Melanie.
31 Vgl *Metzger/Zech* Rn. 24.
32 *Metzger/Zech* Rn. 27.
33 Näher *Metzger/Zech* Rn. 28 ff.
34 Begr BTDrs 10/816 = BlPMZ 1986, 136, 138; vgl Begr BTDrs 13/7038 S 13;
    Metzger/Zech Rn. 33.

Entschließung (Widmung) wie bei Getreide, Bohnen, Erbsen und Kartoffeln (**gekorenes Vermehrungsmaterial**).[35] Gekorenes Vermehrungsmaterial kann sowohl zu Vermehrungszwecken als auch als Konsumgut dienen. Die Bestimmung zur Vermehrung ist nicht mit einer dahingehenden Absicht des Vertreibers gleichzusetzen; es handelt sich um ein objektives, durch äußere Umstände feststellbares Merkmal, das sich bereits beim Vertrieb zeigen kann, uU aber auch erst beim Abnehmer vollzieht, wobei die tatsächliche Verwertung nicht völlig außer Betracht bleiben darf.[36] Zu den objektiven Anhaltspunkten, die berücksichtigt werden müssen, gehören etwa der Vertrieb zur üblichen Pflanzzeit an den anbauenden Abnehmer und die Lieferung in zur Aussaat geeigneten Größensortierungen und Mengen.[37]

IV. Inverkehrbringen

17   § 4 SortG 1968 regelte das Vertreiben, das Anbieten, Feilhalten, Verkaufen und jedes sonstige Inverkehrbringen umfasste. § 6 Abs 1 Satz 1 SaatG verwendete die Begriffe »Feilhalten oder Inverkehrbringen«. Zur Angleichung an andere Gesetze wurde der Begriff »Vertreiben« durch »Inverkehrbringen« ersetzt.[38] Auch das Patentrecht verwendet ihn.[39] Anders als dort sind das Anbieten und Vorrätighalten zur Abgabe umfasst.[40] Kein Inverkehrbringen liegt vor, wenn die Entnahme aus dem Gewahrsam nicht mit Willen des Gewahrsamsinhabers erfolgt.[41]

---

35   Vgl *Schulte* PatG § 9c Rn. 8 (die dort genannten Rüben werden aber von der Nachbauregelung nicht erfasst); *Krieger* (2001), 37; *Metzger/Zech* Rn. 32.

36   BGHZ 102, 373 = GRUR 1988, 370 Achat; OLG Düsseldorf Mitt 1998, 153; LG Düsseldorf AgrarR 1995, 374; vgl *Schulte* § 9c PatG Rn. 8; *Metzger/Zech* Rn. 31, 35 ff.

37   *Metzger/Zech* Rn. 39 unter Hinweis auf BGH Achat.

38   Begr BTDrs 10/816 = BlPMZ 1986, 136, 138.

39   Vgl *Busse/Keukenschrijver* § 9 PatG Rn. 77; *Schulte* § 9 PatG Rn. 65 ff.; *Benkard* § 9 PatG Rn. 44.

40   *Metzger/Zech* Rn. 41; vgl zur Rechtslage in Neuseeland CA 5.12.2005 Winchester International v. Cropmark Seeds, referiert in EIPR 2006 N-174; kr, insb zum Vorrätighalten, *Wuesthoff*[2] Rn. 4; *Leßmann* GRUR 1986, 279 f; hiergegen *Metzger/Zech* Rn. 43 f.

41   *Metzger/Zech* Rn. 46.

V. Antragstag

Der Begriff ist zur Textstraffung geprägt worden, da das Wort Anmeldung im 18
Zug der Angleichung an Regelungen und Sprachgebrauch des VwVfG durch
den Ausdruck Antrag ersetzt wurde;[42] auch die GemSortV verwendet ihn.

VI. Vertragsstaat

Vertragsstaat ist jeder Staat, der Vertragspartei des Abkommens über den 19
Europäischen Wirtschaftsraum (EWR) ist. Das sind die Mitgliedstaaten der
Europäischen Union (Belgien, Bulgarien, Dänemark (ohne Färöer und Grön-
land), Deutschland, Estland, Finnland, Frankreich, Griechenland, Irland,
Italien, Kroatien, Lettland, Litauen, Luxemburg, Malta, Niederlande, Öster-
reich, Polen, Portugal, Rumänien, Schweden, Slowakei, Slowenien, Spanien,
Tschechische Republik, Ungarn, Vereinigtes Königreich – die weitere Ent-
wicklung ist nach dem »Brexit« offen – und Zypern) sowie die EFTA-Staaten
Island, Liechtenstein und Norwegen (nicht die Schweiz).

VII. Verbandsmitglied

Der Begriff ist an die Stelle des (schon in § 8 Abs 4 SortG 1968 enthaltenen) 20
Verbandsstaats getreten, weil das PflZÜ nunmehr neben der Zugehörigkeit
von Staaten auch die Möglichkeit des Beitritts von zwischenstaatlichen Organisationen eröffnet hat.[43]

C. Gemeinschaftlicher Sortenschutz

Bei der Verwendung des Begriffs **Pflanzengruppe** in Art 5 Abs 3 GemSortV 21
dürfte es sich um eine fehlerhafte Übersetzung das englischen Wortlauts
(»plant grouping«) handeln. Besser angebracht wäre der Begriff »pflanzliche
Gesamtheit«.[44]

In Art 5 Abs 3 GemSortV wird nicht auf das Vermehrungsmaterial, sondern 22
auf **Sortenbestandteile** abgestellt. Dieser weitere Begriff muss im Licht von
Art 14 Abs 1 PflZÜ aber dahin ausgelegt werden, dass die Bestandteile zum
Anbau bestimmt sein müssen.[45]

---

42 Begr BTDrs 10/816 = BlPMZ 1986, 136, 138; vgl *Metzger/Zech* Rn. 50.
43 Begr BTDrs 13/7038 S 11.
44 *Metzger/Zech* Rn. 21.
45 *Metzger/Zech* Rn. 40 mwN.

§ 3 Unterscheidbarkeit

(1) [1]Eine Sorte ist unterscheidbar, wenn sie sich in der Ausprägung wenigstens eines maßgebenden Merkmals von jeder anderen am Antragstag allgemein bekannten Sorte deutlich unterscheiden läßt. [2]Das Bundessortenamt teilt auf Anfrage für jede Art die Merkmale mit, die es für die Unterscheidbarkeit der Sorten dieser Art als maßgebend ansieht; die Merkmale müssen genau erkannt und beschrieben werden können.

(2) Eine Sorte ist insbesondere dann allgemein bekannt, wenn
1. sie in ein amtliches Verzeichnis von Sorten eingetragen worden ist,
2. ihre Eintragung in ein amtliches Verzeichnis von Sorten beantragt worden ist und dem Antrag stattgegeben wird oder
3. Vermehrungsmaterial oder Erntegut der Sorte bereits zu gewerblichen Zwecken in den Verkehr gebracht worden ist.

GemSortV:

Art 7 Unterscheidbarkeit

(1) Eine Sorte wird als unterscheidbar angesehen, wenn sie sich in der Ausprägung der aus einem Genotyp oder einer Kombination von Genotypen resultierenden Merkmale von jeder anderen Sorte, deren Bestehen an dem gemäß Artikel 51 festgesetzten Antragstag allgemein bekannt ist, deutlich unterscheidet.

(2) Das Bestehen einer anderen Sorte gilt insbesondere dann als allgemein bekannt, wenn an dem gemäß Artikel 51 festgelegten Antragstag
a) für sie Sortenschutz bestand oder sie in einem amtlichen Sortenverzeichnis der Gemeinschaft oder eines Staates oder einer zwischenstaatlichen Organisation mit entsprechender Zuständigkeit eingetragen war;
b) für sie die Erteilung eines Sortenschutzes oder die Eintragung in ein amtliches Sortenverzeichnis beantragt worden war, sofern dem Antrag inzwischen stattgegeben wurde.

In der Durchführungsverordnung gemäß Artikel 114 können beispielhaft weitere Fälle aufgezählt werden, bei denen von allgemeiner Bekanntheit ausgegangen werden kann.

Ausland: Österreich:

§ 3 Abs 2. (2) Eine Sorte ist unterscheidbar, wenn sie sich von jeder anderen Sorte deutlich unterscheiden lässt, deren Vorhandensein am Tag der

Anmeldung allgemein bekannt ist. Das Vorhandensein einer anderen Sorte ist insbesondere dann allgemein bekannt, wenn am Tag der Anmeldung

1. die Sorte in einem öffentlichen Verzeichnis von Sorten eingetragen war,
2. ihre Eintragung in ein öffentliches Verzeichnis von Sorten beantragt worden war, sofern dem Antrag inzwischen stattgegeben wird, oder
3. Pflanzen von ihr vermehrt oder Pflanzen, Pflanzenteile oder Erntegut der Sorte und unmittelbar daraus gewonnene Erzeugnisse bereits angeboten, an andere abgegeben, gebraucht, eingeführt oder ausgeführt worden sind.

Schweiz:

Art 8b Abs 3:

(3) Die Sorte ist unterscheidbar, wenn sie sich von jeder anderen Sorte deutlich unterscheiden lässt, von der am Tag der Anmeldung allgemein bekannt ist, dass es sie gibt.

Belgien: Art XI.106 Code du droit économique; **Bulgarien:** Art 9 Pflanzen- und TierzuchtG; **Estland:** § 11 Plant Propagation and Plant Variety Rights Act; **Irland:** 1st Schedule Abs 1 PVA, geänd 1998; **Island:** Art 2 Abs 1 Nr 1, Abs 2 SortG; **Italien:** Art 6 VO 455; **Kroatien:** Art 8 Nr 3 SortG; **Lettland:** Sec 5 SortG; **Litauen:** Art 5 SortG; **Niederlande:** Art 49 Abs 4 Zaaizaad- en plantgoedwet 2005; **Polen:** Art 5 SortG; **Rumänien:** Art 7 SortG; **Schweden:** Kap 3 § 3 Växtförädlarrättslag; **Slowakei:** Art 4 Abs 2 Pflanzen- und TierzuchtG; **Slowenien:** Art 6 SortG (geänd 2006); **Spanien:** Art 7 SortG 2000; **Tschech. Rep.:** Art 5 SortG 2000; **Ungarn:** Art 106 Abs 3 PatG

Schrifttum
(s auch Schrifttum zu § 6): *Beckmann/Bar-Joseph* The use of synthetic DNA probes in breeders' rights protection: a proposal to superimpose an alpha-numerical code on the DNA, Trends in Biotechnology 1986, 230; *Willnegger* Schutz nicht unterscheidbarer Pflanzensorten, GRUR Int 2003, 815

Übersicht   Rdn.
A.   Nationale Regelung; Entstehungsgeschichte   1
B.   Unterscheidbarkeit.   2
I.   Allgemeines.   2
II. Begriff.   4
     1. Allgemeines.   4
     2. Maßgebendes Merkmal.   5

    3. Deutliche Unterscheidbarkeit   10
    4. Vergleich   12
       a. Grundsatz   12
       b. Maßgeblicher Zeitpunkt   13
       c. Andere Sorte   14
III. Prüfung.   21
C. Gemeinschaftsrecht   23

A. Nationale Regelung; Entstehungsgeschichte

1 Die Regelung ist an die Stelle der in § 2 Abs 1, 2 SortG 1968 getreten, nach der die deutliche Unterscheidbarkeit noch als Aspekt der Neuheit behandelt wurde,[1] obwohl die Praxis in ihr schon eine eigenständige Schutzvoraussetzung sah.[2] Die Bestimmung ist durch das PrPG (»zu gewerblichen Zwecken« statt »gewerbsmäßig«) geänd sowie durch das SortÄndG 1997 neu gefasst worden.

B. Unterscheidbarkeit

I. Allgemeines

2 Die geltende Regelung stellt klar, dass die Unterscheidbarkeit (Distinctness) selbstständige Schutzvoraussetzung ist.[3] Zum Verhältnis zur Neuheit Rdn. 3 zu § 6. Auch Art 7 PflZÜ regelt die Unterscheidbarkeit. Für die Sortenzulassung regelt § 31 SaatG die Unterscheidbarkeit eigenständig.

3 Sinn der Regelung ist die Schaffung eines hinreichend trennscharfes Abgrenzungssystems.[4] Mit der Voraussetzung des **deutlichen Unterscheidens** (»clearly distinguishable«) hat das Gesetz selbst den Maßstab dafür gesetzt, welcher Abweichungsgrad erforderlich ist, um die abgewandelte Form als eine gegenüber der Ausgangssorte andere, eines eigenen Rechtsschutzes fähige Sorte anzuerkennen.[5] Die Unterscheidbarkeit ist in ihrer Funktion mit der erfinderischen Tätigkeit im Patentrecht verglichen worden.[6] Hiergegen spricht indessen schon, dass es sich bei der Unterscheidbarkeit um ein rein objektiv zu bestimmendes

---

1 Vgl Begr BTDrs V/1630 = BlPMZ 1968, 215, 217; so weiterhin im schweiz Recht.
2 Vgl *Wuesthoff*[2] Rn. 1.
3 *Wuesthoff*[2] Rn. 1.
4 *Metzger/Zech* Rn. 1.
5 Vgl BGHZ 65, 347, 350 = GRUR 1976, 385 Rosenmutation.
6 *Moufang* S 66 f; *Bauer* S 248; *Leßmann/Würtenberger*[2] § 2 Rn. 76; *Willnegger* GRUR 2003, 815, 819; hierzu *Metzger/Zech* Rn. 5: unrichtigerweise.

Kriterium handelt.[7] Pflanzen, die aus derselben generativen Vermehrung stammen, können jeweils selbstständige Sorten bilden.[8] Eine Bejahung der Unterscheidbarkeit nach Billigkeitserwägungen sieht das Gesetz nicht vor.[9]

II. Begriff

1. Allgemeines

Unterscheidbarkeit liegt nach der Neufassung des Abs 1 Satz 1 durch die **4** Novelle 1997 vor, wenn sich die Sorte in der Ausprägung wenigstens eines maßgebenden Merkmals[10] von jeder anderen am Antragstag allgemein bekannten Sorte deutlich unterscheiden lässt.[11] Dagegen stellt Art 7 GemSortV auf die Ausprägung der aus einem Genotyp oder einer Kombination von Genotypen resultierenden Merkmale ab, während der Vorschlag des Rats zunächst auf das wichtige Merkmal abgestellt hatte.[12] Auch die Prüfung nach nationalem Recht stellt ausschließlich auf solche Merkmale ab, die sich aus dem Genotyp oder der Kombination von Genotypen ergeben.[13] Der Genotyp wird im nationalen Recht allerdings durch die Sortendefinition des § 2 Nr 1a einbezogen. Unterscheidbarkeit ist dabei grds leichter zu erzielen, wenn eine größere Anzahl von Merkmalen geprüft wird; eine geringe Zahl von heranzuziehenden Merkmalen erhöht demgegenüber die Rechtssicherheit.[14] Gleichwohl sollen die Regelungen im nationalen Recht, im PflZÜ und in der GemSortV identisch sein.[15]

2. Maßgebendes Merkmal

Die geltende nationale Bestimmung verwendet den Begriff des »maßge- **5** benden« Merkmals, weil der zuvor verwendete des »wichtigen« Merkmals zu Fehlauslegungen iS eines wichtigen Merkmals für die Beurteilung der

---

7 *Metzger/Zech* Rn. 5.
8 BGH GRUR 2004, 936 Barbara.
9 Überlegungen in diese Richtung bei *Willnegger* GRUR Int 2003, 815, 820f.
10 Vgl GSA (BK) InstGE 5, 193 Sunglow.
11 Kr zur Selbstreflexivität dieser Definition *Metzger/Zech* Rn. 11; *Leßmann* GRUR 1986, 279, 281.
12 Vgl *Metzger/Zech* Rn. 3, 9.
13 *Würtenberger* Mitt 2015, 1, 3; *Metzger/Zech* Rn. 13.
14 *Willnegger* GRUR Int 2003, 815, 819.
15 BTDrs 13/7038 S 11; *Metzger/Zech* Rn. 13.

Werteigenschaften einer Sorte geführt habe.[16] Der Umfang des SortRechts richtet sich entscheidend nach der Auslegung dieses Begriffs.[17] Auf das Vorliegen von Werteigenschaften kommt es, wie die Novelle 1997 klarstellt, nicht notwendig an.[18] Nach den von UPOV erarbeiteten Grundsätzen (vgl Art 30 ff PflZÜ) müssen Sorten im botanischen Sinn unterscheidbar sein.[19] Das maßgebende Merkmal (particular feature, caractère pertinent) ist im PflZÜ allerdings nicht als Kriterium der Unterscheidbarkeit, sondern nur der Homogenität und der Beständigkeit genannt; eins sachliche Abweichung wird darin aber nicht zu sehen sein. In Betracht kommen qualitative (zB Wuchsform; Halmfüllung) und quantitative (zB Anzahl der Blüten; Ertrag, aber auch zB mehrmaliges Blühen bei Zierpflanzen) Merkmale.[20] Bedeutungslose und nebensächliche Merkmale haben außer Betracht zu bleiben.[21] Die Beständigkeit als solche ist kein Merkmal iSd Regelung.[22]

6   Das Gesetz nennt seit 1985 nicht mehr abschließend **morphologische und physiologische Merkmale**. Morphologische Merkmale sind Eigenheiten des äußeren Erscheinungsbilds wie Form und Farbe der Stempel, Wurzeln und Blätter, Zahl, Farbe und Gestalt der Blüten, Gestalt, Form und Farbe der Früchte, der sichtbare innere Bau der Pflanze.[23] Physiologische Merkmale (Wertmerkmale; Leistungsmerkmale; dies sind nicht unmittelbar wahrnehmbare Eigenschaften wie Ertrag, Gehalt an bestimmten Stoffen, zB Zuckergehalt bei der Zuckerrübe; Ölsäuregehalt bei Ölsaaten; Klimaverträglichkeit, Widerstandsfähigkeit, Haltbarkeit der Sorte oder ihrer Früchte oder Blüten[24]) liegen der Unterscheidbarkeitsprüfung bisher im allg nicht zugrunde,[25] einer Berücksichtigung steht aber grds nichts entgegen. Maßgebliches Merkmal

16 Vgl Begr BTDrs 13/7038 S 11; *Leßmann/Würtenberger*[2] § 2 Rn. 92 ff.; *Metzger/Zech* Rn. 9, 12; *Neumeier* S 85ff; *Rutz* AgrarR 1999 Beil I S 3 f; *Franz Wuesthoff* GRUR 1968, 474; *vdGraaf* S 83; *Heitz* EIPR 1988, 293, 300 einerseits; *Jühe* GRUR 1969, 118 andererseits.
17 *Willnegger* GRUR Int 2003, 815, 818.
18 Vgl *Nirk/Ullmann* S 185; *Willnegger* GRUR Int 2003, 815, 818; aA wohl noch *Wuesthoff*[2] Rn. 1; vgl auch *Bauer* S 57 f.
19 Begr BTDrs 13/7038 S 11; *Metzger/Zech* Rn. 13.
20 Vgl *Wuesthoff*[2] Rn. 4; *Leßmann/Würtenberger*[2] § 2 Rn. 93 ff.
21 *Leßmann/Würtenberger*[2] § 2 Rn. 96; *Metzger/Zech* Rn. 15.
22 GSA (BK) InstGE 4, 40 Maribelle.
23 *Nirk/Ullmann* S 185.
24 *Nirk/Ullmann* S 185.
25 *Willnegger* GRUR Int 2003, 815.

kann auch ein solches **zytologischer** (zellenmäßiger) oder **biochemischer** Art sein.[26] Auch Besonderheiten im Genom können maßgebliche Merkmale darstellen (Art 7 GemSortV stellt nach seinem Wortlaut allein auf durch die genetische Struktur bestimmte Unterschiede ab,[27] vgl Rdn. 4 sowie zur Eingriffsprüfung Rdn. 13 ff vor § 38), jedoch stößt die Heranziehung von molekularen Markern bei der DUS-Prüfung auf Bedenken.[28]

Die Merkmale werden nach Maßgabe allg wissenschaftlicher Erkenntnisse 7 und üblicherweise in internationaler Abstimmung für die einzelnen Arten und Artengruppen **festgelegt**.[29] Wegen der zu berücksichtigenden botanischen Einzelheiten sollen die Merkmale durch das BSA ausgewählt und den Interessenten auf Anfrage mitgeteilt werden (Abs 1 Satz 2);[30] hierdurch tritt – anders allerdings die Praxis des GSA[31] – Selbstbindung der Verwaltung dahin ein, dass jeder Antragsteller die Berücksichtigung dieser – und nur dieser – Merkmale verlangen kann.

Bei der Auswahl der Merkmale ist dem BSA ein **Ermessen** eingeräumt, von 8 dem es pflichtgemäß Gebrauch zu machen hat; Ermessensfehler sind gerichtlich überprüfbar.[32] Ungeeignete Kriterien (zB Pflanzenhöhe bei Ampelpflanzen der Art Sutera, einem Braunwurzgewächs[33]) haben außer Betracht zu bleiben, ebenfalls Kriterien, deren Heranziehung nicht vorgesehen ist; Schutz kann hier nur durch Einkreuzen eines Merkmals erreicht werden, das Unterscheidbarkeit begründet.[34]

Die maßgebenden Merkmale einer Sorte können sich im Lauf der Zeit **ändern**; 9 dies kann zu Doppelschutz bei Neuanmeldung von Sorten führen, die sich in

---

26 Begr BTDrs 10/816 = BlPMZ 1986, 136, 138; *Metzger/Zech* Rn. 14; vgl *van de Graaf* S 82 f unter Hinweis auf *Beckmann/Bar-Joseph* Trends in Biotechnology 1986, 230.
27 Vgl *Leßmann/Würtenberger*[2] § 2 Rn. 101; *Willnegger* GRUR Int 2003, 815, 819.
28 Vgl Use of DNA markers for Testing, essential derivation and identification, Copenhagen Mai 2006, unter www.worldseed.org.
29 Begr BTDrs 10/816 = BlPMZ 1986, 136, 138; näher *Metzger/Zech* Rn. 14 ff.
30 Begr BTDrs 10/816 = BlPMZ 1986, 136, 138.
31 GSA (BK) InstGE 5, 193 Sunglow: Für die Prüfung der Unterscheidbarkeit können zusätzliche Merkmale herangezogen werden, die nicht Teil des üblichen Tableaus der Merkmale sind.
32 Ebenso *Metzger/Zech* Rn. 16.
33 GSA (BK) InstGE 4, 35 Inuit.
34 *Willnegger* GRUR Int 2003, 815, 816.

zusätzlichen, früher nicht herangezogenen Merkmalen unterscheiden.[35] Auch bei Verletzungsfällen können sich daraus Schwierigkeiten ergeben, dass die Verletzungsform ein früher nicht berücksichtigtes Unterscheidungsmerkmal aufweist.[36] Zur Fortschreibung besteht eine UPOV-Arbeitsgruppe für biochemische, molekulare und DNS-Prüfungsverfahren.[37]

3. Deutliche Unterscheidbarkeit

10   Die Merkmale müssen **genau erkennbar und beschreibbar** sein (Abs 1 Satz 2).[38] Mit dem Begriff der deutlichen Unterscheidbarkeit soll der umweltbedingten Variation der Ausprägung Rechnung getragen werden.[39] Maßgeblich ist, ob der Fachmann die Unterschiede eindeutig feststellen kann.[40]Deutliche Unterscheidbarkeit in nur einem Merkmal genügt; dies gilt auch nach Art 7 GemSortV.[41] Die Merkmale werden in qualitative (zB Geschlecht, Blütenfarbe), quantitative (zB Stiellänge, Ertrag, Klimaverträglichkeit) und pseudo-qualitative (zB Form der Früchte) unterschieden.[42] Die Interaktion zwischen Genotyp und Umwelt ist einer der Nachteile des Sortenschutzsystems, weil die durch den Genotyp bestimmte Ausprägung von Merkmalen von den Umweltbedingungen verändert wird.[43] Geringfügige Abweichungen reichen nicht aus.[44] Der Fachmann muss aufgrund seines Fachwissens die Unterschiede zweifelsfrei erkennen können, in die Augen springen müssen sie ihm jedoch nicht.[45]

11   Die Merkmale werden in den Prüfungsrichtlinien in verschiedene Ausprägungsstufen gegliedert, wobei jeder Stufe eine Note hinzugefügt wird.[46] Mindestens ein maßgebendes Merkmal muss bei der Sorte **deutlich ausgeprägt**

---

35 Vgl *Wuesthoff*[2] Rn. 2; *Metzger/Zech* Rn. 21 ff.
36 Vgl *Wuesthoff*[2] Rn. 2; vgl auch *Leßmann/Würtenberger*[2] § 2 Rn. 100.
37 *Willnegger* GRUR Int 2003, 815, 819.
38 Begr BTDrs 10/816 = BlPMZ 1986, 136, 138.
39 Vgl *Willnegger* GRUR Int 2003, 815, 818; *Metzger/Zech* Rn. 13, 49.
40 *Metzger/Zech* Rn. 50; vgl *Nirk/Ullmann* S 203.
41 *Metzger/Zech* Rn. 52 unter Hinweis auf *Leßmann/Würtenberger*[2] § 2 Rn. 102.
42 *Metzger/Zech* Rn. 30 ff.
43 GSA (BK) 15.12.2015 A 1/2015 Braeburn 78.
44 GSA (BK) InstGE 4, 35 Inuit.
45 *Nirk/Ullmann* S 203.
46 *Leßmann/Würtenberger*[2] § 2 Rn. 92; *Metzger/Zech* Rn. 35 ff.; vgl UPOV-Dokument TG/1/3 4.4.

sein, da bei nur geringfügigen Unterschieden unklare Verhältnisse entstehen.[47] Der Begriff »deutlich« ist ein unbestimmter Rechtsbegriff, der nach Sinn und Zweck des Sortenschutzrechts auszulegen ist.[48]

4. Vergleich

a. Grundsatz

Es ist mit jeder anderen am Antragstag allgemein bekannten Sorte zu ver- 12 gleichen. Dies entspricht sachlich der etwas anders formulierten Regelung im SortG 1968.[49] Bei den DUS-Feldversuchen ist ein direkter Vergleich mit den Vergleichssorten erforderlich.[50]

b. Maßgeblicher Zeitpunkt

Maßgeblicher Zeitpunkt ist der Antragstag; dies bezieht wegen § 23 Abs 2 wie 13 nach der Regelung 1968 für die Frage der allgemeinen Bekanntheit der ande- ren Sorte einen etwa in Anspruch genommenen Zeitvorrang ein,[51] jedoch wird für die Frage der Unterschiede auf den Antragstag abzustellen sein (vgl Rdn. 15 f. zu § 23).

c. Andere Sorte

Nach der Rspr des BPatG ist nach Sinn und Zweck der Vorschrift die Defini- 14 tion der Sorte in § 2 Nr 1a hier nicht anwendbar. Eine Pflanzengesamtheit, die nicht homogen ist, kommt als andere Sorte demnach nicht in Betracht, da nur Gesamtheiten Schutz verdienen, die sich unbeschadet ihrer Homoge- nität, Beständigkeit und Neuheit von bereits existenten Gesamtheiten deut- lich unterscheiden, die das für den Schutz erforderliche züchterische Niveau erreichen. Züchtungsergebnisse minderen Niveaus können demnach keinen Versagungsgrund bilden; eine nicht hinreichend einheitliche Gesamtheit stellt keinen für die Unterscheidbarkeitsprüfung geeigneten Vergleichsgegenstand dar.[52] Mit der vom Gesetz vorgesehenen Reichweite der Definition, die auf Homogenität nicht abstellt, ist dies schwer in Einklang zu bringen.

---

47 Vgl *Wuesthoff*[2] Rn. 5; *Leßmann/Würtenberger*[2] § 2 Rn. 104.
48 GSA (BK) InstGE 4, 35 Inuit.
49 *Wuesthoff*[2] Rn. 5.
50 GSA (BK) 26.11.2014 A 10/13 Zuckerrübe M 02205.
51 *Würtenberger* S 123 f; aA *Wuesthoff*[2] Rn. 5.
52 BPatGE 42, 26 = GRUR 2000, 312 Schnee, in der Begr unter Hinweis auf die Denkschrift BlPMZ 1998, 240, 242 sowie darauf, dass sich die Definition in § 2

15 Die andere Sorte muss nicht mehr wie nach früherem Recht am Antragstag **vorhanden** sein; es genügt, dass sie allgemein bekannt ist.[53] Ist die Identität einer Vergleichssorte zwh, kann dies zur Aufhebung der Prüfungsentscheidung führen.[54] Die vage Möglichkeit, bei dem zur Prüfung der Unterscheidbarkeit herangezogenen Vergleichsmaterial handle es sich um eine unerlaubte Vermehrung der Sorte, für die der SortAntrag gestellt ist, begründet keine erheblichen Zweifel an der Identität des Vergleichsmaterials mit der zur Prüfung herangezogenen, am Antragstag allgemein bekannten Sorte.[55] Es kommt auch nicht darauf an, ob das Vergleichsmaterial unter der richtigen Sortenbezeichnung herangezogen wurde.[56]

16 Wann die andere Sorte **allgemein bekannt** ist, erläutert der 1997 geänd Abs 2 in Form von (nicht abschließenden) Regelbeispielen[57] (vgl auch UPOV TGP/3.2.); für den gemeinschaftlichen Sortenschutz stellt Art 7 Abs 2 GemSortV für die allgemeine Bekanntheit auf das Vorbestehen von Sortenschutz und die Eintragung in einem amtlichen Sortenverzeichnis sowie auf entsprechende Anträge ab, denen inzwischen stattgegeben wurde;[58] sachlich besteht, da es sich auch hier um Beispiele handelt, kein Unterschied zum nationalen Recht. Es kommt entscheidend darauf an, dass die Öffentlichkeit die Merkmale der Sorte erkennen kann, für die Schutz begehrt wird.[59] Erfasst ist auch das Vorhandensein lebenden Pflanzenmaterials in einer öffentlich zugänglichen Sammlung (zB Botanischer Garten).[60] Die maßgeblichen Tatsachen können auch im Ausland erfüllt sein.[61] Dabei genügt es beim gemeinschaftlichen Sortenschutz, dass sie in irgendeinem Mitgliedstaat erfüllt sind.[62]

Nr 1a nur auf die angemeldete Gesamtheit, nicht aber auf die andere Sorte beziehe, gegen das BSA, das sich insoweit auf das UPOV-Dokument CHJ/XII/8, Anlage III, gestützt, aber eine so große Bandbreite hinsichtlich der Homogenität als schädlich angesehen hatte, da die Sorte nicht hinreichend definiert werden könne; vgl *Metzger/Zech* Rn. 47 f.

53 *Wuesthoff*[2] Rn. 5.
54 Vgl GSA (BK) 1.7.2014 Banana Cream.
55 GSA (BK) InstGE 4, 43 Santis 99.
56 GSA (BK) 8.10.2002 A 23/02 ABl GSA 15.12.2003 Begonia rex BCT9916BEG.
57 Vgl *Metzger/Zech* Rn. 42.
58 *Leßmann/Würtenberger*[2] § 2 Rn. 114.
59 GSA (BK) InstGE 2, 189 Enara.
60 GSA (BK) 8.10.2002 A 23/02 ABl GSA 15.12.2003 Begonia rex BCT9916BEG.
61 *Wuesthoff*[2]Rn. 7 mwN; *Leßmann/Würtenberger*[2] § 2 Rn. 112; *Metzger/Zech* Rn. 46.
62 GSA (BK) InstGE 2, 189 Enara.

Erfasst sind zunächst die Fälle der **Eintragung** der anderen Sorte in ein amt- 17
liches –auch ausländ[63] – Sortenverzeichnis (Nr 1), weiter der Antrag auf eine
solche Eintragung, wenn nachfolgend dem Antrag stattgegeben wird.[64] Die
Eintragung muss in diesem Fall vor dem nach Art 51 GemSortV zu bestim-
menden Anmeldetag erfolgt sein.[65] Wird der Antrag unter bewusster Vorlage
von Material einer anderen Sorte gestellt, steht dies der allgemeinen Bekanntheit und damit der Berücksichtigung bei der Prüfung nicht entgegen.[66]

Die Neufassung 1997 hat die »genaue **Beschreibung** einer Sorte in einer Ver- 18
öffentlichung« herausgenommen, da durch die Veröffentlichung allein das
Vorhandensein einer Sorte noch nicht allg als gesichert angesehen werden
könne.[67]

Erfasst ist weiter erfolgtes **Inverkehrbringen zu gewerblichen Zwecken** (Nr 3).[68] 19

Die entfallenen Tatbestände des »**Anbaus** in einer Vergleichssammlung« und 20
der »**Beantragung der Erteilung** des Sortenschutzes und der Sortenzulassung
nach dem Saatgutverkehrsgesetz« nach Abs 2 S 2 aF werden als durch die
verbleibenden Tatbestände abgedeckt angesehen.[69]

III. Prüfung

Die Prüfung (»Registerprüfung« im Gegensatz zur »Wertprüfung« für die Saat- 21
gutzulassung) erfolgt hauptsächlich durch »Bonitierung« (Abschätzung und Einstufung von Pflanzenbeständen)[70] nach Prüfungsrichtlinien, die überwiegend
von den Prüfämtern wie dem BSA, zT auch von UPOV aufgestellt sind.[71] § 6

---

63 *Metzger/Zech* Rn. 43.
64 Vgl *Leßmann/Würtenberger*[2] § 2 Rn. 107 f.; GSA (BK) 8.12.2003 A 31/02 ABl
    GSA 15.2.2004 Jonabel.
65 GSA (BK) InstGE 2, 189 Enara.
66 GSA (BK) 8.12.2003 A 31/02 ABl GSA 15.2.2004 Jonabel.
67 Begr BTDrs 13/7038 S 11.
68 Vgl *Leßmann/Würtenberger*[2] § 2 Rn. 109 f.; *Metzger/Zech* Rn. 45.
69 Begr BTDrs 13/7038 S 11.
70 *Willnegger* GRUR Int 2003, 815, 819.
71 Übersicht im Internet auf den BSA-Websites, Zugang über http://www.bundessor-
    tenamt.de/internet30/index.php?id=48; vgl auch schweiz Bundesamt für geistiges
    Eigentum GRUR Int 1987, 615, 617 Orello; UPOV hielt 2003 für 196 Arten
    Prüfungsrichtlinien bereit, vgl *Willnegger* GRUR Int 2003, 815, 818; Associa-
    ted Document to the General Introduction to the Examination of Distinctness,
    Uniformity and Stability and the Development of Harmonized Descriptions of

Abs Satz 1 BSAVwV bestimmt hierzu, dass das BSA unter Berücksichtigung der botanischen Gegebenheiten wählt für die einzelnen Arten die für die Unterscheidbarkeit der Sorten wichtigen Merkmale auswählt und Art und Umfang der Prüfungen festsetzt. Das GSA hat nach vom Verwaltungsrat erlassenen Prüfungsrichtlinien und Weisungen des Amts zu prüfen[72] (Art 56 Abs 2 GemSortV; Art 22 GemSortVDV). Entscheidungen in anderen Staaten binden nicht.[73] In Betracht kommen können auch Sonderprüfungen für eine einzelne Pflanzensorte, die jedoch für Folgefälle neue Maßstäbe setzen werden.[74] Eine Sonderprüfung wurde im Beschwerdeverfahren abgelehnt, weil sie erstmals in der mündlichen Verhandlung beantragt wurde.[75] Zu geringe Zahl der Prüfmuster kann der Wirksamkeit der Prüfung entgegenstehen.[76] Die Beurteilung erfordert Sachverstand und besondere fachliche Kenntnisse; sie rechtfertigt deshalb – anders als die Beurteilung der Frage des Bestehens einer allgemein bekannten anderen Sorte – eine Beschränkung des Umfangs der gerichtlichen Nachprüfung.[77]

22   Das BSA erstreckt dabei im Fall der in Art 1 der Rl 2003/90/EG der Kommission vom 6.10.2003 mit Durchführungsbestimmungen zu Artikel 7 der Rl 2003/53/EG des Rates hinsichtlich der Merkmale, auf welche sich die Prüfungen mindestens zu erstrecken haben, und der Mindestanforderungen für die Prüfung bestimmter Sorten landwirtschaftlicher Pflanzenarten[78] genannten Arten sowie im Fall der in Art 1 der Rl 2003/91/EG der Kommission vom 6.10.2003 mit Durchführungsbestimmungen zu Art 7 der Rl 2003/55/EG des Rates hinsichtlich der Merkmale, auf welche sich die Prüfungen mindestens zu erstrecken haben, und der Mindestanforderungen für die Prüfung bestimmter Sorten von Gemüsearten[79] genannten Arten die Prüfung auf die **Erfüllung der dort jeweils genannten Bedingungen** unter Einbeziehung der

---

New Varieties of Plants (Document TG/1/3), UPOV-Dokument TGP/7 vom 31.3.2004, PVP Nr 97 (2004).

72   Das GSA hat einige Richtlinien veröffentlicht, ABl GSA 1995, 68 (vgl *van der Kooij* Art 7 Rn. 15); zur Praxis, die im übrigen mangels eigener Prüfungsrichtlinien nach den Richtlinien des jeweils prüfenden Amts verfährt, *Leßmann/Würtenberger*[2] § 2 Rn. 90.

73   GSA (BK) 8.12.2003 A 31/02 ABl GSA 15.2.2004 Jonabel.

74   Vgl *Willnegger* GRUR Int 2003, 815, 820.

75   GSA (BK) 8.10.2002 A 23/02 ABl GSA 15.12.2003 Begonia rex BCT9916BEG.

76   GSA (BK) InstGE 5, 193 Sunglow.

77   EuG GRUR Int 2009, 133, 138 SUMCOL 01.

78   ABl EU L 254/7.

79   ABl EU L 254/711.

dort jeweils in den jeweiligen Art 2 genannten Merkmale und berücksichtigt die dort jeweils in den jeweiligen Art 3 genannten Anforderungen. Soweit in den jeweiligen Art 1 – 3 der Richtlinien 2003/90/EG und 2003/91/EG auf die Anhänge dieser Richtlinien verwiesen wird, wendet das BSA die Anhänge in der jeweils geltenden Fassung an. Werden diese Anhänge geänd, wendet das BSA sie in der geänd und im ABl EU veröffentlichten Fassung mit Beginn des in der ÄnderungsRl festgelegten Anwendungstags an (§ 6 Abs 1 Satz 2 – 4 BSAVfV idF der 6.ÄndVO vom 17.4.2007[80]).

C. Gemeinschaftsrecht

Art 7 GemSortV enthält eine im wesentlichen parallele Regelung. Dem GSA **23** ist bei der Wahrnehmung seiner Aufgaben ein weites Ermessen einzuräumen;[81] dies gilt auch bei der Überprüfung der Unterscheidbarkeit einer Sorte.[82]

§ 4 Homogenität

Eine Sorte ist homogen, wenn sie, abgesehen von Abweichungen auf Grund der Besonderheiten ihrer Vermehrung, in der Ausprägung der für die Unterscheidbarkeit maßgebenden Merkmale hinreichend einheitlich ist.

GemSortV:

Art 8 Homogenität

Eine Sorte gilt als homogen, wenn sie – vorbehaltlich der Variation, die aufgrund der Besonderheiten ihrer Vermehrung zu erwarten ist – in der Ausprägung derjenigen Merkmale, die in die Unterscheidbarkeitsprüfung einbezogen werden, sowie aller sonstigen, die zur Sortenbeschreibung dienen, hinreichend einheitlich ist.

Ausland: Österreich:

§ 3 Abs 3. (3) Eine Sorte ist homogen, wenn sie hinreichend einheitlich in ihren maßgebenden Merkmalen ist, abgesehen von Abweichungen, die auf Grund der Besonderheit der Vermehrung zu erwarten sind.

---

80 BGBl I 578.
81 EuGH GRUR Int 2013, 131 Gala Schnitzer; EuGH 8.6.2017 C-625/15 P Gala Schnitzer.
82 EuGH 8.6.2017 C-625/15 P Gala Schnitzer; EuGH 10.10.2013 C-38/09 Mitt 2014, 246 Ls CPVO / Schräder.

Schweiz:

Art 8b Abs 4:

(4) Die Sorte ist homogen, wenn sie in ihren wesentlichen Merkmalen, abgesehen von Abweichungen, die aufgrund der Besonderheiten ihrer Vermehrung zu erwarten sind, hinreichend einheitlich ist.

Belgien: Art XI.107 Code du droit économique; **Bulgarien:** Art 10 Pflanzen- und TierzuchtG; **Estland:** § 12 Plant Propagation and Plant Variety Rights Act; **Irland:** 1st Schedule Abs 2 PVA, geänd 1998; **Island:** Art 2 Abs 1 Nr 2 SortG; **Italien:** Art 7 VO 455; **Kroatien:** Art 8 Nr 4 SortG; **Lettland:** Sec 6 SortG; **Litauen:** Art 6 SortG; **Niederlande:** Art49 Abs 5 Zaaizaad- en plantgoedwet 2005; **Polen:** Art 6 SortG; **Rumänien:** Art 8 SortG; **Schweden:** Kap 3 § 4 Växtförädlarrättslag; **Slowakei:** Art 4 Abs 3 Pflanzen- und TierzuchtG; **Slowenien:** Art 7 SortG; **Spanien:** Art 8 SortG 2000; **Tschechische Rep:** Art 6 SortG 2000; **Ungarn:** Art 106 Abs 4 PatG

Schrifttum
Hoekema ua The genetic engineering of two commercial potato cultivars for resistance to potato virus X, Biotechnology 1989, 275; *van de Graaf* (Entscheidungsanm) GRUR Int 1990, 632

Übersicht	Rdn.
A. Nationale Regelung; Entstehungsgeschichte	1
B. Homogenität	2
I. Allgemeines.	2
II. Begriff.	3
III. Prüfung.	6
C. Gemeinschaftsrecht	8

A. Nationale Regelung; Entstehungsgeschichte

1   Die im SaatG 1953 noch nicht enthaltene Bestimmung, die ihre Vorgängerin in § 5 SortG 1968 hat und auf das PflZÜ zurückgeht, ist durch das SortÄndG 1997 neu gefasst worden. Anders als nach früherem Recht wird wie in § 3 nicht mehr auf die »wesentlichen«, sondern auf die »für die Unterscheidbarkeit maßgebenden« Merkmale abgestellt (hierzu Rdn. 5 ff. zu § 3). Die Regelung für die Sortenzulassung in § 32 SaatG wich bis 2002 sprachlich ab, stimmt seither aber mit § 4 wörtlich überein.

B. Homogenität

I. Allgemeines

Homogenität (Uniformity; Gleichartigkeit) ist die zweite materielle Voraus- 2
setzung für die Erteilung des Sortenschutzes. Auch das PflZÜ 1981 regelt
die Voraussetzung in Art 8 im Wesentlichen übereinstimmend. Homogenität
ist mit Nützlichkeit,[1] andererseits mit dem patentrechtl Erfordernis, einen
Anspruch zu formulieren,[2] verglichen worden.

II. Begriff

Homogenität[3] bedeutet im Gegensatz zu Heterogenität im Grundsatz hin- 3
reichende Einheitlichkeit in der Ausprägung der für die Unterscheidbarkeit
maßgebenden Merkmale, dh im Erscheinungsbild (Phänotyp) oder in den
Eigenschaften.[4] Als Beispiele werden genannt: Halmlänge bei Getreide; Wur-
zelform bei Möhre;[5] einheitlicher Beginn der Blüte bei Getreide, einheitliche
äußere Struktur der Halme.[6]

Der Begriff ist als unbestimmter Rechtsbegriff[7] **relativ**, bezogen auf die 4
jeweilige Sorte (»hinreichend« einheitlich).[8] Absolute Homogenität kommt
im pflanzlichen Bereich nicht vor.[9] Hinreichende Einheitlichkeit liegt vor,
wenn sich die Variationen im Rahmen der definierten Merkmalsausprägungen halten.[10] Veränderungen während der Wachstumsperiode, die bei der
Pflanzengesamtheit einheitlich auftreten, zB Veränderung der Blütenfarbe,
stehen der Homogenität nicht entgegen.[11] Genetische Homogenität ist nicht

---

1 *Moufang* S 304.
2 *Bauer* S 249.
3 Kr zu dem Erfordernis (wie zu dem der Beständigkeit) *Moufang* S 302 f.; *Neumeier* S 97 f.
4 Vgl *Nirk/Ullmann* S 202 f.; *Metzger/Zech* Rn. 1; kr wegen der Verdrängung von Viellliniensorten und Landrassen *Bauer* S 58 f. mwN.
5 Begr BTDrs V/1630 = BlPMZ 1968, 215, 218; vgl *Metzger/Zech* Rn. 13.
6 *Schade/Pfanner* GRUR Int 1962, 348, 351; *Nirk/Ullmann* S 202 f.; *Leßmann/ Würtenberger*[2] § 2 Rn. 118; *Metzger/Zech* § 4 Rn. 13.
7 *Metzger/Zech* Rn. 8.
8 Vgl GSA (BK) InstGE 5, 186 Silver Edge.
9 Begr BTDrs V/1630 = BlPMZ 1968, 215, 218; Begr BTDrs 10/816 = BlPMZ 1986, 136, 138; vgl *Metzger/Zech* Rn. 1, 3; *Jühe* GRUR Ausl 1963, 525, 532.
10 *Metzger/Zech* Rn. 11.
11 GSA (BK) 21.4.2009 A 4, 5/08 Gold Star und Fach004 ABl GSA 15.8.2009.

erforderlich.[12] Variationen aufgrund von Umwelteinflüssen stehen der Homogenität grds nicht entgegen.[13]

5   Homogenität ist bei vegetativer Vermehrung und bei generativer Vermehrung selbstbefruchtender Arten verhältnismäßig leichter zu erreichen als bei **fremdbefruchtenden Arten**.[14]

III. Prüfung

6   Homogenität wird durch Anbauprüfung festgestellt, die sich insb bei Fremdbefruchtern über mehrere Vegetationsperioden hinziehen wird.[15] Das BSA wendet die auf der UPOV-Rl TG/1/3 basierenden Grundsätze an.[16]

7   Zu den **Prüfungsrichtlinien** vgl Rdn. 21 f. zu § 3.[17]

C. Gemeinschaftsrecht

8   Die Regelung in **Art 8 GemSortV** stimmt inhaltlich überein, auch wenn sie sprachlich abweicht.[18]

9   Das GSA ist nicht verpflichtet, alle eventuellen Möglichkeiten zu erforschen, die den **Mangel der Homogenität** begründen könnten. Gibt es keine begründeten Zweifel an der Verlässlichkeit der Prüfungsergebnisse, ist das GSA nicht verpflichtet, die Prüfung zu wiederholen.[19]

---

12 *Funder* EIPR 1999, 551, 557 Fn 81 mwN, 562; *Metzger/Zech* Rn. 11.

13 *Metzger/Zech* Rn. 12; *Würtenberger* GRUR 2004, 566, auch zum Einfluss des Alters der Pflanze; *Würtenberger* Mitt 2015, 1 f.

14 Begr BTDrs V/1630 = BlPMZ 1968, 215, 218; *Leßmann/Würtenberger*[2] § 2 Rn. 118; *Metzger/Zech* Rn. 14.

15 Zur Gewährung der Prüfung über eine weitere Vegetationsperiode bei nicht auszuschließender Nichtberücksichtigung einer besonderen Anbaubedingung GSA (BK) 15.12.2015 A 2/15 HORT04.

16 *Leßmann/Würtenberger*[2] § 2 Rn. 120; vgl BlfS 2004, 330.

17 Vgl auch *Wuesthoff*[2] Rn. 3; *Leßmann/Würtenberger*[2] § 2 Rn. 119 ff.

18 Vgl *Leßmann/Würtenberger*[2] § 2 Rn. 117; *Metzger/Zech* Rn. 3, 9, dort auch zur Entstehungsgeschichte von Art 8 GemSortV; GSA (BK) 4.4.2014 A 4/13 Sprilecpink; Begr BTDrs 13/7038 S 11.

19 GSA (BK) 22.4.2016 A 5/14 Gala Schnico.

§ 5 Beständigkeit

Eine Sorte ist beständig, wenn sie in der Ausprägung der für die Unterscheidbarkeit maßgebenden Merkmale nach jeder Vermehrung oder, im Falle eines Vermehrungszyklus, nach jedem Vermehrungszyklus unverändert bleibt.

GemSortV:

Art 9 Beständigkeit

Eine Sorte gilt als beständig, wenn die Ausprägung derjenigen Merkmale, die in die Unterscheidbarkeitsprüfung einbezogen werden, sowie aller sonstigen, die zur Sortenbeschreibung dienen, nach wiederholter Vermehrung oder im Fall eines besonderen Vermehrungszyklus am Ende eines jeden Zyklus unverändert ist.

Ausland: Österreich:

§ 3 Abs 4. (4) Eine Sorte ist beständig, wenn ihre maßgebenden Merkmale nach aufeinanderfolgenden Vermehrungen oder, im Falle eines besonderen Vermehrungszyklus, am Ende jedes Zyklus unverändert bleiben.

Schweiz:

Art 8b Abs 5:

(5) Die Sorte ist beständig, wenn ihre wesentlichen Merkmale nach mehreren aufeinanderfolgenden Vermehrungen oder, im Falle eines besonderen Vermehrungszyklus, am Ende eines jeden Zyklus unverändert bleiben.

Belgien: Art XI.108 Code du droit économique; Bulgarien: Art 11 Pflanzen- und TierzuchtG; Estland: § 13 Plant Propagation and Plant Variety Rights Act; Irland: 1st Schedule Abs 3 PVA, geänd 1998; Island: Art 2 Abs 3 SortG; Italien: Art 8 VO 455; Kroatien: Art 8 Nr 5 SortG; Lettland: Sec. 7 SortG; Litauen: Art 7 SortG; Niederlande: Art 49 Abs 6 Zaaizaad- en plantgoedwet 2005; Polen: Art 7 SortG; Rumänien: Art 9 SortG; Schweden: Kap 3 § 5 Växtförädlarrättslag; Slowakei: Art 4 Abs 4 Pflanzen- und TierzuchtG; Slowenien: Art 8 SortG; Spanien: Art 9 SortG 2000; Tschechische Rep: Art 6 SortG 2000; Ungarn: Art 106 Abs 5 PatG

Schrifttum

Lehmann Patent on Seed Sterility Threatens Seed Saving, 35 BiotDevMon (1998), 6; *Luttermann/Mitulla* Genpatente und Monopolbildung bei Saatgut (Genetic Use

Restriction Technology), ZLR 2008, 390; *RAFI* The Terminator Technology: New Genetic Technology Aims to Prevent Farmers from Saving Seed, RAFI Communiqué März/April 1998, 1; *van der Graaf* (Entscheidungsanm) GRUR Int 1990, 632

Übersicht		Rdn.
A.	Nationale Regelung; Entstehungsgeschichte	1
B.	Beständigkeit	2
I.	Allgemeines.	2
II.	Begriff.	3
III.	Prüfung.	7
C.	Gemeinschaftsrecht	9

A. Nationale Regelung; Entstehungsgeschichte

1   Die Bestimmung, die ihre Vorgänger in § 2 Abs 3 SaatG 1953 und § 6 SortG 1968 hat, ist durch das SortÄndG 1997 neu gefasst worden (»maßgebende« statt »wichtige« Merkmale wie in §§ 3, 4). Gegenüber der Regelung 1968 sind schon 1985 die Begriffe »wesentliche Merkmale« und »Sortenbild«[1] vermieden worden, um klarzustellen, dass auch für die Beständigkeit die für die Unterscheidbarkeit wichtigen (jetzt: maßgebenden) Merkmale maßgeblich sind.[2] Die Regelung für die Sortenzulassung in § 33 SaatG wich bis 2002 sprachlich ab, stimmt seither aber mit § 5 wörtlich überein.

B. Beständigkeit

I. Allgemeines

2   Beständigkeit (Stability) ist die dritte materielle Voraussetzung für die Erteilung des Sortenschutzes; sie ist mit den patentrechtl Erfordernissen der Ausführbarkeit und Wiederholbarkeit verglichen worden.[3] Das PflZÜ regelt die Voraussetzung in Art 9 im wesentlichen übereinstimmend.[4]

---

1   Hierzu Begr BTDrs V/1630 = BlPMZ 1968, 215, 218; vgl *Metzger/Zech* Rn. 10 f.
2   Begr BTDrs 13/7038 S 11.
3   *Leßmann/Würtenberger*[2] § 2 Rn. 123; *van der Graaf* GRUR Int 1990, 632, 633; kr *Bauer* S 249 Fn 12, der Entsprechungen zur gewerblichen Anwendbarkeit sieht.
4   Vgl *Metzger/Zech* Rn. 7.

II. Begriff

Beständigkeit ist konstitutiv für das Bestehen einer Sorte.[5] Durch das Erfor- 3
dernis wird sichergestellt, dass nur solche Sorten geschützt werden, die dauerhaft dieselben Merkmale aufweisen.[6] Das Erfordernis der Beständigkeit fügt
dem der Homogenität eine zeitliche Komponente hinzu.[7]

Die für die Unterscheidbarkeit maßgebenden Merkmale (Rdn. 5 ff. zu § 3) 4
müssen **nach jeder Vermehrung** bzw jedem Vermehrungszyklus den für die
Sorte festgestellten Ausprägungen entsprechen, dh weiterhin vorhanden sein.
Bei generativer Vermehrung müssen sie demnach vererbbar, bei vegetativer
Vermehrung übertragbar sein.[8] Ein Zusammenhang zwischen Unterscheidbarkeit, Homogenität und Beständigkeit ist hergestellt worden.[9] Beständigkeit als solche ist aber kein Merkmal iSd Regelung über die Unterscheidbarkeit (Rdn. 5 zu § 3). Eine Pflanze, der ein »Terminator-Gen« eingefügt ist, das
die Ausbildung der phänotypischen Merkmale nach der ersten Generation
unterbricht, ist nicht beständig.[10]

Die geltende Regelung unterscheidet damit zwischen der Vermehrung **in** 5
einem Schritt und der in einem Vermehrungszyklus. Vermehrung in einem
Schritt (»einschrittige Vermehrung«) liegt immer bei vegetativer Vermehrung
vor, kommt aber auch bei generativer Vermehrung in Betracht.[11] Bei generativer Vermehrung kann – insb bei Fremdbefruchtung – ein Abgleiten der
Eigenschaften eintreten, der durch **Erhaltungszüchtung** begegnet werden
kann (§ 8 Abs 2 BSAVfV; vgl Rdn. 27 f. zu § 10).[12]

---

5 Vgl *Wuesthoff*[2] Rn. 2; *Leßmann/Würtenberger*[2] § 2 Rn. 124.
6 *Metzger/Zech* Rn. 1.
7 *Metzger/Zech* Rn. 1; vgl GSA (BK) 29.4.2016 A 7/14 Tang Gold; GSA (BK)
    29.4.2016 A 8/14 Tang Gold.
8 Vgl *Wuesthoff*[2] Rn. 2; *Leßmann/Würtenberger*[2] § 2 Rn. 124.
9 GSA (BK) InstGE 5, 193 Sunglow.
10 Vgl zur Problematik *Funder* EIPR 1999, 551, 569 Fn 31; *Luttermann/Mitulla*
    ZLR 2008, 390, 395; *RAFI-Communiqué* März/April 1998, 1; anders wohl bei
    der T-GURT-Technik (Genetic Use Restriction Technology), bei der die die Nach-
    zucht keimfähig bleibt, die Pflanze aber ihre neue, durch Gentransfer bewirkte
    Eigenschaft nur ausprägt, wenn das Saatgut durch entsprechende Substanzen dazu
    aktiviert wird, s Hinweis der Aktion »Kein Patent auf Leben«, Patente – Hinter-
    grund – Die EU-Patentrichtlinie, im Internet unter www.keinpatent.de.
11 Vgl *Metzger/Zech* Rn. 13 ff.
12 Vgl *Metzger/Zech* Rn. 18.

6   Die 1968 neu geschaffene Regelung, dass die Sorte, wenn ihre Züchtung einen besonderen **Vermehrungszyklus** erfordert, erst am Ende eines jeden Zyklus den Beständigkeitsanforderungen entsprechen muss, ist im Hinblick auf besondere Zuchtverfahren (zB Hybridzüchtung, F1-Generation, mit Inzucht- oder Heterosisverfahren mit Gewinn an Leistung) als notwendig angesehen worden, bei denen die Sorte jährlich neu gezüchtet werden muss (Erhaltungszüchtung; Rdn. 5) und jeweils erst in der Stufe des Vermehrungsguts existent wird, das dem Anbauer zur Verfügung gestellt wird.[13] Beständigkeit tritt hier nicht auf der Ebene der Hybridsorte, sondern der Elternlinie ein.[14] Die Hybridzüchtung ist etwa bei Mais, Zuckerrübe und Raps, weiter bei Tomate und Gurke von überragender Bedeutung.[15] Hybridsorten als solche sind dabei nicht selbst beständig.[16]

III. Prüfung

7   Beständigkeit wird durch **Anbauprüfung** festgestellt (vgl insb §§ 2, 5 BSA-VfV).[17]

8   Die **Nachprüfung** des Fortbestehens der Sorte regeln § 31 Abs 4 Nr 2 iVm § 32 Nr 1 sowie § 8 BSAVfV, während im SortG 1968 noch in § 16 eine Regelung enthalten war (vgl Art 64, 65 GemSortV).

C. Gemeinschaftsrecht

9   Die Regelung in **Art 9 GemSortV** stimmt bei im einzelnen abw Formulierung inhaltlich überein.[18]

10   Homogenität kann sowohl im Rahmen des ursprünglichen Antrags auf Sortenschutz als auch, nach Erteilung des Schutzes, namentlich im Rahmen eines Widerrufsverfahrens, das auf die fehlende Homogenität gestützt wird, **Gegenstand einer Prüfung** oder einer technischen Nachprüfung sein.[19]

---

13   Vgl *Metzger/Zech* Rn. 19; vgl auch *Jühe* GRUR Int 1963, 525, 532; *van der Graaf* GRUR Int 1990, 632, 633.
14   *Metzger/Zech* Rn. 22.
15   *Debener* in *Metzger (Hrsg)* Rechtsschutz von Pflanzenzüchtungen (2014), 31.
16   *Kock/Porzig/Willnegger* GRUR Int 2003, 183/186; *Metzger/Zech* Rn. 21.
17   *Leßmann/Würtenberger*[2] § 2 Rn. 128; zu den PrüfungsRl vgl Rn. 21 f. zu § 3 und *Wuesthoff*[2] Rn. 4.
18   *Leßmann/Würtenberger*[2] § 2 Rn. 123; *Metzger/Zech* Rn. 5, 12.
19   EuG 4.5.2017 T-425/15 ua Lemon Symphony – SUMOST 01.

§ 6 Neuheit

(1) Eine Sorte gilt als neu, wenn Pflanzen oder Pflanzenteile mit Zustimmung des Berechtigten oder seines Rechtsvorgängers vor dem Antragstag nicht oder nur innerhalb folgender Zeiträume zu gewerblichen Zwecken an andere abgegeben worden sind:
1. innerhalb der Europäischen Union ein Jahr,
2. außerhalb der Europäischen Union vier Jahre, bei Rebe (Vitis L.) und Baumarten sechs Jahre.

(2) Die Abgabe
1. an eine amtliche Stelle auf Grund gesetzlicher Regelungen,
2. an Dritte auf Grund eines zwischen ihnen und dem Berechtigten bestehenden Vertrages oder sonstigen Rechtsverhältnisses ausschließlich zum Zweck der Erzeugung, Vermehrung, Aufbereitung oder Lagerung für den Berechtigten,
3. zwischen Gesellschaften im Sinne des Artikels 54 Absatz 2 des Vertrages über die Arbeitsweise der Europäischen Union, wenn eine von ihnen vollständig der anderen gehört oder beide vollständig einer dritten Gesellschaft dieser Art gehören; dies gilt nicht für Genossenschaften,
4. an Dritte, wenn die Pflanzen oder Pflanzenteile zu Versuchszwecken oder zur Züchtung neuer Sorten gewonnen worden sind und bei der Abgabe nicht auf die Sorte Bezug genommen worden ist,
5. zum Zweck des Ausstellens auf einer amtlichen oder amtlich anerkannten Ausstellung im Sinne des Abkommens über Internationale Ausstellungen vom 22. November 1928 (Gesetz vom 5. Mai 1930 (RGBl. 1930 II S. 727) oder auf einer von einem Vertragsstaat als gleichwertig anerkannten Ausstellung in seinem Hoheitsgebiet oder eine Abgabe, die auf eine solche Ausstellung zurückgeht,
steht der Neuheit nicht entgegen.

(3) Vermehrungsmaterial einer Sorte, das fortlaufend für die Erzeugung einer anderen Sorte verwendet wird, gilt erst dann als abgegeben im Sinne des Absatzes 1, wenn Pflanzen oder Pflanzenteile der anderen Sorte abgegeben worden sind.

GemSortV: Art 10, 116 Abs 1, 2 (Ausnahmebestimmungen, abgedruckt bei § 41)

Art 10 Neuheit

(1) Eine Sorte gilt als neu, wenn an dem nach Artikel 51 festgelegten Antragstag Sortenbestandteile bzw. Erntegut dieser Sorte
a)   innerhalb des Gebiets der Gemeinschaft seit höchstens einem Jahr,
b)   außerhalb des Gebiets der Gemeinschaft seit höchstens vier Jahren oder bei Bäumen oder Reben seit höchstens sechs Jahren
vom Züchter oder mit Zustimmung des Züchters im Sinne des Artikels 11 verkauft oder auf andere Weise zur Nutzung der Sorte an andere abgegeben worden waren bzw. war.

(2) Die Abgabe von Sortenbestandteilen an eine amtliche Stelle aufgrund gesetzlicher Regelungen oder an andere aufgrund eines Vertrags oder sonstigen Rechtsverhältnissen zum ausschließlichen Zweck der Erzeugung, Vermehrung, Aufbereitung oder Lagerung gilt nicht als Abgabe an andere im Sinne von Absatz 1, solange der Züchter die ausschließliche Verfügungsbefugnis über diese und andere Sortenbestandteile behält und keine weitere Abgabe erfolgt. Werden die Sortenbestandteile jedoch wiederholt zur Erzeugung von Hybridsorten verwendet und findet eine Abgabe von Sortenbestandteilen oder Erntegut der Hybridsorte statt, so gilt diese Abgabe von Sortenbestandteilen als Abgabe im Sinne von Absatz 1.

Die Abgabe von Sortenbestandteilen durch eine Gesellschaft im Sinne von Artikel 58 Absatz. 2 des Vertrags an eine andere Gesellschaft dieser Art gilt ebenfalls nicht als Abgabe an andere, wenn eine von ihnen vollständig der anderen gehört oder beide vollständig einer dritten Gesellschaft dieser Art gehören und solange nicht eine weitere Abgabe erfolgt. Diese Bestimmung gilt nicht für Genossenschaften.

(3) Die Abgabe von Sortenbestandteilen bzw. Erntegut dieser Sorte, die bzw. das aus zu den Zwecken des Artikels 15 Buchstaben b) und c) angebauten Pflanzen gewonnen und nicht zur weiteren Fortpflanzung oder Vermehrung verwendet werden bzw. wird, gilt nicht als Nutzung der Sorte, sofern nicht für die Zwecke dieser Abgabe auf die Sorte Bezug genommen wird.

Ebenso bleibt die Abgabe an andere außer Betracht, falls diese unmittelbar oder mittelbar auf die Tatsache zurückgeht, daß der Züchter die Sorte auf einer amtlichen oder amtlich anerkannten Ausstellung im Sinne des Übereinkommens über internationale Ausstellungen oder auf einer Ausstellung in einem Mitgliedstaat, die von diesem Mitgliedstaat als gleichwertig anerkannt wurde, zur Schau gestellt hat.

Ausland: Österreich:

§ 3 Abs 5. (5) Eine Sorte ist neu, wenn am Tag der Anmeldung das Vermehrungsmaterial oder das Erntegut der Sorte noch nicht oder nur innerhalb folgender Zeiträume vom Züchter oder mit dessen Zustimmung zum Zwecke der Auswertung der Sorte verkauft oder auf andere Weise an andere abgegeben worden war:
1. ein Jahr im Inland,
2. vier Jahre im Ausland, im Falle von Bäumen und Reben sechs Jahre.

Schweiz:

Art 8b Abs 2:

(2) Die Sorte ist neu, wenn kein Vermehrungsmaterial oder Erntegut der Sorte in der Schweiz mehr als ein Jahr und im Ausland mehr als vier Jahre vor dem Tag der Anmeldung zum Sortenschutz durch den Züchter oder mit dessen Zustimmung zum Zweck der Auswertung der Sorte verkauft oder auf andere Weise abgegeben wurde. Für Bäume und Reben, die im Ausland verkauft oder auf andere Weise abgegeben wurden, beträgt die Frist sechs Jahre.

Belgien: Art XI.109 Code du droit économique; **Bulgarien:** Art 8 Pflanzen- und TierzuchtG; **Dänemark:** Art 1 SortG; **Estland:** § 38 Plant Propagation and Plant Variety Rights Act; **Finnland:** Sec 11 Abs 2 SortG 2009; **Frankreich:** Art L 623-5 CPI (geänd 2011); **Irland:** 1st Schedule Abs 4 PVA, geänd 1998; **Island:** Art 2 Nr 4 SortG; **Italien:** Art 5 VO 455; **Kroatien:** Art 8 SortG (geänd 2008); **Lettland:** Sec 4 SortG; **Litauen:** Art 4 SortG; **Niederlande:** Art 49 Abs 2, 3 Zaaizaad- en plantgoedwet 2005; **Norwegen:** Art 2 Abs 2 SortG; **Polen:** Art 8 SortG; **Rumänien:** Art 6 SortG; **Schweden:** Kap 3 § 2 Växtförädlarrättslag; **Slowakei:** Art 4 Abs 5 – 9, Art 5 Pflanzen- und TierzuchtG; **Slowenien:** Art 5 SortG (geänd 2006); **Spanien:** Art 6 SortG 2000; **Tschechische Rep:** Art 4 SortG 2000; **Ungarn:** Art 106 Abs 6 PatG

Schrifttum
Christie The Novelty Requirement in Plant Breeders' Rights Law, IIC 1988, 646; *Jühe* Der Neuheitsbegriff nach dem Sortenschutzgesetz, GRUR 1969, 118; *Neumeier* S 80 ff.

Übersicht	Rdn.
A. Nationale Regelung; Entstehungsgeschichte	1
B. Neuheit.	2

I.	Allgemeines	2
II.	Begriff	3
III.	Neuheitsschädliche Tatbestände	4
	1. Grundsatz	4
	2. Abgabe von Pflanzen oder Pflanzenteilen	5
	3. Zu gewerblichen Zwecken	10
	4. Mit Zustimmung des Berechtigten	12
	5. Unschädliche Abgabe	13
IV.	Neuheitsschonfrist	20
V.	Zeitvorrang	27
C.	**Gemeinschaftsrecht**	28
I.	Allgemeines	28
II.	Neuheitsschonfrist	29
III.	Zeitvorrang	32

A. Nationale Regelung; Entstehungsgeschichte

1   Im SortG 1968 war die Neuheit abw in § 2 geregelt. Die Regelung 1985 stellte im Rahmen einer einheitlichen Regelung von Neuheit und Unterscheidbarkeit auf gewerbsmäßiges Inverkehrbringen von Vermehrungsmaterial oder Erntegut der Sorte ab.[1] Die Bestimmung ist durch das PrPG (»zu gewerblichen Zwecken« statt »gewerbsmäßig«)[2] sowie durch das 1. SortÄndG geänd worden. Sie hat ihre geltende Fassung durch das SortÄndG 1997 erhalten; die Bezugnahmen auf die Europäische Gemeinschaft in Abs 1 Nr 1, 2 wurden durch das BMELV-Vertrag von Lissabon-Anpassungsgesetz vom 9.12.2010 durch Bezugnahmen auf die Europäische Union ersetzt; dieses Gesetz hat auch die Bezugnahme in Abs 2 Nr 3 geänd.

B. Neuheit

I. Allgemeines

2   Das SortG 1985 hat die Vermengung der Begriffe »Neuheit« und »Unterscheidbarkeit« beseitigt, Neuheit ist damit eine weitere selbstständige Schutzvoraussetzung; für ihre Beurteilung findet aber anders als bei den Kriterien der §§ 3 – 5 keine Anbauprüfung, sondern eine rein administrative Prüfung statt.[3] Das PflZÜ regelt die Voraussetzung in Art 6, lässt aber noch Freiräume.[4] Das

---

1 Kr *Wuesthoff*[2] Rn. 2.
2 Vgl Begr Produktpirateriegesetz BTDrs 11/4792= BlPMZ 1990, 173, 193.
3 *Metzger/Zech* Rn. 3.
4 *Rutz* AgrarR 1999 Beil I S 3, 4; vgl *Metzger/Zech* Rn. 5.

Recht der Verbandsstaaten stimmt weitgehend überein.[5] Die Regelung soll sicherstellen, dass nur dann ein Ausschließlichkeitsrecht gewährt wird, wenn die Sorte die Pflanzenzüchtung bereichert.[6] Im Saatgutrecht hat das Neuheitskriterium keine Entsprechung.[7]

II. Begriff

Der in § 6 geregelte sortrechtl Neuheitsbegriff weicht erheblich vom patentrechtl (§ 3 PatG) ab. Er stellt anders als der des Patentrechts nicht auf eine Zurechnung zum Stand der Technik ab.[8] Neuheit betrifft im SortRecht nur die Frage der früheren Abgabe der Sorte, nicht die eines Vergleichs mit anderen Sorten; dies regelt die Bestimmung über die Unterscheidbarkeit.[9] Wie im Patentrecht gilt allerdings das Prinzip der Weltneuheit.[10] Deshalb kommt es grds nicht darauf an, ob ein neuheitsschädlicher Tatbestand im Inland, in einem Verbandsstaat oder sonst im Ausland erfüllt worden ist. Allerdings knüpfen an den Ort der Handlung unterschiedliche Neuheitsschonfristen (Rdn. 20 ff.) an. **3**

III. Neuheitsschädliche Tatbestände

1. Grundsatz

Die Sorte als solche ist sich selbst grds nicht neuheitsschädlich; sie darf bereits in einer Veröffentlichung beschrieben oder versuchsweise angebaut worden sein.[11] Dies gilt auch nach der Neuregelung.[12] Geheimhaltungsvereinbarungen sind von der franz Rspr als beachtlich angesehen worden.[13] **4**

---

5 Vgl *Leßmann/Würtenberger*[2] § 2 Rn. 154.
6 Vgl *Metzger/Zech* Rn. 1, 3.
7 *Metzger/Zech* Rn. 4.
8 Vgl frz Cour de cassation GRUR Int 1988, 596 = RDPI 1986 Nr 4 S 107: Neuheitsschädlichkeit setzt anders als im Patentrecht nicht die Offenbarung des Verfahrens voraus, nach dem die Sorte erhalten wird.
9 Vgl *van der Kooij* Art 7 Anm 1.
10 Begr BTDrs V/1630 = BlPMZ 1968, 215, 217; *Metzger/Zech* Rn. 23.
11 Begr BTDrs V/1630 = BlPMZ 1968, 215, 217; vgl *Wuesthoff*[2] Rn. 2; *Leßmann/ Würtenberger*[2] § 2 Rn. 142; *Metzger/Zech* Rn. 13.
12 *Wuesthoff*[2] Rn. 2; vgl *Leßmann/Würtenberger*[2] § 2 Rn. 142.
13 Cour de cassation GRUR Int 1988, 596 = RDPI 1986 Nr 4 S 107; CA Paris PIBD 1991 III 661, 663 MB 30.

2. Abgabe von Pflanzen oder Pflanzenteilen

5 Als neuheitsschädlich kommt nur die Abgabe von Pflanzen oder Pflanzenteilen der Sorte an andere in Betracht.

6 Seit 1997 verwendet das Gesetz den neutraleren Begriff der **Pflanzen und Pflanzenteile**, weil der zuvor verwendete »Erntegut«, der auf alle von den Pflanzen der Sorte gewonnenen Bestandteile, zB auch Schnittblumen, angewendet wurde, im praktischen Sprachgebrauch eher bei landwirtschaftlichen als bei – zunehmend bedeutsam gewordenen – gärtnerischen Arten üblich war.[14] Erfasst ist jegliches Material, nicht nur Vermehrungsmaterial, das zu den Pflanzen der Sorte gehört, die geschützt werden soll.[15] Auf Eignung oder Bestimmung zum Anbau oder zur Vermehrung kommt es nicht an.[16] Die Begriffe Pflanzen und Pflanzenteile sind auch in § 2 genannt.

7 Die Regelung in Art 10 Abs 1 GemSortV bezieht neben den **Sortenbestandteilen**, die nach Art 5 Abs 3 GemSortV zur Erzeugung ganzer Pflanzen geeignet sein müssen, auch jegliches Erntegut ein.[17]

8 Der **Begriff der Abgabe** an andere ersetzt den zuvor verwendeten des Inverkehrbringens. Abgabe bedeutet Verfügbarmachen für Dritte.[18] Anbieten, Vorrätighalten zur Abgabe und Feilhalten sind nicht mehr erfasst, da das Material hierdurch Dritten noch nicht verfügbar gemacht wird.[19]

9 **Material zur Erzeugung einer anderen Sorte.** Die Ausnahme in Abs 3 entspricht Art 10 Abs 2 Satz 2 GemSortV. Die Regelung ermöglicht zB die fortlaufende Verwendung einer Inzuchtlinie zur Erzeugung von Vermehrungsmaterial einer Hybridsorte für diese Inzuchtlinie, ohne dass dadurch bereits Neuheitsschädlichkeit eintritt. Neuheitsschädlich ist hier erst die Abgabe von

---

14 Begr BTDrs 13/7038 S 11; vgl *Leßmann/Würtenberger*[2] § 2 Rn. 133; *Metzger/Zech* Rn. 14.
15 *Metzger/Zech* Rn. 14.
16 So auch *Metzger/Zech* Rn. 15 f.; aA, aber ohne Stütze im Gesetzeswortlaut, hinsichtlich Eignung *Leßmann/Würtenberger*[2] § 2 Rn. 133.
17 Kr *Leßmann/Würtenberger*[2] § 2 Rn. 134, weil es dem Züchter damit verwehrt sei, Ernteerzeugnisse aus einem Versuchsanbau zu verkaufen; vgl auch *Metzger/Zech* Rn. 16, die die (vermeintliche) Diskrepanz dadurch auflösen wollen, dass zumindest mit technischen Mitteln aus fast jedem Pflanzenteil ganze Pflanzen erzeugt werden können.
18 *Metzger/Zech* Rn. 17.
19 Begr BTDrs 13/7038 S 11 f.

Pflanzen oder Pflanzenteilen der anderen Sorte (Hybridsorte) an andere iSd Abs 1,[20] auch die Schonfristen rechnen erst von dieser Abgabe an.[21] Unschädlich ist dagegen die Abgabe von Pflanzen oder Pflanzenteilen der Inzuchtlinie zur Erzeugung von Vermehrungsmaterial der Hybridsorte,[22] anders bei Abgabe zur Erzeugung von Vermehrungsmaterial der Inzuchtlinie.

3. Gewerbliche Zwecke

Die Abgabe ist nur neuheitsschädlich, wenn sie zu gewerblichen Zwecken **10** erfolgt.[23] Dies ist der Fall, wenn die Abgabe dazu dient, die Tätigkeit als Züchter zu fördern,[24] darüber hinaus aber auch dann, wenn sie zu Zwecken des kommerziellen Verkehrs, etwa im Handel mit Konsumware (etwa Speisekartoffeln), erfolgt. Auf Entgeltlichkeit kommt es grds nicht an.[25] Abgabe nur in Spuren (Verunreinigungen) wird man nicht als erfasst ansehen können.[26] Damit liegt dem SortRecht anders als dem Patentrecht kein »absoluter« Neuheitsbegriff zugrunde.[27] Die Formulierung soll den dem Strafrecht vorbehaltenen Begriff des gewerbsmäßigen Handelns durch den auch in § 11 Nr 1 PatG verwendeten ersetzen.[28] Der Kreis der neuheitsschädlichen Handlungen ist dadurch zunächst erweitert worden, jedoch schafft Abs 2 (Rdn. 5 ff.) hier einen Ausgleich.[29] Relevant ist insb die Abgabe durch mit Feldversuchen betrauten Dritten vor Stellung des SortAntrags.[30]

---

20 Begr BTDrs 13/7038 S 12; vgl CA Paris PIBD 1991 III 661, 662 MB 30; *Metzger/Zech* Rn. 12, 25.

21 *Leßmann/Würtenberger*[2] § 2 Rn. 151.

22 Begr BTDrs 13/7038 S 12.

23 Vgl *Leßmann/Würtenberger*[2] § 2 Rn. 143 f.

24 *Leßmann/Würtenberger*[2] § 2 Rn. 136; *Metzger/Zech* Rn. 18.

25 Vgl *Metzger/Zech* Rn. 18; kontrovers zur Schenkung *Leßmann/Würtenberger*[2] § 2 Rn. 136 einerseits, *Metzger/Zech* Rn. 20 andererseits.

26 *Metzger/Zech* Rn. 24 unter Hinweis auf LG Düsseldorf GRUR 1987, 896, 899.

27 Vgl *Metzger/Zech* Rn. 18.

28 Begr Produktpirateriegesetz BTDrs 11/4792 = BlPMZ 1990, 173, 193; vgl *Busse/Keukenschrijver* § 11 PatG Rn. 6 ff.; *Schulte* § 11 PatG Rn. 7 f.; *Benkard* PatG § 11 Rn. 3 ff.

29 Vgl *Leßmann/Würtenberger*[2] § 2 Rn. 143.

30 *Metzger/Zech* Rn. 22.

11   Jedenfalls sprachlich abw stellt Art 10 Abs 1 GemSortV auf **Abgabe zur Nutzung** der Sorte **auf andere Weise** ab.[31]

4. Zustimmung des Berechtigten

12   Mit Zustimmung des Berechtigten oder seines Rechtsvorgängers muss die Abgabe erfolgt sein, um neuheitsschädlich zu wirken. Berechtigter ist der, dem nach § 8 das Antragsrecht zusteht, Rechtsvorgänger der, von dem der Berechtigte sein Recht ableitet; es kommt auf die Berechtigung zum Zeitpunkt der Abgabe an.[32] Handlungen ohne Zustimmung dieser Personen sind nicht neuheitsschädlich; auch nachträgliche Einwilligung wird Neuheitsschädlichkeit schon aus Gründen der Rechtssicherheit nicht herbeiführen können.[33]

5. Unschädliche Abgabe

13   Abs 2 sieht vor, dass in bestimmten Fällen eine Abgabe iSd Abs 1 nicht neuheitsschädlich ist. Bei den Erörterungen zur Revision des PflZÜ habe Einvernehmen darüber bestanden, dass Art 6 Abs 1 PflZÜ Freiraum lasse, bestimmte Formen des Abgebens nicht als neuheitsschädliche Handlungen zu betrachten.[34] Abs 2 übernimmt inhaltlich die Regelungen in Art 10 Abs 2 Satz 1, 3, Abs 3 GemSortV.[35]

14   Die privilegierten Fälle treten regelmäßig auf und gehören zur üblichen **Praxis in der Saatgutwirtschaft**; der Grund für die Neuheitsunschädlichkeit liegt bei Nr 1 – 3 darin, dass hier eine endgültige Überlassung des Materials an einen unbestimmten Personenkreis nicht erfolgt.[36]

15   **Nr 1** erfasst die gesetzlich vorgesehene Abgabe an **amtliche Stellen**. Erfasst ist insb die Abgabe im Rahmen der Sortenzulassung.[37]

---

31   Nach *Wuesthoff/Leßmann/Würtenberger*[1] Rn. 179 liegt hierin kein sachlicher Unterschied; ebenso *Metzger/Zech* Rn. 19.
32   Vgl *Metzger/Zech* Rn. 21.
33   Ebenso *Metzger/Zech* Rn. 21.
34   Vgl *Metzger/Zech* Rn. 36.
35   Begr BTDrs 10/7038 S 12; vgl *Leßmann/Würtenberger*[2] § 2 Rn. 141 ff.
36   Begr BTDrs 10/7038 S 12; vgl *Metzger/Zech* Rn. 35.
37   *Leßmann/Würtenberger*[2] § 2 Rn. 146; *Metzger/Zech* Rn. 37.

Nr 2 betrifft insb Fälle der **Lohnerzeugung** oder -**aufbereitung** durch Dritte.[38]   16
Die Regelung in Art 10 Abs 2 GemSortV ist unnötigerweise enger.[39]

Nr 3 betrifft den **konzerninternen Verkehr**. Die Formulierung bezieht auch   17
rechtl selbstständige Tochterunternehmen als vollständig abhängige oder ver-
bundene Unternehmen iSd Gesellschaftsrechts mit ein.[40] Genossenschaften
sind nicht privilegiert.[41]

Nr 4 betrifft die Abgabe zu **Versuchszwecken** oder zur **Züchtung** neuer Sor-   18
ten. Die Privilegierung setzt hier zusätzlich voraus, dass auf die Sorte nicht
Bezug genommen wird.[42]

Nr 5 begründet **Ausstellungsschutz**[43] für internationale Ausstellungen ent-   19
sprechend der Regelung im Patentrecht und privilegiert weiter jede Abgabe,
die auf eine solche Ausstellung zurückgeht (zB Abgabe von Demonstrati-
onsmaterial an Ausstellungsbesucher,[44] aber auch Lieferungen aufgrund von
Bestellungen auf solchen Ausstellungen[45]). Weitergehend als im Patentrecht
ist auch die Ausstellung auf einer von einem Vertragsstaat als gleichwertig
anerkannten Ausstellung in seinem Hoheitsgebiet privilegiert. Die Bek des
BMJV zum Ausstellungsschutz erfassen nur den Design- (früher Geschmacks-
muster-) und den Gebrauchsmusterschutz, nicht aber den Sortenschutz.

IV. Neuheitsschonfrist

Die Regelung im nationalen Recht (Abs 1) macht von der durch das PflZÜ   20
eingeräumten Möglichkeit Gebrauch, eine Neuheitsschonfrist (period of
grace) einzuführen; dadurch soll für das seitens eines Teils der Züchter ange-
strebte Inverkehrbringen zu Testzwecken eine Grundlage geschaffen werden.[46] Die Neuheitsschonfrist privilegiert nur den Berechtigten bzw seinen
Rechtsvorgänger (Rdn. 10). Vor 1985 bestand eine Neuheitsschonfrist nur

---

38 Vgl *Leßmann/Würtenberger*[2] § 2 Rn. 147.
39 Vgl *Metzger/Zech* Rn. 39.
40 Begr BTDrs 10/7038 S 12; *Metzger/Zech* Rn. 38.
41 Vgl *Leßmann/Würtenberger*[2] § 2 Rn. 148; *Metzger/Zech* Rn. 42.
42 Vgl *Leßmann/Würtenberger*[2] § 2 Rn. 149; *Metzger/Zech* Rn. 44.
43 Vgl *Leßmann/Würtenberger*[2] § 2 Rn. 150; *Würtenberger* S 147 ff.
44 Begr BTDrs 10/7038 S 12; *Metzger/Zech* Rn. 45.
45 Ebenso *Metzger/Zech* Rn. 45.
46 Begr BTDrs 10/816 = BlPMZ 1986, 136, 138; *Metzger/Zech* Rn. 26; *Leßmann/
    Würtenberger*[2] § 2 Rn. 140, auch zu den sich daraus ergebenden Folgen, allerdings
    kr wegen des vielfach längeren Vermehrungszyklus.

für den Auslandsvertrieb und für neu in das Artenverzeichnis aufgenommene Sorten.[47]

21 Die Neuheitsschonfrist ist durch das 1. SortÄndG **neu geregelt** worden (zur Übergangsregelung Rdn. 15 f. zu § 41). Wegen des Wegfalls des Artenverzeichnisses konnte Abs 1 Nr 3 entfallen.[48] Die bis dahin aufgrund des entfallenen Abs 2 im Verordnungsweg[49] erfolgte Ausdehnung der Frist bei Reben und Baumarten ist in Abs 1 Nr 2 aufgenommen worden (Rdn. 25).

22 Das SortÄndG 1997 hat als **Hoheitsgebiet** der Vertragspartei iSd Art 6 Abs 1 Nr i, Abs 3 PflZÜ das Gebiet der EU – nicht auch das Gebiet der anderen EWR-Vertragsstaaten – dem Inland gleichgestellt.[50] Nach Auffassung des BPatG sollte die Regelung in Abs 1, der für die nationale Anmeldung auf das Gebiet der Europäischen Gemeinschaft abstellt, Art 6 Abs 1 PflZÜ 1991 widersprechen und sie sei auch nicht durch Art 6 Abs 3 PflZÜ 1991 gedeckt, schon weil es an einem gemeinsamen Vorgehen der EU-Mitgliedstaaten fehle.[51] Abs 1 sollte nach Auffassung des BPatG im Gegensatz zu den Regelungen in anderen, ebenfalls der EU angehörenden Verbandsstaaten solche Anmelder benachteiligen, die nationalen Schutz für eine Sorte in Deutschland begehren, und die Sorte entsprechend den Bestimmungen des PflZÜ 1991 während der Neuheitsschonfrist zwar in Bezug auf den Anmeldestaat Deutschland im Ausland, aber im Gebiet der EU abgegeben haben; diese Konventionswidrigkeit sollte die geltende Regelung aber nicht wirkungslos machen.[52] Der BGH hat die Entscheidung aufgehoben und die Sache an das BPatG zurückverwiesen.[53] Er hat entschieden, dass sich aus Sinn und Zweck der Vorschrift unter Berücksichtigung des Gebots der völkerrechtskonformen Auslegung ein engeres Verständnis des Abs 1 Nr 1 ergebe. Dieser sei nämlich mangels einer einheitlichen Regelung über eine kürzere Frist innerhalb der EU dahin auszulegen, dass eine Sorte als neu gilt, wenn Pflanzen oder Pflanzenbestandteile mit Zustimmung des Berechtigten oder seines Rechtsvorgängers vor dem Antragstag nicht oder nur innerhalb eines Zeitraums von einem Jahr im Inland oder von vier Jahren im Ausland zu gewerblichen Zwecken an andere abgegeben worden sind; die

---

47 *Wuesthoff*[2] Rn. 3.
48 Vgl Begr BTDrs 12/1059 S 6.
49 VO vom 18.12.1985, BGBl I 2325, geänd durch VO vom 27.7.1988, BGBl I 1192.
50 Vgl Begr BTDrs 13/7038 S 12; *Leßmann/Würtenberger*[2] § 2 Rn. 138.
51 BPatGE 53, 277 = GRUR Int 2013, 243 Clematis florida fond memories.
52 BPatG Clematis florida fond memories.
53 BGH GRUR 2014, 355 Fond Memories.

nach dem PflZU erforderlichen Voraussetzungen für ein Abstellen auf das Unionsgebiet lägen dzt nicht vor.[54] Die Ausführungen des BPatG zur Konventionswidrigkeit[55] sind damit obsolet. In der Folge hat das BPatG die Sache an das Bundessortenamt zurückverwiesen.[56]

Die Neuheitsschonfrist rechnet vom **Antragstag** (§ 23 Abs 1) und nicht vom Prioritätstag an (Rdn. 28). **23**

Die **Dauer** der Neuheitsschonfrist ist zweifach gespalten. Bei Abgabe innerhalb der EG (jetzt EU) beträgt sie durchgehend ein Jahr; vgl aber die Übergangsregelung in § 41 Abs 5 (Rdn. 17 zu § 41). Bei Abgabe außerhalb der EU beträgt die Frist grds vier Jahre (zur Ausnahme Rdn. 25). Dies entspricht der Regelung im PflZÜ. **24**

Bei **Bäumen und Reben** beträgt die Neuheitsschonfrist wegen der langen Vermehrungszyklen bei Abgabe außerhalb der Europäischen Union sechs Jahre (Abs 1 Nr 2). **25**

Die Neuheitsschonfrist privilegiert nicht für das **Ausland**.[57] **26**

V. Zeitvorrang

Der Zeitvorrang nach § 23 Abs 2 (Priorität) nimmt an sich neuheitsschädliche Handlungen im Prioritätsintervall von der Neuheitsschädlichkeit aus. Dies betrifft sowohl Handlungen des Berechtigten und seines Rechtsvorgängers als auch solche Dritter. Für Handlungen des Berechtigten bzw seines Rechtsvorgängers ist der Zeitvorrang idR ohne Bedeutung, da hier bereits die Neuheitsschonfrist greifen wird. Zeitvorrang und Neuheitsschonfrist können nicht kumuliert werden.[58] **27**

---

54 *Metzger/Zech* Rn. 28 ff. und Rn. 6.
55 BPatGE 53, 277, 287 ff.
56 BPatG 5.9.2014 36 W (pat) 1/10.
57 Vgl *Wuesthoff*[2] Rn. 4.
58 *Leßmann/Würtenberger*[2] § 2 Rn. 153; *Würtenberger* S 130 f.; vgl *Wuesthoff*[2] Rn. 5 sowie zur parallelen Problematik im Patentrecht *Busse/Keukenschrijver* § 3 PatG Rn. 179; *Schulte* § 3 PatG Rn. 185; *Benkard* § 3 PatG Rn. 395; für das EPÜ EPA G 3/98 ABl EPA 2001, 62 Sechsmonatsfrist; EPA G 2/99 ABl EPA 2001, 83 Ls Sechsmonatsfrist.

C. Gemeinschaftsrecht

I. Allgemeines

28 Die parallele gemeinschaftsrechtl Regelung ist in Art 10 GemSortV getroffen;[59] trotz abw Wortlauts bestehen materielle Unterschiede nicht.[60]

II. Neuheitsschonfrist

29 Die Regelung stimmt sinngemäß mit der im SortG überein.[61] Auch nach Art 10 Abs 1 GemSortV beträgt sie bei Abgabe innerhalb der Gemeinschaft (dh der EU) durchgehend ein Jahr.[62] Insoweit war die Ausnahmeregelung in Art 116 Abs 1, 2 GemSortV zu beachten, nach der auch in diesem Fall die längeren Fristen von vier und sechs Jahren gerechnet vom Zeitpunkt des Inkrafttretens der GemSortV galten (Rdn. 19 zu § 41).

30 Bei **Abgabe außerhalb der Gemeinschaft** (EU) beträgt die Frist grds vier Jahre, bei Rebe und Bäumen jedoch sechs Jahre wie nach der nationalen Regelung. Nachdem die Entscheidungskompetenz für die Erteilung des gemeinschaftlichen Sortenschutzes nicht bei den nationalen Instanzen liegt, erscheint nicht gesichert, ob für diesen auf die Rspr des BGH zurückzugreifen sein wird. Da Art 6 Abs 3 PflZÜ ein gemeinsames, abgestimmtes Vorgehen der Verbandsmitglieder erfordert, die zugleich Mitgliedstaaten der Gemeinschaft (jetzt EU) sind,[63] und die in Art 6 Abs 3 PflZÜ aufgestellten Voraussetzungen für eine abw Bestimmung des Hoheitsgebiets noch nicht vorliegen,[64] dürfte für den gemeinschaftlichen Sortenschutz ein Abstellen auf das Gebiet der Gemeinschaft (jetzt: der EU) schwerlich an Art 6 Abs 3 PflZÜ scheitern können.

31 Noch nicht abzusehen ist, wie sich der **Austritt des Vereinigten Königreichs** aus der Union auswirken wird.

III. Zeitvorrang

32 Die Regelung in Art 52 Abs 2 GemSortV entspricht der in § 23 Abs 2.

---

59 Zur Entstehung *Metzger/Zech* Rn. 9 ff.
60 Vgl *Metzger/Zech* Rn. 5.
61 Vgl *Leßmann/Würtenberger*[2] § 2 Rn. 139.
62 Vgl *Metzger/Zech* Rn. 27, 32; kr *Leßmann/Würtenberger*[2] § 2 Rn. 140.
63 BPatGE 53, 277, 291 = GRUR Int 2013, 243 Clematis florida fond memories.
64 BGH GRUR 2014, 355 Fond Memories.

§ 7 Sortenbezeichnung

(1) Eine Sortenbezeichnung ist eintragbar, wenn kein Ausschließungsgrund nach Absatz 2 oder 3 vorliegt.

(2) [1]Ein Ausschließungsgrund liegt vor, wenn die Sortenbezeichnung

1. zur Kennzeichnung der Sorte, insbesondere aus sprachlichen Gründen, nicht geeignet ist,
2. keine Unterscheidungskraft hat,
3. ausschließlich aus Zahlen besteht, soweit sie nicht für eine Sorte Verwendung findet, die ausschließlich für die fortlaufende Erzeugung einer anderen Sorte bestimmt ist,
4. mit einer Sortenbezeichnung übereinstimmt oder verwechselt werden kann, unter der in einem Vertragsstaat oder Verbandsstaat eine Sorte derselben oder einer verwandten Art in einem amtlichen Verzeichnis von Sorten eingetragen ist oder war oder Vermehrungsmaterial einer solchen Sorte in den Verkehr gebracht worden ist, es sei denn, daß die Sorte nicht mehr eingetragen ist und nicht mehr angebaut wird und ihre Sortenbezeichnung keine größere Bedeutung erlangt hat,
5. irreführen kann, insbesondere wenn sie geeignet ist, unrichtige Vorstellungen über die Herkunft, die Eigenschaften oder den Wert der Sorte oder über den Ursprungszüchter, Entdecker oder sonst Berechtigten hervorzurufen,
6. Ärgernis erregen kann.

[2]Das Bundessortenamt macht bekannt, welche Arten es als verwandt im Sinne der Nummer 4 ansieht.

(3) [1]Ist die Sorte bereits

1. in einem anderen Vertragsstaat oder Verbandsstaat oder
2. in einem anderen Staat, der nach einer vom Bundessortenamt bekanntzumachenden Feststellung in Rechtsakten der Europäischen Gemeinschaft oder der Europäischen Union Sorten nach Regeln beurteilt, die denen der Richtlinien über die Gemeinsamen Sortenkataloge entsprechen,

in einem amtlichen Verzeichnis von Sorten eingetragen oder ist ihre Eintragung in ein solches Verzeichnis beantragt worden, so ist nur die dort eingetragene oder angegebene Sortenbezeichnung eintragbar. [2]Dies gilt nicht, wenn ein Ausschließungsgrund nach Absatz 2 entgegensteht oder der Antragsteller glaubhaft macht, daß ein Recht eines Dritten entgegensteht.

GemSortV:

Art 63 Sortenbezeichnung

(1) Bei der Erteilung des gemeinschaftlichen Sortenschutzes genehmigt das Amt für die Sorte die vom Antragsteller gemäß Artikel 50 Absatz 3 vorgeschlagene Sortenbezeichnung, wenn es sie aufgrund der nach Artikel 54 Absatz 1 Satz 2 durchgeführten Prüfung für geeignet befunden hat.

(2) Eine Sortenbezeichnung ist geeignet, wenn kein Hinderungsgrund nach den Absätzen 3 oder 4 vorliegt.

(3) Ein Hinderungsgrund für die Festsetzung einer Sortenbezeichnung liegt vor, wenn

a) ihrer Verwendung im Gebiet der Gemeinschaft das ältere Recht eines Dritten entgegensteht,

b) für ihre Verwender allgemein Schwierigkeiten bestehen, sie als Sortenbezeichnung zu erkennen oder wiederzugeben,

c) sie mit einer Sortenbezeichnung übereinstimmt oder verwechselt werden kann, unter der in einem Mitgliedstaat oder in einem Verbandsstaat des Internationalen Verbands zum Schutz von Pflanzenzüchtungen eine andere Sorte derselben oder einer verwandten Art in einem amtlichen Verzeichnis von Sorten eingetragen ist oder Material einer anderen Sorte gewerbsmäßig in den Verkehr gebracht worden ist, es sei denn, daß die andere Sorte nicht mehr fortbesteht und ihre Sortenbezeichnung keine größere Bedeutung erlangt hat,

d) sie mit anderen Bezeichnungen übereinstimmt oder verwechselt werden kann, die beim Inverkehrbringen von Waren allgemein benutzt werden oder nach anderen Rechtsvorschriften als freizuhaltende Bezeichnung gelten,

e) sie in einem der Mitgliedstaaten Ärgernis erregen kann oder gegen die öffentliche Ordnung verstößt,

f) sie geeignet ist, hinsichtlich der Merkmale, des Wertes oder der Identität der Sorte oder der Identität des Züchters oder anderer berechtigter irrezuführen oder Verwechslungen hervorzurufen.

(4) Bei einer Sorte, die bereits

a) in einem Mitgliedstaat oder

b) in einem Verbandsstaat des Internationalen Verbands zum Schutz von Pflanzenzüchtungen oder

c) in einem anderen Staat, der nach einer Feststellung in einem gemeinschaftlichen Rechtsakt Sorten nach Regeln beurteilt, die denen der
Richtlinien über die gemeinsamen Sortenkataloge entsprechen,

in einem amtlichen Verzeichnis von Sorten oder Material von ihnen eingetragen und zu gewerblichen Zwecken in den Verkehr gebracht worden ist,
liegt ein Hinderungsgrund auch vor, wenn die vorgeschlagene Sortenbezeichnung abweicht von der dort eingetragenen oder verwendeten Sortenbezeichnung, es sei denn, daß dieser ein Hinderungsgrund nach Absatz 3
entgegensteht.

(5) Das Amt macht bekannt, welche Arten es als verwandt im Sinne des
Absatzes 3 Buchstabe c) ansieht.

GemSortVDV:

Art 28 Vorschlag für eine Sortenbezeichnung

Der vom Antragsteller unterzeichnete Vorschlag für eine Sortenbezeichnung
ist beim Amt in einfacher Ausfertigung einzureichen.

Das Amt stellt hierfür gebührenfrei Vordrucke zur Verfügung.

Wird der Vorschlag für eine Sortenbezeichnung elektronisch übermittelt, so
muss er bezüglich der Unterschrift die Anforderung von Artikel 57 Absatz 3
Unterabsatz 2 der vorliegenden Verordnung erfüllen.

Art 29 Prüfung des Vorschlags

(1) Ist der Vorschlag dem Antrag auf gemeinschaftlichen Sortenschutz nicht
beigefügt oder wird die vorgeschlagene Sortenbezeichnung vom Amt nicht
genehmigt, so teilt das Amt dies dem Antragsteller unverzüglich mit und
fordert ihn unter Hinweis auf die Folgen, die sich aus der Nichtbefolgung
dieser Aufforderung ergeben, auf, einen Vorschlag bzw. einen neuen Vorschlag vorzulegen.

(2) Stellt das Amt bei Eingang der Ergebnisse der technischen Prüfung nach
Artikel 57 Absatz 1 der Grundverordnung fest, dass der Antragsteller keinen
Vorschlag für die Sortenbezeichnung vorgelegt hat, so weist es den Antrag
auf gemeinschaftlichen Sortenschutz unverzüglich nach Artikel 61 Absatz 1
Buchstabe c der Grundverordnung zurück.

Art 30 Leitlinien für Sortenbezeichnungen

Der Verwaltungsrat erlässt Leitlinien, in denen einheitliche, definitive Kriterien für Hinderungsgründe festgelegt werden, die nach Artikel 63 Absätze 3 und 4 der Grundverordnung der Festsetzung einer allgemeinen Sortenbezeichnung entgegenstehen.

Ausland: Österreich:

Anmelde- und Sortenbezeichnung

§ 17. (1) Vermehrungsmaterial einer geschützten Sorte darf während der Dauer des Sortenschutzes und auch nach dem Ende des Sortenschutzes nur unter der vom Bundesamt für Ernährungssicherheit registrierten Sortenbezeichnung vertrieben werden. Im Verfahren auf Sortenschutzerteilung kann eine Anmeldebezeichnung verwendet werden.

(2) Eine Anmelde- oder Sortenbezeichnung ist zulässig, wenn sie der Verordnung (EG) Nr. 2100/1994 und der Verordnung (EG) Nr. 930/2000 der Kommission vom 4. Mai 2000 mit Durchführungsbestimmungen über die Eignung von Sortenbezeichnungen für landwirtschaftliche Pflanzenarten und für Gemüsearten (ABl. Nr. L 108 vom 5. Mai 2000, S 3) entspricht und kein Ausschließungsgrund vorliegt.

(3) Von der Registrierung sind Bezeichnungen ausgeschlossen, die
1. einer Bezeichnung ähnlich sind, die im Inland oder in einem EWR-, Mitglied- oder Verbandsstaat für eine Sorte verwendet wird oder wurde, die derselben Art wie die angemeldete Sorte oder einer verwandten Art angehört, es sei denn, dass die ältere Sorte nicht mehr geschützt ist und nicht mehr verwendet wird und ihre Bezeichnung keine besondere Bedeutung erlangt hat,
2. Ärgernis erregen können,
3. zur Täuschung, insbesondere über Identität, Herkunft, Eigenschaften oder Wert der Sorte, geeignet sind,
4. ausschließlich aus Angaben über die Beschaffenheit oder aus Pflanzennamen bestehen,
5. die Worte »Sorte« oder »Hybrid« enthalten.

(4) Nach Abschluss der Sortenprüfung hat das Bundesamt für Ernährungssicherheit bei einer Sorte, für die nur eine Anmeldebezeichnung vorliegt, den Anmelder unter Einräumung einer angemessenen Frist zur Bekanntgabe einer Sortenbezeichnung aufzufordern. Kommt der Anmelder dieser

Aufforderung nicht nach, so ist die Anmeldung der Sorte vom Bundesamt für Ernährungssicherheit mit Bescheid zurückzuweisen.

(5) Ist eine Anmelde- oder Sortenbezeichnung nicht zulässig, so ist der Anmelder vom Bundesamt für Ernährungssicherheit aufzufordern, binnen angemessener Frist eine zulässige Bezeichnung bekannt zu geben. Bei ungenütztem Verstreichen der Frist ist die Anmeldung der Sorte vom Bundesamt für Ernährungssicherheit mit Bescheid zurückzuweisen.

(6) Wurde die Sorte bereits in einem anderen EWR-, Mitglied- oder Verbandsstaat angemeldet oder geschützt, so darf nur die dort verwendete Sortenbezeichnung vom Bundesamt für Ernährungssicherheit registriert werden, sofern nicht die Abs. 2 und 3 entgegenstehen.

(7) Ab der Eintragung der Sorte in das Sortenschutzregister kann der Sortenschutzinhaber das Recht aus einem ihm zustehenden Kennzeichenrecht, das der Sortenbezeichnung ähnlich ist, für die betreffende Sorte nicht geltend machen.

(8) Die Sortenbezeichnung ist vom Bundesamt für Ernährungssicherheit von Amts wegen zu löschen, wenn
1. sich herausstellt, dass
    a) die Sortenbezeichnung dem Abs. 2 nicht oder nicht mehr entspricht,
    b) ein Ausschließungsgrund gemäß Abs. 3 vorliegt,
    c) dem Abs. 6 nicht oder nicht mehr entspricht,
2. der Sortenschutzinhaber unter Glaubhaftmachung eines berechtigten Interesses die Löschung beantragt oder
3. einem Löschungsantrag rechtskräftig stattgegeben wurde.

Der Sortenschutzinhaber ist in diesen Fällen vom Bundesamt für Ernährungssicherheit aufzufordern, eine neue Sortenbezeichnung zur Registrierung bekannt zu geben, wobei Abs. 6 nicht anzuwenden ist.

(9) Die registrierte Sortenbezeichnung und die Art, der die geschützte Sorte angehört, sind dem Patentamt vom Bundesamt für Ernährungssicherheit schriftlich mitzuteilen.

Schweiz:

Art 12 Sortenbezeichnung

(1) Die Sorte ist mit einer Sortenbezeichnung zu versehen.

(2) Die Sortenbezeichnung darf nicht:

a. irreführend oder mit einer anderen Sortenbezeichnung verwechselbar sein, die für eine Sorte derselben oder einer botanisch verwandten Art in einem Staat oder in einer zwischenstaatlichen Organisation, der oder die Mitglied des Internationalen Verbandes zum Schutz von Pflanzenzüchtungen ist, angemeldet oder eingetragen ist;

b. gegen die öffentliche Ordnung, die guten Sitten, das Bundesrecht oder gegen Staatsverträge verstossen;

c. ausschliesslich aus Zahlen bestehen, es sei denn die Bezeichnung mit Zahlen ist eine feststehende Praxis für Sorten.

(3) Wurde die gleiche Sorte bereits in einem Staat oder einer zwischenstaatlichen Organisation nach Absatz 2 Buchstabe a angemeldet oder eingetragen, so ist die dort verwendete Sortenbezeichnung zu übernehmen, sofern sie nicht aus sprachlichen oder andern Gründen ungeeignet ist.

Art 13 Benützung der Sortenbezeichnung

(1) Wer Vermehrungsmaterial einer geschützten Sorte anbietet oder gewerbsmässig vertreibt, muss die Sortenbezeichnung benützen, auch wenn die Schutzdauer abgelaufen ist.

(2) Rechte Dritter bleiben vorbehalten.

Art 13b Marke

Eine geschützte Sorte darf zusätzlich mit einer Marke oder einer anderen Handelsbezeichnung, die sich deutlich von der Sortenbezeichnung unterscheidet, in Verkehr gebracht werden. Dabei muss klar erkennbar sein, welches die Sortenbezeichnung ist.

Belgien: Art XI.110, Art.XI.143 Code du droit économique; **Bulgarien:** Art 12 Pflanzen- und TierzuchtG; **Dänemark:** Art 11 SortG; **Estland:** §§ 14, 15 Plant Propagation and Plant Variety Rights Act; **Finnland:** Sec 24 SortG 2009; **Frankreich:** Art R 623-6, 7, 12 CPI, vgl Art L 623-15 CPI (geänd 2011); **Irland:** Sec 12 PVA, geänd 1998; **Island:** Art 11 SortG; **Italien:** Art 17 VO 455; **Kroatien:** Art 9 SortG; **Lettland:** Sec 20 SortG (geänd 2005 und 2010); **Litauen:** Art 17, 18 SortG; **Niederlande:** Art 19–21 SaatG; **Norwegen:** Art 5 SortG; **Polen:** Art 9 SortG; **Portugal:** Art 12, 13 SortV; **Rumänien:** Art 15 SortG; **Schweden:** Kap 4 § 1 Växtförädlarrättslag; **Slowakei:** Art 6 Pflanzen- und TierzuchtG; **Slowenien:** Art 9, 10 SortG; **Spanien:** Art 44 SortG 2000; **Tschech. Rep.:** Art 7 SortG 2000; **Ungarn:** Art 107, Art 113 Abs 2, 3 PatG; **Vereinigtes Königreich:** Sec 18 PVA

Schrifttum

Fiedler Bundessortenamt und Sortenbezeichnung, SgW 1973, 16; *Hetterscheid/van Ettekoven* ICNCP tries to bridge the gap – Nomenclature and international regulations, ProphytAnn 1996, 74; *Heydt* Die warenzeichenrechtlichen Bestimmungen der dem Bundestag vorliegenden Saatgut-Gesetz-Entwürfe, GRUR 1967, 452; *Jühe* Das Züchterrecht des Internationalen Übereinkommens zum Schutz von Pflanzenzüchtungen, GRUR Int 1963, 525; *Kunhardt* Anforderungen an die Beschaffenheit von Sortenbezeichnungen, GRUR 1975, 463; *Kunhardt* Die UPOV und die Frage der Sortenbezeichnung, UPOV-Veröffentlichung Nr 341; *Herzfeld-Wuesthoff* Durchbrechung von Grundprinzipien des Warenzeichenrechts durch das neue Pflanzenschutzgesetz, GRUR 1931, 300; *LaClavière* Marques de fabrique et dénominations des espèces et variétés de plantes cultivées, CBI Informations Nr 10/1975; *Neumeier* S 98 ff; *Reda* The International Convention for the Protection of New Varieties of Plants of 1961 and the International Code of Nomenclature of Cultivated Plants, Attempt at a Confrontation with Regard to the Variety Denomination, Taxon 22 (1) 1973; *Royon* CBI Informations Nr 13/1975, 3; *Royon* Warenzeichen und Sortenbezeichnungen für Zuchtpflanzen, GRUR Int 1977, 155; *Royon* Sortenbezeichnung und Warenzeichen, GRUR Int 1980, 653; *Skov* Sortenbezeichnung und Warenzeichen, SgW 1973, 94; *Tilmann* Sortenbezeichnung und Warenzeichen, GRUR 1979, 512; *Tilmann* Entgegnung, GRUR Int 1980, 655; *van der Kooij* Variety denominations and trademarks – Some legal observations concerning protection, ProphytAnn 1996, 78; *van der Kooij* Is Something Rotten in the Member States? EIPR 2000, 189; *van der Kooij* Defending PBR: ^{P, B} or *? EIPR 2002, 1; *van der Kooij* Over rasbenamingen en (EG-) merkenrecht, AgrarischR 2002, 482; *van der Kooij* Use and misuse of trade marks in European nursery industry, Acta Horticulturae 2004, 37; *van der Kooij* De nieuwe UPOV-richtlijnen voor de naamgeving van rassen, Gazette van de Raad voor plantenrassen 2007, 89; *van der Kooij* (On)betrouwbaarheid van merkdepots -o.a. voor planten- na IP Translator, Berichten industriële eigendom 4 (2013), 371; *van der Kooij* Over rasnamen en rasmerken, in: *Verschuur/Geerts/van Oerle (Hrsg)* GIElen, een bekend begrip, 2015, 207; *von Beckedorff* Die Regelung des Verhältnisses von Warenzeichen und Sortennamen nach dem Internationalen Übereinkommen zum Schutz von Pflanzenzüchtungen vom 2. Dezember 1961, GRUR 1965, 10; *Wendt* Zur Frage der Unterscheidbarkeit einer Sortenbezeichnung nach § 8 Abs. 1 Satz 2 des Sortenschutzgesetzes, GRUR 1975, 411; *Franz Wuesthoff* Auswahl von Sortenbezeichnungen und ihr Verhältnis zu Warenzeichen, SgW 1969, 643; *Franz Wuesthoff* Die dominierende Rolle der Warenzeichen gegenüber Sortenbezeichnungen, FS G. Wilde (1970), 177 = SgW 1970, 470; *Franz Wuesthoff* Die vorläufigen Leitsätze für Sortenbezeichnungen, ihre praktische Anwendung und ihr Zusammenhang mit der Eintragung bzw. Benutzung von Warenzeichen, GRUR 1972, 19 = SgW 1972, 78; *Franz Wuesthoff* Schutzumfang des Sortenschutzrechts und Benutzungszwang für die Sortenbezeichnung, GRUR 1972, 68; *Franz Wuesthoff* Die Funktion und Beschaffenheit von Sortenbezeichnungen und die Funktion von Handelsmarken nach dem Pariser Übereinkommen zum Schutz von Pflanzenzüchtungen,

GRUR Int 1972, 359; *Franz Wuesthoff* Kulturpflanzen-Nomenklatur und Pflanzenschutzrechte, GRUR Int 1973, 633 = Cultivated Plant Nomenclature and Plant Variety
Rights, Taxon (Zs des International Bureau for Plant Taxonomy and Nomenclature,
Utrecht) 1973, 455; *Franz Wuesthoff* Die Novelle zum Sortenschutzgesetz, GRUR
1975, 12; *Franz Wuesthoff* Kennzeichnung der Sorten und Werbemittel im Sortenschutzrecht, FS Ph. Möhring (1975), 487; *Wuesthoff/Reda* Kulturpflanzen-Nomenklatur und Pflanzenschutzrechte, GRUR Int 1973, 633.

Übersicht   Rdn.
A.   Nationale Regelung; Entstehungsgeschichte   1
B.   Antragsgrundsatz   7
C.   Sortenbezeichnung   8
I.   Allgemeines   8
II.   Formulierung der Sortenbezeichnung   12
      1. Grundsatz   12
      2. Kombinationen mit Zahlen   16
      3. Bindung an bestehende Sortenbezeichnung (Abs 3)   17
         a. Grundsatz   17
         b. Voreintragung   18
         c. Ausnahmen   21
      4. Ausschließungsgründe   24
         a. Grundsatz   24
         b. Mangelnde Eignung (Abs 2 Satz 1 Nr 1)   26
         c. Fehlende Unterscheidungskraft (Abs 2 Satz 1 Nr 2)   28
         d. Zahlen (Abs 2 Satz 1 Nr 3)   30
         e. Übereinstimmung oder Verwechselbarkeit mit bestehender
             Sortenbezeichnung (Abs 2 Satz 1 Nr 4)   32
         f. Irreführungsgefahr (Abs 2 Satz 1 Nr 5)   41
         g. Anstößigkeit (Abs 2 Satz 1 Nr 6)   43
D.   Vorläufige Sortenbezeichnung   45
E.   Gemeinschaftsrecht   46

A. Nationale Regelung; Entstehungsgeschichte[1]

1   Einen ersten Regelungsvorschlag enthielt der Entwurf 1930.[2] § 30 SaatG
sah vor, dass die Sorte mit einem Sortennamen zu bezeichnen war, der für

---

1 Zur historischen Entwicklung *Leßmann/Würtenberger*[2] § 2 Rn. 166 ff.
2 Hierzu *Herzfeld-Wuesthoff* GRUR 1931, 300 sowie aus jüngerer Sicht *Tilmann*
   GRUR 1979, 512, 514; vgl auch *Metzger/Zech* Rn. 6.

den inländischen gewerbsmäßigen Verkehr von Saatgut geschützter Sorten verwendet werden musste (§ 7 SaatG), außerhalb des Geltungsbereichs des SaatG benutzt werden durfte.[3] 1952 wurde vom International Bureau for Plant Taxonomy and Nomenclature der International Association for Plant Taxonomy der International Code of Nomenclature for Cultivated Plants (ICNCP) verabschiedet (Rdn. 15).[4] Der Sortenname konnte zugleich als Warenzeichen eingetragen werden, das Verbietungsrecht des Wz-Inhabers unterlag jedoch Einschränkungen.[5]

Im **SortG 1968** erfolgte auf der Grundlage des – wenngleich nicht in voller 2 Übereinstimmung[6] mit dem – PflZÜ 1961 eine Neuregelung in § 8,[7] dessen Abs 3 in die Begriffsbestimmungen des § 2 übernommen wurde, sowie in § 9 (Warenzeichen des SortInhabers). Nach dieser Regelung war die Sortenbezeichnung nurmehr Gattungsbezeichnung, neben der (entgegen in einigen Ländern bestehender früherer Praxis[8]) ein abweichendes Warenzeichen verwendet werden konnte[9] (vgl Rdn. 14), aber nicht die Sortenbezeichnung als Warenzeichen, wobei sich letztlich der Schwerpunkt des Interesses auf das Warenzeichen verlagerte.[10]

Das **SortG 1985** hat die Vorgaben der 1978 revidierten, gegenüber der vor- 3 angegangenen sehr zurückhaltenden Fassung[11] des PflZÜ übernommen,[12] ist aber darüber hinausgegangen.[13] Das EWR-Ausführungsgesetz hat das Verbandsmitglied in den Verbandsstaat geänd.

---

3 Vgl *Royon* GRUR Int 1980, 653 f; *Tilmann* GRUR Int 1980, 655; *Metzger/Zech* Rn. 6 f.

4 *Wuesthoff/Reda* GRUR Int 1973, 633; vgl *Metzger/Zech* Rn. 1; die aktuelle Version (2012) ist abrufbar unter http://www.upov.int/meetings/en/doc_details.jsp?meeting_id=26468&doc_id=219065.

5 Vgl *Heydt* GRUR 1967, 452, 453 f; *Tilmann* GRUR 1979, 512, 514 f; *Kunhardt* Die UPOV und die Frage der Sortenbezeichnung, S 32; *Metzger/Zech* Rn. 1.

6 Vgl *Tilmann* GRUR 1979, 512, 516.

7 Hierzu *Tilmann* GRUR 1979, 512, 515.

8 Hierzu *Metzger/Zech* Rn. 8.

9 Eingehend, auch zur Praxis bei vegetativ vermehrbaren Pflanzen einerseits und bei Saatgut andererseits, und zum »Überquellen« der Rolle *Wuesthoff*[2] Rn. 4; vgl *Leßmann/Würtenberger*[2] § 2 Rn. 170 ff..

10 Vgl *Tilmann* GRUR 1979, 512, 516 mwN; *Metzger/Zech* Rn. 9.

11 Hierzu *Leßmann/Würtenberger*[2] § 2 Rn. 174 ff.; *Tilmann* GRUR 1979, 512, 518 f.

12 Vgl *Wuesthoff*[2] Rn. 5.

13 Vgl *Leßmann/Würtenberger*[2] § 2 Rn. 179.

4   Abs 1 Nr 3, 4 und Abs 3 sind geänd durch das **SortÄndG 1997**. In Abs 3 ist der Begriff »Verbandsstaat« durch den des Verbandsmitglieds ersetzt worden. In Nr 2 ist aufgrund des Maastricht-Vertrags der Begriff »Europäische Gemeinschaften« durch den der Europäischen Gemeinschaft ersetzt und außerdem der Text gestrafft und an den Wortlaut des SaatG angepasst worden.[14] Das BMELV-Vertrag von Lissabon-Anpassungsgesetz vom 9.12.2010 hat in Abs 3 Nr 2 den Begriff der Europäischen Union ergänzt.

5   Vgl die parallele Regelung in § 35 **SaatG 1985**, die hinsichtlich der Verwendung von Zahlen abweicht. Für eine nach dem SortG geschützte Sorte ist nur die in der SortRolle eingetragene Sortenbezeichnung eintragbar (§ 35 Abs 4 SaatG 1985); auch nach den Richtlinien über die Gemeinschaftlichen Sortenkataloge soll eine Sorte unter derselben Sortenbezeichnung in die Sortenlisten und die entspr Verzeichnisse der Mitgliedstaaten eingetragen werden, soweit die Bezeichnung nicht in einem Mitgliedstaat als ungeeignet festgestellt wird.[15]

6   Die Sortenbezeichnung ist in Art 5 Abs 2, Art 20 **PflZÜ 1991** geregelt, die nicht wesentlich von der Regelung im PflZÜ 1978 abweicht.[16]

B. Antragsgrundsatz

7   Die Angabe der Sortenbezeichnung obliegt dem Antragsteller (§ 22 Abs 2) und nicht Dritten sowie grds nicht dem BSA. Festsetzung einer Sortenbezeichnung von Amts wegen ist nur dann vorgesehen, wenn ein Änderungsgrund nach § 30 Abs 1 vorliegt und der SortInhaber nicht fristgerecht eine andere Bezeichnung angibt (§ 30 Abs 2 Satz 2) oder wenn der SortInhaber oder ein Dritter ein berechtigtes Interesse geltend macht (§ 30 Abs 2 Satz 3). Säumnis bei der Angabe kann zur Zurückweisung des SortAntrags führen (§ 27 Abs 1 Nr 2). Der Antragsteller kann jedoch zunächst eine vorläufige Bezeichnung (Rdn. 45) angeben (§ 22 Abs 2 Satz 2).

---

14   Begr BTDrs 13/7038 S 12.
15   Vgl Begr BTDrs 10/816 = BlPMZ 1986, 136, 139; nach GH Den Haag BIE 2000, 291 und vorangehend RB Den Haag BIE 2000, 287, 290 Roncardo folgt daraus aber nicht, dass eine im »gemeinsamen Sortenkatalog für Gemüsearten« nach Art 17 der Richtlinie 70/458/EWG des Rates vom 29.9.1970 (ABl EG L 225/7 vom 12.10.1970) über den Verkehr mit Gemüsesaatgut aufgenommene Bezeichnung als Sortenbezeichnung gewählt werden muss (bdkl).
16   *Metzger/Zech* Rn. 10.

C. Sortenbezeichnung

I. Allgemeines

Die Sortenbezeichnung[17] ist die fünfte Voraussetzung für die Erteilung des 8
Sortenschutzes. Sie hat bei den technischen Schutzrechten keine Parallele. Es
handelt sich dem Wesen nach um eine saatgutverkehrsrechtl Regelung.[18]

Das Bezeichnungserfordernis ist ein rein **formales**.[19] Ergänzend regelt § 14 die 9
Verwendung der Sortenbezeichnung.

Das SortG 1968 hat den Begriff »Sortenname« durch den weiteren Begriff 10
»**Sortenbezeichnung**« ersetzt, da in bestimmten Fachkreisen zur Bezeichnung
einer Sorte außer Namen auch Kombinationen von Namen oder Buchstaben
mit Zahlen verwendet werden. So sei es zB bei Maissorten vielfach üblich,
dem Sortennamen eine Zahl hinzuzufügen, die in einem bestimmten Verhältnis zur Anzahl der Reifetage stehe.[20]

Die Bestimmung regelt abschließend die **Voraussetzungen**, die an die Zuläs- 11
sigkeit einer Sortenbezeichnung zu stellen sind. Sie enthält aber anders als
ihre Vorgängerin keine ausdrückliche Aufzählung der Bestandteile mehr, aus
denen eine Sortenbezeichnung bestehen kann, sondern nennt lediglich die
Ausschließungsgründe.[21] Dadurch sollen die Grundsätze für die Bildung von
Sortenbezeichnungen für eine internat Abstimmung offengehalten werden,
was deshalb erforderlich ist, weil grds in allen Verbandsstaaten eine Sorte unter
derselben Sortenbezeichnung geschützt werden soll.[22] Die in § 8 Abs 1 SortG
1968 vorgesehenen Bezeichnungen (Kombinationen) sollen aber nicht allgemein ausgeschlossen werden.[23]

---

17 Vgl die Bek Nr 3/88 des BSA über Sortenbezeichnungen und vorläufige Sortenbezeichnungen BfS 1988, 163, ber 227, 287.
18 *Neumeier* S 104; vgl *Jühe* GRUR Int 1963, 525, 532.
19 *Wuesthoff*[1] § 1 Rn. 4; *Leßmann/Würtenberger*[2] § 2 Rn. 156 f.; *Metzger/Zech* Rn. 28;
   Begr BTDrs 13/7038 S 15.
20 Begr BTDrs V/1630 = BlPMZ 1968, 215, 218; vgl auch *Metzger/Zech* Rn. 8;
   Tilmann GRUR 1979, 512, 517.
21 Vgl *Metzger/Zech* Rn. 32.
22 Begr BTDrs 10/816 = BlPMZ 1986, 136, 139.
23 Begr BTDrs 10/816 = BlPMZ 1986, 136, 139.

II. Formulierung der Sortenbezeichnung

1. Grundsatz

12   Die Wahl der Sortenbezeichnung ist grds frei, soweit nicht ein Ausschließungsgrund nach Abs 2 vorliegt oder nach Abs 3 Bindung an eine bereits
bestehende Bezeichnung eintritt (Rdn. 17 ff.). Schon nach früherem Recht
war nicht erforderlich, dass die Bezeichnung aus sich heraus als solche erkennbar, einprägsam oder merkbar ist.[24]

13   Die Sortenbezeichnung ist die (im juristischen, nicht im botanischen Sinn[25])
Gattungsbezeichnung der Sorte, sie ist Identifikationsmittel und soll anders
als das Warenzeichen/die Marke nicht auf die Herkunft aus einem bestimmten Geschäftsbetrieb hinweisen.[26] Den insb in den siebziger Jahren geführten
Streit zwischen der kennzeichnungsrechtl und der speziell sortrechtl Betrachtung hat der Gesetzgeber eindeutig iSd letzteren entschieden.

14   Bei der Formulierung der Sortenbezeichnung sollte beachtet werden, dass
diese an der Sorte hängt und **mit der Sorte frei wird**, dem SortInhaber also
mit Beendigung des Sortenschutzes verloren geht (vgl § 14 Abs 2).[27] Es bietet
sich daher insb im Bereich der Zierpflanzen an, neben der Sortenbezeichnung
eine Marke zu verwenden, was das geltende Recht ohne weiteres zulässt (vgl
die ausdrückliche Regelung in Art 13b schweiz SortG).[28]

15   Dem **Internationalen Code der Nomenklatur der Kulturpflanzen** (International Code of Nomenclature of Cultivated Plants, ICNCP) kommt kein verbindlicher Charakter zu.[29] Auch UPOV hat Empfehlungen herausgegeben;[30]

---

24   BPatG GRUR 1975, 449 SLW 500.
25   *Metzger/Zech* Rn. 3; vgl *Kunhardt* GRUR 1975, 463 f.
26   Begr BTDrs V/1630 = BlPMZ 1968, 215, 218, 219; *Wuesthoff*[2] Rn. 8; *van der
       Kooij* EIPR 2000, 189; vgl *Leßmann/Würtenberger*[2] § 2 Rn. 161 f.; *Metzger/Zech*
       Rn. 2 sowie allg zur Problematik schon High Court (Lloyd-Jacob J.) RPC 1954,
       43 Wheatcroft, wo (S 49) auf den Konflikt zwischen generischer Bezeichnung und
       Herkunftskennzeichnung hingewiesen wird.
27   *Wuesthoff*[2] Rn. 8; *Ströbele/Hacker* § 13 MarkenG Rn. 30; vgl *Metzger/Zech* Rn. 2;
       Kunhardt GRUR 1975, 463.
28   Vgl *Wuesthoff*[2] § 14 Rn. 11; *Metzger/Zech* Rn. 2, 103 f.
29   Vgl *Wuesthoff*[2] Rn. 4; *Wuesthoff/Reda* GRUR Int 1973, 633; *Metzger/Zech* Rn. 1.
30   Revidierte UPOV-Empfehlungen für Sortenbezeichnungen vom 16.10. 1987
       (Dokument UPOV/INF/12); zur Rechtsnatur *Wuesthoff*[2] Rn. 22; *Leßmann/Wür-
       tenberger*[2] § 2 Rn. 216; vgl auch *Wuesthoff*[2] § 26 Rn. 24.

verwaltungsverfahrensrechtl kann infolge der Benutzung der Empfehlungen durch das BSA Selbstbindung eintreten, soweit diese dem Gesetz entsprechen.[31]

2. Kombinationen mit Zahlen

Kombinationen von Wörtern (Namen) oder Buchstaben mit Zahlen waren **16** bereits vor 1968 üblich und nach dem SortG 1968 eintragungsfähig,[32] was durch die Novelle 1974[33] ausdrücklich klargestellt wurde; gegenüber einer solchen, in zulässiger Weise gebildeten Sortenbezeichnung können Bedenken, dass sie die Unterscheidung der Sorte nicht ermögliche (vgl Rdn. 28), nur aus sonstigen Umständen hergeleitet werden.

3. Bindung an bestehende Sortenbezeichnung (Abs 3)

a. Grundsatz

Die Regelung entspricht dem Grundsatz der Einheitlichkeit der Sortenbe- **17** zeichnung,[34] dient aber auch der Sicherstellung der Zulassung unter gleicher Bezeichnung.[35]

b. Voreintragung

Bindung tritt im Fall der Voreintragung der Sorte in einem amtlichen Sor- **18** tenverzeichnis in einem anderen Vertragsstaat (Rdn. 17 zu § 2) oder einem anderen Verbandsmitglied (Rdn. 18 zu § 2) ein. Sie tritt weiter ein bei Voreintragung in Drittstaaten, die die in Abs 3 Satz 1 Nr 2 geregelten Voraussetzungen erfüllen. Bindung tritt in diesen Fällen ab Antragstellung für eine derartige Eintragung ein.

Bekanntmachungen des BSA iSd Abs 3 Satz 1 Nr 2 sind bisher nicht erfolgt.[36] **19**

---

31 Vgl auch *Papke* Zur Rechtsnatur der Richtlinien für die Prüfung von Patentanmeldungen, GRUR 1985, 14.

32 Begr BTDrs V/1630 = BlPMZ 1968, 215, 218; vgl BPatG GRUR 1975, 449: »SLW 500« für eine Lupine; *Wendt* GRUR 1975, 411; BPatG Mitt 1976, 196: »Tanolfeu 71« für eine Rose; vgl *Metzger/Zech* Rn. 59.

33 Gegen den RegE BlPMZ 1975, 44.

34 Vgl Begr BTDrs V/1630 = BlPMZ 1968, 215, 219; Begr BTDrs 10/816 = BlPMZ 1986, 136, 139; *Wuesthoff*[2] Rn. 20.

35 Vgl *Leßmann/Würtenberger*[2] § 2 Rn. 229 ff.

36 Vgl *Leßmann/Würtenberger*[2] § 2 Rn. 233.

20 **Folge** der Voreintragung ist grds, dass nur die bei der Voreintragung eingetragene oder angegebene Sortenbezeichnung eingetragen werden darf.

c. Ausnahmen

21 Ausnahmen sind erforderlich, wenn im nationalen Recht Hinderungsgründe für die Eintragung bestehen.[37] Die geltende Regelung sieht zwei Ausnahmen vor, nämlich das Entgegenstehen eines Ausschließungsgrunds nach Abs 2 (Rdn. 24 ff.) und das Entgegenstehen des Rechts eines Dritten, insb einer Marke oder eines Namens oder einer Firmenbezeichnung. Kollision mit einer eigenen Marke oder sonstigen Bezeichnung begründet keine Ausnahme.[38]

22 **Prüfung.** Die erste Ausnahme ist vom BSA überprüfbar, bei der zweiten reicht Glaubhaftmachung durch den Antragsteller aus, sie ist nicht von Amts wegen zu berücksichtigen.[39]

23 Liegen Voreintragungen **unterschiedlicher Sortenbezeichnungen** vor,[40] wird über den Antrag, eine von ihnen einzutragen, nach pflichtgemäßem Ermessen zu entscheiden sein.[41] Dabei kann auf Altersgesichtspunkte, in erster Linie aber auf die wirschaftliche Bedeutung der Voreintragungen abzustellen sein. Bezeichnungen, die nur wegen einer Abs 3 entsprechenden Regelung eingetragen worden sind, werden außer Betracht zu bleiben haben, sofern nicht hinsichtlich der anderen Bezeichnung die Voraussetzungen nach Abs 3 erfüllt sind.[42]

---

37 Vgl Begr BTDrs V/1630 = BlPMZ 1968, 215, 219; vgl *Metzger/Zech* Rn. 101 f.; *Leßmann/Würtenberger*[2] § 2 Rn. 229 ff.

38 *Wuesthoff*[2] Rn. 21.

39 *Wuesthoff*[2] Rn. 21; *Leßmann/Würtenberger*[2] § 2 Rn. 235, 238; differenzierend *Würtenberger* S 135 ff; vgl auch *Metzger/Zech* Rn. 15, zur GemSortV Rn. 19 ff., zur nationalen Rechtslage Rn. 22 ff, wo eine Pflicht zur Recherche nach identischen registrierten Bezeichnungen jedenfalls im Mereich identischer Waren bejaht wird.

40 Vgl *Wuesthoff*[2] Rn. 20; *Leßmann/Würtenberger*[2] § 2 Rn. 231.

41 *Leßmann/Würtenberger*[2] § 2 Rn. 231 will dem Antragsteller ein Wahlrecht einräumen.

42 Vgl *Wuesthoff*[2] Rn. 21 S 81.

4. Ausschließungsgründe

a. Grundsatz

Die Regelung der Ausschließungsgründe ist abschließend.[43] Insb stellt es kei- 24
nen Ausschließungsgrund dar, dass die Sorte bereits unter einem bestimmten
Namen oder einer bestimmten markenrechtl geschützten Handelsbeziehung
vertrieben worden ist und nunmehr die Eintragung einer davon abweichenden, anderslautenden Sortenbezeichnung beantragt wird.[44] Das Eintreten
eines Ausschließungsgrunds nach Erteilung des Sortenschutzes ist nur in den
Fällen des Abs 2 Nr 5 (Irreführungsgefahr) und Nr 6 (Anstößigkeit) sanktioniert (§ 30 Abs 1 Satz 1 Nr 2).

Entsprechend der Regelung in § 30 Abs 1 Satz 1 Nr 3 – 5 wird es grds auch 25
der Eintragung entgegenstehen müssen, wenn der Sortenbezeichnung **Rechte**
Dritter (zB Namensrecht, Firma; nationale und europäische Markenrechte,[45]
uU auch Urheberrechte)[46] entgegenstehen (vgl die Regelung in der GemSortV,
Rdn. 46). Abzustellen wird darauf sein, ob es sich um Bezeichnungen für
Pflanzen derselben Art oder verwandter Arten handelt.[47] Das Schutzhindernis
tritt bei Zustimmung des Berechtigten nicht ein.[48]

b. Mangelnde Eignung (Abs 2 Satz 1 Nr 1)

Der 1985 allgemein (und nicht nur wie zuvor für den Sonderfall der Über- 26
nahme der Sortenbezeichnung aus einem anderen Verbandsstaat, § 8 Abs 3
SortG 1968) aufgenommene Ausschließungsgrund betrifft die mangelnde
Eignung insb aus sprachlichen Gründen.

---

43 *Wuesthoff/Leßmann/Würtenberger*[1] Rn. 231; *Metzger/Zech* Rn. 29.
44 BSA GRUR 1973, 604, »Tannimoll«-Entscheidung; vgl Rn. 41.
45 Zum Umfang (Identität; Ähnlichkeit; Verwechslungsgefahr; Warenähnlichkeit;
    bekannte Marke) *Metzger/Zech* Rn. 64 ff., 77.
46 Vgl *Wuesthoff*[2] § 30 Rn. 8; *Metzger/Zech* Rn. 60 f.; vgl OLG München ZUM 1985,
    572 »Asterix« für eine Erbsensorte.
47 Vgl *Metzger/Zech* Rn. 70 ff.
48 Vgl *Metzger/Zech* Rn. 62; *Würtenberger/van der Kooij/Kiewiet/Ekvad* European
    Union Plant Variety Protection[2] (2015) Rn. 3.79.

27   Durch ihn sollen die Fälle erfasst werden, in denen die vorgeschlagene Sortenbezeichnung mangels **Aussprechbarkeit oder Merkbarkeit** die Funktion einer Sortenbezeichnung nicht wirksam erfüllen kann.[49]

c. Fehlende Unterscheidungskraft (Abs 2 Satz 1 Nr 2)

28   Die Regelung[50] entspricht inhaltlich der in § 7 Abs 2 Nr 1 SortG 1968.[51] Unterscheidungskraft iSd Wz-Rechts ist schon 1968 nicht gefordert worden.[52] Die Bezeichnung muss nur Unterscheidungskraft als Gattungsbezeichnung aufweisen;[53] zu Buchstaben-Zahlen-Kombinationen Rdn. 16. Phantasiebezeichnungen und Codes werden nicht ausgeschlossen.[54]

29   Mangelnde Unterscheidungskraft kommt zB in Betracht, soweit ein **Freihaltebedürfnis** besteht, bei Namen und Abkürzungen internat Organisationen,[55] aber auch bei der Verwendung taxonomischer Bezeichnungen (vgl Rdn. 42). Auch beschreibende Angaben wie Farbbezeichnungen zB »Alba«), merkmalsbeschreibende Angaben (»Gustoso« für Obstsorte, aber nicht für Zierpflanze), und allgemeine botanische Begriffe (»Hybrid«, »Eurocorn« für Maissorte) sind ausgeschlossen.[56]

d. Zahlen (Abs 2 Satz 1 Nr 3)

30   Der 1985 noch allgemein vorgesehene Ausschließungsgrund[57], der im Gemeinschaftsrecht keine Parallele hat, ist ein Unterfall der mangelnden

---

49 Begr BTDrs 10/916 = BlPMZ 1986, 136, 139; vgl *Leßmann/Würtenberger*[2] § 2 Rn. 189 ff.; kr *Wuesthoff*[2] Rn. 9, der darauf hinweist, dass die Regelung mit den Vorgaben im PflZÜ nicht übereinstimmt, das nur verlangt, dass die Bezeichnung die Identifizierbarkeit der Sorte ermöglicht; vgl auch *Metzger/Zech* Rn. 31 f., 41 f. sowie zu komplexen Zeichen Rn. 43, zu Schriftzeichen in nicht-lateinischer Schrift, Transkription und Transliteration Rn. 45.

50 Vgl *Leßmann/Würtenberger*[2] § 2 Rn. 192 ff.; kr zur Regelung *Metzger/Zech* Rn. 36 ff., die sich für äußerst zurückhaltende Anwendung der Bestimmung aussprechen.

51 Vgl *Wuesthoff*[2] Rn. 10.

52 Begr BTDrs V/1630 = BlPMZ 1968, 215, 218.

53 Vgl *Metzger/Zech* Rn. 36.

54 *Metzger/Zech* Rn. 40.

55 Vgl *Wuesthoff*[2] Rn. 10.

56 Näher *Metzger/Zech* Rn. 46 ff., 90.

57 Vgl *Leßmann/Würtenberger*[2] § 2 Rn. 196 ff.

Unterscheidungskraft nach Nr 2,[58] die Trennung sollte jedoch zum Ausdruck bringen, dass ein Züchter, der eine nur aus Zahlen bestehende Sortenbezeichnung angibt, nicht mit dem Argument gehört werden kann, die von ihm gewählten Zahlen hätten aufgrund besonderer Umstände Unterscheidungskraft.[59]

Die **Änderung 1997** beruht auf Art 20 Abs 2 PflZÜ; in einigen Verbandsstaa- 31 ten werden für Erbkomponenten zur Erzeugung von Hybridsorten üblicherweise ausschließlich aus Zahlen bestehende Sortenbezeichnungen verwendet. Um diese Bezeichnungen übernehmen und dadurch die ansonsten erforderliche Bildung von Synonymen vermeiden zu können, wurde die Regelung entsprechend geänd;[60] dies trägt auch der Regelung im PflZÜ Rechnung, mit der die zuvor geltende nationale Regelung nicht im Einklang stand.[61]

e. Übereinstimmung oder Verwechselbarkeit mit bestehender Sortenbezeichnung (Abs 2 Satz 1 Nr 4)

Der Ausschließungsgrund[62] erfasst Übereinstimmung und Verwechselbarkeit 32 mit bestimmten anderen Sortenbezeichnungen; andere Bezeichnungen als Sortenbezeichnungen werden die Bestimmung nicht erfasst.[63] Die schon in § 30 SaatG vorgesehene Regelung ist 1968 auf Fälle der Übereinstimmung und Verwechselbarkeit mit Sortenbezeichnungen im Bereich der Verbandsstaaten erweitert worden,[64] 1997 ist der Begriff »Verbandsstaat« durch den des Verbandsmitglieds ersetzt worden. Die Einbeziehung der Vertragsstaaten ist durch die Neufassung 1991 des PflZÜ gedeckt.

Kollisionsbegründend sind bestehende Sortenbezeichnungen unter folgen- 33 den Voraussetzungen:

(1) (a) entweder:
– sie müssen für Sorten derselben oder einer verwandten Art (Rdn. 37 ff.)

---

58 Vgl *Metzger/Zech* Rn. 54 ff. mit Hinweis auf das Markenrecht; kr *Wuesthoff*[2] Rn. 11.
59 Begr BTDrs 10/816 = BlPMZ 1986, 136, 139; *Metzger/Zech* Rn. 54.
60 Begr BTDrs 13/7038 S 12.
61 *Wuesthoff*[2] Rn. 11.
62 Vgl *Leßmann/Würtenberger*[2] § 2 Rn. 199 ff.
63 Vgl GSA (BK) 18.7.2005 A 4/04 ABl GSA 15.8.2004 Ginpent.
64 Begr BTDrs V/1630 = BlPMZ 1968, 215, 218.

– in einem Vertragsstaat (Rdn. 17 zu § 2) oder von einem anderen Verbandsmitglied (Rdn. 18 zu § 2)[65]

– in einem amtlichen Sortenverzeichnis (auch in eine amtliche Sortenliste, etwa nach dem SaatG oder in den Gemeinsamen Sortenkatalog[66]) eingetragen sein oder gewesen sein

(1) (b) oder:

– Vermehrungsmaterial einer Sorte derselben oder einer verwandten Art

– muss in einem Vertragsstaat oder einem anderen Verbandsmitglied unter der Sortenbezeichnung in Verkehr gebracht (Rdn. 35) worden sein;

(2) die Sortenbezeichnungen müssen

– übereinstimmen (identisch sein[67]) oder

– verwechselbar (Rdn. 34) sein;

(3) sofern nicht der Ausnahmetatbestand (Rdn. 36) vorliegt, dass

– die Sorte nicht mehr eingetragen ist und

– nicht mehr angebaut wird und

– ihre Sortenbezeichnung keine größere Bedeutung erlangt hat.[68]

34 Verwechselbarkeit bedeutet Nichteinhaltung eines ausreichenden Abstands gegenüber der bereits verwendeten Bezeichnung;[69] markenrechtl Grundsätze können nicht ohne weiteres herangezogen werden.[70] Die Prüfung erfolgt als EDV-Prüfung,[71] die auf gespeicherte in- und ausländische Sortenbezeichnungen zurückgreift.

---

65 *Metzger/Zech* Rn. 82; vgl *Wuesthoff/Reda* GRUR Int 1973, 633.

66 Vgl *Leßmann/Würtenberger*[2] § 2 Rn. 206; *Metzger/Zech* Rn. 81.

67 *Metzger/Zech* Rn. 83.

68 *Metzger/Zech* Rn. 86 f.; *Leßmann/Würtenberger*[2] § 5 Rn. 210; vgl *Kunhardt* GRUR 1875, 463, 467.

69 Vgl *Wuesthoff*[2] Rn. 13 und § 26 Rn. 24, auch zur Prüfungsmethode beim BSA; *Kunhardt* GRUR 1975, 463.

70 Vgl *Wuesthoff*[2] Rn. 13; *Leßmann/Würtenberger*[2] § 5 Rn. 204; *Metzger/Zech* Rn. 83 ff. mit zahlreichen Bsp.

71 Nach den Grundsätzen BfS 1974, 190; vgl auch *Leßmann/Würtenberger*[2] § 5 Rn. 279.

Inverkehrbringen der anderen Sorte ist selbstständiger Ausschließungsgrund, 35
der allerdings nur dann eigenständige Bedeutung erlangt, wenn eine Eintragung in einem amtlichen Sortenverzeichnis nicht erfolgt war.[72]

Die Regelung, dass **bereits verwendete Sortenbezeichnungen** wieder verwen- 36
det werden dürfen, wenn die früher eingetragene Sorte nicht mehr angebaut
wird und die Sortenbezeichnung keine größere Bedeutung erlangt hat, ist
bereits 1974 in Auflockerung der bestehenden Vorschriften und im Hinblick
auf die große Zahl der zu erwartenden neuen Sorten eingeführt worden.[73]
Die Ausnahme bezieht sich sowohl auf den Fall der früheren Eintragung als
auch auf den des früheren Inverkehrbringens.[74] Es genügt, dass die Sorte nicht
mehr gewerbsmäßig angebaut wird.[75] Für die Frage, ob die Sortenbezeichnung keine größere Bedeutung erlangt hat, kommt es auf die Auffassung der
maßgeblichen Verkehrskreise an.[76]

Bekanntmachung. Die Regelung in Abs 2 Satz 2 ist durch das SortÄndG 1974 37
geänd worden, da sich herausgestellt habe, dass die Übereinstimmung oder
Verwechslungsfähigkeit einer Sortenbezeichnung im Hinblick auf die Bezeichnung einer Sorte einer anderen Art nicht nur oder auch nicht immer dann zur
Zurückweisung der Sortenbezeichnung führen müsse, wenn die beiden fraglichen Sorten botanisch **verwandten Arten** zugehörten, wie dies die bis dahin geltende Fassung des § 8 Abs 1 Satz 2 Nr 2 SortG 1968 vorgesehen hatte. Die maßgeblichen wirtschaftlichen Zusammenhänge ließen sich jedoch nicht in Form
eindeutiger Anforderungen durch den Gesetzgeber festlegen, vielmehr müsse
das BSA sie von Fall zu Fall berücksichtigen; im Interesse der Rechtssicherheit
sollten die nach Ansicht des BSA verwandten Arten bekanntgemacht werden.[77]

Das BSA hat zunächst durch seine Bek Nr 3/88 über Sortenbezeichnung 38
und vorläufige Bezeichnungen vom 15.4.1988[78] sowie durch die spätere Bek
Nr 7/05 vom 15.4.2005,[79] geänd durch Bek Nr 8/07[80] und Nr 16/11 vom

---

72 Vgl *Wuesthoff*[2] Rn. 14; *Metzger/Zech* Rn. 81; vgl aber *Leßmann/Würtenberger*[2] § 2
    Rn. 208.
73 Begr BTDrs 7/596 = BlPMZ 1975, 44 f; *Metzger/Zech* Rn. 88.
74 AA *Wuesthoff*[2] Rn. 14.
75 *Wuesthoff*[2] Rn. 15; *Leßmann/Würtenberger*[2] § 2 Rn. 210; *Metzger/Zech* Rn. 87.
76 *Wuesthoff*[2] Rn. 15; *Leßmann/Würtenberger*[2] § 2 Rn. 210; *Metzger/Zech* Rn. 87.
77 Begr BTDrs 7/596 = BlPMZ 1975, 44 f.
78 BfS 1988, 163.
79 BfS 2005, 203.
80 BfS 2007, 95.

1.8.2011[81] bekanntgemacht, dass es diejenigen Arten als verwandt ansieht, die nach den UPOV-Empfehlungen in einer Klasse zusammengefasst sind (»**Klassenliste**«).[82] Vgl zur rechtl Relevanz der Klassenliste Rdn. 3 zu § 2.

39 Bei den Bek des BSA nach Abs 2 Satz 2 handelt es sich wie bei der Auswahl und Mitteilung nach § 3 Abs 1 Satz 2 um **Akte der Selbstbindung** des BSA, auf die sich unter dem Gesichtspunkt des Gleichheitsgrundsatzes jeder Betroffene berufen kann.[83]

40 Übereinstimmung oder Verwechselbarkeit mit dem Warenzeichen/der **Marke** eines Dritten sollte seit 1968 kein Eintragungshindernis mehr darstellen, weil das BSA insoweit mit der Prüfung überfordert wäre.[84] Gleichwohl wird angenommen, dass ältere Rechte Dritter weiterhin der Zulässigkeit der Sortenbezeichnung entgegenstehen (vgl Rdn. 25).[85] Insoweit greift (seit 1985 allerdings nur noch bei Übereinstimmung) jedoch die Kollisionsregelung in § 14 Abs 2.

f. Irreführungsgefahr (Abs 2 Satz 1 Nr 5)

41 Irreführungsgefahr[86] stellt einen weiteren Ausschließungsgrund dar, der im Gesetz beispielhaft dahin erläutert wird, dass die Eignung erfasst wird, unrichtige Vorstellungen über Herkunft, Eigenschaften oder Wert der Sorte oder über den Berechtigten hervorzurufen.[87] Abweichungen von bereits verwendeten Warenzeichen, Marken oder sonstigen Handelsbezeichnungen sind nicht relevant.[88] Auch Übereinstimmungen mit solchen Bezeichnungen wird man nicht als relevant ansehen können (Rdn. 40).[89]

---

81 BfS 2011, 178.

82 Die frühere Liste ist bei *Wuesthoff*[2] § 26 Rn. 24 abgedruckt.

83 Begr BTDrs 10/816 = BlPMZ 1986, 136, 139; vgl *Metzger/Zech* Rn. 80.

84 Begr BTDrs V/1630 = BlPMZ 1968, 215, 218.

85 Vgl *Metzger/Zech* Rn. 60, wo zu Recht auf einen Widerspruch in der Kommentierung in der *1. Aufl* hingewiesen wird.

86 Vgl *Leßmann/Würtenberger*[2] § 2 Rn. 214 ff.; *Metzger/Zech* Rn. 91 ff.; *Würtenberger* S 134 f sowie die UPOV-Empfehlungen für Sortenbezeichnungen, Anleitungen 6 und 7, BfS 1988, 163.

87 Vgl *Metzger/Zech* Rn. 93 ff. mit Hinweis auf die CPVO-Leitlinien.

88 BSA GRUR 1973, 604, »Tannimoll«-Entscheidung; *Metzger/Zech* Rn. 92; *Royon* GRUR Int 1977, 155 f.

89 AA wohl *Wuesthoff*[2] Rn. 17 S 77 f.

Maßgeblich ist die Anschauung der beteiligten Verkehrskreise.[90] Irreführungs- 42
gefahr kommt in Betracht im Fall der Verwendung des **botanischen oder
landesüblichen Namens** einer anderen Art (von 1975 bis 1985 ausdrücklich
geregelt).[91] Dies gilt auch nach dem Wegfall der früheren Regelung.[92]

g. Anstößigkeit (Abs 2 Satz 1 Nr 6)

Ob der Ausschließungsgrund[93] mit dem PflZÜ konform ist, wird angezwei- 43
felt.[94] Maßgeblich ist nach einer Formulierung des BGH, ob die Bezeichnung das Empfinden eines beachtlichen Teils der angesprochenen Verkehrskreise zu verletzen geeignet ist, ob also eine ohne weiteres erkennbare
Gesetzesverletzung sittlich, politisch oder religiös anstößig wirkt oder eine
grobe Geschmacksverletzung enthält.[95]

Die **Wandelbarkeit der Anschauungen** ist zu berücksichtigen.[96] 44

D. Vorläufige Sortenbezeichnung

§ 22 Abs 2 Satz 2 gestattet die Angabe einer vorläufigen Sortenbezeichnung. 45
Die Erfordernisse des § 7 gelten grds nicht (vgl Rdn. 12 zu § 22).

---

90 *Wuesthoff*[2] Rn. 17; vgl *Metzger/Zech* Rn. 33 ff.
91 Vgl Begr BTDrs 7/596 = BlPMZ 1975, 44 f.; vgl zur markenrechtl Täuschungsge-
   fahr der Verwendung der gebräuchlichen Bezeichnung eines Moosfarns »Rose von
   Jericho« für eine Rose BPatG 30.7.2003 28 W (pat) 115/02.
92 *Wuesthoff*[2] Rn. 17; *Metzger/Zech* Rn. 95.
93 Vgl *Leßmann/Würtenberger*[2] § 2 Rn. 227.
94 *Wuesthoff*[2] Rn. 18, vgl aber dort Rn. 21 S 81; vgl *Metzger/Zech* Rn. 98.
95 Vgl BGH BPatGE 4, 221, 228 f = GRUR 1964, 136 Schweizer Käse, Wz-Sache;
   Begr BTDrs V/1630 = BlPMZ 1968, 215, 218; *Metzger/Zech* Rn. 100.
96 *Metzger/Zech* Rn. 100; *Leßmann/Würtenberger*[2] § 2 Rn. 227; vgl zur wz- und
   markenrechtl Kasuistik *Busse/Starck* § 4 WZG Rn. 88 ff.; *Ströbele/Hacker* § 8
   MarkenG Rn. 771 ff.; *Fezer* § 8 MarkenG Rn. 584 ff.; *Ingerl/Rohnke* § 8 MarkenG
   Rn. 272 ff.; und zahlreiche Entscheidungen, so BGH GRUR 2013, 729 READY
   TO FUCK; BPatG Mitt 1968, 192 mosaic; BPatG Mitt 1977, 211 Seelenheil;
   BPatGE 15, 230 Marie Celeste; BPatG Mitt 1983, 156 Schoasdreiber; BPatGE 28,
   41 Coran; BPatG Mitt 1988, 75 Espirito Santo; BPatGE 46, 66 = BlPMZ 2003,
   217 Dalailama; weiter BPatG 26.11.1997 26 W (pat) 107/97; BPatG 3.4.2003 25
   W (pat) 152/01.

E. Gemeinschaftsrecht

46 Art 63 Abs 2 GemSortV entspricht Abs 1, Art 63 Abs 3 – 5 GemSortV entsprechen im wesentlichen Abs 2, 3, und zwar Art 63 Abs 1 Buchst b GemSortV (mit abw Formulierung) Abs 2 Satz 1 Nr 1, 2, Art 63 Abs 3 Buchst c GemSortV Abs 2 Satz 1 Nr 4, Art 63 Abs 3 Buchst e GemSortV Abs 2 Satz 1 Nr 6, Art 63 Abs 3 Buchst f GemSortV Abs 2 Satz 1 Nr 5. Art 63 Abs 4 GemSortV entspricht Abs 3 und Art 63 Abs 5 GemSortV Abs 2 Satz 2. Art 63 Abs 3 Buchst a GemSortV sieht anders als das nationale Recht (vgl aber Rdn. 25) als weiteren Hinderungsgrund das Entgegenstehen älterer Rechte eines Dritten vor,[97] Art 63 Abs 3 Buchst d die Übereinstimmung oder Verwechselbarkeit mit anderen Bezeichnungen; die beim Inverkehrbringen von Waren allgemein benutzt werden oder nach anderen Rechtsvorschriften als freizuhaltende Bezeichnung gelten; erfasst sind zB Bezeichnungen, die zur Bezeichnung einer bestimmten Art allgemein benutzt werden; klanglicher, schriftbildlicher und begrifflicher Abstand steht der Verwechselbarkeit entgegen.[98] Anders als das nationale Recht knüpft die GemSortV nicht an die Ungeeignetheit zur Kennzeichnung, sondern an allgemeine Schwierigkeiten der Erkennbarkeit oder Wiedergabe an.[99] Die Verwendung der Sortenbezeichnung (vgl § 14) ist in Art 17, 18 GemSortV geregelt. Ein Verstoß gegen Art 17 GemSortV ist kein Änderungsgrund.[100]

47 Auch der Verwaltungsrat des GSA hat **Leitlinien** veröffentlicht.[101] Diese bilden aber keine rechtsverbindlichen Normen, sondern lediglich Auslegungshilfen.[102] Das GSA hat beschlossen, den im Internationalen Code der Nomenklatur für Kulturpflanzen veröffentlichten international vereinbarten Regeln für das Skript der Sortenbezeichnung ab dem 1.3.2013 zu folgen. Jedes als Phantasiebezeichnung veröffentlichte Wort der Sortenbezeichnung beginnt dann mit einem Großbuchstaben, es sei denn, die Sprachnormen verlangen etwas

---

97 Vgl *Metzger/Zech* En 60.
98 GSA (BK) 18.7.2005 A 4/04 ABl GSA 15.8.2004 Ginpent: GINPENT gegenüber der Artbezeichnung Gynostemma pentaphyllum.
99 *Metzger/Zech* Rn. 30.
100 GSA (BK) 18.7.2005 A 4/04 ABl GSA 15.8.2004 Ginpent.
101 Bek 5/2000 ABl GSA 3/2000 S 73, auch im Internet unter http://www.cpvo. europa.eu/documents/gazettes/2000/cpvo_2000_3.pdf; Entscheidung des Verwaltungsrats des GSA vom 24.3.2004 bezüglich der Eignung von Sortenbezeichnungen ABl GSA 2004, 123.
102 Vgl *Metzger/Zech* Rn. 29.

anderes. Eine Ausnahme bilden Konjunktionen und Präpositionen, die nicht am Anfang einer Sortenbezeichnung stehen, zB in 'Pride of Africa'. Gängige Abkürzungen und Bezeichnungen in Form von Codes werden nach wie vor groß geschrieben. Außerdem werden Sortenbezeichnungen in allen von CPVO herausgegebenen Dokumenten in einfache, hochgestellte Anführungszeichen gesetzt.[103]

Verfahren. Der Antragsteller hat bei der Anmeldung eine Sortenbezeichnung 48 vorzuschlagen (Art 50 Abs 3 GemSortV), die vom GSA auf ihre Eignung überprüft wird. Dabei kann zunächst eine vorläufige Sortenbezeichnung gewählt werden. Das GSA stellt ein Formular zur Verfügung.[104] Wird keine Sortenbezeichnung vorgeschlagen, führt dies zur Zurückweisung der Anmeldung (Art 29 Abs 2 GemSortVDV).[105]

§ 8 Recht auf Sortenschutz

(1) [1]Das Recht auf Sortenschutz steht dem Ursprungszüchter oder Entdecker der Sorte oder seinem Rechtsnachfolger zu. [2]Haben mehrere die Sorte gemeinsam gezüchtet oder entdeckt, so steht ihnen das Recht gemeinschaftlich zu.

(2) Der Antragsteller gilt im Verfahren vor dem Bundessortenamt als Berechtigter, es sei denn, daß dem Bundessortenamt bekannt wird, daß ihm das Recht auf Sortenschutz nicht zusteht.

GemSortV:

Art 11 Recht auf den gemeinschaftlichen Sortenschutz

(1) Das Recht auf den gemeinschaftlichen Sortenschutz steht der Person zu, die die Sorte hervorgebracht oder entdeckt und entwickelt hat bzw. ihrem Rechtsnachfolger; diese Person und ihr Rechtsnachfolger werden im folgenden »Züchter« genannt.

(2) Haben zwei oder mehrere Personen die Sorte gemeinsam hervorgebracht oder entdeckt und entwickelt, so steht ihnen oder ihren jeweiligen Rechtsnachfolgern dieses Sortenschutzrecht gemeinsam zu. Diese Bestimmung

---

103 Bek GSA 1/13 ABl GSA 2013, 119.
104 Abrufbar unter http://www.cpvo.europa.eu/main/de/home/filing-an-application/online-forms.
105 Vgl *Metzger/Zech* Rn. 12.

gilt auch für zwei oder mehrere Personen in den Fällen, in denen eine oder mehrere von ihnen die Sorte entdeckt und die andere bzw. die anderen sie entwickelt haben.

(3) Das Sortenschutzrecht steht dem Züchter und einer oder mehreren anderen Personen ebenfalls gemeinsam zu, falls der Züchter oder die andere Person bzw. die anderen Personen schriftlich ihre Zustimmung zu einem gemeinsamen Sortenschutzrecht erklären.

(4) Ist der Züchter ein Arbeitnehmer, so bestimmt sich das Recht auf den gemeinschaftlichen Sortenschutz nach dem nationalen Recht, das für das Arbeitsverhältnis gilt, in dessen Rahmen die Sorte hervorgebracht oder entdeckt und entwickelt wurde.

(5) Steht das Recht auf den gemeinschaftlichen Sortenschutz nach den Absätzen 2, 3 und 4 mehreren Personen gemeinsam zu, so kann eine oder mehrere von ihnen durch schriftliche Erklärung die anderen zu seiner Geltendmachung ermächtigen.

Art 54 Abs 2

(2) Der Erstantragsteller gilt als derjenige, dem das Recht auf den gemeinschaftlichen Sortenschutz gemäß Artikel 11 zusteht. Dies gilt nicht, falls das Amt vor einer Entscheidung über den Antrag feststellt bzw. sich aus einer abschließenden Beurteilung hinsichtlich der Geltendmachung des Rechts gemäß Artikel 98 Absatz 4 ergibt, daß dem Erstantragsteller nicht oder nicht allein das Recht auf den gemeinschaftlichen Sortenschutz zusteht. Ist die Identität der alleinberechtigten oder der anderen berechtigten Personen festgestellt worden, kann die Person bzw. können die Personen das Verfahren als Antragsteller einleiten.

Ausland: Österreich

vgl § 7 Abs 1, 2, 4 [abgedruckt bei § 22], § 8 [abgedruckt bei § 23]

Schweiz:

Art 9 Grundsatz

(1) Das Recht auf Sortenschutz steht dem Züchter oder seinem Rechtsnachfolger zu. Artikel 332 des Obligationenrechts gilt sinngemäss.

(2) Haben mehrere die Sorte gemeinsam gezüchtet, steht ihnen das Recht gemeinsam zu.

(3) Haben mehrere die Sorte unabhängig voneinander gezüchtet, so steht das Recht demjenigen zu, der sich auf die frühere Anmeldung oder die Priorität berufen kann.

Art 10 Stellung des Sortenschutzbewerbers

Wer eine Sorte anmeldet, gilt bis zum Beweis des Gegenteils als berechtigt, den Schutz zu beantragen.

Belgien: Art XI.111, Art XI.112 (Anmeldeberechtigung) Code du droit économique; **Bulgarien:** Art 4, Art 14, 15, 16 (Dienstverhältnis) Pflanzen- und TierzuchtG; **Estland:** § 8 Plant Propagation and Plant Variety Rights Act; **Irland:** Sec 5, 6 (Mehrheit von Anmeldungen) PVA, geänd 1998; **Island:** vgl Art 1 SortG; **Italien:** vgl Art 2, 9 VO 455; **Kroatien:** Art 3 SortG; **Lettland:** Sec 8, 9, 11 SortG; **Niederlande:** Art 50 Abs 1, Art 51 – 53, Art 66 (Mehrheit von Berechtigten) Zaaizaad- en plantgoedwet 2005; **Polen:** Art 4; Art 4a (Arbeitnehmerzüchtung) SortG; **Portugal:** Art 8 SortVO; **Rumänien:** Art 10 SortG; **Slowakei:** Art 9 (Mitberechtigung), 30 A Pflanzen- und TierzuchtG; **Slowenien:** Art 12 SortG; **Spanien:** Art 3, 10 SortG 2000; **Tschech. Rep.:** Art 10, 12 SortG 2000; **Ungarn:** Art 108 PatG; **Vereinigtes Königreich:** Sec 4 Abs 3–6 PVA

Schrifttum

Bielenberg Zur Frage der sortenschutzrechtlichen Entdeckung, GRUR 1976, 387; *Bruchhausen* Sortenschutzrechtliche Entdeckung, LM Nr 1 zu SortenschutzG; *H. G. Hesse* Züchtungen und Entdeckungen neuer Pflanzensorten durch Arbeitnehmer, GRUR 1980, 404; *H. G. Hesse* Der Arbeitnehmer als Züchter oder Entdecker neuer Pflanzensorten, Mitt 1984, 81; *Hubmann* Das Recht am Arbeitsergebnis, FS A. Hueck (1959), 43; *Keukenschrijver* Zur Arbeitnehmerzüchtung und –entdeckung im Sortenschutzrecht, FS K. Bartenbach (2005), 243; *P. Schade* Arbeitnehmerzüchtungen bei neuen Pflanzensorten nach der Novelle zum Sortenschutzgesetz 1985, FS R. Klaka (1987), 115; *Spennemann* Neue Bezeichnungen im Saatgutwesen nach dem Saatgutgesetz vom 27. Juni 1953, SgW 1953, 274; *Straus* Zur Anwendbarkeit der Erfinderverordnung auf Sortenschutz für Pflanzenzüchtungen freier Erfinder, GRUR 1986, 767; *Würtenberger* Wem gehört die Mutation einer geschützten Pflanzensorte? GRUR 2009, 378; *van der Kooij* Gekweekt, of ontdekt en ontwikkeld, Berichten Industriële Eigendom 2 (2011), 82

Übersicht   Rdn.
A.   Nationale Regelung; Entstehungsgeschichte   1
B.   Recht auf den Sortenschutz (materielle Berechtigung)   2
I.   Allgemeines.   2

II.   Ursprungszüchter   7
       1. Züchtung   7
       2. Züchter   9
III.   Entdecker   11
       1. Entdeckung.   11
       2. Berechtigter   12
IV.   Arbeitnehmer   14
       1. Maßgebliche Rechtsordnung.   14
       2. Anwendbarkeit des ArbEG   15
V.   Rechtsnachfolge; Übertragung   17
VI.   Mehrheit von Berechtigten   18
C.   **Formelle Berechtigung**   20
D.   **Gemeinschaftlicher Sortenschutz**.   23
I.   Materielle Berechtigung   23
II.   Formelle Berechtigung   28
III.   Recht auf gemeinschaftlichen Sortenschutz als Vermögensgegenstand   29

A.   Nationale Regelung; Entstehungsgeschichte

1   Im SaatG § 4. Im SortG 1968 §§ 12, 13. Die Neuregelung durch das SortG
1986 fasst die bisherigen Regelungen aus Gründen der systematischen Straf-
fung zusammen.[1] Abs 1 Satz 3, der (wie schon § 12 Satz 3 SortG 1968) im
Kollisionsfall das Recht dem Erstanmelder zubilligte, ist gestrichen durch das
SortÄndG 1997 (vgl Rdn. 19).

B.   Recht auf den Sortenschutz (materielle Berechtigung)

I. Allgemeines

2   SortBerechtigter (den Begriff »Sorteninhaber«, § 12 SortG 1968, verwendet
das geltende Recht hier nicht mehr, weil er als missverständlich und entbehrlich angesehen wurde)[2] ist der Ursprungszüchter oder Entdecker der Sorte;
die Regelung ist insoweit abschließend.[3] Eine »Dereliktion« der Berechtigung
kennt das Gesetz wohl nicht. Zum **Recht am Sortenschutz** Rdn. 3 ff. zu § 11.

3   Für das Recht auf den Sortenschutz können grds die Regeln entsprechend
herangezogen werden, die zum Recht auf das Patent entwickelt worden sind

---

1 Begr BTDrs 10/816 = BlPMZ 1986, 136, 139.
2 Kr *Wuesthoff*[2] Rn. 1.
3 BGHZ 65, 347, 351 = GRUR 1976, 385 Rosenmutation.

(vgl § 6 PatG). Auch das Recht auf den Sortenschutz hat einen vermögensrechtl und einen persönlichkeitsrechtl Bestandteil (»Züchterehre«).[4] Unter Umständen begründen Verletzungen des Züchterpersönlichkeitsrechts auch Ansprüche auf Ersatz des immateriellen Schadens.[5] Zum Züchterpersönlichkeitsrecht enthält Sec 11 des lettischen SortG eine nähere Regelung. Züchten ist wie Erfinden **Realakt**, züchterische Tätigkeit könne selbst nur natürliche Personen entfalten, juristische Personen können die Rechte nur derivativ erwerben.[6] Unpersönliche Betriebszüchtungen oder -entdeckungen gibt es auch im SortRecht nicht.[7]

Besonderheiten gegenüber dem Patentrecht gelten, wenn die Sorte von einem **Arbeitnehmer** gezüchtet oder entdeckt worden ist (Rdn. 14 ff.).   4

Auf das **sachenrechtliche Eigentum** kommt es nicht – auch nicht als zusätzliche Voraussetzung – an[8] (Rdn. 13).   5

Abgeleiteter Berechtigter ist der Rechtsnachfolger des Ursprungszüchters oder Entdeckers (Rdn. 17).   6

II. Ursprungszüchter

1. Züchtung

Züchtung (»breeding«) ist im Sinn des Sortenschutzes die Hervorbringung neuen Pflanzenguts. Sie erfordert nicht notwendig die Entwicklung etwas vollständig Neuen, sondern schließt die Anpflanzung, Selektion und Aufzucht bereits vorhandenen Materials und seine Entwicklung zu einer fertigen Sorte ein.[9] Sie kann auf unterschiedliche Weise erfolgen, so durch Ramschzüchtung (Bulk), Stammbaumzüchtung (Pedigree), Kreuzungszüchtung (Kombination), Hybrid- oder Mutationszüchtung. In Betracht kommen weiter Formen der Auslese (Massenauslese, positive Auslese, negative Auslese). Die   7

---

4 *Wuesthoff*[2] Rn. 2; *Leßmann/Würtenberger*[2] § 2 Rn. 1.
5 *Busse/Keukenschrijver* PatG § 6 Rn. 12; *Schulte* § 6 PatG Rn. 15; vgl BGH GRUR 1972, 97 Liebestropfen.
6 Vgl *Metzger/Zech* Rn. 8, 34; zum Patentrecht *Busse/Keukenschrijver* PatG § 6 Rn. 17 ff.
7 *Wuesthoff*[2] Rn. 3; *Leßmann/Würtenberger*[2] § 2 Rn. 2; aA offenbar *Spennemann* SgW 1953, 274, 275.
8 BGHZ 65, 347, 351 = GRUR 1976, 385 Rosenmutation; *Metzger/Zech* Rn. 13.
9 GSA (BK) 3.4.2003 A 17/02 ABl GSA 15.6.2003 Broccoli; GSA (BK) InstGE 5, 199 Phasion.

Züchtung kann generativ (durch Samen mit Generationswechsel), vegetativ (Klonen; eine Definition des Begriffs enthält § 2 Abs 1 Nr 11a SaatG), im Reagenzglas von Kulturen lebenden Gewebes (in vitro), innerhalb des lebenden Organismus (in vivo), mit gentechnischen Methoden (gentechnisch veränderte Organismen, GMOs[10]; rekombinante Gentechnik, CRISPR/Cas-Methode,[11] Mutagenese, Hybridomtechnologie, Mikroinjektion, Insertion in ein Plasmid, Klonierung von Genen) erfolgen.[12] Züchtung setzt voraus, dass die Sorte tatsächlich geschaffen ist.[13] Am 1.9.1999 lagen dem BSA 22 Anträge für gentechnisch veränderte Sorten vor (9 Winterrapssorten mit Herbizidtoleranz, 2 Sommerrapssorten mit verändertem Fettsäuremuster, 6 Zuckerrübensorten mit Herbizidtoleranz, 5 Maissorten, davon 3 zünslerresistent und 2 herbizidtolerant), eine Eintragung war anders als in anderen eur Vertragsstaaten noch nicht erfolgt.[14] Die Sortenzulassung von drei maiszünslerresistenten Sorten ist am 14.12.2005 veröffentlicht worden. 2007 wurden beim BSA 8 gentechnisch veränderte Sorten für die Sortenzulassung geprüft.[15]

8   Als Ergebnis einer Züchtung können durch **spontane Mutation** an Kulturpflanzen entstandene neue Sorten (»Sports«) nicht angesehen werden, weil bei ihnen der entscheidende Schritt von der bekannten Ausgangssorte zur neuen Sorte nicht auf züchterischen Maßnahmen, sondern auf einem von menschlichem Tun unbeeinflusst aufgetretenen Naturvorgang beruht.[16] Die

---

10 Zur Zulassung einer gentechnisch veränderten Kartoffelsorte EuG 13.12.2013 T-240/10 EuGRZ 2014, 415Amflora, zur gentechnisch veränderten Kartoffelsorte Fortuna http://www.zeit.de/wissen/2011-10/kartoffel-gentechnik-eu, zur »Opt-out«-Regelung für den Anbau im Rahmen der Änderung der Freisetzungsrichtlinie 2001/18/EG s das Rechtsgutachten *Herdegen* November 2014, im Internet unter http://www.bmel.de/SharedDocs/Downloads/Landwirtschaft/Pflanze/GrueneGentechnik/OptOut-RegelungenGeplant.pdf?__blob=publicationFile;.

11 Zur CRISPR/Cas-Methode (Clustered Regularly Interspaced Short Palindromic Repeats) vgl *Jones* Are plants engineered with CRISPR technology genetically modified organisms? The Biochemist 38, Nr 3, (Juni 2016), 14; *Schaeffer/Nakata* CRISPR/Cas9-mediated genome editing and gene replacement in plants: Transitioning from lab to field, Plant Science 240 (2015), 130; zum Patentstreit *Ledford* Titanic clash over CRISPR patents turns ugly, Nature 537 (September 2016) 460.

12 Vgl *Wuesthoff*[2] § 1 Rn. 4; *Leßmann/Würtenberger*[2] § 2 Rn. 3; *Straus* Gewerblicher Rechtsschutz für biotechnologische Erfindungen, 1987.

13 Vgl *Wuesthoff*[2] Rn. 4.

14 Pressemitteilung des BSA vom 2.9.1999.

15 Pressemitteilung des BSA vom 22.5.2007.

16 BGHZ 65, 347, 349 = GRUR 1976, 385 Rosenmutation.

Häufigkeit von »Sports« bei Kulturpflanzen wird mit zwischen 1:100 000 und 1:100 000 000 angegeben.[17]

2. Züchter

Züchter ist, wer aufgrund züchterischer Betätigung die Sorte neu erschafft.[18]   9
Bloße Gehilfen, die zwar den Züchter unterstützen, nicht aber selbst einen geistigen Beitrag zur Züchtung leisten, sind nicht Züchter.[19] Eine Begriffsbestimmung enthält Art 1 Nr iv PflZÜ 1991 dahin, dass Züchter die Person ist, die eine neue Pflanze hervorgebracht oder entdeckt und entwickelt hat, weiter die Person, die der Arbeitgeber oder Auftraggeber dieser Person ist, falls die Rechtsvorschriften der betreffenden Vertragspartei Entsprechendes vorsehen, schließlich der Rechtsnachfolger dieser Personen. Neben natürlichen Personen kommen auch juristische Personen als Züchter in Betracht.[20]

Ursprungszüchter ist, wer die Sorte als erster (iSd Neuheitsbegriffs in § 6)   10
züchtet.[21] Vorstadien im Verlauf der Züchtung reichen nicht aus; die Sorte muss bereits gezüchtet worden sein.[22]

III. Entdecker

1. Entdeckung

Entdeckung umfasst alle Fälle, in denen neues Pflanzengut ohne menschliches   11
Zutun entsteht und/oder aufgefunden wird.[23] Erfasst sind Fälle von Mutationen in der Natur wie spontane Mutationen von Kulturpflanzen (»Sports«; Rdn. 8).[24] Entdeckung bedeutet das Auffinden einer Sorte durch Suchen oder durch Zufall in dem Bewusstsein, dass es sich um eine neue Sorte handelt, die dem Entdecker und nach seinem Wissen auch anderen Personen unbekannt

---

17 OLG Frankfurt Mitt 1982, 212, 214 mNachw.
18 So auch BGH GRUR 2004, 936 Barbara; vgl *Wuesthoff*[2] Rn. 4.
19 *Wuesthoff*[2] Rn. 4.
20 Vgl Erläuterungen zur Begriffsbestimmung des Züchters nach der Akte von 1991 vom 24.10.2013, im Internet unter http://www.upov.int/edocs/expndocs/de/upov_ exn_brd.ptf; *Metzger/Zech* Rn. 3.
21 Vgl *Leßmann/Würtenberger*[2] § 2 Rn. 4.
22 BGH GRUR 2004, 936 Barbara; *Leßmann/Würtenberger*[2] § 2 Rn. 4.
23 Vgl *Wuesthoff*[2] Rn. 5; *Leßmann/Würtenberger*[2] § 2 Rn. 6; *Metzger/Zech* Rn. 12.
24 Vgl BPatG Mitt 1984, 94 »Sport«; niederländ Raad voor het Kwekersrecht BIE 1997, 231, 232 White Charla und nachfolgend GH Den Haag BIE 1997, 232 White Charla.

war; auf die wirtschaftliche Bedeutung kommt es nicht an. Deshalb kann eine Sorte von verschiedenen Personen unabhängig voneinander entdeckt werden.[25] Über das Auffinden hinaus ist eine besondere schöpferische Leistung nicht erforderlich.[26]

2. Berechtigter

12 Das SortG enthält keine Regelung der Frage, wer im Fall einer im Rahmen einer Betriebstätigkeit erfolgten Entdeckung einer neuen Pflanzensorte als Entdecker gilt.[27] Bloße Gehilfen (Rdn. 9) scheiden auch hier aus.

13 Der Entdecker muss **nicht Eigentümer** des Materials sein. Das Immaterialgüterrecht des Sortenschutzes folgt nicht dem sachenrechtl Eigentum oder einem sonstigen Recht am Ausgangsmaterial;[28] Entdecker kann daher auch sein, wer nicht Eigentümer der Ursprungspflanze oder Züchter der Ursprungssorte ist; der Begriff der sortrechtl Entdeckung umfasst das Auffinden nicht nur einer in der freien Natur wachsenden, sondern auch einer aus einer Zuchtpflanze (Kulturpflanze) durch spontane Mutation entstandenen neuen Pflanzensorte.[29]

IV. Arbeitnehmer

1. Maßgebliche Rechtsordnung

14 Die Frage, welches Recht für die Zuordnung der Züchtung oder Entdeckung an dem Arbeitgeber oder den Arbeitnehmer maßgeblich ist, richtet sich nach denselben Grundsätzen wie im Gesetz über Arbeitnehmererfindungen

---

25 GSA (BK) InstGE 5, 199 Phasion.

26 Vgl *Metzger/Zech* Rn. 12.

27 BGHZ 65, 347, 353 = GRUR 1976, 385 Rosenmutation.

28 OLG Düsseldorf 15.1.2009 2 U 99/07.

29 BGHZ 65, 347, 349 = GRUR 1976, 385 Rosenmutation, wo allerdings auf die aus der Eigentumslage folgenden Schwierigkeiten beim Erwerb des Schutzrechts hingewiesen wird; LG Düsseldorf 18.9.2007 4b O 320/06; BPatG Mitt 1984, 94f Sport; vgl EG-Kommission GRUR Int 1986, 253, 258 Pitica/Kyria, zur kartellrechtl Beurteilung der Verpflichtung des Lizenznehmers, Mutationen dem Lizenzgeber zu überlassen; vgl *Leßmann/Würtenberger*[2] § 2 Rn. 8.

(ArbEG).[30] Auch Art 11 Abs 4 GemSortV verweist insoweit auf das für das Arbeitsverhältnis maßgebliche nationale Recht.[31]

2. Anwendbarkeit des ArbEG

Eine gesetzliche Regelung über die Stellung des Arbeitnehmerzüchters oder 15 -entdeckers fehlt bedauerlicherweise[32] (anders in § 7 Abs 4 öSortG, der auf die §§ 6 – 19 öPatG – Dienstnehmererfindungen – verweist, und im schweiz SortG). Die Neuzüchtung einer Pflanzensorte durch Kreuzung und Selektion ist weder Erfindung[33] noch technischer Verbesserungsvorschlag iSd §§ 2, 3, 20 ArbEG.[34] Vereinzelt wird eine entspr Anwendung der §§ 2 und 5 ArbEG vertreten.[35] Rspr und Lit haben eine zumindest entspr Anwendbarkeit des § 20 ArbEG (qualifizierter technischer Verbesserungsvorschlag) bejaht.[36] Für

---

30 Vgl *Busse/Keukenschrijver* Einl ArbEG Rn. 13 ff.; *Keukenschrijver* FS K. Bartenbach (2005), 243, 244 f; BGHZ 65, 347, 353 = GRUR 1976, 385 Rosenmutation m insoweit kr Anm *Bielenberg.*

31 *Keukenschrijver* FS K. Bartenbach (2005), 243, 244 f; insoweit zumindest missverständlich *van der Kooij* Art 11 Anm 3, der meint, es könne auf das dt Patentrecht zurückgegriffen werden.

32 Vgl *Leßmann* Das neue Sortenschutzgesetz, GRUR 1986, 279, 282; *Peter Schade* FS R. Klaka (1987), 115; *Metzger/Zech* Rn. 16, 19, 24.

33 *Volmer/Gaul* ArbEG[2] (1983) § 9 ArbEG Rn. 77; *Reimer/Schade/Schippel* Das Recht der Arbeitnehmererfindung[7] (2002), § 2 ArbEG Rn. 13; *Keukenschrijver* FS K. Bartenbach (2005), 243, 245ff.

34 *Leßmann* Das neue Sortenschutzgesetz, GRUR 1986, 279, 282; *Keukenschrijver* FS K. Bartenbach (2005), 243, 250; offengelassen in BGHZ 65, 347, 353 = GRUR 1976, 385 Rosenmutation; vgl für das frz Recht Cour d'Appel Paris PIBD 1986 III 379 Plaminogène activateur; aA *Reimer/Schade/Schippel* Das Recht der Arbeitnehmererfindung[7] (2002), § 2 ArbEG Rn. 13 und ArbEG § 20 Rn. 4, 8; *Schultz-Süchting* Der technische Verbesserungsvorschlag im System des Arbeitnehmererfindungsgesetzes, GRUR 1973, 293, 294 f: »Echte, am objektiven Stand der Technik gemessene Erfindungen, die kraft ausdrücklicher gesetzlicher Regelung ausnahmsweise nicht patent...fähig sind, sowie...«, womit die Linie eines Auffangtatbestands erreicht sein dürfte; hierzu *Keukenschrijver* FS K. Bartenbach (2005), 243, 250.

35 *Sack* in Münchener Hdb zum Arbeitsrecht[2] (2000) § 103 Rn. 7, 10; *Leßmann/Würtenberger*[2] § 2 Rn. 24.

36 VGH München – nicht Würzburg! – GRUR 1982, 559 »Albalonga«; Nachw bei *Hesse* GRUR 1980, 404, 406; vgl LG München I 16.1.1976 7 O 742/75 EGR ArbEG § 2 Nr 8, § 39 Nr 5; *Reimer/Schade/Schippel* Das Recht der

eine ausdrückliche gesetzliche Regelung wurde deshalb ein hinreichendes Bedürfnis nicht gesehen, auch wurde darauf verwiesen, dass Rechtstatsachenfeststellungen fehlten.[37]

16 Dieser Auffassung ist entgegengetreten worden, weil der Sortenschutz ein dem Patent vergleichbares Ausschließlichkeitsrecht begründet und deshalb nicht dem technischen Verbesserungsvorschlag vergleichbar ist.[38] Hieraus wird in Anwendung allg Rechtsgrundsätze unter Ablehnung einer analogen Anwendung der Regelungen in §§ 2, 5 ff. ArbEG und unter Berücksichtigung des sortrechtl Züchterprinzips abgeleitet, dass das Recht auf den Sortenschutz in der Person des Arbeitnehmers entsteht, der Arbeitgeber aber einen aus dem Arbeits-verhältnis folgenden und aus diesem zu konkretisierenden **Anspruch auf Mitteilung und Übertragung** hat, und dass aus der Geltendmachung des Übertragungsanspruchs die Pflicht folgt, Sortenschutz zu erwirken und dem Arbeitnehmer eine angemessene Vergütung zu zahlen, sofern nicht im Einzelfall bereits eine Abgeltung durch das Arbeitsentgelt erfolgt ist.[39] Ein Teil der Lit nimmt an, dass das Recht auf den Sortenschutz als Arbeitsergebnis entsprechend § 950 BGB auf den Arbeitgeber übergehe.[40] Ein auf allg

---

Arbeitnehmererfindung7 (2000) § 20 ArbEG Rn. 4; *Leßmann/Würtenberger*[2] § 2 Rn. 24; vgl *Metzger/Zech* Rn. 19 ff.

37 Begr BlPMZ 1968, 215, 219; BlPMZ 1986, 136, 137; kr *Leßmann* GRUR 1986, 279, 283; vgl zum Gesetzgebungsverfahren *Hesse* Mitt 1984, 81f.

38 *Hesse* GRUR 1980, 404, 408f; *Hesse* Mitt 1984, 81, 82; vgl *Wuesthoff*[2] Rn. 6; *Leßmann/Würtenberger*[2] § 2 Rn. 24; *Straus* GRUR 1986, 767, 775; Schiedsstelle nach dem Gesetz über Arbeitnehmererfindungen 9.3.1973 ArbErf 33/72, unveröffentlicht, bei *Bartenbach/Volz* ArbEG[5] § 2 Fn 47.

39 *Hesse* GRUR 1980, 404, 409 ff.; *Leßmann* GRUR 1986, 279, 282; *Straus* GRUR 1986, 767, 775f; *Münchener Handbuch zum Arbeitsrecht/Sack* § 100 Rn. 1 ff.; vgl *P. Schade* FS R. Klaka (1987), 115, der auf die Grundsätze eines Schutzes persönlich-schöpferischer Leistung rekurriert, sowie den schon 1973 ergangenen Beschluss BPatG Mitt 1984, 94, 95 »Sport«.

40 *Bartenbach/Volz* ArbEG[5] § 2 Rn. 8; *Becker* in *Kittner/Zwanziger* (Hrsg) Arbeitsrecht, Hdb für die Praxis[2] (2003) § 75 Rn. 1 stellt einen Widerstreit zwischen dieser Bestimmung und dem Erfinderprinzip fest und bejaht (aaO Rn. 55) eine mindestens analoge Anwendung, allerdings nicht bei schöpferischem Tätigwerden; *Brent Schwab* Der Arbeitnehmerurheber in der Rechtsprechung des Bundesarbeitsgerichts, in *Oetker/Preis/Rieble* (Hrsg) FS 50 Jahre BAG (2004), 213, 214 ordnet die vom Arbeitnehmer erbrachte Leistung dinglich ausschließlich dem Arbeitgeber zu, bejaht aber die Urheberschaft des Arbeitnehmers bei schöpferischer Leistung; abl *Keukenschrijver* FS K. Bartenbach (2005), 243, 251 ff.

arbeitsrechtl Grundsätze gestützter Übertragungsanspruch für schöpferische Leistungen außerhalb gesetzlicher Regelungen oder vertraglicher Vereinbarungen ist aber zu verneinen.[41] Allerdings wird eine Mitteilungspflicht des ArbN über betrieblich interessante Züchtungen und Entdeckungen ohne weiteres aus dessen arbeitsvertraglichen Nebenpflichten zu begründen sein,[42] ohne dass es dazu der Annahme einer Übertragungspflicht bedarf.[43] Ein Übertragungsanspruch ergibt sich für Arbeitnehmerzüchtungen und –entdeckungen jedoch nur aus einer individualvertraglichen oder kollektivvertraglichen Vereinbarung, die keiner Form bedarf, auch im Weg der Vorausverfügung[44] und stillschweigend erfolgen[45] oder sich aus einer ergänzenden Vertragsauslegung entnehmen lassen kann, für die umso mehr Anlass bestehen mag, als sich die derzeitige Praxis auf das Bestehen eines Übertragungsanspruchs auf arbeitsrechtl Grundlage einstellen musste.[46] Sofern eine vertragliche Grundlage für einen Übertragungsanspruch besteht, begründet dessen Erfüllung einen aus dem Eigentumsrecht abzuleitenden Anspruch des Arbeitnehmerzüchters auf vertragsgemäße, im Zweifel angemessene Entschädigung.[47]

V. Rechtsnachfolge; Übertragung

Die Regelung entspricht der im Patentrecht,[48] allerdings mit Ausnahme des 17
Falls der Züchtung oder Entdeckung durch Arbeitnehmer (Rdn. 14 ff.).

VI. Mehrheit von Berechtigten

Die Bestimmung in Abs 1 Satz 2 entspricht der in § 6 Satz 2 PatG, sie regelt die 18
Züchter- und die Entdeckergemeinschaft (gemeinschaftliche Berechtigung)

---

41 *Keukenschrijver* FS K. Bartenbach (2005), 243, 254 ff.; so schon *Peter Schade* FS R. Klaka (1987), 115, 118; vgl *Bartenbach/Volz* ArbEG[5] § 2 Rn. 8.

42 *Keukenschrijver* FS K. Bartenbach (2005), 243, 256 mwN.

43 AA offenbar *Hesse* GRUR 1980, 404, 410, der auf den Erwerbsanspruch des Arbeitgebers abstellt; ähnlich *Sack* in Münchener Hdb zum Arbeitsrecht[2] (2000) § 103 Rn. 9.

44 *Keukenschrijver* FS K. Bartenbach (2005), 243, 256; vgl *Hubmann* FS A. Hueck (1959), 43, 53.

45 *Keukenschrijver* FS K. Bartenbach (2005), 243, 256; vgl schon RGZ 110, 393, 395 Riviera; RG GRUR 1933, 323 Gropius-Türdrücker.

46 *Keukenschrijver* FS K. Bartenbach (2005), 243, 256.

47 *Keukenschrijver* FS K. Bartenbach (2005), 243, 256.

48 Vgl *Busse/Keukenschrijver* § 6 PatG Rn. 25 ff.; *Leßmann/Würtenberger*[2] § 2 Rn. 16; *Metzger/Zech* Rn. 33.

entspr der Erfindergemeinschaft.[49] Beteiligt sind nur Personen, die selbst Anteil an der schöpferischen Leistung (Züchtung, Entdeckung) haben.[50] Es kann, da die Sorte entweder auf Züchtung oder auf Entdeckung beruht, nur eine Züchtergemeinschaft oder eine Entdeckergemeinschaft entstehen; »gemischte« Gemeinschaften sind grds nicht denkbar (vgl aber Rdn. 24). Eine BGB-Gesellschaft kann jedenfalls als Außengesellschaft Rechtsinhaberin sein,[51] das wird – wie nunmehr auch nach § 7 MarkenG[52] – wegen deren Akzessorietät auch für die Sortenbezeichnung gelten müssen.

19 Der Fall der **Parallel-(Doppel-)züchtung** oder -entdeckung ist anders als in § 6 Satz 3 PatG nicht (mehr; Rdn. 1) geregelt, er dürfte auch nur selten vorkommen.[53] Die patentrechtl Grundsätze werden entsprechend herangezogen werden können.[54]

C. Formelle Berechtigung

20 Abs 2 (entspr § 13 SortG 1968) ist der Regelung im Patentrecht (jetzt § 7 PatG) nachgebildet, allerdings mit der Abweichung, dass ein dem BSA bekannt gewordener Mangel der Berechtigung berücksichtigt werden muss (ähnlich Art 54 Abs 2 GemSortV). Anders als im Patentrecht handelt es sich nicht um eine unwiderlegbare, sondern um eine widerlegbare Vermutung.[55] Die Regelung gilt nur für das Verfahren vor dem BSA und für sich an dieses anschließende Rechtsmittelverfahren, dagegen nicht für die Geltendmachung der materiellen Berechtigung.[56]

21 **Fehlen der materiellen Berechtigung** kann nach § 25 Abs 2 Nr 2 geltend gemacht werden. Daneben bestehen die Ansprüche nach § 9.

---

49 *Wuesthoff*[2] Rn. 7; *Leßmann/Würtenberger*[2] § 2 Rn. 17; *Metzger/Zech* Rn. 26.
50 Vgl *Busse/Keukenschrijver* § 6 PatG Rn. 37; *Metzger/Zech* Rn. 27.
51 Vgl *Busse/Keukenschrijver* Vor § 34 PatG Rn. 30.
52 BGH GRUR 2000, 1028 Ballermann m kr Anm *Ann* Mitt 2000, 503; näher *Ströbele/Hacker* § 7 MarkenG Rn. 6 mwN.
53 Vgl *Wuesthoff*[2] Rn. 8; *Wuesthoff/Leßmann/Würtenberger*[1] Rn. 68; *Würtenberger* S 116 f; *Metzger/Zech* Rn. 14.
54 Vgl zu diesen *Busse/Keukenschrijver* § 6 PatG Rn. 54 ff.; *Schulte* § 6 PatG Rn. 25 f.; *Benkard* § 6 PatG Rn. 40.
55 Vgl *Wuesthoff*[2] Rn. 9; *Leßmann/Würtenberger*[2] § 2 Rn. 34 f.; vgl auch *Metzger/Zech* Rn. 36, die fälschlich von Fiktion sprechen.
56 AA offenbar OLG Düsseldorf 13.9.2001 2 U 29/98 Verena, wo die Vermutung für die Prüfung der Berechtigung bei der Übertragungsklage herangezogen wird.

Zur **Antragstellung** ist grds der materiell Berechtigte berechtigt.[57] Besonder- 22
heiten ergeben sich bei Drittstaatlern (Rdn. 3 ff. zu § 15). Jedoch kommt bei
diesen die Begründung eines Treuhandverhältnisses und Antragstellung durch
den Treuhänder in Betracht, wenn dieser die Voraussetzungen des § 15 Abs 1
erfüllt. Der »Strohmann«-Gesichtspunkt des Patentrechts[58] kann in diesem
Zusammenhang nicht herangezogen werden.

D. Gemeinschaftlicher Sortenschutz

I. Materielle Berechtigung

Die materielle Berechtigung ist in Art 11 GemSortV geregelt.[59] Art 11 Abs 1 23
GemSortV spricht die Berechtigung dem **Züchter** zu, fasst unter diesem
Begriff aber die Personen, die die Sorte hervorgebracht, entdeckt oder ent-
wickelt haben und deren Rechtsnachfolger zusammen.[60] Der Anmelder hat
seine Berechtigung nachzuweisen.[61] Der Begriff des Züchtens schließt Anbau,
Selektion und Fertigstellung bereits existierenden Materials zu einer fertigen
Sorte ein; dass dabei Material von Dritten verwendet wird, ist unerheblich.[62]

Art 11 Abs 2 GemSortV regelt die **gemeinsame Berechtigung** im wesent- 24
lichen in Übereinstimmung mit dem nationalen Recht, lässt in Satz 2 aber
ausdrücklich Gemeinschaften von Personen zu, die die Sorte entdeckt und
entwickelt haben.

Art 11 Abs 3 GemSortV spricht gemeinschaftliche Berechtigung auch dann 25
zu, wenn der Züchter und andere Personen schriftlich ihre **Zustimmung** zum
gemeinschaftlichen Sortenschutz erklären.[63]

---

57 Vgl *Leßmann/Würtenberger*[2] § 2 Rn. 34, 36 ff.
58 Vgl *Busse/Keukenschrijver* § 81 PatG Rn. 94 ff.; *Schulte* § 81 PatG Rn. 9; *Benkard*
   § 22 PatG Rn. 34.
59 Vgl *Metzger/Zech* Rn. 15; zur Entstehungsgeschichte *Metzger/Zech* Rn. 7.
60 Zu den Beweisanforderungen GSA (BK) 3.4.2003 A 17/02 ABl GSA 15.6.2003
   Broccoli, wo auf die genetische Widerlegung einer behaupteten Verwandtschaft
   abgestellt wurde.
61 GSA (BK) InstGE 5, 199 Phasion.
62 GSA (BK) 3.4.2003 A 17/02 ABl GSA 15.6.2003 Broccoli: »The concept of »breeding« in that provision does not necessarily imply inventing something totally new
   but includes the planting, selection and growing on of pre-existing material and its
   development into a finished variety.«
63 Vgl *Metzger/Zech* Rn. 30.

26 Die **Parallel-(Doppel-)züchtung** ist in der GemSortV nicht geregelt.[64]

27 Für **Züchtungen von Arbeitnehmern** verweist Art 11 Abs 4 GemSortV auf das jeweils maßgebliche nationale Recht (vgl Rdn. 14).

II. Formelle Berechtigung

28 Art 54 Abs 2 GemSortV entspricht der nationalen Regelung. Der Anmelder muss zum berechtigten Personenkreis des Art 12 GemSortV gehören, was nach der seit 2008 geltenden Regelung kaum mehr Schwierigkeiten bereiten wird; Treuhandverhältnisse kommen auch hier in Betracht. Kenntnis des GSA vom Mangel ist zu berücksichtigen, ebenso das Vorliegen einer abschließenden (gerichtlichen oder behördlichen) Entscheidung nach Art 98 Abs 4 GemSortV.[65]

III. Recht auf gemeinschaftlichen Sortenschutz als Vermögensgegenstand

29 Für das Recht auf gemeinschaftlichen Sortenschutz als Vermögensgegenstand gelten nach Art 26 GemSortV die Art 22–25 GemSortV entsprechend; der Rechtsnachfolger wird hier als Züchter bezeichnet.[66] Danach findet grds das nach Art 22 Abs 1, 2 maßgebliche nationale Recht Anwendung (vgl Rdn. 5 ff., 19 zu § 11).

30 Im Fall einer **Mehrheit von Berechtigten** ist das jeweilige nationale Recht auf den einzelnen Anteil anzuwenden, soweit die Anteile feststehen (vgl Art 27 GemSortV). Ist dies nicht der Fall, ist nach der dann über die Verweisung in Art 27 GemSortV anwendbaren Regelung in Art 22 Abs 4 Satz 1 GemSortV auf das für den ersten im Register eingetragenen Anmelder anzuwendende Recht abzustellen. Als Auffangregelung gilt auch hier Art 22 Abs 2 GemSortV (Art 22 Abs 4 Satz 2 GemSortV).[67]

§ 9 Nichtberechtigter Antragsteller

(1) Hat ein Nichtberechtigter Sortenschutz beantragt, so kann der Berechtigte vom Antragsteller verlangen, daß dieser ihm den Anspruch auf Erteilung des Sortenschutzes überträgt.

---

64 Vgl *van der Kooij* Art 11 Anm 4.
65 Vgl *van der Kooij* Art 54 Anm 1.
66 Vgl *Metzger/Zech* Rn. 35.
67 Vgl *Leßmann/Würtenberger*[2] § 1 Rn. 29 f.

(2) [1]Ist einem Nichtberechtigten Sortenschutz erteilt worden, so kann der Berechtigte vom Sortenschutzinhaber verlangen, daß dieser ihm den Sortenschutz überträgt. [2]Dieser Anspruch erlischt fünf Jahre nach der Bekanntmachung der Eintragung in der Sortenschutzrolle, es sei denn, daß der Sortenschutzinhaber beim Erwerb des Sortenschutzes nicht in gutem Glauben war.

GemSortV:

Art 98 Geltendmachung des Rechts auf den gemeinschaftlichen Sortenschutz

(1) Ist der gemeinschaftliche Sortenschutz einer Person erteilt worden, die nach Artikel 11 nicht berechtigt ist, so kann der Berechtigte unbeschadet anderer nach dem Recht der Mitgliedstaaten bestehender Ansprüche vom nichtberechtigten Inhaber verlangen, daß der gemeinschaftliche Sortenschutz ihm übertragen wird.

(2) Steht einer Person das Recht auf den gemeinschaftlichen Sortenschutz nur teilweise zu, so kann sie nach Absatz 1 verlangen, daß ihr die Mitinhaberschaft daran eingeräumt wird.

(3) Die Ansprüche nach den Absätzen 1 und 2 können nur innerhalb einer Ausschlußfrist von fünf Jahren nach Bekanntmachung der Erteilung des gemeinschaftlichen Sortenschutzes geltend gemacht werden. Dies gilt nicht, wenn der Inhaber bei Erteilung oder Erwerb Kenntnis davon hatte, daß ihm das Recht auf den gemeinschaftlichen Sortenschutz nicht oder nicht allein zustand.

(4) Die Ansprüche nach den Absätzen 1 und 2 stehen dem Berechtigten entsprechend auch hinsichtlich eines Antrags auf Erteilung des gemeinschaftlichen Sortenschutzes zu, der von einem nicht oder nicht allein berechtigten Antragsteller gestellt worden ist.

Art 100 Folgen des Wechsels der Inhaberschaft am gemeinschaftlichen Sortenschutz

(1) Bei vollständigem Wechsel der Inhaberschaft am gemeinschaftlichen Sortenschutz infolge eines zur Geltendmachung der Ansprüche gemäß Artikel 98 Absatz 1 nach Artikel 101 oder 102 erwirkten rechtskräftigen Urteils erlöschen Nutzungsrechte und sonstige Rechte mit der Eintragung des Berechtigten in das Register für gemeinschaftliche Sortenschutzrechte.

(2) Hat vor Einleitung des Verfahrens gemäß den Artikeln 101 oder 102 der Inhaber oder ein zu diesem Zeitpunkt Nutzungsberechtigter hinsichtlich der Sorte im Gebiet der Gemeinschaft eine der in Artikel 13 Absatz 2 genannten Handlungen vorgenommen oder dazu wirkliche und ernsthafte Vorkehrungen getroffen, so kann er diese Handlungen fortsetzen oder vornehmen, wenn er bei dem neuen in das Register für gemeinschaftliche Sortenschutzrechte eingetragenen Inhaber die Einräumung eines nicht ausschließlichen Nutzungsrechts beantragt. Der Antrag muß innerhalb der in der Durchführungsordnung vorgeschriebenen Frist gestellt werden. Das Nutzungsrecht kann in Ermangelung eines Einvernehmens zwischen den Parteien vom Amt gewährt werden. Artikel 29 Absätze 3 bis 7 gilt sinngemäß.

(3) Absatz 2 findet keine Anwendung, wenn der Inhaber oder Nutzungsberechtigte zu dem Zeitpunkt, zu dem er mit der Vornahme der Handlungen oder dem Treffen der Veranstaltungen begonnen hat, bösgläubig gehandelt hat.

Ausland: Österreich:

vgl § 15 Abs 3, 4 [abgedruckt bei § 31]

Schweiz:

Art 19 Abtretung

(1) Wurde die Anmeldung von einem Unberechtigten eingereicht, so kann der Berechtigte auf Abtretung der Anmeldung oder des bereits erteilten Sortenschutzes klagen.

(2) Die Klage ist innert zwei Jahren seit der Veröffentlichung des Sortenschutzes einzureichen. Die Klage gegen einen Bösgläubigen ist jederzeit möglich.

(3) Wird die Klage gutgeheissen, so fallen die Rechte dahin, die der Beklagte Dritten eingeräumt hat.

Belgien: Art 27, 28 (Gutglaubensschutz) SortG; **Finnland:** Sec 17, 18 SortG 2009; **Kroatien:** Art 43 – 45 SortG; **Niederlande:** Art 49a, 55 SaatG; **Norwegen:** Art 8 SortG; **Slowenien:** Art 37 SortG

Übersicht   Rdn.
A.   Nationale Regelung; Entstehungsgeschichte   1
B.   Übertragungsanspruch.   2
I.   Grundsatz.   2
II. Konkurrenzen.   6
III. Durchsetzung   7
C.   Gemeinschaftsrecht   11

A. Nationale Regelung; Entstehungsgeschichte

Im SaatG Regelung in § 5. Im SortG 1968 § 14, geänd durch die Novelle **1**
1974. Das SortG 1985 hat die Bestimmung neu gefasst. Die Neuregelung
hebt die unterschiedlichen Rechtsfolgen je nach dem Zeitpunkt vor oder nach
der Erteilung des Sortenschutzes durch Trennung in zwei Abs deutlicher her-
vor.[1]

B. Übertragungsanspruch

I. Grundsatz

Die Regelung gewährt dem Berechtigten, nämlich dem Züchter oder Ent- **2**
decker der Sorte bzw dessen Rechtsnachfolger,[2] gegenüber dem nichtberechtigten Antragsteller bzw SortInhaber einen (fälschlich meist als Vindikation
bezeichneten[3]) verschuldensunabhängigen[4] schuldrechtl Übertragungsanspruch,[5] der sich an die Regelung im Patentrecht (§ 8 PatG) anlehnt; ein
Nachanmelderecht ähnlich § 7 PatG ergibt sich aus § 25 Abs 5. Anders als im
Patentrecht kommen Teilung und Abtretung der Teilanmeldung bei teilweiser
Entnahme nicht in Betracht. Voraussetzung ist die Entnahme der Sorte; auf
die Schutzfähigkeit kommt es nicht an.[6] Weiter ist nicht entscheidend, ob
und wie der Züchter die Sorte verwerten will, ob er die Pflanzen behält oder

---

1   Begr BTDrs 10/816 = BlPMZ 1986, 136, 139.
2   Vgl *Metzger/Zech* Rn. 14.
3   Vgl *Busse/Keukenschrijver* PatG § 8 Rn. 8.
4   *Metzger/Zech* Rn. 1.
5   AA *Wuesthoff*[2] Rn. 1 und *Leßmann/Würtenberger*[2] § 2 Rn. 37; ebenso *Metzger/Zech*
    Rn. 11: dinglicher Anspruch; *Schulte* § 8 PatG Rn. 9, *Benkard* § 8 PatG Rn. 2:
    quasi-dinglich; zur Rechtsnatur *Busse/Keukenschrijver* § 8 PatG Rn. 8 ff.; *Kraßer/Ann*
    § 20 Rn. 25 ff.
6   Vgl OLG Düsseldorf 13.9.2001 2 U 29/98 »Verena«.

vernichtet.[7] Der Entdecker der Sorte ist auch dann nicht Nichtberechtigter, wenn er das Ausgangsmaterial einem anderen entwendet hat; ihm stehen ungeachtet schuldrechtl Ansprüche wegen unerlaubter Handlung Übertragungsansprüche nicht zu.[8] Für die fehlende Berechtigung kommt es auf den Zeitpunkt der letzten mündlichen Verhandlung in den Tatsacheninstanzen an.[9] Die Darlegungs- und Beweislast liegt beim Berechtigten.[10] Eine gesetzliche Beweislastumkehr sieht das SortG (anders als § 139 Abs 3 PatG) nicht vor, jedoch kommen Beweiserleichterungen in Betracht.

3   Der entnommene Gegenstand muss in der Anmeldung oder im erteilten Sortenschutz **wesensgleich** enthalten sein.[11]

4   Der **Anspruch** richtet sich vor Erteilung des Sortenschutzes auf Übertragung des Erteilungsanspruchs (Abs 1), danach auf Übertragung des Sortenschutzes (Abs 2 Satz 1). Ob Sukzessionsschutz für Dritte besteht, ist als nach Art 100 GemSortV (Rdn. 11) str (näher Rdn. 25 zu § 11).

5   Die **Ausschlussfrist** (Abs 2 Satz 2) für die Geltendmachung des Übertragungsanspruchs[12] ist abweichend vom Patentrecht auf fünf Jahre bemessen und wird durch ein Widerspruchsverfahren nicht berührt; im übrigen gelten hier die gleichen Grundsätze wie im Patentrecht. Für die Bösgläubigkeit kommt es ungeachtet des unklaren Wortlauts wie im Patentrecht nur auf den Zeitpunkt des Rechtserwerbs an.[13] Soweit die Ausschlussfrist verstrichen ist, steht dem durch die Entnahme Geschädigten auch der Entnahmeeinwand gegenüber dem bösgläubigen Entnehmer nicht mehr zu.[14]

---

7   BGH GRUR 2004, 936 Barbara.
8   OLG Düsseldorf 15.1.2009 2 U 99/07; LG Düsseldorf 18.9.2007 4b O 320/06.
9   Vgl zum Patentrecht BGHZ 82, 13 = GRUR 1982, 95 pneumatische Einrichtung; *Metzger/Zech* Rn. 19.
10   OLG Düsseldorf 13.9.2001 2 U 29/98 Verena; *Metzger/Zech* Rn. 33; zum Beweismaß und zur Berücksichtigung von Indiztatsachen BGH GRUR 2004, 936 Barbara.
11   *Busse/Keukenschrijver* PatG § 8 Rn. 15 mwN; *Metzger/Zech* Rn. 20 f.
12   Vgl *Busse/Keukenschrijver* § 8 PatG Rn. 17 ff.; *Schulte* § 8 PatG Rn. 25; *Benkard* § 8 PatG Rn. 32.
13   Str; Nachw bei *Busse/Keukenschrijver* § 8 PatG Rn. 22; wie hier *Schulte* § 8 PatG Rn. 27 f.; *Leßmann/Würtenberger*[2] § 2 Rn. 42 stellen in erster Linie auf den Erteilungszeitpunkt ab, vgl auch *Metzger/Zech* Rn. 23.
14   Für das Patentecht BGHZ 162, 110 = GRUR 2005, 567 Schweißbrennerreinigung.

II. Konkurrenzen

Konkurrenzen kommen in Betracht mit deliktischen Ansprüchen und allgemeinen Bereicherungsansprüchen.[15] Der Verletzte kann gegen die Erteilung
des Sortenschutzes auch im Weg von Einwendungen und des (fristgebun-
denen) Widerspruchs vorgehen;[16] einen Rücknahme- oder Widerrufsgrund
stellt die Entnahme nicht dar (Rdn. 8). Daneben können dem Verletzten
Schadensersatzansprüche zustehen.[17]

6

III. Durchsetzung

Der Anspruch ist im **Klageweg** durchsetzbar.[18] Einstweiliger Rechtsschutz,
insb Sequestration, kommt in Betracht.[19] Zum Entnahmeeinwand im Verletzungsstreit Rdn. 34 zu § 37.

7

Daneben ist Klage auf **Feststellung** der Züchter- bzw Entdeckereigenschaft
zulässig.[20]

8

Im **Erteilungsverfahren** kann der Anmelder seine Rechte nach § 22 Abs 2
Nr 2 geltend machen; § 25 Abs 5 gewährt ihm ein § 7 Abs 2 PatG entsprechendes zeitrangbegünstigtes Nachanmelderecht.

9

Anders als im Patentrecht ist die Geltendmachung der mangelnden Berechtigung in einem der Erteilung **nachgeschalteten Verfahren** vor dem BSA nicht
möglich.[21]

10

C. Gemeinschaftsrecht

Art 98 Abs 1 GemSortV begründet einen gleichartigen Übertragungsanspruch gegenüber dem nicht berechtigten Inhaber, Art 98 Abs 4 GemSortV
gegenüber dem nichtberechtigten Anmelder. Art 98 Abs 2 GemSortV regelt
den Fall der Mitberechtigung. Art 100 Abs 1 GemSortV bestimmt, dass mit

11

---

15 Vgl *Busse/Keukenschrijver* § 8 PatG Rn. 35; *Schulte* § 8 PatG Rn. 41.
16 Vgl *Leßmann/Würtenberger*[2] § 2 Rn. 39; *Metzger/Zech* Rn. 36 ff.
17 LG Düsseldorf 15.1.1998 4 O 29/98 (Umdruck S 30 – 33).
18 Vgl *Busse/Keukenschrijver* § 8 PatG Rn. 41 f.; zur Geltendmachung im Weg der
   einstweiligen Verfügung *Busse/Keukenschrijver* vor § 143 PatG Rn. 266; *Schulte* § 8
   PatG Rn. 22 ff.; *Benkard* § 8 PatG Rn. 39.
19 *Metzger/Zech* Rn. 35.
20 *Busse/Keukenschrijver* § 8 PatG Rn. 44.
21 Vgl *Wuesthoff*[2] Rn. 3.

Eintragung des Berechtigten im Register Nutzungsrechte und sonstige Rechte erlöschen, jedoch besteht bei Gutgläubigkeit Anspruch auf Einräumung eines nichtausschließlichen Nutzungsrechts (Art 100 Abs 2, 3 GemSortV).[22]

12 **Konkurrenzen.** Die Regelung lässt nach nationalem Recht konkurrierende Ansprüche unberührt (Art 98 Abs 1 GemSortV).

13 **Ausschlussfrist.** Die Regelung in Art 98 Abs 3 GemSortV entspricht sachlich der in Abs 2 Satz 2 (Rdn. 5), jedoch ist nur positive Kenntnis, nicht auch grobfahrlässige Unkenntnis schädlich.[23]

§ 10 Wirkung des Sortenschutzes

(1) Vorbehaltlich der §§ 10a und 10b hat der Sortenschutz die Wirkung, daß allein der Sortenschutzinhaber berechtigt ist,
1. Vermehrungsmaterial der geschützten Sorte
   a) zu erzeugen, für Vermehrungszwecke aufzubereiten, in den Verkehr zu bringen, ein- oder auszuführen oder
   b) zu einem der unter Buchstabe a genannten Zwecke aufzubewahren,
2. Handlungen nach Nummer 1 vorzunehmen mit sonstigen Pflanzen oder Pflanzenteilen oder hieraus unmittelbar gewonnenen Erzeugnissen, wenn zu ihrer Erzeugung Vermehrungsmaterial ohne Zustimmung des Sortenschutzinhabers verwendet wurde und der Sortenschutzinhaber keine Gelegenheit hatte, sein Sortenschutzrecht hinsichtlich dieser Verwendung geltend zu machen.

(2) Die Wirkung des Sortenschutzes nach Absatz 1 erstreckt sich auch auf Sorten,
1. die von der geschützten Sorte (Ausgangssorte) im wesentlichen abgeleitet worden sind, wenn die Ausgangssorte selbst keine im wesentlichen abgeleitete Sorte ist,
2. die sich von der geschützten Sorte nicht deutlich unterscheiden lassen oder
3. deren Erzeugung die fortlaufende Verwendung der geschützten Sorte erfordert.

(3) Eine Sorte ist eine im wesentlichen abgeleitete Sorte, wenn

---

22 *Metzger/Zech* Rn. 28.
23 *Van der Kooij* Art 98 Anm 1; *Metzger/Zech* Rn. 24; zwd *Leßmann/Würtenberger*[2] § 2 Rn. 43; vgl hierzu auch *Busse/Keukenschrijver* § 8 PatG Rn. 20.

1. für ihre Züchtung oder Entdeckung vorwiegend die Ausgangssorte oder eine andere Sorte, die selbst von der Ausgangssorte abgeleitet ist, als Ausgangsmaterial verwendet wurde,
2. sie deutlich unterscheidbar ist und
3. sie in der Ausprägung der Merkmale, die aus dem Genotyp oder einer Kombination von Genotypen der Ausgangssorte herrühren, abgesehen von Unterschieden, die sich aus der verwendeten Ableitungsmethode ergeben, mit der Ausgangssorte im wesentlichen übereinstimmt.

GemSortV:

Art 13 Rechte des Inhabers des gemeinschaftlichen Sortenschutzes und verbotene Handlungen

(1) Der gemeinschaftliche Sortenschutz hat die Wirkung, daß allein der oder die Inhaber des gemeinschaftlichen Sortenschutzes, im folgenden »Inhaber« genannt, befugt sind, die in Absatz 2 genannten Handlungen vorzunehmen.

(2) Unbeschadet der Artikel 15 und 16 bedürfen die nachstehend aufgeführten Handlungen in bezug auf Sortenbestandteile oder Erntegut der geschützten Sorte – beides im folgenden »Material« genannt – der Zustimmung des Inhabers:
a) Erzeugung oder Fortpflanzung (Vermehrung),
b) Aufbereitung zum Zweck der Vermehrung,
c) Anbieten zum Verkauf,
d) Verkauf oder sonstiges Inverkehrbringen,
e) Ausfuhr aus der Gemeinschaft,
f) Einfuhr in die Gemeinschaft,
g) Aufbewahrung zu einem der unter den Buchstaben a) bis f) genannten Zwecke.

Der Inhaber kann seine Zustimmung von Bedingungen und Einschränkungen abhängig machen.

(3) Auf Erntegut findet Absatz 2 nur Anwendung, wenn es dadurch gewonnen wurde, daß Sortenbestandteile der geschützten Sorte ohne Zustimmung verwendet wurden, und wenn der Inhaber nicht hinreichend Gelegenheit hatte, sein Recht im Zusammenhang mit den genannten Sortenbestandteilen geltend zu machen.

(4) In den Durchführungsvorschriften gemäß Artikel 114 kann vorgesehen werden, daß in bestimmten Fällen Absatz 2 des vorliegenden Artikels auch

für unmittelbar aus Material der geschützten Sorte gewonnene Erzeugnisse gilt. Absatz 2 findet nur Anwendung, wenn solche Erzeugnisse durch die unerlaubte Verwendung von Material der geschützten Sorte gewonnen wurden und wenn der Inhaber nicht hinreichend Gelegenheit hatte, sein Recht im Zusammenhang mit dem Material geltend zu machen. Soweit Absatz 2 auf unmittelbar gewonnene Erzeugnisse Anwendung findet, gelten diese auch als »Material«.

(5) Die Absätze 1 bis 4 gelten auch in bezug auf folgende Sorten:
a) Sorten, die im wesentlichen von der Sorte abgeleitet wurden, für die ein gemeinschaftlicher Sortenschutz erteilt worden ist, sofern diese Sorte selbst keine im wesentlichen abgeleitete Sorte ist,
b) Sorten, die von der geschützten Sorte nicht im Sinne des Artikels 7 unterscheidbar sind, und
c) Sorten, deren Erzeugung die fortlaufende Verwendung der geschützten Sorte erfordert.

(6) Für die Anwendung des Absatzes 5 Buchst. a) gilt eine Sorte als im wesentlichen von einer Sorte, im folgen-den »Ursprungssorte« genannt, abgeleitet, wenn
a) sie vorwiegend von der Ursprungssorte oder einer Sorte abgeleitet ist, die selbst vorwiegend von der Ursprungssorte abgeleitet ist,
b) sie von der Ursprungssorte im Sinne des Artikels 7 unterscheidbar ist und
c) sie in der Ausprägung der Merkmale, die aus dem Genotyp oder einer Kombination von Genotypen der Ursprungssorte resultiert, abgesehen von Unterschieden, die sich aus der Ableitung ergeben, im wesentlichen mit der Ursprungssorte übereinstimmt.

(7) In den Durchführungsbestimmungen gemäß Artikel 114 können mögliche Handlungen zur Ableitung, die mindestens unter Absatz 6 fallen, näher bestimmt werden.

(8) Unbeschadet der Artikel 14 und 29 darf die Ausübung der Rechte aus dem gemeinschaftlichen Sortenschutz keine Bestimmungen verletzen, die aus Gründen der öffentlichen Sittlichkeit, Ordnung und Sicherheit, zum Schutz der Gesundheit und des Lebens von Menschen, Tieren oder Pflanzen, zum Schutz der Umwelt sowie zum Schutz des gewerblichen und kommerziellen Eigentums und zur Sicherung des Wettbewerbs, des Handels und der landwirtschaftlichen Erzeugung erlassen wurden.

Ausland: Österreich:

§ 2. (3) Dieses Bundesgesetz gilt neben schutzfähigen Sorten auch für
1. im Wesentlichen abgeleitete Sorten, es sei denn, die geschützte Sorte ist selbst eine im Wesentlichen abgeleitete Sorte,
2. Sorten, die sich von der geschützten Sorte nicht deutlich unterscheiden, und
3. Sorten, deren Erzeugung die fortlaufende Verwendung der geschützten Sorte erfordert.

Wirkung des Sortenschutzes

§ 4. (1) Folgende Handlungen bedürfen hinsichtlich des Vermehrungsmaterials der geschützten Sorte der Zustimmung des Sortenschutzinhabers:
1. die Erzeugung oder Vermehrung,
2. die Aufbereitung zum Zwecke der Vermehrung,
3. das Anbieten zum Verkauf,
4. der Verkauf oder das sonstige In-Verkehr-Bringen,
5. die Ausfuhr,
6. die Einfuhr und
7. die Aufbewahrung für die in Z 1 bis 6 genannten Zwecke. Der Sortenschutzinhaber kann die Zustimmung von Bedingungen und Einschränkungen abhängig machen. Dies gilt auch für die rechtsgeschäftliche Übertragung von Sortenschutzrechten.

(2) Vorbehaltlich der Abs. 3 bis 5 bedürfen Handlungen gemäß Abs. 1 in Bezug auf Erntegut, einschließlich ganzer Pflanzen und Pflanzenteile, das durch ungenehmigte Benutzung von Vermehrungsmaterial der geschützten Sorte erzeugt wurde, der Zustimmung des Sortenschutzinhabers, es sei denn, der Sortenschutzinhaber hatte angemessene Gelegenheit, sein Recht mit Bezug auf das genannte Vermehrungsmaterial auszuüben.

(3 – 4) [abgedruckt bei § 10a]

(5) [abgedruckt bei § 10b]

Schweiz:

Art 5 Grundsatz

(1) Der Sortenschutz bewirkt, dass niemand ohne Zustimmung des Sortenschutzinhabers Vermehrungsmaterial der geschützten Sorte:
a. erzeugen, vermehren oder für Vermehrungszwecke aufbereiten darf;

b. anbieten darf;
c. verkaufen oder sonst vertreiben darf;
d. aus- oder einführen darf;
e. zu einem der erwähnten Zwecke nach den Buchstaben a–d aufbewahren darf.

(2) Absatz 1 gilt auch für:

a. Sorten, die im Wesentlichen von der geschützten Sorte abgeleitet sind, sofern die geschützte Sorte selbst keine im Wesentlichen abgeleitete Sorte ist;
b. Sorten, die sich von der geschützten Sorte nicht deutlich unterscheiden lassen;
c. Sorten, deren Erzeugung die fortlaufende Verwendung der geschützten Sorte erfordert;
d. Erntegut der geschützten Sorte oder einer Sorte nach den Buchstaben a–c, wenn zu dessen Erzeugung Vermehrungsmaterial ohne Zustimmung des Sortenschutzinhabers verwendet wurde und der Sortenschutzinhaber keine angemessene Gelegenheit hatte, sein Recht hinsichtlich dieser Verwendung geltend zu machen.

Belgien: Art XI.113, Art XI.114 Code du droit économique; **Bulgarien:** Art 18 Pflanzen- und TierzuchtG; **Dänemark:** Art 16 SortG; **Estland:** § 35, § 36 Abs 1 Plant Propagation and Plant Variety Rights Act; **Finnland:** Sec 4 SortG 2009; **Frankreich:** Art L 623-4 (geänd 2011), Art R 623-57 CPI; **Irland:** Sec 4 PVA, geänd 1998, Sec 18 PV(A)A; **Island:** Art 16, 17 SortG; **Italien:** Art 13 VO 455; **Kroatien:** Art 12 (geänd 2008), Art 13, Art 14 (geänd 2008) SortG; **Lettland:** Sec 23 SortG; **Litauen:** Art 26, 27 SortG; **Niederlande:** Art 57 Abs 1, 2, 4, 5, Art 58 Zaaizaad- en plantgoedwet 2005; **Norwegen:** Art 3 SortG; **Polen:** Art 21, 22 SortG; **Portugal:** Art 3 GesetzesVO 213/90, Art 4 SortVO; **Rumänien:** Art 30 SortG; **Schweden:** Kap 2 §§ 1, 2 Växtförädlarrättslag; **Slowakei:** Art 7, 8 Pflanzen- und TierzuchtG; **Slowenien:** Art 15 (geänd 2006), Art 17 SortG; **Spanien:** Art 12, 13 SortG 2000; **Tschech. Rep.:** Art 19 Abs 1, 3 – 8 SortG 2000; **Ungarn:** Art 109, 112 PatG; **Vereinigtes Königreich:** Sec 6, 7 (abhängige Sorten) PVA

Schrifttum
Byrne The Scope of Intellectual Property Protection for Plants and Other Life Forms (Part I), 1989; *Christie* Plant Variety Rights: growing around the scope of protection, 4 IPB (1992), 2; *Faucher* An Economic Evaluation of the Concept of Dependency as Applied to the Plant Breeders' Rights System: A Game Theoretic Approach, Diss

Cornell University Ithaca 1996: *Ghijsen* To Be or not to Be an EDV, ProphytAnn 1998, 24; *Ghijsen* Maize Breeders Stretch the Scope of UPOV 91, ProphytAnn 1998, 36; *Gill/Brandl/Böscher/Schneider* Autorisierung. Eine wissenschafts- und wirtschaftssoziologische Perspektive auf Geistiges Eigentum; Berliner Journal für Soziologie 2012, 407; *Godt* Eigentum an Information, 2007; *Gotsch/Rieder* Aspekte der Änderung von Eigentumsrechten an landwirtschaftlichen Nutzpflanzen, Agrarwirtschaft 40 (1991), 179; *Hassan* Ornamental Plant Variety Rights: A Recent Italian Judgement, IIC 1987, 219; *Jestaedt* Gegenstand und Schutzumfang des Sortenschutzrechts und Probleme des Verletzungsverfahrens, GRUR 1982, 595; *Lange* Abgeleitete Pflanzensorten und Abhängigkeit nach dem revidierten UPOV-Übereinkommen, GRUR Int 1993, 137; *Leßmann* Weiterzüchtung und Sortenschutz – Entwicklung der gesetzlichen Regelung, Festgabe R. Lukes (2000), 79; *Lukes* Zum Inhalt des Sortenschutzrechts im Hinblick auf § 20 GWB, FS G. Roeber (1973), 333; *Neumeier* S 151 ff; *Puttfarcken* Das Schutzrecht des deutschen Sorteninhabers bei zugelassenem Importsaatgut, GRUR 1961, 263; *Royon* Essential Derivation: Effective Protection is Long Overdue, ProphytAnn 1998, 32; *Straus* Le principe de »dépendance« dans le droit des brevets et le droit de l'obtenteur, PropInd 1987, 473 = The Principle of »Dependence« under Patents and Plant Breeders' Rights, IndProp 1987, 433; *Straus* Abhängigkeit bei Patenten auf genetische Information – ein Sonderfall? GRUR 1998, 314; *van der Kooij* Van appelflappen tot zakdoeken? Over de komende productbescherming in de Zaaizaad- en Plantgoedwet, AgrarischR 2003, 426; *van der Kooij* Afgeleide rassen, AgrarischR 1996, 480, 530; *van der Kooij* Enkele aspecten van de regeling voor afgeleide rassen in de nieuwe Zaaizaad- en Plantgoedwet, Pb. RvhK (1999) 381, 31; *van der Kooij* Afgeleide rassen anno 2008, AgrarischR 2008, 311; *van der Walt* Identification Technologies: EDVs Urge for Reliable Testing Methods, ProphytAnn 1998, 55; *von Pechmann* The Infringement of Plant Breeders' Rights in the German Law, in: CIOPORA (Hrsg) Fourth International Colloquium on the Protection of Plant Breeders' Rights, 1982, 60; *Franz Wuesthoff* Schutzumfang des Sortenschutzrechts und Benutzungszwang für die Sortenbezeichnung, GRUR 1972, 68; *Franz Wuesthoff* Schutzumfang inländischer und ausländischer Sortenschutzrechte, GRUR Int 1977, 433; *Willnegger* Schutz nicht unterscheidbarer Pflanzensorten, GRUR Int 2003, 815; *Würtenberger* Wem gehört die Mutation einer geschützten Pflanzwensorte? GRUR 2009, 378; *Würtenberger* Zum Schutzbereich geschützter Pflanzensorten, Mitt. 2015, 1

Übersicht Rdn.
A. **Nationale Regelung; Entstehungsgeschichte; zeitliche Geltung** 1
I. Entstehungsgeschichte 1
II. Zeitliche Geltung 5
B. **Vorbehaltene Handlungen** 6
I. Allgemeines. 6
II. Werbung mit Sortenschutz 7

III. Abhängigkeit; abgeleitete Sorten.............................. 8
    1. Allgemeines... 8
    2. Patentrechtliche Abhängigkeit........................ 10
    3. Im Wesentlichen abgeleitete Sorten (Abs 2, 3) 11
        a. Begriff 11
        b. Darlegungs- und Beweislast...................... 22
        c. Wirkung 26
    4. Nicht deutlich unterscheidbare Sorten 27
    5. Erhaltungszüchtung 28
IV. Eingriff... 30
    1. Allgemeines... 30
    2. Handlungen in Bezug auf Vermehrungsmaterial der geschützten Sorte. 31
        a. Erzeugung 31
        b. Aufbereitung 32
        c. Inverkehrbringen................................ 34
        d. Ein- und Ausfuhr............................... 37
        e. Aufbewahren 39
        f. Material der geschützten Sorte................. 41
    3. Handlungen in Bezug auf sonstige Pflanzen(teile) und Erzeugnisse ... 42
        a. Grundsatz; »Kaskadenlösung«..................... 42
        b. Sonstige Pflanzen oder Pflanzenteile 45
        c. Unmittelbar gewonnene Erzeugnisse............... 46
C. Schutzbereich.. 47
I. Allgemeines.. 47
II. Schutzbereich (Schutzumfang) beim Sortenschutz 48
    1. Grundsatz 48
    2. Identitätsbereich 49
    3. Toleranzbereich 50
D. Auskreuzungen.. 52
E. Gemeinschaftsrecht 53

A.   Nationale Regelung; Entstehungsgeschichte; zeitliche Geltung

I.   Entstehungsgeschichte

1   **Im SaatG** Regelung in § 6. Im **SortG 1968** Regelung in § 15. § 10 hatte im **SortG 1985** folgenden Wortlaut:

Der Sortenschutz hat die Wirkung, daß allein der Sortenschutzinhaber berechtigt ist,
1. Vermehrungsmaterial der Sorte gewerbsmäßig in den Verkehr zu bringen oder hierfür zu erzeugen,

2. *Pflanzen oder Teile von Pflanzen der Sorte, die üblicherweise zu anderen als Vermehrungszwecken in den Verkehr gebracht werden, gewerbsmäßig zur Erzeugung von Zierpflanzen oder Schnittblumen zu verwenden,*
3. *Vermehrungsmaterial der Sorte zur Erzeugung von Vermehrungsmaterial einer anderen Sorte zu verwenden, sofern Vermehrungsmaterial der geschützten Sorte zur Erzeugung von Vermehrungsmaterial der anderen Sorte fortlaufend verwendet werden muß, und*
4. *Vermehrungsmaterial der Sorte aus dem Geltungsbereich dieses Gesetzes in ein Gebiet außerhalb der Mitgliedstaaten zu verbringen, in dem für Sorten dieser Art deutschen Staatsangehörigen oder Personen mit Wohnsitz oder Sitz im Geltungsbereich dieses Gesetzes ein entsprechender Schutz nicht gewährt wird.*

Zur Verwendung von Vermehrungsmaterial einer geschützten Sorte für die Züchtung einer neuen Sorte bedarf es nicht der Zustimmung des Sortenschutzinhabers.

Die Bestimmung ist durch das **Produktpirateriegesetz** geänd worden (Streichung von »gewerbsmäßig« in Satz 1 Nr 1, 2, Anfügung des folgenden Satzes 2): 2

Die Wirkung des Sortenschutzes erstreckt sich nicht auf Handlungen nach Satz 1 Nr. 1 bis 3, die im privaten Bereich zu nichtgewerblichen Zwecken vorgenommen werden.

Weitere Änderungen von Nr 2 sind durch das **1. SortÄndG** erfolgt; Nr 2 hat dadurch folgende Fassung erhalten:[1] 3
2. *bei Sorten von Arten, die üblicherweise als Gehölze oder andere Obst- oder Zierpflanzen genutzt werden,*
    a) *Vermehrungsmaterial der Sorte zu anderen Zwecken als zum Inverkehrbringen zu erzeugen,*
    b) *Pflanzen oder Pflanzenteile, die aus Vermehrungsmaterial hervorgegangen sind, das ohne Zustimmung des Sortenschutzinhabers erzeugt worden ist, in den Verkehr zu bringen oder hierfür einzuführen,*
»im Inland« statt »im Geltungsbereich dieses Gesetzes«). Eine weitere Änderung ist durch das **EWR-Ausführungsgesetz** erfolgt; sie betraf die Nr 4 (»Vertragsstaaten« statt »Mitgliedstaaten«).

---

1 Vgl Stellungnahme der DVGR GRUR 1989, 34.

4   Die Bestimmung ist insgesamt neu gefasst durch das **SortÄndG 1997** vom
17.7.1997. Durch die Neufassung sollen die Möglichkeiten des Züchters zur
Geltendmachung seiner Rechte an der Sorte verstärkt werden.[2] Am Grundsatz, dass der Züchter sein Recht hinsichtlich jedes aus einer Vermehrung
hervorgehenden Erzeugnisses nur einmal geltend machen kann, wird festgehalten. Um die Ausnutzung von Schutzlücken zu erschweren, wurde gesetzes-
technisch der Weg gewählt, die Wirkungen des Schutzes in § 10 weiter zu
fassen und die Begrenzungen des Schutzes in den §§ 10a und 10b enumerativ
aufzuführen. Die bisher schon stärkere Schutzwirkung für Sorten von Arten,
die üblicherweise als Gehölze oder andere Obst- oder Zierpflanzen genutzt
werden, wurde auf alle Pflanzenarten erstreckt.[3]

II. Zeitliche Geltung

5   Mangels Übergangsregelungen gelten die jeweiligen Neuregelungen jeweils
ab Inkrafttreten (PrPG 1.7.1990; 1. SortÄndG 8.7.1992; SortÄndG 1997
25.7.1997) auch für bereits zuvor angemeldete Sorten. Lediglich die Anwendung des Abs 1 idF des SortÄndG 1997 auf im wesentlichen abgeleitete
Sorten, für die bis zum Inkrafttreten des Art 1 des SortÄndG 1997 Sortenschutz beantragt (oder erteilt) worden ist, ist durch § 41 Abs 6 ausgeschlossen
(Rdn. 18 zu § 41).

B. Vorbehaltene Handlungen

I. Allgemeines[4]

6   Die Regelung (entspr Art 13 GemSortV;[5] Art 14 PflZÜ) ist als das »Kern-
stück« des Gesetzes bezeichnet worden[6] Sie entspricht in ihrer Bedeutung
den §§ 9, 10 und 14 PatG; die Ausnahmeregelungen sind seit 1997 in den
§§ 10a–10c eingestellt. Der Schutz ist nicht so umfassend wie der Sachschutz
beim Patent, er schließt insb nicht die weitere Verwendung des geschützten

---

2   Vgl *Rutz* AgrarR 1999 Beil I S 3, 4.
3   Begr BTDrs 13/7038 S 12.
4   Zu vertragsrechtlichen Auswirkungen des Ablaufs des Sortenschutzes BGH AgrarR
1992, 21 Futterrübensamen.
5   Zum Begriff des Sortenbestandteils in Art 13 Abs 2 GemSortV BGHZ 166, 203 =
GRUR 2006, 575 Melanie; zum Anbieten zum Verkauf OLG Düsseldorf 10.5.2007
2 U 39/06.
6   *Wuesthoff*[2] Rn. 1.

Materials außerhalb der von Abs 1, 2 erfassten Handlungen ein.[7] Ob dem SortInhaber ein eigenes Benutzungsrecht zusteht, ist – auch ohne ausdrückliche Regelung – wie im Patentrecht zu beurteilen.[8] Ein nach § 10c ruhendes SortRecht dürfte jedenfalls während des Ruhens kein Benutzungsrecht begründen. Zur Zustimmung s § 10b.

II. Werbung mit Sortenschutz

Es gelten dieselben Grundsätze wie im Patentrecht.[9] In der Werbung mit Sortenschutz lag keine Zusicherung von Werteigenschaften iSd bis Ende 2001 geltenden Kaufrechts.[10]   7

III. Abhängigkeit; abgeleitete Sorten

1. Allgemeines

Gegenstand des Sortenschutzes ist die »eigentliche« (ursprüngliche) Sorte.[11] Der Sortenschutz erstreckt sich grds nicht auf Handlungen zum Zweck der Schaffung neuer Sorten (§ 10a Abs 1 Nr 3; Art 15 Abs 1 Nr iii PflZÜ; Rdn. 6 ff. zu § 10a).[12] Neue Sorten, die von geschütztem Material Gebrauch machen, sind von diesen im sortrechtl Sinn abhängig, sie werden unter den in Abs 3 geregelten Voraussetzungen als »im wesentlichen abgeleitete Sorten« bezeichnet. Dadurch soll der Sortenschutz gestärkt und auch auf Plagiatsorten ausgedehnt werden, die sich womöglich nur in einem für den Anbau- oder Verkaufswert der Sorte unwesentlichen Merkmal von der als Ausgangssorte benutzten geschützten Sorte unterscheiden.[13] Plagiatsorten sollen dadurch   8

---

7 LG Düsseldorf 18.9.2007 4b O 320/06: etwa durch Einkreuzen; vgl *Crespi* 1 IPB 1989/1, 15 f; *van Overwalle* IDEA 1999, 143, 166ff; *Funder* EIPR 1999, 551, 555; vgl aber *Leßmann/Würtenberger*[2] § 3 Rn. 3.

8 Zur Problematik *Busse/Keukenschrijver* § 9 PatG Rn. 11 ff.; bejahend *Leßmann/ Würtenberger*[2] § 3 Rn. 5.

9 Vgl *Busse/Keukenschrijver* § 146 Rn. 14 ff.; zur Werbung mit Sortenschutzanträgen *Wuesthoff*[2] § 24 Rn. 8; *Leßmann/Würtenberger*[2] § 5 Rn. 202 f.

10 Vgl OLG Celle NJW-RR 2001, 135 und vorangehend LG Osnabrück NJW-RR 2000, 617 »Farino«, je zum Saatgutrecht, auch unter Verneinung des Schutzgesetzcharakters iSd § 823 Abs 2 BGB.

11 Vgl *Leßmann/Würtenberger*[2] § 3 Rn. 9.

12 LG Düsseldorf 18.9.2007 4b O 320/06.

13 Begr BTDrs 13/7038 S 13.

reduziert werden.[14] Es ist darauf hingewiesen worden, dass der Sortenschutz damit dem Erfindungsschutz angenähert worden ist.[15] Das Konzept des Schutzes der abgeleiteten Sorte ist Art 14 Abs 5 PflZÜ 1991 entnommen; es liegt auch der Regelung in der GemSortV zugrunde. Der Züchtervorbehalt (Rdn. 6 zu § 10a) ist hierdurch nicht eingeschränkt worden. Zum Doppelschutz bei Änderung der Unterscheidbarkeitskriterien Rdn. 9 zu § 3.

9   Diese **sortenschutzrechtliche Abhängigkeit**[16] unterscheidet sich von der patentrechtl,[17] die schon dann vorliegt, wenn die Benutzung der Lehre des Schutzrechts nur unter gleichzeitiger Benutzung der Lehre eines zeitrangälteren Schutzrechts möglich ist.[18] Der sortrechtl Abhängigkeitsbegriff ist demgegenüber enger, weil er nicht jede Benutzung der zeitrangälteren Lehre erfasst, sondern mit dem Wesentlichkeitskriterium ein wertendes Element einführt.

2. Patentrechtliche Abhängigkeit

10   Jedenfalls mit der Einführung der Regelung über die im wesentlichen abgeleitete Sorte ist ein Rückgriff auf die Grundsätze der patentrechtl Abhängigkeit im SortRecht nicht mehr möglich. Eine Abhängigkeit des jüngeren SortRechts vom älteren ist aber auch schon zuvor nicht anerkannt worden; ihr stand § 15 Abs 3 1. Halbs SortG 1968 entgegen.[19] Soweit Patentschutz eingreift, gelten hierfür die Grundsätze der patentrechtl Abhängigkeit (vgl Rdn. 3 zu § 12a).

3. Im Wesentlichen abgeleitete Sorten (Abs 2, 3)

a. Begriff

11   Die Regelung geht auf Art 14 PflZÜ 1991 zurück. Sie dient dem Schutz vor »Trittbrett«-Züchtungen (»Imitationszüchtung«, »cosmetic breeding«). Die Züchterausnahme (Züchtervorbehalt) gilt aber auch hier (Rdn. 8, 25). Sie stimmt inhaltlich mit der in Art 13 Abs 6 GemSortV überein.[20] Eine Sorte ist

---

14 *Rutz* AgrarR 1999 Beil I S 3, 4.

15 *Funder* EIPR 1999, 551, 556.

16 Vgl *van der Kooij* Art 13 Rn. 6; *Neumeier* S 44, 161f.

17 Vgl *Leßmann/Würtenberger*² § 3 Rn. 21; *Lange* GRUR Int 1993, 137, 139; *Leßmann* Festgabe R. Lukes (2000), 79, 84; *Willnegger* GRUR Int 2003, 815, 817.

18 Vgl *Busse/Keukenschrijver* § 9 PatG Rn. 27 ff.; *Schulte* § 9 PatG Rn. 8; *Benkard* § 9 PatG Rn. 75 ff.

19 BGHZ 65, 347, 353 = GRUR 1976, 385 Rosenmutation; vgl *Wuesthoff*² Rn. 13; *Neumeier* S 162 ff. mwN.

20 *Leßmann* Festgabe R. Lukes (2000), 79, 85.

im Wesentlichen abgeleitet (»EDV«, essentially derived variety), wenn die in Abs 3 genannten Voraussetzungen kumulativ vorliegen. Dies erfordert, dass
– für ihre Züchtung/Entdeckung vorwiegend die Ausgangssorte oder eine andere Sorte, die selbst von der Ausgangssorte abgeleitet ist, als Ausgangsmaterial verwendet wurde (Rdn. 12 ff.),
– die abgeleitete Sorte deutlich unterscheidbar ist (Rdn. 18) und
– sie in der Ausprägung der Merkmale, die aus dem Genotyp oder einer Kombination von Genotypen der Ausgangssorte herrühren, mit der Ausgangssorte im wesentlichen übereinstimmt, dies abgesehen von Unterschieden, die sich aus der verwendeten Ableitungsmethode ergeben (genetische Konformität; Rdn. 20 f.).

Um **weitergehende Klärung** bemüht sich die Erklärung des Züchterverbands **12** ASSINSEL (jetzt in der Internatiomnal Seed Federation – ISF aufgegangen).[21] Von Züchterseite wird versucht, Grenzwerte zu bestimmen. Das Sepoma-Abk der Maiszüchter sieht ein Vertragsmodell für Maislinien vor, die in angemeldeten Hybriden enthalten sind. Bei ISF sind Verhaltensregeln und ein Schiedsverfahren in Vorbereitung. CIOPORA hat für Zierpflanzen Regeln zur Beweislast aufgestellt (Rdn. 13 ff vor § 38).

Die Ableitung muss – anders als nach der Vorgabe im PflZÜ – von einer **13** geschützten Sorte (**Ausgangssorte**) erfolgen (Abs 2 Nr 1). Die Ausgangssorte muss selbst (schon und noch) geschützt sein. Dies ergibt sich schon daraus, dass sonst kein Verbietungsrecht bestehen kann. Sie muss als Sorte und nicht nach anderen Schutzsystemen geschützt sein, und zwar im Inland, Bestehen gemeinschaftlichen Sortenschutzes steht solchem nach dem SortG gleich.

Unter den Schutz einer Ausgangssorte können **mehrere** im Wesentlichen **14** **abgeleitete Sorten** fallen.[22] Eine abgeleitete Sorte kann dagegen nicht von mehreren Ausgangssorten abgeleitet sein,[23] da sonst das Merkmal »vorwiegend« nicht erfüllt wäre.

»Abhängigkeitspyramiden«[24] werden im Rahmen des SortRechts durch die **15** Regelung in Abs 2 Nr 1 ausgeschlossen, nach der die Ausgangssorte nicht

---

21 Abgedruckt bei *Lange* GRUR Int 1993, 142f.
22 Begr BTDrs 13/7038 S 13.
23 Zutr *Lange* GRUR Int 1993, 137, 141; *Leßmann/Würtenberger*[2] § 3 Rn. 26; *Leßmann* Festgabe R. Lukes (2000), 79, 87.
24 Vgl *Lukes* GRUR Int 1987, 318, 320f; *Bauer* S 258; *Straus* GRUR Int 1990, 913, 928; *Leßmann* Festgabe R. Lukes (2000), 79, 86f.

selbst eine von einer geschützten Sorte im Wesentlichen abgeleitete Sorte sein darf.[25] Jedoch stellt sich die Abhängigkeitsfrage gegenüber patentgeschützten Neuerungen in voller Schärfe;[26] Lösungsansätze zeigen sich hier bisher nur im (bisher kaum effektiven) Zwangslizenzrecht (§ 12a; § 24 PatG; vgl § 24 Abs 3 PatG). Sorten, die von einer im Wesentlichen abgeleiteten Sorte abgeleitet sind, gelten als von der Ausgangssorte abgeleitet (Abs 3 Nr 1).[27]

16   Eine im Wesentlichen abgeleitete Sorte bleibt dies auch, wenn der **Schutz der Ausgangssorte endet**; es entsteht dann aus der abgeleiteten Sorte kein Verbietungsrecht gegenüber Folgesorten.[28]

17   **Ableitung.** Erforderlich ist, dass für die Züchtung oder Entdeckung der neuen Sorte vorwiegend die, dh eine bestimmte Ausgangssorte oder eine selbst von der Ausgangssorte abgeleitete andere Sorte, als Ausgangsmaterial verwendet wurde[29] (Abs 3 Nr 1). Art 14 Abs 5 Buchst b Nr i PflZÜ enthält die weitere Maßgabe (die im nationalen Recht wie in der GemSortV nicht enthalten ist), dass die Ableitung unter Beibehaltung der Merkmale erfolgt, die sich aus dem Genotyp oder der Kombination von Genotypen der Ursprungssorte ergeben. Hierin wurde kein Widerspruch zu Art 14 Abs 5 Buchst b Nr iii PflZÜ gesehen, wonach die wesentlichen Merkmale nur insoweit beibehalten werden müssen, als sich die Unterschiede nicht aus der Ableitung ergeben, da Nr. iii eine Abstraktion von diesen Unterschieden ermögliche (zB orange statt gelbe Farbe beim Mutanten).[30] Jedoch wurde auch unter dem Gesichtspunkt des Ausnahmecharakters der Regelung eine im wesentlichen abgeleitete Sorte bei (zu) beträchtlichen Abweichungen – auch unter Hinweis auf die Beispiele in Art 14 Abs 5 Buchst c (Rdn. 18) und die Erläuterungen zum Entwurf des PflZÜ 1991 aus dem Jahr 1989 – verneint, so dass etwa die Einfügung von Pilz- oder Virusresistenz zB auf gentechnologischem Weg oder eine einfache Farbänderung zB durch mutagene Chemikalien oder Gentechnologie nicht erfasst sein sollten.[31] Selbst bei Vorliegen sehr enger genetischer Konformität

---

25 Vgl *Leßmann/Würtenberger*[2] § 3 Rn. 36; kr *Straus/von Pechmann* GRUR Int 1992, 203, 214; *B. Goebel* S 99.

26 *Bauer* S 258 mwN.

27 Begr BTDrs 13/7038 S 13.

28 Begr BTDrs 13/7038 S 13.

29 Vgl *Leßmann/Würtenberger*[2] § 3 Rn. 24 ff.; *Leßmann* Festgabe R. Lukes (2000), 79, 86; *Metzger/Zech* Rn. 45.

30 RB Den Haag 13.7.2005 Gypsofila II PVP 99 (2005), 9.

31 RB Den Haag 13.7.2005 Gypsofila II PVP 99 (2005), 9.

(Rdn. 20 f.) liegt Ableitung nicht vor, wenn Material der Ausgangssorte nicht oder nicht überwiegend als Ausgangsmaterial verwendet wurde.[32]

Es kommen alle **Züchtungs- oder Entdeckungsmethoden** in Betracht.[33] Die **18** Begr[34] nennt in Anlehnung an Art 14 Abs 5 Buchst c PflZÜ beispielhaft Auslese von Abweichern aus der Ausgangssorte, von natürlichen oder künstlich ausgelösten Mutanten oder von somaklonalen Abweichern, Rückkreuzung (evtl nur mehrfache[35]) und gentechnische Veränderung der Ausgangssorte. In Betracht kommt zB weiter auch Chromosomenveränderung.[36]

Unterscheidbarkeit der abgeleiteten Sorte ist schon nach § 3 Voraussetzung **19** für deren Schutzfähigkeit;[37] fehlt sie, greift Abs 2 Nr 2 (Rdn. 27) ein.[38] Trotz des Wortlauts («deutlich») ist Unterscheidbarkeit nach § 3 und Art 7 GemSortV zu beurteilen.[39] Eine unmittelbare Beziehung zwischen die Unterscheidbarkeit begründenden Unterschieden im Phänotyp und genetischer Konformität besteht nicht.[40]

Genetische Konformität bedeutet im Wesentlichen bestehende Übereinstim- **20** mung in der Ausprägung der Merkmale, die aus dem Genotyp oder einer

---

32 Vgl *Lange* GRUR Int 1993, 137, 141; *Leßmann/Würtenberger*[2] § 3 Rn. 25; *Leßmann* Festgabe R. Lukes (2000), 79, 86.

33 AA wohl *Lange* GRUR Int 1993, 137, 140 und ähnlich *van der Kooij* Art 13 Anm 6 (der aber uU Fälle der Selektion einbeziehen will), wonach die »klassischen« Fälle der Pflanzenzüchtung wie Kreuzung und Selektion nicht umfasst sein sollen, wofür aber weder der Gesetzeswortlaut noch die Begr hinreichende Anhaltspunkte bieten.

34 BTDrs 13/7038 S 13.

35 Vgl *Lange* GRUR Int 1993, 137, 140.

36 *Lange* GRUR Int 1993, 137, 140.

37 Vgl *Lange* GRUR Int 1993, 137, 141.

38 Gleichwohl scheint RB Den Haag 13.7.2005 Gypsofila II PVP 99 (2005), 9 diesen Gesichtspunkt gegen das Vorliegen einer im wesentlichen abgeleiteten Sorte heranziehen zu wollen.

39 Vgl *Leßmann/Würtenberger*[2] § 3 Rn. 27; *Leßmann* Festgabe R. Lukes (2000), 79, 87; *Willnegger* GRUR Int 2003, 815, 817; die Stellungnahme der CIOPORA vom 2.4.2014, im Internet nur über den Mitgliederbereich abrufbar, stellt auf qualitative Unterschiede ab, vgl hierzu *Metzger/Zech* Rn. 46 Fn 95.

40 Vgl *Lange* GRUR Int 1993, 137, 140; *Kiewiet* Essentially derived varieties, 2006, im Internet unter http://www.cpvo.europa.eu/documents/articles/EDV_presenta-tion_PlantumNL_March_2006_BK.pdf; *Metzger/Zech* Rn. 47 und Fn 96.

Kombination von Genotypen der Ausgangssorte herrühren.[41] Sie nimmt der Unterscheidbarkeit im Umfang der Regelung in Abs 2, 3 ihre rechtl Relevanz.

21 Die zu tolerierenden Schwellenwerte hinsichtlich genetischer Konformität sollen **artenspezifisch** zu beurteilen sein; dabei soll idR 95%ige Genotypokonformität auf Basis des zu beurteilenden Gesamtgenoms erforderlich sein.[42] Genotypische und phänotypische Unterschiede können jedenfalls der Annahme, es liege ein Mutant vor, entgegenstehen.[43]

b. Darlegungs- und Beweislast

22 Ob eine im Wesentlichen abgeleitete Sorte vorliegt, wird vom BSA nicht geprüft.[44] Wer sich darauf beruft, dass eine Sorte im Wesentlichen abgeleitet ist, hat dies nachzuweisen; dies wird idR der Inhaber der Ausgangssorte sein.[45] Bestreiten wurde nur dann als hinreichend substantiiert angesehen, wenn angegeben wird, welches konkrete Ausgangsmaterial benutzt worden sein soll.[46] Für den Nachweis der wesentlichen Übereinstimmung kommen Methoden der Genomanalyse in Betracht[47] Bei einer wesentlichen Übereinstimmung im Phänotyp soll aber grds vom gleichen Genotyp auszugehen sein.[48]

---

41 Vgl *Leßmann/Würtenberger*[2] § 3 Rn. 28; *Rutz* AgrarR 1999 Beil I S 3, 4; *Leßmann* Festgabe R. Lukes (2000), 79, 87; RB Den Haag BIE 2003, 185, 187f Gypsofila I; vgl *Willnegger* GRUR Int 2003, 815, 817.

42 *Lange* GRUR Int 1993, 137, 140, auch zur Methodik der Feststellung; *Leßmann* Festgabe R. Lukes (2000), 79, 87f.

43 RB Den Haag BIE 2003, 185, 187f Gypsofila I; die Hauptsacheentscheidung RB Den Haag 13.7.2005 Gypsofila II PVP 99 (2005), 9 stellt hinsichtlich einer der zu beurteilenden Sorten nur auf phänotypische Unterschiede ab, die zur Verneinung einer im wesentlichen abgeleiteten Sorte als ausreichend angesehen wurden.

44 Vgl Begr BTDrs 13/7038 S 13; *Lange* GRUR Int 1993, 137, 140; *Rutz* AgrarR 1999 Beil I S 3, 5.

45 Vgl *Lange* GRUR Int 1993, 137, 141 mwN; *Rutz* AgrarR 1999 Beil I S 3, 5; *Würtenberger* GRUR 2004, 566, 570.

46 Hinweisbeschluss des OLG Düsseldorf vom 11.12.2003 2 U 155/02 Calibrachoa-Sorte; *Würtenberger* GRUR 2004, 566, 570.

47 *Rutz* AgrarR 1999 Beil I S 3, 4 f; vgl RB Den Haag 13.7.2005 Gypsofila II PVP 99 (2005), 9, wo aus dem Fehlen von DNA-Untersuchungen negative Schlüsse gezogen werden.

48 *Würtenberger* GRUR 2004, 566, 570; zum umgekehrten Fall RB Den Haag 13.7.2005 Gypsofila II PVP 99 (2005), 9.

Nachzuweisen ist, dass für die Ableitung vorwiegend Material der Ausgangs- 23
sorte verwendet wurde, die verwendete Züchtungsmethode zur Schaffung
einer abgeleiteten Sorte beigetragen hat und dass die Ausprägungen der Merkmale der abgeleiteten Sorte im wesentlichen mit denen der Ausgangssorte
übereinstimmen.[49]

Für den Nachweis der Verwendung bestimmten Ausgangsmaterials können 24
Zuchtbuchaufzeichnungen eine erhebliche Rolle spielen,[50] eine Vorlage-
pflicht besteht insoweit jedoch nicht ohne weiteres. Die Rspr hat sich an den
Richtlinien der sektoralen Verbände orientiert.[51]

Beweiserleichterungen können eingreifen.[52] Jedenfalls für den **Beweis des** 25
ersten Anscheins können auch einfache Methoden wie die Überprüfung des
Phänotyps in Betracht kommen.[53]

c. Wirkung

Die Regelung räumt dem SortInhaber einer Ausgangssorte ein Verbietungs- 26
recht gegenüber der wirschaftlichen Verwertung der im wesentlichen abgeleiteten Sorte ein.[54] Sie steht dagegen der Züchtung oder Entdeckung neuer
Sorten nicht entgegen (Rdn. 8).

4. Nicht deutlich unterscheidbare Sorten

Nicht deutlich unterscheidbare Sorten werden nach Abs 2 Nr 2 in Verdeut- 27
lichung einer bereits bestehenden Rechtsauffassung[55] und unter Übernahme
der Bestimmung des Art 14 Abs 5 PflZÜ 1991 in die Wirkung des Sortenschutzes einbezogen (ebenso Art 13 Abs 6 Buchst b GemSortV). Abgelehnt

---

49 Begr BTDrs 13/7038 S 13; zu den Nachweismethoden *Leßmann/Würtenberger*[2] § 3
   Rn. 28.
50 Vgl *Lange* GRUR Int 1993, 137, 141, auch zur Methodik des Nachweises;
   Leßmann/Würtenberger[2] § 3 Rn. 25; *Metzger/Zech* Rn. 45.
51 LG Mannheim 10.12.2010 7 O 442/04 abgedruckt bei *Metzger* Rechtsschutz von
   Pflanzenzüchtungen S 189; näher *Metzger/Zech* Rn. 45, 47.
52 Vgl *Lange* GRUR Int 1993, 137, 141; *Wuesthoff/Leßmann/Würtenberger*[1] Rn. 330;
   Leßmann Festgabe R. Lukes (2000), 79, 88 f.
53 *Lange* GRUR Int 1993, 137, 140f; *Wuesthoff/Leßmann/Würtenberger*[1] Rn. 330;
   OLG Düsseldorf 6.4.2006 2 U 155/02: auch bei genetischer Übereinstimmung.
54 Begr BTDrs 13/7038 S 13.
55 Begr BTDrs 13/7038 S 13; vgl *Leßmann/Würtenberger*[2] § 3 Rn. 30, *Metzger/Zech*
   Rn. 42.

wurde die Auffassung, dass auch enge Verwandtschaft oder Konformität im Phänotyp ausreichen könne.[56]

5. Erhaltungszüchtung

28   Die Regelung[57] in Abs 2 Nr 3 übernimmt die aus § 10 Nr 3 SortG 1985[58] (ebenso Art 13 Abs 5 Buchst c GemSortV); auch das entspricht Art 14 Abs 5 PflZÜ 1991. Danach ist Zustimmung des SortInhabers auch zur wirtschaftlichen Verwertung einer Sorte erforderlich, deren Erzeugung die fortlaufende Verwendung der geschützten Sorte erfordert.

29   Erhaltungszüchtung ist insb bei **Heterosissorten** (vgl Rdn. 4 zu § 5) erforderlich, bei denen schon beim ersten Nachbau Entartung des Vermehrungsmaterials auftritt (insb bei Mais).[59]

IV. Eingriff

1. Allgemeines

30   Das SortG unterscheidet seit der Neuregelung 1997 deutlich zwischen Eingriffshandlungen in Bezug auf Vermehrungsmaterial (Rdn. 31 ff.) und in Bezug auf sonstige Pflanzen(teile) und Erzeugnisse, die kein Vermehrungsmaterial sind (Rdn. 42 ff.).[60] Dies entsprach schon der 1985 geschaffenen Regelung, bei der diese Unterscheidung allerdings weniger deutlich wird. Die ganze Pflanze ist dzt nach SortG (und nach dem PflZÜ), aber nicht nach der GemSortV erfasst (Rdn. 43, 54). Mittelbare Eingriffe werden anders als nach § 10 PatG nicht erfasst.[61]

---

56   OLG Düsseldorf 6.4.2006 2 U 155/02 gegen *Wuesthoff/Leßmann/Würtenberger*[1] Rn. 330 f.

57   Vgl die Bek Nr 15/92 über die anerkannten amtlichen Stellen zur Nachprüfung von Erhaltungszüchtungen außerhalb des Gebiets der Europäischen Wirtschaftsgemeinschaft BfS 1992, 440.

58   Begr BTDrs 13/7038 S 13.

59   Vgl *Wuesthoff*[2] Rn. 9; *Leßmann/Würtenberger*[2] § 3 Rn. 31; *Metzger/Zech* Rn. 42.

60   Vgl *Metzger/Zech* Rn. 35.

61   *Metzger/Zech* Rn. 22.

2. Handlungen in Bezug auf Vermehrungsmaterial der geschützten Sorte

a. Erzeugung

Der Begriff »Vermehren« wird nicht mehr ausdrücklich genannt, weil er durch 31 das »Erzeugen« abgedeckt ist. Damit fällt jegliche Erzeugung von Vermehrungsmaterial unter den Sortenschutz, auch die, bei der das erzeugte Vermehrungsmaterial nicht für das Inverkehrbringen bestimmt ist.[62] Erfasst werden auch Fälle sein, in denen die maßgeblichen Eigenschaften zwar zunächst ohne das Zutun des sie Nutzenden verfügbar wurden (zB durch Windflug), vom Nutzer aber zielgerichtet ausgenützt werden, jedoch kann die fehlende Absicht, die Erfindung zu benutzen und einen Vorteil aus ihr zu ziehen, erheblich sein.[63] Erfasst sind generative wie vegetative[64] Vermehrung, somit Samen, Stecklinge, Jungpflanzen und vermehrungsfähige Pflanzenteile.[65] Anbau zur Erzeugung von Saatgut ist ausreichend.[66] Die fertige Pflanze an sich, ihre Teile und aus ihr gewonnene Erzeugnisse sind hierdurch nicht erfasst, so Topfpflanzen und Schnittblumen;[67] Schutzlücken, die sich insb beim Import von Konsumware (wie Schnittblumen oder Obst) aus dem schutzfreien Ausland ergeben konnten, wird seit der Neuregelung 1997 aber durch Abs 1 Nr 2 begegnet (Rdn. 42 ff.).

b. Aufbereitung

Das »Aufbereiten für Vermehrungszwecke« wird mit aufgeführt, da Vermeh- 32 rungsmaterial vor seiner Verwendung in der Regel aufbereitet wird und der Prozess der Aufbereitung eine effektive Kontrolle gegenüber Schutzrechtsverletzungen ermöglichen kann.[68] Die Aufbereitung durch Dritte wurde grds als

---

62 Begr BTDrs 13/7038 S 12 f; *Leßmann/Würtenberger*[2] § 3 Rn. 38; RB Den Haag 13.7.2005 Gypsofila II PVP 99 (2005), 9; anders nach der früheren Rechtslage, vgl *Wuesthoff*[2] Rn. 6; *Metzger/Zech* Rn. 23.
63 Vgl SuprC Kanada GRUR Int 2004, 1036 Monsanto v. Schmeiser (Roundup), zum kanad Patentrecht.
64 Vgl OLG Frankfurt Mitt 1982, 212; *Wuesthoff*[2] Rn. 6; *Schulte* § 9a PatG Rn. 7 ff.; *Metzger/Zech* § 37 Rn. 29.
65 *Leßmann/Würtenberger*[2] § 3 Rn. 10.
66 Vgl CA Nancy PIBD 1988 III 572, 574 Flamenco.
67 Vgl *Metzger/Zech* Rn. 38.
68 Begr BTDrs 13/7038 S 12; *Leßmann/Würtenberger*[2] § 3 Rn. 33; *Metzger/Zech* Rn. 25; vgl OLG Düsseldorf 18.7.2013 2 U 145/09 Mitt 2014, 87 Ls; zu Auswirkungen unerlaubten Inverkehrbringens auf Abnehmer vgl *Busse/Keukenschrijver* § 9

SortVerletzung angesehen;[69] das ist aber jedenfalls hinsichtlich des Unterlassungsanspruchs bei zulässigem Nachbau (§ 10a) zu wenig differenziert. Zwischen »Selbstaufbereitung« und »Fremdaufbereitung« unterscheidet das nationale Gesetz nicht. Aufbereitung kann in stationären wie in mobilen Anlagen erfolgen.[70]

33 **Begriff.** Als Aufbereitung kommen Handlungen wie Beizen, Reinigen, Sortieren[71] oder sonstiges Konfektionieren in Betracht.

c. Inverkehrbringen

34 Inverkehrbringen ist in § 2 Nr 3 iS einer Legaldefinition festgeschrieben (Rdn. 15 zu § 2). Durch das »in den Verkehr bringen« werden von den in Art 14 Abs 1 PflZÜ genannten Handlungen auch das Feilhalten (Anbieten),[72] der Verkauf und ein sonstiger Vertrieb mit abgedeckt.[73]

35 Schwierigkeiten ergeben sich bei »**gekorenem**« **Vermehrungsmaterial**.[74] Ist für den, der das Saatgut gewerblich in Verkehr bringt, die von seinem Abnehmer später vorgenommene Aussaat des Konsumgetreides aufgrund objektiver Umstände voraussehbar, liegt damit eine »Bestimmung« zur Aussaat bereits im Zeitpunkt des Inverkehrbringens vor.[75] Für eine Verletzungshandlung genügt es, wenn das Material zur Vermehrung objektiv[76] geeignet ist (zB als Speise- wie als Pflanzkartoffeln); der Vertreiber muss beim Vertrieb solchen Materials an die Vermehrung betreibende Landwirte durch geeignete Maßnahmen dafür Sorge tragen, dass die Rechte des Sortenschutzinhabers auf der gewerbsmäßigen Vertriebsstufe gewahrt bleiben, wenn die Abnehmer das gelieferte

---

PatG Rn. 19; Nichtigkeit des Kaufvertrags bei Verstößen gegen das SaatG verneint OLG Köln AgrarR 2001, 35.

69 LG Braunschweig 5.8.2002 9 O 1968/02 (einstweilige Verfügung); OLG Düsseldorf 21.12.2006 2 U 41/03; OLG Dresden 27.7.2007 14 U 2027/06.

70 Vgl BGH GRUR 2006, 405 f Aufbereiter II (Nr 8); *Metzger/Zech* § 10a Rn. 46.

71 Vgl TGI Nancy GRUR Int 1968, 688, 689 = RDPI 1997 Nr 14, 81; LG Leipzig 31.3.2003 5 O 6785/02; *Wuesthoff/Leßmann/Würtenberger*[1] Rn. 337.

72 OLG Düsseldorf InstGE 6, 262: auch Inaussichtstellen der Verschaffung der tatsächlichen Verfügungsgewalt; *Metzger/Zech* Rn. 26.

73 Begr BTDrs 13/7038 S 13.

74 Bsp bei *Wuesthoff*[2] Rn. 5; vgl auch *Metzger/Zech* Rn. 39; *Metzger/Zech* § 37 Rn. 19; OLG Frankfurt 19.5.2016 6 U 89/15 Mitt 2016, 292 Ls.

75 BGH GRUR 2017, 537 Konsumgetreide

76 Vgl schon *Lukes* FS G. Roeber (1971), 331, 334 f.

Erntegut zur Vermehrung verwenden.[77] Beim unerlaubten Inverkehrbringen von Vermehrungsmaterial durch das Anbieten von Pflanzkartoffeln einer geschützten Sorte stellt sich die Frage etwaiger Vorkehrungen nicht, wenn sich aus einer Erklärung oder den Umständen ergibt, dass der Käufer die Ware zu Pflanzzwecken verwenden will.[78]

Es genügt dabei, wenn sich die **Zweckbestimmung erst beim Abnehmer voll-** **36** **zieht.**[79]

d. Ein- und Ausfuhr

Der Schutz erstreckte sich schon unter dem SaatG auf als Importsaatgut zuge- **37** lassenes eingeführtes Saatgut.[80] Die 1985 getroffene Regelung erfasste die Einfuhr an sich überhaupt nicht, die Ausfuhr nur, wenn die Verbringung in ein Gebiet außerhalb der Mitgliedstaaten (nach dem 1. SortÄndG der Verbandsstaaten) erfolgte, in dem für Sorten dieser Art deutschen Staatsangehörigen oder sonstigen Inländern ein entspr Schutz nicht gewährt wurde. Erst die Neuregelung 1997 hat Ein- und Ausfuhr umfassend als Verletzungtatbestand ausgestaltet.[81] Ausfuhr in ein Gebiet des EWR wird man nicht mehr unter die Bestimmung ziehen können, wohl aber als Inverkehrbringen ansehen müssen.[82]

Umfang. Die Regelung geht über die in § 9 PatG in zweierlei Hinsicht hinaus, **38** zum einen, als eine bestimmte Finalität des Verhaltens (»zu den genannten

---

77 BGHZ 102, 373 = GRUR 1988, 370 Achat; OLG Düsseldorf Mitt 1998, 153 »Cilena«; vgl zur subjektiven Tatseite BGHZ 117, 264 = GRUR 1992, 612 Nicola; BGHZ 166, 203 = GRUR 2006, 575 Melanie; *Metzger/Zech* Rn. 27; hierzu auch *Neumeier* S 152 ff.

78 LG Düsseldorf Entsch 1996, 12 f; *Metzger/Zech* § 37 Rn. 32; zur SortVerletzung durch den Verkauf von Speisekartoffeln, die der Abnehmer erkennbar als Pflanzkartoffeln verwenden will, auch LG Düsseldorf 18.1.1994 4 O 255/92; vgl weiter OLG Frankfurt 19.5.2016 6 U 89/15 Mitt 2016, 292 Ls.

79 BGHZ 102, 373 = GRUR 1988, 370 Achat; *Leßmann/Würtenberger*[2] § 3 Rn. 11; *Metzger/Zech* § 37 Rn. 32; vgl *Neumeier* S 175 f; *Bauer* S 59; *Jühe* GRUR Int 1963, 525, 527.

80 BGH GRUR 1964, 682 Climax.

81 Unzutr *Wuesthoff/Leßmann/Würtenberger*[1] Rn. 338, wonach Ausfuhr in Gebiete, in denen die Sorte nicht geschützt werden kann, nicht erfasst sein soll, in *Leßmann/Würtenberger*[2] § 3 Rn. 35 nicht mehr erwähnt.

82 Vgl *Wuesthoff/Leßmann/Würtenberger*[1] Rn. 338.

Zwecken«, § 9 Satz 2 Nr 1 PatG)[83] nicht erforderlich ist,[84] zum anderen, als auch die Ausfuhr als solche eine Verletzungshandlung darstellt, dh die Fälle erfasst sind, in denen ein Inverkehrbringen im Inland nicht erfolgt. Bloße Durchfuhr wird man allerdings wie im Patentrecht[85] nicht als erfasst ansehen können,[86] wohl aber Import zum Zweck nachfolgenden Exports.[87]

e. Aufbewahren

39 Vorbereitungshandlungen zählen grds nicht zu den dem SortInhaber vorbehaltenen Handlungen.[88] Um bereits die Vorbereitung einer der in Abs 1 Nr 1 Buchst a genannten Handlungen unter die Schutzwirkung stellen zu können, wird die Aufbewahrung von Vermehrungsmaterial einer geschützten Sorte in Abs 1 Nr 1 Bucht b einbezogen.[89]

40 Die Bedeutung der Regelung entspricht damit der Einbeziehung des »Besitzens« in § 9 PatG[90] und ist hier erst recht wirtschaftlich zu verstehen. Der Tatbestand erfordert anders als die vorgenannten ein finales Element (»zu einem der unter Buchstabe a genannten Zwecke«[91]).

f. Material der geschützten Sorte

41 Phänologische wie genomische Unterschiede wurden als starker Hinweis darauf angesehen, dass verschiedene Sorten vorliegen.[92] Die Ausführungsform muss nicht als Sorte vorliegen oder als solche die geschützte Sorte berühren; es reicht aus, dass sie dies als Individuum tut.[93]

---

83 Vgl *Busse/Keukenschrijver* § 9 PatG Rn. 81.
84 *Leßmann/Würtenberger²* § 3 Rn. 35.
85 Vgl *Busse/Keukenschrijver* § 9 PatG Rn. 136 f.; *Wuesthoff²* Rn. 5.
86 *Metzger/Zech* Rn. 31; *Metzger/Zech* § 37 Rn. 33; *Leßmann/Würtenberger²* § 3 Rn. 35.
87 *Leßmann/Würtenberger²* § 3 Rn. 35; kr hierzu *Metzger/Zech* Rn. 31.
88 Vgl zum Patentrecht *Busse/Keukenschrijver* § 9 PatG Rn. 43 f.
89 Begr BTDrs 13/7038 S 13; vgl *Leßmann/Würtenberger²* § 3 Rn. 36; *Metzger/Zech* Rn. 31; *Metzger/Zech* § 37 Rn. 34.
90 Vgl *Busse/Keukenschrijver* § 9 PatG Rn. 83; *Schulte* § 9 PatG Rn. 70; *Benkard* § 9 PatG Rn. 48.
91 Vgl OLG Düsseldorf 22.10.1998 2 U 24/98 OLGRep 1999, 122 Ls.
92 RB Den Haag BIE 2003, 185, 187 Gypsofila I.
93 Vgl BGHZ 166, 203 = GRUR 2006, 575 Melanie.

3. Handlungen in Bezug auf sonstige Pflanzen(teile) und Erzeugnisse

a. Grundsatz; »Kaskadenlösung«

Nach Abs 1 Nr 2 wird (seit der Neuregelung 1997 umfassend)[94] der Schut- **42**
zumfang für eine geschützte Sorte über das Vermehrungsmaterial hinaus auch
auf sonstige Pflanzen und Pflanzenteile und in Anwendung der in Art 14
Abs 3 PflZÜ genannten Option auch auf daraus unmittelbar gewonnene
Erzeugnisse ausgedehnt.[95] Erfasst sind wie bei Handlungen in Bezug auf Vermehrungsmaterial (Rdn. 31 ff.) das Erzeugen, das Aufbereiten (vgl Rdn. 43),
das Inverkehrbringen, Ein- und Ausfuhr und das Aufbewahren, wenn sie ohne
Zustimmung des SortInhabers (§ 10b) erfolgen. Damit stellt sich die frühere
Zierpflanzenproblematik nicht mehr. Zur abw Regelung beim gemeinschaft-
lichen Sortenschutz Rdn. 55.

»**Kaskadenlösung**«. Die aus Art 14 Abs 2, 3 PflZÜ übernommene Regelung **43**
erstreckt den Schutzumfang auf Erzeugnisse nur, wenn der SortInhaber auf
der jeweils vorhergehenden Stufe (Vermehrungsmaterial oder sonstige Pflan-
zen/Pflanzenteile) keine Gelegenheit hatte, sein Recht geltend zu machen;[96]
dadurch wird er veranlasst, seine Ansprüche (die Begr spricht nur von »Lizenzgebühren«) zum frühestmöglichen Zeitpunkt, nämlich auf der Stufe des Vermehrungsmaterials, zu erheben.[97] In Betracht kommt insb die Einfuhr
von Enderzeugnissen aus nichtlizenzierter Auslandsvermehrung;[98] weiter mangelnde Kenntnis von der Erzeugung.[99] Jedoch besteht bei national geschützten Sorten keine Möglichkeit, gegen deren Erzeugung im Ausland vorzugehen.[100] Erfasst sein können auch Aufbereitungshandlungen wie Sortieren und
Reinigen, die nicht der Wiederaussaat dienen.[101]

Macht der SortInhaber seine Ansprüche erst auf einer **späteren Stufe** gel- **44**
tend, hat er nachzuweisen, dass es ihm nicht möglich war, dies auf der jeweils

---

94 Vgl zur früheren Rechtslage, die nur Zierpflanzen erfasste, *Wuesthoff*[2] Rn. 7, 8;
   Neumeier S 167 ff.; vgl auch die vereinzelt gebliebene, von *Hassan* IIC 1987, 219
   referierte Entscheidung des Tribunale San Remo.
95 Begr BTDrs 13/7038 S 13; vgl *Metzger/Zech* Rn. 40 f.; *Metzger/Zech* § 37 Rn. 36.
96 Vgl *Metzger/Zech* § 37 Rn. 38, 51 f.
97 Vgl Begr BTDrs 13/7038 S 13; *Leßmann/Würtenberger*[2] § 3 Rn. 13.
98 *Leßmann/Würtenberger*[2] § 3 Rn. 14; *Metzger/Zech* Rn. 24.
99 *Metzger/Zech* § 37 Rn. 39.
100 Vgl BGHZ 166, 203 = GRUR 2006, 575 Melanie.
101 *Metzger/Zech* § 37 Rn. 41.

vorhergehenden Stufe zu tun.[102] Die schließt es ein, dass der Berechtigte auf der unmittelbar vorhergehenden Stufe auch nicht nach Abs 1 Nr 2 vorgehen konnte.

b. Sonstige Pflanzen oder Pflanzenteile

45   Der im PflZÜ und in der GemSortV genannte Begriff »Erntegut« ist zur Vermeidung von Missverständnissen (Rdn. 6 zu § 6) durch »**sonstige Pflanzen oder Pflanzenteile**« ersetzt worden.[103] Diese Begriffe sind auch in § 2 genannt. Erfasst ist auch Konsummaterial, so Schnittblumen und Topfpflanzen.[104] Erntegut erfasst nach der GemSortV nicht vollständige Pflanzen; das gilt auch für Zierpflanzen.[105] Dies wird kritisiert.[106]

c. Unmittelbar gewonnene Erzeugnisse

46   Aus sonstigen Pflanzen oder Pflanzenteilen unmittelbar gewonnene Erzeugnisse iSd Abs 1 Nr 2 sind solche, die aus Pflanzen oder Pflanzenteilen der Sorte gewonnen sind, ohne dass – abgesehen von Hilfsstoffen – eine Verarbeitung mit anderen Erzeugnissen erfolgt ist;[107] auf die Zahl der Veredelungsschritte kommt es nicht entscheidend an. Maßgeblich ist die Verkehrsauffassung. Die zum Begriff des unmittelbaren Verfahrenserzeugnisses in § 9 PatG entwickelten Grundsätze[108] können angesichts des unterschiedlichen Regelungsgehalts nicht herangezogen werden und allenfalls Fingerzeige liefern.[109] Vermehrungsmaterial kommt angesichts der Regelungssystematik grds nicht als unmittelbar gewonnenes Erzeugnis in Betracht.[110] Als Beispiele können gelten zB Getreidemehl, -grieß -oder -schrot, Hopfenextrakt, Mais- oder

---

102   Vgl Begr BTDrs 13/7038 S 13; *Leßmann/Würtenberger*[2] § 3 Rn. 12.
103   Begr BTDrs 13/7038 S 13; vgl *Metzger/Zech* § 37 Rn. 37.
104   *Leßmann/Würtenberger*[2] § 3 Rn. 14; *Metzger/Zech* § 37 Rn. 37.
105   BGHZ 166, 203 = GRUR 2006, 575 Melanie.
106   Vgl *Metzger/Zech* § 37 Rn. 37.
107   Vgl *Metzger/Zech* Rn. 41 unter Hinweis auf *Janis/Jervis/Peet* Intellectual Property Law of Plants (2014) Rn. 3.59.
108   Vgl *Busse/Keukenschrijver* § 9 PatG Rn. 97 ff.; *Schulte* § 9 PatG Rn. 82 ff.; *Benkard* § 9 PatG Rn. 53 ff.
109   Vgl *Metzger/Zech* Rn. 41.
110   Vgl aber zur Rechtslage bei Pflanzenzwiebeln niederländ Hoge Raad GRUR Int 1986, 560 Elvira sowie *Neumeier* S 158 f und BTDrs V/1630 S 54; *Wuesthoff* GRUR Int 1977, 433, 436; die Fälle werden jetzt von Abs 1 Nr 1 Buchst a erfasst sein.

Kartoffelstärke, Pflanzenöl, Obstsaft, Fasern, nicht Konfitüren, Raffinate, Fertiggerichte oder Textilien.[111]

C. Schutzbereich

I. Allgemeines

Eine § 14 PatG entsprechende Regelung fehlt im SortG. Eine Schutzbereichs- 47 bestimmung entspr der im Patentrecht vor 1978 herrschenden »Dreiteilungslehre«[112] ist für den Sortenschutz zu Recht niemals ernsthaft in Betracht gezogen worden;[113] allerdings hat die Rspr gelegentlich eine entspr Terminologie verwendet.[114] Bei der Prüfung der Verletzungsfrage ist nur darauf abzuheben, ob das benutzte Pflanzenmaterial die Merkmale des Klagesortenschutzrechts aufweist.[115]

II. Schutzbereich (Schutzumfang) beim Sortenschutz

1. Grundsatz

Schutzumfang des Sortenschutzes ist der Bereich der Sorte, der durch die 48 Kombination der festgelegten Ausprägungsmerkmale bestimmt wird.[116] Er wird durch die Sortenbeschreibung individualisiert.[117] Eine Unterscheidung zwischen wesentlichen und unwesentlichen Merkmalen kommt nicht in Betracht.[118] In den Schutzbereich können auch Pflanzen einer mit der geschützten Sorte identischen anderen Sorte fallen.[119]

---

111 Vgl *Metzger/Zech* Rn. 41; *Metzger/Zech* § 37 Rn. 48.
112 Vgl *Busse/Keukenschrijver* § 14 PatG Rn. 9 ff.
113 Vgl *Wuesthoff*[2] Rn. 2.
114 Vgl BGHZ 65, 347, 353 = GRUR 1976, 385 Rosenmutation: »glattes Äquivalent«.
115 OLG Karlsruhe GRUR-RR 2004, 283; vgl südafrikan SuprC 28.11.2003, referiert in EIPR 2004 N-69.
116 Vgl OLG Frankfurt Mitt 1982, 212, 213, auch zur Frage, ob die Abweichung um eine Klassenbreite ausreicht; OLG Düsseldorf GRUR-RR 2004, 281 = InstGE 4, 127, 134; OLG Düsseldorf 6.4.2006 2 U 155/02; *Wuesthoff*[2] Rn. 3; OLG Karlsruhe GRUR-RR 2004, 283, 284; BGHZ 166, 203 = GRUR 2006, 575 Melanie stellt auf die Merkmale des Sortenschutzrechts ab.
117 *Leßmann/Würtenberger*[2] § 3 Rn. 6.
118 OLG Düsseldorf InstGE 4, 127, 134; *Jestaedt* GRUR 1982, 595, 598; noch offengelassen in OLG Frankfurt Mitt 1982, 212 f.
119 LG Düsseldorf 22.5.2001 4 O 228/00.

2. Identitätsbereich

49   Erfasst ist damit zunächst der Bereich, in dem die festgelegten Ausprägungsmerkmale übereinstimmend verwirklicht sind. Bei wortsinngemäßer Ver-
wirklichung aller Merkmale liegt immer eine Verletzung vor.[120] Genetische
Übereinstimmung, die mittels DNS-Analyse beurteilt werden kann, ist grds
als geeignet angesehen worden, Identität zu belegen, jedoch wird es auf die
Fallumstände ankommen.[121]

3. Toleranzbereich

50   Unter einen gelegentlich als »Äquivalenzbereich« (was, um Verwechslungen
mit den im Patentrecht geltenden Grundsätzen auszuschließen, vermieden
werden sollte[122]) bezeichneten **Toleranzbereich**[123] (dynamischen Schutzbereich) fallen auch bestimmte zu erwartende Variationen.[124] Wie weit dieser Bereich geht, ist unterschiedlich beurteilt worden. Unter Geltung der
ursprünglichen Grundsätze des BSA für die Registerprüfung[125] hat die Rspr
darauf abgestellt, ob die Abweichungen innerhalb einer Klassenbreite liegen;[126] Merkmals- und Schutzbereichsüberschneidungen mit anderen Sorten
sind unschädlich.[127] Die späteren Grundsätze des BSA für die Prüfung auf

---

120   OLG Karlsruhe GRUR-RR 2004, 283 f.
121   Vgl OLG Düsseldorf 16.5.2002 2 U 252/01; OLG Düsseldorf GRUR-RR 2007,
221; abl zur Heranziehung OLG Karlsruhe GRUR-RR 2004, 283 f für den Fall,
dass der Genotyp im Anspruchswortlaut nicht genannt ist; OLG Düsseldorf
6.4.2006 2 U 155/02; offengelassen in BGHZ 166, 203 = GRUR 2006, 575
Melanie.
122   Vgl jetzt auch *Würtenberger* Mitt 2015, 1, 4.
123   BGH GRUR 2009, 750 Lemon Symphony; OLG Düsseldorf Mitt 2007, 504
Melanie; OLG Düsseldorf 6.4.2006 2 U 155/02; in BGHZ 166, 203, 209f =
GRUR 2006, 575 Melanie noch nicht entschieden; vgl zum »Toleranzbereich«
bei einer Farbmarke im Markenrecht BGH GRUR 2005, 527 Lila Schokolade.
124   Vgl OLG Frankfurt Mitt 1982, 212 f; OLG Düsseldorf InstGE 4, 127, 134;
OLG Düsseldorf 21.2.2006 2 U 94/05 GRUR-RR 2007, 221 Ls; OLG Düsseldorf
Mitt 2015, 392; *Wuesthoff*[2] Rn. 3; *Leßmann/Würtenberger*[2] § 3 Rn. 6: »individuali-
sierter Schutzbereich«; *Metzger/Zech* Rn. 50 ff.; *Jestaedt* GRUR 1982, 595, 598.
125   BfS 1974, 127, 162.
126   OLG Frankfurt Mitt 1982, 212 f; vgl BPatGE 11, 179, 182 = GRUR 1971, 151
Peragis; *Neumeier* S 174f.
127   Vgl zum SaatG BGH GRUR 1967, 419 Favorit I.

Unterscheidbarkeit, Homogenität und Beständigkeit von Pflanzensorten[128] verwenden den Begriff der Klassenbreite nicht mehr; abgestellt wird auf alle Ausprägungen, die zur gleichen Ausprägungsstufe gehören, während bei Merkmalen, die wie qualitative Merkmale behandelt werden (»quasi-qualitative Merkmale«), eventuelle Fluktuationen bei der Feststellung der Unterscheidbarkeit berücksichtigt werden.[129] Anders verhält es sich bei quantitativen Merkmalen (wie der Halmlänge). Eine bereits im Rahmen der Anpassung einer Sortenbeschreibung berücksichtigte, weil zu erwartende Modifikation kann noch einmal im Rahmen der Festlegung des Toleranzbereichs Einfluss gewinnen; das gilt auch, wenn es nicht zu einer Anpassung der Sortenbeschreibung gekommen ist.[130] Jedoch soll die Grenze des Toleranzbereichs überschritten sein, wenn Modifikationen, die bereits für die Ermittlung der Grenzen des Toleranzbereichs herangezogen wurden, ein zweites Mal berücksichtigt werden.[131] Es ist vorgeschlagen worden, auf die funktionelle Wichtigkeit der Merkmale abzustellen,[132] dies ist jedoch auf Widerspruch gestoßen[133] Die Rspr wendet die Grundsätze als Maßstab für die Bestimmung des Toleranzbereichs dann an, wenn das Pflanzenmaterial der Klagesorte und das als verletzend beanstandete Pflanzenmaterial in einem Vergleichsanbau am gleichen Ort während der gleichen Vegetationsperiode angebaut worden sind.[134] Der Zustimmungsvorbehalt in Art 13 Abs 2 GemSortV erfasst – wie die alleinige Berechtigung des Sortenschutzinhabers nach § 10 Abs 1 SortG – nicht nur Material der geschützten Sorte, das die festgelegten Ausprägungsmerkmale übereinstimmend verwirklicht, sondern auch Material, das einzelne der Ausprägungsmerkmale im Rahmen zu tolerierender Variationen verwirklicht (»Toleranzbereich«).[135]

Zu diesem Bereich ist auch Vermehrungsgut gerechnet worden, das sich 51 hinsichtlich einzelner Merkmale (zB Blütenfarbe) von der geschützten Sorte unterscheidet, wenn es sich um infolge von Punktmutationen auftretende

128 BfS 1980, 233.
129 *Wuesthoff*[2] Rn. 3; OLG Düsseldorf InstGE 4, 127, 135.
130 OLG Düsseldorf Mitt 2015, 392.
131 Vgl *Metzger/Zech* Rn. 21 unter Hinweis auf LG Düsseldorf 20.12.2013 4a O 251/05 undok.
132 *Wuesthoff*[2] Rn. 3; *Wuesthoff* GRUR 1975, 12, 14.
133 *Jestaedt* GRUR 1982, 595, 598 f.
134 LG Düsseldorf Mitt 2006, 219.
135 BGH GRUR 2009, 750 Lemon Symphony.

instabile Abweichungen handelt, die nicht zu einer deutlichen Unterscheidung in der Ausprägung wenigstens eines wichtigen Merkmals führen.[136]

D. Auskreuzungen

Schrifttum: *Arnold* Die Haftung von Landwirten bei Auskreuzungen von gentechnisch veränderten Organismen im Nachbarrecht, NuR 2006, 15; *Haedicke* Auskreuzung transgener Pflanzen und Patentrecht, FS T. Schilling (2007), 237; *D. Walter* Patentrechtliche Betrachtungen zu modernen Züchtungsverfahren und daraus hervorgehenden Pflanzen und Tieren, Journal für Verbraucherschutz und Lebensmittelsicherheit 2008, 359.

52   § 9c Abs 3 PatG idF des BioTRlUmsG schränkt die Ansprüche des Berechtigten bei biologischem Material nach § 9a PatG für die Fälle ein, in denen die Vermehrung im Bereich der Landwirtschaft zufällig oder technisch nicht vermeidbar erfolgt (»**Auskreuzungen**«), wobei eine gute landwirtschaftliche Praxis als Maßstab gelten und wodurch der Landwirt vor einer »aufgedrängten« Bereicherung geschützt werden soll.[137] Ihrem Zweck entsprechend soll die Vorschrift, deren Formulierung nicht ganz gelungen erscheint, eng auszulegen sein, die Übertragbarkeit der Regelung auf das SortRecht erscheint deshalb trotz vergleichbarer Interessenlage zwh.

E. Gemeinschaftsrecht

53   Inhaltlich entspricht Art 13 GemSortV im wesentlichen der geltenden nationalen Regelung und Art 14 PflZÜ; Übergangsregelungen enthält Art 116 Abs 4 GemSortV.

54   Jedoch stellt Art 13 Abs 2 GemSortV allgemein auf **Material** (Sortenbestandteile oder Erntegut) ab; unter den Begriff der Sortenbestandteile fallen Pflanzen und Pflanzenbestandteile, die zur Aussaat bestimmt sind.[138] Das setzt die Eignung zur Aussaat voraus.[139] Bei ihrer Veräußerung kann eine Bestimmung zur Aussaat bereits darin liegen, dass der Erwerber eine Aussaat

---

136 LG Düsseldorf Entsch 1997, 15; differenzierend *Metzger/Zech* Rn. 16 Fn 49.
137 Vgl *Busse/Keukenschrijver* § 9c PatG Rn. 50.
138 OLG Frankfurt 19.5.2016 6 U 89/15 Mitt 2016, 292 Ls; vgl auch *Metzger/Zech* § 37 Rn. 20 ff.
139 Vgl *Metzger/Zech* § 37 Rn. 24; *Leßmann/Würtenberger*[2] § 3 Rn. 16 unter Hinweis auf einen Apfel, der nich zu einem Obstbaum mit den sortenspezifischen Merkmalen führe.

beabsichtigt, dies für den Veräußerer vorhersehbar ist und von ihm billigend in Kauf genommen wird; so insb, wenn der Erwerber unmissverständlich zum Ausdruck bringt, dass er die Ware zur Aussaat verwenden will; Angebot nur zu Verbrauchszwecken und Hinweis darauf, dass die Ware nicht zur Aussaat bestimmt ist und verwendet werden darf, steht nicht entgegen.[140]

Art 13 Abs 3 GemSortV enthält hinsichtlich des Ernteguts (nicht aber auch   55 hinsichtlich sonstiger Pflanzen und Sortenbestandteile, insbesondere Zierpflanzen[141]) eine Regelung nach Art der »Kaskadenlösung«. Art 13 Abs 4 GemSortV ermöglicht iVm Art 114 GemSortV hinsichtlich unmittelbar aus dem Material der geschützten Sorte gewonnener Erzeugnisse die Einführung einer Durchführungsvorschrift, die der »Kaskadenlösung« (Rdn. 42) entspricht;[142] hiervon ist aber kein Gebrauch gemacht worden.[143] Die Kaskadenlösung findet daher, was unmittelbar gewonnene Erzeugnisse aus Material der geschützten Sorte betrifft, auf den gemeinschaftlichen Sortenschutz keine Anwendung.[144]

§ 10a Beschränkung der Wirkung des Sortenschutzes

(1) Die Wirkung des Sortenschutzes erstreckt sich nicht auf Handlungen nach § 10 Abs. 1
1. im privaten Bereich zu nicht gewerblichen Zwecken,
2. zu Versuchszwecken, die sich auf die geschützte Sorte beziehen,
3. zur Züchtung neuer Sorten sowie in § 10 Abs. 1 genannte Handlungen mit diesen Sorten mit Ausnahme der Sorten nach § 10 Abs. 2.

(2) [1]Die Wirkung des Sortenschutzes erstreckt sich ferner nicht auf Erntegut, das ein Landwirt durch Anbau von Vermehrungsmaterial einer geschützten Sorte der in dem Verzeichnis der Anlage aufgeführten Arten mit Ausnahme von Hybriden und synthetischen Sorten im eigenen Betrieb gewonnen hat und dort als Vermehrungsmaterial verwendet (Nachbau), soweit der Landwirt seinen in den Absätzen 3 und 6 festgelegten Verpflichtungen nachkommt. [2]Zum Zwecke des Nachbaus kann das Erntegut durch

---

140 OLG Frankfurt 19.5.2016 6 U 89/15 Mitt 2016, 292 Ls; abw wohl *Metzger/Zech* § 37 Rn. 25.
141 BGHZ 166, 203 = GRUR 2006, 575 Melanie.
142 Vgl *Leßmann/Würtenberger*[2] § 3 Rn. 18.
143 *Metzger/Zech* § 37 Rn. 54.
144 Vgl *Metzger/Zech* Rn. 41; *Leßmann/Würtenberger*[2] § 3 Rn. 18.

den Landwirt oder ein von ihm hiermit beauftragtes Unternehmen (Aufbereiter) aufbereitet werden.

(3) [1]Ein Landwirt, der von der Möglichkeit des Nachbaus Gebrauch macht, ist dem Inhaber des Sortenschutzes zur Zahlung eines angemessenen Entgelts verpflichtet. [2]Ein Entgelt gilt als angemessen, wenn es deutlich niedriger ist als der Betrag, der im selben Gebiet für die Erzeugung von Vermehrungsmaterial derselben Sorte auf Grund eines Nutzungsrechts nach § 11 vereinbart ist.

(4) [1]Den Vereinbarungen zwischen Inhabern des Sortenschutzes und Landwirten über die Angemessenheit des Entgelts können entsprechende Vereinbarungen zwischen deren berufsständischen Vereinigungen zugrunde gelegt werden. [2]Sie dürfen den Wettbewerb auf dem Saatgutsektor nicht ausschließen.

(5) Die Zahlungsverpflichtung nach Absatz 3 gilt nicht für Kleinlandwirte im Sinne des Artikels 14 Abs. 3 dritter Anstrich der Verordnung (EG) Nr. 2100/94 des Rates vom 27. Juli 1994 über den gemeinschaftlichen Sortenschutz (ABl. EG Nr. L 227 S. 1).

(6) Landwirte, die von der Möglichkeit des Nachbaus Gebrauch machen, sowie von ihnen beauftragte Aufbereiter sind gegenüber den Inhabern des Sortenschutzes zur Auskunft über den Umfang des Nachbaus verpflichtet.

(7) Das Bundesministerium für Ernährung und Landwirtschaft wird ermächtigt, durch Rechtsverordnung das Verzeichnis der in der Anlage aufgeführten Arten zu ändern, soweit dies im Interesse einer Anpassung an das Verzeichnis des gemeinschaftlichen Sortenschutzes erforderlich ist.

Anlage zu § 10a

Arten, von denen Vermehrungsmaterial nachgebaut werden kann:

1.	Getreide	
1.1	Avena sativa L.	Hafer
1.2	Hordeum vulgare L. sensu lato	Gerste
1.3	Secale cereale L.	Roggen
1.4	x Triticosecale Wittm.	Triticale
1.5	Triticum aestivum L. emend. Fiori et Paol.	Weichweizen
1.6	Triticum durum Desf.	Hartweizen

1.7	Triticum spelta L.	Spelz
2.	Futterpflanzen	
2.1	Lupinus luteus L.	Gelbe Lupine
2.2	Medicago sativa L.	Blaue Luzerne
2.3	Pisum sativum L. (partim)	Futtererbse
2.4	Trifolium alexandrinum L.	Alexandriner Klee
2.5	Trifolium resupinatum L.	Persischer Klee
2.6	Vicia faba L. (partim)	Ackerbohne
2.7	Vicia sativa L.	Saatwicke
3.	Öl- und Faserpflanzen	
3.1	Brassica napus L. (partim)	Raps
3.2	Brassica rapa L. var. silvestris (Lam.) Briggs	Rübsen
3.3	Linum usitatissimum L.Lein,	außer Faserlein
4.	Kartoffel	
4.1	Solanum tuberosum L.	Kartoffel

GemSortV: Art 14, 15; Übergangsregelung in Art 116 GemSortV (abgedruckt bei § 41)

Art 14 Abweichung vom gemeinschaftlichen Sortenschutz

(1) Unbeschadet des Artikels 13 Absatz 2 können Landwirte zur Sicherung der landwirtschaftlichen Erzeugung zu Vermehrungszwecken im Feldanbau in ihrem eigenen Betrieb das Ernteerzeugnis verwenden, das sie in ihrem eigenen Betrieb durch Anbau von Vermehrungsgut einer unter den gemeinschaftlichen Sortenschutz fallenden Sorte gewonnen haben, wobei es sich nicht um eine Hybride oder eine synthetische Sorte handeln darf.

(2) Absatz 1 gilt nur für folgende landwirtschaftliche Pflanzenarten:

a) Futterpflanzen:

Cicer arietinum L. – Kichererbse

Lupinus luteus L. – Gelbe Lupine

Medicago sativa L. – Blaue Luzerne

Pisum sativum L. (partim) – Futtererbse

Trifolium alexandrinum L. – Alexandriner Klee

Trifolium resupinatum L. – Persischer Klee

Vicia faba – Ackerbohne

Vicia sativa L. – Saatwicke

und, im Fall Portugals, für Lolium multiflorum Lam – Einjähriges und Welsches Weidelgras;

b) Getreide:

Avena sativa – Hafer

Hordeum vulgare L. – Gerste

Oryza sativa L. – Reis

Phalaris canariensis L. – Kanariengras

Secale cereale L. – Roggen

X Triticosecale Wittm. – Triticale

Triticum aestivum L. emend. Fiori et Paol. – Weizen

Triticum durum Desf. – Hartweizen

Triticum spelta L. – Spelz;

c) Kartoffeln:

Solanum tuberosum – Kartoffel;

d) Öl- und Faserpflanzen:

Brassica napus L. (partim) – Raps

Brassica rapa L. (partim) – Rübsen

Linum usitatissimum – Leinsamen mit Ausnahme von Flachs.

(3) Die Bedingungen für die Wirksamkeit der Ausnahmeregelung gemäß Absatz 1 sowie für die Wahrung der legitimen Interessen des Pflanzenzüchters und des Landwirts werden vor dem Inkrafttreten dieser Verordnung in einer Durchführungsverordnung gemäß Artikel 114 nach Maßgabe folgender Kriterien festgelegt:

– Es gibt keine quantitativen Beschränkungen auf der Ebene des Betriebs des Landwirts, soweit es für die Bedürfnisse des Betriebs erforderlich ist;
– das Ernteerzeugnis kann von dem Landwirt selbst oder mittels für ihn erbrachter Dienstleistungen für die Aussaat vorbereitet werden, und zwar unbeschadet einschränkender Bedingungen, die die Mitgliedstaaten in bezug auf die Art und Weise, in der dieses Ernteerzeugnis für die Aussaat vorbereitet wird, festlegen können, insbesondere um sicherzustellen, daß das zur Vorbereitung übergebene Erzeugnis mit dem aus der Vorbereitung hervorgegangenen Erzeugnis identisch ist;
– Kleinlandwirte sind nicht zu Entschädigungszahlungen an den Inhaber des Sortenschutzes verpflichtet. Als Kleinlandwirte gelten
– im Fall von in Absatz 2 genannten Pflanzenarten, für die die Verordnung (EWG) Nr. 1765/92 des Rates vom 30. Juni 1992 zur Einführung einer Stützungsregelung für Erzeuger bestimmter landwirtschaftlicher Kulturpflanzen gilt, diejenigen Landwirte, die Pflanzen nicht auf einer Fläche anbauen, die größer ist als die Fläche, die für die Produktion von 92 Tonnen Getreide benötigt würde; zur Berechnung der Fläche gilt Artikel 8 Absatz 2 der vorstehend genannten Verordnung;
– im Fall anderer als der in Absatz 2 genannten Pflanzenarten diejenigen Landwirte, die vergleichbaren angemessenen Kriterien entsprechen;
– andere Landwirte sind verpflichtet, dem Inhaber des Sortenschutzes eine angemessene Entschädigung zu zahlen, die deutlich niedriger sein muß als der Betrag, der im selben Gebiet für die Erzeugung von Vermehrungsmaterial derselben Sorte in Lizenz verlangt wird; die tatsächliche Höhe dieser angemessenen Entschädigung kann im Laufe der Zeit Veränderungen unterliegen, wobei berücksichtigt wird, inwieweit von der Ausnahmeregelung gemäß Absatz 1 in bezug auf die betreffende Sorte Gebrauch gemacht wird;
– verantwortlich für die Überwachung der Einhaltung der Bestimmungen dieses Artikels oder der aufgrund dieses Artikels erlassenen Bestimmungen sind ausschließlich die Inhaber des Sortenschutzes; bei dieser Überwachung dürfen sie sich nicht von amtlichen Stellen unterstützen lassen;
– die Landwirte sowie die Erbringer vorbereitender Dienstleistungen übermitteln den Inhabern des Sortenschutzes auf Antrag relevante Informationen; auch die an der Überwachung der landwirtschaftlichen Erzeugung beteiligten amtlichen Stellen können relevante Informationen übermitteln, sofern diese Informationen im Rahmen der normalen Tätigkeit dieser Stellen gesammelt wurden und dies nicht mit Mehrarbeit oder zusätzlichen Kosten verbunden ist. Die gemeinschaftlichen

und einzelstaatlichen Bestimmungen über den Schutz von Personen bei der Verarbeitung und beim freien Verkehr personenbezogener Daten werden hinsichtlich der personenbezogenen Daten von diesen Bestimmungen nicht berührt.

Art 15 Einschränkung der Wirkung des gemeinschaftlichen Sortenschutzes

Der gemeinschaftliche Sortenschutz gilt nicht für
a) Handlungen im privaten Bereich zu nichtgewerblichen Zwecken;
b) Handlungen zu Versuchszwecken;
c) Handlungen zur Züchtung, Entdeckung und Entwicklung anderer Sorten;
d) die in Artikel 13 Absätze 2, 3 und 4 genannten Handlungen in bezug auf solche anderen Sorten, ausgenommen die Fälle, in denen Artikel 13 Absatz 5 Anwendung findet bzw. in denen die andere Sorte oder das Material dieser Sorte durch ein Eigentumsrecht geschützt ist, das keine vergleichbare Bestimmung enthält und
e) Handlungen, deren Verbot gegen Artikel 18 Absatz 8, Artikel 14 oder 29 verstoßen würde.

VO (EG) Nr 1768/95 über die Ausnahmeregelung gemäß Art 14 Abs 3 der VO (EG) Nr 2100/94 (ABl EG Nr L 173/14 vom 25.7.1995) – NachbauV –, geänd durch VO Nr. 2605/98 der Kommission vom 3.12.1998 zur Änderung der VO (EG) Nr. 1768/95 (ABl EG L 328/6 vom 4.12.1998), ohne Erwägungsgründe

Kapitel 1 Allgemeine Bestimmungen

Artikel 1 Geltungsbereich

(1) Diese Verordnung enthält die Durchführungsbestimmungen hinsichtlich der Bedingungen für die Wirksamkeit der Ausnahmeregelung gemäß Artikel 14 Absatz 1 der Grundverordnung.

(2) Diese Bedingungen gelten für die Rechte und Pflichten des Sortenschutzinhabers im Sinne des Artikels 13 Absatz 1 und für deren Ausübung bzw. Erfüllung sowie für die Ermächtigung und Pflichten des Landwirts und für deren Inanspruchnahme bzw. Erfüllung, sofern diese Rechte, Ermächtigung und Pflichten aus den Bestimmungen des Artikels 14 der Grundverordnung abgeleitet sind. Sie gelten ferner für Rechte, Ermächtigungen und Pflichten anderer, die aus den Bestimmungen des Artikels 14 Absatz 3 der Grundverordnung abgeleitet sind.

(3) Sofern in dieser Verordnung nicht anderslautend bestimmt, richtet sich die Ausübung der Rechte, die Inanspruchnahme der Ermächtigung und die Erfüllung der Pflichten nach dem Recht und dem internationalen Privatrecht des Mitgliedstaats, in dem der die Regelung in Anspruch nehmende Betrieb liegt.

Artikel 2 Wahrung der Interessen

(1) Die in Artikel 1 genannten Bedingungen sind von dem Sortenschutzinhaber, der insoweit den Züchter vertritt, und von dem Landwirt so umzusetzen, daß die legitimen Interessen des jeweils anderen gewahrt bleiben.

(2) Die legitimen Interessen sind dann als nicht gewahrt anzusehen, wenn eines oder mehrere Interessen verletzt werden, ohne daß der Notwendigkeit eines vernünftigen Interessenausgleichs oder der Verhältnismäßigkeit der effektiven Umsetzung der Bedingung gegenüber ihrem Zweck Rechnung getragen wurde.

Kapitel 2 Sortenschutzinhaber und Landwirt

Artikel 3 Der Sortenschutzinhaber

(1) Die aus den Bestimmungen des Artikels 14 der Grundverordnung abgeleiteten Rechte und Pflichten des Sortenschutzinhabers, wie sie in dieser Verordnung verankert sind, sind nicht übertragbar, mit Ausnahme des Rechts auf eine bereits bestimmbare Bezahlung der angemessenen Entschädigung gemäß Artikel 5. Sie können allerdings den Rechten und Pflichten beigeordnet werden, die mit der Übertragung des gemeinschaftlichen Sortenschutzrechts gemäß den Bestimmungen des Artikels 23 der Grundverordnung einhergehen.

(2) Die in Absatz 1 genannten Rechte können von einzelnen Sortenschutzinhabern, von mehreren Sortenschutzinhabern gemeinsam oder von einer Vereinigung von Sortenschutzinhabern geltend gemacht werden, die in der Gemeinschaft auf gemeinschaftlicher, nationaler, regionaler oder lokaler Ebene nieder-gelassen ist. Eine Organisation von Sortenschutzinhabern kann nur für diejenigen ihrer Mitglieder tätig werden, die sie dazu schriftlich bevollmächtigt haben. Sie wird entweder durch einen oder mehrere ihrer Vertreter oder durch von ihr zugelassene Sachverständige im Rahmen ihrer jeweiligen Mandate tätig.

(3) Ein Vertreter des Sortenschutzinhabers oder einer Vereinigung von Sortenschutzinhabern sowie ein zugelassener Sachverständiger müssen

a) ihren Wohnsitz, ihren Sitz oder ihre Niederlassung in der Gemeinschaft haben;

b) vom Sortenschutzinhaber oder von der Vereinigung schriftlich bevollmächtigt sein und

c) die Erfüllung der Bedingungen a und b entweder durch Verweis auf entsprechende, vom Sortenschutzinhaber veröffentlichte oder von ihm den Vereinigungen der Landwirte mitgeteilte Informationen oder in anderer Form nachweisen und auf Anforderung jedem Landwirt, gegenüber dem er die Rechte geltend macht, eine Kopie der schriftlichen Ermächtigung gemäß Buchstabe b vorlegen.

Artikel 4 Der Landwirt

(1) Die aus den Bestimmungen des Artikels 14 der Grundverordnung abgeleiteten Rechte und Pflichten des Landwirts, wie sie in dieser Verordnung oder in nach dieser Verordnung erlassenen Bestimmungen verankert sind, sind nicht übertragbar. Sie können allerdings den Rechten und Pflichten beigeordnet werden, die mit der Übertragung des Betriebs des Landwirts einhergehen, sofern in der Betriebsübertragungsakte hinsichtlich der Zahlung einer angemessenen Entschädigung gemäß Artikel 5 nichts anderes vereinbart wurde. Die Übertragung der Ermächtigung und der Pflichten wird zum selben Zeitpunkt wirksam wie die Betriebsübertragung.

(2) Als »eigener Betrieb« im Sinne des Artikels 14 Absatz 1 der Grundverordnung gilt jedweder Betrieb oder Betriebsteil, den der Landwirt pflanzenbaulich bewirtschaftet, sei es als Eigentum, sei es in anderer Weise eigenverantwortlich auf eigene Rechnung, insbesondere im Fall einer Pacht. Die Übergabe eines Betriebs oder eines Teils davon zum Zwecke der Bewirtschaftung gilt als Über-tragung im Sinne des Absatzes 1.

(3) Wer zum Zeitpunkt der Einforderung einer Verpflichtung Eigentümer des betreffenden Betriebs ist, gilt als Landwirt, solange kein Nachweis dafür erbracht wurde, daß ein anderer der Landwirt ist und gemäß den Bestimmungen der Absätze 1 und 2 die Verpflichtung erfüllen muß.

Kapitel 3 Entschädigung

Artikel 5 Höhe der Entschädigung

(1) Die Höhe der dem Sortenschutzinhaber zu zahlenden angemessenen Entschädigung gemäß Artikel 14 Absatz 3 vierter Gedankenstrich der

Grundverordnung kann zwischen dem Betriebsinhaber und dem betreffenden Landwirt vertraglich vereinbart werden.

(2) Wurde ein solcher Vertrag nicht geschlossen oder ist ein solcher nicht anwendbar, so muß der Entschädigungsbetrag deutlich niedriger sein als der Betrag, der im selben Gebiet für die Erzeugung von Vermehrungsmaterial in Lizenz derselben Sorte der untersten zur amtlichen Zertifizierung zugelassenen Kategorie verlangt wird.

Gibt es in dem Gebiet des Betriebs des Landwirts keine Erzeugung von Vermehrungsmaterial in Lizenz der betreffenden Sorte und liegt der vorgenannte Betrag gemeinschaftsweit nicht auf einheitlichem Niveau, so muß die Entschädigung deutlich niedriger sein als der Betrag, der normalerweise für den vorgenannten Zweck dem Preis für Vermehrungsmaterial der untersten zur amtlichen Zertifizierung zugelassenen Kategorie beim Verkauf derselben Sorte in derselben Region zugeschlagen wird, sofern er nicht höher ist als der vorgenannte, im Aufwuchsgebiet des Vermehrungsmaterials übliche Betrag.

(3) Die Höhe der Entschädigung gilt als deutlich niedriger im Sinne des Artikels 14 Absatz 3 vierter Gedankenstrich der Grundverordnung und des vorstehenden Absatzes, wenn sie nicht den Betrag übersteigt, der erforderlich ist, um als ein das Ausmaß der Inanspruchnahme der Ausnahmeregelung bestimmender Wirtschaftsfaktor ein vernünftiges Verhältnis zwischen der Lizenznutzung von Vermehrungsmaterial und dem Nachbau des Ernteguts der betreffenden, dem gemeinschaftlichen Sortenschutz unterliegenden Sorten herbeizuführen oder zu stabilisieren.

Dieses Verhältnis ist als vernünftig anzusehen, wenn es sicherstellt, daß der Sortenschutzinhaber insgesamt einen angemessenen Ausgleich für die gesamte Nutzung seiner Sorte erhält.

(4) Ist im Falle von Absatz 2 die Höhe der Entschädigung durch Vereinbarungen zwischen Vereinigungen von Sortenschutzinhabern und von Landwirten — mit oder ohne Beteiligung von Aufbereitervereinigungen — festgesetzt, die in der Gemeinschaft auf gemeinschaftlicher, nationaler oder regionaler Ebene niedergelassen sind, so werden die vereinbarten Beträge in den betreffenden Gebieten und für die betreffenden Arten als Leitlinien für die Festsetzung der Entschädigung verwendet, wenn diese der Kommission zusammen mit den einschlägigen Bedingungen schriftlich von bevollmächtigten

Vertretern der entsprechenden Vereinigungen mitgeteilt und daraufhin im
»Amtsblatt« des Gemeinschaftlichen Sortenamts veröffentlicht wurden.

(5) Liegt im Falle von Absatz 2 keine Vereinbarung im Sinne von Absatz 4 vor,
so beläuft sich die Entschädigung auf 50 % des Betrags, der für die Erzeugung des Vermehrungsmaterials in Lizenz gemäß Absatz 2 verlangt wird.

Hat ein Mitgliedstaat der Kommission jedoch vor 1. Januar 1999 den unverzüglich bevorstehenden Abschluß einer Vereinbarung gemäß Absatz 4 zwischen den betreffenden Vereinigungen auf nationaler oder regionaler Ebene
mitgeteilt, so beläuft sich die Entschädigung in dem betreffenden Gebiet
und für die betreffende Art auf 40 % anstelle des vorstehenden Prozent-
satzes von 50 %, jedoch nur hinsichtlich der Inanspruchnahme der Ausnahmeregelung vor der Umsetzung der Vereinbarung und nicht nach dem
1. April 1999.

(6) Hat ein Landwirt im Fall von Absatz 5 während des betreffenden Zeitraums von der landwirtschaftlichen Ausnahmeregelung für mehr als 55 %
seiner gesamten Erzeugung der betreffenden Sorte Gebrauch gemacht, so
ergibt sich die Höhe der Entschädigung aus der in dem betreffenden Gebiet
und für die betreffende Sorte geltenden Entschädigung, wenn diese Sorte in
dem betreffenden Mitgliedstaat gemäß der einzelstaatlichen Sortenschutz-
regelung geschützt wäre, es ein einzelstaatliches System mit einer solchen
Entschädigung gibt und die Höhe der Entschädigung 50 % des Betrags
überschreitet, der für die Erzeugung des Vermehrungsmaterials in Lizenz
gemäß Absatz 2 verlangt wird. Gibt es eine solche Staffelung im Rahmen
der nationalen Regelung nicht, so finden die Bestimmungen von Absatz 5
unabhängig vom Verwendungsverhältnis Anwendung.

(7) Die Bestimmungen des Absatzes 5 Unterabsatz 1 und des Absatzes 6 werden vor dem 1. Januar 2003 im Lichte der im Rahmen dieser Verordnung
gewonnenen Erfahrungen und der Entwicklung des Verhältnisses gemäß
Absatz 3 geprüft, um sie gegebenenfalls vor dem 1. Juli 2003 zu ändern
und somit das in Absatz 3 genannte vernünftige Verhältnis in der gesamten
Gemeinschaft oder Teilen davon herbeizuführen oder zu stabilisieren.

Artikel 6 Individuelle Zahlungspflicht

(1) Unbeschadet der Bestimmungen des Absatzes 2 entsteht die individuelle
Pflicht des Landwirts zur Zahlung einer angemessenen Entschädigung zum
Zeitpunkt der tatsächlichen Nutzung des Ernteguts zu Vermehrungszwe-
cken im Feldanbau.

Der Sortenschutzinhaber kann Zeitpunkt und Art der Zahlung bestimmen. Er darf jedoch keinen Zahlungstermin bestimmen, der vor dem Zeitpunkt der Entstehung der Pflicht liegt.

(2) Im Falle eines nach Artikel 116 der Grundverordnung gewährten gemeinschaftlichen Sortenschutzrechts entsteht die individuelle Pflicht des Landwirts, der die Bestimmungen des Artikels 116 Absatz 4 zweiter Gedankenstrich der Grundverordnung geltend machen kann, zum Zeitpunkt der tatsächlichen Nutzung des Ernteguts zu Vermehrungszwecken im Feldanbau nach dem 30. Juni 2001.

Artikel 7 Kleinlandwirte

(1) Anbauflächen im Sinne des Artikels 14 Absatz 3 dritter Gedankenstrich der Grundverordnung sind Flächen mit einem regelmäßig angebauten und geernteten Pflanzenbestand. Als Anbauflächen gelten insbesondere nicht Forstflächen, für mehr als 5 Jahre angelegte Dauerweiden, Dauergrünland und vom Ständigen Ausschuß für Sortenschutz gleichgestellte Flächen.

(2) Anbauflächen des landwirtschaftlichen Betriebs, die in dem am 1. Juli beginnenden und am 30. Juni des darauffolgenden Jahres endenden Jahr (»Wirtschaftsjahr«), in dem die Entschädigung fällig ist, vorübergehend oder auf Dauer stillgelegt wurden, gelten weiterhin als Anbauflächen, sofern die Gemeinschaft oder der von der Stillegung betroffene Mitgliedstaat Prämien oder Ausgleichszahlungen für diese Stillegungsflächen gewährt.

(3) Unbeschadet der Bestimmungen des Artikels 14 Absatz 3 dritter Gedankenstrich erster Untergedankenstrich gelten als Kleinlandwirte im Falle anderer Kulturarten (Artikel 14 (3), 3, Gedankenstrich, zweiter Untergedankenstrich) diejenigen Landwirte, die

a) im Falle von unter die letztgenannte Bestimmung fallenden Futterpflanzen; ungeachtet der Fläche, die mit anderen als Futterpflanzen bebaut werden, diese Futterpflanzen für einen Zeitraum von höchstens 5 Jahren nicht auf einer Fläche anbauen, die größer ist als die Fläche, die für die Produktion von 92 Tonnen Getreide je Ernte benötigt würde;

b) im Falle von Kartoffeln:

ungeachtet der Fläche, die mit anderen Pflanzen als Kartoffeln bebaut werden, Kartoffeln nicht auf einer Fläche anbauen, die größer ist als die Fläche, die für die Erzeugung von 185 Tonnen Kartoffeln pro Ernte benötigt würde.

(4) Die Berechnung der Flächen gemäß den Absätzen 1, 2 und 3 erfolgt für das Hoheitsgebiet eines jeden Mitgliedstaats und richtet sich

—   im Fall von unter die Verordnung (EWG) Nr. 1765/92 des Rates fallenden Pflanzen sowie anderer Futterpflanzen als jenen, die ohnehin unter die vorgenannte Verordnung fallen, nach Maßgabe der Bestimmungen der Verordnung (EWG) Nr. 1765/92, insbesondere Artikel 3 und 4, oder nach den Bestimmungen, die gemäß der Verordnung (EWG) Nr. 1765/92 erlassen werden, und

—   im Fall von Kartoffeln unter Zugrundelegung des in dem betreffenden Mitgliedstaat ermittelten Durchschnittsertrags pro Hektar nach Maßgabe der statistischen Informationen, die gemäß der Verordnung (EWG) Nr. 959/93 des Rates vom 5. April 1993 über die von den Mitgliedstaaten zu liefernden statistischen Informationen über pflanzliche Erzeugnisse außer Getreide vorgelegt werden.

(5) Ein Landwirt, der sich darauf beruft, »Kleinlandwirt« zu sein, muß im Streitfall den Nachweis dafür erbringen, daß er die Anforderungen an diese Kategorie von Landwirten erfüllt. Die Voraussetzungen für einen »Kleinerzeuger« im Sinne von Artikel 8 Absätze 1 und 2 der Verordnung (EWG) Nr. 1765/92 sind für einen solchen Zweck nicht anwendbar, es sei denn, der Sortenschutzinhaber stimmt dem Gegenteil zu.

Kapitel 4 Information

Artikel 8 Information durch den Landwirt

(1) Die Einzelheiten zu den einschlägigen Informationen, die der Landwirt dem Sortenschutzinhaber gemäß Artikel 14 Absatz 3 Unterabsatz 6 der Grundverordnung übermitteln muß, können zwischen dem Sortenschutzinhaber und dem betreffenden Landwirt vertraglich geregelt werden.

(2) Wurde ein solcher Vertrag nicht geschlossen oder ist ein solcher nicht anwendbar, so muß der Landwirt auf Verlangen des Sortenschutzinhabers unbeschadet der Auskunftspflicht nach Maßgabe anderer Rechtsvorschriften der Gemeinschaft oder der Mitgliedstaaten eine Aufstellung relevanter Informationen übermitteln. Als relevante Informationen gelten folgende Angaben:

a)   Name des Landwirts, Wohnsitz und Anschrift seines Betriebs;

b)   Verwendung des Ernteerzeugnisses einer oder mehrerer dem Sortenschutzinhaber gehörenden Sorten auf einer oder mehreren Flächen des Betriebs des Landwirts;

c) im Falle der Verwendung solchen Materials durch den Landwirt, Angabe der Menge des Ernteguts der betreffenden Sorte(n), die der Landwirt gemäß Artikel 14 Absatz 1 der Grundverordnung verwendet hat;

d) im gleichen Falle Angabe des Namens und der Anschrift derjenigen, die die Aufbereitung des Ernteguts zum Anbau in seinem Betrieb übernommen haben;

e) für den Fall, daß die nach den Buchstaben b, c oder d übermittelten Angaben nicht gemäß den Bestimmungen des Artikels 14 bestätigt werden können, Angabe der Menge des verwendeten lizenzgebundenen Vermehrungsmaterials der betreffenden Sorten sowie des Namens und der Anschrift des Lieferanten und f) im Falle eines Landwirts, der die Bestimmungen des Artikels 116 Absatz 4 zweiter Gedankenstrich der Grundverordnung geltend macht, Auskunft darüber, ob er die betreffende Sorte bereits für die Zwecke des Artikels 14 Absatz 1 der Grundverordnung ohne Entschädigungszahlung verwendet hat und zutreffendenfalls, seit wann.

(3) Die Angaben gemäß Absatz 2 Buchstaben b, c, d und e beziehen sich auf das laufende Wirtschaftsjahr sowie auf ein oder mehrere der drei vorangehenden Wirtschaftsjahre, für die der Landwirt auf ein Auskunftsersuchen hin, das der Sortenschutzinhaber gemäß den Bestimmungen der Absätze 4 oder 5 gemacht hatte, nicht bereits früher relevante Informationen übermittelt hatte.

Jedoch soll es sich bei dem ersten Wirtschaftsjahr, auf das sich die Information beziehen soll, um das Jahr handeln, in dem entweder erstmals ein Auskunftsersuchen zu der betreffenden Sorte gestellt und an den betreffenden Landwirt gerichtet wurde, oder alternativ in dem Jahr, in dem der Landwirt Vermehrungsmaterial der betroffenen Sorte oder Sorten erwarb, wenn beim Erwerb eine Unterrichtung zumindest darüber erfolgte, daß ein Antrag auf Erteilung von gemeinschaftlichem Sortenschutz gestellt oder ein solcher Schutz erteilt wurde, sowie über die Bedingungen der Verwendung dieses Vermehrungsmaterials.

Im Fall von Sorten, die unter die Bedingungen des Artikels 116 der Grundverordnung fallen, sowie für Landwirte, die berechtigt sind, sich auf die Bestimmungen des Artikels 116 Absatz 4 zweiter Gedankenstrich der Grundverordnung zu berufen, gilt das Jahr 2001/2002 als das erste Wirtschaftsjahr.

(4) Der Sortenschutzinhaber nennt in seinem Auskunftsersuchen seinen Namen und seine Anschrift, den Namen der Sorte, zu der er Informationen anfordert, und nimmt Bezug auf das betreffende Sortenschutzrecht.

Auf Verlangen des Landwirts ist das Ersuchen schriftlich zu stellen und die Sortenschutzinhaberschaft nachzuweisen. Unbeschadet der Bestimmungen des Absatzes 5 wird das Ersuchen direkt bei dem betreffenden Landwirt gestellt.

(5) Ein nicht direkt bei dem betreffenden Landwirt gestelltes Auskunftsersuchen erfüllt die Bestimmungen des Absatzes 4 dritter Satz, wenn es an die Landwirte mit deren vorherigem Einverständnis über folgende Stellen oder Personen gerichtet wurde:
– Vereinigungen von Landwirten oder Genossenschaften im Hinblick auf alle Landwirte, die Mitglied dieser Vereinigungen oder Genossenschaften sind,
– Aufbereiter im Hinblick auf alle Landwirte, für die sie im laufenden Wirtschaftsjahr und in den drei vorangegangenen Wirtschaftsjahren, von dem in Absatz 3 genannten Wirtschaftsjahr an gerechnet, die Aufbereitung des betreffenden Ernteguts zur Aussaat übernommen haben, oder
– Lieferanten für lizenzgebundenes Vermehrungsmaterial von Sorten des Sortenschutzinhabers im Hinblick auf alle Landwirte, die sie im laufenden Wirtschaftsjahr und in den drei vorangegangenen Wirtschaftsjahren, von dem in Absatz 3 genannten Wirtschaftsjahr an gerechnet, mit diesem Vermehrungsmaterial versorgt haben.

(6) Bei einem die Bestimmungen des Absatzes 5 erfüllenden Auskunftsersuchen ist die Angabe einzelner Landwirte entbehrlich.

Die Vereinigungen, Genossenschaften, Aufbereiter oder Versorger können von den betreffenden Landwirten ermächtigt werden, dem Sortenschutzinhaber die angeforderte Auskunft zu erteilen.

Artikel 9 Information durch den Aufbereiter

(1) Die Einzelheiten zu den einschlägigen Informationen, die der Aufbereiter dem Sortenschutzinhaber gemäß Artikel 14 Absatz 3 Unterabsatz 6 der Grundverordnung übermitteln muß, können zwischen dem Sortenschutzinhaber und dem betreffenden Aufbereiter vertraglich geregelt werden.

(2) Wurde ein solcher Vertrag nicht geschlossen oder ist ein solcher nicht anwendbar, so muß der Aufbereiter auf Verlangen des Sortenschutzinhabers

unbeschadet der Auskunftspflicht nach Maßgabe anderer Rechtsvorschriften der Gemeinschaft oder der Mitgliedstaaten eine Aufstellung der relevanten Informationen übermitteln. Als relevante Informationen gelten folgende Auskünfte:

a) Name des Aufbereiters, Wohnsitz und Anschrift seines Betriebs,

b) Aufbereitung des Ernteguts einer oder mehrerer dem Sortenschutzinhaber gehörenden Sorten durch den Aufbereiter zum Zwecke des Anbaus, sofern die betreffende Sorte dem Aufbereiter angegeben wurde oder auf andere Weise bekannt war,

c) im Falle der Übernahme dieser Aufbereitung, Angabe der Menge des zum Anbau aufbereiteten Ernteguts der betreffenden Sorte und der aufbereiteten Gesamtmenge,

d) Zeitpunkt und Ort der Aufbereitung gemäß Buchstabe c und

e) Name und Anschrift desjenigen, für den die Aufbereitung gemäß Buchstabe c übernommen wurde mit Angabe der betreffenden Mengen.

(3) Die Angaben gemäß Absatz 2 Buchstaben b, c, d und e beziehen sich auf das laufende Wirtschaftsjahr sowie auf ein oder mehrere der drei vorangehenden Wirtschaftsjahre, für die der Sortenschutzinhaber nicht bereits ein früheres Auskunftsersuchen gemäß den Bestimmungen der Absätze 4 oder 5 angefordert hat. Jedoch soll es sich bei dem ersten Jahr, auf das sich die Information beziehen soll, um das Jahr handeln, in dem erstmals ein Auskunftsersuchen zu der betreffenden Sorte und dem betreffenden Aufbereiter gestellt wurde.

(4) Die Bestimmungen des Artikels 8 Absatz 4 gelten sinngemäß.

(5) Ein nicht direkt bei dem betreffenden Aufbereiter gestelltes Auskunftsersuchen erfüllt die Bestimmungen des Artikels 8 Absatz 4 dritter Satz, wenn es an die Aufbereiter mit deren vorherigem Einverständnis über folgende Stellen oder Personen gerichtet wurde:

– auf gemeinschaftlicher, nationaler, regionaler oder lokaler Ebene niedergelassene Vereinigungen von Aufbereitern im Hinblick auf alle Aufbereiter, die Mitglied dieser Vereinigungen oder darin vertreten sind,

– Landwirte im Hinblick auf alle Aufbereiter, die für diese im laufenden Wirtschaftsjahr und in den drei vorangegangenen Wirtschaftsjahren, von dem in Absatz 3 genannten Wirtschaftsjahr an gerechnet, die Aufbereitung des betreffenden Ernteguts zu Anbauzwecken übernommen haben.

(6) Bei einem die Bestimmungen des Absatzes 5 erfüllenden Auskunftsersuchen ist die Angabe einzelner Aufbereiter entbehrlich.

Die Vereinigungen oder Landwirte können von den betreffenden Aufbereitern ermächtigt werden, dem Sortenschutzinhaber die angeforderte Auskunft zu erteilen.

Artikel 10 Information durch den Sortenschutzinhaber

(1) Die Einzelheiten zu den einschlägigen Informationen, die der Sortenschutzinhaber dem Landwirt gemäß Artikel 14 Absatz 3 vierter Gedankenstrich der Grundverordnung übermitteln muß, können zwischen dem Sortenschutzinhaber und dem betreffenden Sortenschutzinhaber vertraglich geregelt werden.

(2) Wurde ein solcher Vertrag nicht geschlossen oder ist ein solcher nicht anwendbar, so muß der Sortenschutzinhaber auf Verlangen des Landwirts, von dem der Sortenschutzinhaber die Zahlung der Entschädigung gemäß Artikel 5 verlangt hat, unbeschadet der Auskunftspflicht nach Maßgabe anderer Rechtsvorschriften der Gemeinschaft oder der Mitgliedstaaten dem Landwirt eine Reihe maßgeblicher Informationen übermitteln. Als relevante Informationen gelten folgende Auskünfte:
–   der für die Erzeugung von Vermehrungsmaterial in Lizenz derselben Sorte der untersten zur amtlichen Zertifizierung zugelassenen Kategorie in Rechnung gestellte Betrag oder,
–   falls es in dem Gebiet des Betriebs des Landwirts keine Erzeugung von Vermehrungsmaterial in Lizenz der betreffenden Sorte gibt und der vorgenannte Betrag gemeinschaftsweit nicht auf einheitlichem Niveau liegt, Angabe des Betrags, der normalerweise für den vorgenannten Zweck dem Preis für Vermehrungsmaterial der untersten zur amtlichen Zertifizierung zugelassenen Kategorie beim Verkauf derselben Sorte in derselben Region zugeschlagen wird.

Artikel 11 Information durch amtliche Stellen

(1) Ein an amtliche Stellen gerichtetes Auskunftsersuchen bezüglich der tatsächlichen pflanzenbaulichen Verwendung von Vermehrungsmaterial bestimmter Arten oder Sorten oder bezüglich der Ergebnisse dieser Verwendung ist schriftlich zu stellen. In diesem Ersuchen nennt der Sortenschutzinhaber seinen Namen und seine Anschrift, die betreffende Sorte, zu der er Informationen anfordert, und die Art der angeforderten Information. Ferner hat er die Sortenschutzinhaberschaft nachzuweisen.

(2) Die amtliche Stelle darf unbeschadet der Bestimmungen des Artikels 12 die angeforderten Informationen verweigern, wenn

– sie nicht mit der Überwachung der landwirtschaftlichen Erzeugung befaßt ist oder

– sie aufgrund von gemeinschaftlichen oder innergemeinschaftlichen Rechtsvorschriften, die das allgemeine Ermessen im Hinblick auf die Tätigkeiten der amtlichen Stellen festlegen, nicht befugt ist,

den Sortenschutzinhabern diese Auskünfte zu erteilen, oder

– es gemäß den gemeinschaftlichen oder innerstaatlichen Rechtsvorschriften, nach denen die Informationen gesammelt wurden, in ihrem Ermessen steht, solche Auskünfte zu verweigern, oder

– die angeforderte Information nicht mehr verfügbar ist oder

– diese Information nicht im Rahmen der normalen Amtsgeschäfte der amtlichen Stellen beschafft werden kann oder

– diese Informationen nur unter zusätzlichem Aufwand und zusätzlichen Kosten beschafft werden kann oder

– diese Informationen sich ausdrücklich auf Vermehrungsmaterial bezieht, das nicht zu der Sorte des Sortenschutzinhabers gehört.

Die betreffenden amtlichen Stellen teilen der Kommission mit, in welcher Weise sie den im vorstehenden dritten Gedankenstrich genannten Ermessensspielraum zu nutzen gedenken.

(3) Bei ihrer Auskunftserteilung treffen die amtlichen Stellen keine Unterschiede zwischen den Sortenschutzinhabern. Zur Erteilung der gewünschten Auskunft können die amtlichen Stellen dem Sortenschutzinhabern Kopien von Unterlagen zur Verfügung stellen, die von Dokumenten stammen, die über die den Sortenschutzinhaber betreffenden sortenbezogenen Informationen hinaus weitere Informationen enthalten, sofern sichergestellt ist, daß keine Rückschlüsse auf natürliche Personen möglich sind, die nach den in Artikel 12 genannten Bestimmungen geschützt sind.

(4) Beschließt die amtliche Stelle, die angeforderten Informationen zu verweigern, so unterrichtet sie den betreffenden Sortenschutzinhaber schriftlich unter Angabe der Gründe von diesem Beschluß.

Artikel 12 Schutz personenbezogener Daten

(1) Wer nach den Bestimmungen der Artikel 8, 9, 10 oder 11 Informationen erteilt oder erhält, unterliegt hinsichtlich personenbezogener Daten den gemeinschaftlichen oder innerstaatlichen Rechtsvorschriften zum Schutz

natürlicher Personen bei der Verarbeitung personenbezogener Daten und zum freien Datenverkehr.

(2) Wer nach den Bestimmungen der Artikel 8, 9, 10 oder 11 Informationen erhält, ist ohne vorherige Zustimmung des Informanten nicht befugt, jedwede dieser Informationen anderen zu jedweden anderen Zwecken weiterzugeben als zur Ausübung des gemeinschaftlichen Sortenschutzrechts bzw. zur Inanspruchnahme der Ermächtigung gemäß Artikel 14 der Grundverordnung.

Kapitel 5 Andere Pflichten

Artikel 13 Pflichten für den Fall der Aufbereitung außerhalb des landwirtschaftlichen Betriebs

(1) Unbeschadet der von den Mitgliedstaaten gemäß Artikel 14 Absatz 3 zweiter Gedankenstrich der Grundverordnung vorgenommenen Beschränkungen darf das Erntegut einer dem gemeinschaftlichen Sortenschutz unterliegenden Sorte nicht ohne vorherige Genehmigung des Sortenschutzinhabers von dem Betrieb, in dem es erzeugt wurde, zum Zwecke der Aufbereitung für den Anbau verbracht werden, sofern der Landwirt nicht folgende Vorkehrungen getroffen hat:

a) Er hat geeignete Maßnahmen dafür getroffen, daß das zur Aufbereitung übergebene Erzeugnis mit dem aus der Aufbereitung hervorgegangenen Erzeugnis identisch ist.

b) Er sorgt dafür, daß die eigentliche Aufbereitung von einem Aufbereiter durchgeführt wird, der die Durchführung der Aufbereitung des Ernteguts für den Anbau eigens als Dienstleistung übernimmt und der

  – nach den betreffenden, im öffentlichen Interesse erlassenen innerstaatlichen Rechtsvorschriften zugelassen ist oder sich gegenüber dem Landwirt verpflichtet hat, diese Tätigkeit im Falle von unter den gemeinschaftlichen Sortenschutz fallenden Sorten der von dem Mitgliedstaat eigens dafür gegründeten, bezeichneten oder bevollmächtigten Stelle zu melden und zwar entweder über eine amtliche Stelle oder über eine Vereinigung von Sortenschutzinhabern, Landwirten oder Aufbereitern zwecks Eintragung in eine von der genannten zuständigen Stelle aufgestellten Liste und

  – sich gegenüber dem Landwirt verpflichtet hat, ebenfalls geeignete Maßnahmen dafür zu treffen, daß das zur Aufbereitung übergebene Erzeugnis mit dem aus der Aufbereitung hervorgegangenen Erzeugnis identisch ist.

(2) Zur Aufstellung der Liste der Aufbereiter gemäß Absatz 1 können die Mitgliedstaaten Qualifikationsanforderungen festlegen, die von den Aufbereitern zu erfüllen sind.

(3) Die Aufstellungen und Listen der Aufbereiter gemäß Absatz 1 soll veröffentlicht oder den Vereinigungen der Sortenschutzinhaber, Landwirte bzw. Verarbeiter übermittelt werden.

(4) Die Listen gemäß Absatz 1 sind spätestens am 1. Juli 1997 zu erstellen.

Kapitel 6 Überwachung Durch den Sortenschutzinhaber

Artikel 14 Überwachung der Landwirte

(1) Damit der Sortenschutzinhaber überwachen kann, ob die Bestimmungen des Artikels 14 der Grundverordnung nach Maßgabe dieser Verordnung erfüllt sind, soweit es sich um die Erfüllung der Pflichten des betreffenden Landwirts handelt, muß dieser Landwirt auf Verlangen des Sortenschutzinhabers

a) Nachweise für die von ihm übermittelten Aufstellungen von Informationen gemäß Artikel 8 erbringen, so durch Vorlage der verfügbaren einschlägigen Unterlagen, wie Rechnungen, verwendete Etiketten oder andere geeignete Belege, wie sie gemäß Artikel 13 Absatz 1 erster Gedankenstrich verlangt werden, und die sich beziehen sollen

– auf die Erbringung von Dienstleistungen zwecks der Aufbereitung des Ernteerzeugnisses einer dem Sortenschutzinhaber gehörenden Sorte durch Dritte oder

– im Falle des Artikels 8 Absatz 2 Buchstabe e auf die Belieferung mit Vermehrungsmaterial einer dem Sortenschutzinhaber gehörenden Sorte oder durch den Nachweis von Anbauflächen oder Lagerungseinrichtungen;

b) den gemäß Artikel 4 Absatz 3 oder gemäß Artikel 7 Absatz 5 vorgeschriebenen Nachweis.

(2) Unbeschadet anderer Rechtsvorschriften der Gemeinschaft oder der Mitgliedstaaten sind die Landwirte verpflichtet, alle diese Unterlagen bzw. Belege gemäß Absatz 1 für mindestens den in Artikel 8 Absatz 3 genannten Zeitraum aufzubewahren, vorausgesetzt, daß im Falle der Verwendung von Etiketten die vom Sortenschutzinhaber übermittelte Information gemäß Artikel 8 Absatz 3 Unterabsatz 2 die Anweisungen für die Aufbewahrung des Etiketts des betreffenden Vermehrungsguts enthielt.

Artikel 15 Überwachung der Aufbereiter

(1) Damit der Sortenschutzinhaber überwachen kann, ob die Bestimmungen des Artikels 14 der Grundverordnung nach Maßgabe dieser Richtlinie erfüllt sind, soweit es sich um die Erfüllung der Pflichten des betreffenden Aufbereiters handelt, muß der Aufbereiter auf Verlangen des Sortenschutzinhabers Nachweise für die von ihm übermittelte Aufstellung von Informationen gemäß Artikel 9 erbringen, so durch Vorlage der verfügbaren einschlägigen Unterlagen, wie Rechnungen, geeigneten Unterlagen zur Identifizierung des Materials oder anderen geeigneten Unterlagen, wie sie gemäß Artikel 13 Absatz 1 zweiter Gedankenstrich zweiter Untergedankenstrich verlangt werden, oder Proben des aufbereiteten Materials, die sich auf die von ihm durchgeführte Aufbereitung des Ernteguts der dem Sortenschutzinhaber gehörenden Sorte für Landwirte zum Zweck des Anbaus beziehen, oder durch den Nachweis von Aufbereitungs- und Lagerungseinrichtungen.

(2) Unbeschadet anderer Rechtsvorschriften der Gemeinschaft oder der Mitgliedstaaten sind die Aufbereiter verpflichtet, alle diese Unterlagen bzw. Belege gemäß Absatz 1 für mindestens den in Artikel 9 Absatz 3 genannten Zeitraum aufzubewahren.

Artikel 16 Art der Überwachung

(1) Die Überwachung erfolgt durch den Sortenschutzinhaber. Es steht ihm frei, geeignete Vereinbarungen zu treffen, damit die Unterstützung durch Vereinigungen von Landwirten, Aufbereitern, Genossenschaften oder anderen landwirtschaftlichen Verbänden sichergestellt ist.

(2) Die Bedingungen für die Methoden der Überwachung, wie sie in Vereinbarungen zwischen Vereinigungen von Sortenschutzinhabern und Landwirten oder Verarbeitern verankert sind, die auf gemeinschaftlicher, staatlicher, regionaler oder bzw. lokaler Ebene niedergelassen sind, sollen als Leitlinien verwendet werden, sofern diese Vereinbarungen der Kommission schriftlich durch bevollmächtigte Vertreter der betreffenden Vereinigungen übermittelt und in der »Official Gazette« des Gemeinschaftlichen Sortenamtes veröffentlicht wurden.

Kapitel 7 Verletzung und Privatrechtliche Klage

Artikel 17 Verletzung

Der Sortenschutzinhaber kann seine Rechte aus dem gemeinschaftlichen Sortenschutzrecht gegen jedermann geltend machen, der gegen die in dieser

Verordnung verankerten Bedingungen bzw. Beschränkungen hinsichtlich der Ausnahmeregelung gemäß Artikel 14 der Grundverordnung verletzt.

Artikel 18 Besondere privatrechtliche Klage

(1) Der Sortenschutzinhaber kann den Verletzer gemäß Artikel 17 auf Erfüllung seiner Pflichten gemäß Artikel 14 Absatz 3 der Grundverordnung nach den Bestimmungen dieser Verordnung verklagen.

(2) Hat der Betreffende im Hinblick auf eine oder mehrere Sorten desselben Sortenschutzinhabers wiederholt vorsätzlich die Pflicht gemäß Artikel 14 Absatz 3 vierter Gedankenstrich der Grundverordnung verletzt, so ist er gegenüber dem Sortenschutzinhaber zum Ersatz des weiteren Schadens gemäß Artikel 94 Absatz 2 der Grundverordnung verpflichtet; diese Ersatzpflicht umfaßt mindestens einen Pauschalbetrag, der auf der Grundlage des Vierfachen des Durchschnittsbetrages der Gebühr berechnet wird, die im selben Gebiet für die Erzeugung einer entsprechenden Menge in Lizenz von Vermehrungsmaterial der geschützten Sorten der betreffenden Pflanzenarten verlangt wird, unbeschadet des Ausgleichs eines höheren Schadens.

Kapitel 8 Schlussbestimmungen

Artikel 19 Inkrafttreten

Diese Verordnung tritt am Tag ihrer Veröffentlichung im Amtsblatt der Europäischen Gemeinschaften in Kraft.

Diese Verordnung ist in allen ihren Teilen verbindlich und gilt unmittelbar in jedem Mitgliedstaat.

Ausland: Österreich:

§ 4 Abs 3 – 4 [Abs 1, 2 abgedruckt bei § 10, Abs 5 abgedruckt bei § 10b]

(3) Der Sortenschutz umfasst nicht Handlungen im Sinne des Abs. 1
1. im privatem Bereich zu nicht gewerblichen Zwecken,
2. zu Versuchszwecken,
3. zum Zwecke der Schaffung neuer Sorten; wird jedoch diese Sorte regelmäßig zur Erzeugung von Vermehrungsmaterial einer anderen Sorte verwendet, so ist dafür die Zustimmung des Sortenschutzinhabers notwendig.

(4) Der Sortenschutz umfasst nicht den Anbau von Erntegut einer geschützten Sorte, wenn das Vermehrungsmaterial aus eigenem Anbau des Landwirtes stammt. Bedingungen für diesen Anbau können in einer Vereinbarung zwischen den Vertretungen der Sortenschutzinhaber und der Landwirte festgelegt werden, wobei Kleinlandwirte von einer solchen Vereinbarung auszunehmen sind. Der Bundesminister für Land- und Forstwirtschaft, Umwelt und Wasserwirtschaft kann, sofern dies zur Umsetzung dieser Vereinbarung erforderlich ist, mit Verordnung Bestimmungen über die Weitergabe der erforderlichen Informationen von Saatgutaufbereitern, Sortenschutzinhabern und Landwirten festlegen.

Schweiz:

Art 6 Ausnahmen

Die Zustimmung des Sortenschutzinhabers ist nicht notwendig für Handlungen nach Artikel 5:
a.   im privaten Bereich zu nicht gewerblichen Zwecken;
b.   zu Versuchszwecken;
c.   zum Zweck der Schaffung neuer Sorten unter Verwendung einer geschützten Sorte sowie für Handlungen nach Artikel 5 Absatz 1 mit diesen Sorten, es sei denn, es betreffe Sorten nach Artikel 5 Absatz 2 Buchstaben a–c.

Art 7 Landwirteprivileg

(1) Landwirte, die durch den Sortenschutzinhaber oder mit dessen Zustimmung Vermehrungsmaterial einer geschützten landwirtschaftlichen Sorte erworben haben, dürfen das im eigenen Betrieb durch den Anbau dieses Materials gewonnene Erntegut im eigenen Betrieb vermehren.

(2) Der Bundesrat regelt die vom Landwirteprivileg erfassten Pflanzenarten; dabei berücksichtigt er insbesondere deren Bedeutung als Rohstoff für Nahrungsmittel und Futtermittel.

Art 8 Nichtigkeit von Abreden

Vertragliche Abmachungen, welche die Ausnahmen vom Sortenschutz nach den Artikeln 6 und 7 einschränken oder aufheben, sind nichtig.

Art 10 SortenschutzVO Artenliste für das Landwirteprivileg

Die Arten, für die das Landwirteprivileg gilt, sind in Anhang 1 aufgeführt.

Anhang 1

Artenliste

a) Futterpflanzen

Brassica rapa L. (partim)	Rübsen
Cicer arietum L.	Kichererbse
Lupinus albus L.	Weisse Lupinie
Lupinus angustifolius L.	Blaue Lupinie
Lupinus luteus L.	Gelbe Lupinie
Medicago sativa L.	Luzerne
Pisum sativum L. (partim)	Futtererbse
Trifolium alexandrinum L.	Alexandriner Klee
Trifolium resupinatum L.	Perserklee
Vicia faba	Ackerbohne
Vicia sativa L.	Saatwicke

b) Getreide

Avena sativa	Hafer
Hordeum vulgare L.	Gerste
Oryza sativa L.	Reis
Phalaris canariensis L.	Kanariengras
Secale cereale L.	Roggen
X Triticosecale Wittm.	Triticale
Triticum aestivum L. emend. Fiori et Paol.	Weizen
Triticum durum Desf.	Hartweizen
Triticum spelta L.	Dinkel, Spelz

c) Kartoffeln

Solanum tuberosum	Kartoffel

d) Öl- und Faserpflanzen

Brassica napus L. (partim)	Raps
Linum usitatissimum	Leinsamen mit Ausnahme von Flachs

Belgien: Art XI.115 (Landwirteprivileg), Art XI.116 (sonstige Ausnahmen) Code du droit économique; **Bulgarien:** Art 19 (Landwirteprivileg), Art 20 (weitere Ausnahmen) Pflanzen- und TierzuchtG; **Dänemark:** Art 17 SortG; **Estland:** § 36 Abs 2 – 7 Plant Propagation and Plant Variety Rights Act; **Finnland:** Sec 6, 7, 8, 37 (Landwirteprivileg), Sec 5 (sonstige Ausnahmen) SortG 2009; **Frankreich:** Art L 623-4 (geänd 2011),

Art L 623-24-1, Art L 623-24-2, Art L 623-24-4, Art L 623-24-5 (Landwirteprivileg; eingefügt 2011); **Irland:** Sec 19 PV(A)A; Plant Varieties (Farm Saved Seeds) Regulations 2000; **Island:** Art 18 Nr 1 – 3, Art 18a (Landwirteprivileg) SortG; **Italien:** Art 14 VO 455 (kein Landwirteprivileg); **Kroatien:** Art 12a (eingefügt 2008), Art 12b (Landwirteprivileg, eingefügt 2011) SortG; **Lettland:** Sec 24 (Landwirteprivileg, geänd 2005), 25 (sonstige Ausnahmen) SortG; **Litauen:** Art 28 SortG; **Niederlande:** Art 57 Abs 3, Art 59 (Landwirteprivilg) Zaaizaad- en plantgoedwet 2005; **Polen:** Art 23 (Landwirteprivileg), Art 23a (Auskunftspflicht), Art 23b (Auskunftspflicht des Aufbereiters), Art 23c (Rechte der Züchter und Züchterorganisationen), Art 22 Abs 3 (sonstige Ausnahmen) SortG; **Rumänien:** Art 31, 32 (Landwirteprivileg) SortG; **Schweden:** Kap 2 §§ 3, 5 (Landwirteprivileg) Växtförädlarrättslag; **Slowakei:** Art 10 A Pflanzen- und TierzuchtG; **Slowenien:** Art 16 SortG; **Spanien:** Art 14, 15 SortG 2000; **Tschech. Rep.:** Art 19 Abs 9 – 16 SortG 2000 (Liste geänd 2008); **Ungarn:** Art 109 A, Art 109 B, Art 109 C (Landwirteprivileg), Art 109 Abs 6 (sonstige Ausnahmen) PatG; **Vereinigtes Königreich:** Sec 8, 9 (»farm saved seed«) PVA sowie Order 1998 No. 1025 und Plant Breeders' Rights (Farm Saved Seed) (Specified Information) Regulations 1998 Nr 1026

Schrifttum

(zum Nachbau vor Rdn. 12): *Eisenberg* Proprietary Rights and the Norms of Science in Biotechnology Research, 97 Yale LJ (1987), 177; *Flitner* Abschied vom Züchtervorbehalt? BUKO Agrar Dossier 2/1990, 9; Leßmann Der Weiterzüchtungsvorbehalt im Sortenschutzrecht, FS R. Lukes (1990), 425; *Leßmann* Weiterzüchtung und Sortenschutz – Entwicklung der gesetzlichen Regelung, Festgabe R. Lukes (2000), 79; *van der Kooij* Towards an EC Directive on plant breeder's rights?, JIPLP 2008, 97; *van der Kooij* Towards a breeder's exemption in patent law? EIPR 32 (2010), 545

Übersicht	Rdn.
A. Entstehungsgeschichte	1
B. Privilegierte Handlungen nach nationalem Recht	2
I. Allgemeines	2
II. Privatbereich; nichtgewerbliche Zwecke (Abs 1 Nr 1)	3
III. Handlungen zu Versuchszwecken (Abs 1 Nr 2)	4
IV. Züchtung neuer Sorten (Abs 1 Nr 3)	6
1. Grundsatz	6
2. Umfang der Privilegierung	8
3. Ausnahme bei im Wesentlichen abgeleiteten Sorten	9
C. Privilegierte Handlungen nach Gemeinschaftsrecht	11
D. Nachbau (»Landwirteprivileg«)	12
I. Entwicklung	12
II. Einigungsvertrag	14

III. Geltende Regelung 15
   1. Nationale Regelung 15
   2. Gemeinschaftsrechtliche Regelung 16
   3. Die Voraussetzungen des berechtigten Nachbaus 17
   4. Rechtmäßigkeit 26
   5. Unterlassungsanspruch 28
   6. Schadensersatzanspruch. 30
   7. Vergütungspflicht 33
     a. Grundsatz 33
     b. Höhe der Vergütung 36
     c. Ausnahmeregelung für Kleinlandwirte (Abs 5). 46
   8. Geltendmachung der Ansprüche des Sortenschutzinhabers. 48
     a. Allgemeines; Aktiv- und Passivlegitimation 48
     b. Auskunftsanspruch gegen den Landwirt (Abs 6) 53
     c. Auskunftsanspruch gegen den Aufbereiter 60
     d. Vorlage von Nachweisen 65
     e. Eidesstattliche Versicherung. 66
     f. Verjährung. 67
     g. Information durch amtliche Stellen 68
IV. Biotechnologie-Richtlinie 69
E. Vorbenutzungsrecht 72

A. Entstehungsgeschichte

Die Bestimmung ist durch das SortÄndG 1997 eingefügt worden. Dabei 1
wurde der Schutz in § 10 weiter gefasst; im Gegenzug wurden enumerativ
Beschränkungen in den §§ 10a und 10b eingeführt.[1] Daraus folgt aber nicht
notwendig, dass die Ausnahmeregelungen eng auszulegen sind.[2]

B. Privilegierte Handlungen nach nationalem Recht

I. Allgemeines

Abs 1 entspricht inhaltlich Art 15 Abs 1 PflZÜ 1991 und Art 15 GemSortV 2
(hierzu Rdn. 11), die Handlungen nach Nr 1, 2 entsprechen den allg Grundsätzen des gewerblichen Rechtsschutzes, Nr 3 entspricht dem früheren § 10
Satz 2 bzw 3 aF.[3] Die Bestimmung erkennt verschiedene Allgemeinwohlinte-

---

1 Begr BTDrs 13/7038 S 12; vgl *Metzger/Zech* Rn. 4.
2 Vgl *Busse/Keukenschrijver* § 11 PatG Rn. 3; eingehend *Metzger/Zech* Rn. 4 mwN.
3 Begr BTDrs 13/7038 S 13; vgl zu Nr 3 CA Nancy PIBD 1988 III 572.

ressen als so wichtig an, dass sie das Züchterrecht beschränken.[4] Die Regelungen stellen Inhalts- und Schrankenbestimmungen des Eigentums iSv Art 14 GG dar.

II. Privatbereich; nichtgewerbliche Zwecke (Abs 1 Nr 1)

3   Die weitgehend unumstrittene[5] Regelung entspricht der in § 11 Nr 1 PatG.[6] Sie nimmt Regelungen aus verschiedenen Patentgesetzen in Europa auf.[7] Gebrauch in Land- und Forstwirtschaft, Erwerbsgärtnerei usw ist gewerblich iSd Regelung, das wird selbst für öffentliche Grünflächen gelten müssen;[8] nicht dagegen der Gebrauch in Haus- und Schrebergärten.[9] Das soll auch für die Subsistenzlandwirtschaft gelten.[10] Gewinnerzielungsabsicht ist nicht erforderlich.[11] Str ist die Beurteilung von Weitergabe und Tausch von Saatgut an oder mit Nachbarn usw.[12] Es erscheint zwh, ob man diese nach der Neuregelung des Nachbaurechts grds als vom Schutz erfasst ansehen werden muss, da nur noch die Verwendung im eigenen Betrieb privilegiert ist (vgl Rdn. 23).[13] Für eine Abgrenzung werden hier, soweit nicht die Erschöpfungsregelung des § 10b eingreift, wertende Gesichtspunkte heranzuziehen sein.[14] Das Kri-

---

4   *Metzger/Zech* Rn. 1, 3.

5   *Metzger/Zech* Rn. 2.

6   Vgl *Busse/Keukenschrijver* § 11 PatG Rn. 7 ff.; *Wuesthoff*[2] Rn. 12; *Leßmann/Würtenberger*[2] § 3 Rn. 38 ff.; *Schulte* § 11 PatG Rn. 7 f.; *Benkard* § 11 PatG Rn. 3.

7   *Metzger/Zech* Rn. 9; vgl *Würtenberger/van der Kooij/Kiewiet/Ekvad* European Union Plant Variety Protection[2] (2015) Art 6.82; *Perwitz* S 153 ff.

8   *Metzger/Zech* Rn. 11.

9   *Metzger/Zech* Rn. 10; vgl UPOV-Dok UPOV/EXN/EXC/1 Erläuterungen zu den Ausnahmen vom Züchterrecht nach der Akte von 1991 des UPOV-Übereinkommens, S 5, im Internet unter http://www.upov.int/edocs/expndocs/de/upov_exn_exc.pdf abrufbar.

10 *Würtenberger/van der Kooij/Kiewiet/Ekvad* European Union Plant Variety Protection[2] (2015) Art 6.83.

11 *Metzger/Zech* Rn. 12; *Leßmann/Würtenberger*[2] § 3 Rn. 39.

12 Vgl *Schade/Pfanner* GRUR Int 1962, 341, 350; *Neumeier* S 154 f (nichtgewerblich) einerseits; *Büchting* S 60; *Jühe* GRUR Int 1963, 525, 528 (gewerblich) andererseits, in diese Richtung auch UPOV-Dok UPOV/EXN/EXC/1.

13 *Krieger* (2001), 93; *Benkard* § 9c PatG Rn. 8; *1. Aufl* Rn. 3; jetzt auch *Schulte* § 9c PatG Rn. 16; hiergegen mit guten Argumenten *Metzger/Zech* Rn. 10; vgl zu Schenkungen und Nachbarschaftshilfe *Leßmann/Würtenberger*[2] § 3 Rn. 40 f. unter Hinweis auf BTDrs 10/826 S 20 = BlPMZ 1986, 136, 139.

14 Vgl *Leßmann/Würtenberger*[2] § 3 Rn. 41.

terium der nichtgewerblichen Zwecke erlangt nur bei im privaten Bereich vorgenommenen Handlungen Bedeutung, so bei privater Erzeugung und Weitergabe zum Anbau im Betrieb;[15] Der Anbau im sortenrechtl Prüfungsverfahren ist durch die Einwilligung des Züchters/Entdeckers gedeckt.[16]

III. Handlungen zu Versuchszwecken (Abs 1 Nr 2)

Die Regelung, die der Sicherung der Forschungsfreiheit dient,[17] entspricht 4 im Wesentlichen der in § 11 Nr 2 PatG,[18] jedoch stellt sich die Versuchsproblematik im Zusammenhang mit Zulassungsverfahren für Arznei- und Pflanzenschutzmittel im SortRecht nicht.

Die Versuche müssen sich auf die **geschützte Sorte selbst** beziehen; es genügt 5 daher nicht, wenn Material dieser Sorte nur vermehrt usw wird, um als Mittel für Versuchshandlungen zur Verfügung zu stehen.[19]

IV. Züchtung neuer Sorten (Abs 1 Nr 3)

1. Grundsatz

Eine Verwendung geschützter Sorten eines anderen Züchters in der Züch- 6 tung (zB durch Einkreuzen) ist zulässig, aber politisch umstr.[20] Neue Pflanzen können nicht ohne Rückgriff auf bereits vorhandenes Pflanzenmaterial gezüchtet werden.[21] Eine Privilegierung war insoweit schon in § 10 Satz 2/3 aF vorgesehen (Züchter- oder Weiterzüchtungsvorbehalt; Forschungsvorbehalt – research exemption).[22] Ein Pflanzenforschungsprivileg, das die Nut-

---

15 Vgl *Busse/Keukenschrijver* § 11 PatG Rn. 7; *Metzger/Zech* Rn. 12.

16 *Metzger/Zech* Rn. 11.

17 *Metzger/Zech* Rn. 13; *Busse/Keukenschrijver* § 11 PatG Rn. 13.

18 Vgl *Busse/Keukenschrijver* § 11 PatG Rn. 12 ff.; *Leßmann/Würtenberger*² § 3 Rn. 42 ff.; *Metzger/Zech* Rn. 13; *Schulte* § 11 PatG Rn. 9 ff.; *Benkard* § 11 PatG Rn. 6 f.

19 Vgl zur parallelen Problematik im Patentrecht *Busse/Keukenschrijver* § 11 PatG Rn. 18.

20 Vgl *Metzger/Zech* Rn. 2; *Kock/Porzig/Willnegger* GRUR Int 2005, 183, 188 f; *Krieger* CIOPORA Chronicle 2012, 27; andererseits *Bette* in *Bette/Stephan* Biodiversität, Geistiges Eigentum und Innovation S 53 ff.; *Leßmann/Würtenberger*² § 3 Rn. 47 f. mwN.

21 *Leßmann/Würtenberger*² § 3 Rn. 48; *Metzger/Zech* Rn. 17.

22 Vgl hierzu *Wuesthoff*² § 10 Rn. 13 ff.; *Lukes* GRUR Int 1987, 318, 320; *Bauer* S 61; *Neumeier* S 161 ff.; zur Beurteilung unter Art 30 TRIPS-Übk *B. Goebel*

zung biologischen Materials zum Zweck der Züchtung, Entdeckung und Entwicklung einer neuen Pflanzensorte erlaubt, enthält nunmehr auch das Patentrecht (§ 11 Nr 2a PatG; vgl Art 27 EGPÜ).[23] Die Umsetzung der Verpflichtungen aus dem Nagoya-Protokoll hat anders als nach § 34a PatG keine unmittelbaren Auswirkungen auf den Gesetzestext. Jedoch verpflichtet Art 4 Abs 3 der Verordnung (EU) Nr. 511/2014 des Europäischen Parlaments und des Rates vom 16.4.2014 über Maßnahmen für die Nutzer zur Einhaltung der Vorschriften des Protokolls von Nagoya über den Zugang zu genetischen Ressourcen und die ausgewogene und gerechte Aufteilung der sich aus ihrer Nutzung ergebenden Vorteile in der Union[24] die Nutzer, bestimmte Informationen (Konformitätszertifikat oder, falls nicht vorhanden, Informationen und Dokumente zu den genetischen Ressourcen) einzuholen, aufzubewahren und an nachfolgende Nutzer weiterzugeben.[25] Das Nähere ist national im Gesetz zur Umsetzung der Verpflichtungen nach dem Nagoya-Protokoll und zur Durchführung der Verordnung (EU) Nr. 511/2014 vom 25.11.2015[26] geregelt, das am 1.7.2016 in Kraft getreten ist.

7   Der **Sinn des Züchtervorbehalts** liegt in der Förderung der züchterischen Forschungs- und Entwicklungsarbeit.[27] Der Vorbehalt ermöglicht die Verwendung des gesamten vorhandenen biologischen Materials zur Schaffung neuer Sorten,[28] stellt jedoch von bestehendem Patentschutz nicht frei[29] (vgl Rdn. 10 zu § 10; Rdn. 3 zu § 12a). Abhängigkeit kommt anders als im Patentrecht

---

S 227 ff.; auf Parallelen beim Halbleiterschutz weist *Leßmann* FS R. Lukes (1990), 425, 428 Fn 7 hin.

23   Vgl *Busse/Keukenschrijver* § 11 PatG Rn. 20 ff.

24   ABl EU L150/59.

25   Kr zur daraus resultierenden Verpflichtung des Züchters, mit anderen Züchtern zu kooperieren, *Metzger/Zech* Rn. 17 Fn 66; eingehend zum Nagoya-Protokoll *Metzger/Zech* Einf D Rn. 19 ff.

26   BGBl I 2092.

27   *Wuesthoff*[2] § 10 Rn. 14; *Leßmann/Würtenberger*[2] § 3 Rn. 45 ff. (eingehend); *Lange* GRUR Int 1985, 91; *Lukes* GRUR Int 1987, 318, 320; *Leßmann* FS R. Lukes (1990), 425 (eingehend auch zur Rechtfertigung, S 434 ff. zur Beurteilung angesichts neuerer Züchtungsmethoden; S 438 ff zu denkbaren differenzierenden Lösungen); *Leßmann* Festgabe R. Lukes (2000), 79, 80 f.

28   Vgl *Lange* GRUR Int 1993, 137, 139; *Metzger/Zech* Rn. 17.

29   Zum Verhältnis zum patentrechtl Versuchsprivileg *Funder* EIPR 1999, 551, 575 Fn 98.

nur unter den Voraussetzungen des § 10 Abs 2 (im Wesentlichen abgeleitete Sorten) in Betracht (vgl Rdn. 8 ff. zu § 10).

2. Umfang der Privilegierung

Privilegiert sind nur Handlungen zum Zweck der Züchtung neuer Sorten.[30] **8** Darauf, ob die Züchtung letztlich zum Erfolg führt, kommt es nicht an.[31] Die geltende Regelung stellt klar, dass sich der Züchtervorbehalt nicht nur auf die Züchtung an sich, sondern auch auf die **Verwendung der neuen Sorte** iSd § 10 Abs 1 erstreckt.[32]

3. Ausnahme bei im Wesentlichen abgeleiteten Sorten

Die Anwendung des Züchterprivilegs kann dann zu Unzuträglichkeiten füh- **9** ren, wenn sich die neue Sorte nur in an sich zwar schutzbegründenden, aber untergeordneten Merkmalen von der Ausgangssorte unterscheidet.[33] Zu nicht deutlich unterscheidbaren Sorten Rdn. 27 zu § 10; zur Erhaltungszüchtung Rdn. 28 f. zu § 10.[34]

Die Rechte des Züchters oder Entdeckers erfassen seit der Neuregelung 1997 **10** auch die Verwertung (nicht dagegen die Erzeugung) im wesentlichen abgeleiteter Sorten iSd § 10 Abs 2, 3 (Rdn. 11 ff. zu § 10). In Übereinstimmung mit der seit der Novelle 1997 geltenden Regelung in § 10 werden demzufolge die in § 10 Abs 1 genannten **Verwertungshandlungen** mit im Wesentlichen abgeleiteten Sorten von der Privilegierung nicht mehr erfasst.

C. Privilegierte Handlungen nach Gemeinschaftsrecht

Die Regelung in Art 15 stimmt mit der im nationalen Recht überein (Art 15 **11** Buchst a – c GemSortV). Art 15 Buchst d entspricht mit schwer verständlichem Wortlaut der nationalen Regelung für abgeleitete Sorten (Rdn. 9 f.), allerdings mit der im nationalen Recht nicht vorgesehenen Einschränkung, dass der Schutz durch ein Eigentumsrecht entgegensteht, das die Sorte oder das Material der Sorte schützt und keine vergleichbare Bestimmung enthält.

---

30 *Metzger/Zech* Rn. 18.
31 *Metzger/Zech* Rn. 18.
32 *Metzger/Zech* Rn. 19.
33 Vgl *Wuesthoff*[2] § 10 Rn. 15 ff. mit dem Bsp der Süßlupine; Begr BTDrs 13/7038 S 13; *Sohnemann* in: *Metzger (Hrsg)* Rechtsschutz von Pflanzenzüchtungen (2014), 64 ff.
34 Vgl auch *Metzger/Zech* Rn. 21.

Dies betrifft nationale und europäische Patente.[35] Zwar erfasst der patent-rechtl Züchtervorbehalt in § 11 Nr 2a PatG auch abgeleitete Sorten, nicht jedoch deren Verwertung. Damit ist die Verwertung wie nach nationalem Recht nicht privilegiert.[36] Weitere, an sich selbstverständliche und deshalb im nationalen Recht gleichermaßen greifende Einschränkungen des Schutzes (insb Verstoß gegen öffentliche Ordnung usw oder gegen Zwangsnutzungs-rechte) nennt Art 15 Buchst e GemSortV.[37]

D. Nachbau (»Landwirteprivileg«)

Schrifttum: *Ohne Verfasserangabe* Keine Hintertür für die pauschale Nachbau-auskunft, Unabhängige Bauernstimme September 2005; *ohne Verfasserangabe (cs)* Es geht auch anders, Bauernstimme 6/2012, 15; *Bloch* Auskunftsanspruch des Sortenschutzinhabers gegen den Landwirt, EuZW 2003, 409; *Borchert* Nachbau und Landwirtschaft, BUKO Agrar Dossier 2/90, 13; *Gennatas* Les semences de ferme dans le cadre de la protection communautaire des obten-tions végétales, Vortragsmanuskript Brüssel (CPVO) 4.10.2005; *Girsberger* Keine Patente mehr auf Weizen & Co.? sic! 2002, 541; *Grimm* Ertragsausfälle beim Anbau der Hybridroggensorte »Farino«, AgrarR 1999, 137; *Keuken-schrijver* Das »Landwirteprivileg« im nationalen und gemeinschaftlichen Sortenschutzrecht – ein Zwischenstand, FS E. Ullmann (2006), 465; *Kiewiet* Colloquium »Modern Plant Breeding and Intellectual Property Rights« on January, 26th, 2001 in Einbeck, im Internet unter www.cpvo.fr; *Kochendörfer* Nachbau – eine kulturelle und ökonomische Notwendigkeit, BUKO Agrar Dossier 20 (1998); *Krieger* Der Nachbau von geschützten Pflanzensorten in Deutschland, zugl Diss Marburg 2001; *Krieger* How much open access can breeders afford? CIOPORA Chronicle 2012, 27; *Krinkels* Restriction on Farm Saved Seeds: Breeders Insist on Their Rights, ProphytAnn 1997, 37; *Lambke/ Janßen/Schievelbein* Der Streit ums Saatgut, in: Der kritische Agrarbericht 2003; *Leßmann* Aufbereitung von Nachbausaatgut und Aufbereiterpflichten, AUR 2005, 313; *Miersch* Ein wichtiger Schritt zum Ziel, Unabhängige Bau-ernstimme März 2000 S 2; *Moritz* Was kommt auf Kartoffelbauern zu? top agrar 12/97, 55; *Miersch* Interessengegensätze im Sorten- und Saatgutrecht – Angriffe auf den Erschöpfungsgrundsatz, in: *Metzger (Hrsg)* Rechtsschutz

---

35 Vgl *Metzger/Zech* Rn. 22; *Würtenberger/van der Kooij/Kiewiet/Ekvad* European Union Plant Variety Protection[2] (2015) Rn. 6.90.

36 Vgl *Metzger/Zech* Rn. 22; *Busse/Keukenschrijver* § 11 PatG Rn. 24.

37 Vgl *Metzger/Zech* Rn. 52; *Würtenberger/van der Kooij/Kiewiet/Ekvad* European Union Plant Variety Protection[2] (2015) Rn. 6.91; *Leßmann/Würtenberger*[2] § 3 Rn. 90.

von Pflanzenzüchtungen (2014), 121; *Mühlbauer* Landwirte kämpfen gegen Lizenzgebühren für selbst produziertes Saatgut, Telepolis 9.10.2000 (im Internet unter www.ix.de/tp/deutsch/inhalt/co/88/4/1.html); *Neumeier* S 155 ff.; *Papier* Zur Verfassungsmäßigkeit des »Landwirteprivilegs« im Sortenschutzrecht, GRUR 1995, 241; *Perwitz* Die Privilegierung privater Nutzung im Recht des Geistigen Eigentums, 2011, 197 ff.; *Prall* Saatgut und internationale Vorgaben des gewerblichen Rechtsschutzes, BUKO Agrar Dossier 20 (1998); *Röder* Nachbaugebühren – ein brisanter aber unbekannter Konflikt, 2002 (im Internet unter www.abl-ev.de); *Rüter* Sortenschutz/Nachbauregelung, in: Demeter-Bund (Hrsg) Mitteilungen aus Recht und Politik II/99; *Scalise/Nugent* International Intellectual Property Protection for Living Matter: Biotechnology, Multinational Conventions and the Exception for Agriculture, 27 Case Western J of Int Law (1995), 83; *Schievelbein* Unterstützung von ganz oben, Unabhängige Bauernstimme September 2001, 5; *Schievelbein* Die eigene Ernte säen. Die Auseinandersetzung um Nachbaugebühren und Sortenschutzgesetze. Der Kritische Agrarbericht 2000; *Spranger* Landwirteprivileg bei Patentierung biotechnologischer Erfindungen nach der EG-Biotechnologie-Richtline, AgrarR 1999, 240; *Tenner* Gesetz zur Änderung des Sortenschutzgesetzes, Informationen für die Agrarberatung 9/97, I; *van der Kooij* Drie aspecten van het landbouwersvoorrecht, Agrarisch Recht 2001, 530; *von Gierke/Tielmann* Zur Ersatzfähigkeit von Ertragsausfallschäden beim Anbau der Hybridroggensorte »Farino«, AgrarR 1999, 204; *von Gierke/ Trauernicht* Die Rechtsdurchsetzung im Sortenschutzrecht, in: *Metzger (Hrsg)* Rechtsschutz von Pflanzenzüchtungen (2014), 141; *Würtenberger* Der Auskunftsanspruch beim Nachbau von geschützten Pflanzensorten, GRUR 2003, 838; *Würtenberger* Nachbauvergütungen: eine kritische Bestandsaufnahme, in: *Metzger (Hrsg)* Rechtsschutz von Pflanzenzüchtungen (2014), 105

I. Entwicklung

Das ausschließliche Recht des SortInhabers ist gegenüber dem zugelassenen **12** Nachbau eingeschränkt.[38] Vor der Novelle 1997[39] war das Absaaten geschützter Pflanzensorten für den eigenen Nachbau nicht von der Zustimmung des Berechtigten abhängig (vgl § 6 Abs 1 Satz 1 SaatG; § 15 Abs 1 SortG 1968; § 10 aF; Art 5 PflZÜ 1961;[40] einschränkend erstmals Art 15 Abs 2 PflZÜ

---

38 BGHZ 22, 1, 6, 10f = GRUR 1957, 215 Flava-Erdgold.

39 Zum Inkrafttreten (Herbstaussaat 1997) LG Mannheim AgrarR 2000, 371, 373.

40 *Papier* GRUR 1995, 241; so noch für das schweiz Patentrecht HG Bern SMI 1995, 331, 339 f, 348 f, nur teilweise in GRUR Int 1995, 511, 514; vgl *Metzger/Zech*

1991[41]). Für diese Begrenzung des Sortenschutzes ist der Begriff »Landwirteprivileg« (»farmers' privilege«; »Bauernvorbehalt«; »Landwirtevorbehalt«) eingebürgert,[42] dessen Sinn zum einen in einer Sicherung der bäuerlichen Kleinbetriebe,[43] zum anderen in der Würdigung des Beitrags der Landwirte zum züchterischen Fortschritt[44] gesehen wurde. Das »Landwirteprivileg« hat Aufnahme in den »Internationalen Vertrag über pflanzengenetische Ressourcen für Ernährung und Landwirtschaft« (Einl Rdn. 9) gefunden.[45] Die nationale Regelung ist derjenigen in der GemSortV nachgebildet,[46] entspricht ihr aber nicht in allen Einzelheiten.

13   Es handelt sich um eine **Inhalts- und Schrankenbestimmung des Eigentums**.[47] Anlass für die Einschränkung des freien Nachbaus, in dem eine Gefährdung insb des Interesses an der Erhaltung einer leistungsfähigen Pflanzenzüchtung gesehen worden ist, war der Umstand, dass insb Gemüsekonservenfabrikanten die durch den Nachbau eröffneten Möglichkeiten in großem Umfang zur Konservenproduktion ausnützten.[48] Auch die geltende Regelung ist politisch umstritten und wird insb von der Arbeitsgemeinschaft bäuerliche Landwirtschaft, zT mit parlamentarischer Unterstützung, bekämpft.[49]

Rn. 5; *Janis/Jervis/Peet* Intellectual Property Law on Plants Rn. 3.75; *Würtenberger/van der Kooij/Kiewiet/Ekvad* European Union Plant Variety Protection[2] (2015) Rn. 6.51; *Jühe* GRUR Int 1963, 525, 527 f; *Neumeier* S 156; *Bauer* S 59 f, auch zur wirtschaftlichen Bedeutung.

41 Vgl zur Problematik schon *Schade* GRUR 1950, 312, 318 f; UPOV-Dok DC/91/139.

42 Vgl hierzu *Busse/Keukenschrijver* § 9c PatG Rn. 2 ff.; *CIPA Guide* Rn. 137.02.

43 *Papier* GRUR 1995, 241, 245.

44 *Bauer* S 250 f.

45 Zum Verhältnis der Regelung dort zum PflZÜ 1991 und zum TRIPS-Übk *Girsberger* sic! 2002, 541, 544 ff.; eingehend zur Entwicklung der Nachbauregelung *Krieger* (2001), 5 ff.

46 Vgl *Metzger/Zech* Rn. 23; BTDrs 13/7038 S 14.

47 Vgl *Papier* GRUR 1995, 241, 242 f; LG München I 30.5.2001 33 O 16334/00 lässt offen, ob es sich um eine inhaltliche Beschränkung des Rechts oder um eine gesetzliche Lizenz handelt; *B. Goebel* S 233 spricht von einer »lizenzgebührenfreien, zeitlich unbegrenzten Zwangslizenz«.

48 *Papier* GRUR 1995, 241, 243 f; *Würtenberger/van der Kooij/Kiewiet/Ekvad* European Union Plant Variety Protection[2] (2015) Rn. 6.51.

49 Vgl die Plenarinitiative der Fraktion Bündnis90/DIE GRÜNEN im niedersächsischen Landtag (Drs 14/1985 vom 7.11.2000); zur Vereinbarkeit mit Art 30 TRIPS-Übk *B. Goebel* S 232 ff.

II. Einigungsvertrag

Anl I Kap VI Sgb A Abschn III Nr 5 Buchst e Abs 2 EinigV hat das Land- 14
wirteprivileg für zahlreiche Arten für das Beitrittsgebiet zunächst für unanwendbar erklärt; das 1. SortÄndG hat diese Ausnahme beseitigt,[50] was insb
im Hinblick auf die unterschiedliche Betriebsstruktur im Beitrittsgebiet mit
verfassungrechtl Argumenten kritisiert worden ist.[51]

III. Geltende Regelung

1. Nationale Regelung

Abs 2 – 7 beruhen auf Art 15 Abs 2 PflZÜ 1991 und entsprechen im wesent- 15
lichen Art 14 GemSortV; Art 11 BioTRl (Rdn. 67 f.) übernimmt die Regelung der GemSortV auch für das Patentrecht und sieht in ihren Abs 2, 3 eine
entspr Regelung für die Tierproduktion vor; der durch das BioTRlUmsG neu
eingestellte § 9c PatG setzt die Regelung in das nationale Recht um, das insoweit nicht nur für nationale, sondern auch für eur Patente gilt. Durch diese
Regelungen bleibt dem Landwirt die Möglichkeit erhalten, in seinem eigenen
Betrieb geerntete Pflanzen oder Pflanzenteile einer geschützten Sorte bzw trotz
bestehenden Patentschutzes ohne vorherige Zustimmung des SortInhabers im
eigenen Betrieb wieder für Saat- bzw Vermehrungszwecke zu verwenden,[52]
eine Ausweitung der früheren Praxis war damit nicht beabsichtigt.[53] Ziel der
Neuregelung war es, für das nationale Recht die gleichen Nachbaugrund-
sätze anwendbar zu machen, die für den gemeinschaftlichen Sortenschutz
entwickelt wurden. Damit soll einerseits erreicht werden, dass ein Züchter,
der statt gemeinschaftlichen Sortenschutzes dt Sortenschutz beantragt, rechtl
nicht anders gestellt ist als der Inhaber des gemeinschaftlichen Sortenschutzes,
andererseits soll Landwirten eine einheitliche und klare Rechtslage geboten
werden, ohne ihnen das Erfordernis aufzubürden, sich im Fall des Nachbaus
jeweils der für die Sorte maßgebenden Art des Sortenschutzes vergewissern

---

50 Vgl OLG Naumburg OLGRep 2004, 257, 259.
51 *Papier* GRUR 1995, 241, 245 einerseits; *Bauer* S 48 andererseits; BTDrs 12/1059
    Anl 2; Bericht des Abgeordneten Dr. Thalheim BTDrs 13/7639 S 10; vgl *Metzger/*
    Zech Rn. 6.
52 Vgl Begr BTDrs 13/7038 S 13 f.
53 UPOV-Dokument DC/91/139 vom 19.3.1991; vgl *van der Kooij* Art 14 Anm 3.

zu müssen.[54] Ob die nationale Regelung gemeinschaftsrechtskonform auszulegen ist,[55] erscheint zwh. Anders als vor der Neuregelung ist der Nachbau
grds (Ausnahme bei Kleinlandwirten) vergütungspflichtig.[56] Zu den erfassten Arten Rdn. 20. Nachbaurechte können nicht gehandelt werden; für sie
besteht daher auch kein besonderer Markt.[57]

2. Gemeinschaftsrechtliche Regelung[58]

16   Die Voraussetzungen für den berechtigten Nachbau (Art 14 Abs 2 GemSortV)
entsprechen weitestgehend denen in Abs 2.[59] Der Nachbau von Hybriden und
synthetischen Sorten ist wie im SortG (Rdn. 21) generell unzulässig (Art 14
Abs 1 GemSortV aE).[60] Auch hier ist der Nachbau nur erlaubt, solange der
Landwirt seine Verpflichtungen erfüllt;[61] bei Verstoß besteht Anspruch auf
Unterlassung und Schadensersatz (Art 94 Abs 1 Buchst a GemSortV).[62] Auch
die Aufbereitung des Ernteguts zu Vermehrungszwecken bedarf nach Art 13
Abs 2 Buchst b GemSortV grds der Zustimmung des Berechtigten, die durch
das Landwirteprivileg (Art 14 Abs 1 GemSortV) ersetzt wird.[63]

---

54   Begr BTDrs 13/7038 S 15; vgl BTDrs 13/2720 (auch in GRUR 1996, 33), wonach
sich die Nachbauregelung in ihren Grundzügen an der gemeinschaftsrechtl Regelung orientieren werde.
55   So OLG Düsseldorf 22.3.2001 2 U 57/00.
56   Vgl *Metzger/Zech* Rn. 6.
57   BGH (Kartellsenat) GRUR 2004, 763 Nachbauvergütung; BGH 11.5.2004 KZR
4/03.
58   Zur Entstehung *Metzger/Zech* Rn. 7.
59   Vgl *Metzger/Zech* Rn. 8.
60   OLG Düsseldorf 21.12.2006 2 U 41/03.
61   LG Düsseldorf Entsch 2000, 69, 73; *Leßmann/Würtenberger*[2] § 3 Rn. 70; zur
Rechtsnatur der Regelung und zur Bedeutung der unterschiedlichen Fassungen in
Art 13 Abs 2 GemSortV (nonobstant und notwithstanding einerseits, unbeschadet und onvermindert andererseits) sowie zu den Folgerungen für die Möglichkeit
eines vertraglichen Ausschlusses des Nachbaurechts *Kiewiet* Kolloquium Einbeck.
62   Vgl *Leßmann/Würtenberger*[2] § 3 Rn. 70; zur Aufbereitung BGH GRUR 2005,
668 Aufbereiter I; OLG Zweibrücken 4.12.2003 4 U 35/03 OLGRep 2004, 351;
LG Leipzig 31.3.2003 5 O 6785/02; LG München I 18.12.2002 21 O 18544/01;
LG München I 20.12.2002 7 O 18582/01.
63   EuGH C-305/00 Slg I 3225 = GRUR 2003, 868 Schulin./.STV; OLG Dresden
22.7.2003 14 U 792/03; OLG Zweibrücken 4.12.2003 4 U 35/03 OLGRep 2004,
351.

3. Voraussetzungen des berechtigten Nachbaus

Die Voraussetzungen des berechtigten Nachbaus sind in Abs 2 geregelt. Sie 17 begründen ein absolutes Recht des Landwirts auf Nachbau.[64] Die Regelung ist sowohl unter dem Gesichtspunkt der Eigentumsgarantie als auch des Rückwirkungsverbots als verfassungsgemäß angesehen worden.[65]

Die Privilegierung erfasst nur Erntegut, das ein Landwirt durch Anbau von 18 **Vermehrungsmaterial** (Rdn. 12 ff. zu § 2) einer geschützten Sorte der im Verzeichnis der Anlage aufgeführten Arten im eigenen Betrieb gewonnen hat und dort als Vermehrungsmaterial verwendet.[66] Inverkehrbringen zu anderen Zwecken (zB als Speisekartoffeln) privilegiert nicht. Da nur bestimmte landwirtschaftliche Arten für die Privilegierung in Betracht kommen, scheiden Schnittblumen und Topfpflanzen von vornherein aus.[67]

Die **Zweckbestimmung** richtet sich nach der Vereinbarung, fehlt eine solche, 19 nach den objektiven Umständen (Rdn. 14 zu § 2).[68] Quantitative Beschränkungen bestehen in diesem Rahmen nicht[69] (vgl die ausdrückliche Regelung in Art 14 Abs 3 GemSortV). Auch eine Beschränkung der Generationen ist nicht vorgesehen.[70]

Abs 7 enthält eine **Verordnungsermächtigung**, um bei künftigen Änderun- 20 gen erforderlichenfalls die Liste der für den Nachbau in Frage kommenden Arten möglichst flexibel an die vergleichbare Liste der GemSortV anpassen zu können.[71]

Das Landwirteprivileg erfasst nur bestimmte (landwirtschaftliche) **Arten von** 21 **Getreide, Futterpflanzen, Öl- und Faserpflanzen und Kartoffel.** Erfasste

64 *Krieger* (2001), 103.
65 LG Frankfurt/M 15.12.1999 2/6 O 247/99, im Internet unter www.prolink. de/~hps/organic/LGFrankfurt15121999.html; LG München I 19.7.2000 21 O 12476/99.
66 Vgl *Schulte* § 9c PatG Rn. 12 ff.
67 Das scheint *Schulte* § 9c PatG Rn. 11 zu übersehen.
68 Vgl *Schulte* § 9c PatG Rn. 8; *Fitzner/Lutz/Bodewig* § 9c PatG Rn. 10; zu Beweislastproblemen *Spranger* AgrarR 2000, 240, 242.
69 *Leßmann/Würtenberger*² § 3 Rn. 56; *Krieger* (2001), 104.
70 Hierzu *Leßmann/Würtenberger*² § 3 Rn. 56; *Krieger* (2001), 104 f, auch unter Hinweis auf die sich hierbei ergebenden praktischen Probleme.
71 Begr BTDrs 13/7038 S 14; *Leßmann/Würtenberger*² § 3 Rn. 55; zur Bezeichnung des Verordnungsgebers Rn. 3 zu § 16.

Arten sind die in der Anlage aufgeführten. Art 14 Abs 2 GemSortV enthält eine nicht völlig übereinstimmende Artenliste (dort zusätzlich Reis, Kanariengras und Kichererbse sowie eine weitere Ausnahme für Portugal).[72] § 9c Abs 1 PatG verweist insoweit auf die GemSortV, die Liste ist im Patentrecht mithin weiter als die für den nationalen Sortenschutz. Nicht erfasst sind insb Obst- und Zierpflanzen, Gemüse, Bäume und Reben.

22   Ausgenommen sind **Hybriden** (dh aus einer Kreuzung artverschiedener Eltern hervorgegangene Individuen, bei denen der Heterosis-Effekt schon in der nächsten Generation verloren geht[73]) und **synthetische** (dh auf anderem Weg als durch Züchtung oder Entdeckung gewonnene) **Sorten**; die Ausnahme entspricht der Regelung in der GemSortV.[74]

23   **Landwirt** iSd Bestimmung ist, wer – unabhängig von der Eigentumslage[75] – auf eigene Rechnung einen landwirtschaftlichen (nicht aber einen gartenbaulichen[76]) Betrieb führt.[77] Auf die Betriebsgröße oder die Qualifikation als Haupt-, Neben- oder Zuerwerbsbetrieb kommt es für die Nachbauberechtigung an sich nicht an, wohl aber für die Frage der Vergütungspflicht, die nur bei Kleinlandwirten entfällt (Rdn. 46 f.).

24   Das **Erntegut** muss durch **Anbau im eigenen Betrieb**, aber nicht notwendig im Inland, in der EU oder im EWR gewonnen sein;[78] Vermehrung durch

---

72   Vgl *Metzger/Zech* Rn 28.
73   *Leßmann/Würtenberger*[2] § 3 Rn. 55; *Metzger/Zech* Rn. 29; vgl Seite »Hybride«. In: Wikipedia, Die freie Enzyklopädie. Bearbeitungsstand: 9. Juli 2016, 11:05 UTC. URL: https://de.wikipedia.org/w/index.php?title=Hybride&oldid=155992228 (Abgerufen: 31. August 2016, 05:58 UTC).
74   Vgl *Schulte* § 9c PatG Rn. 17.
75   Vgl LG Erfurt InstGE 1, 59 auch zur Bewirtschaftung durch Dritte; LG Bad Kreuznach InstGE 1, 57 stellt unter Hinweis auf die gemeinschaftsrechtl Regelung auf die Eigentumslage ab, solange kein Nachweis geführt ist, dass ein anderer Landwirt ist.
76   *Benkard* § 9c PatG Rn. 4; *Fitzner/Lutz/Bodewig* § 9c PatG Rn. 6 f.; *Schulte* § 9c PatG Rn. 10; vgl EuGH GRUR 2012, 998 Association Kokopelli.
77   Eingehend zum Begriff des Landwirts *Krieger* (2001), 86 ff., der den Eigentümer landwirtschaftlicher Flächen (wohl subsidiär) haften lassen will, ohne aber hierfür eine Grundlage zu nennen, unter Hinweis auf LG Mannheim 16.8.1999 7 O 200/99; zu Sonderformen *Krieger* (2001), 92 ff.; vgl auch *Fitzner/Lutz/Bodewig* § 9c PatG Rn. 6.
78   *Metzger/Zech* Rn. 25.

Dritte ist nicht privilegiert.[79] Die verwendete Anbaufläche muss wirtschaftlich dem Betrieb zuzurechnen sein;[80] räumlicher Zusammenhang der Betriebsflächen ist nicht erforderlich,[81] auch auf die Eigentumslage kommt es nicht an.[82] Die Regelung privilegiert nur für die Verwendung im eigenen Betrieb, aber nicht darüber hinaus. Verkauf und »Nachbarschaftshilfe« sind nicht privilegiert;[83] auch Tauschvorgänge werden nicht erfasst (vgl Rdn. 3);[84] anders mag es nur bei konzernartiger Verflechtung sein.[85]

Die Privilegierung erfasst auch die **Aufbereitung** durch den Landwirt   25 (»Selbstaufbereitung«[86]) oder ein beauftragtes Aufbereitungsunternehmen (Abs 2 Satz 2; vgl die Regelung in Art 14 Abs 3 GemSortV und Art 13 NachbauV hinsichtlich der Fremdaufbereitung; näher Rdn. 27).[87] Der Erbringer vorbereitender Dienstleistungen wird als eigenständiger Begriff nur im Gemeinschaftsrecht genannt, man wird ihn aber im nationalen Recht als vom Aufbereiterbegriff erfasst ansehen müssen.

4. Rechtmäßigkeit

Der Nachbau ist nur rechtmäßig, soweit der Landwirt seinen in den Abs 3 und   26 6 festgelegten Verpflichtungen nachkommt (vgl EG-BioTRl Erwägungsgrund Nr 49).[88] Auf die Regelungen in der NachbauV wird auch für den nationalen Sortenschutz ergänzend zurückgegriffen werden können.[89] Ob Voraussetzung

---

79 *Schulte* § 9c PatG Rn. 14.
80 *Fitzner/Lutz/Bodewig* § 9c PatG Rn. 12; *Metzger/Zech* Rn. 25: einheitliche wirtschaftliche Steuerung der Betriebsteile erforderlich.
81 *Metzger/Zech* Rn. 25.
82 Vgl *Benkard* § 9c PatG Rn. 8; *Fitzner/Lutz/Bodewig* § 9c PatG Rn. 15 ff.; *Metzger/Zech* Rn. 25; EuGH Slg 2003 I 3525 = GRUR 2003, 868 Schulin/STV.
83 *Metzger/Zech* Rn. 27.
84 *Busse/Keukenschrijver* § 9c PatG Rn. 13; *Krieger* (2001), 93; aA *Schulte* § 9c PatG Rn. 13; *Fitzner/Lutz/Bodewig* § 9c PatG Rn. 13.
85 *Krieger* (2001), 93 f unter Hinweis auf OLG Braunschweig 2.6.1998 2 U 21/98.
86 Vgl *Metzger/Zech* Rn. 26.
87 Vgl *Benkard* § 9c PatG Rn. 9; *Fitzner/Lutz/Bodewig* § 9c PatG Rn. 14; *Schulte* § 9c PatG Rn. 15; EuGH Slg 2004 I 9801 = GRUR 2005, 236, 238 STV/Brangewitz.
88 OLG Düsseldorf InstGE 5, 31; LG Düsseldorf 9.3.2000 4 O 346/99 Entsch 2000, 69, 73; *Benkard* § 9c PatG Rn. 10; *Fitzner/Lutz/Bodewig* § 9c PatG Rn. 20; *Krieger* (2001), 46 vergleicht die zugrunde liegende Konstruktion mit einer aufschiebenden Rechtsbedingung.
89 Näher *Krieger* (2001), 26 ff., 47.

für den rechtmäßigen Nachbau weiter ist, dass das Material, mit dem der Nachbau durchgeführt wird, rechtmäßig erzeugt wurde, ergibt sich aus den gesetzlichen Regelungen nicht; insoweit wird eine teleologische Auslegung der maßgeblichen Bestimmungen dahin, dass die Wiederaussaat nicht rechtmäßig sein kann, wenn bereits das Ausgangsmaterial unrechtmäßig erzeugt wurde, vorgeschlagen,[90] die aber im Gesetz ohne Stütze sein dürfte. Die gelegentlich gezogenen Analogien zum (grds unübertragbaren) Urheberrecht[91] erscheinen wegen dessen abweichender Konstruktion von vornherein problematisch.

27   Ob die **Aufbereitung** eines Ernteerzeugnisses **durch einen Dritten** (»Fremdaufbereiter«) für einen Nachbau iSv Art 14 Abs 1, Abs 3 GemSortV, § 10a Abs 2 Satz 1 SortG betreibenden Landwirt rechtmäßig ist, dürfte allein danach zu beurteilen sein, ob der Nachbau durch den Landwirt durch diese Bestimmungen gerechtfertigt ist.[92] Auf die Einhaltung der dem Aufbereiter obliegenden Auskunftspflichten kommt es für die Rechtmäßigkeit der Aufbereitung nicht an.[93] Somit ist auch die Frage, ob die Auskunftspflicht des Aufbereiters für diesen eine Hauptpflicht darstellt,[94] ohne praktische Bedeutung. Eine andere Auffassung nahm dagegen an, dass nicht auf die Rechtmäßigkeit des Nachbaus, sondern nur auf die Einhaltung der Verpflichtungen des Aufbereiters abzustellen sei.[95] Aus dem geltenden Recht ist – entgegen der Rspr

---

90   *Metzger/Zech* § 37 Rn. 40.

91   Insb bei *Krieger* (2001), 32, 45, so aber im Ansatz zutr *Krieger* (2001), 50 ff.

92   Vgl OLG Dresden 23.9.2009 11 U 422/09 BeckRS 2010, 20788, nicht in juris; *Metzger/Zech* § 37 Rn. 31; in BGH GRUR 2006, 405 Aufbereiter II offengelassen, allerdings mit Hinweis, dass im Gemeinschaftsrecht ausschließlich Verpflichtungen des Landwirts und nicht auch des Fremdaufbereiters geregelt sein mögen; auf die Unabhängigkeit der Verpflichtungen des Landwirts und des Aufbereiters voneinander weist OLG München Mitt 2006, 271 hin.

93   In BGH Aufbereiter II wie in BGH GRUR 2005, 668 Aufbereiter I offengelassen; wie hier OLG München Mitt 2006, 271; aA *Metzger/Zech* § 37 Rn. 31 (eingehend); weiter für den nationalen Sortenschutz *Krieger* (2001), 47 f, 242, der (S 48 f) die Rechtslage im Gemeinschaftsrecht allerdings abw dahin beurteilt, dass jede Nichteinhaltung von Pflichten nach der NachbauV die Aufbereitung rechtswidrig werden lässt; dies ist im Hinblick auf EuGH 14.10.2004 C-336/02 Slg 2004 I 9801 = GRUR 2005, 236 STV./.Brangewitz abzulehnen, so auch *Benkard* § 9c PatG Rn. 9, und wird auch nicht konsequent durchgehalten, *Krieger* (2001), 110.

94   Bejahend *Krieger* (2001), 195.

95   LG München I 19.5.2004 21 O 15705/03, abgeänd durch OLG München Mitt 2006, 271.

des EuGH wie des BGH – abgeleitet worden, dass der nachbauende Landwirt den Sortenschutzinhaber aus eigenem Antrieb über den Nachbau zu informieren habe.[96] Die Konsistenz der Regelungen gebietet eine entsprechende Reduktion auch für den gemeinschaftlichen Sortenschutz und die Pflichten des Aufbereiters und des sonstigen Dienstleisters.

5. Unterlassungsanspruch

Bei Verstößen gegen die Verpflichtungen des Landwirts tritt die Schutzwirkung des § 10 ein;[97] dem Berechtigten stehen daher die sich aus einer Verletzung des Sortenschutzes ergebenden Ansprüche zu,[98] ein Unterlassungsanspruch allerdings nur insoweit, als er sich gegen den Nachbau ohne Einhaltung der aus Abs 3 und 6 resultierenden, konkret verletzten Verpflichtungen richtet.[99] **28**

Aus der Nichteinhaltung der Verpflichtungen des **Aufbereiters** bzw sonstigen Dienstleisters wird nicht abzuleiten sein, dass dieser zum SortVerletzer wird, jedenfalls solange der Nachbau durch den Landwirt selbst rechtmäßig ist;[100] auch auf Seiten des Landwirts wird insoweit nur eine Verletzung der Auskunfts- und Zahlungspflicht in Betracht kommen (so zum nationalen Sortenschutz Abs 2 iVm Abs 3 und Abs 6; vgl zum Gemeinschaftsrecht Art 14 Abs 3 GemSortV, Art 17 NachbauV).[101] Gegenüber dem Aufbereiter und dem sonstigen Erbringer vorbereitender Dienstleistungen kommt dagegen ein Unterlassungsanspruch hinsichtlich des Nachbaus grds schon deshalb **29**

---

96 *Würtenberger* GRUR 2003, 838, 844 f; hiergegen *Benkard* § 9c PatG Rn. 10.

97 Vgl Begr BTDrs 13/7038 S 14; OLG Düsseldorf 7.1.2005 2 U 18/04 Mitt 2005, 376 Ls; LG Düsseldorf Entsch 2000, 69, 73; LG Düsseldorf 9.3.2000 4 O 271/99; LG Frankfurt/M 15.12.1999 2/6 O 271/99; *Krieger* (2001), 216; *Schulte* § 9c PatG Rn. 24; vgl OLG Düsseldorf InstGE 5, 31, 37.

98 OLG Düsseldorf InstGE 5, 31; Begr BTDrs 13/7038 S 14 spricht von dem vollen Betrag, der im selben Gebiet für die Erzeugung von Vermehrungsmaterial derselben Sorte aufgrund eines Nutzungsrechts nach § 11 vereinbart ist, also von Entschädigung nach den Grundsätzen der Lizenzanalogie.

99 Vgl OLG Dresden 27.7.2007 14 U 2027/06; *Krieger* (2001), 221.

100 FFBGH GRUR 2006, 405 Aufbereiter II; vgl OLG München Mitt 2006, 271, wonach es auch nicht auf das Verhalten des Landwirts ankommen soll; aA OLG Dresden 22.7.2003 14 U 792/03; OLG Naumburg OLGRep 2004, 257, 260; LG München I 19.5.2004 21 O 15705/02 (ganz knapp).

101 So für die Verletzung der Nebenleistungspflichten des Landwirts nach nationalem Recht *Krieger* (2001), 216 ff.

nicht in Betracht, weil der Aufbereiter keinen Nachbau betreibt.[102] Ob sich ein Unterlassungsanspruch gegenüber dem Aufbereiter nach nationalem Recht daraus ergibt, dass der Landwirt seine Verpflichtungen verletzt, ist in der Rspr noch nicht geklärt. Die Bejahung eines Unterlassungsanspruchs ist nicht ohne Bedenken, weil sein Bestehen in einer nur schwer in das System der Auskunftsansprüche einzufügenden Weise von dem späteren Willensentschluss des Landwirts, seinen Verpflichtungen nachzukommen, und dessen Betätigung abhängig gemacht würde, und weil damit auch auf das Verhalten eines Dritten, nämlich des Landwirts, zurückgegriffen werden müsste, auf das der Aufbereiter nicht ohne weiteres Einfluss haben wird.[103] Zudem werden Bedenken gegen einen zeitlich unbefristeten Unterlassungsanspruch geäußert.[104]

6. Schadensersatzanspruch

30 Schon die Verletzung der Auskunftspflicht durch den Landwirt lässt den Nachbau rechtswidrig werden und begründet einen Ersatzanspruch (»verhehlter Nachbau«), der weitgehend als Schadensersatzanspruch qualifiziert wird.[105] Wieweit dies auch für die Verletzung der Zahlungspflicht gilt, ist bisher nicht geklärt. Die Rspr lässt die Geltendmachung dieses Schadens im Weg der Lizenzanalogie zu.[106] Der dem Berechtigten zustehende Anspruch ist indessen nicht als Schadensersatzanspruch, sondern als Entschädigungsanspruch zu

---

102 Vgl OLG München Mitt 2006, 271, wo darauf abgestellt wird, dass sich Art 14 Abs 1 GemSortV nicht an den Aufbereiter wende und dass die Rechtmäßigkeit der Aufbereitung nicht vom Verhalten des Landwirts abhängen könne, wobei sich für die national geschützten Sorten aus § 37 Abs 1 SortG nichts Abweichendes ergebe.

103 BGH Aufbereiter II; vgl OLG Dresden 27.7.2007 14 U 2027/06.

104 OLG München Mitt 2006, 271.

105 Vgl OLG Düsseldorf InstGE 5, 31; LG Braunschweig 9 O 1845/03 undok; LG Braunschweig 27.2.2008 9 O 313/07; LG Braunschweig 30.7.2008 9 O 449/08; LG Düsseldorf 4a O 35/05 undok; LG Düsseldorf 8.6.2006 4b O 368/05; LG Magdeburg 7 O 109/05 undok; LG Magdeburg 7 O 241/05 undok; LG München I 21 O 2450/07; LG München I 24.1.2008 7 O 4210/07; *Metzger/ Zech* Rn. 50; aA (nur Entschädigungsanspruch) OLG Braunschweig 17.11.2009 2 U 110/08 NL-BzAR 2010, 411; zwd *Benkard* § 9c Rn. 24; *Keukenschrijver* FS E. Ullmann (2006), 465, 471.

106 LG Braunschweig 27.2.2008 9 O 313/07; LG Düsseldorf 8.6.2006 4b O 368/05; LG München I 24.1.2008 7 O 4210/07; hierzu EuGH-Vorlage des BGH GRUR 2010, 1087 Solara.

qualifizieren; er umfasst die Herausgabe des Verletzergewinns nicht[107] und ist auf die für den Nachbau geschuldete Entschädigung beschränkt.[108]

Gemeinschaftsrecht. Die Verletzung einer der Pflichten (auch der Auskunfts- 31
pflicht und grds auch der Zahlungspflicht) des Landwirts macht schadens-
ersatzpflichtig. Noch nicht abschließend geklärt ist, wie der Schaden zu
ermitteln ist. Auch bei der Verletzung der Auskunftspflicht bemisst sich der
Schaden nach den im gewerblichen Rechtsschutz allgemein geltenden Regeln,
er umfasst also auch die Zahlung der Z-Lizenz.[109] Nach der in der Lit vertretenen Gegenauffassung soll der Schaden jedoch nur in der entgangenen
Nachbauentschädigung bestehen (»Ergänzungslizenz«).[110] Dies hat der EuGH
jedoch verneint.[111] Gegenstand einer weiteren Vorlage war die Frage, ob der
Landwirt die Entschädigung vor der tatsächlichen Nutzung leisten muss.[112]
Der EuGH hat hierzu entschieden, dass der Landwirt, der durch Nachbau
gewonnenes Vermehrungsgut genutzt hat, ohne dass er hierüber vertragliche
Vereinbarungen mit dem SortInhaber getroffen zu haben, verpflichtet ist, die
Entschädigung innerhalb einer Frist zu zahlen, die mit Ablauf des Wirtschafts-
jahrs endet, in dem die Nutzung stattgefunden hat, dh spätestens am auf die
Wiederaussaat folgenden 30. Juni[113] /und nicht erst im Verletzungsprozess).

---

107 Zur Problematik *Krieger* (2001), 222 ff., der aber die Rspr zur doppelten Tarif-
    gebühr bei Urheberrechtsverletzung heranziehen und auch den Gewinnher-
    ausgabeanspruch gewähren will, sehr eingehend *Krieger* (2001) 231 ff.; hierzu
    EuGH-Vorlage des BGH Solara und nachgehend EuGH GRUR Int 2012, 745
    Geistbeck sowie abschließend BGH 27.11.2012 X ZR 123/09 CIPR 2013, 13 Ls
    Solara 01.
108 Vgl OLG Braunschweig 17.11.2009 2 U 108/07; aA OLG Düsseldorf InstGE 5,
    31, 37; zwd *Benkard* § 9c PatG Rn. 24.
109 EuGH GRUR Int 2012, 745 auf Vorlage BGH GRUR 2010, 1097 Solara; BGH
    27.11.2012 X ZR 123/09; vgl BGHZ 172, 374, 383 = GRUR 2008, 93 Zer-
    kleinerungsvorrichtung; BGHZ 181, 98, 123 = GRUR 2009, 856 Tripp-Trapp-
    Stuhl.
110 *Keukenschrijver* FS E. Ullmann (2006), 465, 471; vgl *Busse/Keukenschrijver* § 139
    PatG Rn. 131; differenzierend auch *Benkard* § 9c Rn. 24.
111 Hierzu EuGH-Vorlage BGH Solara; nachgehend EuGH 5.7.2012 C-509/10
    GRUR Int 2012, 745 Geistbeck, wonach der nachbauende Landwirt, der seine
    Verpflichtungen nicht erfüllt, als Dritter anzusehen ist, der ohne Berechtigung
    handelt; vgl EuGH 25.6.2015 C-242/14 GRUR 2015, 878 Finita (STV./.Vogel).
112 LG Mannheim 9.5.2014 7 O 168/13 GRURPrax 2014, 330 KT = EuZW 2014,
    680 Ls; hierzu *Ullmann* jurisPR-WettbR 7/2014 Anm 2.
113 EuGH GRUR 2015, 878 Finita; vgl *Metzger/Zech* Rn. 51.

32 Handelt der Landwirt vorsätzlich oder fahrlässig, ist er darüber hinaus zum Ersatz des dem Sortenschutzinhaber entstandenen Schadens verpflichtet.[114] Art 18 Abs 2 NachbauV sieht bei **wiederholter vorsätzlicher Verletzung** der Entschädigungspflicht einen Anspruch auf Ersatz des weiteren Schadens nach Art 94 Abs 3 GemSortV vor; diese Ersatzpflicht, die nicht auf das nationale Recht übertragbar ist,[115] umfasst mindestens einen Pauschalbetrag, der auf der Grundlage des Vierfachen des Durchschnittsbetrags der Gebühr berechnet wird, die im selben Gebiet für die Erzeugung einer entsprechenden Menge in Lizenz von Vermehrungsmaterial der geschützten Sorten der betreffenden Pflanzenarten verlangt wird, unbeschadet des Ausgleichs eines höheren Schadens.[116] Wiederholte Verletzung liegt nicht schon vor, wenn auf mehrfache Mahnung nicht gezahlt wird.[117] Sie kann auch bei Nichtzahlung für das zweite Wirtschaftsjahr entfallen, wenn einzelne Positionen der Berechnung streitig sind, da andernfalls dem Landwirt die Möglichkeit abgeschnitten würde, sich gegen unberechtigte Forderungen zu wehren.[118]

7. Vergütungspflicht

a. Grundsatz

33 Die berechtigten Interessen des SortInhabers werden durch die Verpflichtung des nachbauenden Landwirts gewahrt, eine Vergütung an ihn zu entrichten.[119] Die Verpflichtung ist verfassungsgemäß.[120]

34 Der berechtigte Nachbau (nicht schon die Berechtigung zum Nachbau) begründet ein **gesetzliches Schuldverhältnis** (gesetzliche Lizenz),[121] aus dem sich die Vergütungspflicht unmittelbar ergibt. Die Rechtslage weist eine gewisse Ähnlichkeit

---

114 EuGH 10.4.2003 C-305/00 Slg I 3225 = GRUR 2003, 868 Schulin./.STV (Nr 71); EuGH Finita; vgl *Metzger/Zech* § 37f Rn. 13.

115 *Metzger/Zech* Rn. 50.

116 Vgl *Benkard* § 9c PatG Rn. 25; *Fitzner/Lutz/Bodewig* § 9c PatG Rn. 38; *Metzger/Zech* Rn. 50; *Metzger/Zech* § 37 Rn. 89.

117 LG Hamburg AgrarR 2002, 24 f.

118 LG Hamburg AgrarR 2002, 24 f.

119 Begr BTDrs 13/7038 S 14; vgl *Leßmann/Würtenberger²* § 3 Rn. 64; zum rein vermögensrechtlichen Charakter der Vergütungsansprüche *Krieger* (2001), 53 ff.

120 LG Düsseldorf Entsch 2000, 69; LG Mannheim AgrarR 2000, 371, 373 f (eingehend); LG München I 19.7.2000 21 O 12476/99.

121 BGH GRUR 2004, 763 Nachbauvergütung; BGH GRUR 2005, 240 f Nachbauentschädigung I; BGH 11.5.2004 KZR 4/03; *Krieger* (2001), 57 ff.; *von Gierke/*

mit der Benutzung der Erfindung nach Lizenzbereitschaftserklärung (§ 23 PatG) auf, jedoch bedarf es anders als dort einer Mitwirkung des Rechtsinhabers nicht. Der Vergütungsanspruch ist »der zentrale und wesentliche Anspruch des SortInhabers gegenüber dem Landwirt«.[122] Die Zahlung ist Hauptleistungspflicht des Landwirts aus dem gesetzlichen Schuldverhältnis.[123] Der Anspruch entsteht mit der tatsächlichen Nutzung des Ernteguts zu Vermehrungszwecken im Feldanbau (Art 6 Abs 1 NachbauV); dies gilt auch beim nationalen Sortenschutz;[124] bei Konversionssorten (Rdn. 19 zu § 41) allerdings erst nach dem 30.6.2001.[125] Voraussetzung für das Entstehen des Anspruchs ist weiter ein Zahlungsverlangen des Berechtigten.[126] Bei Fehlen einer Fälligkeitsbestimmung durch den Gläubiger oder durch Vereinbarung zwischen den Beteiligten kann die Entschädigung sogleich nach Entstehen der Forderung, aber nicht vorher, verlangt werden.[127] Der Zahlungsanspruch, der der Geltendmachung bedarf,[128] unterliegt der gewöhnlichen, seit 2002 der dreijährigen Verjährung.[129]

An die Stelle des gesetzlichen Schuldverhältnisses kann, insb wenn der Land- **35** wirt einen Vertrag auf der Grundlage des früheren »Kooperationsabkommens« (Rdn. 39) abschließt, ein **vertragliches Schuldverhältnis** treten, das seine Grundlage in den gesetzlichen Rechten und Pflichten des nachbauenden Landwirts aber behält. Von einer »Nachbaulizenz« kann insofern nur gesprochen werden, soweit der Landwirt tatsächlich von einem ihm vom Gesetz eingeräumten, auf eine bestimmte Sorte bezogenen Nachbaurecht Gebrauch gemacht hat oder machen will.[130]

b. Höhe der Vergütung

Der nachbauende Landwirt ist zur Zahlung eines angemessenen Entgelts ver- **36** pflichtet (Abs 3 Satz 1). Die Vergütung kann vereinbart werden: Der Landwirt

---

Tielmann AgrarR 1999, 204, 206; *Fitzner/Lutz/Bodewig* § 9c PatG Rn. 29; aA *Grimm* AgrarR 1999, 137, 139.

122 *Krieger* (2001), 172.
123 *Krieger* (2001), 173.
124 Vgl Metzger/Zech Rn. 33.
125 *Krieger* (2001), 173.
126 Vgl *Krieger* (2001), 173 f.
127 *Krieger* (2001), 190 f.
128 *Fitzner/Lutz/Bodewig* § 9c PatG Rn. 29.
129 Vgl – noch zur Rechtslage vor der Schuldrechtsreform – *Krieger* (2001), 191 f; LG München I 9.12.2004 7 O 16581/04 InstGE 5, 107, 109 f.
130 BGH GRUR 2006, 47 Auskunftsanspruch bei Nachbau II.

kann (theoretisch) unmittelbar mit dem SortBerechtigten[131] oder mit der STV (Rdn. 49) Individualverträge (»Nachbauvereinbarungen«) abschließen, die Regelungen einer Vereinbarung berufsständischer Vereinigungen (in Deutschland zwischen dem Bundesverband Deutscher Pflanzenzüchter und dem Deutschen Bauernverband, Rdn. 39) akzeptieren[132] oder sich auf die gesetzliche Regelung berufen.[133] Individualverträge spielten aufgrund der tatsächlichen Verhältnisse in Deutschland zunächst aber keine praktische Rolle.

37   Abs 3 Satz 2 stellt – weitgehend parallel zum Gemeinschaftsrecht – eine **Auslegungsregel** dahin auf, dass ein Entgelt als angemessen gilt, wenn es deutlich niedriger ist als der Betrag, der im selben Gebiet für die Erzeugung von Vermehrungsmaterial derselben Sorte auf Grund eines Nutzungsrechts nach § 11 vereinbart ist (»Z-Lizenz«).[134] Es wird vertreten, dass dies nur im Ergebnis so sein und nicht rechnerisch auch unmittelbar an die Z-Lizenz angeknüpft werden müsse.[135]

38   »Deutlich niedriger« bedeutet einen **fühlbaren Abschlag** gegenüber den üblichen Lizenzsätzen.[136] Insoweit ist für die Wirtschaftsjahre 1997 bis 1999 und die

---

131 Vgl *Krieger* (2001), 178.

132 Vgl *Krieger* (2001), 178 f; im Wirtschaftsjahr 1997/98 sollen nach Angaben der STV 78 054, im Wirtschaftsjahr 1998/99 78 586 und im Wirtschaftsjahr 1999/2000 70 118 derartige Vereinbarungen abgeschlossen worden sein.

133 OLG München WuW/DE-R 1132; Schreiben des Bundeskartellamts – 2. Beschlussabteilung – vom 22.4.2002 an den ABL e.V.; *Leßmann/Würtenberger*[2] § 3 Rn. 59 unter Hinweis auf Art 5 NachbauV.

134 Vgl hierzu LG Düsseldorf InstGE 1, 61, 66; OLG Braunschweig 25.9.2003 2 U 186/02 und 2 U 188/02 setzen die »Z-Lizenz« mit 15–20% des Kaufpreises an; *Schulte* PatG § 9c Rn. 19; *Metzger/Zech* Rn. 32.

135 OLG Braunschweig 25.9.2003 2 U 186/02 und 2 U 188/02 gegen OLG München 22.5.2003 6 U 1574/03 NJOZ 2003, 2449 = GRUR-RR 2003, 365 Ls, letzteres abgeänd durch BGH 27.6.2007 X ZR 85/03 Nachbauentschädigung 03, wonach auf das Kooperationsabkommen als Leitlinie zurückgegriffen werden musste.

136 So auch OLG München WuW/DE-R 1132; OLG Braunschweig 4.7.2002 2 U 123/01, OLG Braunschweig 25.9.2003 2 U 186/02 und 2 U 188/02, OLG München 22.5.2003 6 U 1574/03 GRUR-RR 2003, 365 Ls; LG Braunschweig 23.1.2002 9 O 837/01; LG Braunschweig 22.8.2002 9 O 786/01; LG Braunschweig 13.11.2002 9 O 3278/01, 9 O 3725/01 und 9 O 3354/02; LG Braunschweig 21.11.2002 9 O 2084/01; LG Düsseldorf 28.6.2001 4 O 260/00; LG Koblenz 4.11.2002 16 O 469/01; LG München I 22.1.2001 21 O

spätere Zeit zu differenzieren. Eine Regelung, die auch für den nationalen Sortenschutz entspr herangezogen werden kann, enthalten die durch Art 1 der VO (EG) Nr 2605/98 der Kommission vom 3.12.1998[137] angefügten Absätze 4–7 des Art 5 VO (EG) Nr 1768/95 (NachbauV; zur Höhe Rdn. 42, 44).[138] Eine absolute Grenze soll darin aber nicht liegen.[139] Ein Teil der Lit sieht eine Ermäßigung des Normallizenzsatzes um etwa 50% als angemessen an.[140] Dies entspricht der Rspr der Frankfurter Gerichte, während die Braunschweiger Rspr auf das Kooperationsabkommen zurückgegriffen und die übrigen Gerichte im wesentlichen 80% der Z-Lizenz zugebilligt haben (näher Rdn. 41).

Für die Festsetzung der Höhe der Vergütung kann eine **Bemessungsgrundlage** 39 **vereinbart** werden, die je nach Entwicklung des Verhältnisses der Verwendung von Nachbausaatgut zu der von anerkanntem Saatgut angepasst werden kann.[141] Abs 4 sieht hierzu als Spezialgesetz gegenüber dem als solches auch im Bereich des Sortenschutzes geltenden[142] GWB Vereinbarungen zwischen den berufsständischen Vereinigungen der Züchter und der Landwirte vor, die allerdings den Wettbewerb auf dem Saatgutsektor nicht ausschließen (wohl aber einschränken) dürfen.[143] Eine solche Vereinbarung ist zwischen dem Deutschen Bauernverband und dem Bundesverband Deutscher Pflanzenzüchter (BDP) zunächst am 3.6.1996 getroffen worden (»Kooperationsmodell Landwirtschaft und Pflanzenzüchtung«);[144] sie unterschied nach verschiedenen Pflanzenarten (Populationsroggen; Sommergerste, Hafer, Triticale; Wintergerste, Menggetreide; Weizen, gelbe Lupine; Ackerbohne, Futtererbse; Kartoffeln) und sah eine gestaffelte Entschädigung je nach Anteil des

---

2822/02 sehen das Kriterium auch durch die Nachbausätze des Kooperationsabkommens als erfüllt an; LG München I 29.11.2002 21 O 1554/02 will es als Orientierung heranziehen, hält jedoch unter dem Gesichtspunkt der Unangemessenheit eine Differenz zwischen den Beträgen des Kooperationsabkommens und 80% der Z-Gebühr für beachtlich, wenn sie mehr als 25% beträgt.

137 ABl EG L 328/6 vom 4.12.1998.
138 Vgl *Leßmann/Würtenberger*[2] § 3 Rn. 61 f.
139 OLG München WuW/DE-R 1132.
140 *Leßmann/Würtenberger*[2] § 3 Rn. 61; *Schulte* § 9c PatG Rn. 19.
141 Begr BTDrs 13/7038 S 14.
142 Begr BTDrs 13/7038 S 14; vgl *Leßmann/Würtenberger*[2] § 3 Rn. 60; BGH GRUR 2004, 763 Nachbauvergütung; BGH 11.5.2004 KZR 4/03.
143 Vgl OLG München WuW/DE-R 1132.
144 Veröffentlicht im ABl GSA vom 16.8.1999; auszugsweise auch in BGH GRUR 2006, 47 Auskunftsanspruch bei Nachbau II wiedergegeben.

zugekauften Saatguts vor, wobei sich die Entschädigung vom Höchstsatz von 80% der Z-Lizenz bis auf 0 bei Verwendung von mehr als 60% Z-Saatgut bei Getreide und Leguminosen und mehr als 80% bei Kartoffeln verringerte.[145] Die sich hiernach ergebende Entschädigung stützte sich teilweise auf andere Kriterien, als sie nach den maßgeblichen Normen gelten (Entgelt je ha); weiter war bei Saat- und Pflanzgutwechsel von mehr als 80% ein Z-Lizenzgebührrabatt von 10% vorgesehen. Dass dieser sortenübergreifend gewährt wurde, erweitert die wechselseitigen Ansprüche nicht auf andere als die nachgebauten Sorten und deren Inhaber.[146] Nach einer weiteren Vereinbarung zwischen dem BDP und dem Bundesverband der Stärkekartoffelerzeuger für das Wirtschaftsjahr 1997/98 war eine einheitliche Entschädigung von 30 DM/ha zu entrichten;[147] von der Aussaat für das Erntejahr 2001 an kam das Kooperationsabkommen modifiziert zur Anwendung, insb ist die Höchstgebühr von 80 % auf 60 % abgesenkt, in der Saatgutwechselklasse > 40 %–60 % von 30 % auf 35 % erhöht worden. Der BDP hat hierzu eine Broschüre veröffentlicht, die auch nähere Angaben zur Abwicklung enthält. Seit 6.11.2002 lag ein neues Rahmenabkommen vor,[148] das die Vergütung auf 50% der Z-Lizenzgebühr für Getreide und Grobleguminosen (bei Expressmeldung auf 45%) und auf höchstens 40% der Z-Lizenzgebühr bei Kartoffeln beschränkte. Nach der im Juni 2008 vom BDP als beendet erklärten[149] Rahmenregelung Saat- und Pflanzgut vom 8.7.2003[150] galten die gleichen Sätze, die niedrigeren, soweit sich der Landwirt nicht später als zwei Monate ab Versandende der

---

145 Näher *Rutz* AgrarR 1999 Beil I S 3, 5f mit Tabelle; *Leßmann/Würtenberger*[2] § 3 Rn. 64; *Krieger* (2001), 179 f; der Entschließungsantrag im niedersächsischen Landtag (Rn. 12 Fn 23) verweist darauf, dass die Regelgebühr bei 80 % der Lizenzgebühr liegt und damit über den europarechtlich vorgesehenen Satz hinausgehe. Die Vertragspartner bezifferten das Gebührenaufkommen aus der Erhebung für 1998 auf ca 13 Millionen DM (gemeinsame Presseerklärung vom 12.1.2000). Nach Angaben des BDP lag die durchschnittliche Nachbaugebühr je Betrieb 1998 bei 161 DM.

146 BGH Auskunftsanspruch bei Nachbau II.

147 *Krieger* (2001), 180.

148 Im Anhang; Tabelle ab Wirtschaftsjahr 2004/2005 bei *Benkard*[10] § 9c PatG Rn. 21.

149 Vgl die Presseerklärung des BDP vom 10.6.2008, im Internet abrufbar unter http://www.bdp-online.de/de/Presse/Archiv/2008/PI-2008-06-10_Bundesverband_Deutscher_Pflanzenzuechter_e.V.pdf; *Metzger/Zech* Rn. 31.

150 ABl GSA 2004, 89.

Vereinbarung für diese entschied. Für Wirtschaftskartoffeln galten niedrigere Sätze (16% der Z-Lizenz, maximal 0,60 EUR/dt).[151]

Nach der **Individualvereinbarung** war die Nachbauentschädigung (in EUR je 40 dt) nach den in der Vertragssortenliste jeweils angegebenen Beträgen bemessen. Soweit die gesetzliche Veranlagung gewählt wird, macht die STV nach den Vorgaben der betreffenden Züchter ein als angemessen angesehenes Entgelt geltend, die sie nunmehr auf 50% der Z-Lizenzgebühr bemisst.[152]

Vereinbarte der Landwirt eine **Veranlagung nach dem Kooperationsabkommen** 41 zur Vermeidung einer Veranlagung nach den gesetzlichen Regelungen, ergab sich aus dem Verhalten des Berechtigten ein Recht des Landwirts zur Anfechtung wegen arglistiger Täuschung jedenfalls nicht ohne weiteres.[153] 96% der angesprochenen Landwirte sollen eine Vergütung nach dem Kooperationsabkommen vereinbart haben.[154]

Gemeinschaftsrecht. Kleinlandwirte sind nicht entschädigungspflichtig 42 (Art 14 Abs 3 3. Unterabsatz GemSortV; Rdn. 46). Der Anspruch ist wie im nationalen Recht auf eine angemessene Entschädigung gerichtet[155] (Art 14 Abs 3 4. Unterabsatz GemSortV). Er muss deutlich niedriger sein als der Betrag, der im selben Gebiet für die Erzeugung von Vermehrungsmaterial derselben Sorte in Lizenz verlangt wird (Art 14 Abs 3 4. Unterabsatz GemSortV). Die Höhe der Entschädigung gilt als deutlich niedriger, wenn sie nicht den Betrag übersteigt, der erforderlich ist, um als ein das Ausmaß der Inanspruchnahme der Ausnahmeregelung bestimmender Wirtschaftsfaktor ein vernünftiges Verhältnis zwischen der Lizenznutzung von Vermehrungsmaterial und dem Nachbau des Ernteguts der betreffenden, dem gemeinschaftlichen Sortenschutz unterliegenden Sorten herbeizuführen oder zu stabilisieren. Dieses Verhältnis ist als vernünftig anzusehen, wenn es sicherstellt, dass der Sortenschutzinhaber

---

151 Sonderregelung zwischen dem Bundesverband der Stärkekartoffelerzeuger e.V. und dem BDP vom 10.9.2003, ABl GSA 2004, 91.
152 Presseerklärung des BDP vom 10.6.2008.
153 Das Anfechtungsrecht unter Bejahung der Täuschung über die Gesetzeslage verneinend OLG Celle OLGRep 2003, 89, im Revisionsverfahren aus Rechtsgründen nicht beanstandet, BGH GRUR 2004, 763 Nachbauvergütung; ähnlich OLG München WuW/DE-R 1132, das Arglist verneint; LG Hamburg 15.2.2001 315 O 613/00; aA LG Düsseldorf InstGE 1, 61, 64 f.
154 Vgl OLG Braunschweig 25.9.2003 2 U 186/02, 2 U 187/02 und 2 U 188/02; LG Braunschweig 13.11.2002 9 O 3278/01, 9 O 3354/02 und 9 O 3725/01.
155 Vgl LG Düsseldorf InstGE 1, 61, 66.

insgesamt einen angemessenen Ausgleich für die gesamte Nutzung seiner Sorte erhält (Art 5 Abs 3 NachbauV). Die wohl überwiegende Rspr hat dies für Nachbauentgelte von 80% der üblichen (»realen«) Lizenzgebühr für Vermehrungsmaterial bejaht (Nachw Rdn. 41). Der EuGH hat dies jedoch verneint: Die pauschale Entschädigung in Höhe von 80% des Betrags, der im selben Gebiet für die Erzeugung von Vermehrungsmaterial in Lizenz derselben Sorte der untersten zur amtlichen Zertifizierung zugelassenen Kategorie verlangt wird, genügt nicht der Voraussetzung, dass diese Entschädigung Im Sinn von Art 5 Abs 2 NachbauV »deutlich niedriger sein muss als der Betrag, der für die Erzeugung von Vermehrungsmaterial in Lizenz verlangt wird.[156] Der Entschädigungsanspruch setzt tatsächlichen Nachbau der geschützten Sorte voraus.[157] Die durch die VO (EG) Nr 2605/98 mWv 24.12.1998 und ohne Rückwirkung[158] angefügten Art 5 Abs 4–7 NachbauV sehen demzufolge vor, dass die durch Vereinbarungen zwischen den Verbänden festgesetzte Höhe der Entschädigung Leitlinie für die Festsetzung ist, wenn diese der Kommission mitgeteilt und daraufhin im ABl GSA veröffentlicht sind (Art 5 Abs 4 NachbauV).[159] Andernfalls[160] beläuft sich die Entschädigung auf 50 %[161] dessen, was als Lizenz verlangt wird;[162] sofern ein Mitgliedstaat der Kommission vor

---

156 EuGH 8.6.2006 C-7/05 – C 9/05 GRUR 2006, 750 STV./.Deppe ua.

157 LG Düsseldorf Entsch 2000, 69, 73.

158 LG Braunschweig 13.11.2002 9 O 3278/01 und 9 O 3354/01.

159 Zum Veröffentlichungserfordernis auch EuGH 8.6.2006 C-7/05 – C 9/05 GRUR 2006, 750 STV./.Deppe ua.

160 Woraus die Instanzrspr zT gefolgert hat, nur, wenn im betreffenden Mitgliedstaat kein Kooperationsabkommen geschlossen wurde, LG Düsseldorf InstGE 1, 61, 67; vgl zur Problematik, die in Deutschland die Wirtschaftsjahre 1997/98 und 1998/99 betrifft, *Krieger* (2001), 186 ff.

161 Vgl OLG Braunschweig 25.9.2003 2 U 186/02; LG Braunschweig 13.11.2002 9 O 3354/02.

162 Vgl *Metzger/Zech* Rn. 32; nach LG Frankfurt/M AgrarR 2001, 328, 329 soll dies auch für Vegetationsperioden gelten, die vor Veröffentlichung der Vereinbarung begonnen haben; aA LG Düsseldorf InstGE 1, 61, 67 jedenfalls für die Zeit vor Inkrafttreten der VO (EG) Nr 2605/98 (3.12.1998) mit der Erwägung, dass es sich bei den im Kooperationsabkommen vorgesehenen Sätzen um eine sachverständige Äußerung dazu handle, welche Vergütung unter Abwägung der wechselseitigen Interessen angemessen sei, was es rechtfertige, die gesetzliche Vergütung in Anlehnung an diese Sätze festzusetzen; auch die Braunschweiger Rspr wendete einheitlich die Sätze der Vereinbarung an, während die Münchener Rspr hier differenzierte; jetzt durch den EuGH geklärt.

dem 1.1.1999 den unverzüglich bevorstehenden Abschluss einer Vereinbarung mitgeteilt hat, vor der Umsetzung der Vereinbarung und nicht mehr nach dem 1.4.1999 auf 40 % (Art 5 Abs 5 NachbauV). Sofern eine Staffelung hinsichtlich der jeweiligen einzelstaatlichen SortRechte festgelegt wurde, um zum Abschluss weiterer Vereinbarungen anzureizen, sollte, soweit solche bereits in Vorbereitung sind, die Höhe für einen begrenzten Zeitraum darunter liegen.[163] Art 5 Abs 6 NachbauV sieht unter bestimmten Umständen in Mitgliedstaaten, in denen eine Staffelungsregelung besteht, deren entsprechende Anwendung vor; andernfalls verbleibt es bei der Regelung in Art 5 Abs 5 NachbauV. Art 5 Abs 7 NachbauV enthält schließlich eine Revisionsklausel zum 1.1./1.7.2003. Die sich aus Art 14 Abs 3 vierter Unterabsatz GemSortV, Art 10 NachbauV ergebenden Verpflichtungen des Berechtigten zur Information sollen dem Landwirt die Überprüfung der Angemessenheit der Entschädigungsforderung ermöglichen; wie sich aus der Formulierung in Art 10 Abs 2 NachbauV ergibt, ist ihre Erfüllung für das Entstehen des Anspruchs ohne Belang, aus ihrer Nichterfüllung ergibt sich jedoch eine dilatorische Einrede (Zurückbehaltungsrecht) für den Landwirt.

Ausland. Auch im Vereinigten Königreich, in Schweden und in den Niederlanden bestehen entsprechende Vereinbarungen. Inm Vereinigten Königreich besteht ein »point-of-delivery«.System. In Frankreich besteht der »Accord semences de ferme«, an dem verschiedene Landwirte-, Aufbereiter-, Saatguthersteller- und Züchterverbände beteiligt sind und der seit Juli 2001 für Weichweizen von ministerieller Seite für verbindlich erklärt worden ist. Die Kosten betragen je Tonne Weichweizen 0,50 EUR. Ein Teil der Einnahmen geht an einen Züchterunterstützungsfonds. Im Vereinigten Königreich besteht die auf einer Vereinbarung mit Bauernverbänden errichtete Agentur BSPS.[164]   43

Kommt eine Einigung über die Höhe nicht zustande, wird man entspr §§ 315, 316 BGB unter dem Vorbehalt gerichtlicher Bestimmung bei Unangemessenheit oder Verzögerung den SortInhaber als zur **Bestimmung der Vergütung** berechtigt ansehen müssen.[165] Die STV (Rdn. 49) hat sich im Rahmen der   44

---

163 VO (EG) Nr 2605/98 zur Änderung der VO (EG) Nr 1768/95 (Fn 41), Erwägungsgründe.

164 Vgl zur Rechtslage in Frankreich und im Vereinigten Königreich die Präsentationen von *Petit-Pigeard* und *Maplestone* auf dem CPVO-Seminar Brüssel 4.10.2005.

165 So auch *Metzger/Zech* Rn. 32; abl OLG Braunschweig 25.09.2003 2 U 186/02, 2 U 187/02 und 2 U 188/02, da die Bestimmungen nur vertragliche Ansprüche beträfen; LG Braunschweig 13.11.2002 9 O 3278/01, 9 O 3354/02 und 9 O

gesetzlichen Veranlagung als berechtigt angesehen, unabhängig vom Nachbauanteil 80% der Z-Lizenz zu verlangen. Die STV begründet die Abzüge, die sich nach dem »Kooperationsabkommen« ergeben, mit den aus diesem folgenden erheblichen Vorteilen der Rechtsinhaber. Die Rspr war nicht einheitlich, zT wurde vertreten, dass eine Vergütung in Höhe von 80% der (realen) Z-Lizenz angemessen sei,[166] zT wurden 50% als angemessen angesehen.[167] Nach Auffassung der Braunschweiger Gerichte, der der BGH nicht gefolgt ist,[168] waren die Nachbaugebühren des Kooperationsabkommens – die die Nachbauquote berücksichtigten und zT unter 80% der Z-Lizenz lagen – als Marktpreise sowohl bei nationalen wie nach Veröffentlichung des Abkommens im ABl GSA bei Gemeinschaftssorten, bei letzteren unterschiedslos vor oder nach Wirksamwerden der aus Art 5 Abs 4 NachbauV zu entnehmenden

---

3725/01; LG Düsseldorf InstGE 1, 61, 66 f setzt die angemessene Vergütung durch das Gericht fest; vgl zum Leistungsbestimmungsrecht der GEMA nach billigem Ermessen hinsichtlich des an die Berechtigten Herauszugebenden BGHZ 163, 119 = GRUR 2005, 757 PRO-Verfahren.

166 OLG München 22.5.2003 6 U 1574/03 NJOZ 2003, 2449 = GRUR-RR 2003, 365 Ls (juris Volltext), abgeänd durch BGH 27.6.2007 X ZR 85/03; LG Bad Kreuznach 14.11.2001 3 O 337/00; LG Bad Kreuznach 21.4.2004 2 O 418/01: für die Zeit bis 23.12.1998 (Inkrafttreten von Art 5 Abs 4 – 7 NachbauV) und ab Wirtschhaftsjahr 1999/2000; LG Düsseldorf InstGE 1, 61; LG Düsseldorf 23.8.2001 4a O 131/01; LG München I 16.1.2003 7 O 1027/02; LG München I 22.1.2003 21 O 2822/02, jedenfalls für die Wirtschaftsjahre 1997 bis 1999, für die Folgezeit weiterhin für national geschützte Sorten, während für nach der GemSortV geschützte Sorten die Sätze des Kooperationsabkommens gelten sollen; für das Wirtschaftsjahr 1999/2000 LG München I 3.9.2002 7 O 22433/01.

167 LG Frankfurt/M AgrarR 2001, 328; LG Frankfurt/M 28.3.2001 2/6 O 607/00, für die Vegetationsperiode 1997/98; LG Frankfurt/M 19.6.2002 2/6 O 17/02 unter Heranziehung der Regelung in der NachbauV zur Ausfüllung des unbestimmten Rechtsbegriffs für den Fall einer Vereinbarung nach der für den Landwirt günstigsten Methode, gegen LG Düsseldorf InstGE 1, 61. LG Frankfurt/M AgrarR 2001, 328, 329 hat das Kooperationsabkommen als für die Zeit vor Inkrafttreten des § 10a unanwendbar angesehen und insoweit die gemeinschaftsrechtl Regelung mit der Obergrenze von 50% angewendet. LG Magdeburg 6.6.2007 7 O 2601/06 geht bei fehlender Individual- und Verbandsvereinbarung von 50% der Z-Lizenz aus. LG Bad Kreuznach 21.5.2004 2 O 418/01 wendet ab 24.12.1998 die 50%-Grenze an, nicht aber für die vorhergehende Zeit und wegen der »Leitlinienfunktion« des Kooperationsabkommens nicht mehr ab dem Wirtschaftsjahr 1999/2000.

168 BGH GRUR 2005, 240 Nachbauentschädigung I; BGH 11.10.2004 X ZR 157/03; BGH 11.10.2004 X ZR 158/03.

Leitbildfunktion des Abkommens (»Leitlinie«), auch auf die Landwirte anzuwenden, die nicht die Veranlagung nach dem Abkommen gewählt haben,[169] während die STV die Leitlinienfunktion auf die fiktive Z-Lizenzgebühr und den Satz von 80% beschränkt sehen wollte.[170] Der BGH hat mehrere Braunschweiger Verfahren dem EuGH zur Vorabentscheidung vorgelegt.[171]

Rechtsprechung des EuGH. Der EuGH hat entschieden, dass der für die 45 Berechnung der den Inhabern zu zahlenden Entschädigung pauschal auf 80% der Lizenzgebühr festgesetzte Satz zu hoch und dass zur Bestimmung des anwendbaren Satzes auf die Verhältnisse in Bezug auf die streitigen Sorten und in der betreffenden Region abzustellen sei. Die Kriterien, nach denen der Betrag der Entschädigung des Inhabers bemessen werden kann, ist in Art 5 Abs 4 und 5 NachbauV definiert. Sie sind zwar nicht rückwirkend anwendbar, können aber als Anhaltspunkt für die Berechnung der entsprechenden Entschädigung in Bezug auf einen Nachbau vor Inkrafttreten der VO 2605/98 dienen.[172] Das gilt nach der Rspr des BGH auch für nach nationalem Recht geschützte Sorten.[173] Eine Vereinbarung zwischen Vereinigungen von Inhabern und von Landwirten iSv Art 5 Abs 4 NachbauV kann nur dann mit allen ihren Parametern als Leitlinie dienen, wenn sie der Kommission mitgeteilt und im ABl GSA veröffentlicht wurde, und zwar auch dann, wenn sie vor dem Inkrafttreten der VO 2605/98 geschlossen wurde; sie kann für die Entschädigung einen anderen Satz festlegen als den hilfsweise in Art 5 Abs 5 NachbauV vorgesehenen. Liegt keine solche Vereinbarung vor, ist die Entschädigung nach dem festen Satz des Art 5 Abs 5 NachbauV zu bemessen.[174] Der BGH hat diese Rspr in mehreren Entscheidungen auf den Nachbau geschützter Sorten in Jahren vor Inkrafttreten der Regelung in § 9c PatG angewendet.[175]

---

169 OLG Braunschweig 4.7.2002 2 U 123/02; OLG Braunschweig 25.9.2003 2 U 186/02, 2 U 187/02 und 2 U 188/02; LG Braunschweig 13.11.2002 9 O 3278/01 und 9 O 3354/01.

170 Rechtfertigung bei *Krieger* (2001), 182 ff.

171 BGH Nachbauentschädigung I; BGH 11.10.2004 X ZR 157/03; BGH 11.10.2004 X ZR 158/03.

172 EuGH 8.6.2006 C 7/05-C-9/05 GRUR 2006, 750 STV/Deppe ua.

173 BGH GRUR 2007, 867 Nachbauentschädigung III; BGH GRUR 2007, 868 Nachbauentschädigung IV; vgl *Metzger/Zech* Rn. 32.

174 EuGH 8.6.2006 C 7/05-C-9/05 GRUR 2006, 750 STV/Deppe ua.

175 BGH GRUR 2007, 865 Nachbauentschädigung II; BGH GRUR 2007, 867 Nachbauentschädigung III; BGH Nachbauentschädigung IV; BGH 27.6.2007 X ZR 85/03.

c. Ausnahmeregelung für Kleinlandwirte (Abs 5)

46   Unter Berücksichtigung der niedrigeren Einkommen von landwirtschaftlichen Betrieben mit geringer Betriebsgröße werden »Kleinlandwirte« iSv Art 14 Abs 3 GemSortV von der Verpflichtung zur Zahlung einer Vergütung ausgenommen.[176] Allerdings ist auch der Kleinlandwirt zur Auskunft verpflichtet (vgl Rdn. 57);[177] das gilt jedenfalls für seine Kleinlandwirteeigenschaft.[178] Den Kleinlandwirt trifft auch die Beweislast für seine Kleinlandwirteeigenschaft; für das Gemeinschaftsrecht folgt das aus Art 7 Abs 5 NachbauV, für das nationale Recht aus den allg Beweislastregeln.[179]

47   Als **Kleinlandwirte** gelten infolge der Verweisung[180]
  –   im Fall von in Art 14 Abs 2 GemSortV genannten Pflanzenarten, für die die VO (EWG) Nr 1765/92 des Rates vom 30.6.1992 zur Einführung einer Stützungsregelung für Erzeuger bestimmter landwirtschaftlicher Kulturpflanzen[181] gilt, die Landwirte, die Pflanzen auf einer Fläche anbauen, die nicht größer ist als die Fläche, die für die Produktion von 92 t Getreide benötigt würde; zur Flächenberechnung gilt Art 8 Abs 2 NachbauV, nach dem (höchstens) der für die jeweilige Region festgesetzte Getreidedurchschnittsertrag zugrunde zu legen ist;[182]
  –   im Fall anderer Pflanzenarten die Landwirte, die vergleichbaren angemessenen Kriterien entsprechen (detaillierte Regelung in Art 7 NachbauV).

---

176   Begr BTDrs 13/7038 S 14; *Leßmann/Würtenberger*[2] § 3 Rn. 63; *Metzger/Zech* Rn. 30; *Schulte* § 9c PatG Rn. 21; eingehend *Krieger* (2001), 88 ff.
177   *CIPA Guide* Rn. 137.02.
178   *Krieger* (2001), 155; *Benkard* § 9c PatG Rn. 15 hält Kleinlandwirte für auskunftspflichtig.
179   *Metzger/Zech* Rn. 30.
180   Vgl *Leßmann/Würtenberger*[2] § 3 Rn. 63 f.
181   ABl EG Nr L 181/12 vom 1.7.1992, geänd durch VO (EWG) Nr 1552/93, ABl EG L 154/19 vom 25.6.1993.
182   Nach *Rutz* AgrarR 1999 Beil I S 3, 5 entspricht dies einer Betriebsgröße von ca 16–18 ha; *Rüter* gibt für Baden-Württemberg 17,39 ha, Mecklenburg-Vorpommern 16,88 ha, Niedersachsen zwischen 12,79 und 22 ha und Schleswig-Holstein 13,5 ha an; näher *Krieger* (2001) Fn 364.

8. Geltendmachung der Ansprüche des Sortenschutzinhabers

a. Allgemeines; Aktiv- und Passivlegitimation

Es war die Absicht der Neuregelung, das Verfahren zur Geltendmachung der **48** Ansprüche des SortInhabers entsprechend den Regelungen für den gemeinschaftlichen Sortenschutz auszugestalten.[183] Die im RegE noch vorgesehene Ermächtigung zur Festlegung von Aufzeichnungsvorschriften für Landwirte und Aufbereiter ist nicht Gesetz geworden, da sie über die GemSortV hinausgehe und zusätzlicher bürokratischer Aufwand vermieden werden solle.[184] Zur Reichweite von Schiedsgerichtsabreden vgl Rdn. 15 zu § 38.

Aktiv legitimiert ist der SortInhaber. Im Fall eines ausschließlichen Nutzungs- **49** rechts stehen die Ansprüche dem Lizenznehmer zu;[185] das gilt regelmäßig auch, wenn die Rechtseinräumung vor dem 1.1.1999 formlos erfolgt ist, da hier meist eine Bestätigung des nach § 34 GWB aF unwirksamen Geschäfts nach § 141 BGB vorliegen wird.[186] Die Rechte können auch von einer Gemeinschaft von SortInhabern geltend gemacht werden (Art 3 Abs 2 NachbauV).[187] Zur Überwachung und Geltendmachung ist von Züchterseite die von ca 50 Gesellschaftern getragene[188] Saatgut-Treuhandverwaltungs GmbH (STV) errichtet worden,[189] der seit 19.4.2000 auch der Bundesverband Deutscher Pflanzenzüchter e.V. angehört. Gegen die Nachbauregelung hat sich eine »Interessengemeinschaft gegen die Nachbaugesetze und Nachbaugebühren«[190] gebildet. Berufsständische Vereinigungen (dh die STV) können – ohne gegen

---

183 Begr BTDrs 13/7038 S 14.
184 Vgl Bericht des Abgeordneten *Dr. Thalheim* BTDrs 13/7639 S 10 f.
185 Näher *Krieger* (2001), 73 ff., wonach auch Art 3 Abs 1 NachbauV dem nicht entgegensteht, S 76; LG Düsseldorf Entsch 2000, 69, 71 f mit zu weit gehendem Leitsatz 2; vgl *Busse/Keukenschrijver* § 139 PatG Rn. 27; LG München I 19.7.2000 21 O 12476/99; LG München I 30.5.2001 33 O 16334/00; LG Düsseldorf 9.3.2000 4 O 271/99.
186 LG München I 19.7.2000 21 O 12476/99; LG München I 30.5.2001 33 O 16382/00, auch zur Beurteilung nach § 1 GWB.
187 Vgl *Metzger/Zech* Rn. 49; eingehend, jedoch nicht ohne Tendenz – auch zur Rechtsform der GmbH –, *Krieger* (2001), 77 ff.
188 *Krieger* (2001), 80.
189 Kaufmannstr. 71, 53115 Bonn, HRB Bonn 191; im Internet unter www.stv-bonn.de; vgl *Leßmann/Würtenberger*[2] § 3 Rn. 65.
190 Über Arbeitsgemeinschaft bäuerliche Landwirtschaft, Heiligengeiststraße 28, 21335 Lüneburg; im Internet unter www.ig-nachbau.de.

§ 1 GWB zu verstoßen[191] – den Vergütungs- wie den Auskunftsanspruch im eigenen Namen im Weg der gewillkürten Prozessstandschaft[192] nur für ihre (auch mittelbaren[193]) Mitglieder und mit deren (jedenfalls nach Gemeinschaftsrecht schriftlicher) Ermächtigung, jedoch nicht für solche SortInhaber geltend machen, die der Vereinigung nicht als Mitglieder angehören.[194]

---

191   BGH GRUR 2004, 763 Nachbauvergütung; BGH 11.5.2004 KZR 4/03, unter Bejahung der Spürbarkeit der Wettbewerbsbeschränkung auf dem vorgelagerten Saatgutmarkt, da das Kartell durch die gesetzlichen Regelungen gerechtfertigt ist; OLG Celle OLGRep 2003, 89 unter – vom BGH abgelehnter – Verneinung der Eignung zur spürbaren Beeinflussung der Marktverhältnisse; OLG München WuW/DE-R 1132 unter Verneinung abgestimmten Verhaltens; OLG München 22.5.2003 6 U 1574/03 NJOZ 2003, 2449 = GRUR-RR 2003, 365 Ls wegen Herausnahme aus dem Anwendungsbereich des § 1 GWB nach § 30 GWB; LG Mannheim AgrarR 2000, 371, 372; LG München I 15.3.2002 21 O 13265/01; LG München I 22.1.2003 21 O 2822/02 unter Verneinung eines Wettbewerbs auf Seiten der SortBerechtigten, Nichtfeststellbarkeit einer Wettbewerbsbeeinträchtigung und Erlaubtsein des Verhaltens; aA LG Hannover 5. oder 26.2.2003 18 O 1947/01; zur Vereinbarkeit mit dem Rechtsberatungsgesetz OLG Düsseldorf – EuGH-Vorlage – 22.3.2001 2 U 57/00; LG Hamburg 16.8.2000 315 O 138/00; LG Hamburg 15.2.2001 315 O 613/00; LG Mannheim AgrarR 2000, 371; LG München I 19.7.2000 21 O 12476/99; LG München I 30.5.2001 33 O 16334/00; LG München I 23.5.2002 7 O 5540/01; *Krieger* (2001), 85; Verstoß gegen datenschutzrechtl Bestimmungen – zu diesen *Krieger* (2001), 201 ff. – wird allg verneint.
192   BGH Nachbauvergütung (eingehend, in Ergänzung zu EuGH C-182/01 Slg 2004 I 2263 = GRUR 2004, 587 STV/Jäger, wo auf Art 3 NachbauV abgestellt worden war, der aber in seinen verschiedenen sprachlichen Fassungen kein eindeutiges Ergebnis für die nationale Umsetzung liefert); BGH 11.5.2004 KZR 4/03; BGH GRUR 2005, 668 Aufbereiter I; OLG Düsseldorf 15.7.2004 2 U 56/00 InstGE 5, 22; LG München I 19.5.2004 21 O 15705/03, bestätigt in OLG München Mitt 2006, 271; vgl BGHZ 149, 165, 167f = GRUR 2002, 138 Auskunftsanspruch bei Nachbau I.
193   OLG Braunschweig 29.6.2000 2 U 35/00; LG Leipzig 31.3.2003 5 O 6785/02; LG München I 30.5.2001 33 O 16334/00; LG München I 18.12.2002 21 O 18544/01; LG München I 19.12.2002 7 O 18152/01; LG München I 20.12.2002 7 O 18582/01; *Krieger* (2001), 84.
194   BGHZ 149, 165 = GRUR 2002, 238, 239 Auskunftsanspruch bei Nachbau I mwN; OLG München WuW/DE-R 1132; OLG München GRUR-RR 2003, 361; OLG München Mitt 2006, 271; OLG Zweibrücken 4.12.2003 4 U 35/03 OLGRep 2004, 351; LG Düsseldorf Entsch 2000, 69, 71f (gesetzliche

Gegen die Rechtsform der GmbH bestehen keine Bedenken (Rdn. 52). Das LG Düsseldorf hat schriftsätzliche Darlegung verlangt und entsprechende Angaben im Klageantrag nicht ausreichen lassen.[195]

Passiv legitimiert sind der Landwirt und der Aufbereiter. Die Auskunftspflicht **50** betr den Nachbau gemeinschaftsrechtlich geschützter Sorten trifft nur den aktuellen Inhaber und den Eigentümer eines landwirtschaftlichen Betriebs, solange er den Inhaber (z.B. Pächter) noch nicht benannt hat; den ehemaligen Eigentümer treffen derartige Verpflichtungen, die erst nach der Hofübergabe entstanden sind und geltend gemacht werden, weder selbst, noch ist dieser zur Auskunft über die Person verpflichtet, an die er das Eigentum übertragen hat.[196] Jedoch ist der Eigentümer eines landwirtschaftlichen Betriebs auch nach einer Verpachtung solange zur Auskunft über Nachbauhandlungen verpflichtet, bis er dem Auskunftsgläubiger gegenüber den Übergang des Betriebs auf einen anderen nachweist.[197]

Für **negative Feststellungsklagen** ist nur der Anspruchsberechtigte, nicht auch **51** der Prozessstandschafter passiv legitimiert.[198]

Gemeinschaftsrecht. Nach Art 3 Abs 2 der VO (EG) Nr 1768/95 über **52** die Ausnahmeregelung gemäß Art 14 Abs 3 der VO (EG) Nr 2100/94[199] (NachbauV) können unter den dort genannten Voraussetzungen Vereinigungen von SortInhabern (vgl Rdn. 49) bestimmte, an sich nicht selbstständig übertragbare Rechte von SortInhabern im eigenen Namen[200] geltend machen,

---

Prozessstandschaft); LG München I 19.7.2000 21 O 12476/99; LG München I 30.5. 2001 33 O 16334/00 (gewillkürte Prozessstandschaft); OLG Braunschweig 29.6.2000 2 U 35/00, die auf die Regelungen in der NachbauV und das Verbot der Besorgung fremder Rechtsangelegenheiten zurückgreifen; hierzu eingehend auch BGH Auskunftsanspruch bei Nachbau I; aA noch LG Erfurt InstGE 1, 59; LG Bad Kreuznach InstGE 1, 57; LG Leipzig 26.11.1999 5 O 8430/99.

195 LG Düsseldorf 9.3.2000 4 O 271/99.
196 LG München I Beschl vom 15.6.2011 7 O 15337/10 Mitt 2011, 522 Ls; vgl *Metzger/Zech* Rn. 40.
197 OLG Frankfurt 26.11.2015 6 U 46/15 AUR 2016, 102.
198 LG Düsseldorf InstGE 1, 61, 69.
199 ABl EG L 173/14 vom 25.7.1995.
200 Näher, auch zu den unterschiedlichen sprachlichen Fassungen der NachbauV, BGH (Kartellsenat) GRUR 2004, 763 Nachbauvergütung; BGH 11.5.2004 KZR 4/03; LG Düsseldorf 9.3.2000 4 O 260/99; LG München I 19.7.2000 21 O 12476/99; LG München I 30.5.2001 33 O 16391/00; verbal abw EuGH

nämlich die aus den Bestimmungen des Art 14 GemSortV abgeleiteten Rechte des SortInhabers. Eine Vereinigung in diesem Sinn kann auch eine Gesellschaft mit beschränkter Haftung sein, sofern der SortInhaber ihr zumindest mittelbar angehört.[201] Die Vereinigung bedarf der schriftlichen Bevollmächtigung (Art 3 Abs 2 NachbauV),[202] wobei es als ausreichend angesehen wird, wenn das Formerfordernis im Gründungsakt oder später erfüllt wird.[203] Zu den Rechten gehören der Entschädigungsanspruch (Art 14 Abs 3 GemSortV) wie der in Art 8 NachbauV näher geregelte Auskunftsanspruch. Die Vereinigung erwirbt durch die Regelung aber keine eigenen Rechte; es handelt sich um einen Fall gesetzlich geregelter gewillkürter Prozessstandschaft;[204] die nur ihre Gesellschafter bzw Mitglieder erfasst;[205] für weitergehende gewillkürte Prozessstandschaft ist daneben mangels eigenen schutzwürdigen Interesses

---

11.3.2004 C-182/01 Slg 2004 I 2263 = GRUR 2004, 587 STV./.Jäger, wonach Art 3 Abs 2 NachbauV zu entnehmen sein soll, dass eine Organisation von Sort-Inhabern – entsprechend etwa der franz und span Fassung der Bestimmung – nur im Namen ihrer Mitglieder tätig werden könne, aber nicht im eigenen Namen; von BGH Nachbauvergütung als nicht tragende Erwägung bezeichnet.

201   EuGH 11.3.2004 C-182/01 Slg 2004 I 2263 = GRUR 2004, 587 STV./.Jäger; BGH Nachbauvergütung; BGH 11.5.2004 KZR 4/03; OLG Braunschweig 22.4.2004 2 U 151/03; vgl *Metzger/Zech* Rn. 49; *Keukenschrijver* FS E. Ullmann (2006), 465, 478; *Würtenberger* Nachbauvergütungen: eine kritische Bestandsaufnahme, in: *Metzger (Hrsg)* Rechtsschutz von Pflanzenzüchtungen (2014), 105, 108; aA (für alle Nutzungsberechtigten) noch LG Hamburg 16.8.2000 315 O 138/00; LG Hamburg 15.2.2001 315 O 613/00.

202   So ausdrücklich EuGH 11.3.2004 C-182/01 Slg 2004 I 2263 = GRUR 2004, 587 STV./.Jäger Rn. 56.

203   Schlussanträge des Generalanwalts *Ruiz-Jarabo Colomer* zu EuGH C-182/01 vom 7.11.2002 Rn. 22.

204   BGH Nachbauvergütung; BGH 11.5.2004 KZR 4/03; LG Düsseldorf Entsch 2000, 69, 70; LG Düsseldorf 9.3.2000 4 O 260/99; LG München I 19.7.2000 21 O 12476/99; LG München I 30.5.2001 33 O 16334/00; OLG Zweibrücken 4.12.2003 4 U 35/03 OLGRep 2004, 351; EuGH 11.3.2004 C-182/01 Slg 2004 I 2263 = GRUR 2004, 587 STV./.Jäger.

205   BGHZ 149, 165 = GRUR 2002, 238, 239f Auskunftsanspruch bei Nachbau I; BGH Nachbauvergütung; BGH 11.5.2004 KZR 4/03; EuGH 11.3.2004 C-182/01 Slg 2004 I 2263 = GRUR 2004, 587 STV./.Jäger; LG München I 19.7.2000 21 O 12476/99; vgl OLG Düsseldorf 15.7.2004 2 U 56/00 InstGE 5, 22; LG Düsseldorf 9.3.2000 4 O 271/99.

des Prozessstandschafters kein Raum;[206] die Prozessstandschaft verschafft demnach dem Prozessstandschafter keine weitergehenden Ansprüche als dem einzelnen SortInhaber. Mitgliedschaft im Fachverband begründet jedenfalls dann keine mittelbare Mitgliedschaft in der Vereinigung, wenn dieser nicht selbst Mitglied des Prozessstandschafters ist.[207] Die in Art 3 Abs 2 NachbauV genannte Vollmacht ist nicht iSd BGB zu verstehen.[208] Auf die Rechtsform der Vereinigung kommt es grds nicht an.[209] Die Ausübung der Rechte richtet sich nach dem Recht des Mitgliedstaats, in dem der in Anspruch genommene Betrieb liegt (Art 1 Abs 3 NachbauV).[210] Auch hier ist der Inhaber einer ausschließlichen Lizenz aktivlegitimiert.[211] Die in der Geltendmachung liegende spürbare Wettbewerbsbeschränkung fällt wie beim nationalen Sortenschutz nicht unter das Kartellverbot;[212] sie ist durch Art 3, Art 5 NachbauV gedeckt.[213]

b. Auskunftsanspruch gegen den Landwirt (Abs 6)

Abs 6 begründet eine dem Grund nach schon aus § 242 BGB folgende[214] Auskunftspflicht nachbauender Landwirte und von ihnen beauftragter Aufbereiter (Rdn. 59) gegenüber dem SortInhaber. Insoweit ist zu differenzieren. Die Auskunftspflicht des Landwirts ist als dessen Hauptleistungspflicht angesehen worden,[215] wofür die Gesetzessystematik spricht. Der Auskunftsanspruch muss geltend gemacht werden,[216] einer besonderen Form bedarf es

53

---

206 LG Düsseldorf 9.3.2000 4 O 346/99 Entsch 2000, 69, 71; vgl LG München I 19.7.2000 21 O 12476/99; *Metzger/Zech* Rn. 49.

207 LG Düsseldorf 9.3.2000 4 O 346/99 Entsch 2000, 69; LG München I 19.7.2000 21 O 12476/99.

208 LG Düsseldorf 9.3.2000 4 O 346/99 Entsch 2000, 69, 69; LG München I 19.7.2000 21 O 12476/99.

209 Vgl LG München I 19.7.2000 21 O 12476/99.

210 Vgl LG München I 19.7.2000 21 O 12476/99.

211 LG München I 19.7.2000 21 O 12476/99; LG Düsseldorf 9.3.2000 4 O 271/99: auch hinsichtlich des Auskunftsanspruchs.

212 BGH Nachbauvergütung; BGH 11.5.2004 KZR 4/03; vgl auch Schreiben des Bundeskartellamts – 2. Beschlussabteilung – vom 22.4.2002 an den ABL e.V.

213 BGH Nachbauvergütung; BGH 11.5.2004 KZR 4/03; Begr BTDrs 13/7038 S 14.

214 Vgl *Würtenberger* GRUR 2003, 838, 840.

215 *Krieger* (2001), 110 ff.

216 Vgl *Metzger/Zech* Rn. 34; offengelassen in LG Frankfurt/M 15.12.1999 2/6 O 271/99.

aber für das außergerichtliche Verlangen nicht.[217] Näherer Vortrag oder die Vorlage von Belegen ist nicht erforderlich.[218] Ein »qualifiziertes« Auskunftsersuchen ist zunächst weder nach nationalem noch nach Gemeinschaftsrecht erforderlich.[219] Der Sortenschutz für die Sorten, auf die sich das Auskunftsverlangen bezieht, muss nachgewiesen werden,[220] ebenso die Rechtsinhaberschaft dessen, der den Anspruch geltend macht oder für den er geltend gemacht wird, in diesem Fall auch die Berechtigung dessen, der den Anspruch geltend macht.[221] Die Auskunftspflicht erfasst nach der Regelung für den gemeinschaftlichen SortSchutz das laufende Wirtschaftsjahr und maximal die drei davor liegenden Wirtschaftsjahre (Art 8 Abs 3 NachbauV), für die nationalem Sortenschutz unterliegenden Sorten gilt dies entsprechend.[222] Ein Auskunftsanspruch für andere, insb frühere Jahre ist in der Rspr wiederholt bejaht worden,[223] aber aus dem Gesetz nicht abzuleiten. Besonderheiten gelten bei »Konversionssorten« (Rdn. 19 zu § 41).[224] Das Kooperationsabkommen wollte weitergehende Auskunftspflichten begründen, der BGH hat dies allerdings jedenfalls unter dem Gesichtspunkt der Bestimmungen des Rechts der Allgemeinen Geschäftsbedingungen (jetzt §§ 305 ff. BGB) grds abgelehnt.[225] Kostenerstattung für den Aufwand der Auskunftserteilung kann der Landwirt nicht verlangen.[226]

---

217 *Krieger* (2001), 112; *Metzger/Zech* Rn. 39.

218 EuGH 15.11.2012 C-56/11 GRUR 2013, 60 Raiffeisen-Waren-Zentrale Rhein-Main/Saatgut-Treuhandverwaltung; LG Braunschweig 25.2.2004 9 O 878/00; *Metzger/Zech* Rn. 39.

219 OLG München GRUR-RR 2003, 361; LG Leipzig 31.3.2003 5 O 6785/02.

220 Näher *Krieger* (2001), 116 ff.

221 Vgl *Krieger* (2001), 114 ff.

222 BGH GRUR 2005, 668 Aufbereiter I; vgl BGH GRUR 2006, 407 Auskunftsanspruch bei Nachbau III; OLG Zweibrücken RdL 2015, 234 f.

223 LG Braunschweig 30.7.2008 9 O 449/08 undok.

224 Näher *Krieger* (2001), 156 ff.

225 BGH Auskunftsanspruch bei Nachbau II; OLG Düsseldorf InstGE 5, 31: auch bei Abschluss einer Nachbauvereinbarung beziehen sich die Nachprüfungsrechte im Zweifel nur auf die Sorten, die der Landwirt als nachgebaut angegeben hat; aA OLG Braunschweig 25.9.2003 2 U 186/02, 2 U 187/02 und 2 U 188/02; vgl *Metzger/Zech* Rn. 36; OLG Braunschweig 16.12.2004 2 U 83/04.

226 LG Mannheim 9.11.2001 7 O 303/01; *Krieger* (2001), 162 unter Hinweis auf LG Mannheim 13.4.2000 7 O 72/00.

Der Landwirt muss Namen, Wohnsitz und Anschrift des Betriebs angeben.[227] 54
Der SortInhaber hat Anspruch auf Auskunft über den **Umfang des Nachbaus**, dh auf Angabe, wieviel Vermehrungsmaterial der Sorte zur Erzeugung im eigenen Betrieb gewonnen wurde.[228] Die Auskunft ist grds schriftlich zu erteilen.[229] Adressat ist der Auskunftsberechtigte, der den Anspruch geltend macht,[230] jedoch verbraucht die Leistung der Auskunft gegenüber einem Auskunftsberechtigten, der den Anspruch geltend gemacht hat, den Anspruch weiterer Auskunftsberechtigter.[231] Zur Angabe der Menge des eingesetzten Z-Saatguts ist der Landwirt gesetzlich nicht verpflichtet.[232] Negative Auskunft (»Null-Auskunft«) erfasst auch die nachgebaute Menge.[233] Die Auskunftspflicht bezog sich bei »Konversionssorten« (vgl Rdn. 19 zu § 41), solange diese ohne Entschädigung nachgebaut werden durften, nur auf die Menge des Nachbaus ab dem Wirtschaftsjahr 2001/02.[234]

Der Anspruch knüpft an den **tatsächlichen Nachbau** und nicht schon 55
an die bloße Landwirtseigenschaft an.[235] Er richtet sich somit nicht gegen den Verpächter eines landwirtschaftlichen Betriebs.[236] Er begründet auch nicht über den Wortlaut des Abs 6 (»die... von der Möglichkeit... Gebrauch machen«) hinaus die Verpflichtung zur Erklärung darüber, ob der Landwirt die geschützte Sorte überhaupt nachgebaut hat (»Ausforschungsauskunft«),

---

227 *Metzger/Zech* Rn. 40.
228 Näher *Krieger* (2001), 151 ff.
229 *Krieger* (2001), 159.
230 LG Mannheim 9.7.1999 7 O 31/99 bei *Krieger* (2001), 161 (dort als 7 O 61/99).
231 Vgl *Krieger* (2001), 161.
232 *Krieger* (2001), 154.
233 LG Düsseldorf Entsch 2000, 69, 75.
234 Vgl *Krieger* (2001), 71 ff., 156, 157 f.
235 BGHZ 149, 165 = GRUR 2002, 238, 240 f Auskunftsanspruch bei Nachbau
    I; eine Vorlage an den EuGH wurde abgelehnt (GRUR 2002, 242 f); BGH
    GRUR 2006, 407 Auskunftsanspruch bei Nachbau III; BGH 14.2.2006 X ZR
    70/04; OLG Braunschweig 29.6.2000 2 U 35/00; OLG Düsseldorf 15.7.2004
    2 U 56/00 InstGE 5, 22; OLG Frankfurt 29.3.2004 6 U 25/00; OLG Frank-
    furt 29.3.2004 6 U 99/01; OLG München GRUR-RR 2003, 361; teilweise abw
    LG Braunschweig 23.2.2000 9 O 934/99: allgemeine Auskunftspflicht des Land-
    wirts nur bei gemeinschaftsrechtl geschützten Sorten, bei national geschützten
    Sorten an tatsächlichen Nachbau; *Benkard* § 9c PatG Rn. 12; aA *Krieger* (2001),
    161 f unter Hinweis auf LG Mannheim 5.5.2000, Az nicht mitgeteilt.
236 LG München I 9.12.2004 7 O 16581/04 InstGE 5, 107; dabei offengelassen, ob
    Anspruch auf Nennung des Pächters besteht, was zu verneinen sein dürfte.

wie dies von der instanzgerichtlichen Rspr teilweise bejaht worden war[237] und der Rechtslage im Vereinigten Königreich (Nr 3 (1) b Plant Breeders' Rights (Farm Saved Seed) (Specified Information) Regulations 1998 Nr 1026 sowie für das Patentrecht Sec 6 Abs 1 Schedule A1 zu Art 60 Abs 5 Buchst b Patents Act)[238] entspricht. Zu einer Neuorientierung der Rspr ist es in der zweiten Jahreshälfte 2001 insb unter dem Eindruck der Stellungnahme der EU-Kommission vom 11.12.2000 gekommen, die vorgeschlagen hatte, die Vorlagefrage des OLG Frankfurt dahin zu beantworten, die maßgeblichen Vorschriften seien dahin auszulegen, dass der Inhaber einer gemeinschaftsrechtl geschützten Sorte nicht von jedem beliebigen Landwirt, sondern nur von solchen Landwirten Auskünfte verlangen kann, die zumindest eine seiner geschützten Sorten erworben und somit wenigstens theoretisch die Möglichkeit zum Nachbau haben, von diesen allerdings unabhängig davon, ob irgendwelche Anhaltspunkte für Nachbau bestehen.[239] Daraufhin haben verschiedene Gerichte durch entsprechende Beschlüsse erkennen lassen, dass sie an

---

237 LG Düsseldorf Entsch 2000, 69, 73f; LG Mannheim 21.1.2000 7 O 318/99; LG Mannheim AgrarR 2000, 371, 373; LG Frankfurt/M 15.12.1999 2/6 O 247/99, im Internet unter www.prolink.de/~hps/organic/LGFrankfurt15121999. html; LG Frankfurt/M 15.12. 1999 2/6 O 271/99; LG Frankfurt/M 28.2.2001 2/6 O 518/00; LG Hamburg 3.11.1999 315 O 326/99 (selbst bei Pferdezuchtbetrieb); LG München I 19.7.2000 21 O 12476/99 unter Hinweis auf Begr BTDrs 13/7038 S 13f; weiter, zT ohne nähere Begr (Beschlüsse nach § 91a ZPO) LG Bad Kreuznach InstGE 1, 57; LG Erfurt InstGE 1, 59; LG Koblenz 24.11.1999 1 O 284/99; LG Koblenz 21.03.2001 8 O 314/00; LG Koblenz 24.04.2001 9 O 413/00; LG Koblenz 22.6.2001 10 O 546/00; LG Koblenz 31.07.2001 1 O 497/00; LG Landau 10.7.2001 2 O 209/01; LG Leipzig 26.11.1999 5 O 8430/99; LG Magdeburg 4.1.2001 7 O 82/00; LG Mainz 30.1.2001 4 O 145/00; LG München I 24.10.2000 7 O 15914/00; LG Potsdam 27.6.2001 2 O 178/01; LG Potsdam 27.6.2001 2 O 178/01; LG Saarbrücken 8.11.2000 16 O 324/00; ebenso *Krieger* (2001), 122 ff.

238 Hierzu *CIPA Guide* Rn. 137.02.

239 Vgl auch die Stellungnahme der Kommission vom 31.8.2001 im Verfahren C-182/01 sowie vom 22.1.2003 im Verfahren C-336/02 (Rn. 38) und die Schlussanträge des Generalanwalts in den Vorlageverfahren; der Vorschlag des Generalanwalts im EuGH-Verfahren C-305/00 lautete dahin, dass Art 14 Abs 3 6. Gedankenstrich GemSortV iVm Art 8 NachbauV so auszulegen sei, dass nur Landwirte, die Vermehrungsmaterial einer geschützten Sorte erworben haben und daher in der Lage waren, dieses Material anzubauen, unabhängig davon, ob sie dies getan haben, verpflichtet sind, dem Inhaber des Sortenschutzes Auskunft über den Anbau des Ernteerzeugnisses auf ihren Flächen zu erteilen, im Ergebnis

ihrer bisherigen Auffassung nicht festhalten wollen.[240] Ein allgemeiner Auskunftsanspruch ist in der instanzgerichtlichen Rspr zT verneint worden.[241] Der BGH ist dem zunächst für Auskunftsansprüche nach nationalem Recht beigetreten; er stellt insb auf den die Auslegung begrenzenden Wortlaut der Regelung, die Nichtanwendbarkeit der gemeinschaftsrechtl Regelungen, das Fehlen einer Regelungslücke sowie einer Sonderbeziehung und fehlende Analogiefähigkeit der urheberrechtl Regelungen (insb § 49 UrhG) ab; er verweist auch darauf, dass das Gebot effizienten Rechtsschutzes eine Angleichung nicht erfordere, weil die Züchter sich den Nachbau beim ersten Inverkehrbringen abgelten lassen könnten.[242]

Der Anspruch ist auf die Sorte und den Sortenschutzinhaber beschränkt, 56 für die bzw den der Nachbau nachgewiesen oder vorgesehen ist (»**sortenbezogen**«); er kann daher nicht damit begründet werden, dass der Aufbereiter bestimmte Sorten anderer Berechtigter oder andere Sorten derselben Rechtsinhaber aufbereitet hat.[243]

---

ebenso Stellungnahme des Generalanwalts vom 7.11.2002 im EuGH-Verfahren C-182/01.

240 Ua LG Magdeburg 3.8.2001 7 O 825/01; LG Mannheim 13.8.2001 7 O 515/00; LG München I 16.8.2001 7 O 5540/01.

241 LG Trier 15.10.2001 2 O 136/01; LG Bad Kreuznach Beschl vom 8.12.2003 2 O 352/00; LG Neuruppin Hinweisbeschl vom 16.12.2003 5 O 185/00; LG Mannheim 17.12.2004 7 O 163/03.

242 BGH Auskunftsanspruch bei Nachbau I in weitgehender Übereinstimmung mit den Vorinstanzen LG Braunschweig 16.2.2000 9 O 2234/99; LG Braunschweig 23.2.2000 9 O 934/99 und hierzu *Miersch* Unabhängige Bauernstimme März 2000 S 2; OLG Braunschweig 29.6.2000 2 U 35/00, allerdings unter Verwerfung des Arguments, dass Überwachungssysteme geeignet seien, die Rechte des SortInhabers zu sichern; wohl auch EuGH-Vorlage OLG Düsseldorf 22.3.2001 2 U 57/00 sowie LG München I 30.5.2001 33 O 16334/00; abl auch *Rüter* Mitteilungen aus Recht und Politik II/99.

243 BGH GRUR 2005, 668 Aufbereiter I unter Hinweis auf EuGH C-336/03 GRUR 2005, 236 STV./.Brangewitz; BGH GRUR 2006, 47 Auskunftsanspruch bei Nachbau II; sowie weitgehend die Instanzrspr: OLG München GRUR-RR 2003, 361; OLG Braunschweig, Beschl vom 9.12.2005 2 W 83/05; OLG Frankfurt 29.3.2004 6 U 25/00; OLG Düsseldorf 15.7.2004 2 U 56/00 InstGE 5, 22; OLG Saarbrücken OLGRep 2005, 635, Ls auch in Mitt 2006, 130; LG Hamburg, Hinweisbeschl vom 1.12.2005 315 O 123/05; LG Frankfurt/M 12.10.2005 2–6 O 103/05; LG Düsseldorf 31.5.2005 4b O 26/05; LG Mannheim 17.12.2004 7 O 163/03: nur Vortrag von Anhaltspunkten für Nachbau notwendig; aA noch

57 Die Auskunft ist erstmals für das **Wirtschaftsjahr** zu erteilen, für das der SortInhaber über die notwendigen Anhaltspunkte verfügt;[244] der im Gesetz vorgesehene Anspruch für bis zu drei zurückliegende Jahre setzt voraus, dass der Berechtigte in dem ersten der vergangenen Jahre bereits ein auf entsprechenden Anhaltspunkten beruhendes Auskunftsverlangen an den Aufbereiter gerichtet hat.[245]

58 Aus Sinn und Zweck der Regelung, die Geltendmachung von Ansprüchen des SortInhabers zu erleichtern, folgt, dass ein Anspruch auf Auskunft über den Umfang des Nachbaus gegenüber **Kleinlandwirten** iSd Abs 5 nicht in Betracht kommt; insoweit wird jedoch aus § 242 BGB ein Anspruch auf Auskunft dahin abzuleiten sein, ob die Voraussetzungen des Abs 5 vorliegen (vgl Rdn. 45).

59 **Gemeinschaftsrecht.** Die Auskunftspflicht des Landwirts ergibt sich aus Art 14 Abs 3 GemSortV iVm Art 8 NachbauV.[246] Zu den mitzuteilenden »relevanten Informationen« gehört die Verwendung von Ernteerzeugnissen geschützter Sorten an sich (Art 8 Abs 2 Buchst b NachbauV), in diesem Fall auch die Angabe der Mengen des Ernteguts (Art 8 Abs 2 Buchst c NachbauV). Die Rspr hat zunächst überwiegend angenommen, der SortInhaber brauche nicht im einzelnen darzulegen, ob und welche Sorte der Landwirt nachgebaut habe.[247] Der Anspruch wurde vielfach als selbstständiger, nichtak-

---

OLG Braunschweig 16.12.2004 2 U 83/04, wonach sich die Auskunftspflicht bereits aus der lizenzpflichtigen Nutzung ergebe.

244 BGH GRUR 2006, 407 Auskunftsanspruch bei Nachbau III; vgl OLG Saarbrücken OLGRep 2005, 635, Ls auch in Mitt 2006, 130, wonach der zeitnahe Anbau der geschützten Sorte ausreicht; OLG München GRUR-RR 2003, 361: alle Wirtschaftsjahre, in denen ein Nachbau möglich war, die zur Schutzrechtsverletzung und nicht zum Nachbau entwickelten Grundsätze in BGHZ 117, 264 = GRUR 1992, 612 Nicola sollen nicht heranzuziehen sein; aA OLG Düsseldorf 15.7.2004 2 O 56/00: auch zurückliegende Wirtschaftsjahre; vgl *Metzger/Zech* Rn. 37.

245 BGH GRUR 2005, 668 Aufbereiter I.

246 LG München I 30.5.2001 33 O 16334/00; vgl *Leßmann/Würtenberger*² § 3 Rn. 66.

247 LG Düsseldorf Entsch 2000, 69, 73; LG Mannheim AgrarR 2000, 371, 373; LG München I 19.7.2000 21 O 12476/99; LG Frankfurt/M 15.12.1999 2/6 O 247/99, im Internet unter www.prolink.de/~hps/organic/LGFrankfurt15121999. html; LG Frankfurt/M 15.12. 1999 2/6 O 271/99; zwd OLG Frankfurt GRUR Int 2000, 1015.

zessorischer Auskunftsanspruch[248] (Ausforschungsauskunft) angesehen, der sich in die nationale Dogmatik schwer einfügen und letztlich nur aus dem eur Kontext der Regelung mit zT wesentlich weitergehenden Rechten in anderen Rechtsordnungen begründen ließe,[249] vom EuGH aber restriktiv behandelt worden ist. Nach der Rspr des EuGH kann Art 14 Abs 3 GemSortV iVm Art 8 NachbauV nicht dahin ausgelegt werden, dass er dem Inhaber des gemeinschaftlichen Sortenschutzes das Recht gibt, die Auskünfte von einem Landwirt zu verlangen, wenn er nicht über Anhaltspunkte dafür verfügt, dass dieser zu Vermehrungszwecken im Feldanbau in seinem eigenen Betrieb das Ernteerzeugnis verwendet hat oder verwenden wird, das er in seinem eigenen Betrieb durch Anbau von Vermehrungsgut einer unter diesen Schutz fallenden Sorte gewonnen hat.[250] Seither geht auch die nationale Rspr dahin, ihn entsprechend dem Auskunftsanspruch im nationalen Recht zu behandeln und auf das Vorliegen einer Anlasstatsache (Erwerb, Besitz oder Aufbereitung einer bestimmten Sorte vor dem Zeitraum, für den Auskunft verlangt

---

248 Vgl OLG Braunschweig 16.12.2004 2 U 83/04: gesamter von der STV vertretener Sortenbestand, ausdrücklich gegen OLG Düsseldorf InstGE 5, 31; LG Frankfurt/M 15.12. 1999 2/6 O 271/99; LG Braunschweig 16.2.2000 9 O 2234/99; LG Braunschweig 17.12.2003 9 O 2407/01; LG Düsseldorf Entsch 2000, 69, 73; LG Mannheim AgrarR 2000, 371, 373; LG Hamburg 22.8.2000 315 O 138/00; LG Zweibrücken 22.8.2000 2 O 138/00; LG Trier 10.10.2000 11 O 495/99; LG Saarbrücken 8.11.2000 16 O 317/00; LG München I 30.5.2001 33 O 16334/00; offengelassen in BGHZ 149, 165 = GRUR 2002, 238, 241 Auskunftsanspruch bei Nachbau I; wegen Zweifeln hieran hat OLG Frankfurt GRUR Int 2000, 1015 die Frage dem EuGH vorgelegt, ob die Auskünfte unabhängig davon verlangt werden können, ob irgendwelche Anhaltspunkte dafür bestehen, dass der Landwirt überhaupt eine Benutzungshandlung in bezug auf die Sorte vorgenommen oder diese sonst in seinem Betrieb verwendet hat; EuGH 10.4.2003 C-305/00 Slg I 3225 = GRUR 2003, 868 Schulin./.STV mit kr Anm *Bloch* EuZW 2003, 409 hat dies verneint und Anhaltspunkte verlangt, die auch im Erwerb von Saatgut liegen können, kr hierzu *Würtenberger* GRUR 2003, 838, 842; *Würtenberger* Nachbauvergütungen: eine kritische Bestandsaufnahme, in: *Metzger (Hrsg)* Rechtsschutz von Pflanzenzüchtungen (2014), 105, 109 ff.; *von Gierke/Trauernicht*, in: *Metzger (Hrsg)* Rechtsschutz von Pflanzenzüchtungen (2014), 141 ff., zust zur Kritik *Metzger/Zech* Rn. 35; vgl weiter die EuGH-Vorlage OLG Düsseldorf 22.3.2001 2 U 57/00 undok; dort wird auch das aus der EMRK abzuleitende Verbot der Verpflichtung zur Selbstbezichtigung herangezogen.

249 Vgl *Leßmann* AUR 2005, 313, 317 f.

250 EuGH 11.3.2004 C-182/01 Slg 2004 I 2263 = GRUR 2004, 587 STV./.Jäger.

wird; auch Vertragsanbau[251]) abzustellen.[252] Der EuGH hat jedoch bereits im Urteil »Schulin« den Einwand[253] für nicht durchgreifend erachtet, der Sortenschutzinhaber werde auf diese Weise rechtlos gestellt. Als ausreichenden Anhaltspunkt hat er nämlich den Erwerb von Vermehrungsmaterial einer dem Sortenschutzinhaber gehörenden geschützten Pflanzensorte betrachtet.[254] Es müsse dem Sortenschutzinhaber möglich sein, Vorkehrungen dafür zu treffen, dass er über Namen und Anschrift der Landwirte verfüge, die Vermehrungsmaterial einer seiner geschützten Pflanzensorte erwürben.[255] Dies ergebe sich besonders aus Art 8 Abs 5 dritter Anstrich NachbauV, der es dem SortInhaber erlaube, über die Lieferanten für lizenzgebundenes Vermehrungsmaterial seiner Sorten ein Auskunftsersuchen an Landwirte zu richten, und aus Art 8 Abs 6 NachbauV, wonach die Lieferanten von den betreffenden Landwirten ermächtigt werden könnten, dem Sortenschutzinhaber die angeforderte Auskunft zu erteilen.[256] Zudem könne der Sortenschutzinhaber unter Berufung auf Art 13 Abs 2 Unterabsatz 2 GemSortV von seinen Händlern verlangen, ihm Namen und Anschrift der Landwirte mitzuteilen, die Vermehrungsmaterial einer seiner Pflanzensorten kauften.[257] Der Gemeinschaftsgesetzgeber sei davon ausgegangen, dass der SortInhaber dafür Sorge tragen könne, dass der Landwirt zum Zeitpunkt des Erwerbs des Vermehrungsmaterials oder vorher von den Bedingungen für die Verwendung dieses Vermehrungsmaterials

---

251 EuGH 15.11.2012 C-56/11 GRUR 2013, 60 Raiffeisen-Waren-Zentrale Rhein-Main/Saatgut-Treuhandverwaltung; vgl *Metzger/Zech* Rn. 37.

252 OLG München GRUR-RR 2003, 361, 362 f, verlangt das Vorliegen einer Anlassstatsache für die jeweilige Sorte und gewährt den Anspruch nicht für zurückliegende Wirtschaftsjahre; OLG Zweibrücken RdL 2015, 134; OLG Frankfurt 29.3.2004 6 U 25/00; ebenso OLG Frankfurt 29.3.2004 6 U 99/01; OLG Naumburg OLGRep 2005, 678; OLG Braunschweig 16.12.2004 2 U 241/03, LG Magdeburg 29.4.2004 7 O 825/01; LG Bad Kreuznach 28.04.2004 2 O 345/00; LG Trier 15.1.2004 6 O 224/00; LG Trier 15.1.2004 6 O 225/00; LG Braunschweig 25.2.2004 9 O 2541/01; LG Mannheim 17.12.2004 7 O 163/03; grds auch – jedoch auch für zurückliegende Zeiträume – OLG Düsseldorf 15.7.2004 2 U 56/00 InstGE 5, 22; vgl *Metzger/Zech* Rn. 34, 37.

253 EuGH 10.4.2003 C-305/00 Slg I 3225 = GRUR 2003, 868 Schulin./.STV (Nr 35).

254 EuGH Schulin./.STV (Nr 65).

255 EuGH Schulin./.STV (Nr 66).

256 EuGH Schulin./.STV (Nr 67).

257 EuGH Schulin./.STV (Nr 68).

unterrichtet werde.[258] So hat dies auch der BGH gesehen.[259] Als unklar ist dabei von einigen Instanzgerichten noch angesehen worden, ob die Anlasstatsache für eine gemeinschaftlich geschützte Sorte einen Auskunftsanspruch hinsichtlich aller Gemeinschaftssorten begründet,[260] wie dies die STV unter Bezugnahme auf die Stellungnahme des Generalanwalts im EuGH-Verfahren C-336/02 geltend gemacht hat; in der EuGH-Entscheidung wird jedoch jedenfalls zur Vorlagefrage 2 auf die bestimmte Sorte abgestellt, der Anspruch ist daher schutzrechtsbezogen.[261] Er setzt mit anderen Worten Anhaltspunkte für die Verwendung des Ernteerzeugnisses einer bestimmten, geschützten Sorte voraus.[262] Hierfür reichen nach der Instanzrspr Verfügungsgewalt und Aufbereitung des Vermehrungsmaterials der geschützten Sorte aus.[263] Andernfalls würde er zu einem »abstrakten« Auskunftsanspruch ausgeweitet. Auch unter Verletzergesichtspunkten gilt nichts anderes.[264] Man wird schwerlich sagen können, dass die »Anhaltspunkte«-Rspr die Akzeptanz des Sortenschutzrechts bei den betroffenen Landwirten untergraben habe;[265] vielmehr haben der Wegfall des zuvor freien Nachbaus und die auch im internationalen Vergleich rigorose Rechtsdurchsetzung seitens der STV zu Verbitterung bei einem Teil der Landwirte geführt.[266] Die »Anhaltspunkte«-Rspr dürfte vielmehr eher zur

---

258 EuGH Schulin/./.STV (Nr 69).

259 BGH GRUR 2006, 47 Auskunftsanspruch bei Nachbau II; BGH GRUR 2006, 407 Auskunftsanspruch bei Nachbau III; BGH 14.2.2006 X ZR 70/04; *Metzger/Zech* Rn. 34.

260 LG Braunschweig 19.11.2003 9 O 2378/01; LG Bad Kreuznach 28.4.2004 2 O 345/00; LG Bad Kreuznach 28.4.2004 2 O 347/00, auch unter Hinweis auf LG Braunschweig 12.12.2003 9 O 2407/01; LG Bad Kreuznach 28.4.2004 2 O 350/00; vgl OLG Braunschweig 16.12.2004 2 U 83/04, zum Kooperationsabkommen.

261 Vgl BGH GRUR 2005, 668 Aufbereiter I; BGH GRUR 2006, 47 Auskunftsanspruch bei Nachbau II.

262 Vgl *Hoeren* AUR 2005, 145, 146.

263 Auf den Besitz abstellend *Metzger/Zech* Rn. 34 unter Hinweis auf OLG München GRUR-RR 2003, 361 und LG Düsseldorf 3.9.2013 4a O 184/12 CIPR 2014, 14 Ls, letztere mwN.

264 OLG München GRUR-RR 2003, 361.

265 So aber *Metzger/Zech* Rn. 35.

266 Vgl schon *Schievelbein* Die eigene Ernte säen, in: Der kritische Agrarbericht 2000, wo eine Äußerung des DBV-Generalsektärs *Born* vom 19.10.1968 zitiert wird, wonach der DBV erbitterten Widerstand gegen die Nachbaugebühren geleistet habe.

Befriedung beigetragen haben. Die Behauptung, dass ein zweiter oder dritter Nachbau wirtschaftlich unrentabel sei, rechtfertigt nicht die Verneinung eines entspr Anhaltspunkts.[267] Die zu erbringenden Nachweise regeln Art 14–16 NachbauV. Ein Anspruch auf Einsicht in Aufzeichnungen und Unterlagen und Vorlage von Nachweisen ergibt sich aus der Nachbauerklärung nach dem Kooperationsabkommen, erfasst aber wie die gesetzlichen Ansprüche mangels des Nachweises von Anhaltstatsachen nur die vom Landwirt angegebenen Sorten (str).[268] Nur die Sortenschutzinhaber, deren Sorten nachgebaut werden (sollen), haben Anspruch auf Beifügung der Belege über den Bezug des entsprechenden Saat- und Pflanzguts.[269] Die Bündelung der Rechte der Sort-Inhaber bei der STV verschafft dieser keine weitergehenden Rechte als dem einzelnen SortInhaber.[270] Auf die dreijährige Aufbewahrungsfrist kann sich der Landwirt nicht berufen, solange er über die Unterlagen noch verfügt.[271] Die Verjährung richtet sich nach den Bestimmungen des BGB.[272] Sie beginnt mit Ablauf des Wirtschaftsjahrs, in dem der Nachbau erfolgt ist, nicht mit Kenntnis des Geschädigten.[273]

c. Auskunftsanspruch gegen den Aufbereiter

60 Der Aufbereiterbegriff des SortRechts ist autonom. Unterschieden wird, auch wenn sich dies aus der nationalen Regelung nicht ergibt, zwischen Fremdaufbereitung und Selbstaufbereitung.[274] Die Auskunftspflicht dient in erster Linie

---

267 OLG Zweibrücken RdL 2015, 134 f.

268 OLG Düsseldorf InstGE 5, 31 unter Hinweis auf abw Entscheidungen der LG Braunschweig, Frankfurt/M und Mannheim, BGH GRUR 2006, 47 Auskunftsanspruch bei Nachbau II, dort allerdings offengelassen, ob der Anspruch über die Angaben hinausreichen kann, die der Landwirt zu der in der Nachbauerklärung bezeichneten Sorte gemacht hat; LG Düsseldorf 20.1.2004 4a O 214/03 hatte als Vorinstanz die die Einsicht und Überprüfung gestattende Klausel in der Nachbauerklärung als überraschend und damit unwirksam angesehen; aA OLG Braunschweig 15.12.2004 2 U 83/04.

269 BGH GRUR 2006, 47 Auskunftsanspruch bei Nachbau II, auch zur Unangemessenheit einer abweichenden Auslegung nach § 9 AGBGB aF.

270 BGH Auskunftsanspruch bei Nachbau II.

271 LG Düsseldorf 20.1.2004 4a O 214/03; OLG Düsseldorf InstGE 5, 31; vgl auch OLG Braunschweig 15.12.2004 2 U 83/04.

272 OLG Düsseldorf InstGE 5, 31 gegen die Vorinstanz LG Düsseldorf 20.1.2004 4a O 214/03, die das Eingreifen einer Verjährungsbestimmung verneint hatte.

273 LG München I InstGE 5, 107.

274 Näher *Leßmann* AUR 2005, 313 ff.

der Überprüfung der Angaben der Landwirte, für deren Nachbau der Aufbereitung Indizwirkung, aber nicht ohne weiteres Beweiskraft zukommt.[275] Zum Begriff der Aufbereitung s Rdn. 32 f. zu § 10. Als Aufbereiter[276] (loonwerker, prestataires d'opérations de triage à façon, servizio di trattamento, transformador, processor) ist nach der Rspr der anzusehen, der an der Aufbereitung in einer Weise mitwirkt, dass bei Hinwegdenken die Aufbereitung entfiele; es wurde auf Entgeltlichkeit, Zurverfügungstellen und Aufbau der Aufbereitungsanlage, Zurverfügungstellen von Personal, Wartung und Kontrolle der Anlage abgestellt; eine Beurteilungsprärogative der Saatgutverkehrsbehörden wurde verneint.[277] Als Aufbereiter – wie als Erbringer vorbereitender Dienstleistungen iSd Gemeinschaftsrechts – hat der BGH auch den angesehen, der für die Aufbereitung von Erntegut, das ein Landwirt zulässigerweise zu Vermehrungszwecken im Feldanbau in seinem eigenen Betrieb verwenden will, eine Aufbereitungsvorrichtung zur Verfügung stellt, wenn er in den Prozess der Aufbereitung eingeschaltet ist und nicht nur bei deren Gelegenheit tätig wird, und wenn seine Tätigkeit derart ist, dass er bei ihr auf Informationen stoßen kann, die für die Erfüllung seiner Auskunftspflicht von Bedeutung sein können; dabei muss es nicht notwendig darauf ankommen, ob er in die Absatzkette eingeschaltet ist oder ob die Verfügungsgewalt über das Erntegut auf ihn übergeht.[278] Bloßes Vermieten von Maschinen genügt nicht.[279] Erbringer vorbereitender Dienstleistungen bzw Aufbereiter ist demnach nicht, wer sich auf die bloße Überlassung von Maschinen für die Aufbereitung beschränkt oder bei Gelegenheit der Aufbereitung Tätigkeiten vornimmt, die mit der Aufbereitung als solcher nichts zu tun haben; die Abgrenzung hat nach den konkreten Umständen des Einzelfalls zu erfolgen; darauf, ob die

---

275 *Leßmann* AUR 2005, 313, 317; vgl LG München I 19.5.2004 21 O 15705/03: Erleichterung der Durchsetzung der Entschädigungsansprüche gegen die Landwirte, allerdings mit unzutr Schlussfolgerungen, wenn auch gestützt auf die Schlussanträge des Generalanwalts im EuGH-Verfahren C-336/02.

276 Vgl *Leßmann/Würtenberger*[2] § 3 Rn. 57; *Schulte* § 9c PatG Rn. 15.

277 Vgl OLG Dresden 22.7.2003 14 U 792/03; LG Hamburg 27.6.2002 315 O 646/01; LG Leipzig 31.3.2003 5 O 6785/02; LG München I 19.12.2002 7 O 18152/01; vgl auch die Stellungnahme der Kommission im Verfahren C-336/02: derjenige, der das Ernteerzeugnis für den Landwirt für die Aussaat vorbereitet, nicht aber der, der das Erntegut nicht aufbereitet bzw nicht an Aufbereitungshandlungen mitwirkt.

278 Vgl BGH GRUR 2006, 405 Aufbereiter II; zu eng daher *Leßmann* AUR 2005, 313, 317.

279 Vgl die Stellungnahme der Kommission im Verfahren C-336/02.

Verfügungsgewalt über das Erntegut auf den Aufbereiter übergeht, kommt es nicht an.[280] Mehrere Personen können nebeneinander Aufbereiter sein.[281]

61   Die Rspr hat zT eine generelle Auskunftspflicht des Aufbereiters bejaht,[282] zT die Darlegung genügen lassen, dass überhaupt Aufbereitung geschützter Sorten betrieben werde.[283] Das OLG Dresden hat die Auffassung vertreten, dass sich der Aufbereiter darüber informieren muss, welche Sorte ihm zur Aufbereitung dargeboten wird, dh ob er eine Sorte aufbereitet, die unter das Nachbauprivileg fällt.[284] Der BGH hat dies im Anschluss an die Rspr des EuGH verneint und entschieden, dass die Verpflichtung nur dann besteht, wenn der SortInhaber über **Anhaltspunkte**[285] darüber verfügt, dass der Aufbereiter Erntegut, das ein Landwirt durch Anbau von Vermehrungsgut dieser Sorte gewonnen hat, zum Zweck des Nachbaus aufbereitet hat oder aufzubereiten beabsichtigt, und dass die Auskunft erstmals für das Wirtschaftsjahr zu erteilen ist, für das der SortInhaber über die notwendigen Anhaltspunkte verfügt.[286] Damit ist der Auskunftsanspruch (auch) gegenüber dem Aufbereiter sortenbezogen (vgl Rdn. 63).[287]

62   Den Aufbreiter treffen aber nach § 1 Abs 1 Nr 6 SaatAufzVO **systematische Aufzeichnungspflichten**; das gilt auch, wenn er nur Aufbereitungshandlungen im Rahmen zulässigen Nachbaus erbringt.[288] Die Rspr des EuGH[289] wie des

---

280   BGH Aufbereiter II; vgl *Metzger/Zech* Rn. 46.

281   Vgl OLG Dresden 22.7.2003 14 U 792/03.

282   OLG Dresden 22.7.2003 14 U 792/03; LG Leipzig 31.3.2003 5 O 6785/02.

283   OLG Zweibrücken 4.12.2003 4 U 35/03 OLGRep 2004, 351; LG München I 19.12.2002 7 O 18152/01; LG München I 20.12.2002 7 O 18582/01.

284   OLG Dresden 27.7.2007 14 U 2027/06 blaue Lupine; vgl auch OLG Düsseldorf 21.12.2006 2 U 41/03.

285   Hierzu EuGH 14.10.2004 C-336/02 Slg 2004 I 9801 = GRUR 2005, 236 STV./.Brangewitz; *Metzger/Zech* Rn. 42.

286   BGH GRUR 2005, 668 Aufbereiter I; BGH GRUR 2006, 405 Aufbereiter II; ebenso OLG Zweibrücken 19.1.2006 4 U 35/03; LG Düsseldorf 8.9.2005 4a O 371/01; auch OLG Naumburg OLGRep 2004, 257, 261 knüpft nach nationalem Recht die Auskunftspflicht des Aufbereiters an den Nachbau des Landwirts an.

287   *Metzger/Zech* Rn. 42.

288   OLG Karlsruhe AUR 2015, 460 f; vgl OLG Naumburg GRUR 2007, 584; *Metzger/Zech* Rn. 45.

289   EuGH 14.10.2004 C-336/02 Slg 2004 I 9801 = GRUR 2005, 236 STV./.Brangewitz.

BGH[290] steht dem nicht entgegen.[291] Dabei handelt es sich entgegen der Rspr des OLG Karlsruhe[292] um eine Marktverhaltensregel iSd § 4 Nr 11 UWG aF (neu: § 3a UWG), denn eine spezifisch wettbewerbsbezogene Schutzfunktion in dem Sinn, dass die Regelung die Marktteilnehmer speziell vor dem Risiko einer unlauteren Beeinflussung ihres Marktverhaltens schützt, ist hierfür nicht erforderlich.[293]

Gemeinschaftsrecht. Auch den Aufbereiter und den SortInhaber treffen Aus- **63** kunftspflichten und Nachweispflichten (Art 14 Abs 3, Art 15 GemSortV iVm Art 9, 10 NachbauV).[294] Die Auskunftspflichten des Aufbereiters stehen unabhängig neben denen des Landwirts und dienen (auch) dem Zweck, die vom Landwirt erteilten Auskünfte zu überprüfen.[295] Der Aufbereiter hat »auf Antrag relevante Informationen« zu übermitteln. Der EuGH hat auf Vorlage des LG Düsseldorf[296] entschieden, dass Art 14 Abs 3 sechster Unterabsatz GemSortV iVm Art 9 NachbauV nicht dahin ausgelegt werden könne, dass er dem Schutzinhaber das Recht gebe, die Informationen von einem Aufbereiter zu verlangen, wenn er nicht über Anhaltspunkte dafür verfüge, dass dieser hinsichtlich des Ernteerzeugnisses, das Landwirte durch Anbau von Vermehrungsgut gewonnen haben, zum Zweck des Anbaus das Ernteerzeugnis aufbereitet

---

290 BGH GRUR 2005, 668 Aufbereiter I.
291 OLG Karlsruhe AUR 2015, 460 f; OLG Hamm 16.12.2014 2 RBs 64/14; OLG Hamm 17.12.2012 2 RBs 109/12; LG Dresden 27.2.2015 3 O 417/14 undok; LG Mannheim 10.10.2014 7 O 68/14; AG Recklinghausen 21.3.2014 35 OWi – 41 Js 67/12 – 303/12; *Metzger/Zech* § 37g Rn. 7.
292 OLG Karlsruhe AUR 2015, 460, 462 gegen LG Mannheim 10.10.2014 7 O 68/14; vgl Metzger/Zech Rn 45 mit Hinweis zum Diskussionsstand in Fn 134; aA Metzger/Zech § 37g Rn 7 unter Hinweis auf OLG Düsseldorf 6.11.2012 20 U 102/11 undok; LG Dresden 27.2.2015 3 O 417/14 undok; LG Mannheim 10.10.2014 7 O 68/14.
293 BGH 27.4.2017 I ZR 215/15 WRP 2017, 941 Aufzeichnungspflicht unter Hinweis auf BGH GRUR 2017, 527 Konsumgetreide.
294 Vgl *Leßmann/Würtenberger*[2] § 3 Rn. 67; *Krieger* (2001), 192 ff.; BGH GRUR 2006, 405 Aufbereiter II; OLG Dresden 22.7.2003 14 U 792/03; LG München I 18.12.2002 21 O 18544/01.
295 OLG Dresden 22.7.2003 14 U 792/03; LG Leipzig 31.3.2003 5 O 6785/02; LG München I 19.12.2002 7 O 18152/01; LG Braunschweig 5.8.2002 9 O 1968/02 (einstweilige Verfügung); vgl OLG Zweibrücken 4.12.2003 4 U 35/03 OLGRep 2004, 351.
296 LG Düsseldorf GRUR Int 2002, 1029; weitere EuGH-Vorlage des LG Hamburg vom 12.12.2002 315 O 180/02.

habe oder aufzubereiten beabsichtige oder erfasste Dienstleistungen erbracht habe oder zu erbringen beabsichtige.[297] Die Bestimmung ist weiter dahin auszulegen, dass bei entsprechenden Anhaltspunkten dem Sortenschutzinhaber die relevanten Informationen auch über alle anderen Landwirte zu erbringen sind, unabhängig davon (dh sofern[298]) dem Aufbereiter die Sorte angegeben wurde oder auf andere Weise bekannt war.[299] Der Auskunftsanspruch bezieht sich mithin immer nur auf die bestimmte Sorte (er ist »sortenbezogen«, aber nicht »personenbezogen«[300]), hinsichtlich derer Anhaltspunkte für Aufbereitung oder Aufbereitungsabsicht bestehen.[301] Erzeugung von Vermehrungsmaterial im Vertragsanbau reicht allein nicht aus, kann aber indiziell von Bedeutung sein (als ein von mehreren Faktoren, »die den Schluss zulassen, dass ein solcher Anhaltspunkt vorliegt«).[302] Der Anhaltspunkt muss dafür bestehen, dass das durch den Vermehrer im Weg des Vertragsanbaus erzeugte Vermehrungsmaterial fremdaufbereitet wurde oder werden soll; die bloße Möglichkeit, ein Vertragsanbau-Landwirt könnte Erntegut, das er bei vertragstreuem Verhalten abliefern müsste, ganz oder teilweise für sich behalten und für seine Zwecke aufbereiten lassen, stellt keinen Anhaltspunkt für eine Aufbereitung beim konkreten Aufbereiter dar, weil ein solcher Verstoß gegen den Vertrag nicht von vornherein und allein wegen der stets gegebenen Möglichkeit hierzu unterstellt werden kann.[303] Ein entsprechender Anhaltspunkt

---

297 EuGH 14.10.2004 C-336/02 Slg 2004 I 9801 = GRUR 2005, 236 STV./.Brangewitz; anders noch *Krieger* (2001), 193.

298 BGH GRUR 2005, 668 Aufbereiter I.

299 EuGH 14.10.2004 C-336/02 Slg 2004 I 9801 = GRUR 2005, 236 STV./.Brangewitz, entgegen der Stellungnahme des Generalanwalts; BGH Aufbereiter I; aA – umfassende Auskunftsverpflichtung, jedoch beschränkt auf Getreide, wenn der Aufbereiter nur die Möglichkeit hatte, auch Kartoffeln aufzubereiten – OLG Naumburg OLGRep 2004, 257, 260; vgl auch *Krieger* (2001), 193f.

300 Vgl *Metzger/Zech* Rn. 42; kr hinsichtlich der Auskunftspflicht bezüglich aller Landwirte *Leßmann* AUR 2005, 313, 318.

301 BGH Aufbereiter I; BGH GRUR 2006, 47 Auskunftsanspruch bei Nachbau II, unter Bezugnahme auf EuGH 10.4.2003 C-305/00 Slg I 3225 = GRUR 2003, 868 Schulin./.STV; aA LG München I 19.5.2004 21 O 15705/03 und nachfolgend OLG München Mitt 2006, 271, sowie zur Rechtswidrigkeit der Aufbereitung LG München I 20.12.2002 7 O 18582/01; vgl auch die Stellungnahme der Kommission im EuGH-Verfahren C-336/02.

302 EuGH 15.11.2012 C-56/11 GRUR 2013, 60 Raiffeisen-Waren-Zentrale Rhein-Main/Saatgut-Treuhandverwaltung (Nr 40 f); *Metzger/Zech* Rn. 42.

303 OLG Düsseldorf 18.7.2013 2 U 145/09 Mitt 2014, 87 Ls.

kann sich nur daraus ergeben, dass aus Vertragsanbau aufbereitetes Saatgut wieder an den vermehrenden Landwirt zurückgegeben wird.[304] Dass der Aufbereiter die Aufbereitung jeglicher Sorte anbietet, wurde allerdings von der Instanzrspr als ausreichend angesehen.[305] Nichterfüllung der Auskunftspflicht macht die Aufbereitung auch hier nicht rechtswidrig (Rdn. 26; str). Auch der Berechtigte ist zu Angaben gegenüber dem Aufbereiter wie gegenüber dem Landwirt verpflichtet (Art 9 Abs 4 NachbauV).

Auskunftsverlangen. Dem EuGH wurde die Frage vorgelegt, ob die Aus- 64
kunftspflicht des Aufbereiters nur begründet wird, wenn das Auskunftsverlangen des SortInhabers vor Ablauf des von dem Ersuchen betroffenen (bei mehreren: letzten) Wirtschaftsjahrs beim Aufbereiter zugeht, bejahendenfalls die weitere Frage, ob ein »fristwahrendes« Auskunftsverlangen schon dann vorliegt, wenn der SortInhaber in seinem Ersuchen behauptet, über Anhaltspunkte dafür zu verfügen, dass der Aufbereiter Erntegut, das ein im Verlangen namentlich bezeichneter Landwirt durch Anbau von Vermehrungsmaterial der geschützten Sorte gewonnen hat, zum Zweck des Nachbaus aufbereitet hat oder aufzubereiten beabsichtigt, oder ob dem Aufbereiter darüber hinaus die behaupteten Anhaltspunkte (zB durch Übersendung einer Kopie der Nachbauerklärung des Landwirts) im Auskunftsersuchen nachzuweisen sind; eine weitere Vorlagefrage ging dahin, ob sich Anhaltspunkte, die die Auskunftspflicht des Aufbereiters begründen, daraus ergeben können, dass der Aufbereiter als Beauftragter des SortInhabers einen Vermehrungsvertrag zur Erzeugung von Verbrauchssaatgut der geschützten Sorte abwickelt, den der SortInhaber mit einem die Vermehrung durchführenden Landwirt abgeschlossen hat, wenn und weil der Landwirt im Rahmen der Durchführung des Vermehrungsvertrags faktisch die Möglichkeit erhält, einen Teil des Vermehrungssaatguts zu Nachbauzwecken zu verwenden.[306] Der EuGH hat hierzu entschieden, dass die Auskunftspflicht des Aufbereiters bezüglich geschützter Sorten besteht, wenn sich das auf ein bestimmtes Wirtschaftsjahr beziehende Auskunftsersuchen vor dem Ablauf dieses Wirtschaftsjahrs gestellt wurde, jedoch kann eine Auskunftspflicht auch bezüglich der Informationen bestehen, die sich auf die bis zu drei Wirtschaftsjahre beziehen, die dem laufenden Wirtschaftsjahr vorangehen, sofern der SortInhaber im ersten der von dem

---

304 OLG Düsseldorf 18.7.2013 2 U 145/09 Mitt 2014, 87 Ls (Nichtzulassungsbeschwerde zurückgenommen); vgl *Metzger/Zech* Rn. 42; *von Gierke/Trauernicht*, in: *Metzger* Rechtsschutz von Pflanzenzüchtungen (2014), 141, 158 f.
305 LG München I 18.12.2002 21 O 18544/01.
306 OLG Düsseldorf InstGE 13, 18.

Auskunftsersuchen betroffenen vorangehenden Wirtschaftsjahre erstmals ein Ersuchen zu denselben Sorten an denselben Aufbereiter gerichtet hat.[307] Str ist, ob das auch für die Auskunftspflicht nach nationalem Recht gilt.[308] Die Fälle, in denen es von vornherein nicht um zulässigen Nachbau durch den Landwirt geht oder in denen Ernteerzeugnisse von Arten aufbereitet werden, deren Nachbau nicht privilegiert ist, sind von den Verpflichtungen des Aufbereiters ausgenommen und unterstehen allg Regeln.[309] Der Auskunftsanspruch dient nur der Durchsetzung der Ansprüche des Berechtigten gegenüber dem nachbauenden Landwirt;[310] er ist kein Begleitrecht zu einem Zahlungsanspruch; er setzt eine Sonderbeziehung nicht voraus.[311] Mit dem tatsächlichen Nachbau ist der Auskunftsanspruch nicht verknüpft.[312] Soweit der Aufbereiter keine Kenntnis von an sich mitzuteilenden Umständen hat, was hinsichtlich des Umfangs des Nachbaus idR der Fall sein wird, genügt Negativauskunft.[313] Gegen den Aufbereiter bestehen auch nach Gemeinschaftsrecht keine Unterlassungsansprüche, jedenfalls solange dieser für Landwirte aufbereitet, die ihre Pflichten erfüllen.[314]

---

307   EuGH 15.11.2012 C-56/11 GRUR 2013, 60 Raiffeisen-Waren-Zentrale Rhein-Main/Saatgut-Treuhandverwaltung; *Metzger/Zech* Rn. 43.

308   Verneinend OLG Naumburg GRUR 2007, 584 f; bejahend dagegen OLG Düsseldorf 18.7.2013 2 U 145/09 Mitt 2014, 87 Ls; *Metzger/Zech* Rn. 43; hierzu auch *Metzger/Zech* Rn. 23 Fn 79 und Rn. 38.

309   BGH GRUR 2006, 405 Aufbereiter II.

310   BGH Aufbereiter II.

311   OLG Zweibrücken 4.12.2003 4 U 35/03 OLGRep 2004, 351.

312   LG Leipzig 31.3.2003 5 O 6785/02.

313   OLG Zweibrücken 4.12.2003 4 U 35/03 OLGRep 2004, 351; vgl auch OLG Dresden 22.7.2003 14 U 792/03 (»klarstellende Maßgabe« im Tenor); *Krieger* (2001), 193.

314   Vgl *Keukenschrijver* FS E. Ullmann (2006), 465, 470; offengelassen in BGH GRUR 2006, 405 Aufbereiter II; ohne die genannte Einschränkung OLG München Mitt 2006, 271; aA OLG Naumburg 23.12.2003 7 U 86/03 OLGRep 2004, 257, 260; eine Klärung durch den EuGH ist an der Rücknahme der Revision im Verfahren BGH X ZR 110/05 (zu dem genannten Verfahren vor dem OLG München) gescheitert.

d. Vorlage von Nachweisen

Das Auskunftsersuchen muss nicht die Nachweise für die behaupteten 65
Anhaltspunkte enthalten.[315] Dem Auskunftsberechtigten steht gegenüber dem
Landwirt ein Anspruch auf Nachweise entspr Art 14 NachbauV oder aus dem
Gesichtspunkt von Treu und Glauben (§ 242 BGB)[316] zu, aber nur in den
Grenzen des Auskunftsanspruchs.[317] Solche Ansprüche gegenüber dem Auf-
bereiter bestehen entspr Art 15 NachbauV iVm Art 9 NachbauV.[318] Art 14
Abs 1, 2 NachbauV verpflichtet den Landwirt auch zur befristeten Aufbewah-
rung bestimmter Unterlagen.[319] Ein gesetzlicher, nicht auf die als nachgebaut
bezeichneten Sorten beschränkter Anspruch auf Vorlage von Nachweisen oder
Einsicht in die Unterlagen des Auskunftsverpflichteten besteht aber nicht.[320]
Den Fremdaufbereiter treffen nach Art 13 NachbauV weitergehende Verhal-
tenspflichten, die im nationalen Recht entsprechend gelten werden (vgl zu
den Aufzeichnungspflichten Rdn. 61 f.).[321] Der Aufbereiter kann dem Auskunftsverlangen entgegenhalten, dass er von der Sorte des aufbereiteten Ernteguts keine Kenntnis hatte.[322] Auch den Landwirt treffen bei Fremdaufbereitung Verpflichtungen, nämlich zur Identitätswahrung des Saatguts und bei
der Auswahl des Aufbereiters.[323]

e. Eidesstattliche Versicherung

In der Lit wird dem Auskunftsberechtigten ein Anspruch auf eidesstattliche 66
Versicherung zugebilligt;[324] dies ist wie beim Anspruch nach § 140b PatG
bdkl.[325]

---

315 EuGH 15.11.2012 C-56/11 GRUR 2013, 60 Raiffeisen-Waren-Zentrale Rhein-
     Main/Saatgut-Treuhandverwaltung (Ls 2); *Metzger/Zech* Rn. 42.
316 So OLG Düsseldorf InstGE 5, 31; bestätigt in BGH GRUR 2006, 47 Auskunfts-
     anspruch bei Nachbau II.
317 BGH Auskunftsanspruch bei Nachbau II.
318 Vgl *Krieger* (2001), 166 ff., 196 f; *Metzger/Zech* Rn. 45.
319 Näher *Krieger* (2001), 171 f.
320 BGH Auskunftsanspruch bei Nachbau II; *Krieger* (2001), 169 ff.
321 *Krieger* (2001), 197 f.
322 OLG Naumburg GRUR 2007, 584 f; *Metzger/Zech* Rn. 45.
323 Näher *Krieger* (2001), 198 ff.
324 *Krieger* (2001), 164 f, 196 für den Aufbereiter.
325 Vgl *Busse/Keukenschrijver* § 140b PatG Rn. 36.

f. Verjährung

67   Die selbstständigen sortrechtl Auskunftsansprüche, auf die auch bei gemeinschaftsrechtl geschützten Sorten nationales Recht Anwendung findet, verjähren nach geltendem Recht in drei Jahren.[326]

g. Information durch amtliche Stellen.

68   Art 11 NachbauV sieht vor, dass der Berechtigte auch ein Auskunftsverlangen
an amtliche Stellen richten kann. Dies betrifft in Deutschland Mitteilungs-
pflichten nach § 27 SaatG iVm §§ 1 – 3 SaatAufzV (vgl Rdn. 62); da eine
Mitteilungspflicht hinsichtlich der Aufzeichnungen aber nicht besteht, läuft
die Regelung in Deutschland aber in der Praxis leer.[327]

IV. Biotechnologie-Richtlinie[328]

69   Die EG-Biotechnologie-Richtlinie enthält in ihrem Art 11 Abs 1 eine besondere Regelung für Landwirte, die ihr patentgeschütztes Erntegut in bestimmtem Umfang verwenden dürfen. Diese Bestimmung lautet:

**(1) Abweichend von den Artikeln 8 und 9 beinhaltet der Verkauf oder das
sonstige Inverkehrbringen von pflanzlichem Vermehrungsmaterial durch
den Patentinhaber oder mit dessen Zustimmung an einen Landwirt zum
landwirtschaftlichen Anbau dessen Befugnis, sein Erntegut für die generative oder vegetative Vermehrung durch ihn selbst im eigenen Betrieb zu
verwenden, wobei Ausmaß und Modalitäten dieser Ausnahmeregelung denjenigen des Artikels 14 der Verordnung (EG) Nr. 2100/94 entsprechen.**

70   In den **Erwägungsgründen** ist ausgeführt, die Funktion eines Patents bestehe
darin, dem Erfinder mit einem ausschließlichen, aber zeitlich begrenzten Nutzungsrecht zu belohnen und damit einen Anreiz für erfinderische
Tätigkeit zu schaffen. Der Patentinhaber müsse berechtigt sein, die Verwendung selbstreplizierenden Materials unter den Umständen zu verbieten wie
bei Verwendung nicht replizierenden Materials, dh bei der Herstellung des

---

326   Vgl *Metzger/Zech* Rn. 48; OLG Braunschweig 17.11.2009 2 U 110/08 NL-BzAR
2010, 411, auch zum Übergangsrecht anlässlich der Schuldrechtsreform 2002;
OLG Düsseldorf InstGE 5, 31, zur Rechtslage vor 2002; bei *Krieger* (2001), 163
ist die Situation vor 2002 dargestellt.

327   Vgl *Metzger/Zech* Rn. 47.

328   ABl EG 1998 L 213/13 = BlPMZ 1998, 458; vgl *Busse/Keukenschrijver* Einl PatG
Rn. 41.

patentierten Erzeugnisses selbst (Nr 46). Es sei notwendig, eine Ausnahme von den Rechten des Patentinhabers vorzusehen, wenn Vermehrungsmaterial, in das die geschützte Erfindung Eingang gefunden habe, vom Patentinhaber oder mit seiner Zustimmung an einen Landwirt verkauft werde. Mit der Ausnahmeregelung solle dem Landwirt gestattet werden, sein Erntegut für spätere generative oder vegetative Vermehrung in seinem eigenen Betrieb zu verwenden. Ausmaß und Modalitäten seien auf das Ausmaß und die Bedingungen zu beschränken, die in der GemSortV vorgesehen seien (Nr 47). Vom Landwirt könne nur die Vergütung verlangt werden, die im gemeinschaftlichen Sort-Recht im Rahmen einer Durchführungsbestimmung zu der Ausnahme vom gemeinschaftlichen Sortenschutz festgelegt sei (Nr 48). Der Patentinhaber könne jedoch seine Rechte gegenüber dem Landwirt geltend machen, der die Ausnahme missbräuchlich nutze, oder gegenüber dem Züchter, der die Pflanzensorte, in die die geschützte Erfindung Eingang gefunden habe, entwickelt habe, falls dieser seinen Verpflichtungen nicht nachkomme (Nr 49).

Die Einführung eines allg »**Landwirteprivilegs**« war umstritten; eingewendet **71** wurde insb, dass es eine unangemessene und systemwidrige Verkürzung der Rechte des Patentinhabers zur Folge habe und gegen Bestimmungen des GPÜ verstoße. Eine entspr Ausgestaltung oder Anpassung der Erschöpfungsregelung wurde dagegen als gangbar angesehen.[329] Eine nähere Kommentierung der Regelung, die als § 9c PatG durch das BioTRlUmsG (s bei § 12a) eingestellt worden ist, muss der patentrechtl Lit vorbehalten bleiben.[330]

E. Vorbenutzungsrecht

Für die Anerkennung eines Vorbenutzungsrechts entspr § 12 PatG besteht im **72** SortRecht – abgesehen von der Ausnahmeregelung in Art 116 Abs 4 Satz 1 3. Unterabsatz 2. Alt GemSortV – keine gesetzliche Grundlage.[331] Auch eine entsprechende Anwendung der patentrechtl Regelung wird nicht in Betracht kommen.[332]

---

329 Zur Vereinbarkeit mit Art 30 TRIPS-Übk vgl *Bostyn* Octrooieren van klonen en andere biologische merkwardigheiden, BIE 1997, 403, 405f; vgl zur Regelung auch *Leßmann/Würtenberger*[2] § 3 Rn. 52 ff.

330 S die Kommentierungen bei *Schulte, Benkard* und *Busse/Keukenschrijver* jeweils zu § 9c PatG; vgl auch *Kiewiet* Kolloquium Einbeck; *Krieger* (2001), 109.

331 Vgl *van der Kooij* Art 11 Anm 4 und Art 95 Anm 2.

332 Vgl *Wuesthoff*[2] § 8 Rn. 8; *Hesse* GRUR 1975, 455, 461.

§ 10b Erschöpfung des Sortenschutzes

Der Sortenschutz erstreckt sich nicht auf Handlungen, die vorgenommen werden mit Pflanzen, Pflanzenteilen oder daraus unmittelbar gewonnenen Erzeugnissen (Material) der geschützten Sorte oder einer Sorte, auf die sich der Sortenschutz nach § 10 Abs. 1 Nr. 1 ebenfalls erstreckt, das vom Sortenschutzinhaber oder mit seiner Zustimmung in den Verkehr gebracht worden ist, es sei denn, daß diese Handlungen

1. eine erneute Erzeugung von Vermehrungsmaterial beinhalten, ohne daß das vorgenannte Material bei der Abgabe hierzu bestimmt war, oder
2. eine Ausfuhr von Material der Sorte, das die Vermehrung der Sorte ermöglicht, in ein Land einschließen, das Sorten der Art, der die Sorte zugehört, nicht schützt; dies gilt nicht, wenn das ausgeführte Material zum Anbau bestimmt ist.

GemSortV:

Art 16 Erschöpfung des gemeinschaftlichen Sortenschutzes

Der gemeinschaftliche Sortenschutz gilt nicht für Handlungen, die ein Material der geschützten Sorte oder einer von Artikel 13 Absatz 5 erfaßten Sorte betreffen, das vom Inhaber oder mit seiner Zustimmung andernorts in der Gemeinschaft an Dritte abgegeben wurde, oder Material, das von dem genannten Material stammt, außer wenn diese Handlungen

a) eine weitere Vermehrung der betreffenden Sorte beinhalten, es sei denn, eine solche Vermehrung war beabsichtigt, als das Material abgegeben wurde, oder wenn sie
b) eine Ausfuhr von Sortenbestandteilen in ein Drittland beinhalten, in dem Sorten der Pflanzengattung oder -art, zu der die Sorte gehört, nicht geschützt werden; ausgenommen hiervon ist ausgeführtes Material, das zum Endverbrauch bestimmt ist.

Ausland: Österreich

§ 4 Abs 5. (5) Der Sortenschutz erstreckt sich nicht auf Vermehrungsmaterial, Erntegut einschließlich Pflanzen, Pflanzenteile und daraus unmittelbar gewonnene Erzeugnisse einer geschützten Sorte, die vom Sortenschutzinhaber oder mit dessen Zustimmung verkauft oder vertrieben wurden, oder auf das davon abgeleitete Vermehrungsmaterial, es sei denn,

1. dass dieses für eine erneute Erzeugung von Vermehrungsmaterial verwendet wurde oder

2. dass dieses in ein Land ausgeführt wurde, das keinen gleichwertigen Sortenschutz für die betroffene Sorte anbietet und dieses für eine Vermehrung verwendet wurde, außer die betroffene Sorte war dort für den Endverbrauch bestimmt.

Schweiz

Art 8a Erschöpfung des Sortenschutzes

(1) Der Sortenschutz nach Artikel 5 ist erschöpft, wenn Material durch den Sortenschutzinhaber oder mit dessen Zustimmung verkauft oder sonstwie vertrieben wird.

(2) Der Sortenschutz ist nicht erschöpft, wenn:
a. eine erneute Vermehrung der betreffenden Sorte stattfindet, ohne dass das Material bei der Abgabe dazu bestimmt war;
b. eine Ausfuhr von Material der Sorte in ein Land erfolgt ist, das die Sorten der betreffenden Art nicht schützt, und das ausgeführte Material nicht zum Endverbrauch bestimmt ist.

Belgien: Art XI.117 Code du droit économique; **Bulgarien:** Art 21 Pflanzen- und TierzuchtG; **Finnland:** Sec 9 SortG 2009; **Irland:** Sec 16 PV(A)A; **Island:** Art 18 Nr 4 SortG; **Italien:** Art 16 VO 455; **Kroatien:** Art 13a SortG (eingefügt 2008); **Litauen:** Art 29 SortG; **Niederlande:** Art 60 Zaaizaad- en plantgoedwet 2005; **Polen:** Art 28 SortG; **Rumänien:** Art 33 SortG; **Schweden:** Kap 2 § 4 Växtförädlarrättslag; **Spanien:** Art 16 SortG 2000; **Tschech. Rep.:** Art 20 SortG 2000; **Ungarn:** Art 110 PatG; **Vereinigtes Königreich:** Sec 10 PVA

Schrifttum
Chambers The Exhaustion Doctrine in Biotechnology, IDEA 1995, 289; *Haedicke* Auskreuzung transgener Pflanzen und Patentrecht, FS T. Schilling (2007), 237; *Haedicke* Die Harmonisierung von Patent- und Sortenschutz im Gesetz zur Umsetzung der Biotechnologie-Richtline, Mitt 2005, 241; *Heim* EuGH: Zum Erschöpfungsgrundsatz im gemeinschaftlichen Sortenschutz, GRURPrax 2011, 493; *Joos* Die Erschöpfungslehre im Urheberrecht, 1991, insb S 48–51; *Miersch* Interessengegensätze im Sorten- und Saatgutrecht, Angriffe auf den Erschöpfungsgrundsatz, in *Metzger (Hrsg)* Rechtsschutz für Pflanzenzüchtungen (2014), 121; *Neumeier* S 169; *Pitz* Erschöpfung gewerblicher Schutzrechte – Reichweite und Begrenzung der Erschöpfungswirkung aus deutscher Sicht, VPP-Rdbr 2001, 9; *Sack* Die Erschöpfung von gewerblichen Schutzrechten und Urheberrechten nach deutschem Recht, WRP 1999, 1088

Übersicht   Rdn.
A.   Entstehungsgeschichte   1
I.   Nationale Regelung.   1
II.   Gemeinschaftsrechtliche Regelung   2
B.   Erschöpfung   3
I.   Grundsatz   3
II.   Erschöpfung im einzelnen.   4
III. Besonderheiten   6
C.   Nicht bestimmungsgemäßer Gebrauch (Nr 1; Art 16
      Buchst a GemSortV)   7
D.   Internationaler Verkehr   8
I.   Grundsatz   8
II.   Ausnahmeregelung (Nr 2; Art 16 Buchst b GemSortV)   9
E.   Patentgeschütztes biologisches Material   11

A. Entstehungsgeschichte

I. Nationale Regelung

1 Die Bestimmung ist durch das SortÄndG 1997 eingefügt worden. Sie entspricht inhaltlich Art 16 Abs 1 PflZÜ 1991 und Art 16 GemSortV, hält sich im Rahmen schon zuvor bestehender Rechtsgrundsätze und ist deshalb auch auf Sachverhalte anwendbar, die vor ihrem Inkrafttreten liegen.[1]

II. Gemeinschaftsrechtliche Regelung

2 Die Regelung in Art 16 GemSortV bildete mit der im PflZÜ das Modell für die nationale Regelung.

B. Erschöpfung

I. Grundsatz

3 Mit der Regelung wird dem im gewerblichen Rechtsschutz allg gültigen Grundsatz der Erschöpfung der Rechte Rechnung getragen. Der Grundsatz besagt, dass der Rechtsinhaber durch eigene Benutzungshandlungen das Verwertungsrecht verbraucht hat, so dass bestimmte weitere Verwertungshandlungen nicht mehr vom SortSchutz erfasst werden.[2] Ein Schutzinhaber kann nur einmal für Material, das aus einer mit seiner Zustimmung erfolgten

---

1 OLG München 8.7.1999 6 U 4120/97.
2 LG Düsseldorf 22.5.2001 4 O 228/00.

Vermehrung hervorgegangen ist, eine Vergütung verlangen. Aus der Veräußerung von Erdbeerpflanzen durch einen Lizenznehmer des SortInhabers ergibt
sich nicht die Zustimmung zu einer weiteren Vermehrung dieser Pflanzen, die
dem SortInhaber vorbehalten ist, gleichviel, ob die weiter vermehrten Pflanzen zur Veräußerung oder für den Eigenanbau bestimmt sind.[3] Nachfolge-
handlungen sind grds nicht mehr durch den Sortenschutz abgedeckt.[4] Somit
handelt es sich bei der Frage der Zulässigkeit des Nachbaus nicht um eine
solche der Erschöpfung.[5]

II. Erschöpfung im einzelnen

Zur Erschöpfung im einzelnen gelten dieselben Grundsätze wie im Patent- 4
recht.[6] Die »Erschöpfungsregel« des Art 16 GemSortV gilt grds nicht für
Handlungen, die ein Material der geschützten Sorte betreffen, das vom Inhaber oder mit seiner Zustimmung andernorts in der Europäischen Union an
Dritte abgegeben wurde.[7] Die Zustimmung kann sich insb aus einem Lizenz-
vertrag ergeben; dabei bedeutet ein Verstoß gegen eine beliebige Klausel des
Lizenzvertrags nicht immer, dass die Zustimmung des Inhabers fehlt. Insb
kann dann keine fehlende Zustimmung angenommen werden, wenn der
Nutzungsberechtigte gegen eine Bestimmung des Lizenzvertrags verstößt,
die nicht die Zustimmung zum Inverkehrbringen und damit auch nicht die
Erschöpfung des Rechts des Inhabers betrifft.[8] Daraus, dass das geschützte
Material vom Nutzungsberechtigten ohne Zustimmung des SortInhabers
unter Verstoß gegen eine im Lizenzvertrag enthaltene Beschränkung veräußert
wird, die sich unmittelbar auf wesentliche Bestandteile des gemeinschaftlichen
Sortenschutzes bezieht, folgt, dass Erschöpfung nicht eintritt.[9] Die Erschöp-

---

3 LG Düsseldorf 30.11.1993 4 O 167/93.
4 Begr BTDrs 13/7038 S 14.
5 Vgl *Joos* S 50.
6 *Busse/Keukenschrijver* § 9 PatG Rn. 143 ff.; *Schulte* § 9 PatG Rn. 14 ff.; *Benkard* § 9
   PatG Rn. 15 ff.; zur Behandlung der Erschöpfung des Sortenschutzes als Einrede
   oder iS eines Fehlens der tatbestandsmäßigen Anspruchsvoraussetzungen *Sack* WRP
   1999, 1088, 1090 f.
7 EuGH C-140/10 Slg I 10075 = GRUR 2012, 49 Greenstar/Kanzi Europe NV/Jean
   Hustin (Nr 31); vgl *Metzger/Zech* Rn. 8.
8 EuGH Greenstar/Kanzi Europe NV/Jean Hustin (Nr 41); vgl *Metzger/Zech* Rn. 6
   und Fn 17.
9 EuGH Greenstar/Kanzi Europe NV/Jean Hustin (Nr 43); nachfolgend Hof van
   beroep Gent 1.12.2014 2014/16842; vgl *Metzger/Zech* Rn. 6 und Fn 17.

fung kann sich nur auf bestimmte Pflanzen, Pflanzenteile und bestimmtes Material beziehen.[10] Die Darlegungs- und Beweislast für die Erschöpfung liegt demgemäß bei dem, der sich auf sie beruft,[11] wobei sich Ausnahmen und Erleichterungen sowohl unter dem Gesichtspunkt der Marktabschottung[12] aus Art 34, 36 AEUV als auch aus Zumutbarkeitsgesichtspunkten ergeben können.[13] Tatsächliche freie Bezugsmöglichkeit steht grds nicht entgegen,[14] kann aber bei Vorliegen der Verwirkungsvoraussetzungen relevant sein.

5   Einer Zustimmung **bedarf es nicht**, soweit die Handlung auch ohne diese vorgenommen werden darf, wie etwa beim erlaubten Nachbau oder im Fall eines Zwangsnutzungsrechts.[15]

III. Besonderheiten

6   Ausnahmen von der Erschöpfung bestehen bei nicht bestimmungsgemäßem Gebrauch des Materials (Rdn. 7) und bei Ausfuhr vermehrungsfähigen, nicht für den Anbau bestimmten Materials in das für die betr Art schutzrechtsfreie Ausland (Rdn. 9).

---

10 Vgl LG Düsseldorf 22.5.2001 4 O 228/00.
11 OLG München 8.7.1999 6 U 4120/97 gegen LG München I 15.5.1997 7 O 18496/96; LG München I 19.7.2000 21 O 12476/99; OLG Karlsruhe GRUR-RR 2004, 283; LG Mannheim 12.9.2003 7 O 810/00; LG Düsseldorf 22.5.2001 4 O 228/00; *Hesse* GRUR 1975, 455, 461; für das Patentrecht BGHZ 143, 268 = GRUR 2000, 299 Karate; für das Markenrecht BGH GRUR 2004, 156 stüssy II.
12 EuGH Slg 1999 I 6927 = GRUR Int 2000, 159 Dalacin; BGH GRUR 2002, 1059, 1061 Zantac/Zantic; BGH GRUR 2003, 338, 339 Bricanyl I; BGH GRUR 2003, 434, 435 Pulmicort; BGH GRUR 2005, 52 Topinasal, Markensachen.
13 Näher *Busse/Keukenschrijver* § 9 PatG Rn. 146 f.; EuGH 8.4.2003 C-244/00 GRUR 2003, 512 stüssy erlegt dem Markeninhaber insb dann, wenn er seine Waren im EWR über ein ausschließliches Vertriebssystem in den Markt bringt, den Nachweis auf, dass die Waren von ihm selbst oder mit seiner Zustimmung außerhalb des EWR in den Verkehr gebracht wurden, wenn der Dritte nachweisen kann, dass eine tatsächliche Gefahr der Abschottung der nat Märkte besteht, falls er den genannten Beweis zu erbringen hat.
14 OLG München 8.7.1999 6 U 4120/97.
15 *Metzger/Zech* § 37 Rn. 35.

C. Nicht bestimmungsgemäßer Gebrauch (Nr 1; Art 16 Buchst a GemSortV)

Erschöpfung tritt nicht ein, wenn die mit dem vom SortInhaber oder mit sei-   7
ner Zustimmung in Verkehr gebrachten Material vorgenommenen Handlungen eine erneute Erzeugung von Vermehrungsmaterial beinhalten, ohne dass
das vorgenannte Material bei der Abgabe hierzu bestimmt war. Dies betrifft
Vermehrungshandlungen mit Material, das zu anderen Zwecken als zur Vermehrung in Verkehr gebracht wurde (zB als Speisekartoffeln oder Schnittblumen).[16] Eine erneute Erzeugung von Vermehrungsmaterial wurde in Form
einer Vorbereitungshandlung bereits dann angenommen, wenn zunächst aus
Z-Saatgut vertragsgemäß gewonnenes Erntegut später zur Wiederaussaat
bestimmt und zu diesem Zweck aufbereitet wird.[17] Die Gesetzesformulierung
als Rückausnahme hat ihren Zweck in der Beweislastverteilung.[18]

D. Internationaler Verkehr

Schrifttum: *Cottier* Das Problem der Parallelimporte im Freihandelsabkom-
men Schweiz-EG und das Recht der WTO-GATT, SMI 1995, 67; *Cottier/
Lichti* Ist die einseitig statuierte regionale Erschöpfung im schweizerischen
Patentrecht mit dem WTO-Recht vereinbar? Rechtsgutachten im Auftrag des
IGE, 2007; *Gaster* Die Erschöpfungsproblematik aus der Sicht des Gemeinschaftsrechts, GRUR Int 2000, 571; *Gündisch* Betr. Nationales Sortenschutzrecht und Gemeinsamer Markt, AgrarR 1977, 361; *Kolle* Europa – Behindert
Ausübung von Sortenschutzrechten zur Unterbindung des Weitervertriebs
von Saatgut den freien Warenverkehr? – Deutsches Gericht ruft Europäischen
Gerichtshof an, GRUR Int 1980, 66; *von Bar* Nationales Sortenschutzrecht
und Gemeinsamer Markt, Zur Zulässigkeit von Parallelimporten, AgrarR
1977, 157

---

16 Vgl *Leßmann/Würtenberger*² § 3 Rn. 84; *Metzger/Zech* Rn. 8; *Schulte* § 9b PatG
    Rn. 7.
17 OLG Dresden 23.9.2009 11 U 422/09; nachgehend BGH GRUR 2010, 996
    Bordako.
18 Vgl *Metzger/Zech* Rn. 8 unter Hinweis auf CIOPORA Position paper »exhaustion«,
    2014.

I. Grundsatz

8   **Territorialitätsgrundsatz**[19] und **Erschöpfung** gelten im SortRecht wie im Patentrecht.[20] Das gilt auch hinsichtlich der Darlegungs- und Beweislast bei der Erschöpfung.[21] § 10b trifft keine Aussage hinsichtlich des Gebiets, auf das sich die nationale Erschöpfungsregelung bezieht.[22] Art 16 GemSortV sieht gemeinschaftsweite Erschöpfung vor;[23] den EWR wird man auch hier als einbezogen ansehen müssen.[24] Vergütung im Ausland für sich begründet keine Erschöpfung.[25]

II. Ausnahmeregelung (Nr 2; Art 16 Buchst b GemSortV)

9   Erschöpfung tritt nicht ein, wenn die mit dem vom SortInhaber oder mit seiner Zustimmung in Verkehr gebrachten Material vorgenommenen Handlungen eine Ausfuhr von vermehrungsfähigem Material in ein Land einschließen, das Sorten der Art, der die Sorte zugehört, nicht schützt.[26] Die Regelung trägt dem internat uneinheitlichen Schutz Rechnung.[27] Dabei ist gleichgültig, ob das Ausfuhrland Sortenschutz überhaupt kennt, solange nur Schutz für die betreffende Art nicht möglich ist.

10   Die Ausnahme greift nicht ein, wenn das ausgeführte Material **zum Anbau bestimmt** ist.

---

19 Vgl hierzu auch BGHZ 166, 203 = GRUR 2006, 575 Melanie; *Metzger/Zech* Rn. 1 f. stellt die Ableitung der Erschöpfung aus dem Territorialitätsgedanken in Abrede.

20 Vgl BGHZ 49, 331, 334 ff. = GRUR 1968, 195 Voran, hinsichtlich der EU-weiten Erschöpfung jedenfalls durch EuGH Slg 1971, 487 = GRUR Int 1971, 450, 454 Polydor überholt; LG Düsseldorf 22.5.2001 4 O 228/00; LG Mannheim 12.9.2003 7 O 810/00; *Wuesthoff*[1] § 15 Rn. 8; *Wuesthoff*[2] § 10 Rn. 11 und § 11 Rn. 44; *Leßmann/Würtenberger*[2] § 3 Rn. 82; zur kartellrechtl Beurteilung nach Gemeinschaftsrecht EG-Kommission WuW/E EU-V 187 = ABl EG 1998 L 4/27 SICASOV.

21 LG Mannheim 12.9.2003 7 O 810/00.

22 Vgl *Metzger/Zech* Rn. 8.

23 Vgl *Gaster* GRUR Int 2000, 571, 575 f.

24 Vgl insb zu der sich aus der »MAGLITE«-Entscheidung des EFTA-Gerichtshofs (GRUR Int 1998, 309) ergebenden Problematik *Gaster* GRUR Int 2000, 571, 581 f.

25 BGH Voran.

26 Vgl *Leßmann/Würtenberger*[2] § 3 Rn. 85; *Metzger/Zech* Rn. 9.

27 *Joos* S 51.

E. Patentgeschütztes biologisches Material

Für Vermehrungsmaterial, das notwendigerweise Ergebnis der Verwendung 11
ist, für die das biologische Material (zB Saatgut) in Verkehr gebracht worden ist, sieht **Art 10 Biotechnologie-Richtlinie** (vgl Rdn. 67 zu § 10a) eine
Nr 1 entsprechende Erschöpfungsregelung vor, wenn das gewonnene Vermehrungsmaterial nicht für andere Vermehrungen verwendet wird.[28] Die Bestimmung lautet:

Der in den Artikeln 8 und 9 vorgesehene Schutz erstreckt sich nicht auf das
biologische Material, das durch generative oder vegetative Vermehrung von
biologischem Material gewonnen wird, das im Hoheitsgebiet eines Mitglied-
staats vom Patentinhaber oder mit dessen Zustimmung in Verkehr gebracht
wurde, wenn die generative oder vegetative Vermehrung notwendigerweise
das Ergebnis der Verwendung ist, für die das biologische Material in Verkehr
gebracht wurde, vorausgesetzt, daß das so gewonnene Material anschließend
nicht für andere generative oder vegetative Vermehrung verwendet wird.

Die Umsetzung im **Patentrecht** ist durch den durch das BioTRlUmsG in 12
redaktionell abw Fassung, aber ohne inhaltliche Änderung neu eingestellten
§ 9b PatG[29] erfolgt. Darüber hinaus hat das BioTRlUmsG in § 11 PatG unter
Nr 2a eine erschöpfungsunabhängige Regelung dahin eingestellt, dass sich die
Wirkung des Patentschutzes nicht auf die Nutzung biologischen Materials
zum Zwecke der Züchtung, Entdeckung und Entwicklung einer neuen Pflanzensorte erstreckt.

§ 10c Ruhen des Sortenschutzes

Wird dem Inhaber eines nach diesem Gesetz erteilten Sortenschutzes für
dieselbe Sorte ein gemeinschaftlicher Sortenschutz erteilt, so können für die
Dauer des Bestehens des gemeinschaftlichen Sortenschutzes Rechte aus dem
nach diesem Gesetz erteilten Sortenschutz nicht geltend gemacht werden.

---

28 Vgl *Leßmann/Würtenberger*[2] § 3 Rn. 88.
29 S die Kommentierung bei *Busse/Keukenschrijver, Benkard* und bei *Schulte*; vgl auch
die Ausschussempfehlungen BRDrs 655/1/00 S 16 f.

GemSortV:

Art 3 Nationale Schutzrechte für Sorten

Vorbehaltlich des Artikels 92 Absatz 1 läßt diese Verordnung das Recht der Mitgliedstaaten unberührt, nationale Schutzrechte für Sorten zu erteilen.

Art 92 Verbot des Doppelschutzes

(1) Sorten, die Gegenstand eines gemeinschaftlichen Sortenschutzes sind, können nicht Gegenstand eines nationalen Sortenschutzes oder eines Patents für die betreffende Sorte sein. Ein entgegen dem ersten Satz erteiltes Schutzrecht hat keine Wirkung.

(2) Wurde dem Inhaber vor der Erteilung des gemeinschaftlichen Sortenschutzes für dieselbe Sorte ein sonstiges Schutzrecht der in Absatz 1 genannten Art erteilt, so kann er die Rechte aus einem solchen Schutz an der Sorte so lange nicht geltend machen, wie der gemeinschaftliche Sortenschutz daran besteht.

Ausland: Österreich

Anwendungsbereich

§ 2. (1) [abgedruckt bei § 1]

(2) Wurde dem Sortenschutzinhaber vor Erteilung des gemeinschaftlichen Sortenschutzes gemäß der Verordnung (EG) Nr. 2100/1994 des Rates vom 27. Juli 1994 über den gemeinschaftlichen Sortenschutz, ABl. Nr. L 227 vom 1. 9. 1994, S 1 (im Folgenden »Verordnung (EG) Nr. 2100/1994« genannt), ein Sortenschutzrecht nach diesem Bundesgesetz erteilt, so können die Rechte daraus so lange nicht geltend gemacht werden, wie der gemeinschaftliche Sortenschutz daran besteht.

(3) [abgedruckt bei § 10]

Estland: vgl § 37 Plant Propagation and Plant Variety Rights Act; **Polen:** Art 27 Abs 2 SortG; **Ungarn:** vgl Art 114 Abs 2, Art 115 B PatG

Übersicht		Rdn.
A.	Nationale Regelung; Entstehungsgeschichte	1
B.	Ruhen des Sortenschutzes	2
I.	Allgemeines.	2
II.	Wirkung	3

III.   Erlöschen des gemeinschaftlichen Sortenschutzes   4
C.   Gemeinschaftsrecht   5

A. Nationale Regelung; Entstehungsgeschichte

Die Bestimmung ist durch das SortÄndG 1997 eingefügt worden; mit ihr 1
wird eine Art 92 Abs 2 GemSortV entsprechende Regelung in das nationale
Recht aufgenommen, die ausschließen soll, dass für eine Pflanzensorte Doppelschutz besteht.[1]

B. Ruhen des Sortenschutzes

I. Allgemeines

Die Regelung ist der patentrechtl Kollisionsbestimmung in Art II § 8 2
IntPatÜG vergleichbar, weicht von dieser aber dadurch ab, dass der nationale
Sortenschutz nicht wirkungslos wird, sondern nur für die Dauer des gemein-
schaftlichen Sortenschutzes ruht, nach dessen Beendigung mithin wieder auf-
lebt. Nicht geklärt ist, wie sich das Ruhen auf ein eigenes Benutzungsrecht des
SortInhabers auswirkt (vgl Rdn. 6 zu § 10).

II. Wirkung

Die Regelung begründet im Verletzungsstreit eine rechtsvernichtende Ein- 3
wendung,[2] die auf entsprechenden Tatsachenvortrag von Amts wegen zu
beachten ist.

III. Erlöschen des gemeinschaftlichen Sortenschutzes

Mit Erlöschen des gemeinschaftlichen Sortenschutzes leben die Rechte aus einem 4
fortbestehenden nationalen Sortenschutz mit Wirkung ex nunc wieder auf.

C. Gemeinschaftsrecht

Die GemSortV verbietet in ihrem nach Art 118 ab 27.4.1995 anwendbaren 5
Art 92 den Doppelschutz. Das gilt auch für nationalen Patentschutz.[3] Art 92
Abs 2 GemSortV normiert wie § 10c das Ruhen des nationalen Sortenschut-
zes (Rdn. 2).[4]

---

1 Begr BTDrs 13/7038 S 14.
2 Ebenso *Metzger/Zech* Rn. 8.
3 Vgl *Metzger/Zech* Rn. 9.
4 Vgl *Metzger/Zech* Rn. 10.

§ 11 Rechtsnachfolge, Nutzungsrechte

(1) Das Recht auf Sortenschutz, der Anspruch auf Erteilung des Sortenschutzes und der Sortenschutz sind auf natürliche und juristische Personen oder Personenhandelsgesellschaften, die die Anforderungen nach § 15 erfüllen, übertragbar.

(2) Der Sortenschutz kann ganz oder teilweise Gegenstand ausschließlicher oder nicht ausschließlicher Nutzungsrechte sein.

(3) Soweit ein Nutzungsberechtigter gegen eine Beschränkung des Nutzungsrechts nach Absatz 2 verstößt, kann der Sortenschutz gegen ihn geltend gemacht werden.

GemSortV:

Art 22 Gleichstellung mit nationalem Recht

(1) Soweit in den Artikeln 23 bis 29 nichts anderes bestimmt ist, wird der gemeinschaftliche Sortenschutz als Vermögensgegenstand im ganzen und für das gesamte Gebiet der Gemeinschaft wie ein entsprechendes Schutzrecht des Mitgliedstaats behandelt, in dem

a) gemäß der Eintragung im Register für gemeinschaftliche Sortenschutzrechte der Inhaber zum jeweils maßgebenden Zeitpunkt seinen Wohnsitz oder Sitz oder eine Niederlassung hatte oder,

b) wenn die Voraussetzungen des Buchstabens a) nicht erfüllt sind, der zuerst im vorgenannten Register eingetragene Verfahrensvertreter des Inhabers am Tag seiner Eintragung seinen Wohnsitz oder Sitz oder eine Niederlassung hatte.

(2) Sind die Voraussetzungen des Absatzes 1 nicht erfüllt, so ist der nach Absatz 1 maßgebende Mitgliedstaat der Mitgliedstaat, in dem das Amt seinen Sitz hat.

(3) Sind für den Inhaber oder den Verfahrensvertreter Wohnsitze, Sitze oder Niederlassungen in mehreren Mitgliedstaaten in dem in Absatz 1 genannten Register eingetragen, so ist für die Anwendung von Absatz 1 der zuerst eingetragene Wohnsitz oder Sitz oder die ersteingetragene Niederlassung maßgebend.

(4) Sind mehrere Personen als gemeinsame Inhaber in dem in Absatz 1 genannten Register eingetragen, so ist für die Anwendung von Absatz 1 Buchstabe a) derjenige Inhaber maßgebend, der in der Reihenfolge ihrer

Eintragung als erster die Voraussetzungen erfüllt. Liegen die Voraussetzungen des Absatzes 1 Buchstabe a) für keinen der gemeinsamen Inhaber vor, so ist Absatz 2 anzuwenden.

Art 23 Rechtsübergang

(1) Der gemeinschaftliche Sortenschutz kann Gegenstand eines Rechtsübergangs auf einen oder mehrere Rechtsnachfolger sein.

(2) Der gemeinschaftliche Sortenschutz kann rechtsgeschäftlich nur auf solche Nachfolger übertragen werden, die die in Artikel 12 und in Artikel 82 festgelegten Voraussetzungen erfüllen. Die rechtsgeschäftliche Übertragung muß schriftlich erfolgen und bedarf der Unterschrift der Vertragsparteien, es sei denn, daß sie auf einem Urteil oder einer anderen gerichtlichen Entscheidung beruht. Andernfalls ist sie nichtig.

(3) Vorbehaltlich des Artikels 100 berührt ein Rechtsübergang nicht die Rechte Dritter, die vor dem Zeitpunkt des Rechtsübergangs erworben wurden.

(4) Ein Rechtsübergang wird gegenüber dem Amt erst wirksam und kann Dritten nur in dem Umfang, in dem er sich aus den in der Durchführungsverordnung vorgeschriebenen Unterlagen ergibt, und erst dann entgegengehalten werden, wenn er in das Register für gemeinschaftliche Sortenschutzrechte eingetragen ist. Jedoch kann ein Rechtsübergang, der noch nicht eingetragen ist, Dritten entgegengehalten werden, die Rechte nach dem Zeitpunkt des Rechtsübergangs erworben haben, aber zum Zeitpunkt des Erwerbs dieser Rechte von dem Rechtsübergang Kenntnis hatten.

Art 24 Zwangsvollstreckung

Der gemeinschaftliche Sortenschutz kann Gegenstand von Maßnahmen der Zwangsvollstreckung sowie Gegenstand einstweiliger Maßnahmen einschließlich solcher, die auf eine Sicherung gerichtet sind, im Sinne des Artikel 24 des am 16. September 1988 in Lugano unterzeichneten Übereinkommens über die gerichtliche Zuständigkeit und die Vollstreckung gerichtlicher Entscheidungen in Zivil- und Handelssachen, im folgenden »Lugano-Übereinkommen« genannt, sein.

Art 25 Konkursverfahren oder konkursähnliche Verfahren

Bis zum Inkrafttreten gemeinsamer Vorschriften für die Mitgliedstaaten auf diesem Gebiet wird ein gemeinschaftlicher Sortenschutz von einem

Konkursverfahren oder einem konkursähnlichen Verfahren nur in dem Mitgliedstaat erfaßt, in dem nach seinen Rechtsvorschriften oder nach den geltenden einschlägigen Übereinkünften das Verfahren zuerst eröffnet wird.

Art 26 Der Antrag auf gemeinschaftlichen Sortenschutz als Vermögensgegenstand

Die Artikel 22 bis 25 gelten für Anträge auf gemeinschaftlichen Sortenschutz entsprechend. Im Zusammenhang mit den Anträgen gelten die Verweise in diesen Artikeln auf das Register für gemeinschaftliche Sortenschutzrechte als Verweise auf das Register für die Anträge auf Erteilung des gemeinschaftlichen Sortenschutzes.

Art 27 Vertragliche Nutzungsrechte

(1) Der gemeinschaftliche Sortenschutz kann ganz oder teilweise Gegenstand von vertraglich eingeräumten Nutzungsrechten sein. Ein Nutzungsrecht kann ausschließlich oder nicht ausschließlich sein.

(2) Gegen einen Nutzungsberechtigten, der gegen eine Beschränkung seines Nutzungsrechts nach Absatz 1 verstößt, kann der Inhaber das Recht aus dem gemeinschaftlichen Sortenschutz geltend machen.

Art 28 Gemeinsame Inhaberschaft

Die Artikel 22 bis 27 sind im Fall der gemeinsamen Inhaberschaft an einem gemeinschaftlichen Sortenschutz auf den jeweiligen Anteil entsprechend anzuwenden, soweit diese Anteile feststehen.

Ausland: Österreich:

Übertragung des Sortenschutzes

§ 13. (1) Die rechtsgeschäftliche Übertragung des Sortenschutzes wird auf schriftlichen Antrag eines der Beteiligten mit der Eintragung in das Sortenschutzregister wirksam. Dem Antrag auf Eintragung ist die Urkunde, auf Grund der die Eintragung geschehen soll, anzuschließen.

(2) Die Rangordnung wird durch die Reihenfolge der an das Bundesamt für Ernährungssicherheit gelangten Anträge auf Eintragung bestimmt, vorausgesetzt, dass der Antrag zur Eintragung führt. Gleichzeitig eingelangte Anträge genießen die gleiche Rangordnung.

Schweiz:

Art 18 Übergang

(1) Das Recht auf Sortenschutz und am Sortenschutz ist ganz oder teilweise übertragbar und vererblich.

(2) Rechte Dritter sind gegenüber einem gutgläubigen Erwerber von Rechten am Sortenschutz nur wirksam, wenn sie im Sortenschutzregister eingetragen sind.

Art 21 Vertragliche Lizenzerteilung

(1) Der Schutzinhaber kann einen andern zur Nutzung der geschützten Sorte ermächtigen (Lizenzerteilung). Gehört die Sorte mehreren gemeinsam, so kann eine Lizenz nur mit Zustimmung aller Beteiligten erteilt werden.

(2) Gegenüber einem gutgläubigen Erwerber von Rechten am Sortenschutz sind entgegenstehende Lizenzen nur wirksam, wenn sie im Sortenschutzregister eingetragen sind.

Belgien: Art XI.124 (Übertragung), Art XI.125 (Lizenzierung) Code du droit économique; **Bulgarien:** Art 6 (Übertragung), Art 22 (vertragliche Lizenzen) Pflanzen- und TierzuchtG; **Estland:** § 40, § 51, § 52 (Lizenz) Plant Propagation and Plant Variety Rights Act; **Finnland:** Sec 30 (Lizenz) SortG 2009; **Irland:** Sec 17 PVA; Sec 17 PV(A)A; **Island:** Art 17a (Lizenzierung; inhaltliche Vorgaben), Art 19, Art 21 SortG; **Italien:** Art 2 Abs 1 VO 455; **Kroatien:** Art 34 – 37 SortG, vgl Art 2 Nr 3 SortG; **Lettland:** Sec 27 – 31 SortG (Sec 28 geänd 2006); Sec 35[1] SortG (eingefügt 2010); **Litauen:** Art 30 (Form der Übertragung). 31 – 34 (Lizenzvertrag) SortG; **Niederlande:** Art 63 (Lizenz), Art 65 (Übertragung), Art 67 (Pfandrecht), Art 68 (Beschlagnahme), Art 69 Zaaizaad- en plantgoedwet 2005; **Polen:** Art 30 SortG (Lizenz); **Portugal:** Art 24, 25 SortV; **Rumänien:** Art 38 (Übertragung), 39 (Lizenzvertrag) SortG; **Schweden:** Kap 7 §§ 1, 2 Växtförädlarrättslag (Lizenz); **Slowakei:** Art 8 Abs 4 – 9 (Lizenz, Einwilligung), Art 11 Pflanzen- und TierzuchtG; **Slowenien:** Art 40 (Übertragung), Art 41 (Lizenzierung) SortG; **Spanien:** Art 19, 20, 23 (Vertragslizenz) SortG **2000**; **Tschech. Rep.:** Art 15, 19 Abs 2, Art 24 SortG 2000; **Ungarn:** Art 114 A PatG (Nutzungsvertrag); **VK:** Sec 12, 33 PVA

Schrifttum

Leßmann Lizenzdauer bei der Vermehrung im Sortenschutzrecht, FS V. Beuthien (2009), 539; *Lukes* Zum Inhalt des Sortenschutzrechts im Hinblick auf § 20 GWB, FS G. Roeber (1973), 333; *Metzger* Sortenschutzrecht und Gemeinsame Agrarpolitik, in; *Metzger (Hrsg)* Rechtsschutz von Pflanzenzüchtungen (2014), 3; *Miersch* Interessengegensätze im Sorten- und Saatgutrecht, Angriffe auf den Erschöpfungsgrundsatz, in: *Metzger (Hrsg)* Rechtsschutz von Pflanzenzüchtungen (2014), 121; *Möhring* Lizenzverträge über Pflanzenzüchtungen in kartellrechtlicher Sicht, FS W. Hefermehl (1971), 139; *Schirmer* Die Zulässigkeit von Beschränkungen des Lizenznehmers in Sortenschutzlizenzverträgen, Diss Münster 1975; *Seitz/Kock* Wettbewerbsrechtliche Aspekte von Sortenschutz- und Patentlizenzen im Saatgutbereich, GRUR Int 2012, 711, 868; *van der Kooij* Het contract in het kwekersrecht, AgrarischR 2000, 342

Übersicht	Rdn.
A. Nationale Regelung; Entstehungsgeschichte	1
B. Recht am Sortenschutz.	2
I. Grundsatz	2
II. Gemeinschaftliche Berechtigung.	3
C. Gemeinschaftlicher Sortenschutz.	4
I. Grundsatz	4
II. Rechtsanknüpfung	6
III. Rechtsübergang.	10
IV. Zwangsvollstreckung; Insolvenzverfahren	11
D. Übertragung; Lizenzierung	13
I. Allgemeines.	13
II. Übertragung des nationalen Sortenschutzes	17
III. Übertragung des gemeinschaftlichen Sortenschutzes.	20
IV. Lizenz	23
1. Am nationalen Sortenschutz	23
2. Am gemeinschaftlichen Sortenschutz	26
E. Jedermannrecht	27

A. Nationale Regelung; Entstehungsgeschichte

1   Im SaatG § 9, im SortG 1968 Regelung in § 17. Die Regelung 1985 ist in Abs 1 (Einfügung der Personen, auf die übertragen werden kann, Streichung von Satz 2) und Abs 2 (Einfügung von »ganz oder teilweise«) geänd, Abs 3 ist eingefügt durch das SortÄndG 1997. Die Regelung ist weitgehend an § 15 PatG angepasst, jedoch fehlt eine Bestimmung über den Sukzessionsschutz wie in § 15 Abs 3 PatG (vgl Rdn. 25).

B. Recht am Sortenschutz

I. Grundsatz

Die Berechtigung folgt der für das Recht auf den Sortenschutz (§ 8). Das **2**
Recht (zum Züchterpersönlichkeitsrecht Rdn. 17) ist grds übertragbar, und
zwar in allen Formen, die auch sonst für eine Rechtsübertragung in Betracht
kommen.[1] Der nationale Sortenschutz kann wie das Patent Gegenstand der
Zwangsvollstreckung und eines Insolvenzverfahrens sein.[2]

II. Gemeinschaftliche Berechtigung

Gemeinschaftliche Berechtigung ist zunächst ebenso wie beim Recht auf den **3**
Sortenschutz zu beurteilen (Rdn. 18 f. zu § 8). Sie kann auch nachträglich,
insb im Erbfall, aber auch durch rechtsgeschäftliche Teilübertragung, entstehen.

C. Gemeinschaftlicher Sortenschutz

I. Grundsatz

Art 23 Abs 2 GemSortV entspricht weitgehend Abs 1, Art 27 GemSortV **4**
entspricht Abs 2, 3. Zu den weiteren Regelungen in der GemSortV Rdn. 6 ff.

Die Behandlung des gemeinschaftlichen Sortenschutzes als **Vermögensgegen-** **5**
stand richtet sich grds nach dem Recht eines einzigen bestimmten Mitgliedstaats.[3]

II. Rechtsanknüpfung

Maßgebliche Anknüpfungsnorm ist Art 22 GemSortV. Danach beur- **6**
teilt sich der gemeinschaftliche Sortenschutz vorbehaltlich abweichender Regelungen in den Art 23 – 29 GemSortV einheitlich und für das
gesamte Gebiet der Gemeinschaft in erster Linie nach dem Recht des Mitgliedstaats, in dem der Inhaber nach der Eintragung im Register seinen
Wohnsitz, Sitz oder seine Niederlassung hat (Art 22 Abs 1 Buchst a GemSortV).[4]
Ist dies in keinem Mitgliedstaat der Fall, ist Wohnsitz, Sitz oder Niederlassung

---

1 Vgl *Metzger/Zech* Rn. 33 f.
2 Vgl *Busse/Keukenschrijver* § 15 PatG Rn. 45 ff.; *Metzger/Zech* Rn. 51 ff.
3 Vgl *van der Kooij* Art 22 Anm 1.
4 Vgl *Metzger/Zech* Rn. 7, 26 f.

des ersten im Register eingetragenen Verfahrensvertreters am Tag der Eintragung maßgebend (Art 22 Abs 1 Buchst b GemSortV).

7   Liegen diese Voraussetzungen nicht vor, ist das Recht des Mitgliedstaats maßgebend, in dem das GSA seinen **Sitz** hat (Frankreich; Art 22 Abs 2 GemSortV). Die Bestimmung begründet somit eine Auffangregelung.

8   Für den Fall, dass für den Inhaber Wohnsitze, Sitze oder Niederlassungen **in mehreren Mitgliedstaaten** im Register eingetragen sind, bestimmt Art 22 Abs 3 GemSortV, dass der zuerst eingetragene Wohnsitz usw maßgeblich ist.[5]

9   Schließlich regelt Art 22 Abs 4 GemSortV den Fall, dass mehrere Personen als **gemeinsame Inhaber** eingetragen sind. In diesem Fall ist für die Anwendung der Regelung in Art 22 Abs 1 Buchst a GemSortV der Mitinhaber maßgebend, der in der Reihenfolge der Eintragung als erster die Voraussetzung dieser Bestimmung erfüllt. Liegen diese Voraussetzungen bei keinem der Mitinhaber vor, kommt die Regelung in Art 22 Abs 2 GemSortV zur Anwendung (Rdn. 7).[6] Die Kollisionsregelung in Art 22 Abs 1 Buchst b GemSortV kann mithin in diesem Fall nicht eingreifen.

III. Rechtsübergang

10   S zur Übertragung des gemeinschaftlichen Sortenschutzes Rdn. 20 ff..

IV. Zwangsvollstreckung; Insolvenzverfahren

11   Art 24 GemSortV regelt nur, dass der gemeinschaftliche Sortenschutz Gegenstand von Maßnahmen der Zwangsvollstreckung sowie Gegenstand einstweiliger Maßnahmen und bestimmter Sicherungsmaßnahmen sein kann.[7] Innerhalb der EU (auch für Dänemark[8]) gilt die VO (EU) 1215/2012 (»Brüssel Ia-VO«), im Verhältnis zu den (früheren) EFTA-Staaten Island, Liechtenstein, Norwegen und Schweiz das revidierte Lugano-Übk.[9]

12   Art 25 GemSortV bestimmt, dass bis zum Inkrafttreten gemeinsamer Vorschriften für die Mitgliedstaaten auf diesem Gebiet der gemeinschaftliche Sortenschutz von einem **Konkursverfahren** oder konkursähnlichen Verfahren nur

---

5   Vgl *Metzger/Zech* Rn. 28.
6   Vgl *Metzger/Zech* Rn. 29.
7   Vgl *Metzger/Zech* Rn. 55 f.; *van der Kooij* Art 24 Anm 1.
8   *Busse/Keukenschrijver* vor § 143 PatG Rn. 371.
9   Vgl *Metzger/Zech* Rn. 56 ff.

in dem Mitgliedstaat erfasst wird, in dem das Verfahren nach seinen Rechtsvorschriften oder den geltenden einschlägigen Übereinkünften das Verfahren zuerst eröffnet wird (»Prioritätsgrundsatz«).[10] Die EG-VO Nr 1346/2000 vom 29.5.2000 über das Insolvenzverfahren,[11] die insb in ihrem Art 12 eine Regelung dahin vorsieht, dass ein Gemeinschaftspatent, eine Gemeinschaftsmarke und jedes andere durch Gemeinschaftsvorschriften begründete ähnliche Recht nur in ein Verfahren nach Art 3 Abs 1 dieser VO miteinbezogen werden kann, ist am 31.5.2002 in Kraft getreten.

D. Übertragung; Lizenzierung

I. Allgemeines

Wie das Patentrecht ist auch das Sortenschutzrecht grds übertragbar und 13
lizenzierbar. Übertragung und Lizenzierung des Sortenschutzes folgen im Wesentlichen denselben Grundsätzen wie Übertragung und Lizenzierung des Patents.[12] Dass das SortG (in Übereinstimmung mit der GemSortV) von Nutzungsrecht und nicht von Lizenz spricht, führt nicht zu sachlichen Abweichungen.[13] Neben der Vollrechtsübertragung sind auch Belastungen durch Nießbrauchseinräumung und Verpfändung möglich, ebenso fiduziarische Rechtseinräumungen.[14] Die Lizenzierbarkeit der Sortenschutzanmeldung wird wie beim Patent[15] zu bejahen sein.

Übertragung und Lizenzierung (nicht auch Erteilung und Aufrechterhaltung) 14
richten sich in Fällen mit Auslandsbezug nach den maßgeblichen Bestimmungen des **Internationalen Privatrechts**, innerhalb der EU in erster Linie nach

---

10 *Metzger/Zech* Rn. 58 ff.
11 ABl EG L 160/1 vom 30.6.2000.
12 Hierzu *Busse/Keukenschrijver* § 15 PatG Rn. 17 ff., 51 ff; *Schulte* § 15 PatG Rn. 11 ff., 29 ff; *Benkard* § 15 PatG Rn. 2 ff., 54 ff.; vgl *Leßmann/Würtenberger*[1] § 4 Rn. 6 ff., 21; *Metzger/Zech* Rn. 1, 10.
13 Ebenso *Metzger/Zech* Rn. 61.
14 *Leßmann/Würtenberger*[1] § 4 Rn. 95; *Metzger/Zech* Rn. 49 f.
15 *Metzger/Zech* Rn. 67; vgl BGH GRUR 1965, 160, 162 Abbauhammer, zum Schutz aus der bekanntgemachten Patentanmeldung, auch zur Anwendung von § 20 GWB aF auf Sortenanmeldungen (Nr 29); BGHZ 17, 41, 55ff = GRUR 1955, 468 Kokillenguß; *Busse/Keukenschrijver* § 15 PatG Rn. 65.

der Rom I-Verordnung,[16] bei Ansprüchen aus Verschulden bei Vertragsschluss nach der Rom II-Verordnung.[17]

15 Dieselben Grundsätze wie im Patentrecht gelten auch für die **kartell- und steuerrechtlichen Fragen.**[18] Das SortRecht weist als gewerbliches Schutzrecht keine so spezifischen Merkmale auf, dass es in Bezug auf die Wettbewerbsregeln der Unionsverträge, insb die Zulässigkeit absoluten Gebietsschutzes, eine andere Behandlung als die übrigen gewerblichen Schutzrechte verlangen würde, jedoch ist bei der Anwendung der Wettbewerbsregeln der spezifischen Natur der Erzeugnisse, die Gegenstand des SortRechts sind, Rechnung zu tragen.[19] Vertragliche Regelungen, die durch das Saatgutrecht geboten sind, stellen kartellrechtl keine unzulässige Beschränkung dar.[20] Eine in einer Saatgutvermehrungs- und Vertriebsvereinbarung, bei der eine Partei Inhaber bestimmter SortRechte ist, enthaltene Klausel, die dem Händler/Erzeuger den Verkauf und die Ausfuhr von Basissaatgut untersagt, war mit Art 85 Abs 1 EWGV (aF; jetzt Art 101 AEUV) vereinbar, soweit sie erforderlich ist, um dem Inhaber des SortRechts die Auswahl der Händler/Erzeuger zu ermöglichen, denen er eine Lizenz erteilen will; eine Klausel, die den Händler/Erzeuger verpflichtet, von der anderen Partei festgesetzte Mindestpreise einzuhalten, wurde nur dann von der Verbotsvorschrift des Art 85 Abs 1 EWGV (aF; jetzt Art 101 AEUV) erfasst, wenn sich die Vereinbarung, in der sie steht, unter Berücksichtigung ihres wirtschaftlichen und rechtl Umfelds als geeignet erweist, den Handel zwischen Mitgliedstaaten spürbar zu beeinträchtigen.[21] Die Gruppenfreistellungsverordnungen, insb mit ihren Bagatellgren-

---

16 Näher *Busse/Keukenschrijver* § 15 PatG Rn. 170 ff.; *NK-BGB* Bd 6 (Rom-Verordnungen; EuErbVO; HUP); vgl auch *Metzger/Zech* Rn. 7, 11 ff.
17 Vgl *Metzger/Zech* Rn. 15.
18 Vgl die zum Sortenschutz ergangenen, aber über diesen hinaus bedeutsamen Entscheidungen des EuGH Slg 1982, 2015 = GRUR Int 1982, 530 Maissaatgut und EuGH Slg 1988, 1919 = GRUR Int 1989, 663 Erauw-Jacquery/La Hesbignonne; zur kartellrechtlichen Beurteilung *Lukes* FS G. Roeber (1971), 331; näher *Busse/ Keukenschrijver* § 15 PatG Rn. 183 ff.; *Metzger/Zech* Rn. 160 ff.; zur Beurteilung von Nichtangriffsabreden *Busse/Keukenschrijver* § 81 PatG Rn. 84 ff.; *Wuesthoff*[2] Rn. 45.
19 EuGH Maissaatgut.
20 *Lukes* FS G. Roeber (1971), 331, 337 ff.; vgl auch LG Düsseldorf 30.11. 1993 4 O 167/93.
21 EuGH Erauw-Jacquery/La Hesbignonne.

zen, sind zu beachten.[22] Eine im Rahmen eines Unterlizenzvertrags auferlegte Verpflichtung, den Lizenzgeber über auftretende Mutationen zu unterrichten und ihm deren Verwertung gegen Vergütung zu überlassen, ist als mit Art 85 EWGV (aF; jetzt Art 101 AEUV) unvereinbar und regelmäßig nicht freistellbar angesehen worden.[23]

Kartellrecht. Auch im nationalen Bereich gelten seit der 7. GWB-Novelle **16** (2005) die Regeln des eur Rechts (zur früheren Rechtslage – §§ 17, 18 GWB in der seit 1999 geltenden Fassung – s *1. Aufl*).

II. Übertragung des nationalen Sortenschutzes

Der Sortenschutz ist in allen seinen Entwicklungsstufen übertragbar;[24] es gel- **17** ten jedenfalls im Grundsatz die gleichen Regeln wie im Patentrecht.[25] Die Übertragung erfolgt nach §§ 413, 398 BGB aufgrund eines Kausalgeschäfts, insb Rechtskaufs (§ 453 BGB). Zum gutgläubigen Erwerb Rdn. 22. Grds unübertragbar ist das Züchterpersönlichkeitsrecht mit Ausnahme seiner vermögenswerten Bestandteile.[26] Übertragung realer Anteile des Sortenschutzes ist wie beim Patent nicht möglich, jedoch kann Bruchteilsübertragung erfolgen und das Recht kann in eine Gesamthandgemeinschaft eingebracht werden,[27] jedoch kommen territorial beschränkte Übertragungen nicht in Betracht.[28] Sortenschutz ist vererblich, was im SortG 1968 noch ausdrücklich geregelt war.[29] Eine bestimmte Form erfordert die Übertragung des nationalen Sortenschutzes nicht[30] (anders beim gemeinschaftlichen Sortenschutz, Rdn. 20 ff.). Auch der Rolleneintrag ist für den Rechtserwerb ohne Bedeutung.[31]

---

22 Vgl *Metzger/Zech* Rn. 9.
23 EG-Kommission GRUR Int 1986, 253 Pitica/Kyria; vgl auch *Wuesthoff*[2] Rn. 42.
24 *Wuesthoff*[2] Rn. 2; vgl *Leßmann/Würtenberger*[2] § 4 Rn. 6 f.
25 Hierzu *Busse/Keukenschrijver* § 15 PatG Rn. 17 ff.
26 *Busse/Keukenschrijver* § 15 PatG Rn. 68; zum allg Persönlichkeitsrecht BGHZ 143, 214 = GRUR 2000, 709 Marlene Dietrich; vgl aber *Wuesthoff*[2] Rn. 5; *Metzger/Zech* Rn. 40; einschränkend auch *Leßmann/Würtenberger*[2] § 4 Rn. 8.
27 Vgl *Busse/Keukenschrijver* § 15 PatG Rn. 20; *Metzger/Zech* Rn. 23, 35 f.
28 Vgl auch *Wuesthoff*[2] Rn. 6; *Leßmann/Würtenberger*[2] § 4 Rn. 10.
29 Vgl *Wuesthoff*[2] Rn. 11, 48 ff.; *Leßmann/Würtenberger*[2] § 4 Rn. 4, 90 ff.; *Metzger/Zech* Rn. 40 f.
30 Vgl Begr BTDrs 10/816 = BlPMZ 1986, 136, 139; *Leßmann/Würtenberger*[2] § 4 Rn. 13; *Metzger/Zech* Rn. 23, 42.
31 Vgl *Leßmann/Würtenberger*[2] § 4 Rn. 14.

18 Eine Abweichung zum Patentrecht (und seit 2008 auch zum gemeinschaftlichen Sortenschutz) ergibt sich aus der Einschränkung der (Voll-)Übertragbarkeit auf Personen, die die **Anforderungen des § 15** erfüllen; dies ist durch das SortÄndG 1997 entspr dem damaligen, inzwischen grundlegend geänd Art 23 Abs 2 Satz 1 GemSortV präzisiert worden.[32]

19 **Andere Personen** können mithin Sortenschutz auch nicht derivativ erwerben; verfassungskonform wird man dies jedoch dahin auslegen müssen, dass nur der rechtsgeschäftliche Erwerb, nicht auch der von Todes wegen ausgeschlossen ist (so auch der frühere Art 23 Abs 2 GemSortV).[33]

III. Übertragung des gemeinschaftlichen Sortenschutzes

20 Die Übertragbarkeit ist im Grundsatz in Art 23 Abs 1 GemSortV normiert. Auch sie ist nach Art 23 Abs 2 Satz 1 GemSortV auf Personen beschränkt, die die Voraussetzungen des Art 12 GemSortV erfüllen. Nach Art 23 Abs 2 Satz 2 GemSortV muss die rechtsgeschäftliche Übertragung schriftlich erfolgen und bedarf der Unterschrift der Vertragsparteien. Die Vorschrift ist eng auszulegen.[34]

21 Die früheren **Restriktionen** bei der Übertragbarkeit, die sich aus der Fassung des Art 12 GemSortV ergaben, gelten seit 2008 nicht mehr für den gemeinschaftlichen Sortenschutz (ebenso nicht mehr in der Schweiz).[35]

22 Soweit die Rechtsnachfolger im Bereich der Gemeinschaft **keinen Wohnsitz oder Sitz** und keine Niederlassung haben, müssen sie von einem Verfahrensvertreter (Art 82 GemSortV) vertreten sein.[36] Anders als beim nationalen Sortenschutz ist die Übertragung formgebunden (schriftlich mit eigenhändiger Unterschrift, Art 23 Abs 2 Satz 2 GemSortV); dies gilt nicht, wenn sie aufgrund einer gerichtlichen Entscheidung oder einer anderen Handlung beruht, die ein gerichtliches Verfahren beendet (der dt Text ist hier enger als der englische, der »any other acts terminating court proceedings« einbezieht und somit insb auch einen Prozessvergleich erfasst).[37] Verstoß gegen die Formvorschrift führt zur Unwirksamkeit (Art 23 Abs 2 Satz 3 GemSortV). Zum Sukzessionsschutz

---

32 Vgl Begr BTDrs 13/7038 S 14; *Metzger/Zech* Rn. 24.
33 So auch *Metzger/Zech* Rn. 31.
34 EuG 4.5.2017 T-425/15 ua Lemon Symphony – SUMOST 01.
35 Dies übersieht ersichtlich *Metzger/Zech* Rn. 31.
36 Vgl *van der Kooij* Art 23 Anm 2.
37 Vgl *Metzger/Zech* Rn. 44; vgl auch *van der Kooij* Art 23 Anm 2.

Rdn. 25. Dem GSA und Dritten gegenüber wird die Übertragung grds erst mit dem Registereintrag wirksam (Art 23 Abs 4 Satz 1 GemSortV). Jedoch kann ein noch nicht eingetragener Rechtsübergang Dritten entgegengehalten werden, die erst später Rechte erworben haben und bei ihrem Rechtserwerb vom Rechtsübergang Kenntnis hatten (Art 23 Abs 4 Satz 2 GemSortV entsprechend der nicht in Kraft getretenen Regelung in Art 39 GPÜ),[38] was nicht vollständig mit dem Grundsatz des dt Rechts übereinstimmt, dass niemand mehr Rechte übertragen kann, als er selbst innehat, wodurch gutgläubiger Rechtserwerb nach nationalem Recht grds ausgeschlossen ist.[39]

IV. Lizenz

1. Am nationalen Sortenschutz

Die Bedeutung von Lizenzen im SortRecht ist erheblich.[40] Für die SortLizenz gelten im Grundsatz die gleichen Regeln wie für die Patentlizenz.[41] Die Befugnis zur Ausübung kann abgestuft in Form ausschließlicher oder nicht ausschließlicher Nutzungsrechte übertragen werden;[42] auf ein Schriftformerfordernis ist für Übertragungs- und Nutzungsverträge zur Annäherung an den bürgerlich-rechtl Grundsatz der Formfreiheit verzichtet worden.[43] Ausschließliche Nutzungsrechte können jedoch in die SortRolle eingetragen werden (§ 28 Abs 1 Nr 5). Praktisch bedeutsam sind Auslaufklauseln.[44] 23

Beschränkte Lizenz. In Betracht kommen wie im Patentrecht territoriale, zeitliche, sachliche und persönliche Beschränkungen.[45] Lizenziert werden kann auch unter Vorbehalt der Erzeugung nur das Inverkehrbringen oder nur das Vermehren von mit Zustimmung des SortInhabers in Verkehr gebrachten 24

---

38 Vgl *Metzger/Zech* Rn. 46 ff.

39 *Busse/Keukenschrijver* § 15 PatG Rn. 40; vgl *Metzger/Zech* Rn. 43.

40 *Wuesthoff*[2] Rn. 13; *Leßmann/Würtenberger*[2] § 4 Rn. 23; *Leßmann* FS V. Beuthien (2009), 539; *Metzger/Zech* Rn. 61.

41 Hierzu *Busse/Keukenschrijver* § 15 PatG Rn. 51 ff.; *Schulte* § 15 PatG Rn. 29 ff.; *Benkard* § 15 PatG Rn. 54 ff.; vgl *Leßmann/Würtenberger*[2] § 4 Rn. 21 ff.; *Metzger/ Zech* Rn. 52 ff.; zu Problemen bei der Lizenzierung von SortRechten und Patenten *Lange* PVP 83 (1998), 25, 32; *Mast* PVP 52 (1987), 13, 27; *Sehgal* 29 BiotDevMon (1996), 18; zu den inhaltlichen Anforderungen vgl *Wuesthoff*[2] Rn. 32.

42 *Metzger/Zech* Rn. 73.

43 Begr BTDrs 10/816 = BlPMZ 1986, 136, 139; *Metzger/Zech* Rn. 132.

44 Näher *Leßmann* FS V. Beuthien (2009), 539, 544 ff.

45 Vgl *Wuesthoff*[2] Rn. 22 ff.

Pflanzen, womit das Recht hinsichtlich der Erzeugung beim Inhaber verbleibt.[46]

25   Ob die Bestimmungen über den **Sukzessionsschutz** des Lizenznehmers (§§ 15
Abs 3 PatG, 22 Abs 3 GebrMG) entsprechend anzuwenden sind, erscheint
nicht unzwh, nachdem auch die Novelle 1997 eine entspr Regelung nicht enthält, obwohl Art 23 Abs 3 GemSortV für den Fall eines Rechtsübergangs eine
solche vorsieht (vgl auch Art 18 Abs 2 schweiz SortG). Es fällt daher schwer,
noch von einer unbewussten Regelungslücke auszugehen.[47]

2. Am gemeinschaftlichen Sortenschutz

26   Die Regelung in Art 27 Abs 1 GemSortV entspricht sachlich der in
Abs 2. Art 27 Abs 2 GemSortV bestimmt, dass der SortInhaber das Recht
aus dem gemeinschaftlichen Sortenschutz gegenüber einem Berechtigten geltend machen kann, der gegen eine Beschränkung seines Nutzungsrechts aus
Art 27 Abs 1 GemSortV verstößt.[48] Wie im Patentrecht und beim nationalen
Sortenschutz gilt dies indessen nicht bei Verstößen gegen sonstige Vertragsab-
reden (zB Aufzeichnungspflichten, Preisgestaltung).[49] Der Schutzinhaber oder
Nutzungsberechtigte kann gegen einen Dritten vorgehen, der Material von
einem anderen Nutzungsberechtigten erhalten hat, der seinerseits gegen ihm
auferlegte Beschränkungen verstoßen hat, die sich unmittelbar auf wesentliche Bestandteile des Sortenschutzes beziehen.[50]

---

46   LG Düsseldorf 24.11.1998 4 O 404/97 Entsch 1999, 36 Ls; vgl *Metzger/Zech*
Rn. 70.
47   Für Sukzessionsschutz im Analogieweg sprechen sich *Wuesthoff*[2] Rn. 19 und
Leßmann DB 1987, 145 aus; ähnlich *Metzger/Zech* Rn. 86, 99 f.; verneinend dagegen *Metzger/Zech* § 9 Rn. 29; relativierend *McGuire/Kunzmann* Sukzessionsschutz
und Fortbestand der Unterlizenz nach »M2Trade« und »Take Five« – ein Lösungs-
vorschlag, GRUR 2014, 28 ff.; vgl *Busse/Keukenschrijver* PatG § 15 Rn. 76.
48   Vgl *Metzger/Zech* Rn. 191.
49   Vgl *Busse/Keukenschrijver* PatG § 15 Rn. 69; *Leßmann/Würtenberger*[2] § 4 Rn. 45 f.;
Metzger/Zech Rn. 192; *Metzger/Zech* § 37 Rn. 12; aA offenbar *van der Kooij* Art 27
Anm 2.
50   EuGH Slg 2011 I 10075 = GRUR 2012, 49 Greenstar-Kanzi Europe NV/Jean
Hustin m Anm *Würtenberger*.

E. Jedermannrecht

Eine Jedermannserlaubnis wie nach § 21 SortG 1968 (vgl § 13 SaatG), die 27 praktisch kaum Bedeutung erlangt hat (unter der Geltung des SortG 1968 wurde nur eine Jedermannserlaubnis eingetragen) sieht das geltende Recht nicht mehr vor.[51]

§ 12 Zwangsnutzungsrecht

(1) [1]Das Bundessortenamt kann auf Antrag, soweit es unter Berücksichtigung der wirtschaftlichen Zumutbarkeit für den Sortenschutzinhaber im öffentlichen Interesse geboten ist, ein Zwangsnutzungsrecht an dem Sortenschutz hinsichtlich der Berechtigungen nach § 10 zu angemessenen Bedingungen erteilen, wenn der Sortenschutzinhaber kein oder kein genügendes Nutzungsrecht einräumt. [2]Das Bundessortenamt setzt bei der Erteilung des Zwangsnutzungsrechtes die Bedingungen, insbesondere die Höhe der an den Sortenschutzinhaber zu zahlenden Vergütung, fest.

(2) [1]Nach Ablauf eines Jahres seit der Erteilung eines Zwangsnutzungsrechtes kann jeder Beteiligte eine erneute Festsetzung der Bedingungen beantragen. [2]Der Antrag kann jeweils nach Ablauf eines Jahres wiederholt werden; er kann nur darauf gestützt werden, daß sich die für die Festsetzung maßgebenden Umstände inzwischen erheblich geändert haben.

(3) Vor der Entscheidung über die Erteilung eines Zwangsnutzungsrechtes und die Neufestsetzung soll das Bundessortenamt die betroffenen Spitzenverbände hören.

(4) Ist ein Zwangsnutzungsrecht für eine Sorte einer dem Saatgutverkehrsgesetz unterliegenden Art erteilt worden, so kann der Sortenschutzinhaber von der zuständigen Behörde Auskunft darüber verlangen,
1. wer für Vermehrungsmaterial der geschützten Sorte die Anerkennung von Saatgut beantragt hat,
2. welche Größe der Vermehrungsflächen in dem Antrag auf Anerkennung angegeben worden ist,
3. welches Gewicht oder welche Stückzahl für die Partien angegeben worden ist.

---

51 Vgl Begr BTDrs 10/816 = BlPMZ 1986, 136, 139.

GemSortV: Art 29 (geänd durch VO [EG] Nr 873/2004 des Rates vom 29.4.2004, ABl EU L 162/38 = BlPMZ 2004, 407), Art 100 Abs 2 (abgedruckt bei § 9)

Art 29 Erteilung von Zwangslizenzen

(1) Das Amt gewährt einer oder mehreren Personen auf Antrag Zwangslizenzen, jedoch nur aus Gründen des ›öffentlichen Interesses‹, und wenn der Verwaltungsrat gemäß Artikel 36 konsultiert wurde.

(2) Auf Antrag eines Mitgliedstaats, der Kommission oder einer auf Gemeinschaftsebene arbeitenden Organisation, die von der Kommission registriert ist, kann eine Zwangslizenz entweder einer Gruppe von Personen, die bestimmte Voraussetzungen erfüllen, oder einem Einzelnen innerhalb eines oder mehrerer Mitgliedstaaten oder gemeinschaftsweit gewährt werden. Die Zwangslizenz darf nur aus Gründen des öffentlichen Interesses gewährt werden, und wenn der Verwaltungsrat zugestimmt hat.

(3) Das Amt legt bei Gewährung der Zwangslizenz im Rahmen der Absätze 1, 2, 5 oder 5a die Art der davon erfassten Rechte und der zugehörigen angemessenen Bedingungen sowie die besonderen Anforderungen gemäß Absatz 2 fest. Die angemessenen Bedingungen müssen die Interessen aller Inhaber von Sortenschutzrechten berücksichtigen, die von der Gewährung der Zwangslizenz betroffen wären. Die angemessenen Bedingungen können eine mögliche zeitliche Begrenzung oder die Zahlung einer angemessenen Lizenz als geeigneter Vergütung an den Inhaber umfassen sowie bestimmte Verpflichtungen, die zu erfüllen sind, damit die Zwangslizenz genutzt werden kann.

(4) Bei Ablauf jedes Jahres nach der Gewährung der Zwangslizenz gemäß den Absätzen 1, 2, 5 oder 5a und im Rahmen der in Absatz 3 genannten möglichen zeitlichen Begrenzung kann jede der beteiligten Parteien beantragen, dass die Entscheidung über die Gewährung der Zwangslizenz aufgehoben oder geändert wird. Solch ein Antrag kann nur darauf gestützt werden, dass sich die Umstände, unter denen die Entscheidung getroffen wurde, in der Zwischenzeit geändert haben.

(5) Eine Zwangslizenz kann dem Inhaber auf Antrag für eine im Wesentlichen abgeleitete Sorte gewährt werden, wenn die Anforderungen des Absatzes 1 erfüllt sind. Die angemessenen Bedingungen gemäß Absatz 3 umfassen die Zahlung einer angemessenen Lizenz als geeigneter Vergütung an den Inhaber der Ausgangssorte.

(5a) Dem Inhaber eines Patents für eine biotechnologische Erfindung wird auf Antrag eine Zwangslizenz für die nicht ausschließliche Nutzung einer geschützten Pflanzensorte gemäß Artikel 12 Absatz 2 der Richtlinie 98/44/ EG gegen Zahlung einer angemessenen Lizenz als geeigneter Vergütung unter der Voraussetzung erteilt, dass der Patentinhaber Folgendes nachweisen kann:

i) er hat den Inhaber des Sortenschutzrechts vergeblich um Erteilung einer vertraglichen Lizenz ersucht und

ii) die Erfindung stellt einen bedeutenden technischen Fortschritt von erheblichem wirtschaftlichem Interesse gegenüber der geschützten Pflanzensorte dar.

Wurde einem Inhaber eine Zwangslizenz gemäß Artikel 12 Absatz 1 der Richtlinie 98/44/EG für die nicht ausschließliche Nutzung einer patentierten Erfindung erteilt, damit er in der Lage ist, sein gemeinschaftliches Sortenschutzrecht zu erwerben oder zu verwerten, so wird dem Patentinhaber dieser Erfindung auf Antrag zu angemessenen Bedingungen eine nicht ausschließliche gegenseitige Zwangslizenz zur Verwertung der Sorte erteilt.

Der Geltungsbereich der Lizenz oder der gegenseitigen Lizenz im Sinne dieses Absatzes ist auf die Mitgliedstaaten der Gemeinschaft, in denen ein gültiges Patent für dasselbe Sachgebiet besteht, beschränkt.

(6) Die Durchführungsvorschriften gemäß Artikel 114 können bestimmte andere Beispiele der in den Absätzen 1, 2 und 5a genannten Lizenzen des öffentlichen Interesses anführen und legen darüber hinaus genaue Angaben über die Umsetzung der Bestimmungen der Absätze 1 bis 5a fest.

(7) Die Mitgliedstaaten können keine Zwangslizenzen an einem gemeinschaftlichen Sortenschutzrecht gewähren.

GemSortVDV (geänd durch VO [EG] Nr 1002/2005 der Kommission vom 30.6.2005, ABl EU L 170/7, und durch VO (EU) 201671448 der Kommission vom 1.9.2016, ABl EU L 236/1 ff.):

Art 37 Antrag auf Erteilung der Zwangslizenz

(1) Der Antrag auf Erteilung einer Zwangslizenz gemäß Artikel 29 Absätze 1, 2 und 5 der Grundverordnung enthält folgende Angaben und Unterlagen:

a) Angaben zur Person des Antragstellers und des widersprechenden Inhabers der betreffenden Sorte als Verfahrensbeteiligte;

b) Sortenbezeichnung und das Taxon der betreffenden Sorte(n);

c) Vorschlag zur Art der Handlungen, die unter die Zwangslizenz fallen sollen;

d) Begründung des öffentlichen Interesses unter Angabe der für das behauptete öffentliche Interesse vorgetragenen Tatsachen, Beweismittel und Argumente;

e) im Fall einer Beantragung nach Artikel 29 Absatz 2 der Grundverordnung Vorschlag betreffend die Gruppe von Personen, denen die Zwangslizenz zu erteilen ist, gegebenenfalls unter Angabe der spezifischen Anforderungen, die an diese Gruppe von Personen zu stellen sind;

f) Vorschlag für eine angemessene Vergütung und die Berechnungsgrundlage dieser Vergütung.

(2) Der Antrag nach Artikel 29 Absatz 5a der Grundverordnung enthält folgende Angaben und Unterlagen:

a) Angaben zur Person des antragstellenden Rechtsinhabers und des widersprechenden Inhabers der betreffenden Sorte als Verfahrensbeteiligte;

b) Sortenbezeichnung und das Taxon der betreffenden Sorte(n);

c) eine elektronische Kopie der Patentschrift(en) mit der Nummer und den Ansprüchen des Patents auf eine biotechnologische Erfindung und mit der Anschrift der patenterteilenden Behörde(n);

d) Vorschlag zur Art der Handlungen, die unter die Zwangslizenz fallen sollen;

e) Vorschlag für eine angemessene Vergütung und die Berechnungsgrundlage dieser Vergütung;

f) Beschreibung des mit der biotechnologischen Erfindung erzielbaren signifikanten technischen Fortschritts von erheblichem wirtschaftlichen Interesse im Vergleich zu der geschützten Sorte unter Angabe der für das behauptete öffentliche Interesse vorgetragenen Tatsachen, Beweismittel und Argumente;

g) Vorschlag für den Geltungsbereich der Lizenz, der nicht über den Geltungs-bereich des Patents nach Buchstabe c hinausgehen darf.

(3) Der Antrag auf Erteilung einer gegenseitigen Lizenz gemäß Artikel 29 Absatz 5a Unterabsatz 2 der Grundverordnung enthält folgende Angaben und Unterlagen:

a) Angaben zur Person des antragstellenden Rechtsinhabers und des widersprechenden Inhabers der betreffenden Sorte als Verfahrensbeteiligte;

b) Sortenbezeichnung und das Taxon der betreffenden Sorte(n);

c) eine elektronische Kopie der Patentschrift(en) mit der Nummer und den Ansprüchen des Patents auf eine biotechnologische Erfindung und der Anschrift der patenterteilenden Behörde(n);

d) amtliche Unterlage, die bescheinigt, dass dem Inhaber des Sortenschutzes für eine patentierte biotechnologische Erfindung eine Zwangslizenz erteilt worden ist;

e) Vorschlag zur Art der Handlungen, die unter die gegenseitige Lizenz fallen sollen;

f) Vorschlag für eine angemessene Vergütung und die Berechnungsgrundlage dieser Vergütung;

g) Vorschlag für den Geltungsbereich der gegenseitigen Lizenz, der nicht über den Geltungsbereich des Patents nach Buchstabe c hinausgehen darf.

(4) Dem Antrag auf Erteilung der Zwangslizenz sind Unterlagen beizufügen, aus denen das erfolglose Bemühen um die die Erteilung einer vertraglichen Lizenz durch den Inhaber des Sortenschutzes hervorgeht. Beantragt die Kommission oder ein Mitgliedstaat die Erteilung der Zwangslizenz gemäß Artikel 29 Absatz 2 der Grundverordnung, kann das Amt im Fall höherer Gewalt von dieser Voraussetzung absehen.

(5) Die Beantragung einer vertraglichen Lizenz ist als erfolglos im Sinne von Absatz 4 anzusehen, wenn

a) der widersprechende Inhaber der Person, die sich innerhalb einer angemessenen Frist um die Erteilung einer vertraglichen Lizenz bemüht hat, keine endgültige Antwort erteilt hat, oder

b) der widersprechende Inhaber der Person, die sich um die Erteilung einer vertraglichen Lizenz bemüht hat, die Erteilung einer solchen Lizenz abgelehnt hat, oder

c) der widersprechende Inhaber der Person, die sich um die Erteilung einer vertraglichen Lizenz bemüht hat, eine Lizenz anbietet mit grundlegenden Bedingungen, einschließlich der Bedingungen betreffend die zu leistende Vergütung, die offensichtlich unangemessen sind, oder mit Bedingungen, die in ihrer Gesamtheit offensichtlich unangemessen sind.

Art 38 Prüfung des Antrags auf Erteilung der Zwangslizenz

(1) Für die mündliche Verhandlung und die Beweisaufnahme wird grundsätzlich nur eine gemeinsame Verhandlung angesetzt.

(2) Ein Antrag auf eine weitere mündliche Verhandlung oder weitere Verhandlungen ist nur zulässig, wenn sich die Sachlage während oder nach der Verhandlung geändert hat.

(3) Vor seiner Entscheidung fordert das Amt die Verfahrensbeteiligten zu einer einvernehmlichen Einigung über eine vertragliche Lizenz auf. Das Amt unterbreitet gegebenenfalls einen Vorschlag für eine solche einvernehmliche Einigung.

Art 39 Inhaberschaft am gemeinschaftlichen Sortenschutz im Verfahren

(1) Ist im Register für gemeinschaftliche Sortenschutzrechte die Erhebung einer Klage zur Geltendmachung eines Anspruchs im Sinne von Artikel 98 Absatz 1 der Grundverordnung eingetragen, kann das Amt das Verfahren zur Erteilung einer Zwangslizenz aussetzen. Das Verfahren wird erst wieder aufgenommen, wenn die Erledigung der Klage in Form einer abschließenden Entscheidung oder in einer anderen Form im Register eingetragen ist.

(2) Bei einer gegenüber dem Amt wirksamen rechtsgeschäftlichen Übertragung des gemeinschaftlichen Sortenschutzes tritt der neue Inhaber auf Antrag des Antragstellers dem Verfahren als Verfahrensbeteiligter bei, wenn der Antragsteller innerhalb von zwei Monaten, nachdem ihm vom Amt mitgeteilt worden ist, dass der Name des neuen Inhabers in das Register für gemeinschaftliche Sortenschutzrechte eingetragen ist, den neuen Inhaber erfolglos um eine vertragliche Lizenz ersucht hat. Dem Antrag des Antragstellers sind ausreichende schriftliche Nachweise seiner fruchtlosen Bemühungen und gegebenenfalls von Handlungen des neuen Inhabers beizufügen.

(3) Im Falle eines Antrags nach Artikel 29 Absatz 2 der Grundverordnung tritt der neue Inhaber dem Verfahren als Verfahrensbeteiligter bei. Absatz 1 des vorliegenden Artikels findet keine Anwendung.

Art 40 Entscheidung über den Antrag

Die Entscheidung hat Schriftform und wird vom Präsidenten des Amts unterzeichnet. Sie enthält folgende Angaben und Unterlagen:
a) Feststellung, dass sie durch das Amt ergangen ist;
b) Datum, an dem die Entscheidung erlassen worden ist;
c) Name der Ausschussmitglieder, die am Verfahren teilgenommen haben;
d) Name der Verfahrensbeteiligten und ihrer Verfahrensvertreter;
e) Bezug auf die Stellungnahme des Verwaltungsrats;

f) Anträge der Verfahrensbeteiligten;

g) kurze Darstellung des Sachverhalts;

h) Entscheidungsgründe;

i) Entscheidungsformel, gegebenenfalls unter Angabe der unter die Zwangslizenz fallenden Handlungen, der hierfür geltenden besonderen Bedingungen und der Gruppe der Personen, gegebenenfalls einschließlich der für sie geltenden spezifischen Anforderungen.

Art 41 Erteilung der Zwangslizenz

(1) Der Entscheidung über die Erteilung der Zwangslizenz nach Artikel 29 Absätze 1, 2 und 5 der Grundverordnung ist die Begründung des öffentlichen Interesses beizufügen.

(2) Im öffentlichen Interesse liegen unter anderem:

a) Schutz des Lebens und der Gesundheit von Menschen, Tieren und Pflanzen,

b) Nachfrage nach Material, das bestimmte Merkmale aufweist,

c) Erhaltung des Anreizes zur fortlaufenden Züchtung verbesserter Sorten.

(3) Der Entscheidung über die Erteilung einer Zwangslizenz nach Artikel 29 Absatz 5a der Grundverordnung ist eine Begründung darüber beizufügen, warum die Erfindung einen signifikanten technischen Fortschritt von erheblichem wirtschaftlichen Interesse darstellt. Anhand der nachstehenden Punkte lässt sich begründen, warum die Erfindung einen signifikanten technischen Fortschritt von erheblichem wirtschaftlichen Interesse im Vergleich zur geschützten Sorte darstellt:

a) Verbesserung von Anbauverfahren,

b) Verbesserung des Umweltschutzes,

c) Verbesserung der erleichterten Nutzung der genetischen Vielfalt,

d) Verbesserung der Qualität,

e) Verbesserung der Ertragsfähigkeit,

f) Verbesserung der Widerstandsfähigkeit,

g) Verbesserung der Anpassung an von Klima und/oder Umwelt abhängige besondere Voraussetzungen.

(4) Aus der Zwangslizenz erwächst kein ausschließliches Recht.

(5) Die Zwangslizenz kann nicht rechtsgeschäftlich übertragen werden, außer wenn es sich um den Teil eines Unternehmens handelt, der von der Zwangslizenz Gebrauch macht, oder um eine im Wesentlichen abgeleitete Sorte nach Artikel 29 Absatz 5 der Grundverordnung.

Art 42 Von der Person, der eine Zwangslizenz erteilt ist, zu erfüllende Voraussetzungen

(1) Unbeschadet der übrigen Voraussetzungen des Artikels 29 Absatz 3 der Grundverordnung verfügt die Person, der die Zwangslizenz erteilt ist, über die finanziellen und technischen Voraussetzungen, um von der Zwangslizenz Gebrauch machen zu können.

(2) Die Erfüllung der mit der Zwangslizenz verbundenen, in der Entscheidung über die Erteilung der Zwangslizenz festgelegten Voraussetzungen gilt als Umstand im Sinne von Artikel 29 Absatz 4 der Grundverordnung.

(3) Das Amt sieht vor, dass die Person, der eine Zwangslizenz erteilt ist, Klage wegen Verletzung des gemeinschaftlichen Sortenschutzes nur erheben kann, wenn es der Inhaber innerhalb von zwei Monaten abgelehnt oder versäumt hat, Klage zu erheben.

Art 43 Gruppe von Personen, die die spezifischen Anforderungen nach Artikel 29 Absatz 2 der Grundverordnung erfüllen

(1) Personen, die von einer Zwangslizenz Gebrauch machen wollen und einer Gruppe von Personen zuzuordnen sind, die die spezifischen Anforderungen nach Artikel 29 Absatz 2 der Grundverordnung erfüllen, teilen dies dem Amt und dem Inhaber durch Einschreiben mit Rückschein mit. Die Mitteilung enthält insbesondere folgende Angaben und Unterlagen:
a) Name und Anschrift der Person nach den gemäß Artikel 2 der vorliegenden Verordnung für Verfahrensbeteiligte geltenden Voraussetzungen,
b) Nachweis der spezifischen Anforderungen,
c) Beschreibung der vorgesehenen Nutzungshandlungen und
d) Versicherung, dass die Person über ausreichende finanzielle Mittel verfügt, sowie Angabe der technischen Voraussetzungen für die Nutzung der Zwangslizenz.

(2) Das Amt trägt die Person, die die Voraussetzungen des Absatzes 1 des vorliegenden Artikels erfüllt, auf Antrag in das Register für gemeinschaftliche Sortenschutzrechte ein. Von der Zwangslizenz kann erst nach der Eintragung Gebrauch gemacht werden. Die Eintragung wird dem Nutzungsberechtigten und dem Inhaber mitgeteilt.

(3) Artikel 42 Absatz 3 gilt entsprechend für Personen, die nach Absatz 2 in das Register eingetragen sind. Das Ergebnis einer Verletzungsklage gilt auch für die anderen eingetragenen oder einzutragenden Personen.

(4) Die Eintragung nach Absatz 2 kann nur gelöscht werden, wenn bei den spezifischen Anforderungen, die in der Entscheidung über die Erteilung der Zwangslizenz festgelegt sind, oder bei den finanziellen und technischen Voraussetzungen nach Absatz 2 mehr als ein Jahr nach Erteilung der Zwangslizenz und gegebenenfalls innerhalb der darin festgelegten zeitlichen Begrenzung Änderungen eingetreten sind. Die Löschung der Eintragung wird der eingetragenen Person und dem Inhaber mitgeteilt.

Art 44 Nutzungsrechte nach Artikel 100 Absatz 2 der Grundverordnung

(1) Die Einräumung eines vertraglichen nicht ausschließlichen Nutzungsrechts durch den neuen Inhaber nach Artikel 100 Absatz 2 der Grundverordnung wird im Fall des früheren Inhabers und eines Nutzungsberechtigten innerhalb von zwei bzw. vier Monaten nach Erhalt der Mitteilung des Amtes beantragt, nach welcher der Name des neuen Inhabers in das Register für gemeinschaftliche Sortenschutzrechte eingetragen ist.

(2) Dem Antrag auf Erteilung eines Nutzungsrechts nach Artikel 100 Absatz 2 der Grundverordnung sind Unterlagen beizufügen, aus denen das erfolglose Bemühen um ein vertragliches Nutzungsrecht nach Absatz 1 des vorliegenden Artikels hervorgeht. Artikel 37 Absatz 1 Buchstaben a, b und c, Artikel 37 Absatz 5, Artikel 38, Artikel 39 Absatz 3, Artikel 40 außer Buchstabe f, Artikel 41 Absätze 3 und 4 sowie Artikel 42 der vorliegenden Verordnung gelten entsprechend.

Ausland: Österreich:

Zwangslizenzen

§ 6. (1) Soweit
1. es zur ausreichenden Versorgung der inländischen Pflanzenproduktion mit geeignetem Vermehrungsmaterial geboten ist und
2. es für den Sortenschutzinhaber wirtschaftlich zumutbar ist und
3. der Lizenzwerber sich nachweislich vergeblich bemüht hat, innerhalb einer angemessenen Frist zu geschäftsüblichen Bedingungen eine freiwillige Lizenz zu erhalten,

ist auf Antrag von der Nichtigkeitsabteilung des Patentamtes die Bewilligung zu erteilen, dass Vermehrungsmaterial einer geschützten Sorte auch ohne Zustimmung des Sortenschutzinhabers erzeugt, vertrieben oder bei der Erzeugung einer anderen Sorte regelmäßig verwendet wird. Die Bewilligung ist nur zu erteilen, wenn der Antragsteller glaubhaft macht, dass die Ziele der Zwangslizenz erreicht werden können.

(2) Die Zwangslizenz ist auf Antrag des Sortenschutzinhabers von der Nichtigkeitsabteilung des Patentamtes insoweit einzuschränken oder zurückzunehmen, als die Voraussetzungen für ihre Erteilung weggefallen sind.

(3) Der Sortenschutzinhaber ist verpflichtet, dem aus der Zwangslizenz Berechtigten Vermehrungsmaterial wenigstens in dem Ausmaß zur Verfügung zu stellen, das für eine dem Umfang der Zwangslizenz entsprechende Erhaltungszüchtung erforderlich ist.

(4) Der Sortenschutzinhaber hat gegen den aus der Zwangslizenz Berechtigten Anspruch auf angemessenes Entgelt. Dieses Entgelt sowie die gegebenenfalls erforderliche Sicherstellung sind auf Antrag von der Nichtigkeitsabteilung des Patentamtes festzusetzen.

(5) Der Sortenschutzinhaber ist berechtigt, die Benützung der geschützten Sorte anderen Personen zu gestatten.

(6) Kann der Inhaber eines Patentes für eine biotechnologische Erfindung diese nicht verwerten, ohne ein mit besserem Zeitrang erteiltes Sortenschutzrecht (älteres Sortenschutzrecht) zu verletzen, hat er Anspruch auf eine nicht ausschließliche Lizenz an der durch dieses Sortenschutzrecht geschützten Pflanzensorte, soweit die Erfindung einen bedeutenden technischen Fortschritt von erheblichem wirtschaftlichen Interesse gegenüber der geschützten Pflanzensorte darstellt und soweit diese Lizenz zur Verwertung des Patentes erforderlich ist.

(7) Wird einem Pflanzenzüchter eine nicht ausschließliche Lizenz für ein durch ein mit besserem Zeitrang erteiltes Patent (älteres Patent) erteilt, weil er ein Sortenschutzrecht nicht erhalten oder verwerten kann, ohne ein älteres Patent zu verletzen, dann hat der Inhaber des älteren Patents Anspruch auf eine nicht ausschließliche Lizenz an dem jüngeren Sortenschutzrecht zur Verwertung der geschützten Erfindung.

(8) Verweigert der zur Einräumung einer Lizenz gemäß den Abs. 6 und 7 Berechtigte deren Einräumung, obwohl sich der Lizenzwerber bemüht hat, die Zustimmung innerhalb einer angemessenen Frist zu angemessenen geschäftsüblichen Bedingungen zu erhalten, so entscheidet darüber auf Antrag des Lizenzwerbers die Nichtigkeitsabteilung des Patentamtes. Umfang und Dauer dieser Lizenzen werden vorwiegend für die Versorgung

des inländischen Marktes gestattet und sind auf den Zweck zu begrenzen, der sie erforderlich gemacht hat. Für Lizenzen gemäß den Abs. 6 und 7 sind die Abs. 2 bis 5 sinngemäß anzuwenden.

Schweiz:

Art 20 Enteignung

(1) Wenn es die Landesversorgung erfordert, kann der Bundesrat den Sortenschutz ganz oder teilweise enteignen.

(2) Der Enteignete hat Anspruch auf volle Entschädigung. Diese wird im Streitfall vom Bundesgericht festgesetzt. Der II. Abschnitt des Bundesgesetzes vom 20. Juni 193021 über die Enteignung gilt sinngemäss.

Art 22 Lizenz im öffentlichen Interesse

Wenn es das öffentliche Interesse verlangt, kann die Person, deren Lizenzgesuch vom Sortenschutzinhaber ohne ausreichende Gründe abgelehnt wurde, beim Richter auf Erteilung einer nicht ausschliesslichen und nicht übertragbaren Lizenz klagen.

Art 22b Richterliche Durchsetzung

(1) Die Lizenzen nach den Artikeln 22 und 22a werden erteilt, wenn Bemühungen des Gesuchstellers um Erteilung einer vertraglichen Lizenz zu angemessenen Marktbedingungen innerhalb einer angemessenen Frist erfolglos geblieben sind. Solche Bemühungen sind nicht notwendig im Falle eines nationalen Notstandes oder bei äusserster Dringlichkeit.

(2) Umfang und Dauer der Lizenzen sind auf den Zweck beschränkt, für den sie gewährt wurden.

(3) Die Lizenzen können nur zusammen mit dem Geschäftsteil, auf den sich ihre Verwertung bezieht, übertragen werden. Dies gilt auch für Unterlizenzen.

(4) Die Lizenzen werden vorwiegend für die Versorgung des inländischen Marktes erteilt.

(5) Auf Antrag entzieht der Richter dem Berechtigten die Lizenz, wenn die Umstände die zu ihrer Erteilung geführt haben, nicht mehr gegeben sind und auch nicht zu erwarten ist, dass sie erneut eintreten. Vorbehalten bleibt ein angemessener Schutz der rechtmässigen Interessen des Berechtigten.

(6) Der Sortenschutzinhaber hat Anspruch auf eine angemessene Vergütung. Bei der Bemessung werden die Umstände des Einzelfalles und der wirtschaftliche Wert der Lizenz berücksichtigt.

(7) Der Richter entscheidet über Erteilung und Entzug der Lizenz, über deren Umfang und Dauer sowie über die zu leistende Vergütung.

(8) Erscheint die Klage als begründet, so kann der Richter nach Anhörung des Beklagten die Lizenz unter Vorbehalt des rechtskräftigen Urteils einräumen, wenn der Kläger dies beantragt und dem Beklagten angemessene Sicherheit leistet.

Belgien: Art XI.126 Code du droit économique; Bulgarien: Art 23, Art 24 (Benutzungsanordnung), Art 25 Pflanzen- und TierzuchtG; Dänemark: Art 20 SortG; Estland: § 53 – § 56 Plant Propagation and Plant Variety Rights Act; Finnland: Sec 31, 32 SortG 2009; Frankreich: Art L 623-17 – Art L 623.22 (teilweise geänd 2011), Art L 623-22-3, Art L 623-22-4 (eingefügt 2011), vgl Art L 623-8 (Einsichtsrecht des Verteidigungsministers), Art L 623-24, Art L 623-30 (Nutzung für militärische Zwecke, geänd 2007) CPI; Irland: Sec 8 (Zwangslizenz), 9 (Schutzdauerverlängerung) PVA, Sec 8 geänd 1998; Island: Art 20 SortG; Italien: Art 21 VO 455; Kroatien: Art 38 – 40 SortG; Lettland: Sec. 32 SortG; Litauen: Art 35 SortG; Niederlande: Art 61, 62 Zaaizaad- en plantgoedwet 2005; Norwegen: Art 28 SortG (geänd 2004); Polen: Art 31 – 34 SortG; Portugal: Art 26 SortV; Rumänien: Art 40 SortG; Schweden: Kap 7 §§ 3 – 5 Växtförädlarrättslag; Slowakei: Art 10 Pflanzen- und TierzuchtG; Slowenien: Art 42 SortG; Spanien: Art 17 (Nutzungsbeschränkung im öffentlichen Interesse), 24, 26 SortG 2000; Tschechische Rep: Art 21 SortG 2000; Ungarn: Art 114 B PatG; Vereinigtes Königreich: Sec 17, 25 (Verfahren) PVA

Schrifttum

Ardley Compulsory Cross-Licensing – an examination of article 12 of the Biotechnology Directive, BSLR 1998/99, 4, 135; *Böttger* Zwangslizenzen im Patentrecht: Eine systematische Bewertung der neueren Praxis insbesondere im Bereich der öffentlichen Gesundheit, GRUR Int 2008, 881; *Dörries* Patentansprüche auf DNA-Sequenzen: ein Hindernis für die Forschung? Mitt 2001, 15; *Gielen* Allgemeen Belang: Criterium voor dwanglicenties bij biotechnologische innovatie, BIE 1997, 23; *Heath* Bedeutet TRIPS wirklich eine Schlechterstellung von Entwicklungsländern? GRUR Int 1996, 1169; *Hesse* Die Behauptungs- und Beweislast im Sortenschutz-Verletzungsprozeß, GRUR 1975, 455; *Holzapfel* Das öffentliche Interesse bei Zwangslizenzen gem. § 24 Abs. 2 PatG, Mitt 2004, 391; *Horn* Das öffentliche Interesse an Zwangslizenzen, Mitt 1970, 184; *Jabbusch* Begrenzung der konzentrationsfördernden Wirkungen des Patentschutzes

durch Erweiterung des Instituts der Zwangslizenz, 1977; *Kiewiet* Colloquim »Modern
Plant Breeding and Intellectual Property Rights« on January, 26th, 2001 in Einbeck,
im Internet unter http://www.cpvo.europa.eu/documents/articles/Speech%20BK.
PDF; *Kiewiet* Relations between plant variety protection and patents on biotechno-
logy, 2003, im Internet unter http://www.cpvo.europa.eu/documents/articles/BK%20
Bangkok%20November%202003.pdf; *Leitzen/Kleinevoss* Renaissance der patentrechtlichen Zwangslizenz? Die Neuregelung des § 24 Abs. 2 PatG, Mitt 2005, 198; *Mebius*
Dwanglicenties wegen afhankelijkheid, IER 1986, 65; *Midtbø* Amendments to the
Norwegian Patents Act – Implementation of Directive 98/44/EC, 36 IIC (2005), 542,
547; *Neumeier* S 224 ff.; *Ridder* Die Bedeutung von Zwangslizenzen im Rahmen des
TRIPS-Abkommens, 2004; *Straus* Abhängigkeit bei Patenten auf genetische Information – ein Sonderfall? GRUR 1998, 314; *Viefhues* Die Erteilung von Zwangslizenzen im
europäischen Binnenmarkt, Mitt 1995, 141

Übersicht Rdn.
A. Nationale Regelung; Entstehungsgeschichte 1
B. Zwangsnutzungsrecht 2
I. Allgemeines... 2
II. Voraussetzungen und Bedingungen 5
  1. Allgemeines.. 5
  2. Materiell 6
    a. Bestehender Sortenschutz 6
    b. Öffentliches Interesse................................. 7
    c. Eignung des Antragstellers............................ 8
    d. Keine genügende Einräumung eines Nutzungsrechts........... 9
    e. Verhältnismäßigkeit und Zumutbarkeit..................... 10
  3. Bedingungen.. 11
    a. Allgemeines 11
    b. Vergütung 12
    c. Sicherheitsleistung.................................... 13
    d. Zurverfügungstellen von Vermehrungsmaterial 14
  4. Antrag 15
III. Verfahren 16
  1. Zuständigkeit 16
  2. Prüfung... 17
  3. Gebühr 20
  4. Entscheidung.. 21
    a. Form 21
    b. Inhalt... 22
  5. Rolleneintrag; Bekanntmachung............................ 24
IV. Rechtsmittel 26

V.   Wirkung   28
      1. Allgemeines   28
      2. Zeitlich   29
VI.   Neufestsetzung der Bedingungen   30
VII. Übertragbarkeit des Zwangsnutzungsrechts   32
VIII. Beendigung des Zwangsnutzungsrechts   33
C.   **Auskunftsanspruch**   34
D.   **Gemeinschaftlicher Sortenschutz**   36
E.   **Enteignung**   45

A. Nationale Regelung; Entstehungsgeschichte

1 Die Bestimmung ist geänd durch das 1. SortÄndG; Abs 1 Satz 1 weiter geänd durch das SortÄndG 1997, die Änderung ist eine Folgeänderung zur Neufassung des § 10.[1] Die Regelung hat ihre Vorgängerin in der in § 22 SortG 1968 vorgesehenen Zwangserlaubnis, die aber nur dem Saatgutverkehrsgesetz unterfallende Arten betraf;[2] diese Bestimmung war dem früheren § 15 PatG nachgebildet. Sie setzt auch die Regelung in Art 17 PflZÜ 1991 um. Das BioTRlUmsG hat die Abhängigkeitslizenz entsprechend Art 12 der Richtlinie in § 12a eingeführt (s dort).

B. Zwangsnutzungsrecht

I. Allgemeines

2 Der Sprachgebrauch lehnt sich im nationalen Recht an den in § 11 an, hieraus ergibt sich jedoch kein sachlicher Unterschied zur Zwangslizenz im Patent- und Gebrauchsmusterrecht. In der Terminologie der EU wurde im Jahr 2004 die Begrifflichkeit auf »Zwangslizenz« umgestellt, die jedoch denselben Inhalt haben soll wie der frühere Begriff »Zwangsnutzungsrecht«.[3] Allerdings weichen Voraussetzungen und Verfahren vom Patent- und Gebrauchsmusterrecht erheblich ab.

3 Das Zwangsnutzungsrecht ist in erster Linie auf die **Wahrung öffentlicher Belange** ausgerichtet, worauf insb für Notzeiten nicht verzichtet werden

---

1 Begr BTDrs 13/7038 S 14; *Metzger/Zech* Rn. 9.
2 *Metzger/Zech* Rn. 9.
3 VO (EU) Nr 873/2004 ABl EU L 162/38 vom 30.4.2004 = BlPMZ 2004, 407, Erwägungsgrund 3 *Metzger/Zech* Rn. 2.

sollte.[4] Von einer ins einzelne gehenden Regelung ist bewusst abgesehen worden, da die Wirksamkeit eines solchen Rechts davon abhänge, wieweit und unter welchen Voraussetzungen das erforderliche Vermehrungsmaterial zur Verfügung steht oder gestellt werden kann.[5]

Die **Bedeutung** des sortrechtl Zwangsnutzungsrechts ist bisher gering.[6] Jedoch 4 könnte im Hinblick auf die jüngere Rspr der Großen Beschwerdekammer des EPA,[7] durch die die Patentierung von Pflanzen und Pflanzenteilen ermöglicht wird, selbst wenn sie aus einem vom Patentschutz ausgeschlossenen biologischen Verfahren stammen, eine Neubewertung erforderlich werden. Entsprechende Überlegungen, auch zu einer Änderung der BioTRl, hat insb das Bundesministerium für Ernährung und Landwirtschaft angestellt.[8] Auch die niederl Behörden sollen einen entsprechenden Vorstoß unternommen haben.[9] Für Zierpflanzen dürfte Zwangsnutzungsrechte kaum in Betracht kommen.[10]

II. Voraussetzungen und Bedingungen

1. Allgemeines

Die materiellen Voraussetzungen für die Erteilung des Zwangsnutzungsrechts 5 sind im Gesetz nur sehr pauschal angegeben, sie entsprechen insb seit der Neuregelung der patentrechtl Zwangslizenz durch das 2.PatGÄndG und das BioTRlUmsG nicht denen im Patentrecht. Verfahrensrechtl nennt das Gesetz

---

4 Vgl Begr BTDrs 10/816 = BlPMZ 1986, 136, 137; *Wuesthoff*[2] Rn. 1; *Leßmann/ Würtenberger*[2] § 3 Rn. 77 f. *Metzger/Zech* Rn. 1; *Busse/Keukenschrijver* § 24 PatG Rn. 16 und *Schulte* § 24 PatG Rn. 5 weisen weiter auf die psychologische Wirkung hin; vgl auch *Benkard* § 24 PatG Rn. 4 f.
5 Begr BTDrs 10/816 = BlPMZ 1986, 136, 137.
6 Vgl Begr BTDrs 10/816 = BlPMZ 1986, 136, 137; nach *Leßmann/Würtenberger*[2] § 3 Rn. 77 sind Zwangsnutzungsrechte bisher nicht erteilt worden; im Vereinigten Königreich ist 2001 ein Antrag zurückgewiesen worden, Controller of Plant Variety Rights 31.10.2001 Lady Rosetta, Plant Varieties and Seed Gazette 16.11.2001, auch referiert in EIPR 2002 N-38.
7 EPA 25.3.2015 G 2/12 GRUR 2016, 585 Tomaten II und EPA G 2/13 GRUR 2016, 596 Ls Brokkoli II.
8 Vgl http://www.bmel.de/DE/Tier/Nutztierhaltung/Biopatente/biopatente_node. html, abgerufen am 26. Februar 2016.
9 Vgl auch das Unionsdokument http://data.consilium.europa.eu/doc/document/ ST-10505-2015-INIT/en/pdf.
10 *Metzger/Zech* Rn. 3.

nur das Antragserfordernis; im übrigen ergeben sich die Voraussetzungen aus
dem VwVfG.

2. Materiell

a. Bestehender Sortenschutz

6 Das Zwangsnutzungsrecht setzt Erteilung des Sortenschutzes voraus.[11] Anders
als nach der Regelung 1968 ist es nicht mehr auf Arten beschränkt, die dem
SaatG unterliegen. Erfasst sind vielmehr geschützte Sorten aller Arten.[12] Auch
die sich aus der Regelung 1986 noch ergebende Ausnahme für vegetativ vermehrte Zierpflanzen ist durch die Änderung 1991 entfallen.[13]

b. Öffentliches Interesse

7 Die Einräumung des Zwangsnutzungsrechts muss im öffentlichen Interesse
geboten sein[14] (vgl Rdn. 37); dies gilt nicht bei der Abhängigkeitslizenz nach
§ 12a.[15] Die Regelung im VK stellt ua darauf ab, ob die Sorte für die Öffentlichkeit zu vernünftigen Preisen verfügbar ist; dabei wird auch bei Sorten, die
in Spezialbereichen verwendet werden (Kartoffelchips) auf alle Nutzer abzustellen sein.[16]

c. Eignung des Antragstellers

8 Aus allg rechtsstaatlichen Grundsätzen folgt, dass der Antragsteller in der Lage
und willens sein muss, die Zwangsnutzungserlaubnis für eigene Rechnung
in seinem Betrieb oder durch Dritte zu nutzen,[17] und zwar im Rahmen der

---

11 *Wuesthoff*[2] Rn. 13; *Metzger/Zech* Rn. 20.

12 Vgl Begr BTDrs 10/816 = BlPMZ 1986, 136, 139 f.

13 Vgl Begr BTDrs 12/1059 S 6.

14 Zur Ausfüllung dieses unbestimmten Rechtsbegriffs *Busse/Keukenschrijver* § 24
   PatG Rn. 34 ff.; *Wuesthoff*[2] Rn. 8 f.; vgl *Leßmann/Würtenberger*[2] § 5 Rn. 79;
   Metzger/Zech Rn. 25 f.; zur Abweichung von der Regelung in der BioTRl *van Over-
   walle* AgrarR 1999 Beil I S 9, 13.

15 Zum Wegfall des Erfordernisses bei Abhängigkeitslizenzen im Patentrecht *Dörries*
   Mitt 2001, 15, 19 f; kr *Holzapfel* Mitt 2004, 391, 394 f; vgl *Leitzen/Kleinevoss* Mitt
   2005, 198, 200.

16 Controller of Plant Variety Rights 31.10.2001 Lady Rosetta, Plant Varieties and
   Seed Gazette 16.11.2001, auch referiert in EIPR 2002 N-38.

17 Vgl *Wuesthoff*[2] Rn. 6; *Busse/Keukenschrijver* § 24 PatG Rn. 22 ff.; Controller of
   Plant Variety Rights 31.10.2001 Lady Rosetta, Plant Varieties and Seed Gazette

durch § 10 geschützten und nicht nach § 10a privilegierten Formen.[18] Das vorangegangene Verhalten des Antragstellers ist berücksichtigt worden.[19]

d. Keine genügende Einräumung eines Nutzungsrechts

Ein Zwangsnutzungsrecht scheidet aus, soweit der SortInhaber selbst ein **9** genügendes Nutzungsrecht einzuräumen bereit ist.[20] Die Nutzungsverweigerung oder -erschwerung muss vom Rechtsinhaber ausgehen, auf das Verhalten von Lizenznehmern oder sonstigen Dritten kommt es nicht an.[21] Ob eine ausreichende Einräumung von Nutzungsrechten vorliegt, ist nach dem tatsächlichen Verhalten zu beurteilen; Verweigerung kommt auch dann in Betracht, wenn vertraglich ausreichende Rechtseinräumung vorliegt, die Verpflichtungen aber nicht eingehalten werden. Im Fall der Gewährung ausreichender Nutzungsmöglichkeit fehlt es schon an der Erforderlichkeit der Begründung eines solchen Rechts durch Hoheitsakt. Dass sich der Antragsteller um die Einräumung einer vertraglichen Lizenz bemüht hat, wird anders als nach Art 37 GemSortVDV und dem österreich Recht sowie § 24 Abs 1 Nr 1 PatG nicht ausdrücklich vorausgesetzt, aber bei der Prüfung der Erforderlichkeit zu berücksichtigen sein (zur Rechtslage bei Abhängigkeit bei biotechnologischen Erfindungen Rdn. 10 zu § 12a).[22]

e. Verhältnismäßigkeit und Zumutbarkeit

Verhältnismäßigkeit[23] und Zumutbarkeit sind nach allg Grundsätzen des **10** Verwaltungsrechts weitere Voraussetzungen für die Erteilung der Zwangsnutzungserlaubnis; wirtschaftliche Zumutbarkeit wird in Abs 1 auch ausdrücklich genannt. Die Zumutbarkeit ist einzelfallbezogen zu prüfen.[24]

16.11.2001, auch referiert in EIPR 2002 N-38; vgl auch die »Canna Wheat«-Entscheidung FSR 1968, 639 sowie den »Golden Promise Spring«-Fall FSR 1981, 562.
18 Vgl *Wuesthoff*[2] Rn. 6.
19 Controller Lady Rosetta.
20 *Wuesthoff*[2] Rn. 6 f.; *Metzger/Zech* Rn. 21 ff.; vgl *Busse/Keukenschrijver* § 24 PatG Rn. 28.
21 Vgl *Wuesthoff*[2] Rn. 7.
22 Vgl zum Patentrecht BPatG GRUR 2017, 373 »Isentress«; bestätigt durch BGH 11.7.2017 X ZB 2/17 Vv Raltegravir.
23 Hierzu *Busse/Keukenschrijver* § 24 PatG Rn. 40 f.
24 *Metzger/Zech* Rn. 27.

3. Bedingungen

a. Allgemeines

11 Die Bedingungen (besser: Auflagen)[25] für das Zwangsnutzungsrecht haben
    den vorstehend genannten Grundsätzen Rechnung zu tragen. Sie können den
    sachlichen, zeitlichen und räumlichen Umfang des Nutzungsrechts betreffen,
    insb dieses auf bestimmte Mengen und Nutzungsarten beschränken.[26] Das
    Zwangsnutzungsrecht kann auch rückwirkend erteilt werden,[27] aber nicht für
    Zeiträume vor Erteilung des Sortenschutzes (Rdn. 6) oder vor Antragstellung.

b. Vergütung

12 Von besonderer Bedeutung ist die Auferlegung der Verpflichtung, an den Sort-
    Inhaber eine Vergütung zu zahlen (vgl Abs 1 Satz 2).[28] Die Festsetzung einer
    Vergütung wird schon unter Verhältnismäßigkeitsgesichtspunkten in aller
    Regel nicht unterbleiben können (vgl auch Art 31 TRIPS-Übk).[29] Die Höhe
    der Vergütung wird sich daran orientieren müssen, was die Beteiligten bei
    vertraglicher Einigung vernünftigerweise vereinbaren würden.[30]

c. Sicherheitsleistung

13 Sicherheitsleistung ist im geltenden Recht anders als in der Vorgängerregelung
    nicht mehr ausdrücklich vorgesehen. Das ändert nichts daran, dass sie in ent-
    sprechend gelagerten Fällen weiterhin angeordnet werden kann.[31]

d. Zurverfügungstellen von Vermehrungsmaterial

14 Zurverfügungstellen von Vermehrungsmaterial soll dem SortInhaber auferlegt
    werden können,[32] weil sonst das Zwangsnutzungsrecht weitgehend entwertet
    werden könnte.

---

25 Vgl *Busse/Keukenschrijver* § 24 PatG Rn. 74.
26 *Wuesthoff*[2] Rn. 14; *Busse/Keukenschrijver* § 24 PatG Rn. 73, 77.
27 *Wuesthoff*[2] Rn. 13.
28 *Busse/Keukenschrijver* § 24 PatG Rn. 78 ff.; *Wuesthoff*[2] Rn. 15 f.
29 Vgl *Busse/Keukenschrijver* § 24 PatG Rn. 79; vgl auch *Metzger/Zech* Rn. 37 f.
30 *Wuesthoff*[2] Rn. 15; *Busse/Keukenschrijver* § 24 PatG Rn. 79.
31 *Wuesthoff*[2] Rn. 17; *Busse/Keukenschrijver* § 24 PatG Rn. 85.
32 *Wuesthoff*[2] Rn. 18.

4. Antrag

Antragsteller kann jedermann sein;[33] erfasst sind somit auch juristische Perso- 15
nen sowie vom Erwerb des Sortenschutzes nach § 15 ausgeschlossene Auslän-
der. Die förmlichen Voraussetzungen ergeben sich aus § 64 VwVfG (Antragstellung schriftlich oder zur Niederschrift des BSA). Ein bestimmter Inhalt des
Antrags ist nicht vorgeschrieben, jedoch wird zu verlangen sein, dass die Sorte
angegeben wird, an der das Zwangsnutzungsrecht beantragt wird, weiter wohl
auch die Angabe, in welchem Umfang die Nutzung begehrt wird.[34]

III. Verfahren

1. Zuständigkeit

Anders als nach den Regelungen im Patent- und Gebrauchsmustergesetz wird 16
das Zwangsnutzungsrecht nicht von einem Gericht in einem gerichtlichen
Verfahren, sondern vom BSA als Verwaltungsbehörde erteilt.[35] Zuständig ist
das BSA mit seinen Prüfabteilungen (§ 18 Abs 2 Nr 5) in der Dreierbesetzung
(§ 19 Abs 2).

2. Prüfung

Es gelten die Bestimmungen über das förmliche Verwaltungsverfahren. Das 17
BSA prüft die Voraussetzungen für die Erteilung der Zwangslizenz von Amts
wegen. Dabei gilt der **Untersuchungsgrundsatz**; an Vorbringen der Beteiligten ist das BSA nicht gebunden (§ 24 VwVfG).

Abs 3 begründet eine Obliegenheit des BSA, vor Entscheidung über die Ertei- 18
lung des Zwangsnutzungsrechts die betroffenen **Spitzenverbände** zu hören.[36]

Soweit erforderlich, wird man dem BSA die Möglichkeit zubilligen müssen, 19
eine **vorläufige Regelung** bis zur Entscheidung zu treffen.[37]

---

33 Vgl *Wuesthoff*[2] Rn. 5; *Metzger/Zech* Rn. 13; *Busse/Keukenschrijver* § 24 PatG
Rn. 22.
34 *Wuesthoff*[2] Rn. 3.
35 Vgl *Metzger/Zech* Rn. 15.
36 *Metzger/Zech* Rn. 18.
37 *Wuesthoff*[2] Rn. 10 unter Hinweis auf § 41 SortG 1968.

3. Gebühr

20 Die Antragsgebühr beträgt nach § 12 BSAVfV iVm Nr 121 GebVerz dzt 710 EUR.

4. Entscheidung

a. Form

21 Die Entscheidung ergeht nach Maßgabe des § 69 VwVfG (Rdn. 10 zu § 21). Das Gesetz sieht ihre Bezeichnung als »Beschluss« jedenfalls nicht zwingend vor.

b. Inhalt

22 Die Entscheidung spricht sachlich die Erteilung des Zwangsnutzungsrechts oder die Zurückweisung des Antrags aus. Liegen die Voraussetzungen für die Erteilung des Zwangsnutzungsrechts vor, hat der Antragsteller Anspruch auf sie; ein Ermessen ist dem BSA insoweit trotz des missverständlichen Wortlauts (»kann«) nicht eingeräumt.[38]

23 In der stattgebenden Entscheidung sind die **Bedingungen**, insb die Höhe der an den SortInhaber zu zahlenden Vergütung, festzusetzen (Abs 1 Satz 2).

5. Rolleneintrag; Bekanntmachung

24 Die Erteilung des Zwangsnutzungsrechts einschließlich der festgesetzten Bedingungen ist in der **Rolle** einzutragen (§ 28 Abs 1 Nr 6). Die Eintragung hat lediglich deklaratorische Wirkung.[39]

25 Die Eintragung ist **bekanntzumachen** (§ 28 Abs 4).

IV. Rechtsmittel

26 Gegen die Entscheidung der Prüfabteilung ist trotz § 70 VwVfG, dessen Anwendbarkeit § 21 aussschließt, Widerspruch nach § 68 VwGO eröffnet, über den ein Widerspruchsausschuss entscheidet (§ 18 Abs 3). Die Widerspruchsfrist beträgt einen Monat ab Bekanntgabe der Entscheidung (§ 70

---

38 Vgl RGZ 171, 227, 233 = GRUR 1943, 289 Kohlenstaubmotor; *Busse/Keukenschrijver* § 24 PatG Rn. 68; *Benkard* § 24 PatG Rn. 28; aA *Wuesthoff*[2] Rn. 10; *Metzger/Zech* Rn. 30 f.
39 *Metzger/Zech* Rn. 41.

Abs 1 VwGO). Die Widerspruchsgebühr beträgt dzt 710 EUR (Nr 124.2 GebVerz).

Gegen die Entscheidung des Widerspruchsausschusses eröffnet § 34 Abs 1 die **27** **Beschwerde** an das BPatG. Gegen dessen Entscheidung kommt bei Vorliegen der Voraussetzungen des § 35 **Rechtsbeschwerde** an den BGH in Betracht, bei der anders als im Beschwerdeverfahren (und stark eingeschränkt auch im Berufungsverfahren nach §§ 110 ff. PatG) eine Tatsachenfeststellung durch den BGH nicht möglich ist.

V. Wirkung

1. Allgemeines

Wie bei der Patent- oder Gebrauchsmusterzwangslizenz wird auch beim **28** Zwangsnutzungsrecht eine Nutzungsberechtigung durch staatlichen Hoheitsakt, hier allerdings nicht durch rechtsgestaltendes Gerichtsurteil wie nach § 84 PatG, sondern durch Verwaltungsakt, unmittelbar begründet.[40] Der Berechtigte erlangt eine Stellung wie ein einfacher Lizenznehmer; eine Benutzungspflicht trifft ihn nicht, zur Erteilung von Unterlizenzen ist er nicht berechtigt.[41] Den Berechtigten treffen die Pflichten, deren Erfüllung ihm vom BSA zur Auflage gemacht worden ist; die Erteilung stellt jedoch keinen Vollstreckungstitel dar.[42] Ob die Voraussetzungen der Zwangserlaubnis vorgelegen haben, ist im Verletzungsstreit nicht zu überprüfen.[43]

2. Zeitlich

Die Erteilung begründet das Zwangsnutzungsrecht für die in der Entschei- **29** dung vorgesehene Zeit, uU rückwirkend bis zur Erteilung des Sortenschutzes und zur Antragstellung für das Zwangsnutzungsrecht (Rdn. 6, 11), längstens für die Laufdauer des Sortenschutzes.

---

40 Vgl *Wuesthoff*[2] Rn. 14; *Metzger/Zech* Rn. 29; *Busse/Keukenschrijver* § 24 PatG Rn. 69.
41 *Wuesthoff*[2] Rn. 19 ff.; *Busse/Keukenschrijver* § 24 PatG Rn. 70; vgl *Metzger/Zech* Rn. 36.
42 Vgl zur Rechtslage im Patentrecht *Busse/Keukenschrijver* § 24 PatG Rn. 96.
43 Vgl *Hesse* GRUR 1975, 455, 461.

VI. Neufestsetzung der Bedingungen

30 Neufestsetzung der Bedingungen kann von jedem Beteiligten mit der Begründung beantragt werden, dass sich die für die Festsetzung maßgeblichen Umstände inzwischen erheblich geändert haben (Abs 2).

31 Der Antrag kann erst nach **Ablauf eines Jahrs** seit Erteilung des Zwangsnutzungsrechts und dann jeweils nach Ablauf eines weiteren Jahrs wiederholt werden. Zuvor gestellte Anträge sind damit unzulässig. Durch die Regelung soll verhindert werden, dass in das Lizenzverhältnis ständig Unruhe gebracht wird.[44]

VII. Übertragbarkeit des Zwangsnutzungsrechts

32 Für die Frage der Übertragbarkeit des Zwangsnutzungsrechts wird man auf die Rechtslage im Patentrecht zurückgreifen können.[45]

VIII. Beendigung des Zwangsnutzungsrechts

33 Das Rechtsverhältnis kann von den Beteiligten einvernehmlich aufgehoben werden.[46] Eine Rücknahme des Zwangsnutzungsrechts wird man entsprechend der im Patentrecht durch das 2.PatGÄndG eingeführten Regelung (jetzt § 24 Abs 6 Satz 6 PatG), jedenfalls aber unter den Voraussetzungen des § 49 Abs 2 VwVfG als zulässig ansehen müssen.[47]

C. Auskunftsanspruch

34 Einen besonderen Auskunftsanspruch gegenüber der zuständigen Behörde (dh dem BSA) gewährt Abs 4 dem SortInhaber für den Fall, dass das Zwangsnutzungsrecht für eine Sorte einer dem SaatG unterliegenden Art erteilt worden ist.[48]

35 **Umfang.** Der Auskunftsanspruch umfasst die Person der ASt für die Anerkennung von Saatgut für Vermehrungsmaterial der geschützten Sorte (Abs 4

---

44 *Wuesthoff*[2] Rn. 27.
45 Vgl *Busse/Keukenschrijver* § 24 PatG Rn. 88 ff.
46 *Wuesthoff*[2] Rn. 28; *Busse/Keukenschrijver* § 24 PatG Rn. 91.
47 Vgl (weitergehend) *Hesse* GRUR 1975, 455, 461; aA *Wuesthoff*[2] Rn. 28; nach *Metzger/Zech* Rn. 44 erfolgt dies im Weg der Überprüfung nach Abs 2.
48 Vgl hierzu *Wuesthoff*[2] Rn. 26.

Nr 1) sowie die Größe der in dem Antrag angegebenen Vermehrungsflächen (Abs 4 Nr 2) und schließlich bestimmte Mengenangaben (Abs 4 Nr 3).

D. Gemeinschaftlicher Sortenschutz

Maßgebliche Bestimmung ist Art 29 GemSortV, der in Anpassung an die **36** BioTRl durch die EU-RatsVO Nr 873/2004 vom 29.4.2004[49] neu gefasst worden ist; damit wurde in Art 29 Abs 5a GemSortV eine Ergänzung vorgenommen, die § 12a entspricht. Hinzu treten die Art 37 – 44 GemSortVDV, die durch die VO der Kommission Nr 1002/2005 vom 30.6.2005[50] neu gefasst worden sind.

Zwangslizenzen am gemeinschaftlichen Sortenschutz können nicht von den **37** Mitgliedstaaten erteilt werden (Art 29 Abs 7 GemSortV), sondern nur vom GSA (Art 29 Abs 1 GemSortV). Voraussetzung sind Gründe des öffentlichen Interesses (Art 29 Abs 1 Nr 1 GemSortV; aufgrund Art 29 Abs 6 GemSortV beispielhaft aufgezählt in Art 41 Abs 1 GemSortVDV).[51] In Betracht kommen insb Schutz von Leben und Gesundheit von Menschen, Tieren und Pflanzen, Bedarf des Markts an Material, das bestimmte Merkmale aufweist, Erhaltung des Anreizes zur Züchtung verbesserter Sorten. Art 43 GemSortVDV enthält Verfahrensbestimmungen.

Art 29 Abs 5a GemSortV sieht in Umsetzung von 12 Abs 4 Satz 2 BioTRl **38** (Rdn. 2 zu § 12a) weiter **Abhängigkeitslizenzen** zugunsten des Patentinhabers bei biotechnologischen Erfindungen vor. Die Regelung in Art 12 Abs 3 Buchst b BioTRl verschärft die Anforderungen, die Art 29 GemSortV an die Erteilung eines Zwangsnutzungsrechts stellt.[52]

Antragsberechtigt sind neben dem Lizenzsucher (Art 29 Abs 1 GemSortV) jeder **39** Mitgliedstaat, die Kommission oder auf Gemeinschaftsebene arbeitende und von der Kommission registrierte Organisationen; die Erteilung bedarf in den letztgenannten Fällen der Billigung des Verwaltungsrats (Art 29 Abs 2 GemSortV). In diesem Fall ist der Antrag darauf gerichtet, einen Dritten zu begünstigen.[53] Art 29 Abs 5 GemSortV regelt die Erteilung des Zwangsnutzungsrechts an den Inhaber einer im Wesentlichen abgeleiteten Sorte, Art 42 GemSortVDV die vom

---

49 ABl EU L 162/38 = BlPMZ 2004, 407.
50 ABl EU L 170/7 = BlPMZ 2005, 348.
51 Vgl *van der Kooij* Art 29 Anm 1; *Gielen* BIE 1997, 23, 25.
52 Vgl *Funder* EIPR 1999, 551, 574 Fn 95; vgl auch *Kiewiet* Kolloquium Einbeck.
53 *Metzger/Zech* Rn. 14.

Nutzungsberechtigten zu erfüllenden Anforderungen; Art 43 GemSortVDV trifft Bestimmungen hinsichtlich der in Art 29 Abs 2 GemSortV genannten Organisationen.

40 Das GSA bestimmt die vom Zwangsnutzungsrecht erfassten Handlungen und setzt die **Bedingungen** (besser: Auflagen) fest, die Art 29 Abs 3 Satz 3 GemSortV beispielhaft aufzählt; auch insoweit regelt Art 41 Nr 3, 4 GemSort-VDV Näheres (Nichtausschließlichkeit, grds Unübertragbarkeit).[54]

41 Ein **Ermessen** ist dem GSA nicht eröffnet. Dies sollte auch für die Fälle des Art 29 Abs 2 Satz 1 und Abs 5 GemSortV gelten.[55]

42 **Aufhebung oder Änderung** kann von jedem Verfahrensbeteiligten wegen geänd Umstände bei Ablauf jedes Einjahreszeitraums nach Erteilung des Zwangsnutzungsrechts beantragt werden (Art 29 Abs 4 GemSortV).

43 Art 100 Abs 2, 3 GemSortV spricht dem, der vor Einleitung eines Verfahrens nach Art 101, 102 GemSortV **Inhaber oder Nutzungsberechtigter** war und vorbehaltene Handlungen vorgenommen oder dazu wirkliche und ernsthafte Vorbereitungen getroffen hat, die Gewährung eines Nutzungsrechts durch das GSA zu, sofern mit dem neuen Inhaber keine Einigung zustande kommt; insoweit trifft Art 44 GemSortVDV nähere Regelungen.

44 **Rechtsbehelfe.** In den Fällen des Art 29 GemSortV und des Art 100 Abs 2 GemSortV besteht eine direkte Klagemöglichkeit (Rdn. 20 vor § 34).

E. Enteignung

45 Eine Enteignung (vgl Art 14 Abs 3 GG) ist weder im nationalen noch im Gemeinschaftsrecht vorgesehen. Auch eine dem § 13 PatG vergleichbare Regelung für staatliche Eingriffe findet sich dort nicht (anders in Bulgarien, Art 24, 25 Pflanzen- und TierzuchtG). Eine Vollenteignung wird zudem zumindest im Regelfall weder erforderlich noch verhältnismäßig sein.[56] Dagegen kennt die Schweiz parallel zur Regelung in Art 32 schweiz PatG eine Enteignung des Sortenschutzes (Art 20 schweiz SortG), wenn dies die Landesversorgung erfordert.

---

54 Vgl zum Verfahren *van der Kooij* Art 29 Anm 6.
55 Insoweit aA *Metzger/Zech* Rn. 34 f.
56 Vgl *Busse/Keukenschrijver* PatG § 13 Rn. 6.

§ 12a Zwangsnutzungsrecht bei biotechnologischen Erfindungen

(1) Kann der Inhaber eines Patents für eine biotechnologische Erfindung (§ 1 Abs 2 des Patentgesetzes) diese nicht verwerten, ohne ein früher erteiltes Sortenschutzrecht zu verletzen, so erteilt das Bundessortenamt auf Antrag nach Maßgabe der Absätze 3 und 4 ein Zwangsnutzungsrecht an dem Sortenschutz hinsichtlich der Berechtigungen nach § 10 zu angemessenen Bedingungen.

(2) Der Sortenschutzinhaber kann verlangen, dass ihm der Patentinhaber eine gegenseitige Lizenz zu angemessenen Bedingungen einräumt.

(3) Der Patentinhaber muss nachweisen, dass
1. er sich vergeblich an den Sortenschutzinhaber gewandt hat, um ein vertragliches Nutzungsrecht zu erhalten,
2. die Erfindung einen bedeutenden technischen Fortschritt von erheblichem wirtschaftlichem Interesse gegenüber der geschützten Pflanzensorte darstellt.

(4) [1]Das Bundessortenamt setzt bei der Erteilung des Zwangsnutzungsrechts die Bedingungen, insbesondere die Höhe der an den Sortenschutzinhaber zu zahlenden Vergütung fest. [2]§ 12 Abs 2 und 4 gilt entsprechend.

GemSortV: Art 29 Abs 5a [abgedruckt bei § 12]

Ausland: Österreich:

§ 6 Abs 6 [abgedruckt bei § 12]

Schweiz:

Art 22a Lizenz für abhängiges Patent

(1) Kann ein Patent für eine Erfindung, die biologisches Material betrifft, ohne Verletzung eines früher erteilten Sortenschutzrechtes nicht benutzt werden, so hat der Patentinhaber Anspruch auf eine nicht ausschliessliche Lizenz in dem für die Benützung seines Patents erforderlichen Umfang, sofern die Erfindung einen namhaften Fortschritt von erheblicher wirtschaftlicher Bedeutung im Vergleich mit der geschützten Pflanzensorte darstellt.

(2) Im Gegenzug hat der Sortenschutzinhaber Anspruch darauf, dass ihm der Patentinhaber eine Lizenz zur Benützung seines Patentrechtes erteilt.

Art 36a schweiz PatG:

(1) Kann ein Sortenschutzrecht ohne Verletzung eines früher erteilten Patents nicht beansprucht oder benützt werden, so hat der Pflanzenzüchter beziehungsweise der Sortenschutzinhaber Anspruch auf eine nicht ausschließliche Lizenz in dem für die Erlangung und Benützung seines Sortenschutzrechts erforderlichen Umfang, sofern die Pflanzensorte einen namhaften Fortschritt von erheblicher wirtschaftlicher Bedeutung gegenüber der patentgeschützten Erfindung darstellt. Bei Sorten für Landwirtschaft und Ernährung sind die Kriterien der Saatgut-Verordnung vom 7. Dezember 1998 als Anhaltspunkte zu berücksichtigen.

(2) Der Patentinhaber kann die Erteilung der Lizenz an die Bedingung knüpfen, dass ihm der Sortenschutzinhaber eine Lizenz zur Benützung seines Sortenschutzrechtes erteilt.

Frankreich: Art L 623-22-1, L 623-22-2 (eingefügt 2004); **Kroatien:** Art 40a SortG (eingefügt 2008); **Lettland:** Sec 32[1] SortG (eingefügt 2005); **Norwegen:** Art 28 SortG (2004); **Schweden:** Kap 7 §§ 3a, 4 Växtförädlarrättslag (eingefügt 2004); **Spanien:** Art 25 SortG 2000; **Serbien:** Art 68 PatG 2004; **Vereinigtes Königreich:** Patents and Plant Variety Rights (Compulsory Licensing) Regulations 2002

Schrifttum
s Schrifttum zu § 12

Übersicht	Rdn.
A. Entstehungsgeschichte	1
B. Abhängigkeitslizenzen für Pflanzenzüchter und bei	
biotechnologischen Erfindungen	2
I. Allgemeines	2
II. Vom Patent abhängiges Sortenschutzrecht	3
III. Vom Sortenschutzrecht abhängiges Patent	8

A. Entstehungsgeschichte

1   Die im BioTRlUmsG enthaltene Regelung setzt mWv 28.2.2005 Art 12 Abs 2, 3 und 4 EG-BioTRl um.[1] Die Anpassung des Art 29 GemSortV an die

---

1   Zur Vorgeschichte auch *Neumeier* S 225.

BioTRl unter Berücksichtigung der Vorgaben im PflZÜ (Voraussetzung des öffentlichen Interesses) ist durch die VO (EG) Nr 873/2004 des Rates vom 29.4.2004[2] erfolgt (vgl Rdn. 37 zu § 12).

B. Abhängigkeitslizenzen für Pflanzenzüchter und bei biotechnologischen Erfindungen

I. Allgemeines

Art 12 BioTRl enthält Regelungen für den Fall, dass ein Pflanzenzüchter ein **2** SortRecht nicht erhalten oder verwerten kann, ohne ein früher erteiltes Patent zu verletzen, sowie für den Fall, dass der Inhaber eines Patents für eine biotechnologische Erfindung diese nicht verwerten kann, ohne ein früher erteiltes SortRecht zu verletzen.[3] Das Vorliegen eines öffentlichen Interesses an der Erteilung der Zwangslizenz ist bei der Abhängigkeitslizenz nicht erforderlich.[4] Die Bestimmung lautet:

(1) [1]Kann ein Pflanzenzüchter ein Sortenschutzrecht nicht erhalten oder verwerten, ohne ein früher erteiltes Patent zu verletzen, so kann er beantragen, daß ihm gegen Zahlung einer angemessenen Vergütung eine nicht ausschließliche Zwangslizenz für die patentgeschützte Erfindung erteilt wird, soweit diese Lizenz zur Verwertung der zu schützenden Pflanzensorte erforderlich ist. [2]Die Mitgliedstaaten sehen vor, daß der Patentinhaber, wenn eine solche Lizenz erteilt wird, zur Verwertung der geschützten Sorte Anspruch auf eine gegenseitige Lizenz zu angemessenen Bedingungen hat.

(2) [1]Kann der Inhaber des Patents für eine biotechnologische Erfindung diese nicht verwerten, ohne ein früher erteiltes Sortenschutzrecht zu

---

2 ABl EU L 162/38 = BlPMZ 2004, 407.

3 Vgl hierzu die von der Bundesregierung nicht aufgegriffenen (BTDrs 14/5642) Empfehlungen des Bundesrats zum RegE BioTRlUmsG, BRDrs 655/1/00 S 5 mit den Forderungen, den Inhabern geschützter Sorten ein analog zu Patentinhabern gleichwertiges Zwangsnutzungsrecht an Patenten einzuräumen und das BSA generell für die Erteilung von Zwangsnutzungsrechten bei Pflanzensorten, in denen Patente enthalten sind, zuständig zu erklären; vgl weiter *Dörries* Mitt 2001, 15, 19 f; die Vereinbarkeit mit Art 30, 31 TRIPS-Übk zieht *CIPA Guide* Rn. 1.21 in Zweifel.

4 *Leßmann/Würtenberger*[2] § 3 Rn. 79; *Leitzen/Kleinevoss* Mitt 2005, 198, 200; kr zur Verfassungsmäßigkeit *Holzapfel* Mitt 2004, 391 f; vgl *Busse/Keukenschrijver* § 24 PatG Rn. 48, dort (Rn. 47) auch zur str Frage, ob alternativ zur Abhängigkeitslizenz auch auf die »normale« Zwangslizenz nach § 24 Abs 1 mit dem Erfordernis des öffentlichen Interesses zurückgegriffen werden kann.

verletzen, so kann er beantragen, daß ihm gegen Zahlung einer angemessenen Vergütung eine nicht ausschließliche Zwangslizenz für die durch dieses Sortenschutzrecht geschützte Pflanzensorte erteilt wird. [2]Die Mitgliedstaaten sehen vor, daß der Inhaber des Sortenschutzrechts, wenn eine solche Lizenz erteilt wird, zur Verwertung der geschützten Erfindung Anspruch auf eine gegenseitige Lizenz zu angemessenen Bedingungen hat.

(3) Die Antragsteller nach den Absätzen 1 und 2 müssen nachweisen, daß

a) sie sich vergebens an den Inhaber des Patents oder des Sortenschutzrechts gewandt haben, um eine vertragliche Lizenz zu erhalten;

b) die Pflanzensorte oder Erfindung einen bedeutenden technischen Fortschritt von erheblichem wirtschaftlichem Interesse gegenüber der patentgeschützten Erfindung oder der geschützten Pflanzensorte darstellt.

(4) [1]Jeder Mitgliedstaat benennt die für die Erteilung der Lizenz zuständige(n) Stelle(n). [2]Kann eine Lizenz für eine Pflanzensorte nur vom Gemeinschaftlichen Sortenamt erteilt werden, findet Artikel 29 der Verordnung (EG) Nr. 2100/94 Anwendung.

II. Vom Patent abhängiges Sortenschutzrecht

3 Der Weiterzüchtungsvorbehalt nach § 10a Abs 1 Nr 3 privilegiert nur gegenüber bestehendem SortSchutz, nicht auch gegenüber bestehendem Patentschutz. Insoweit ist Beurteilungsmaßstab § 11 Nr 2 PatG bzw § 11 Nr 2a PatG in der durch das BioTRlUmsG eingeführten Form, der zwar Handlungen zu Versuchszwecken privilegiert, neu gezüchtete Sorten, die in den Schutzbereich eines Patents fallen, aber nicht von diesem Schutz freistellt[5] (vgl Rdn. 10 zu § 10, Rdn. 7 zu § 10a). Der Pflanzenzüchter kann aber gegen Zahlung einer angemessenen Vergütung die Erteilung einer nicht ausschließlichen Zwangslizenz für die patentgeschützte Erfindung beantragen, soweit diese zur Verwertung der zu schützenden Pflanzensorte erforderlich ist (Art 12 Abs 1 Satz 1 BioTRl; § 24 Abs 3 PatG in der durch das BioTRlUmsG geänd Fassung). Die Voraussetzungen entsprechen denen im Fall eines vom Patent abhängigen SortRechts; auf das Vorliegen eines öffentlichen Interesses kommt es insoweit nicht an (§ 24 Abs 3, Abs 2, Abs 1 Nr 1 PatG in der durch das BioTRlUmsG geänd Fassung). Es besteht Anspruch auf Gegenlizenz (vgl

---

5 Vgl *B. Goebel* S 229 ff., auch zur Vereinbarkeit mit Art 30 TRIPS-Übk; *Lange* GRUR Int 1996, 586, 589.

Rdn. 7). Die Regelung wird auch auf das vom Gebrauchsmuster abhängiges SortRecht anwendbar sein.[6]

§ 24 Abs 1 – 3 PatG lauten: 4

(1) Die nicht ausschließliche Befugnis zur gewerblichen Benutzung einer Erfindung wird durch das Patentgericht im Einzelfall nach Maßgabe der nachfolgenden Vorschriften erteilt (Zwangslizenz), sofern
1. der Lizenzsucher sich innerhalb eines angemessenen Zeitraumes erfolglos bemüht hat, vom Patentinhaber die Zustimmung zu erhalten, die Erfindung zu angemessenen geschäftsüblichen Bedingungen zu benutzen, und
2. das öffentliche Interesse die Erteilung einer Zwangslizenz gebietet.

(2) [1]Kann der Lizenzsucher eine ihm durch Patent mit jüngerem Zeitrang geschützte Erfindung nicht verwerten, ohne das Patent mit älterem Zeitrang zu verletzen, so hat er gegenüber dem Inhaber des Patents mit dem älteren Zeitrang Anspruch auf Einräumung einer Zwangslizenz, sofern
1. die Voraussetzung des Absatzes 1 Nr. 1 erfüllt ist und
2. seine eigene Erfindung im Vergleich mit derjenigen des Patents mit dem älteren Zeitrang einen wichtigen technischen Fortschritt von erheblicher wirtschaftlicher Bedeutung aufweist.

[2]Der Patentinhaber kann verlangen, daß ihm der Lizenzsucher eine Gegenlizenz zu angemessenen Bedingungen für die Benutzung der patentierten Erfindung mit dem jüngeren Zeitrang einräumt.

(3) Absatz 2 gilt entsprechend, wenn ein Pflanzenzüchter ein Sortenschutzrecht nicht erhalten oder verwerten kann, ohne ein früheres Patent zu verletzen.

Zur entsprechenden **Rechtslage in der Schweiz** Art 36a PatG, in Kraft seit 5
1.9.2008. Art 22b schweiz SortG (abgedruckt bei § 12) ist auch hier anzuwenden.

In **Österreich** trifft § 6 Abs 6 öSortG die einschlägige Regelung (abgedruckt 6
bei § 12).

---

6 *Busse/Keukenschrijver* § 20 GebrMG Rn. 5; vgl *Bühring* § 20 GebrMG Rn. 5 f.

7   Die gesetzlichen Vorgaben in Österreich und in der Schweiz bemühen sich damit (anders als etwa in Frankreich, in den Niederlanden, im Vereinigten Königreich und in Deutschland), gewisse **Festlegungen** vorzunehmen.[7]

III. Vom Sortenschutzrecht abhängiges Patent

8   Weitgehend Entsprechendes gilt nach § 12a für den Fall, dass der Inhaber eines Patents für eine biotechnologische Erfindung diese nicht verwerten kann, ohne ein früher erteiltes SortRecht zu verletzen; auch hier besteht für den Fall der Erteilung der Zwangslizenz Anspruch auf eine Gegenlizenz zu angemessenen Bedingungen (vgl Art 12 Abs 2 Bio-TRl).

9   Die **Voraussetzungen** für die Abhängigkeitslizenz sind in Abs 1, Abs 3 Nr 1, 2 abschließend geregelt. Demnach ist erforderlich, dass
   – der Inhaber eines Patents für eine biotechnologische Erfindung iSd § 1 Abs. 2 PatG idF des BioTRlUmsG diese nicht verwerten kann, ohne ein früher erteiltes Sortenschutzrecht zu verletzen (Abs 1);
   – die Erfindung einen bedeutenden (BioTRl; synonym dazu: wichtigen, § 24 PatG; möglicherweise abweichend: namhaften, Art 36 schweiz PatG) technischen Fortschritt von erheblichem wirtschaftlichem Interesse gegenüber der geschützten Pflanzensorte darstellt (Abs 3 Nr 2);[8] dies konkretisiert die Regelung in der Schweiz dahin, dass bei Sorten für Landwirtschaft und Ernährung die Kriterien der schweiz Saatgut-VO als Anhaltspunkte zu berücksichtigen sind; und
   – sich der Patentinhaber vergeblich an den SortInhaber gewandt hat, um ein vertragliches Nutzungsrecht zu erhalten.[9]

10   Nach § 24 Abs 1 Nr 1 PatG, auf den § 24 Abs 2 und Abs 3 PatG verweisen, muss bei beiden Arten der vom Patent abhängigen Zwangslizenz der Lizenzsucher darlegen, dass er sich erfolglos bemüht hat, die Zustimmung zu erhalten, die Erfindung zu **angemessenen geschäftsüblichen Bedingungen** zu benutzen. Die Abhängigkeitslizenz nach § 12a setzt dagegen anders als die nach § 24 Abs 2, 3 PatG (Rdn. 3 ff.) solches nicht voraus.[10] Ein Grund für die differenzierte Behandlung könnte darin zu sehen sein, dass sich der Gesetzgeber

---

7   Vgl zur Unbestimmtheit der Vorgaben *Metzger/Zech* § 12 Rn. 52.
8   Nach *Leßmann/Würtenberger*[2] § 3 Rn. 81 werde dieser Nachweis nur in außerordentlichen Fällen gelingen.
9   *Leßmann/Würtenberger*[2] § 3 Rn. 80.
10   *Leßmann/Würtenberger*[2] § 3 Rn. 80, die darauf verweisen, dass eine Begründung für die Differenzierung nicht gegeben werde.

hinsichtlich der Zwangslizenz am Patent durch Art 31 Buchst b Satz 1 TRIPS-Übk gebunden gesehen hat, nicht aber auch für das Zwangsnutzungsrecht am Sortenschutzrecht. In diesem Zusammenhang ist auch auf die neuere Rspr des EUGH zur »kartellrechtlichen Zwangslizenz«[11] zu verweisen.

Weiter ist anders als nach § 12, aber wie nach Art 29 Abs 5a GemSortV und   11
nach § 24 Abs 2, 3 PatG nicht erforderlich, dass ein **öffentliches Interesse** an der Erteilung der Zwangslizenz besteht.[12]

Der Patentinhaber hat in diesem Fall Anspruch auf eine **Gegenlizenz** («Kreuz-   12
lizenz») zu angemessenen Bedingungen (Art 12 Abs 1 Satz 2 BioTRl; § 24 Abs 3 iVm Abs 2 Satz 2 PatG idF des BioTRlUmsG).

C. Gemeinschaftlicher Sortenschutz. Besondere Regelungen gelten für den   13
Fall, dass ein gemeinschaftliches Sortenschutzrecht zu lizenzieren ist (Art 12 Abs 4 Satz 2 BioTRl unter Verweis auf Art 29 GemSortV, der inzwischen neu gefasst worden ist, Rdn. 38 zu § 12).[13]

§ 13 Dauer des Sortenschutzes

Der Sortenschutz dauert bis zum Ende des fünfundzwanzigsten, bei Hopfen, Kartoffel, Rebe und Baumarten bis zum Ende des dreißigsten auf die Erteilung folgenden Kalenderjahres.

GemSortV (vgl auch Art 116, abgedruckt bei § 41):

Art 19 Abs 1, 2 Dauer des gemeinschaftlichen Sortenschutzes

(1) Der gemeinschaftliche Sortenschutz dauert bis zum Ende des fünfundzwanzigsten, bei Sorten von Reben und Baumarten des dreißigsten, auf die Erteilung folgenden Kalenderjahres.

(2) Der Rat, der auf Vorschlag der Kommission mit qualifizierter Mehrheit beschließt, kann in bezug auf bestimmte Gattungen und Arten eine Verlängerung dieser Fristen bis zu weiteren fünf Jahren vorsehen.

(3) [abgedruckt bei § 31]

---

11 EuGH C-170/13 GRUR 2015, 764 Huawei Technologies/ZTE; vgl *Busse/Keukenschrijver* PatG § 24 Rn. 114 ff.
12 Vgl *Dörries* Mitt 2001, 15, 19 f unter Hinweis auf die Begr des RegE 2000.
13 Zur räumlichen Reichweite von vom GSA gewährte Gegen- und Zwangslizenzen *Kiewiet* Kolloquium Einbeck.

Ausland: Österreich:

Dauer und Ende des Sortenschutzes

§ 5. (1) Die Schutzdauer beträgt für Bäume und Reben sowie für Hopfen und Kartoffeln 30 Jahre, bei allen übrigen Arten 25 Jahre ab Erteilung des Sortenschutzes.

(2) Der Sortenschutz erlischt
1. mit Beginn des auf die Bekanntgabe des Verzichtes durch den Sortenschutzinhaber auf den Sortenschutz an das Bundesamt für Ernährungssicherheit folgenden Tages,
2. mit Ablauf der Schutzdauer,
3. mit der Rechtskraft der Entziehung,
4. mit der Rechtskraft der Nichtigerklärung, wenn keine behördliche Übertragung erfolgte.

Schweiz:

Art 14 Ablauf der Schutzdauer

Der Sortenschutz endet mit dem 25., bei Sorten von Reben und Bäumen mit dem 30. vollen Kalenderjahr nach der Erteilung des Schutzes.

Belgien: Art XI.120 Code du droit économique; Dänemark: Art 12 SortG; Estland: § 48 (Schutzverlängerung) Plant Propagation and Plant Variety Rights Act; Finnland: Sec 21 SortG 2009; Frankreich: Art L 623-13 (geänd 2006), Art R 623-56 CPI; Irland: Sec 1 PVA, Sec 1 PV(A)A; PV(A)R 2000; Island: Art 12 SortG; Italien: Art 15 VO 455; Kroatien: Art 14 SortG (geänd 2008); Lettland: Sec 26 SortG (geänd 2005); Litauen: Art 22 SortG; Niederlande: Art 72 Zaaizaad- en plantgoedwet 2005; Norwegen: Art 13 SortG; Polen: Art 27 SortG; Portugal: Art 4 GesetzesVO 213/90, Art 6 SortVO; Rumänien: Art 29 SortG; Schweden: Kap 6 § 1 Växtförädlarrättslag; Slowakei: Art 12 Pflanzen- und TierzuchtG; Slowenien: Art 18 Abs 1 SortG; Spanien: Art 18 SortG 2000; Tschech. Rep.: Art 23 SortG 2000; Ungarn: Art 111 PatG; Vereinigtes Königreich: Sec 11 PVA

Schrifttum
Leßmann Verlängerung der Schutzdauer bei Sortenschutzrechten? DB 1976, 277; *Lukes* Schutzrechtsdauer im Sortenschutzrecht, 1982; *Neumeier* S 176ff; *Spoor* Verlies van intellectuele eigendomsrechten door tijdsverloop, BIE 2000, 338; *van der Kooij* Kwekersrechtelijke beschermingstermijnen in Europa, BIE 2007, 468

Übersicht		Rdn.
A.	Entstehungsgeschichte; Anwendungsbereich	1
B.	PflZÜ	4
C.	Gemeinschaftlicher Sortenschutz	5
D.	Dauer des nationalen Sortenschutzes	6
I.	Grundsatz	6
II.	Fortbestehen der Sorte	7
III.	Regelmäßige Schutzdauer	8
IV.	Verlängerte Schutzdauer	9
V.	Berechnung der Schutzdauer	12
VI.	Vorzeitige Beendigung	13

A. Entstehungsgeschichte; Anwendungsbereich

Im SaatG § 11 (bis zum Ende des zwölften auf die Erteilung folgenden Jahrs **1** mit Verlängerungsmöglichkeit um zwölf Jahre bei Nutz-pflanzen); das 2. SaatGÄndG hat die Schutzdauer auf das Ende des auf die Erteilung folgenden fünfzehnten Jahrs verlängert. Im SortG 1968 Regelung in § 18. Die durch das 1. SortÄndG eingeführten geltende Fassung entspricht Abs 1 der Regelung im SortG 1985, erfasst insoweit aber jetzt alle Baumarten und nicht mehr nur bestimmte wie nach der Regelung 1985 (Rdn. 9). Abs 2, der Kürzungen bei der Schutzdauer für Sorten einer neu in das Artenverzeichnis aufgeführten Art vorsah, ist durch das 1.SortÄndG gestrichen, aber als Übergangsvorschrift in § 41 Abs 3 Satz 2 (jetzt § 41 Abs 4 Satz 2) aufrechterhalten worden (vgl Rdn. 16 zu § 41).[1]

Anwendungsbereich. Die Regelung gilt auch für nach früherem Recht erteil- **2** ten Sortenschutz, und zwar nach dem SaatG, soweit er bei Inkrafttreten des SortG 1985 noch bestand (§ 41 Abs 1 Nr 1) sowie nach dem SortG 1968, soweit er bei Inkrafttreten des SortG 1985 erteilt oder beantragt war (§ 41 Abs 1 Nr 2).

Übergangsregelungen treffen § 41 Abs 2, Abs 4 (eingeführt durch das 1. **3** SortÄndG; Rdn. 5 ff., 15 f. zu § 41) für die Fälle, in denen das Gesetz auf die betreffende Art erst später anwendbar geworden ist und bereits ein Patent angemeldet oder erteilt war sowie bei Inanspruchnahme der Neuheitsregelung in § 41 Abs 4 Satz 1. Eine Übergangsregelung traf auch Anl I Kap VI Sgb E Kap VI Nr 5 EinigV (zur Aufhebung Rdn. 28 Einl). Eine weitere

---

1 Vgl Begr BTDrs 12/1059 S 6.

Übergangsregelung trifft der durch das SortÄndG 1997 eingestellte § 41 Abs 3 für den Fall der Inanspruchnahme des Zeitvorrangs eines Antrags auf Erteilung des gemeinschaftlichen Sortenschutzes (Rdn. 11 ff. zu § 41). Für den gemeinschaftlichen Sortenschutz sieht Art 116 Abs 4 4. Unterabsatz eine Übergangsregelung vor (Rdn. 19 zu § 41).

B. PflZÜ

4 Art 19 PflZÜ legt eine Mindestdauer fest, über die die nationale Regelung hinausgeht.[2]

C. Gemeinschaftlicher Sortenschutz

5 Die Regelung in Art 19 Abs 1 GemSortV stimmt mit der im SortG im Wesentlichen überein, verlängert aber bei Hopfen und Kartoffel nicht auf dreißig Jahre. Art 116 Abs 4 4. Gedankenstrich GemSortV sieht eine Verringerung der Schutzdauer im Fall von Art 116 Abs 1 GemSortV vor (Rdn. 21 zu § 41). Jedoch hat Art 1 Abs 1 der VO (EG) des Rates Nr 2470/96 vom 17.12.1996[3] aufgrund der Ermächtigung in Art 19 Abs 2 GemSortV bei Kartoffel eine Verlängerung um fünf Jahre und damit auf dreißig Jahre vorgenommen, weil Kartoffeln technisch schwierig zu züchten sind;[4] Art 1 Abs 2 dieser VO enthält eine Übergangsregelung für Sorten, für die bereits einzelstaatlicher Sortenschutz erteilt war (Rdn. 22 zu § 41).

D. Dauer des nationalen Sortenschutzes

I. Grundsatz

6 Wie der Schutz bei Patent und Gebrauchsmuster läuft auch der Sortenschutz nur für begrenzte Zeit.[5] Dies dient wie alle Schutzdauerregelungen dem Ausgleich der Interessen der Berechtigten und der Allgemeinheit.[6] Eine Mög-

---

2 Vgl *Leßmann/Würtenberger*[2] § 6 Rn. 1; *Metzger/Zech* Rn. 3.
3 ABl EG L 335/10 vom 24.12.1996.
4 Vgl *Metzger/Zech* Rn. 10; dies übersieht *Leßmann/Würtenberger*[2] § 6 Rn. 8.
5 Kr *Lukes* S 9 ff. unter Hinweis auf den Urheberrechtsschutz.
6 Vgl *Wuesthoff*[2] Rn. 1; *Leßmann/Würtenberger*[2] § 6 Rn. 2; *Metzger/Zech* Rn. 2; *Hoffmann-Peinemann* BB 1968, 1140, 1144; *Leßmann* DB 1976, 277; kr *Kock/Porzig/Willnegger* GRUR Int 2005, 183.

lichkeit, die Schutzdauer zu verlängern, besteht anders als nach dem SaatG nicht mehr.[7]

II. Fortbestehen der Sorte

Eine Regelung über den Nachweis des Fortbestehens der Sorte (§ 16 SortG 1968, § 8 Abs 1 SaatG) enthält das geltende Recht nicht mehr. Jedoch ermöglicht § 31 Abs 4 Nr 2 in einem solchen Fall weiterhin den Widerruf des Sortenschutzes.   **7**

III. Regelmäßige Schutzdauer

Der Schutz beginnt mit der Zustellung des Erteilungsbeschlusses (§ 69 VwVfG; Rdn. 3 zu § 21; vgl für den gemeinschaftlichen Sortenschutz Art 62 GemSortV);[8] er dauert, soweit die Bestimmung nicht für bestimmte, grds abschließend aufgeführte Arten eine Ausnahme vorsieht, bis zum Ende[9] des fünfundzwanzigsten auf die Erteilung (und nicht wie etwa im Patentrecht auf die Anmeldung[10]) folgenden Kalenderjahrs.   **8**

IV. Verlängerte Schutzdauer

Bei Hopfen, Kartoffel (vgl aber Rdn. 5), Rebe (hiervon sind auch Kiwi, Bougainvillea, Hopfen und Glyzinien erfasst[11]) und Baumarten dauert der Sortenschutz abweichend von der Regel fünf Jahre länger, nämlich bis zum Ende des dreißigsten auf die Erteilung folgenden Kalenderjahrs. Für Baumarten galt dies nach der Regelung im SortG 1985 zunächst nur nach Maßgabe einer nach § 6 Abs 2 aF zu erlassenden Rechtsverordnung. Die zunächst geltende VO über das Artenverzeichnis zum SortG vom 18.12.1985,[12] die in der Anlage zu § 2 nur bestimmte Baumarten (Tanne, Scheinzypresse, Quitte, Stechpalme, Wacholder, Lärche, Apfel, Fichte, Kiefer, Pappel, Kirsche, Pflaume, Zwetschge, Douglasie, Birne, Rhododendron außer Topfazalee, Weide, Lebensbaum, Ulme) erfasste, ist durch Art 1 der 3.VO zur   **9**

---

7 Vgl *Wuesthoff*[2] Rn. 5.

8 Vgl *Metzger/Zech* Rn. 6 f.; zur »Schutzlücke« für die Zeit vor Erteilung *Metzger/Zech* Rn. 5; *Royon* GRUR Int 1987, 329, 332.

9 Vgl hierzu *Metzger/Zech* Rn. 8, 10.

10 *Metzger/Zech* Rn. 5 mwN.

11 *Metzger/Zech* Rn. 11 unter Hinweis auf UPOV, Verwaltungs- und Rechtsausschuss, Dok CAJ/42/5 vom 2.10.2000.

12 BGBl I 2325 = BlPMZ 1986, 163.

Änderung saatgutrechtlicher Verordnungen vom 27.7.1988[13] dahin geänd worden, dass alle Baumarten einbezogen sind. Diesen Rechtszustand hat das 1. SortÄndG in das Gesetz übernommen. Für die als Baumarten zu qualifizierenden Gewächse hat UPOV eine Liste erstellt.[14]

10   Die Verlängerung erfasst bei Rebe auch die Unterlagsrebe und bei Baumarten deren **Unterlage** (so ausdrücklich noch § 18 Satz 1 Nr 1 SortG 1968);[15] das wird auch für den gemeinschaftlichen Sortenschutz gelten.[16]

11   Bei Baumarten wird die Schutzdauer durch **Änderungen der Wuchsform**, die auf äußeren Maßnahmen beruhen (Busch statt Baum), nicht beeinflusst.[17]

V. Berechnung der Schutzdauer

12   Anders als im geltenden Patent- oder Gebrauchsmusterrecht ist wie schon im SortG 1968 Grundlage für die Berechnung nicht der Zeitpunkt der Anmeldung, sondern der der Erteilung des Sortenschutzes. Von da an läuft der Sortenschutz bis zum Ende des fünfundzwanzigsten oder dreißigsten Kalenderjahrs, das auf die Erteilung folgt. Soweit nicht vorzeitige Beendigung eintritt (Rdn. 13), endet der Sortenschutz damit immer mit Ablauf des 31.12. des betreffenden Jahrs.

VI. Vorzeitige Beendigung

13   Vorzeitige Beendigung vor Ablauf der gesetzlichen Schutzdauer kommt unter den Voraussetzungen des § 31 in Betracht, nämlich bei Verzicht, Rücknahme und Widerruf sowie bei Nichtzahlung der Jahresgebühren (§ 33 Abs 1, 2).

§ 14 Verwendung der Sortenbezeichnung

(1) [1]Vermehrungsmaterial einer geschützten Sorte darf außer im privaten Bereich zu nichtgewerblichen Zwecken nur in den Verkehr gebracht werden, wenn hierbei die Sortenbezeichnung angegeben ist; bei schriftlicher Angabe

---

13   BGBl I 1192.
14   UPOV, Verwaltungs- und Rechtsausschuss, Dok CAJ/42/5 vom 2.10.2000; vgl *Metzger/Zech* Rn. 11.
15   *Wuesthoff*[2] Rn. 3; *Leßmann/Würtenberger*[2] § 6 Rn. 6; *Metzger/Zech* Rn. 12.
16   *Leßmann/Würtenberger*[2] § 6 Rn. 8.
17   *Wuesthoff*[2] Rn. 4 unter Hinweis auf BTDrs 7/596 S 12.

muß diese leicht erkennbar und deutlich lesbar sein. [2]Dies gilt auch, wenn der Sortenschutz abgelaufen ist.

(2) [1]Aus einem Recht an einer mit der Sortenbezeichnung übereinstimmenden Bezeichnung kann die Verwendung der Sortenbezeichnung für die Sorte nicht untersagt werden. [2]Ältere Rechte Dritter bleiben unberührt.

(3) Die Sortenbezeichnung einer geschützten Sorte oder einer Sorte, für die von einem anderen Verbandsmitglied ein Züchterrecht erteilt worden ist, oder eine mit ihr verwechselbare Bezeichnung darf für eine andere Sorte derselben oder einer verwandten Art nicht verwendet werden.

GemSortV:

Art 17 Verwendung der Sortenbezeichnung

(1) Wer im Gebiet der Gemeinschaft Sortenbestandteile einer geschützten oder von den Bestimmungen von Artikel 13 Absatz 5 abgedeckten Sorte zu gewerblichen Zwecken anbietet oder an andere abgibt, muß die Sortenbezeichnung verwenden, die nach Artikel 63 festgesetzt wurde; bei schriftlichem Hinweis muß die Sortenbezeichnung leicht erkennbar und deutlich lesbar sein. Erscheint ein Warenzeichen, ein Handelsname oder eine ähnliche Angabe zusammen mit der festgesetzten Bezeichnung, so muß diese Bezeichnung als solche leicht erkennbar sein.

(2) Wer solche Handlungen in bezug auf anderes Material der Sorte vornimmt, muß entsprechend anderen gesetzlichen Bestimmungen über diese Bezeichnung Mitteilung machen; dies gilt auch, wenn eine Behörde, der Käufer oder eine andere Person mit einem berechtigten Interesse um eine solche Mitteilung ersucht.

(3) Die Absätze 1 und 2 gelten auch nach Beendigung des gemeinschaftlichen Sortenschutzes.

Art 18 Beschränkungen in der Verwendung der Sortenbezeichnung

(1) Der Inhaber kann gegen die freie Verwendung einer Bezeichnung in Verbindung mit der Sorte aufgrund eines ihm zustehenden Rechts an einer mit der Sortenbezeichnung übereinstimmenden Bezeichnung auch nach Beendigung des gemeinschaftlichen Sortenschutzes nicht vorgehen.

(2) Ein Dritter kann gegen die freie Verwendung einer Bezeichnung aus einem ihm zustehenden Recht an einer mit der Sortenbezeichnung

übereinstimmenden Bezeichnung nur dann vorgehen, wenn das Recht gewährt worden war, bevor die Sortenbezeichnung nach Artikel 63 festgesetzt wurde.

(3) Die festgesetzte Bezeichnung einer Sorte, für die ein gemeinschaftlicher Sortenschutz oder in einem Mitgliedstaat oder in einem Verbandsstaat des Internationalen Verbands zum Schutz von Pflanzenzüchtungen ein nationales Schutzrecht besteht, oder eine mit dieser Sortenbezeichnung verwechselbare Bezeichnung darf im Gebiet der Gemeinschaft im Zusammenhang mit einer anderen Sorte derselben botanischen Art oder einer Art, die gemäß Bekanntmachung nach Artikel 63 Absatz 5 als verwandt anzusehen ist, oder für ihr Material nicht verwendet werden.

Ausland: Österreich: § 17 Abs 1, 7 [abgedruckt bei § 7]

Schweiz: Art 7, 8 [abgedruckt bei § 10a]

Belgien: Art XI.118, Art XI.119 Code du droit économique; **Finnland:** Art 22 SortG; **Frankreich:** vgl Art L 623-15 (geänd 2011), R 623-58 CPI; **Italien:** Art 17 Abs 7, 8 VO 455; **Kroatien:** Art 10 SortG; **Niederlande:** Art 80 SaatG; **Norwegen:** Art 20 SortG; **Schweden:** Kap 4 § 2 Växtförädlarrättslag; **Slowakei:** Art 14 Pflanzen- und TierzuchtG; **Slowenien:** Art 11 SortG; **Spanien:** Art 49 SortG 2000; **Tschech. Rep.:** Art 17 SortG 2000; **Ungarn:** Art 113 Abs 3 PatG; **Vereinigtes Königreich:** Sec 19 PVA

Schrifttum
Vgl die Hinweise zu § 7

Übersicht   Rdn.
A.   Nationales Recht; Entstehungsgeschichte   1
B.   Benutzungszwang (Abs 1)   3
I.   Rechtsnatur.   3
II.   Voraussetzungen   4
III. Geschützte Sorte.   6
IV.   Angabe der Sortenbezeichnung.   8
      1. Grundsatz   8
      2. Maßgebliche Bezeichnung.   9
      3. Art und Weise der Bezeichnung   10
      4. Begleitende Marke.   12

C.   Kollision mit anderen geschützten Bezeichnungen (Abs 2)............   13
I.   Allgemeines...   13
II.   Kollision mit jüngeren Markenrechten............................   15
III. Geltendmachungsverbot..   17
IV.   Ältere Rechte Dritter...   19
D.   Verwendungsverbot (Abs 3)......................................   20
I.   Grundsatz..   20
II.   Reichweite   22
E.   Gemeinschaftlicher Sortenschutz...............................   25

A. Nationales Recht; Entstehungsgeschichte

§ 10 SortG 1968 enthielt eine Abs 1 und 3 entsprechende Regelung. Abs 2   **1**
Satz 1 entspricht § 9 Abs 1, 3 SortG 1968, Abs 2 Satz 2 dem § 10 Abs 3 SortG
1968, Abs 3 dem § 10 Abs 2 SortG 1968. Die geltende Bestimmung ist durch
das PrPG geänd worden (Ersetzung von »gewerbsmäßig« durch »außer im
privaten Bereich zu nichtgewerblichen Zwecken« in Abs 1). Das SortÄndG
1997 hat Abs 3 geänd (»von einem anderen Verbandsmitglied« statt »in einem
anderen Verbandsstaat«).

PflZÜ; GemSortV. Abs 1 beruht auf Art 13 Abs 1 Satz 1, Abs 7 PflZÜ 1961,   **2**
Abs 2 auf Art 13 Abs 1 Satz 2, Abs 4 PflZÜ.[1] Die Regelung entspricht sachlich
der in Art 17, 18 GemSortV (Rdn. 25 ff.).

B. Benutzungszwang (Abs 1)

I. Rechtsnatur

Die Regelung ist im nationalen Recht ordnungsrechtl Natur,[2] sie setzt das   **3**
Erfordernis um, eine Sorte im Handelsverkehr eindeutig zu identifizieren und
zu benennen;[3] sie begründet eine Benutzungspflicht für die Sortenbezeichnung,[4] gleichzeitig macht sie diese zu einer freien Bezeichnung der geschützten Sorte. Die Benutzungspflicht betrifft auch abgeleitete Sorten, sofern die
Sorte, von der die Ableitung erfolgt ist, nicht selbst schon eine abgeleitete
Sorte ist.[5] Der SortInhaber kann gegen die Verwendung der Sortenbezeich-

---

1 Vgl Begr BTDrs 10/816 = BlPMZ 1986, 136, 140.
2 Vgl *Wuesthoff*[2] Rn. 1; *Leßmann/Würtenberger*[2] § 3 Rn. 94; *Metzger/Zech* Rn. 23.
3 *Metzger/Zech* Rn. 1.
4 *Metzger/Zech* Rn. 1.
5 *Metzger/Zech* Rn. 6.

nung nicht vorgehen. Eine Sanktionsnorm enthält § 40. Auch § 20 SaatG sieht eine entsprechende Verpflichtung vor.

II. Voraussetzungen

4   Die Regelung greift bei jedem Inverkehrbringen von Vermehrungsmaterial (abw die GemSortV, Rdn. 26, die auf Sortenbestandteile abstellt) der Sorte ein, das nicht im privaten Bereich zu nichtgewerblichen Zwecken (§ 10a Abs 1 Nr 1) erfolgt (Abs 1 Satz 1). Inverkehrbringen ist in § 2 Nr 3 gesetzlich definiert.

5   Inverkehrbringen bedeutet nach § 2 Nr 3 Anbieten, Vorrätighalten zur Abgabe, Feilhalten oder jedes Abgeben an andere. Das **Inverkehrbringen als Konsumgut** ist nicht erfasst.[6]

III. Geschützte Sorte

6   Geschützte Sorte ist jede Sorte, für die Sortenschutz nach dem SortG erteilt ist oder war.[7] Abs 1 Satz 2 stellt klar, dass das Bezeichnungserfordernis auch noch nach Ablauf besteht. Dies hat seine Rechtfertigung darin, dass die Sortenbezeichnung die »**Gattungsbezeichnung** der Sorte« darstellt.[8]

7   Aus dem Sinn der Regelung folgt, dass nicht nur ein **Erlöschen** des Sortenschutzes nach Ablauf der Schutzdauer das Erfordernis bestehen lässt,[9] sondern auch ein Erlöschen durch Verzicht (§ 31 Abs 1) sowie der Widerruf nach § 31 Abs 4 Nr 2, nicht dagegen die Rücknahme nach § 31 Abs 2 oder der Widerruf nach § 31 Abs 3, Abs 4 Nr 1.[10]

IV. Angabe der Sortenbezeichnung

1. Grundsatz

8   Die Sortenbezeichnung ist die »Gattungsbezeichnung der Sorte« (Rdn. 6). Die Bezeichnungspflicht soll verhindern, dass für ein und dieselbe Sorte verschiedene

---

6   *Leßmann/Würtenberger*[2] § 3 Rn. 95, 98; vgl *van der Kooij* Art 17 Anm 2; aA für als Vermehrungsmaterial einsetzbares, hierzu aber nicht bestimmtes Material *Metzger/Zech* Rn. 11, de lege ferenda auch für Konsumgut *Metzger Zech* Rn. 12.

7   Vgl *Metzger/Zech* Rn. 6.

8   *Wuesthoff*[2] Rn. 5; vgl *Leßmann/Würtenberger*[2] § 3 Rn. 99.

9   Vgl *Leßmann/Würtenberger*[2] § 3 Rn. 99; *Metzger/Zech* Rn. 7, 9.

10   *Metzger/Zech* Rn. 9.

Bezeichnungen verwendet werden,[11] was sich bei internat unterschiedlichen Bezeichnungen aber nicht völlig vermeiden lässt. Die Verwendung eines Symbols (S, V, P oder B im Kreis) zur Kennzeichnung der Sortenbezeichnung ist wiederholt vorgeschlagen worden,[12] kann jedoch nach Ablauf des Schutzes wettbewerbsrechtl bedenklich sein.[13] Die Verpflichtung trifft jeden, der das Material vertreibt.[14] Verstöße gegen die Regelung sind nach § 40 sanktioniert.[15]

2. Maßgebliche Bezeichnung

Anzugeben ist die eingetragene, ggf die nach § 30 geänd Sortenbezeichnung.[16] Die Angabe der vorläufigen Sortenbezeichnung (§ 22 Abs 2 Satz 2) kommt nicht in Betracht. **9**

3. Art und Weise der Bezeichnung

Eine besondere Form ist nicht vorgeschrieben, so dass grds auch mündliche Angabe ausreichen kann.[17] **10**

Für den Fall **schriftlicher Angabe** ist vorgeschrieben, dass die Angabe leicht erkennbar und deutlich lesbar sein muss.[18] Auf die etwa zu § 4 Abs 4 Heilmittelwerbegesetz entwickelten Grundsätze[19] wird mit Zurückhaltung zurückgegriffen werden können.[20] Da nur die Sortenbezeichnung anzugeben ist, stellen sich Sprachenfragen grds nicht. **11**

---

11 Vgl *Schade/Pfanner* GRUR Int 1962, 355; *Metzger/Zech* Rn. 1.
12 *Franz Wuesthoff* GRUR Int 1972, 359, 361, *van der Kooij* EIPR 2002, 1; vgl auch *Metzger/Zech* Rn. 20 unter Hinweis auf Rechtbank 's-Hertogenbosch 8.1.2003 (CPVO-Datenbank).
13 Vgl *Leßmann/Würtenberger*[2] § 3 Rn. 97; *Metzger/Zech* Rn. 20 f.; *Köhler/Bornkamm* UWG § 5 Rn. 5.115 ff.
14 *Leßmann/Würtenberger*[2] § 3 Rn. 95; *Metzger/Zech* Rn. 17.
15 Vgl OLG Düsseldorf 16.5.2002 2 U 152/01.
16 Vgl *Metzger/Zech* Rn. 18; zur Verwendung der Bezeichnung bei Sortenvermischung LG Düsseldorf Mitt 1996, 21.
17 Kr *Metzger/Zech* Rn. 19.
18 Vgl *Leßmann/Würtenberger*[2] § 3 Rn. 96; *Metzger/Zech* Rn. 19.
19 Vgl BGH GRUR 1987, 301 Sechspunktschrift; BGH GRUR 1988, 68 Lesbarkeit I; BGH GRUR 1988, 70 Lesbarkeit II; BGH GRUR 1988, 71 Lesbarkeit III; BGH GRUR 1989, 53 Lesbarkeit IV; BGH GRUR 1991, 859 Leserichtung bei Pflichtangaben; BGH NJWE-WettbR 1996, 265 Amoxicillin.
20 Vgl *Metzger/Zech* Rn. 19.

4. Begleitende Marke

12   Möglich ist die Verwendung einer begleitenden Marke.[21] Jedoch ist die Ersetzung der Sortenbezeichnung durch die Marke nicht zulässig. Dass Marke und Sortenbezeichnung nicht austauschbar sind, ergibt sich bereits aus ihrem Wesen. Mit Genehmigung und Veröffentlichung wird die Sortenbezeichnung eine generische Bezeichnung, die die Sorte als solche gegenüber Pflanzen anderer Sorten der gleichen Art unterscheidet. Sie ist also nur eine Warenbezeichnung, die die spezifischen Eigenschaften der Sorte als solche umschreibt.[22] Als warenbeschreibende Angabe ist die Sortenbezeichnung freizuhalten. Damit kann sie nicht (mehr) die Markenfunktion erfüllen, zur Unterscheidung der Waren eines Unternehmens von denjenigen anderer Unternehmen zu dienen.[23] Dem Publikum, aber auch den Nutzern, ist der Unterschied zwischen Sortenbezeichnung und Marke vielfach nicht geläufig.[24]

C. Kollision mit anderen geschützten Bezeichnungen (Abs 2)

I. Allgemeines

13   Abs 2 regelt in Übereinstimmung mit Art 20 PflZÜ das Zusammentreffen der Sortenbezeichnung mit anderen geschützten Bezeichnungen, insb Marken.[25] In Bezug auf letztere stellt die Regelung keine Enteignung dar.[26]

---

21   Vgl *Wuesthoff*[2] Rn. 3 f., 7, 9; *Tilmann* GRUR 1979, 512, 514; *Bauer* S 48; näher zur gemeinschaftsrechtl Regelung *Leßmann/Würtenberger*[2] § 3 Rn. 97 f.; GH Den Haag BIE 2000, 291 und vorangehend RB Den Haag BIE 2000, 287, 290 Roncardo lassen die Verwendung einer in den »gemeinsamen Sortenkatalog für Gemüsearten« aufgenommenen Bezeichnung als Marke zu (Fn 12 zu § 7, bdkl); gerade Rosen werden häufig mit dem Namen des Züchters oder Herstellers versehen, BPatG 20.10.2004 28 W (pat) 396/03; zu Marken für Rosen weiter BPatG 27.10.2004 28 W (pat) 64/04 »Orangerie«.

22   Vgl *Metzger/Zech* Rn. 5.

23   GSA (BK) 18.7.2005 A 4/04 ABl GSA 15.8.2004 Ginpent; vgl BPatG GRUR 1979, 449, 451 «SLW 500«; *Royon* GRUR Int 1977, 155; *Metzger/Zech* Rn. 5.

24   *Metzger/Zech* Rn. 1.

25   *Wuesthoff*[2] Rn. 6 f.

26   Vgl BGHZ 22, 1 = GRUR 1957, 215 Flava-Erdgold, zu § 7 SaatG; *Metzger/Zech* Rn. 30.

Anders als die Regelung im SortG 1968 betrifft die geltende nationale nur 14
übereinstimmende, nicht mehr bloß verwechselbare Bezeichnungen.[27] Soweit
kein Sortenschutz besteht, kann gegen Pseudo-Sortenbezeichnungen uU
wettbewerbsrechtl vorgegangen werden (vgl Rdn. 39 zu § 37).

II. Kollision mit jüngeren Markenrechten[28]

Die **Kollisionsregelung für jüngere nationale Marken** in umgekehrter Rich- 15
tung enthält der durch Art 4 Abs 4 Buchst c MarkenRl gedeckte[29] § 13
MarkenG. Nach § 13 Abs 1 MarkenG kann die Eintragung der Marke
gelöscht werden, wenn ein anderer vor dem für den Zeitrang der eingetragenen Marke maßgeblichen Tag ein sonstiges Recht, wozu nach § 13 Abs 2 Nr 4
MarkenG auch national oder gemeinschaftsrechtlich geschützte[30] Sortenbezeichnungen gehören, erworben hat und dieses ihn berechtigt, die Benutzung
der eingetragenen Marke im gesamten Gebiet der Bundesrepublik Deutschland zu untersagen. Der Zeitrang der Sortenbezeichnung wird im kollisions-
rechtlichen Sinn mit der Erteilung des Sortenschutzes begründet (§ 6 Abs 1, 3
MarkenG; vgl Rdn. 8 zu § 37). Die Bestimmung begründet einen im Weg der
Löschungsklage nach §§ 51, 55 MarkenG oder einredeweise[31] durchsetzbaren
Löschungsanspruch gegenüber der zeitrangjüngeren Marke[32] bzw die Klage
auf Rücknahme der Anmeldung, wenn die Eintragung noch nicht erfolgt
ist.[33] Ein Widerspruchsrecht wie noch nach § 11 Abs 1 Nr 1 b WZG begründet das MarkenG aber nicht mehr, erst recht besteht kein absolutes Schutzhindernis.[34] Die Einführung eines solchen soll durch den Änderungsvorschlag
der EU-Kommission zur MarkenRl[35] ermöglicht werden.

---

27 Kr *Metzger/Zech* § 37 Rn. 62, die für verwechslungsfähige Bezeichnungen auf § 23
    MarkenG und Art 12 Buchst b UMV zurückgreifen wollen.
28 Vgl (eingehend) *Metzger/Zech* § 7 Rn. 105 ff.
29 Vgl *Ströbele/Hacker* MarkenG § 13 Rn. 1; *Ingerl/Rohnke* MarkenG § 13 Rn. 1;
    Ekey/Bender/Fuchs-Wissemann Markenrecht § 13 MarkenG Rn. 1.
30 *Ströbele/Hacker* MarkenG § 13 Rn. 29; vgl *Ingerl/Rohnke* § 13 MarkenG Rn. 10.
31 *Ingerl/Rohnke* MarkenG § 13 Rn. 17.
32 *Ströbele/Hacker* MarkenG § 13 Rn. 4 ff.
33 *Ingerl/Rohnke* MarkenG § 13 Rn. 5.
34 *Fezer* MarkenG § 13 Rn. 3; *Ströbele/Hacker* MarkenG § 13 Rn. 29; *Ingerl/Rohnke*
    MarkenG § 13 Rn. 17; *Ekey/Bender/Fuchs-Wissemann* § 13 MarkenG Rn. 22;
    anders die Rechtslage in den USA und Japan; von einer abw Praxis im Verhältnis
    GSA/HABM wurde berichtet.
35 COM (2013) 162 final vom 27.3.2013.

16   Eine entsprechende Regelung für die **Gemeinschaftsmarke**, die die Sortenbe-
zeichnung allerdings nicht ausdrücklich aufführt, traf Art 52 Abs 2 GMV.[36]
Unklar war, ob es sich insoweit um ein relatives (vgl Art 4 Abs 4 Buchst c
MarkenRl und Art 53 Abs 2 Buchst d GMV[37]) oder um ein absolutes Ein-
tragungshindernis nach Art 7 Buchst c oder d GMV handelte. Nach einem
Vorschlag der EU-Kommission[38] sollte eine Regelung dahin erfolgen, dass
Marken, die aus einer im Einklang mit der GemSortV eingetragenen frühe-
ren Sortenbezeichnung bestehen oder eine solche Bezeichnung enthalten, in
Bezug auf die gleiche Art von Erzeugnis von der Eintragung ausgeschlossen
sind. Dies wird in Art 4 Abs 1 Buchst l der MarkenRRl (Rl 2015/2436 des
Europäischen Parlaments und des Rates vom 16.12.2015)[39] und in Art 7
Abs 1m UnionsmarkenVO (UMV; VO (EU) 2015/2424 vom 16.12.2015)[40]
umgesetzt.[41] Nach den bisherigen HABM-PrRl wird das Register der Sortenbezeichnungen des GSA bei der Prüfung berücksichtigt.

III.   Geltendmachungsverbot

17   Ein **Verbietungsrecht** aus der Marke oder der sonstigen Bezeichnung (zB
Name, Firma) hinsichtlich der (nach dem SortG zugelassenen oder von ihm
geforderten) Verwendung der Sortenbezeichnung besteht nicht (»Geltendmachungsverbot«; vgl auch § 20 Abs 1 SaatG).[42] Diese sich aus der Umsetzung
von Art 20 PflZÜ ergebende Einschränkung geht allerdings nur so weit, wie
es nötig ist, die Benutzung der Sortenbezeichnung freizuhalten.[43] Das Geltendmachungsverbot betrifft nur Bezeichnungen, deren Schutz auf dt Recht
beruht, einschließlich solcher, die nach dem Madrider Markenabkommen
(MMA) geschützt sind.[44] Es erfasst im Ausland geltend gemachte ausländ
Zeichen nicht;[45] wieweit diese geltend gemacht werden können, bemisst

---

36   Vgl HABM 19.12.2012 6590C DISCUS, das sich auf Art 7 Abs 1 Buchst c GMV
     iVm Art 20 Abs 1 PflZÜ stützt; *Ingerl/Rohnke* § 13 MarkenG Rn. 2.
37   Abw wohl HABM-PrRl Teil B, geänd am 17.7.2012, unter Hinweis auf HABM R
     1095/2011-5 SHARBATI.
38   COM (2013) 161 final vom 27.3.2013.
39   ABl EU L 336/1 vom 23.12.2015.
40   ABl EU L 341/21 vom 24.12.2015.
41   Vgl hierzu *Metzger/Zech* Rn. 32; *Bender* Die neue Unionsmarke[2] (2016) Rn. 849.
42   Begr BlPMZ 1986, 136, 140; *Wuesthoff*[2] Rn. 6; *Metzger/Zech* Rn. 28, 31.
43   *Wuesthoff*[2] Rn. 7; *Metzger/Zech* Rn. 30; kr *Tilmann* GRUR 1979, 512, 516.
44   Begr BlPMZ 1986, 136, 140.
45   Vgl BGHZ 22, 1, 14 = GRUR 1957, 215 Flava-Erdgold.

sich nach dem jeweils maßgeblichen Recht. Das »Geltendmachungsverbot« betrifft anders als nach dem SortG 1968 nicht nur den SortInhaber, sondern **jedermann**.[46]

Eine Regelung wie in Art 18 Abs 1 GemSortV (Verbot, gegen die **freie Verwendung** der Sortenschutzbezeichnung aus einem anderen Recht vorzugehen) enthält das dt Recht nicht. **18**

IV. Ältere Rechte Dritter

Ältere Rechte Dritter bleiben unberührt (Abs 2 Satz 2). Aus ihnen kann daher abw von der Regel des Abs 2 Satz 1 gegen die Sortenbezeichnung vorgegangen werden.[47] Das Bestehen solcher Rechte – das das BSA nicht prüft – nötigt den SortInhaber daher zur Änderung der Sortenbezeichnung nach § 30.[48] Ob ein älteres Recht vorliegt, ist nach dem Zeitrang der Sortenbezeichnung zu beurteilen (Rdn. 19 zu § 23). Die Verwendung einer objektiv falschen Angabe («Rose von Jericho« für Rosen) ist zur Täuschung des Verkehrs geeignet und kann zur Löschung der Marke führen.[49] Für die Beurteilung von Konflikten zwischen eingetragenen Marken und angemeldeten Sortenbezeichnungen sind in der Schweiz die Zivilgerichte zuständig, nicht das Büro für Sortenschutz.[50] **19**

D. Verwendungsverbot (Abs 3)

I. Grundsatz

Abs 3 verbietet die Verwendung der Sortenbezeichnung jedweder im Inland oder von einem anderen Verbandsmitglied geschützten Sorte für eine andere Sorte derselben oder einer verwandten Art. Dies erfasst auch die Verwendung der Bezeichnung für nicht sortenreine Erzeugnisse (Rdn. 22). **20**

Erfasst ist nicht nur die Sortenbezeichnung selbst, sondern jede mit ihr **verwechselbare Bezeichnung**[51] (hierzu Rdn. 34 zu § 7). **21**

---

46 Begr BlPMZ 1986, 136, 140; *Wuesthoff*[2] Rn. 8; *Leßmann/Würtenberger*[2] § 3 Rn. 102; unklar *Metzger/Zech* Rn. 29.
47 *Wuesthoff*[2] Rn. 10; *Leßmann/Würtenberger*[2] § 3 Rn. 103.
48 *Leßmann/Würtenberger*[2] § 3 Rn. 103; *Metzger/Zech* Rn. 34.
49 BPatG 30.7.2003 28 W (pat) 115/02 «Rose von Jericho«.
50 Schweiz ERGE sic! 2001, 530 Johanniter unter Hinweis auf die Botschaft zum SortG BBl 1974 I 1484.
51 *Metzger/Zech* Rn. 37.

II. Reichweite

22 Das Verbot gilt – trotz des Fehlens einer ausdrücklichen Regelung – nicht nur für Vermehrungsgut, sondern auch für Konsumgut.[52] Die Bezeichnung wird **für eine andere Sorte** verwendet, wenn sich die Ware nach der Verkehrsauffassung ganz oder teilweise nicht mehr als solche der geschützten Sorte darstellt. Wann das der Fall ist, ergibt sich für abgepackte Speisekartoffeln aus der aufgrund des Handelsklassengesetzes erlassenen HandelsklassenVO für Speisekartoffeln, nach der eine Packung Speisekartoffeln noch als sortenrein gilt, wenn der Anteil fremder Sorten bis zu 2 % des Gewichts der Packung beträgt.[53]

23 Bei **abgeleiteten Sorten** sollte es möglich sein, die Bezeichnung durch Anfügen eines Zusatzes zur Bezeichnung der Ausgangssorte zu bilden.

24 Zum Begriff der **verwandten Art** s Rdn. 37 ff. zu § 7.

E. Gemeinschaftlicher Sortenschutz

25 Die Regelung in Art 17, 18 GemSortV entspricht mit geringen Abweichungen der in § 14. Dass der SortInhaber gegen die Verwendung der Sortenbezeichnung nicht vorgehen kann, ergibt sich aus Art 18 GemSortV deutlicher als aus § 14. Die Regelung geht über den ordnungsrechtl Charakter der nationalen Vorgabe hinaus, weil der Verstoß gegen den Benutzungszwang zu einer Verletzung des Sortenschutzes führen soll;[54] dem kann indes nur mit Einschränkungen beigetreten werden (vgl Rdn. 9 zu § 37).

26 Dass das Inverkehrbringen als **Konsumgut** auch nach Gemeinschaftsrecht nicht erfasst ist, ergibt sich im Ergebnis aus Art 17 Abs 1 GemSortV, der sich nur das Anbieten und die Abgabe zu gewerblichen Zwecken bezieht, auf Sortenbestandteile (und nicht an Vermehrungsmaterial wie das nationale Recht) iSd Art 5 Abs 3 GemSortV bezieht, der wiederum voraussetzt, dass wieder ganze Pflanzen erzeugt werden können, während sich der weitergehende Art 17 Abs 2 GemSortV für anderes Material nur auf andere gesetzliche

---

52 LG Düsseldorf 24.8.1993 4 O 342/92; LG Düsseldorf 15.3.1994 4 O 413/93; *Metzger/Zech* Rn. 38 f.; *Metzger/Zech* § 37 Rn. 61.
53 LG Düsseldorf Mitt 1996, 21; LG Düsseldorf 15.3.1994 4 O 413/93; vgl OLG Hamm 22.6.2004 4 U 12/04; OLG Hamm GRUR-RR 2005, 141.
54 *Metzger/Zech* Rn. 24.

Bestimmungen bezieht.[55] Sachlich besteht somit kein relevanter Unterschied zum nationalen Recht.[56]

Der **Benützungszwang** besteht auch nach Gemeinschaftsrecht nach Erlöschen 27 des Sortenschutzes fort. Art 17 Abs 3 GemSortV stellt insoweit auf die Beendigung des Schutzes ab. Dies betrifft auch nach Gemeinschaftsrecht abgeleitete Sorten.

Zur **leichten Erkennbarkeit** macht das Gemeinschaftsrecht genauere Vorga- 28 ben als das nationale. Für die begleitende Marke, begleitende Handelsnamen und ähnliche Angaben sieht Art 17 Abs 1 Satz 2 GemSortV das Erfordernis leichter Erkennbarkeit vor.[57]

Kollisionsregelung. Anders als die nationale Regelung umfasst die gemein- 29 schaftsrechtliche hinsichtlich der Eintragbarkeit nach Art 63 Abs 3 Buchst c GemSortV auch verwechselbare Bezeichnungen.[58] Die Regelung nach § 13 Abs 2 Nr 4 MarkenG erfasst auch gemeinschaftsrechtlich geschützte Sortenbezeichnungen (Rdn. 15; zur Unionsmarke Rdn. 16).

Verbietungsrecht aus der Sortenbezeichnung und aus der Marke. Art 18 30 Abs 1 GemSortV verbietet nur dem SortInhaber das Vorgehen aus der Sortenbezeichnung; die nicht ganz geglückte Bestimmung hat Anlass zu nicht ganz leicht verständlichen Ausführungen gegeben.[59] Die Lit will das Verbot mit beachtlichen Gründen auch auf Dritte anwenden.[60] Die Rechtslage nach Art 18 Abs 2 GemSortV entspricht der nach nationalem Recht (Rdn. 17).

Verwendungsverbot. Art 18 Abs 3 GemSortV enthält eine mit dem nationa- 31 len Recht (Rdn. 20 f.) sachlich übereinstimmende Regelung. Jedoch sieht Anh I Nr VI. B. III zweiter und dritter Anstrich der Durchführungsverordnung (EU) Nr 543/2011 der Kommission vom 7.6.2011 mit Durchführungsbestimmungen zur Verordnung (EG) Nr 1234/2007 des Rates für die Sektoren Obst und Gemüse und Verarbeitungserzeugnisse aus Obst und Gemüse vor, dass der Name der Sorte angegeben wird (wobei der Sortenname durch ein

---

55 Abw wohl *Metzger/Zech* Rn. 13.
56 Vgl *Metzger/Zech* Rn. 10, 16; *Leßmann/Würtenberger*[2] § 3 Rn. 16; *Metzger* Innovationen im Grenzbereich von Patent und Sortenschutz, in: *Metzger (Hrsg)* Rechtsschutz von Pflanzenzüchtungen S 93 f.
57 Vgl *Metzger/Zech* Rn. 19.
58 Vgl HABM R 1743/2011 VESUVIA.
59 S *Metzger/Zech* Rn. 29; *Leßmann/Würtenberger*[2] § 3 Rn. 102.
60 Vgl *Metzger/Zech* Rn. 30; *Leßmann/Würtenberger*[2] § 3 Rn. 102.

Synonym ersetzt werden kann). Der Name der Mutante (oder ein Handelsname) kann dabei nur zusammen mit dem Sortennamen oder dem Synonym
angegeben werden. Der demnach bestehende Normenwiderspruch wird über
den für solche Normenkollisionen auch europarechtl geltenden[61] Grundsatz
»lex posterior derogat legi priori« aufzulösen sein.

§ 15 Persönlicher Anwendungsbereich

(1) Die Rechte aus diesem Gesetz stehen nur zu
1.   Deutschen im Sinne des Artikels 116 Abs. 1 des Grundgesetzes sowie
     natürlichen und juristischen Personen und Personenhandelsgesellschaf-
     ten mit Wohnsitz oder Niederlassung im Inland,
2.   Angehörigen eines anderen Vertragsstaates oder Staates, der Verbands-
     mitglied ist, sowie natürlichen und juristischen Personen und Personen-
     handelsgesellschaften mit Wohnsitz oder Niederlassung in einem sol-
     chen Staat und
3.   anderen natürlichen und juristischen Personen und Personenhandels-
     gesellschaften, soweit in dem Staat, dem sie angehören oder in dem sie
     ihren Wohnsitz oder eine Niederlassung haben, nach einer Bekanntma-
     chung des Bundesministers für Ernährung und Landwirtschaft im Bun-
     desgesetzblatt deutschen Staatsangehörigen oder Personen mit Wohn-
     sitz oder Niederlassung im Inland ein entsprechender Schutz gewährt
     wird.

(2) Wer in einem Vertragsstaat weder Wohnsitz noch Niederlassung hat,
kann an einem in diesem Gesetz geregelten Verfahren nur teilnehmen und
Rechte aus diesem Gesetz nur geltend machen, wenn er einen Vertreter mit
Wohnsitz oder Geschäftsräumen in einem Vertragsstaat (Verfahrensvertreter) bestellt hat.

Bekanntmachungen zu Abs 1 Nr 4 aF (= Nr 3 nF):

DDR: 18.9.1990 BGBl I 2104

Österreich: 1.6.1993 BGBl I 908 = BlPMZ 1998, 291

---

61 Vgl Schlussanträge des Generalanwalts *Niilo Jääskinen* in der Rechtssache in der
    Rechtssache C--507/13, Nr 59.

GemSortV:

Artikel 12 (neu gefasst durch VO [EG] Nr 15/2008 des Rates vom 20.12.2007, ABl EU 2008 L 8/2 = BlPMZ 2008, 169) **Berechtigung zur Stellung des Antrags auf gemeinschaftlichen Sortenschutz**

(1) Berechtigt zur Stellung des Antrags auf gemeinschaftlichen Sortenschutz sind natürliche und juristische Personen sowie Einrichtungen, die nach dem auf sie anwendbaren Recht wie juristische Personen behandelt werden.

(2) Anträge können auch von mehreren Antragstellern gemeinsam gestellt werden.

Ausland: Österreich:

Österreich: § 7 Abs 1, 2 [abgedruckt bei § 22]

Schweiz

Art 3 Auslandswohnsitz

Wer in der Schweiz weder Wohnsitz noch Sitz hat, muss eine in der Schweiz niedergelassene Vertretung bestellen, die ihn in Verfahren nach diesem Gesetz vor den Verwaltungsbehörden vertritt.

Art 4 Vorbehalt von Staatsverträgen

Schutzbewerber und Schutzinhaber können sich auf die Bestimmungen der von der Schweiz zuletzt ratifizierten Texte mehrseitiger Staatsverträge berufen, wenn jene günstiger sind als die Bestimmungen dieses Gesetzes.

Belgien: vgl Art 9 SortG; **Bulgarien:** Art 3, Art 5 (Vertreter) Pflanzen- und TierzuchtG; **Dänemark:** Art 24 SortG (Inlandsvertreter); **Finnland:** Sec 49 (Vertreter), vgl Sec 10 SortG 2009; **Frankreich:** Art L 623-6 Abs 1, 4 (geänd 2011), Art R 623-2, 3 CPI; **Irland:** vgl Sec 2 Abs 3 PVA; **Island:** Art 24 (Vertretung) SortG; **Italien:** Art 10 VO 455; **Kroatien:** Art 4, Art 47 (Vertretung) SortG; **Lettland:** Sec 10 (Vertreter) SortG (geänd 2005); **Niederlande:** Art 50 Abs 2, 3 Zaaizaad- en plantgoedwet 2005; **Norwegen:** Art 1 Abs 2, 3, Art 27 (Vertreter) SortG; **Portugal:** Art 2, 8 SortVO; **Rumänien:** Art 3, 4 (Vertretung) SortG; **Schweden:** Kap 1 §§ 1, 2, Kap 11 § 1 (Verfahrensvertreter) Växtförädlarrättslag; **Slowakei:** Art 15 Pflanzen- und TierzuchtG; **Slowenien:** Art 13 SortG (geänd 2006); **Spanien:** Art 11 SortG 2000; **Tschech. Rep.:** Art 8 SortG 2000; **Ungarn:** Art 108 Abs 3, 4, Art 114 Abs 1 PatG

Übersicht   Rdn.
A.   Nationales Recht; Entstehungsgeschichte   1
B.   Berechtigter Personenkreis   3
I.   Allgemeines   3
II.   Reichweite der Regelung   4
III. Berechtigte   5
      1. Deutsche   5
      2. Angehörige von Vertragsstaaten   7
      3. Angehörige von Verbandsmitgliedern   9
      4. Gegenseitigkeit 11
C.   Verfahrensvertreter (Abs 2) 12
D.   Gemeinschaftlicher Sortenschutz 16

A. Nationales Recht; Entstehungsgeschichte

1   Die Bestimmung, die im wesentlichen § 23 SortG 1968 entspricht, ist geänd durch das 1. SortÄndG und durch das EWR-Ausführungsgesetz sowie neu gefasst durch das SortÄndG 1997, das Abs 1 Nr 2 und 3 zur Textstraffung zusammengefasst hat. Die unterschiedliche Behandlung natürlicher und juristischer Personen ist schon durch das SortG 1985 aufgegeben worden.[1] Zur Bezeichnung der obersten Dienstbehörde Rdn. 3 zu § 16 .

2   Die in § 23 Abs 2 Satz 3, 4 SortG 1968 enthaltene zivilprozessuale **Gerichtsstandsregelung**, die der in § 25 Satz 3 PatG entsprach, ist 1985 aus systematischen Gründen in § 38 Abs 5 eingestellt wurden.

B. Berechtigter Personenkreis

I. Allgemeines

3   Abs 1 regelt entsprechend Art 4 PflZÜ den persönlichen Anwendungsbereich des Gesetzes (vgl Rdn. 4) und anders als Art 12 GemSortV nicht nur die Antragsberechtigung.[2] Anders als im Patent- und GbmRecht kann beim nationalen Sortenschutz (ebenso nach der nationalen Regelung in Österreich, abweichend die gemeinschaftsrechtl Regelung sowie die in der Schweiz) nicht jede natürliche oder juristische Person unabhängig von Sitz, Niederlassung oder Staatsangehörigkeit Inhaber von SortRechten sein. Die Regelung folgt

---

1   Vgl Begr BTDrs 10/816 = BlPMZ 1986, 136, 140.
2   *Metzger/Zech* Rn. 2, der allerdings die Neufassung des Art 12 GemSortV nicht beachtet.

wie im Grundsatz schon ihre Vorgänger (vgl § 23 SortG 1968)[3] kumulativ verschiedenen Grundsätzen, nämlich dem Inländerprinzip (Abs 1 Nr 1), dem Grundsatz der Gleichbehandlung im EWR (Abs 1 Nr 2 1. Alt iVm § 2 Nr 5), dem Verbandsprinzip (Abs 1 Nr 2 2. Alt) sowie dem Gegenseitigkeitsgrundsatz (Reziprozität; Abs 1 Nr 3). In Bezug auf Staatsangehörige von Mitgliedern der Welthandelsorganisation (WTO) ist die Regelung in Hinblick auf den Grundsatz der Inländerbehandlung in Art 3 TRIPS-Übk und die Meistbegünstigungsklausel in Art 4 TRIPS-Übk allenfalls deshalb nicht zu beanstanden, weil das TRIPS-Übk den Sortenschutz nicht einschließt (vgl Rdn. 33 Einl).[4] Der Inländerbehandlungsgrundsatz in Art 2 PVÜ ist nicht einschlägig.[5]

II. Reichweite der Regelung

Die Regelung erfasst nur die Fähigkeit, Inhaber von Rechten aus dem SortG   4
zu sein. Dies betrifft ungeachtet des zu weit gefassten Wortlauts indessen nur das Recht auf den Sortenschutz und die Rechte aus dem Sortenschutz, nicht auch sonstige Rechte. Grds erfasst ist in diesem Umfang auch der derivative rechtsgeschäftliche (Voll-)Rechtserwerb (Rdn. 17 f. zu § 11), dagegen nicht der Erwerb von vertraglichen oder Zwangsnutzungsrechten (Rdn. 15 zu § 12) oder der Rechtserwerb von Todes wegen und im Rahmen des § 857 Abs 3 ZPO im Weg der Zwangsvollstreckung.

III. Berechtigte

1. Deutsche

Deutsche iSd Regelung sind zunächst alle natürlichen Personen mit deutscher   5
Staatsangehörigkeit, darüber hinaus solche, die nicht Staatsangehörige, aber Deutsche iSd Art 116 GG sind; insoweit kommt es auf den Wohnsitz nicht an.

Weiter sind natürliche Personen unabhängig von ihrer Staatsangehörigkeit   6
erfasst, wenn sie ihren **Wohnsitz in Deutschland** haben, juristische Personen und Personenhandelsgesellschaften, wenn sie eine **Niederlassung im Inland**

---

3 Begr BTDrs V/1630 = BlPMZ 1968, 215, 221.
4 Kr *B. Goebel* S 241 ff., der aus dem TRIPS-Übk auch für sortrechtl Regelungen den Grundsatz der Inländerbehandlung ableitet; ähnlich *Metzger/Zech* Rn. 11.
5 Vgl *Metzger/Zech* Rn. 11.

haben; auf den Sitz kommt es insoweit nicht an, auch Zweigstellen sind in Angleichung an die frühere Regelung in der GemSortV ausreichend.[6]

2. Angehörige von Vertragsstaaten

7   Angehörige von Vertragsstaaten iSd § 2 Nr 5 (EU- und EWR-Staaten, Rdn. 17 zu § 2) können Inhaber von SortRechten sein. Wohnsitz oder Niederlassung in einem Vertragsstaat reicht aus. Das Vereinigte Königreich wird auch im Fall eines Ausscheidens aus der Europäischen Union (»Brexit«) als Verbandsmitglied (Rdn. 9) weiterhin erfasst.

8   Die Regelung setzt Art 4 PflZÜ 1991 sowie die **Vorgaben des Rechts der EU und des EWR** um. Im Hinblick auf den gemeinsamen Saatgutmarkt innerhalb der EWG sollte der Zugang den Angehörigen der anderen Mitgliedstaaten in gleicher Weise eröffnet werden wie Inländern.[7]

3. Angehörige von Verbandsmitgliedern

9   Art 4 PflZÜ 1991 sieht für die Vertragsparteien des PflZÜ Inländerbehandlung vor, die schon die Regelung 1968 im Grundsatz umgesetzt hat.[8] Nach der Neuregelung 1997 genügt in Angleichung an die Regelung im damaligen Art 12 Abs 1 Buchst a GemSortV bei jur Personen eine Niederlassung (»Zweigstelle«) in dem betreffenden Staat.[9]

10   Die frühere Einschränkung, nach der es bei Angehörigen anderer Verbandsstaaten auf die **Schutzfähigkeit** der betreffenden Art **in dem anderen Verbandsstaat** ankam, ist bereits durch das 1. SortÄndG entfallen.[10]

4. Gegenseitigkeit

11   Der Grundsatz der Gegenseitigkeit gilt, soweit keine Privilegierung besteht.[11] Faktische Gewährung der Gegenseitigkeit ist nicht ausreichend, hinzutreten muss eine entsprechende Bek des zuständigen Bundesministers im BGBl. Die

---

6   Vgl Begr BTDrs 13/7038 S 14.
7   Begr BTDrs 10/816 = BlPMZ 1986, 136, 140; kr hierzu noch *Wuesthoff*[2] Rn. 3.
8   Vgl Begr BTDrs V/1630 = BlPMZ 1968, 215, 221.
9   Vgl Begr BTDrs 13/7038 S 14f.
10   Vgl zur Problematik *Wuesthoff*[2] Rn. 4; *B. Goebel* S 241 ff.
11   Vgl Begr BTDrs V/1630 = BlPMZ 1968, 215, 221.

vor Inkrafttreten des SortG ergangenen Bek[12] sind nicht mehr anzuwenden.[13] Die seither ergangenen Bek in Bezug auf die ehem DDR vom 18.9.1990 und auf Österreich vom 1.6.1993 sind durch den Beitritt der DDR zur Bundesrepublik mWv 3.10.1990 und Österreichs zum PflZÜ mWv 14.7.1994 überholt.[14] Weitere Bek sind seither nicht ergangen.

C. Verfahrensvertreter (Abs 2)

Die Regelung ist 1968 an die im PatG (jetzt § 25 PatG, der zuletzt durch **12** Art 14 des Gesetzes zur Umsetzung der Berufsanerkennungsrichtlinie und zur Änderung weiterer Vorschriften im Bereich der rechtsberatenden Berufe vom 12.5.2017[15] geänd worden ist) angeglichen worden.[16] Sie geht über § 15 VwVfG, der nur die Bestellung eines Empfangsbevollmächtigten vorsieht, hinaus, da der Sortenschutz für eine bestimmte Zeitdauer ausgesprochen wird und während dieser Zeit vom Züchter und der Sorte bestimmte Erfordernisse erfüllt werden müssen.[17] Das SortÄndG 1997 hat den letzten Satz gestrichen, wonach der Verfahrensvertreter im Verfahren vor dem BSA und in Rechtsstreitigkeiten, die den Sortenschutz betreffen, zur Vertretung befugt ist und Strafanträge stellen kann, da die dort geregelte Vertretungsbefugnis von Verfahrensvertretern, die nicht Rechts- oder Patentanwälte sein müssen, wegen des Anwaltszwangs vor Gericht gegenstandslos sei.[18]

Anders als § 25 PatG in der bis 31.12.2001 geltenden Fassung knüpft Abs 2 **13** nicht an das Nichtvorhandensein von Wohnsitz oder Niederlassung im Inland, sondern in einem **Vertragsstaat** (Rdn. 7) an. Dies wurde aus dem Gleichbehandlungsgebot des EWGV abgeleitet.[19]

Die verbliebene Regelung entspricht mit zwei Abweichungen der in § 25 **14** Satz 1 PatG aF. Neben der abw Formulierung des Normadressaten werden an den Vertreter keine weitergehenden Anforderungen als die gestellt, dass er Wohnsitz und Geschäftsräume in einem Vertragsstaat hat.

---

12 BGBl 1970 I 1123; BGBl 1972 I 2558.
13 Bek BGBl 1986 I 920.
14 Ebenso *Metzger/Zech* Rn. 12.
15 BGBl I 1121.
16 Vgl Begr BTDrs V/1630 = BlPMZ 1968, 215, 221.
17 Begr BTDrs 10/816 = BlPMZ 1986, 136, 140.
18 Begr BTDrs 13/7038 S 15.
19 Begr BTDrs 10/816 = BlPMZ 1986, 136, 140.

15   Dies stellt allerdings nicht von den Anforderungen frei, die in dem Vertragsstaat für die **Besorgung fremder Rechtsangelegenheiten** gelten. Nach dem
Rechtsdienstleistungsgesetz ergibt sich in Deutschland die Berechtigung zur
unentgeltlichen Vertretung für bestimmte Personen (Familienangehörige, § 2
RDG, Personen mit Befähigung zum Richteramt).[20]

D. Gemeinschaftlicher Sortenschutz

16   Die frühere differenzierte Regelung, die im wesentlichen dem nationalen
Recht entsprach, in Art 12 GemSortV aF ist durch VO (EG) Nr 15/2008 im
Interesse einer Erleichterung des Handels dahin vereinfacht worden (Erwägungsgrund 2), dass nurmehr ein einziges Antragssystem für alle Antragsteller
besteht. Zur Antragstellung berechtigt sind nunmehr natürliche und juristische Personen sowie Einrichtungen, die nach dem auf sie anzuwendenden
Recht wie juristische Personen behandelt werden. Die Regelung, der auch die
in der Schweiz seit 2008 geltende entspricht, weicht damit prinzipiell von der
nationalen (wie auch von der nationalen in Österreich geltenden) ab und geht
über die Vorgaben des PflZÜ hinaus.[21] Anträge können auch von mehreren
Antragstellern gemeinsam gestellt werden.

17   Im Gemeinschaftsrecht stellt der Wegfall der persönlichen Berechtigung wie
des Verfahrensvertreters einen **Aufhebungsgrund** dar (Art 21 Abs 2 Buchst d
GemSortV), der aber durch die Neufassung des Art 12 GemSortV seit 2008
weitgehend seine Bedeutung verloren hat.

---

20   Näher *Busse/Keukenschrijver* § 97 PatG Rn. 19 ff.
21   Vgl auch *Leßmann/Würtenberger*[2] § 2 Rn. 27 ff.

Abschnitt 2 Bundessortenamt

Vor § 16 Das Gemeinschaftliche Sortenamt

GemSortV:

Art 4 Gemeinschaftliches Amt

Für die Durchführung dieser Verordnung wird ein Gemeinschaftliches Sortenamt errichtet, im folgenden »Amt« genannt.

Art 30 Rechtsstellung, Dienststellen

(1) Das Amt ist eine Einrichtung der Gemeinschaft. Es hat Rechtspersönlichkeit.

(2) Es besitzt in jedem Mitgliedstaat die weitestgehende Rechts- und Geschäftsfähigkeit, die juristischen Personen nach dessen Rechtsvorschriften zuerkannt ist. Es kann insbesondere bewegliches und unbewegliches Vermögen erwerben und veräußern und vor Gericht stehen.

(3) Das Amt wird von seinem Präsidenten vertreten.

(4) Mit Zustimmung des in Artikel 36 genannten Verwaltungsrats kann das Amt in den Mitgliedstaaten vorbehaltlich deren Zustimmung nationale Einrichtungen mit der Wahrnehmung bestimmter Verwaltungsaufgaben des Amtes beauftragen oder eigene Dienststellen des Amtes zu diesem Zweck einrichten.

Art 31 Personal

(1) Die Bestimmungen des Statuts der Beamten der Europäischen Gemeinschaften, der Beschäftigungsbedingungen für die sonstigen Bediensteten der Europäischen Gemeinschaften und der im gegenseitigen Einvernehmen der Organe der Europäischen Gemeinschaften erlassenen Regelungen zur Durchführung dieser Bestimmungen gelten für das Personal des Amtes, unbeschadet der Anwendung des Artikels 47 auf die Mitglieder der Beschwerdekammer.

(2) Das Amt übt unbeschadet von Artikel 43 die der Anstellungsbehörde im Statut und in den Beschäftigungsbedingungen für die sonstigen Bediensteten übertragenen Befugnisse gegenüber seinem Personal aus.

Art 32 Vorrechte und Immunitäten

Das Protokoll über die Vorrechte und Befreiungen der Europäischen Gemeinschaften gilt für das Amt.

Art 33 Haftung

(1) Die vertragliche Haftung des Amtes bestimmt sich nach dem Recht, das auf den betreffenden Vertrag anzuwenden ist.

(2) Für Entscheidungen aufgrund einer Schiedsklausel, die in einem vom Amt abgeschlossenen Vertrag enthalten ist, ist der Gerichtshof der Europäischen Gemeinschaften zuständig.

(3) Im Bereich der außervertraglichen Haftung ersetzt das Amt den durch seine Dienststellen oder Bediensteten in Ausübung ihrer Amtstätigkeit verursachten Schaden nach den allgemeinen Rechtsgrundsätzen, die den Rechtsordnungen der Mitgliedstaaten gemeinsam sind.

(4) Für Streitsachen über den Schadensersatz nach Absatz 3 ist der Gerichtshof zuständig.

(5) Die persönliche Haftung der Bediensteten gegenüber dem Amt bestimmt sich nach den Bestimmungen des Statuts oder der für sie geltenden Beschäftigungsbedingungen.

Art 33a (eingefügt durch die VO [EG] Nr. 1650/2003) Zugang zu den Dokumenten

(1) Die Verordnung (EG) Nr. 1049/2001 des Europäischen Parlaments und des Rates vom 30. Mai 2001 über den Zugang der Öffentlichkeit zu Dokumenten des Europäischen Parlaments, des Rates und der Kommission findet Anwendung auf die Dokumente des Amtes.

(2) Der Verwaltungsrat erlässt innerhalb von sechs Monaten nach Inkrafttreten der Verordnung (EG) Nr. 1650/2003 des Rates vom 18. Juni 2003 zur Änderung der Verordnung (EG) Nr. 2100/94 über den gemeinschaftlichen Sortenschutz die praktischen Durchführungsbestimmungen für die Verordnung (EG) Nr. 1049/2001.

(3) Gegen die Entscheidungen, die das Amt gemäß Artikel 8 der Verordnung (EG) Nr. 1049/2001 trifft, kann Beschwerde beim Bürgerbeauftragten oder Klage beim Gerichtshof nach Maßgabe des Artikels 195 bzw. des Artikels 230 EG-Vertrag eingelegt werden.

Art 34 Sprachen (abgedruckt vor Art 21)

Art 35 Entscheidungen des Amtes

(1) Entscheidungen des Amtes, soweit sie nicht von der Beschwerdekammer gemäß Artikel 72 zu treffen sind, ergehen durch oder unter der Weisung des Präsidenten des Amtes.

(2) Vorbehaltlich des Absatzes 1 ergehen Entscheidungen nach Artikel 20, 21, 29, 59, 61, 62, 63, 66 oder 100 Absatz 2 durch einen Ausschuß von drei Bediensteten des Amtes. Die Qualifikationen der Mitglieder des Ausschusses, die Befugnisse der einzelnen Mitglieder in der Vorphase der Entscheidungen, die Abstimmungsregeln und die Rolle des Präsidenten gegenüber dem Ausschuß werden in der Durchführungsordnung nach Artikel 114 festgelegt. Die Mitglieder des Ausschusses sind bei ihren Entscheidungen im übrigen an keinerlei Weisungen gebunden.

(3) Andere als die in Absatz 2 genannten Entscheidungen des Präsidenten können, wenn der Präsident sie nicht selbst trifft, von einem Bediensteten des Amtes getroffen werden, dem eine entsprechende Befugnis gemäß Artikel 42 Absatz 2 Buchstabe h) übertragen wurde.

Art 36 Errichtung und Befugnisse

(1) Beim Amt wird ein Verwaltungsrat errichtet. Außer den Befugnissen, die dem Verwaltungsrat in anderen Vorschriften dieser Verordnung oder in den in den Artikeln 113 und 114 genannten Vorschriften übertragen werden, besitzt er gegenüber dem Amt die nachstehend bezeichneten Befugnisse:

a) Der Verwaltungsrat spricht Empfehlungen aus zu Angelegenheiten, für die das Amt zuständig ist, oder stellt allgemeine Leitlinien in dieser Hinsicht auf.

b) Der Verwaltungsrat prüft den Tätigkeitsbericht des Präsidenten; außerdem überwacht er, ausgehend von dieser Prüfung und anderen ihm vorliegenden Informationen die Tätigkeit des Amtes.

c) Der Verwaltungsrat legt auf Vorschlag des Amtes entweder die Anzahl der in Artikel 35 genannten Ausschüsse, die Arbeitsaufteilung und die Dauer der jeweiligen Aufgaben der Ausschüsse fest oder stellt allgemeine Leitlinien in dieser Hinsicht auf.

d) Der Verwaltungsrat kann Vorschriften über die Arbeitsmethoden des Amtes festlegen.

e) Der Verwaltungsrat kann Prüfungsrichtlinien gemäß Artikel 56 Absatz 2 erlassen.

(2) Außerdem gilt in bezug auf den Verwaltungsrat folgendes:

–   Er kann, soweit er dies für notwendig erachtet, Stellungnahmen abgeben und Auskünfte vom Amt oder von der Kommission anfordern.

–   Er kann der Kommission die ihm nach Artikel 42 Absatz 2 Buchstabe g) vorgelegten Entwürfe mit oder ohne Änderungen oder eigene Entwürfe zu Änderungen dieser Verordnung, zu den in den Artikeln 113 und 114 genannten Vorschriften oder zu jeder anderen Regelung betreffend den gemeinschaftlichen Sortenschutz zuleiten.

–   Er ist gemäß Artikel 113 Absatz 4 und Artikel 114 Absatz 2 zu konsultieren.

–   Er nimmt seine Funktionen in bezug auf den Haushalt des Amtes gemäß den Artikeln 109, 111 und 112 wahr.

Art 37 Zusammensetzung

(1) Der Verwaltungsrat besteht aus je einem Vertreter jedes Mitgliedstaats und einem Vertreter der Kommission sowie deren jeweiligen Stellvertretern.

(2) Die Mitglieder des Verwaltungsrats können nach Maßgabe der Geschäftsordnung des Verwaltungsrats Berater oder Sachverständige hinzuziehen.

Art 38 Vorsitz

(1) Der Verwaltungsrat wählt aus seinen Mitgliedern einen Vorsitzenden und einen stellvertretenden Vorsitzenden. Der stellvertretende Vorsitzende tritt im Fall der Verhinderung des Vorsitzenden von Amts wegen an dessen Stelle.

(2) Die Amtszeit des Vorsitzenden oder des stellvertretenden Vorsitzenden endet, wenn der Vorsitzende bzw. stellvertretende Vorsitzende nicht mehr dem Verwaltungsrat angehört. Unbeschadet dieser Bestimmung beträgt die Amtszeit des Vorsitzenden und des stellvertretenden Vorsitzenden drei Jahre, sofern vor Ablauf dieses Zeitraums nicht ein anderer Vorsitzender oder stellvertretender Vorsitzender gewählt wurde. Wiederwahl ist zulässig.

Art 39 Tagungen

(1) Der Verwaltungsrat wird von seinem Vorsitzenden einberufen.

(2) Der Präsident des Amtes nimmt an den Beratungen teil, sofern der Verwaltungsrat nicht etwas anderes beschließt. Er hat kein Stimmrecht.

(3) Der Verwaltungsrat hält jährlich eine ordentliche Tagung ab; außerdem tritt er auf Veranlassung seines Vorsitzenden oder auf Antrag der Kommission oder eines Drittels der Mitgliedstaaten zusammen.

(4) Der Verwaltungsrat gibt sich eine Geschäftsordnung; er kann in Übereinstimmung mit dieser Geschäftsordnung Ausschüsse einrichten, die seiner Weisung unterstehen.

(5) Der Verwaltungsrat kann Beobachter zur Teilnahme an seinen Sitzungen einladen.

(6) Das Sekretariat des Verwaltungsrates wird vom Amt zur Verfügung gestellt.

Art 40 Ort der Tagungen

Der Verwaltungsrat tagt am Sitz der Kommission, des Amtes oder eines Prüfungsamtes. Das Nähere bestimmt die Geschäftsordnung.

Art 41 (geänd durch VO [EG] Nr 15/2008) Abstimmungen

(1) Der Verwaltungsrat faßt seine Beschlüsse vorbehaltlich des Absatzes 2 mit der einfachen Mehrheit der Vertreter der Mitgliedstaaten.

(2) Eine Dreiviertelmehrheit der Vertreter der Mitgliedstaaten ist für die Beschlüsse erforderlich, zu denen der Verwaltungsrat nach Artikel 29, Artikel 36 Absatz 1 Buchstaben a), b), d) und e), Artikel 43, 47, 109 Absatz 3 und Artikel 112 befugt ist.

(3) Jeder Mitgliedstaat hat eine Stimme.

(4) Die Beschlüsse des Verwaltungsrates sind nicht verbindlich im Sinne von Artikel 189 des Vertrags.

Art 42 Aufgaben und Befugnisse des Präsidenten

(1) Das Amt wird vom Präsidenten geleitet.

(2) Zu diesem Zweck hat der Präsident insbesondere folgende Aufgaben und Befugnisse:
a) Er ergreift in Übereinstimmung mit den Vorschriften dieser Verordnung, mit den in Artikel 113 und 114 genannten Vorschriften oder mit den vom Verwaltungsrat gemäß Artikel 36 Absatz 1 festgelegten Vorschriften bzw. Leitlinien alle für den ordnungsgemäßen Betrieb des

Amtes erforderlichen Maßnahmen, einschließlich des Erlasses interner
Verwaltungsvorschriften und der Veröffentlichung von Mitteilungen.

b) Er legt der Kommission und dem Verwaltungsrat jedes Jahr einen Tätigkeitsbericht vor.

c) Er übt gegenüber den Bediensteten die in Artikel 31 Absatz 2 niedergelegten Befugnisse aus.

d) Er unterbreitet die in Artikel 36 Absatz 1 Buchstabe c) und Artikel 47
Absatz 2 genannten Vorschläge.

e) Er stellt den Voranschlag der Einnahmen und Ausgaben des Amtes
gemäß Artikel 109 Absatz 1 auf und führt den Haushaltsplan des Amtes
gemäß Artikel 110 aus.

f) Er erteilt die vom Verwaltungsrat gemäß Artikel 36 Absatz 2 erster
Gedankenstrich angeforderten Auskünfte.

g) Er kann dem Verwaltungsrat Entwürfe der Änderungen dieser Verordnung, der in den Artikeln 113 und 114 genannten Vorschriften sowie
jeder anderen Regelung betreffen den gemeinschaftlichen Sortenschutz
vorlegen.

h) Vorbehaltlich der in den Artikeln 113 und 114 genannten Vorschriften
kann er seine Aufgaben und Befugnisse anderen Bediensteten des Amtes
übertragen.

(3) Der Präsident wird von einem oder mehreren Vizepräsidenten unterstützt. Ist der Präsident verhindert, wird er in Übereinstimmung mit dem
Verfahren, das in den vom Verwaltungsrat gemäß Artikel 36 Absatz 1 festgelegten Vorschriften oder aufgestellten Leitlinien niedergelegt ist, von dem
Vizepräsidenten oder einem der Vizepräsidenten vertreten.

Art 43 Ernennung hoher Beamter

(1) Der Präsident des Amtes wird aus einer Liste von Kandidaten, die die
Kommission nach Anhörung des Verwaltungsrates vorschlägt, vom Rat
ernannt. Der Rat ist befugt, den Präsidenten auf Vorschlag der Kommission
nach Anhörung des Verwaltungsrates zu entlassen.

(2) Die Amtszeit des Präsidenten beträgt höchstens fünf Jahre. Wiederernennung ist zulässig.

(3) Der Vizepräsident oder die Vizepräsidenten des Amtes werden nach
Anhörung des Präsidenten entsprechend dem Verfahren nach den Absätzen 1 und 2 ernannt und entlassen.

(4) Der Rat übt die Disziplinargewalt über die in den Absätzen 1 und 3 genannten Beamten aus.

Art 44 Rechtsaufsicht

(1) Die Kommission kontrolliert die Rechtmäßigkeit derjenigen Handlungen des Präsidenten, über die im Gemeinschaftsrecht keine Rechtsaufsicht durch ein anderes Organ vorgesehen ist, sowie der Handlungen des Verwaltungsrates, die sich auf den Haushalt des Amtes beziehen.

(2) Die Kommission verlangt die Änderung oder Aufhebung jeder Handlung nach Absatz 1, die das Recht verletzt.

(3) Jede ausdrückliche oder stillschweigende Handlung nach Absatz 1 kann von jedem Mitgliedstaat, jedem Mitglied des Verwaltungsrates oder jeder dritten Person, die hiervon unmittelbar und individuell betroffen ist, zur Kontrolle ihrer Rechtmäßigkeit vor die Kommission gebracht werden. Die Kommission muß innerhalb von zwei Monaten nach dem Zeitpunkt, zu dem der Beteiligte von der betreffenden Handlung Kenntnis erlangt hat, damit befaßt werden. Eine Entscheidung ist von der Kommission innerhalb von zwei Monaten zu treffen und mitzuteilen.

Art 89 Regelmäßig erscheinende Veröffentlichungen

Das Amt gibt mindestens alle zwei Monate eine Veröffentlichung mit den Angaben heraus, die gemäß Artikel 87 Absatz 2 Buchstaben a), d), e), f), g) und h) in das Register aufgenommen und noch nicht veröffentlicht wurden. Das Amt veröffentlicht außerdem einen jährlichen Bericht mit den Angaben, die das Amt als zweckdienlich erachtet, zumindest jedoch eine Liste der geltenden gemeinschaftlichen Sortenschutzrechte, ihrer Inhaber, der Zeitpunkte der Erteilung und des Erlöschens des Sortenschutzes und der zugelassenen Sortenbezeichnungen. Die Einzelheiten dieser Veröffentlichungen werden vom Verwaltungsrat bestimmt.

Art 90 Gegenseitige Unterrichtung und Austausch von Veröffentlichungen

(1) Das Amt und die zuständigen Sortenbehörden der Mitgliedstaaten übermitteln einander auf entsprechendes Ersuchen unbeschadet der für die Ermittlung von Ergebnissen der technischen Prüfung getroffenen besonderen Regelungen kostenlos für ihre eigenen Zwecke ein oder mehrere Exemplare ihrer Veröffentlichungen sowie sonstige sachdienliche Angaben über beantragte oder erteilte Schutzrechte.

(2) Die in Artikel 88 Absatz 3 genannten Angaben sind von der Unterrichtung ausgeschlossen, es sei denn, daß

a) die Unterrichtung zur Durchführung der in den Artikeln 55 und 64 genannten Prüfungen erforderlich ist oder

b) der Antragsteller auf Erteilung des gemeinschaftlichen Sortenschutzes oder der Inhaber der Unterrichtung zustimmt.

Art 91 Amts- und Rechtshilfe

(1) Das Amt, die in Artikel 55 Absatz 1 genannten Prüfungsämter und die Gerichte oder Behörden der Mitgliedstaaten unterstützen einander auf Antrag durch die Erteilung von Auskünften oder die Gewährung von Einsicht in Unterlagen betreffend die Sorte, ihre Muster und ihren Anbau, soweit nicht Vorschriften dieser Verordnung oder einzelstaatliche Vorschriften dem entgegenstehen. Gewähren das Amt oder die Prüfungsämter Gerichten oder Staatsanwaltschaften Einsicht, so unterliegt diese nicht den Beschränkungen des Artikels 88; von den Prüfungsämtern gewährte Einsichtnahmen unterliegen nicht einer Entscheidung des Amtes im Sinne von Artikel 88.

(2) Die Gerichte oder andere zuständige Behörden der Mitgliedstaaten nehmen für das Amt auf dessen Ersuchen um Rechtshilfe Beweisaufnahmen oder andere damit in Zusammenhang stehende gerichtliche Handlungen innerhalb ihrer Zuständigkeit vor.

Art 108 Haushalt

(1) Alle Einnahmen und Ausgaben des Amtes werden für jedes Haushaltsjahr veranschlagt und in den Haushaltsplan des Amtes eingesetzt; Haushaltsjahr ist das Kalenderjahr.

(2) Der Haushaltsplan ist in Einnahmen und Ausgaben auszugleichen.

(3) Die Einnahmen des Haushalts umfassen unbeschadet anderer Einnahmen das Aufkommen an Gebühren, die entsprechend Artikel 83 aufgrund der Gebührenordnung nach Artikel 113 zu zahlen sind, und, soweit erforderlich, einen Zuschuß aus dem Gesamthaushaltsplan der Europäischen Gemeinschaften.

(4) Die Ausgaben umfassen unbeschadet anderer Ausgaben die festen Kosten des Amtes sowie die aus dem normalen Betrieb des Amtes erwachsenden Kosten, einschließlich der an die Prüfungsämter zu zahlenden Beträge.

Art 109 Aufstellung des Haushaltsplans

(1) Der Präsident stellt jährlich für das folgende Haushaltsjahr einen Voranschlag der Einnahmen und Ausgaben des Amtes auf und übermittelt ihn zusammen mit einem Stellenverzeichnis und, soweit der Voranschlag einen Zuschuß nach Artikel 108 Absatz 3 vorsieht, einer einleitenden Begründung spätestens am 31. März jedes Jahres dem Verwaltungsrat.

(2) Sieht der Voranschlag einen Zuschuß nach Artikel 108 Absatz 3 vor, so übermittelt der Verwaltungsrat den Voranschlag sowie das Stellenverzeichnis und die genannte Begründung unverzüglich der Kommission, wobei er seine Stellungnahme beifügen kann. Die Kommission übermittelt diese Unterlagen der Haushaltsbehörde der Gemeinschaften; sie kann ihnen eine Stellungnahme sowie einen abweichenden Voranschlag beifügen.

(3) Der Verwaltungsrat stellt den Haushaltsplan fest, der auch das vom Amt erstellte Stellenverzeichnis umfaßt. Ist in dem Voranschlag ein Zuschuß nach Artikel 108 Absatz 3 enthalten, so wird der Haushaltsplan erforderlichenfalls an die Mittelansätze des Gesamthaushaltsplans der Europäischen Gemeinschaften angepaßt.

Art 110 Ausführung des Haushaltsplans

Der Haushaltsplan des Amtes wird vom Präsidenten ausgeführt.

Art 111 (Titel und Abs. 1 neu gefasst durch die VO (EG) Nr. 1650/2003) Rechnungsprüfung und Kontrolle

(1) Beim Gemeinschaftlichen Sortenamt wird das Amt eines Internen Prüfers eingerichtet, das unter Einhaltung der einschlägigen internationalen Normen ausgeübt werden muss. Der vom Präsidenten benannte Interne Prüfer ist diesem gegenüber für die Überprüfung des ordnungsgemäßen Funktionierens der Systeme und der Verfahren zum Vollzug des Amtshaushalts verantwortlich.

Der Interne Prüfer berät den Präsidenten in Fragen der Risikokontrolle, indem er unabhängige Stellungnahmen zur Qualität der Verwaltungs- und Kontrollsysteme und Empfehlungen zur Verbesserung der Bedingungen für die Abwicklung der Vorgänge sowie zur Förderung einer wirtschaftlichen Haushaltsführung abgibt.

Der Anweisungsbefugte führt interne Kontrollsysteme und –verfahren ein, die für die Ausführung seiner Aufgaben geeignet sind.

(2) Der Präsident übermittelt der Kommission, dem Verwaltungsrat und dem Rechnungshof der Europäischen Gemeinschaften spätestens am 31. März jedes Jahres die Rechnung für alle Einnahmen und Ausgaben des Amtes im abgelaufenen Haushaltsjahr. Der Rechnungshof prüft die Rechnung gemäß den einschlägigen Bestimmungen für den Gesamthaushaltsplan der Europäischen Gemeinschaften.

(3) Der Verwaltungsrat erteilt dem Präsidenten des Amtes Entlastung für die Ausführung des Haushaltsplans.

Artl 112 Finanzvorschriften

Der Verwaltungsrat legt nach Anhörung des Rechnungshofes interne Finanzvorschriften fest, die insbesondere das Verfahren zur Aufstellung und Ausführung des Haushaltsplans des Amtes regeln. Die Finanzvorschriften müssen weitgehend den Vorschriften der Haushaltsordnung für den Gesamthaushaltsplan der Europäischen Gemeinschaften entsprechen und dürfen von diesen nur abweichen, wenn dies wegen der besonderen Anforderungen der einzelnen Aufgaben des Amts notwendig ist.

GSortVDV:

Art 6 Qualifikation der Ausschussmitglieder

(1) Den Ausschüssen nach Artikel 35 Absatz 2 der Grundverordnung gehören dem Ermessen des Präsidenten des Amts zufolge entweder Mitglieder mit technischer oder rechtlicher Qualifikation oder Mitglieder beider Fachrichtungen an.

(2) Ein technisches Mitglied muss über einen Hochschulabschluss im Bereich der Pflanzenkunde oder über anerkannte Erfahrungen in diesem Bereich verfügen.

(3) Ein rechtskundiges Mitglied muss über ein abgeschlossenes rechtswissenschaftliches Studium oder über anerkannte Erfahrung im Bereich des geistigen Eigentums, des Sortenschutzes oder der Sortenregistrierung verfügen.

Art 7 Entscheidungen der Ausschüsse

(1) Außer den in Artikel 35 Absatz 2 der Grundverordnung genannten Entscheidungen treffen die Ausschüsse Entscheidungen über
–   die Nichtaussetzung einer Entscheidung nach Artikel 67 Absatz 2 der Grundverordnung,

– die Abhilfe nach Artikel 70 der Grundverordnung,
– die Wiedereinsetzung in den vorigen Stand nach Artikel 80 der Grundverordnung und
– die Verteilung der Kosten nach Artikel 85 Absatz 2 der Grundverordnung und Artikel 75 der vorliegenden Verordnung.

(2) Entscheidungen der Ausschüsse werden von der Mehrheit der Ausschussmitglieder getroffen.

Art 8 Befugnisse der Ausschussmitglieder

(1) Jeder Ausschuss bestimmt eines seiner Mitglieder als Berichterstatter.

(2) Der Berichterstatter
a) nimmt insbesondere die in Artikel 25 genannten Aufgaben wahr und sorgt für die Vorlage der Prüfungsberichte gemäß Artikel 13 und 14;
b) achtet auf den ordnungsgemäßen Ablauf des Verfahrens vor dem Amt einschließlich der Mitteilung von Mängeln, denen die Verfahrensbeteiligten abzuhelfen haben, und der Fristsetzung;
c) sorgt für eine enge Verbindung zu den Verfahrensbeteiligten und für den Austausch von Informationen.

Art 9 Aufgabe des Präsidenten

Der Präsident des Amts gewährleistet die Kohärenz der unter seiner Verantwortung getroffenen Entscheidungen. Er bestimmt, unter welchen Voraussetzungen Entscheidungen über Einwendungen nach Artikel 59 der Grundverordnung zusammen mit Entscheidungen nach den Artikeln 61, 62, 63 oder 66 der Grundverordnung getroffen werden.

Art 10 Informationstag

Das Personal des Amts kann die Räumlichkeiten der nationalen Einrichtungen nach Artikel 30 Absatz 4 der Grundverordnung sowie der Prüfungsämter und Einrichtungen gemäß Artikel 13 bzw. Artikel 14 der vorliegenden Verordnung kostenlos für die regelmäßige Veranstaltung von Informationstagen für Verfahrensbeteiligte und Dritte nutzen.

Art 87 Amtsblatt

(1) Die vom Amt mindestens alle zwei Monate herauszugebende Veröffentlichung nach Artikel 89 der Grundverordnung erhält die Bezeichnung »Amtsblatt des Gemeinschaftlichen Sortenamts«, nachstehend Amtsblatt genannt.

(2) Das Amtsblatt enthält auch die nach Artikel 78 Absatz 1 Buchstaben c und d, Artikel 78 Absatz 2 sowie Artikel 79 in die Register eingetragenen Angaben.

(3) Der Präsident des Amtes bestimmt, in welcher Form das Amtsblatt veröffentlicht wird.

Art 88 Veröffentlichung der Anträge auf Erteilung von Nutzungsrechten und der diesbezüglichen Entscheidungen

Im Amtsblatt veröffentlicht werden das Eingangsdatum des Antrags auf Erteilung eines Nutzungsrechts durch das Amt und das Datum der diesbezüglichen Entscheidung, die Namen und Anschriften der Verfahrensbeteiligten sowie deren Anträge. Bei einer Entscheidung über die Erteilung einer Zwangslizenz wird auch der Inhalt der Entscheidung veröffentlicht.

Art 89 Veröffentlichung von Beschwerden und diesbezüglichen Entscheidungen

Im Amtsblatt veröffentlicht werden das Eingangsdatum von Beschwerden und das Datum der diesbezüglichen Entscheidungen, die Namen und Anschriften der am Beschwerdeverfahren Beteiligten sowie deren Anträge oder die Entscheidungen hierüber.

Art 90 Erteilung von Auskünften

(1) Die Erteilung von Auskünften nach Artikel 90 der Grundverordnung erfolgt unmittelbar zwischen den dort genannten Behörden.

(2) Die Erteilung von Auskünften nach Artikel 91 Absatz 1 der Grundverordnung durch oder an das Amt kann gebührenfrei über die zuständigen Sortenämter der Mitgliedstaaten erfolgen.

(3) Absatz 2 gilt entsprechend für die Erteilung von Auskünften nach Artikel 91 Absatz 1 der Grundverordnung durch oder an das Prüfungsamt. Das Amt erhält eine Kopie dieser Mitteilung.

Art 91 Akteneinsicht durch Gerichte und Staatsanwaltschaften der Mitgliedstaaten oder durch deren Vermittlung

(1) Die Einsicht in die Akten nach Artikel 91 Absatz 1 der Grundverordnung wird in die Aktenabschrift gewährt, die das Amt ausschließlich für diesen Zweck ausstellt.

(2) Gerichte und Staatsanwaltschaften der Mitgliedstaaten können in Verfahren, die bei ihnen anhängig sind, Dritten Einsicht in die vom Amt übermittelten Schriftstücke gewähren. Die Akteneinsicht wird nach Maßgabe von Artikel 88 der Grundverordnung gewährt; das Amt erhebt für diese Akteneinsicht keine Gebühr.

(3) Das Amt weist die Gerichte und Staatsanwaltschaften der Mitgliedstaaten bei der Übermittlung der Akten auf die Beschränkungen hin, die nach Artikel 33a und Artikel 88 der Grundverordnung für die Einsicht in die Unterlagen über einen beantragten oder erteilten Sortenschutz gelten.

Art 92 Verfahren bei Rechtshilfeersuchen

(1) Jeder Mitgliedstaat bestimmt eine Stelle, die die Rechtshilfeersuchen des Amts entgegennimmt und an das zuständige Gericht oder die zuständige Behörde zur Erledigung weiterleitet.

(2) Das Amt fasst Rechtshilfeersuchen in der Sprache des zuständigen Gerichts oder der zuständigen Behörde ab oder fügt den Rechtshilfeersuchen eine Übersetzung in dieser Sprache bei.

(3) Vorbehaltlich der Absätze 4 und 5 wenden das zuständige Gericht oder die zuständige Behörde bei der Erledigung eines Ersuchens in Bezug auf das Verfahren nationales Recht an. Sie wenden insbesondere geeignete Zwangsmittel nach Maßgabe ihrer Rechtsvorschriften an.

(4) Das Amt ist von Zeit und Ort der durchzuführenden Beweisaufnahme oder der anderen vorzunehmenden gerichtlichen Handlungen zu benachrichtigen und unterrichtet seinerseits die betreffenden Verfahrensbeteiligten, Zeugen und Sachverständigen.

(5) Auf Ersuchen des Amts gestattet das zuständige Gericht oder die zuständige Behörde die Anwesenheit von Mitgliedern des Amts und erlaubt diesen, vernommene Personen unmittelbar oder über das zuständige Gericht oder die zuständige Behörde zu befragen.

(6) Für die Erledigung von Rechtshilfeersuchen dürfen keine Gebühren und Auslagen irgendwelcher Art erhoben werden. Der ersuchte Mitgliedstaat ist jedoch berechtigt, von dem Amt die Erstattung der an Sachverständige und Dolmetscher gezahlten Entschädigung sowie der Auslagen zu verlangen, die durch das Verfahren nach Absatz 5 entstanden sind.

Ausland: Österreich:

Zuständigkeit und Verfahrensrecht

§ 19. (1) Sortenschutzamt ist das Bundesamt für Ernährungssicherheit.

(2) Der Bundesminister für Land- und Forstwirtschaft, Umwelt und Wasserwirtschaft ist weisungsberechtigte Oberbehörde.

(3) Soweit in diesem Bundesgesetz nicht anderes bestimmt ist, haben die Behörden das AVG anzuwenden.

(4) Soweit in diesem Bundesgesetz auf andere Rechtsvorschriften verwiesen wird, ist dies in der jeweils geltenden Fassung zu verstehen.

Schweiz:

Art 23 Büro für Sortenschutz

Für die Erteilung des Sortenschutzes und für alle damit zusammenhängenden Fragen ist das Büro für Sortenschutz zuständig, soweit dieses Gesetz nichts anderes bestimmt.

Übersicht		Rdn.
A.	Errichtung; Sitz	1
B.	Aufbau; Organisation.	3
C.	Haushalt.	7
D.	Technische Prüfung	8
E.	Veröffentlichungen; Amtsblatt.	9
F.	Zusammenarbeit mit den nationalen Ämtern; Amts- und Rechtshilfe . . .	11
G.	Anmeldungen.	12

A. Errichtung; Sitz

1   Das durch Art 4 GemSortV geschaffene Gemeinschaftliche Sortenamt (GSA; CPVO; O.C.V.V.) ist eine Einrichtung der EU.[1] Für das GSA gilt das Protokoll über Vorrechte und Befreiungen der EG (Art 32 GemSortV). Es wurde rechtlich am 1.9.1994, praktisch am 27.4.1995 errichtet und hat seine Tätigkeit am 16.6.1995 aufgenommen. Nach einem Interim in Brüssel bis 31.7.1997 hat es aufgrund des einvernehmlichen Beschlusses der Regierungskonferenz

---

1 Vgl zu Rechtsstellung und Aufgaben näher *Leßmann/Würtenberger*[2] § 5 Rn. 34 ff.

vom 6.12.1996[2] seinen Sitz in Angers in Frankreich und ist seit 1.10.2000 untergebracht in 3, Boulevard Maréchal-Foch (Hôtel Bordeaux-Montrieux), F 49100 Angers. Die Anschrift lautet: O.C.V.V., CS 10121, F – 49101 Angers Cedex 02, Frankreich, Telefon +33 241 256400; Fax +33 241 256410. E-Mail: cpvo@cpvo.europa.eu. Website: http://www.cpvo.europa.eu/main/de/home/about-the-cpvo/contact-and-location. Für die Beziehungen zu Drittstaaten und internat Organisationen ist es nicht zuständig.[3] Die Haftungsregelung (Art 33 GemSortV) entspricht der für die Organe der EU. Die Gebühreneinnahmen betrugen 2015 12,66 Mill. EUR, der Aufwand 13,25 Mill. EUR.

Gebührenkonto: Crédit Agricole de l'Anjou et du Maine, IBAN: FR76 1790 **2** 6000 3215 8665 4800 044, SWIFT: AGRIFRPP879. Beim GSA kann ein Kundenkonto geführt werden.

B. Aufbau; Organisation

Das GSA wird von seinem **Präsidenten** nach außen vertreten (Art 30 Abs 3 **3** GemSortV) und geleitet (Art 42 Abs 1 GemSortV);[4] Auswahl und Ernennung sind in Art 43 GemSortV geregelt. Soweit die Entscheidungen des GSA nicht einem Ausschuss vorbehalten oder die Beschwerdekammern zuständig sind, kann der Präsident sie selbst treffen, an Bedienstete delegieren sowie Weisungen erlassen (vgl Art 9 GemSortVDV).[5]

Organisation. Das GSA verfügt über eine technische Abteilung, eine Verwal- **4** tungs- und Finanzabteilung und eine Rechtsabteilung; weiter besteht bei ihm eine Beschwerdekammer (vgl Art 30 – 35 GemSortV; zum Verwaltungsrat Art 36 – 41 GemSortV[6]). Die Rechtsaufsicht liegt regelmäßig bei der Kommission (Art 44 GemSortV).[7] Das Personal (die Zahl der Beschäftigten wurde 2015 mit 45 angegeben; zum Vergleich: EPA 7000[8]) unterliegt den Personalbestimmungen der EU (Art 31 GemSortV). Außer für den Präsidenten, den

---

2 ABl EG C 36/1 vom 5.2.1997.

3 *Leßmann/Würtenberger*[2] § 5 Rn. 40 f.

4 Nähere Hinweise *Leßmann/Würtenberger*[2] § 5 Rn. 46 ff.

5 *Leßmann/Würtenberger*[2] § 5 Rn. 50.

6 Näher *Leßmann/Würtenberger*[2] § 5 Rn. 67 ff.

7 Näher *Leßmann/Würtenberger*[2] § 5 Rn. 77 ff.

8 *Ullrich* Le contrôle juridictionnel limité de l'obtention et de la validité de la protection des variétés végétales par la Cour de justice de l'Union européenne ou les limites d'une autolimitation juridictionnelle en matière de propriété industrielle

Vizepräsidenten (Art 43 GemSortV), die Vorsitzende(n) der Beschwerdekammer(n) und deren Stellvertreter (Art 47 GemSortV), die vom Rat ernannt werden, ist das GSA Ernennungs- und Anstellungsbehörde. Die Einrichtung einer Geschäftsstelle regelt Art 12 GemSortVDV.

5   Die nach Art 35 GemSortV gebildeten **Ausschüsse** bestehen jeweils aus drei Bediensteten; der Präsident bestimmt die Zusammensetzung aus technischen oder rechtskundigen Mitgliedern (Art 6 GemSortVDV). Die Ausschüsse entscheiden über Nichtigerklärung (Art 20 GemSortV), Aufhebung (Art 21 GemSortV), Erteilung von Zwangsnutzungsrechten (Art 29 GemSortV), Einwendungen gegen die Erteilung des Sortenschutzes (Art 59 GemSortV), Erteilung (Art 62 GemSortV) und Zurückweisung des Erteilungsantrags (Art 61 GemSortV); Genehmigung (Art 63 GemSortV) und Änderung der Sortenbezeichnung (Art 66 GemSortV) sowie in den Fällen des Art 100 Abs 2 GemSortV über die Eintragung einer einfachen Lizenz. Weitere Zuständigkeiten ergeben sich aus Art 7 Abs 1 GemSortVDV iVm Art 67 Abs 2, Art 70 und Art 80 GemSortV.[9] Ergänzende Verfahrensregeln enthält Art 8 GemSortVDV.

6   Zu den **Beschwerdekammern** s Rdn. 6 vor § 34.

C. Haushalt

7   Der Haushalt des GSA ist in den Art 108 – 110 GemSortV geregelt; Bestimmungen über die Rechnungskontrolle enthält Art 111 GemSortV. Weitere Finanzvorschriften enthält Art 112 GemSortV.

D. Technische Prüfung

8   Die technische Prüfung (Art 55 ff. GemSortV[10]) einer Sorte auf Unterscheidbarkeit, Homogenität und Beständigkeit wird von Prüfungsämtern vorgenommen, die vom GSA bestimmt werden und Gebühren erhalten (Art 58, Art 93 Abs 1 GemSortV).[11] Soweit für ein Taxon keine nationalen Prüfungsämter zur Verfügung stehen, kann das GSA mit Zustimmung

---

   communautaire, Max Planck Institute for Innovation & Competition Discussion Paper Nr 4, 2015, 8 Fn 28.

9   Näher *Leßmann/Würtenberger*[2] § 5 Rn. 54.

10 Näher *Leßmann/Würtenberger*[2] § 5 Rn. 82 ff.

11 Vgl Beschlüsse des Verwaltungsrats ABl GSA 1995, 128, ABl GSA vom 26.2.1996 und vom 24.6.1996.

des Verwaltungsrats andere geeignete Einrichtungen beauftragen oder eigene Dienststellen einrichten. Die Prüfungsrichtlinien werden vom Verwaltungsrat auf Vorschlag des PräsGSA festgelegt und im ABl GSA veröffentlicht (Art 22 GemSortVDV).

E. Veröffentlichungen; Amtsblatt

Veröffentlichungen des GSA sind neben dem Jahresbericht und diversen Son- 9
derveröffentlichungen insb die Amtsblätter (Rdn. 10).

Das **Amtsblatt** wird in elektronischer Form in allen Amtssprachen der EU alle 10
zwei Monate herausgegeben.[12] Es enthält Anträge auf Erteilung des gemein-schaftlichen Sortenschutzes, Vorschläge für Sortenbezeichnungen und andere einschlägige Informationen, insb mit Bezug auf die technischen Prüfungen sowie die nach Art 89 Abs 1 GemSortV zu veröffentlichenden Angaben (Art 87 GemSortVDV; zu weiteren Veröffentlichungen im Amtsblatt Art 88, 89 GemSortVDV).[13] Veröffentlichungen des GSA sind im Übrigen in Art 89 Satz 2, 3 GemSortV geregelt.[14]

F. Zusammenarbeit mit den nationalen Ämtern; Amts- und Rechtshilfe

Über die Durchführung der technischen Prüfung hinaus (Rdn. 7) finden 11
gegenseitige Unterrichtung und Austausch von Prüfungsergebnissen statt (Art 90 GemSortV). Grds hiervon ausgeschlossen sind die Erbkomponenten (Art 90 Abs 2 GemSortV iVm Art 88 Abs 3 GemSortV).[15] Daneben leisten das GSA, die nationalen Ämter, Behörden und Gerichte gegenseitig Amts-und Rechtshilfe (Art 91 GemSortV; Art 91, 92 GemSortVDV).[16] Eine zen-trale Rechtshilfebehörde (Art 92 Abs 1 GemSortVDV) ist für die Bundesrepu-blik Deutschland bisher nicht bestimmt worden.

---

12 Zugänglich über http://www.cpvo.europa.eu/main/de/home/documents-and-publications/official-gazette.
13 Vgl auch *Metzger/Zech* Art 87–91 GSortV Rn. 14.
14 Vgl *Leßmann/Würtenberger*[2] § 5 Rn. 611 f.
15 Hierzu *Metzger/Zech* Art 87–91 GSortV Rn. 19.
16 Näher *Leßmann/Würtenberger*[2] § 5 Rn. 94 ff.; *Metzger/Zech* Art 87–91 GSortV Rn. 20 ff.

G. Anmeldungen

12   Anmeldungen beim GSA 1995 3 191, 1996 1 394, 1997 1 530, 1998 1 856, 1999 1 907, 2000 2 090; 2001 2 177, 2002 2 205, 2003 2 526, 2004 2 699, 2005 2 721, 2006 2 751, 2007 2 998, 2008 3 007, 2009 2 768, 2010 2 886, 2011 3 184; 2012 2 868, 2013 3 297, 2014 3 626, 2015 3 111; in Kraft stehende Schutzrechte am 1.3.2016: 23 750.

§ 16 Stellung und Aufgaben

(1) Das Bundessortenamt ist eine selbständige Bundesoberbehörde im Geschäftsbereich des Bundesministeriums für Ernährung und Landwirtschaft.

(2) ¹Das Bundessortenamt ist zuständig für die Erteilung des Sortenschutzes und die hiermit zusammenhängenden Angelegenheiten. ²Es führt die Sortenschutzrolle und prüft das Fortbestehen der geschützten Sorten nach.
Ausland: Österreich, Schweiz: s vor § 16

Belgien: Art XI.127 (wissenschaftlicher Beirat), Art XI.128 (Kommission für Zwangslizenzen) Code du droit économique; **Bulgarien:** Art 2 Pflanzen- und TierzuchtG; **Dänemark:** Art 22 SortG; **Finnland:** Sec 12 SortG 2009; **Frankreich:** vgl Art R 623-1 CPI; **Irland:** Sec 3 PVA, geänd 1998; **Island:** Art 22 SortG; **Italien:** Art 22 VO 455; **Kroatien:** Art 5 SortG; **Lettland:** Sec. 12 SortG (geänd 2010); **Niederlande:** Art 5 – 17 SaatG; **Norwegen:** Art 26 SortG; **Portugal:** Art 6 GesetzesVO 213/90; **Rumänien:** Art 46 SortG; **Slowenien:** Art 3 (geänd 2006), Art 16 Abs 1 SortG; **Spanien:** Art 32, 34 SortG 2000; **Ungarn:** Art 114 G PatG; **Vereinigtes Königreich:** Sec 2, 27 PVA

Übersicht	Rdn.
A. Entstehungsgeschichte	1
B. Das Bundessortenamt	2
I. Entstehung	2
II. Stellung.	3
III. Sitz	4
IV. Zuständigkeit	7

A. Entstehungsgeschichte

Abs 1 entspricht § 24 Abs 1 SortG 1968. Abs 2 Satz 1 entspricht § 25 Abs 1 **1**
SortG 1968. Abs 2 Satz 2 1. Alt entspricht § 30 Abs 1 Satz 1 SortG 1968. Für
die Sortenzulassung regelt § 37 SaatG die Aufgaben des BSA.

B. Das Bundessortenamt

I. Entstehung

Das BSA wurde durch das SaatG 1953 errichtet. Sein Vorgänger war das 1949 **2**
in Rethmar errichtete Sortenamt für Kulturpflanzen im Vereinigten Wirt-
schaftsgebiet. Die Folgeregelungen haben seine Stellung übernommen. Die
Zentralstelle für Sortenwesen (ZfS) der ehem DDR in Nossen mit seinerzeit 8
Prüfstellen ist am 3.10.1990 in das BSA eingegliedert worden.

II. Stellung

Das BSA ist eine selbstständige Bundesoberbehörde im Geschäftsbereich des **3**
Bundesministeriums für Ernährung und Landwirtschaft (Abs 1; sächliche
Bezeichnungsform aufgrund Beschl der Bundesregierung vom 20.1.1993).[1]
Die Bezeichnung des Ministeriums hat mehrfach gewechselt; durch den
Organisationserlass der Bundeskanzlerin vom 17.12.2013[2] lautet sie nach
Übergang der Zuständigkeiten für den Verbraucherschutz auf das BMJ (jetzt
BMJV) dzt Bundesministerium für Ernährung und Landwirtschaft; die
Anpassung im Gesetz ist durch die 10. ZuständigkeitsVO erfolgt. Wie das
DPMA ist es Verwaltungsbehörde, seine Mitglieder üben keine richterliche
Tätigkeit, sondern öffentliche Gewalt iSd Art 19 Abs 4 GG aus.[3] Seine Tätig-
keit ist – wie die des DPMA – dadurch charakterisiert, dass es gebundene
Verwaltung ausübt.[4] Das BSA als Verwaltungsbehörde ist in drei Abteilungen
(Zentralabteilung, Abteilung 2 – Sortenschutz, Sortenzulassung, pflanzenge-
netische Ressourcen, Abteilung 3 – Prüfungsdurchführung) gegliedert; einige
Bereiche wie das Biopatent-Monitoring sind dem Präsidenten unmittelbar
zugeordnet. Die Abteilungen umfassen jeweils mehrere Fachreferate.

---

1 Vgl *Wuesthoff*[2] Rn. 1.
2 BGBl I 4310.
3 Vgl zum DPMA *Busse/Keukenschrijver* § 26 PatG Rn. 7; Schulte § 26 PatG Rn. 3;
   Benkard vor § 26 PatG Rn. 9.
4 Vgl *Leßmann* GRUR 1986, 22.

III. Sitz

4   Der Sitz des BSA ist nicht gesetzlich geregelt. Die **Anschrift** des BSA lautet:

Bundessortenamt
Osterfelddamm 80
30627 Hannover

oder

Postfach 610440,
30604 Hannover

Tel: 05 11 / 95 66 - 50
Fax: 05 11 / 95 66 - 9600

E-Mail: info@bundessortenamt.de
Internet: www.bundessortenamt.de

Bankverbindung:
Kontoinhaber: Bundeskasse Halle
Bank: Deutsche Bundesbank, Filiale Leipzig
IBAN: DE38 8600 0000 0086 0010 40
BIC: MARKDEF1860

5   Das BSA unterhält neben der Prüfstelle in Hannover (Zierpflanzen, Zier- und Forstgehölze, Genbanken) zZt **auswärtige Prüfstellen** in Dachwig (Getreide, Mais, Leguminosen, Ölpflanzen, Gemüse, Arznei- und Gewürzpflanzen), Haßloch (Getreide, Mais, Öl- und Faserpflanzen, Rüben, Kartoffel, Rebe, Hopfen, Tabak), Magdeburg (Getreide, Leguminosen, Rüben, Kartoffel), Nossen (Getreide, Mais, Kartoffel, Öl- und Faserpflanzen, Rüben, Leguminosen, Gräser einschließlich Rasengräser), Scharnhorst (Neustadt am Rübenberge: Gräser, Leguminosen, Öl- und Faserpflanzen, Rüben, Kartoffel, Rasengräser, Gehölzarten) und Wurzen (Obst, Genbanken).[5]

6   **Bedeutung.** Das BSA hatte im Jahr 2014 362 Mitarbeiter. Der Jahresetat belief sich im Jahr 2013 auf 22,9 Mio EUR, die Gebühreneinnahmen betrugen 10,4 Mio EUR. Seit seiner Errichtung hat es bis September 1999 für 13.528 Sorten Sortenschutz erteilt; am 1.7.2000 bestanden 3.444 Schutzrechte. Jährlich wurden rund 500 SortAnträge gestellt und in etwa 250 Fällen

---

5 Nähere Angaben im Internet unter www.bundessortenamt.de; vgl *Leßmann/Würtenberger*[2] § 5 Rn. 4 mwN; *Metzger/Zech* Rn. 3.

Sortenschutz erteilt.[6] Die Einrichtung des GSA hat zu einem starken Rückgang der nationalen SortAnträge geführt, der weitgehend durch Auftragsprüfungen kompensiert worden ist; vom 1.7.2015 bis 30.6.2016 wurde in 46 Fällen Sortenschutz erteilt; im gleichen Zeitraum sind in 572 Fällen Anträge auf Prüfung für das GSA und andere Staaten eingegangen und es wurden 954 Prüfungsberichte abgegeben. Am 1.7.2016 bestand nationaler Sortenschutz für 1.524 Sorten (davon 523 geschützte Zierpflanzensorten).

IV. Zuständigkeit

Abs 2 enthält eine allg Zuständigkeitsumschreibung, die aber nur den vom SortG erfassten Bereich betrifft und insb im Hinblick auf die weiteren Zuständigkeiten nach dem SaatG sowie im eur und internat Rahmen nicht abschließend ist. Was nicht in den Zuständigkeitsbereich der Prüfabteilungen fällt, unterliegt der Zuständigkeit des Präsidenten[7] und damit nicht den Verfahrensregelungen des SortG. 7

Die wichtigste Zuständigkeit des BSA im Bereich des SortG betrifft die Erteilung des Sortenschutzes, hinzu tritt die **Nachprüfung des Fortbestehens** der geschützten Sorte. Dazu kommen Hilfstätigkeiten wie die Führung der Sort-Rolle, Veröffentlichungen usw.[8] 8

§ 17 Mitglieder

(1) [1]Das **Bundessortenamt besteht aus dem Präsidenten und weiteren Mitgliedern.** [2]Sie müssen besondere Fachkunde auf dem Gebiet des Sortenwesens (fachkundige Mitglieder) oder die Befähigung zum Richteramt nach dem Deutschen Richtergesetz (rechtskundige Mitglieder) haben. [3]Sie werden vom Bundesministerium für Ernährung und Landwirtschaft für die Dauer ihrer Tätigkeit beim Bundessortenamt berufen.

(2) Als fachkundiges Mitglied soll in der Regel nur berufen werden, wer nach einem für die Tätigkeit beim Bundessortenamt förderlichen naturwissenschaftlichen Studiengang an einer Hochschule eine staatliche oder akademische Prüfung im Inland oder einen als gleichwertig anerkannten Studienabschluß im Ausland bestanden sowie mindestens drei Jahre auf dem

6 Statistik BfS 2000, 293.
7 Vgl Begr BTDrs V/1630 = BlPMZ 1968, 215, 222.
8 Vgl *Metzger/Zech* Rn. 4 f.

entsprechenden Fachgebiet gearbeitet hat und die erforderlichen Rechtskenntnisse hat.

(3) [1]Wenn ein voraussichtlich zeitlich begrenztes Bedürfnis besteht, kann der Präsident Personen als Hilfsmitglieder mit den Verrichtungen von Mitgliedern des Bundessortenamtes beauftragen. [2]Der Auftrag kann auf eine bestimmte Zeit oder für die Dauer des Bedürfnisses erteilt werden und ist so lange nicht widerruflich. [3]Im übrigen sind die Vorschriften über Mitglieder auch auf Hilfsmitglieder anzuwenden.
Ausland: Vereinigtes Königreich: Sec 30 PVA

Übersicht   Rdn.
A.   Entstehungsgeschichte; Anwendungsbereich   1
B.   Mitglieder des Bundessortenamts   3
I.   Allgemeines.   3
II.   Präsident.   5
III.   Weitere Mitglieder   6
       1. Allgemeines   6
       2. Rechtskundige Mitglieder   7
       3. Fachkundige Mitglieder.   8
IV.   Hilfsmitglieder   9

A. Entstehungsgeschichte; Anwendungsbereich

1   Die Bestimmung entspricht § 24 Abs 2 – 4 SortG 1968. Abs 2 ist geänd durch das 1. SortÄndG. Zur Bezeichnung der obersten Dienstbehörde Rdn. 3 zu § 16.

2   **Anwendungsbereich.** Die Regelung betrifft nicht das BSA als Verwaltungsbehörde für den Bereich des Saatgutverkehrs und für sonstige Aufgaben über die in § 16 Abs 2 genannten hinaus.

B. Mitglieder des Bundessortenamts

I. Allgemeines

3   Das BSA »besteht« aus dem Präsidenten und weiteren Mitgliedern. Die Mitglieder werden als solche durch das zuständige Bundesministerium für Ernährung und Landwirtschaft, und zwar – zur Erleichterung eines

Laufbahnwechsels[1] – nicht auf Lebenszeit, sondern auf die Dauer ihrer Tätigkeit beim BSA berufen (Abs 1 Satz 2). Dies betrifft nur das BSA als Erteilungsbehörde nach § 16 Abs 2; als Verwaltungsbehörde gehören ihm weitere Beamte, Angestellte und Arbeiter an.[2] Ein Tätigwerden von Personen, die nicht Mitglied oder Hilfsmitglied sind, insb von Beamten des gehobenen und mittleren Diensts oder vergleichbaren Angestellten, ist im Rahmen der im SortG geregelten Verfahren anders als beim DPMA nicht vorgesehen. Das richterliche Amtshaftungsprivileg (§ 839 Abs 2 BGB) gilt nicht, weil die Entscheidungen des BSA keine Urteile in einer Rechtssache sind.[3]

Die Regelung unterscheidet zwischen **fachkundigen und rechtskundigen** 4 **Mitgliedern** (Rdn. 7 f.). Dies entspricht – bei abw fachlichen Voraussetzungen hinsichtlich der fachkundigen Mitglieder – der Regelung im PatG.

II. Präsident

Präsident kann ein fachkundiges oder ein rechtskundiges Mitglied sein.[4] Er 5 ist Mitglied der Erteilungsbehörde und zugleich Behördenvorstand.[5] Nach § 17 Abs 3 Satz 1, § 18 Abs 1 Satz 2, § 19 Abs 1, § 20 Abs 1 obliegt ihm in bestimmtem Umfang die Organisationsgewalt auch hinsichtlich des BSA als Erteilungsbehörde.

III. Weitere Mitglieder

1. Allgemeines

Sie sind die gesetzlich berufenen Organe, durch die das BSA in den in § 16 6 Abs 2 genannten Verfahren tätig wird.[6]

2. Rechtskundige Mitglieder

Rechtskundige Mitglieder müssen die Befähigung zum Richteramt nach dem 7 DRiG haben; der auf das BPatG zugeschnittene § 120 DRiG (»technische Richter«) ist nicht anwendbar.

---

1 Begr SortÄndG 1974 BTDrs 7/596 = BlPMZ 1975, 44, 46; *Wuesthoff*[2] Rn. 2, 4.
2 Vgl *Wuesthoff*[2] Rn. 1.
3 *Busse/Keukenschrijver* § 26 PatG Rn. 35; zwd *Wuesthoff*[2] Rn. 10.
4 Vgl Begr SortÄndG 1997 BTDrs 13/7038 S 15.
5 Vgl *Wuesthoff*[2] Rn. 2; *Metzger/Zech* Rn. 2.
6 *Wuesthoff*[2] Rn. 3.

3. Fachkundige Mitglieder

8 Fachkundige Mitglieder sollen die in Abs 2 im einzelnen genannten Voraussetzungen erfüllen. Die Regelung entspricht im wesentlichen der in § 26 Abs 2 PatG, jedoch beträgt die erforderliche Zeit der praktischen Tätigkeit nur drei Jahre. Abschlussprüfungen in der Europäischen Union oder in einem EWR-Vertragsstaat stehen grds inländischen gleich.[7] Nach der Begr wird nur noch auf den Studiengang, nicht mehr auf den Status der Hochschule abgestellt. Eine Festlegung auf bestimmte Studiengänge besteht im Interesse der Anpassung an die sich fortentwickelnden Anforderungen nicht mehr[8] (anders noch die Regelung 1968, nach der nur die Studiengänge Botanik, Gartenbau, Land- und Forstwirtschaft in Betracht kamen), der Studiengang muss jedoch für die Tätigkeit beim BSA förderlich sein, dh in weitem Sinn mit der Tätigkeit nach § 16 Abs 2 in Zusammenhang stehen, so dass etwa rein maschinenbau- oder elektrotechnische Studiengänge ausscheiden müssen.

IV. Hilfsmitglieder

9 Hilfsmitglieder können wie beim DPMA beschäftigt werden; die Regelung entspricht der in § 26 Abs 3 PatG.[9] Hinsichtlich der Vorbildung gelten dieselben Anforderungen wie für Mitglieder.[10]

§ 18 Prüfabteilungen und Widerspruchsausschüsse

(1) [1]Im Bundessortenamt werden gebildet
1. Prüfabteilungen,
2. Widerspruchsausschüsse für Sortenschutzsachen.

[2]Der Präsident setzt ihre Zahl fest und regelt die Geschäftsverteilung.

(2) Die Prüfabteilungen sind zuständig für die Entscheidung über
1. Sortenschutzanträge,
2. Einwendungen nach § 25,
3. die Änderung der Sortenbezeichnung nach § 30,
4. [gestrichen]

---

7 Vgl *Busse/Keukenschrijver* § 26 PatG Rn. 28.
8 Begr SortÄndG 1997 BTDrs 13/7038 S 15.
9 Vgl *Busse/Keukenschrijver* § 26 PatG Rn. 31 f.; *Wuesthoff*[2] Rn. 4; *Metzger/Zech* Rn. 5; Schulte § 26 PatG Rn. 35; Benkard vor § 26 PatG Rn. 13.
10 Begr BTDrs 10/816 = BlPMZ 1986, 136, 141.

5. die Erteilung eines Zwangsnutzungsrechtes und die Festsetzung der Bedingungen,
6. die Rücknahme und den Widerruf der Erteilung des Sortenschutzes.

(3) Die Widerspruchsausschüsse sind zuständig für die Entscheidung über Widersprüche gegen Entscheidungen der Prüfabteilungen.

Ausland: Schweiz:

Art 24 Prüfungsstelle

(1) Das Büro für Sortenschutz beauftragt für die Prüfung der Sorte auf Unterscheidbarkeit, Homogenität und Beständigkeit eine eidgenössische landwirtschaftliche Forschungsanstalt oder eine andere geeignete Stelle.

(2) Es kann Prüfungsergebnisse einer ausländischen Stelle anerkennen, soweit deren Prüfungsmethoden den Anforderungen dieses Gesetzes und den darauf gestützten Bestimmungen entsprechen.
Litauen: Art 37 (Board of Appeal), 38 (Verfahren) SortG

Übersicht   Rdn.
A. Entstehungsgeschichte 1
B. Prüfabteilungen und Widerspruchsausschüsse 2
I. Allgemeines 2
II. Prüfabteilungen 3
III. Widerspruchsausschüsse 4

A. Entstehungsgeschichte

Abs 1 Satz 1 entspricht § 24 Abs 5 SortG 1968, Abs 1 Satz 2 entspricht § 26 **1** Abs 2 SortG 1968, Abs 2, 3 entsprechen § 25 Abs 2, 3 SortG 1968. Abs 2 Nr 3 ist geänd, Nr 4 gestrichen durch das SortÄndG 1997. Das SaatG sah Sorten- und Einspruchsausschüsse vor; das Verfahren vor den Sortenausschüssen war »umständlich, kostspielig und zeitraubend«.[1] Vgl für die Sortenzulassung § 38 SaatG.

---

1 Begr BTDrs V/1630 = BlPMZ 1968, 215, 222.

B. Prüfabteilungen und Widerspruchsausschüsse

I. Allgemeines

2   Für die von § 16 Abs 2 erfassten Angelegenheiten sind Prüfabteilungen und Widerspruchsausschüsse – die an die Stelle des früheren Beschlussausschusses getreten sind – gebildet. ZZt bestehen zehn Prüfabteilungen sowie neun Widerspruchsausschüsse, davon einer für SortAngelegenheiten.[2] Zur Besetzung der Prüfabteilungen und Widerspruchsausschüsse Bek Nr 18/06;[3] zur Zuständigkeit für bestimmte Pflanzenarten ist ebenfalls eine Bek ergangen.[4]

II. Prüfabteilungen

3   Die (im Rahmen des SortG umfassende) Zuständigkeit der Prüfabteilungen ergibt sich aus Abs 2. »Die Prüfabteilungen sind die eigentlichen Erteilungsstellen«.[5] Im Vergleich zum Verfahren in Patentsachen vor dem DPMA erfasst ihre Zuständigkeit sowohl die der Prüfungsstelle als auch weitgehend die der Patentabteilung; die Prüfabteilungen entscheiden sowohl über die Erteilung des Sortenschutzes und Fragen der Sortenbezeichnung als auch über Einwendungen, Rücknahme und Widerruf, darüber hinaus auch über die – im Patentrecht in die Zuständigkeit des BPatG fallende – Erteilung eines Zwangsnutzungsrechts. Anders als im Patentrecht liegt die Hauptaufgabe im Anbau und in der Feststellung von Merkmalen.[6]

III. Widerspruchsausschüsse

4   Ihre Zuständigkeit (Abs 3) entspricht im Widerspruchsverfahren (Rdn. 13 ff. zu § 21) der der Prüfabteilung. Die Zusammensetzung ist in § 20 geregelt. Eine Ausgangszuständigkeit haben sie anders als der frühere Beschlussausschuss nicht. Das Widerspruchsverfahren ist im Interesse der Züchter beibehalten worden.[7] Damit besteht beim BSA anders als in Patentverfahren beim DPMA eine innerbehördliche Kontrollinstanz.[8]

---

2   *Metzger/Zech* Rn. 4.

3   BfS 2006, 223.

4   BfS 2012, 353.

5   *Wuesthoff*[2] Rn. 5.

6   Vgl *Wuesthoff*[2] Rn. 5.

7   *Wuesthoff*[2] Rn. 11; vgl auch BPatGE 53, 277 = GRUR Int 2013, 243 Clematis florida fond memories.

8   *Metzger/Zech* Rn. 5.

§ 19 Zusammensetzung der Prüfabteilungen

(1) Die Prüfabteilungen bestehen jeweils aus einem vom Präsidenten bestimmten fachkundigen Mitglied des Bundessortenamtes.

(2) In den Fällen des § 18 Abs 2 Nr. 2, 5 und 6 entscheidet die Prüfabteilung in der Besetzung von drei Mitgliedern des Bundessortenamtes, die der Präsident bestimmt und von denen eines rechtskundig sein muß.

Übersicht   Rdn.
A.   Entstehungsgeschichte   1
B.   Zusammensetzung der Prüfabteilung   2
I.   Allgemeines.   2
II.   »Kleine« Prüfabteilung   3
III. »Große« Prüfabteilung   4

A. Entstehungsgeschichte

Abs 1 entspricht § 26 Abs 1 SortG 1968. Vgl für die Sortenzulassung § 39 1
SaatG (Zusammensetzung der Sortenausschüsse).

B. Zusammensetzung der Prüfabteilung

I. Allgemeines

Die Regelung sieht zwei verschiedene Besetzungen vor, die man als »kleine« 2
und als »große« (erweiterte) Prüfabteilung bezeichnen kann.[1]

II. »Kleine« Prüfabteilung

Regelfall ist die »Einerbesetzung«, die lediglich aus einem vom Präsidenten 3
bestimmten fachkundigen (Rdn. 8 zu § 17) Mitglied (regelmäßig dem Leiter
des zuständigen Referats) besteht und damit der Prüfungsstelle im Verfahren der Patenterteilung vor dem DPMA (Prüfungsstelle) entspricht. Es ist
zutr darauf hingewiesen worden, dass Neuheit, Unterscheidbarkeit, Beständigkeit und Homogenität als maßgebliche Kriterien am besten durch ein

---

1 Vgl BfS 2012, 353.

fachkundiges Mitglied beurteilt werden können.[2] Ob dies auch für Fragen der Sortenbezeichnung (§ 18 Abs 2 Nr 3) gilt, mag allerdings zwh erscheinen.

III. »Große« Prüfabteilung

4   Abs 2 sieht die Dreierbesetzung für Verfahren vor, für die früher der Beschlussausschuss zuständig war, darüber hinaus auch für Entscheidungen über Einwendungen (§ 18 Abs 2 Nr 2).

5   **Besetzung.** Die »große« Prüfabteilung entscheidet in Dreierbesetzung, wobei die Mitwirkung eines rechtskundigen Mitglieds zwingend vorgeschrieben ist. Man wird die Bestimmung dahin verstehen dürfen, dass die beiden anderen Mitglieder fachkundig sein müssen (vgl § 20 Abs 1 Satz 2).[3]

§ 20 Zusammensetzung der Widerspruchsausschüsse

(1) [1]Die Widerspruchsausschüsse bestehen jeweils aus dem Präsidenten oder einem von ihm bestimmten weiteren Mitglied des Bundessortenamtes als Vorsitzendem, zwei vom Präsidenten bestimmten weiteren Mitgliedern des Bundessortenamtes als Beisitzern und zwei ehrenamtlichen Beisitzern. [2]Von den Mitgliedern des Bundessortenamtes müssen zwei fachkundig und eines rechtskundig sein.

(2) [1]Die ehrenamtlichen Beisitzer werden vom Bundesministerium für Ernährung und Landwirtschaft für sechs Jahre berufen; Wiederberufung ist zulässig. [2]Scheidet ein ehrenamtlicher Beisitzer vorzeitig aus, so wird sein Nachfolger für den Rest der Amtszeit berufen. [3]Die ehrenamtlichen Beisitzer sollen besondere Fachkunde auf dem Gebiet des Sortenwesens haben. [4]Inhaber oder Angestellte von Zuchtbetrieben oder Angestellte von Züchterverbänden sollen nicht berufen werden. [5]Für jeden ehrenamtlichen Beisitzer wird ein Stellvertreter berufen; die Sätze 1 bis 4 gelten entsprechend.

(3) Die Widerspruchsausschüsse sind bei Anwesenheit des Vorsitzenden und eines Beisitzers, von denen einer rechtskundig sein muß, sowie eines ehrenamtlichen Beisitzers beschlußfähig.

---

2 *Wuesthoff*[2] Rn. 1; *Metzger/Zech* Rn. 2; vgl Begr BTDrs 10/816 = BlPMZ 1968, 215, 222.
3 Zur Problematik nach § 67 PatG *Busse/Keukenschrijver* § 67 PatG Rn. 28.

Übersicht   Rdn.
A.   Entstehungsgeschichte   1
B.   Zusammensetzung der Widerspruchsausschüsse   2
I.   Allgemeines   2
II.   Vorsitzender, Mitglieder und Beisitzer   3
III. Stellvertretung   5
IV.   Beschlussfähigkeit   6
C.   Ehrenamtliche Beisitzer   7

A. Entstehungsgeschichte

Die an § 27 SortG 1968 (Beschlussausschuss) angelehnte Bestimmung ist **1** durch das SortÄndG 1997 geänd worden, da der bisherige Wortlaut das Missverständnis nahelegen konnte, dass der Präsident des BSA fachkundiges Mitglied sein muss.[1] Vgl für die Sortenzulassung § 40 SaatG.

B. Zusammensetzung der Widerspruchsausschüsse

I. Allgemeines

Zum Widerspruchsverfahren Rdn. 13 ff. zu § 21. Die Widerspruchsaus- **2** schüsse sind Kollegialorgane aus fünf Mitgliedern, nämlich drei Mitgliedern des BSA iSd § 17 und zwei ehrenamtlichen Beisitzern, die nicht Mitglied des BSA sind.[2]

II. Vorsitzender, Mitglieder und Beisitzer

Vorsitzender ist der Präsident des BSA oder ein anderes (rechtskundiges oder **3** fachkundiges) Mitglied des BSA. Von der Substitutionsmöglichkeit für den Präsidenten ist bisher kein Gebrauch gemacht worden.[3] Mitglieder sind zwei weitere Mitglieder des BSA. Von diesen drei muss (wie die Neufassung klarstellt) ein (beliebiges) rechtskundig und die beiden anderen müssen fachkundig sein.

---

1 Begr BTDrs 13/7038 S 15.
2 Vgl Begr BTDrs V/1630 = BlPMZ 1968, 215, 222.
3 *Metzger/Zech* Rn. 2.

4   Für die **ehrenamtlichen Beisitzer**, denen gleiches Stimmgewicht zukommt,[4] gelten die Voraussetzungen des Abs 2.[5] In Betracht kommen werden in erster Linie fachlich kompetente Wissenschaftler und Beamte.[6]

III. Stellvertretung

5   Stellvertretung ist nur hinsichtlich der ehrenamtlichen Beisitzer vorgesehen; für die Mitglieder regelt der Präsident des BSA die Vertretung.[7]

IV. Beschlussfähigkeit

6   Die Beschlussfähigkeit regelt sich nach Abs 3. Sie setzt nicht die volle Besetzung voraus, was insoweit unbdkl ist, als es nicht um die Frage des gesetzlichen Richters geht. Grenze ist jedoch jedenfalls das aus Art 3 GG und dem Rechtsstaatsprinzip abzuleitende Willkürverbot. Beschlussfähigkeit ist gegeben, wenn mindestens der Vorsitzende, ein weiteres Mitglied des BSA, eines davon rechtskundig, und ein ehrenamtlicher Beisitzer anwesend sind (und abstimmen).[8]

C. Ehrenamtliche Beisitzer

7   Die ehrenamtlichen Beisitzer werden unter den in Abs 2 geregelten Grundsätzen vom Bundesministerium für Ernährung und Landwirtschaft (zur Bezeichnung Rdn. 3 zu § 16) für bestimmte Zeit (sechs Jahre) berufen, das Verfahren ist schon 1968 vereinfacht worden;[9] bei vorzeitigem Ausscheiden wird anders als nach der früheren Regelung nur für den Rest der laufenden Amtszeit berufen.[10] Abs 2 Satz 4 begründet ein Berufungshindernis; die gewählte Formulierung soll Zweifel über die (zu bejahende) Gültigkeit von Entscheidungen vermeiden.[11] Abberufung und Verpflichtung sowie Entschädigung der ehrenamtlichen Beisitzer sind in §§ 81 – 86 VwVfG geregelt.[12]

---

4 *Metzger/Zech* Rn. 3.
5 Vgl BVerwGE 62, 330 = RdL 1981, 300; BVerwGE 68, 330 = AgrarR 1985, 53.
6 Vgl *Leßmann/Würtenberger*[2] § 5 Rn. 28; *Metzger/Zech* Rn. 4.
7 Vgl auch Begr BTDrs 10/816 = BlPMZ 1986, 136, 141.
8 *Metzger/Zech* Rn. 6.
9 Vgl Begr BTDrs 10/816 = BlPMZ 1968, 215, 222.
10 Vgl Begr BTDrs 10/816 = BlPMZ 1986, 136, 141; *Metzger/Zech* Rn. 5.
11 Vgl Begr BTDrs 10/816 = BlPMZ 1986, 136, 141; *Leßmann/Würtenberger*[2] § 5 Rn. 27.
12 *Metzger/Zech* Rn. 5.

Abschnitt 3 Verfahren vor dem Bundessortenamt

Vor § 21 Verfahren vor dem Gemeinschaftlichen Sortenamt

GemSortV:

Art 34 Sprachen

(1) Die Bestimmungen der Verordnung Nr. 1 vom 15. April 1958 zur Regelung der Sprachenfrage für die Europäische Wirtschaftsgemeinschaft sind auf das Amt anzuwenden.

(2) Anträge an das Amt, die zu ihrer Bearbeitung erforderlichen Unterlagen und alle sonstigen Eingaben sind in einer der Amtssprachen der Europäischen Gemeinschaften einzureichen.

(3) Bei Verfahren vor dem Amt im Sinne der Durchführungsverordnung gemäß Artikel 114 haben die Beteiligten das Recht, alle schriftlichen und mündlichen Verfahren in jeder beliebigen Amtssprache der Europäischen Gemeinschaften zu führen, wobei die Übersetzung und bei Anhörungen die Simultanübertragung zumindest in jede andere Amtssprache der Europäischen Gemeinschaften gewährleistet wird, die von einem anderen Verfahrensbeteiligten gewählt wird. Die Wahrnehmung dieser Rechte ist für die Verfahrensbeteiligten nicht mit spezifischen Gebühren verbunden.

(4) Die für die Arbeit des Amtes erforderlichen Übersetzungen werden grundsätzlich von der Übersetzungszentrale für die Einrichtungen der Union angefertigt.

Art 49 Einreichung des Antrags

(1) Ein Antrag auf gemeinschaftlichen Sortenschutz ist nach Wahl des Antragstellers einzureichen:
a) unmittelbar beim Amt oder
b) bei einer der eigenen Dienststellen oder nationalen Einrichtungen, die nach Artikel 30 Absatz 4 beauftragt wurden, sofern der Antragsteller das Amt unmittelbar innerhalb von zwei Wochen nach der Einreichung des Antrags darüber unterrichtet.

Einzelheiten über die Art und Weise, in der die unter Buchstabe b) genannte Unterrichtung zu erfolgen hat, können in der Durchführungsordnung gemäß Artikel 114 festgelegt werden. Eine Unterlassung der Unterrichtung des Amtes über einen Antrag gemäß Buchstabe b) berührt nicht die

Gültigkeit des Antrags, sofern dieser innerhalb eines Monats nach Einreichung bei der eigenen Dienststelle oder der nationalen Einrichtung bei dem Amt eingegangen ist.

(2) Wird der Antrag bei einer der in Absatz 1 Buchstabe b) genannten nationalen Einrichtungen eingereicht, so trifft diese alle Maßnahmen, um den Antrag binnen zwei Wochen nach Einreichung an das Amt weiterzuleiten. Die nationalen Einrichtungen können vom Antragsteller eine Gebühr erheben, die die Verwaltungskosten für Entgegennahme und Weiterleitung des Antrags nicht übersteigen darf.

Es sind abgedruckt: Art 50 bei § 22, Art 51 und 52 bei § 23, Art 53 – 57 bei § 26, Art 58 bei § 33, Art 59 und 60 bei § 25

Art 75 Begründung der Entscheidungen, rechtliches Gehör

Die Entscheidungen des Amtes sind mit Gründen zu versehen. Sie dürfen nur auf Gründe oder Beweise gestützt werden, zu denen die Verfahrensbeteiligten sich mündlich oder schriftlich äußern konnten.

Art 76 Ermittlung des Sachverhalts von Amts wegen

In den Verfahren vor dem Amt ermittelt das Amt den Sachverhalt von Amts wegen, soweit er nach den Artikeln 54 und 55 zu prüfen ist. Tatsachen und Beweismittel, die von den Beteiligten nicht innerhalb der vom Amt gesetzten Frist vorgebracht worden sind, werden vom Amt nicht berücksichtigt.

Art 77 Mündliche Verhandlung

(1) Das Amt ordnet von Amts wegen oder auf Antrag eines Verfahrensbeteiligten eine mündliche Verhandlung an.

(2) Die mündliche Verhandlung vor dem Amt ist unbeschadet Absatz 3 nicht öffentlich.

(3) Die mündliche Verhandlung vor der Beschwerdekammer einschließlich der Verkündung der Entscheidung ist öffentlich, sofern die Beschwerdekammer nicht in Fällen anders entscheidet, in denen insbesondere für einen am Beschwerdeverfahren Beteiligten die Öffentlichkeit des Verfahrens schwerwiegende und ungerechtfertigte Nachteile zur Folge haben könnte.

Art 78 Beweisaufnahme

(1) In den Verfahren vor dem Amt sind insbesondere folgende Beweismittel zulässig:

a) Vernehmung der Verfahrensbeteiligten,
b) Einholung von Auskünften,
c) Vorlegung von Urkunden und sonstigen Beweisstücken,
d) Vernehmung von Zeugen,
e) Begutachtung durch Sachverständige,
f) Einnahme des Augenscheins,
g) Abgabe einer schriftlichen Erklärung unter Eid.

(2) Soweit das Amt durch Ausschuß entscheidet, kann dieser eines seiner Mitglieder mit der Durchführung der Beweisaufnahme beauftragen.

(3) Hält das Amt die mündliche Vernehmung eines Verfahrensbeteiligten, Zeugen oder Sachverständigen für erforderlich, so wird
a) der Betroffene zu einer Vernehmung vor dem Amt geladen oder
b) das zuständige Gericht oder die zuständige Behörde des Staates, in dem der Betroffene seinen Wohnsitz hat, nach Artikel 91 Absatz 2 ersucht, den Betroffenen zu vernehmen.

(4) Ein vor das Amt geladener Verfahrensbeteiligter, Zeuge oder Sachverständiger kann beim Amt beantragen, daß er von einem zuständigen Gericht oder einer zuständigen Behörde in seinem Wohnsitzstaat vernommen wird. Nach Erhalt eines solchen Antrags oder in dem Fall, daß keine Äußerung auf die Ladung erfolgt, kann das Amt nach Artikel 91 Absatz 2 das zuständige Gericht oder die zuständige Behörde ersuchen, den Betroffenen zu vernehmen.

(5) Hält das Amt die erneute Vernehmung eines von ihm vernommenen Verfahrensbeteiligten, Zeugen oder Sachverständigen unter Eid oder in sonstiger verbindlicher Form für zweckmäßig, so kann es das zuständige Gericht oder die zuständige Behörde im Wohnsitzstaat des Betroffenen hierum ersuchen.

(6) Ersucht das Amt das zuständige Gericht oder die zuständige Behörde um Vernehmung, so kann es das Gericht oder die Behörde ersuchen, die Vernehmung in verbindlicher Form vorzunehmen und es einem Bediensteten des Amtes zu gestatten, der Vernehmung beizuwohnen und über das Gericht oder die Behörde oder unmittelbar Fragen an die Verfahrensbeteiligten, Zeugen oder Sachverständigen zu richten.

Art 79 Zustellung

Das Amt stellt von Amts wegen alle Entscheidungen und Ladungen sowie die Bescheide und Mitteilungen zu, durch die eine Frist in Lauf gesetzt wird oder die nach anderen Vorschriften dieser Verordnung oder nach aufgrund dieser Verordnung erlassenen Vorschriften zuzustellen sind oder für die der Präsident des Amtes die Zustellung vorgeschrieben hat. Die Zustellungen können durch Vermittlung der zuständigen Sortenbehörden der Mitgliedstaaten bewirkt werden.

Art 80 Wiedereinsetzung in den vorigen Stand

(1) Der Antragsteller eines Antrags auf gemeinschaftlichen Sortenschutz, der Inhaber und jeder andere an einem Verfahren vor dem Amt Beteiligte, der trotz Beachtung aller nach den gegebenen Umständen gebotenen Sorgfalt verhindert gewesen ist, gegenüber dem Amt eine Frist einzuhalten, wird auf Antrag wieder in den vorigen Stand eingesetzt, wenn die Verhinderung nach dieser Verordnung den Verlust eines Rechts oder eines Rechtsmittels zur unmittelbaren Folge hat.

(2) Der Antrag ist innerhalb von zwei Monaten nach Wegfall des Hindernisses schriftlich einzureichen. Die versäumte Handlung ist innerhalb dieser Frist nachzuholen. Der Antrag ist nur innerhalb eines Jahres nach Ablauf der versäumten Frist zulässig.

(3) Der Antrag ist zu begründen, wobei die zur Begründung dienenden Tatsachen glaubhaft zu machen sind.

(4) Dieser Artikel ist nicht anzuwenden auf die Fristen des Absatzes 2 sowie des Artikels 52 Absätze 2, 4 und 5.

(5) Wer in einem Mitgliedstaat in gutem Glauben Material einer Sorte, die Gegenstand eines bekanntgemachten Antrags auf Erteilung des gemeinschaftlichen Sortenschutzes oder eines erteilten gemeinschaftlichen Sortenschutzes ist, in der Zeit zwischen dem Eintritt eines Rechtsverlustes nach Absatz 1 an dem Antrag oder dem erteilten gemeinschaftlichen Sortenschutz und der Wiedereinsetzung in den vorigen Stand in Benutzung genommen oder wirkliche und ernsthafte Vorkehrungen zur Benutzung getroffen hat, darf die Benutzung in seinem Betrieb oder für die Bedürfnisse seines Betriebes unentgeltlich fortsetzen.

Art 81 Allgemeine Grundsätze

(1) Soweit in dieser Verordnung oder in aufgrund dieser Verordnung erlassenen Vorschriften Verfahrensbestimmungen fehlen, berücksichtigt das Amt die in den Mitgliedstaaten allgemein anerkannten Grundsätze des Verfahrensrechts.

(2) Artikel 48 gilt entsprechend für Bedienstete des Amtes, soweit sie mit Entscheidungen der in Artikel 67 genannten Art befaßt sind, und für Bedienstete der Prüfungsämter, soweit sie an Maßnahmen zur Vorbereitung solcher Entscheidungen mitwirken.

Art 82 Verfahrensvertreter

Personen, die im Gebiet der Gemeinschaft weder einen Wohnsitz noch einen Sitz oder eine Niederlassung haben, können als Beteiligte an dem Verfahren vor dem Amt nur teilnehmen, wenn sie einen Verfahrensvertreter benannt haben, der seinen Wohnsitz oder einen Sitz oder eine Niederlassung im Gebiet der Gemeinschaft hat.

GemSortVDV:

Art 1 Verfahrensbeteiligte

(1) Folgende Personen können Beteiligte eines Verfahrens vor dem Gemeinschaftlichen Sortenamt, im Folgenden: Amt, sein:
a) die Person, die einen Antrag auf gemeinschaftlichen Sortenschutz gestellt hat;
b) der Einwender im Sinne von Artikel 59 Absatz 2 der Verordnung (EG) Nr. 2100/94, im Folgenden: Grundverordnung;
c) der oder die Inhaber des gemeinschaftlichen Sortenschutzes, im Folgenden: Inhaber;
d) jede Person, deren Antrag oder Begehr Voraussetzung für eine Entscheidung des Amts ist.

(2) Das Amt kann andere als die in Absatz 1 genannten Personen, die unmittelbar und persönlich betroffen sind, als Verfahrensbeteiligte zulassen.

(3) Als Person im Sinne der Absätze 1 und 2 gelten alle natürlichen und juristischen Personen sowie Körperschaften, die nach dem für sie geltenden Recht als juristische Personen angesehen werden.

Art 2 Angaben zur Person

(1) Bei Verfahrensbeteiligten sind Name und Anschrift sowie E-Mail-Adresse anzugeben, sofern die betreffende Vertragspartei eine E-Mail-Adresse benutzt.

(2) Bei natürlichen Personen sind Familienname und Vornamen anzugeben. Bei juristischen sowie bei Personengesellschaften ist die amtliche

Bezeichnung anzugeben, die im betreffenden Mitgliedstaat oder Drittland registriert ist.

(3) Die Anschrift muss sämtliche relevanten Verwaltungsangaben einschließlich der Angabe des Staats enthalten, in dem der Verfahrensbeteiligte seinen Wohnsitz, seinen Sitz oder seine Niederlassung hat. Es sollte für jeden Verfahrensbeteiligten möglichst nur eine Anschrift angegeben werden; bei mehreren Anschriften wird nur die zuerst genannte berücksichtigt, sofern der Verfahrensbeteiligte nicht eine der anderen Anschriften als Zustellungsanschrift angibt.

Der Präsident des Amtes legt die Einzelheiten hinsichtlich der Anschrift fest, einschließlich aller einschlägigen Einzelheiten zu sonstigen Kommunikationsmöglichkeiten.

(4) Handelt es sich bei einem Verfahrensbeteiligten um eine juristische Person, so sind Name und Anschrift der natürlichen Person anzugeben, die den Verfahrensbeteiligten nach dem geltenden innerstaatlichen Recht vertritt. Für diese natürliche Person gilt Absatz 2 entsprechend.

Das Amt kann Ausnahmen von den Bestimmungen des vorstehenden Unterabsatzes erster Satz zulassen.

(5) Ist die Kommission oder ein Mitgliedstaat Verfahrensbeteiligter, so ist für jedes Verfahren, an dem die Kommission oder der Mitgliedstaat beteiligt ist, ein Vertreter zu benennen.

Art 3 Sprachen der Verfahrensbeteiligten

(1) Der Verfahrensbeteiligte benutzt die Amtssprache der Europäischen Union, in der das dem Amt zuerst vorgelegte und zur Vorlage unterzeichnete Schriftstück abgefasst worden ist, bis eine abschließende Entscheidung des Amts ergeht.

Ein Rechtsnachfolger gemäß Artikel 23 Absatz 1 der Grundverordnung kann jedoch beantragen, dass bei künftigen Verfahren eine andere Amtssprache der Europäischen Union verwendet wird, sofern dieser Antrag bei Eintragung des Übergangs eines gemeinschaftlichen Sortenschutzes in das Register für gemeinschaftliche Sortenschutzrechte gestellt wird.

(2) Legt ein Verfahrensbeteiligter ein von ihm zu diesem Zweck unterzeichnetes Schriftstück in einer anderen Amtssprache der Europäischen Union vor als derjenigen, die er nach Absatz 1 hätte benutzen müssen, so gilt das

Schriftstück als zu dem Zeitpunkt eingegangen, an dem das Amt über eine von anderen Dienststellen angefertigte Übersetzung verfügt. Das Amt kann Ausnahmen von dieser Bestimmung zulassen.

(3) Benutzt ein Verfahrensbeteiligter in einem mündlichen Verfahren eine andere Sprache als die nach Absatz 1 zu verwendende Amtssprache der Europäischen Union, so sorgt er für die Simultanübertragung aus dieser anderen Sprache in die von den zuständigen Mitgliedern des Amts und den anderen Verfahrensbeteiligten verwendete Sprache. Unterlässt er dies, so kann das mündliche Verfahren in den von den zuständigen Mitgliedern des Amts und den anderen Verfahrensbeteiligten verwendeten Sprachen fortgesetzt werden.

Art 4 Sprachen in mündlichen Verfahren und bei der Beweisaufnahme

(1) Verfahrensbeteiligte, Zeugen oder Sachverständige, die zur Beweisaufnahme mündlich vernommen werden, können eine der Amtssprachen der Europäischen Union benutzen.

(2) Ist ein Verfahrensbeteiligter, Zeuge oder Sachverständiger bei einer von einem Verfahrensbeteiligten beantragten Beweisaufnahme nach Absatz 1 nicht in der Lage, sich in einer der Amtssprachen der Europäischen Union angemessen auszudrücken, so kann diese Person nur gehört werden, wenn der Verfahrensbeteiligte, der den Beweisaufnahmeantrag gestellt hat, für die Übertragung in die Amtssprachen der Europäischen Union sorgt, die von allen Verfahrensbeteiligten oder von den Mitgliedern des Amtes verwendet wird.

Verfahrensbeteiligte, Zeugen oder Sachverständige und das Personal des Amtes oder der Beschwerdekammer können vereinbaren, dass während der mündlichen Verhandlung nur eine einzige Amtssprache der Europäischen Union verwendet wird.

Das Amt kann Ausnahmen von Unterabsatz 1 zulassen.

(3) Äußerungen von Mitgliedern des Amts, Verfahrensbeteiligten, Zeugen oder Sachverständigen in mündlichen Verfahren oder bei der Beweisaufnahme in einer Amtssprache der Europäischen Union werden in dieser Sprache zu Protokoll genommen. Äußerungen in anderen Sprachen werden in der Sprache zu Protokoll genommen, die von den Mitgliedern des Amts benutzt wird.

Art 5 Übersetzung von Schriftstücken der Verfahrensbeteiligten

(1) Legt ein Verfahrensbeteiligter ein Dokument in einer anderen Sprache als einer der Amtssprachen der Europäischen Union vor, so kann das Amt von diesem Beteiligten eine Übersetzung dieses Dokuments in eine der Amtssprachen der Europäischen Union anfordern, die von diesem Beteiligten oder von den Mitgliedern des Amtes oder der Beschwerdekammer verwendet wird.

(2) Legt ein Verfahrensbeteiligter eine Übersetzung eines Dokuments vor, so kann das Amt verlangen, dass innerhalb einer vom Amt festzusetzenden Frist eine Bescheinigung darüber vorgelegt wird, dass die Übersetzung mit dem Urtext übereinstimmt. Bei umfangreichen Dokumenten kann die Übersetzung auf Auszüge oder eine Zusammenfassung beschränkt werden. Das Amt oder die Beschwerdekammer kann jedoch entweder auf eigene Initiative oder auf Ersuchen eines Verfahrensbeteiligten jederzeit eine umfassendere oder eine vollständige Übersetzung dieser Dokumente anfordern.

Verfahrensbeteiligte und Mitglieder des Amtes oder der Beschwerdekammer können vereinbaren, die Übersetzung eines Dokuments auf eine einzige Amtssprache der Europäischen Union zu beschränken.

(3) Wird die Übersetzung nach Absatz 1 und die Bescheinigung nach Absatz 2 nicht vorgelegt, so gilt das Schriftstück als nicht eingegangen.

Art 53 Entscheidungen (abgedruckt vor § 28)

Art 54 Bescheinigung des gemeinschaftlichen Sortenschutzes

(1) Erteilt das Amt den gemeinschaftlichen Sortenschutz, so wird mit der entsprechenden Entscheidung als Nachweis eine Bescheinigung über den gemeinschaftlichen Sortenschutz ausgestellt. Diese Bescheinigung wird dem Inhaber des Rechts oder seinem Verfahrensvertreter vom Amt in Form eines digitalen Schriftstücks übermittelt.

(2) Das Amt stellt die Bescheinigung je nach der(den) vom Inhaber beantragten Amtssprache(n) der Europäischen Union aus.

(3) Auf Antrag kann das Amt dem Berechtigten eine Kopie ausstellen, wenn es feststellt, dass die Urschrift verlorengegangen oder vernichtet worden ist.

Art 55 Mitteilungen

Soweit nichts anderes bestimmt ist, ist in jeder Mitteilung des Amts oder der Prüfungsämter der Name des zuständigen Bediensteten anzugeben.

Art 56 Rechtliches Gehör

(1) Stellt das Amt fest, dass eine Entscheidung nicht antragsgemäß erlassen werden kann, so teilt es dem betreffenden Verfahrensbeteiligten die festgestellten Mängel mit und fordert ihn auf, diesen Mängeln innerhalb einer bestimmten Frist abzuhelfen. Werden die festgestellten und mitgeteilten Mängel nicht rechtzeitig behoben, so erlässt das Amt seine Entscheidung.

(2) Erhält das Amt Schriftsätze eines Verfahrensbeteiligten, so übermittelt es diese den anderen Verfahrensbeteiligten und fordert sie, wenn es dies für notwendig hält, auf, sich innerhalb einer bestimmten Frist dazu zu äußern. Nicht fristgerechte Erwiderungen werden vom Amt nicht berücksichtigt.

Art 57 Schriftstücke der Verfahrensbeteiligten

(1) Alle Schriftstücke der Verfahrensbeteiligten werden durch die Post, durch Übergabe oder elektronisch übermittelt.

Die Einzelheiten hinsichtlich der elektronischen Übermittlung werden vom Präsidenten des Amtes festgelegt.

(2) Als Eingangsdatum der von Verfahrensbeteiligten eingereichten Schriftstücke gilt das Datum, an dem die Schriftstücke tatsächlich am Sitz des Amts oder, im Fall elektronisch eingereichter Schriftstücke, elektronisch beim Amt eingegangen sind.

(3) Alle von den Verfahrensbeteiligten eingereichten Schriftstücke außer den Anhängen müssen von ihnen oder ihrem Verfahrensvertreter unterzeichnet sein.

Wird ein Schriftstück dem Amt elektronisch übermittelt, so gilt die Angabe des Namens des Absenders und der elektronischen Authentifizierung, bestehend aus einer erfolgreichen Eingabe von Login und Passwort, als gleichbedeutend mit der Unterschrift.

(4) Wurde ein Schriftstück nicht ordnungsgemäß unterzeichnet oder ist ein eingegangenes Schriftstück unvollständig oder unleserlich, oder hat das Amt Zweifel an der Richtigkeit des Schriftstücks, so teilt das Amt dies dem Absender mit und fordert ihn auf, innerhalb eines Monats das nach Absatz 3 unterzeichnete Originalschriftstück vorzulegen oder nochmals eine Kopie des Originalschriftstücks zu übermitteln.

Wird der Aufforderung fristgerecht nachgekommen, so gilt das Eingangsdatum des unterzeichneten Schriftstücks oder der nochmals übermittelten

Kopie als Eingangsdatum des zuerst vorgelegten Schriftstücks. Wird der Aufforderung nicht fristgerecht nachgekommen, so gilt das Schriftstück als nicht eingegangen.

(5) Diese von einem Verfahrensbeteiligten eingereichten Schriftstücke müssen den übrigen Verfahrensbeteiligten und dem zuständigen Prüfungsamt auf elektronischem Wege oder auf Papier übermittelt werden.

Wird die Papierfassung gewählt, so sind die Schriftstücke für die Verfahren, die zwei oder mehr Anträge auf gemeinschaftlichen Sortenschutz oder auf Erteilung eines Nutzungsrechts betreffen, in einer ausreichenden Zahl von Kopien einzureichen. Fehlende Kopien werden auf Kosten des betreffenden Verfahrensbeteiligten zur Verfügung gestellt.

Art 58 Belege

(1) Belege in Bezug auf andere abschließende Urteile und Entscheidungen als die des Amtes oder sonstige Belege, die von einem Verfahrensbeteiligten vorzulegen sind, können in Form eines digitalen Schriftstücks oder einer nicht beglaubigten Kopie übermittelt werden.

(2) Hat das Amt Zweifel an der Echtheit der in Absatz 1 genannten Belege, kann es die Übermittlung des Originalschriftstücks oder einer beglaubigten Kopie verlangen.

Art 59 Ladung zur mündlichen Verhandlung

(1) Die Verfahrensbeteiligten werden zur mündlichen Verhandlung nach Artikel 77 der Grundverordnung unter Hinweis auf Absatz 2 des vorliegenden Artikels geladen. Die Ladungsfrist beträgt mindestens einen Monat, sofern die Verfahrensbeteiligten und das Amt nicht eine kürzere Frist vereinbaren.

(2) Ist ein zu einer mündlichen Verhandlung ordnungsgemäß geladener Verfahrensbeteiligter vor dem Amt nicht erschienen, so kann das Verfahren ohne ihn fortgesetzt werden.

Art 60 Beweisaufnahme durch das Amt

(1) Hält das Amt die Vernehmung von Verfahrensbeteiligten, Zeugen oder Sachverständigen oder eine Augenscheinseinnahme für erforderlich, so erlässt es einen Beweisbeschluss, in dem das betreffende Beweismittel, die rechtserheblichen Tatsachen sowie Tag, Uhrzeit und Ort der Beweisaufnahme angegeben werden. Hat ein Verfahrensbeteiligter die Vernehmung

von Zeugen oder Sachverständigen beantragt, so wird im Beweisbeschluss die Frist festgesetzt, in der der Verfahrensbeteiligte, der den Beweisantrag gestellt hat, dem Amt Namen und Anschrift der Zeugen und Sachverständigen mitteilen muss, die er vernehmen zu lassen wünscht.

(2) Die Ladungsfrist für Verfahrensbeteiligte, Zeugen und Sachverständige zur Beweisaufnahme beträgt mindestens einen Monat, sofern das Amt und die Geladenen nicht eine kürzere Frist vereinbaren. Die Ladung enthält:

a) einen Auszug aus dem Beweisbeschluss nach Absatz 1, aus dem insbesondere Tag, Uhrzeit und Ort der angeordneten Beweisaufnahme sowie die Tatsachen hervorgehen, zu denen die Verfahrensbeteiligten, Zeugen und Sachverständigen vernommen werden sollen;

b) die Namen der Verfahrensbeteiligten sowie die Ansprüche, die den Zeugen und Sachverständigen nach Artikel 62 Absätze 2, 3 und 4 zustehen;

c) einen Hinweis darauf, dass der Verfahrensbeteiligte, Zeuge oder Sachverständige seine Vernehmung durch ein Gericht oder eine zuständige Behörde in seinem Wohnsitzstaat beantragen kann, sowie eine Aufforderung, dem Amt innerhalb einer von diesem festgesetzten Frist mitzuteilen, ob er bereit ist, vor dem Amt zu erscheinen.

(3) Verfahrensbeteiligte, Zeugen und Sachverständige werden vor ihrer Vernehmung darauf hingewiesen, dass das Amt das zuständige Gericht oder die zuständige Behörde in ihrem Wohnsitzstaat um Wiederholung der Vernehmung unter Eid oder in anderer verbindlicher Form ersuchen kann.

(4) Die Verfahrensbeteiligten werden von der Vernehmung eines Zeugen oder Sachverständigen durch ein Gericht oder eine andere zuständige Behörde unterrichtet. Sie haben das Recht, der Vernehmung beizuwohnen und entweder direkt oder über die Behörde Fragen an die aussagenden Verfahrensbeteiligten, Zeugen und Sachverständigen zu richten.

Art 61 Beauftragung von Sachverständigen

(1) Das Amt entscheidet, in welcher Form das Gutachten des von ihm beauftragten Sachverständigen zu erstellen ist.

(2) Der Auftrag an den Sachverständigen muss enthalten:

a) die genaue Umschreibung des Auftrags;

b) die Frist für die Erstattung des Gutachtens;

c) die Namen der Verfahrensbeteiligten;

d) einen Hinweis auf die Ansprüche, die ihm nach Artikel 62 Absätze 2, 3 und 4 zustehen.

(3) Das Amt kann das Prüfungsamt, das die technische Prüfung der betreffenden Sorte durchgeführt hat, auffordern, für das Gutachten des Sachverständigen Material entsprechend den Anweisungen zur Verfügung zu stellen. Das Amt kann erforderlichenfalls auch Material von Verfahrensbeteiligten oder Dritten anfordern.

(4) Die Verfahrensbeteiligten erhalten eine Abschrift und gegebenenfalls eine Übersetzung des Gutachtens.

(5) Die Verfahrensbeteiligten können den Sachverständigen ablehnen. Artikel 48 Absatz 3 und Artikel 81 Absatz 2 der Grundverordnung gelten entsprechend.

(6) Artikel 13 Absätze 2 und 3 gelten entsprechend für den vom Amt beauftragten Sachverständigen. Das Amt weist den Sachverständigen bei Erteilung des Auftrags auf die Pflicht zur Geheimhaltung hin.

Art 62 Kosten der Beweisaufnahme

(1) Das Amt kann die Beweisaufnahme davon abhängig machen, dass der Verfahrensbeteiligte, der sie beantragt hat, beim Amt einen Vorschuss hinterlegt, dessen Höhe vom Amt durch Schätzung der voraussichtlichen Kosten bestimmt wird.

(2) Vom Amt geladene und erschienene Zeugen und Sachverständige haben Anspruch auf angemessene Erstattung von Reise- und Aufenthaltskosten. Sie können vom Amt einen Vorschuss erhalten.

(3) Zeugen, denen nach Absatz 2 ein Erstattungsanspruch zusteht, haben Anspruch auf eine angemessene Entschädigung für Verdienstausfall; Sachverständige haben Anspruch auf Vergütung ihrer Tätigkeit, es sei denn, sie gehören einem der Prüfungsämter an. Diese Entschädigung oder Vergütung wird den Zeugen und Sachverständigen gezahlt, nachdem die Beweisaufnahme abgeschlossen ist bzw. nachdem sie ihre Pflicht oder ihren Auftrag erfüllt haben.

(4) Das Amt zahlt die nach den Absätzen 2 und 3 fälligen Beträge entsprechend den in Anhang I festgelegten Bestimmungen und Gebührensätzen aus.

Der Beteiligte, der die Vernehmung von Zeugen oder Sachverständigen beantragt hat, erstattet dem Amt die Kosten für diese Beweisaufnahme, vorbehaltlich der Entscheidung über die Kostenverteilung und Kostenfestsetzung gemäß Artikel 52.

Art 63 Niederschrift über mündliche Verhandlungen und Beweisaufnahmen

(1) Über eine mündliche Verhandlung oder Beweisaufnahme wird eine Niederschrift aufgenommen, die den wesentlichen Gang der mündlichen Verhandlung oder Beweisaufnahme, die rechtserheblichen Erklärungen der Verfahrensbeteiligten und die Aussagen der Verfahrensbeteiligten, Zeugen oder Sachverständigen sowie das Ergebnis der Augenscheinseinnahme enthält. Sie enthält außerdem die Namen der Bediensteten des Amtes, der Beteiligten und deren Verfahrensvertretern sowie der Zeugen und Sachverständigen, die anwesend waren.

(2) Die Niederschrift über die Aussage eines Zeugen, Sachverständigen oder Verfahrensbeteiligten wird diesem vorgelesen oder zur Durchsicht vorgelegt. In der Niederschrift wird vermerkt, dass dies geschehen und die Niederschrift von der Person, die ausgesagt hat, genehmigt worden ist. Wird die Niederschrift nicht genehmigt, so werden die Einwendungen vermerkt.

(3) Die Niederschrift wird von der Person, die die Niederschrift aufgenommen hat, und von der Person, die die mündliche Verhandlung oder Beweisaufnahme geleitet hat, unterzeichnet.

(4) Die Verfahrensbeteiligten erhalten eine Abschrift und gegebenenfalls eine Übersetzung der Niederschrift.

Art 64 Allgemeine Vorschriften über Zustellungen

(1) Beim Verfahren vor dem Amt werden den Verfahrensbeteiligten Schriftstücke vom Amt entweder als digitales Schriftstück, als nicht beglaubigte Kopie, als Ausdruck oder als Originalschriftstück zugestellt. Schriftstücke, die von anderen Verfahrensbeteiligten stammen, können in Form nicht beglaubigter Kopien zugestellt werden.

(2) Wurde von den Verfahrensbeteiligten ein Verfahrensvertreter bestellt, so erfolgt die Zustellung an den Verfahrensvertreter nach Maßgabe von Absatz 1.

(3) Die Zustellung erfolgt auf einem oder mehreren der folgenden Wege:
a) mit Hilfe elektronischer Mittel oder sonstiger technischer Mittel gemäß Artikel 64a;
b) durch die Post nach Artikel 65;

c) durch Übergabe im Amt nach Artikel 66;

d) durch öffentliche Bekanntmachung nach Artikel 67;

(4) Zustellungsbedürftige Schriftstücke oder Kopien davon im Sinne von Artikel 79 der Grundverordnung werden auf elektronischem Wege entsprechend den Vorgaben des Präsidenten des Amtes oder auf dem Postweg durch Einschreiben mit Rückschein zugestellt.

Art 64a Zustellung mit Hilfe elektronischer Mittel oder sonstiger technischer Mittel

(1) Die elektronische Zustellung erfolgt durch Übermittlung einer digitalen Kopie des zuzustellenden Schriftstücks. Die Zustellung gilt als an dem Tag erfolgt, an dem die Mitteilung beim Empfänger eingegangen ist. Der Präsident des Amtes legt die Einzelheiten der elektronischen Zustellung fest.

(2) Erfolgt die Zustellung auf elektronischem Wege, so übermittelt ein Verfahrensbeteiligter, einschließlich seines Verfahrensvertreters, dem Amt eine elektronische Adresse für den gesamten Geschäftsverkehr.

(3) Der Präsident des Amtes legt die Einzelheiten der Zustellung mit Hilfe sonstiger technischer Kommunikationsmittel fest.

Art 65 Zustellung durch die Post

(1) Zustellungen an Empfänger, die weder Wohnsitz noch Sitz noch eine Niederlassung in der Gemeinschaft haben und keinen Verfahrensvertreter nach Artikel 82 der Grundverordnung bestellt haben, werden dadurch bewirkt, dass die zuzustellenden Schriftstücke als gewöhnlicher Brief unter der dem Amt bekannten letzten Anschrift des Empfängers zur Post gegeben werden. Die Zustellung wird mit der Aufgabe zur Post als bewirkt angesehen, selbst wenn der Brief als unzustellbar zurückkommt.

(2) Bei der Zustellung durch eingeschriebenen Brief mit oder ohne Rückschein gilt dieser mit dem zehnten Tag nach der Aufgabe zur Post als zugegangen, es sei denn der Empfänger hat den Brief nicht oder an einem späteren Tag erhalten. Im Zweifel hat das Amt den Zugang des eingeschriebenen Briefs und gegebenenfalls den Tag des Zugangs nachzuweisen.

(3) Die Zustellung durch eingeschriebenen Brief mit oder ohne Rückschein gilt auch dann als bewirkt, wenn der Empfänger die Annahme des Briefs oder die Empfangsbestätigung verweigert.

(4) Soweit die Zustellung durch die Post durch die Absätze 1, 2 und 3 nicht geregelt ist, ist das Recht des Staates anzuwenden, in dessen Hoheitsgebiet die Zustellung erfolgt.

Art 66 Zustellung durch Übergabe im Amt

Die Zustellung kann in den Dienstgebäuden des Amts durch Aushändigung des Schriftstücks an den Empfänger bewirkt werden, der den Empfang zu bestätigen hat. Die Zustellung gilt auch dann als bewirkt, wenn der Empfänger die Annahme des Schriftstücks oder die Bestätigung des Empfangs verweigert.

Art 66a Zustellung an Verfahrensvertreter

(1) Ist ein Verfahrensvertreter bestellt worden oder gilt der zuerst genannte Antragsteller bei einer gemeinsamen Beantragung gemäß Artikel 73 Absatz 5 als Verfahrensvertreter, so werden Mitteilungen dem Verfahrensvertreter zugestellt.

(2) In Fällen, in denen für einen einzigen Beteiligten mehrere Verfahrensvertreter bestellt worden sind, genügt die Zustellung an einen von ihnen, sofern keine bestimmte Zustellanschrift angegeben wurde.

(3) Haben mehrere Beteiligte einen gemeinsamen Verfahrensvertreter benannt, so genügt die Zustellung der einschlägigen Schriftstücke an diesen Vertreter.

Art 67 Zustellung durch öffentliche Bekanntmachung

Kann die Anschrift des Empfängers nicht festgestellt werden oder hat sich die Zustellung nach Artikel 64 Absatz 4 auch nach einem zweiten Versuch des Amts als unmöglich erwiesen, so wird die Zustellung durch öffentliche Bekanntmachung in den regelmäßig erscheinenden Veröffentlichungen des Amts nach Artikel 89 der Grundverordnung bewirkt. Die Einzelheiten der öffentlichen Bekanntmachung und die Frist, innerhalb der das entsprechende Schriftstück als zugestellt gilt, werden vom Präsidenten des Amtes festgelegt.

Art 68 Heilung von Zustellungsmängeln

Hat der Empfänger das Schriftstück erhalten und kann das Amt die formgerechte Zustellung nicht nachweisen oder ist das Schriftstück unter Verletzung von Zustellungsvorschriften zugegangen, so gilt das Schriftstück als an dem Tag zugestellt, den das Amt als Tag des Zugangs nachweist.

Art 69 Berechnung der Fristen

(1) Die Fristen werden nach vollen Tagen, Wochen, Monaten oder Jahren berechnet.

(2) Bei der Fristberechnung wird mit dem Tag begonnen, der auf den Tag folgt, an dem das Ereignis eingetreten ist, aufgrund dessen der Fristbeginn festgelegt wird; dieses Ereignis kann eine Handlung oder der Ablauf einer früheren Frist sein. Besteht die Handlung in einer Zustellung, so ist das maßgebliche Ereignis der Zugang des zugestellten Schriftstücks, sofern nichts anderes bestimmt ist.

(3) Abweichend von Absatz 2 wird bei einer öffentlichen Bekanntmachung nach Artikel 67, einer Entscheidung des Amts, soweit sie nicht der betreffenden Person zugestellt wird, oder einer bekanntzumachenden Handlung eines Verfahrensbeteiligten mit der Fristberechnung am 15. Tag, der auf den Tag folgt, an dem die Handlung bekanntgemacht worden ist, begonnen.

(4) Ist als Frist ein Jahr oder eine Anzahl von Jahren bestimmt, so endet die Frist in dem maßgeblichen folgenden Jahr in dem Monat und an dem Tag, die durch ihre Benennung oder Zahl dem Monat und Tag entsprechen, an denen das Ereignis eingetreten ist. Hat der betreffende nachfolgende Monat keinen Tag mit der entsprechenden Zahl, so läuft die Frist am letzten Tag dieses Monats ab.

(5) Ist als Frist ein Monat oder eine Anzahl von Monaten bestimmt, so endet die Frist in dem maßgeblichen folgenden Monat an dem Tag, der durch seine Zahl dem Tag entspricht, an dem das Ereignis eingetreten ist. Hat der betreffende nachfolgende Monat keinen Tag mit der entsprechenden Zahl, so läuft die Frist am letzten Tag dieses Monats ab.

(6) Ist als Frist eine Woche oder eine Anzahl von Wochen bestimmt, so endet die Frist in der maßgeblichen Woche an dem Tag, der durch seine Benennung dem Tag entspricht, an dem das Ereignis eingetreten ist.

Art 70 Dauer der Fristen

Setzt das Amt nach Maßgabe der Grundverordnung oder dieser Verordnung eine Frist, so darf diese nicht weniger als einen Monat und nicht mehr als drei Monate betragen. In besonders gelagerten Fällen kann die Frist vor Ablauf auf Antrag um bis zu sechs Monate verlängert werden.

Art 71 Verlängerung der Fristen

(1) Läuft eine Frist an einem Tag ab, an dem das Amt zur Entgegennahme von Schriftstücken nicht geöffnet ist oder an dem gewöhnliche Postsendungen aus anderen als den in Absatz 2 genannten Gründen am Sitz des Amts nicht zugestellt werden, so erstreckt sich die Frist auf den nächstfolgenden Tag, an dem das Amt zur Entgegennahme von Schriftstücken geöffnet ist und an dem gewöhnliche Postsendungen zugestellt werden. Die Tage gemäß Satz 1 entsprechen den vom Präsidenten des Amtes vor Beginn eines jeden Kalenderjahrs festgelegten Tagen; sie werden in dem in Artikel 87 genannten Amtsblatt veröffentlicht.

(2) Läuft eine Frist an einem Tag ab, an dem die Postzustellung in einem Mitgliedstaat oder zwischen einem Mitgliedstaat und dem Amt allgemein unterbrochen oder im Anschluss an eine solche Unterbrechung gestört ist, so erstreckt sich die Frist für Verfahrensbeteiligte, die in diesem Mitgliedstaat ihren Wohnsitz, Sitz oder ihre Niederlassung haben oder einen Verfahrensvertreter mit Sitz in diesem Staat bestellt haben, auf den ersten Tag nach Beendigung der Unterbrechung oder Störung der Postzustellung. Ist der betreffende Mitgliedstaat der Sitzstaat des Amts, so gilt diese Vorschrift für alle Verfahrensbeteiligten. Die Dauer der Unterbrechung oder Störung der Postzustellung wird in einer Mitteilung des Präsidenten des Amts bekanntgegeben.

Für elektronisch übermittelte Schriftstücke gilt Unterabsatz 1 entsprechend, wenn die auf elektronischen Kommunikationsmitteln beruhende Verbindung des Amtes oder einer der Verfahrensbeteiligten unterbrochen ist. Die Verfahrensbeteiligten weisen die Unterbrechung der Verbindung mit dem Anbieter der elektronischen Kommunikation nach.

(3) Die Absätze 1 und 2 gelten entsprechend für die nationalen Einrichtungen oder Dienststellen nach Artikel 30 Absatz 4 der Grundverordnung sowie für die Prüfungsämter.

Art 72 Unterbrechung des Verfahrens

(1) Das Verfahren vor dem Amt wird unterbrochen:

a)   im Fall des Todes oder der fehlenden Geschäftsfähigkeit des Antragstellers oder Sortenschutzinhabers, der Person, die ein Zwangsnutzungsrecht beantragt hat oder besitzt, oder des Vertreters dieser Verfahrensbeteiligten oder

b) wenn einer dieser Verfahrensbeteiligten aufgrund eines gegen sein Vermögen gerichteten Verfahrens aus rechtlichen Gründen verhindert ist, das Verfahren vor dem Amt fortzusetzen.

(2) Nach Eintragung der notwendigen Angaben zur Person desjenigen, der zur Fortsetzung des Verfahrens als Verfahrensbeteiligter oder Verfahrensvertreter befugt ist, in das entsprechende Register teilt das Amt dieser Person und den anderen Verfahrensbeteiligten mit, dass das Verfahren nach Ablauf der vom Amt festgesetzten Frist wieder aufgenommen wird.

(3) An dem Tag, an dem das Verfahren wieder aufgenommen wird, beginnen die Fristen von neuem zu laufen.

(4) Die technische Prüfung oder Überprüfung der Sorte durch das Prüfungs-amt wird ungeachtet der Unterbrechung des Verfahrens fortgesetzt, soweit die betreffenden Gebühren bereits entrichtet worden sind.

Art 73 Bestellung eines Verfahrensvertreters

(1) Die Bestellung eines Verfahrensvertreters ist dem Amt mitzuteilen. In der Mitteilung sind Name und Anschrift des Verfahrensvertreters anzugeben; Artikel 2 Absätze 2 und 3 gelten entsprechend.

(2) Unbeschadet von Artikel 2 Absatz 4 ist in der Mitteilung nach Absatz 1 auch anzugeben, wenn der Verfahrensvertreter ein Angestellter des Verfahrensbeteiligten ist. Ein Angestellter kann nicht als Verfahrensvertreter im Sinne von Artikel 82 der Grundverordnung benannt werden.

(3) Werden die Bestimmungen der Absätze 1 und 2 nicht eingehalten, so gilt die Mitteilung als nicht eingegangen.

(4) Ein Vertreter, dessen Vertretungsmacht erloschen ist, gilt weiter als Vertreter, bis das Erlöschen der Vertretungsmacht dem Amt angezeigt worden ist. Sofern die Vollmacht nichts anderes bestimmt, erlischt sie gegenüber dem Amt mit dem Tod des Vollmachtgebers.

(5) Zwei oder mehrere Verfahrensbeteiligte, die gemeinsam handeln, bestellen einen Verfahrensvertreter und teilen dies dem Amt mit. Sofern sie dem Amt keinen Verfahrensvertreter mitgeteilt haben, gilt als bestellter Verfahrensvertreter des oder der anderen Verfahrensbeteiligten derjenige, welcher in einem Antrag auf gemeinschaftlichen Sortenschutz oder auf Erteilung eines Nutzungsrechts durch das Amt oder in einer Einwendung als erster genannt ist.

(6) Absatz 5 gilt auch in den Fällen, in denen im Laufe des Verfahrens eine Übertragung eines gemeinschaftlichen Sortenschutzes auf mehr als eine Person erfolgt und in denen diese Personen mehr als einen Verfahrensvertreter bestellt haben.

Art 74 Vollmacht des Verfahrensvertreters

(1) Wird dem Amt die Bestellung des Verfahrensvertreters mitgeteilt, so ist die unterzeichnete Vollmacht für diesen Vertreter, soweit nicht anderes bestimmt ist, innerhalb einer vom Amt bestimmten Frist zu den Akten einzureichen. Wird die Vollmacht nicht fristgemäß eingereicht, so gelten die Handlungen des Vertreters als nicht erfolgt.

(2) Vollmachten können für ein oder mehrere Verfahren erteilt werden. Zulässig sind auch Generalvollmachten, die einen Verfahrensvertreter zur Vertretung in allen Verfahren eines Verfahrensbeteiligten bevollmächtigen. Für die Generalvollmacht ist eine einzige Urkunde ausreichend.

(3) Der Präsident des Amts kann den Inhalt der Vollmacht bestimmen und für die Erteilung der Vollmacht einschließlich der Generalvollmacht nach Absatz 2 Vordrucke gebührenfrei zur Verfügung stellen.

(4) Die Eintragung eines Verfahrensvertreters im Register für die Anträge auf gemeinschaftlichen Sortenschutz wird gestrichen:
a) im Fall des Todes oder der Geschäftsunfähigkeit des Verfahrensvertreters;
b) wenn der Verfahrensvertreter seinen Wohnsitz oder seinen Sitz oder seine Niederlassung nicht mehr in der Europäischen Union hat;
c) wenn der Verfahrensvertreter nicht mehr vom Verfahrensbeteiligten bestellt ist und der Verfahrensbeteiligte das Amt entsprechend unterrichtet hat.

Schrifttum
Forsyth Enforcement of the Community Plant Variety Right, 1999 (im Internet unter http://www.cpvo.europa.eu/documents/articles/Enforcement%20EN.pdf); *Kiewiet* The Community Plant Variety Protection System, 2009 (im Internet unter http://www.cpvo.europa.eu/documents/articles/2009-07-10_Article_Italy.pdf)

Übersicht   Rdn.
A.   Rechtsgrundlage...   1
B.   Verfahrensgrundsätze...   2
I.   Mündlichkeit; Vertretung...   2
II. Sprachenregelung...   3
III. Amtsermittlung; Anhörung; Öffentlichkeit   4
IV. Beweiserhebung   5
V.   Entscheidungen   6
VI. Zustellungen..   8
VII. Fristen; Wiedereinsetzung...   9

A. Rechtsgrundlage

1   Das Verfahren vor dem GSA ist im sekundären Gemeinschaftsrecht in den Art 49–91 GemSortV sowie in den ergänzenden Bestimmungen der im Jahr 2016 durch die VO (EU) 2016/1448[1] weitgehend geänd Art 53–77 GemSortVDV geregelt.[2] Regelungen über die Verfahrensbeteiligten treffen Art 1, 2 GemSortVDV.

B. Verfahrensgrundsätze

I. Mündlichkeit; Vertretung

2   Das Verfahren ist grds schriftlich;[3] die Möglichkeit, fristwahrend Schriftstücke mit elektronischen Kommunikationsmitteln einzureichen, ist durch Art 16 Abs 1 Unterabs 2 Satz 1 GemSortV eröffnet, bei Einreichung bei einer nationalen Behörde und bei einer Dienststelle des GSA ist Papierform weiterhin vorgeschrieben. Das GSA stellt für den verfahrenseinleitenden Antrag Formulare zur Verfügung (Art 16 Abs 3 GemSortVDV, abgedruckt bei § 22).[4] Mündliche Verhandlung findet bei Zweckdienlichkeit oder auf Antrag eines Verfahrensbeteiligten statt (Art 77 Abs 1 GemSortV);[5] nähere Bestimmungen über mündliche Verhandlung und Beweisaufnahme treffen Art 59–63 GemSortVDV. Die Ladungsfrist beträgt mindestens einen Monat, die Beteiligten können aber kürzere Fristen vereinbaren.[6] Bei Ausbleiben eines Beteiligten

---

1 ABl EU L 236/1 ff. vom 2.9.2016.
2 Darstellung bei *Leßmann/Würtenberger²* § 5 Rn. 420 ff.
3 *Leßmann/Würtenberger²* § 5 Rn. 424.
4 Vgl *Metzger/Zech* Art 49–65 GSortV Rn. 2.
5 Kr zur Kürze der Ladungsfrist von einem Monat *Leßmann/Würtenberger²* § 5 Rn. 433.
6 EuG 18.9.2012 T 133/08 Lemon Symphony, zum Beschwerdeverfahren.

darf das Verfahren nur fortgesetzt werden, wenn der Beteiligte ordnungsgemäß geladen wurde.[7] Vertretungszwang besteht nur für Verfahrensbeteiligte, die in der EU weder Wohnsitz noch Niederlassung haben (Art 82 GemSortV);[8] insoweit ist nach Art 73 Abs 2 GemSortVDV auch Vertretung durch in der EU ansässige Angestellte ausgeschlossen. Art 74 GemSortVDV betrifft die Vollmacht des Verfahrensvertreters.

II. Sprachenregelung

Art 34 Abs 1 GemSortV übernimmt die Sprachenregelung der EWG.[9] Die **3** 11 Amtssprachen waren demnach zunächst Dänisch, Deutsch, Englisch, Finnisch, Französisch, Griechisch, Italienisch, Niederländisch, Portugiesisch, Schwedisch und Spanisch. Einzelheiten regeln Art 3–5 GemSortVDV.[10] Mit Beitritt von Bulgarien, Estland, Irland, Kroatien, Lettland, Litauen, Malta, Polen, Rumänien, der Slowakei, Slowenien, der Tschechischen Republik und Ungarn sind deren jeweilige Amtssprachen hinzugetreten, während sich durch den Beitritt Zyperns keine Änderung ergeben hat. Detaillierte Vorgaben zum Sprachenregime und zu Übersetzungen enthalten die Art 3 – 6 GemSortVDV.

III. Amtsermittlung; Anhörung; Öffentlichkeit

Die Sachverhaltsermittlung erfolgt vAw (vgl Art 54, 55 GemSortV).[11] Den **4** Beteiligten ist Gelegenheit zur Äußerung zu gewähren; Entscheidungen des GSA sind zu begründen (Art 75 GemSortV).[12] Verspätetes Vorbringen bleibt unberücksichtigt (vgl Art 56 Abs 2 GemSortVDV). Anders als grds vor den Beschwerdekammern (Art 77 Abs 3 GemSortV) ist das Verfahren im Übrigen nicht öffentlich (Art 77 Abs 2 GemSortV). Ausschließung und Ablehnung von Bediensteten des Amts sind in Art 81 Abs 2 GemSortV entsprechend den nach Art 48 GemSortV für die Mitglieder der Beschwerdekammern geltenden Bestimmungen geregelt.[13]

---

7 EuG Lemon Symphony.
8 Näher *Leßmann/Würtenberger*[2] § 5 Rn. 469 ff.
9 VO Nr 1 vom 15.4.1958 zur Regelung der Sprachenfrage für die Europäische Wirtschaftsgemeinschaft, ABl EWG 1958, 385, durch die Beitrittsakte wiederholt geänd.
10 Näher *Leßmann/Würtenberger*[2] § 5 Rn. 474 ff.
11 Vgl *Leßmann/Würtenberger*[2] § 5 Rn. 508.
12 Vgl *Leßmann/Würtenberger*[2] § 5 Rn. 532 f.
13 *Leßmann/Würtenberger*[2] § 5 Rn. 468.

IV. Beweiserhebung

5 Art 78 GemSortV nennt einen nicht abschließenden Katalog von Beweismitteln.[14] Die Durchführung der Beweisaufnahme ist in Art 60 ff GemSortVDV geregelt. Art 78 Abs 4 GemSortV sieht die Möglichkeit vor, Beteiligte, Zeugen und Sachverständige im Weg der Amtshilfe durch das Wohnsitzgericht vernehmen zu lassen.[15] Das GSA kann einen Auslagenvorschuss erheben (Art 62 Abs 1 GemSortVDV).

V. Entscheidungen

6 Anders als etwa nach Art 73 UnionsmarkenV[16] ist eine Begründung der Entscheidungen des GSA nicht generell vorgeschrieben (s aber Rdn. 2 zu § 28). Art 53 GemSortVDV enthält insoweit Regelungen (Unterschrift; Verkündung oder Zustellung; Rechtsmittelbelehrung; Berichtigungen).

7 Die **Erteilung** des gemeinschaftlichen Sortenschutzes erfolgt in der Form des Art 53 Abs 1 GemSortV.

VI. Zustellungen

8 Zustellungen sind in Art 79 GemSortV und Art 64–68 GemSortVDV geregelt.[17]

VII. Fristen; Wiedereinsetzung

9 Regelungen zu den Fristen und zur Fristberechnung enthalten die Art 69–71 GemSortVDV.[18] Art 72 GemSortVDV regelt die Unterbrechung des Verfahrens.[19]

10 **Wiedereinsetzung** in den vorigen Stand regelt Art 80 GemSortV.[20] Ausgeschlossen ist Wiedereinsetzung in die Prioritätsfrist wie in die Wiedereinsetzungsfrist selbst und die Frist zur Nachholung der versäumten Handlung. Die Wiedereinsetzungsfrist beträgt zwei Monate. Der Antrag ist zu begründen;

---

14 *Leßmann/Würtenberger²* § 5 Rn. 437 ff.

15 Vgl *Leßmann/Würtenberger²* § 5 Rn. 441; *van der Kooij* Art 78 Anm 1.

16 Hierzu HABM GRUR Int 2000, 549, 550 f.

17 Vgl *Leßmann/Würtenberger²* § 5 Rn. 450 ff.

18 Hierzu *Leßmann/Würtenberger²* § 5 Rn. 456 ff.

19 Hierzu *Leßmann/Würtenberger²* § 5 Rn. 460.

20 Hierzu *Leßmann/Würtenberger²* § 5 Rn. 461 ff.

die zur Begründung dienenden Tatsachen, insb fehlendes Verschulden, sind glaubhaft zu machen. Die versäumte Handlung ist innerhalb der Frist nachzuholen (§ 80 Abs 2 GemSortV).[21] Zuständig für die Entscheidung über den Wiedereinsetzungsantrag wird die Stelle sein, die über die versäumte Handlung zu entscheiden hat; eine ausdrückliche Regelung fehlt.[22]

Art 80 Abs 5 GemSortV sieht zum Schutz gutgläubiger Dritter ein **Weiterbenutzungsrecht** vor.[23]   11

§ 21 Förmliches Verwaltungsverfahren

Auf das Verfahren vor den Prüfabteilungen und den Widerspruchsausschüssen sind die Vorschriften der §§ 63 bis 69 und 71 des Verwaltungsverfahrensgesetzes über das förmliche Verwaltungsverfahren anzuwenden.

§ 63 VwVfG Anwendung der Vorschriften über das förmliche Verwaltungsverfahren

(1) Das förmliche Verwaltungsverfahren nach diesem Gesetz findet statt, wenn es durch Rechtsvorschrift angeordnet ist.

(2) Für das förmliche Verwaltungsverfahren gelten die §§ 64 bis 71 und, soweit sich aus ihnen nichts Abweichendes ergibt, die übrigen Vorschriften dieses Gesetzes.

(3) [1]Die Mitteilung nach § 17 Abs. 2 Satz 2 und die Aufforderung nach § 17 Abs. 4 Satz 2 sind im förmlichen Verwaltungsverfahren öffentlich bekannt zu machen. [2]Die öffentliche Bekanntmachung wird dadurch bewirkt, dass die Behörde die Mitteilung oder die Aufforderung in ihrem amtlichen Veröffentlichungsblatt und außerdem in örtlichen Tageszeitungen, die in dem Bereich verbreitet sind, in dem sich die Entscheidung voraussichtlich auswirken wird, bekannt macht.

§ 64 VwVfG Form des Antrags

Setzt das förmliche Verwaltungsverfahren einen Antrag voraus, so ist er schriftlich oder zur Niederschrift bei der Behörde zu stellen.

---

21 Vgl GSA (BK) InstGE 4, 32 Egypt.
22 *Leßmann/Würtenberger*[2] § 5 Rn. 464.
23 Hierzu *Leßmann/Würtenberger*[2] § 5 Rn. 465.

§ 65 VwVfG Mitwirkung von Zeugen und Sachverständigen

(1) [1]Im förmlichen Verwaltungsverfahren sind Zeugen zur Aussage und Sachverständige zur Erstattung von Gutachten verpflichtet. [2]Die Vorschriften der Zivilprozessordnung über die Pflicht, als Zeuge auszusagen oder als Sachverständiger ein Gutachten zu erstatten, über die Ablehnung von Sachverständigen sowie über die Vernehmung von Angehörigen des öffentlichen Dienstes als Zeugen oder Sachverständige gelten entsprechend.

(2) [1]Verweigern Zeugen oder Sachverständige ohne Vorliegen eines der in den §§ 376, 383 bis 385 und 408 der Zivilprozessordnung bezeichneten Gründe die Aussage oder die Erstattung des Gutachtens, so kann die Behörde das für den Wohnsitz oder den Aufenthaltsort des Zeugen oder des Sachverständigen zuständige Verwaltungsgericht um die Vernehmung ersuchen. [2]Befindet sich der Wohnsitz oder der Aufenthaltsort des Zeugen oder des Sachverständigen nicht am Sitz eines Verwaltungsgerichts oder einer besonders errichteten Kammer, so kann auch das zuständige Amtsgericht um die Vernehmung ersucht werden. [3]In dem Ersuchen hat die Behörde den Gegenstand der Vernehmung darzulegen sowie die Namen und Anschriften der Beteiligten anzugeben. [4]Das Gericht hat die Beteiligten von den Beweisterminen zu benachrichtigen.

(3) Hält die Behörde mit Rücksicht auf die Bedeutung der Aussage eines Zeugen oder des Gutachtens eines Sachverständigen oder zur Herbeiführung einer wahrheitsgemäßen Aussage die Beeidigung für geboten, so kann sie das nach Absatz 2 zuständige Gericht um die eidliche Vernehmung ersuchen.

(4) Das Gericht entscheidet über die Rechtmäßigkeit einer Verweigerung des Zeugnisses, des Gutachtens oder der Eidesleistung.

(5) Ein Ersuchen nach Absatz 2 oder 3 an das Gericht darf nur von dem Behördenleiter, seinem allgemeinen Vertreter oder einem Angehörigen des öffentlichen Dienstes gestellt werden, der die Befähigung zum Richteramt hat oder die Voraussetzungen des § 110 Satz 1 des Deutschen Richtergesetzes erfüllt.

§ 66 VwVfG Verpflichtung zur Anhörung von Beteiligten

(1) Im förmlichen Verwaltungsverfahren ist den Beteiligten Gelegenheit zu geben, sich vor der Entscheidung zu äußern.

(2) Den Beteiligten ist Gelegenheit zu geben, der Vernehmung von Zeugen und Sachverständigen und der Einnahme des Augenscheins beizuwohnen

und hierbei sachdienliche Fragen zu stellen; ein schriftlich oder elektronisch vorliegendes Gutachten soll ihnen zugänglich gemacht werden.

§ 67 VwVfG Erfordernis der mündlichen Verhandlung

(1) [1]Die Behörde entscheidet nach mündlicher Verhandlung. [2]Hierzu sind die Beteiligten mit angemessener Frist schriftlich zu laden. [3]Bei der Ladung ist darauf hinzuweisen, dass bei Ausbleiben eines Beteiligten auch ohne ihn verhandelt und entschieden werden kann. [4]Sind mehr als 50 Ladungen vorzunehmen, so können sie durch öffentliche Bekanntmachung ersetzt werden. [5]Die öffentliche Bekanntmachung wird dadurch bewirkt, dass der Verhandlungstermin mindestens zwei Wochen vorher im amtlichen Veröffentlichungsblatt der Behörde und außerdem in örtlichen Tageszeitungen, die in dem Bereich verbreitet sind, in dem sich die Entscheidung voraussichtlich auswirken wird, mit dem Hinweis nach Satz 3 bekannt gemacht wird. [6]Maßgebend für die Frist nach Satz 5 ist die Bekanntgabe im amtlichen Veröffentlichungsblatt.

(2) Die Behörde kann ohne mündliche Verhandlung entscheiden, wenn

1. einem Antrag im Einvernehmen mit allen Beteiligten in vollem Umfang entsprochen wird;
2. kein Beteiligter innerhalb einer hierfür gesetzten Frist Einwendungen gegen die vorgesehene Maßnahme erhoben hat;
3. die Behörde den Beteiligten mitgeteilt hat, dass sie beabsichtige, ohne mündliche Verhandlung zu entscheiden, und kein Beteiligter innerhalb einer hierfür gesetzten Frist Einwendungen dagegen erhoben hat;
4. alle Beteiligten auf sie verzichtet haben;
5. wegen Gefahr im Verzug eine sofortige Entscheidung notwendig ist.

(3) Die Behörde soll das Verfahren so fördern, dass es möglichst in einem Verhandlungstermin erledigt werden kann.

§ 68 VwVfG Verlauf der mündlichen Verhandlung

(1) [1]Die mündliche Verhandlung ist nicht öffentlich. [2]An ihr können Vertreter der Aufsichtsbehörden und Personen, die bei der Behörde zur Ausbildung beschäftigt sind, teilnehmen. [3]Anderen Personen kann der Verhandlungsleiter die Anwesenheit gestatten, wenn kein Beteiligter widerspricht.

(2) [1]Der Verhandlungsleiter hat die Sache mit den Beteiligten zu erörtern. [2]Er hat darauf hinzuwirken, dass unklare Anträge erläutert, sachdienliche Anträge gestellt, ungenügende Angaben ergänzt sowie alle für die Feststellung des Sachverhalts wesentlichen Erklärungen abgegeben werden.

(3) [1]Der Verhandlungsleiter ist für die Ordnung verantwortlich. [2]Er kann Personen, die seine Anordnungen nicht befolgen, entfernen lassen. [3]Die Verhandlung kann ohne diese Personen fortgesetzt werden.

(4) [1]Über die mündliche Verhandlung ist eine Niederschrift zu fertigen. [2]Die Niederschrift muss Angaben enthalten über

1. den Ort und den Tag der Verhandlung,
2. die Namen des Verhandlungsleiters, der erschienenen Beteiligten, Zeugen und Sachverständigen,
3. den behandelten Verfahrensgegenstand und die gestellten Anträge,
4. den wesentlichen Inhalt der Aussagen der Zeugen und Sachverständigen,
5. das Ergebnis eines Augenscheines.

[3]Die Niederschrift ist von dem Verhandlungsleiter und, soweit ein Schriftführer hinzugezogen worden ist, auch von diesem zu unterzeichnen. [4]Der Aufnahme in die Verhandlungsniederschrift steht die Aufnahme in eine Schrift gleich, die ihr als Anlage beigefügt und als solche bezeichnet ist; auf die Anlage ist in der Verhandlungsniederschrift hinzuweisen.

§ 69 VwVfG Entscheidung

(1) Die Behörde entscheidet unter Würdigung des Gesamtergebnisses des Verfahrens.

(2) [1]Verwaltungsakte, die das förmliche Verfahren abschließen, sind schriftlich zu erlassen, schriftlich zu begründen und den Beteiligten zuzustellen; in den Fällen des § 39 Abs. 2 Nr. 1 und 3 bedarf es einer Begründung nicht. [2]Ein elektronischer Verwaltungsakt nach Satz 1 ist mit einer dauerhaft überprüfbaren qualifizierten elektronischen Signatur zu versehen. [3]Sind mehr als 50 Zustellungen vorzunehmen, so können sie durch öffentliche Bekanntmachung ersetzt werden. [4]Die öffentliche Bekanntmachung wird dadurch bewirkt, dass der verfügende Teil des Verwaltungsaktes und die Rechtsbehelfsbelehrung im amtlichen Veröffentlichungsblatt der Behörde und außerdem in örtlichen Tageszeitungen bekannt gemacht werden, die in dem Bereich verbreitet sind, in dem sich die Entscheidung voraussichtlich auswirken wird. [5]Der Verwaltungsakt gilt mit dem Tage als zugestellt, an dem seit dem Tage der Bekanntmachung in dem amtlichen Veröffentlichungsblatt zwei Wochen verstrichen sind; hierauf ist in der Bekanntmachung hinzuweisen. [6]Nach der öffentlichen Bekanntmachung kann der Verwaltungsakt bis zum Ablauf der Rechtsbehelfsfrist von den Beteiligten schriftlich oder elektronisch angefordert werden; hierauf ist in der Bekanntmachung gleichfalls hinzuweisen.

(3) [1]Wird das förmliche Verwaltungsverfahren auf andere Weise abgeschlossen, so sind die Beteiligten hiervon zu benachrichtigen. [2]Sind mehr als 50 Benachrichtigungen vorzunehmen, so können sie durch öffentliche Bekanntmachung ersetzt werden; Absatz 2 Satz 4 gilt entsprechend.

§ 71 VwVfG Besondere Vorschriften für das förmliche Verfahren vor Ausschüssen

(1) [1]Findet das förmliche Verwaltungsverfahren vor einem Ausschuss (§ 88) statt, so hat jedes Mitglied das Recht, sachdienliche Fragen zu stellen. [2]Wird eine Frage von einem Beteiligten beanstandet, so entscheidet der Ausschuss über ihre Zulässigkeit.

(2) [1]Bei der Beratung und Abstimmung dürfen nur Ausschussmitglieder zugegen sein, die an der mündlichen Verhandlung teilgenommen haben. [2]Ferner dürfen Personen zugegen sein, die bei der Behörde, bei der der Ausschuss gebildet ist, zur Ausbildung beschäftigt sind, soweit der Vorsitzende ihre Anwesenheit gestattet. [3]Die Abstimmungsergebnisse sind festzuhalten.

(3) [1]Jeder Beteiligte kann ein Mitglied des Ausschusses ablehnen, das in diesem Verwaltungsverfahren nicht tätig werden darf (§ 20) oder bei dem die Besorgnis der Befangenheit besteht (§ 21). [2]Eine Ablehnung vor der mündlichen Verhandlung ist schriftlich oder zur Niederschrift zu erklären. [3]Die Erklärung ist unzulässig, wenn sich der Beteiligte, ohne den ihm bekannten Ablehnungsgrund geltend zu machen, in die mündliche Verhandlung eingelassen hat. [4]Für die Entscheidung über die Ablehnung gilt § 20 Abs. 4 Satz 2 bis 4.

Ausland: Österreich

§ 19 Abs 4 [abgedruckt vor § 16]

Schweiz:

Art 26 Form und Zeitpunkt der Anmeldung

(1) Wer eine Sorte schützen lassen will, hat sie dem Büro für Sortenschutz in der vorgeschriebenen Form und mit den verlangten Angaben und Unterlagen anzumelden und die Anmeldegebühren zu bezahlen.

(2) Als Anmeldungsdatum gilt der Zeitpunkt, in welchem alle erforderlichen Aktenstücke eingereicht und die Anmeldungsgebühr bezahlt sind.

Art 2 SortenschutzVO

(1) Als Einreichungsdatum gilt bei Postsendungen aus dem Inland der Tag der Postaufgabe; er wird durch den Datumsstempel der Aufgabepoststelle nachgewiesen. Fehlt der Stempel oder ist er unleserlich, so gilt der Stempel der Empfangspoststelle; fehlt auch dieser oder ist er unleserlich, so gilt der Tag des Eingangs der Sendung beim Büro für Sortenschutz als Einreichungsdatum. Die Absenderin oder der Absender kann ein früheres Datum der Postaufgabe nachweisen.

(2) Als Einreichungsdatum gilt bei Postsendungen aus dem Ausland das Datum des ersten Stempels einer schweizerischen Poststelle. Fehlt der Stempel oder ist er unleserlich, so gilt der Tag des Eingangs der Sendung beim Büro für Sortenschutz als Einreichungsdatum. Die Absenderin oder der Absender kann ein früheres Datum des Eingangs bei einer schweizerischen Poststelle nachweisen.

Art 4 SortenschutzVO Elektronische Kommunikation

(1) Das Büro für Sortenschutz kann die elektronische Kommunikation zulassen.

(2) Es legt die technischen Einzelheiten fest und veröffentlicht sie in geeigneter Weise.

Belgien: Art XI.129 (Beteiligtenfähigkeit), Art XI.130 (Vertretung), Art XI.148 (Wiedereinsetzung) Code du droit économique; **Dänemark:** Art 3, 4 SortG; **Frankreich:** Art R 623-16–24, 25–30, 48–50 CPI, vgl Art L 623-7 CPI; **Kroatien:** Art 17, 26, 30, 31 (Widerspruch) SortG; **Niederlande:** Art 14–17 SaatG; **Polen:** Art 3 SortG; **Schweden:** Kap 5 Växtförädlarrättslag; **Slowakei:** Art 24 Pflanzen- und TierzuchtG; **Slowenien:** Art 39 (Wiedereinsetzung) SortG; **Spanien:** Art 39–46 SortG 2000; **Tschech. Rep.:** Art 28 SortG 2000; **Vereinigtes Königreich:** Sec 3, 24, 31 und 32 (falsche Angaben) PVA

Schrifttum

Leßmann Förmliches Verwaltungsverfahren im novellierten Sortenschutzgesetz, GRUR 1986, 19; *Leßmann* Das neue Sortenschutzgesetz, GRUR 1986, 276, 283

Übersicht   Rdn.
A.   Allgemeines; Entstehungsgeschichte   1
B.   Förmliches Verwaltungsverfahren   2
I.   Verwaltungsverfahren   2

II.   Förmlichkeit   4
III. Anwendbarkeit der Regelung im Verwaltungsverfahrensgesetz   5
      1. Allgemeines   5
      2. Besondere Regelungen für das förmliche Verwaltungsverfahren   6
C.   **Widerspruchsverfahren** 13

A. Allgemeines; Entstehungsgeschichte

Die in ihrer Entstehung kontroverse[1] Bestimmung löst das zuvor eigen- **1** ständig – wenn auch lückenhaft – geregelte Verfahren vor dem BSA durch eine grds Verweisung auf das zuvor nur lückenausfüllend heranzuziehende[2] VwVfG ab, die allerdings durch verschiedene Sonderregelungen, vor allem in Bezug auf Vertretung, Akteneinsicht, Geheimhaltung, Beschlussfähigkeit, Rücknahme und Widerruf, Anfechtung, Rechtsweg und Kostenerstattung im Vorverfahren modifiziert wird.[3] Hierdurch sind verschiedene Regeln entfallen und Begriffe geänd worden (Antrag statt Anmeldung, Widerspruchsausschuss statt Beschwerdeausschuss, Wegfall der Bestimmungen über Erteilung, § 39 SortG 1968, Einspruch, § 40 SortG 1968, einstweilige Anordnung, § 41 SortG 1968, Verfahrensbeteiligte in besonderen Verfahren, § 42 SortG 1968). Ob die (in ihrer Heranführung an allg verwaltungsverfahrensrechtl Regelungen an sich zu begrüßende) Neuregelung – auch unter dem Gesichtspunkt der Rechtsvereinheitlichung – geglückt ist, darf bezweifelt werden.[4] Vgl für die Sortenzulassung § 41 SaatG.

B. Förmliches Verwaltungsverfahren

I. Verwaltungsverfahren

Das sortrechtl Erteilungsverfahren ist wie das Patenterteilungsverfahren ver- **2** waltungsrechtl Natur, der Privatrechtscharakter des Sortenschutzes an sich steht dem nicht entgegen.[5]

---

1 Vgl *Leßmann* GRUR 1986, 19 und GRUR 1986, 276, 283; *Leßmann/Würtenberger*[2] § 5 Rn. 106; *Metzger/Zech* Rn. 1.
2 *Leßmann/Würtenberger*[2] § 5 Rn. 107; vgl auch *Leßmann/Würtenberger*[2] § 5 Rn. 107.
3 Vgl hierzu *Leßmann* GRUR 1986, 19, 22.
4 Vgl *Leßmann* GRUR 1986, 19, 24; *Wuesthoff*[2] Rn. 2, 3 und § 1 Rn. 2.
5 *Leßmann* GRUR 1986, 19, 22; *Wuesthoff*[2] Rn. 5; *Busse/Keukenschrijver* Vor § 34 PatG Rn. 24 ff.; vgl *Benkard* Vor § 34 PatG Rn. 4.

3 Die Erteilung des Sortenschutzes ist wie die des Patents Akt **gebundener Verwaltung**, ein Ermessensspielraum besteht grds nicht.[6] Sie ist wie dort privatrechtsgestaltender Hoheitsakt (Verwaltungsakt). Anders als im Patenterteilungsverfahren wird aber die Anwendung des Verwaltungsverfahrensrechts nicht ausdrücklich ausgeschlossen.

II. Förmlichkeit

4 Verwaltungsverfahren sind regelmäßig nichtförmliche Verfahren (§ 10 VwVfG); förmliche Verwaltungsverfahren finden nur statt, wenn eine Rechtsvorschrift wie hier § 21 dies anordnet (§ 63 Abs 1 VwVfG).[7] Die größere Formstrenge nähert die Verwaltungsverfahren vor dem BSA in ihrer Ausgestaltung an die vor dem DPMA an, die man ebenso als – allerdings eigenständig geregelte – förmliche Verwaltungsverfahren ansehen kann.[8]

III. Anwendbarkeit der Regelung im Verwaltungsverfahrensgesetz

1. Allgemeines

5 § 21 verweist auf die Regelungen im ersten Abschnitt des fünften Teils des VwVfG über das förmliche Verwaltungsverfahren (§§ 63–71 VwVfG), nimmt aber § 70 VwVfG von der Verweisung aus. Dies ermöglicht die »Beibehaltung des bewährten zweizügigen Verfahrens« (vgl Rdn. 13 ff.).[9] Daneben gelten auch die allg Regelungen im VwVfG, etwa über Beteiligte und deren Recht auf Anhörung, Bevollmächtigte und Beistände – modifiziert durch die Regelung über den Inlandsvertreter –, ausgeschlossene Personen und Befangenheit, Amtsermittlung (§ 24 VwVfG) und Begründungspflicht (§ 39 VwVfG),[10] Beweismittel, Wiedereinsetzung, soweit nicht das SortG vorgehende Sonderregelungen enthält.

---

6 *Leßmann* GRUR 1986, 19, 23; *Wuesthoff*[2] Rn. 5; vgl aber Rn. 5 zu § 27 hinsichtlich der Säumnisfolgen.

7 Vgl *Leßmann/Würtenberger*[2] § 5 Rn. 104 ff.

8 Vgl *Wuesthoff*[2] Rn. 7; *Wuesthoff/Leßmann/Würtenberger*[1] Rn. 625.

9 Begr BlPMZ 1986, 136, 141.

10 BPatG GRUR 2002, 243 »Calluna (Besenheide)«.

2. Besondere Regelungen für das förmliche Verwaltungsverfahren

Während § 63 VwVfG keine für das Verfahren vor dem BSA relevanten **6**
Bestimmungen enthält, regelt § 64 VwVfG die Form des Antrags (schriftlich
oder zur Niederschrift), die Regelung wird allerdings durch § 22 modifiziert.[11]

Die Mitwirkung von **Zeugen und Sachverständigen** ist (außer in § 26 **7**
VwVfG) näher in § 65 VwVfG geregelt. Das BSA kann anders als das DPMA
keine Eide abnehmen, sondern ist hierfür auf Rechtshilfe verwiesen, für die
insoweit in erster Linie die Verwaltungsgerichte und nur nachrangig die Amtsgerichte zuständig sind.

§ 66 VwVfG begründet für die Beteiligten ein umfassendes **Recht auf Äuße-** **8**
rung (»rechtl Gehör«).

§§ 67, 68 VwVfG regeln Erforderlichkeit und Durchführung der grds **9**
nichtöffentlichen **mündlichen Verhandlung**. Das BSA macht idR von den
vorgesehenen Ausnahmen Gebrauch;[12] anders beim Verfahren vor dem
Widerspruchsausschuss.[13] Wird eine mündliche Verhandlung durchgeführt,
ist über sie eine Niederschrift zu fertigen (§ 68 Abs 4 VwVfG).

§ 69 VwVfG regelt die **Entscheidung** nach ihren Grundlagen, ihrer Form, die **10**
Begründungspflicht, die Bekanntgabe sowie den Abschluss des Verfahrens auf
andere Weise. Zu begründen sind auch frühere, nicht selbstständig anfecht-
bare Bescheide, auf denen die Entscheidung beruht.[14] Die Entscheidung ist
schriftlich zu erlassen und zu begründen (Ausnahme bei antragsgem Erteilung
des Sortenschutzes, § 39 Abs 2 Nr 1 VwVfG) und den Beteiligten zuzustellen;
Wirksamkeit tritt mit Zustellung ein.

Die Erforderlichkeit einer **Rechtsbehelfsbelehrung** folgt aus § 79 VwVfG **11**
iVm §§ 58, 59 VwGO.

§ 71 VwVfG regelt schließlich die Besonderheiten des **Verfahrens vor Aus-** **12**
schüssen und anderen kollegialen Einrichtungen, für das auch die §§ 88–93
VwVfG gelten. Dies gilt sowohl für die nach § 19 Abs 2 besetzten Prüfabteilungen als auch für die Widerspruchsausschüsse.[15]

---

11 Vgl *Metzger/Zech* Rn. 4.
12 *Wuesthoff*[2] Rn. 23 und § 26 Rn. 20; *Metzger/Zech* Rn. 7.
13 *Metzger/Zech* Rn. 7.
14 *Wuesthoff*[2] Rn. 33.
15 Unklar *Wuesthoff*[2] Rn. 37.

C. Widerspruchsverfahren

13   Das Widerspruchsverfahren ist nicht ausdrücklich geregelt, es wird jedoch von
§ 18 Abs 1 Nr 2, Abs 3, § 20, § 33 Abs 2, § 34 Abs 1 vorausgesetzt.[16] Nach
§ 70 VwVfG fände ein Widerspruchsverfahren an sich nicht statt. Der Gesetzgeber hat es jedoch im SortRecht wie im Saatgutverkehrsrecht als sachgerecht
angesehen, dem Antragsteller auf der Verwaltungsebene eine zweite Instanz
zur Verfügung zu stellen, die die Entscheidung der Prüfabteilung sachlich
voll nachprüft[17] (vgl Rdn. 5). Die Regelungen in §§ 69–73 VwGO werden
zumindest entspr anzuwenden sein, soweit die Besonderheiten des Verfahrens
nach dem SortG nicht entgegenstehen. Ihre Anwendung ist ungewöhnlich,
weil der Widerspruch ein typischer Rechtsbehelf des verwaltungsgerichtlichen
Verfahrens ist, nicht aber im Verfahren vor dem BPatG. Grds scheidet nämlich
eine Anwendung der §§ 68 ff VwGO aus, soweit – wie hier – der Verwal-
tungsrechtsweg nicht eröffnet ist.[18] Der Widerspruch ist Voraussetzung für
eine spätere Beschwerde zum BPatG; dies folgt schon aus § 34 Abs 1.

14   Das Verfahren beginnt mit der Erhebung des **Widerspruchs** (§ 69 VwGO),
der binnen eines Monats nach Bekanntgabe des Verwaltungsakts an den
Beschwerten schriftlich oder zur Niederschrift beim BSA als Ausgangs- und
Widerspruchsbehörde einzulegen ist (§ 70 Abs 1 VwGO);[19] Einlegung bei
anderen Stellen, insb beim BPatG, wahrt die Frist nicht.

15   Besondere **inhaltliche Anforderungen** bestehen nicht,[20] auch ein bestimmter Antrag wird nicht verlangt, jedoch liegt eine Widerspruchsbegründung
im Interesse des Widersprechenden. Es muss nur hinreichend zu erkennen
sein, dass sich der Betroffene durch einen Verwaltungsakt beschwert fühlt und
nochmalige Prüfung begehrt. Die Frist ist wiedereinsetzungsfähig (§ 70 Abs 2
VwGO iVm § 60 VwGO); sie läuft nur, wenn eine ordnungsgemäße Rechtsbehelfsbelehrung erteilt worden ist, andernfalls läuft eine Einjahresfrist (§ 70
Abs 2 VwGO iVm § 58 VwGO).

---

16   Vgl *Wuesthoff*[2] § 19 Rn. 11.
17   Vgl Begr BlPMZ 1986, 136, 143, zu § 31; *Leßmann/Würtenberger*[2] § 5 Rn. 293 ff.
18   *Kopp/Schenke* vor § 68 VwGO Rn. 2a; *Kopp/Ramsauer* VwVfG § 79 Rn. 7; aA
     Stelkens/Bonk/Sachs VwVfG[8] § 79 VwVfG Rn. 29.
19   Vgl *Metzger/Zech* Rn. 12.
20   Vgl *Kopp/Schenke* § 69 VwGO Rn. 5, § 70 VwGO Rn. 5; aA offenbar, allerdings
     ohne Begründung, *Köller* (LitBespr) AgrarR 2000, 68 f.

Der Widerspruch kann bis zum Erlass des Widerspruchsbescheids **zurück-** 16
genommen werden. Im Beschwerdeverfahren vor dem BPatG kommt seine
Rücknahme nicht mehr in Betracht.

Zur **Widerspruchsgebühr** Rdn. 15 zu § 33, zur Säumnis bei der Zahlung 17
Rdn. 6 ff. zu § 27, zur Erstattung Rdn. 22 ff. zu § 33.

Zuständigkeit; Anhörung. Zuständig ist der Widerspruchsausschuss (§ 18 18
Abs 1 Nr 2; § 20). Ist die Aufhebung oder Änderung des Verwaltungsakts
im Widerspruchsverfahrens erstmals mit einer Beschwer verbunden, soll der
Betroffene gehört werden (§ 71 VwGO).

Abhilfe. § 72 VwGO sieht eine Abhilfemöglichkeit im Widerspruchsverfah- 19
ren vor; eine solche ergibt sich auch aus der Verweisung auf die Regelungen
im PatG in § 34 (Rdn. 15 zu § 34). In diesem Fall ist über die Kosten zu entscheiden. Ob »kassatorische« Abhilfe in Betracht kommt, wird nicht anders
als im Verfahren vor dem DPMA zu beurteilen sein.[21]

Wird dem Widerspruch nicht abgeholfen, wird über ihn durch **Widerspruchs-** 20
bescheid entschieden, der zu begründen, mit einer Rechtsmittelbelehrung zu
versehen und (nach dem VwZG) zuzustellen ist (§ 73 VwGO).[22] In ihm ist
auch über die Kosten zu entscheiden.

§ 22 Sortenschutzantrag

(1) [1]Der Antragsteller hat im Sortenschutzantrag den oder die Ursprungszüchter oder Entdecker der Sorte anzugeben und zu versichern, daß seines
Wissens weitere Personen an der Züchtung oder Entdeckung der Sorte nicht
beteiligt sind. [2]Ist der Antragsteller nicht oder nicht allein der Ursprungszüchter oder Entdecker, so hat er anzugeben, wie die Sorte an ihn gelangt
ist. [3]Das Bundessortenamt ist nicht verpflichtet, diese Angaben zu prüfen.

(2) [1]Der Antragsteller hat die Sortenbezeichnung anzugeben. [2]Für das Verfahren zur Erteilung des Sortenschutzes kann er mit Zustimmung des Bundessortenamtes eine vorläufige Bezeichnung angeben.

---

21 Vgl *Busse/Keukenschrijver* PatG § 73 Rn. 149 f.; *Schulte* § 73 PatG Rn. 118 ff.;
   Benkard § 73 PatG Rn. 97.
22 *Metzger/Zech* Rn. 13.

GemSortV:

Art 50 Bestimmungen betreffend den Antrag

(1) Der Antrag auf gemeinschaftlichen Sortenschutz muß mindestens folgendes enthalten:
a) das Ersuchen um Erteilung des gemeinschaftlichen Sortenschutzes;
b) die Bezeichnung des botanischen Taxons;
c) Angaben zur Person des Antragstellers oder gegebenenfalls der gemeinsamen Antragsteller;
d) den Namen des Züchters und die Versicherung, daß nach bestem Wissen des Antragstellers weitere Personen an der Züchtung oder Entdeckung und Weiterentwicklung der Sorte nicht beteiligt sind; ist der Antragsteller nicht oder nicht allein der Züchter, so hat er durch Vorlage entsprechender Schriftstücke nachzuweisen, wie er den Anspruch auf den gemeinschaftlichen Sortenschutz erworben hat;
e) eine vorläufige Bezeichnung für die Sorte;
f) eine technische Beschreibung der Sorte;
g) die geographische Herkunft der Sorte;
h) Vollmachten für Verfahrensvertreter;
i) Angaben über eine frühere Vermarktung der Sorte;
j) Angaben über sonstige Anträge im Zusammenhang mit der Sorte.

(2) Die Einzelheiten der Bestimmungen gemäß Absatz 1, einschließlich der Mitteilung weiterer Angaben, können in der Durchführungsordnung gemäß Artikel 114 festgelegt werden.

(3) Der Antragsteller schlägt eine Sortenbezeichnung vor, die dem Antrag beigefügt werden kann.

GemSortVDV:

Art 16 Einreichung des Antrags

(1) Ein Antrag auf gemeinschaftlichen Sortenschutz ist beim Amt oder bei den nach Artikel 30 Absatz 4 der Grundverordnung beauftragten nationalen Einrichtungen oder eingerichteten Dienststellen des Amts zu stellen.

Wird der Antrag beim Amt gestellt, kann er auf Papier oder elektronisch eingereicht werden. Wird er bei einer nationalen Einrichtung oder einer Dienststelle des Amtes gestellt, so ist er in zweifacher Ausfertigung auf Papier einzureichen.

(2) Die Unterrichtung des Amts nach Artikel 49 Absatz 1 Buchstabe b der Grundverordnung schließt folgende Angaben ein:
– Angaben zur Person des Antragstellers und gegebenenfalls des Verfahrensvertreters,
– die nationale Einrichtung oder Dienststelle, bei der der Antrag auf gemeinschaftlichen Sortenschutz gestellt worden ist, und
– die vorläufige Bezeichnung der Sorte.

(3) Das Amt stellt folgende Vordrucke gebührenfrei zur Verfügung:
a) ein Antragsformular und einen technischen Fragebogen für die Beantragung des gemeinschaftlichen Sortenschutzes;
b) einen Vordruck für die nach Absatz 2 mitzuteilenden Angaben mit einer Belehrung über die Folgen, die eine unterlassene Mitteilung nach sich zieht.

(4) Der Antragsteller füllt die in Absatz 3 genannten Vordrucke aus und unterzeichnet diese. Wird der Antrag elektronisch übermittelt, so erfüllt er die Anforderung bezüglich der Unterschrift gemäß Artikel 57 Absatz 3 Unterabsatz 2.

Art 17 Eingang des Antrags

(1) Geht bei einer nationalen Einrichtung oder einer Dienststelle, die die spezifischen Verwaltungsaufgaben nach Artikel 30 Absatz 4 der Grundverordnung wahrnimmt, ein Antrag ein, so übermittelt sie dem Amt auf elektronischem Wege eine Eingangsbestätigung und leitet den Antrag nach Artikel 49 Absatz 2 der Grundverordnung weiter. In der Eingangsbestätigung werden das Aktenzeichen der nationalen Einrichtung oder der Dienststelle, Art und Zahl der weitergeleiteten Schriftstücke und das Datum ihres Eingangs bei der nationalen Einrichtung oder der Dienststelle angegeben. Die nationale Einrichtung oder die Dienststelle übermittelt dem Antragsteller eine Kopie der dem Amt übermittelten Eingangsbestätigung auf elektronischem oder anderem Wege.

(2) Erhält das Amt einen Antrag direkt vom Antragsteller oder über eine nationale Einrichtung oder eine Dienststelle, so vermerkt es unbeschadet sonstiger Bestimmungen auf den Antragsunterlagen das Aktenzeichen und das Datum des Eingangs beim Amt und stellt dem Antragsteller eine Eingangsbestätigung aus. In dieser Bestätigung werden das vom Amt erteilte Aktenzeichen, Art und Zahl der eingegangenen Schriftstücke, das Datum des Eingangs beim Amt und das Antragsdatum gemäß Artikel 51 der Grundverordnung angegeben. Der nationalen Einrichtung oder der Dienststelle,

über die das Amt den Antrag erhalten hat, wird eine Kopie der Eingangsbestätigung übermittelt.

(3) Erhält das Amt einen Antrag über eine eigene Dienststelle oder eine nationale Einrichtung, nachdem die Frist von einem Monat nach Antragstellung
abgelaufen ist, so darf als Antragstag im Sinne von Artikel 51 der Grundverordnung kein Tag bestimmt werden, der dem Tag des Antragseingangs
beim Amt vorausgeht, es sei denn, das Amt stellt anhand ausreichender
schriftlicher Nachweise fest, dass der Antragsteller das Amt nach Artikel 49
Absatz 1 Buchstabe b der Grundverordnung und Artikel 16 Absatz 2 der
vorliegenden Verordnung unterrichtet hat.

Art 18 Die in Artikel 50 Absatz 1 der Grundverordnung festgelegten Voraussetzungen

(1) Stellt das Amt fest, dass der Antrag nicht die Voraussetzungen des Artikels 50 Absatz 1 der Grundverordnung erfüllt, so teilt es dem Antragsteller
die festgestellten Mängel unter Hinweis darauf mit, dass als Antragstag im
Sinne von Artikel 51 der Grundverordnung erst der Tag gilt, an dem die ausreichende Angaben eingehen, die den mitgeteilten Mängeln abhelfen.

(2) Ein Antrag entspricht nur dann den Voraussetzungen des Artikels 50
Absatz 1 Buchstabe i der Grundverordnung, wenn Datum und Land der
ersten Abgabe der Sorte im Sinne von Artikel 10 Absatz 1 der Grundverordnung angegeben werden oder erklärt wird, dass eine solche Abgabe noch
nicht stattgefunden hat.

(3) Ein Antrag entspricht nur dann der Voraussetzung gemäß Artikel 50
Absatz 1 Buchstabe j der Grundverordnung, wenn der Antragsteller nach
bestem Wissen das Datum und das Land früherer Anträge für die betreffende Sorte hinsichtlich:
a) einer Beantragung eines Schutzrechts für die betreffende Sorte in einem
    Mitgliedstaat oder in einem Mitglied des Internationalen Verbands zum
    Schutz von Pflanzenzüchtungen (»UPOV«); und
b) einer Beantragung der amtlichen Zulassung zur Anerkennung und
    zum Verkehr der Sorte, sofern diese amtliche Zulassung eine amtliche
    Beschreibung der Sorte einschließt.

Art 19 Die in Artikel 50 Absatz 2 der Grundverordnung genannten Voraussetzungen

(1) Stellt das Amt fest, dass der Antrag nicht die in den Absätzen 2, 3 und 4 des vorliegenden Artikels oder in Artikel 16 genannten Einzelheiten enthält, so findet zwar Artikel 17 Absatz 2 Anwendung, doch ist der Antragsteller aufzufordern, die festgestellten Mängel innerhalb einer vom Amt gesetzten Frist abzustellen. Werden die Mängel nicht rechtzeitig behoben, so weist das Amt den Antrag nach Artikel 61 Absatz 1 Buchstabe a der Grundverordnung unverzüglich zurück.

(2) Der Antragsteller gibt in dem Antragsformular oder in dem technischen Fragebogen nach Artikel 16 Absatz 3 Buchstabe a Folgendes an, sofern relevant:

a) Name und Kontaktdaten des Antragstellers, seine Angaben als Vertragsbeteiligter gemäß Artikel 2 und gegebenenfalls Name und Anschrift des Verfahrensvertreters;

b) sofern es sich bei dem Antragsteller nicht um den Züchter handelt, Name und Anschrift des Züchters und seine Antragsberechtigung für den gemeinschaftlichen Sortenschutz;

c) die lateinische Bezeichnung der Gattung, Art oder Unterart, zu der die Sorte gehört, und die gebräuchliche Bezeichnung;

d) die Sortenbezeichnung, oder, falls eine solche nicht vorliegt, die vorläufige Bezeichnung;

e) den Standort, an dem die Sorte gezüchtet oder entdeckt und entwickelt wurde, und die Erhaltung und Vermehrung der Sorte, einschließlich Angaben über die Merkmale, und den Anbau einer oder mehrerer anderer Pflanzensorten, deren Material regelmäßig zur Erzeugung der Sorte verwendet werden muss. Für Material, das regelmäßig zur Erzeugung der Sorte verwendet werden muss, kann der Antragsteller die Angaben zu diesem Material, sofern er dies beantragt, in dem Vordruck machen, den das Amt gemäß Artikel 86 zur Verfügung stellt;

f) die Merkmale der Sorte, einschließlich der Ausprägungsstufe bestimmter Merkmale auf der Grundlage des technischen Fragebogens gemäß Artikel 16 Absatz 3 Buchstabe a;

g) gegebenenfalls ähnliche Sorten und Unterschiede im Vergleich zu diesen Sorten, die nach Auffassung des Antragstellers für die technische Prüfung von Bedeutung sind;

h) zusätzliche Informationen, die bei der Unterscheidung der Sorte helfen können, einschließlich repräsentativer Farbfotografien der Sorte und sonstiger Informationen zu dem bei der technischen Prüfung zu prüfenden Pflanzenmaterial;

i) gegebenenfalls genetisch veränderte Merkmale, wenn es sich bei der betreffenden Sorte um einen genetisch veränderten Organismus im Sinne von Artikel 2 Absatz 2 der Richtlinie 2001/18/EG des Europäischen Parlaments und des Rates handelt;

j) das Datum eines Verkaufs oder der ersten Abgabe von Sortenbestandteilen oder Erntegut der Sorte an andere zur Nutzung der Sorte innerhalb des Gebiets der Europäischen Union oder in einem oder mehreren Drittländern oder zur Prüfung, ob die Sorte neu im Sinne des Artikels 10 der Grundverordnung ist, oder in Ermangelung dessen eine Erklärung, dass ein solcher Verkauf oder eine solche erste Abgabe noch nicht stattgefunden hat;

k) die Bezeichnung der Behörde, bei der der Antrag gestellt wurde, und das Aktenzeichen der in Artikel 18 Absatz 3 der vorliegenden Verordnung genannten Anträge;

l) nationaler oder regionaler Sortenschutz, der bereits für die Sorte gewährt wurde;

m) ob für die betreffende Sorte ein Antrag auf Aufnahme in das Verzeichnis oder auf Registrierung gestellt wurde oder eine Entscheidung gemäß Artikel 5 der Richtlinie 68/193/EWG des Rates, Artikel 10 der Richtlinie 2002/53/EG des Rates, Artikel 10 der Richtlinie 2002/55/EG des Rates und Artikel 5 der Durchführungsrichtlinie 2014/97/EU der Kommission getroffen wurde.

(3) Das Amt kann alle erforderlichen Informationen und Unterlagen sowie gegebenenfalls für die technische Prüfung hinreichende Zeichnungen oder Fotografien innerhalb einer von ihm gesetzten Frist anfordern.

(4) Handelt es sich bei der betreffenden Sorte um einen genetisch veränderten Organismus im Sinne von Artikel 2 Absatz 2 der Richtlinie 2001/18/EG, so fordert das Amt den Antragsteller auf, eine Abschrift der schriftlichen Bestätigung der zuständigen Behörden vorzulegen, wonach die nach Artikel 55 und 56 der Grundverordnung vorgesehene technische Prüfung der Sorte nach Maßgabe der genannten Richtlinie kein Risiko für die Umwelt darstellt.

Art 21 Geltung des Rechts auf den gemeinschaftlichen Sortenschutz im Verfahren

(1) Das Amt kann das Antragsverfahren aussetzen, wenn im Register für die Anträge auf gemeinschaftlichen Sortenschutz die Geltendmachung eines Anspruchs gegen den Antragsteller nach Artikel 98 Absatz 4 der

Grundverordnung eingetragen worden ist. Das Amt kann für die Wiederaufnahme des schwebenden Verfahrens eine Frist setzen.

(2) Das Amt nimmt das Antragsverfahren wieder auf, wenn im Register für die Anträge auf gemeinschaftlichen Sortenschutz aktenkundig geworden ist, dass in dem in Absatz 1 genannten Verfahren eine abschließende Entscheidung ergangen oder das Verfahren in sonstiger Weise beendet worden ist. Das Amt kann das Antragsverfahren auch zu einem früheren Zeitpunkt wiederaufnehmen, jedoch nicht vor Ablauf der nach Absatz 1 gesetzten Frist.

(3) Geht das Recht auf gemeinschaftlichen Sortenschutz mit Wirkung für das Amt auf eine andere Person über, so kann diese Person den Antrag des ersten Antragstellers als eigenen Antrag weiterverfolgen, sofern er dies dem Amt innerhalb eines Monats nach Eintragung des abschließenden Urteils in das Register für die Anträge auf gemeinschaftlichen Sortenschutz mitgeteilt hat. Die von dem ersten Antragsteller bereits gezahlten Gebühren nach Artikel 83 der Grundverordnung gelten als vom nachfolgenden Antragsteller entrichtet.

Ausland: Österreich:

Anmeldung der Sorte

§ 7. (1) Eine Sorte kann vom Züchter beim Bundesamt für Ernährungssicherheit zum Sortenschutz angemeldet werden, wenn
1. der Züchter einen Sitz oder Wohnsitz in einem EWR-, Mitglied- oder Verbandsstaat hat oder
2. in einem Staat, in dem der Züchter einen Sitz oder Wohnsitz hat, österreichische Staatsbürger für Sorten gleicher Art einen Sortenschutz oder ein gleichwertiges Schutzrecht erlangen können.

(2) Wer in keinem EWR- oder Mitgliedstaat Wohnsitz oder Sitz hat, kann Rechte aus diesem Bundesgesetz vor dem Bundesamt für Ernährungssicherheit und dem Bundesminister für Land- und Forstwirtschaft, Umwelt und Wasserwirtschaft nur durch einen bevollmächtigten Vertreter im Inland, vor der Nichtigkeitsabteilung und dem Oberlandesgericht Wien nur durch einen Rechtsanwalt oder Patentanwalt geltend machen.

(3) Die Anmeldung auf Sortenschutzerteilung hat zumindest zu enthalten:
1. Namen, Staatsangehörigkeit und Adresse des Anmelders und dessen Vertreters,
2. die Art sowie gegebenenfalls

a) Nutzungsrichtung,

b) das Vermehrungssystem und

c) den Hinweis, dass die Sorte in jedem Vermehrungszyklus unter Verwendung bestimmter Erbkomponenten erzeugt wird,

3. die Beschreibung der für die Unterscheidbarkeit der Sorte wesentlichen Merkmale,

4. die Anmelde- oder die Sortenbezeichnung,

5. Name und Adresse jedes weiteren Züchters,

6. Angaben, ob für diese Sorte bereits in einem anderen EWR-, Mitglied- oder Verbandsstaat eine Anmeldung auf Sortenschutzerteilung gestellt wurde und wie darüber entschieden wurde,

7. im Falle von gentechnisch veränderten Pflanzen alle relevanten Angaben und Unterlagen über das Vorliegen des gentechnisch veränderten Organismus und die bereits erfolgte Zulassung nach der Richtlinie 90/220/EWG des Rates vom 23. April 1990 über die absichtliche Freisetzung genetisch veränderter Organismen in die Umwelt (ABl. Nr. L 117 vom 8. 5. 1990, S 15) und, sofern diese Sorte für ein neuartiges Lebensmittel oder für eine neuartige Lebensmittelzutat bestimmt ist, über die bereits erfolgte Zulassung nach der Verordnung (EG) Nr. 258/97 des Europäischen Parlamentes und des Rates vom 27. 1. 1997 über neuartige Lebensmittel und neuartige Lebensmittelzutaten (ABl. Nr. L 43 vom 14. 2. 1997, S 1) und

8. eine für das Bundesamt für Ernährungssicherheit ausreichende Menge an Vermehrungsmaterial, das entweder dem Antrag anzuschließen ist oder über Aufforderung dem Bundesamt für Ernährungssicherheit zu übermitteln ist.

(4) Auf Entdeckungen und Züchtungen durch Dienstnehmer finden die §§ 6 bis 19 des Patentgesetzes 1970, BGBl. Nr. 259, entsprechende Anwendung.

Schweiz:

Art 3 SortenschutzVO Sprache

(1) Eingaben an das Büro für Sortenschutz müssen in deutscher, französischer oder italienischer Sprache (Amtssprachen) oder in Englisch abgefasst werden.

(2) Werden Unterlagen nicht in der Verfahrenssprache eingereicht, so kann die Übersetzung in diese Sprache verlangt werden.

(3) Beweisurkunden, die nicht in einer Amtssprache oder in Englisch abgefasst sind, brauchen nur berücksichtigt zu werden, wenn eine Übersetzung in eine Amtssprache oder in Englisch vorliegt.

(4) Ist die Übersetzung eines Dokuments einzureichen, so kann das Büro für Sortenschutz verlangen, dass die Richtigkeit der Übersetzung innerhalb der dafür angesetzten Frist bescheinigt wird. Wird die Bescheinigung nicht eingereicht, so gilt das Dokument als nicht eingegangen.

Art 5 SortenschutzVO Gemeinsame Anmeldung mehrerer Personen

(1) Sind an einer Sortenschutzanmeldung mehrere Personen beteiligt, so müssen sie:
a. eine von ihnen bezeichnen, der das Büro für Sortenschutz alle Mitteilungen mit Wirkung für alle zustellen kann; oder
b. eine gemeinsame Vertretung bestellen.

(2) Ist weder eine Zustellungsempfängerin oder ein Zustellungsempfänger noch eine Vertretung bestellt worden, so gilt die in der Anmeldung als erste genannte Person als Zustellungsempfängerin. Widerspricht eine der übrigen Personen, so fordert das Büro für Sortenschutz alle Beteiligten auf, nach Absatz 1 zu handeln.

Art 6 SortenschutzVO Verkehr mit der bestellten Vertretung

(1) Solange eine Partei eine Vertretung bestellt hat, nimmt das Büro schriftliche Mitteilungen oder Anträge in der Regel nur von dieser an. Der Rückzug der Anmeldung einer Sorte oder einer Sortenbezeichnung und der Verzicht auf den Sortenschutz können jedoch mit unmittelbarer Wirkung auch von der Vollmachtgeberin oder vom Vollmachtgeber erklärt werden.

(2) Die Vertretung bleibt zur Entgegennahme der Akten und Gebühren befugt, die das Büro für Sortenschutz zurückzuerstatten hat, falls die Vollmachtgeberin oder der Vollmachtgeber die Anmeldung zurückzieht oder auf den Sortenschutz verzichtet.

Art 7 SortenschutzVO Anmeldung

(1) Die Anmeldung einer Sorte ist auf amtlichem Formular beim Büro für Sortenschutz einzureichen. Die Anmeldung umfasst:
a. die Unterlagen nach Artikel 8;
b. die Sortenbeschreibung nach Artikel 9.

(2) Mit der Anmeldung ist die Anmeldegebühr zu bezahlen.

(3) Für jede Sorte ist eine eigene Anmeldung erforderlich.

Art 8 SortenschutzVO Unterlagen zur Anmeldung

Mit der Anmeldung müssen eingereicht werden:

a. der Name oder die Firma der anmeldenden Person, ihr Wohnsitz oder Sitz und die genaue Adresse;

b. falls die anmeldende Person nicht die Sorteninhaberin oder der Sorteninhaber ist, der Name oder die Firma der Sorteninhaberin oder des Sorteninhabers, ihr oder sein Wohnsitz oder Sitz und die genaue Adresse;

c. die Staatsangehörigkeit der Sorteninhaberin oder des Sorteninhabers, falls es sich um eine natürliche Person handelt;

d. die Sortenbezeichnung oder eine vorläufige Anmeldebezeichnung;

e. der Name und die Adresse einer allfälligen Vertretung sowie die Vollmacht;

f. der Name und die Adresse der Ursprungszüchterin oder des Ursprungszüchters und die Bestätigung, dass nach Wissen der anmeldenden Person keine weiteren Personen an der Züchtung der Sorte beteiligt sind;

g. falls die Sorteninhaberin oder der Sorteninhaber nicht oder nicht allein die Ursprungszüchterin oder der Ursprungszüchter ist, Angaben über den Erwerb der Sorte;

h. falls Vermehrungsmaterial oder Erntegut der Sorte mit Zustimmung der Sorteninhaberin oder des Sorteninhabers oder einer Rechtsvorgängerin oder eines Rechtsvorgängers verkauft oder anderweitig abgegeben wurde, die Angabe, wann und wo dies geschehen ist;

i. falls die Sorte bereits bei einem oder mehreren Mitgliedern des Internationalen Verbandes zum Schutz von Pflanzenzüchtungen (Verbandsmitglieder) angemeldet oder geschützt worden ist, die Angabe:
1. des oder der Verbandsmitglieder,
2. der Sortenbezeichnung,
3. der Ordnungsnummer, unter der die Anmeldung oder Sortenschutzerteilung registriert wurde,
4. des Zeitpunkts der Anmeldung oder der Sortenschutzerteilung;

j. falls ein Prioritätsrecht beansprucht wird, die Angabe des Zeitpunkts der ersten Anmeldung und des Verbandsmitglieds, bei dem die Anmeldung erfolgte;

k. die Unterschrift der anmeldenden Person.

Art 9 SortenschutzVO Sortenbeschreibung

(1) In der Sortenbeschreibung sind die wesentlichen morphologischen und physiologischen Merkmale der Sorte sowie die botanische Bezeichnung der Artzugehörigkeit der Sorte anzugeben. Bei Sorten, deren Pflanzen durch Kreuzung bestimmter Erbkomponenten erzeugt werden, sind auch die wesentlichen morphologischen und physiologischen Merkmale der Kreuzungspartner anzugeben. Ferner ist anzuführen, welchen anderen Sorten die angemeldete Sorte ähnlich ist und worin sie sich von ihnen unterscheidet.

(2) Die Sortenbeschreibung muss anhand eines technischen Fragebogens erfolgen.

(3) Die Prüfungsstellen können zusätzlich Abbildungen verlangen.

Belgien: Art XI.131, Art XI.132 Code du droit économique; **Bulgarien:** Art 26 (Freiheit der Erstanmeldung), Art 32 (Anmeldung), Art 33 (Rücknahme der Anmeldung) Pflanzen- und TierzuchtG; **Estland:** § 39, vgl § 7, § 7^1, 8 Plant Propagation and Plant Variety Rights Act; **Finnland:** Sec 13 SortG 2009; **Frankreich:** Art R 623-4, 5, 12, 13 CPI; **Irland:** Sec 15 PV(A)A; **Island:** Art 3 SortG; **Italien:** vgl Art 9 VO 455; **Kroatien:** Art 18 SortG; **Lettland:** Sec 14 SortG (geänd 2005 und 2010); **Litauen:** Art 9 SortG; **Niederlande:** Art 55 Zaaizad- en plantgoedwet 2005; **Norwegen:** Art 4 SortG; **Österreich:** § 7 Abs 3 öSortG 2001; **Polen:** vgl Art 10, 11 SortG; **Portugal:** Art 9, 10 SortV; **Rumänien:** Art 11, 12, 24 (Rücknahme der Anmeldung), 47 (Freiheit der Erstanmeldung), 50 (Anmeldung beim GSA) SortG; **Slowakei:** Art 16, 19 (Anmeldung im Ausland) Pflanzen- und TierzuchtG; **Slowenien:** Art 24, 25 SortG; **Spanien:** Art 35 SortG 2000; **Tschech. Rep.:** Art 9 SortG 2000; **Ungarn:** Art 114 I, Art 114 K (Teilung) PatG; **Vereinigtes Königreich:** Sec 3 PVA

Übersicht	Rdn.
A. Nationale Regelung; Entstehungsgeschichte	1
B. Sortenschutzantrag	2
I. Allgemeines	2
II. Antragsteller	3
III. Form	4
IV. Sprache	6
V. Inhalt	7
1. Allgemeines	7
2. Angaben zum Züchter oder Entdecker	9
3. Angabe der Sortenbezeichnung (Abs 2)	11
VI. Rücknahme	13

C.   Gebühr   14
I.   Allgemeines.   14
II.   Höhe.   17
III. Rücknahme des Antrags   18
D.   Gemeinschaftlicher Sortenschutz.   19

A. Nationale Regelung; Entstehungsgeschichte

1   Die Anmeldung war in § 25 SaatG und in § 32 SortG 1968 geregelt. Die frühere Regelung ist im Wesentlichen übernommen worden, jedoch ist die Gebührenregelung herausgenommen und (unvollständig) in § 27 Abs 2 eingestellt worden. Die Bestimmung über den Zeitrang ist aus systematischen Gründen mit weiteren Prioritätsregelungen in § 24 zusammengefasst worden.[1] Vgl für die Sortenzulassung § 42 SaatG, zuletzt geänd durch die 10. ZuständigkeitsanpassungsVO vom 31.8.2005.[2]

B. Sortenschutzantrag

I. Allgemeines

2   Sortenschutz wird nur auf Antrag erteilt. Für jede Sorte ist ein gesonderter Antrag erforderlich (§ 1 BSAVfV). Der Antrag ist Verfahrenshandlung;[3] er entspricht der Patentanmeldung, maßgeblich sind jedoch anders als im Patentrecht die Bestimmungen des VwVfG; der Antrag ist in diesem Sinn die förmliche Geltendmachung des Begehrens auf Erlass eines begünstigenden privatrechtsgestaltenden Verwaltungsakts.[4] Durch ihn wird das förmliche Verwaltungsverfahren (§ 21) in Gang gesetzt, das mit Erteilung oder Zurückweisung des Antrags (§ 69 VwVfG) abgeschlossen wird. Der Antrag wird mit Eingang beim BSA wirksam.[5]

II. Antragsteller

3   Antragsteller kann jeder iSd § 11 VwVfG Beteiligtenfähige sein, sofern er zum Kreis der Berechtigten iSd § 15 Abs 1 (Rdn. 5 ff. zu § 15) gehört. Wer iSd

---

1 Begr BTDrs 10/816 = BlPMZ 1986, 136, 141.
2 BGBl I 1474.
3 Näher *Busse/Keukenschrijver* Vor § 34 PatG Rn. 58 ff.; *Leßmann/Würtenberger*[2] § 5 Rn. 136 sehen ihn als empfangsbedürftige Willenserklärung an.
4 *Leßmann/Würtenberger*[2] § 5 Rn. 102.
5 *Wuesthoff*[2] Rn. 3; *Metzger/Zech* Rn. 4.

§ 12 VwVfG nicht handlungsfähig ist, muss sich eines Vertreters bedienen. Personen, die in einem Vertragsstaat weder Sitz noch Niederlassung haben, müssen einen Verfahrensvertreter bestellen (§ 15 Abs 2). Ansonsten besteht die Möglichkeit der Bestellung eines Bevollmächtigten (§ 14 VwVfG iVm § 63 Abs 2 VwVfG),[6] nicht aber eine Verpflichtung zur Vertreterbestellung, auch nicht bei einer Mehrzahl von Antragstellern.[7] Die Vollmacht kann nachgereicht werden.[8]

III. Form

Das früher in § 32 Abs 1 SortG 1968 enthaltene **Schriftformerfordernis** ergibt sich nunmehr aus § 64 VwVfG, der auch Antragstellung zur Niederschrift beim BSA zulässt.[9] Die Möglichkeit der Antragstellung in elektronischer Form folgt aus §§ 1a, 1b BSAVfV.[10] 4

Der Antrag ist in **zweifacher Ausfertigung** zu stellen;[11] auch die Sortenbezeichnung ist in zweifacher Ausfertigung anzugeben (§ 1 Abs 1 BSAVfV). Verwendung der **Vordrucke** des BSA ist zwingend vorgeschrieben (§ 1 Abs 2 BSAVfV). Die Vordrucke werden vom BSA auf Anforderung kostenlos abgegeben[12] und sind im Internet abrufbar.[13] 5

IV. Sprache

Der Antrag ist grds in dt Sprache zu stellen, jedoch lässt § 23 Abs 2, 3 VwVfG Antragstellung in fremder Sprache bei Nachreichung einer Übersetzung zu; bei rechtzeitiger Einreichung der Übersetzung gilt der Antrag als zum Zeitpunkt des Eingangs beim BSA abgegeben (§ 23 Abs 3 Satz 1 VwVfG). 6

---

6 Vgl *Wuesthoff*[2] Rn. 15ff; *Leßmann/Würtenberger*[2] § 5 Rn. 149 ff.
7 Zur abw Praxis des BSA, das zur Benennung eines Zustellungsbevollmächtigten auffordert, *Wuesthoff*[2] Rn. 13; *Leßmann/Würtenberger*[2] § 5 Rn. 148.
8 Vgl *Leßmann/Würtenberger*[2] § 5 Rn. 151.
9 Abw *Leßmann/Würtenberger*[2] § 5 Rn. 138, die § 126 BGB anwenden wollen.
10 Zur Erforderlichkeit der elektronischen Signatur *Metzger/Zech* Rn. 6.
11 So jetzt auch *Leßmann/Würtenberger*[2] § 5 Rn. 137.
12 MittPräsBSA Nr 4/75 BfS 1975, 14; Hinweis BfS 1986, 79; die Formulare sind abgedruckt bei *Wuesthoff*[2] S 202 ff.
13 Bek Nr 3/00 BfS 2000, 22.

V. Inhalt

1. Allgemeines

7   Die Bestimmung nennt nur die Angabe der Sortenbezeichnung (Abs 2) sowie die des Ursprungszüchters oder Entdeckers sowie ggf (Abs 1 Satz 2) die Angabe des Rechtserwerbs. Die detaillierten Vorgaben des früheren Rechts[14] sind im geltenden Recht, sei es im Gesetz, sei es in einer VO, nicht mehr enthalten.

8   Aus der Regelung, nach der Vordrucke zu verwenden sind (Rdn. 5), wird schon deshalb, weil auch im förmlichen Verwaltungsverfahren weitere inhaltliche Anforderungen nur bei Anordnung durch eine besondere Rechtsnorm bestehen,[15] nicht abzuleiten sein, dass in diesen weitere Angaben als die nach Abs 2 zu machen sind.[16] Jedoch wird es im wohlverstandenen Interesse des Antragstellers liegen, die erforderlichen Angaben (Angabe der Art, des Namens des Antragstellers, seines Vertreters, Anschriften bzw Staatsangehörigkeit, Staat der Züchtung oder Entdeckung; Angaben über frühere ausländ Anmeldungen,[17] Angaben zum Inverkehrbringen von Vermehrungsmaterial, bei Beanspruchung eines Zeitvorrangs entsprechende Angaben) mit Antragstellung einzureichen.

2. Angaben zum Züchter oder Entdecker

9   Die Bestimmung verlangt nur die Angabe des Ursprungszüchters (Rdn. 7 ff. zu § 8) oder des Entdeckers (Rdn. 11 ff. zu § 8) der Sorte sowie die Versicherung, dass nach Wissen des Antragstellers weitere Personen an der Züchtung oder Entdeckung der Sorte nicht beteiligt sind (Abs 1 Satz 1), sowie für den Fall, dass der Antragsteller nicht (allein) der Ursprungszüchter oder Entdecker ist, die Angabe, wie die Sorte (dh der Anspruch auf Erteilung des Sortenschutzes[18]) an ihn gelangt ist.

---

14   Vgl *Wuesthoff*[2] Rn. 9.
15   *Obermayer* VwVfG § 64 Rn. 33.
16   Vgl *Wuesthoff*[2] Rn. 9 einerseits; *Nirk/Ullmann* S 214 andererseits; zu den weiteren im Vordruck vorgesehenen Angaben *Wuesthoff*[2] Rn. 10; vgl auch *Leßmann/ Würtenberger*[2] § 5 Rn. 140, 144; zum technischen Fragebogen *Metzger/Zech* Rn. 5; nach dem Internetauftritt des BSA soll ohne diese Angaben kein wirksamer Antrag vorliegen.
17   Vgl *Leßmann/Würtenberger*[2] § 5 Rn. 144 f.
18   *Wuesthoff*[2] Rn. 6.

In Abs 1 Satz 3 wird als Verfahrensbestimmung die in § 8 Abs 2 normierte **10** **formelle Berechtigung** (Rdn. 20 f. zu § 8) aufgegriffen. Fehlen der materiellen Berechtigung kann nach § 25 Abs 2 Nr 2 geltend gemacht werden.

3. Angabe der Sortenbezeichnung (Abs 2)

Die Sortenbezeichnung als solche ist in § 7 geregelt. Für die Angabe ist der **11** Vordruck des BSA zu verwenden (§ 1 Abs 2 BSAVfV[19]); auch hieraus ergibt sich keine Verpflichtung zu weiteren Angaben, als das Gesetz sie fordert (Rdn. 8), wenngleich solche Angaben (insb zu Anmeldungen und Eintragungen in anderen Verbandsstaaten) auch hier im wohlverstandenen Interesse des Antragstellers liegen.[20] Zur Frage, ob der Angabe der Sortenbezeichnung Prioritätswirkung zukommt, Rdn. 20 zu § 23.

Nach Abs 2 Satz 2 kann der Antragsteller wie schon nach § 32 Abs 2 SortG **12** 1968 für das Erteilungsverfahren eine **vorläufige Sortenbezeichnung** angeben. Die nach der Regelung erforderliche Zustimmung ist generell durch die Bek des BSA vom 15.4.1988[21] und vom 15.4.2005[22] erteilt worden. Danach gelten für die vorläufigen Bezeichnungen nicht die Grundsätze für die Bildung von Sortenbezeichnungen abgesehen davon, dass sie nicht mit anderen Bezeichnungen übereinstimmen dürfen.[23] Die vorläufigen Bezeichnungen dürfen aus datenverarbeitungstechnischen Gründen nicht mehr als 20 Zeichen umfassen. Zum Erfordernis der späteren Angabe der endgültigen Sortenbezeichnung § 26 Abs 6 Nr 1.

VI. Rücknahme

Rücknahme des Antrags ist bis zur Entscheidung über ihn möglich, aber nicht **13** darüber hinaus.[24] Zu den gebührenrechtl Auswirkungen Rdn. 18.

---

19 Vordruck mit Erläuterungen BfS 2000, 290 f. (auch im Internet abrufbar).
20 Vgl *Wuesthoff*[2] Rn. 26.
21 BfS 1988, 163, ber BfS 1988, 227 und 287.
22 BfS 2005, 203; vgl *Leßmann/Würtenberger*[2] § 5 Rn. 160.
23 *Leßmann/Würtenberger*[2] § 5 Rn. 161; vgl *Metzger/Zech* Rn. 10.
24 Vgl *Obermayer* VwVfG § 22 Rn. 94 mwN; für das Patentrecht BGH GRUR 1999, 571 künstliche Atmosphäre.

C. Gebühr

I. Allgemeines

14   Die **Gebührenpflicht** für den Antrag ergibt sich auf der Grundlage der Ermächtigung in § 33 Abs 1 aus § 12 BSAVfV iVm Nr 101.1, 101.2 GebVerz.

15   Die **Gebührenschuld** entsteht nach §§ 12 – 14 BSAVfV (Abs 3 lässt insoweit eine Abweichung von § 4 BGebG zu). Die Gebühr wird grds zehn Tage nach Bekanntgabe der Gebührenfestsetzung fällig (§ 14 BGebG). Wird die Gebühr nicht innerhalb der gesetzlichen Frist von einem Monat entrichtet, gilt der Antrag nach Maßgabe des § 27 Abs 2 als nicht gestellt.

16   **Bundesgebührengesetz.** Auf die Gebühr sind weiter die Regelungen des BGebG, insb dessen § 8 Abs 4 Nr 4 (keine Kostenfreiheit für bestimmte Rechtsträger) anzuwenden.

II. Höhe

17   Die Gebühr beträgt für Sorten der Artengruppen 1–5 470 EUR und bei Sorten der Artengruppe 6, dh Arten, soweit das Vermehrungsmaterial hinsichtlich des Inverkehrbringens dem Gesetz über forstliches Saat- und Pflanzgut unterliegt, 50 EUR.

III. Rücknahme des Antrags

18   Bei Rücknahme nach Bekanntmachung, aber vor Entscheidung, ermäßigt sich die Antragsgebühr nach § 15 Abs 2 VwKostG um ein Viertel.[25] Die Regelung in § 33 Abs 4 greift hier nicht ein.

D. Gemeinschaftlicher Sortenschutz

19   Nach Art 49 GemSortV ist der Antrag beim GSA, einer von diesem eingerichteten eigenen Dienststelle oder einer beauftragten nationalen Behörde einzureichen, die für die Weiterleitung Gebühren erheben darf;[26] geht der Antrag beim GSA nicht innerhalb eines Monats zu, wird als Antragstag erst der Zeitpunkt des Zugangs beim GSA zuerkannt, sofern nicht der Antragsteller das

---

25   Vgl *Wuesthoff*[2] § 24 Rn. 7; *Leßmann/Würtenberger*[2] § 5 Rn. 165.
26   Vgl *Leßmann/Würtenberger*[2] § 5 Rn. 481 ff.; *Metzger/Zech* Art 49–65 GSortV Rn. 1 ff.

GSA über die Antragstellung unterrichtet hat (näher Art 17 GemSortVDV).[27]
Diese Regelung gilt auch bei Einreichung über eine Dienststelle des GSA.[28]

Den **Inhalt** des Antrags regelt Art 50 Abs 1 GemSortV (Sortenschutzantrag, **20**
Bezeichnung des botanischen Taxons, Angaben zur Person, Name des Züchters, vorläufige Bezeichnung der Sorte, technische Beschreibung der Sorte,
geographische Herkunft der Sorte, Vollmacht für den Verfahrensvertreter,
Angaben über eine frühere Vermarktung der Sorte, Angaben über sonstige
Anträge, insb auf Zeitvorrang), dessen Abs 2 die Einzelheiten der Regelung
einer VO vorbehält; diese Regelungen sind in Art 16 – 20 GemSortVDV
getroffen.[29] Den Vorschlag einer Sortenbezeichnung durch den Antragsteller
sieht Art 50 Abs 3 GemSortV vor.

Gebühr. Art 83 GemSortV sieht iVm Art 7 GemSortVGebV eine Antragsge- **21**
bühr von 900 EUR vor. Nach der Regelung in Art 51 GemSortV ist Zahlung
innerhalb einer vom GSA festzusetzenden Frist zeitrangunschädlich, Nichtzahlung innerhalb einer erneut zu setzenden Zahlungsfrist führt dazu, dass
der Antrag als nicht gestellt gilt (Art 83 Abs 2 GemSortV). Geht die Zahlung
später ein, gilt das Zahlungsdatum als Antragstag (Art 7 Abs 4 GemSortV-
GebV).[30]

Verfahrensrechtliche Regelungen zum Antragsverfahren (Aussetzung, Wie- **22**
deraufnahme) enthält Art 21 GemSortVDV.

§ 23 Zeitrang des Sortenschutzantrags

(1) Der Zeitrang des Sortenschutzantrags bestimmt sich im Zweifel nach der
Reihenfolge der Eintragungen in das Eingangsbuch des Bundessortenamtes.

(2) [1]Hat der Antragsteller für die Sorte bereits in einem anderen Verbandsstaat ein Züchterrecht beantragt, so steht ihm innerhalb eines Jahres, nachdem der erste Antrag vorschriftsmäßig eingereicht worden ist, der Zeitrang
dieses Antrags als Zeitvorrang für den Sortenschutzantrag zu. [2]Der Zeitvorrang kann nur im Sortenschutzantrag geltend gemacht werden. [3]Er
erlischt, wenn der Antragsteller nicht innerhalb von drei Monaten nach dem

---

27 *Leßmann/Würtenberger*[2] § 5 Rn. 485; *Metzger/Zech* Art 49 65 GSortV Rn. 3.
28 Mit Recht kr *Leßmann/Würtenberger*[2] § 5 Rn. 487.
29 Vgl *Metzger/Zech* Art 49–65 GSortV Rn. 4 ff.
30 Näher zu der übertrieben komplizierten Regelung *Leßmann/Würtenberger*[2] § 5
   Rn. 497.

Antragstag dem Bundessortenamt Abschriften der Unterlagen des ersten Antrags vorlegt, die von der für diesen Antrag zuständigen Behörde beglaubigt sind.

(3) [1]Ist die Sortenbezeichnung für Waren, die Vermehrungsmaterial der Sorte umfassen, als Marke für den Antragsteller in der Zeichenrolle des Patentamts eingetragen oder zur Eintragung angemeldet, so steht ihm der Zeitrang der Anmeldung der Marke als Zeitvorrang für die Sortenbezeichnung zu. [2]Der Zeitvorrang erlischt, wenn der Antragsteller nicht innerhalb von drei Monaten nach Angabe der Sortenbezeichnung dem Bundessortenamt eine Bescheinigung des Patentamts über die Eintragung oder Anmeldung der Marke vorlegt. [3]Die Sätze 1 und 2 gelten entsprechend für Marken, die nach dem Madrider Abkommen vom 14. April 1891 über die internationale Registrierung von Marken in der jeweils geltenden Fassung international registriert worden sind und im Inland Schutz genießen.

GemSortV: Art 51, 52 (Art 52

Art 51 Antragstag

Antragstag eines Antrags auf gemeinschaftlichen Sortenschutz ist der Tag, an dem ein gültiger Antrag nach Artikel 49 Absatz 1 Buchstabe a) beim Amt oder nach Artikel 49 Absatz 1 Buchstabe b) bei einer Dienststelle oder nationalen Einrichtung eingeht, sofern er die Vorschriften des Artikels 50 Absatz 1 erfüllt und die Gebühren gemäß Artikel 83 innerhalb der vom Amt bestimmten Frist entrichtet worden sind.

Art 52 (geänd durch VO [EG] Nr 15/2008) Zeitvorrang

(1) Der Zeitvorrang eines Antrags bestimmt sich nach dem Tag des Eingangs des Antrags. Gehen Anträge am selben Tag ein, bestimmt sich die Vorrangigkeit nach der Reihenfolge des Eingangs, soweit diese feststellbar ist. Wenn nicht, werden sie mit derselben Vorrangigkeit behandelt.

(2) Hat der Antragsteller oder sein Rechtsvorgänger für die Sorte bereits in einem Mitgliedstaat oder in einem Verbandsstaat des Internationalen Verbands zum Schutz von Pflanzenzüchtungen ein Schutzrecht beantragt und liegt der Antragstag innerhalb von zwölf Monaten nach der Einreichung des früheren Antrages, so genießt der Antragsteller hinsichtlich des Antrags auf gemeinschaftlichen Sortenschutz das Recht auf den Zeitvorrang des früheren Antrags, falls am Antragstag der frühere Antrag noch fortbesteht.

(3) Der Zeitvorrang hat die Wirkung, daß der Tag, an dem der frühere Antrag eingereicht wurde, für die Anwendung der Artikel 7, 10 und 11 als der Tag des Antrags auf gemeinschaftlichen Sortenschutz gilt.

(4) Die Absätze 2 und 3 gelten auch für frühere Anträge, die in einem anderen Staat eingereicht wurden.

(5) Der Anspruch auf einen Zeitvorrang, der vor dem Zeitvorrang gemäß Absatz 2 liegt, erlischt, wenn der Antragsteller nicht innerhalb von drei Monaten nach dem Antragstag dem Amt Abschriften des früheren Antrags vorlegt, die von der für diesen Antrag zuständigen Behörde beglaubigt sind. Ist der frühere Antrag nicht in einer Amtssprache der Europäischen Gemeinschaften abgefaßt, so kann das Amt zusätzlich eine Übersetzung des früheren Antrags in eine dieser Sprachen verlangen.

GemSortVDV:

Art 20 Inanspruchnahme des Zeitvorrangs

Nimmt der Antragsteller einen Zeitvorrang für einen in Artikel 52 Absatz 2 der Grundverordnung genannten Antrag in Anspruch, der nicht der früheste der nach Artikel 18 Absatz 3 erster Gedankenstrich der vorliegenden Verordnung anzugebenden Anträge ist, so teilt das Amt mit, dass der Zeitvorrang nur für den frühesten Antrag gilt. Hat das Amt eine Empfangsbescheinigung ausgestellt, in der das Eingangsdatum eines Antrags vermerkt ist, der nicht der früheste der anzugebenden Anträge ist, so gilt der angegebene Zeitvorrang als nichtig.

Ausland: Österreich:

Prioritätsrechte

§ 8. (1) Wird eine Sorte oder eine Sortenbezeichnung von mehreren Personen unabhängig voneinander beim Bundesamt für Ernährungssicherheit angemeldet, so geht die frühere Anmeldung der späteren im Rang vor. Entscheidend ist der Tag des Einlangens der Anmeldung beim Bundesamt für Ernährungssicherheit. Mehrere am selben Tag eingelangte Anmeldungen einer Sorte haben den gleichen Rang. Bei gleichrangigen Bekanntgaben von Sortenbezeichnungen für Sorten verwandter Arten ist vom Sortenschutzamt (*richtig: Bundesamt für Ernährungssicherheit*) durch Los zu ermitteln, für wen die bekannt gegebene Sortenbezeichnung zu registrieren ist, falls eine Einigung nicht zustande kommt.

(2) Abweichend davon ist dem Anmelder für eine Sorte, die er bereits in einem anderen EWR-, Mitglied- oder Verbandsstaat zum Sortenschutz angemeldet hat, vom Bundesamt für Ernährungssicherheit der dem Tag dieser Anmeldung entsprechende Rang einzuräumen. Das Prioritätsrecht wird jedoch nur erworben, wenn

1. es in der Anmeldung beim Bundesamt für Ernährungssicherheit ausdrücklich geltend gemacht wird,
2. zum Zeitpunkt der Geltendmachung nicht mehr als ein Jahr seit der früheren Anmeldung verstrichen ist und
3. spätestens drei Monate nach der Geltendmachung die frühere Anmeldung durch Vorlage von Kopien der Anmeldeunterlagen nachgewiesen wird; die Kopien müssen von der ausländischen Anmeldebehörde beglaubigt sein.

Schweiz:

Art 11 Priorität

(1) Wer eine Sorte innerhalb von zwölf Monaten anmeldet, seitdem er oder sein Rechtsvorgänger sie erstmals im Ausland vorschriftsgemäss angemeldet hat, geniesst die Priorität der ersten Anmeldung. In diesem Fall können der Anmeldung keine Tatsachen entgegengehalten werden, die seit der ersten Anmeldung eingetreten sind.

(2) Die Priorität muss bei der Anmeldung der Sorte geltend gemacht werden. Das Büro für Sortenschutz kann Unterlagen, die die Erstanmeldung belegen, verlangen.

Belgien: Art XI.133, Art XI.134 Code du droit économique; **Bulgarien:** Art 34 (Priorität) Pflanzen- und TierzuchtG; **Dänemark:** Art 6 SortG; **Estland:** § 42 (Priorität) Plant Propagation and Plant Variety Rights Act; **Finnland:** Sec 13 Abs 2, Sec 15 (Priorität) SortG 2009; **Frankreich:** Art L 623-6 Abs 2, 3 (geänd 2011), Art R 623-8, 9, 11, 14 CPI; **Island:** Art 6 SortG; **Italien:** Art 11 (Priorität) VO 455; **Lettland:** Sec 15 (Konventionspriorität) SortG (geänd 2005); **Litauen:** Art 10 SortG; **Niederlande:** Art 54 Zaaizaad- en plantgoedwet 2005; **Norwegen:** Art 2 Abs 3 SortG; **Polen:** Art 11 Abs 6, 12 SortG; **Portugal:** Art 11 SortV; **Rumänien:** Art 13, 14 (Priorität), 26 (Nachanmeldepriorität) SortG; **Schweden:** Kap 3 § 6 Växtförädlarrättslag; **Slowenien:** Art 27 (Priorität) SortG; **Spanien:** Art 36, 38 (Priorität) SortG 2000; **Tschech. Rep.:** Art 12 SortG 2000; **Ungarn:** Art 114 J, Art 114 L (Priorität) PatG

Schrifttum
Würtenberger Die Priorität im Sortenschutzrecht, 1993, zugl Diss Marburg 1992

Übersicht   Rdn.
A.   Nationale Regelung; Entstehungsgeschichte   1
B.   Zeitrang   2
C.   Zeitvorrang (Priorität)   4
I.   Allgemeines.   4
II.   Verbandspriorität   5
       1. Allgemeines.   5
       2. Voraussetzungen   6
          a. Früherer Antrag   6
          b. Späterer Antrag   8
          c. Antragstelleridentität   11
          d. Prioritätserklärung.   12
          e. Vorlage der Prioritätsunterlagen.   14
       3. Wirkung   16
       4. Publizität.   18
D.   Zeitrang der Sortenbezeichnung   19
I.   Allgemeines.   19
II.   Wirkung.   20
III.   Markenanmeldung   21
E.   Gemeinschaftlicher Sortenschutz.   24
I.   Antragstag; Zeitrang   24
II.   Zeitvorrang.   26

A. Nationale Regelung; Entstehungsgeschichte

Die Regelung führt im Interesse der Übersichtlichkeit mehrere zuvor über das 1
Gesetz verstreute Bestimmungen zusammen.[1] Abs 1 entspricht § 32 Abs 5 SortG
1968, Abs 3 dem § 9 Abs 2, 3 SortG 1968. Eine Regelung über das Prioritätsrecht im wesentlichen entsprechend Abs 2 enthielt § 33 SortG 1968. Abs 3 ist
geänd durch das 1.SortÄndG. In Abs 3 Satz 1, 2 ist durch Art 40 MarkenRRefG
jeweils der Begriff »Warenzeichen« durch »Marke« ersetzt worden.

B. Zeitrang

Der Begriff entspricht im wesentlichen dem nunmehr in § 35 Abs 1 PatG 2
ausdrücklich geregelten Rechtsbegriff des Anmeldetags.[2] Der Festlegung des
Zeitrangs kommt für die Rechtssicherheit hohe Bedeutung zu; die Feststellung soll einfach, klar und ohne Unsicherheiten möglich sein. Der Zeitrang

---

1 Vgl Begr BlPMZ 1986, 136, 141.
2 *Metzger/Zech* Rn. 1; vgl zur Rechtsnatur *Würtenberger* S 40 ff.

wirkt sich nicht nur auf die Rechtsstellung des Antragsstellers, sondern auch auf die Rechte Dritter aus, die am Verfahren nicht beteiligt sind; nach ihm beurteilen sich die Neuheit, aber auch die materielle Berechtigung im Fall mehrerer Anmeldungen verschiedener Personen, da nach der Konzeption des Gesetzes grds nur die erste von mehreren übereinstimmenden Anträgen zum Sortenschutz führen kann[3] (»first-to-file«-Grundsatz[4]). Darüber hinaus ist der Zeitrang auch für die Schutzdauer von Bedeutung. Inhaltliche Erfordernisse sieht das SortG anders als die GemSortV (Rdn. 23) nicht vor. Sie ergeben sich jedoch aus der Sache dahin, dass eine Identifizierung der Sorte möglich sein muss.[5] Auch eine Antragstellung durch Nichtberechtigte wie bei Fehlen eines Verfahrensvertreters (§ 15 Abs 2) ist (zunächst) zeitrangbegründend.[6]

3   Anders als im Patentrecht ist der Tag nicht die kleinste zugrunde zu legende Einheit; maßgeblich ist die **Reihenfolge der Eintragungen** im Eingangsbuch des BSA. Dass dies nur »im Zweifel« gelten soll, ist als überflüssige Überbestimmung angesehen worden,[7] bezeichnet aber tatsächlich eine widerlegliche Vermutung, wobei Fallgestaltungen, bei denen Widerlegung in Betracht kommt, schwer vorstellbar sind.

C. Zeitvorrang (Priorität)

I. Allgemeines

4   Auf den Begriff »Priorität« hat die Regelung 1985 verzichtet, ohne dass dadurch eine sachliche Änderung eingetreten wäre.[8] Abs 2 betrifft die Verbands- (Auslands-)Priorität. Über Abs 3, der die Markenpriorität regelt, hinaus ist eine innere Priorität nicht vorgesehen. Die Prioritätsregelung hat ihre Grundlage in dem unmittelbare Geltung beanspruchenden[9] Art 11 PflZÜ 1991; sie ist nicht an der PVÜ zu messen, jedoch können allg Grundsätze

---

3 Vgl *Wuesthoff*[2] Rn. 2; *Wuesthoff/Leßmann/Würtenberger*[1] Rn. 687.
4 Vgl für das Patentrecht *Busse/Keukenschrijver* § 6 PatG Rn. 55 ff.
5 Berechtigte Kritik bei *Wuesthoff/Leßmann/Würtenberger*[1] Rn. 1024 f.; *Würtenberger* S 55 ff, 67 f. verlangt nur Eingang einer schriftlichen oder zur Niederschrift aufgenommenen Erklärung beim BSA des Inhalts, dass ein SortRecht erworben werden solle, und dass dabei die Merkmale offenbart werden, die Unterscheidbarkeit von bekannten Sorten der gleichen Sorte (zutr Art) erkennen lassen.
6 *Würtenberger* S 72 ff.
7 *Wuesthoff*[2] Rn. 2; *Metzger/Zech* Rn. 1; vgl *Leßmann/Würtenberger*[2] § 5 Rn. 166.
8 Vgl *Wuesthoff*[2] Rn. 1.
9 *Würtenberger* S 118 f.

der Regelung in Art 4 PVÜ entsprechend herangezogen werden, an den die Regelung angelehnt ist.[10] Die Rechtsnatur des Prioritätsrechts ist umstr.[11] Der inländ SortAntrag bildet die Grundlage für die Inanspruchnahme der Priorität in den anderen Verbandsmitgliedern;[12] er verhindert in diesem Fall dort auch ein Entstehen von Vorbenutzungsrechten, soweit diese nach dem maßgeblichen Recht in Betracht kommen.[13]

II. Verbandspriorität

1. Allgemeines

Der Zeitvorrang betrifft nur frühere Anträge in anderen Verbandsstaaten, nicht auch in sonstigen Verbandsmitgliedern. Die Regelung ist damit enger als die Vorgabe in Art 11 Abs 1 PflZÜ 1991; dies ist allenfalls im Hinblick auf den gemeinschaftlichen Sortenschutz in der EU durch das Doppelschutzverbot gerechtfertigt, nicht aber im Hinblick auf andere Verbandsmitglieder, die nicht Verbandsstaaten sind (so die OAPI). Ergänzend kann auf die zu § 41 PatG entwickelten Grundsätze zurückgegriffen werden, soweit Besonderheiten des Sortenschutzes nicht entgegenstehen. Dass der Antragsteller Verbandsangehöriger ist, wird (anders als nach Art 4 PflZÜ) vom Gesetz nicht ausdrücklich gefordert, folgt aber im Grundsatz aus der Regelung in § 15 Abs 2.[14] **5**

2. Voraussetzungen

a. Früherer Antrag

Der Zeitvorrang setzt einen vorangegangenen Antrag auf ein Züchterrecht in einem anderen Verbandsstaat[15] voraus. Dabei ist gleichgültig, welche Art von Schutz der andere Verbandsstaat gewährt.[16] Bei Staaten, die wie die USA Pflanzenpatente oder SortRechte erteilen, kommen beiderlei Anträge in **6**

---

10 *Würtenberger* S 32.
11 Vgl *Busse/Keukenschrijver* § 41 PatG Rn. 60; *Würtenberger* S 47 f. und *Leßmann/Würtenberger*[2] § 5 Rn. 170 sehen sie als Gestaltungsrecht an.
12 Hierzu *Würtenberger* S 52 ff.
13 *Würtenberger* S 124.
14 Teilweise abw *Wuesthoff/Leßmann/Würtenberger*[1] Rn. 693.
15 Zur Rechtslage bei Beitritt neuer Verbandsstaaten *Würtenberger* S 154 ff.; vgl *Busse/Keukenschrijver* § 41 PatG Rn. 13 mwN.
16 Vgl *Würtenberger* S 86 ff.

Betracht.[17] Ob ein wirksamer Antrag vorliegt, ist nach dem Recht des Anmeldestaats zu beurteilen;[18] eine Prüfungskompetenz des Nachanmeldestaats wird insoweit nicht anerkannt.[19]

7   Der frühere Antrag muss ein **Erstantrag** sein; er darf nicht seinerseits schon einen Zeitvorrang in Anspruch nehmen.[20] Es kommt nicht darauf an, ob er zu einem Schutzrecht führt.[21] Die Regelung in Art 4 C PVÜ wird entsprechend herangezogen werden können.[22]

b. Späterer Antrag

8   Der spätere Antrag muss in Deutschland nach dem SortG eingereicht werden.

9   Der spätere Antrag muss **dieselbe Sorte** wie die frühere betreffen; es muss Züchtungsgleichheit (»Sortenidentität«) vorliegen.[23]

10   Die spätere Anmeldung muss **innerhalb der Prioritätsfrist** von einem Jahr erfolgen. Wiedereinsetzung ist wird man entsprechend der seit 1.11.1998 im Patentrecht geltenden Regelung als möglich ansehen müssen.[24]

c. Antragstelleridentität

11   Der frühere wie der spätere Antrag müssen von demselben Antragsteller gestellt sein,[25] zumindest muss der spätere Antragsteller sein Recht vom frü-

---

17 Vgl *Wuesthoff*[2] Rn. 5; *Leßmann/Würtenberger*[2] § 5 Rn. 172, allerdings differenzierend für den Fall einer Wahlmöglichkeit hinsichtlich der Schutzrechtsart; *Metzger/Zech* Rn. 4.

18 Vgl *Würtenberger* S 90 ff.; *Busse/Keukenschrijver* § 41 PatG Rn. 14.

19 *Würtenberger* S 95 f.

20 *Wuesthoff*[2] Rn. 5; *Leßmann/Würtenberger*[2] § 5 Rn. 172 f.; *Würtenberger* S 97 ff.; vgl *Busse/Keukenschrijver* § 41 PatG Rn. 20.

21 Vgl *Würtenberger* S 103.

22 Vgl *Würtenberger* S 99 f.

23 *Wuesthoff*[2] Rn. 8; *Leßmann/Würtenberger*[2] § 5 Rn. 178; *Metzger/Zech* Rn. 6; vgl *Würtenberger* S 101 ff.

24 Vgl *Schulte* § 41 PatG Rn. 48; *Wuesthoff*[2] Rn. 12, allerdings für die seinerzeitige Rechtslage unzutr; Begr 2.PatGÄndG BlPMZ 1998, 393, 407 sowie die Regelung in Art 13 Abs 2 PLT und Regel 14 AOPLT; aA noch *Würtenberger* S 164 ff.; *Leßmann/Würtenberger*[2] § 5 Rn. 183.

25 *Leßmann/Würtenberger*[2] § 5 Rn. 176; *Metzger/Zech* Rn. 5.

heren ableiten.[26] Der Nachanmelder muss die Voraussetzungen des § 15 Abs 1 erfüllen.[27]

d. Prioritätserklärung

Die Priorität muss ausdrücklich in Anspruch genommen werden. Dies muss anders als im geltenden Patentrecht mit dem und in der Form des SortAntrags erfolgen.[28] Dabei muss die Priorität eines bestimmten früheren Antrags in Anspruch genommen werden.[29]   12

Die **Versäumung der rechtzeitigen Inanspruchnahme** der Priorität ist nach § 32 VwVfG wiedereinsetzungsfähig.[30]   13

e. Vorlage der Prioritätsunterlagen

Innerhalb von drei Monaten nach dem Antragstag sind von der für den früheren Antrag zuständigen (ausländ) Behörde beglaubigte Abschriften der Unterlagen des ersten Antrags vorzulegen (Abs 2 Satz 3). Die Dreimonatsfrist ist wiedereinsetzungsfähig.[31]   14

Die **Vorlage des Vermehrungsmaterials** zur Prüfung regelt im Fall der Inanspruchnahme des Zeitvorrangs § 26 Abs 4 (Rdn. 22 ff. zu § 26).   15

3. Wirkung

Die wirksame Inanspruchnahme des Zeitvorrangs sichert dem späteren Antrag den Zeitrang des früheren[32] gegenüber im Prioritätsintervall eingereichten Anmeldungen Dritter in der Weise, dass Ereignisse, die innerhalb der Prioritätsfrist eingetreten sind, wie etwa die Einreichung eines anderen Antrags, die Veröffentlichung der Sorte oder ihre Benutzung, keine Gründe für die Zurückweisung des weiteren Antrags sind (Art 11 Abs 4 PflZÜ).[33]   16

---

26 *Leßmann/Würtenberger*[2] § 5 Rn. 177 mwN; *Würtenberger* S 104 ff.
27 Vgl *Würtenberger* S 106 ff.; vgl zur umstr Rechtslage nach der PVÜ *Busse/Keukenschrijver* § 41 PatG Rn. 12 mwN.
28 *Wuesthoff*[2] Rn. 10; *Leßmann/Würtenberger*[2] § 5 Rn. 180.
29 *Wuesthoff*[2] Rn. 11; *Leßmann/Würtenberger*[2] § 5 Rn. 181.
30 Insoweit zutr *Wuesthoff*[2] Rn. 12; aA *Metzger/Zech* Rn. 7; vgl *Leßmann/Würtenberger*[2] § 5 Rn. 183; *Würtenberger* S 166 ff.
31 *Wuesthoff*[2] Rn. 13; *Metzger/Zech* Rn. 7; vgl *Leßmann/Würtenberger*[2] § 5 Rn. 183.
32 *Leßmann/Würtenberger*[2] § 5 Rn. 186; *Würtenberger* S 119.
33 Vgl *Metzger/Zech* Rn. 8.

Sie hat damit schutzhindernde Wirkung gegenüber Anmeldungen Dritter, die die gleiche Sorte betreffen,[34] erleichtert aber den späteren Antrag im Übrigen nicht.[35]

17 Zeitvorrang und Neuheitsschonfrist können nicht **kumuliert** werden (Rdn. 23 zu § 6). Für die Prüfung auf Unterscheidbarkeit spielt der Zeitvorrang nur insoweit eine Rolle, als für das allg Bekanntsein der anderen Sorte auf den Prioritätszeitpunkt abzustellen ist (str, Rdn. 13 zu § 3).

4. Publizität

18 Veröffentlichungen in Bezug auf die Prioritätsinanspruchnahme sind anders als nach Art 4 D PVÜ bedauerlicherweise nicht vorgesehen.[36] Die Öffentlichkeit ist auf die Möglichkeit der Akteneinsicht beschränkt.

D. Zeitrang der Sortenbezeichnung

I. Allgemeines

19 Ob der Angabe der Sortenbezeichnung Prioritätswirkung für diese zukommt, ist str.[37] Die abl Ansicht stützt sich darauf, dass der Anmeldung der Sortenbezeichnung als des Gattungsnamens mangels materiellen Zuordnungsgehalts keine zeitrangbegründende Wirkung zukomme.[38] Dem kann schon angesichts der Regelung in Abs 3 nicht beigetreten werden. Die Möglichkeit eines Zeitvorrangs nach dieser Bestimmung setzt die Möglichkeit der Begründung eines Zeitrangs notwendig voraus.

II. Wirkung

20 Dem Zeitrang der Sortenbezeichnung kommt allerdings nur eingeschränkte Bedeutung zu, so nach § 7 Abs 2 Satz 1 Nr 4, der aber nicht an den Zeitrang der Anmeldung, sondern selbstständig, nämlich an Eintragung oder

---

34 *Würtenberger* S 122 f.
35 Vgl *Busse/Keukenschrijver* § 41 PatG Rn. 64 ff.
36 Mit Recht kr *Wuesthoff*[2] Rn. 17; *Leßmann/Würtenberger*[2] Kap 5 Rn. 188.
37 Vorsichtig bejahend mit eingehender Erörterung *Wuesthoff*[2] § 22 Rn. 27; verneinend *Würtenberger* S 46 ff, 76 f, 79, der (S 85) nur von einer zeichenrechtlichen Priorität ausgeht; *Leßmann/Würtenberger*[2] § 5 Rn. 168 f.; vgl zur GemSortV *Metzger/Zech* § 7 Rn. 12; *Würtenberger/van der Kooij/Kiewiet/Ekvad* European Union Plant Variety Protection[2] (2015) Rn. 4.64, die insoweit eine Schutzlücke bejahen.
38 *Würtenberger* S 46 ff, 76 f, 79.

Inverkehrbringen anknüpft, und insb nach § 14 Abs 2 Satz 1, der die Kollision mit älteren Rechten Dritter regelt.

III. Markenanmeldung

Abs 3 begründet für den Fall, dass für den Antragsteller[39] die Sortenbezeichnung für Waren, die Vermehrungsmaterial der Sorte umfassen, als Marke (auch internat und im Analogieweg auf die Unionsmarke – früher Gemeinschaftsmarke – anwendbar[40]) eingetragen oder angemeldet ist, eine sonst im Markenrecht nicht vorgesehene »innere« Priorität.[41] Der Zeitrang der Markenanmeldung bestimmt sich nach §§ 6, 34, 35 MarkenG, so dass auch eine Ausstellungspriorität aus einer anerkannten internat wie einer sonstigen[42] Ausstellung in Betracht kommt.[43]   **21**

Die **Dreimonatsfrist**, innerhalb derer der Antragsteller die Bescheinigung des DPMA vorzulegen hat, beginnt anders als nach früherem Recht nicht mit dem Antrags-(Anmelde-)tag, sondern erst mit der Angabe der Sortenbezeichnung;[44]   **22**

---

39 Nicht auch für Dritte, *Würtenberger* S 84 f.

40 Vgl *Metzger/Zech* § 7 Rn. 14.

41 Vgl näher *Wuesthoff*[2] Rn. 19 und § 14 Rn. 12; *Leßmann/Würtenberger*[2] § 5 Rn. 190 ff.

42 Bekanntmachungen über erfasste Ausstellungen (mit Nachweis der Veröffentlichung im amtlichen Verkündungsblatt) zuletzt in BlPMZ 1992, 39, 119, 180, 376, 453; BlPMZ 1993, 52, 54, 70, 120, 238, 291, 360, 463; BlPMZ 1994, 57, 59, 131, 132, 190, 223, 253; BlPMZ 1995, 56, 78, 140, 177, 204, 342, 343; BlPMZ 1996, 45, 70, 71, 141, 141, 141, 195, 229, 328, 397, 470; BlPMZ 1997, 14, 45, 71, 72, 72, 127, 179, 415; BlPMZ 1998, 56, 97, 98, 164, 332, 420, 449, 491; BlPMZ 1999, 58, 123, 205, 272, 361, 393, 426; BlPMZ 2000, 45, 81, 82, 127, 306, 306 f; BlPMZ 2001, 40, 115, 172, 308, 309; BlPMZ 2002, 96, 300, 355, 442; BlPMZ 2003, 40, 169, 226, 410; BlPMZ 2004, 48 123, 174, 423; BlPMZ 2005, 9, 57, 90, 190, 218, 274, 333; BlPMZ 2006, 6, 55, 81, 236, 307, 387; BlPMZ 2007, 64, 98, 221, 274, 426; BlPMZ 2008, 52, 56, 74, 118, 229, 340, 381, 420; BlPMZ 2009, 43, 93, 135, 329, 414; BlPMZ 2010, 1, 85, 180, 206, 233, 307; BlPMZ 2011, 2, 44, 76, 180, 208, 332, 392; BlPMZ 2012, 2, 48, 78, 149, 294, 371; BlPMZ 2013, 53, 219, 250, 301; BlPMZ 2014, 70, 72, 133, 230, 276, 277, 305; BlPMZ 2015, 6, 41, 78, 202, 225, 269, 334; BlPMZ 2016, 45, 79, 130, 218, 294, 353; BlPMZ 2017, 2, 45, 193.

43 Vgl *Würtenberger* S 149 f; Verzeichnis der anerkannten internat Ausstellungen bei *Busse/Keukenschrijver* § 3 PatG Rn. 196.

44 Vgl *Würtenberger* S 83; *Metzger/Zech* Rn. 9.

dementsprechend reicht es aus, wenn die Marke zum Zeitpunkt der Angabe der Sortenbezeichnung angemeldet oder eingetragen war.[45] Die Frist ist wiedereinsetzungsfähig.[46]

23 Das **weitere Schicksal** der den Zeitvorrang begründenden Anmeldung ist anders als nach früherem Recht (§ 9 Abs 2 Satz 3 SortG 1968) auf die Gewährung des Zeitvorrangs ohne Einfluss.[47]

E. Gemeinschaftlicher Sortenschutz

I. Antragstag; Zeitrang

24 **Antragstag** ist der Tag, an dem ein gültiger Antrag nach Art 49 Absatz 1 Buchst a GemSortV beim GSA oder nach Art 49 Absatz 1 Buchstabe b GemSortV bei einer Dienststelle oder nationalen Einrichtung eingeht, sofern er die Vorschriften des Art 50 Abs 1 GemSortV erfüllt und die Gebühren gemäß Art 83 GemSortV innerhalb der vom GSA bestimmten Frist entrichtet worden sind (Art 51 GemSortV).[48] Genügt der Antrag nicht diesen Anforderungen, teilt das GSA dem Antragsteller die festgestellten Mängel mit und weist darauf hin, dass als Antragstag erst der Tag gilt, an dem ausreichende Angaben vorliegen (Art 18 Abs 1 GemSortVDV).[49]

25 **Zeitrang.** Die Regelung in Art 52 Abs 1 GemSortV (die auch den Zeitrang der Anmeldung als Zeitvorrang bezeichnet) stimmt im Wesentlichen mit der nationalen überein.[50] Die gemeinschaftsrechtl Regelung sieht jedoch in Art 51 iVm Art 50 Abs 1 GemSortV inhaltliche Erfordernisse vor. Die weiteren Erfordernisse des Art 19 GemSortVDV sind ohne Zeitrangverlust nachholbar.[51]

II. Zeitvorrang

26 Die GemSortV regelt den Zeitvorrang früherer Anmeldungen in anderen Mitgliedstaaten oder Verbandsmitgliedern in Art 52 Abs 2, 3. Nähere Bestimmungen zur Inanspruchnahme enthält Art 20 GemSortVDV. Neben

---

45 Vgl Begr BTDrs 10/816 = BlPMZ 1986, 136, 141; vgl *Würtenberger* S 84.
46 Vgl *Würtenberger* S 168 f; *Leßmann/Würtenberger²* § 5 Rn. 192; *Metzger/Zech* Rn. 9.
47 Begr BlPMZ 1986, 136, 141; vgl *Würtenberger* S 83 f.
48 Vgl *Metzger/Zech* Art 49 – 65 GSortV Rn. 17.
49 *Metzger/Zech* Art 49 – 65 GSortV Rn. 18.
50 Vgl *Leßmann/Würtenberger²* § 5 Rn. 498 ff.; *Metzger/Zech* Art 49 – 65 GSortV Rn. 19 ff.
51 Vgl *Leßmann/Würtenberger²* § 5 Rn. 495 f; *Würtenberger* S 40, S 67 f.

dem Zeitvorrang nach Art 52 Abs 2 GemSortV mit der Prioritätsfrist von 12 Monaten nach Anmeldung in einem Mitgliedstaat oder Verbandsstaat sieht Art 52 Abs 4 GemSortV einen entsprechenden Vorrang bei in einem anderen Staat (der frühere Wortlaut »Mitgliedstaat« war Redaktionsversehen[52]) eingereichten Anträgen vor; das frühere Gegenseitigkeitserfordernis ist seit 2008 entfallen. Zur Priorität der Anmeldung vgl Rdn. 19.

Art 52 Abs 5 GemSortV regelt das **Erlöschen** des Anspruchs auf den Zeitvor- 27
rang, falls der Antragsteller nicht rechtzeitig die Prioritätsunterlagen beibringt. Anders als im nationalen Recht (Rdn. 14) ist auch insoweit Wiedereinsetzung ausgeschlossen (Art 80 Abs 4 GemSortV).[53]

§ 24 Bekanntmachung des Sortenschutzantrags

(1) Das Bundessortenamt macht den Sortenschutzantrag unter Angabe der Art, der angegebenen Sortenbezeichnung oder vorläufigen Bezeichnung, des Antragstages sowie des Namens und der Anschrift des Antragstellers, des Ursprungszüchters oder Entdeckers und eines Verfahrensvertreters bekannt.

(2) Ist der Antrag nach seiner Bekanntmachung zurückgenommen worden, gilt er nach § 27 Abs. 2 wegen Säumnis als nicht gestellt oder ist die Erteilung des Sortenschutzes abgelehnt worden, so macht das Bundessortenamt dies ebenfalls bekannt.

Ausland: Österreich:

Bekanntmachung von Anmeldungen

§ 9. (1) Das Bundesamt für Ernährungssicherheit hat Anmeldungen der Sorte, die nicht von vornherein zurückzuweisen oder abzuweisen sind, auf Grund der Angaben des Anmelders im Sorten- und Saatgutblatt bekannt zu machen. Die Bekanntmachung hat zumindest zu enthalten:
1. die Art,
2. die Anmelde- oder die Sortenbezeichnung,
3. den Anmeldetag,
4. ein allfällig geltend gemachtes Prioritätsrecht,

---

52 *Van der Kooij* Art 52 Anm 2; *Würtenberger/van der Kooij/Kiewiet/Ekvad* European Union Plant Variety Protection[2] (2015) Rn. 4.36, die vorschlagen auch zwischenstaatliche Organisationen wie OAPI und AEIPO einzubeziehen.
53 Vgl *van der Kooij* Art 52 Anm 4; *Metzger/Zech* Art 49 – 65 GSortV Rn. 44.

5. Namen, Staatsangehörigkeit und Adresse des Anmelders und
6. das Aktenzeichen der Anmeldung.

(2) Das Bundesamt für Ernährungssicherheit hat auf Verlangen jedermann Einsicht in die Anmeldungsunterlagen und in die Prüfungsergebnisse zu gewähren und die Besichtigung der Anbauversuche zu gestatten. Von der Einsicht sind auszuschließen:
1. bei Sorten, deren Pflanzen durch Kreuzung bestimmter Erbkomponenten erzeugt werden, die Angaben über die Erbkomponenten sowie
2. Geschäfts- und Betriebsgeheimnisse.

Schweiz:

Art 28 Bekanntmachung der Anmeldung

(1) Die ordnungsgemäss eingereichte Anmeldung wird vom Büro für Sortenschutz öffentlich bekannt gemacht. Es sind mindestens zu veröffentlichen:
a. Datum der Anmeldung;
b. Name oder Firma und Adresse des Bewerbers und gegebenenfalls seines Vertreters;
c. Name oder Firma und Adresse des Züchters, wenn dieser nicht der Bewerber ist;
d. Vorschlag für eine Sortenbezeichnung;
e. Gattung oder Art, zu welcher die angemeldete Sorte gehört;
f. gegebenenfalls Prioritätsland und -datum.

(2) Wird eine Anmeldung nach ihrer Bekanntmachung zurückgezogen oder zurückgewiesen oder der bekannt gemachte Inhalt einer Anmeldung nachträglich geändert, so ist dies ebenfalls zu veröffentlichen.

Bulgarien: Art 36 Pflanzen- und TierzuchtG; **Dänemark:** Art 7 SortG; **Finnland:** Sec 16 SortG 2009; **Frankreich:** Art R 623-16 CPI; **Island:** § 7 Abs 2 SortG; **Italien:** vgl Art 12 VO 455; **Kroatien:** Art 20, 23 SortG; **Norwegen:** Art 7 SortG; **Polen:** Art 13 SortG; **Portugal:** Art 15 SortV; **Slowakei:** Art 18 Pflanzen- und TierzuchtG; **Tschech. Rep.:** Art 13 Abs 1 SortG 2000; **Ungarn:** Art 114 N, Art 114 P Abs 1 PatG

Übersicht   Rdn.
A.   Entstehungsgeschichte   1
B.   Verfahren bis zur Bekanntmachung   2
C.   Bekanntmachung des Sortenschutzantrags   3

I.	Allgemeines	3
II.	Inhalt	4
D.	Bekanntmachung des Wegfalls des Antrags	10
E.	Gemeinschaftlicher Sortenschutz	12
	I. Allgemeines	12
	II. Formalprüfung	13
	III. Sachprüfung	14

A. Entstehungsgeschichte

Die Regelung entspricht im wesentlichen § 34 SortG 1968 und § 25 Abs 4 **1** SaatG, allerdings ist die Regelung der Formalprüfung vor Bekanntmachung entfallen. Vgl für die Sortenzulassung § 43 SaatG.

B. Verfahren bis zur Bekanntmachung

Das BSA prüft zunächst den SortAntrag auf Vorliegen formaler Mängel und **2** beanstandet diese bei Vorliegen. Nach Behebung der Mängel macht das BSA den Antrag bekannt.

C. Bekanntmachung des Sortenschutzantrags

I. Allgemeines

Die Bekanntmachung erfolgt durch (elektronische) Veröffentlichung im **3** Blatt für Sortenwesen.[1] Sie dient zur Unterrichtung der Öffentlichkeit von der Antragstellung;[2] sie ist im Hinblick auf die Möglichkeit von Einwendungen erforderlich, hat Bedeutung für den Vergütungsanspruch und dient auch dazu, Parallelzüchtungen zu vermeiden.[3]

II. Inhalt

Bekanntzumachen sind folgende Angaben: **4**
– der Antrag;
– die Art, zu der die Sorte gehört;
– die angegebene Sortenbezeichnung oder vorläufige Bezeichnung;
– der Antragstag;
– Name und Anschrift des Antragsstellers;

---

1 *Metzger/Zech* Rn. 2.
2 *Metzger/Zech* Rn. 1.
3 Vgl Begr BTDrs V/1630 = BlPMZ 1968, 215, 222.

   – Name und Anschrift des Ursprungszüchters oder Entdeckers;
   – Name und Anschrift eines Verfahrensvertreters.

5 **Verfahrensvertreter** ist der nach § 15 Abs 2. Ob auch sonstige Verfahrensbevollmächtigte erfasst sind,[4] erscheint angesichts der vergleichbaren Regelung in § 30 Abs 1 Satz 1 PatG zwh.[5]

6 Nach dem SaatG waren auch »etwaige besonders wichtige kennzeichnende« **Merkmale** der Sorte bekanntzumachen; das SortG 1968 hatte noch die Bekanntmachung der »wesentlichen« Merkmale vorgesehen; die Praxis des BSA hat dem nicht entsprochen. Sie ist durch die Novelle 1974 sanktioniert worden, weil es schwierig sei, wenn der Züchter sich bereits bei Anmeldung für bestimmte wesentliche Merkmale der Sorte entscheiden müsse.[6] Die Regelung 1985 enthält eine entsprechende Bestimmung ebenfalls nicht mehr.[7]

7 Zu einer **Überprüfung** der Angaben ist das BSA nicht verpflichtet, angesichts der Regelung in § 8 aber berechtigt.[8]

III. Wirkung

8 Mit der Bekanntmachung beginnt die tatsächliche (vgl Rdn. 11 zu § 25) Möglichkeit, **Einwendungen** geltend zu machen.

9 Mit ihr beginnt der **vorläufige Schutz** in Form eines Entschädigungsanspruchs nach § 37 Abs 2 (Rdn. 32 f. zu § 37).

D. Bekanntmachung des Wegfalls des Antrags

10 Bekanntmachung des Wegfalls des Antrags aus den in Abs 2 genannten Gründen ist in Abs 2 vorgesehen.[9]

11 Auch die **Zurückweisung des Antrags** ist bekanntzumachen.[10]

---

4 Dies erwägen *Wuesthoff*[2] Rn. 4 und wohl auch *Leßmann/Würtenberger*[2] § 5 Rn. 197.

5 Vgl *Busse/Keukenschrijver* § 30 PatG Rn. 17, 25.

6 Begr BTDrs 7/596 = BlPMZ 1975, 44, 46; vgl *Wuesthoff*[2] Rn. 5; *Wuesthoff/Leßmann/Würtenberger*[1] Rn. 722.

7 Kr *Wuesthoff*[2] Rn. 5; *Leßmann/Würtenberger*[2] § 5 Rn. 198 ff.

8 Vgl *Wuesthoff*[2] Rn. 3; *Leßmann/Würtenberger*[2] § 5 Rn. 196.

9 Vgl *Metzger/Zech* Rn. 3.

10 *Wuesthoff*[2] Rn. 6.

E. Gemeinschaftlicher Sortenschutz

I. Allgemeines

Eine Bekanntmachung des gemeinschaftlichen SortAntrags ist grds nicht 12 vorgesehen. Jedoch werden Mängel nach Art 51 GemSortV (Antragstag), die dem Antragsteller nicht mitgeteilt werden können, in einer Bekanntmachung nach Art 89 GemSortV (im Rahmen der regelmäßig erscheinenden Veröffentlichungen) mitgeteilt (Art 53 Abs 3 GemSortV).

II. Formalprüfung

Auch Art 53 GemSortV sieht eine Formalprüfung vor, die mit der Einreichung 13 des Sortenschutzantrags eingeleitet wird[11] Deren Zweck ist es, festzustellen, ob der Antrag den Voraussetzungen für die Zuerkennung eines Antragstags (Art 51 GemSortV) und ggf eines Zeitrangs (Art 52 Abs 2 GemSortV) genügt; weiter wird geklärt, ob er bei einer zuständigen Dienststelle eingereicht wurde, die inhaltlichen Erfordernisse des Art 50 Abs 1 GemSortV erfüllt und ob die Anmeldegebühr fristgemäß gezahlt wurde.[12]

III. Sachprüfung

Daneben regelt Art 54 GemSortV eine so dem nationalen Recht fremde **Sach-** 14 **prüfung** auf Sorteneigenschaft iSd Art 5 GemSortV, Neuheit, Antragsberechtigung, Vertretung und Festsetzbarkeit der Sortenbezeichnung nach Art 63 GemSortV[13] (vgl Rdn. 4 zu § 26).

§ 25 Einwendungen

(1) **Gegen die Erteilung des Sortenschutzes kann jeder beim Bundessortenamt Einwendungen erheben.**

(2) **Die Einwendungen können nur auf die Behauptung gestützt werden,**
1. **die Sorte sei nicht unterscheidbar, nicht homogen, nicht beständig oder nicht neu,**
2. **der Antragsteller sei nicht berechtigt oder**

---

11 Vgl *Leßmann/Würtenberger*[2] § 5 Rn. 504 ff.; *Metzger/Zech* Art 49–65 GSortV Rn. 25 ff.
12 *Leßmann/Würtenberger*[2] § 5 Rn. 504.
13 Vgl *Leßmann/Würtenberger*[2] § 5 Rn. 508 ff.

3. die Sortenbezeichnung sei nicht eintragbar.

(3) Die Einwendungsfrist dauert bei Einwendungen
1. nach Absatz 2 Nr. 1 bis zur Erteilung des Sortenschutzes,
2. nach Absatz 2 Nr. 2 bis zum Ablauf von drei Monaten nach der Bekanntmachung des Sortenschutzantrags,
3. nach Absatz 2 Nr. 3 bis zum Ablauf von drei Monaten nach der Bekanntmachung der angegebenen Sortenbezeichnung,

(4) ^{1}Die Einwendungen sind zu begründen. ^{2}Die Tatsachen und Beweismittel zur Rechtfertigung der Behauptung nach Absatz 2 sind im einzelnen anzugeben. ^{3}Sind diese Angaben nicht schon in der Einwendungsschrift enthalten, so müssen sie bis zum Ablauf der Einwendungsfrist nachgereicht werden.

(5) Führt eine Einwendung nach Absatz 2 Nr. 2 zur Zurücknahme des Sortenschutzantrags oder zur Ablehnung der Erteilung des Sortenschutzes und stellt der Einwender innerhalb eines Monats nach der Zurücknahme oder nach Eintritt der Unanfechtbarkeit der Ablehnung für dieselbe Sorte einen Sortenschutzantrag, so kann er verlangen, daß hierfür als Antragstag der Tag des früheren Antrags gilt.

GemSortV:

Art 59 Einwendungen gegen die Erteilung des Sortenschutzes

(1) Jedermann kann beim Amt schriftlich Einwendungen gegen die Erteilung des gemeinschaftlichen Sortenschutzes erheben.

(2) Die Einwender sind neben dem Antragsteller am Verfahren zur Erteilung des gemeinschaftlichen Sortenschutzes beteiligt. Unbeschadet des Artikel 88 haben Einwender Zugang zu den Unterlagen sowie zu den Ergebnissen der technischen Prüfung und der Sortenbeschreibung nach Artikel 57 Absatz 2.

(3) Die Einwendungen können nur auf die Behauptung gestützt werden, daß
a) die Voraussetzungen der Artikel 7 bis 11 nicht erfüllt sind,
b) der Festsetzung der vorgeschlagenen Sortenbezeichnung ein Hinderungsgrund nach Artikel 63 Absatz 3 oder 4 entgegensteht.

(4) Die Einwendungen können erhoben werden:
a) im Fall von Einwendungen nach Absatz 3 Buchstabe a) nach Stellung eines Antrags und vor einer Entscheidung gemäß Artikel 61 oder 62;

b) im Fall von Einwendungen nach Absatz 3 Buchstabe b) innerhalb von drei Monaten ab der Bekanntmachung des Vorschlags für die Sortenbezeichnung gemäß Artikel 89.

(5) Entscheidungen über die Einwendungen können zusammen mit den Entscheidungen gemäß den Artikeln 61, 62 oder 63 getroffen werden.

Art 60 Zeitrang eines neuen Antrags bei Einwendungen

Führt eine Einwendung wegen Nichterfüllung der Voraussetzungen des Artikels 11 zur Zurücknahme oder Zurückweisung des Antrags auf gemeinschaftlichen Sortenschutz und reicht der Einwender innerhalb eines Monats nach der Zurücknahme oder der Unanfechtbarkeit der Zurückweisung für dieselbe Sorte einen Antrag auf gemeinschaftlichen Sortenschutz ein, so kann er verlangen, daß hierfür als Antragstag der Tag des zurückgenommenen oder zurückgewiesenen Antrags gilt.

GemSortVDV:

Art 31 Erhebung von Einwendungen

(1) Bei Einwendungen nach Artikel 59 der Grundverordnung ist Folgendes anzugeben:
a) Name des Antragstellers und Aktenzeichen des Antrags, gegen den die Einwendung erhoben wird;
b) Angaben zur Person des Einwenders als Verfahrensbeteiligter nach Artikel 2 der vorliegenden Verordnung;
c) Name und Anschrift des Verfahrensvertreters, sofern der Einwender einen solchen bestellt hat;
d) eine Begründung der Einwendung im Sinne von Artikel 59 Absatz 3 der Grundverordnung sowie die Einwendung stützende Tatsachen, Beweismittel und sonstige Argumente.

(2) Werden mehrere Einwendungen gegen denselben Antrag auf gemeinschaftlichen Sortenschutz erhoben, so kann das Amt diese Einwendungen in einem Verfahren zusammenfassen.

Art 32 Zurückweisung der Einwendung

(1) Stellt das Amt fest, dass die Einwendung nicht Artikel 59 Absätze 1 und 3 der Grundverordnung oder Artikel 31 Absatz 1 Buchstabe d der vorliegenden Verordnung entspricht oder nicht hinreichend kenntlich macht, gegen welchen Antrag sich die Einwendung richtet, so weist es die Einwendung als

unzulässig zurück, sofern diesen Mängeln nicht innerhalb einer vom Amt gesetzten Frist abgeholfen wird.

(2) Stellt das Amt fest, dass die Einwendung nicht den übrigen Bestimmungen der Grundverordnung oder der vorliegenden Verordnung entspricht, so weist es die Einwendung als unzulässig zurück, sofern diesen Mängeln nicht vor Ablauf der Einwendungsfrist abgeholfen wird.

Ausland: Österreich:

Einwendungen gegen die Anmeldung der Sorte

§ 10. (1) Beim Bundesamt für Ernährungssicherheit kann jedermann schriftlich begründete Einwendungen erheben, dass
1. die Sorte den Schutzvoraussetzungen nicht entspreche oder
2. die Sortenbezeichnung nicht zulässig sei oder
3. der Anmelder nicht Berechtigter sei.

(2) Einwendungen können bis zu folgenden Zeitpunkten eingebracht werden:
1. gemäß Abs. 1 Z 1 bis zum Abschluss des Verfahrens,
2. gemäß Abs. 1 Z 2 bis zum Ablauf von drei Monaten nach Bekanntmachung der Sortenbezeichnung im Sorten- und Saatgutblatt und
3. gemäß Abs. 1 Z 3 bis zum Ablauf von drei Monaten nach Bekanntmachung der Anmeldung der Sorte im Sorten- und Saatgutblatt.

(3) Dem Einwender ist auf sein schriftliches Verlangen über das Ergebnis der Prüfung vom Bundesamt für Ernährungssicherheit Auskunft zu geben. Führt eine Einwendung gemäß Abs. 1 Z 3 zur rechtskräftigen Zurückweisung oder Abweisung oder Zurückziehung der Anmeldung der Sorte, so ist dies dem Einwender unverzüglich schriftlich vom Bundesamt für Ernährungssicherheit mitzuteilen. Meldet der Einwender innerhalb eines Monats nach Zustellung der schriftlichen Mitteilung die Sorte an und weist er nach, dass er Berechtigter ist, kann er verlangen, dass als Anmeldetag der Tag der früheren Anmeldung gilt.

Schweiz:

Art 29 Einwendungen

(1) Jedermann kann innerhalb von drei Monaten seit der Bekanntmachung beim Büro für Sortenschutz gegen die Anmeldung Einwendungen erheben. Die Einwendungen sind schriftlich einzureichen und zu begründen.

Als Beweismittel angerufene Urkunden und Pflanzen sind beizulegen oder namhaft zu machen.

(2) Mit den Einwendungen kann nur geltend gemacht werden, die angemeldete Sorte sei nicht schutzfähig nach Artikel 8b oder die Sortenbezeichnung sei nach Artikel 12 unzulässig.

(3) Der Schutzbewerber kann zu den Einwendungen Stellung nehmen. Er soll erklären, ob er die Anmeldung aufrechterhält, ändert oder zurückzieht. **Belgien:** Art XI.139, Art XI.140 (Nachanmeldung) Code du droit économique; **Dänemark:** Art 8 SortG; **Estland:** §§ 43, 44, 45 Plant Propagation and Plant Variety Rights Act; **Frankreich:** Art R 623-17, 18 CPI, vgl Art L 623-14 CPI (geänd 2011); **Island:** Art 7 Abs 2 SortG; **Lettland:** Sec. 17 SortG; **Litauen:** Art 35 (Einspruch) SortG; **Polen:** Art 18 SortG; **Slowenien:** Art 28 SortG; **Spanien:** Art 41, 42 SortG 2000; **Tschech. Rep.:** Art 13 Abs 2, 3 SortG 2000 (geänd 2008); **Ungarn:** Art 114 P Abs 2 PatG

Schrifttum
Ullrich Die Beteiligung Dritter im Verfahren der Schutzrechtserteilung: Sonderling Sortenschutz, FS U. Loewenheim (2009), 333

Übersicht		Rdn.
A.	Nationale Regelung; Entstehungsgeschichte	1
B.	Einwendungen	3
I.	Allgemeines.	3
II.	Einwendungsberechtigung	5
III.	Einwendungsgründe	7
	1. Allgemeines	7
	2. Fehlende Schutzfähigkeit.	8
	3. Fehlende Berechtigung	9
	4. Nichteintragbarkeit der Sortenbezeichnung	10
C.	Verfahren	11
I.	Erhebung der Einwendungen; Form.	11
II.	Frist.	12
III.	Begründung	13
IV.	Rücknahme.	14
V.	Verspätung	15
VI.	Behandlung der Einwendungen	16
VII.	Rechtsbehelf	20
D.	Nachanmelderecht (Abs 5)	21

E.   Gemeinschaftlicher Sortenschutz.   24
I.   Allgemeines.   24
II.   Einwendungsberechtigung   25
III. Sprache   26
IV.   Frist.   27
V.   Begründung   28
VI.   Nachanmelderecht   29

A. Nationale Regelung; Entstehungsgeschichte

1   Die Regelung entspricht im wesentlichen § 35 SortG 1968, während § 33 Abs 2 SaatG einen der Erteilung nachgeschalteten Einspruch vorsah. Dieser habe sich nicht bewährt;[1] die Entwicklung ist damit umgekehrt zu der im Patentrecht verlaufen.

2   Abs 5 begründet (wie Art 60 GemSortV) ein **Nachanmelderecht** (Rdn. 21 ff.) ähnlich der Regelung im Patentrecht und hat im SortG 1968 kein Vorbild.

B. Einwendungen

I. Allgemeines

3   Die Regelung ermöglicht jedem beliebigen Dritten eine förmliche Teilnahme am Verfahren (und nicht nur die ohnehin gegebene Möglichkeit, dem BSA nach Art von »Einwendungen Dritter«[2] Gründe gegen die Erteilung des Sortenschutzes vorzutragen, vgl Rdn. 15[3]); sie dient damit nicht nur dem Schutz von Individualinteressen, sondern auch dem Interesse der Allgemeinheit daran, dass Schutzrechte, die den Schutzerfordernissen nicht genügen, nicht erteilt werden.[4] Dies gilt auch hinsichtlich der Sortenbezeichnung. Die Regelung in Abs 2 Nr 2 dient dagegen dem Individualinteresse des Verletzten[5] (vgl aber Rdn. 6.

4   Einwendungen sind **nicht gebührenpflichtig.**[6]

---

1   Begr BTDrs V/2769 = BlPMZ 1968, 215, 223.
2   Vgl *Busse/Keukenschrijver* PatG § 38 Rn. 11.
3   Vgl *Metzger/Zech* Rn. 4.
4   Vgl *Leßmann/Würtenberger*[2] § 5 Rn. 204; GSA (BK) InstGE 5, 193 Sunglow.
5   AA offenbar *Leßmann/Würtenberger*[2] § 5 Rn. 204 aE.
6   *Nirk/Ullmann* S 196.

II. Einwendungsberechtigung

Die Einwendungen können grds von **jedermann**, allerdings wie im Patent- 5
recht nicht vom Antragsteller selbst, geltend gemacht werden. Zu beachten
sind die Einschränkungen nach § 15 Abs 1, die nach dem eindeutigen Wortlaut dieser Bestimmung auch hier gelten.

Mangels einer Einschränkung wie in § 59 Abs 1 Satz 1 2. Alt PatG kann 6
auch im Fall des Abs 2 Nr 2 jeder und nicht nur der **Verletzte** Einwendungen
erheben.[7]

III. Einwendungsgründe

1. Allgemeines

Die Aufzählung in Abs 2 ist, wie sich aus der Formulierung (»nur«) ergibt, 7
abschließend.[8] Das Gesetz sieht als Einwendungsgründe fehlende Schutzfähigkeit (Abs 2 Nr 1), fehlende Berechtigung des Antragstellers (Abs 2 Nr 2)
und Nichteintragbarkeit der Sortenbezeichnung (Abs 2 Nr 3) vor. Nicht
erfasst ist insb die unberechtigte Inanspruchnahme eines Zeitvorrangs.[9] Nach
Art 59 Abs 3 GemSortV können die Einwendungen nur darauf gestützt werden, dass die Voraussetzungen der Art 7–11 GemSortV nicht erfüllt sind oder
dass der Festsetzung der vorgeschlagenen Sortenbezeichnung ein Hinderungsgrund nach Art 63 Abs 3, 4 GemSortV entgegensteht.

2. Fehlende Schutzfähigkeit

Der Einwendungsgrund erfasst die Schutzvoraussetzungen der §§ 3–6 8
(Unterscheidbarkeit, Homogenität, Beständigkeit und – insb von Bedeutung[10] – Neuheit).

---

7 Vgl *Leßmann/Würtenberger*[2] § 5 Rn. 204, 206.
8 *Wuesthoff*[2] Rn. 2; *Leßmann/Würtenberger*[2] § 5 Rn. 207; *Metzger/Zech* Rn. 5; vgl
   BPatG GRUR 2002, 243 »Calluna (Besenheide)«; auch zur verfassungsrechtl Beurteilung.
9 *Leßmann/Würtenberger*[2] § 5 Rn. 207.
10 Vgl *Metzger/Zech* Rn. 6.

3. Fehlende Berechtigung

9 Fehlende Berechtigung des Antragstellers entspricht dem patentrechtl Tatbestand der widerrechtlichen Entnahme (§ 21 Abs 1 Nr 3 PatG),[11] wobei die abw Zuordnung der materiellen Berechtigung im SortRecht zu beachten sein kann.

4. Nichteintragbarkeit der Sortenbezeichnung

10 Nichteintragbarkeit der Sortenbezeichnung erfasst die Regelung in § 7; in Betracht kommen insb Verwechselbarkeit und Irreführung.[12] Eine Kollision mit einem älteren Recht nach § 14 Abs 2 Satz 2 ist nicht erfasst, solange nicht eine zivilgerichtliche Entscheidung vorliegt, die die Verwendung der Bezeichnung untersagt.[13]

C. Verfahren

I. Erhebung der Einwendungen; Form

11 Einwendungen müssen von einem Berechtigten (Rdn. 5 f.) erhoben werden. Die Erhebung ist Verfahrenshandlung,[14] auf die die Regelungen des VwVfG anzuwenden sind, wobei unter den Voraussetzungen des § 24 Abs 4 VwVfG auch fremdsprachige Erklärungen ausreichen können.[15]

II. Frist

12 Abs 3 enthält eine differenzierte Fristenregelung. Im Fall des Abs 2 Nr 1 können Einwendungen bis zur Erteilung des Sortenschutzes erhoben werden, dies gilt auch nach Art 59 Abs 4 Buchst a GemSortV; maßgeblich ist der Zeitpunkt des Erteilungsbeschlusses, nicht der seiner Bekanntmachung.[16] In den Fällen des Abs 2 Nr 2 und Nr 3 entspricht die Frist der früheren Einspruchsfrist

---

11 BPatGE 42, 26 = GRUR 2000, 312 »Schnee«; *Wuesthoff*[2] Rn. 2; vgl *Würtenberger* S 150 f; BPatG GRUR 2002, 243 »Calluna (Besenheide)«.

12 Vgl Begr BTDrs V/2769 = BlPMZ 1968, 215, 223.

13 Schweiz ERGE sic! 2001, 530 »Johanniter«, für das schweiz Recht; vgl *Tscharland* Sortenschutzrecht, in: Schweizerisches Immaterialgüter- und Wettbewerbsrecht (2006) Bd IV, 757, 775.

14 *Leßmann/Würtenberger*[2] § 5 Rn. 209.

15 Vgl *Wuesthoff*[2] Rn. 4; *Leßmann/Würtenberger*[2] § 5 Rn. 210.

16 *Leßmann/Würtenberger*[2] § 5 Rn. 212.

im nationalen Patentrecht.[17] Die Einwendungen sind an die Frist des Abs 2 auch dann gebunden, wenn der Einwendende von den Tatsachen erst nach Fristablauf Kenntnis erlangt, weil der Fristlauf in rechtsstaatlich unbdkl Weise an die objektive Tatsache der Bekanntmachung geknüpft ist.[18]

III. Begründung

Die Einwendungen sind innerhalb der Einwendungsfrist zu begründen   13
(Abs 4); die Anforderungen entsprechen denen im patentrechtl Einspruchsverfahren.[19]

IV. Rücknahme

Rücknahme der Einwendungen ist möglich, hindert das BSA aber nicht an   14
der Berücksichtigung der Einwendungstatsachen vAw[20] (vgl Rdn. 15).

V. Verspätung

Die Fristen sind wiedereinsetzungsfähig.[21] Werden die Einwendungsfrist und/   15
oder die Begründungsfrist nicht eingehalten, sind die Einwendungen nicht
wirksam erhoben.[22] Es besteht für den Einwendenden kein Anspruch auf
sachliche Bescheidung. Das BSA ist aber nicht gehindert, das vorgebrachte
Material für seine Entscheidung heranzuziehen, und wird dieses jedenfalls,
soweit es liquide ist, im Rahmen seiner Amtsermittlungspflicht[23] auch heranziehen müssen,[24] wie das auch für von Dritten genanntes Material oder nach
Rücknahme der Einwendungen gilt.[25]

---

17 *Wuesthoff*[2] Rn. 5 und *Leßmann/Würtenberger*[2] § 5 Rn. 213 sehen Einwendungen
    vor Bekanntmachung in diesem Fall als unwirksam an, worauf jedenfalls hinzuwei-
    sen sein wird.
18 BPatGE 42, 26 = GRUR 2000, 312 »Schnee«; *Metzger/Zech* Rn. 8.
19 Vgl *Wuesthoff*[2] Rn. 6; *Leßmann/Würtenberger*[2] § 5 Rn. 218 f.; *Metzger/Zech* Rn. 10;
    BPatG GRUR 2002, 243 »Calluna (Besenheide)«: Vermutungen ohne Beweisan-
    gebote genügen nicht.
20 *Nirk/Ullmann* S 196.
21 *Wuesthoff*[2] Rn. 5; *Leßmann/Würtenberger*[2] § 5 Rn. 217.
22 Vgl BPatGE 42, 26 = GRUR 2000, 312 »Schnee«; BPatG GRUR 2002, 243 »Cal-
    luna (Besenheide)«; *Leßmann/Würtenberger*[2] § 5 Rn. 217.
23 *Wuesthoff*[2] Rn. 11.
24 Weniger streng *Wuesthoff*[2] Rn. 5; vgl *Leßmann/Würtenberger*[2] § 5 Rn. 217.
25 Vgl *Wuesthoff*[2] Rn. 10; *Leßmann/Würtenberger*[2] § 5 Rn. 227.

VI. Behandlung der Einwendungen

16 Die Erhebung von Einwendungen führt ähnlich wie beim patentrechtl Einspruch eine beteiligtenähnliche Stellung herbei, durch die eine Abhilfemöglichkeit ausgeschlossen wird.[26]

17 Die **Zulässigkeit** der Einwendungen wird – grds inzident – vAw geprüft,[27] die Prüfung hat aber aus den in Rdn. 15 genannten Gründen nur geringe Bedeutung.

18 Über die **Begründetheit** der Einwendungen wird grds nicht besonders entschieden, ihre Beurteilung erfolgt im Rahmen der Sachentscheidung der (»großen«) Prüfungsabteilung.[28]

19 Werden die Einwendungen auf das **Fehlen materieller Berechtigung** gestützt, muss hierüber nur dann gesondert entscheiden werden, wenn dieser Einwendungsgrund vorliegt und nicht bereits feststeht, dass die Sorte aus anderen Gründen nicht eingetragen werden kann.[29]

VII. Rechtsbehelf

20 Soweit über die Einwendungen gesondert entschieden wird, ist für die Beteiligten der Widerspruch eröffnet;[30] wird die Entscheidung mit der Sachentscheidung getroffen, ist gegen diese der Widerspruch eröffnet,[31] der grds aufschiebende Wirkung hat.[32] Die Widerspruchsgebühr beträgt in diesem Fall 160 EUR (Nr 124.3 GebVerz).

---

26 Vgl *Wuesthoff*[2] Rn. 9; *Leßmann/Würtenberger*[2] § 5 Rn. 224.
27 *Wuesthoff*[2] Rn. 12.
28 Vgl Begr BTDrs V/2769 = BlPMZ 1968, 215, 223; *Leßmann/Würtenberger*[2] § 5 Rn. 231; *Wuesthoff*[2] Rn. 14: in der Regel; *Metzger/Zech* Rn. 11; BPatG GRUR 2002, 243 »Calluna (Besenheide)«.
29 Weitergehend *Wuesthoff*[2] Rn. 15; *Wuesthoff/Leßmann/Würtenberger*[1] Rn. 754; vgl aber für das Patentrecht BGH GRUR 2001, 46 Abdeckrostverriegelung.
30 Vgl *Metzger/Zech* Rn. 11; zum infolge der Verweisung in § 21 auch insoweit bestehenden Widerspruchsrecht des Einwendenden BPatGE 42, 26 = GRUR 2000, 312 »Schnee«.
31 *Wuesthoff*[2] Rn. 17.
32 Vgl OLG Düsseldorf 22.10.1998 2 U 24/98 OLG-Report Düsseldorf 1999, 122 Ls.

D. Nachanmelderecht (Abs 5)

Die § 7 Abs 2 PatG nachgebildete Regelung ist für das SortRecht 1985 neu 21
geschaffen worden; sie ermöglicht es dem eigentlich Berechtigten, die Erteilung des Sortenschutzes unter Beanspruchung des ursprünglichen Zeitrangs
zu beantragen, wenn aufgrund seiner Einwendungen der Antrag eines nichtberechtigten Dritten zurückgenommen oder abgelehnt wurde; die Bestimmung soll in Ergänzung zu § 9 die Belange des Berechtigten auch in den
Fällen sichern, in denen die Voraussetzungen des § 9 nicht erfüllt sind.[33]
Einen Anspruch auf Entscheidung über den Einwendungsgrund des Abs 2
Nr 2 begründet die Vorschrift nicht.[34] Die Sortenbezeichnung wird von der
Regelung nicht erfasst.[35]

Die Regelung begründet zunächst eine Anwartschaft auf einen **Zeitvorrang**, 22
die sich bei Vorliegen der Voraussetzungen zu einem Zeitvorrang nach Art der
Entnahmepriorität verdichtet. Die Frist beträgt einen Monat ab Rücknahme
oder Unanfechtbarkeit der Zurückweisung der Anmeldung. Hinsichtlich der
Inanspruchnahme des Zeitvorrangs ist die Monatsfrist nicht wiedereinsetzungsfähig.[36]

Abw von der im Patentrecht geltenden Regelung trägt die Formulierung in 23
Abs 5 der unterschiedlichen **Verfahrenssituation** (Vorschaltung der Einwendungen) Rechnung.[37]

E. Gemeinschaftlicher Sortenschutz

I. Allgemeines

Die Regelung in Art 59, 60 GemSortV stimmt im wesentlichen mit der in 24
§ 25 überein. Verfahrenrechtl Regelungen enthalten die Art 31, 32 GemSort-
VDV.

---

33 Begr BTDrs 12/816 = BlPMZ 1986, 136, 141; vgl *Würtenberger* S 152; *Metzger/
    Zech* Rn. 12 sowie die Kritik an der früheren Regelung bei *Wuesthoff*[2] § 14 Rn. 1.
34 Vgl BGH GRUR 2001, 46 Abdeckrostverriegelung.
35 *Würtenberger* S 152 f, auch zum Verhältnis zu § 23 Abs 3.
36 *Würtenberger* S 169 f.
37 Wegen der Einzelheiten ist auf die Kommentierung bei *Busse/Keukenschrijver* § 7
    PatG Rn. 8 ff., *Schulte* § 7 PatG Rn. 9 ff. und *Benkard* § 7 PatG Rn. 13 ff. zu
    verweisen.

II. Einwendungsberechtigung

25   Einwendungen können von jedermann erhoben werden (Art 59 Abs 1 GemSortV). Personen, die im Gebiet der EU weder Wohnsitz noch Sitz haben, müssen nach Art 82 GemSortV einen Verfahrensvertreter bestellen.

III. Sprache

26   Gegenüber dem GSA sind Einwendungen in einer der Amtssprachen zu erheben.[38]

IV. Frist

27   Einwendungen können auch nach Art 59 Abs 4 Buchst a GemSortV bis zur Erteilung des Sortenschutzes erhoben werden; Art 59 Abs 4 Buchst a GemSortV sieht auch bei Einwendungen wegen fehlender Berechtigung die Fristenregelung wie bei Abs 3 Nr 1 vor, Buchst b entspricht bei Einwendungen, die sich gegen die Sortenbezeichnung richten, der nationalen Regelung.[39]

V. Begründung

28   Die GemSortV sieht eine Begründung nicht zwingend vor (vgl aber Art 32 Abs 2 GemSortVDV).

VI. Nachanmelderecht

29   Art 60 GemSortV begründet ein Nachanmelderecht, das dem im nationalen Recht (Rdn. 21) entspricht. Auch die Fristenregelung entspricht der nationalen.[40]

§ 26   Prüfung

(1) [1]Bei der Prüfung, ob die Sorte die Voraussetzungen für die Erteilung des Sortenschutzes erfüllt, baut das Bundessortenamt die Sorte an oder stellt die sonst erforderlichen Untersuchungen an. [2]Hiervon kann es absehen, soweit ihm frühere eigene Prüfungsergebnisse zur Verfügung stehen.

---

38   *Leßmann/Würtenberger*[2] § 5 Rn. 210.
39   Vgl GSA (BK) 18.7.2005 A 4/04 Ginpent.
40   Vgl *Metzger/Zech* Art 49–65 GSortV Rn. 60.

(2) Das Bundessortenamt kann den Anbau oder die sonst erforderlichen Untersuchungen durch andere fachlich geeignete Stellen, auch im Ausland, durchführen lassen und Ergebnisse von Anbauprüfungen oder sonstigen Untersuchungen solcher Stellen berücksichtigen.

(3) Das Bundessortenamt fordert den Antragsteller auf, ihm oder der von ihm bezeichneten Stelle innerhalb einer bestimmten Frist das erforderliche Vermehrungsmaterial und sonstige Material und die erforderlichen weiteren Unterlagen vorzulegen, die erforderlichen Auskünfte zu erteilen und deren Prüfung zu gestatten.

(4) [1]Macht der Antragsteller einen Zeitvorrang nach § 23 Abs. 2 geltend, so hat er das erforderliche Vermehrungsmaterial und sonstige Material und die erforderlichen weiteren Unterlagen innerhalb von vier Jahren nach Ablauf der Zeitvorrangfrist vorzulegen. [2]Nach der Vorlage darf er anderes Vermehrungsmaterial und anderes sonstiges Material nicht nachreichen. [3]Wird vor Ablauf der Frist von vier Jahren der erste Antrag zurückgenommen oder die Erteilung des Züchterrechts abgelehnt, so kann das Bundessortenamt den Antragsteller auffordern, das Vermehrungsmaterial und sonstige Material zur nächsten Vegetationsperiode sowie die weiteren Unterlagen innerhalb einer bestimmten Frist vorzulegen.

(5) Das Bundessortenamt kann Behörden und Stellen im Ausland Auskünfte über Prüfungsergebnisse erteilen, soweit dies zur gegenseitigen Unterrichtung erforderlich ist.

(6) [1]Das Bundessortenamt fordert den Antragsteller auf, innerhalb einer bestimmten Frist schriftlich
1. eine Sortenbezeichnung anzugeben, wenn er eine vorläufige Bezeichnung angegeben hat,
2. eine andere Sortenbezeichnung anzugeben, wenn die angegebene Sortenbezeichnung nicht eintragbar ist.
[2]Die §§ 24 und 25 gelten entsprechend.

GemSortV (abw Regelung in Art 116 Abs 3, abgedruckt bei § 41):

Art 53 Formalprüfung des Antrags

(1) Das Amt prüft, ob
a) der Antrag nach Artikel 49 wirksam eingereicht worden ist,
b) der Antrag den in Artikel 50 und den in den Durchführungsvorschriften gemäß diesem Artikel festgelegten Erfordernissen entspricht,

c) ein Anspruch auf Zeitvorrang gegebenenfalls die in Artikel 52 Absätze 2, 4 und 5 genannten Bedingungen erfüllt und

d) die nach Artikel 83 zu zahlenden Gebühren innerhalb der vom Amt bestimmten Frist gezahlt worden sind.

(2) Erfüllt der Antrag zwar die Voraussetzungen gemäß Artikel 51, entspricht er aber nicht den anderen Erfordernissen des Artikels 50, so gibt das Amt dem Antragsteller Gelegenheit, die festgestellten Mängel zu beseitigen.

(3) Erfüllt der Antrag die Voraussetzungen nach Artikel 51 nicht, so teilt das Amt dies dem Antragsteller, oder, sofern dies nicht möglich ist, in einer Bekanntmachung gemäß Artikel 89 mit.

Art 54 Sachliche Prüfung

(1) Das Amt prüft, ob die Sorte nach Artikel 5 Gegenstand des gemeinschaftlichen Sortenschutzes sein kann, ob die Sorte neu im Sinne des Artikels 10 ist, ob der Antragsteller nach Artikel 12 antragsberechtigt ist und ob die Bedingungen gemäß Artikel 82 erfüllt sind. Das Amt prüft auch, ob die vorgeschlagene Sortenbezeichnung nach Artikel 63 festsetzbar ist. Dabei kann es sich anderer Stellen bedienen.

(2) Der Erstantragsteller gilt als derjenige, dem das Recht auf den gemeinschaftlichen Sortenschutz gemäß Artikel 11 zusteht. Dies gilt nicht, falls das Amt vor einer Entscheidung über den Antrag feststellt bzw. sich aus einer ab-schließenden Beurteilung hinsichtlich der Geltendmachung des Rechts gemäß Artikel 98 Absatz 4 ergibt, daß dem Erstantragsteller nicht oder nicht allein das Recht auf den gemeinschaftlichen Sortenschutz zusteht. Ist die Identität der alleinberechtigten oder der anderen berechtigten Personen festgestellt worden, kann die Person bzw. können die Personen das Verfahren als Antragsteller einleiten.

Art 55 Technische Prüfung

(1) Stellt das Amt aufgrund der Prüfung nach den Artikeln 53 und 54 keine Hindernisse für die Erteilung des gemeinschaftlichen Sortenschutzes fest, so veranlaßt es die technische Prüfung hinsichtlich der Erfüllung der Voraussetzungen der Artikel 7, 8 und 9 durch das zuständige Amt oder die zuständigen Ämter in mindestens einem der Mitgliedstaaten, denen vom Verwaltungsrat die technische Prüfung von Sorten des entsprechenden Taxons übertragen wurde, im folgenden »Prüfungsämter« genannt.

(2) Steht ein Prüfungsamt nicht zur Verfügung, so kann das Amt mit Zustimmung des Verwaltungsrats andere geeignete Einrichtungen mit der Prüfung beauftragen oder eigene Dienststellen des Amtes für diese Zwecke einrichten. Für die Anwendung der Vorschriften dieses Kapitels gelten diese Einrichtungen als Prüfungsämter. Diese können von den Einrichtungen Gebrauch machen, die ihnen vom Antragsteller zur Verfügung gestellt werden.

(3) Das Amt übermittelt den Prüfungsämtern Abschriften des Antrags gemäß der Durchführungsordnung nach Artikel 114.

(4) Das Amt bestimmt durch allgemeine Regelung oder Aufforderung im Einzelfall, wann, wo und in welcher Menge und Beschaffenheit das Material für die technische Prüfung sowie Referenzmuster vorzulegen sind.

(5) Beansprucht der Antragsteller einen Zeitvorrang nach Artikel 52 Absatz 2 oder 4, so legt er das erforderliche Material und die etwa erforderlichen weiteren Unterlagen innerhalb von zwei Jahren nach dem Antragstag gemäß Artikel 51 vor. Wird vor Ablauf der Frist von zwei Jahren der frühere Antrag zurückgenommen oder zurückgewiesen, so kann das Amt den Antragsteller auffordern, das Material oder weitere Unterlagen innerhalb einer bestimmten Frist vorzulegen.

Art 56 Durchführung der technischen Prüfung

(1) Soweit nicht eine andere Form der technischen Prüfung in bezug auf die Erfüllung der Voraussetzungen der Artikel 7, 8 und 9 vorgesehen ist, bauen die Prüfungsämter bei der technischen Prüfung die Sorte an oder führen die sonst notwendigen Untersuchungen durch.

(2) Die technische Prüfung wird in Übereinstimmung mit den vom Verwaltungsrat erlassenen Prüfungsrichtlinien und den vom Amt gegebenen Weisungen durchgeführt.

(3) Bei der technischen Prüfung können sich die Prüfungsämter mit Zustimmung des Amtes anderer fachlich geeigneter Stellen bedienen und vorliegende Prüfungsergebnisse solcher Stellen berücksichtigen.

(4) Jedes Prüfungsamt beginnt die technische Prüfung, soweit das Amt nichts anderes bestimmt, spätestens zu dem Zeitpunkt, zu dem es eine technische Prüfung aufgrund eines Antrags auf ein nationales Sortenschutzrecht begonnen hätte, der zu dem Zeitpunkt eingereicht worden wäre, an dem der vom Amt übersandte Antrag bei dem Prüfungsamt eingegangen ist.

(5) Im Falle des Artikels 55 Absatz 5 beginnt jedes Prüfungsamt, soweit das Amt nichts anderes bestimmt, die technische Prüfung spätestens zu dem Zeitpunkt, zu dem es eine Prüfung aufgrund eines Antrags auf ein nationales Schutzrecht begonnen hätte, wenn zu diesem Zeitpunkt das erforderliche Material und die etwa erforderlichen weiteren Unterlagen vorgelegt worden wären.

(6) Der Verwaltungsrat kann bestimmen, daß die technische Prüfung bei Sorten von Reben und Baumarten später beginnen kann.

Art 57 Prüfungsbericht

(1) Auf Anforderung des Amtes oder, wenn es das Ergebnis der technischen Prüfung zur Beurteilung der Sorte für ausreichend hält, übersendet das Prüfungsamt dem Amt einen Prüfungsbericht und im Falle, daß es die in den Artikeln 7, 8 und 9 festgelegten Voraussetzungen als erfüllt erachtet, eine Beschreibung der Sorte.

(2) Das Amt teilt dem Antragsteller das Ergebnis der technischen Prüfung und die Sortenbezeichnung mit und gibt ihm Gelegenheit zur Stellungnahme.

(3) Sieht das Amt den Prüfungsbericht nicht als hinreichende Entscheidungsgrundlage an, kann es von sich aus nach Anhörung des Antragstellers oder auf Antrag des Antragstellers eine ergänzende Prüfung vorsehen. Zum Zweck der Bewertung der Ergebnisse wird jede ergänzende Prüfung, die durchgeführt wird, bis eine gemäß den Artikeln 61 und 62 getroffene Entscheidung Rechtskraft erlangt, als Bestandteil der in Artikel 56 Absatz 1 genannten Prüfung betrachtet.

(4) Die Ergebnisse der technischen Prüfung unterliegen der alleinigen Verfügungsbefugnis des Amtes und können von den Prüfungsämtern nur insoweit anderweitig benutzt werden, als das Amt dem zustimmt.

GemSortVDV:

Art 13 Beauftragung eines Prüfungsamts nach Artikel 55 Absatz 1 der Grundverordnung

(1) Beauftragt der Verwaltungsrat das zuständige Amt eines Mitgliedstaats mit der technischen Prüfung bestimmter Gattungen oder Arten, so gibt der Präsident des Amtes dies dem betreffenden Amt (im Folgenden das »Prüfungsamt«), bekannt (im Folgenden die »Beauftragung eines

Prüfungsamts«). Diese Beauftragung wird am Tag dieser Bekanntgabe wirksam. Die vorliegende Bestimmung gilt vorbehaltlich von Artikel 15 Absatz 6 dieser Verordnung entsprechend für die Änderung oder die Rücknahme der Beauftragung eines Prüfungsamts.

(1a) Der Verwaltungsrat kann die Beauftragung eines Prüfungsamts oder eine Ausweitung des Umfangs einer bestehenden Beauftragung eines Prüfungsamts von der Einhaltung der einschlägigen Anforderungen, Leitlinien und Verfahren des Amtes abhängig machen.

Bedient sich ein Prüfungsamt fachlich geeigneter Stellen nach Artikel 56 Absatz 3 der Grundverordnung, so stellt das Prüfungsamt sicher, dass die einschlägigen Anforderungen, Leitlinien und Verfahren des Amtes eingehalten werden.

Das Amt führt ein Audit durch, um zu kontrollieren, ob das Prüfungsamt die einschlägigen Anforderungen, Leitlinien und Verfahren des Amtes einhält. Im Anschluss an das Audit erstellt das Amt einen Auditbericht.

Der Verwaltungsrat stützt seine Entscheidung über die Beauftragung eines Prüfungsamts auf den vom Amt erstellten Auditbericht.

(1b) Bei einer vom Amt eingeleiteten Ausweitung des Umfangs einer geltenden Beauftragung eines Prüfungsamts kann der Verwaltungsrat in Ermangelung eines Auditberichts seine Entscheidung auf einen vom Amt erstellten Bericht stützen, in dem bewertet wird, wie das Amt die einschlägigen Anforderungen, Leitlinien und Verfahren einhält.

Bei einer von einem Prüfungsamt eingeleiteten Ausweitung des Umfangs einer geltenden Beauftragung eines Prüfungsamts stützt der Verwaltungsrat seine Entscheidung auf einen vom Amt erstellten Auditbericht.

(1c) Auf Grundlage eines Auditberichts kann der Verwaltungsrat beschließen, eine geltende Beauftragung eines Prüfungsamts zurückzunehmen oder ihren Umfang einzuschränken.

Auf Grundlage eines Ersuchens durch ein Prüfungsamt, dem das Amt zustimmt, kann der Umfang einer geltenden Beauftragung eines Prüfungsamts eingeschränkt werden. Das Amt setzt die Einschränkung im Wege der Vereinbarung gemäß Artikel 15 Absatz 1 um.

(2) Den an der technischen Prüfung beteiligten Mitgliedern des Prüfungsamts ist es nicht erlaubt, Sachverhalte, Schriftstücke und Informationen,

von denen sie während oder in Verbindung mit der technischen Prüfung Kenntnis erlangt haben, widerrechtlich zu nutzen oder Unbefugten zur Kenntnis zu bringen. Sie bleiben auch nach Abschluss der technischen Prüfung, nach ihrem Ausscheiden aus dem Dienst und nach Rücknahme der Prüfungsbefugnis des Prüfungsamts an diese Verpflichtung gebunden.

(3) Absatz 2 gilt entsprechend für das Material der Sorte, das der Antragsteller dem Prüfungsamt zur Verfügung gestellt hat. Das Amt kann Leitlinien für den Einsatz von Pflanzenmaterial durch Prüfungsämter ausarbeiten, das im Rahmen von Anträgen auf gemeinschaftlichen Sortenschutz zur Prüfung auf Unterscheidbarkeit, Homogenität und Beständigkeit vorgelegt wurde. Solche Leitlinien können auch Bedingungen umfassen, unter denen solches Pflanzenmaterial zwischen Prüfungsämtern transferiert werden kann.

(4) Das Amt wacht über die Einhaltung der Absätze 2 und 3 und entscheidet über die Ausschließung oder Ablehnung von Mitgliedern der Prüfungsämter nach Artikel 81 Absatz 2 der Grundverordnung.

Art 14 Beauftragung einer Einrichtung oder Einrichtung einer Dienststelle nach Artikel 55 Absatz 2 der Grundverordnung

(1) Beabsichtigt das Amt, nach Artikel 55 Absatz 2 der Grundverordnung, eine Einrichtung mit der technischen Prüfung von Sorten zu beauftragen (im Folgenden »Beauftragung einer Einrichtung«), so legt es dem Verwaltungsrat eine entsprechende Mitteilung mit einer Begründung der fachlichen Eignung dieser Einrichtung als Prüfungsamt zur Genehmigung vor. Artikel 13 Absätze 1a, 1b und 1c gelten entsprechend.

(2) Beabsichtigt das Amt, nach Artikel 55 Absatz 2 der Grundverordnung, eine eigene Dienststelle zur Prüfung von Pflanzensorten einzurichten, so wird dem Verwaltungsrat eine entsprechende Mitteilung mit einer Begründung der sachlichen und wirtschaftlichen Zweckmäßigkeit einer solchen Dienststelle sowie der Ortswahl zur Genehmigung vorgelegt.

(3) Stimmt der Verwaltungsrat den in den Absätzen 1 und 2 genannten Mitteilungen zu, so gibt der Präsident des Amtes der betreffenden Einrichtung die Beauftragung bekannt bzw. macht die Einrichtung einer Dienststelle im Amtsblatt der Europäischen Union bekannt. Die Beauftragung bzw. Einrichtung kann nur mit Zustimmung des Verwaltungsrats zurückgenommen werden. Artikel 13 Absätze 2 und 3 gelten entsprechend für das Personal der in Absatz 1 genannten Einrichtung.

Art 15 Einzelheiten der Prüfungsbefugnis

(1) Die Beauftragung eines Prüfungsamts oder einer Einrichtung ist Gegenstand einer schriftlichen Vereinbarung zwischen dem Amt und dem Prüfungsamt oder der Einrichtung, in der Einzelheiten der technischen Prüfung von Pflanzensorten bestimmter Gattungen und Arten durch das Prüfungsamt oder die Einrichtung sowie der Zahlung der in Artikel 58 der Grundverordnung genannten Gebühr durch das Amt festgelegt sind. Handelt es sich um eine Dienststelle nach Artikel 14 Absatz 2 der vorliegenden Verordnung, so erlässt das Amt eine entsprechende Verfahrensordnung.

(2) Die schriftliche Vereinbarung nach Absatz 1 verleiht den Handlungen, die Mitglieder des Prüfungsamts nach Maßgabe dieser Vereinbarung nach deren Unterzeichnung vornehmen oder vornehmen sollen, gegenüber Dritten die Wirkung von Handlungen des Amtes.

(3) Beabsichtigt das Prüfungsamt, die Dienste anderer fachlich geeigneter Stellen nach Artikel 56 Absatz 3 der Grundverordnung in Anspruch zu nehmen, so sind diese Stellen bereits in der schriftlichen Vereinbarung namentlich zu bezeichnen. Artikel 81 Absatz 2 der Grundverordnung und Artikel 13 Absätze 2 und 3 der vorliegenden Verordnung gelten entsprechend für das beteiligte Personal, das sich schriftlich zur Geheimhaltung verpflichten muss.

(4) Das Amt zahlt dem Prüfungsamt für die Durchführung der technischen Prüfung eine Gebühr, die sämtliche Auslagen des Prüfungsamts deckt. Der Verwaltungsrat legt einheitliche Methoden zur Berechnung der Kosten und einheitliche Kostenelemente fest, die für alle beauftragten Prüfungsämter gelten.

(5) Ein Prüfungsamt legt dem Amt auf Nachfrage in regelmäßigen Abständen eine Aufschlüsselung der Kosten der vorgenommenen technischen Prüfungen und der Unterhaltung der erforderlichen Vergleichssammlungen vor. Unter den in Absatz 3 genannten Umständen legt das Prüfungsamt dem Amt einen gesonderten Bericht über die Prüfung der Stellen vor.

Unter den in Absatz 3 genannten Umständen berücksichtigt das Prüfungsamt die einer solchen Stelle entstandenen Kosten. Das Amt legt das Format der Kostenaufschlüsselung fest. Wenn nach zwei Aufforderungen durch das Amt das Prüfungsamt dem Amt die Kostenaufschlüsselung nicht innerhalb der vom Amt gesetzten Frist vorlegt, kann die Gebühr gemäß Absatz 4 um 20% gesenkt werden.

(6) Wird einem Prüfungsamt oder einer Einrichtung die Prüfungsbefugnis entzogen oder wird sie abgeändert, so wird der Entzug bzw. die Änderung erst an dem Tag wirksam, an dem der Widerruf der schriftlichen Vereinbarung nach Absatz 1 wirksam wird.

Art 22 Prüfungsrichtlinien

(1) Der Verwaltungsrat legt auf Vorschlag des Präsidenten des Amts die Prüfungsrichtlinien fest. Das Datum der Prüfungsrichtlinien und das betreffende Taxon werden in dem in Artikel 87 genannten Amtsblatt veröffentlicht.

(2) Solange der Verwaltungsrat keine Prüfungsrichtlinien erlassen hat, kann der Präsident des Amts vorläufige Prüfungsrichtlinien festlegen. Diese treten an dem Tag außer Kraft, an dem der Verwaltungsrat die Prüfungsrichtlinien erlässt. Von etwaigen Abweichungen zwischen den vorläufigen Prüfungsrichtlinien des Präsidenten des Amts und denen des Verwaltungsrats bleibt eine technische Prüfung, die vor Erlass der Prüfungsrichtlinien durch den Verwaltungsrat begonnen hat, unberührt. Der Verwaltungsrat kann anders entscheiden, wenn die Umstände dies erfordern.

(3) In Ermangelung eines Erlasses der Prüfungsrichtlinien des Amtes durch den Verwaltungsrat oder ihrer vorläufigen Festlegung durch den Präsidenten des Amtes gemäß Absatz 2 gelten die Richtlinien für die einzelnen Gattungen und Arten des UPOV. In Ermangelung solcher Richtlinien können nationale Leitlinien, die von einer mit der technischen Prüfung einer Pflanzensorte beauftragten zuständigen Behörde ausgearbeitet wurden, verwendet werden, sofern der Präsident des Amtes einer solchen Verwendung zustimmt. Die zuständige Behörde legt diese Leitlinien dem Amt vor, das sie auf seiner Website veröffentlicht.

Art 23 Ermächtigung des Präsidenten des Amts

(1) Erlässt der Verwaltungsrat Prüfungsrichtlinien, so ist darin eine Ermächtigung des Präsidenten des Amts vorzusehen, zusätzliche Merkmale einer Sorte und ihre Ausprägungen in die Prüfungsrichtlinien aufzunehmen.

(2) [gestrichen]

Art 24 Unterrichtung der Prüfungsämter durch das Amt

Nach Artikel 55 Absatz 3 der Grundverordnung übermittelt das Amt dem Prüfungsamt folgende Unterlagen zu der betreffenden Sorte in elektronischem Format:

a) das Antragsformular, den technischen Fragebogen sowie alle zusätzlich vom Antragsteller vorgelegten Unterlagen mit den für die Durchführung der technischen Prüfung notwendigen Informationen;

b) die vom Antragsteller nach Artikel 86 der vorliegenden Verordnung ausgefüllten Vordrucke;

c) die Unterlagen einer Einwendung, die auf die Behauptung gestützt ist, dass die Voraussetzungen der Artikel 7, 8 und 9 der Grundverordnung nicht erfüllt sind.

Art 25 Zusammenarbeit zwischen dem Amt und den Prüfungsämtern

Das für die technische Prüfung zuständige Personal des Prüfungsamts und der nach Artikel 8 Absatz 1 bestellte Berichterstatter arbeiten bei der technischen Prüfung in allen Teilen des Prüfungsverfahrens zusammen. Die Zusammenarbeit bezieht sich mindestens auf folgende Verfahrensabschnitte:

a) Überwachung der technischen Prüfung einschließlich der Überprüfung der Versuchsfelder und der Testmethoden durch den Berichterstatter,

b) Mitteilung des Prüfungsamts über eine etwaige frühere Vermarktung der Sorte unbeschadet weiterer Nachprüfungen des Amts, und

c) Vorlage von Zwischenberichten des Prüfungsamts an das Amt über jede Vegetationsperiode.

Art 26 Form der Prüfungsberichte

(1) Der Prüfungsbericht nach Artikel 57 der Grundverordnung ist vom zuständigen Mitglied des Prüfungsamts zu unterzeichnen und mit dem Vermerk zu versehen, dass die Ergebnisse der technischen Prüfung der alleinigen Verfügungsbefugnis des Amts nach Artikel 57 Absatz 4 der Grundverordnung unterliegen.

(2) Absatz 1 gilt entsprechend für die dem Amt vorzulegenden Zwischenberichte. Das Prüfungsamt übermittelt dem Antragsteller direkt eine Abschrift des Zwischenberichts.

Art 27 Sonstige Prüfungsberichte

(1) Das Amt kann einen Bericht über die Ergebnisse einer technischen Prüfung, die für amtliche Zwecke in einem Mitgliedstaat durch eines der für die betreffende Art nach Artikel 55 Absatz 1 der Grundverordnung zuständigen Ämter durchgeführt wurde oder deren Durchführung im Gange ist, als ausreichende Entscheidungsgrundlage ansehen, sofern

a) das für die technische Prüfung vorgelegte Material hinsichtlich der Menge und Beschaffenheit den gemäß Artikel 55 Absatz 4 der Grundverordnung festgelegten Bedingungen entspricht,

b) die technische Prüfung in einer Weise durchgeführt worden ist, die mit dem Prüfungsauftrag des Verwaltungsrats nach Artikel 55 Absatz 1 der Grundverordnung und den Anforderungen nach Artikel 13 Absatz 1a der vorliegenden Verordnung übereinstimmt, und den Prüfungsrichtlinien oder allgemeinen Anweisungen nach Artikel 56 Absatz 2 der Grundverordnung und den Artikeln 22 und 23 der vorliegenden Verordnung entspricht,

c) das Amt die Gelegenheit hatte, die Durchführung der betreffenden technischen Prüfung zu überwachen, und

d) die Zwischenberichte über jede Vegetationsperiode vor dem Prüfungsbericht vorgelegt werden, soweit die Prüfungsberichte nicht sofort verfügbar sind.

(2) Hält das Amt den Prüfungsbericht nach Absatz 1 als Entscheidungsgrundlage für unzureichend, so kann es nach Rücksprache mit dem Antragsteller und dem betreffenden Prüfungsamt gemäß Artikel 55 der Grundverordnung verfahren.

(3) Das Amt und jedes zuständige Sortenamt eines Mitgliedstaats leisten einander Amtshilfe in der Form, dass sie Prüfungsberichte über eine Sorte, die zur Beurteilung der Unterscheidbarkeit, Homogenität und Beständigkeit derselben Sorte dienen, auf Antrag zur Verfügung stellen. Ein bestimmter und von den betreffenden Ämtern vereinbarter Betrag wird vom Amt oder von dem zuständigen nationalen Sortenamt für die Vorlage eines solchen Berichts an den jeweils anderen erhoben.

(4) Das Amt kann einen Bericht über die Ergebnisse einer technischen Prüfung, die für amtliche Zwecke in einem Drittland oder auf dem Gebiet einer regionalen Organisation, das/die Mitglied des UPOV oder Vertragspartei des Übereinkommens über handelsbezogene Aspekte der Rechte des geistigen Eigentums (TRIPS) ist, durchgeführt wurde oder deren Durchführung im Gange ist, als ausreichende Entscheidungsgrundlage ansehen, sofern die technische Prüfung den Bedingungen entspricht, die in einer schriftlichen Vereinbarung zwischen dem Amt und der zuständigen Behörde des betreffenden Drittlandes oder der regionalen Organisation festgelegt sind. Diese Bedingungen umfassen mindestens Folgendes:

a) die in Absatz 1 Buchstabe a genannten Bedingungen in Bezug auf das vorgelegte Material;

b) die Bedingung, dass die technische Prüfung im Einklang mit den Prüfungsrichtlinien oder allgemeinen Anweisungen nach Artikel 56 Absatz 2 der Grundverordnung und Artikel 22 der vorliegenden Verordnung durchgeführt worden ist;

c) die Bedingung, dass das Amt die Gelegenheit hatte, die Eignung der Einrichtungen zur Durchführung einer technischen Prüfung für die betreffenden Arten in diesem Drittland oder auf dem Gebiet dieser regionalen Organisation zu beurteilen;

d) die in Absatz 1 Buchstabe d genannten Bedingungen für die Verfügbarkeit der Berichte;

e) die Bedingung, dass das betreffende Drittland über angemessene Erfahrung bei der Prüfung der betreffenden Gattungen oder Arten verfügt; und

f) die Bedingung, dass die schriftliche Vereinbarung mit Zustimmung des Verwaltungsrats getroffen wird.

(5) Das Amt kann eine zuständige Behörde eines Drittlands oder einer regionalen Organisation, das/die Mitglied des UPOV oder Vertragspartei des TRIPS ist, auffordern, die technische Prüfung durchzuführen, sofern eine schriftliche Vereinbarung zwischen dem Amt und der zuständigen Behörde getroffen wurde und eine der folgenden Bedingungen erfüllt ist:

a) es besteht keine Möglichkeit, die technische Prüfung für die betreffenden Arten in einem Prüfungsamt innerhalb der Europäischen Union durchzuführen, und ein Bericht über die Ergebnisse einer technischen Prüfung gemäß Absatz 4 ist nicht verfügbar oder wird voraussichtlich nicht zur Verfügung stehen;

b) ein Bericht über die Ergebnisse einer technischen Prüfung gemäß Absatz 4 soll zur Verfügung gestellt werden, aber die Bedingungen nach Absatz 4 für die Durchführung der technischen Prüfung sind nicht erfüllt.

(6) Die schriftliche Vereinbarung gemäß Absatz 5 wird mit Zustimmung des Verwaltungsrats getroffen, sofern folgende Bedingungen erfüllt sind:

a) die in Absatz 1 Buchstabe a genannten Bedingungen für das vorgelegte Material;

b) die Bedingung, dass die technische Prüfung im Einklang mit den Prüfungsrichtlinien oder allgemeinen Anweisungen nach Artikel 56 Absatz 2 der Grundverordnung und Artikel 22 der vorliegenden Verordnung durchgeführt worden ist;

c) die Bedingung, dass das Amt Gelegenheit hatte, die Eignung der Einrichtungen zur Durchführung einer technischen Prüfung für die betreffenden Arten in diesem Drittland oder auf dem Gebiet dieser regionalen
   Organisation zu beurteilen und die betreffende technische Prüfung zu
   überwachen;
d) die in Absatz 1 Buchstabe d genannten Bedingungen für die Verfügbarkeit der Berichte;
e) die Bedingung, dass das betreffende Drittland über angemessene Erfahrung bei der Prüfung der betreffenden Gattungen oder Arten verfügt.

Ausland: Österreich:

Sortenprüfungen

§ 11. (1) Das Bundesamt für Ernährungssicherheit hat auf Grund eigener
Anbauversuche oder anderer geeigneter Untersuchungen zu prüfen, ob die
Sorte den Schutzvoraussetzungen entspricht (Registerprüfung). Die Prüfung
ist so lange durchzuführen, wie es eine verlässliche Beurteilung erfordert.

(2) Das Bundesamt für Ernährungssicherheit kann seiner Beurteilung
anstelle eigener Prüfungen die Ergebnisse anderer Prüfstellen von EWR-,
Mitglied- oder Verbandsstaaten zugrunde legen, wenn diese Prüfstellen auf
Grund ihrer technischen Ausstattung, ihrer Prüfmethoden und ihrer örtlichen Anbauverhältnisse für eine Registerprüfung in Betracht kommen und
die Ergebnisse dem Bundesamt für Ernährungssicherheit vorliegen.

(3) Der Anmelder hat
1. dem Bundesamt für Ernährungssicherheit
   a) das für die Prüfung erforderliche Vermehrungsmaterial der Sorte
      sowie von Erbkomponenten, die bei der Erzeugung der Sorte ver-
      wendet werden, unentgeltlich zur Verfügung zu stellen,
   b) alle Auskünfte über die Erhaltung der Sorte zu erteilen und deren
      Überprüfung zu gestatten,
   c) Betriebsbesichtigungen zuzulassen,
2. dem Bundesamt für Ernährungssicherheit zu gestatten,

unentgeltlich Proben der Sorte im erforderlichen Ausmaß zu entnehmen
und
   b) in die Aufzeichnungen über die Erhaltung der Sorte Einsicht zu neh-
      men.

Kommt der Anmelder trotz schriftlicher Mahnung und Einräumung einer
angemessenen Nachfrist diesen Verpflichtungen nicht nach, so ist die

Anmeldung vom Bundesamt für Ernährungssicherheit mit Bescheid zurückzuweisen.

(4) Kann sich der Anmelder auf ein Prioritätsrecht berufen, so ist über seinen Antrag vom Bundesamt für Ernährungssicherheit die Prüfung bis längstens fünf Jahre nach Anmeldung in einem anderen EWR-, Mitglied- oder Verbandsstaat auszusetzen. Die Zurückziehung oder Ablehnung einer Anmeldung hat zur Folge, dass die Prüfung vom Bundesamt für Ernährungssicherheit nach einer angemessenen Frist umgehend einzuleiten ist.

(5) Nach Erteilung des Sortenschutzes hat das Bundesamt für Ernährungssicherheit zu prüfen, ob das Fortbestehen der geschützten Sorte gesichert ist, wenn sich der Verdacht ergibt, dass der Sortenschutzinhaber keine ausreichenden Maßnahmen zur Sicherung des Fortbestehens der Sorte setzt. Zum Zweck der Prüfung ist das Bundesamt für Ernährungssicherheit ermächtigt, beim Sortenschutzinhaber

1. Betriebsbesichtigungen vorzunehmen,
2. unentgeltlich Proben der Sorte im erforderlichen Ausmaß zu entnehmen und
3. in die Aufzeichnungen über die Erhaltung der Sorte Einsicht zu nehmen.

(6) Das Bundesamt für Ernährungssicherheit ist ermächtigt, Ergebnisse sowohl der eigenen als auch der von anderen inländischen Prüfstellen vorgenommenen Sortenprüfungen Prüfstellen eines EWR-, Mitglied- oder Verbandsstaates, die für die Erteilung des Sortenschutzes oder eines gleichwertigen Schutzrechtes zuständig sind, bekannt zu geben.

Schweiz:

Art 30 Sortenprüfung

(1) Der Schutzbewerber hat der Prüfungsstelle innert der festgelegten Frist das erforderliche Vermehrungsmaterial zuzustellen, die notwendigen Auskünfte zu erteilen und deren Nachprüfung zu gestatten. Wenn er die Priorität der Anmeldung nach Artikel 11 beansprucht, muss er das Vermehrungsmaterial innert zwei Jahren nach Ablauf der Prioritätsfrist beibringen.

(2) Die Prüfungsstelle hält die Ergebnisse in einem Prüfungsbericht fest. Ist die Sorte schutzfähig, so beschreibt sie in einer offiziellen Sortenbeschreibung ihre Merkmale.

(3) Nimmt die Prüfungsstelle einen Versuchsanbau vor, so kann der Bewerber Einblick in die Versuche nehmen und sich zum Ergebnis der Prüfung äussern.

Belgien: Art XI.135 – Art XI.138 Code du droit économique; **Bulgarien:** Art 35 (vorläufige Prüfung), Art 37 (Vorlage zur Sachprüfung), Art 38 (Sachprüfung), Art 39 (Fristverlängerung) Pflanzen- und TierzuchtG; **Dänemark:** Art 9 SortG; **Estland:** vgl §§ 16, 17, 18 Plant Propagation and Plant Variety Rights Act; **Finnland:** Sec 19, vgl Sec 13 Abs 5 SortG 2009; **Frankreich:** Art L 623-12 (geänd 2011), Art R 623-19–24 CPI; **Island:** Art 7 Abs 1, 3, Art 9 SortG; **Italien:** Art 18 VO 455; **Kroatien:** Art 21, 24, 27 Nr 1 SortG; **Lettland:** Sec. 16 (Eingangsprüfung), 18 (Sachprüfung, geänd 2010), 34 (Mitwirkungspflicht) SortG; **Litauen:** Art 11 (Formalprüfung), 12 (Sachprüfung), 13, 14 (Technische Prüfung), 31 (Mitwirkungspflicht) SortG; **Niederlande:** Art 49 Abs 7 (technische Prüfung) Zaaizaad- en plantgoedwet 2005; **Norwegen:** Art 6 (vorläufige Prüfung), 9 SortG; **Polen:** Art 15 – 17 SortG; **Portugal:** Art 14 (Erteilung, Zurückweisung), 16 (Weiterbehandlung), 17 (Prüfung), 18 (Prüfungsbericht), 19, 20 (Entscheidung und Veröffentlichung), 22 (Fortbestehen) SortV; **Rumänien:** Art 16 (Formalprüfung), 17 (Sachprüfung), 18 (technische Prüfung), 19 (Anbauprüfung), 23 (Fristverlängerung) SortG; **Schweden:** Kap 11 § 3 Växtförädlarrättslag; **Slowakei:** Art 17, 20 Pflanzen- und TierzuchtG; **Slowenien:** Art 26, 29, 30 (Sortenbezeichnung), 31 (technische Prüfung) SortG; **Spanien:** Art 39, 40 SortG 2000; **Tschech. Rep.:** Art 14 SortG 2000; **Ungarn:** Art 114 M, Art 114 O (Formalprüfung), Art 114 R (Sachprüfung), Art 114 S (Datenübermittlung) PatG

Schrifttum

Marx Fragen der Gegenseitigkeit des Sortenschutzrechtes, SgW 1974, 317; *Neumeier* S 138 ff.

Übersicht		Rdn.
A.	Nationale Regelung, Entstehungsgeschichte	1
B.	PflZÜ	2
C.	Prüfung im nationalen Verfahren	3
I.	Allgemeines	3
II.	Formalprüfung	5
III.	Registerprüfung (Anbauprüfung)	6
	1. Allgemeines	6
	2. Heranziehung der Wertprüfung	7

3. Prüfungsamt 8
4. Umfang; Prüfungssystem 10
5. Prüfungsgrundsätze 12
6. Zeitpunkt 13
7. Dauer 17
8. Prüfungsberichte 18
IV. Mitwirkungspflicht des Antragstellers 19
1. Allgemeines 19
2. Besonderheiten bei Geltendmachung eines Zeitvorrangs 21
D. Auskünfte über Prüfungsergebnisse an ausländische Stellen (Abs 5) 24
E. **Sortenbezeichnung (Abs 6)** 26
I. Allgemeines 26
II. Angabe der Sortenbezeichnung 27
III. Prüfung der Sortenbezeichnung 29
F. **Prüfung nach Gemeinschaftsrecht** 31
I. Allgemeines 31
II. Prüfung durch nationale Ämter und andere geeignete Einrichtungen 32
III. Mitwirkungspflicht 34
IV. Durchführung der technischen Prüfung 35
V. Prüfungsberichte 37

A. Nationale Regelung, Entstehungsgeschichte

Die Vorgängerregelung war in § 36 SortG 1968 enthalten. Abs 5 entspricht **1** dem durch die Novelle 1974 eingefügten § 31a SortG 1968,[1] Abs 6 entspricht sachlich § 37 Abs 1, § 38 SortG 1968. Vgl für die Sortenzulassung § 44 SaatG.

B. PflZÜ

Art 12 PflZÜ 1991 schreibt eine Prüfung zwingend vor. **2**

C. Prüfung im nationalen Verfahren

I. Allgemeines

Das geltende Recht hat trotz Kritik[2] in Übereinstimmung mit dem PflZÜ die **3** der Erteilung vorgeschaltete Prüfung beibehalten.

---

1 Begr BTDrs 7/596 S 13.
2 *Wuesthoff*[1] § 36 Rn. 1.

4 Das SortG spricht nur von der **Prüfung als solcher**. Zu den **Prüfungsgebüh-ren** Rdn. 9 ff. zu § 33.

II. Formalprüfung

5 Zur Formalprüfung Rdn. 2 zu § 24.

III. Registerprüfung (Anbauprüfung)

1. Allgemeines

6 Die Registerprüfung (§ 2 BSAVfV; zum Begriff Rdn. 20 zu § 3) dient der Feststellung, ob die Sorte unterscheidbar, homogen und beständig ist (nicht auch der Prüfung auf Neuheit); dies gilt auch für die technische Prüfung nach Art 55 GemSortV. Sie ist als Amtsprüfung ausgestaltet; Dritte sind nur beteiligt, soweit das BSA dies als zweckmäßig erachtet,[3] können aber nach Bekanntmachung des Antrags Einwendungen erheben. Die Anbauprüfung kann insb bei neuen Züchtungsmethoden durch sonstige Untersuchungen ergänzt, in geeigneten Fällen auch ersetzt werden, wenn die erforderlichen Feststellungen als Folge fortgeschrittener Prüfungstechnik bei bestimmten Arten auch ohne Anbau getroffen werden können.[4] Die (materielle) Beweislast für die Schutzfähigkeit trifft im Prüfungsverfahren den Antragsteller.[5]

2. Heranziehung der Wertprüfung

7 Bei der Registerprüfung kann das BSA auch Ergebnisse der Wertprüfung (§ 3 BSAVfV) für die Sortenzulassung heranziehen (§ 2 Abs 5 BSAVfV). Von einer Anbauprüfung kann deshalb ganz abgesehen werden, wenn bereits ausreichende frühere Prüfungsergebnisse aus der Wertprüfung zur Verfügung stehen.[6] Den Ergebnissen einer Wertprüfung kann geringere Relevanz zukommen als denen einer Prüfung auf Unterscheidbarkeit, Homogenität und Beständigkeit.[7]

---

3 VVgl den BPatG GRUR 2002, 243 »Calluna (Besenheide)« zugrunde liegenden Sachverhalt.
4 Begr BTDrs 10/816 = BlPMZ 1986, 136, 141; *Metzger/Zech* Rn. 1.
5 GSA (BK) InstGE 2, 192 Estrade; vgl GSA (BK) InstGE 2, 189 Enara.
6 *Wuesthoff*[2] Rn. 3; *Leßmann/Würtenberger*[2] § 5 Rn. 239; *Metzger/Zech* Rn. 1; vgl Begr BTDrs V/1630 = BlPMZ 1968, 215, 223.
7 GSA (BK) InstGE 2, 192 Estrade.

3. Prüfungsamt

Die Prüfung ist grds Sache des BSA. Dieses kann sich jedoch für die technische   8
Prüfung anderer fachlich geeigneter Stellen, auch im Ausland, bedienen (Abs 2).
Seit Jahren besteht bei etwa 100 Pflanzenarten eine enge Zusammenarbeit mit
Staaten, die der UPOV angehören. Ergebnis der Zusammenarbeit sind gegenseitige Übernahme der in einem anderen Staat gewonnenen Prüfungsergebnisse und
Zentralisierung der Sortenprüfung bei bestimmten Pflanzenarten in nur einem
dieser Staaten. In Betracht kommen auch Einrichtungen anderer Rechtsträger,
zB der Länder[8] oder Hochschulen.[9] Die vor Inkrafttreten des SortG 1985 nach
§ 36 Abs 2 Satz 2 SortG 1968 erforderliche Bekanntmachung der ausländ Stellen
ist als entbehrlich angesehen worden, weil hierfür ausschließlich der Kreis der
Verbandsstaaten in Betracht kommt und diese bestrebt sind, einheitliche Prüfungsgrundsätze und -methoden anzuwenden.[10]

Es bestehen verschiedene **Prüfungsvereinbarungen** mit Stellen anderer Staa-   9
ten. Hinweise auf den aktuellen Stand werden im Blatt für Sortenwesen veröffentlicht.[11] Es bestehen folgende Vereinbarungen (mit Fundstelle im BfS):

Belarus 2008, 169

Belgien 1983, 184; 1987, 336; 1993, 94

Dänemark 1987, 112 und 282

Frankreich 2007, 94

Finnland 1993, 449; 1994, 271 und 467; 1995, 462; 1996, 328 und 394;
2002, 18

Israel 1993, 93

Japan (Memorandum) 1997, 381

Kroatien 2003, 53

Lettland 2007, 188

Litauen 2006, 197

Niederlande 1986, 279; 1989, 247

---

8 Vgl Begr BTDrs V/1630 = BlPMZ 1968, 215, 223.
9 *Leßmann/Würtenberger*[2] § 5 Rn. 240.
10 Begr BTDrs 10/816 = BlPMZ 1986, 136, 141.
11 Zuletzt BfS 2015, 342.

Österreich 1995, 25; 1998, 436

Polen 1994, 364

Russische Föderation 2001, 399

Schweden 1978, 280; 1983, 184; 1987, 336; 1989, 222; 1991, 394

Schweiz 1983, 184; 1986, 374; 1987, 282

Slowenien 1996, 420

Ungarn (OMMI) 1996, 130 Berichtigungen hierzu: 1996, 278; 1997, 381

Ungarn (Patentbüro) 2004, 380; 2005, 19

Vereinigtes Königreich 1987, 282; 1991, 289.

4. Umfang; Prüfungssystem

10 Grundlage der Registerprüfung ist das vom Antragsteller für die Prüfung erstmals vorgelegte Vermehrungsmaterial oder Saatgut (§ 2 Abs 1 Satz 3 BSAVfV).[12]

11 Vgl weiter die **Bekanntmachungen** des BSA im BfS **über das Prüfungssystem** bei
  – Deutschem Weidelgras 2006, 25
  – einjährigen Gräsern 1995, 23
  – Futtererbse zur Körnernutzung 2007, 24
  – Getreide (außer Mais) 1996, 324
  – Kartoffel 1992, 273
  – Leguminosen (außer Futtererbsen-Körnernutzung) 1995, 23
  – Mais 2002, 420
  – Öl- und Faserpflanzen (außer Winterraps-Körnernutzung) 1995, 23
  – Runkelrübe 1995, 23
  – sonstigen Futterpflanzen 1995, 23
  – Winterraps für Körnernutzung 2010, 224
  – Zuckerrübe 1993, 337.

---

12 Vgl die Bek des BSA Nr 11/14 über Bestimmungen für den Beginn des Prüfungsanbaues und die Vorlage des Vermehrungsmaterials BfS 2014, 135; vgl *Metzger/Zech* Rn. 6; *Wuesthoff*[2] Rn. 10; *Leßmann/Würtenberger*[2] § 5 Rn. 250 ff.

5. Prüfungsgrundsätze

Unter Berücksichtigung der botanischen Gegebenheiten wählt das BSA für   12
die einzelnen Arten die für die Unterscheidbarkeit der Sorten wichtigen
Merkmale aus und setzt Umfang und Art der Prüfungen fest (§ 6 Abs 1 BSA-
VfV).[13] Dabei sind für landwirtschaftliche und Gemüsearten die Richtlinien
2003/90/EG und 2003/91/EG der Kommission mit Durchführungsbestimmungen zu Art 7 der Richtlinien 2002/53/EG und 2002/55/EG des Rates[14]
zu beachten (§ 6 Abs 1 Satz 2 BSAVfV idF der 5. ÄndVO). Zur Sicherstellung
der Einheitlichkeit sind UPOV-Richtlinien geschaffen worden (vgl Rdn. 20
zu § 3).[15] Hierauf beruhen die Grundsätze des BSA

für die/bei der Prüfung
– auf Unterscheidbarkeit, Homogenität und Beständigkeit von Pflanzensorten BfS 1980, 233;
– forstlicher Baumarten BfS 1978, 19;
– von Rasengräsersorten BfS 1975, 125;

zur Feststellung der physiologischen Merkmale bei Reben BfS 1986, 203;

über die bei der Sortenprüfung angewandte Feststellung der Entwicklungsstufen bei verschiedenen Pflanzenarten BfS 1985, 249.

6. Zeitpunkt

Der Prüfungsbeginn ist in § 2 Abs 1, Abs 3 BSAVfV geregelt. Danach beginnt   13
das BSA die Registerprüfung regelmäßig in der auf den Antragstag folgenden
Vegetationsperiode, wenn der Antrag bis zu dem für die jeweilige Art bekanntgemachten Termin eingegangen ist (§ 2 Abs 1 Satz 1 BSAVfV).

Bei **gentechnisch veränderten Sorten** kann die Prüfung erst beginnen, wenn   14
eine Genehmigung zur Freisetzung oder zum Inverkehrbringen nach dem
Gentechnikregelungsgesetz vorliegt. Das BSA selbst betreibt keine Freiset-
zungsversuche.

---

13 Vgl *Wuesthoff*[2] Rn. 16 ff.; *Leßmann/Würtenberger*[2] § 5 Rn. 265.
14 ABl EU 2003 L 254/7, 11.
15 UPOV-Dok TG/1/2, PVP 22 (1980), 20 ff, auch bei *Wuesthoff/Leßmann/
    Würtenberger*[1] Bd II, ersetzt durch Dok TG/1/3 vom 19.4.2002, PVP 93 (2002),
    50 ff; hierzu Bek BfS 2004, 330; vgl *Leßmann/Würtenberger*[2] § 5Rn 266; *Metzger/
    Zech* Rn. 3.

15 Bei **Rebe und Baumarten** kann das BSA nach Maßgabe des § 2 Abs 3 BSA-VfV die Prüfung auf Antrag später beginnen.[16]

16 Im Fall der **Geltendmachung eines Zeitvorrangs** nach Abs 4 (Rdn. 21 ff.) beginnt das BSA die Registerprüfung in der Vegetationsperiode, die dem Einsendetermin folgt, bis zu dem das Vermehrungsmaterial vorgelegt worden ist (§ 2 Abs 1 Satz 2 BSAVfV).

7. Dauer

17 Die Registerprüfung dauert nicht mehr wie früher bis zur Unanfechtbarkeit der Entscheidung über die Erteilung des Sortenschutzes oder die Sortenzulassung (§ 2 Abs 4 BSAVfV aF), sondern nur noch bis zum Ende der für die Feststellung ausreichender Prüfungsergebnisse für die Erstellung des Prüfungsberichts erforderliche Zeit (Regelprüfzeit), die das BSA für die einzelnen Arten bekannt macht (§ 2 Abs 4 BSAVfV idF der 5. ÄndVO). Die frühere Regelung konnte zu unangemessen langen Prüfungszeiten führen;[17] zu den gebührenrechtl Folgen Rdn. 10 zu § 33. Vernichtung des Pflanzenmaterials vor bestandskräftigem Abschluss des Prüfungsverfahrens ist bdkl;[18] Verwertung verderblichen Materials wir Früchte dürfte aber nicht ausgeschlossen sein und entspricht auch der Praxis. So betreibt die Prüfstelle Haßloch einen umfangreichen Prüfungsanbau von Reben und verwertet die Trauben über die örtliche Winzergenossenschaft.

8. Prüfungsberichte

18 Das BSA übersendet dem Antragsteller einen Prüfungsbericht, sobald es das Ergebnis der Registerprüfung zur Beurteilung der Sorte für ausreichend hält (§ 7 BSAVfV). Der Antragsteller erhält die Möglichkeit, sich hierzu schriftlich zu äußern (»rechtl Gehör«, § 28 VwVfG).[19] Anders als nach der vor 1986 geltenden Regelung ist eine Unterrichtung des Antragstellers über das Prüfungsergebnis eines jeden Prüfungsjahrs nicht mehr vorgesehen.[20]

---

16 Vgl *Wuesthoff*[2] § 36 Anm 6; *Wuesthoff*[2] Rn. 13; *Leßmann/Würtenberger*[2] § 5 Rn. 256f.
17 Vgl *Wuesthoff*[2] Rn. 19; *Wuesthoff/Leßmann/Würtenberger*[1] Rn. 793 ff.
18 GSA (BK) InstGE 4, 35 Inuit.
19 *Metzger/Zech* Rn. 7.
20 Vgl *Wuesthoff*[2] Rn. 19; *Leßmann/Würtenberger*[2] § 5 Rn. 267.

IV. Mitwirkungspflicht des Antragstellers

1. Allgemeines

Nach Abs 3, der im wesentlichen § 36 Abs 3 Satz 1 SortG 1968 entspricht, ist **19** der Antragsteller auf Anforderung des BSA verpflichtet, dem BSA oder der von ihm bezeichneten Stelle innerhalb einer bestimmten, vom BSA zu setzenden Frist das erforderliche Vermehrungsmaterial und sonstige Material und die erforderlichen weiteren Unterlagen vorzulegen, die erforderlichen Auskünfte zu erteilen und deren Prüfung zu gestatten. Dies schließt eine Nachprüfung an Ort und Stelle ein.[21] Das BSA bestimmt, wann, wo und in welcher Menge und Beschaffenheit das Vermehrungsmaterial oder Saatgut vorzulegen ist (§ 5 Satz 1 BSAVfV; Bek BSA Nr 8/98,[22] Nr 14/98,[23] Nr 11/00,[24] Nr 15/00 und Nr 3/01[25]); dieses darf keiner Behandlung unterzogen werden, soweit nicht das BSA eine solche vorgeschrieben oder gestattet hat (§ 5 Satz 2 BSAVfV).

Als **sonstiges Material** wird insb solches der Erbkomponenten bei Hybrid- **20** züchtungen in Betracht kommen, bei denen das BSA die Registerprüfung vAw auf alle Erbkomponenten erstrecken kann (§ 2 Abs 2 BSAVfV).[26]

2. Besonderheiten bei Geltendmachung eines Zeitvorrangs

Wird vom Antragsteller ein Zeitvorrang (»Priorität«) nach § 23 Abs 2 **21** (Rdn. 4 ff. zu § 23) geltend gemacht, sind das in Abs 3 genannte Material und die dort genannten Unterlagen erst bis zum Ablauf einer vierjährigen, an die Zeitvorrangfrist – nicht den tatsächlichen Zeitpunkt der Nachanmeldung[27] – anschließenden Frist vorzulegen (Abs 4 Satz 1 in Umsetzung von Art 11 Abs 3 PflZÜ).[28] Die Erleichterung soll es ermöglichen, die Sorte erst im Inland zu erproben.[29]

---

21 Begr SortG 1968 BlPMZ 1968, 215, 223.
22 BfS 1998, 239.
23 BfS 1998, 337.
24 BfS 2000, 236.
25 BfS 2000, 316; BfS 2001, 48.
26 Vgl *Wuesthoff*[2] Rn. 16.
27 Vgl *Würtenberger* S 126f einerseits, *Wuesthoff*[2] Rn. 11; *Leßmann/Würtenberger*[2] § 5 Rn. 253 f. andererseits.
28 Zum Hintergrund *Schade/Pfanner* GRUR Int 1961, 1, 9; *Neumeier* S 179; vgl *Metzger/Zech* Rn. 10; Bek BfS 2014, 135.
29 Begr SortG 1968 BlPMZ 1968, 215, 223.

22 An eine **vorzeitige Vorlage des Materials** ist der Antragsteller gleichwohl gebunden; er darf nicht innerhalb der Vorlagefrist anderes Material vorlegen (Abs 4 Satz 2).[30]

23 Bei **Rücknahme oder Zurückweisung des ersten** (zeitrangbegründenden) **Antrags** innerhalb der Vorlagefrist kann das BSA (nach pflichtgemäßem Ermessen) den Antragsteller auffordern, das Material zur nächsten Vegetationsperiode und die weiteren Unterlagen innerhalb einer von ihm bestimmten Frist vorzulegen (Abs 4 Satz 3). In diesem Fall entfällt zum einen der mit der Bestimmung verfolgte Zweck, den Antragsteller nicht zur gleichzeitigen Einsendung von Vermehrungsmaterial in verschiedenen Staaten zu zwingen, zum anderen soll verhindert werden, dass das Institut des Zeitvorrangs lediglich dazu benutzt wird, sich durch Antragstellung und alsbaldige Antragsrücknahme in anderen Staaten einen Prüfungsaufschub zu verschaffen, »denn in diesem Fall kann nicht ausgeschlossen werden, dass dadurch ein Zeitrang für eine Sorte gewonnen wird, die zum Zeitpunkt der Antragstellung noch nicht prüfungsfähig ist«.[31]

D. Auskünfte über Prüfungsergebnisse an ausländische Stellen (Abs 5)

24 Die Regelung entspricht der in dem durch das SortÄndG 1974 eingefügten § 31a. Nach der Begr[32] ist es im Zug der zunehmenden zwischenstaatlichen Zusammenarbeit bei der Sortenprüfung notwendig, dass das BSA Stellen in anderen Staaten Auskünfte über Prüfungsergebnisse in dem Maß erteilt, wie es selbst auf Prüfungsergebnisse dieser Stellen angewiesen ist. Der Wortlaut der Regelung beschränkt diese nicht auf Verbandsstaaten.[33]

25 Eine Regelung hinsichtlich der **Sortenbezeichnung** trifft Art 20 Abs 5 PflZÜ 1991.

---

30 Vgl Begr BlPMZ 1986, 136, 142; *Wuesthoff*[2] Rn. 12; *Leßmann/Würtenberger*[2] § 5 Rn. 255; *Metzger/Zech* Rn. 11.

31 Begr BlPMZ 1986, 136, 142; vgl *Leßmann/Würtenberger*[2] § 5 Rn. 258; *Würtenberger* S 127; *Metzger/Zech* Rn. 12.

32 BlPMZ 1975, 44, 46.

33 Bedenken hiergegen bei *Wuesthoff*[2] Rn. 19; differenzierend *Leßmann/Würtenberger*[2] § 5 Rn. 270; aA auch *Metzger/Zech* Rn. 13.

E. Sortenbezeichnung (Abs 6)

I. Allgemeines

Abs 6 betrifft die früher in § 37 Abs 1 SortG 1968 geregelte Angabe und Prü- **26** fung der Sortenbezeichnung, zu der sich auch an anderen Stellen (§§ 22, 27) verfahrensrechtliche Regelungen finden.

II. Angabe der Sortenbezeichnung

Die Verpflichtung zur Angabe einer (ggf vorläufigen) Sortenbezeichnung folgt **27** bereits aus § 22 Abs 2 (Rdn. 11 f. zu § 22). Abs 6 Nr 1 sieht bei Angabe einer vorläufigen Sortenbezeichnung, Nr 2 bei Angabe einer nicht eintragbaren Sortenbezeichnung eine Fristsetzung durch das BSA vor, an die ihrerseits die Sanktion des § 27 Abs 1 (Rdn. 2 ff. zu § 27) geknüpft ist.[34] Aus dem Charakter der vorläufigen Sortenbezeichnung wird abzuleiten sein, dass diese vom Antragsteller aus eigenem Antrieb geändert werden kann.

Wann das BSA die **Aufforderung** nach Abs 6 Satz 1 erlässt, liegt in seinem **28** pflichtgemäßen Ermessen.[35] Abw von der üblichen Praxis, nach der Aufforderung erfolgt, wenn die Erteilung aufgrund der sachlichen Prüfung in Aussicht gestellt wird, kann es erforderlich sein, den ASt bereits früher auf Bedenken gegen die Eintragbarkeit der Bezeichnung hinzuweisen.[36] Aufzufordern ist im Fall des Abs 6 Nr 1 zur Angabe einer endgültigen Sortenbezeichnung, nicht einer anderen Sortenbezeichnung.[37]

III. Prüfung der Sortenbezeichnung

Geprüft wird nach § 26 nur die »endgültige«, nicht auch die vorläufige Sor- **29** tenbezeichnung.[38] Die Prüfung erfasst die Voraussetzungen des § 7 (s dort).

Die Bestimmungen der §§ **24 und 25** (Bekanntmachung des SortAntrags; **30** Einwendungen) gelten entsprechend (Abs 6 Satz 2).

---

34 Vgl *Metzger/Zech* Rn. 14.
35 BPatG 30.7.1999 35 W (pat) 1/99 »Muskat-Lemberger«; vgl *Wuesthoff*[2] Rn. 23; kr zur Praxis *Leßmann/Würtenberger*[2] § 5 Rn. 275.
36 BPatG 30.7.1999 35 W (pat) 1/99 »Muskat-Lemberger«.
37 BPatG 30.7.1999 35 W (pat) 1/99 »Muskat-Lemberger«.
38 *Wuesthoff*[2] Rn. 24; *Leßmann/Würtenberger*[2] § 5 Rn. 276.

F. Prüfung nach Gemeinschaftsrecht

I. Allgemeines

31 Die GemSortV unterscheidet zwischen Formalprüfung (Art 53 GemSortV; hierzu Rdn. 13 zu § 24), sachlicher Prüfung (auf Vorliegen der Sortenfähigkeit, Neuheit, Antragsberechtigung und Vertretung sowie Vorliegen einer festsetzbaren Sortenbezeichnung, Art 54 GemSortV) sowie technischer Prüfung (Art 55 GemSortV) auf Unterscheidbarkeit, Homogenität und Beständigkeit. Formalprüfung und sachliche Prüfung werden vom GSA gleichzeitig durchgeführt, die technische Prüfung erfolgt im Anschluss an diese.[39]

II. Prüfung durch nationale Ämter und andere geeignete Einrichtungen

32 Das GSA führt die technische Prüfung nicht selbst durch. Die Prüfung erfolgt jeweils für bestimmte Taxa aufgrund Auftrags des Verwaltungsrats durch nationale Ämter (Art 13 Abs 1 GemSortVDV);[40] Art 55 Abs 2 GemSortV eröffnet daneben die Möglichkeit der Beauftragung anderer geeigneter Einrichtungen oder vom GSA eingerichteter Prüfungsstellen (Rdn. 33).[41]

33 Mit Genehmigung des Verwaltungsrats kann das GSA auch **andere geeignete Einrichtungen** mit der Durchführung der technischen Prüfung beauftragen (Art 55 Abs 2 GemSortV; Art 14 Abs 1 GemSortVDV).[42] Schließlich kann das GSA eigene Dienststellen für die technische Prüfung einrichten (Art 55 Abs 2 GemSortV); von dieser Möglichkeit ist bisher kein Gebrauch gemacht worden.[43]

III. Mitwirkungspflicht

34 Vor dem GSA ergibt sich die **Mitwirkungspflicht** aus Art 55 Abs 4, Art 61 GemSortV. Der Antragsteller ist demnach verpflichtet, das für die Prüfung

---

39 *Metzger/Zech* Art 49–65 GSortV Rn. 30.

40 Vorläufiger Beschluss des Verwaltungsrates über die Beauftragung der zuständigen Ämter in den Mitgliedstaaten der Europäischen Union mit der technischen Prüfung, ABl GSA 1995, 12; Bek Nr 2/98 des GSA bezüglich der technischen Prüfung von Rosen, ABl GSA 1998, 55; vgl *Metzger/Zech* Art 49–65 GSortV Rn. 38 ff.

41 Zur Durchführung der technischen Prüfung durch das GSA *Leßmann/Würtenberger*[2] § 5 Rn. 516 ff.

42 *Metzger/Zech* Art 49–65 GSortV Rn. 41.

43 *Metzger/Zech* Art 49–65 GSortV Rn. 42.

der Sorte notwendige Prüfungsmaterial dem GSA vorzulegen, wobei das GSA bestimmt, wann, wo und in welcher Menge das Material vorzulegen ist.[44]

IV. Durchführung der technischen Prüfung

Die Prüfung erfolgt idR durch Anbau bei den Prüfungsämtern (Art 56 Abs 1 **35** GemSortV). Die technische Prüfung wird in Übereinstimmung mit den vom Verwaltungsrat erlassenen Prüfungsrichtlinien und den vom GSA gegebenen Weisungen durchgeführt; der Präsident des GSA kann vorläufige Prüfungsrichtlinien festlegen, solange der Verwaltungsrat keine Prüfungsrichtlinien erlassen hat.[45] Der Präsident des GSA ist befugt, für die technische Prüfung zusätzliche Merkmale aufzunehmen (vgl Art 23 Abs 1 GSortVDV).[46] Ein Antrag auf gemeinschaftlichen Sortenschutz darf deshalb nicht allein deshalb zurückgewiesen werden, weil das bei der technischen Prüfung festgestellte Merkmal einer geprüften Sorte, das für die Beurteilung der Unterscheidbarkeit dieser Sorte von anderen Sorten maßgeblich ist, weder in dem vom Antragsteller ausgefüllten technischen Fragebogen noch in den einschlägigen Prüfungsrichtlinien und Protokollen angeführt ist.[47] Die Prüfungsämter sind an die Prüfungsrichtlinien des GSA[48] gebunden (Art 56 Abs 2 GemSortV).[49] Das Prüfungsamt ist gehalten, den Richtlinien entsprechende Anbaubedingungen zu gewährleisten.[50] Das GSA ist nicht an die Ergebnisse nationaler Prüfungen gebunden; liegen (aufgrund früherer nationaler Anmeldungen) unterschiedliche Prüfungsergebnisse verschiedener nationaler Ämter vor, hat das GSA diese zu berücksichtigen, aber aufgrund eigener Tatsachenbewertung zu entscheiden.[51] Nur wenn der Prüfungsbericht keine ausreichende Grundlage für die Entscheidung bildet, muss das GSA eine ergänzende Prüfung

---

44 *Metzger/Zech* Art 49–65 GSortV Rn. 43; vgl EuGH 19.12.2012 C-534/10 ´GRUR Int 2013, 131, 133 Gala Schnitzer, zur Aufforderung, erneut Pflanzenmaterial zu übersenden; GSA (BK) 22.8.2016 A 9/15 Starlight.

45 Hierzu EuGH 8.6.2017 C-625/15 P GRUR Int 2017, 616 Gala Schnitzer.

46 EuGH 8.6.2017 C-625/15 P GRUR Int 2017, 616 Gala Schnitzer.

47 EuGH 8.6.2017 C-625/15 P GRUR Int 2017, 616 Gala Schnitzer.

48 Zu diesen Bek Nr 3/2015; vgl *Metzger/Zech* Art 49–65 GSortV Rn. 46.

49 GSA (BK) InstGE 5, 193 Sunglow; vgl *Metzger/Zech* Art 49–65 GSortV Rn. 45 f.

50 GSA (BK) 21.4.2009 A 4, 5/08 ABl GSA 15.8.2009 Gold Star und Fach004; vgl *Metzger/Zech* Art 49–65 GSortV Rn. 46.

51 GSA (BK) InstGE 2. 189 Estrade; vgl GSA (BK) InstGE 5, 190 Probril; vgl *Metzger/Zech* Art 49–65 GSortV Rn. 50.

durchführen lassen (Art 57 Abs 3 GemSortV).[52] Auch ein Prüfungsbericht, der nicht die Voraussetzungen der allgemeinen Bekanntheit (Rdn. 15 ff. zu § 3) begründet, kann herangezogen werden.[53] Eine ergänzende Prüfung kann nur durchgeführt werden, wenn das GSA den Prüfungsbericht nicht als hinreichende Entscheidungsgrundlage ansieht (Art 57 Abs 3 GemSortV).[54] Ein Anspruch des Anmelders auf eine weitere Prüfung besteht grds auch dann nicht, wenn sich widersprechende Prüfungsberichte vorliegen.[55] Für das Prüfmaterial ist der Anmelder verantwortlich; eine erneute Vorlage kann nur unter besonderen Umständen, nicht schon bei einem Fehler des Anmelders zugelassen werden.[56]

36   Die Prüfung **beginnt** spätestens zu dem Zeitpunkt, an dem die technische Prüfung aufgrund eines Antrags auf ein nationales Schutzrecht begonnen hätte, wenn zu diesem Zeitpunkt das erforderliche Material und die etwa erforderlichen weiteren Unterlagen vorgelegt worden wären (Art 56 Abs 4 GemSortV).[57] Macht der Antragsteller einen Zeitvorrang (Art 55 Abs 5 GemSortV) geltend, beginnt die technische Prüfung, soweit das Amt nichts anderes bestimmt, spätestens zu dem Zeitpunkt, zu dem eine Prüfung aufgrund eines Antrags auf ein nationales Schutzrecht begonnen hätte, wenn zu diesem Zeitpunkt das erforderliche Material und die etwa erforderlichen weiteren Unterlagen vorgelegt worden wären (Art 56 Abs 5 GemSortV).[58] Der Verwaltungsrat kann bestimmen, dass die technische Prüfung bei Sorten von Reben und Baumarten später beginnen (Art 56 Abs 6 GemSortV); dies hat er getan.[59]

V. Prüfungsberichte

37   Die Erstellung von Prüfungsberichten im Verfahren vor dem GSA ist in Art 57 GemSortV, Art 26 GemSortVDV geregelt,[60] die Verwendung sons-

---

52   GSA (BK) InstGE 2, 192 Enara; GSA (BK) 8.12.2003 A 31/02 ABl GSA 15.2.2004 Jonabel; vgl GSA (BK) InstGE 5, 190 Probril; GSA (BK) InstGE 5, 186 Silver Edge; GSA (BK) InstGE 5, 193 Sunglow.
53   GSA (BK) InstGE 2, 192 Enara.
54   GSA (BK) InstGE 4, 35 Inuit; vgl *Metzger/Zech* Art 49–65 GSortV Rn. 53.
55   GSA (BK) InstGE 2, 192 Enara.
56   Vgl GSA (BK) InstGE 5, 190 Probril; GSA (BK) InstGE 5, 186 Silver Edge.
57   Vgl *Metzger/Zech* Art 49–65 GSortV Rn. 47.
58   Vgl *Metzger/Zech* Art 49–65 GSortV Rn. 48.
59   Technical notice vom 19.3.2014 »Postponement of testing rules« (nur in englischer Sprache verfügbar); vgl *Metzger/Zech* Art 49–65 GSortV Rn. 49.
60   Vgl *Leßmann/Würtenberger*[2] § 5 Rn. 521 ff.

tiger Prüfungsberichte in Art 27 GemSortVDV, geänd durch VO (EG) Nr 2181/2002.[61] Der Prüfungsbericht dient zur Vorbereitung der Entscheidung über den Antrag,[62] Fehlt es an einer der Schutzvoraussetzungen, besteht keine Notwendigkeit, auf die übrigen einzugehen.[63] Bei positivem Prüfungsergebnis übersendet das Prüfungsamt dem GSA auch eine Sortenbeschreibung. Das Prüfungsamt unterliegt für die Erstellung des Prüfungsberichts den formalen Vorgaben das Art 36 Abs 1 GemSortVDV.[64] Das GSA leitet den Prüfungsbericht und die Sortenbeschreibung dem Antragsteller zu und gibt ihm Gelegenheit zur Stellungnahme (Art 57 Abs 2 GemSortV).

§ 27 Säumnis

(1) Kommt der Antragsteller einer Aufforderung des Bundessortenamtes,

1. das erforderliche Vermehrungsmaterial oder sonstige Material oder erforderliche weitere Unterlagen vorzulegen,
2. eine Sortenbezeichnung anzugeben oder
3. fällige Prüfungsgebühren zu entrichten,

innerhalb der ihm gesetzten Frist nicht nach, so kann das Bundessortenamt den Sortenschutzantrag zurückweisen, wenn es bei der Fristsetzung auf diese Folge der Säumnis hingewiesen hat.

(2) Entrichtet ein Antragsteller oder Widerspruchsführer die fällige Gebühr für die Entscheidung über einen Sortenschutzantrag oder über einen Widerspruch nicht, so gilt der Antrag als nicht gestellt oder der Widerspruch als nicht erhoben, wenn die Gebühr nicht innerhalb eines Monats entrichtet wird, nachdem das Bundessortenamt die Gebührenentscheidung bekanntgegeben und dabei auf die Folge der Säumnis hingewiesen hat.

GemSortV:

Art 61 Zurückweisung [abgedruckt vor § 28]

Ausland: Österreich:

§ 14 Abs 2 [abgedruckt bei § 31]

---

61 ABl EG L 331/14 vom 7.12.2002 = BlPMZ 2003, 108.
62 Vgl *Metzger/Zech* Art 49–65 GSortV Rn. 50.
63 GSA (BK) 17.1.2012 A)711 Rogbret; *Metzger/Zech* Art 49–65 GSortV Rn. 50.
64 Vgl *Metzger/Zech* Art 49–65 GSortV Rn. 51.

Schweiz:

Art 27 Beanstandungsverfahren
1. Eine mangelhafte Anmeldung ist auf Verlangen des Büros für Sortenschutz zu verbessern. Es kann jederzeit weitere Beanstandungen erlassen.
2. Werden die Mängel nicht innert der angesetzten Frist behoben, so wird die Anmeldung zurückgewiesen.

Kroatien: vgl Art 24 Nr 3 SortG; **Polen:** vgl Art 16 SortG; **Slowenien:** Art 32 (Mitwirkungspflicht) SortG

Übersicht | Rdn.
A. Nationale Regelung; Entstehungsgeschichte 1
B. Säumnis 2
I. Allgemeines 2
II. Die in Absatz 1 geregelten Fälle 3
    1. Tatbestände 3
    2. Voraussetzungen der Säumnisfolge 4
    3. Rechtsfolge der Säumnis 6
III. Antrags- und Widerspruchsgebühr 8
C. Gemeinschaftlicher Sortenschutz 12

A. Nationale Regelung; Entstehungsgeschichte

1 Die Bestimmung fasst in Abs 1 verschiedene Säumnistatbestände zusammen, die zuvor in § 36 Abs 3 Satz 1 und 3, Abs 4, § 37 Abs 1 SortG 1968 geregelt waren. Abs 1 betrifft Säumnisse bei der Registerprüfung (§ 26). Abs 2 betrifft die Säumnis bei der Entrichtung von Antrags- und Widerspruchsgebühren; die Bestimmung fasst Regelungen zusammen, die zuvor in § 20 Abs 2, § 22 Abs 6, § 32 Abs 4 und § 40 Abs 4 SortG 1968 idF des SortÄndG 1974 enthalten waren.[1] Vgl für die Sortenzulassung § 45 SaatG.

B. Säumnis

I. Allgemeines

2 Den Antragsteller trifft die Verpflichtung, bestimmte fristgebundene Verfahrenshandlungen vorzunehmen; andernfalls kann der Sortenschutzantrag

---

1 Vgl Begr BTDrs 10/816 = BlPMZ 1986, 136, 142.

zurückgewiesen werden.[2] Die Regelungen in Abs 1 und Abs 2 unterscheiden sich in den Rechtsfolgen. Abs 1 räumt dem BSA nur die Möglichkeit der Zurückweisung des SortAntrags ein, während Abs 2 die Nichtvornahme der betroffenen Verfahrenshandlung fingiert.

II. Die in Absatz 1 geregelten Fälle

1. Tatbestände

Die Regelung erfasst drei **Tatbestände**, nämlich Nichtvorlage erforderlicher 3 Unterlagen, in erster Linie des erforderlichen Vermehrungsmaterials oder sonstigen Materials (Nr 1), Nichtangabe einer Sortenbezeichnung (Nr 2) und Nichtentrichtung fälliger Prüfungsgebühren (Nr 3).

2. Voraussetzungen der Säumnisfolge

Voraussetzungen der Säumnisfolge sind in diesen Fällen kumulativ 4
– eine Aufforderung des BSA (vgl Rdn. 28 f. zu § 26),
– Fristsetzung durch das BSA,
– Hinweis bei der Fristsetzung, dass der SortAntrag zurückgewiesen werden kann,
– Nichtvornahme der verlangten Handlung.

Die Frist ist nicht nur dann versäumt, wenn die **Handlung** ganz unterbleibt, 5 sondern auch, wenn sie so **unvollkommen vorgenommen** wird, dass ihr Zweck nicht erreicht wird (zB Vorlage ungeeigneten Materials).[3]

3. Rechtsfolge der Säumnis

Rechtsfolge der Säumnis ist in diesen Fällen die Möglichkeit der Zurückwei- 6 sung des SortAntrags. Dem BSA ist insoweit ein Ermessen eingeräumt; von der Zurückweisung ist insb dann abzusehen, wenn den Antragsteller kein Verschulden an der Säumnis trifft;[4] weiter wird zu verlangen sein, dass die Handlung nach Fristablauf innerhalb eines angemessenen Zeitraums noch vorgenommen wird. Damit wird sachlich eine Möglichkeit der Weiterbehandlung eröffnet (vgl etwa Art 121 EPÜ und § 123a PatG).

---

2 Vgl *Metzger/Zech* Rn. 1.
3 GSA (BK) InstGE 4, 32 Egypt.
4 *Wuesthoff*[2] Rn. 4; *Leßmann/Würtenberger*[2] § 5 Rn. 288; vgl BPatG 30.7.1999 35 W (pat) 1/99 »Muskat-Lemberger«.

7 **Wiedereinsetzung** kommt nicht in Betracht, da es sich um eine behördliche und nicht um eine gesetzliche Frist iSd § 32 Abs 1 Satz 2 VwVfG handelt.[5]

III. Antrags- und Widerspruchsgebühr

8 In den Fällen des Abs 2 tritt die für den gewerblichen Rechtsschutz früher (siehe aber die durch das KostRegBerG ua im Patent- und GbmRecht eingeführten Neuregelungen) typische Rechtsfolge der Fiktion der Nichtvornahme der entsprechenden Verfahrenshandlung (SortAntrag bzw Widerspruch) ein, und zwar von Gesetzes wegen, ohne dass es eines weiteren Tätigwerdens des BSA bedarf.

9 **Voraussetzung** ist hier nur die Fälligkeit der Gebühr. Die Verfahrenshandlung führt jedoch erst nach rechtzeitigem Eingang der Zahlung zum Tätigwerden des BSA.

10 In diesem Fall folgt aus der Regelung in Abs 2 die **Verpflichtung** des BSA, die – erst die Fälligkeit der Gebühr auslösende (§ 17 VwKostG) – Gebührenentscheidung bekanntzugeben und dabei auf die Rechtsfolge nach Abs 2 im Fall der Nichtentrichtung innerhalb der Monatsfrist hinzuweisen.

11 Sofern die Gebühr innerhalb der Monatsfrist entrichtet wird, ist die Verfahrenshandlung mit dem Zeitpunkt ihrer Vornahme – und nicht erst mit dem Zeitpunkt der Gebührenzahlung – **wirksam**.[6]

C. Gemeinschaftlicher Sortenschutz

12 Werden fällige Gebühren für die in Art 113 Abs 2 GemSortV genannten Amtshandlungen oder sonstige in der GSAGebO genannte Amtshandlungen, die nur auf Antrag vorzunehmen sind, nicht entrichtet, gilt der Antrag als nicht gestellt oder die Beschwerde nach Art 83 Abs 2 GemSortV als nicht erhoben, wenn die für die Entrichtung der Gebühren erforderlichen Handlungen nicht innerhalb eines Monats vorgenommen werden, nachdem das GSA eine erneute Aufforderung zur Zahlung der Gebühren zugestellt und dabei auf diese Folge der Nichtentrichtung hingewiesen hat.

---

5 Vgl *Kopp/Ramsauer* VwVfG § 32 Rn. 6; *Metzger/Zech* Rn. 6.
6 Vgl *Metzger/Zech* Rn. 7.

Maßgeblich für die Rechtzeitigkeit der Zahlung ist, dass innerhalb der Zah- 13
lungsfrist die für eine rechtzeitige Zahlung **notwendigen Schritte** unternommen wurden (näher Art 4 Abs 3 – 5 GSAGebO).[7]

Das GSA kann über **kleine Gebührenfehlbeträge** hinwegsehen (Art 6 Abs 3 14
GSAGebO).[8]

Beim GSA kann bei drohender unverschuldeter Fristversäumnis schriftlich 15
die **Einräumung einer neuen Frist** beantragt werden; auch insoweit soll ein
Ermessen eingeräumt sein, das im Beschwerdeverfahren auf Missbrauch überprüft werden kann.[9]

Vor § 28 Entscheidung über den Sortenschutzantrag

GemSortV:

Artl 61 Zurückweisung

(1) Das Amt weist den Antrag auf gemeinschaftlichen Sortenschutz zurück,
wenn und sobald es feststellt, daß der Antragsteller:

a) Mängel im Sinne des Artikels 53, zu deren Beseitigung dem Antragsteller Gelegenheit gegeben wurde, innerhalb einer ihm gesetzten Frist
nicht beseitigt hat,

b) einer Regelung oder Aufforderung nach Artikel 55 Absatz 4 oder 5 nicht
innerhalb der gesetzten Frist nachgekommen ist, es sei denn, daß das
Amt die Nichtvorlage genehmigt hat, oder

c) keine nach Artikel 63 festsetzbare Sortenbezeichnung vorgeschlagen hat.

(2) Das Amt weist den Antrag auf gemeinschaftlichen Sortenschutz ferner
zurück, wenn

a) es feststellt, daß die von ihm nach Artikel 54 zu prüfenden Voraussetzungen nicht erfüllt sind, oder

b) es aufgrund der Prüfungsberichte nach Artikel 57 zu der Auffassung
gelangt, daß die Voraussetzungen der Artikel 7, 8 und 9 nicht erfüllt
sind.

---

7 Vgl *Leßmann/Würtenberger*[2] § 5 Rn. 592.
8 Vgl *Leßmann/Würtenberger*[2] § 5 Rn. 588.
9 GSA (BK) InstGE 4, 32 Egypt.

Art 62 Erteilung

Ist das Amt der Auffassung, daß die Ergebnisse der Prüfung für die Entscheidung über den Antrag ausreichen, und liegen keine Hindernisse nach Artikel 59 und 61 vor, so erteilt es den gemeinschaftlichen Sortenschutz. Die Entscheidung muß eine amtliche Beschreibung der Sorte enthalten.

GemSortVDV:

Art 53 Entscheidungen

(1) Jede Entscheidung des Amts ist mit der Unterschrift und dem Namen des Bediensteten zu versehen, der nach Artikel 35 der Grundverordnung unter der Weisung des Präsidenten des Amts für die Entscheidung verantwortlich ist.

(2) Findet eine mündliche Verhandlung vor dem Amt statt, so können die Entscheidungen verkündet werden. Später sind die Entscheidungen schriftlich abzufassen und den Beteiligten nach Artikel 64 zuzustellen.

(3) In den Entscheidungen des Amts, die mit der Beschwerde nach Artikel 67 oder der unmittelbaren Klage nach Artikel 74 der Grundverordnung angefochten werden können, ist unter Angabe der Rechtsmittelfrist darauf hinzuweisen, dass gegen die Entscheidung die Beschwerde oder die unmittelbare Klage zulässig ist. Die Beteiligten können aus der Unterlassung der Rechtsmittelbelehrung keine Ansprüche herleiten.

(4) Sprachliche Fehler, Schreibfehler und offenbare Unrichtigkeiten in Entscheidungen des Amts werden berichtigt.

(5) Das Amt löscht den Eintrag im Register für gemeinschaftliche Sortenschutzrechte oder widerruft die Entscheidung, die mit einem offensichtlichen, auf Fahrlässigkeit zurückzuführenden Verfahrensfehler behaftet ist.

Ausland: Österreich:

Erteilung des Sortenschutzes

§ 12. (1) Die angemeldete Sorte ist vom Bundesamt für Ernährungssicherheit ins Sortenschutzregister einzutragen, wenn
1. sämtliche Voraussetzungen für die Erteilung des Sortenschutzes vorliegen und
2. eine zulässige Sortenbezeichnung bekannt gegeben wurde.

(2) Dem Sortenschutzinhaber ist über die Eintragung des Sortenschutzrechts ins Sortenschutzregister eine Urkunde auszustellen. Erfolgt keine Eintragung in das Sortenschutzregister, ist vom Bundesamt für Ernährungssicherheit ein abweisender Bescheid zu erlassen.

(3) Der Anmelder auf Sortenschutz hat vom Tag der Bekanntmachung der Anmeldung im Sorten- und Saatgutblatt bis zur Erteilung des Sortenschutzes Anspruch auf eine angemessene Vergütung gegen jeden, der Handlungen setzt, die der Zustimmung des Sortenschutzinhabers gemäß § 4 bedürfen. Dieser Anspruch kann jedoch erst ab der Sortenschutzerteilung geltend gemacht werden und verjährt ein Jahr nach der Bekanntmachung der Sortenschutzerteilung.

Schweiz:

Art 31 Erteilung des Sortenschutzes

(1) Nach der Prüfung erteilt das Büro den Sortenschutz, wenn alle Voraussetzungen erfüllt sind; andernfalls weist es die Anmeldung zurück.

(2) Der Sortenschutz wird durch Eintragung in das Sortenschutzregister ohne Gewährleistung des Bundes erteilt. Der Bewerber erhält als Schutztitel einen Auszug aus dem Register (Sortenschutzschein).

(3) Bis zum Beweis des Gegenteils gilt der erteilte Schutz als zu Recht bestehend und der Inhaber als der Berechtigte.

Art 31a Ausländische Sortenschutztitel

Der Bundesrat regelt die Anerkennung von Sortenschutztiteln, die von Staaten mit vergleichbaren Anforderungen erteilt worden sind.

Belgien: Art XI.141, Art XI.142, Art XI.143 Code du droit économique; **Bulgarien:** Art 13 (Urkunde), Art 40 Pflanzen- und TierzuchtG; **Estland:** § 22, § 46, § 47 (Urkunde) Plant Propagation and Plant Variety Rights Act; **Finnland:** Sec 20 SortG 2009; **Kroatien:** Art 25 (Erteilung, Zurückweisung) SortG; **Lettland:** Sec 19 (Erteilung) SortG (geänd 2005); **Litauen:** Art 20 (Erteilung), 21 (Zurückweisung) SortG; **Niederlande:** vgl Art 56 Abs 1 Zaaizaad- en plantgoedwet 2005; **Rumänien:** Art 20, 21 (mündliche Verhandlung), 27 (Ausgabe des Pflanzenschutzpatents) SortG; **Slowakei:** Art 3 (Züchterzertifikat), 21 (Erteilung) Pflanzen- und TierzuchtG; **Slowenien:** Art 33, vgl Art 14 SortG; **Ungarn:** Art 114 T (Erteilung) PatG

Übersicht   Rdn.
A. Entscheidung über den nationalen Sortenschutzantrag............... 1
I. Allgemeines... 1
II. Erteilung... 2
III. Zurückweisung des Antrags 3
B. Gemeinschaftlicher Sortenschutz............................... 4
I. Allgemeines... 4
II. Zurückweisung des Antrags 6
III. Erteilung des gemeinschaftlichen Sortenschutzes 9
C. Anerkennung ausländischer Titel 11

A. Entscheidung über den nationalen Sortenschutzantrag

I. Allgemeines

1 Eine Regelung über die Erteilung des Sortenschutzes wie in § 39 SortG 1968 enthält das SortG 1985 infolge der Verweisung auf das VwVfG in § 21 nicht mehr. Maßgeblich für die Entscheidung ist nach geltendem Recht § 69 VwVfG (vgl Rdn. 10 zu § 21).

II. Erteilung

2 Die Erteilung des Sortenschutzes ist ein begünstigender Verwaltungsakt. Nach § 69 VwVfG ist auch sie – anders als im Patentrecht – zu begründen. Es wird jedoch, wenn keine Einwendungen nach § 25 erhoben worden sind, eine knappe Begründung dahin ausreichen, dass die Voraussetzungen für die Erteilung des Sortenschutzes gegeben sind. Die Erteilung wird mit Zustellung des Erteilungsbeschlusses wirksam,[1] sofern Widerspruch eingelegt wird wegen des Suspensiveffekts jedoch nur, wenn die sofortige Vollziehung angeordnet wird (vgl Rdn. 13 zu § 34).

III. Zurückweisung des Antrags

3 Die Zurückweisung des Antrags erfolgt ebenfalls in Form eines Verwaltungsakts. Auch sie ist zu begründen. Zurückweisung erfolgt, wenn die Erteilungsvoraussetzungen nicht vorliegen, sowie nach Maßgabe des § 27 Abs 1 grds bei Säumnis hinsichtlich einer der dort genannten Handlungen.

---

1 Vgl § 69 Abs VwVfG; *Wuesthoff*[2] § 37 Rn. 4.

B. Gemeinschaftlicher Sortenschutz

I. Allgemeines

Die Form und den Inhalt der Entscheidungen des GSA regelt 4
Art 53 GemSortVDV. Die Regelung beschränkt sich auf das Erfordernis von
Unterschrift und Angabe des Namens des Bediensteten, der unter Weisung
des Präsidenten des GSA für die Entscheidung die Verantwortung trägt.[2]
Mittelbar ergibt sich hieraus wie auch aus der Regelung in Art 53 Abs 2
GemSortVDV ein Schriftformerfordernis für alle abschließenden Entschei-
dungen des GSA.[3] Die Entscheidung erfolgt durch den zuständigen Ausschuss
des GSA (Art 35 Abs 2 GemSortV); zZt bestehen fünf Ausschüsse.[4]

Entscheidungen des GSA, die Beteiligte beschweren, sind zu **begründen** und 5
zuzustellen[5] sowie mit einer Rechtsbehelfsbelehrung zu versehen (Art 53
Abs 3 GemSortVDV); bei der Rechtsbehelfsbelehrung handelt es sich allerdings anders als im nationalen Verfahren um eine sanktionslose Ordnungsvorschrift.[6]

II. Zurückweisung des Antrags

Art 61 GemSortV betrifft die Voraussetzungen der Zurückweisung des 6
Antrags.[7] Zurückweisung erfolgt, wenn nach dem Ergebnis der Formalprüfung der Antrag nicht wirksam eingereicht ist (Art 49 GemSortV), nicht den
inhaltlichen Anforderungen des Art 50 GemSortV und der Art 16, 18, 19
GemSortVDV genügt und diese Mängel nicht innerhalb einer Frist beseitigt
wurden, die das GSA gesetzt hat, das für die Durchführung der technischen
Prüfung vom GSA angeforderte Pflanzenmaterial nicht (oder nur so unvollkommen, dass der Zweck verfehlt wird[8]) innerhalb der vom GSA gesetzten

---

2 Vgl *Leßmann/Würtenberger*[2] § 5 Rn. 531.
3 Vgl *Leßmann/Würtenberger*[2] § 5 Rn. 531.
4 *Metzger/Zech* Art 49–65 GSortV Rn. 61.
5 Vgl *Leßmann/Würtenberger*[2] § 5 Rn. 532 ff.
6 Vgl *Leßmann/Würtenberger*[2] § 5 Rn. 535.
7 Vgl *Leßmann/Würtenberger*[2] § 5 Rn. 530.
8 *Metzger/Zech* Art 49–65 GSortV Rn. 43, 63 ff.; vgl auch GSA (BK) InstGE 4, 32
Egypt.

Frist beigebracht wurde[9] oder wenn keine festsetzbare Sortenbezeichnung vorgeschlagen wurde.[10]

7   **Zurückweisung erfolgt auch**, wenn die Prüfung ergibt, dass die Sorte nicht neu ist, der Antragsteller nicht antragsberechtigt ist oder einen erforderlichen Verfahrensvertreter nicht benannt hat.[11]

8   Schließlich erfolgt Zurückweisung aus **materiellen Gründen**, wenn die technische Prüfung ergibt, dass die Voraussetzungen der Unterscheidbarkeit, Homogenität oder Beständigkeit (»DUS-Kriterien«) nicht erfüllt sind.[12]

III. Erteilung des gemeinschaftlichen Sortenschutzes

9   Für das Gemeinschaftsrecht regelt Art 62 GemSortV die Erteilung[13] wobei das GSA über einen weiten Ermessensspielraum verfügen soll, dessen Wahrnehmung einer beschränkten gerichtlichen Nachprüfung unterliege, und der Gemeinschaftsrichter seine Würdigung des Sachverhalts nicht an die Stelle derjenigen des GSA setzen dürfen soll.[14] Dies ist abzulehnen, weil es sich um gebundene Verwaltung handelt.[15]

10   Art 63 Abs 1 betrifft die **Genehmigung der Sortenbezeichnung** bei Erteilung.

C. Anerkennung ausländischer Titel

11   Die Möglichkeit einer Anerkennung ausländ Titel ist seit 1.9.2008 in Art 31a schweiz SortG vorgesehen; die erforderliche Regelung durch den schweiz Bundesrat ist bisher nicht erfolgt. Im deutschen Recht wie nach der GemSortV besteht diese Möglichkeit nicht.

---

9   *Metzger/Zech* Art 49–65 GSortV Rn. 43, 64; GSA (BK) Egypt; vgl auch GSA (BK) InstGE 5, 190 Probril.

10   Vgl *Leßmann/Würtenberger*[2] § 5 Rn. 528; *Metzger/Zech* Art 49–65 GSortV Rn. 65.

11   Vgl *Leßmann/Würtenberger*[2] § 5 Rn. 529; *Metzger/Zech* Art 49–65 GSortV Rn. 66.

12   Vgl *Leßmann/Würtenberger*[2] § 5 Rn. 529; *Metzger/Zech* Art 49–65 GSortV Rn. 67.

13   Vgl *Leßmann/Würtenberger*[2] § 5 Rn. 530.

14   EuG GRUR Int 2009, 133, 137 SUMCOL 01 mwN aus der Rspr des EuGH.

15   Vgl *Ullrich* Le contrôle juridictionnel limité de l'obtention et de la validité de la protection des variétés végétales par la Cour de justice de l'Union européenne ou les limites d'une autolimitation juridictionnelle en matière de propriété industrielle communautaire, Max Planck Institute for Innovation & Competition Discussion Paper Nr 4, 2015; vgl auch *Metzger/Zech* Art 49–65 GSortV Rn. 68.

§ 28 Sortenschutzrolle

(1) In die Sortenschutzrolle werden nach Eintritt der Unanfechtbarkeit der Erteilung des Sortenschutzes eingetragen
1. die Art und die Sortenbezeichnung,
2. die festgestellten Ausprägungen der für die Unterscheidbarkeit maßgebenden Merkmale; bei Sorten, deren Pflanzen durch Kreuzung bestimmter Erbkomponenten erzeugt werden, auch der Hinweis hierauf,
3. der Name und die Anschrift
   a) des Ursprungszüchters oder Entdeckers,
   b) des Sortenschutzinhabers,
   c) der Verfahrensvertreter,
4. der Zeitpunkt des Beginns und der Beendigung des Sortenschutzes sowie der Beendigungsgrund,
5. ein ausschließliches Nutzungsrecht einschließlich des Namens und der Anschrift seines Inhabers,
6. ein Zwangsnutzungsrecht und die festgesetzten Bedingungen.

(2) [1]Die Eintragung der festgestellten Ausprägungen der für die Unterscheidbarkeit maßgebenden Merkmale und die Eintragung der Bedingungen bei einem Zwangsnutzungsrecht können durch einen Hinweis auf Unterlagen des Bundessortenamtes ersetzt werden. [2]Die Eintragung kann hinsichtlich der Anzahl und Art der Merkmale sowie der festgestellten Ausprägungen dieser Merkmale von Amts wegen geändert werden, soweit dies erforderlich ist, um die Beschreibung der Sorte mit den Beschreibungen anderer Sorten vergleichbar zu machen.

(3) [1]Änderungen in der Person des Sortenschutzinhabers oder eines Verfahrensvertreters werden nur eingetragen, wenn sie nachgewiesen sind. [2]Der eingetragene Sortenschutzinhaber oder Verfahrensvertreter bleibt bis zur Eintragung der Änderung nach diesem Gesetz berechtigt und verpflichtet.

(4) Das Bundessortenamt macht die Eintragungen bekannt.

GemSortV:

Art 87 Einrichtung der Register

(1) Das Amt führt ein Register für die Anträge auf gemeinschaftlichen Sortenschutz, in das folgende Angaben eingetragen werden:
a) Anträge auf gemeinschaftlichen Sortenschutz unter Angabe des Taxons und der vorläufigen Bezeichnung der Sorte, des Antragstages sowie des

Namens und der Anschrift des Antragstellers, des Züchters und eines etwaigen betroffenen Verfahrensvertreters:

b) Beendigung eines Verfahrens betreffend Anträge auf gemeinschaftlichen Sortenschutz mit den Angaben gemäß Buchstabe a);

c) Vorschläge für Sortenbezeichnungen;

d) Änderungen in der Person des Antragstellers oder seines Verfahrensvertreters;

e) Zwangsvollstreckungsmaßnahmen nach den Artikeln 24 und 26, sofern dies beantragt wird.

(2) Das Amt führt Register für gemeinschaftliche Sortenschutzrechte, in das nach Erteilung des gemeinschaftlichen Sortenschutzes folgende Angaben eingetragen werden:

a) die Art und die Sortenbezeichnung der Sorte;

b) die amtliche Sortenbeschreibung oder ein Hinweis auf die Unterlagen des Amtes, in denen die amtliche Sortenbeschreibung als Bestandteil des Registers enthalten ist;

c) bei Sorten, bei denen zur Erzeugung von Material fortlaufend Material bestimmter Komponenten verwendet werden muß, ein Hinweis auf die Komponenten;

d) der Name und die Anschrift des Inhabers, des Züchters und eines etwaigen betroffenen Verfahrensvertreters;

e) der Zeitpunkt des Beginns und der Beendigung des gemeinschaftlichen Sortenschutzes sowie der Beendigungsgrund;

f) ein ausschließliches vertragliches Nutzungsrecht oder ein Zwangsnutzungsrecht, einschließlich des Namens und der Anschrift des Nutzungsberechtigten, sofern dies beantragt wird;

g) Zwangsvollstreckungsmaßnahmen nach Artikel 24, sofern dies beantragt wird;

h) die Kennzeichnung der Sorten als Ursprungssorten und im wesentlichen abgeleitete Sorten einschließlich der Sortenbezeichnungen und der Namen der betroffenen Parteien, sofern dies sowohl von dem Inhaber einer Ursprungssorte als auch von dem Züchter einer im wesentlichen von der Ursprungssorte abgeleiteten Sorte beantragt wird. Ein Antrag einer der beiden betroffenen Parteien ist nur dann ausreichend, wenn sie entweder eine freiwillige Bestätigung der anderen Partei gemäß Artikel 99 oder eine Endentscheidung bzw. ein Endurteil im Sinne dieser Verordnung erhalten hat, aus der bzw. aus dem hervorgeht, daß es sich bei den betreffenden Sorten um Ursprungs- bzw. um im wesentlichen abgeleitete Sorten handelt.

(3) Sonstige Angaben oder Bedingungen für die Eintragung in beide Register können in der Durchführungsordnung gemäß Artikel 114 vorgesehen werden.

(4) Die amtliche Sortenbeschreibung kann nach Anhörung des Inhabers hinsichtlich der Anzahl und der Art der Merkmale sowie der festgestellten Ausprägungen dieser Merkmale von Amts wegen den jeweils geltenden Grundsätzen für die Beschreibung von Sorten des betreffenden Taxons angepaßt werden, soweit dies erforderlich ist, um die Beschreibung der Sorte mit den Beschreibungen anderer Sorten des betreffenden Taxons vergleichbar zu machen.

GemSortVDV:

Art 78 Registereinträge über Verfahren und gemeinschaftliche Sortenschutzrechte

(1) In das Register für die Anträge auf gemeinschaftlichen Sortenschutz werden folgende »sonstige Angaben« nach Artikel 87 Absatz 3 der Grundverordnung eingetragen:

a) Tag der Veröffentlichung, wenn die Veröffentlichung ein für die Berechnung der Fristen maßgebendes Ereignis ist;

b) Einwendungen unter Angabe des Datums der Einwendung, des Namens und der Anschrift des Einwenders und seines Verfahrensvertreters;

c) eine besondere Geltendmachung des Zeitvorrangs gemäß Artikel 20 der vorliegenden Verordnung (Datum und Ort des früheren Antrags);

d) die Einleitung eines Verfahrens zur Geltendmachung des Rechts auf den gemeinschaftlichen Sortenschutz nach Artikel 98 Absatz 4 der Grundverordnung und Artikel 99 der Grundverordnung sowie die abschließende Entscheidung oder sonstige Beendigung eines solchen Verfahrens;

e) die Übertragung des aus einem Antrag auf gemeinschaftlichen Sortenschutz erwachsenden Rechts als Sicherheit oder als Gegenstand eines sonstigen dinglichen Rechts.

(2) Auf Antrag werden folgende »sonstige Angaben« nach Artikel 87 Absatz 3 der Grundverordnung in das Register für gemeinschaftliche Sortenschutzrechte eingetragen:

a) die Übertragung des gemeinschaftlichen Sortenschutzes als Sicherheit oder als Gegenstand eines sonstigen dinglichen Rechts oder

b) die Einleitung eines Verfahrens zur Geltendmachung des Rechts auf den gemeinschaftlichen Sortenschutz nach Artikel 98 Absätze 1 und 2 der Grundverordnung und Artikel 99 der Grundverordnung sowie die abschließende Entscheidung oder sonstige Beendigung eines solchen Verfahrens.

(3) Der Präsident des Amts legt die Einzelheiten der Einträge fest und kann im Interesse der Verwaltung des Amts bestimmen, dass weitere Angaben in die Register eingetragen werden.

Der Präsident des Amtes legt die Form der Register fest. Die Register können in Form einer elektronischen Datenbank geführt werden.

Art 79 Eintragung des Rechtsübergangs

(1) Jeder Übergang eines gemeinschaftlichen Sortenschutzes wird im Register für gemeinschaftliche Sortenschutzrechte nach Vorlage der Übertragungsurkunde, amtlicher Schriftstücke zur Bestätigung des Rechtsübergangs oder von Auszügen aus der Übertragungsurkunde oder aus amtlichen Schriftstücken, aus denen der Rechtsübergang hervorgeht, eingetragen. Das Amt nimmt eine Kopie dieser Belege zu den Akten.

Der Präsident des Amtes bestimmt, in welcher Form und unter welchen Bedingungen diese Belege in den Akten des Amtes abgelegt werden.

(2) Die Eintragung des Rechtsübergangs kann nur abgelehnt werden, wenn die Voraussetzungen des Absatzes 1 und des Artikels 23 der Grundverordnung nicht erfüllt sind.

(3) Die Absätze 1 und 2 gelten auch für die Übertragung des Rechts auf den gemeinschaftlichen Sortenschutz, für den ein Antrag gestellt wurde, der im Register für die Anträge auf gemeinschaftlichen Sortenschutz eingetragen ist. Der Verweis auf das Register für gemeinschaftliche Sortenschutzrechte gilt als Verweis auf das Register für die Anträge auf gemeinschaftlichen Sortenschutz.

Art 80 Allgemeine Voraussetzungen für Registereinträge

Unbeschadet sonstiger Bestimmungen der Grundverordnung oder dieser Verordnung kann jeder Beteiligte einen Eintrag in die Register oder die Löschung eines Eintrags beantragen. Der Antrag ist schriftlich unter Beifügung entsprechender Nachweise zu stellen.

Art 81 Voraussetzungen für besondere Registereinträge

(1) Ist ein beantragter oder erteilter gemeinschaftlicher Sortenschutz Gegenstand eines Konkursverfahrens oder konkursähnlichen Verfahrens, so wird

dies auf Antrag der zuständigen nationalen Behörde gebührenfrei in das Register für gemeinschaftliche Sortenschutzrechte eingetragen. Dieser Eintrag wird ebenfalls auf Antrag der zuständigen nationalen Behörde gebührenfrei gelöscht.

(2) Absatz 1 gilt entsprechend für die Einleitung von Verfahren zur Geltendmachung von Ansprüchen nach den Artikeln 98 und 99 der Grundverordnung sowie für die abschließende Entscheidung, gegen die keine Rechtsmittel eingelegt werden können, oder sonstige Beendigung eines solchen Verfahrens.

(3) Handelt es sich um die Kennzeichnung der Sorten als Ursprungssorten bzw. im Wesentlichen abgeleitete Sorten, so können alle Verfahrensbeteiligten die Eintragung gemeinsam oder getrennt beantragen. Beantragt nur ein Verfahrensbeteiligter die Eintragung, so sind dem Antrag Unterlagen für die Angaben nach Artikel 87 Absatz 2 Buchstabe h der Grundverordnung beizufügen, die den Antrag des anderen Verfahrensbeteiligten entbehrlich machen. Dieser Nachweis schließt die Kennzeichnung der betreffenden Sorten als Ursprungssorten und im Wesentlichen abgeleitete Sorten und die freiwillige Bestätigung des anderen Beteiligten oder das abschließende Urteil ein.

(4) Wird die Eintragung eines ausschließlichen vertraglichen Nutzungsrechts oder einer Übertragung des gemeinschaftlichen Sortenschutzes als Sicherheit oder dingliches Recht beantragt, so sind dem Antrag ausreichende Belege beizufügen.

Ausland: Österreich:

Sortenschutzregister

§ 22. (1) Das Bundesamt für Ernährungssicherheit hat ein öffentliches Sortenschutzregister zu führen.

(2) In das Sortenschutzregister sind unter Angabe des Tages der Eintragung einzutragen:
1. die Registernummer,
2. der Tag der Anmeldung und allenfalls der Prioritätstag,
3. die Art sowie allenfalls
   a) die Nutzungsrichtung,
   b) das Vermehrungssystem und
   c) der Hinweis, dass die Sorte in jedem Vermehrungszyklus unter Verwendung bestimmter Erbkomponenten erzeugt wird,

d) in Falle einer gentechnisch veränderten Sorte der Hinweis auf die
gentechnische Veränderung,
4. die Sortenbezeichnung,
5. der Name und die Adresse des Sortenschutzinhabers und seines Vertreters,
6. der Tag des Beginnes des Sortenschutzes,
7. das Benützungsrecht des Dienstgebers,
8. der Name und die Adresse von Inhabern freiwilliger Lizenzen und von
Zwangslizenzen,
9. der Hinweis auf anhängige Verfahren vor der Nichtigkeitsabteilung des
Patentamtes und den diesbezüglichen Rechtsmittelinstanzen,
10. der Tag und der Grund des Endes des Sortenschutzes,
11. die Nichtigerklärung sowie
12. die rechtsgeschäftlichen und behördlichen Übertragungen.

(3) Während der Amtsstunden kann jedermann beim Bundesamt für
Ernährungssicherheit in das Sortenschutzregister Einsicht nehmen und an
Ort und Stelle Abschriften selbst anfertigen oder nach Maßgabe der vorhandenen Möglichkeiten auf eigene Kosten Auszüge anfertigen lassen. Von der
Einsicht sind auszuschließen:
1. bei Sorten, deren Pflanzen durch Kreuzung bestimmter Erbkomponenten erzeugt werden, die Angaben über die Erbkomponenten sowie
2. Geschäfts- und Betriebsgeheimnisse.

(4) Die Verarbeitung von Daten im Sinne des Datenschutzgesetzes 2000
zum Zweck der automationsunterstützten Führung des Sortenschutzregisters ist zulässig.

Schweiz:

Art 32 Inhalt des Sortenschutzregisters

(1) Das Büro für Sortenschutz führt das Register, worin der Schutz mit den
erforderlichen Angaben eingetragen wird, insbesondere:
a. die Sortenbezeichnung;
b. die Sortenbeschreibung;
c. Name oder Firma und Adresse des Schutzinhabers und seines allfälligen
Vertreters;
d. Name oder Firma und Adresse des Züchters, wenn dieser nicht der
Schutzinhaber ist;

e. Datum der Anmeldung und deren Bekanntmachung;
f. gegebenenfalls Prioritätsland und -datum.

(2) Einzutragen sind ferner alle Änderungen im Bestand des Sortenschutzes oder im Recht am Sortenschutz. Rechtskräftige Urteile, welche solche Änderungen herbeiführen, sind dem Büro für Sortenschutz von den Gerichten in vollständiger Ausfertigung unentgeltlich zuzustellen.

(3) Das Büro für Sortenschutz kann unter vorheriger Benachrichtigung des Schutzinhabers die Beschreibung einer Sorte ergänzen, sofern die Beschreibung einer andern Sorte dies notwendig macht.

Art 33 Veröffentlichung

(1) Das Büro für Sortenschutz veröffentlicht die im Sortenschutzregister vorgenommenen Eintragungen.

(2) Die Einwendung, dass jemand einen Registereintrag nicht gekannt habe, ist ausgeschlossen.

Art 35 Aktenaufbewahrung

Das Büro für Sortenschutz verwahrt die Sortenschutzakten im Original oder in Wiedergabe bis zum Ablauf von fünf Jahren nach dem Erlöschen des Schutzes, das Sortenschutzregister unbegrenzt.

Belgien: Art XI.152, vgl Art XI.149 Code du droit économique; Bulgarien: Art 31 (Veröffentlichung) Pflanzen- und TierzuchtG; Dänemark: Art 10 SortG; Estland: § 57 – § 61 Plant Propagation and Plant Variety Rights Act; Finnland: Sec 22, 29 SortG 2009; Frankreich: Art R 623-38–42 CPI, vgl Art L 623-9, 10, Art R 623-43 – 47 (Geheimhaltung) CPI; Irland: Sec 19 (Amtsblatt), 20 (Register), 21, 22 (Änderungen, Schreibfehler) PVA; Island: vgl Art 4, Art 5 (Löschung), Art 8, Art 15 (kein Wiedereintrag) SortG; Kroatien: Art 6 (geänd 2008), Art 25 (Erteilung, Zurückweisung), Art 28, 29, Art 46 (Züchterbenennung) SortG; Lettland: Sec 13 (Register), 19 (Erteilung), 21 (Veröffentlichungen, geänd 2005) SortG; Litauen: Art 16 (Veröffentlichungen), 20 (Erteilung), 21 (Zurückweisung) SortG; Niederlande: Art 56 Abs 2, 3 Zaaizaad- en plantgoedwet 2005; Norwegen: Art 10 Abs 2, 3, Art 19 SortG; Polen: Art 36 SortG; Portugal: Art 21 SortV; Rumänien: Art 27, 48, 49 SortG; Slowenien: Art 21, 22 SortG; Spanien: Art 33 SortG 2000; Tschech. Rep.: Art 26 SortG 2000; Ungarn: Art 114 H PatG

Übersicht   Rdn.
A.   Nationale Regelung, Entstehungsgeschichte   1
B.   Sortenschutzrolle   2
I.   Allgemeines.   2
II. Einzutragende Tatsachen.   3
III. Änderungen   5
     1. Grundsatz; Antragserfordernis.   5
     2. Änderungen hinsichtlich der Merkmale (Abs 2 Satz 2)   6
     3. Inhaber; Vertreter   7
IV. Wirkung der Eintragung.   8
V.   Bekanntmachung   9
VI. Rollenauszüge   10
VII. Gebühren   11
C.   Register des Gemeinschaftlichen Sortenamts   12

A. Nationale Regelung, Entstehungsgeschichte

1   Die Bestimmung, deren Vorgängerin § 30 SortG 1968 war, ist unter grds Beibehaltung des bisherigen Inhalts neu gegliedert und der Terminologie des VwVfG angepasst[1] sowie durch das SortÄndG 1997 geänd worden (»maßgebenden« statt »wichtigen« Merkmale). Vgl für die Sortenzulassung § 47 SaatG (Sortenliste).

B. Sortenschutzrolle

I. Allgemeines

2   Die SortRolle (eine Umbenennung in »Register« ist anders als im Patent-, GbmRecht und Markenrecht bisher nicht erfolgt) ist ähnlich dem Patentregister (§ 30 PatG) ein öffentliches Register;[2] die Einsicht steht jedermann frei (§ 29). Sie wird vom BSA geführt (§ 16 Abs 2 Satz 2). Die Verpflichtung des BSA zur Führung der Rolle folgt aus § 16 Abs 2 Satz 2. Auch den Eintragungen in der SortRolle kommt kein konstitutiver, sondern lediglich deklaratorischer Charakter,[3] aber Legitimationswirkung zu (vgl Abs 3 Satz 2; Rdn. 8). Der als SortInhaber Eingetragene muss seine materielle Berechtigung nicht

---

1 Vgl Begr BTDrs 10/816 = BlPMZ 1986, 136, 142.
2 Vgl *Leßmann/Würtenberger*[2] § 5 Rn. 399.
3 Vgl *Busse/Keukenschrijver* § 30 PatG Rn. 35; *Wuesthoff*[2] Rn. 2; *Schulte* § 30 PatG Rn. 17; *Benkard* § 30 PatG Rn. 8; *Jestaedt* GRUR 1983, 153, 156; *Hesse* GRUR 1975, 455 f.; *Leßmann/Würtenberger*[2] § 7 Rn. 149; OLG Düsseldorf Mitt 2015,

darlegen, wenn ihm der Sortenschutz selbst erteilt worden ist; die Eintragung in die Rolle erbringt jedoch keinen Beweis für eine (wirksame) Übertragung des Sortenschutzes nach Erteilung.[4] Die Eintragung erfolgt, sobald die Erteilung des Sortenschutzes unanfechtbar ist.[5]

II. Einzutragende Tatsachen

Abs 1 nennt die einzutragenden Tatsachen.[6]   3

Einzutragen sind demnach:[7]   4
– die **Art** und die **Sortenbezeichnung** (Nr 1);
– die festgestellten **Ausprägungen** der für die Unterscheidbarkeit wichtigsten Merkmale (Nr 2; zur Änderung Rdn. 6), wobei die Eintragung durch einen Hinweis auf Unterlagen des BSA ersetzt werden kann (Abs 2 Satz 1);
– werden die Pflanzen **der** Sorte durch **Kreuzung bestimmter Erbkomponenten** erzeugt, auch ein Hinweis darauf;
– **Namen und Anschriften**
    – des Ursprungszüchters oder Entdeckers,
    – des SortInhabers
    – und der Verfahrensvertreter (Nr 3);
– Zeitpunkt des **Beginns** des Sortenschutzes (Nr 4);
– Zeitpunkt der **Beendigung** des Sortenschutzes (Nr 4);
– **Beendigungsgrund** (Nr 4), nämlich Ablauf der Schutzdauer, Verzicht, Rücknahme oder Widerruf;
– ein **ausschließliches Nutzungsrecht** (Nr 5), jedoch nur auf entsprechenden Antrag;[8]
– Name und Anschrift des **Inhabers des ausschließlichen Nutzungsrechts** (Nr 5), jedoch nur auf entspr Antrag;[9]

392, auch zur Indizwirkung der Eintragung; zum Patentregister BGHZ 197, 196 = GRUR 2013, 713 Fräsverfahren (Nr 57).
4 LG Düsseldorf 2.7.1996 4 O 83/95 Entsch 1996, 56 Ls.
5 *Metzger/Zech* Rn. 2.
6 Zur Frage der Zulässigkeit weiterer Eintragungen vgl *Busse/Keukenschrijver* § 30 PatG Rn. 25 f.
7 Vgl *Leßmann/Würtenberger*² § 5 Rn. 408 ff.; *Wuesthoff*² Rn. 5–8.
8 Vgl *Leßmann/Würtenberger*² § 5 Rn. 403, auch zur verfehlten systematischen Einordnung.
9 Vgl *Leßmann/Würtenberger*² § 5 Rn. 403.

– ein **Zwangsnutzungsrecht** (Nr 6) und
– die für dieses festgesetzten **Bedingungen** (Nr 6), wobei die Eintragung insoweit durch einen Hinweis auf Unterlagen des BSA ersetzt werden kann (Abs 2 Satz 1).

III. Änderungen

1. Grundsatz; Antragserfordernis

5   Änderungen können nach Abs 2 Satz 2 vAw, im übrigen auf Antrag erfolgen.[10] Für die in Abs 3 Satz 1 genannten Änderungen in der Person des SortInhabers und des Verfahrensvertreters ist ein Antrag Voraussetzung.[11] Antragsberechtigt sind die Beteiligten oder Betroffenen.[12] Auf die Angabe der Person des Ursprungszüchters oder Entdeckers werden die zur Erfinderbenennung entwickelten Grundsätze entsprechend anwendbar sein (vgl §§ 37, 63 PatG).

2. Änderungen hinsichtlich der Merkmale (Abs 2 Satz 2)

6   Die Regelung ist aus Gründen der Systematik aus § 39 Satz 2 SortG 1968 übernommen worden;[13] neu ist 1985 die Möglichkeit eingeführt worden, auch die festgestellten Merkmalsausprägungen vAw zu ändern. Grund hierfür war, dass die Ausprägungen der meisten Merkmale nach den biologischen Gegebenheiten nur mit Relativbegriffen beschrieben werden können. Wenn sich im Zug der Fortentwicklung der Pflanzenzüchtung und der Untersuchungsverfahren das zum Vergleich zur Verfügung stehende Sortiment hinsichtlich eines Merkmals so verändert, dass die festgestellten Ausprägungen die Relation nicht mehr zutreffend wiedergeben, kann es erforderlich werden, ein bestimmtes Sortiment hinsichtlich bestimmter Merkmale insgesamt neu zu klassifizieren, um wieder eine exakte Vergleichsbasis für neue Sorten zu gewinnen.[14] Zuvor war die Rspr solchen Änderungen zurückhaltend gegenübergestanden. Eine sachliche Änderung eines Merkmals, die die Identität der Sorte verändert, war danach grds unzulässig. Hatte die Sorte von vornherein nicht das ursprünglich, sondern das später beschriebene Merkmal, wäre zu Unrecht Sortenschutz für eine nicht existierende Sorte erteilt worden und

10 Zur Berichtigung fehlerhafter Eintragungen *Busse/Keukenschrijver* § 30 PatG Rn. 42 ff.; vgl *Leßmann/Würtenberger*[2] § 5 Rn. 410; *Wuesthoff*[2] Rn. 16 f.
11 Vgl *Leßmann/Würtenberger*[2] § 5 Rn. 411; *Wuesthoff*[2] Rn. 9 f.
12 *Wuesthoff*[2] Rn. 11.
13 Begr BTDrs 10/816 = BlPMZ 1986, 136, 142.
14 Begr BTDrs 10/816 = BlPMZ 1986, 136, 142.

es wäre allenfalls in einem neuen Verfahren Sortenschutz für die nunmehr zutreffend beschriebene Sorte zu erteilen. War das ursprünglich beschriebene Merkmal ursprünglich vorhanden, hatte es sich aber geänd, wäre der erteilte Sortenschutz aufzuheben und allenfalls Sortenschutz für eine das geänd Merkmal aufweisende Sorte zu erteilen gewesen. Dagegen konnten Änderungen der ursprünglich gewählten Wortfassung, Ergänzungen und Verdeutlichungen oder unwesentliche Berichtigungen der ursprünglichen Beschreibung zulässig sein, wenn dadurch die Identität nicht verändert, sondern die identisch gebliebene Sorte nur besser oder vollständiger beschrieben, insb deutlicher gegenüber anderen Sorten abgegrenzt wurde.[15]

3. Inhaber; Vertreter

Änderung in der Person des SortInhabers und seines Vertreters werden nur bei 7 Nachweis der Rechtsänderung eingetragen (»Umschreibung«). Die Änderung erfolgt nur auf Antrag.[16] Auf die im Patentrecht entwickelten Grundsätze[17] wird zurückgegriffen werden können.[18]

IV. Wirkung der Eintragung

Der Eintragung kommt gegenüber dem BSA, sonstigen Behörden und 8 Gerichten Legitimationswirkung zu (Abs 3 Satz 2; Rdn. 2).[19] Wer als SortInhaber oder Verfahrensvertreter eingetragen ist, bleibt so lange als solcher berechtigt, bis eine Änderung eingetragen ist.

V. Bekanntmachung

Das BSA macht die Eintragungen bekannt (Abs 4). Dies geschieht durch Ver- 9 öffentlichung im BfS (§ 10 BSAVfV).

VI. Rollenauszüge

Rollenauszüge werden vom BSA auf Antrag erteilt.   **10**

---

15 Vgl BGH GRUR 1967, 419 Favorit I, noch zum SaatG; *Metzger/Zech* Rn. 4.
16 *Metzger/Zech* Rn. 5.
17 *Busse/Keukenschrijver* § 30 PatG Rn. 61 ff.
18 *Leßmann/Würtenberger*[2] § 5 Rn. 407; *Wuesthoff*[2] Rn. 11.
19 Vgl *Busse/Keukenschrijver* § 30 PatG Rn. 38; *Schulte* § 30 PatG Rn. 19 f.; *Wuesthoff*[2] Rn. 2, 15; *Benkard* § 30 PatG Rn. 8b; *Metzger/Zech* Rn. 6; *Leßmann/Würtenberger*[2] § 5 Rn. 399; kr *Rauch* Legitimiert nach zweierlei Maß, GRUR 2001, 588.

VII. Gebühren

11 Gebühren werden für die Eintragung oder Löschung eines ausschließlichen Nutzungsrechts und für die Eintragung von Änderungen in der Person eines in der SortRolle Eingetragenen erhoben; die Gebühr beträgt je Sorte 120 EUR (Nr 122 GebVerz). Die Gebühr für Auskünfte aus der Rolle und Rollenauszüge (Rdn. 10) beträgt 20 EUR je Sorte (Nr 300 GebVerz).

C. Register des Gemeinschaftlichen Sortenamts

12 Beim GSA werden zwei getrennte Register für Anträge auf gemeinschaftlichen Sortenschutz und für erteilte SortRechte geführt (Art 87 GemSortV). Die Regelung nennt neben vAw einzutragenden Tatsachen (beim Register für Anträge nach Art 87 Abs 1 Buchst a – d GemSortV, beim Register für erteilte SortRechte nach Art 87 Abs 2 Buchst a – e GemSortV) auch solche, die nur auf Antrag eingetragen werden (beim Register für Anträge nach Art 87 Abs 1 Buchst e GemSortV: Zwangsvollstreckungsmaßnahmen, beim Register für erteilte SortRechte nach Art 87 Abs 2 Buchst f – h: ausschließliche und Zwangsnutzungsrechte, Zwangsvollstreckungsmaßnahmen, unter bestimmten Voraussetzungen Kennzeichnung als Ursprungssorte und im wesentlichen abgeleitete Sorte). Art 87 Abs 3 GemSortV ermöglicht weitergehende Einträge; die Art 78 Abs 1, 2 GemSortVDV näher regelt.[1] Nach Art 78 Abs 3 GemSortVDV legt der Präsident des GSA die Einzelheiten fest.

13 Str ist, ob der Eintragung einer **ausschließlichen Lizenz** konstitutive Wirkung zukommt.[2]

14 Die **Eintragung von Rechtsübergängen** ist in Art 79 GemSortVDV geregelt.[3]

15 Art 80 GemSortVDV regelt die **Antragsberechtigung** für Eintragungen und Löschungen; Art 81 GemSortVDV enthält weitere Regelungen bzgl Konkursverfahren, Übertragungsklagen und zu Ursprungs- bzw im wesentlichen abgeleiteten Sorten, schließlich zur Eintragung von Sicherungsübertragungen und dinglichen Rechten.[4]

---

1 Einzelheiten bei *Leßmann/Würtenberger*[2] § 5 Rn. 598 ff.; *Metzger/Zech* Art 87–91 GSortV Rn. 4 ff.
2 Dies bejaht *Leßmann/Würtenberger*[2] § 4 Rn. 33; verneint dagegen von *Metzger/Zech* Art 101–107 GSortV Rn. 28.
3 Näher *Leßmann/Würtenberger*[2] § 5 Rn. 602 ff.
4 Näher *Leßmann/Würtenberger*[2] § 5 Rn. 606 ff.

Das GSA **veröffentlicht** mindestens alle zwei Monate die nach Art 87 Abs 2   **16**
Buchst a, d–g und h in das Register aufzunehmenden Angaben (Art 89 Satz 1
GemSortV; vgl Rdn. 8 vor § 16).

Änderungen der Eintragungen sind nicht möglich, wenn das GSA die Eintra-   **17**
gung zu Recht vorgenommen hat.[5]

§ 29 Einsichtnahme

(1) Jedem steht die Einsicht frei in
1. die Sortenschutzrolle,
2. die Unterlagen
    a) nach § 28 Abs. 2 Satz 1,
    b) eines bekanntgemachten Sortenschutzantrags sowie eines erteilten
       Sortenschutzes,
3. den Anbau
    a) zur Prüfung einer Sorte,
    b) zur Nachprüfung des Fortbestehens einer Sorte.

(2) [1]Bei Sorten, deren Pflanzen durch Kreuzung bestimmter Erbkomponenten erzeugt werden, sind die Angaben über die Erbkomponenten auf Antrag
desjenigen, der den Sortenschutzantrag gestellt hat, von der Einsichtnahme
auszuschließen. [2]Der Antrag kann nur bis zur Entscheidung über den Sortenschutzantrag gestellt werden.

GSortV:

Art 88 Einsichtnahme

(1) Jedermann kann in die Register nach Artikel 87 Einsicht nehmen.

(2) Bei Vorliegen eines berechtigten Interesses kann jedermann nach Maßgabe der in der Durchführungsordnung gemäß Artikel 114 vorgesehenen
Bedingungen Einsicht nehmen in
a) die Unterlagen eines Antrags auf Erteilung des gemeinschaftlichen Sortenschutzes;
b) die Unterlagen eines erteilten gemeinschaftlichen Sortenschutzes;
c) den Anbau zur technischen Prüfung einer Sorte;
d) den Anbau zur technischen Nachprüfung des Fortbestehens einer Sorte.

---

5 GSA (BK) 10.10.2012 A 1/12 RYN 200574; vgl *Metzger/Zech* Art 87–91 GSortV
  Rn. 7.

(3) Bei Sorten, bei denen zur Erzeugung von Material fortlaufend Material bestimmter Komponenten verwendet werden muß, sind auf Antrag des Antragstellers auf Erteilung des gemeinschaftlichen Sortenschutzes alle Angaben über Komponenten einschließlich ihres Anbaus von der Einsichtnahme auszuschließen. Der Antrag auf Ausschluß von Einsichtnahme kann nur bis zur Entscheidung über den Antrag auf Erteilung des gemeinschaftlichen Sortenschutzes gestellt werden.

(4) Material, das im Zusammenhang mit den Prüfungen nach Artikel 55 Absatz 4, Artikel 56 und Artikel 64 vorgelegt oder gewonnen wurde, darf von den nach dieser Verordnung zuständigen Stellen nicht an andere abgegeben werden, es sei denn, daß der Berechtigte einwilligt oder die Abgabe im Rahmen der in dieser Verordnung geregelten Zusammenarbeit bei der Prüfung aufgrund von Rechtsvorschriften erforderlich ist.

GemSortVDV:

Art 82 Einsichtnahme in die Register

(1) Jedermann kann am Sitz des Amts Einsicht in die Register nehmen.

Der Zugang zu den Registern und Dokumenten ist wie im Fall der Dokumente im Besitz des Amtes im Sinne von Artikel 84 zu gewährleisten.

(2) Die Einsicht in die Register ist unentgeltlich.

Die Herstellung und Aushändigung von Auszügen aus den Registern sind gebührenpflichtig, wenn über die Herstellung einer einfachen Kopie eines Dokuments oder Teils davon hinaus Daten zu verarbeiten oder zu ändern sind.

(3) Der Präsident des Amtes kann eine öffentliche Einsichtnahme der Register am Sitz der mit der Wahrnehmung besonderer Verwaltungsaufgaben befassten nationalen Einrichtungen oder Dienststellen gemäß Artikel 30 Absatz 4 der Grundverordnung vorsehen.

Art 83 Aufbewahrung von Akten

(1) Verfahrensunterlagen werden im elektronischen Format in elektronischen Dateien mit dem Aktenzeichen des betreffenden Verfahrens aufbewahrt, mit Ausnahme der Unterlagen, die die Ausschließung oder Ablehnung von Mitgliedern der Beschwerdekammer, des Personals des Amtes oder des Prüfungsamts betreffen und gesondert aufbewahrt werden.

(2) Das Amt bewahrt eine elektronische Kopie der in Absatz 1 genannten Datei auf (»Dateikopie«), die als echte und vollständige Kopie der Datei gilt. Das Prüfungsamt bewahrt eine Kopie der zusätzlichen Verfahrensunterlagen (»Prüfungskopie«) auf.

(3) Die von den Verfahrensbeteiligten eingereichten Originalschriftstücke, die die Grundlage etwaiger elektronischer Dateien bilden, können nach Ablauf einer Frist im Anschluss an ihren Eingang im Amt vernichtet werden.

(4) Der Präsident des Amtes legt im Einzelnen fest, in welcher Form und wie lange die Akten aufbewahrt werden; ferner bestimmt er die in Absatz 3 genannte Frist.

Art 84 Zugang zu Unterlagen im Besitz des Amtes

(1) Der Verwaltungsrat regelt den Zugang zu Unterlagen im Besitz des Amtes einschließlich der Register.

(2) Der Verwaltungsrat regelt, welche Arten der im Besitz des Amtes befindlichen Unterlagen der Öffentlichkeit durch Veröffentlichung, auch in elektronischer Form, unmittelbar zugänglich gemacht werden.

Art 85 Einsichtnahme in den Anbau einer Sorte

(1) Die Einsichtnahme in den Anbau einer Sorte ist schriftlich beim Amt zu beantragen. Das Prüfungsamt gewährt mit Zustimmung des Amts Zugang zum Versuchsgelände.

(2) Unbeschadet von Artikel 88 Absatz 3 der Grundverordnung wird der allgemeine Zugang zum Versuchsgelände für Besucher von den Vorschriften der vorliegenden Verordnung nicht berührt, sofern alle angebauten Sorten kodiert sind, das beauftragte Prüfungsamt geeignete, vom Amt genehmigte Maßnahmen gegen die Entfernung von Material getroffen hat und alle notwendigen Schritte zum Schutz der Rechte des Antragstellers oder des Sortenschutzinhabers unternommen worden sind.

(3) Der Präsident des Amts kann bestimmen, in welcher Form die Einsichtnahme in den Anbau von Sorten und die Kontrolle der Schutzvorkehrungen nach Absatz 2 erfolgen.

Art 86 Vertrauliche Angaben

Zur vertraulichen Behandlung von Angaben stellt das Amt der Person, die die Erteilung des gemeinschaftlichen Sortenschutzes beantragt, gebührenfrei

Vordrucke zur Verfügung, mit denen der Ausschluss aller Angaben über Komponenten von der Einsichtnahme nach Artikel 88 Absatz 3 der Grundverordnung beantragt werden kann.

Ausland: Österreich: § 22 Abs 3, 4 [abgedruckt bei § 28]

Schweiz:

Art 34 Öffentlichkeit des Registers

(1) Gegen Entrichtung einer Gebühr kann jedermann in das Sortenschutzregister Einsicht nehmen oder über dessen Inhalt Auskünfte einholen und Auszüge verlangen.

(2) Die Registerunterlagen sind mit Ausnahme des Berichtes der Prüfungsstelle vertraulich. Dritten darf nur mit Einwilligung des Schutzinhabers Einsicht gewährt werden. Gerichte bedürfen dieser Einwilligung nicht.

Ausland: Belgien: Art XI.153, Art XI.154 Code du droit économique; Frankreich: vgl Art L 623-9, L 623-10. L 623-11 CPI; Island: Art 4 Abs 2 SortG; Norwegen: Art 26 Abs 2 SortG; Lettland: vgl Sec. 35 SortG; Spanien: Art 43 SortG 2000

Übersicht		Rdn.
A.	Nationale Regelung, Entstehungsgeschichte	1
B.	Einsichtnahme	2
I.	Grundsatz	2
II.	Gegenstand des Einsichtsrechts	3
III.	Antrag	5
IV.	Einschränkungen der Einsichtnahme	6
	1. Allgemeines	6
	2. Erbkomponenten (Abs 2)	7
C.	Aktenaufbewahrung	10
D.	Gemeinschaftlicher Sortenschutz	11

A. Nationale Regelung, Entstehungsgeschichte

1   Im SortG 1968 in § 31 zT abw geregelt (Einsicht in die Unterlagen nur bei Glaubhaftmachung berechtigten Interesses).[1] Vgl für die Sortenzulassung § 49 SaatG.

---

1 Vgl hierzu BPatG BfS 1978, 154 »Akteneinsicht«.

B. Einsichtnahme

I. Grundsatz

Aus Abs 1 folgt im Grundsatz ein umfassendes Recht auf freie Einsicht für 2 jedermann, ohne dass es – anders als nach § 31 Abs 2 SortG 1968 – auf die Glaubhaftmachung eines berechtigten Interesses ankäme, das nach der Rspr im Zweifel stets anzunehmen sei.[2]

II. Gegenstand des Einsichtsrechts

Gegenstand des Einsichtsrechts sind die SortRolle (Abs 1 Nr 1; vgl § 28), 3 die Unterlagen, auf die in der Rolle nach § 28 Abs 2 Satz 1 hingewiesen ist (Abs 1 Nr 2 Buchst a), die Unterlagen des bekanntgemachten SortAntrags sowie eines erteilten Sortenschutzes (Abs 1 Nr 2 Buchst b).[3] Darüber hinaus unterliegen der Einsicht der Anbau zur Prüfung der Sorte (Abs 1 Nr 3 Buchst a) und zur Nachprüfung des Fortbestehens der Sorte (Abs 1 Nr 3 Buchst b).

Vor Bekanntmachung des Sortenschutzantrags besteht ein Einsichtsrecht in 4 die Unterlagen des SortAntrags nicht, und zwar auch nicht bei Glaubhaftmachung oder Nachweis eines berechtigten Interesses.

III. Antrag

Akteneinsicht wird nur auf Antrag gewährt. Dieser führt, da er nicht auf den 5 Erlass eines Verwaltungsakts gerichtet ist, nicht zur Einleitung eines Verwaltungsverfahrens. Damit entfällt grds das Erfordernis, den Antragsteller oder SortInhaber einzubeziehen.[4] Etwas anderes gilt allerdings bei Erbkomponenten (Rdn. 7).

IV. Einschränkungen der Einsichtnahme

1. Allgemeines

GeheimSortRechte sind nach dem SortG (anders zB in Frankreich) nicht vor- 6 gesehen.

---

2 Begr BTDrs 10/816 = BlPMZ 1986, 136, 142: vgl *Wuesthoff*[2] Rn. 2, 3; vgl auch *Leßmann/Würtenberger*[2] § 5 Rn. 413 ff.; *Metzger/Zech* Rn. 1.

3 Vgl *Metzger/Zech* Rn. 2.

4 Vgl *Metzger/Zech* Rn. 5.

2. Erbkomponenten (Abs 2)

7   Einen Ausschluss des Einsichtsrechts auf Antrag des SortAntragstellers sieht Abs 2 Satz 1 bei Sorten, deren Pflanzen durch Kreuzung (Kombinationszüchtung und Hybridzüchtung)[5] bestimmter Erbkomponenten erzeugt werden, hinsichtlich der Angaben über die Erbkomponenten vor.[6] Die Angaben über die Erbkomponenten – und nur diese[7] – können damit als Betriebsgeheimnis behandelt werden. Die 1985 neu eingeführte Regelung ist in Anpassung an die in § 60 Abs 2 Satz 2 SaatG erfolgt, damit die Bestimmung im SaatG nicht ihren Schutzzweck verfehlt.[8]

8   Der **Antrag auf Ausschließung** von der Akteneinsicht kann nur bis zur Entscheidung über den SortAntrag gestellt werden (Abs 2 Satz 2), da ein Rechtsschutzbedürfnis für die Geheimhaltung nicht mehr angenommen und die Geheimhaltung nicht mehr gewährleistet werden könne, wenn diese Angaben nach Schutzerteilung bereits eine Zeitlang offengelegen hätten.[9]

9   **Wirkung.** Ist der Antrag rechtzeitig und wirksam unter Beachtung der Förmlichkeiten des § 64 VwVfG gestellt, sind die Angaben über die Erbkomponenten – ggf nur im beantragten Umfang – von der Einsicht auszunehmen; eine abweichende Entscheidung des BSA kommt nicht, auch nicht bei Geltendmachung oder Nachweis eines berechtigten Interesses, in Betracht.[10]

C. Aktenaufbewahrung

10   Zur Aktenaussonderung BekBSA Nr 19/94.[11]

D. Gemeinschaftlicher Sortenschutz

11   Die Einsicht in die beiden Register (Rdn. 15 zu § 28) ist frei (Art 88 Abs 1 GemSortV). Einzelheiten regelt Art 82 GemSortVDV,[12] geänd durch die VO

---

5   Vgl *Wuesthoff*[2] Rn. 6.
6   Kr zur Regelung *Straus* (Rezension) GRUR Int 1991, 77 f.
7   Vgl *Wuesthoff*[2] Rn. 7; *Leßmann/Würtenberger*[2] § 5 Rn. 416 ff.; *Metzger/Zech* Rn. 3.
8   Begr BTDrs 10/816 = BlPMZ 1986, 136, 142.
9   Begr BTDrs 10/816 = BlPMZ 1986, 136, 142; vgl *Wuesthoff/Leßmann/Würtenberger*[1] Rn. 949; *Metzger/Zech* Rn. 4.
10 Vgl *Wuesthoff*[2] Rn. 8.
11 BfS 1994, 467.
12 Vgl *Wuesthoff/Leßmann/Würtenberger*[1] Rn. 1141.

(EU) Nr 1002/2005 der Kommission vom 30.6.2005.[13] Im übrigen ist die Einsicht in die Unterlagen wie im nationalen Recht geregelt; es entsprechen Art 88 Abs 2 Buchst a und b GemSortV § 29 Abs 1 Nr 2 Buchst a und b, Art 88 Abs 2 Buchst c und d GemSortV § 29 Abs 1 Nr 3 Buchst a und b; Art 88 Abs 3 GemSortV (Erbkomponponenten) entspricht § 29 Abs 2. Die Abgabe von Material, das beim Anbau gewonnen oder für ihn vorgelegt wurde, ist grds nicht zulässig (Art 88 Abs 4 GemSortV).[14] Die Praxis der Beschwerdekammer dehnt dies auf die Enbtnahme solchen Materials bei Besichtigungen aus.[15]

Die Einsichtnahme ist unentgeltlich. Sie kann grds auch am Sitz einer nationalen Behörde erfolgen (Art 82 Abs 3 GemSortVDV). Weiter ist Datenbankabruf im Internet möglich.[16] Art 85 GemSortVDV eröffnet auch die Möglichkeit der Besichtigung von im Vergleichsanbau befindlichen Pflanzen einer Sorte, die zum Sortenschutz angemeldet ist.[17] Art 85 Abs 2 GemSortVDV sieht hierfür nähere Vorkehrungen vor. **12**

Einsicht in die Unterlagen eines SortAntrags, die Unterlagen eines gemeinschaftlichen Sortenschutzes, den Anbau zur technischen Prüfung und zur technischen Nachprüfung des Fortbestehens der Sorte wird nur bei Vorliegen eines **berechtigten Interesses** gewährt (Art 88 Abs 2 GemSortV).[18] Auf die zur Akteneinsicht vor dem DPMA entwickelten Grundsätze[19] wird grds zurückgegriffen werden können. Für die Einsichtnahme in den Anbau einer Sorte ist ein schriftlicher Antrag erforderlich (Art 85 GemSortVDV). **13**

Einzelheiten des Verfahrens regeln Art 84 – 86 GemSortVDV[20] (Art 84 GemSortVDV neu gefasst durch die VO (EU) Nr 1002/2005 der Kommission vom 30.6.2005[21]). **14**

---

13 ABl EU L 170/7 = BlPMZ 2005, 348.
14 Näher *Metzger/Zech* Art 87–91 GSortV Rn. 13.
15 GSA (BK) 3.3.2016 A 1/14 Tang Gold (Einsichtnahme).
16 *Metzger/Zech* Art 87–91 GSortV Rn. 9.
17 *Leßmann/Würtenberger²* § 5 Rn. 617.
18 Zu den Kriterien hierfür *Leßmann/Würtenberger²* § 5 Rn. 614; *Metzger/Zech* Art 87–91 GSortV Rn. 10.
19 Vgl *Busse/Keukenschrijver* PatG § 31 Rn. 34 ff.
20 Vgl *Leßmann/Würtenberger²* § 5 Rn. 613 ff.
21 ABl EU L 170/7 = BlPMZ 2005, 348.

§ 30 Änderung der Sortenbezeichnung

(1) ¹Eine bei Erteilung des Sortenschutzes eingetragene Sortenbezeichnung ist zu ändern, wenn

1. ein Ausschließungsgrund nach § 7 Abs. 2 oder 3 bei der Eintragung bestanden hat und fortbesteht,
2. ein Ausschließungsgrund nach § 7 Abs. 2 Nr. 5 oder 6 nachträglich eingetreten ist,
3. ein entgegenstehendes Recht glaubhaft gemacht wird und der Sortenschutzinhaber mit der Eintragung einer anderen Sortenbezeichnung einverstanden ist,
4. dem Sortenschutzinhaber durch rechtskräftige Entscheidung die Verwendung der Sortenbezeichnung untersagt worden ist oder
5. einem sonst nach § 14 Abs. 1 zur Verwendung der Sortenbezeichnung Verpflichteten durch rechtskräftige Entscheidung die Verwendung der Sortenbezeichnung untersagt worden ist und der Sortenschutzinhaber als Nebenintervenient am Rechtsstreit beteiligt oder ihm der Streit verkündet war, sofern er nicht durch einen der in § 68 zweiter Halbsatz der Zivilprozeßordnung genannten Umstände an der Wahrnehmung seiner Rechte gehindert war.

²Im Fall einer Änderung der Sortenbezeichnung nach Abs. 1 Nr. 1 besteht ein Anspruch auf Ausgleich eines Vermögensnachteils nach § 48 Abs. 3 des Verwaltungsverfahrensgesetzes nicht.

(2) ¹Das Bundessortenamt fordert, wenn es das Vorliegen eines Änderungsgrundes nach Absatz 1 feststellt, den Sortenschutzinhaber auf, innerhalb einer bestimmten Frist eine andere Sortenbezeichnung anzugeben. ²Nach fruchtlosem Ablauf der Frist kann es eine Sortenbezeichnung von Amts wegen festsetzen. ³Auf Antrag des Sortenschutzinhabers oder eines Dritten setzt das Bundessortenamt eine Sortenbezeichnung fest, wenn der Antragsteller ein berechtigtes Interesse glaubhaft macht. ⁴Für die Festsetzung einer anderen Sortenbezeichnung und ihre Bekanntmachung gelten die §§ 24, 25 und 28 Abs. 1 Nr. 1 und Abs. 4 entsprechend.

GemSortV:

Art 66 Änderung der Sortenbezeichnung

(1) Das Amt ändert eine nach Artikel 63 festgesetzte Sortenbezeichnung, wenn es feststellt, daß die Bezeichnung den Anforderungen des Artikels 63 nicht oder nicht mehr entspricht und, im Fall eines entgegenstehenden

Rechts eines Dritten, der Inhaber des gemeinschaftlichen Sortenschutzes mit der Änderung einverstanden ist oder ihm oder einem anderen zur Verwendung der Sortenbezeichnung Verpflichteten aus diesem Grund die Verwendung der Sortenbezeichnung durch eine rechtskräftige Entscheidung untersagt worden ist.

(2) Das Amt gibt dem Inhaber Gelegenheit, eine geänderte Sortenbezeichnung vorzuschlagen und verfährt gemäß Artikel 63.

(3) Gegen den Vorschlag für eine geänderte Sortenbezeichnung können Einwendungen entsprechend Artikel 59 Absatz 3 Buchstabe b) erhoben werden.

GemSortVDV:

Art 36 Änderung der Sortenbezeichnung

(1) Ist eine Änderung der Sortenbezeichnung nach Artikel 66 der Grundverordnung erforderlich, so teilt das Amt dem Inhaber die Gründe hierfür mit und setzt eine Frist, innerhalb deren der Inhaber einen geeigneten Vorschlag für eine geänderte Sortenbezeichnung vorlegen muss, mit dem Hinweis, dass der gemeinschaftliche Sortenschutz nach Artikel 21 der Grundverordnung aufgehoben werden kann, wenn der Inhaber der Aufforderung nicht nachkommt.

(2) Kann der Vorschlag für eine geänderte Sortenbezeichnung vom Amt nicht genehmigt werden, so teilt das Amt dies dem Inhaber unverzüglich mit und setzt eine neue Frist, innerhalb deren der Inhaber einen geeigneten Vorschlag vorlegen muss, mit dem Hinweis, dass der gemeinschaftliche Sortenschutz nach Artikel 21 der Grundverordnung aufgehoben werden kann, wenn der Inhaber der Aufforderung nicht nachkommt.

(3) Die Artikel 31 und 32 der vorliegenden Verordnung gelten entsprechend für Einwendungen nach Artikel 66 Absatz 3 der Grundverordnung.

(4) Wird der Vorschlag für eine Änderung der Sortenbezeichnung elektronisch übermittelt, so muss er bezüglich der Unterschrift die Anforderung von Artikel 57 Absatz 3 Unterabsatz 2 erfüllen.

Ausland: Österreich:

Antrag auf Löschung der Sortenbezeichnung

§ 18. (1) Die Löschung einer Sortenbezeichnung kann bei der Nichtigkeitsabteilung des Patentamtes beantragt werden

1. vom Inhaber einer für gleiche Waren oder Dienstleistungen vor Registrierung der Sortenbezeichnung angemeldeten, noch zu Recht bestehenden gleichen Marke,

2. vom Inhaber einer für gleiche oder ähnliche Waren oder Dienstleistungen vor Registrierung der Sortenbezeichnung angemeldeten, noch zu Recht bestehenden gleichen oder ähnlichen Marke, sofern dadurch für das Publikum die Gefahr von Verwechslungen besteht, die die Gefahr einschließt, dass die Sortenbezeichnung mit der Marke gedanklich in Verbindung gebracht würde,

3. vom Inhaber einer im Inland bekannten, für nicht ähnliche Waren oder Dienstleistungen vor Registrierung der Sortenbezeichnung angemeldeten und noch zu Recht bestehenden gleichen oder ähnlichen Marke, sofern die Benutzung der Sortenbezeichnung die Unterscheidungskraft oder die Wertschätzung der bekannten Marke ohne rechtfertigenden Grund in unlauterer Weise ausnutzen oder beeinträchtigen würde,

4. von demjenigen, der nachweist, dass das von ihm für dieselben oder für ähnliche Waren oder Dienstleistungen geführte nicht registrierte Zeichen bereits zur Zeit der Registrierung der angefochtenen gleichen oder ähnlichen Sortenbezeichnung innerhalb beteiligter Verkehrskreise als Kennzeichen der Waren oder Dienstleistungen seines Unternehmens gegolten hat, oder

5. von einem Unternehmer, wenn sein Name, seine Firma oder die besondere Bezeichnung seines Unternehmens oder eine diesen Bezeichnungen ähnliche Bezeichnung als Sortenbezeichnung oder als Bestandteil einer solchen registriert worden ist und wenn die Benutzung der Sortenbezeichnung geeignet wäre, im geschäftlichen Verkehr die Gefahr von Verwechslungen mit einem der vorerwähnten Unternehmenskennzeichen des Antragstellers hervorzurufen.

(2) Anträge gemäß Abs. 1 sind abzuweisen, wenn der Antragsteller die Benutzung der eingetragenen Sortenbezeichnung während eines Zeitraumes von fünf aufeinanderfolgenden Jahren in Kenntnis dieser Benutzung geduldet hat. Dies gilt nur dann, wenn die Eintragung der Sortenbezeichnung in das Sortenschutzregister vom Sortenschutzinhaber nicht bösgläubig vorgenommen wurde.

(3) Nach dem Ende des Sortenschutzes ist das Löschungsverfahren von der Nichtigkeitsabteilung des Patentamtes einseitig durchzuführen.

(4) Der Lauf der im Abs. 2 genannten Fünfjahresfrist beginnt hinsichtlich der im Zeitpunkt des In-Kraft-Tretens dieses Bundesgesetzes bestehenden Ansprüche gegen den Inhaber einer zu diesem Zeitpunkt eingetragenen Sortenbezeichnung mit dem In-Kraft-Treten dieses Bundesgesetzes. Ein Antrag auf Löschung gemäß Abs. 1 Z 4 ist abzuweisen, wenn zum Zeitpunkt des In-Kraft-Tretens dieses Bundesgesetzes die im § 16 Abs. 2 des Sortenschutzgesetzes, BGBl. Nr. 108/1993, vorgesehene Frist bereits verstrichen ist.

Schweiz:

Art 13a Änderung der Sortenbezeichnung

Nach der Erteilung des Sortenschutzes darf das Büro für Sortenschutz die Sortenbezeichnung nur ändern:
a. aufgrund eines rechtskräftigen Urteils;
b. wenn ein Dritter ein entgegenstehendes Recht glaubhaft macht und der Sortenschutzinhaber in die Änderung einwilligt.

Belgien: Art XI.147 Code du droit économique; Dänemark: Art 11 Abs 3 SortG; Estland: vgl §§ 19 – 21, 23 Plant Propagation and Plant Variety Rights Act; Finnland: Sec 25 SortG 2009; Irland: Sec 13 PVA; Lettland: Sec. 20 Abs 5, 6 SortG; Litauen: Art 19 SortG; Niederlande: Art 23 SaatG; Norwegen: Art 21 SortG; Schweden: Kap 8 § 7 Växtförädlarrättslag; Slowenien: Art 38 SortG; Spanien: Art 48 SortG 2000

Übersicht	Rdn.
A. Nationale Regelung, Entstehungsgeschichte	1
B. Änderung der Sortenbezeichnung	2
I. Allgemeines	2
II. Änderungsgründe	3
1. Allgemeines	3
2. Die einzelnen Änderungsgründe	4
a. Ausschließungsgrund bei Eintragung	4
b. Nachträglicher Ausschließungsgrund	6
c. Rechte Dritter	7
d. rechtskräftige Entscheidung	8
e. Nebeninterventionswirkung	9
III. Ausschluss der Entschädigung	10
IV. Verfahren	11
C. Gemeinschaftlicher Sortenschutz	16

A. Nationale Regelung, Entstehungsgeschichte

1   Die Bestimmung, die 1985 die Überschrift »Aufhebung der Erteilung des Sortenschutzes hinsichtlich der Sortenbezeichnung« erhalten und sachlich im wesentlichen die Regelung in § 11 SortG 1968 übernommen hatte, wurde durch das SortÄndG 1997 neu gefasst; die Neufassung sieht eine (gegenständlich auf die Sortenbezeichnung beschränkte) Rücknahme der Erteilung des Sortenschutzes nicht mehr vor. Sie schafft in Anlehnung an Art 66 GemSortV und im Einklang mit der Handhabung bei UPOV eine Vorschrift zur Änderung der Sortenbezeichnung; sie setzt auch die Regelung in Art 20 Abs 4, 5 PflZÜ 1991 um.[1] Da die Sortenbezeichnung eine formale Voraussetzung ist, soll die Möglichkeit gegeben sein, sie ohne Rücknahme oder Widerruf der Erteilung des Sortenschutzes zu ändern.[2] Die weiteren Regelungen (Ausschluss eines Anspruchs auf Ausgleich eines Vermögensnachteils; Neufestsetzung der Sortenbezeichnung) sind sachlich im wesentlichen unverändert geblieben. Vgl für die Sortenzulassung § 51 SaatG.

B. Änderung der Sortenbezeichnung

I. Allgemeines

2   Die geltende Regelung sieht eine Änderung der bei Erteilung des Sortenschutzes eingetragenen Sortenbezeichnung vor, wenn einer der in Abs 1 geregelten Tatbestände erfüllt ist. Verfahrensrechtlich handelt es sich nach der Neuregelung nicht mehr um einen Teilwiderruf des Verwaltungsakts nach § 48 VwVfG,[3] sondern um eine besondere, abw von § 51 VwVfG geregelte Form des Wiederaufgreifens.[4] Allerdings kommt unter den Voraussetzungen des § 31 Abs 4 Nr 1 weiterhin Widerruf der Erteilung des Sortenschutzes in Betracht (Rdn. 13). Die Regelung erfasst (wie schon die frühere) Fälle, in denen die Erteilung des Sortenschutzes mit der festgesetzten Sortenbezeichnung rechtswidrig (Abs 1 Satz 1 Nr 1),[5] als auch solche, in denen sie rechtmäßig war (Abs 1 Satz 1 Nr 2, 3, 4, 5).[6]

---

1   Begr BTDrs 13/7038 S 15; vgl *Metzger/Zech* Rn. 1 f.
2   Begr BTDrs 13/7038 S 15.
3   Vgl Begr BTDrs 13/7038 S 15.
4   AA *Metzger/Zech* Rn. 18 unter Hinweis auf *Leßmann/Würtenberger*² § 6 Rn. 41 ff.; vgl zu den dogmatischen Schwierigkeiten bei der früheren Regelung *Wuesthoff*² Rn. 3 f.
5   Vgl *Wuesthoff*² Rn. 5.
6   Vgl *Wuesthoff*² Rn. 6.

II. Änderungsgründe

1. Allgemeines

Abs 1 Satz 1 sieht eine Änderung der Sortenbezeichnung bei Vorliegen einer 3
der dort abschließend[7] geregelten Voraussetzungen vor.[8] Dies dürfte allerdings
nicht für die vorläufige Sortenbezeichnung gelten, wie sich aus deren nicht
endgültigem Charakter ableiten lässt.

2. Die einzelnen Änderungsgründe.

a. Ausschließungsgrund bei Eintragung

Ein Ausschließungsgrund nach § 7 Abs 2 oder 3 hat bei der Eintragung 4
bestanden und besteht fort (Nr 1);[9] dies entspricht der Regelung in Art 66
Abs 1 iVm Art 63 Abs 3 GemSortV sowie dem Rücknahmetatbestand in § 30
Abs 1 SortG 1985. Die Bestimmung trägt dem Umstand Rechnung, dass es
aufgrund der weltweiten Ausdehnung des Sortenschutzes schwierig ist, Eintragungshindernisse aus anderen Ländern bereits zur Zeit der Erteilung des
Sortenschutzes zu berücksichtigen, und dass die Schutzerteilung im Interesse
des Antragstellers nicht verzögert werden soll.[10]

Erfasst sind alle in § 7 Abs 2 (Rdn. 24 ff. zu § 7) genannten **Ausschließungs-** 5
gründe sowie ein Verstoß gegen die **Bindung** an eine bestehende Sortenbezeichnung nach § 7 Abs 3 (Rdn. 17 ff. zu § 7). Dem BSA ist hier kein Ermessen eingeräumt.[11]

b. Nachträglicher Ausschließungsgrund

Ein Ausschließungsgrund nach § 7 Abs 2 Nr 5 oder 6 muss nachträglich ein- 6
getreten sein (Nr 2); dies ist enger als die Regelung in Art 66 Abs 1 iVm
Art 63 Abs 3 GemSortV, entspricht aber dem Widerrufstatbestand in § 30
Abs 2 Nr 1 SortG 1985. Andere Ausschließungsgründe als Irreführungsge-
fahr (§ 7 Abs 2 Nr 5; Rdn. 41 f. zu § 7) und Anstößigkeit (§ 7 Abs 2 Nr 6;
Rdn. 43 f. zu § 7) werden nach dem eindeutigen Wortlaut der Bestimmung

---

7 Begr BTDrs 13/7038 S 15; *Metzger/Zech* Rn. 4.
8 *Metzger/Zech* Rn. 4.
9 Vgl *Leßmann/Würtenberger*[2] § 6 Rn. 44.
10 Vgl Begr BlPMZ 1986, 136, 142.
11 *Leßmann/Würtenberger*[2] § 6 Rn. 45; *Metzger/Zech* Rn. 6.

(anders als nach Art 66 GemSortV) nicht erfasst. In Betracht kommen Fälle nachträglicher Änderung der für die Beurteilung maßgeblichen Umstände.[12]

c. Rechte Dritter

7 Voraussetzung ist kumulativ, dass ein entgegenstehendes Recht (eines Dritten) glaubhaft gemacht wird und der SortInhaber mit der Eintragung einer anderen Sortenbezeichnung einverstanden ist (Nr 3; vgl Rdn. 25 zu § 7); dies entspricht dem Widerrufstatbestand in § 30 Abs 2 Nr 2 SortG 1985. Glaubhaftmachung kann hier nicht iSd ZPO verstanden werden.[13]

d. Rechtskräftige Entscheidung

8 Ein Änderungsgrund liegt weiter vor, wenn dem SortInhaber durch **rechtskräftige Entscheidung** die Verwendung der Sortenbezeichnung untersagt worden ist (Nr 4); dies entspricht dem Widerrufstatbestand in § 30 Abs 1 Nr 3 SortG 1985.[14] Es wird vertreten, dass die Abgabe einer Abschlusserklärung der rechtskräftigen Entscheidung gleich zu erachten sei.[15] Die rechtskräftige Untersagung wirkt unabhängig von der materiellen Rechtslage, wird sich aber regelmäßig auf ein entgegenstehendes Recht eines Dritten (Rdn. 25 zu § 7) stützen. Allenfalls kann bei Erschleichung des Änderungsgrunds Rechtsmissbrauch in Betracht kommen.

e. Nebeninterventionswirkung

9 Schließlich liegt ein Änderungsgrund vor, wenn einem sonst nach § 14 Abs 1 zur Verwendung der Sortenbezeichnung Verpflichteten (zB dem Händler) durch rechtskräftige Entscheidung die Verwendung der Sortenbezeichnung untersagt und die Entscheidung nach Zivilprozessrecht gegen den SortInhaber als Nebenintervenienten oder Streitverkündeten wirksam ist (Nr 5); dies entspricht dem Widerrufstatbestand in § 30 Abs 2 Nr 4 SortG 1985.[16]

---

12 Vgl *Wuesthoff*[2] Rn. 7; *Leßmann/Würtenberger*[2] § 6 Rn. 48; *Metzger/Zech* Rn. 3 f, 12.
13 So (zu § 46 PatG) auch auch *Kather* FS G. Eisenführ (2003), 177, 188; *Büscher/Dittmer/Schiwy* § 46 PatG Rn. 16; *Busse/Keukenschrijver* PatG § 46 Rn. 36; vgl *Benkard* PatG § 46 Rn. 15; aA *Wuesthoff*[2] Rn. 8; *Leßmann/Würtenberger*[2] § 6 Rn. 50; *Metzger/Zech* Rn. 9.
14 *Metzger/Zech* Rn. 10.
15 *Metzger/Zech* Rn. 11.
16 Vgl *Leßmann/Würtenberger*[2] § 6 Rn. 54.

III. Ausschluss der Entschädigung

Ausschluss der Entschädigung (des Vermögensausgleichs) nach § 48 Abs 3 **10**
VwVfG ist im Fall des Abs 1 Satz 1 Nr 1, also bei Rechtswidrigkeit der Sortenbezeichnung, weiterhin vorgesehen (Abs 1 Satz 2);[17] es erscheint allerdings
zwh, ob die Entschädigungsregelung nach der Neufassung 1997 ohne die Ausschlussregelung überhaupt noch anwendbar wäre. Es ist als sachgerecht und
geboten angesehen worden, den Antragsteller das wirtschaftliche Risiko einer
nachträglichen Änderung selbst tragen zu lassen.[18] In anderen Fällen schließt
das Gesetz Entschädigung nicht aus.[19]

IV. Verfahren

Stellt das BSA das Vorliegen eines Änderungsgrunds nach Abs 1 fest, hat es **11**
zunächst den SortInhaber aufzufordern, innerhalb einer bestimmten, von
ihm festzusetzenden, verlängerbaren,[20] aber nicht wiedereinsetzungsfähigen
(Rdn. 5 zu § 27) Frist eine **andere Sortenbezeichnung** anzugeben (Abs 2
Satz 1). Die Aufforderung ist Verwaltungsakt (vgl Rdn. 24 zu § 31).[21]

Nach fruchtlosem Fristablauf kann das BSA eine Sortenbezeichnung **von** **12**
Amts wegen festsetzen. Die festgesetzte Bezeichnung muss den Erfordernissen
des § 7 entsprechen.[22] Die so festgesetzte Bezeichnung ist keine vorläufige; der
SortInhaber soll die Möglichkeit haben, es bei dieser Bezeichnung zu belas-
sen.[23]

§ 31 Abs 4 Nr 1 sieht in diesem Fall auch die Möglichkeit vor, dass das BSA **13**
die Erteilung des Sortenschutzes **widerruft**. Von dieser Möglichkeit wird das
BSA nur ausnahmsweise Gebrauch machen können, weil ihm mit der Möglichkeit der Festsetzung einer Sortenbezeichnung vAw regelmäßig ein milderes
Mittel zur Verfügung steht.[24]

---

17 *Metzger/Zech* Rn. 20.
18 Begr BTDrs 10/816 = BlPMZ 1986, 186, 142; vgl *Leßmann/Würtenberger*[2] § 6
   Rn. 46.
19 *Metzger/Zech* Rn. 21.
20 *Leßmann/Würtenberger*[2] § 6 Rn. 55.
21 *Metzger/Zech* Rn. 19.
22 *Wuesthoff*[2] Rn. 11.
23 Begr BlPMZ BTDrs 10/816 = 1986, 136, 142; vgl auch Bek PräsBSA Nr 3/88 vom
   15.4.1988 BfS 1988, 163.
24 *Metzger/Zech* Rn. 19.

14 Macht der SortInhaber oder ein Dritter ein **berechtigtes Interesse** geltend, kann das BSA sogleich, ohne das Verfahren nach Abs 2 Satz 1 einzuhalten, eine Sortenbezeichnung festsetzen.[25] Der SortInhaber kann aber, wenn ein Dritter den Antrag gestellt hat, eine andere Bezeichnung angeben, bis die Frist des Abs 2 Satz 1 abgelaufen ist; diese Angabe hat Vorrang vor der Angabe des Dritten, sofern die vom SortInhaber angegebene Bezeichnung den Erfordernissen des § 7 genügt. Ist die vom Dritten angegebene Bezeichnung bereits festgesetzt worden, ist das BSA in diesem Fall zur Änderung berechtigt und verpflichtet, wie sich aus dem Zusammenhang der Gesetzesbegründung ergibt.[26]

15 Für die Festsetzung einer anderen Sortenbezeichnung gelten die Regelungen über die **Bekanntmachung** und **Eintragung** (§§ 24, 25) sowie die Bestimmungen über den **Rolleneintrag** und dessen Bekanntmachung (§ 28 Abs 1 Nr 1, Abs 4) entsprechend (Abs 2 Satz 4).

C. Gemeinschaftlicher Sortenschutz

16 Die Regelung in Art 66 GemSortV entspricht im wesentlichen der im nationalen Recht,[27] berücksichtigt aber das nachträgliche Eintreten jeglichen Ausschließungsgrunds.

17 Einzelheiten des **Verfahrens** regelt Art 36 GemSortVDV. Das Änderungsverfahren kann nach pflichtgemäßem Ermessen jederzeit vAw eingeleitet werden;[28] ein Antrag eines Dritten ist nicht Verfahrensvoraussetzung.[29] Der Dritte wird anders als der SortInhaber nicht Verfahrensbeteiligter, es sei denn, er wird auf seinen Antrag vom GSA als unmittelbar und persönlich betroffen als Verfahrensbeteiligter zugelassen.[30]

§ 31 Beendigung des Sortenschutzes

(1) Der Sortenschutz erlischt, wenn der Sortenschutzinhaber hierauf gegenüber dem Bundessortenamt schriftlich verzichtet.

---

25 Vgl *Leßmann/Würtenberger*[2] § 6 Rn. 56; *Metzger/Zech* Rn. 19.
26 *Metzger/Zech* Rn. 19.
27 *Metzger/Zech* Rn. 1.
28 *Metzger/Zech* Rn. 16.
29 GSA (BK) 18.7.2005 A 4/04 ABl GSA 15.8.2005 Ginpent.
30 GSA (BK) Ginpent.

(2) ¹Die Erteilung des Sortenschutzes ist zurückzunehmen, wenn sich ergibt, daß die Sorte bei der Sortenschutzerteilung nicht unterscheidbar oder nicht neu war. ²Ein Anspruch auf Ausgleich eines Vermögensnachteils nach § 48 Abs. 3 des Verwaltungsverfahrensgesetzes besteht nicht. ³Eine Rücknahme aus anderen Gründen ist nicht zulässig.

(3) Die Erteilung des Sortenschutzes ist zu widerrufen, wenn sich ergibt, daß die Sorte nicht homogen oder nicht beständig ist.

(4) Im übrigen kann die Erteilung des Sortenschutzes nur widerrufen werden, wenn der Sortenschutzinhaber

1. einer Aufforderung nach § 30 Abs. 2 zur Angabe einer anderen Sortenbezeichnung nicht nachgekommen ist,

2. eine durch Rechtsverordnung nach § 32 Nr. 1 begründete Verpflichtung hinsichtlich der Nachprüfung des Fortbestehens der Sorte trotz Mahnung nicht erfüllt hat oder

3. fällige Jahresgebühren innerhalb einer Nachfrist nicht entrichtet hat.

GemSortV:

Art 19 Dauer des gemeinschaftlichen Sortenschutzes

(1) ...

(2) ...

(3) Der gemeinschaftliche Sortenschutz erlischt vor Ablauf der in Absatz 1 genannten Zeiträume oder gemäß Absatz 2, wenn der Inhaber hierauf durch eine an das Amt gerichtete schriftliche Erklärung verzichtet, mit Wirkung von dem Tag, der dem Tag folgt, an dem die Erklärung bei dem Amt eingegangen ist.

Art 20 Nichtigkeitserklärung des gemeinschaftlichen Sortenschutzes

(1) Das Amt erklärt den gemeinschaftlichen Sortenschutz für nichtig, wenn festgestellt wird, daß

a) die in Artikel 7 oder 10 genannten Voraussetzungen bei der Erteilung des gemeinschaftlichen Sortenschutzes nicht erfüllt waren, oder

b) in den Fällen, in denen der gemeinschaftliche Sortenschutz im wesentlichen aufgrund von Informationen und Unterlagen erteilt wurde, die der Antragsteller vorgelegt hat, die Voraussetzungen des Artikels 8 oder 9 zum Zeitpunkt der Erteilung des Sortenschutzes nicht erfüllt waren, oder

c) das Recht einer Person gewährt wurde, die keinen Anspruch darauf hat, es sei denn, daß das Recht auf die Person übertragen wird, die den berechtigten Anspruch geltend machen kann.

(2) Wird der gemeinschaftliche Sortenschutz für nichtig erklärt, so gelten seine in dieser Verordnung vorgesehenen Wirkungen als von Beginn an nicht eingetreten.

Art 21 Aufhebung des gemeinschaftlichen Sortenschutzes

(1) Das Amt hebt den gemeinschaftlichen Sortenschutz mit Wirkung ex nunc auf, wenn festgestellt wird, daß die in Artikel 8 oder 9 genannten Voraussetzungen nicht mehr erfüllt sind. Wird festgestellt, daß diese Voraussetzungen schon von einem vor der Aufhebung liegenden Zeitpunkt an nicht mehr erfüllt waren, so kann die Aufhebung mit Wirkung von diesem Zeitpunkt an erfolgen.

(2) Das Amt kann den gemeinschaftlichen Sortenschutz mit Wirkung ex nunc aufheben, wenn der Inhaber nach einer entsprechenden Aufforderung innerhalb der vom Amt gesetzten Frist
a)   eine Verpflichtung nach Artikel 64 Absatz 3 nicht erfüllt hat, oder
b)   im Fall des Artikels 66 keine andere vertretbare Sortenbezeichnung vorschlägt, oder
c)   etwaige Gebühren, die für die Aufrechterhaltung des gemeinschaftlichen Sortenschutzes zu zahlen sind, nicht entrichtet, oder
d)   als ursprünglicher Inhaber oder als Rechtsnachfolger aufgrund eines Rechtsübergangs gemäß Artikel 23 die in Artikel 12 und in Artikel 82 festgelegten Voraussetzungen nicht mehr erfüllt.

Art 64 Technische Nachprüfung

(1) Das Amt prüft das unveränderte Fortbestehen der geschützten Sorte nach.

(2) Zu diesem Zweck wird eine technische Nachprüfung entsprechend den Bestimmungen der Artikel 55 und 56 durchgeführt.

(3) Der Inhaber hat dem Amt und den Prüfungsämtern, denen die technische Nachprüfung der Sorte übertragen wurde, alle für die Beurteilung des unveränderten Fortbestehens der Sorte erforderlichen Auskünfte zu erteilen. Er hat entsprechend den vom Amt getroffenen Bestimmungen Material der Sorte vorzulegen und die Nachprüfung zu gestatten, ob zur Sicherung des unveränderten Fortbestehens der Sorte die erforderlichen Maßnahmen getroffen wurden.

Art 65 Bericht über die technische Nachprüfung

(1) Auf Anforderung des Amtes oder wenn es feststellt, daß die Sorte nicht homogen oder nicht beständig ist, übersendet das mit der technischen Nachprüfung beauftragte Prüfungsamt dem Amt einen Bericht über die getroffenen Feststellungen.

(2) Haben sich bei der technischen Nachprüfung Mängel nach Absatz 1 ergeben, so teilt das Amt dem Inhaber das Ergebnis der technischen Nachprüfung mit und gibt ihm Gelegenheit zur Stellungnahme dazu.

GemSortVDV:

Art 33 Pflichten des Inhabers nach Artikel 64 Absatz 3 der Grundverordnung

(1) Der Inhaber ist verpflichtet, eine Überprüfung des Materials der betreffenden Sorte und desjenigen Ortes zuzulassen, an dem die Identität der Sorte aufrechterhalten wird, damit die für die Beurteilung des unveränderten Fortbestehens der Sorte erforderlichen Auskünfte nach Artikel 64 Absatz 3 der Grundverordnung gewährleistet sind.

(2) Der Inhaber hat schriftliche Aufzeichnungen zu führen, um die Nachprüfung der geeigneten Maßnahmen nach Artikel 64 Absatz 3 der Grundverordnung sicherzustellen.

Art 34 Technische Nachprüfung

Unbeschadet von Artikel 87 Absatz 4 der Grundverordnung wird eine technische Nachprüfung der geschützten Sorte nach Maßgabe der bei Erteilung des gemeinschaftlichen Sortenschutzes ordnungsgemäß angewandten Prüfungsrichtlinien durchgeführt. Die Artikel 22 und 24 bis 27 der vorliegenden Verordnung gelten für das Amt, das Prüfungsamt und den Inhaber entsprechend.

Art 35 Anderes Material für die technische Nachprüfung

Hat der Inhaber nach Artikel 64 Absatz 3 der Grundverordnung Material der Sorte vorgelegt, so kann das Prüfungsamt mit Zustimmung des Amts das vorgelegte Material durch eine Kontrolle anderen Materials prüfen, das Anbauflächen entnommen wurde, auf denen Material vom Inhaber oder mit dessen Zustimmung angebaut wird, oder das Material entnommen wurde, welches vom Inhaber oder mit dessen Zustimmung in Verkehr gebracht worden ist, oder das von amtlichen Stellen in einem Mitgliedstaat im Rahmen ihrer Befugnisse entnommen wurde.

Artikel 53a Verfahren zur Nichtigkeitserklärung und Aufhebung

(1) Verfahren zur Nichtigkeitserklärung und Aufhebung gemäß den Artikeln 20 bzw. 21 der Grundverordnung können vom Amt eingeleitet werden, wenn erhebliche Zweifel an der Gültigkeit des Titels bestehen. Ein solches Verfahren kann vom Amt aus eigener Initiative oder auf Antrag eingeleitet werden.

(2) Einem Antrag auf Einleitung des Verfahrens zur Nichtigkeitserklärung oder Aufhebung gemäß den Artikeln 20 bzw. 21 der Grundverordnung sind Nachweise und Fakten beizufügen, die ernsthafte Zweifel an der Gültigkeit des Titels aufwerfen, und er muss folgende Angaben enthalten:
a)   in Bezug auf die Registrierung, für die die Nichtigkeitserklärung oder die Aufhebung beantragt wurde:
   i)   Registernummer des gemeinschaftlichen Sortenschutzes;
   ii) Name und Anschrift des Inhabers des gemeinschaftlichen Sortenschutzes;
b)   in Bezug auf die Gründe, auf die sich der Antrag stützt:
   i)   eine Erklärung der Gründe, auf die sich der Antrag auf Einleitung des Verfahrens zur Nichtigkeitserklärung oder Aufhebung stützt;
   ii) die Angabe der zur Begründung vorgebrachten Fakten, Beweismittel und Argumente;
c)   Name und Anschrift des Antragstellers und, falls er einen Verfahrensvertreter bestellt hat, dessen Name und Anschrift.

(3) Jede Entscheidung des Amtes, einen Antrag gemäß Absatz 2 abzulehnen, wird dem Antragsteller und dem Inhaber des gemeinschaftlichen Sortenschutzes mitgeteilt.

(4) Das Amt lässt schriftliche Vorlagen oder Unterlagen oder Teile davon, die nicht innerhalb der vom Amt gesetzten Frist eingereicht wurden, unberücksichtigt.

(5) Jede Entscheidung des Amtes, einen gemeinschaftlichen Sortenschutz für null und nichtig zu erklären oder ihn aufzuheben, wird in dem in Artikel 87 genannten Amtsblatt veröffentlicht.

Ausland: Österreich (vgl auch § 5 Abs 2, 3)

Aufhebung des Sortenschutzes

§ 14. (1) Der Sortenschutz ist vom Bundesamt für Ernährungssicherheit aufzuheben, wenn die Sorte nicht oder nicht mehr homogen oder beständig ist.

(2) Der Sortenschutz ist vom Bundesamt für Ernährungssicherheit aufzuheben, wenn der Sortenschutzinhaber trotz schriftlicher Mahnung und Einräumung einer angemessenen Frist

1. dem Bundesamt für Ernährungssicherheit die notwendigen Auskünfte nicht erteilt oder die Unterlagen oder das Vermehrungsmaterial nicht vorlegt, das für die Überwachung der Erhaltung der Sorte notwendig ist,
2. die fälligen Jahresgebühren nicht entrichtet oder,
3. falls die Sortenbezeichnung nach Erteilung des Sortenschutzes gelöscht wird, keine andere geeignete Sortenbezeichnung vorlegt.

Nichtigerklärung und behördliche Übertragung des Sortenschutzes

§ 15. (1) Der Sortenschutz ist auf Antrag von der Nichtigkeitsabteilung des Patentamtes für nichtig zu erklären, wenn

1. sich ergibt, dass die Sorte nicht oder nicht mehr unterscheidbar oder neu war, oder
2. der Nachweis erbracht wird, dass der Sortenschutzinhaber nicht Berechtigter war.

(2) Die rechtskräftige Nichtigerklärung wirkt auf den Tag der Erteilung des Sortenschutzes zurück.

(3) Gleichzeitig mit dem Antrag auf Nichtigerklärung des Sortenschutzes gemäß Abs. 1 Z 2 kann der Antragsteller bei der Nichtigkeitsabteilung des Patentamtes die behördliche Übertragung des Sortenschutzes auf seine Person beantragen.

(4) Der Anspruch auf Nichtigerklärung und behördliche Übertragung des Sortenschutzes gemäß Abs. 3 steht nur dem zu, der Anspruch auf Erteilung des Sortenschutzes hat, und verjährt gegenüber dem gutgläubigen Sortenschutzinhaber nach drei Jahren vom Zeitpunkt der Sorteneintragung in das Sortenschutzregister. Die behördliche Übertragung wird mit der Eintragung in das Sortenschutzregister wirksam.

(5) Die aus der Nichtigerklärung und der behördlichen Übertragung entspringenden wechselseitigen Ersatz- und Rückforderungsansprüche sind nach bürgerlichem Recht zu beurteilen und im Zivilrechtsweg geltend zu machen

Pflichten des Sortenschutzinhabers

§ 16. (1) Der Sortenschutzinhaber ist verpflichtet, ausreichende Maßnahmen zur Sicherung des Fortbestehens der Sorte zu setzen.

(2) Der Sortenschutzinhaber hat dem Bundesamt für Ernährungssicherheit

1. die Prüfung der Sicherung des Fortbestandes der Sorte zu ermöglichen,
2. das zur Prüfung der geschützten Sorte erforderliche Vermehrungsmaterial sowie Vermehrungsmaterial von Erbkomponenten, die bei der Erzeugung der Sorte verwendet werden, unentgeltlich zur Verfügung zu stellen,
3. die erforderlichen Auskünfte zu erteilen,
4. die erforderlichen Hilfeleistungen unentgeltlich zu erbringen,
5. die erforderlichen Geschäftsbücher und Aufzeichnungen vorzulegen und die Einsichtnahme zu dulden,
6. alle Orte und Beförderungsmittel, die zur Erzeugung oder zum Vertrieb der geschützten Sorte dienen, bekannt zu geben und den Zutritt zu gestatten.

Schweiz:

Art 15 Vorzeitiges Erlöschen

(1) Der Sortenschutz erlischt, wenn der Sortenschutzinhaber dem Büro für Sortenschutz schriftlich seinen Verzicht erklärt.

(2) Solange das Büro für Sortenschutz den Verzicht nicht veröffentlicht hat, kann er widerrufen werden.

Art 16 Nichtigerklärung

(1) Der Richter erklärt den Sortenschutz auf Klage hin als nichtig, wenn sich herausstellt, dass:

a. die Sorte bei der Erteilung des Schutzes nicht neu oder nicht unterscheidbar war;
b. die Sorte bei der Erteilung des Schutzes nicht homogen oder nicht beständig war und der Sortenschutz im Wesentlichen aufgrund der vom Schutzbewerber gegebenen Auskünfte und eingereichten Unterlagen erteilt wurde;
c. der Sortenschutz einer nicht berechtigten Person erteilt wurde und diese ihn nicht der berechtigten Person übertragen hat.

(2) Klageberechtigt ist jeder, der ein Interesse an der Nichtigerklärung nachweist.

(3) [aufgehoben]

Art 17 Aufhebung

(1) Das Büro für Sortenschutz hebt den Sortenschutz auf, wenn:

a. der Sortenschutzinhaber innert der vom Büro für Sortenschutz festgelegten Frist trotz Mahnung das Vermehrungsmaterial, die Unterlagen und die Auskünfte, die zur Überwachung notwendig sind, nicht beibringt;

b. der Sortenschutzinhaber eine Jahresgebühr auch nach erfolgter Mahnung nicht bezahlt;

c. festgestellt wird, dass die Sorte nicht mehr homogen oder nicht mehr beständig ist.

(2) Die Aufhebung des Sortenschutzes wird mit der Eintragung im Sortenschutzregister wirksam.

Belgien: Art XI.121 (Verzicht), Art XI.122 (Nichtigerklärung), Art XI.123 (Verfall), Art XI.144, Art XI.145, Art XI.146 (Fortbestand) Code du droit économique; **Bulgarien:** Art 27, Art 31 (Erklärung der Ungültigkeit) Pflanzen- und TierzuchtG; **Dänemark:** Art 13–16 SortG; **Estland:** §§ 49, 50 Plant Propagation and Plant Variety Rights Act; **Finnland:** Sec 26, 27, 28 SortG 2009; **Frankreich:** Art L 623-23 (geänd 2011), Art L 623-23-1 (Nichtigkeit, eingeführt 2011), Art R 623-36, 37 CPI; **Irland:** Sec 10 (Verzicht), 11 (Nichtigkeit, Widerruf, geänd 1998), 16 (Fortbestehen) PVA; **Island:** Art 10, 14 (Nichtigerklärung, Widerruf) SortG; vgl Art 13 (Fortbestehen) SortG; **Italien:** Art 19, 20 VO 455; **Kroatien:** Art 16, 32, 33 (Nichtigkeit) SortG; **Lettland:** Sec 36 (Widerruf), 37 (Nichtigkeit, geänd 2006) SortG; vgl Sec 34 (Fortbestand) SortG (geänd 2005); **Litauen:** Art 23 (Nichtigkeit), 24 (Widerruf) SortG; **Niederlande:** Art 73, 74, Art 75 (Nichtigerklärung), Art 76 (Aufhebung); Art 77 Zaaizaad- en plantgoedwet 2005; **Norwegen:** Art 15 – 18 SortG; **Polen:** Art 29 SortG; **Portugal:** Art 5 GesetzesVO 213/90, Art 27, 28 SortV; **Rumänien:** Art 25 (Widerruf), 34 (Ungültigerklärung), 35 (Aufhebung), 36 (Verzicht), 37 (Fortbestehen) SortG; **Schweden:** Kap 6 § 3 (Nachprüfung), Kap 8 (Beendigung) Växtförädlarrättslag; **Slowakei:** Art 13, 22 (Fortbestehen), 23 (Ungültigerklärung) Pflanzen- und TierzuchtG; **Slowenien:** Art 18 Abs 3, Art 34, 35, 36, 44 (Fortbestehen), 45 (Mustervorlage) SortG; **Spanien:** Art 27, 28, 50, 51 SortG 2000; **Tschech. Rep.:** Art 18, 25 SortG 2000; **Ungarn:** Art 113 Abs 1 (Fortbestehen), Art 114 D (Nichtigerklärung), Art 114 E (Erlöschen; Löschung), Art 114 F, Art 114 U (Eingaben) PatG; **Vereinigtes Königreich:** Sec 21 (Nullity), 22 (Cancellation), 23 (Suspension) PVA

Schrifttum

Ullrich Die Beteiligung Dritter im Verfahren des Schutzrechtserteilung: Sonderling Sortenschutz, FS U. Loewenheim (2009), 333

Übersicht   Rdn.
A.   Nationale Regelung, Entstehungsgeschichte   1
B.   Beendigungsgründe   2
I.   Allgemeines.   2
II.   Verzicht.   3
III. Rücknahme und Widerruf   11
      1. Allgemeines   11
      2. Rücknahme   16
          a. Allgemeines; Rechtsnatur   16
          b. Rücknahmegründe   17
          c. Maßgebender Zeitpunkt   18
      3. Widerruf   19
          a. Allgemeines; Rechtsnatur   19
          b. Widerrufsgründe des Abs 3   20
          c. Widerrufsgründe des Abs 4   21
          d. Maßgebender Zeitpunkt   28
      4. Verfahren.   29
          a. Einleitung; Antrag   29
          b. Prüfung   34
          c. Entscheidung.   35
      5. Wirkung von Rücknahme und Widerruf   37
          a. Rücknahme   37
          b. Widerruf   38
      6. Vermögensausgleich   39
          a. Bei Rücknahme   39
          b. Bei Widerruf   40
C.   Gemeinschaftlicher Sortenschutz.   43
I.   Verzicht.   43
II.   Nichtigerklärung; Aufhebung   45
      1. Allgemeines   45
      2. Nichtigkeits- und Aufhebungsgründe   46
      3. Verfahren.   52
      4. Bericht.   54
      5. Entscheidung.   55

A. Nationale Regelung, Entstehungsgeschichte

1 Die Regelung, die inhaltlich weitgehend § 20 SortG 1968 entspricht, ist im
Zug der Umstellung von einem besonderen Verwaltungsverfahren auf das Verfahrensrecht des VwVfG grundlegend geänd worden. Entsprach das Verfahren zuvor weitgehend dem in Patentsachen (Anmeldung, Bekanntmachung,

Erteilung, Einspruch, Nichtigerklärung) bzw Wz-Sachen (Löschung der Sortenbezeichnung, § 11 SortG 1968), sind nunmehr entsprechend der Regelung im VwVfG, allerdings mit Modifikationen, Rücknahme und Widerruf vorgesehen. Die Begriffe Nichtigkeit und Aufhebung des Sortenschutzes (so aber die GemSortV) sind in Anpassung an das allg Verfahrensrecht (§§ 48, 49 VwVfG) durch Rücknahme und Widerruf ersetzt worden.[1] Das SortÄndG 1997 hat die Verweisung in Abs 4 Nr 1 geänd. Vgl für die Sortenzulassung § 52 SaatG.

B. Beendigungsgründe

I. Allgemeines

Die Bestimmung, die in ihren Regelungen über Rücknahme und Widerruf die **2** geltenden Art 21 (Nichtigkeit) und 22 (Aufhebung) PflZÜ umsetzt, regelt mit Ausnahme des Ablaufs der gesetzlichen Schutzdauer die Beendigungsgründe (Erlöschensgründe) des Sortenschutzes in seinen sachlichen Schutzwirkungen abschließend.[2]

II. Verzicht

Rechtsnatur. Die Regelung entspricht der in § 20 Abs 1 Nr 1 PatG. Wie im **3** Patentrecht wird der Verzicht als rechtsgeschäftliche empfangsbedürftige Willenserklärung angesehen;[3] zutr wird es sich um eine Verfahrenshandlung mit unmittelbar materiell rechtsgestaltender, nämlich rechtsbeendender Wirkung handeln; die Bestimmung stellt damit eine für den gewerblichen Rechtsschutz typische Ausnahmeregelung zu § 43 Abs 2 VwVfG dar.

Eine **Anfechtung** der Verzichtserklärung wird man nach den im Patentrecht **4** entwickelten Grundsätzen[4] als zulässig ansehen müssen.[5]

Anders als im Patentrecht ist Verzicht nur auf den Sortenschutz insgesamt **5** möglich; **Teilverzicht** kommt nicht in Betracht, für ihn besteht angesichts

---

1 Begr BTDrs 10/816 = BlPMZ 1986, 136, 142.
2 Begr BTDrs 10/816 = BlPMZ 1986, 136, 142; *Wuesthoff*[2] Rn. 1; *Leßmann/Würtenberger*[2] § 6 Rn. 11; *Metzger/Zech* Rn. 1.
3 *Wuesthoff*[2] Rn. 5; *Leßmann/Würtenberger*[2] § 6 Rn. 17; vgl *Busse/Keukenschrijver* § 20 PatG Rn. 14; *Schulte* § 20 PatG Rn. 9; *Benkard* § 20 PatG Rn. 5.
4 Hierzu *Busse/Keukenschrijver* § 20 PatG Rn. 30 ff.; *Schulte* § 20 PatG Rn. 9; *Benkard* § 20 PatG Rn. 8; vgl *Leßmann/Würtenberger*[2] § 6 Rn. 18.
5 Vgl BGHZ 187, 1 = GRUR 2010, 996 Bordako; *Metzger/Zech* Rn. 4.

des Fehlens von Schutzansprüchen auch kein Bedürfnis.[6] Auch ein bedingter Verzicht kommt nicht in Betracht.[7]

6 Zum Verzicht legitimiert ist nur der **Sortenschutzinhaber**; maßgeblich ist der Rollenstand (§ 28 Abs 3 Satz 2).[8] Ein Zustimmungsvorbehalt des ausschließlichen Lizenznehmers ist nicht vorgesehen.[9]

7 **Form; Inhalt.** Der Verzicht ist schriftlich zu erklären; das Formerfordernis entspricht dem im Patentrecht.[10] Ein bestimmter Inhalt der Erklärung ist nicht vorgeschrieben, jedoch muss der Wille eindeutig erkennbar sein, die Rechte aus dem Sortenschutz sofort und endgültig aufzugeben.[11] Bedingungen machen die Erklärung unwirksam.[12] Befristungen sind dagegen möglich.[13] Eine Gebühr ist nicht vorgesehen.[14]

8 **Erklärungsempfänger** ist das BSA; es gelten die gleichen Regeln wie beim Verzicht auf das Patent gegenüber dem DPMA.[15]

9 **Wirkung.** Mit Eingang des wirksamen Verzichts beim BSA erlischt der Sortenschutz für die Zukunft.[16]

---

6 *Leßmann/Würtenberger*[2] § 6 Rn. 20; *Metzger/Zech* Rn. 3; *Wuesthoff*[2] Rn. 6 will ihn ausnahmsweise zulassen, wenn Unklarheiten nicht bestehen.

7 *Metzger/Zech* Rn. 4; *Busse/Keukenschrijver* PatG § 20 Rn. 27; *Fitzner/Lutz/Bodewig* PatG § 20 Rn. 11; *Mes* PatG § 20 Rn. 17.

8 Vgl *Busse/Keukenschrijver* § 20 PatG Rn. 17 ff.; *Leßmann/Würtenberger*[2] § 6 Rn. 14; *Schulte* § 20 PatG Rn. 11; *Benkard* § 20 PatG Rn. 4.

9 *Leßmann/Würtenberger*[2] § 6 Rn. 14.

10 Vgl *Busse/Keukenschrijver* § 20 PatG Rn. 15; *Leßmann/Würtenberger*[2] § 6 Rn. 15; *Schulte* § 20 PatG Rn. 10; *Benkard* § 20 PatG Rn. 6.

11 *Busse/Keukenschrijver* § 20 PatG Rn. 26; *Schulte* § 20 PatG Rn. 10; *Benkard* § 20 PatG Rn. 7.

12 *Busse/Keukenschrijver* § 20 PatG Rn. 27; *Schulte* § 20 PatG Rn. 10; *Benkard* § 20 PatG Rn. 7; *Metzger/Zech* Rn. 4.

13 BGHZ 187, 1 = GRUR 2010, 996 Bordako; OLG Dresden 23.9.2009 11 U 422/09; *Leßmann/Würtenberger*[2] § 6 Rn. 16 unter Hinweis auf VG Hannover 18.12.1996 11 A 659/94; aA *Metzger/Zech* Rn. 4.

14 Unzutr *Nirk/Ullmann* S 203.

15 Hierzu *Busse/Keukenschrijver* § 20 PatG Rn. 15; *Schulte* § 20 PatG Rn. 15; *Benkard* § 20 PatG Rn. 5; vgl *Leßmann/Würtenberger*[2] § 6 Rn. 17 f; *Metzger/Zech* Rn. 3.

16 Vgl *Busse/Keukenschrijver* § 20 PatG Rn. 34; *Schulte* § 20 PatG Rn. 19; *Benkard* § 20 PatG Rn. 9.

Der Verzicht ist in der Rolle zu vermerken (§ 28 Abs 1 Nr 4). Der **Rollenver-** 10
merk hat wie im Patentrecht nur deklaratorische Bedeutung.[17]

III. Rücknahme und Widerruf

1. Allgemeines

Die geltende Regelung übernimmt die Begriffe des allg Verwaltungsverfahrens- 11
rechts, setzt sich damit (unnötig) von der besonderen und auch internat üblichen Begriffsbildung im gewerblichen Rechtsschutz und der GemSortV ab und
schafft eine Reihe von unnötigen Komplikationen und Unsicherheiten. Soweit
ein Nichtakt oder ein **nichtiger Verwaltungsakt** vorliegt, ist dies außerhalb der
Regelung des § 31 nach § 44 VwVfG zu berücksichtigen; selbst grobe fachliche Wertungsfehler führen in diesem Sinn aber nicht zur Nichtigkeit, erst recht
nicht Begründungsmängel oder bloße Widersprüche.[18]

Die Rücknahme ist an die Stelle der früheren Nichtigerklärung getreten. Sie 12
entspricht der nunmehr in Art 21 PflZÜ 1991 geregelten **Nichtigkeit des**
Züchterrechts, beschränkt sich aber auf die Nichtigkeitsgründe in Art 21
Abs 1 Nr i PflZÜ.

Der Nichtigkeitsgrund des Art 21 Abs 1 Nr ii PflZÜ (fehlende **Homogenität** 13
oder Beständigkeit) kommt nach nationalem Recht nicht in Betracht, weil
eine Erteilung insoweit nicht im wesentlichen auf der Grundlage der vom
Züchter gegebenen Auskünfte und eingereichten Unterlagen erfolgt. Fehlende
Homogenität oder Beständigkeit sind im nationalen Recht jedoch als Widerrufsgründe ausgestaltet.

Der Nichtigkeitsgrund der Erteilung an eine **nichtberechtigte Person** (Art 21 14
Abs 1 Nr iii PflZÜ) ist offenbar im Hinblick auf die Regelung in § 25 Abs 2
Nr 2 nicht übernommen worden.

Der Widerruf ersetzt die frühere **Aufhebung**; die Aufhebungsgründe des 15
Art 22 PflZÜ sind als Widerrufsgründe übernommen. Die Regelung ist, wie
das Gesetz ausdrücklich klarstellt, abschließend; dies entspricht der Regelung
im PflZÜ.

---

17 Vgl *Busse/Keukenschrijver* § 20 PatG Rn. 35.
18 BPatG GRUR 2002, 243 »Calluna (Besenheide)«; vgl auch BGHZ 102, 118 =
    GRUR 1988, 290, 292 Kehlrinne; BPatGE 42, 233, 237.

2. Rücknahme

a. Allgemeines; Rechtsnatur

16   Rücknahme ist entsprechend der Regelung in § 48 VwVfG die Beseitigung eines (bereits bei seinem Erlass) rechtswidrigen Verwaltungsakts.[19] Die Rücknahmegründe des nationalen Rechts sind, wie sich aus Abs 2 Satz 3 ergibt, abschließend. Dies zeigt, dass die sortrechtl Rücknahme dem patentrechtl (nicht dem verwaltungsverfahrensrechtl) Institut der Nichtigkeit näher steht als der verwaltungsverfahrensrechtl Rücknahme[20] (vgl Rdn. 11).

b. Rücknahmegründe

17   Rücknahmegründe sind nach nationalem Recht ausschließlich fehlende Unterscheidbarkeit (§ 3) und fehlende Neuheit (§ 6).[21] § 41 Abs 1 sah eine Modifizierung für Übergangsfälle (bestehender Schutz noch nach dem SaatG) vor (Rdn. 4 zu § 41).

c. Maßgebender Zeitpunkt

18   Bei der Entscheidung über die Rücknahme der Erteilung des Sortenschutzes gem Abs 2 Satz 1 kommt es nach Auffassung des BPatG entgegen dem Gesetzeswortlaut darauf an, ob die Sorte am Antragstag (§ 2 Nr 4) – und nicht zum Zeitpunkt der Erteilung – nicht unterscheidbar oder nicht neu war.[22] Dies ist auch mit der Regelung in PflZÜ schwerlich in Einklang zu bringen.

3. Widerruf

a. Allgemeines; Rechtsnatur

19   Widerruf ist nach der Regelung in § 49 VwVfG die Beseitigung (bei Erlass) rechtmäßiger Verwaltungsakte. Die Widerrufsgründe des Abs 3 erfassen abweichend hiervon allerdings auch die Fälle, in denen Homogenität oder Beständigkeit von Anfang an fehlten, die Erteilung des Sortenschutzes mithin

---

19   *Metzger/Zech* Rn. 6.
20   AA offenbar *Wuesthoff*[2] Rn. 8 und *Leßmann/Würtenberger*[2] § 6 Rn. 25, die hierin eine Konkretisierung der Regelung des § 48 VwVfG sehen; vgl auch *Metzger/Zech* Rn. 6.
21   *Metzger/Zech* Rn. 5.
22   BPatGE 31, 248, 251 = GRUR 1991, 222 »Besenheide«; vgl *Metzger/Zech* Rn. 5.

rechtswidrig war.[23] Dagegen beziehen sich die Widerrufsgründe des Abs 4 auf nachträglich eintretende Umstände[24] und passen sich somit besser in das verwaltungsverfahrensrechtliche System ein. Auch die Widerrufsgründe sind, wie sich aus dem Eingang von Abs 4 ergibt, abschließend.[25] Der Widerrufsgrund nach Abs 3 ist als zwingende Bestimmung ausgestaltet, während in den Fällen des Abs 4 dem BSA ein Ermessen eingeräumt ist.

b. Widerrufsgründe des Abs 3

Nach Abs 3[26] ist die Erteilung des Sortenschutzes (zwingend) zu widerrufen, wenn sich ergibt, dass die Sorte nicht homogen oder nicht beständig ist, mithin den Erfordernissen des § 4 oder des § 5 nicht (mehr) entspricht. Das Fehlen dieser Voraussetzungen wird sich im allg erst im Lauf der Zeit herausstellen.[27] Für den Widerruf nach Abs 3 reicht die Feststellung aus, dass die Sorte nicht homogen oder nicht beständig ist. **20**

c. Widerrufsgründe des Abs 4

Die Bestimmung regelt drei unterschiedliche (fakultative, nicht zwingende) Widerrufstatbestände, nämlich Nichtangabe einer anderen Sortenbezeichnung trotz Aufforderung nach § 30 Abs 2 (Nr 1), Nichterfüllung einer durch RechtsVO begründeten Verpflichtung hinsichtlich der Nachprüfung des Fortbestehens der Sorte trotz Mahnung (Nr 2) und Nichtentrichtung einer fälligen Jahresgebühr (spätestens) innerhalb der Nachfrist (Nr 3). **21**

Zum **Widerrufsgrund in Nr 1** s Rdn. 13 zu § 30.[28] Alternativ zum Widerruf kommt hier eine Festsetzung der anderen Sortenbezeichnung vAw in Betracht. **22**

Widerrufsgrund in Nr 2. Widerruf kann nach dieser Bestimmung erfolgen, wenn der SortInhaber eine Verpflichtung bezüglich der Nachprüfung des Fortbestehens der geschützten Sorte nicht erfüllt. Die entsprechenden Verpflichtungen sind in § 8 Abs 3 Satz 1 BSAVfV sowie in § 8 Abs 1 BSA-VfV iVm § 5 Satz 1 BSAVfV normiert. Die Regelung hat ihren Hintergrund darin, dass die den Sortenschutz begründeten Eigenschaften im Lauf der Zeit **23**

---

23 Vgl *Wuesthoff*[2] Rn. 14; *Leßmann/Würtenberger*[2] § 6 Rn. 35.
24 Vgl *Wuesthoff*[2] Rn. 16.
25 Vgl *Wuesthoff*[2] Rn. 16; *Metzger/Zech* Rn. 8.
26 Hierzu *Leßmann/Würtenberger*[2] § 6 Rn. 34 ff.; *Metzger/Zech* Rn. 9.
27 Vgl *Wuesthoff*[2] Rn. 14; *Metzger/Zech* Rn. 9.
28 S auch *Wuesthoff*[2] Rn. 17; *Leßmann/Würtenberger*[2] § 6 Rn. 39, 41 ff.

verlorengehen bzw nur durch Erhaltungszüchtung gesichert werden können (Rdn. 5 f. zu § 5; Rdn. 27 f. zu § 10).[29]

24   Der Widerruf setzt zunächst Aufforderung des BSA (in Form eines nach § 43 VwVfG wirksamen Verwaltungsakts), Nichterfüllung der angeordneten Maßnahme und nachfolgende **Mahnung** durch das BSA voraus. Die Mahnung selbst ist nicht Verwaltungsakt, sondern Maßnahme schlichten Verwaltungshandelns und an eine bestimmte Form nicht gebunden (vgl § 10 Satz 1 VwVfG).

25   **Widerrufsgrund in Nr 3.** Der letzte Widerrufsgrund des Abs 4 betrifft die Nichtzahlung fälliger Jahresgebühren. Die Erhebung der Jahresgebühren hat ihre Grundlage in § 33 Abs 1. Eine Fälligkeitsregelung trifft das SortG anders als das PatG nicht, die Fälligkeit ergibt sich daher nur aus den Gebührenbescheiden des BSA[30] (vgl Rdn. 8 zu § 27).

26   Weitere Voraussetzung für den Widerruf ist die Setzung einer **Nachfrist** durch das BSA. Die Nachfrist muss angemessen sein, die Regelung in § 17 Abs 3 Satz 3 PatG kann als Anhaltspunkt dienen.

27   Widerruf kommt nur in Betracht, wenn die Jahresgebühr auch innerhalb der gesetzten Nachfrist nicht oder nicht vollständig entrichtet wird. **Beitreibung** dürfte grds nicht in Betracht kommen, sofern nicht die Gebühren nach § 19 VwKostG gestundet worden sind.[31]

d. Maßgebender Zeitpunkt

28   Anders als für die Rücknahme kommt es für den Widerruf nach Abs 3 nicht auf einen der in Rdn. 18 genannten Zeitpunkte an. Es genügt, wenn sich fehlende Homogenität oder Beständigkeit erst zu einem späteren Zeitpunkt ergeben.[32]

---

29   Vgl *Wuesthoff*[2] Rn. 18; *Leßmann/Würtenberger*[2] § 6 Rn. 39, 57; *Nirk/Ullmann* S 203; *Metzger/Zech* Rn. 11.
30   *Wuesthoff*[2] Rn. 19; *Leßmann/Würtenberger*[2] § 6 Rn. 39, 59 f; *Metzger/Zech* Rn. 12.
31   Vgl *Busse/Keukenschrijver* Einl PatKostG Rn. 31; *Schulte* § 17 PatG Rn. 54; aA offenbar *Wuesthoff*[2] § 33 Rn. 3.
32   Vgl *Wuesthoff*[2] Rn. 14.

4. Verfahren

a. Einleitung; Antrag

Rücknahme- und Widerspruchsverfahren sind nach geltendem Recht nicht **29** mehr wie früher als Antragsverfahren, sondern als **Offizialverfahren** ausgestaltet.[33] Das Verfahren ist vAw einzuleiten, wenn hinreichend konkrete Anhaltspunkte dafür vorliegen, dass die Sorte nicht neu oder unterscheidbar ist;[34] ein Ermessen ist dem BSA in diesem Fall nicht eingeräumt, damit ist die nach § 48 VwVfG vorgesehene Abwägung hier nicht durchzuführen.[35] Dies entspricht der Regelung in Art 21 Abs 1 PflZÜ 1991. Gleiches gilt hinsichtlich der Widerrufsgründe des Abs 3 (fehlende Homogenität und Beständigkeit).[36] Im Fall der Widerrufsgründe des Abs 4 ist dem BSA dagegen ein Ermessen eingeräumt, wie sich aus dem Wortlaut des Abs 4 ergibt[37] (vgl Rdn. 13 zu § 30; Rdn. 35).

Ein **Antrag** ist gleichwohl nicht unbeachtlich, er stellt jedenfalls eine von der **30** Behörde zu prüfende Anregung dar, ein Verfahren einzuleiten.[38] Der Antrag eines Dritten macht diesen zum Verfahrensbeteiligten[39] und eröffnet für ihn die Widerspruchs- und Beschwerdemöglichkeit.

Antragsberechtigung. Ein Dritter, der wegen Verletzung des SortRechts in **31** Anspruch genommen wird, ist zur Stellung eines Antrags auf Einleitung eines Rücknahmeverfahrens berechtigt.[40] Ein Antrag sonstiger Dritter (»Popularantrag«) ist aber ebenfalls beachtlich und begründet nach allg verfahrensrechtl Regeln Verfahrensbeteiligung dieses Dritten. Ein Antrag des SortInhabers selbst ist jedenfalls als Anregung an das BSA beachtlich, ein Verfahren einzuleiten; der Inhaber ist bereits als solcher am Verfahren beteiligt.

---

33 Vgl zur Rücknahme *Wuesthoff*[2] Rn. 1, 9f; *Leßmann/Würtenberger*[2] § 6 Rn. 28 ff.; *Leßmann* GRUR 1986, 19, 25f; Begr BTDrs 10/816 = BlPMZ 1986, 136, 142; BPatGE 31, 248, 251 = GRUR 1991, 222 »Besenheide«.

34 BPatGE 31, 248 = GRUR 1991, 222 »Besenheide«.

35 *Wuesthoff*[2] Rn. 9.

36 *Wuesthoff*[2] Rn. 15.

37 *Wuesthoff*[2] Rn. 16, 20.

38 Vgl *Wuesthoff*[2] Rn. 10, 15; *Leßmann/Würtenberger*[2] § 6 Rn. 29; *Leßmann* GRUR 1986, 19, 25 f.

39 BPatGE 31, 248, 251 = GRUR 1991, 222 »Besenheide«.

40 BPatGE 31, 248, 251 = GRUR 1991, 222 »Besenheide«; *Leßmann* GRUR 1986, 19, 26; *Wuesthoff*[2] Rn. 10.

32 **Antragsrücknahme** des Dritten beendet dessen Verfahrensbeteiligung[41] und kann im Rahmen des eingeleiteten Verwaltungs- oder Beschwerdeverfahrens frei gewürdigt werden.[42] Sie soll jedenfalls nach kontradiktorischer Durchführung des Widerspruchsverfahrens und fehlendem Interesse der Allgemeinheit an der Fortführung des Verfahrens zu dessen Beendigung führen.[43]

33 Wird das Verfahren **von Amts wegen** eingeleitet, zieht das BSA den Antragsteller als Beteiligten hinzu.[44]

b. Prüfung

34 Das BSA prüft, ob ein Rücknahme- oder Widerrufsgrund vorliegt. Die materielle Berechtigung der Inanspruchnahme des Zeitrangs ist im Rücknahmeverfahren zu überprüfen.[45] Zuständig ist die Prüfabteilung (§ 18 Abs 2 Nr 6). Erforderlichenfalls wird ein Vergleichsanbau durchgeführt.[46]

c. Entscheidung

35 Kommt das BSA zum Ergebnis, dass ein Rücknahmegrund oder einer der Widerrufsgründe des Abs 3 vorliegt, nimmt es die Erteilung des Sortenschutzes zurück oder widerruft sie. Im Fall des Abs 4 steht es im pflichtgemäßen Ermessen des BSA, den Sortenschutz zu widerrufen.[47]

36 **Jahresfrist.** Da die Frage der Rücknahme und des Widerrufs nach Abs 3 auch Interessen der Allgemeinheit und Individualinteressen Dritter berührt, ist in diesen Fällen die Regelung in § 48 Abs 4 VwVfG und in § 49 Abs 2 Satz 2 VwVfG, wonach Rücknahme und Widerruf nur innerhalb eines Jahres nach Kenntniserlangung des BSA von den Tatsachen möglich ist, die Rücknahme bzw Widerruf rechtfertigen, nicht anwendbar.[48] Im Fall der Widerrufsgründe des Abs 4 sollte der Anwendung der genannten Regelung dagegen nichts entgegenstehen.

---

41 BPatGE 31, 248, 251 = GRUR 1991, 222 »Besenheide«.
42 Vgl BPatGE 31, 248, 251, 252f = GRUR 1991, 222 »Besenheide«.
43 Vgl BPatGE 31, 248, 251 = GRUR 1991, 222 »Besenheide«.
44 BPatGE 31, 248, 251 = GRUR 1991, 222 »Besenheide«.
45 Vgl *Würtenberger* S 172 ff; *Busse/Keukenschrijver* § 41 PatG Rn. 57.
46 Vgl BPatGE 31, 248, 249 f = GRUR 1991, 222 »Besenheide«.
47 Vgl *Wuesthoff*[2] Rn. 20; *Leßmann/Würtenberger*[2] § 6 Rn. 63 f.; *Metzger/Zech* Rn. 8; *Nirk/Ullmann* S 203.
48 AA zögernd *Wuesthoff*[2] Rn. 20; die Gegenansicht müsste konsequent in solchen Fällen Amtshaftungsansprüche gegen das BSA bejahen.

5. Wirkung von Rücknahme und Widerruf

a. Rücknahme

Die Rücknahme wird mit Bestandskraft der Entscheidung des BSA wirksam. **37** Anders als nach § 48 Abs 1 Satz 1 VwVfG wirkt sie immer auf den Erteilungszeitpunkt zurück (»ex tunc«).[49] Dies folgt schon daraus, dass das Gesetz dem BSA hinsichtlich der Rücknahme ein Ermessen nicht einräumt. Einer (problemat) Begründung über § 48 Abs 2 Satz 3 Nr 2, Satz 4 VwVfG[50] bedarf es nicht. Die Wirkungen der Erteilung gelten als von Anfang an nicht eingetreten. Allerdings wird die Einräumung von Nutzungsrechten für die Vergangenheit grds nicht berührt.[51]

b. Widerruf

Der Widerruf wird ebenfalls mit Bestandskraft der Entscheidung des BSA **38** wirksam;[52] er wirkt nur für die Zukunft (§ 49 Abs 2 Satz 1 VwVfG)[53] und lässt das Bestehen des Sortenschutzes für die Vergangenheit unberührt. Dies entspricht der früheren Regelung (Aufhebung).

6. Vermögensausgleich

a. Bei Rücknahme

Das VwVfG sieht im Fall der Rücknahme (§ 48 Abs 3 VwVfG) unter **39** bestimmten Voraussetzungen den Ausgleich des Vermögensnachteils vor, den der Begünstigte dadurch erleidet, dass er schutzwürdig auf den Bestand des Verwaltungsakts vertraut hat. Abs 2 Satz 2 schließt diesen Ausgleich für den Fall der Rücknahme ausdrücklich aus. Angesichts der Schutzvoraussetzung der Weltneuheit einerseits und der begrenzten Prüfungskapazitäten des BSA andererseits sei es den Interessen des Antragstellers nicht dienlich, die Entscheidung über die Erteilung in jedem Fall bis zur vollständigen Klärung der Weltneuheit aufzuschieben; die im Interesse des Antragstellers getroffene

---

49 *Wuesthoff*[2] Rn. 11; *Leßmann/Würtenberger*[2] § 6 Rn. 30; *Nirk/Ullmann* S 204; *Metzger/Zech* Rn. 7.
50 Von *Wuesthoff*[2] und *Leßmann/Würtenberger*[2] § 6 Rn. 30 ergänzend in Erwägung gezogen.
51 Vgl *Busse/Keukenschrijver* § 15 PatG Rn. 92.
52 *Nirk/Ullmann* S 203.
53 Vgl *Nirk/Ullmann* S 203; *Metzger/Zech* Rn. 8.

Regelung bedinge jedoch, dass der Antragsteller das wirtschaftliche Risiko einer späteren Rücknahme trage.[54]

b. Bei Widerruf

40 Das VwVfG sieht auch hier die Möglichkeit eines Vermögensausgleichs vor (§ 49 Abs 6 VwVfG). Das SortG enthält insoweit keine Ausschlussregelung. Jedoch wird auch für den Fall der **Widerrufsgründe des Abs 3** die Auffassung vertreten, dass ein Ausgleich ausgeschlossen sei, weil die Ursachen des Widerrufs im Bereich des Betroffenen lägen.[55]

41 Hinsichtlich der **Widerrufsgründe des Abs 4** wird ein Vermögensausgleich grds als möglich angesehen, jedoch darauf hingewiesen, dass der Betroffene grds nicht schutzwürdig sein werde.[56]

42 **Verfahren.** Der Ausgleich erfolgt nur auf Antrag (§ 49 Abs 6 Satz 1 VwVfG); der Anspruch kann nur innerhalb eines Jahrs, nachdem das BSA auf die Frist hingewiesen hat, geltend gemacht werden (§ 49 Abs 6 Satz 2 VwVfG iVm § 48 Abs 3 Satz 5 VwVfG). Festsetzung erfolgt durch das BSA (§ 49 Abs 6 Satz 2 VwVfG iVm § 48 Abs 3 Satz 4 VwVfG). Für Streitigkeiten über die Entschädigung ist der Rechtsweg zu den ordentlichen Gerichten gegeben (§ 49 Abs 6 Satz 3 VwVfG); der Rechtsstreit ist SortStreitsache iSd § 38 Abs 1.

C. Gemeinschaftlicher Sortenschutz

I. Verzicht

43 Art 19 Abs 3 GemSortV sieht eine entspr Regelung vor. Ein Zustimmungsvorbehalt des ausschließlichen Lizenznehmers ist auch nach der gemeinschaftsrechtl Regelung nicht vorgesehen.[57] Erklärungsempfänger ist das GSA.

44 **Wirkung.** Abs 3 GemSortV sieht vor, dass der Verzicht mit Wirkung von dem Tag an wirksam wird, der auf den Eingangstag der Erklärung beim Amt folgt.

---

54 Begr BTDrs 10/816 = BlPMZ 1986, 136, 142; vgl *Wuesthoff*[2] Rn. 12; *Leßmann/Würtenberger*[2] § 6 Rn. 31 f. (auch zur Rechtslage nach der GemSortV); *Metzger/Zech* Rn. 7.
55 *Wuesthoff*[2] Rn. 15; *Leßmann/Würtenberger*[2] § 6 Rn. 37; *Metzger/Zech* Rn. 13.
56 *Wuesthoff*[2] Rn. 20; vgl *Leßmann/Würtenberger*[2] § 6 Rn. 46.
57 *Leßmann/Würtenberger*[2] § 2 Rn. 14.

II. Nichtigerklärung; Aufhebung

1. Allgemeines

Die entspr Regelung in Art 20, 21 GemSortV übernimmt die (auch internat 45
übliche, Rdn. 11) Terminologie des PflZÜ; sie sieht Nichtigerklärung (mit
Wirkung von Anfang an, Art 20 Abs 2 GemSortV) und Aufhebung (mit Wirkung ex nunc bzw eingeschränkter Rückwirkung, Art 21 Abs 1 GemSortV)
vor; allerdings verwendet Art 85 GemSortV die Begriffe Rücknahme und
Widerruf synonym.

2. Nichtigkeits- und Aufhebungsgründe

Nach Art 20 Abs 1 Buchst a GemSortV handelt es sich bei der nach nationa- 46
lem Recht als Rücknahmegründe ausgestalteten fehlenden Unterscheidbarkeit und fehlenden Neuheit um Nichtigkeitsgründe.[58] Art 20 Abs 1 Buchst
b GemSortV übernimmt anders als die nationale Regelung, die hierin einen
Widerrufsgrund und keinen Rücknahmegrund sieht (Rdn. 13), auch den
Nichtigkeitsgrund des Art 21 Abs 1 Nr ii PflZÜ (fehlende Homogenität oder
Beständigkeit bei Erteilung des Züchterrechts, wenn der Erteilung im wesentlichen die vom Züchter gegebenen Auskünfte und eingereichten Unterlagen
zugrunde gelegt wurden), der insb dann eingreifen kann, wenn aufgrund
kulturbedingter Besonderheiten eine Prüfung dieser Schutzvoraussetzungen
nicht möglich war.[59] Art 20 Abs 1 Buchst c GemSortV übernimmt anders als
die nationale Regelung (Rdn. 14) auch den Nichtigkeitsgrund der Erteilung
an eine nichtberechtigte Person (Art 21 Abs 1 Nr iii PflZÜ).[60]

Art 21 GemSortV regelt die **Aufhebung** entsprechend Art 22 PflZÜ. Die 47
Regelung greift zwingend ein, wenn festgestellt wird, dass die Voraussetzungen der Homogenität oder der Beständigkeit nicht mehr erfüllt sind; die Aufhebung kann hier bereits mit Wirkung zu einem früheren Zeitpunkt erfolgen,
wenn die Voraussetzungen schon von einem früheren Zeitpunkt an nicht
mehr erfüllt waren (Art 21 Abs 1 Satz 2 GemSortV).[61]

---

58 Vgl zur Unterscheidbarkeit GSA (BK) 3.4.2003 A 17/02 ABl GSA 15.6.2003 ABl
    GSA 15.6.2003 Broccoli.
59 *Leßmann/Würtenberger*[2] § 6 Rn. 25 f.; *van der Kooij* Art 20 Anm 2; vgl *Metzger/
    Zech* Rn. 16.
60 Hierzu *Leßmann/Würtenberger*[2] § 6 Rn. 27; *Metzger/Zech* Rn. 17.
61 *Metzger/Zech* Rn. 20; *Leßmann/Würtenberger*[2] § 6 Rn. 38.

48 Weitere, allerdings nur fakultative Aufhebungsgründe sind die Nichterfüllung
der Verpflichtung des SortInhabers, Auskünfte nach Art 64 Abs 3 GemSortV
zu erteilen, Material vorzulegen und eine **Nachprüfung** zu gestatten (Art 21
Abs 2 Buchst a GemSortV; vgl zum nationalen Recht Rdn. 23),[62] das Unterlassen des Vorschlags einer anderen Sortenbezeichnung nach Art 66 GemSortV
(Art 21 Abs 2 Buchst b GemSortV; vgl zum nationalen Recht Rdn. 22),[63] Die
Nachprüfung (Art 64 GemSortV) findet insb statt, wenn ein Prüfungsamt
im Vergleichsanbau feststellt, dass die Sorte nicht beständig ist.[64] Sie kann
durchgeführt werden, wenn sie als objektiv gerechtfertigt und verhältnismäßig erscheint, um Gewissheit zu verschaffen, dass die Sorte unverändert fortbesteht.[65] Sie erfolgt durch das Prüfungsamt, das im Rahmen der Prüfung
auf Schutzfähigkeit tätig geworden ist; den Inhaber des Sortenschutzes treffen
Mitwirkungspflichten (Art 64Abs 3 GemSortV).[66]

49 Schließlich sind Aufhebungsgründe auch die **Nichtentrichtung von Aufrechterhaltungsgebühren** (Art 21 Abs 2 Buchst c GemSortV; vgl zum nationalen
Recht Rdn. 25 f.)[67] und die Nichterfüllung der Voraussetzungen des Art 12
GemSortV (berechtigter Personenkreis; nach der Neufassung dieser Bestimmung durch die VO (EG) Nr 15/2008 des Rates vom 20.12.2007 kaum mehr
relevant) oder des Art 82 GemSortV (Verfahrensvertreter) nach einem Rechtsübergang (Art 21 Abs 2 Buchst d GemSortV).[68]

50 Für die Aufhebung fordert Art 21 Abs 2 GemSortV **Aufforderung und
Fristsetzung** durch das GSA.[69] Die Frist wird nur in Lauf gesetzt, wenn der
Bescheid nach Art 79 GemSortV zugestellt wird; nachweisbarer Zugang heilt
den Mangel der Zustellung. Wird formlos aufgefordert, muss deshalb bei
Nichtzahlung eine weitere Aufforderung zugestellt werden.[70] Die Zustellung
richtet sich nach Art 65 GemSortVDV; bei Zustellung durch eingeschriebenen Brief gilt sie auch dann als bewirkt, wenn der Empfänger die Annahme

---

62 Vgl *Metzger/Zech* Rn. 21.
63 Vgl *Metzger/Zech* Rn. 22.
64 *Metzger/Zech* Art 49–65 GSortV Rn. 69 m Nachw.
65 EuG 4.5.2017 T-425/15 ua Lemon Symphony – SUMOST 01.
66 *Metzger/Zech* Art 49–65 GSortV Rn. 70 f.
67 Vgl *Metzger/Zech* Rn. 23; GSA 15.8.2016 A 6/15 Markeep.
68 Hierzu *Leßmann/Würtenberger*[2] § 6 Rn. 61 f.; *Metzger/Zech* Rn. 24; wieweit die
    Regelung verfassungsrechtl Anforderungen (Eigentumsgarantie) standhält, wird zu
    prüfen sein.
69 Hierzu näher *Leßmann/Würtenberger*[2] § 6 Rn. 60.
70 GSA (BK) InstGE 2, 270 Branglow.

verweigert, wofür es grds ausreichen kann, wenn die Sendung nicht abgeholt wird.[71] Die Frist muss aus Gründen der Gleichbehandlung entgegen Art 13 Abs 3 GemSortVGebV mindestens einen Monat ab Zustellung betragen.[72]

Nichtentrichtung liegt auch vor, wenn die Gebühr teilweise nicht entrichtet **51** ist, jedoch wird bei geringfügigen Differenzen (etwa aufgrund von Wechselkursschwankungen) ein Widerruf zu unterbleiben haben. Auch die Nichtzahlung des Zuschlags nach Art 13 GemSortVGebV (Rdn. 27, 29 zu § 33) stellt in diesem Sinn eine Nichtzahlung dar.[73]

3. Verfahren

Zur Frage der Antragsberechtigung liegt divergierende Entscheidungspraxis **52** vor. So hat das GSA entschieden, dass ein Dritter beim GSA keinen Antrag auf Nichtigerklärung eines gemeinschaftlichen SortRechts stellen, sondern nur die Nichtigerklärung anregen kann; In diesem Fall wird er nicht Verfahrenspartei.[74] Dagegen hat das Europäische Gericht erkannt, dass das Verfahren auf Nichtigerklärung eines gemeinschaftlichen Sortenschutzes nicht vAw, sondern auf Antrag eingeleitet wird, und der Antragsteller die Beweislast dafür trägt, dass die Voraussetzungen der Nichtigerklärung erfüllt sind; ggf können die angeführten Tatsachen und Beweise die Gegenpartei zu einer Erläuterung oder Rechtfertigung zwingen.[75] Die im September 2016 als Art 53a GemSortVDV eingestellte Regelung soll aus Gründen der Rechtssicherheit Vorschriften im Hinblick auf eine Entscheidung des GSA festlegen (Erwägungsgrund 29 der VO [EU] 2016/1448); ob dies dadurch gelungen ist, mag bezweifelt werden.

Im Gemeinschaftsmarkenrecht (jetzt: Unionsmarkenrecht) wurde ein »Wider- **53** ruf« rechtswidriger Entscheidungen des früheren HABM vAw anerkannt; Grundlage sollen allg Grundsätze des **europäischen Verwaltungsverfahrensrechts** sein.[76]

---

71 GSA (BK) InstGE 2, 296 Jubileum.
72 GSA (BK) InstGE 2, 270 Branglow.
73 GSA (BK) InstGE 2, 270 Branglow.
74 GSA (BK) InstGE 5, 193 Sunglow.
75 EuG I. Instanz 18.9.2012 T-133/08 ABl EU 2012 C 331, 17 Ls LEMON SYMPHONY und SUMOST 01; vgl *Metzger/Zech* Rn. 14.
76 HABM (4.BK) GRUR-RR 2005, 348 White Party.

4. Bericht

54 Auf Aufforderung des GSA oder wenn die Nachprüfung ergibt, dass die Sorte nicht mehr homogen oder beständig ist, übersendet das Prüfungsamt dem GSA einen Bericht über die technische Nachprüfung (Art 65 Abs 1 GemSort-V).[77] Zu diesem ist der Inhaber des Sortenschutzes zu hören (At´rt 65 Abs 2 GemSortV).

5. Entscheidung

55 Die Nichtigerklärung ist nach Art 20 GemSortV zwingend vorgeschrieben, ebenso die Aufhebung nach Art 21 Abs 1 GemSortV. Nach Art 21 Abs 2 GemSortV steht die Aufhebung im pflichtgemäßen Ermessen des GSA, jedoch ist Widerruf die Regel, wenn die Voraussetzungen der Bestimmung erfüllt sind; Nichtwiderruf setzt Vorliegen besonderer Umstände und Unbilligkeit des Widerrufs voraus.[78]

56 **Wirkung.** Die Nichtigerklärung wirkt auf den Zeitpunkt der Erteilung zurück (Art 20 Abs 2 GemSortV).[79] Dagegen wirkt die Aufhebung grds nur ex nunc (Art 21 Abs 1 Satz 1, Abs 2 GemSortV). Art 21 Abs 1 Satz 2 GemSortV sieht eine partielle ex-tunc-Wirkung der Aufhebung vor (Rdn. 47); ob insoweit ein Ermessen des GSA eröffnet ist, erscheint zwh.[80]

§ 32 Ermächtigung zum Erlaß von Verfahrensvorschriften

Das Bundesministerium für Ernährung und Landwirtschaft wird ermächtigt, durch Rechtsverordnung
1. die Einzelheiten des Verfahrens vor dem Bundessortenamt einschließlich der Auswahl der für die Unterscheidbarkeit maßgebenden Merkmale, der Festsetzung des Prüfungsumfangs und der Nachprüfung des Fortbestehens der geschützten Sorten zu regeln,
2. das Blatt für Bekanntmachungen des Bundessortenamtes zu bestimmen.

---

77 *Metzger/Zech* Art 49–65 GSortV Rn. 72.
78 GSA (BK) InstGE 4, 39 Terexotic; GSA (BK) 9.12.2003 A 21/02 ABl GSA 15.2.2004 Helianthus annuus; vgl *Metzger/Zech* Rn. 24.
79 *Metzger/Zech* Rn. 18.
80 Vgl *Leßmann/Würtenberger*² § 6 Rn. 38.

GemSortV:

Art 114 Sonstige Durchführungsvorschriften

(1) Die Einzelheiten der Anwendung dieser Verordnung werden in einer Durchführungsordnung geregelt. Sie muß insbesondere Bestimmungen
– über das Verhältnis zwischen Amt und den in den Artikeln 30 Absatz 4 und 55 Absätze 1 und 2 genannten Prüfungsämtern, Einrichtungen oder eigenen Dienststellen,
– über die in den Artikeln 36 Absatz 1 und 42 Absatz 2 genannten Angelegenheiten,
– über das Verfahren vor den Beschwerdekammern enthalten.

(2) Unbeschadet der Artikel 112 und 113 werden alle in dieser Verordnung genannten Durchführungsvorschriften nach Anhörung des Verwaltungsrates zu dem Entwurf der zu treffenden Maßnahmen nach dem Verfahren des Artikels 115 erlassen.

Ausland: Österreich:

Sorten- und Saatgutblatt

§ 21. (1) Das Bundesamt für Ernährungssicherheit hat ein mindestens vierteljährlich erscheinendes Sorten- und Saatgutblatt herauszugeben.

(2) Im Sorten- und Saatgutblatt sind zu veröffentlichen:
1. die Anmeldung auf Erteilung des Sortenschutzes,
2. die Zurückziehung, die Abweisung und die Zurückweisung einer bekannt gemachten Anmeldung,
3. die Erteilung, das Ende, die Aufhebung und die Nichtigerklärung des Sortenschutzes,
4. der Wechsel in der Person des Anmelders oder Sortenschutzinhabers,
5. die Bekanntgabe einer Anmelde- oder Sortenbezeichnung,
6. die Änderung oder die Löschung einer Sortenbezeichnung,
7. die Angaben gemäß § 6 Saatgutgesetz 1997, BGBl. I Nr. 72, und
8. Informationen und Angaben über
   a) Verordnungen auf Grund dieses Bundesgesetzes,
   b) internationale Entwicklungen im Rahmen der UPOV,
   c) relevantes Gemeinschaftsrecht,
   d) Entscheidungen von Gerichten und Verwaltungsbehörden,
   e) sonstige Angelegenheiten von allgemeinem Interesse, die das Sorten- und Saatgutwesen betreffen,

9. eine Liste der in der EU zugelassenen Sorten, die genetisch veränderte Organismen enthalten, welche für den Anbau in Österreich nicht zugelassen oder nicht zulässig sind.

Vollziehung

§ 29. Mit der Vollziehung dieses Bundesgesetzes sind betraut:
1. hinsichtlich des § 20 Abs. 1 Z 1 und 2 und Abs. 2 der Bundesminister für Verkehr, Innovation und Technologie im Einvernehmen mit dem Bundesminister für Land- und Forstwirtschaft, Umwelt und Wasserwirtschaft,
2. hinsichtlich des § 20 Abs. 1 Z 3 der Bundesminister für Verkehr, Innovation und Technologie,
3. hinsichtlich des § 20 Abs. 3 der Bundesminister für Verkehr, Innovation und Technologie im Einvernehmen mit dem Bundesminister für Land- und Forstwirtschaft, Umwelt und der Bundesminister für Justiz,
4. hinsichtlich des § 23 der Bundesminister für Land- und Forstwirtschaft, Umwelt und Wasserwirtschaft im Einvernehmen mit dem Bundesminister für Finanzen,
5. hinsichtlich der §§ 24 und 25 der Bundesminister für Justiz und
6. hinsichtlich aller übrigen Bestimmungen der Bundesminister für Land- und Forstwirtschaft, Umwelt und Wasserwirtschaft.

Schweiz:

Art 54 Vollzug

Der Bundesrat erlässt die erforderlichen Ausführungsbestimmungen.

Art 1 SortenschutzVO

Diese Verordnung regelt:
a. das Verfahren für den Schutz von Pflanzenzüchtungen;
b. die Liste der Arten, für die das Landwirteprivileg gilt;
c. die Gebühren im Bereich Sortenschutz.

Finnland: Sec 13 Abs 6 SortG 2009; Irland: Sec 15, 26, 27 PVA; Niederlande: Art 84, 85, Art 87 Zaaizaad- en plantgoedwet 2005; Portugal: Art 9 GesetzesVO 213/90; Slowakei: Art 29 Pflanzen- und TierzuchtG; Slowenien: Art 19 Abs 2 (Gazette), Art 20 (Expertenkommission), Art 55 (Durchführungsbestimmungen) SortG; Spanien: Art 37 SortG 2000 Vereinigtes Königreich: Sec 16 (Fortbestehen), 28 (Ermächtigung), 48 PVA

Übersicht Rdn.
A. Nationale Regelung; Entstehungsgeschichte 1
B. Verordnung über Verfahren vor dem Bundessortenamt (BSAVfV) 2
C. Blatt für Bekanntmachungen 4
D. Weitere Ermächtigungen 5
E. Gemeinschaftlicher Sortenschutz 6

A. Nationale Regelung; Entstehungsgeschichte

Die Bestimmung, die ihre Vorgängerin in § 43 SortG 1968 hat, wurde durch **1**
das SortÄndG 1997 geänd (»maßgebenden« statt »wichtigen« Merkmale). Vgl
für die Sortenzulassung § 53 SaatG.

B. Verordnung über Verfahren vor dem Bundessortenamt (BSAVfV)

Von der Verordnungsermächtigung in Nr 1 und Nr 2 hat das Bundesmi- **2**
nisterium für Ernährung und Landwirtschaft (zur Bezeichnung Rdn. 3
zu § 16) durch die Verordnung über Verfahren vor dem Bundessortenamt vom 30.12.1985[1] (BSAVfV), geänd durch VO vom 18.12.1986,[2] VO
vom 11.5.1988,[3] VO vom 27.7.1988,[4] das EWR-Ausführungsgesetz vom
27.4.1993[5] iVm der Bek vom 16.12.1993,[6] die ÄndVO vom 7.11.1994,[7] die
2. ÄndVO vom 5.10.1998,[8] die 3. ÄndVO vom 22.8.2002,[9] die 4. ÄndVO
vom 11.4.2003[10] und die 5. ÄndVO vom 4.3.2004[11] Gebrauch gemacht. Am
28.9.2004 ist sie neu bekanntgemacht worden.[12] Weiter wurde sie durch die
6. ÄndVO vom 17.4.2007,[13] die 7.ÄndVO vom 21.7.2009,[14] die 8. ÄndVO

---

 1 BGBl I 23.
 2 BGBl I 2527.
 3 BGBl I 595.
 4 BGBl I 1192.
 5 BGBl I 512.
 6 BGBl I 2436.
 7 BGBl I 3493.
 8 BGBl I 3134.
 9 BGBl I 3428.
10 BGBl I 522, ber S 1272.
11 BGBl I 414.
12 BGBl I 2552.
13 BGBl I 578.
14 BGBl I 2111.

vom 2.10.2009,[15] die 9. ÄndVO vom 7.3.2012,[16] das Gesetz zur Strukturreform des Gebührenrechts des Bundes vom 7.8.2013[17] (noch nicht alle Änderungen in Kraft) und die 10. ÄndVO vom 28.11.2014[18] geänd.

3   Die BSAVfV enthält auch **Durchführungsbestimmungen** zum SaatG. Sie ist auszugsweise, soweit sie Durchführungsbestimmungen zum SortG enthält, im Anhang abgedruckt.

C. Blatt für Bekanntmachungen

4   Als Blatt für Bekanntmachungen ist in § 10 BSAVfV das Blatt für Sortenwesen bestimmt, das vom BSA herausgegeben wird und seit November 1968 erscheint.[19] Es wird im Internet unter http://www.bundessortenamt.de (Rubrik: Veröffentlichungen) kostenfrei bereitgestellt. Im elektronischen Archiv können sämtliche Hefte ab Jahrgang 2008 abgerufen werden. Die monatlichen Ausgaben enthalten die

Sortenschutzanträge und Anträge auf Sortenzulassung

Angabe von Sortenbezeichnungen

Beendigung des Verfahrens zur Erteilung des Sortenschutzes und der Sortenzulassung

Erteilung des Sortenschutzes und Sortenzulassung

Änderung in der Person des Antragstellers, Sortenschutzinhabers, Züchters, Verfahrensvertreters und Bevollmächtigten

Beendigung des Sortenschutzes und der Sortenzulassung

Saatgutvermehrungsflächen in Deutschland

Bekanntmachungen über Änderungen/Ergänzungen zum SortG/SaatG/BSA-VfV

Bekanntmachungen über allgemeine Regelungen im Bundessortenamt

Statistiken

---

15 BGBl I 3232.
16 BGBl I 451.
17 BGBl I 3154.
18 BGBl I 1937.
19 Früher in der Landbuch Verlagsgesellschaft mbH, Kabelkamp 6, 30179 Hannover.

Hinweis auf Vorlagetermine

Hinweis auf Verschluss von Kleinpackungen

Öffentliche Ausschreibungen

Jeweils mit dem Stand vom 1. April erfolgt jährlich die Veröffentlichung aller Sorten, die zu dem o.a. Zeitpunkt nach dem SaatG zugelassen und/oder nach dem SortG geschützt sind.

D. Weitere Ermächtigungen

Hinsichtlich der Gebühren ist § 33 Abs 2 Ermächtigungsgrundlage (Rdn. 5 5 zu § 33). Eine weitere, bisher nicht ausgenützte Verordnungsermächtigung enthält § 10a Abs 7.

E. Gemeinschaftlicher Sortenschutz

Art 114 Abs 1 Satz 1 GemSortV bestimmt, dass die Einzelheiten der Anwen- 6 dung der GemSortV in einer **Durchführungsverordnung** geregelt werden. Art 114 Abs 1 Satz 2 GemSortV enthält Vorgaben über deren Mindestinhalt, nämlich Bestimmungen über

das Verhältnis zwischen dem GSA und den Prüfungsämtern, Einrichtungen und eigenen Dienststellen;

über die in Art 36 Abs 1 (Verwaltungsrat) und Art 42 Abs 2 (Aufgaben und Befugnisse des Präsidenten) genannten Angelegenheiten;

das Verfahren vor den Beschwerdekammern.

Art 114 Abs 2 enthält Vorgaben über den **Erlass der Durchführungsvorschrif- 7 ten.** Diese sehen ua die Anhörung des Verwaltungsrats vor.

Aufgrund dieser Ermächtigung hat die Kommission die VO (EG) Nr. 1239/95 8 vom 31.5.1995 zur Durchführung der Verordnung (EG) Nr. 2100/94 erlassen, die durch die **VO (EG) Nr. 874/09 der Kommission zur Durchführung der Verordnung (EG) Nr. 2100/94 des Rates im Hinblick auf das Verfahren vor dem Gemeinschaftlichen Sortenamt vom 17.9.2009**[20] abgelöst worden ist.

---

20 ABl EG L 251 vom 24.9.2009.

§ 33 Gebühren und Auslagen

(1) Das Bundessortenamt erhebt für seine individuell zurechenbaren öffentlichen Leistungen nach diesem Gesetz und für die Prüfung von Sorten auf Antrag ausländischer oder supranationaler Stellen Kosten (Gebühren und Auslagen) und für jedes angefangene Jahr der Dauer des Sortenschutzes (Schutzjahr) eine Jahresgebühr.

(2) Das Bundesministerium für Ernährung und Landwirtschaft wird ermächtigt, im Einvernehmen mit den Bundesministerien der Finanzen und für Wirtschaft und Energie durch Rechtsverordnung die gebührenpflichtigen Tatbestände und die Gebührensätze zu bestimmen und dabei feste Sätze oder Rahmensätze vorzusehen sowie den Zeitpunkt des Entstehens und der Erhebung der Gebühren zu regeln. Die Bedeutung, der wirtschaftliche Wert oder der sonstige Nutzen der individuell zurechenbaren öffentlichen Leistung, auch für das Züchtungswesen und die Allgemeinheit, sind angemessen zu berücksichtigen. Die zu erstattenden Auslagen können abweichend vom Bundesgebührengesetz geregelt werden.

(3) Durch besondere Gebührenverordnung des Bundesministeriums für Ernährung und Landwirtschaft nach § 22 Abs. 4 des Bundesgebührengesetzes kann für den Bereich der Bundesverwaltung der Zeitpunkt des Entstehens und der Erhebung der Gebühr abweichend von den Vorschriften des Bundesgebührengesetzes geregelt werden.

(4) Bei Gebühren für die Prüfung einer Sorte sowie für die ablehnende Entscheidung über einen Sortenschutzantrag wird keine Ermäßigung nach § 15 Abs. 2 des Verwaltungskostengesetzes in der bis zum 14. August 2013 geltenden Fassung gewährt.

(5) Hat ein Widerspruch Erfolg, so ist die Widerspruchsgebühr zu erstatten. Hat eine Beschwerde an das Patentgericht oder eine Rechtsbeschwerde Erfolg, so ist die Widerspruchsgebühr auf Antrag zu erstatten. Bei teilweisem Erfolg ist die Widerspruchsgebühr zu einem entsprechenden Teil zu erstatten. Die Erstattung kann jedoch ganz oder teilweise unterbleiben, wenn die Entscheidung auf Tatsachen beruht, die früher hätten geltend gemacht oder bewiesen werden können. Für Auslagen im Widerspruchsverfahren gelten die Sätze 1 bis 4 entsprechend. Ein Anspruch auf Erstattung von Kosten nach § 80 des Verwaltungsverfahrensgesetzes besteht nicht.

Fassung ab 1.10.2021 (Art 4 Abs 82 Gesetz zur Aktualisierung der Struktur-reform des Gebührenrechts des Bundes):

Gebühren

Durch Besondere Gebührenverordnung des Bundesministeriums für Ernäh-rung und Landwirtschaft nach § 22 Absatz 4 des Bundesgebührengesetzes kann für den Bereich der Bundesverwaltung der Zeitpunkt des Entstehens und der Erhebung der Gebühr abweichend von den Vorschriften des Bundesgebüh-rengesetzes geregelt werden.

§ 22 Abs 4, 5 Bundesgebührengesetz (BGebG):

(4) Die Bundesministerien erlassen ohne Zustimmung des Bundesrates Besondere Gebührenverordnungen für ihren Zuständigkeitsbereich, soweit keine Regelungen durch die Allgemeine Gebührenverordnung nach Absatz 3 getroffen wurden. Regelungen der Besonderen Gebührenverordnungen nach Satz 1 finden keine Anwendung, soweit nach Erlass einer Besonderen Gebüh-renverordnung inhaltsgleiche oder entgegenstehende Bestimmungen durch die Allgemeine Gebührenverordnung nach Absatz 3 getroffen wurden.

(5) Die durch Gebührenverordnungen nach Absatz 3 oder 4 festgelegten Gebühren sind regelmäßig, mindestens alle fünf Jahre, zu überprüfen und, soweit erforderlich, anzupassen. Bei einer Anpassung gelten für eine indivi-duell zurechenbare öffentliche Leistung, die bereits beantragt oder begon-nen, aber noch nicht vollständig erbracht wurde, die bisherigen Vorschrif-ten fort, soweit durch Gebührenverordnungen nach Absatz 3 oder 4 nichts anderes bestimmt ist.

GemSortV:

Art 58 Kosten der technischen Prüfung

Das Amt zahlt den Prüfungsämtern für die technische Prüfung ein Entgelt nach Maßgabe der Durchführungsordnung nach Artikel 114.

Art 83 Gebühren

(1) Das Amt erhebt für seine in dieser Verordnung vorgesehenen Amts-handlungen und jährlich während der Dauer des gemeinschaftlichen Sor-tenschutzes Gebühren aufgrund der Gebührenordnung gemäß Artikel 113.

(2) Werden fällige Gebühren für die in Artikel 113 Absatz 2 genannten Amtshandlungen oder sonstige in der Gebührenordnung genannte Amts-handlungen, die nur auf Antrag vorzunehmen sind, nicht entrichtet, so gilt

der Antrag als nicht gestellt oder die Beschwerde als nicht erhoben, wenn die für die Entrichtung der Gebühren erforderlichen Handlungen nicht innerhalb eines Monats vorgenommen werden, nachdem das Amt eine erneute Aufforderung zur Zahlung der Gebühren zugestellt und dabei auf diese Folge der Nichtentrichtung hingewiesen hat.

(3) Können bestimmte Angaben des Antragstellers auf Erteilung des gemeinschaftlichen Sortenschutzes nur durch eine technische Prüfung nachgeprüft werden, die außerhalb des festgelegten Rahmens der technischen Prüfung von Sorten des betreffenden Taxons liegt, so können Gebühren für die technische Prüfung nach Anhörung des Gebührenschuldners bis zur Höhe des tatsächlich entstehenden Aufwandes erhöht werden.

(4) Hat eine Beschwerde Erfolg, so sind die für die Beschwerde erhobenen Gebühren zurückzuerstatten, bei teilweisem Erfolg zu einem entsprechenden Teil. Die Rückerstattung kann jedoch ganz oder teilweise unterbleiben, wenn der Erfolg der Beschwerde auf Tatsachen beruht, die zum Zeitpunkt der ursprünglichen Entscheidung nicht bekannt waren.

Art 84 Beendigung von Zahlungsverpflichtungen

(1) Ansprüche des Amtes auf Zahlung von Gebühren erlöschen nach vier Jahren nach Ablauf des Kalenderjahres, in dem die Gebühr fällig geworden ist.

(2) Ansprüche gegen das Amt auf Rückerstattung von Gebühren oder von Geldbeträgen, die bei der Entrichtung einer Gebühr zuviel gezahlt worden sind, erlöschen nach vier Jahren nach Ablauf des Kalenderjahres, in dem der Anspruch entstanden ist.

(3) Die in Absatz 1 vorgesehene Frist wird durch eine Aufforderung zur Zahlung der Gebühr und die Frist des Absatzes 2 durch eine schriftliche und mit Gründen versehene Geltendmachung des Anspruchs unterbrochen. Diese Frist beginnt mit der Unterbrechung erneut zu laufen und endet spätestens sechs Jahre nach Ablauf des Jahres, in dem sie ursprünglich zu laufen begonnen hat, es sei denn, daß der Anspruch zwischenzeitlich gerichtlich geltend gemacht worden ist; in diesem Fall endet die Frist frühestens ein Jahr nach der Rechtskraft der Entscheidung.

Art 85 Kostenverteilung

(1) Im Verfahren zur Rücknahme oder zum Widerruf des gemeinschaftlichen Sortenschutzes bzw. im Beschwerdeverfahren trägt der unterliegende

Beteiligte die Kosten des anderen Verfahrensbeteiligten sowie die ihm aus dem Verfahren erwachsenden notwendigen Kosten, einschließlich der Reise- und Aufenthaltskosten sowie die Kosten der Bevollmächtigten, Beistände und Anwälte im Rahmen der Tabellen für die einzelnen Kosten nach Maßgabe der nach Artikel 114 festgelegten Durchführungsordnung.

(2) Erzielt jedoch jeder der Verfahrensbeteiligten Teilobsiege bzw. erscheint es aus Gründen der Billigkeit angeraten, so beschließt das Amt oder die Beschwerdekammer eine andere Verteilung der Kosten.

(3) Der Verfahrensbeteiligte, der die Verfahren durch die Rücknahme des Antrags auf Erteilung des gemeinschaftlichen Sortenschutzes, des Antrags auf Rücknahme oder Widerruf des Sortenschutzes oder der Beschwerde bzw. durch Verzicht auf den gemeinschaftlichen Sortenschutz beendet, trägt die dem anderen Verfahrensbeteiligten erwachsenden Kosten gemäß den Absätzen 1 und 2.

(4) Einigen sich die Verfahrensbeteiligten vor dem Amt oder der Beschwerdekammer auf eine Kostenverteilung, die von der in den vorstehenden Absätzen vorgesehenen abweicht, so wird dieser Vereinbarung Rechnung getragen.

(5) Das Amt oder die Beschwerdekammer legt auf Antrag die Höhe der Kosten fest, die nach Maßgabe der vorstehenden Absätze zu erstatten sind.

Art 86 Vollstreckung der Entscheidungen, in denen Kosten festgesetzt werden

(1) Jede Endentscheidung des Amtes, in der Kosten festgesetzt werden, ist ein vollstreckbarer Titel.

(2) Die Zwangsvollstreckung erfolgt nach den Vorschriften des Zivilprozeßrechts des Mitgliedstaats, in dessen Hoheitsgebiet sie stattfindet. Die Vollstreckungsklausel wird nach einer Prüfung, die sich lediglich auf die Echtheit des Titels erstrecken darf, von der staatlichen Behörde erteilt, welche die Regierung jedes Mitgliedstaats zu diesem Zweck bestimmt und dem Amt und dem Gerichtshof der Europäischen Gemeinschaften benennt.

(3) Sind diese Formvorschriften auf Antrag des die Vollstreckung betreibenden Beteiligten erfüllt, so kann dieser die Zwangsvollstreckung nach innerstaatlichem Recht betreiben, indem er die zuständige Stelle unmittelbar anruft.

(4) Die Zwangsvollstreckung kann nur durch eine Entscheidung des Gerichtshofes der Europäischen Gemeinschaften ausgesetzt werden. Für

die Prüfung der Ordnungsmäßigkeit der Vollstreckungsmaßnahmen sind jedoch die einzelstaatlichen Rechtsprechungsorgane zuständig.

Art 113 Gebührenordnung

(1) Die Gebührenordnung bestimmt insbesondere die Tatbestände, für die nach Artikel 83 Absatz 1 Gebühren zu entrichten sind, die Höhe der Gebühren sowie die Art und Weise, wie sie zu zahlen sind.

(2) Gebühren sind mindestens für folgende Tatbestände zu erheben:
a)   die Bearbeitung eines Antrags auf Erteilung des gemeinschaftlichen Sortenschutzes; diese Gebühr umfaßt folgendes:
  –   Formalprüfung (Artikel 53),
  –   sachliche Prüfung (Artikel 54),
  –   Prüfung der Sortenbezeichnung (Artikel 63),
  –   Entscheidung (Artikel 61, 62),
  –   entsprechende Veröffentlichung (Artikel 89);
b)   die Veranlassung und Durchführung der technischen Prüfung;
c)   die Bearbeitung einer Beschwerde bis zur Entscheidung darüber;
d)   jedes Jahr der Geltungsdauer des gemeinschaftlichen Sortenschutzes.

(3)
a)   Unbeschadet der Buchstaben b) und c) ist die Höhe der Gebühren so zu bemessen, daß gewährleistet ist, daß die sich daraus ergebenden Einnahmen grundsätzlich zur Deckung aller Haushaltsaufgaben des Amtes ausreichen.
b)   Der Zuschuß nach Artikel 108 Absatz 3 kann jedoch innerhalb einer Übergangszeit, die am 31. Dezember des vierten Jahres nach dem in Artikel 118 Absatz 2 festgesetzten Zeitpunkt endet, die Ausgaben im Rahmen der Anlaufphase des Amtes decken. Nach dem Verfahren des Artikels 115 kann die Übergangszeit — soweit erforderlich — um höchstens ein Jahr verlängert werden.
c)   Ferner kann der Zuschuß nach Artikel 108 Absatz 3 während der vorgenannten Übergangszeit auch einige Ausgaben des Amtes für bestimmte Tätigkeiten decken, die nicht die Bearbeitung von Anträgen, die Vorbereitung und Durchführung der technischen Prüfungen oder die Bearbeitung von Beschwerden betreffen. Diese Tätigkeiten werden spätestens ein Jahr nach Annahme dieser Verordnung in den Durchführungsvorschriften nach Artikel 114 präzisiert.

(4) Die Gebührenordnung wird nach Anhörung des Verwaltungsrates zu dem Entwurf der zu treffenden Maßnahmen nach dem Verfahren des Artikels 115 erlassen.

Art 115 Verfahren

(1) Die Kommission wird von einem Ausschuß unterstützt, der sich aus Vertretern der Mitgliedstaaten zusammensetzt und in dem der Vertreter der Kommission den Vorsitz führt.

(2) Ist das Verfahren dieses Artikels anzuwenden, so unterbreitet der Vertreter der Kommission dem Ausschuß einen Entwurf der zu treffenden Maßnahmen. Der Ausschuß gibt seine Stellungnahme zu diesem Entwurf innerhalb einer Frist ab, die der Vorsitzende unter Berücksichtigung der Dringlichkeit der betreffenden Frage festsetzen kann. Die Stellungnahme wird mit der Mehrheit abgegeben, die in *Artikel 148 Absatz 2 des Vertrags* für die Annahme der vom Rat auf Vorschlag der Kommission zu fassenden Beschlüsse vorgesehen ist. Bei der Abstimmung im Ausschuß werden die Stimmen der Vertreter der Mitgliedstaaten gemäß dem vorgenannten Artikel gewogen. Der Vorsitzende nimmt an der Abstimmung nicht teil.

(3)
a) Die Kommission erläßt die beabsichtigten Maßnahmen, wenn sie mit der Stellungnahme des Ausschusses übereinstimmen.
b) Stimmen die beabsichtigten Maßnahmen mit der Stellungnahme des Ausschusses nicht überein oder liegt keine Stellungnahme vor, so unterbreitet die Kommission dem Rat unverzüglich einen Vorschlag für die zu treffenden Maßnahmen. Der Rat beschließt mit qualifizierter Mehrheit.

Hat der Rat nach Ablauf einer Frist von drei Monaten von der Befassung des Rates an keinen Beschluß gefaßt, so werden die vorgeschlagenen Maßnahmen von der Kommission erlassen, es sei denn, daß der Rat sich mit einfacher Mehrheit gegen diese Maßnahmen ausgesprochen hat.

GemSortVDV:

Art 75 Kostenverteilung

(1) Die Kostenverteilung wird in der Entscheidung über die Rücknahme oder den Widerruf des gemeinschaftlichen Sortenschutzes oder in der Entscheidung über die Beschwerde angeordnet.

(2) Bei der Kostenverteilung nach Artikel 85 Absatz 1 der Grundverordnung weist das Amt in der Begründung der Entscheidung über die Rücknahme oder den Widerruf des gemeinschaftlichen Sortenschutzes oder in der Entscheidung über die Beschwerde auf die Kostenverteilung hin. Die Verfahrensbeteiligten können aus der Unterlassung dieses Hinweises keine Ansprüche herleiten.

Art 76 Kostenfestsetzung

(1) Der Antrag auf Kostenfestsetzung ist nur dann zulässig, wenn die Entscheidung, für die die Kostenfestsetzung beantragt wird, ergangen ist und wenn im Fall einer Beschwerde gegen diese Entscheidung die Beschwerdekammer über diese Beschwerde entschieden hat. Dem Antrag sind eine Kostenaufstellung und entsprechende Belege beizufügen.

(2) Zur Festsetzung der Kosten genügt es, dass sie glaubhaft gemacht werden.

(3) Trägt ein Verfahrensbeteiligter die Kosten eines anderen Verfahrensbeteiligten, so kann er nicht zur Deckung anderer Kosten als der in Absatz 4 genannten herangezogen werden. Ist der obsiegende Verfahrensbeteiligte von mehreren Bevollmächtigten, Beiständen oder Anwälten vertreten worden, so hat der unterlegene Verfahrensbeteiligte die in Absatz 4 genannten Kosten nur für einen Vertreter zu tragen.

(4) Die für die Durchführung des Verfahrens notwendigen Kosten umfassen:
a) die Kosten für Zeugen und Sachverständige, die vom Amt gezahlt worden sind;
b) die Reise- und Aufenthaltskosten eines Verfahrensbeteiligten und eines Bevollmächtigten, Vertreters oder Rechtsanwalts, der ordnungsgemäß als Verfahrensvertreter vor dem Amt bevollmächtigt worden ist, im Rahmen der in Anhang I genannten für Zeugen und Sachverständige geltenden Gebührensätze;
c) die Vergütung eines Bevollmächtigten, Beistands oder Rechtsanwalts, der ordnungsgemäß als Vertreter vor dem Amt bevollmächtigt worden ist, im Rahmen der in Anhang I aufgeführten Gebührensätze.

Art 77 Kostenregelung

Die Kostenregelung nach Artikel 85 Absatz 4 der Grundverordnung wird vom Amt in einer Mitteilung an die betreffenden Verfahrensbeteiligten bestätigt. Wird in dieser Mitteilung auch eine Einigung über die Höhe der zu zahlenden Kosten bestätigt, so ist ein Antrag auf Kostenfestsetzung unzulässig.

Ausland: Österreich:

Gebühren

§ 23. (1) Für die Tätigkeiten des Bundesamtes für Ernährungssicherheit nach diesem Bundesgesetz sind Gebühren zu entrichten.

(2) Der Bundesminister für Land- und Forstwirtschaft, Umwelt und Wasserwirtschaft hat im Einvernehmen mit dem Bundesminister für Finanzen entsprechend den durchschnittlich auflaufenden Kosten die Gebühren, deren Fälligkeit und die Art der Einhebung in einem Tarif festzusetzen.

Schweiz:

Art 36 Gebühren

(1) Die zuständigen Stellen erheben im Zusammenhang mit der Erteilung des Sortenschutzes folgende Gebühren:
a. eine Anmeldungsgebühr;
b. Gebühren für die Sortenprüfung;
c. Jahresgebühren während der Dauer des Schutzes.

(2) Die Gebühren sind im Voraus zu bezahlen und so anzusetzen, dass sie die Aufwendungen decken.

(3) Der Bundesrat stellt Vorschriften auf über Höhe und Fälligkeit der Gebühren sowie über die Zahlungsfristen. Er kann weitere Verrichtungen der mit dem Sortenschutz beauftragten Stellen gebührenpflichtig erklären.

Art 11 SortenschutzVO Anwendbarkeit der Allgemeinen Gebührenverordnung

Soweit das Sortenschutzgesetz vom 20. März 1975 oder diese Verordnung keine besondere Regelung enthält, gelten die Bestimmungen der Allgemeinen Gebührenverordnung vom 8. September 2004.

Art 12 SortenschutzVO Einzahlungsdatum

Als Einzahlungsdatum gilt:
a. für Überweisungen aus dem Inland das Datum der Belastung des Kontos der Auftraggeberin oder des Auftraggebers oder, falls dieses Datum

nicht nachgewiesen wird, das Datum des auf der Gutschriftsanzeige angebrachten Poststempels;

b. für Überweisungen aus dem Ausland das Datum des Eingangs der Überweisungsanzeige beim ersten schweizerischen Verarbeitungszentrum oder, falls dieses Datum nicht nachgewiesen wird, das Datum des auf der Gutschriftsanzeige angebrachten Poststempels.

Art 13 SortenschutzVO Anmeldegebühr

Die Anmeldegebühr ist in Anhang 2 festgelegt.

Art 14 SortenschutzVO Gebühr für die Sortenprüfung

(1) Die Prüfungsstelle berechnet die Gebühr für die Sortenprüfung nach Zeitaufwand.

(2) Wird eine ausländische Prüfungsstelle mit der Prüfung beauftragt oder werden vorhandene Prüfungsergebnisse übernommen, so gelten die entsprechenden Kosten als Auslagen.

(3) Erstreckt sich die Prüfung über mehrere Jahre, so wird jährlich Rechnung gestellt.

Art 15 SortenschutzVO Jahresgebühr

(1) Die Jahresgebühr beträgt 240 Franken pro Jahr und Sorte.

(2) Wird der Sortenschutz nicht ab dem ersten Tag eines Kalenderjahres erteilt, so ist die Jahresgebühr pro rata temporis geschuldet.

Art 16 SortenschutzVO Weitere Gebühren

Für Verfügungen und Dienstleistungen im Bereich des Sortenschutzes sind Gebühren geschuldet.

Art 17 SortenschutzVO Gebührenbemessung

(1) Für die Gebührenbemessung gelten die Ansätze in Anhang 2.

(2) Ist in Anhang 2 kein Ansatz festgelegt, so wird die Gebühr nach Zeitaufwand bemessen. Der Stundenansatz beträgt je nach erforderlicher Sachkenntnis des ausführenden Personals 90–200 Franken.

(3) Verursacht eine Verfügung oder Dienstleistung, für die in Anhang 2 ein Ansatz festgelegt ist, einen aussergewöhnlich hohen Aufwand, so wird die Gebühr nach Absatz 2 bemessen.

Anhang 2 Gebühren für Verfügungen und Dienstleistungen

	Franken
Anmeldung zum Sortenschutz mit provisorischer oder nachträglicher Angabe der Sortenbezeichnung	400
Anmeldung mit definitiver Sortenbezeichnung	300
Veröffentlichung einer Änderung im Sortenschutzanmeldungsregister oder im Sortenschutzregister	100
Gesuch um Fristverlängerung zur Einreichung von Unterlagen und Material	100
Umtriebe bei Nichteinhalten von Fristen zur Einreichung von Unterlagen oder Material	200
Mahnung für Rechnungen	100

Belgien: Art XI.150, Art X.151 (Jahresgebühren) Code du droit économique; **Bulgarien:** Art 42 Pflanzen- und TierzuchtG; **Dänemark:** Art 25, vgl Art 12 SortG; **Finnland:** Art 39 SortG; **Frankreich:** Art L 623-16 (geänd 2011), Art R 623-31–35 (Jahresgebühren) CPI; **Irland:** Sec 25 PVA, geänd 1998; **Island:** Art 12 (Jahresgebühren) SortG; **Italien:** Art 25, 26 VO 455; **Kroatien:** Art 27 Nr 2 (Aufrechterhaltungsgebühren); vgl Art 15 (geänd 2008) SortG; **Lettland:** Sec 22 SortG (geänd 2005, 2006 und 2010); **Litauen:** Art 25 SortG; **Niederlande:** Art 38 (Jahresgebühr) SaatG; **Norwegen:** Art 14 (Jahresgebühr) SortG; **Portugal:** Art 8 GesetzesVO 213/90, Art 23 (Jahresgebühren), 29 (Gebühren) SortV; **Rumänien:** Art 28 SortG; **Schweden:** Kap 6 § 2, vgl Art 11 § 2 Växtförädlarrättslag; **Slowenien:** Art 23, 43 (Jahresgebühren) SortG; **Spanien:** Art 52 – 57 (Priorität) SortG 2000; **Ungarn:** Art 111 A PatG; **Vereinigtes Königreich:** Sec 29 PVA

Schrifttum

Kapnopoulou Die Problematik der verspäteten Zahlung der Widerspruchsgebühr in der Entscheidungspraxis des Harmonisierungsamts für den Binnenmarkt, MarkenR 2000, 160; *Pagenberg* Widerspruch aufgrund nicht eingetragener Marken und Kostenerstattung des Widerspruchsverfahrens, GRUR Int 1989, 748; *Pohlmann* Die Kostenverteilung in den Verfahren vor dem HABM, Mitt 2003, 490

Übersicht   Rdn.
A.   Nationale Regelung; Entstehungsgeschichte   1
B.   Kosten   2
I.   Allgemeines zur Kostenregelung im Sortenschutzrecht   2
II.   Gebührenrechtlicher Kostenbegriff   3
III. Gebühren   4
      1. Allgemeines   4
      2. Gebühren für individuell zurechenbare öffentliche Leistungen   6
      3. Gebühr für die Prüfung von Sorten auf Antrag ausländischer oder
          supranationaler Stellen 16
      4. Jahresgebühren 17
IV.   Auslagen 18
V.   Fälligkeit 19
VI.   Zahlung 20
VII. Säumnis 21
VIII. Erstattung der Widerspruchsgebühr und von Auslagen 22
      1. Grundsatz 22
      2. Erfolgreiche Beschwerde oder Rechtsbeschwerde 23
      3. Ausnahme 24
      4. Auslagen 25
C.   Gemeinschaftlicher Sortenschutz 26
I.   Allgemeines 26
II.   Gebühren 27
III. Kostenverteilung 35
IV.   Kostenfestsetzung 36
V.   Vollstreckung 37
VI.   Kosten der Prüfungsämter 38

A. Nationale Regelung; Entstehungsgeschichte

1 Die 1985 neugeschaffene Regelung ist an die Stelle des Gesetzes über die Erhebung von Kosten beim Bundessortenamt vom 1.10.1976[1] getreten,[2] an dessen Regelung sie sich anlehnt. Abs 1, 2 sind geänd, Abs 3 ist aufgehoben durch das 1. SaatGÄndG vom 23.7.1992. Das SortÄndG 1997 hat in Abs 2 Satz 1 die Worte »der Gebührenerhebung« durch »des Entstehens und der Erhebung der Gebühren« ersetzt. Art 185 der Siebenten ZuständigkeitsanpassungsVO vom 29.10.2001, Art 148 der Achten ZuständigkeitsanpassungsVO vom 25.11.2003 und Art 193 der Neunten ZuständigkeitsanpassungsVO

1 BGBl I 2873.
2 BGBl I 2873.

vom 31.10.2006 haben die Bezeichnung des Ermächtigungsadressaten geänd. Durch den Organisationserlass der Bundeskanzlerin vom 17.12.2013,[3] den die 10. ZuständigkeitsanpassungsVO in Gesetzesform gebracht hat, lautet die Bezeichnung wieder Bundesministerium für Ernährung und Landwirtschaft, die des Bundesministeriums für Wirtschaft und Technologie jetzt Bundesministerium für Wirtschaft und Energie. In der 4.ÄndVO vom 11.4.2003 wurde das GebVerz neu gefasst. MWv 15.8.2013 sind Änderungen mit Rücksicht auf das neue Bundesgebührengesetz erfolgt (mWv 1.10.2021 bleibt nur Abs 3 in Kraft). Vgl für die Sortenzulassung § 54 SaatG.

B. Kosten

I. Allgemeines zur Kostenregelung im Sortenschutzrecht

Durch die Kostenregelung soll auf der Grundlage des Personal- und Sach- **2** aufwands für die Prüfungen des BSA ein Ausgleich zwischen dem Nutzen des Schutzrechts für den Antragsteller einerseits und dem Interesse der Allgemeinheit an der Hervorbringung neuer Sorten andererseits herbeigeführt werden (Abs 2 Satz 2).[4] Auf die beim BSA entstehenden Kosten ist das Bundesgebührengesetz (BGebG)[5] vom 7.8.2013, das das Verwaltungskostengesetz (VwKostG) vom 23.6.1970[6] abgelöst hat, – anders als auf die beim DPMA und beim BPatG entstehenden – anwendbar[7]

II. Gebührenrechtlicher Kostenbegriff

Der gebührenrechtliche Kostenbegriff umfasst **Gebühren** und **Auslagen** (Abs 1). **3**

III. Gebühren

1. Allgemeines

Gebühren werden erhoben für individuell zurechenbare öffentliche Leistun- **4** gen (früher: die Amtshandlungen) des BSA nach dem SortG sowie und die Prüfung von Sorten auf Antrag ausländ oder supranationaler Stellen; daneben

---

3 BGBl I 2873.
4 Begr BTDrs 10/816 = BlPMZ 1986, 136, 143; die Gebühren sind als nicht kostendeckend bezeichnet wurden, vgl *Bauer* S 47 Fn 75 mNachw.
5 BGBl I 3154.
6 BGBl I 821.
7 Vgl auch Begr BTDrs 10/816 = BlPMZ 1986, 136, 143; *Leßmann/Würtenberger* § 5 Rn. 378.

werden für die Dauer des Sortenschutzes Jahresgebühren erhoben (Abs 1). Damit ist der Rahmen für die gebührenpflichtigen Tatbestände abschließend umschrieben.

5   In dem durch Abs 1 abgesteckten Rahmen ist die Regelung der einzelnen **gebührenpflichtigen Tatbestände** durch die Art 80 Abs 1 Satz 2 GG entsprechende Ermächtigungsnorm in Abs 2 dem zuständigen Ministerium (zur Bezeichnung Rdn. 3 zu § 16) überlassen. Dieses hat hiervon durch die §§ 12–14 BSAVfV (Rdn. 2 zu § 32) und die durch die 4.ÄndVO neu gefasste Anlage 2 zu dieser (Gebührenverzeichnis, GebVerz) Gebrauch gemacht. Diese Regelungen treten mWv 14.8.2018 außer Kraft.

2. Gebühren für individuell zurechenbare öffentliche Leistungen

6   Gebühren für individuell zurechenbare öffentliche Leistungen sind die Entscheidungsgebühr (§§ 21, 22; Nr 101 GebVerz), die Gebühren für die Registerprüfung (Prüfungsgebühr, Rdn. 9 ff.; § 26 Abs 1–5; § 13 BSAVfV; Nr 102 GebVerz; die übrigen in § 13 Abs 1 BSAVfV genannten Nummern betreffen das SaatG), die Erteilung eines Zwangsnutzungsrechts (§ 12 Abs 1; Nr 121 GebVerz), Eintragungen oder Löschungen eines ausschließlichen Nutzungsrechts oder die Eintragung von Änderungen in der Person eines in der Rolle Eingetragenen (§ 28 Abs 1 Nr 5, Abs 3, Nr 122 GebVerz), Rücknahme oder Widerruf der Erteilung des Sortenschutzes (§ 31 Abs 2 – 4 Nr 1, 2; Nr 123 GebVerz) und die Widerspruchsgebühr (Rdn. 15). Die Gebühren sind teilweise nach Artengruppen entsprechend der wirtschaftlichen Bedeutung der Arten gestaffelt; wegen der Einzelheiten ist auf das GebVerz zu verweisen (hierzu auch Bek des BSA Nr 13/99 über Zierpflanzen, die nicht unter Artengruppe 3, sondern als Stauden und Sommerblumen unter Artengruppe 5 des Gebührenverzeichnisses zur BSAVfV fallen[8]). Vgl auch die Bek Nr 20/98 des BSA über Gebühren des BSA.

7   **Gebührenvergünstigungen** nach § 15 Abs 2 VwKostG aF werden durch Abs 4 für die Prüfungsgebühr und die Gebühr für die ablehnende Entscheidung über den Erteilungsantrag ausgeschlossen.[9] In den anderen Fällen kommen für die Gebühren bei Rücknahme und Ablehnung des Antrags Ermäßigung bis 25 % oder Absehen von der Gebührenerhebung in Betracht, wenn dies der Billigkeit entspricht (Nrn 320, 330 GebVerz).

---

8   BfS 1999, 328.
9   BfS 1999, 328.

Daneben werden in besonderen Fällen **Verwaltungsgebühren** erhoben, näm- 8
lich für Auskünfte (§ 29; Nr 300 GebVerz) sowie für Rücknahme oder Widerruf der Erteilung eines Zwangsnutzungsrechts (Nr 310 GebVerz) und die
Ablehnung des Antrags auf Erteilung eines Zwangsnutzungsrechts (Nr 330
GebVerz).

Prüfungsgebühren.[10] Die Prüfungsgebühren sind abw von § 9 VwKostG 9
nicht kostendeckend bemessen, da ein Teil der Jahresgebühren zur Kostende-
ckung herangezogen wird.[11]

Die Prüfungsgebühren werden grds für jede **angefangene Prüfungsperiode** 10
erhoben (§ 13 Abs 1 Satz 1 BSAVfV), allerdings nicht für Prüfungsperio-
den, in denen das BSA mit der Prüfung der Sorte aus einem vom Antragsteller nicht zu vertretenden Grund nicht begonnen hat (§ 13 Abs 1 Satz 3
BSAVfV). Maßgeblicher Zeitpunkt für das Entstehen der Gebührenschuld
ist nach der Bek Nr 11/14 des BSA der Vorlagetermin für Vermehrungsmaterial.[12] Bei Sorten mehrjähriger Arten wird für eine Prüfungsperiode, in der
wegen der artbedingten Ausprägungen die Merkmale oder Eigenschaften
nicht oder nicht vollständig festgestellt werden können, nur die Hälfte der
Prüfungsgebühr erhoben (§ 13 Abs 2 BSAVfV); dies betrifft die sog Anwuchsjahre[13] (Bek Nr 9/98 des BSA über mehrjährige Pflanzenarten, für die nach
§ 13 Abs 2 BSAVfV im Aussaatjahr bzw in Anwuchsjahren die Hälfte der
Prüfungsgebühren erhoben wird,[14] geänd durch Bek Nr 18/98,[15] Nr 2/99,[16]
Nr 4/99[17] und Nr 5/00,[18] die an die Stelle der Bek Nr 15/87[19] getreten ist).
Sie entstehen auch dann in vollem Umfang, wenn der Antrag im Lauf eines
Prüfungsjahrs zurückgezogen wird.[20]

---

10 Zu den Prüfungsgebühren allgemein *Wuesthoff* § 26 Rn. 21; *Leßmann/Würtenberger*
    § 5 Rn. 384 ff.
11 Begr BTDrs 10/816 = BlPMZ 1986, 136, 143.
12 BfS 2014, 135; vgl *Metzger/Zech* § 26 Rn. 9.
13 Vgl *Wuesthoff* Rn. 9.
14 BfS 1998, 247.
15 BfS 1998, 341.
16 BfS 1999, 85.
17 BfS 1999, 198.
18 BfS 2000, 59.
19 BfS 1987, 284.
20 BfS 1987, 284.

11 Die Prüfungsgebühr **erhöht sich** bis zur Höhe der entstandenen Kosten, sofern die vollständige Anbauprüfung oder sonst Untersuchungen durch eine andere Stelle im Ausland durchgeführt werden oder Prüfungsergebnisse einer solchen Stelle übernommen werden (§ 13 Abs 4 Nr 1 BSAVfV) oder die Prüfung außerhalb des üblichen Rahmens der Prüfung von Sorten der gleichen Art liegt (§ 13 Abs 4 Nr 2 BSAVfV, der die frühere Regelung in § 33 Abs 2 Satz 4, 5[21] ersetzt). Anders als nach der früheren Regelung sind Anhörung des Antragstellers[22] und eine Beschränkung auf ein bestimmtes Vielfaches des Gebührensatzes nicht mehr vorgesehen.

12 Eine **zusätzliche Prüfungsgebühr** nach Nr 102 GebVerz wird bei Sorten erhoben, deren Pflanzen durch Kreuzung bestimmter Erbkomponenenten erzeugt worden sind und bei denen das BSA die Prüfung auf diese Komponenten erstreckt, ist in § 13 Abs 5 BSAVfV geregelt.[23]

13 Eine **Gebührenvergünstigung** ergibt sich einmalig bei Übernahme vollständiger Anbauprüfungs- und Untersuchungsergebnisse einer anderen Stelle (Nr 102.20 GebVerz).

14 § 16 BSAVfV enthält eine **Übergangsregelung** für die bis zum 31.12.2015 entstandenen Prüfungsgebühren.

15 Wie sich aus Abs 5 ergibt, wird auch an der – sonst im Verwaltungsverfahren nicht üblichen – **Widerspruchsgebühr** (Nr 124 GebVerz) festgehalten, weil die vorgeschriebene Form der Entscheidung durch einen Widerspruchsausschuss unter Einbeziehung ehrenamtlicher Beisitzer vom üblichen Verwaltungsverfahren abweicht und kostenträchtiger als dieses ist.[24]

3. Gebühr für die Prüfung von Sorten auf Antrag ausländischer oder supranationaler Stellen

16 Von der Ermächtigung zur Erhebung einer Gebühr für die Prüfung von Sorten auf Antrag ausländischer oder supranationaler Stellen ist nur insoweit Gebrauch gemacht, als Nr 125 GebVerz auf der Grundlage des § 26 Abs 5 eine Gebühr für die Abgabe eigener Prüfungsergebnisse zur Vorlage bei einer anderen Stelle im Ausland vorsieht.

---

21 Zu dieser *Wuesthoff* Rn. 8 und Begr BTDrs 10/816 = BlPMZ 1986, 136, 143.
22 Insoweit aA *Wuesthoff/Leßmann/Würtenberger* Rn. 915.
23 Vgl *Wuesthoff* Rn. 10.
24 Begr BTDrs 10/816 = BlPMZ 1986, 136, 143; vgl *Leßmann/Würtenberger* § 5 Rn. 391; *Wuesthoff* Rn. 13; zur Erstattung Rn. 22 ff.

4. Jahresgebühren

Die Gebühren für jedes Schutzjahr (Jahresgebühren, Abs 1; Nr 110 GebVerz) 17
sind während der Dauer des Sortenschutzes für jedes angefangene Kalenderjahr zu entrichten, das auf das Jahr der Erteilung des Sortenschutzes folgt
(§ 14 Abs 1 BSAVfV). Die Höhe der Gebühren ist nach Artengruppen und
Schutzjahren gestaffelt. In den Fällen des § 41 Abs 2, 3 sieht § 14 Abs 2 Satz 1
BSAVfV eine abw Einstufung hinsichtlich des maßgeblichen Schutzjahrs
vor. Ruht der Sortenschutz (§ 10c), entspricht die Gebührenhöhe für jedes
Schutzjahr der für das erste (Nr 110.2 GebVerz; »schlafende Gebühren«[25]).
Überwachungsgebühren nach dem SaatG fallen neben den Jahresgebühren
nicht an (§ 14 Abs 3 BSAVfV).

IV. Auslagen

Auslagen wurden nur in den in § 10 Abs 1 Nr 1–3 und Nr 5 VwKostG in der 18
bis 14.8.2013 geltenden Fassung vorgesehenen Fällen erhoben (Abs 1 iVm
§ 12 Abs 2 BSAVfV). Es handelt sich um folgende Auslagen: Fernsprechgebühren im Fernverkehr, Telegrafen- und Fernschreibgebühren (§ 10 Abs 1
Nr 1 VwKostG); Aufwendungen für weitere Ausfertigungen, Abschriften
und Auszüge, die auf besonderen Antrag erteilt werden, nach Maßgabe des
§ 136 Abs 3 – 6 KostO (§ 10 Abs 1 Nr 2 VwKostG), Aufwendungen für
Übersetzungen, die auf besonderen Antrag gefertigt werden (§ 10 Abs 1 Nr 3
VwKostG), und die in entsprechender Anwendung des Justizvergütungs-
und Entschädigungsgesetzes (JVEG) zu zahlenden Beträge (§ 10 Abs 1 Nr 5
VwKostG).

V. Fälligkeit

Die Gebühren und Auslagen werden grds mit Zugang des Gebührenbe- 19
scheids des BSA fällig. Der Gebührenbescheid ist Verwaltungsakt, gegen ihn
ist Widerspruch eröffnet, dem aufschiebende Wirkung nicht zukommt (§ 80
Abs 2 Nr 1 VwGO). Eine Kalenderfälligkeit ist im SortG nicht vorgesehen.

VI. Zahlung

Zahlung erfolgt an die Bundeskasse Hannover.[26] Kontoverbindung: Landes- 20
zentralbank Halle (Bankleitzahl 800 000 00), Konto Nr 800 010 20.

---

25 *Leßmann/Würtenberger* § 5 Rn. 396.
26 Hinweis des BSA zur Zahlung von Kosten BfS 1980, 22.

VII. Säumnis

21   Die Säumnisfolgen sind für die Prüfungsgebühren in § 27 Abs 1 Nr 3 (Rdn. 3 ff. zu § 27), für die Antrags- und Widerspruchsgebühr in § 27 Abs 2 (Rdn. 6 zu § 27) geregelt. Für die Jahresgebühren ergeben sich die Säumnisfolgen aus § 31 Abs 4 Nr 3 (Rdn. 25 ff. zu § 31). Im übrigen kann wegen der Gebühren- und Auslagenschulden nach Maßgabe des Verwaltungsvollstreckungsgesetzes (VwVG) vollstreckt werden.

VIII.   Erstattung der Widerspruchsgebühr und von Auslagen

1. Grundsatz

22   Im Fall des **erfolgreichen Widerspruchs** ist die Widerspruchsgebühr vAw[27] zu erstatten (Abs 5 Satz 1). Bei Teilerfolg ist sie zu einem entsprechenden Teil zu erstatten (Abs 5 Satz 3).

2. Erfolgreiche Beschwerde oder Rechtsbeschwerde

23   Gleiches gilt im Fall erfolgreicher Beschwerde oder Rechtsbeschwerde mit der Maßgabe, dass die Erstattung nur auf Antrag zu erfolgen hat. Über den Antrag entscheidet das BPatG.[28] Eine Entscheidung des BGH scheidet aus (§ 36 iVm § 108 Abs 1 PatG).

3. Ausnahme

24   Nach Abs 5 Satz 4 kann die Erstattung ganz oder teilweise unterbleiben, wenn die Entscheidung (des Widerspruchsausschusses oder des BPatG) auf Tatsachen beruht, die früher hätten geltend gemacht oder bewiesen werden können.[29] Damit wird ein eingeschränktes Ermessen für die Entscheidung über die Erstattungsfähigkeit eröffnet.

4. Auslagen

25   Die genannten Grundsätze gelten für die vom BSA im Widerspruchsverfahren erhobenen Auslagen entsprechend (Abs 5 Satz 5).[30] Dagegen findet eine

---

27   *Leßmann/Würtenberger* § 5 Rn. 392; *Wuesthoff* Rn. 14.
28   Vgl BPatGE 31, 248, 253 = GRUR 1991, 222 »Besenheide«.
29   Vgl *Leßmann/Würtenberger* § 5 Rn. 393.
30   Vgl *Leßmann/Würtenberger* § 5 Rn. 394.

Erstattung von Kosten des Widerspruchsführers nach Abs 5 Satz 6 entgegen der Regelung in § 80 VwVfG nicht statt; die Begr[31] führt dazu aus, es sei folgerichtig und geboten, die Kostenfolge der im Interesse des Antragstellers liegenden Sonderregelung (Nichtanwendbarkeit von § 70 VwVfG) den Antragsteller tragen zu lassen.[32]

C. Gemeinschaftlicher Sortenschutz

I. Allgemeines

Das Gebühren- und Kostenrecht ist in Art 83 – 86 GemSortV geregelt.   26

II. Gebühren[33]

Das GSA erhebt für seine Amtshandlungen nach der GemSortV Gebüh- 27
ren aufgrund der nach Art 113 GemSortV erlassenen Gebührenordnung
(GemSortVGebV; zum Rechtssetzungsverfahren unter Mitwirkung eines
Ausschusses Art 115 GemSortV),[34] sowie Jahresgebühren (Art 83 Abs 1
GemSortV). Die Gebühren werden gemäß Art 2 der VO (EG) Nr 1103/97
des Rates vom 17.6. 1997 über bestimmte Vorschriften im Zusammenhang
mit der Einführung des Euro[35] in EUR festgesetzt. Nach Art 113 Abs 2
GemSortV muss das GSA für den Erteilungsantrag, die technische Prüfung,

---

31 BlPMZ 1986, 136, 143.
32 Vgl *Leßmann/Würtenberger* § 5 Rn. 395.
33 Vgl *Leßmann/Würtenberger* 5 Rn. 584 ff.
34 VO (EG) Nr. 1238/95 der Kommission zur Durchführung der Verordnung (EG)
Nr. 2100/94 des Rates im Hinblick auf die an das Gemeinschaftliche Sortenamt
zu entrichtenden Gebühren vom 31.5.1995 (ABl EG L 121 vom 1.6.1995, 31 =
BlPMZ 1995, 396); Art 7, 8, 12 und Anhang geänd durch VO (EG) Nr 329/2000
vom 11.2.2000, ABl EG L 37 vom 12.2.2000 = BlPMZ 2000, 158; Art 4, 7, 9, 10
und Anhang geänd durch VO (EG) Nr 569/2003 vom 28.3.2003, ABl EG L 82,
13 ff. vom 29.3.2003 = BlPMZ 2003, 211; Art 9, 12 und Anhang geänd durch
VO (EG) Nr 1177/2005 vom 20.7.2005, ABl EG L 189, 26 vom 21.7.2005; Art 9
geänd durch VO (EG) Nr. 2039/2005 vom 15.12.2005, ABl EG L 328/33 vom
15.12.2005; Art 1, 3 7, 8, 9, 10, 11 13, 14 geänd und Anhang neu gefasst durch
VO (EG) Nr 572/2008 vom 19.6.2008, ABl EG L 161, 7 vom 20.6.2008), Art 7
geänd durch DVO (EU) Nr 510/2012 vom 15.6.2012, ABl EU L 156/38 vom
16.6.2012), Art 9 geänd durch VO Nr 623/2013 der Kommission vom 27.6.2013,
ABl EU L 177, 20 vom 28.6.2013.
35 ABl EG L 162/1 vom 19.6.1997; VO (EG) Nr 329/2000 Erwägungsgrund 10.

die Bearbeitung der Beschwerde sowie jährlich für die Geltungsdauer Gebühren erheben, im übrigen kann es Gebühren erheben. Die Gebühren sind grds kostendeckend zu bemessen (Art 113 Abs 3 GemSortV), jedoch sah für eine Übergangszeit Art 108 Abs 3 GemSortV erforderlichenfalls einen Haushaltszuschuss der EG vor.

28   Wie im nationalen Recht sind die Gebühren weitgehend als **Antragsgebühren** ausgestaltet; Nichtentrichtung nach Aufforderung zur Zahlung führt daher zur Fiktion der Nichtvornahme der die Gebührenpflicht auslösenden Handlung (Antrag oder Beschwerde, Art 83 Abs 2 GemSortV). Für bestimmte Gebühren hat der PräsGSA nach Art 3 Abs 2 GemSortVGebV weitere Regelungen getroffen.[36]

29   **Höhe der Gebühren.** Die Antragsgebühr beträgt 900 EUR, die Prüfungsgebühr je nach Artengruppe[37] pro Vegetationsperiode in den Jahren 2003 bis 2005 1 020 bis 1 200 EUR, ab 2006 1 020 bis 2 380 EUR (früher 1 000 EUR, 800 EUR bzw 700 EUR), die Zwangslizenzgebühr 1 500 EUR, die Beschwerdegebühr 1 500 EUR. Die Jahresgebühren stiegen je nach Pflanzengruppe von 400 EUR im ersten Jahr auf 1 000 EUR, 700 EUR bzw 600 EUR im vierten und den folgenden Jahren an; seit 2003 betrugen sie einheitlich 300 EUR für die Jahre 2003 – 2005 und 435 EUR für die Jahre 2006 und folgende. Seit 1.1.2014 beträgt sie 250 EUR.

30   **Rückzahlung.** Ist der Antrag nach Art 50 GemSortV ungültig, behält das GSA 300 EUR von der Antragsgebühr ein (Art 7 Abs 7 GemSortVGebV idF der ÄnderungsVO vom 28.3.2003).

31   **Fälligkeit.** Die Zahlung der Jahresgebühr wird für das erste Jahr der Laufzeit innerhalb von 60 Tagen ab dem Zeitpunkt der Gewährung und für die folgenden Jahre am ersten Tag des Kalendermonats, der dem Monat vorausgeht, in dem sich der Zeitpunkt der Gewährung jährt, fällig (Art 9 Abs 1 GemSortVGebV in der seit 1.4.2003 geltenden Fassung). Soweit die Fälligkeit der Gebühr nicht geregelt ist, legt das GSA diese in der Gebührenfestsetzung fest.[38]

32   Die **Gebührenzahlung** ist in Art 3 GemSortVGebV geregelt; Gebührenkonto s Rdn. 2 vor § 16. Der durch die ÄnderungsVO vom 28.3.2003

---

36   Beschl vom 31.10.1995, ABl GSA 1996, 148; Beschl vom 1.4.1997 ABl GSA 1997, 86; vgl *Leßmann/Würtenberger* § 5 Rn. 586.
37   Aufstellung auch in BlPMZ 2003, 212.
38   Vgl *Leßmann/Würtenberger* § 5 Rn. 589.

geänd Art 4 GemSortVGebV regelt den Zahlungseingang sowie unschädliche Verzögerungen. Art 5 GemSortVGebV trifft Bestimmungen über die bei Zahlung erforderlichen Angaben. Nach Art 6 Satz 3 GemSortVGebV kann über kleinere Fehlbeträge hinweggesehen werden. Dies entspricht in etwa der Regelung in Art 12 EPA-GebO; die Beschwerdekammern des EPA haben zur Vorgängerregelung beim EPA Fehlbeträge von ca 10% als geringfügig angesehen.[39]

Nichtzahlung und verspätete Zahlung. Zur Nichtzahlung von Aufechterhal- 33 tungsgebühren Rdn. 49 zu § 31. Für verspätete Zahlungen von Jahresgebühren sieht Art 13 Abs 2 Buchst a, Abs 3 GemSortVGebV die Zahlung eines Zuschlags (20%, mindestens 100 EUR) vor.

Die **Beendigung von Zahlungsverpflichtungen** ist in Art 84 GemSortV gere- 34 gelt; danach erlöschen Ansprüche des GSA und gegen das GSA grds vier Jahre nach Ablauf des Kalenderjahrs, in dem die Gebühr fällig geworden oder der Anspruch entstanden ist. Zahlungsaufforderung bzw mit Gründen versehene Geltendmachung unterbrechen die Frist.

III. Kostenverteilung

Kostenverteilung nach dem Unterliegensprinzip sieht Art 85 Abs 1 35 GemSortV für das Rücknahme-(Nichtigkeits-) und Widerrufs-(Aufhebungs-)Verfahren (Art 20, 21 GemSortV) sowie für das Beschwerdeverfahren vor.[40] Bei Teilunterliegen und auch sonst aus Billigkeitsgründen kann eine andere Kostenverteilung vorgenommen (»beschlossen«) werden (Art 85 Abs 2 GemSortV). Auch Antrags- oder Beschwerderücknahme und Verzicht auf den Sortenschutz führen nach den genannten Grundsätzen zur Kostenüberbürdung (Art 85 Abs 3 GemSortV). Die Kostenentscheidung ergeht vAw.[41] Vereinbarungen der Beteiligten sind zu berücksichtigen (Art 77 Satz 1 GemSortVDV).

---

39 EPA T 130/82 ABl EPA 1984, 172 Fahrzeugleitsystem; EPA J 11/85 ABl EPA 1986, 1 geringfügiger Fehlbetrag; EPA T 109/86, ausnahmsweise auch 20%, EPA J 27/92 ABl EPA 1995, 288 und EPA T 270/90 ABl EPA 1992, 368, abgelehnt in EPA T 905/90 ABl EPA 1994, 306, keinesfalls 40%, EPA T 161/96 ABl EPA 1999, 331; vgl *Singer/Stauder* EPÜ § 8 GebO Rn. 4 ff.
40 Vgl *Leßmann/Würtenberger* § 5 Rn. 573 ff.
41 *Leßmann/Würtenberger* § 5 Rn. 576.

IV. Kostenfestsetzung

36 Kostenfestsetzung erfolgt durch das GSA bzw die Beschwerdekammer. Art 76 GemSortVDV zählt die erstattungsfähigen Kosten abschließend auf.

V. Vollstreckung

37 Die Endentscheidungen des GSA, in denen Kosten festgesetzt werden, sind vollstreckbare Titel (Art 86 Abs 1 GemSortV); die Vollstreckung erfolgt nach den prozessrechtlichen Vorschriften des Mitgliedstaats, in dem sie stattfindet; zur Klauselerteilung darf nur die Echtheit des Titels geprüft werden (Art 86 Abs 2 GemSortV). Die Vollstreckung kann nur durch Entscheidung des EuG ausgesetzt werden, die einzelstaatlichen Organe dürfen jedoch die Ordnungsmäßigkeit der Vollstreckungsmaßnahmen prüfen (Art 86 Abs 4 GemSortV). Für an sich denkbare Vollstreckungsmaßnahmen in Drittstaaten ist keine Regelung getroffen.

VI. Kosten der Prüfungsämter

38 Das GSA zahlt den Prüfungsämtern, die die technische Prüfung durchführen, hierfür ein Entgelt (Art 58 GemSortV). Das Nähere ist in der aufgrund Art 114 Abs 1 1. Anstrich GemSortV (abgedruckt bei § 32) erlassenen GemSortVDV geregelt. Art 15 Abs 1 GemSortVDV bestimmt hierzu, dass die Zahlung der in Art 58 Abs 2 GemSortV genannten Gebühr durch das GSA festgelegt wird. Das GSA zahlt dem Prüfungsamt für die Durchführung der technischen Prüfung eine Gebühr, die sämtliche Auslagen des Prüfungsamts deckt. Der Verwaltungsrat legt einheitliche Methoden zur Berechnung der Kosten und einheitliche Kostenelemente fest, die für alle beauftragten Prüfungsämter gelten (Art 15 Abs 4 GemSrtVDV).[42]

---

42 Vgl *Metzger/Zech* Art 49–65 GSortV Rn. 54.

Abschnitt 4 Verfahren vor Gericht

Vor § 34

GemSortV:

Art 45 Bildung und Zuständigkeiten

(1) Im Amt werden eine oder mehrere Beschwerdekammern gebildet.

(2) Die Beschwerdekammer(n) ist (sind) für Entscheidungen über Beschwerden gegen die in Artikel 67 genannten Entscheidungen zuständig.

(3) Die Beschwerdekammer(n) wird (werden) bei Bedarf einberufen. Die Anzahl der Beschwerdekammern und die Arbeitsaufteilung werden in den Durchführungsbestimmungen nach Artikel 114 festgelegt.

Art 46 Zusammensetzung der Beschwerdekammern

(1) Eine Beschwerdekammer besteht aus einem Vorsitzenden und zwei weiteren Mitgliedern.

(2) Der Vorsitzende wählt aus der gemäß Artikel 47 Absatz 2 erstellten Liste der qualifizierten Mitglieder für jeden einzelnen Fall die weiteren Mitglieder und deren jeweilige Stellvertreter aus.

(3) Die Beschwerdekammer kann zwei zusätzliche Mitglieder aus der in Absatz 2 erwähnten Liste heranziehen, wenn sie der Ansicht ist, daß die Beschaffenheit der Beschwerde dies erfordert.

(4) Die erforderlichen Qualifikationen der Mitglieder der Beschwerdekammern, die Befugnisse der einzelnen Mitglieder in der Vorphase der Entscheidungen sowie die Abstimmungsregeln werden in den Durchführungsbestimmungen nach Artikel 114 festgelegt.

Art 47 Unabhängigkeit der Mitglieder der Beschwerdekammern

(1) Die Vorsitzenden der Beschwerdekammern und ihre jeweiligen Stellvertreter werden aus einer Liste von Kandidaten für jeden Vorsitzenden und jeden Stellvertreter, die die Kommission nach Anhörung des Verwaltungsrates vorschlägt, vom Rat ernannt. Ihre Amtszeit beträgt fünf Jahre. Wiederernennung ist zulässig.

(2) Bei den übrigen Mitgliedern der Beschwerdekammern handelt es sich um diejenigen, die gemäß Artikel 46 Absatz 2 vom Verwaltungsrat für einen Zeitraum von fünf Jahren aus der auf Vorschlag des Amtes erstellten Liste von qualifizierten Mitgliedern ausgewählt wurden. Die Liste wird für einen Zeitraum von fünf Jahren erstellt. Sie kann ganz oder teilweise für einen weiteren Zeitraum von fünf Jahren verlängert werden.

(3) Die Mitglieder der Beschwerdekammern genießen Unabhängigkeit. Bei ihren Entscheidungen sind sie an keinerlei Weisungen gebunden.

(4) Die Mitglieder der Beschwerdekammern dürfen nicht den in Artikel 35 genannten Ausschüssen angehören; ferner dürfen sie keine anderen Aufgaben im Amt wahrnehmen. Die Tätigkeit als Mitglied der Beschwerdekammern kann nebenberuflich ausgeübt werden.

(5) Die Mitglieder der Beschwerdekammern können während des betreffenden Zeitraums nicht ihres Amtes enthoben oder aus der Liste gestrichen werden, es sei denn aus schwerwiegenden Gründen durch entsprechenden Beschluß des Gerichtshofs der Europäischen Gemeinschaften auf Antrag der Kommission nach Anhörung des Verwaltungsrats.

Art 48 Ausschließung und Ablehnung

(1) Die Mitglieder der Beschwerdekammern dürfen nicht an einem Beschwerdeverfahren mitwirken, an dem sie ein persönliches Interesse haben oder in dem sie vorher als Vertreter eines Verfahrensbeteiligten tätig gewesen sind oder an dessen abschließender Entscheidung in der Vorinstanz sie mitgewirkt haben.

(2) Glaubt ein Mitglied einer Beschwerdekammer aus einem der in Absatz 1 genannten Gründe oder aus einem sonstigen Grund an einem Beschwerdeverfahren nicht mitwirken zu können, so teilt er dies der Beschwerdekammer mit.

(3) Die Mitglieder der Beschwerdekammern können von jedem Beteiligten am Beschwerdeverfahren aus einem der in Absatz 1 genannten Gründe oder wegen Besorgnis der Befangenheit abgelehnt werden. Die Ablehnung ist nicht zulässig, wenn der Beteiligte am Beschwerdeverfahren Anträge gestellt oder Stellungnahmen abgegeben hat, obwohl er bereits den Ablehnungsgrund kannte. Die Ablehnung darf nicht mit der Staatsangehörigkeit der Mitglieder begründet werden.

(4) Die Beschwerdekammern entscheiden in den Fällen der Absätze 2 und 3 ohne Mitwirkung des betroffenen Mitglieds. Das zurückgetretene oder abgelehnte Mitglied wird bei der Entscheidung durch seinen Stellvertreter in der Beschwerdekammer ersetzt.

Art 67 Beschwerdefähige Entscheidungen

(1) Die Entscheidungen des Amtes nach den Artikeln 20, 21, 59, 61, 62, 63 und 66 sowie Entscheidungen, die Gebühren nach Artikel 83, die Kosten nach Artikel 85, die Eintragung und Löschung von Angaben in dem in Artikel 87 genannten Register und Einsichtnahmen nach Artikel 88 betreffen, sind mit der Beschwerde anfechtbar.

(2) Eine Beschwerde nach Absatz 1 hat aufschiebende Wirkung. Das Amt kann jedoch, wenn es dies den Umständen nach für nötig hält, anordnen, daß die angefochtene Entscheidung nicht ausgesetzt wird.

(3) Entscheidungen des Amtes nach Artikel 29 und Artikel 100 Absatz 2 sind mit der Beschwerde anfechtbar, es sei denn, es wird eine direkte Beschwerde nach Artikel 74 eingelegt. Die Beschwerde hat keine aufschiebende Wirkung.

(4) Eine Entscheidung, die ein Verfahren gegenüber einem Beteiligten nicht abschließt, ist nur zusammen mit der Endentscheidung beschwerdefähig, sofern nicht in der Entscheidung die gesonderte Beschwerde vorgesehen ist.

Art 68 Beschwerdeberechtigte und Verfahrensbeteiligte

Jede natürliche oder juristische Person kann vorbehaltlich des Artikels 82 gegen die an sie ergangenen Entscheidungen sowie gegen diejenigen Entscheidungen Beschwerde einlegen, die, obwohl sie als eine an eine andere Person gerichtete Entscheidung ergangen sind, sie unmittelbar und individuell betreffen. Die Verfahrensbeteiligten können am Beschwerdeverfahren beteiligt werden; das Amt ist stets am Beschwerdeverfahren beteiligt.

Art 69 Frist und Form

Die Beschwerde ist innerhalb von zwei Monaten nach Zustellung der Entscheidung, soweit sie an die beschwerde-führende Person gerichtet ist, oder andernfalls innerhalb von zwei Monaten nach Bekanntmachung der Entscheidung schriftlich beim Amt einzulegen und innerhalb von vier Monaten nach dieser Zustellung oder Bekanntmachung schriftlich zu begründen.

Art 70 Abhilfe

(1) Erachtet die Stelle des Amtes, die die Entscheidung vorbereitet hat, die Beschwerde als zulässig und begründet, so hat das Amt ihr abzuhelfen. Dies gilt nicht, wenn dem Beschwerdeführer ein anderer am Beschwerdeverfahren Beteiligter gegenübersteht.

(2) Wird der Entscheidung innerhalb eines Monats nach Eingang der Begründung nicht abgeholfen, so verfährt das Amt in bezug auf die Beschwerde unverzüglich wie folgt:
— es entscheidet, ob es gemäß Artikel 67 Absatz 2 zweiter Satz tätig wird und
— legt die Beschwerde der Beschwerdekammer vor.

Art 71 Prüfung der Beschwerde

(1) Ist die Beschwerde zulässig, so prüft die Beschwerdekammer, ob die Beschwerde begründet ist.

(2) Bei der Prüfung der Beschwerde fordert die Beschwerdekammer die am beschwerdeverfahren Beteiligten so oft wie erforderlich auf, innerhalb von ihr bestimmter Fristen eine Stellungnahme zu ihren Bescheiden oder zu den Schriftsätzen der anderen am Beschwerdeverfahren Beteiligten einzureichen. Die am Beschwerdeverfahren Beteiligten haben das Recht, mündliche Erklärungen abzugeben.

Art 72 Entscheidung über die Beschwerde

Die Beschwerdekammer entscheidet über die Beschwerde aufgrund der Prüfung nach Artikel 71. Die Beschwerdekammer wird entweder im Rahmen der Zuständigkeit des Amtes tätig oder verweist die Angelegenheit zur weiteren Entscheidung an die zuständige Stelle des Amtes zurück. Diese ist durch die rechtliche Beurteilung der Beschwerdekammer, die der Entscheidung zugrunde gelegt ist, gebunden, soweit der Sachverhalt derselbe ist.

Art 73 Rechtsbeschwerde

(1) Die Entscheidungen der Beschwerdekammer sind mit Rechtsbeschwerde beim Gerichtshof der Europäischen Gemeinschaften anfechtbar.

(2) Die Rechtsbeschwerde ist zulässig wegen Unzuständigkeit, Verletzung wesentlicher Formvorschriften, Verletzung des Vertrages, dieser Verordnung oder einer bei ihrer Durchführung anzuwendenden Rechtsnorm oder wegen Ermessensmißbrauchs.

(3) Die Rechtsbeschwerde steht den an dem Beschwerdeverfahren Beteiligten, soweit sie durch die Entscheidung beschwert sind, sowie der Kommission und dem Amt zu.

(4) Die Rechtsbeschwerde ist innerhalb von zwei Monaten nach Zustellung der Entscheidung der Beschwerdekammer beim Gerichtshof einzulegen.

(5) Verweist der Gerichtshof die Angelegenheit zur weiteren Entscheidung an die Beschwerdekammer zurück, so ist diese durch die rechtliche Beurteilung des Gerichtshofs, die der Entscheidung zugrunde gelegt ist, gebunden, soweit der Sachverhalt derselbe ist.

Art 74 (geänd durch VO Nr 2506/95 des Rates vom 28.10.1995[1]) Unmittelbare Klage

(1) Die Entscheidungen des Amtes nach Artikel 29 und Artikel 100 Absatz 2 sind mit der unmittelbaren Klage beim Gerichtshof anfechtbar.

(2) Die Bestimmungen von Artikel 73 gelten entsprechend.

GSortVDV:

Art 11 Die Beschwerdekammer

(1) Für Entscheidungen über Beschwerden gegen die in Artikel 67 der Grundverordnung genannten Entscheidungen wird eine Beschwerdekammer gebildet. Der Verwaltungsrat kann erforderlichenfalls auf Vorschlag des Amts mehrere Beschwerdekammern einrichten. In diesem Fall legt der Verwaltungsrat einen Geschäftsverteilungsplan fest.

(2) Jeder Beschwerdekammer gehören fachkundige und rechtskundige Mitglieder an; Artikel 6 Absätze 2 und 3 gelten entsprechend. Der Vorsitzende ist ein rechtskundiges Mitglied.

(3) Der Vorsitzende der Beschwerdekammer beauftragt ein Mitglied der Kammer als Berichterstatter mit der Prüfung einer Beschwerde. Hierzu gehört gegebenenfalls auch die Beweisaufnahme.

(4) Die Beschwerdekammer trifft ihre Entscheidungen mit der Mehrheit ihrer Mitglieder.

(5) Der Vorsitzende und die Mitglieder der Beschwerdekammer erhalten eine Vergütung für die Wahrnehmung ihrer Aufgaben. Diese Vergütung

---

1 ABl EG Nr L 258/3.

wird vom Verwaltungsrat des Amtes auf Vorschlag des Präsidenten des Amtes festgelegt.

Art 12 Die Geschäftsstelle

(1) Der Präsident des Amts richtet eine Geschäftsstelle bei der Beschwerdekammer ein. Mitglieder des Amts, die an Verfahren im Zusammenhang mit der angefochtenen Entscheidung beteiligt waren, dürfen an dem Beschwerdeverfahren nicht teilnehmen.

(2) Die Geschäftsstelle ist insbesondere zuständig für:
— die Protokollierung der mündlichen Verhandlungen und Beweisaufnahmen nach Artikel 63;
— die Kostenfeststellung nach Artikel 85 Absatz 5 der Grundverordnung und Artikel 76 der vorliegenden Verordnung;
— die Bestätigung der Vereinbarung über die Kostenverteilung nach Artikel 77 der vorliegenden Verordnung.

Art 45 Inhalt der Beschwerde

Die Beschwerde muss enthalten:
a) Angaben zur Person des Beschwerdeführers als Verfahrensbeteiligter gemäß Artikel 2 und, sofern der Beschwerdeführer einen Verfahrensvertreter bestellt hat, Namen und Anschrift des Vertreters;
b) das Aktenzeichen der Entscheidung, gegen die Beschwerde eingelegt wird, und eine Erklärung darüber, in welchem Umfang eine Änderung oder Aufhebung der Entscheidung beantragt wird.

Art 46 Eingang der Beschwerde

Das Amt versieht jede Beschwerde mit dem Eingangsdatum und einem Aktenzeichen und teilt dem Beschwerdeführer die Frist für die Begründung der Beschwerde mit. Ein Unterlassen dieser Mitteilung kann dem Amt nicht entgegengehalten werden.

Art 47 Teilnahme am Beschwerdeverfahren als Verfahrensbeteiligter

(1) Das Amt übermittelt den Personen, die an dem Verfahren vor dem Amt beteiligt waren, umgehend eine Abschrift der mit dem Aktenzeichen und dem Eingangsdatum versehenen Beschwerde.

(2) Die in Absatz 1 genannten Verfahrensbeteiligten können innerhalb von zwei Monaten nach Übermittlung der Abschrift der Beschwerde dem Beschwerdeverfahren beitreten.

Art 48 Aufgaben des Amts

(1) Die Stelle des Amts im Sinne von Artikel 70 Absatz 1 der Grundverordnung und der Vorsitzende der Beschwerdekammer sorgen durch interne vorbereitende Maßnahmen dafür, dass die Beschwerdekammer den Fall unmittelbar nach seiner Vorlage prüfen kann. Der Vorsitzende wählt vor Überweisung des Falls nach Maßgabe von Artikel 46 Absatz 2 der Grundverordnung zwei weitere Mitglieder aus und bestellt einen Berichterstatter.

(2) Vor Überweisung des Falls übermittelt die Stelle des Amts im Sinne von Artikel 70 Absatz 1 der Grundverordnung den am Beschwerdeverfahren Beteiligten umgehend eine Kopie der bei ihr eingegangenen Schriftstücke der anderen Verfahrensbeteiligten.

(3) Der Präsident des Amts sorgt dafür, dass die in Artikel 89 genannten Informationen vor Überweisung des Falls veröffentlicht werden.

Art 49 Zurückweisung der Beschwerde als unzulässig

(1) Stimmt die Beschwerde nicht mit den Bestimmungen der Grundverordnung, insbesondere den Artikeln 67, 68 und 69, oder den Bestimmungen der vorliegenden Verordnung, insbesondere Artikel 45, überein, so teilt die Beschwerdekammer dies dem Beschwerdeführer mit und fordert ihn auf, die festgestellten Mängel, sofern dies möglich ist, innerhalb einer bestimmten Frist abzustellen. Wird die Beschwerde nicht rechtzeitig berichtigt, so wird sie von der Beschwerdekammer als unzulässig zurückgewiesen.

(2) Wird eine Beschwerde gegen eine Entscheidung des Amts eingelegt, gegen die eine Klage nach Artikel 74 der Grundverordnung erhoben worden ist, so legt die Beschwerdekammer die Beschwerde mit Zustimmung des Beschwerdeführers umgehend dem Gerichtshof der Europäischen Gemeinschaften als Klage vor. Stimmt der Beschwerdeführer nicht zu, so wird die Beschwerde als unzulässig zurückgewiesen. Wird die Beschwerde dem Gerichtshof vorgelegt, so gilt die Beschwerde beim Gerichtshof als an dem Tag erhoben, an dem sie beim Amt nach Artikel 46 der vorliegenden Verordnung eingegangen ist.

Art 50 Mündliche Verhandlung

(1) Nach Überweisung des Falls werden die am Beschwerdeverfahren Beteiligten vom Vorsitzenden der Beschwerdekammer unter Hinweis auf Artikel 59 Absatz 2 unverzüglich zu einer mündlichen Verhandlung nach Artikel 77 der Grundverordnung geladen.

(2) Für die mündliche Verhandlung und die Beweisaufnahme wird grundsätzlich nur eine gemeinsame Verhandlung angesetzt.

(3) Anträge auf eine weitere Verhandlung oder Verhandlungen sind nach Überweisung des Falls an die Beschwerdekammer unzulässig außer bei Anträgen, denen Umstände zugrunde liegen, bei denen während oder nach der Verhandlung Änderungen eingetreten sind.

Art 51 Prüfung der Beschwerde

Soweit nichts anderes bestimmt ist, gelten die Vorschriften für Verfahren vor dem Amt für Beschwerdeverfahren entsprechend. Verfahrensbeteiligte gelten insoweit als am Beschwerdeverfahren Beteiligte.

Artikel 51a Mehrere Beschwerden

(1) Werden mehrere Beschwerden gegen eine Entscheidung eingereicht, so können diese im selben Verfahren behandelt werden.

(2) Sind Beschwerden gegen Entscheidungen von der Beschwerdekammer in derselben Zusammensetzung zu prüfen, so kann diese Beschwerdekammer diese Beschwerden in verbundenen Verfahren behandeln.

Art 52 Entscheidung über die Beschwerde

(1) Die Entscheidung über die Beschwerde geht den am Beschwerdeverfahren Beteiligten innerhalb von drei Monaten nach Abschluss der mündlichen Verhandlung auf einem der in Artikel 64 Absatz 3 geregelten Wege schriftlich zu.

(2) Die Entscheidung wird von dem Vorsitzenden der Beschwerdekammer und dem nach Artikel 48 Absatz 1 bestellten Berichterstatter unterzeichnet. Sie enthält:
a) die Feststellung, dass sie von der Beschwerdekammer erlassen ist;
b) das Datum, an dem sie erlassen worden ist;
c) die Namen des Vorsitzenden und der übrigen Mitglieder der Beschwerdekammer, die am Beschwerdeverfahren teilgenommen haben;
d) die Namen der am Beschwerdeverfahren Beteiligten und ihrer Verfahrensvertreter;
e) die Anträge der Beteiligten;
f) eine Zusammenfassung des Sachverhalts;
g) die Entscheidungsgründe;

h) die Entscheidungsformel einschließlich, soweit erforderlich, der Entscheidung über die Verteilung der Kosten oder über die Erstattung der Gebühren.

(3) In der Entscheidung der Beschwerdekammer ist unter Angabe der Rechtsmittelfrist darauf hinzuweisen, dass gegen die Entscheidung die Rechtsbeschwerde zulässig ist. Die am Beschwerdeverfahren Beteiligten können aus der Unterlassung der Rechtsmittelbelehrung keine Ansprüche herleiten.

Verfahrensordnung des Gerichts

Vierter Titel Rechtsstreitigkeiten Betreffend die Rechte des Geistigen Eigentums

Art 171 Anwendungsbereich

Die Bestimmungen dieses Titels gelten für Klagen gegen die Entscheidungen der Beschwerdekammern des in Artikel 1 bezeichneten Amtes, die die Anwendung der Vorschriften im Rahmen einer Regelung über das geistige Eigentum betreffen.

Erstes Kapitel Parteien des Verfahrens

Art 172 Beklagter

Die Klage wird gegen das Amt als Beklagten erhoben, zu dem die Beschwerdekammer gehört, die die angefochtene Entscheidung erlassen hat.

Art 173 Stellung der anderen im Verfahren vor der Beschwerdekammer Beteiligten vor dem Gericht

(1) Ein Beteiligter im Verfahren vor der Beschwerdekammer mit Ausnahme des Klägers kann sich als Streithelfer am Verfahren vor dem Gericht beteiligen, indem er form- und fristgerecht eine Klagebeantwortung einreicht.

(2) Ein Beteiligter im Verfahren vor der Beschwerdekammer mit Ausnahme des Klägers wird vor Ablauf der für die Einreichung der Klagebeantwortung vorgesehenen Frist mit der Einreichung eines Verfahrensschriftstücks als Streithelfer Partei des Verfahrens vor dem Gericht. Er verliert seine Stellung als Streithelfer vor dem Gericht, wenn er nicht form- und fristgerecht eine Klagebeantwortung einreicht. In diesem Fall trägt der Streithelfer seine eigenen, mit den von ihm eingereichten Verfahrensschriftstücken in Zusammenhang stehenden Kosten.

(3) Der in den Absätzen 1 und 2 bezeichnete Streithelfer verfügt über dieselben prozessualen Rechte wie die Hauptparteien. Er kann die Anträge einer Hauptpartei unterstützen sowie Anträge stellen und Gründe vorbringen, die gegenüber denen der Hauptparteien eigenständig sind.

(4) Ein Beteiligter im Verfahren vor der Beschwerdekammer — mit Ausnahme des Klägers —, der nach den Absätzen 1 und 2 die Eigenschaft als Partei vor dem Gericht erlangt, muss gemäß Artikel 19 der Satzung vertreten werden.

(5) Artikel 77 und Artikel 78 Absätze 3 bis 5 finden auf die in Absatz 2 bezeichneten Verfahrensschriftstücke Anwendung.

(6) Abweichend von Artikel 123 gelten die Bestimmungen über das Versäumnisverfahren nicht, wenn ein in den Absätzen 1 und 2 bezeichneter Streithelfer die Klageschrift form- und fristgerecht beantwortet hat.

Art 174 Ersetzung einer Partei

Ist das von dem Rechtsstreit betroffene Recht des geistigen Eigentums von einem im Verfahren vor der Beschwerdekammer des Amtes Beteiligten auf einen Dritten übertragen worden, so kann der Rechtsnachfolger beantragen, an die Stelle der ursprünglichen Partei im Verfahren vor dem Gericht zu treten.

Art 175 Ersetzungsantrag

(1) Der Ersetzungsantrag ist mit gesondertem Schriftsatz einzureichen. Er kann in jedem Verfahrensstadium gestellt werden.

(2) Der Antrag muss enthalten:
a) die Bezeichnung der Rechtssache;
b) die Bezeichnung der Parteien der Rechtssache und der Partei, an deren Stelle der Antragsteller treten möchte;
c) Namen und Wohnsitz des Antragstellers;
d) die Angabe der Stellung und der Anschrift des Vertreters des Antragstellers;
e) die Darstellung der die Ersetzung rechtfertigenden Umstände unter Beifügung von Nachweisen.

(3) Der Antragsteller muss gemäß Artikel 19 der Satzung vertreten werden.

(4) Artikel 77, Artikel 78 Absätze 3 bis 5 und Artikel 139 finden auf den Ersetzungsantrag Anwendung.

Art 176 Entscheidung über den Ersetzungsantrag

(1) Der Ersetzungsantrag wird den Parteien zugestellt.

(2) Der Präsident gibt den Parteien Gelegenheit, schriftlich oder mündlich zu dem Ersetzungsantrag Stellung zu nehmen.

(3) Die Entscheidung über den Ersetzungsantrag ergeht durch mit Gründen versehenen Beschluss des Präsidenten oder in der das Verfahren beendenden Entscheidung.

(4) Wird der Ersetzungsantrag zurückgewiesen, so ist gemäß den Artikeln 134 und 135 über die im Zusammenhang mit dem Antrag entstandenen Kosten einschließlich der Kosten des Antragstellers zu entscheiden.

(5) Wird dem Ersetzungsantrag stattgegeben, so muss der Rechtsnachfolger den Rechtsstreit in der Lage annehmen, in der dieser sich zum Zeitpunkt der Ersetzung befindet. Er ist an die Verfahrensschriftstücke gebunden, die von der Partei eingereicht wurden, an deren Stelle er tritt.

Zweites Kapitel Klageschrift und Klagebeantwortungen

Art 177 Klageschrift

(1) Die Klageschrift muss enthalten:
a) Namen und Wohnsitz des Klägers;
b) die Angabe der Stellung und der Anschrift des Vertreters des Klägers;
c) die Bezeichnung des Amtes, gegen das die Klage erhoben wird;
d) den Streitgegenstand, die geltend gemachten Klagegründe und Argumente sowie eine kurze Darstellung der Klagegründe;
e) die Anträge des Klägers.

(2) War der Kläger nicht der einzige Beteiligte im Verfahren vor der Beschwerdekammer des Amtes, so muss die Klageschrift außerdem die Namen aller Beteiligten dieses Verfahrens und die Anschriften enthalten, die diese Beteiligten für Zustellungszwecke angegeben haben.

(3) Die angefochtene Entscheidung der Beschwerdekammer ist der Klageschrift beizufügen. Das Datum der Zustellung dieser Entscheidung an den Kläger ist anzugeben.

(4) Ist der Kläger eine juristische Person des Privatrechts, so hat er mit der Klageschrift einen Nachweis jüngeren Datums für seine Rechtspersönlichkeit einzureichen (Handelsregisterauszug, Vereinsregisterauszug oder eine andere amtliche Urkunde).

(5) Der Klageschrift sind die in Artikel 51 Absätze 2 und 3 genannten Schriftstücke beizufügen.

(6) Artikel 77 findet Anwendung.

(7) Entspricht die Klageschrift nicht den Absätzen 2 bis 5, so setzt der Kanzler dem Kläger eine angemessene Frist zur Behebung des Mangels. Bei Ausbleiben einer fristgemäßen Mängelbehebung entscheidet das Gericht, ob die Nichtbeachtung dieser Förmlichkeit die formale Unzulässigkeit der Klageschrift zur Folge hat.

Art 178 Zustellung der Klageschrift

(1) Der Kanzler benachrichtigt den Beklagten und alle im Verfahren vor der Beschwerdekammer Beteiligten in der in Artikel 80 Absatz 1 vorgesehenen Art und Weise von der Einreichung der Klageschrift. Nach Bestimmung der Verfahrenssprache gemäß Artikel 45 Absatz 4 stellt er die Klageschrift und gegebenenfalls die Übersetzung der Klageschrift in die Verfahrenssprache zu.

(2) Die Klageschrift wird dem Beklagten durch Übersendung einer beglaubigten Kopie der Klageschrift per Einschreiben mit Rückschein oder durch Übergabe der Kopie gegen Empfangsbestätigung zugestellt. Hat der Beklagte im Voraus der Zustellung von Klageschriften mittels der in Artikel 57 Absatz 4 bezeichneten Zustellungsart oder mittels Telefax zugestimmt, so kann die Zustellung der Klageschrift auf diese Arten vorgenommen werden.

(3) Die Zustellung der Klageschrift an einen im Verfahren vor der Beschwerdekammer Beteiligten erfolgt in der Zustellungsart, der dieser bei Einreichung des in Artikel 173 Absatz 2 bezeichneten Verfahrensschriftstücks zugestimmt hat, oder, in Ermangelung eines solchen Schriftstücks, durch Übersendung eines Einschreibens mit Rückschein an die Anschrift, die der betroffene Beteiligte für die Zwecke der im Verfahren vor der Beschwerdekammer vorzunehmenden Zustellungen angegeben hat.

(4) In den Fällen des Artikels 177 Absatz 7 erfolgt die Zustellung sogleich nach der Mängelbehebung oder nachdem das Gericht in Anbetracht der in dem genannten Artikel aufgeführten Voraussetzungen die Zulässigkeit bejaht hat.

(5) Unmittelbar nach Zustellung der Klageschrift übermittelt der Beklagte dem Gericht die Akten des Verfahrens vor der Beschwerdekammer.

Art 179 Parteien, die eine Klagebeantwortung einreichen können

Der Beklagte und die Beteiligten im Verfahren vor der Beschwerdekammer mit Ausnahme des Klägers reichen innerhalb einer Frist von zwei Monaten nach Zustellung der Klageschrift Klagebeantwortungen ein. Der Präsident kann diese Frist bei Vorliegen außergewöhnlicher Umstände auf begründeten Antrag der betreffenden Partei verlängern.

Art 180 Klagebeantwortung

(1) Die Klagebeantwortung muss enthalten:
a) Namen und Wohnsitz der Partei, die die Klagebeantwortung einreicht;
b) Angabe der Stellung und der Anschrift des Vertreters der Partei;
c) die geltend gemachten Verteidigungsgründe und -argumente;
d) die Anträge der Partei, die die Klagebeantwortung einreicht.

(2) Artikel 177 Absätze 4 bis 7 findet auf die Klagebeantwortung Anwendung.

Art 181 Abschluss des schriftlichen Verfahrens

Unbeschadet der Bestimmungen des Dritten Kapitels wird das schriftliche Verfahren nach der Einreichung der Klagebeantwortung des Beklagten und, gegebenenfalls, des Streithelfers im Sinne des Artikels 173 abgeschlossen.

Drittes Kapitel Anschlussklage
Art 182 Anschlussklage

(1) Die Beteiligten im Verfahren vor der Beschwerdekammer mit Ausnahme des Klägers können innerhalb der gleichen Frist, wie sie für die Einreichung der Klagebeantwortung gilt, Anschlussklage erheben.

(2) Die Anschlussklage ist mit gesondertem, von der Klagebeantwortung getrenntem Schriftsatz zu erheben.

Art 183 Inhalt der Anschlussklageschrift

Die Anschlussklageschrift muss enthalten:
a) Namen und Wohnsitz der Partei, die die Anschlussklage erhebt;
b) Angabe der Stellung und der Anschrift des Vertreters der Partei;
c) die geltend gemachten Klagegründe und -argumente;
d) die Anträge.

Art 184 Anschlussklageanträge, -gründe und -argumente

(1) Die Anschlussklageanträge müssen auf Aufhebung oder Abänderung der Entscheidung der Beschwerdekammer in einem in der Klageschrift nicht geltend gemachten Punkt gerichtet sein.

(2) Die geltend gemachten Gründe und Argumente müssen die beanstandeten Punkte der Begründung der angefochtenen Entscheidung genau bezeichnen.

Art 185 Anschlussklagebeantwortung

Wird eine Anschlussklage erhoben, so können die anderen Parteien innerhalb von zwei Monaten nach Zustellung der Anschlussklageschrift einen Schriftsatz einreichen, der auf die Beantwortung der mit der Anschlussklage geltend gemachten Anträge, Gründe und Argumente zu begrenzen ist. Der Präsident kann diese Frist bei Vorliegen außergewöhnlicher Umstände auf begründeten Antrag der betreffenden Partei verlängern.

Art 186 Abschluss des schriftlichen Verfahrens

Wurde Anschlussklage erhoben, so wird das schriftliche Verfahren nach der Einreichung der letzten Klagebeantwortung zu dieser Anschlussklage abgeschlossen.

Art 187 Verhältnis zwischen Klage und Anschlussklage

Die Anschlussklage gilt als gegenstandslos,
a) wenn der Kläger seine Klage zurücknimmt;
b) wenn die Klage für offensichtlich unzulässig erklärt wird.

Viertes Kapitel Andere Aspekte des Verfahrens

Art 188 Gegenstand des Rechtsstreits vor dem Gericht

Die im Rahmen des Verfahrens vor dem Gericht eingereichten Schriftsätze der Parteien können den vor der Beschwerdekammer verhandelten Streitgegenstand nicht ändern.

Art 189 Länge der Schriftsätze

(1) Das Gericht legt gemäß Artikel 224 die maximale Länge der Schriftsätze fest, die im Rahmen dieses Titels eingereicht werden.

(2) Eine Überschreitung der maximalen Länge der Schriftsätze kann der Präsident nur in Fällen genehmigen, die in rechtlicher oder tatsächlicher Hinsicht besonders komplex sind.

Art 190 Kostenentscheidung

(1) Wird einer Klage gegen eine Entscheidung einer Beschwerdekammer stattgegeben, so kann das Gericht beschließen, dass der Beklagte nur seine eigenen Kosten trägt.

(2) Die Aufwendungen der Parteien, die für das Verfahren vor der Beschwerdekammer notwendig waren, gelten als erstattungsfähige Kosten.

Art 191 Sonstige anwendbare Vorschriften

Vorbehaltlich der besonderen Vorschriften dieses Titels finden auf die von diesem Titel erfassten Verfahren die Vorschriften des Dritten Titels Anwendung.

Ausland: Österreich:

Zuständigkeit des Patentamtes

§ 20. (1) Die Nichtigkeitsabteilung des Patentamtes entscheidet in Verfahren
1. auf Erteilung einer Zwangslizenz gemäß § 6,
2. auf Nichtigerklärung und behördliche Übertragung des Sortenschutzes gemäß § 15,
3. auf Löschung einer Sortenbezeichnung gemäß § 18.

(2) Auf Rechtsmittel gegen Entscheidungen der Nichtigkeitsabteilung ist das Patentgesetz 1970 anzuwenden.

(3) Auf die Senatszusammensetzung im Verfahren gemäß Abs. 1 Z 1 und 2 ist das Patentgesetz 1970 mit der Maßgabe anzuwenden, dass jedem Senat der Nichtigkeitsabteilung ein Mitglied anzugehören hat, das vom Bundesminister für Verkehr, Innovation und Technologie auf Vorschlag des Bundesministers für Land- und Forstwirtschaft, Umwelt und Wasserwirtschaft ernannt worden ist. Es dürfen nur Personen ernannt werden, die in Angelegenheiten des Sortenschutzes fachkundig sind. Auf die Senatszusammensetzung in den Rechtsmittelinstanzen ist § 146 Abs. 3 Patentgesetz 1970 anzuwenden. Auf die Senatszusammensetzung im Verfahren gemäß Abs. 1 Z 3 ist das Markenschutzgesetz 1970 anzuwenden.

Schrifttum

Bender Die Beschwerdekammern des Harmonisierungsamtes für den Binnenmarkt im Gemeinschaftsmarkensystem, MarkenR 1999, 11; *Bender* Eine Zitronensinfonie des EuGH, FS K.-H. Fezer (2016), 977; *Dammann* Die Beschwerdekammern der europäischen Agenturen, Diss Frankfurt/M 2003/2004; *Hakenberg/Stix-Hackl* Handbuch zum Verfahren vor dem Europäischen Gerichtshof³, 2005; *Klüpfel* »Baby-dry«. Besprechung der EuG-Entscheidung Rs T-163/98, MarkenR 1999, 334; *Klüpfel* Die Nichtigkeitsklage vor dem Europäischen Gericht erster Instanz gegen Entscheidungen des Harmonisierungsamts für den Binnenmarkt, MarkenR 2000, 237; *Riedel* Rechtsschutz gegen Akte Europäischer Agenturen, EuZW 2009, 565; *Saurer* Der Rechtsschutz gegen Entscheidungen und Fachgutachten der Europäischen Agenturen nach dem Sogelma-Urteil des EuG, DVBl 2009, 1021; *Saurer* Individualrechtsschutz gegen das Handeln der Europäischen Agenturen, EuR 2010, 51; *Streinz/Herrmann* Vorabentscheidungsverfahren und Vorlagepflichten im europäischen Markenrecht, GRUR Int 2004, 459; *Ullrich* Le contrôle juridictionnel limité de l'obtention et de la validité de la protection des variétés végétales par la Cour de justice de l'Union européenne ou les limites d'une autolimitation juridictionnelle en matière de propriété industrielle communautaire, Max Planck Institute for Innovation & Competition Discussion Paper Nr 4, 2015

Übersicht   Rdn.
A.   Nationale Regelung   1
I.   Allgemeines.   1
II. Beschwerdeverfahren.   2
B.   **Rechtsmittel gegen Entscheidungen des Gemeinschaftlichen Sortenamts. . .**   5
I.   Beschwerde.   5
     1. Allgemeines   5
     2. Beschwerdekammer.   6
     3. Beschwerdefähige Entscheidungen   7
     4. Förmlichkeiten; Gebühr   9
     5. Beschwerdeberechtigung; Beschwer.   12
     6. Verfahren.   14
     7. Entscheidung.   17
II. Klage zum Europäischen Gericht   20
III. Unmittelbare Klage.   27

A. Nationale Regelung

I. Allgemeines

1 Das Verfahren vor Gericht unterliegt auch im SortRecht dem zweispurigen System wie im Patent-, Gbm- oder Markenrecht; zuständig für die gerichtliche

Überprüfung der sortrechtl Entscheidungen der Widerspruchsausschüsse des BSA ist das Bundespatentgericht in München (BPatG), für sonstige Streitigkeiten, insb Verletzungssachen, sind die ordentlichen Gerichte zuständig. Im Verfahren der Sortenzulassung und im Bereich sonstiger Zuständigkeiten des BSA ist der Rechtsweg zu den Verwaltungsgerichten eröffnet (§ 40 VwGO; vgl § 58 SaatG).

II. Beschwerdeverfahren

Die **gerichtliche Überprüfung** von Entscheidungen des BSA lehnt sich an die 2 Regelung im PatG an.

Zuständig ist das **Bundespatentgericht** (Rdn. 22 ff. zu § 34; zur Entstehungs- 3 geschichte der Regelung Rdn. 1 zu § 34).

Bedeutung. Von der Beschwerdemöglichkeit wird selten Gebrauch gemacht; 4 so sind von 1968–1982 11 Beschwerden zum BPatG erhoben worden, je eine weitere 1989, 1998, 1999, 2001, 2010 und 2014, zwei 2000.

B. Rechtsmittel gegen Entscheidungen des Gemeinschaftlichen Sortenamts

I. Beschwerde

1. Allgemeines

Die GemSortV kennt zur Nachprüfung bestimmter, enumerativ aufgeführt- 5 ter[2] Entscheidungen des GSA (Rdn. 7) ein Beschwerdeverfahren zu der (den) beim GSA gebildeten Beschwerdekammer(n). Diese hat zu entscheiden, wenn das GSA – im einseitigen Verfahren – der Beschwerde nicht abhilft (Art 70 GemSortV). Die Beschwerde hat grds aufschiebende Wirkung, jedoch kann das GSA anordnen, dass die Entscheidung nicht ausgesetzt wird (Art 67 Abs 2 GemSortV).[3] Die Beschwerde gegen die Erteilung eines Zwangsnutzungsrechts hat keine aufschiebende Wirkung (Art 67 Abs 3 GemSortV).

2. Beschwerdekammer

Dzt ist eine Beschwerdekammer eingerichtet, die über eine Geschäfts- 6 stelle verfügt. Der EuGH hat die Beurteilung der Beschwerdekammer als

---

2 Vgl *Metzger/Zech* Art 67–72 GSortV Rn. 4.
3 *Metzger/Zech* Art 67–72 GSortV Rn. 6.

»quasigerichtliches Organ« durch den EuG nicht beanstandet.[4] Die Beschwerdekammer besteht aus dem (rechtskundigen) Vorsitzenden und zwei weiteren Mitgliedern entweder mit abgeschlossenem rechtswissenschaftlichem Studium oder anerkannten Erfahrungen im Bereich des gewerblichen Rechtsschutzes oder des Sortenwesens oder mit Hochschulabschluss oder anerkannten Erfahrungen im Bereich der Pflanzenkunde (Art 46 Abs 1 GemSortV; Art 11 Abs 2, Art 6 Abs 2, 3 GemSortVDV) mit Erweiterungsmöglichkeit um zwei Mitglieder (Art 46 Abs 3 GemSortV) und wird nach Bedarf einberufen (Art 45 Abs 3 Satz 1 GemSortV).[5] Die Mitglieder dürfen keine sonstigen Aufgaben im GSA wahrnehmen; wegen der sich des daraus ergebenden geringen Tätigkeitsanfalls können sie nebenamtlich berufen werden (Art 47 Abs 4 GemSortV).[6] Sie sind sachlich unabhängig und können während der fünfjährigen Amtszeit nicht ihres Amts enthoben oder aus der Liste gestrichen werden, es sei denn, dass hierfür schwerwiegende Gründe sprechen (Art 47 Abs 5 GemSortV), in letzterem Fall ist ein Beschluss des EuGH auf Antrag der Kommission erforderlich, zu dem der Verwaltungsrat zu hören ist. Als problematisch kann angesehen werden, dass der Vorsitzende die Beisitzer aus den vom Verwaltungsrat ausgewählten rund 50 Mitgliedern bestimmen kann, ohne hierbei an bestimmte Regeln gebunden zu sein (vgl Art 46 Abs 2 GemSortV; hierzu auch Rdn. 11).[7] Ausschließung und Ablehnung sind in Art 48 GemSortV geregelt.[8] Die Zuständigkeit der Beschwerdekammer ergibt sich aus Art 45 Abs 2 GemSortV. Weitere Einzelheiten regelt Art 11 GemSortVDV.

3. Beschwerdefähige Entscheidungen

7 Beschwerdefähig sind folgende Entscheidungen des GSA: Nichtigerklärung (Art 20 GemSortV), Aufhebung (Art 21 GemSortV), Erteilung von Zwangsnutzungsrechten (Art 29 GemSortV), Einwendungen gegen die Erteilung des Sortenschutzes (Art 59 GemSortV), Zurückweisung des Erteilungsantrags (Art 61 GemSortV) wegen Nichtbeseitigung von Mängeln, Nichtvorlage von Prüfmaterial, Fehlens einer Sortenbezeichnung, Fehlens der Sorteneigenschaft, der Neuheit, der Antragsberechtigung, Vertretungsmangels, fehlender Eintragungsfähigkeit der Sortenbezeichnung, fehlender Berechtigung

---

4 EuGH 21.05.2015 C-546/12 P GRURPrax 2015, 282 KT Lemon Symphony (Schräder/CPVO); vgl *Bender* FS K.-H. Fezer (2016), 977, 983.

5 Näher *Leßmann/Würtenberger*[2] § 5 Rn. 59 ff.

6 Vgl G. Winkler FS 50 Jahre BPatG (2011), 1099, 1115.

7 Vgl G. Winkler FS 50 Jahre BPatG (2011), 1099, 1116.

8 Vgl *Leßmann/Würtenberger*[2] § 5 Rn. 64 ff.

des Antragstellers nach Art 11 Gem-SortV, Fehlens der materiellen Schutzvoraussetzungen; Erteilung des Sortenschutzes (Art 62 GemSortV), Genehmigung (Art 63 GemSortV) und Änderung der Sortenbezeichnung (Art 66 GemSortV), Gebührenentscheidungen (Art 83 GemSortV), Kostenverteilung in Rücknahme- und Widerrufsfällen, Registereintragungen (Art 87 GemSortV), Einsicht in Unterlagen (Art 88 GemSortV)[9] sowie Erteilung oder Nichterteilung einer Zwangslizenz, soweit nicht unmittelbare Klage beim EuG erhoben wird (Art 74 Abs 1 GemSortV). Als beschwerdefähig wurde in Gemeinschaftsmarkensachen die Feststellung des Bestehens einer Gebührenpflicht, insgesamt alle beschwerenden Entscheidungen, die in in der GMV geregelten Verfahren ergehen, angesehen.[10] Nicht beschwerdefähig sind im Fall der Erteilung des Sortenschutzes die für die DUS-Prüfung zugrunde gelegten Referenzwerte und die Aussetzung des Erteilungsbeschlusses.[11] Aus nicht beschwerdefähig werden Amtsmitteilungen angesehen, die sich auf die geltende Rechtslage beziehen.[12]

Zwischenentscheidungen. Eine Entscheidung, die ein Verfahren gegenüber **8** einem Beteiligten nicht abschließt, ist nur zusammen mit der Endentscheidung beschwerdefähig, sofern nicht in der Entscheidung die gesonderte Beschwerde vorgesehen ist (Art 67 Abs 4 GemSortV).

4. Förmlichkeiten; Gebühr

Die Beschwerde ist innerhalb von zwei Monaten nach Zustellung der Ent- **9** scheidung schriftlich beim GSA einzulegen; Einlegung bei nationalen Ämtern ist nicht fristwahrend.[13] Art 45 GemSortVDV regelt die inhaltlichen Mindestvoraussetzungen.[14] Art 49 GemSortVDV deren Nachholung.

Beschwerdebegründung. Die Beschwerde muss innerhalb von vier Mona- **10** ten nach Zustellung der angefochtenen Entscheidung schriftlich begründet

---

9 Vgl GSA (BK) 3.3.2016 A 1/14 Tang Gold (Einsichtnahme).
10 EuG GRUR-RR 2005, 379.
11 GSA (BK) 29.4.2016 A 6/14 Tang Gold.
12 GSA (BK) 3.3.2016 A 1/14 Tang Gold (Einsichtnahme).
13 Vgl *Leßmann/Würtenberger*[2] § 5 Rn. 541.
14 Vgl *Metzger/Zech* Art 67–72 GSortV Rn. 11.

werden; Fristverlängerung ist nicht vorgesehen.[15] Es reicht aus, wenn zum Ausdruck gebracht wird, dass die Entscheidung des GSA überprüft werden soll.[16]

11 Die **Beschwerdegebühr** beträgt 1 500 EUR (Art 113 Abs 2 Buchst c GemSortV iVm Art 11 Abs 1 GemSortVGebV), davon ist ein Drittel mit Eingang der Beschwerde zu zahlen, die weiteren zwei Drittel sind erst nach Abgabe an die Beschwerdekammer auf Aufforderung innerhalb eines Monats zu entrichten. Wird die Beschwerdegebühr auch nach erneuter, mit dem Hinweis auf die Folgen der Säumnis verbundener Zahlungsaufforderung nicht vollständig binnen Monatsfrist nach Zustellung der Aufforderung (vgl Rdn. 26 zu § 31) gezahlt, gilt die Beschwerde als nicht erhoben.[17] Die Rückzahlung der Beschwerdegebühr richtet sich nach Art 83 Abs 4 GemSortV. Sie erfolgt grds immer, wenn die Beschwerde Erfolg hat, jedoch kann von ihr abgesehen werden, wenn der Erfolg auf Tatsachen beruht, die zum Zeitpunkt der angefochtenen Entscheidung noch nicht bekannt waren. Hierin ist eine Billigkeitsregelung gesehen worden.[18] Rückzahlung wurde deshalb bei vorwerfbar verspäteter Zahlung einer Jahresgebühr abgelehnt, auch wenn die Zahlungsfrist nicht in Lauf gesetzt worden war,[19] ebenso bei Teilerfolg der Beschwerde aufgrund von erstmals im Beschwerdeverfahren erfolgtem Vortrag.[20]

5. Beschwerdeberechtigung; Beschwer

12 Die Beschwerde kann vom Adressaten der Entscheidung sowie von solchen natürlichen und juristischen Personen eingelegt werden, die von ihr unmittelbar und individuell betroffen sind (Art 68 Satz 1 GemSortV).[21] Sie steht auch

---

15 *Leßmann/Würtenberger*[2] § 5 Rn. 542.

16 GSA (BK) 16.6.2005 A 5/04 ABl GSA 15.8.2005 Walfrasun; *Metzger/Zech* Art 67–72 GSortV Rn. 11.

17 GSA (BK) InstGE 2, 296 Jubileum; vgl aber *Leßmann/Würtenberger*[2] § 5 Rn. 545, wo auf die Bewirkungshandlung abgestellt wird.

18 GSA (BK) InstGE 2, 189 Enara; GSA (BK) InstGE 2, 270 Branglow.

19 GSA (BK) Branglow.

20 GSA (BK) Enara.

21 GSA (BK) InstGE 5, 193 Sunglow; GSA (BK) A 1/05 ABl GSA 15.1.2006 Nadorcott; GSA (BK) A 7/07 ABl GSA 15.2.2008 Lemon Symphony II: nicht wenn die Änderung der Sortenbeschreibung nicht kausal für das Prüfungsergebnis bei der Sorte des Beschwerdeführers war; großzügige Auslegung in GSA (BK) 18.7.2005 A 4/04 ABl GSA 15.8.2004 Ginpent; vgl auch *Metzger/Zech* Art 67–72 GSortV Rn. 7 f.

denen zu, die im Verwaltungsverfahren schriftlich Einwendungen gegen die Erteilung erhoben haben.[22] Erforderlich ist materielle Beschwer.[23] Der Inhaber von Vertriebsrechten an einer älteren Sorte ist durch die Erteilung des Sortenschutzes für eine andere Sorte, durch die Marktverwirrung verursacht werden kann, unmittelbar und individuell betroffen.[24] Art 67 GemSortV schließt das Recht eines Dritten zur Beschwerdeeinlegung nicht aus, wenn dieser es versäumt hat, zuvor Einwendungen zu erheben.[25] Im Fall der Übertragung des Rechts auf einen anderen kann der Rechtsnachfolger die bisherige Partei ersetzen; dies erfordert jedoch einen Beschluss des Präsidenten der Beschwerdekammer.[26]

Beteiligte. Beteiligt am Beschwerdeverfahren sind der Antragsteller, der Erheber von Einwendungen, der SortInhaber sowie jede Person, deren Begehren Voraussetzung der Entscheidung des GSA ist.[27] Beteiligt ist (anders als im nationalen Verfahren) stets auch das GSA. Die Beteiligten können dem Verfahren innerhalb von zwei Monaten nach Erhalt einer Abschrift der Beschwerde der Beschwerde beitreten (Art 47 Abs 2 GemSortVDV). **13**

6. Verfahren[28]

Nach Einlegung der Beschwerde findet zunächst ein **Abhilfeverfahren** statt (Art 70 GemSortV); dies gilt nicht, wenn dem Beschwerdeführer ein anderer am Beschwerdeverfahren Beteiligter gegenübersteht.[29] Innerhalb des Abhilfeverfahrens können auch neue Tatsachen berücksichtigt werden.[30] Erweist sich die Beschwerde als zulässig und begründet, muss abgeholfen werden.[31] Wird der Beschwerde nicht innerhalb eines Monats nach Eingang der Beschwerdebegründung abgeholfen, entscheidet das GSA über die Frage der Aussetzung **14**

---

22 EuG 31.1.2008 T-95/06 Slg 2008 II 31 = GRUR Int 2008, 413 Nadorcott.
23 *Leßmann/Würtenberger²* § 5 Rn. 539; vgl BSA (BK) 3.3.2016 A 3/14 Tang Gold (Akteneinsicht).
24 GSA (BK) Sunglow.
25 GSA (BK) Sunglow.
26 EuG 5.3.2004 T 94/02 Streithelfer, zur GemeinschaftsmarkenVO.
27 *Metzger/Zech* Art 67–72 GSortV Rn. 9.
28 Nähere Hinweise bei *Leßmann/Würtenberger²* § 5 Rn. 549 ff.
29 *Metzger/Zech* Art 67–72 GSortV Rn. 14.
30 *Metzger/Zech* Art 67–72 GSortV Rn. 13.
31 *Metzger/Zech* Art 67–72 GSortV Rn. 13.

der Entscheidung (Art 67 Abs 2 Satz 2 GemSortV) und legt die Beschwerde der Beschwerdekammer vor.

15 Art 46 GemSortVDV trifft Bestimmungen über den **Eingang der Beschwerde**. Zunächst wird die Zulässigkeit der Beschwerde geprüft; der Beschwerdeführer wird zur Behebung etwaiger behebbarer Mängel aufgefordert.[32] Die Verpflichtung der Beschwerdekammer nach Art 49 Abs 1 GemSortVDV, auf Mängel hinzuweisen, besteht nur, soweit diese abgestellt werden können.[33] Dem Vorsitzenden obliegen die Zusammenstellung der Bank (die nicht an den nationalen Maßstäben des gesetzlichen Richters gemessen werden kann; vgl Rdn. 6) und die Bestimmung des Berichterstatters (vgl Art 47, 48 GemSortVDV); der Berichterstatter erstellt ein (Gerichtsintern bleibendes) Votum.[34] Ist die Beschwerde zulässig, schließt sich die Begründetheitsprüfung (vgl Art 71 Abs 2 GemSortV) an. Die Beteiligten werden unverzüglich zur mündlichen Verhandlung geladen (Art 77 GemSortV; Art 50 GemSortVDV); die Verhandlung ist grds öffentlich (Art 77 Abs 3 GemSortV; vgl Rdn. 4 vor § 21).[35] Für die Prüfung der Beschwerde verweist Art 51 GemSortVDV auf die Regelungen über das Verfahren vor dem GSA. Bei der Frage der Aussetzung des Beschwerdeverfahrens verfügt die Beschwerdekammer über ein weites Ermessen, das vom EuG nur darauf überprüft werden kann, ob kein offensichtlicher Beurteilungsfehler und kein Ermessensmissbrauch vorliegen.[36]

16 Ein **Novenverbot** besteht vor der Beschwerdekammer nicht.[37]

7. Entscheidung

17 Grds entscheidet die Beschwerdekammer in **Dreierbesetzung**, ausnahmsweise nach Art 46 Abs 3 GemSortVDV in erweiterter Besetzung.

---

32 Vgl *Metzger/Zech* Art 67–72 GSortV Rn. 15.
33 EuG 31.1.2008 T-95/06 Slg 2008 II 31 = GRUR Int 2008, 413 Nadorcott.
34 Vgl *Metzger/Zech* Art 67–72 GSortV Rn. 16.
35 Unzutr daher *Metzger/Zech* Art 67–72 GSortV Rn. 19.
36 EuG 4.5.2017 T-425/15 ua Lemon Symphony – SUMOST 01, dort auch zur Besorgnis der Befangenheit.
37 EuG T-163/98 Slg 1999 II 2383 = GRUR Int 1999, 1060, 1062 Baby-dry, zur GemeinschaftsmarkenVO.

Ist die Beschwerde unzulässig, ist grds nur hierüber zu entscheiden. Zusätz- **18** liche Ausführungen zur Begründetheit[38] binden in diesem Fall nicht (auch nicht als Präzedenzfall) und sollten besser unterlassen werden. Die Entschei- dung kann auch auf **Zurückverweisung** an das GSA lauten.[39] Sie muss den Beteiligten innerhalb von drei Monaten nach Abschluss der mündlichen Ver- handlung zugehen (Art 52 Abs 1 GemSortVDV). Den Inhalt regelt Art 52 Abs 2 GemSortVDV. In der Entscheidung ist eine Rechtsmittelbelehrung zu erteilen (Art 52 Abs 3 GemSortVDV).[40] Für die Kostenentscheidung gilt Art 85 GemSortV.[41]

Die Entscheidung kann auch auf Zurückverweisung an das GSA lauten.[42] **19** Zwar verfügt die Beschwerdekammer bei der Frage, ob sie selbst über den Antrag entscheidet oder die Angelegenheit an die zuständige Stelle des GSA zurückverweist, über ein Ermessen, doch muss sie, wenn sie sich dazu ent- schließt, im Rahmen der Zuständigkeit des CPVO tätig zu werden, alle rele- vanten Umstände sorgfältig und unparteiisch prüfen und alle für die Ausübung ihres Ermessens erforderlichen tatsächlichen und rechtlichen Gesichtspunkte zusammentragen.[43]

II. Klage zum Europäischen Gericht

Klage zum Europäischen Gericht (EuG) in Luxemburg (als Organ des **20** Gerichtshofs[44]) gegen die Entscheidungen der Beschwerdekammer ist nach Maßgabe des Art 73 GemSortV statthaft.[45] Gerügt werden können – wie nach der weitgehend parallelen Bestimmung des Art 63 der früheren GemeinschaftsmarkenV, jetzt UnionsmarkenV –, auf deren Kommentierung in den einschlägigen Kommentaren zu verweisen ist[46]) – Unzuständigkeit,

---

38 So in ständiger Praxis GSA (BK) 3.3.2016 A 1/14 Tang Gold (Einsichtnahme); BSA (BK) 3.3.2016 A 3/14 Tang Gold (Akteneinsicht); GSA (BK) 29.4.2016 A 6/14 Tang Gold.
39 GSA (BK) InstGE 5, 193 Sunglow; vgl *Metzger/Zech* Art 67–72 GSortV Rn. 21.
40 Vgl *Metzger/Zech* Art 67–72 GSortV Rn. 23.
41 Vgl GSA (BK) 3.4.2003 A 17/02 ABl GSA 15.6.2003 Broccoli; GSA (BK) Sung- low; auch zur Auferlegung eines Teils der Kosten auf das GSA.
42 GSA (BK) InstGE 5, 193 Sunglow; vgl Metzger/Zech Art 67-72 GSortV Rn 21.
43 EuGH 8.6.2017 C-625/15 P Gala Schnitzer.
44 Vgl *Metzger/Zech* Art 73 GSortV Rn. 4.
45 Nähere Hinweise bei *Leßmann/Würtenberger*[2] § 5 Rn. 557 ff.
46 Insb *Eisenführ/Schennen* Gemeinschaftsmarkenverordnung[4] (2014); *von Kapff* in *Ekey/ Klippel* Markenrecht (2003), Kommentierung zu Art 63 GemeinschaftsmarkenVO.

Verletzung wesentlicher Formvorschriften, Verletzung des Vertrags (jetzt AEUV), der GemSortV, einer bei deren Durchführung anzuwendenden Rechtsnorm und Ermessensmissbrauch. Dies eröffnet eine Prüfung, die mit der bei einer Rechtsbeschwerde vergleichbar ist. Die Klage hat keine aufschiebende Wirkung (Art 278 AEUV, früher Art 242 EG). Die Art 257 AEUV und 262 AEUV ermöglichen dem Rat die Schaffung besonderer Spruchkörper, gegen die Rechtsmittel zum EuG eröffnet sind, sowie die Übertragung der Rechtsprechung in Streitigkeiten, die die Anwendung von Rechtsvorschriften über geistiges Eigentum betreffen, die auf der Basis des EG geschaffen worden sind, auf den EuGH, die letztgenannte Bestimmung soll die Wahl des justiziellen Rahmens für solche Streitigkeiten nicht präjudizieren. Im Jahr 2014 sind bei dem Gericht 295 Klagen gegen Entscheidungen des früheren HABM (jetzt Amt der Europäischen Union für Geistiges Eigentum, EUIPO) und des GSA eingegangen.[47]

21 **Klagebefugt** sind die Beteiligten des Beschwerdeverfahrens, sofern sie durch die Entscheidung materiell beschwert sind (vgl Art 73 Abs 4 GemSortV). Ausreichend sind Entscheidungsvorgriff, Verletzung des Art 59 GSortVDV und Verletzung der Verteidigungsrechte.[48] Der Kläger muss iSv Art 68 GemSortV individuell betroffen sein; eine berufsständische Vereinigung, die zur Verteidigung und Vertretung der Interessen ihrer Mitglieder gegründet wurde, ist nur dann klagebefugt, wenn sie selbst wegen der Beeinträchtigung ihrer eigenen Interessen als Vereinigung individualisiert ist.[49] Die Klage richtet sich gegen das GSA.

22 Die **Klagefrist** beträgt zwei Monate ab Zustellung der Entscheidung (Art 73 Abs 5 GemSortV); die Klage ist beim EuG einzureichen.

23 **Form.** Die Vorgaben sind in Art 177 der Verfahrensordnung aufgeführt.[50] Elektronische Einreichung ist mittlerweile über die Anwendung e-Curia möglich.[51]

24 **Verfahren.** Die Verfahrensordnung des Gerichts[52] enthält in ihren Art 171 – 191 Bestimmungen, die für Klagen gegen das GSA wie für solche gegen

47 *Ullrich* (2015), 5 Fn 18, unter Hinweis auf den Jahresbericht.
48 EuG 18.9.2012 T-133/08 Lemon Symphony (SUMOST 01).
49 EuG T-95/06 Slg 2008 II 31 = GRUR Int 2008, 413 Nardorcott.
50 Vgl *Metzger/Zech* Art 73 GSortV Rn. 9.
51 ABl EU Nr L 152/10 vom 18.6.2015.
52 ABl EU Nr L 105/1 vom 23.4.2015.

das Amt der Europäischen Union für Geistiges Eigentum (früher HABM) gelten.[53] Nähere Vorgaben und Hinweise enthält die Regelung »Praktische Durchführungsbestimmungen zur Verfahrensordnung des Gerichts«. Vor dem EuG besteht Anwaltszwang (Art 51 Verfahrensordnung).[54] Das Verfahren ist kontradiktorisch ausgestaltet. Die Verfahrenssprache bestimmt sich nach Art 44 ff der Verfahrensordnung. Das EuG hat von der Möglichkeit, spezialisierte Kammern einzurichten, keinen Gebrauch gemacht.[55]

Entscheidung. Der Prüfungsumfang wird durch die in der Klageschrift angegebenen Klagegründe iSd Art 73 Abs 2 GemSortV (Unzuständigkeit der Beschwerdekammer; Verletzung wesentlicher Formvorschriften; Verletzung des Unionsvertrags; Verletzung von Bestimmungen der GemSortV oder einer bei deren Anwendung anzuwendenden Rechtsnorm; Ermessensmissbrauch) festgelegt.[56] Von den Beteiligten vor den Instanzen des GSA nicht geltend gemachte Tatsachen können im Stadium der Klage vor dem Gericht nicht mehr angeführt werden; dem Gericht erster Instanz obliegt es nämlich, die Rechtmäßigkeit der von der Beschwerdekammer erlassenen Entscheidung dadurch zu überprüfen, dass es die von der Beschwerdekammer vorgenommene Anwendung des Unionsrechts insb auf den ihr vorliegenden Sachverhalt einer Kontrolle unterzieht; jedoch kann das Gericht für die Ausübung dieser Kontrolle nicht Tatsachen berücksichtigen, die vor ihm neu vorgetragen worden sind.[57] Das Gericht ist nicht zu einer umfassenden Nachprüfung verpflichtet, um festzustellen, ob eine Pflanzensorte iSd Art 7 Abs 1 GemSortV unterscheidbar ist; es kann sich vielmehr in Anbetracht der wissenschaftlichen und technischen Komplexität dieser Voraussetzung, deren Erfüllung anhand einer technischen Prüfung zu kontrollieren ist, mit der das GSA eine der zuständigen nationalen Einrichtungen beauftragen kann, auf die Kontrolle offensichtlicher Beurteilungsfehler beschränken.[58] Es ist allein Sache des Gerichts zu

25

---

53 Zur Vorgängerregelung *Bender* MarkenR 1999, 11; *Klüpfel* MarkenR 2000, 237.
54 ABl EU Nr L 152/10 vom 18.6.2015; vgl *Metzger/Zech* Art 73 GSortV Rn. 10.
55 *Ullrich* (2015), 5 f.
56 Vgl EuGH C-38/09 Slg 2010 I 3209 = GRUR Int 2010, 591 SUMCOL 01 (II); *Metzger/Zech* Art 73 GSortV Rn. 6.
57 EuGH 10.10.2013 C-38/09 Mitt 2014, 246 Ls CPVO./. Schräder; abw *Metzger/Zech* Art 73 GSortV Rn. 13 unter Hinweis auf die nicht mehr aktuelle Kommentierung bei *Leßmann/Würtenberger*[2] § 5 Rn. 569.
58 EuGH CPVO./. Schräder; EuGH SUMCOL 01 (II) in Bestätigung der Vorinstanz EuG Slg 2008 II 3151 SUMCOL 01 (I); vgl *Ullrich* (2015), 11 f; kr auch *Metzger/Zech* § 10 Rn. 13 unter Hinweis auf BVerfGE 129, 1 = NVwZ 2011, 1062.

entscheiden, ob das ihm vorliegende Beweismaterial der Ergänzung bedarf; ob Verfahrensunterlagen beweiskräftig sind, unterliegt seiner freien Würdigung des Sachverhalts, die nicht der Überprüfung durch den EuGH im Rechtsmittelverfahren unterliegt, sofern dem Gericht vorgelegte Beweismittel nicht verfälscht worden sind oder sich die Unrichtigkeit der Tatsachenfeststellungen des Gerichts nicht aus den Akten ergibt.[59] Das EuG kann die Entscheidung der Beschwerdekammer aufheben oder abändern (Art 73 Abs 3 GemSortV).[60] Es kann nicht über einen Antrag entscheiden, den das GSA nicht in der Sache geprüft hat, auch kann es dem GSA keine Anordnungen erteilen, dieses hat vielmehr selbst die sich aus dem Urteil des EuG ergebenden Maßnahmen zu ergreifen.[61] Die dem Gericht zustehende Abänderungsbefugnis bewirkt nach seiner Rspr auch nicht, dass es dazu ermächtigt wäre, seine eigene Beurteilung an die Stelle der von der Beschwerdekammer vorgenommenen Beurteilung zu setzen, oder dazu, eine Frage zu beurteilen, zu der die Beschwerdekammer noch nicht Stellung genommen hat.[62] Das gilt insb für neue Klagegründe.[63] Das EuG entscheidet auch über die Kosten. Das GSA ist verpflichtet, die notwendigen Maßnahmen zu ergreifen, um dem Urteil Folge zu leisten (Art 73 Abs 6 GemSortV).

26 **Anfechtung.** Die die Instanz abschließende Entscheidung des EuG kann nach Maßgabe des Art 256 AEUV und Art 56 des Satzung des EuGH bei dem in letzter Instanz entscheidenden EuGH angefochten werden;[64] das Rechtsmittel ist auf eine Rechtsüberprüfung beschränkt (Art 58 der Satzung) und kann nur auf die Unzuständigkeit des Gerichts, auf einen Verfahrensfehler, durch den die Interessen des Rechtsmittelführers beeinträchtigt werden, sowie auf

---

59 EuGH CPVO./. Schräder.

60 EuG 18.9.2012 T-133/08 Lemon Symphony (SUMOST 01); vgl auch *Metzger/ Zech* Art 73 GSortV Rn. 14.

61 EuG 8.7.1999 T-163/98 Slg 1999 II 2383 = GRUR Int 1999, 1060, 1062 Baby-dry.

62 EuG 18.9.2012 T-133/08 Lemon Symphony (SUMOST 01) unter Hinweis auf EuGH 5.7.2011 C-263/09 P Edwin/HABM, in EuGH 21.5.2015 C-546/12 P Schräder/CPVO (Lemon Symphony) gebilligt, kr hierzu *Ullrich* (2015), insb S 15, 17.

63 EuG 13.9.2010 T-135/08 Slg 2010 II 5089 Gala Schnitzer; bestätigt durch EuGH 19.12 2012 C-534/10 P Gala-Schnitzer; hierzu *Ullrich* (2015), 16.

64 Vgl *Leßmann/Würtenberger*[2] § 5 Rn 572; *Metzger/Zech* Art 73 GSortV Rn. 15; *Ekey/Klippel* Art 63 GemeinschaftsmarkenVO Rn. 158; EuGH C-383/99 Mitt 2001, 513 Baby-dry.

eine Verletzung des Unionsrechts durch das Gericht gestützt werden.[65] Für die Feststellung und Beurteilung der relevanten Tatsachen sowie die Beweiswürdigung ist allein das Gericht erster Instanz zuständig.[66] Die Anfechtung kann auch durch das unterlegene GSA sowie durch Mitgliedstaaten und Gemeinschaftsorgane erfolgen.[67] Sie hat nach Art 263 AEUV, Art 56 der Satzung grds innerhalb einer Frist von zwei Monaten nach Zustellung der angefochtenen Entscheidung zu erfolgen. Die Angabe der Rechtsmittelgründe ist erforderlich, sie darf sich nicht in einer Wiederholung der erstinstanzlichen Klagegründe erschöpfen. Neue Angriffs- und Verteidigungsmittel sind grds ausgeschlossen.[68] Der EuGH hebt die Entscheidung auf, wenn das Rechtsmittel begründet ist. Er kann außerdem die Entscheidung der Beschwerdekammer aufheben oder abändern. Er hat die Möglichkeit, in der Sache selbst zu entscheiden oder sie an das Gericht erster Instanz zurückzuverweisen.[69] Beim EuGH laufen damit die Auslegungskompetenzen zusammen, nachdem in SortStreitsachen über gemeinschaftsrechtl geschützte Sorten ein Vorabentscheidungsverfahren nach Art 267 AEUV durchgeführt werden kann (vgl Rdn. 9 vor § 37).

III. Unmittelbare Klage

Der schon 1995 geänd Art 74 GemSortV sieht gegen bestimmte Entscheidungen des GSA (Einräumung von Nutzungsrechten nach Art 29 und 100 Abs 2 GemSortV) eine zunächst als direkte Beschwerde bezeichnete unmittelbare Klage (dh ohne vorheriges Beschwerdeverfahren) zum EuGH vor, für die die Regelungen des Art 73 GemSortV entsprechend gelten.[70]   27

---

65 Vgl *Metzger/Zech* Art 73 GSortV Rn. 16.
66 EuGH 10.10.2013 C-38/09 Mitt 2014, 246 Ls CPVO./. Schräder; vgl *Metzger/ Zech* Art 73 GSortV Rn. 17.
67 Vgl *Ekey/Klippel* Art 63 GemeinschaftsmarkenVO Rn. 163 f.
68 Näher *Ekey/Klippel* Art 63 GemeinschaftsmarkenVO Rn. 181 ff.
69 Vgl *Ekey/Klippel* Art 63 GemeinschaftsmarkenVO Rn. 196 ff, 208 ff; zur Kostenentscheidung *Ekey/Klippel* Art 63 GemeinschaftsmarkenVO Rn. 205 ff.
70 Vgl *Metzger/Zech* Art 74 GSortV Rn. 19 ff; vgl weiter die Vereinheitlichung mit den Bestimmungen der GemeinschaftsmarkenVO durch die EG-RatsVO 2506/95 vom 25.10.1995 (ABl EG L 258/3), die ua Art 67, 73 und 74 GemSortV geänd hat, und hierzu *van der Kooij* S 115 Fn 21.

§ 34 Beschwerde

(1) Gegen die Beschlüsse der Widerspruchsausschüsse findet die Beschwerde an das Patentgericht statt.

(2) Innerhalb der Beschwerdefrist ist eine Beschwerdegebühr nach dem Patentkostengesetz zu zahlen; wird sie nicht gezahlt, so gilt die Beschwerde als nicht erhoben.

(3) Die Beschwerde gegen die Festsetzung einer Sortenbezeichnung nach § 30 Abs. 2 und gegen einen Beschluß, dessen sofortige Vollziehung angeordnet worden ist, hat keine aufschiebende Wirkung.

(4) Der Präsident des Bundessortenamtes kann dem Beschwerdeverfahren beitreten.

(5) [1]Über die Beschwerde entscheidet ein Beschwerdesenat. [2]Er entscheidet in den Fällen des § 18 Abs. 2 Nr. 3 und 4 in der Besetzung mit drei rechtskundigen Mitgliedern, im übrigen in der Besetzung mit einem rechtskundigen Mitglied als Vorsitzendem, einem weiteren rechtskundigen Mitglied und zwei technischen Mitgliedern.

GemSortV: Art 67 – 72, abgedruckt vor § 34

Ausland: Bulgarien: Art 46 – Art 50 Pflanzen- und TierzuchtG; **Dänemark:** vgl Art 23 SortG; **Finnland:** Sec 45 SortG 2009; **Irland:** Sec 14 PVA; **Island:** Art 23 (keine Anfechtbarkeit); **Niederlande:** Art 26 SaatG; **Norwegen:** Art 12 SortG; **Rumänien:** Art 41 SortG; **Schweden:** Kap 10 §§ 5, 6 Växtförädlarrättslag; **Tschechische Rep:** Art 13 Abs 3, Art 28 Abs 4 SortG 2000; **Ungarn:** Art 114 V PatG; **Vereinigtes Königreich:** Sec 26 PVA

Schrifttum
A. Krieger Das Bundespatentgericht als »Bundesgericht für Angelegenheiten des gewerblichen Rechtsschutzes« (Artikel 96 GG), GRUR 1977, 343; *Franz Wuesthoff* Zuständigkeiten im Sortenschutzwesen, GRUR 1972, 328

Übersicht	Rdn.
A. Entstehungsgeschichte	1
B. Beschwerde zum BPatG	2
I Statthaftigkeit	2
1. Anfechtbare Entscheidungen	2

	2. Beschwerdeberechtigung und Beschwer	4
	3. Anschlussbeschwerde	5
II.	Förmlichkeiten	6
	1. Adressat	6
	2. Form; Frist; Inhalt	7
III.	Beschwerdegebühr	8
IV.	Wirkungen der Beschwerde	10
	1. Anfallwirkung	10
	2. Aufschiebende Wirkung	11
C.	**Beschwerdeverfahren**	14
I.	Allgemeines	14
II.	Abhilfeverfahren	15
III.	Beteiligte	16
	1. Allgemeines	16
	2. Präsident des Bundessortenamts	17
D.	**Entscheidung**	18
I.	Allgemeines	18
II.	Maßgebliche Sachlage	19
III.	Kostenentscheidung	21
E.	**Zuständigkeit**	22

A. Entstehungsgeschichte

Die Bestimmung hat ihre Vorgängerin in §§ 44, 45 SortG 1968. Die Zuwei- 1
sung der **Beschwerdezuständigkeit** an das BPatG war umstritten.[1] Der RegE
SortG 1968 hatte zunächst wegen verfassungsrechtl Bedenken hinsichtlich
der Zuordnung des Sortenschutzes zum gewerblichen Rechtsschutz[2] eine
Beschwerdezuständigkeit des OLG Celle vorgesehen,[3] nachdem zuvor eine
Zuständigkeit des BVerwG im ersten und letzten Rechtszug begründet war.[4]
Der federführende 17. Ausschuss des Bundestags hat diese Bedenken als nicht
durchschlagend angesehen und die Zuständigkeit des BPatG vorgeschlagen.[5]
In dieser Form ist die Regelung in das Gesetz eingegangen. Im Zug der Neuregelung durch das SortG 1985 wurde geprüft, in SortSachen den Rechtsweg zu
den allg Verwaltungsgerichten zu eröffnen; hiervon wurde wegen des inneren

---

1 *A. Krieger* GRUR 1977, 343, 349 f.
2 Hierzu Bericht über die 216. Sitzung des Bundesrats vom 18.3.1960: Begrenzung
   auf die bisher von den Senaten des Patentamts entschiedenen Angelegenheiten.
3 Begr BTDrs V/1630 = BlPMZ 1968, 215, 216, 224.
4 Kr hierzu Begr BTDrs V/1630 = BlPMZ 1968, 215, 216.
5 Ausschussbericht BTDrs V/2769 = BlPMZ 1968, 229 f.

Zusammenhangs mit den anderen gewerblichen Schutzrechten abgesehen.[6] Das SortÄndG 1997 hat die Verweisung in Abs 3 geänd. Das KostRegBerG vom 13.12.2001[7] hat wegen der Beschwerdegebühr in Abs 2 die Verweisung auf das PatGebG in eine solche auf das PatKostG geänd.

B. Beschwerde zum BPatG

I Statthaftigkeit

1. Anfechtbare Entscheidungen

2 Die Beschwerde findet nur gegen Entscheidungen der Widerspruchsausschüsse statt (Abs 1). Demnach muss zunächst das Vorverfahren (Widerspruchsverfahren, Rdn. 13 ff. zu § 21) vor dem BSA durchgeführt werden.[8] Weitere Voraussetzung für den, der Einwendungen vorgebracht hat, ist, dass ein Einwendungsgrund nach § 25 Abs 2 geltend gemacht wurde.[9] Entscheidungen, die von anderen Stellen als den Widerspruchsausschüssen getroffen sind, können nicht mit der Beschwerde angefochten werden.

3 **Beschwerdefähig** sind alle Entscheidungen, durch die über einen im Gesetz vorgesehenen Antrag ganz oder teilweise entschieden wird, weiter solche, die unabhängig hiervon in rechtlich geschützte Positionen eines Beteiligten eingreifen.[10] Wenn das Gesetz von »Beschlüssen« spricht, knüpft dies an den Sprachgebrauch in §§ 90, 91, 93 VwVfG an;[11] maßgeblich ist der sachliche Gehalt, nicht die Bezeichnung der Entscheidung.[12] Gegen eine Entscheidung des Präsidenten des BSA, die die Erhebung einer Gebühr für die Prüfung einer Sorte zum Gegenstand hat, hat die Rspr die Beschwerde zugelassen,[13] nach der geltenden Regelung ist allerdings auch hier erst die Durchführung des Widerspruchsverfahrens erforderlich.

---

6 Vgl Begr BlPMZ 1986, 136 f; *Wuesthoff*[2] § 34 Rn. 1.

7 BGBl I 3656 = BlPMZ 2002, 14, 32.

8 Vgl *Metzger/Zech* Rn. 3.

9 BPatG GRUR 2002, 243 »Calluna (Besenheide)«.

10 Vgl *Leßmann/Würtenberger*[2] § 5 Rn. 300.

11 Begr BTDrs 10/816 = BlPMZ 1986, 136, 143.

12 Vgl *Busse/Keukenschrijver* § 73 PatG Rn. 38 ff; *Schulte* § 73 PatG Rn. 25 ff; *Benkard* § 73 PatG Rn. 7 ff; *Metzger/Zech* Rn. 5.

13 BPatGE 13, 105 = GRUR 1972, 715 Prüfungsgebühr; vgl *Wuesthoff* GRUR 1972, 328.

2. Beschwerdeberechtigung und Beschwer

Beschwerdeberechtigung und Beschwer beurteilen sich grds wie im Patent- 4
recht (zur Beschwerdeberechtigung § 74 PatG).[14]

3. Anschlussbeschwerde

Anschlussbeschwerde ist wie in Patentsachen möglich.[15]   5

II. Förmlichkeiten

1. Adressat

Die Beschwerde ist beim BSA einzulegen;[16] Einlegung beim BPatG wahrt die 6
Frist (Rdn. 7) nicht.[17]

2. Form; Frist; Inhalt

Die Beschwerde ist wie nach dem PatG innerhalb eines Monats nach Zustel- 7
lung der angefochtenen Entscheidung schriftlich einzulegen (§ 36 iVm § 73
Abs 2 Satz 1 PatG); es gelten die gleichen Grundsätze wie dort.[18] Begründung ist nicht vorgeschrieben, liegt aber im wohlverstandenen Interesse des
Beschwerdeführers.[19]

III. Beschwerdegebühr

Die Beschwerde ist grds gebührenpflichtig.[20] Die Gebührenzahlung hat inner- 8
halb der Beschwerdefrist zu erfolgen; nicht rechtzeitige Zahlung führt dazu,
dass die Beschwerde als nicht eingelegt gilt.[21] Wird die Gebühr nicht gezahlt,

---

14 *Leßmann/Würtenberger*[2] § 5 Rn. 301 ff; *Metzger/Zech* Rn. 6.
15 Vgl *Busse/Keukenschrijver* § 73 PatG Rn. 193 ff; *Schulte* § 73 PatG Rn. 169 ff;
    Benkard § 73 PatG Rn. 80 ff; *Leßmann/Würtenberger*[2] § 5 Rn. 304; *Metzger/Zech*
    Rn. 13.
16 BPatG 8.9.2012 36 W (pat) 1/10; *Wuesthoff*[2]Rn. 15; *Leßmann/Würtenberger*[2] § 5
    Rn. 317 f; *Metzger/Zech* Rn. 7.
17 *Leßmann/Würtenberger*[2] § 5 Rn. 304.
18 Vgl BPatG 6.9.2012 36 W (pat) 1/10; *Leßmann/Würtenberger*[2] § 5 Rn. 304 ff.
19 Vgl *Leßmann/Würtenberger*[2] § 5 Rn. 304; *Metzger/Zech* Rn. 8.
20 Zu Einzelheiten und zur Beschwerde bei Verfahrenskostenhilfe *Busse/Keukenschrijver*
    § 73 PatG Rn. 13 ff.
21 *Busse/Keukenschrijver* § 73 PatG Rn. 21; *Metzger/Zech* Rn. 9.

gilt die Beschwerde als nicht erhoben; die Gebührenzahlung ist damit der Zulässigkeitsprüfung vorgelagert.[22]

9   **Höhe.** Nach der Anlage zu § 2 Abs 1 des Patentkostengesetzes (PatKostG) idF des Geschmacksmusterreformgesetzes ist unter Nr 401 100 in den Fällen des § 18 Abs. 2 Nr. 1, 2, 5 und 6 eine Gebühr von 500 EUR, unter Nr 401 200 bei Beschwerden gegen einen Kostenfestsetzungsbeschluss eine Gebühr von 50 EUR, nach Nr 401 300 in anderen Fällen (dh Änderung der Sortenbezeichnung) eine Gebühr von 200 EUR vorgesehen; die Differenzierung wird mit dem unterschiedlichen Aufwand wegen der Besetzung des Beschwerdesenats (Rdn. 21 ff.) begründet.

IV. Wirkungen der Beschwerde

1. Anfallwirkung

10   Der Beschwerde kommt Anfallwirkung (Devolutiveffekt) zu.[23]

2. Aufschiebende Wirkung

11   Aufschiebende Wirkung (Suspensiveffekt) kommt grds auch der Beschwerde in SortSachen zu (§ 36 iVm § 75 Abs 1 PatG).[24] Die Ausnahme in § 75 Abs 2 PatG hat im SortRecht keinen Anwendungsbereich.

12   Abs 3 sieht jedoch zwei Ausnahmen von der aufschiebenden Wirkung vor. Die Beschwerde gegen die **Festsetzung einer Sortenbezeichnung** hat keine aufschiebende Wirkung. Dies soll sicherstellen, dass kein Vermehrungsmaterial ohne entsprechende Kennzeichnung vertrieben wird.[25]

13   Weiter hat die Beschwerde keine aufschiebende Wirkung, wenn das BSA (entsprechend § 80 Abs 2 Nr 4 VwGO) die **sofortige Vollziehung** des Beschlusses angeordnet hat. Dies wird zB bei der Einräumung von Zwangsnutzungsrechten

---

22   Vgl BPatG 6.9.2012 36 W (pat) 1/10; *Leßmann/Würtenberger*[2] § 5 Rn. 315; *Busse/Keukenschrijver* § 73 PatG Rn. 21; *Metzger/Zech* Rn. 9.

23   *Busse/Keukenschrijver* § 73 PatG Rn. 161.

24   *Leßmann/Würtenberger*[2] § 5 Rn. 319; *Metzger/Zech* Rn. 10; OLG Düsseldorf 22.10.1998 2 U 24/98 OLGRep 1999, 122 Ls »Alicia«.

25   *Leßmann/Würtenberger*[2] § 5 Rn. 320.

in Betracht kommen[26] (vgl die Regelung in § 85 PatG); weiter, wenn der Erteilungsbeschluss für sofort vollziehbar erklärt wird.[27]

C. Beschwerdeverfahren

I. Allgemeines

Das Beschwerdeverfahren entspricht grds dem nach dem PatG. Nachfolgend wird nur auf Besonderheiten im SortRecht hingewiesen. **14**

II. Abhilfeverfahren

Ein Abhilfeverfahren vor dem BSA[28] ist nach den für das patentrechtl Beschwerdeverfahren geltenden Grundsätzen vorgesehen (§ 36 iVm § 73 Abs 3 PatG; vgl Rdn. 17 zu § 21).[29] Stehen sich im Verfahren Beteiligte gegenüber, besteht keine Abhilfemöglichkeit (§ 36 iVm § 73 Abs 4 PatG). **15**

III. Beteiligte

1. Allgemeines

Beteiligte des Beschwerdeverfahrens sind nicht notwendig alle Beteiligten des Ausgangsverfahrens. Am Beschwerdeverfahren ist zunächst der Beschwerdeführer beteiligt. Im übrigen können bei Beschwerden, die ein Ausgangsverfahren mit mehreren Beteiligten betreffen, die im Patentrecht entwickelten Grundsätze[30] entsprechend herangezogen werden. Rücknahme des Rücknahmeantrags führt zum Verlust der Verfahrensbeteiligung des Antragstellers.[31] **16**

2. Präsident des Bundessortenamts

Der Präsident des Bundessortenamts kann dem Beschwerdeverfahren in jedem Fall beitreten, ohne dass es einer Einladung durch das BPatG bedarf **17**

---

26 *Leßmann/Würtenberger*[2] § 5 Rn. 320.

27 *Leßmann/Würtenberger*[2] § 5 Rn. 320 sprechen unter Hinweis auf OLG Düsseldorf 22.10.1998 2 U 24/98 OLGRep 1999, 122 Ls »Alicia« den Fall des Widerspruchs eines Verletzers an, der den Erlass einer einstweiligen Verfügung verhindern will; vgl weiter BPatGE 42, 26 = GRUR 2000, 312 »Schnee«.

28 Vgl *Leßmann/Würtenberger*[2] § 5 Rn. 322 ff; *Metzger/Zech* Rn. 14.

29 Hierzu *Busse/Keukenschrijver* § 73 PatG Rn. 143 ff; *Schulte* § 73 PatG Rn. 108 ff; *Benkard* § 73 PatG Rn. 96 ff.

30 *Busse/Keukenschrijver* § 74 PatG Rn. 9 ff.

31 BPatGE 31, 248 = GRUR 1991, 222 »Besenheide«.

(Abs 4; anders die Regelung in § 77 PatG).[32] Das Recht zum Beitritt schließt das Recht zur Äußerung als Minus ein.

D. Entscheidung

I. Allgemeines

18 Mangels abweichender Regelungen gelten die gleichen Grundsätze wie im Patentrecht. Zur Zuständigkeit Rdn. 22.[33]

II. Maßgebliche Sachlage

19 Der Grundsatz, wonach für die Beschwerdeentscheidungen des BPatG die Sachlage und Rechtslage maßgebend ist, die **im Zeitpunkt der Entscheidung** besteht, gilt auch für das Beschwerdeverfahren in SortSachen.[34] Liegen im Zeitpunkt der Entscheidung über die Beschwerde gegen einen Beschluss des BSA, durch den der Sortenschutz für eine Pflanzensorte aufgehoben worden war, die die Schutzfähigkeit begründenden Eigenschaften der Sorte (wieder) vor, ist der angefochtene Beschluss aufzuheben und das Fortbestehen des Sortenschutzes festzustellen, ohne dass es einer Prüfung bedarf, ob im Zeitpunkt der angefochtenen Entscheidung schutzbegründende Eigenschaften der Sorte verlorengegangen waren.[35] Auch bei Beschwerde gegen die Festsetzung einer Sortenbezeichnung muss nicht stets Zurückverweisung erfolgen, wenn das Erteilungsverfahren noch nicht beendet ist, weil die Frage der Fortsetzung des Erteilungsverfahrens in der Beschwerdeinstanz nicht anfällt.[36]

20 **Rücknahme des Rücknahmeantrags** im Beschwerdeverfahren ist bei der Entscheidung über die Beschwerde des SortInhabers gegen die vom BSA ausgesprochene Rücknahme der Erteilung des Sortenschutzes zu berücksichtigen.[37]

21 **III.** Bei der **Kostenentscheidung** im Beschwerdeverfahren sind die Grundsätze des § 80 PatG maßgebend. Es entspricht regelmäßig der Billigkeit, dass der Unterliegende die Kosten des Beschwerdeverfahrens trägt.[38]

---

32 Vgl Begr BTDrs 10/816 = BlPMZ 1986, 136, 143; *Metzger/Zech* Rn. 11.
33 Zum Verfahren *Leßmann/Würtenberger*² § 5 Rn. 321 ff, zur Entscheidung *Leßmann/Würtenberger*² § 5 Rn. 336 ff.
34 Zum Prüfungsumfang auch *Leßmann/Würtenberger*² § 5 Rn. 327 ff.
35 BPatGE 11, 179 = GRUR 1971, 151 »Peragis«.
36 BPatGE 11, 179 = GRUR 1971, 151 »Peragis«.
37 BPatGE 31, 248 = GRUR 1991, 222 »Besenheide«.
38 BPatG GRUR 2002, 243 »Calluna (Besenheide)«.

E. Zuständigkeit

Zuständig für die Entscheidung ist der nach Abs 5 gebildete Beschwerdesenat 22
für Sortenschutzsachen (36. Senat; früher 33./35. Senat) des BPatG. Dieser
kennt zwei unterschiedliche Besetzungen.[39]

In der der Besetzung des juristischen Beschwerdesenats, der Markensenate und 23
in bestimmten Fallkonstellationen auch des GbmBeschwerdesenats entsprechenden **juristischen Dreierbesetzung** entscheidet der Senat bei Beschwerden
gegen Beschlüsse der Widerspruchsausschüsse des BSA in den Fällen des § 18
Abs 2 Nr 3 (Sortenbezeichnung; Nr 4 ist 1997 gestrichen worden).[40]

In allen anderen Fällen entscheidet der Senat in einer – sonst in dieser konkre- 24
ten Ausgestaltung für das BPatG nicht vorgesehenen – **Viererbesetzung** mit
einem rechtskundigen Mitglied als Vorsitzendem, einem weiteren rechtskundigen Mitglied und zwei technischen Mitgliedern. In Fällen der hier denkbaren Stimmengleichheit bei der Abstimmung greift die Regelung in § 70 Abs 2
2. Halbs PatG ein, wonach die Stimme des Vorsitzenden den Ausschlag gibt.[41]

§ 35 Rechtsbeschwerde

**(1) Gegen den Beschluß des Beschwerdesenats findet die Rechtsbeschwerde
an den Bundesgerichtshof statt, wenn der Beschwerdesenat sie in dem
Beschluß zugelassen hat.**

(2) § 34 Abs. 3 gilt entsprechend.

GemSortV: Art 73 (Rechtsbeschwerde), Art 74 (direkte Beschwerde), jeweils abgedruckt vor § 34

Übersicht   Rdn.
A.   Entstehungsgeschichte   1
B.   Verfahren vor dem Bundesgerichtshof   2
I.   Allgemeines.   2
II. Verfahrenskosten.   3
III. Rechtsbeschwerdeverfahren.   4

---

39 Vgl *Leßmann/Würtenberger*[2] § 5 Rn. 336; *Metzger/Zech* Rn. 13; näher Geschäfts-
    verteilungsplan des BPatG für 2017 S 48.
40 Vgl *Leßmann/Würtenberger*[2] § 5 Rn. 336; *Metzger/Zech* Rn. 13.
41 Vgl *Busse/Keukenschrijver* § 70 PatG Rn. 32; *Schulte* § 70 PatG Rn. 6; *Benkard* § 70
    PatG Rn. 5; *Leßmann/Würtenberger*[2] § 5 Rn. 337.

A. Entstehungsgeschichte

1   Die Rechtsbeschwerde ist durch das SortG 1968 eröffnet worden (im RegE noch als §§ 54 – 56[1]). Die geltende Bestimmung entspricht im wesentlichen dem im parlamentarischen Verfahren formulierten § 46 SortG 1968. Abs 2 beseitigt in Fällen, in denen früher die Rechtsbeschwerde ausgeschlossen war (Festsetzung einer Sortenbezeichnung nach § 30 Abs 2 und Beschluss, dessen sofortige Vollziehung angeordnet worden ist), lediglich noch die aufschiebende Wirkung.[2]

B. Verfahren vor dem Bundesgerichtshof

I. Allgemeines

2   Der BGH ist auch im Bereich der Zuständigkeit des BSA und des BPatG zur Entscheidung berufen, daneben in SortStreitsachen als Revisionsgericht nach den Bestimmungen der ZPO. Mit der Rechtsbeschwerde ist eine im Grundsatz umfassende letztinstanzliche Zuständigkeit des BGH im nationalen SortRecht begründet. Zuständig ist in dem revisionsartig ausgestalteten Rechtsbeschwerdeverfahren nach dem SortG wie im Grundsatz auch in SortStreitsachen, in denen aber andere Zuständigkeiten, etwa die des Kartellsenats, vorgehen können, der X. Zivilsenat; nur hinsichtlich des Rechts der Sortenbezeichnung liegt die Zuständigkeit (umfassend, sowohl für Rechtsbeschwerde- als auch für Revisionsverfahren) beim I. Zivilsenat. Angesichts der Unterschiede des Rechts der Sortenbezeichnung und des Markenrechts erscheint diese Differenzierung der Sache wenig angemessen.

II. Verfahrenskosten

3   Die Regelung entspricht über die Verweisung in § 36 der im PatG.[3] Stehen sich mehrere Beteiligte gegenüber, entspricht es regelmäßig der Billigkeit, dem Unterliegenden die Kosten aufzuerlegen.[4]

III. Rechtsbeschwerdeverfahren

4   Anders als das PatG mit seinen Rechtsbehelfen (Berufung; Beschwerde) im Patentnichtigkeits- und im Zwangslizenzverfahren, aber entsprechend etwa

---

1   Vgl Begr BTDrs V/1630 = BlPMZ 1968, 225 f; Ausschussbericht BTDrs V/2769 = BlPMZ 1968, 230.

2   Vgl *Metzger/Zech* Rn. 10.

3   *Busse/Keukenschrijver* Vor § 100 PatG Rn. 9.

4   Vgl BPatG GRUR 2002, 243 »Calluna (Besenheide)«.

der Regelung im GebrMG sieht das SortG nur das (praktisch wenig bedeutsame) Rechtsmittel der Rechtsbeschwerde zum BGH vor. Dieses entspricht in seiner Ausgestaltung über die Verweisung in § 36 der Rechtsbeschwerde nach §§ 100 – 109 PatG. Vor dem BGH müssen sich die Beteiligten durch einen bei diesem zugelassenen Rechtsanwalt vertreten lassen (§ 102 Abs 5 PatG).[5]

Die Rechtsbeschwerde ist **statthaft**, wenn das BPatG sie zugelassen hat,[6] daneben – ungeachtet des aus der Entstehungsgeschichte zu erklärenden missverständlichen und auch später nicht geänd Wortlauts des Abs 1 – als zulassungsfreie bei Rüge der in § 100 Abs 3 PatG aufgeführten Verfahrensmängel.[7] 5

Die Rechtsbeschwerde hat – abw von § 103 PatG – nur in bestimmten Fällen, nämlich gegen die Festsetzung einer Sortenbezeichnung und im Fall einer Anordnung der sofortigen Vollziehung – **keine aufschiebende Wirkung** (Abs 2 iVm § 34 Abs 3).[8] Die Entscheidung über die Wiederherstellung der aufschiebenden Wirkung trifft der BGH als Rechtsbeschwerdegericht.[9] 6

Die Möglichkeit der **elektronischen Einlegung** der Rechtsbeschwerde besteht in SortSachen bisher nicht.[10] 7

Zugelassene Rechtsbeschwerde. Zugelassen (und erfolgreich) war die Rechtsbeschwerde bisher in zwei Verfahren.[11] Rechtsbeschwerdeentscheidungen zu nicht zugelassenen (zulassungsfreien) Rechtsbeschwerden sind in SortSachen bisher nicht ergangen. 8

§ 36 Anwendung des Patentgesetzes

Soweit in den §§ 34 und 35 nichts anderes bestimmt ist, gelten die Vorschriften des Patentgesetzes über das Beschwerdeverfahren vor dem Patentgericht

---

5 Näher *Busse/Keukenschrijver* § 102 PatG Rn. 17 ff.
6 Vgl *Leßmann/Würtenberger*[2] § 5 Rn. 357; *Metzger/Zech* Rn. 7.
7 *Leßmann/Würtenberger*[2] § 5 Rn. 363 ff; *Bruchhausen* S 193; *Wuesthoff*[2] Rn. 6; *Metzger/Zech* Rn. 7; so schon die Intention des RegE, vgl Begr BTDrs V/1630 = BlPMZ 1968, 215, 225.
8 *Leßmann/Würtenberger*[2] § 5 Rn. 368.
9 Vgl zur Rechtslage im GWB BGH NJW-RR 1999, 342 Tariftreueerklärung I.
10 Vgl *Busse/Keukenschrijver* § 102 PatG Rn. 3.
11 BGHZ 65, 347 = GRUR 1976, 385 Rosenmutation; BGH GRUR 2014, 355 Fond Memories.

und das Rechtsbeschwerdeverfahren vor dem Bundesgerichtshof sowie über die Verfahrenskostenhilfe in diesen Verfahren entsprechend.

Ausland: Österreich: vgl § 20 Abs 2 [abgedruckt vor § 34]

1 Die 1985 **neugeschaffene Bestimmung** fasst die zuvor in § 44 Abs 5, § 46 Abs 3 SortG 1968 enthaltenen Regelungen zusammen.

2 **Anwendbar** sind im Grundsatz vorbehaltlich abw Regelungen die §§ 73–80, 86–97, 99, 100–109, 123, 124, 125a, 126, 128, 128a, 128b, 129, 130, 132–138 PatG.[1] Für die Rechtsanwaltsgebühren gilt nunmehr das Rechtsanwaltsvergütungsgesetz (RVG). Auf die »Gebührenordnung für Patentanwälte«[2] kann jedenfalls seit 2005 nicht mehr abgestellt werden.[3]

3 **Verfahrenskostenhilfe** kommt mangels weitergehender gesetzlicher Grundlage nur im Beschwerdeverfahren und im Rechtsbeschwerdeverfahren in Betracht, nicht auch in den Verfahren vor dem BSA.[4] Jedoch greift insoweit die Beratungshilfe ein (§ 2 Abs 2 Nr 2 BeratungshilfeG).

4 Das Gesetz über die Erstattung von Gebühren des **beigeordneten Vertreters** in Patent-, Gebrauchsmuster-, Design-, Topographieschutz- und Sortenschutzsachen (Vertretergebühren-Erstattungsgesetz – VertrGebErstG) vom 18.7.1953,[5] enthält auch Regelungen für SortStreitsachen.

5 **§ 3c VertrGebErstG** lautet:

(1) In Sortenschutzsachen beträgt der Gebührensatz 360 Euro.

(2) Dieser steht dem Vertreter als Verfahrensgebühr zu:

im Beschwerdeverfahren zu 13/10.

6 Im **Verfahren vor dem Bundesgerichtshof** werden dem beigeordneten Vertreter Gebühren und Auslagen in entsprechender Anwendung der Vorschriften des Rechtsanwaltsvergütungsgesetzes, die für die Vergütung bei Prozesskostenhilfe gelten, erstattet (§ 9 VertrGebErstG).

---

1 *Metzger/Zech* Rn. 3 halten zu Unrecht auch §§ 125, 127 und 131 PatG für anwendbar.

2 Vgl *Busse/Keukenschrijver* § 80 PatG Rn. 59; *Bühring* § 17 GebrMG Rn. 111, 153.

3 Vgl (für das GbmLöschungsverfahren) BPatGE 49, 26 = Mitt 2005, 375; zum Markenrecht *Ströbele/Hacker* § 71 MarkenG Rn. 21 f.

4 Vgl *Busse/Keukenschrijver* Vor § 129 PatG Rn. 18.

5 BGBl I 654 = BlPMZ 1953, 291.

Abschnitt 5 Rechtsverletzungen

Vor § 37

Übersicht		Rdn.
A.	Allgemeines zur nationalen Regelung	1
B.	PflZÜ	5
C.	Gemeinschaftlicher Sortenschutz.	6
I.	Materiellrechtliche Regelungen.	6
II.	Verfahrensrechtliche Regelungen	14
III.	Straf- und bußgeldrechtliche Folgen	18
IV.	Grenzbeschlagnahme	19

A. Allgemeines zur nationalen Regelung

Die Bestimmungen sichern die Durchsetzung der gesetzlichen (nicht auch **1** der vertraglichen,[1] auf die allerdings die Regelung des § 38 anwendbar ist) Züchterrechte.[2] Neben der Regelung der Rechtsverletzungen und ihrer Folgen enthält Abschnitt 5 Bestimmungen über das Verfahren in SortStreitsachen. Er entspricht damit dem 9. und 10. Abschnitt des Patentgesetzes. § 37 normiert die tatbestandlichen Voraussetzungen für zivilrechtliche Unterlassungs- und Schadensersatzansprüche; die Bestimmung entspricht in ihren Abs 1 und 2 im wesentlichen § 139 Abs 1, 2 PatG, allerdings mit dem Unterschied, dass sie anders als im Patentrecht die Verletzungshandlungen selbst (und nicht durch Verweisung auf andere Vorschriften) umschreibt, in Abs 3 der Regelung in § 33 PatG. Die durch das PrPG[3] eingestellten §§ 37a und 37b regelten den Vernichtungs- und den Drittauskunftsanspruch und entsprachen §§ 140a, 140b PatG aF. Der durch das PrPG verselbstständigte § 37c regelt parallel zu § 141 PatG die Verjährung der zivilrechtl Ansprüche. Die Umsetzung der Durchsetzungsrichtlinie (Rdn. 4) hat diese Ansprüche wie in den übrigen Gesetzen des gewerblichen Rechtsschutzes und des Urheberrechts stark erweitert und präzisiert.

Der Regelungsgehalt der (in diesem Abschnitt systemwidrigen) **verfahrens-** **2** **rechtlichen Norm** des § 38 entspricht der des § 143 PatG, jedoch erstreckt

---

1 Vgl *Leßmann/Würtenberger*[2] § 7 Rn. 6.
2 Vgl *Leßmann/Würtenberger*[2] § 7 Rn. 4 f.
3 Vgl hierzu auch *Leßmann/Würtenberger*[2] § 7 Rn. 19.

Abs 5 dieser Bestimmung den Anwendungsbereich auf Verfahren, die den gemeinschaftlichen Sortenschutz betreffen.

3 § 39 regelt die **strafrechtlichen Folgen** von Rechtsverletzungen; die Bestimmung entspricht § 142 PatG. § 40 normiert (im gewerblichen Rechtsschutz sonst im allg nicht vorgesehene) Ordnungswidrigkeitentatbestände in Zusammenhang mit der Verwendung der Sortenbezeichnung. § 40a, der § 142a PatG entspricht, ermöglicht die Grenzbeschlagnahme und hat strafprozessualen Charakter.

4 Die Umsetzung der **Richtlinie 2004/48/EG des Parlaments und des Rates zur Durchsetzung der Rechte des geistigen Eigentums vom 29.4.2004**[4] durch das Gesetz zur Verbesserung der Durchsetzung von Rechten des geistigen Eigentums vom 7.7.2008[5] hat weitgehende Änderungen im nationalen Recht mit sich gebracht, jedoch keine unmittelbaren Auswirkungen auf das Gemeinschaftsrecht.

B. PflZÜ

5 Art 30 Abs 1 Nr i PflZÜ verpflichtet die Vertragsstaaten, geeignete Rechtsmittel vorzusehen, die eine wirksame Wahrung des Züchterrechts ermöglichen.

C. Gemeinschaftlicher Sortenschutz

GemSortV (Art 94, 95 bei § 37; Art 96 bei § 37f; Art 98, 100 bei § 9; Art 101, 102 bei § 38; Art 103, 104 vor § 38; Art 107 bei § 39)

Art 93 Anwendung nationalen Rechts

Die Geltendmachung der Rechte aus dem gemeinschaftlichen Sortenschutz unterliegt Beschränkungen durch das Recht der Mitgliedstaaten nur insoweit, als in dieser Verordnung ausdrücklich darauf Bezug genommen worden ist.

Art 97 Ergänzende Anwendung des nationalen Rechts bei Verletzungen

(1) Hat der nach Artikel 94 Verpflichtete durch die Verletzung auf Kosten des Inhabers oder eines Nutzungsberechtigten etwas erlangt, so wenden die nach den Artikeln 101 oder 102 zuständigen Gerichte hinsichtlich der

---

4 ABl EG L 157/45 vom 30.4.2004 = GRUR Int 2004, 615; näher *Busse/Keukenschrijver* vor § 139 PatG Rn. 10 ff.
5 BGBl I 1191.

Herausgabe ihr nationales Recht einschließlich ihres internationalen Privatrechts an.

(2) Absatz 1 gilt auch für sonstige Ansprüche, die sich aus der Vornahme oder der Unterlassung von Handlungen nach Artikel 95 in der Zeit zwischen der Bekanntmachung des Antrags auf Erteilung des gemeinschaftlichen Sortenschutzes und der Erledigung des Antrags ergeben können.

(3) Im übrigen bestimmt sich die Wirkung des gemeinschaftlichen Sortenschutzes allein nach dieser Verordnung.

Art 99 Bestätigung der Sortenkennzeichnung

Der Inhaber einer Ursprungssorte und der Züchter einer im wesentlichen von der Ursprungssorte abgeleiteten Sorte haben Anspruch auf Erhalt einer Bestätigung darüber, daß die betreffenden Sorten als Ursprungs- bzw. im wesentlichen abgeleitete Sorten gekennzeichnet werden.

Art 105 Bindung des nationalen Gerichts oder der sonstigen Stelle

Das nationale Gericht oder die sonstige Stelle, vor denen eine Klage betreffend einen gemeinschaftlichen Sortenschutz anhängig ist, hat von der Rechtsgültigkeit des gemeinschaftlichen Sortenschutzes auszugehen.

Art 106 Aussetzung des Verfahrens

(1) Betrifft die Klage Ansprüche gemäß Artikel 98 Absatz 4 und hängt die Entscheidung von der Schutzfähigkeit der Sorte nach Artikel 6 ab, so kann diese Entscheidung erst ergehen, wenn das Amt über den Antrag auf gemeinschaftlichen Sortenschutz entschieden hat.

(2) Betrifft die Klage einen erteilten gemeinschaftlichen Sortenschutz, hinsichtlich dessen ein Verfahren zur Rücknahme oder zum Widerruf nach den Artikeln 20 oder 21 eingeleitet worden ist, so kann, sofern die Entscheidung von der Rechtsgültigkeit des gemeinschaftlichen Sortenschutzes abhängt, das Verfahren ausgesetzt werden.

I. Materiellrechtliche Regelungen

Die GemSortV regelt zivilrechtliche Ansprüche, Rechtsverletzungen und gerichtliche Zuständigkeit in ihrem Sechsten Teil (Art 94 –107 GemSortV). Grds findet nationales Recht nur soweit Anwendung, als die GemSortV ausdrücklich darauf Bezug nimmt (Art 93 GemSortV). 6

7   Art 94 GemSortV normiert die **Verletzungtatbestände** und ihre Rechtsfolgen;[6] die Bestimmung ist dahin auszulegen, dass der Inhaber oder der Nutzungsberechtigte eine Verletzungsklage gegen einen Dritten erheben kann,
der Material von einem anderen Nutzungsberechtigten erhalten hat, der
gegen Beschränkungen in dem von ihm zuvor mit dem Inhaber geschlosse-
nen Lizenzvertrag verstoßen hat, soweit sich die fraglichen Beschränkungen
unmittelbar auf wesentliche Bestandteile des betroffenen gemeinschaftlichen
Sortenschutzes beziehen, was von dem im Vorabentscheidungsverfahren nach
dem AEUV (Rdn. 16) vorlegenden Gericht zu beurteilen ist.[7]

8   Art 95 GemSortV regelt den **Entschädigungsanspruch** vor Erteilung des
gemeinschaftlichen Sortenschutzes.[8]

9   Art 96 GemSortV regelt die **Verjährung**.

10 Art 97 Abs 1 GemSortV verweist für **Bereicherungsansprüche** auf das nationale Recht, Art 97 Abs 2 GemSortV für Ansprüche vor Erteilung des gemeinschaftlichen Sortenschutzes, nicht auch für sonstige Ansprüche wie den für
den Vernichtungsanspruch aus § 37a.[9]

11 Der Anspruch auf **Drittauskunft** nach § 37b ist – wie der (materiellrechtl)
Auskunftsanspruch an sich –, nachdem die GemSortV die verfahrensrechtl
oder materiellrechtl Instrumente zur Durchsetzung des Schadensersatzanspruchs nicht regelt, sondern dem nationalen Recht überlässt, auch hier
gegeben, diese unterliegen Beschränkungen durch das Recht der Mitgliedstaaten nur, soweit die GemSortV ausdrücklich darauf Bezug nimmt (Art 93
GemSortV).[10] Das nationale Recht muss daher zur Durchsetzung der Ansprüche aus einer nach der GemSortV geschützten Sorte jedenfalls die gleichen

---

6 Zum Unterlassungsanspruch gegenüber dem Aufbereiter, der die Auskünfte verweigert, vgl OLG Zweibrücken 4.12.2003 4 U 35/03.
7 EuGH C-140/10 Slg 2011 I 10075 = GRUR 2012, 49 Greenstar-Kanzi Europe
NV/Jean Hustin m Anm *Würtenberger*.
8 Vgl LG Hamburg 11.1.2006 315 O 779/05.
9 Vgl *van der Kooij* Art 97 Anm 3; *Leßmann/Würtenberger*[2] § 7 Rn. 54; zu der entgegen dem Grundsatz des Art 2 GemSortV dadurch nur teilweise erreichten Vereinheitlichung *Leßmann/Würtenberger*[2] § 7 Rn. 3.
10 So (zu vorbereitenden Ansprüchen) auch BGHZ 166, 203, 214 = GRUR 2006,
595 Melanie; vgl OLG Karlsruhe GRUR-RR 2004, 283, 285; LG Düsseldorf Mitt
2006, 219, 227 f; jetzt auch *Leßmann/Würtenberger*[2] § 7 Rn. 55; vgl *Metzger/Zech*
§ 37 Rn. 117; *Metzger/Zech* § 37c Rn. 7.

Möglichkeiten zur Verfügung stellen, die es zur Durchsetzung nationaler Sortenschutzrechte bereithält.[11]

Damit sind auch die weitergehenden, durch die Umsetzung der DurchsetzungsRl 12 in das nationale Recht eingestellten Ansprüche wie der **Vernichtungsanspruch** (§ 37a) auf den gemeinschaftlichen Sortenschutz anwendbar.

Weitere Bestimmungen. Art 98 GemSortV regelt Übertragungsansprüche 13 gegen den nichtberechtigten Inhaber. Art 99 GemSortV begründet einen Anspruch auf Bestätigung bei im wesentlichen abgeleiteten Sorten. Art 100 GemSortV regelt die Folgen des Wechsels der Inhaberschaft am gemeinschaftlichen Sortenschutz.

II. Verfahrensrechtliche Regelungen

Art 101 Abs 1 – 3 GemSortV regelt, im wesentlichen durch Verweisung auf 14 das LugÜ, die gerichtliche Zuständigkeit für Zivilklagen, Art 101 Abs 4 sowie Art 103 GemSortV verweisen insoweit auf das Recht des jeweils zuständigen Staats, Art 102 GemSortV enthält ergänzende Bestimmungen. Nur Klagen an bestimmten Gerichtsstandorten haben EU-weite Wirkung (vgl Rdn. 2 ff. zu § 38). Art 104 GemSortV regelt die Klagebefugnis für Verletzungsklagen.

Art 105 GemSortV bindet die nationalen Instanzen an die **Rechtsgültigkeit** 15 des gemeinschaftlichen Sortenschutzes (Rdn. 11 vor § 38).

Art 106 GemSortV sieht bei Abtretungsansprüchen nach Art 98 Abs 4 16 GemSortV (Erteilungsantrag eines nicht oder nicht allein berechtigten Antragstellers) zwingend[12] (Art 106 Abs 1 GemSortV) und nach Einleitung eines Rücknahme- oder Widerrufsverfahrens (nicht auch des Verfahrens auf Anpassung der Sortenbeschreibung nach Art 87 Abs 4 GemSortV) fakultativ (Art 106 Abs 2 GemSortV) **Aussetzung** vor. In letzterem Fall ist dem Gericht ein Ermessen eingeräumt. Aussetzung wurde abgelehnt, wenn das Gericht erster Instanz in Übereinstimmung mit der Beschwerdekammer des GSA den Antrag auf Nichtigerklärung der Klagesorte zurückgewiesen hat.[13] Die Bestimmung schließt als Spezialregelung in ihrem Anwendungsbereich den Rückgriff auf § 148 ZPO aus.[14]

---

11 BGH Melanie; *Metzger/Zech* § 37 Rn. 116.
12 Vgl *Metzger/Zech* Art 101–107 GSortV Rn. 31 gegen *van der Kooij* Art 106 S 167.
13 LG Düsseldorf 2.7.2013 4a O 3/12; vgl *Metzger/Zech* Art 101–107 GSortV Rn. 32.
14 Vgl *Metzger/Zech* Art 101–107 GSortV Rn. 29.

17   Im übrigen richten sich Möglichkeit wie Verpflichtung, eine **Vorabentscheidung** des EuGH einzuholen, nach Art 267 AEUV. Der BGH hat 2004 drei
Verfahren dem EuGH vorgelegt, eine weitere Vorlage ist 2009 erfolgt. Daneben sind mehrere Vorlagen durch Instanzgerichte erfolgt. Anstatt einer wiederholten Vorlage wird auch eine Aussetzung in Betracht kommen.[15]

III. Straf- und bußgeldrechtliche Folgen

18   Schließlich legt Art 107 GemSortV die Verpflichtung der Mitgliedstaaten fest,
für eine Ahndung zu sorgen.

IV. Grenzbeschlagnahme

19   Zur Anwendbarkeit der Regelung in § 40a Rdn. 2 zu § 40a.

§ 37 Anspruch auf Unterlassung, Schadensersatz und Vergütung

(1) [1]Wer ohne Zustimmung des Sortenschutzinhabers
1.   mit Material, das einem Sortenschutz unterliegt, eine der in § 10 Abs. 1
     bezeichneten Handlungen vornimmt oder
2.   die Sortenbezeichnung einer geschützten Sorte oder eine mit ihr ver-
     wechselbare Bezeichnung für eine andere Sorte derselben oder einer ver-
     wandten Art verwendet,

kann von dem Verletzten auf Beseitigung der Beeinträchtigung und bei Wiederholungsgefahr auf Unterlassung in Anspruch genommen werden. [2]Der
Anspruch besteht auch dann, wenn eine Zuwiderhandlung erstmalig droht.

(2) [1]Wer vorsätzlich oder fahrlässig handelt, ist dem Verletzten zum Ersatz
des daraus entstehenden Schadens verpflichtet. [2]Bei der Bemessung des
Schadensersatzes kann auch der Gewinn, den der Verletzer durch die Verletzung des Rechts erzielt hat, berücksichtigt werden. [3]Der Schadensersatzanspruch kann auch auf der Grundlage des Betrages der Vergütung berechnet
werden, die der Verletzer hätte entrichten müssen, wenn er die Erlaubnis zur
Nutzung der Sorte eingeholt hätte.

---

15   Vgl BGHZ 162, 373 = GRUR 2005, 615 Aussetzung wegen Parallelverfahren;
     BAG 6.11.2002 5 AZR 279/01 (A) EzA-SD 2002, Nr 24, 3; BPatGE 45, 89 =
     GRUR 2002, 734; EuGH 14.12.2000 C-344/98 Slg I 11369 = GRUR Int 2001,
     222, 337 Tz 57, 58 Masterfoods; aA öOGH ÖBl 1997, 254, 255 T-Gewinnspiele;
     wohl auch OLG München BB 2000, 1061.

(3) Der Sortenschutzinhaber kann von demjenigen, der zwischen der Bekanntmachung des Antrags und der Erteilung des Sortenschutzes mit Material, das einem Sortenschutz unterliegt, eine der in § 10 Abs. 1 bezeichneten Handlungen vorgenommen hat, eine angemessene Vergütung fordern.

GemSortV:

Art 94 Verletzung

(1) Wer

a) hinsichtlich einer Sorte, für die ein gemeinschaftlicher Sortenschutz erteilt wurde, eine der in Artikel 13 Absatz 2 genannten Handlungen vornimmt, ohne dazu berechtigt zu sein, oder

b) die korrekte Verwendung einer Sortenbezeichnung im Sinne von Artikel 17 Absatz 1 oder die einschlägige Information im Sinne von Artikel 17 Absatz 2 unterläßt oder

c) entgegen Artikel 18 Absatz 3 die Sortenbezeichnung einer Sorte, für die ein gemeinschaftlicher Sortenschutz erteilt wurde, oder eine mit dieser Sortenbezeichnung verwechselbare Bezeichnung verwendet,

kann vom Inhaber auf Unterlassung der Verletzung oder Zahlung einer angemessenen Vergütung oder auf beides in Anspruch genommen werden.

(2) Wer vorsätzlich oder fahrlässig handelt, ist dem Inhaber darüber hinaus zum Ersatz des weiteren aus der Verletzung entstandenen Schadens verpflichtet. Bei leichter Fahrlässigkeit kann sich dieser Anspruch entsprechend dem Grad der leichten Fahrlässigkeit, jedoch nicht unter die Höhe des Vorteils, der dem Verletzer aus der Verletzung erwachsen ist, vermindern.

Art 95 Handlungen vor Erteilung des gemeinschaftlichen Sortenschutzes

Der Inhaber kann von demjenigen, der in der Zeit zwischen der Bekanntmachung des Antrags auf gemeinschaftlichen Sortenschutz und dessen Erteilung eine Handlung vorgenommen hatte, die ihm nach diesem Zeitraum aufgrund des gemeinschaftlichen Sortenschutzes verboten wäre, eine angemessene Vergütung verlangen.

Art 97 Ergänzende Anwendung des nationalen Rechts bei Verletzungen

(1) Hat der nach Artikel 94 Verpflichtete durch die Verletzung auf Kosten des Inhabers oder eines Nutzungsberechtigten etwas erlangt, so wenden die nach den Artikeln 101 oder 102 zuständigen Gerichte hinsichtlich der Herausgabe ihr nationales Recht einschließlich ihres internationalen Privatrechts an.

(2) Absatz 1 gilt auch für sonstige Ansprüche, die sich aus der Vornahme oder der Unterlassung von Handlungen nach Artikel 95 in der Zeit zwischen der Bekanntmachung des Antrags auf Erteilung des gemeinschaftlichen Sortenschutzes und der Erledigung des Antrags ergeben können.

(3) Im übrigen bestimmt sich die Wirkung des gemeinschaftlichen Sortenschutzes allein nach dieser Verordnung.

Ausland: Österreich:

Zivilrechtliche Ansprüche

§ 24. (1) Wer in einem nach diesem Bundesgesetz oder der Verordnung (EG) Nr. 2100/1994 zustehenden Sortenschutzrecht verletzt wird, hat Anspruch auf Unterlassung, Beseitigung, Urteilsveröffentlichung, angemessenes Entgelt, Schadenersatz, Herausgabe des Gewinnes und Rechnungslegung. Auch wer eine solche Verletzung zu besorgen hat, hat Anspruch auf Unterlassung. Die §§ 147 bis 154 des Patentgesetzes 1970 gelten sinngemäß.

(2) [abgedruckt bei § 38]

Schweiz:

Art 37 Unterlassungs- und Beseitigungsklage

(1) Wer in seinem Recht aus dem Sortenschutz oder in seinem Recht an der Sortenbezeichnung bedroht oder verletzt ist, kann auf Unterlassung oder auf Beseitigung des rechtswidrigen Zustandes klagen.

(2) [aufgehoben mWv 1.9.2008]

Art 38 Klagerecht vor Erteilung des Sortenschutzes

(1) Nach der Bekanntmachung der Anmeldung kann der Bewerber schon vor Erteilung des Sortenschutzes auf Unterlassung oder Beseitigung des rechtswidrigen Zustandes klagen, wenn er der Gegenpartei angemessene Sicherheit leistet.

(2) Die Schadenersatzklage kann er erst nach Erteilung des Schutzes erheben, mit ihr aber den Schaden geltend machen, den der Beklagte seit der Bekanntmachung der Anmeldung schuldhaft verursacht hat.

Belgien: Art 35 – 37 SortG; Bulgarien: Art 17 (vorläufiger Schutz), Art 28, 29 Pflanzen- und TierzuchtG; Dänemark: vgl Art 21 SortG; Estland: § 41 (vorläufiger Schutz) Plant Propagation and Plant Variety Rights Act; Finnland: Sec 33, 34, 36, Sec 39

(Verletzung des vorläufigen Schutzes), Sec 14 (vorläufiger Schutz) SortG 2009; **Frankreich:** Art L 623-25 (geänd 2011), Art L 623-26, Art L 623-27, Art L 623-28 (geänd 2007), vgl Art L 623-7 (geänd 2011) CPI; **Irland:** Sec 7 (Schutz vor Erteilung), 18 (Verletzung) PVA, geänd 1998; **Island:** Art 26 SortG; **Italien:** Art 1 Abs 2 VO 455; **Kroatien:** Art 41 SortG; **Lettland:** Sec 38 – 40 SortG (Sec 38 geänd 2006); **Litauen:** Art 15 (vorläufiger Schutz), Art 41, Art 41⁶ (Schadensberechnung) SortG; **Niederlande:** Art 70, 71 (vorläufiger Schutz) Zaaizaad- en plantgoedwet 2005; **Norwegen:** Art 23, 25 (vorläufiger Schutz) SortG; **Polen:** Art 36a, vgl Art 25 SortG; **Rumänien:** Art 22 (vorläufiger Schutz), Art 44 SortG; **Schweden:** Kap 9 §§ 2 – 6, §§ 9 – 11, Kap 12 § 2 (gemeinschaftlicher Sortenschutz) Växtförädlarrättslag; **Slowakei:** Art 26 Pflanzen- und TierzuchtG; **Slowenien:** Art 47, Art 18 Abs 2 (vorläufiger Schutz) SortG; **Spanien:** Art 21, 22 SortG 2000; **Tschech. Rep.:** Art 27 Abs 1, 2 SortG 2000; **Ungarn:** Art 114 C, Art 115 C (gemeinschaftlicher Sortenschutz) PatG; **Vereinigtes Königreich:** Sec 5 (Entschädigungsanspruch vor Erteilung), 13, 14 (Beweisregel bezügl Erntegut), 15 (Beweisregel bezügl Erzeugnissen aus Erntegut), 20 (Sortenbezeichnung) PVA

Schrifttum

Eggener Schutz neuer Pflanzenzüchtungen nach UWG sowie in Verbindung mit §§ 21 und 20 des Gesetzes gegen Wettbewerbsbeschränkungen, Mitt 1959, 172; *Hesse* Die Behauptungs- und Beweislast im Sortenschutz-Verletzungsprozeß, GRUR 1975, 455; *Jestaedt* Gegenstand und Schutzumfang des Sortenschutzrechts und Probleme des Verletzungsverfahrens, GRUR 1982, 595; *Knapowski* Landwirte als Patentverletzer, Mitt 2011, 447; *Mes* Testkauf zur Vorbereitung des Prozesses im gewerblichen Rechtsschutz und Wettbewerbsrecht, GRUR 2013, 767; *Neumeier* S 172 ff; *Theobald* Technical aspects to take into account when enforcing plant variety rights, Vortragsmanuskript Brüssel (CPVO), 4.10.2005; *von Gierke/Trauernicht* Die Rechtsdurchsetzung im Sortenschutzrecht, in: *Metzger (Hrsg)* Rechtsschutz von Pflanzenzüchtungen (2014), 141; *von Pechmann* The Infringement of Plant Breeders' Rights in the German Law, in: CIOPORA (Hrsg) Fourth International Colloquium on the Protection of Plant Breeders' Rights, 1982, 60; *von Pechmann/Wendt* Verletzung von deutschen Sortenschutzrechten, Mitt 1982, 201; *Würtenberger* Beweisrechtliche Fragen im Sortenschutzverletzungsverfahren, GRUR 2004, 566; *Würtenberger* Zur Frage des Umfangs und der Reichweite eines europäischen Sortenschutzrechts im Falle abredewidrig abgegebener sortengeschützter Pflanzen, GRUR 2012, 51

Übersicht	Rdn.
A. Entstehungsgeschichte	1
B. Grundzüge der Regelung; Verhältnis zu § 139 PatG	2
C. Geschütztes Recht	3
I. Allgemeines.	3
II. Materieller Sortenschutz	4
1. Nationaler Sortenschutz	4

		a. Erteilter Sortenschutz	4
		b. Schutz vor Erteilung	5
	2.	Gemeinschaftlicher Sortenschutz	6
		a. Erteilter Sortenschutz	6
		b. Schutz vor Erteilung	7
III.	Sortenbezeichnung		8
	1.	National	8
	2.	Gemeinschaftsrechtlich	9
D.	**Aktiv- und Passivlegitimation**		10
I.	Aktivlegitimation		10
II.	Passivlegitimation		11
E.	**Unterlassungsanspruch**		12
I.	Allgemeines		12
II.	Wiederholungsgefahr		15
III.	Erstbegehungsgefahr		16
F.	**Schadensersatzanspruch**		17
I.	Voraussetzungen		17
	1.	Grundsatz	17
	2.	Sortenbezeichnung	18
	3.	Verschulden	19
	4.	Besonderheiten beim Sortenschutz	22
II.	Schadensberechnung		25
	1.	Grundsatz	25
	2.	Besonderheiten beim Sortenschutz	27
	3.	Ersatzverpflichtung bei leichter Fahrlässigkeit	30
III.	Zeitliche Abgrenzung		32
G.	**Bereicherungsanspruch**		33
H.	**Entschädigungsanspruch**		34
I.	**Einwendungen und Einreden**		36
J.	**Darlegungs- und Beweislast**		38
K.	**Außergerichtliche Geltendmachung; Verwarnung; Testkauf**		39
I.	Allgemeines		39
II.	Verwarnung		40
III.	Testkauf		41

A. Entstehungsgeschichte

1 Die Bestimmung, die zunächst mit redaktionellen Änderungen die Regelungen des § 47 Abs 1, 2, 4, 5 SortG 1968 übernommen hat,[1] ist durch das PrPG in der Überschrift sowie durch Verselbstständigung des früheren Abs 4

---

1 Vgl Begr BTDrs 10/816 = BlPMZ 1986, 136, 143 f; *Metzger/Zech* Rn. 2.

(zunächst als § 37c, nunmehr § 37f) geänd worden. Das SortÄndG 1997 hat Abs 1 Nr 1 und Abs 3 geänd. Das Gesetz zur Verbesserung der Durchsetzung von Rechten des geistigen Eigentums hat der Bestimmung ihre geltende Fassung gegeben und gleichzeitig wie in den anderen Gesetzen des gewerblichen Rechtsschutzes bestimmte weitere Regelungen (jetzt §§ 37a – 37f, teilweise schon durch das Produktpirateriegesetz eingestellt) verselbstständigt.

B. Grundzüge der Regelung; Verhältnis zu § 139 PatG

Die Bestimmung regelt wie die patentrechtl Parallelbestimmung die Unter-   2
lassungs- und Schadensersatzansprüche bei SortVerletzung. Abs 1 begründet einen Unterlassungsanspruch, Abs 2 einen verschuldensabhängigen Schadensersatzanspruch. Für die Zeit zwischen Bekanntmachung des SortAntrags und Erteilung begründet Abs 3 ähnlich wie § 33 PatG einen Entschädigungsanspruch. Eine Beweisregel, wie sie § 139 Abs 3 PatG aufstellt, ist nicht vorgesehen.

C. Geschütztes Recht

I. Allgemeines

Anders als im Patent- oder Gbm-Recht ist nicht nur das materielle Schutz-   3
recht als solches, sondern auch die **Sortenbezeichnung** (Rdn. 8 f.) geschützt (Abs 1 Nr 2, Art 94 Abs 1 Buchst b, c GemSortV).[2]

II. Materieller Sortenschutz

1. Nationaler Sortenschutz

a. Erteilter Sortenschutz

Erfasste Tathandlungen sind die des § 10 Abs 1 und damit auch die Aufberei-   4
tung.[3] Der Schutz nach Abs 1, 2 beginnt mit Wirksamkeit (Bestandskraft)[4] oder Anordnung der sofortigen Vollziehbarkeit (vgl Rdn. 13 zu § 34) des Erteilungsbeschlusses, auf Rolleneintrag und Bekanntmachung kommt es wegen deren rein deklaratorischer Wirkung nicht an[5] (vgl Rdn. 5 zu § 28).

---

2 Vgl *Metzger/Zech* Rn. 4; zum Nachweis des Inhalts des Sortenschutzes *Hesse* GRUR 1975, 455 ff.
3 OLG Dresden 22.7.2003 14 U 792/03; *Metzger/Zech* Rn. 30 f.
4 Vgl OLG Düsseldorf 22.10.1998 2 U 24/98 OLGRep 1999, 122 Ls.
5 *Wuesthoff*[2] Rn. 4; *Leßmann/Würtenberger*[2] § 7 Rn. 7.

Der Schutz hängt wie im Patentrecht nur von der Erteilung, nicht von der materiellen Schutzfähigkeit ab;[6] bei Zweifeln an der Schutzfähigkeit kommt nur die Aussetzungsmöglichkeit nach § 148 ZPO in Betracht.[7] Jedoch lässt die Rücknahme den Schutz anders als Widerruf, Verzicht oder Ablauf der Schutzdauer von Anfang an entfallen[8] (vgl § 31).

b. Schutz vor Erteilung

5 Abs 3 gewährt im Fall der Erteilung des Sortenschutzes rückwirkend ab Bekanntmachung einen verschuldensunabhängigen Vergütungsanspruch, der Ähnlichkeiten mit der Regelung in § 33 PatG aufweist (Rdn. 32 f.).

2. Gemeinschaftlicher Sortenschutz

a. Erteilter Sortenschutz

6 Erfasste Tathandlungen sind die des Art 13 Abs 2 GemSortV. Im übrigen gelten die gleichen Grundsätze wie im nationalen Recht (Rdn. 4). Dies regelt insb Art 97 Abs 3 GemSortV, der zwar anordnet, dass sich die Wirkung des gemeinschaftlichen Sortenschutzes allein nach der GemSortV bestimmt, zur effektiven Durchsetzung des Gemeinschaftsrechts notwendigen Ergänzungen aber nicht entgegensteht (vgl Rdn. 11 f. vor § 37).

b. Schutz vor Erteilung

7 Auch hier gelten nach Art 95 GemSortV die gleichen Grundsätze wie im nationalen Recht. Den Unterschieden im Wortlaut kommt keine sachliche Bedeutung zu.

III. Sortenbezeichnung

1. National

8 Tathandlungen sind die Verwendung der Sortenbezeichnung einer geschützten Sorte oder einer mit ihr verwechselbaren (Rdn. 34 zu § 7) Bezeichnung

---

6 Vgl BGH GRUR 1967, 419, 423 Favorit I, zum SaatG, zur fehlenden Unterscheidbarkeit; anders im Gbm-Recht.

7 Hierzu *Busse/Keukenschrijver* § 140 PatG Rn. 7 ff; *Leßmann/Würtenberger*[2] § 7 Rn. 10; *Wuesthoff*[2] Rn. 4; *Schulte* § 139 PatG Rn. 279 ff; *Benkard* § 139 PatG Rn. 107 ff.

8 Vgl *Leßmann/Würtenberger*[2] § 7 Rn. 8.

für eine andere Sorte derselben oder einer verwandten Art (Rdn. 37 ff. zu § 7). Abstrakte Angebote unter der Sortenbezeichnung können ausreichen.[9] Auch bei der Sortenbezeichnung beginnt der Schutz mit der Erteilung.[10] Anders als hinsichtlich des materiellen Rechts wirkt die Erteilung hinsichtlich der Sortenbezeichnung zwar konstitutiv, aber nicht absolut, so dass Dritte entgegenstehende eigene Rechte geltend machen können (Rdn. 37; vgl Rdn. 25 zu § 7; Rdn. 7 zu § 30).

2. Gemeinschaftsrechtlich

Tathandlungen sind sowohl das Unterlassen der korrekten Verwendung der **9** Sortenbezeichnung nach Art 17 Abs 1 GemSortV oder der einschlägigen Information iSd Art 17 Abs 2 GemSortV (Art 94 Abs 1 Buchst b GemSortV) – insoweit geht das Gemeinschaftsrecht über das nationale Recht hinaus[11] – als auch die Verwendung der Sortenbezeichnung oder einer mit dieser verwechselbaren Bezeichnung entgegen Art 18 Abs 3 GemSortV (Art 94 Abs 1 Buchst c GemSortV). Jedenfalls das Unterlassen der Verwendung der Sortenbezeichnung durch den Berechtigten wird man schon aus systematischen Gründen schwerlich als Verletzungshandlung qualifizieren können, weil es dem Berechtigten schon an der Täterqualität fehlt.[12] Für den Tatbestand des Art 94 Abs 1 Buchst c GemSortV gelten die gleichen Grundsätze wie im nationalen Recht. Hinsichtlich des Tatbestands des Art 94 Abs 1 Buchst b GemSortV, für den das nationale Recht nur eine Bußgeldbewehrung kennt, wird ein Anspruch ab dem Zeitpunkt anzunehmen sein, von dem an der SortInhaber zur Verwendung der Sortenbezeichnung verpflichtet ist.

D. Aktiv- und Passivlegitimation

I. Aktivlegitimation

Es gelten die gleichen Grundsätze wie im Patentrecht.[13] Aktiv legitimiert ist **10** der in der Rolle eingetragene Inhaber; der Rolleneintrag legitimiert auch für

---

9 Vgl *Metzger/Zech* Rn. 61 aE.
10 Wie hier *Ströbele/Hacker* § 13 MarkenG Rn. 30; aA offenbar *Leßmann/Würtenberger*[2] § 7 Rn. 11 und *Wuesthoff*[2] Rn. 5, die insoweit ohne nachvollziehbaren Grund auch auf die Eintragung abstellen.
11 Vgl *Metzger/Zech* Rn. 57.
12 Vgl aber *Metzger/Zech* § 14 Rn. 24 f; *Metzger/Zech* Rn. 64 ff.
13 Vgl *Busse/Keukenschrijver* § 139 PatG Rn. 18 ff; *Schulte* § 139 PatG Rn. 5 ff; *Wuesthoff*[2] Rn. 12 ff; *Leßmann/Würtenberger*[2] § 7 Rn. 138 ff.

den Verletzungsprozess,[14] bloßes Bestreiten ist demgegenüber unerheblich.[15] Neben dem Inhaber ist auch ein Nutzungsberechtigter klagebefugt, der einer Verletzungsklage beitreten kann (vgl für den gemeinschaftlichen Sortenschutz Art 104 GemSortV). Die Erforderlichkeit der Bestellung eines Verfahrensvertreters (§ 15 Abs 2; Rdn. 12 ff. zu § 15) ist zu beachten.[16]

II. Passivlegitimation

11 Auch hier gelten die im Patentrecht entwickelten Grundsätze.[17] § 831 BGB ist anwendbar.[18]

E. Unterlassungsanspruch

I. Allgemeines

12 Es gelten im wesentlichen die gleichen Grundsätze wie etwa im Patent-[19] oder im Wettbewerbsrecht. Der gesetzliche Unterlassungsanspruch beim nationalen Sortenschutz setzt neben Rechtswidrigkeit des nach § 10 (mit Ausnahmen in § 10a) dem SortInhaber vorbehaltenen Verhaltens grds Begehungsgefahr voraus, entweder in Form der Wiederholungsgefahr oder der Erstbegehungsgefahr (Rdn. 16). Gleiches gilt trotz terminologischer Unterschiede (Vermehrungsmaterial/Sortenbestandteile; sonstige Pflanzen und Pflanzenteile/Erntegut) beim gemeinschaftlichen Sortenschutz mit der Maßgabe, dass sich die dem Inhaber vorbehaltenen Handlungen aus Art 13 GemSortV ergeben. Der vertragliche Unterlassungsanspruch kann sich aus einer entsprechenden Vereinbarung ergeben; auf Begehungsgefahr kommt es hier nicht an.[20] Vgl zur Frage des Unterlassungsanspruchs gegen den Aufbereiter bei Nachbau Rdn. 16, 28 f. zu § 10a.

---

14 Vgl *Hesse* GRUR 1975, 455, 456.
15 OLG Düsseldorf Mitt 1998, 153, 155; zur Rechtslage bei einer Mehrheit von Inhabern vgl *Busse/Keukenschrijver* § 6 PatG Rn. 33 ff; *Wuesthoff*[2] Rn. 13.
16 Vgl *Hesse* GRUR 1975, 455 f.
17 Vgl *Busse/Keukenschrijver* § 139 PatG Rn. 29 ff; *Leßmann/Würtenberger*[2] § 7 Rn. 152 ff; *Metzger/Zech* Rn. 97 ff; *Wuesthoff*[2] Rn. 19.
18 LG Düsseldorf 3.6.1997 4 O 380/96.
19 Zum Unterlassungsanspruch OLG Düsseldorf 10.5.2007 2 U 93/06; vgl *Busse/Keukenschrijver* § 139 Rn. 44 ff; *Schulte* § 139 PatG Rn. 49 ff; *Benkard* § 139 PatG Rn. 27 ff.
20 Vgl LG Düsseldorf 22.5.2001 4 O 228/00.

Auch gegen die unerlaubte **Verwendung der Sortenbezeichnung** oder verwechselbarer Bezeichnungen kann mit dem Unterlassungsanspruch vorgegangen werden.[21] Dagegen erscheint ein Unterlassungsanspruch gegen das Unterlassen der Verwendung der Sortenbezeichnung, wie er sich aus Art 94 Abs 1 Buchst b GemSortV ableiten lässt, dogmatisch verunglückt. 13

Der Unterlassungsanspruch ist – anders als der Schadensersatzanspruch – bereits gegeben, wenn das Recht des SortInhabers **gefährdet** ist.[22] Dies ist der Fall, wenn der Vertreiber objektiv zur Vermehrung geeignetes Saat- und Pflanzgut in einer Art und Weise in Verkehr bringt, dass die Vermehrung betreibende Landwirte es – sei es auch auf einer anderen Handelsstufe – erwerben können. Der Vertreiber greift bereits dann in das SortRecht des Inhabers ein, wenn er beim Vertrieb von zur Vermehrung geeignetem Material an die Vermehrung betreibende Abnehmer oder an Zwischenhändler nicht durch geeignete Maßnahmen dafür Sorge trägt, dass die Rechte des SortInhabers auf der gewerbsmäßigen Vertriebsstufe gewahrt bleiben.[23] Nur wenn er mit äußerster Sorgfalt sichergestellt hat, dass die Abnehmer oder Zwischenhändler das gelieferte Material nicht zur Vermehrung verwenden, hat er nicht Vermehrungsmaterial gewerbsmäßig in den Verkehr gebracht.[24] 14

II. Wiederholungsgefahr

Hier bestehen gegenüber dem Patentrecht keine Besonderheiten.[25] 15

III. Erstbegehungsgefahr[26]

Ein Landhandelsunternehmen, das bereits wegen anderer geschützter Sorten Verletzungen begangen hat, begründet damit noch keinen hinreichenden Anlass für die Annahme, dass es auch weitere SortRechte desselben Inhabers 16

---

21 Vgl *Leßmann/Würtenberger*² § 7 Rn. 20, die die Bedeutung der Vorschrift insoweit aber – auch im Hinblick auf die Bußgeldbewehrung in § 40 – als gering ansehen.

22 Zur Wiederholungs- und Erstbegehungsgefahr beim Aufbereiter vgl OLG Dresden 22.7.2003 14 U 792/03.

23 Vgl BGHZ 102, 373 = GRUR 1988, 370 Achat; *Neumeier* S 175 f.

24 LG Lüneburg BfS 1989, 226.

25 Vgl *Busse/Keukenschrijver* § 139 Rn. 56 ff, *Leßmann/Würtenberger*² § 7 Rn. 22; *Schulte* § 139 PatG Rn. 50 ff; zur Ausräumung *Busse/Keukenschrijver* § 139 Rn. 62 ff; *Leßmann/Würtenberger*² § 7 Rn. 24 ff.

26 S hierzu zunächst *Busse/Keukenschrijver* § 139 PatG Rn. 79 ff; *Schulte* § 139 PatG Rn. 67 ff; vgl auch *Leßmann/Würtenberger*² § 7 Rn. 23; *Metzger/Zech* Rn. 70.

nicht beachten werde. Selbst wenn die Verletzung von SortRechten in der Praxis nur schwer festzustellen ist und daher nicht allzu strenge Maßstäbe für die Feststellung der Erstbegehungsgefahr zweckmäßig erscheinen, kann im Interesse der Rechtssicherheit im SortProzess nicht auf die schlüssige Behauptung von Anhaltspunkten und den Beweis der tatsächlichen Umstände verzichtet werden, die den Schluss unmittelbar drohender Gefahr erstmaliger Verletzungen rechtfertigen. Die bloße Vermutung weiterer Verletzungen auf Grund des Handelsgegenstands und des Geschäftszwecks reicht dazu nicht aus. Es muss im einzelnen dargelegt werden, ob und welche geschützten Sorten zur Pflanzzeit verfügbar waren, bezogen werden konnten und ob gerade diese Sorten im Einzugsgebiet des mutmaßlichen Verletzers gepflanzt zu werden pflegen.[27] Zwar kann mit der Kündigung eines bestehenden Lizenzvertrags der Vertrieb des Vermehrungsguts durch den Lizenzgeber im Lizenzgebiet drohen, die Erstbegehungsgefahr soll hier aber auch durch eine nicht strafbewehrte Unterlassungserklärung beseitigt werden können.[28] Strengere Maßstäbe gelten im Bereich der Auskunftspflichten des nachbauenden Landwirts und des Aufbereiters (vgl Rdn. 35, 37, 43 zu § 10a).

F. Schadensersatzanspruch

I. Voraussetzungen

1. Grundsatz

17 Auch hier entspricht die gesetzliche Regelung in Abs 2 der in § 139 Abs 2 PatG;[29] die Abweichungen in der Formulierung sind ohne sachliche Bedeutung. Der Schadensersatzanspruch setzt zunächst einen rechtswidrigen Eingriff in die in Abs 1 bzw Art 94 Abs 1 GemSortV geschützten Rechte und Rechtspositionen voraus,[30] der auch dann in Betracht kommt, wenn in Fällen an sich berechtigten Nachbaus der Berechtigte seinen gesetzlichen Verpflichtungen nicht nachkommt (zu den Besonderheiten hier Rdn. 22 f. zu § 10a). Wie im Patentrecht ist eine Überlegungsfrist zuzubilligen.[31]

---

27 BGHZ 117, 264, 273 = GRUR 1992, 612 Nicola.
28 OLG Hamburg GRUR 2003, 873.
29 Hierzu *Busse/Keukenschrijver* § 139 PatG Rn. 97 ff; *Schulte* § 139 PatG Rn. 72 ff; *Benkard* § 139 PatG Rn. 38a ff; vgl auch *Metzger/Zech* Rn. 75 ff.
30 Vgl *Leßmann/Würtenberger*[2] § 7 Rn. 30; *Wuesthoff*[2] Rn. 28.
31 OLG München 8.7.1999 6 U 4120/97 billigt einen Monat seit Veröffentlichung in BfS zu.

2. Sortenbezeichnung

Sanktioniert ist anders als im Patentrecht nicht nur die Verletzung des materi- 18
ellen Schutzrechts, sondern auch die der **Sortenbezeichnung**,[32] beim gemeinschaftlichen Sortenschutz auch des Unterlassens ihrer Angabe (vgl Rdn. 13),
wiewohl im letztgenannten Fall die Verursachung eines Schadens bei Dritten
schwer vorstellbar ist.

3. Verschulden

Ein Schadensersatzanspruch nach Abs 2 Satz 1 oder Art 94 Abs 2 GemSortV 19
setzt eine schuldhafte Benutzungshandlung iSd Abs 1 und damit bei Verletzung des materiellen Sortenschutzes Kenntnis oder fahrlässige Unkenntnis des
unberechtigten Vertriebs geschützten Saatguts voraus. Vorsatz und Fahrlässigkeit beurteilen sich auch bei gemeinschaftlichem Sortenschutz nach dem
jeweils anwendbaren nationalen Recht.[33]

Im Grundsatz gelten hinsichtlich des Verschuldens die gleichen **Anforderun-** 20
gen wie im Patentrecht.[34] Dies gilt insb im Hinblick darauf, dass es sich auch
beim Sortenschutz um ein aufgrund einer Prüfung durch eine Behörde erteiltes Schutzrecht handelt.[35] Der spezifische, mit den technischen Schutzrechten
nicht ohne weiteres vergleichbare Gegenstand des SortRechts könnte aber vor
allem unter Berücksichtigung der infolge der jeweiligen ökologischen Gegebenheiten unvermeidbaren Variationsbreite der geschützten Sorte und unter
Berücksichtigung der erheblichen zeitbedingten Schwierigkeiten der Nach-
weisbarkeit einer Verletzung eine differenziertere Betrachtung der Verschul-
densfrage als im Patentrecht erforderlich machen.[36] Hinzu kommt, dass im
Anwendungsbereich der »Kaskadenlösung« (Rdn. 42 ff zu § 10) grds eine Geltendmachung der Ansprüche zum frühestmöglichen Zeitpunkt geboten ist.

Vorsätzlich handelt, wer in Kenntnis des Bestehens und des Inhalts eines 21
SortRechts bewusst, ohne dazu berechtigt zu sein, die Tatbestände des Abs 1
verwirklicht, oder dies ohne diese genaue Kenntnis billigend in Kauf nimmt,

---

32 Vgl *Leßmann/Würtenberger*[2] § 7 Rn. 29; *Wuesthoff*[2] Rn. 27.
33 *Wuesthoff/Leßmann/Würtenberger*[1] § 7 Rn. 1253, allerdings mit zwh Begr.
34 Hierzu *Busse/Keukenschrijver* § 139 PatG Rn. 103 ff; vgl *Leßmann/Würtenberger*[2]
    § 7 Rn. 33; *Wuesthoff*[2] Rn. 29.
35 Vgl *Leßmann/Würtenberger*[2] § 7 Rn. 37.
36 OLG Frankfurt Mitt 1982, 212, 214.

fahrlässig (§ 276 Abs 1 Satz 2 BGB), wer die im Verkehr erforderliche Sorgfalt außer acht lässt.

4. Besonderheiten beim Sortenschutz

22   Die Sorgfaltspflichten des Züchters und Vermehrers von Pflanzen erschöpfen sich nicht in der Prüfung des von dritter Seite gekauften Vermehrungsguts. Der Schutzgegenstand des Gesetzes legt dem Züchter Sorgfaltspflichten auf, die sich auf die Dauer der Aufzucht und den Vertrieb erstrecken. Von dem, der mit Saatgut handelt oder auf dem Gebiet der Züchtung, Kultivierung oder Vermehrung von Pflanzen tätig ist, muss verlangt werden, dass er die auf diesem Gebiet bestehenden Schutzrechte kennt und überwacht und dass er sich bei Anwendung verkehrsüblicher Sorgfalt über die Möglichkeit der Schutzrechtsverletzung hätte klar werden können.[37] Wer gutgläubig angeblich ungeschütztes Vermehrungsgut erwirbt, um damit gewerbsmäßig Veredelungen vorzunehmen und die vermehrten Pflanzen zu vertreiben, kann sich nicht auf guten Glauben im Erwerb berufen, wenn er bei Aufzucht der Pflanzen erkennen kann oder muss, dass diese die Merkmale einer geschützten Sorte zeigen.[38]

23   Muss sich dem Veräußerer von Kartoffeln, die objektiv geeignet sind, als Vermehrungsgut Verwendung zu finden, aufgrund der gesamten Umstände bei der Veräußerung **aufdrängen**, dass es dem Erwerber darum geht, sie als Vermehrungsgut zu verwenden, muss er Maßnahmen ergreifen, die Rechte des SortInhabers zu wahren. Die bloße Deklaration der Kartoffeln auf der Quittung oder Rechnung als »Speisekartoffeln« reicht hierzu nicht aus.[39]

24   Die Rspr hat auch von einem Händler von anderem als Vermehrungsmaterial (Gartencenter) eine **eigenverantwortliche Prüfung** der Schutzrechtslage verlangt, nicht nur den Einkauf bei einem erfahrenen Lieferanten.[40] Das ist auf Kritik gestoßen: hier könnten keine höheren Anforderungen als etwa bei einem Gemüsehändler gestellt werden; der Einzelhandel müsse sich darauf beschränken, bei erfahrenen Lieferanten einzukaufen. Der Händler muss sich

---

37   BGHZ 117, 264 = GRUR 1992, 612 Nicola mwN; OLG Frankfurt Mitt 1982, 212, 214; LG Mannheim 12.9.2003 7 O 810/00; *Leßmann/Würtenberger*[2] § 7 Rn. 35.
38   OLG Frankfurt Mitt 1982, 212, 214.
39   OLG Düsseldorf Mitt 1998, 153.
40   OLG Karlsruhe GRUR-RR 2003, 283, 285; vgl LG Mannheim 12.9.2003 7 O 810/00; *Leßmann/Würtenberger*[2] § 7 Rn. 36; *Wuesthoff*[2] Rn. 29.

aber – gerade wenn er aus dem Ausland bezieht – bei seinem Lieferanten vergewissern, dass die notwendige Überprüfung der Schutzrechtslage zumindest einmal durchgeführt worden ist.[41]

II. Schadensberechnung

1. Grundsatz

Es gelten die gleichen Grundsätze wie im Patentrecht.[42] Die dreifache Berechnungsart steht dem Verletzten grds zur Verfügung.[43] Auch dann, wenn lediglich bestimmte Auskunfts- oder Anzeigepflichten verletzt werden, wie bei der Nichteinhaltung bestimmter Pflichten durch den nachbauenden Landwirt oder den Aufbereiter, ist der Schadensersatzanspruch nach der Rspr des EuGH in voller Höhe (hier: Z-Lizenz) gegeben.[44]   25

Gegenstand eines Vorabentscheidungsersuchens an den EuGH[45] war, ob bei der Festsetzung der zu zahlenden »angemessenen Vergütung« zusätzlich stets pauschal ein bestimmter **Verletzerzuschlag** anzusetzen ist; das vorlegende Gericht hat dies verneint. Der EuGH hat hierzu entschieden,[46] Art 94 GemSortV sei dahin auszulegen, dass der Schadensersatzanspruch nach dem Prinzip des objektiven und vollständigen Schadensausgleichs den gesamten dem SortInhaber entstandenen Schaden erfasst, ohne dass auf der Grundlage dieses Artikels ein pauschaler Verletzerzuschlag angesetzt oder speziell die Herausgabe der Gewinne und Vorteile angeordnet werden kann, in deren Genuss der Verletzer gelangt ist; der Begriff der »angemessenen Vergütung« ist demnach   26

---

41 BGHZ 166, 203 = GRUR 2006, 595 Melanie; vgl auch *Metzger/Zech* Rn. 79; vgl zu den Prüfungsanforderungen auch OLG Düsseldorf 8.12.2016 2 U 6/13

42 Hierzu *Busse/Keukenschrijver* § 139 PatG Rn. 130 ff; *Schulte* § 139 PatG Rn. 89 ff; *Benkard* § 139 PatG Rn. 61 ff; vgl *Leßmann/Würtenberger*[2] § 7 Rn. 40 ff; *Metzger/Zech* Rn. 82, 87 ff; *Wuesthoff*[2] Rn. 30 ff; zur Schadensberechnung auch LG Düsseldorf 18.1.1994 4 O 2/91; zur Haftung in der Verletzerkette *Busse/Keukenschrijver* § 139 PatG Rn. 134; *Metzger/Zech* Rn. 91.

43 OLG Düsseldorf Mitt 1998, 153; zum Schadensersatz nach dem Verletzergewinn LG Düsseldorf 13.7.2006 4b O 28/06.

44 EuGH 5.7.2012 C-509/10 GRUR Int 2012, 745 Geistbeck, wonach der nachbauende Landwirt, der seine Verpflichtungen nicht erfüllt, als Dritter anzusehen ist, der ohne Berechtigung handelt, auf Vorlage BGH GRUR 2010, 1087 Solara, und nachgehend BGH 27.10.2012 X ZR 58/07; hierzu auch *Metzger/Zech* Rn. 83.

45 OLG Düsseldorf Mitt 2015, 40; vgl hierzu *Metzger/Zech* Rn. 82, 88.

46 EuGH 9.6.2016 C-481/14 GRUR 2016, 1043 Kapmargeriten (Hansson).

dahin auszulegen, dass er außer der üblichen Gebühr, die für die Erzeugung in Lizenz zu zahlen wäre, alle Schäden umfasst, die eng damit zusammenhängen, dass diese Gebühr nicht gezahlt wurde, wozu insb die Zahlung von Verzugszinsen gehören kann. Art 94 Abs 2 GemSortV ist dahin auszulegen, dass die Höhe des Schadens anhand konkreter Gesichtspunkte nötigenfalls pauschaliert festzulegen ist. Es läuft dieser Bestimmung nicht zuwider, dass die Kosten eines erfolglosen Verfahrens des vorläufigen Rechtsschutzes nicht in die Schadensbemessung einfließen, weiter nicht, dass im Rahmen des Ausgangsverfahrens entstandene außergerichtliche Kosten eine Berücksichtigung finden, sofern die Höhe der vom Verletzten zu tragenden Prozesskosten nicht dazu geeignet ist, ihn davon abzuhalten, seine Rechte gerichtlich geltend zu machen.[47] Der Anspruch auf Herausgabe des Verletzergewinns lässt sich beim gemeinschaftlichen Sortenschutz auch nicht über Art 97 Abs 1 GemSortV konstruieren; dies kann nicht mit dem Gesichtspunkt der »effektiven Durchsetzung des EU-Rechts« überspielt werden.[48]

2. Besonderheiten beim Sortenschutz

27   Ein Schaden in Form entgangener Lizenzgebühren kann dadurch entstehen, dass geschütztes Saatgut ohne Zustimmung des Berechtigten verkauft wird und hierfür keine Lizenzen an den Berechtigten gezahlt werden.[49] Dass es sich beim Käufer um einen vom Berechtigten beauftragten Testkäufer handelt, spielt keine Rolle.[50] Den angemessenen Lizenzsatz hat das OLG Düsseldorf bei Pflanzkartoffeln auf 10 % geschätzt.[51] Zum Schadensersatzanspruch beim »verhehlten« Nachbau Rdn. 29 ff zu § 10a.

28   Ob Kosten eines **Testkaufs** zum erstattungspflichtigen Schaden gehören, ist str.[52] Aufwendungen für den Testkäufer sind im Kostenfestsetzungsverfahren geltend zu machen.[53]

---

47   EuGH Kapmargeriten.
48   So aber wohl *von Gierke/Trauernicht* in *Metzger/Zech* Rn. 116.
49   Vgl zur Lizenzanalogie bei Nachbau LG Magdeburg 19.5.2005 7 O 398/05.
50   BGHZ 117, 264 = GRUR 1992, 612 Nicola.
51   BGH Nicola.
52   Verneinend OLG Düsseldorf Mitt 1998, 153; OLG Düsseldorf 25.4.1996 2 U 52/95 unter Hinweis auf eintretenden Vorteilsausgleich; bejahend OLG Karlsruhe GRUR 1999, 343, 346.
53   OLG Düsseldorf 25.4.1996 2 U 52/95; nach LG Düsseldorf 3.6.1997 4 O 380/96 gilt dies auch für die Kosten des Testkaufs als solche.

Bei unberechtigter **Verwendung der Sortenbezeichnung** oder verwechselba- 29
rer Bezeichnungen dürfte Schadensersatz nach der Lizenzanalogie regelmäßig
nicht in Betracht kommen;[54] dagegen kommt ein Schaden durch Marktverwirrung[55] in Betracht.[56]

3. Ersatzverpflichtung bei leichter Fahrlässigkeit

Die Sonderregelung ist im nationalen Recht wie im Patentrecht mit Umset- 30
zung der Durchsetzungsrichtlinie entfallen.

Nach der **gemeinschaftsrechtlichen Regelung** in Art 94 Abs 2 Satz 2 31
GemSortV darf, soweit von der Milderung Gebrauch gemacht wird, der Vorteil des Verletzers nicht unterschritten werden.[57]

III. Zeitliche Abgrenzung

Feststellung der Schadensersatzpflicht und Verurteilung zur Rechnungslegung 32
bedürfen wie im Patentrecht nur insoweit einer zeitlichen Abgrenzung, als der
Zeitraum, innerhalb dessen eine Benutzungshandlung erfolgt ist, für deren
Kennzeichnung als schuldhaft rechts-widrige Verletzungshandlung bestim-
mend ist. Im übrigen entbehren beide Verurteilungen der zeitlichen Beziehung, weil allein auf die Verletzungshandlung abgestellt wird, ohne dass dabei
der Zeitpunkt, zu dem sie vorgenommen worden ist, von Bedeutung ist.[58]
Solange ein zeitlich begrenztes Schutzrecht besteht, ist eine unbefristete Verurteilung – die immanent auf den Zeitraum der höchstmöglichen Schutzdauer
beschränkt ist – zulässig.[59]

---

54 Vgl *Metzger/Zech* Rn. 84.
55 Hierzu *Busse/Keukenschrijver* § 139 PatG Rn. 152; *Schulte* § 139 PatG Rn. 99.
56 Vgl *Leßmann/Würtenberger*[2] § 7 Rn. 43; *Wuesthoff*[2] Rn. 27.
57 Vgl *Leßmann/Würtenberger*[2] § 7 Rn. 32; *Metzger/Zech* Rn. 90.
58 BGHZ 117, 264 = GRUR 1992, 612 Nicola.
59 BGHZ 187, 1 = GRUR GRUR 2010, 996 Bordako, vgl *Busse/Keukenschrijver*
    § 139 PatG Rn. 255; zum Unterlassungsanspruch *Metzger/Zech* Rn. 74.

G. Bereicherungsanspruch[60]

33 Ein Bereicherungsanspruch kommt wie im Patentrecht in Betracht;[61] vgl zum gemeinschaftlichen Sortenschutz Art 97 Abs 1 GemSortV (dessen Charakter als Rechtsgrundverweisung oder als Rechtsfolgenverweisung nicht geklärt ist) mit Verweisung in das nationale Recht.[62] Dies ergibt sich auch aus der Regelung in Abs 4.[63] Darüber hinaus sieht Art 94 Abs 1 GemSortV auch bei schuldloser Verletzung einen im nationalen Recht nicht vorgesehenen Anspruch auf Zahlung einer angemessenen Vergütung vor.[64] Dies wird dort allerdings über den Bereicherungsanspruch ausgeglichen.

H. Entschädigungsanspruch

34 Die § 33 PatG vergleichbare Regelung in Abs 3 setzt Art 13 PflZÜ in das nationale Recht um. Für den gemeinschaftlichen Sortenschutz ist in Art 95 GemSortV eine entspr Regelung enthalten. Zwischen Bekanntmachung und Erteilung bestehen keine Unterlassungs- und Schadensersatzansprüche, wohl aber entsteht ein Vergütungsanspruch, allerdings erst dann und nur unter der Voraussetzung, dass der Sortenschutz erteilt wird;[65] dies wird, da die Regelung in Art 95 GemSortV ebenfalls an die Erteilung anknüpft, auch dort gelten müssen. Der Anspruch knüpft an die Benutzungshandlungen des § 10 Abs 1 oder nach der GemSortV an, nimmt aber die privilegierten Handlungen, insb den erlaubten Nachbau, aus.[66] Anders als im Patentrecht wird Wissen oder Wissenmüssen nicht verlangt.[67]

35 Hinsichtlich des **Umfangs des Anspruchs** kann auf die zu § 33 PatG entwickelten Grundsätze zurückgegriffen werden.[68] Zur Verjährung Rdn. 3 zu § 37f.

---

60 Hierzu *Busse/Keukenschrijver* § 139 PatG Rn. 199 ff; *Schulte* § 139 PatG Rn. 172 ff; *Benkard* § 139 PatG Rn. 81 ff.

61 *Nirk/Ullmann* S 207; *Metzger/Zech* § 37g Rn. 4.

62 Zur Anwendung des Rom II-Abk *Metzger/Zech* Rn. 110.

63 Vgl *Leßmann/Würtenberger*[2] § 7 Rn. 54, 107; *Wuesthoff*[2] Rn. 44.

64 Vgl *Wuesthoff/Leßmann/Würtenberger*[1] Rn. 1238; *van der Kooij* Art 94 Anm 2; *Metzger/Zech* Rn. 80 f.

65 Vgl *Leßmann/Würtenberger*[2] § 7 Rn. 47 f: *Metzger/Zech* Rn. 95.

66 Vgl *Metzger/Zech* Rn. 96.

67 Vgl *Metzger/Zech* Rn. 94.

68 Hierzu *Busse/Keukenschrijver* § 33 PatG Rn. 15; *Schulte* § 33 PatG Rn. 13 ff; *Benkard* § 33 PatG Rn. 12 f; *Leßmann/Würtenberger*[2] § 7 Rn. 47 f.

I. Einwendungen und Einreden

Auch hier gelten im Grundsatz die im Patentrecht entwickelten Regeln.[69] Der **36**
Sortenschutz ist so hinzunehmen, wie er erteilt ist.[70] Für den gemeinschaftlichen Sortenschutz ergibt sich das aus Art 105 GemSortV. Ein Einwand des
»freien Stands der Technik« wird anders als im Patentrecht nicht in Betracht
kommen.[71] Den Entnahmeeinwand wird man wie im Patentrecht als zulässig ansehen müssen.[72] Ob bei fehlender Unterscheidbarkeit der geschützten
Sorte gegenüber einer anderen der Arglisteinwand in Betracht kommen kann,
hat der BGH offengelassen.[73] Auch der Bereicherungsanspruch kann verwirkt
werden.[74]

Hinsichtlich der **Sortenbezeichnung** können bessere Rechte des Verletzers **37**
geltend gemacht werden, nicht jedoch Rechte Dritter[75] (Rdn. 8).

J. Darlegungs- und Beweislast[76]

Es gelten im Grundsatz die gleichen Regeln wie im Patentrecht,[77] eine Beweis- **38**
lastumkehr wie in § 139 Abs 3 PatG ist jedoch nicht vorgesehen.[78] Für den
substantiierten Klagevortrag soll es ausreichen, dass auf einer Verkaufsmesse
Pflanzen eines Wettbewerbers beobachtet wurden, die die für die geschützte
Pflanze typischen Merkmale, die sich für den Fachmann auf den ersten
Blick erkennen lassen, aufweisen.[79] Die Rechtsprechung hat zT DNS-Ana-
lysen ergänzend zugelassen, zT dies aber abgelehnt (Rdn. 25 zu § 38). Die

---

69 Hierzu *Busse/Keukenschrijver* § 139 PatG Rn. 209 ff; vgl *Hesse* GRUR 1975, 455,
460.
70 BGH GRUR 1967, 419 Favorit I.
71 Vgl – zum früheren Rechtszustand – *Hesse* GRUR 1975, 455, 460.
72 Vgl *Busse/Keukenschrijver* § 8 PatG Rn. 29; zwd noch *Hesse* GRUR 1975, 455, 462.
73 BGH GRUR 1967, 419 Favorit I.
74 BGHZ 146, 217 = GRUR 2001, 329 Temperaturwächter.
75 AA wohl weiterhin *Leßmann/Würtenberger*² § 7 Rn. 181 ff; vgl hierzu *1. Aufl*; vgl
weiter *Metzger/Zech* Rn. 63.
76 Zum Nachweis der Verletzung *Leßmann/Würtenberger*² § 7 Rn. 172 ff; *Wuesthoff*²
Rn. 61 ff.
77 Hierzu *Busse/Keukenschrijver* § 139 PatG Rn. 239 ff; *Würtenberger* GRUR 2004,
566, 569 f; Metzger/Zech Rn. 104 f.
78 Vgl *Hesse* GRUR 1975, 455, 461 mit dem Hinweis, dass sich die dort geregelte
Frage hier nicht stellt, in Fn 69.
79 *Würtenberger* GRUR 2004, 566, 569; vgl OLG Karlsruhe GRUR-RR 2004, 283.

Beweislast dafür, dass das einmal entstandene Recht erloschen sei, trifft[80] nicht den Verletzer; der (Fort-)Bestand des Schutzrechts ist nämlich anspruchsbegründende Tatsache.[81] Zur Beweislast bei im wesentlichen abgeleiteten Sorten Rdn. 21 ff. zu § 10.

K. Außergerichtliche Geltendmachung; Verwarnung; Testkauf

I. Allgemeines

39 Insoweit gelten die gleichen Grundsätze wie im Patentrecht;[82] besonderer Bedeutung kommt im SortRecht dem Testkauf zu (Rdn. 41).

II. Verwarnung

40 Die Grundsätze entsprechen auch hier denen in Patentsachen.[83] Die unberechtigte Verwarnung ist in SortSachen weiterhin als Eingriff in den eingerichteten und ausgeübten Gewerbebetrieb zu qualifizieren.[84] Verwarnung wegen mangelnder Sortenreinheit kann einen Missbrauch der Klagebefugnis nach § 13 Abs 5 UWG aF (jetzt § 8 Abs 4 UWG) darstellen, wenn mit der Verwarnung überwiegend sachfremde, für sich gesehen nicht schutzfähige Interessen verfolgt werden und diese als die eigentliche Triebfeder und das beherrschende Motiv der Verfahrenseinleitung erscheinen.[85]

III. Testkauf

41 Die insb im Wettbewerbsrecht entwickelten Grundsätze über die Zulässigkeit eines Testkaufs[86] finden auch im SortRecht Anwendung.[87]

---

80 Entgegen OLG Düsseldorf Mitt 1998, 153; *Hesse* GRUR 1975, 455, 460.
81 Wie hier wohl *Leßmann/Würtenberger*² § 7 Rn. 171; *Wuesthoff*² Rn. 60.
82 Hierzu *Busse/Keukenschrijver* § 139 PatG Rn. 268 ff.
83 Vgl auch BGH GRUR 1968, 382, 385 Favorit II, zur Abwehrwerbung; RB Den Haag BIE 2003, 185 Gypsofila I zur Rechtswidrigkeit nach niederländ Recht bei gemeinschaftlichem SortSchutz; vgl hierzu auch RB Den Haag 13.7.2005 Gypsofila II.
84 Die für Kennzeichenrechte abw Auffassung BGH I. Zivilsenat BGH GRUR 2004, 958 Verwarnung aus Kennzeichenrecht hat der Große Senat für Zivilsachen in seinem Beschluss vom 15.7.2005 nicht geteilt (BGHZ 164, 1 = GRUR 2005, 882 unberechtigte Schutzrechtsverwarnung I).
85 OLG Hamm GRUR-RR 2005, 141 f mwN.
86 Vgl *Köhler/Bornkamm* UWG § 4 Rn. 10.161 ff.
87 Vgl *Metzger/Zech* Rn. 107.

Überwachungsmaßnahmen eines SortBerechtigten durch Testkäufe sind grds nicht zu beanstanden. Testkäufe können jedoch insb dann unzulässig sein, wenn verwerfliche Mittel eingesetzt werden, um einen Verdächtigen der Schutzrechtsverletzung zu überführen.[88] Bei Vorliegen besonderer Umstände sind sie als sittenwidrig anzusehen, insb wenn mit ihnen lediglich die Absicht verfolgt wird, den Mitbewerber »hereinzulegen«, oder wenn verwerfliche Mittel angewandt werden, um ein unzulässiges Geschäft herbeizuführen. Hierunter fallen insb die in den Bereich der Strafbarkeit reichenden oder anderweit verwerflichen Mittel, ua auch die Anwendung besonderer Verführungskunst. Verwerfliche Mittel sind auch sonstige von der Rechtsordnung verbotene Handlungen, weil grds nicht Rechtsverletzungen hingenommen werden können, damit konkurrierende Unternehmen ihre wettbewerblichen Interessen besser verfolgen können.[89] Der bloße Aufkauf rechtswidrig in Verkehr gebrachten Saatguts reicht nicht zur Annahme eines unzulässigen Testkaufs aus.[90]

§ 37a Anspruch auf Vernichtung und Rückruf

(1) [1]Der Verletzte kann den Verletzer in den Fällen des § 37 Abs. 1 auf Vernichtung des im Besitz oder Eigentum des Verletzers befindlichen Materials, das Gegenstand der Verletzungshandlung ist, in Anspruch nehmen. [2]Satz 1 ist entsprechend auf die im Eigentum des Verletzers stehenden Vorrichtungen anzuwenden, die vorwiegend zur Herstellung dieses Materials gedient haben.

(2) Der Verletzte kann den Verletzer in den Fällen des § 37 Abs. 1 auf Rückruf rechtswidrig hergestellten, verbreiteten oder zur rechtswidrigen Verbreitung bestimmten Materials oder auf dessen endgültiges Entfernen aus den Vertriebswegen in Anspruch nehmen.

---

88 BGHZ 117, 264 = GRUR 1992, 612 Nicola; *Metzger/Zech* Rn. 108.
89 BGH GRUR 1989, 113f Mietwagentestfahrt; vgl auch BGHZ 43, 359, 367 = GRUR 1995, 612 Warnschild; BGH GRUR 1965, 607, 609 Funkmietwagen; BGHZ 93, 177 = GRUR 1985, 447, 450 Provisionsweitergabe; BGH NJW-RR 1990, 173 Beförderungsauftrag; BGH GRUR 1999, 1017 Kontrollnummernbeseitigung I; OLG Düsseldorf 25.4.1996 2 U 52/95: unrichtige Angabe des Testkäufers, Nebenerwerbslandwirt zu sein, ist nicht sittenwidrig; OLG Saarbrücken GRUR 2001, 175.
90 BGH Nicola.

(3) [1]Die Ansprüche nach den Absätzen 1 und 2 sind ausgeschlossen, wenn die Maßnahme im Einzelfall unverhältnismäßig ist. [2]Bei der Prüfung der Verhältnismäßigkeit sind auch die berechtigten Interessen Dritter zu berücksichtigen.

Ausland: Belgien: vgl Art 36 SortG; **Bulgarien:** Art 29 Abs 3 Pflanzen- und TierzuchtG; **Finnland:** vgl Sec 38 SortG 2009; **Frankreich:** Art L 623-28-1 Abs 1 CPI (eingefügt 2007); **Litauen:** Art 41[5] SortG; **Norwegen:** Art 24 SortG; **Schweden:** Kap 9 § 7 Växtförädlarrättslag; **Tschech. Rep.:** Art 27 Abs 3 SortG 2000

Schrifttum

Becker Rückruf- und Entfernungsansprüche im geistigen Eigentum de lege ferenda, ZGE Bd 4 (2012), 452; *Bodewig* Praktische Probleme bei der Abwicklung einer Patentverletzung: Unterlassung, Beseitigung, Auskunft, GRUR 2005, 632; *Chudziak* Die Anwendung des § 883 ZPO bei der Zwangsvollstreckung von Vernichtungsansprüchen des gewerblichen Rechtsschutzes und Urheberrechts, Deutsche Gerichtsvollzieherzeitung 2011, 177; *Diekmann* Der Vernichtungsanspruch, Diss Tübingen 1993; *Diekmann* Begrenzung wettbewerbsrechtlicher Ansprüche durch den Grundsatz der Verhältnismäßigkeit, GRUR 1996, 82; *Gommlich* Die Beseitigungsansprüche im UWG, 2001, zugl Diss Münster; *Hoppe-Jänisch* Die straflose Vermeidung des patentrechtlichen Vernichtungsanspruchs, GRUR 2014, 1163; *Igelmann* Der Vernichtungsanspruch im gewerblichen Rechtsschutz und Urheberrecht, Diss Osnabrück 2002; *Jaenich* Der Rückruf- und Entfernungsanspruch im Markenrecht nach Umsetzung derEnforcement-Richtlinie 2004/48/EG, MarkenR 2008, 413; *D. Jestaedt* Die Ansprüche auf Rückruf und Entfernen schutzrechtsverletzender Gegenstände aus den Vertriebswegen, GRUR 2009, 102; *Kisch* (Entscheidungsanmerkung) JW 1931, 1878; *Künzel* Rückruf und endgültiges Entfernen aus den Vertriebswegen: Inhalt, Durchsetzung und Antragsfassung, FS P. Mes (2009), 241; *Miosga* Die Ansprüche auf Rückruf und Entfernen im Recht des geistigen Eigentums, Diss 2010; *Mühlens* Neue Waffe gegen Produktpiraterie, CR 1990, 433; *Nieder* Vernichtungsanspruch und Veräußerung des streitbefangenen Verletzungsgegenstands im Patentprozess, GRUR 2013, 264; *Peukert/ Kur* Stellungnahme des Max-Planck-Instituts für Geistiges Eigentum, Wettbewerbs- und Steuerrecht zur Umsetzung der Richtlinie 2004/48/EG zur Durchsetzung der Rechte des geistigen Eigentums in deutsches Recht, GRUR Int 2006, 292, 303; *Retzer* Einige Überlegungen zum Vernichtungsanspruch bei Nachahmung von Waren oder Leistungen, FS H. Piper (1996), 421; *Rinken* Der Wegfall von Besitz und Eigentum an patentierten Erzeugnissen nach Rechtshängigkeit – kein Fall des § 265 II 1 ZPO, GRUR 2015, 745; *Schönherr/Adocker* Österreichischer OGH entscheidet über Fragen des Exports und des Beseitigungsanspruchs bei Patentverletzungen, GRUR Int 2010, 8; *Teplitzky* Das Verhältnis des objektiven Beseitigungsanspruchs zum Unterlassungsanspruch im Wettbewerbsrecht, WRP 1984, 365; *Thun* Der immaterialgüterrechtliche

Vernichtungsanspruch, Diss Konstanz 1998; *Trube* Zum Vernichtungsanspruch nach § 18 MarkenG bei »nicht-erschöpfter« Ware, MarkenR 2001, 225; *von der Osten/Pross* Die Vollstreckung des nach § 140a Patentgesetz ausgeurteilten Vernichtungsanspruches, FS W. Meibom (2010), 481; *Walchner* Der Beseitigungsanspruch im gewerblichen Rechtsschutz und Urheberrecht: Widerruf – Vernichtung – Urteilsveröffentlichung, Diss München 1996/98; *Wreesmann* Der Anspruch auf Rückruf patentverletzender Erzeugnisse nach § 140a III, IV PatG, Mitt 2010, 278.

Vernichtungs- und Rückrufanspruch. Die Bestimmung ist durch das PrPG   1
neu eingestellt worden; sie entspricht § 140a PatG,[1] § 24a GebrMG, § 18
MarkenG, dem jetzigen § 43 DesignG und § 98 UrhG. Durch das Gesetz zur
Verbesserung der Durchsetzung der Rechte des geistigen Eigentums ist sie neu
gefasst und um die Regelung des Rückrufs ergänzt worden. Zur Anwendbarkeit beim gemeinschaftlichen Sortenschutz Rdn. 12 vor § 37.

Die Ansprüche haben im SortRecht besondere **Bedeutung**.[2] Es trifft allerdings   2
nicht zu, dass grds nur Vernichtung in Betracht zu ziehen ist.[3] Beseitigung auf
andere Weise kann zB durch Veräußerung von Saatkartoffeln als Speisekartoffeln in Betracht kommen.[4]

Die Vernichtungs- und Auskunftsansprüche bestehen im Hinblick auf rechts-   3
verletzendes Material gem § 37 Abs 1 Nr 1 und Nr 2. Der Fall der **Verwendung der Sortenbezeichnung** ist damit ebenfalls erfasst; seine Nichteinbeziehung würde der Richtlinienvorgabe nicht entsprechen.[5]

Die Ansprüche auf Rückruf und auf endgültige Entfernung aus den Vertriebs-   4
wegen können nebeneinander geltend gemacht werden.[6] Ein Anspruch auf
Rückruf aus den Vertriebswegen ist nicht deshalb ausgeschlossen, weil der
Verpflichtete im Ausland ansässig ist.[7]

---

1   Vgl Begr PrPG BTDrs 11/4792 = BlPMZ 1990, 173, 193; *Leßmann/Würtenberger*[2]
    § 7 Rn. 67 ff; s im einzelnen die Kommentierung dieser Bestimmung insb bei *Busse/
    Keukenschrijver, Benkard* und *Schulte* PatG.
2   *Leßmann/Würtenberger*[2] § 7 Rn. 70.
3   AA *Leßmann/Würtenberger*[2] § 7 Rn. 70; vgl auch *Metzger/Zech* Rn. 12.
4   Vgl OLG Düsseldorf Mitt 1998, 153; OLG Düsseldorf 25.4.1996 2 U 52/95;
    Metzger/Zech Rn. 12.
5   *Peukert/Kur* GRUR Int 2006, 292, 303.
6   BGHZ Vv = GRUR Vv (GRURPrax 2017, 327 KT)   16.5.2017 X ZR 120/15
    Abdichtsystem, zum Patentrecht.
7   BGH Abdichtsystem.

§ 37b Anspruch auf Auskunft

(1) Der Verletzte kann den Verletzer in den Fällen des § 37 Abs. 1 auf unverzügliche Auskunft über die Herkunft und den Vertriebsweg des rechtsverletzenden Materials in Anspruch nehmen.

(2) ¹In Fällen offensichtlicher Rechtsverletzung oder in Fällen, in denen der Verletzte gegen den Verletzer Klage erhoben hat, besteht der Anspruch unbeschadet von Absatz 1 auch gegen eine Person, die in gewerblichem Ausmaß
1. rechtsverletzendes Material in ihrem Besitz hatte,
2. rechtsverletzende Dienstleistungen in Anspruch nahm,
3. für rechtsverletzende Tätigkeiten genutzte Dienstleistungen erbrachte oder
4. nach den Angaben einer in Nummer 1, 2 oder Nummer 3 genannten Person an der Herstellung, Erzeugung oder am Vertrieb solchen Materials beteiligt war,

es sei denn, die Person wäre nach den §§ 383 bis 385 der Zivilprozessordnung im Prozess gegen den Verletzer zur Zeugnisverweigerung berechtigt. ²Im Fall der gerichtlichen Geltendmachung des Anspruchs nach Satz 1 kann das Gericht den gegen den Verletzer anhängigen Rechtsstreit auf Antrag bis zur Erledigung des wegen des Auskunftsanspruchs geführten Rechtsstreits aussetzen. ³Der zur Auskunft Verpflichtete kann von dem Verletzten den Ersatz der für die Auskunftserteilung erforderlichen Aufwendungen verlangen.

(3) Der zur Auskunft Verpflichtete hat Angaben zu machen über
1. Namen und Anschrift der Erzeuger, Lieferanten und anderer Vorbesitzer des Materials oder Dienstleistungen sowie der gewerblichen Abnehmer und Verkaufsstellen, für die sie bestimmt waren, und
2. die Menge des hergestellten, ausgelieferten, erhaltenen oder bestellten Materials sowie über die Preise, die für das betreffende Material oder die betreffenden Dienstleistungen bezahlt wurden.

(4) Die Ansprüche nach den Absätzen 1 und 2 sind ausgeschlossen, wenn die Inanspruchnahme im Einzelfall unverhältnismäßig ist.

(5) Erteilt der zur Auskunft Verpflichtete die Auskunft vorsätzlich oder grob fahrlässig falsch oder unvollständig, so ist er dem Verletzten zum Ersatz des daraus entstehenden Schadens verpflichtet.

(6) Wer eine wahre Auskunft erteilt hat, ohne dazu nach Absatz 1 oder Absatz 2 verpflichtet gewesen zu sein, haftet Dritten gegenüber nur, wenn er wusste, dass er zur Auskunftserteilung nicht verpflichtet war.

(7) In Fällen offensichtlicher Rechtsverletzung kann die Verpflichtung zur Erteilung der Auskunft im Wege der einstweiligen Verfügung nach den §§ 935 bis 945 der Zivilprozessordnung angeordnet werden.

(8) Die Erkenntnisse dürfen in einem Strafverfahren oder in einem Verfahren nach dem Gesetz über Ordnungswidrigkeiten wegen einer vor der Erteilung der Auskunft begangenen Tat gegen den Verpflichteten oder gegen einen in § 52 Abs. 1 der Strafprozessordnung bezeichneten Angehörigen nur mit Zustimmung des Verpflichteten verwertet werden.

(9) [1]Kann die Auskunft nur unter Verwendung von Verkehrsdaten (§ 3 Nr. 30 des Telekommunikationsgesetzes) erteilt werden, ist für ihre Erteilung eine vorherige richterliche Anordnung über die Zulässigkeit der Verwendung der Verkehrsdaten erforderlich, die von dem Verletzten zu beantragen ist. [2]Für den Erlass dieser Anordnung ist das Landgericht, in dessen Bezirk der zur Auskunft Verpflichtete seinen Wohnsitz, seinen Sitz oder eine Niederlassung hat, ohne Rücksicht auf den Streitwert ausschließlich zuständig. [3]Die Entscheidung trifft die Zivilkammer. [4]Für das Verfahren gelten die Vorschriften des Gesetzes über das Verfahren in Familiensachen und in den Angelegenheiten der freiwilligen Gerichtsbarkeit entsprechend. [5]Die Kosten der richterlichen Anordnung trägt der Verletzte. [6]Gegen die Entscheidung des Landgerichts ist die Beschwerde statthaft. [7]Die Beschwerde ist binnen einer Frist von zwei Wochen einzulegen. [8]Die Vorschriften zum Schutz personenbezogener Daten bleiben im Übrigen unberührt.

(10) Durch Absatz 2 in Verbindung mit Absatz 9 wird das Grundrecht des Fernmeldegeheimnisses (Artikel 10 des Grundgesetzes) eingeschränkt.

Ausland: Frankreich: Art L 623-27-2 CPI (eingefügt 2007); Irland: Sec 20 PV(A)A; Lettland: Sec 35 SortG (geänd 2010); Litauen: Art 41[1] SortG; Polen: vgl Art 25, 36b SortG; Schweden: vgl Kap 9 §§ 7a–7h Växtförädlarrättslag; Slowenien: Art 46 SortG

Schrifttum

Abel Der Gegenstand des Auskunftsanspruches im deutschen Gewerblichen Rechtsschutz und Urheberrecht, FS J. Pagenberg (2006), 221; *Ahrens* Gesetzgebungsvorschlag zur Beweisermittlung bei Verletzung von Rechten des geistigen Eigentums, GRUR 2005, 837; *Alexander-Katz* Das Verhältnis des Rechnungslegungsanspruchs zum

Schadensersatzanspruch im Verletzungsprozeß, MuW 23, 71; *Allekotte* (Zwangs-)Vollstreckungsrechtliche Stolperfallen in Patentverletzungsstreitigkeiten GRURPrax 2014, 119; *Amschewitz* Selbständiger und akzessorischer Auskunftsanspruch nach Umsetzung der Durchsetzungsrichtlinie, WRP 2011, 301; *Ann/Hauck/Maute* Auskunftsanspruch und Geheimnisschutz im Verletzungsprozess, 2011; *Apel* Umfang und Grenzen von Auskunftsansprüchen unter Berücksichtigung der Spezialvorschriften des Produktpirateriegesetzes, BRAK-Mitteilungen 1996, 253; *Asendorf* Auskunfts- und Rechnungslegungsansprüche nach dem Produktpiraterieesetz und ihre analoge Anwendung auf Wettbewerbsverstöße, FS F. Traub (1994), 21; *O. Axster* TRIPS und das deutsche Verbot des Ausforschungsbeweises, FS R. Volhard (1996), 19; *Banzhaf* Der Auskunftsanspruch im gewerblichen Rechtsschutz und Urheberrecht, Diss Heidelberg 1989; *Battenstein* Instrumente zur Informationsbeschaffung im Vorfeld von Patent- und Urheberrechtsverletzungsverfahren: der Vorlegungs- und Besichtigungsanspruch nach § 809 BGB und die Richtlinie 2004/48/EG zur Durchsetzung der Rechte des Geistigen Eigentums, Diss Düsseldorf 2005; *Berlit* Auswirkungen des Gesetzes zur Verbesserung der Durchsetzung von Rechten des geistigen Eigentums im Patentrecht, WRP 2007, 732; *Bodewig* Praktische Probleme bei der Abwicklung einer Patentverletzung: Unterlassung, Beseitigung, Auskunft, GRUR 2005, 632; *Bohne* Zum Erfordernis eines gewerblichen Ausmaßes der Rechtsverletzung in § 10 Abs. 2 UrhG, CR 2010, 104; *Brändel* Die Problematik eines Anspruchs auf ergänzende Rechnungslegung bei Schutzrechtsverletzungen, GRUR 1985, 616; *Brandi-Dohrn* Die Verfolgung von Softwareverletzungen mit den Mitteln des Zivilrechts, CR 1985, 67; *Brandi-Dohrn* Wer hat die eidesstattliche Versicherung auf die Richtigkeit der Auskunft zu leisten? GRUR 1999, 131; *Dilly* »Nicola« siegt über »Gaby« – zum Umfang des akzessorischen Auskunftsanspruchs nach § 242 BGB, WRP 2007, 1313; *Dörre/Maaßen* Das Gesetz zur Verbesserung von Rechten des Geistigen Eigenzums (Teil 1), GRUR-RR 2008, 217; *Dreier* TRIPS und die Durchsetzung von Rechten des geistigen Eigentums, GRUR Int 1996, 205; *Eichmann* Die Durchsetzung des Anspruchs auf Drittauskunft, GRUR 1990, 575; *Ensthaler* Produktpiraterie, GRUR 1992, 273; *Fritze/Stauder* Die Beschaffung von Beweisen für die Verletzung von gewerblichen Schutzrechten, GRUR Int 1986, 342; *Götting* Die Entwicklung neuer Methoden der Beweisbeschaffung von Schutzrechtsverletzungen – Die Anton-Piller-Order – ein Modell für das deutsche Recht? GRUR Int 1988, 729; *Gottwald* Zur Wahrung von Geschäftsgeheimnissen im Zivilprozeß, BB 1979, 1780; *Grosch/Schilling* Rechnungslegung und Schadensersatzfeststellung für die Zeit nach Schluss der mündlichen Verhandlung? FS G. Eisenführ (2003), 131; *Haag* Umfang und Vollstreckung des Auskunftsanspruchs nach dem Vertrieb schutzrechtsverletzender und nicht-schutzrechtsverletzender Produkte, FS 10 Jahre Studiengang »International Studies in Intellectual Property Law« (2009), 221, auch in Mitt 2011, 159; *Haedicke* Informationsbefugnisse des Schutzrechtsinhabers im Spiegel der EG-Richtlinie zur Durchsetzung der Rechte des geistigen Eigentums, FS G. Schricker (2005), 19; *Ibbeken* Das TRIPS-Übereinkommen und die vorgerichtliche Beweishilfe im gewerblichen Rechtsschutz, Diss Heidelberg 2003; *Jestaedt* Auskunfts- und Rechnungslegungsanspruch bei Sortenschutzverletzung, GRUR 1993, 219; *Jestaedt* Die Ansprüche auf Auskunft und Rechnungslegung, VPP-Rdbr 1998, 67; *Kaess* Die eidesstattliche Versicherung bei Auskünften über den Vertriebsweg (Drittauskunft): § 101 UrhG, § 140c PatG, § 24b GebrMG, § 19 MarkenG, § 46 DesignG, § 37b SortG), FS G. Schulze (2017); *Kitz* Rechtsdurchsetzung im geistigen Eigentum: neue Regeln, NJW 2008, 2374; *Knaak* Die EG-Richtlinie zur Durchsetzung der Rechte und Umsetzungsbedarf im deutschen Recht, GRUR Int 2004, 745; *Knieper* Mit Belegen gegen Produktpiraten, WRP 1999, 1116; *Köhler* Der Schadensersatz-, Bereicherungs- und Auskunftsanspruch im Wettbewerbsrecht, NJW 1992, 1477; *Köhler* Die Begren- zung wettbewerbsrechtlicher Ansprüche durch den Grundsatz der Verhältnismäßigkeit, GRUR 1996, 82; *König* Die Beweisnot des Klägers und der Besichtigungsanspruch nach § 809 BGB bei Patent- und Gebrauchsmusterverletzungen, Mitt 2002, 153; *U. Krieger* Durchsetzung gewerblicher Schutzrechte in Deutschland und die TRIPS-Stan- dards, GRUR Int 1997, 421; *Kühnen* Die Besichtigung im Patentrecht. Eine Bestands- aufnahme zwei Jahre nach »Faxkarte«, GRUR 2005, 185; *Kur* The Enforcement Direc- tive – Rough Start, Happy Landing? IIC 2004, 821; *Leppin* Besichtigungsanspruch und Betriebsgeheimnis, GRUR 1984, 552, 695, 770; *Marshall* Der Besichtigungsanspruch, FS A. Preu (1988), 151; *McGuire* Beweismittelvorlage und Auskunftsanspruch nach der Richtlinie 2004/48/EG zur Durchsetzung der Rechte des geistigen Eigentums, GRUR Int 2005, 15; *Melullis* Zum Besichtigungsanspruch im Vorfeld der Feststellung einer Verletzung von Schutzrechten, FS W. Tilmann (2003), 843; *Mes* Si tacuisses – Zur Darlegungs- und Beweislast im Prozeß des gewerblichen Rechtsschutzes, GRUR 2000, 934; *Mes* Zum »gewerblichen Ausmaß« im gewerblichen Rechtsschutz und Urheber- recht, GRUR 2011, 1083; *Meyer-Dulheuer* Der Vorlegungsanspruch bei biotechnologi- schen Erfindungen, GRUR Int 1987, 14; *Musiol* Erste Erfahrungen mit der Anwen- dung des § 101 IX UrhG – wann erreicht die Verletzung ein »gewerbliches Ausmaß«? GRUR-RR 2009, 1; *Nieder* Zur Bekanntgabe von Abnehmern, Abnahmemengen, Lieferdaten und -preisen im Kennzeichenrecht, GRUR 1999, 654; *K. Oppermann* Der Auskunftsanspruch im gewerblichen Rechtsschutz und Urheberrecht, dargestellt unter besonderer Berücksichtigung der Produktpiraterie, Diss Humboldt-Universität Berlin 1995/1997; *Patnaik* Enthält deutsches Recht Mittel zur Bekämpfung von Nachahmun- gen und Produktpiraterie? GRUR 2004, 191; *Peukert/Kur* Stellungnahme des Max-Planck-Instituts für Geistiges Eigentum, Wettbewerbs- und Steuerrecht zur Umsetzung der Richtlinie 2004/48/EG zur Durchsetzung der Rechte des geistigen Eigentums, GRUR Int 2008, 292; *Pitz* Passivlegitimation in Patentstreitverfahren, GRUR 2009, 805; *Raabe* Der Auskunftsanspruch nach dem Referentenentwurf zur Verbesserung der Durchsetzung von Rechten des geistigen Eigentums, ZUM 2006, 439; *Reimann* Quod es in actis, est in mundo? FS P. Mes (2009), 293; *Reinartz* Die vorgerichtliche Beweishilfe im gewerblichen Rechtsschutz und Urheberrecht, Diss Trier 2008; *Rojahn* Praktische Probleme bei der Abwicklung der Rechtsfolgen einer Patentver- letzung, GRUR 2005, 623; *Schmaltz/Kuczera* Patentverletzung und Betrug; Kollision von Strafrecht und Zivilprozeßrecht bei Auskunft und Rechnungslegung im

Patentverletzungsstreit, GRUR 2006, 97; *Schmidhuber* Schadensersatz bei falscher oder
unvollständiger Erteilung einer Auskunft, WRP 2008, 296; *Schulz* Von Umsätzen,
Angebotsempfängern, Abnehmeradressen, Gestehungskosten und Lieferantennamen,
FS R. Klaka (1987), 27; *Seichter* Die Umsetzung der Richtlinie zur Durchsetzung der
Rechte des geistigen Eigentums, WRP 2006, 391; *Seichter* Der Auskunftsanspruch
nach Artikel 8 der Richtlinie zur Durchsetzung der Rechte des geistigen Eigentums, FS
E. Ullmann (2006), 983; *Siebert* Geheimnisschutz und Auskunftsansprüche im Recht
des Geistigen Eigentums, 2011; *A. Stadler* »Was drei wissen, das erfahren hundert« –
Auskunftspflichten und Geheimnisschutz im Zivilprozess nach Umsetzung der Richtlinie zur Durchsetzung der Rechte des geistigen Eigentums, FS D. Leipold (2009), 201;
Stauder Überlegungen zur Schaffung eines besonderen Beweisverfahrens im Europäischen Patentverletzungsrecht, GRUR Int 1978, 230, 236; *Stauder* Umfang und Grenzen der Auskunftspflicht im gewerblichen Rechtsschutz und Urheberrecht, GRUR Int
1982, 226; *Steinbeck* »Windsor Estate« – Eine Anmerkung, GRUR 2008, 110; *Stjerna*
Pflicht des Schuldners zur Vorlage von Belegen im Rahmen der Auskunft und Rechnungslegung, GRUR 2011, 789; *Teplitzky* Das Verhältnis des objektiven Besichtigungsanspruchs zum Unterlassungsanspruch im Wettbewerbsrecht, WRP 1984, 365;
Teplitzky Neue Entwicklungen beim wettbewerbs- und markenrechtlichen Auskunftsanspruch, FS W. Tilmann (2003), 913; *Tilmann* Der Auskunftsanspruch, GRUR 1987,
251 = FS 25 Jahre BPatG (1986), 293; *Tilmann* Zum Anspruch auf Auskunftserteilung
wegen Warenzeichenverletzung, GRUR 1990, 160; *Tilmann* Beweissicherung nach
Art 7 der Richtlinie zur Durchsetzung der Rechte des geistigen Eigentums, GRUR
2005, 737; *Tilmann/Schreibauer* Beweissicherung vor und im Patentverletzungsprozess,
FS W. Erdmann (2002), 901; *Tilmann/Schreibauer* Die neueste BGH-Rechtsprechung
zum Besichtigungsanspruch nach § 809 BGB, GRUR 2002, 1015; *van Merveldt* Der
Auskunftsanspruch im gewerblichen Rechtsschutz, 2007; *von Gamm* Zur sog. Drittauskunft bei Wettbewerbsverletzungen, FS R. Vieregge (1995), 261; *von Hartz* Beweissicherung im gewerblichen Rechtsschutz und Urheberrecht: Umsetzung internationaler
Vorgaben in nationales Recht, Diss Freiburg (Br) 2003; *Wilhelmi* Das gewerbliche Ausmaß als Voraussetzung der Auskunftsansprüche nach dem Durchsetzungsgesetz, ZUM
2008, 942; *Wiume* Der Auskunftsanspruch im Markenrecht, Diss Konstanz 2001;
Wreesmann Der Drittauskunftsanspruch im gewerblichen Rechtsschutz und Urheberrecht (Teil 1), CIPReport 4/2009, 139.

Übersicht	Rdn.
A. Entstehungsgeschichte	1
B. Anwendungsbereich	2
C. Inhalt	4
D. Durchsetzung	7
E. Allgemeiner Auskunftsanspruch	8
F. Auskunftsansprüche bei Nachbau	11

A. Entstehungsgeschichte

Die Bestimmung, die im wesentlichen Art 8 DurchsetzungsRl entspricht, ist **1** in ihrer ursprünglichen Form durch Art 7 Nr 5 des Produktpirateriegesetzes (PrPG) vom 7.3.1990 eingefügt worden, sie entspricht § 140b PatG,[1] § 24b GebrMG, § 19 MarkenG, dem jetzigen § 46 DesignG und § 101a UrhG. Zur Reform durch die Umsetzung der DurchsetzungsRl vgl Rdn. 3 zu § 37a. Abs 9 ist durch das FGG-Reformgesetz vom 17.12.2008 geänd worden.[2]

B. Anwendungsbereich

Die Anwendung der Bestimmung auf den **nationalen Sortenschutz** ist unpro- **2** blematisch.

Auch der **gemeinschaftliche Sortenschutz** wird von der Regelung erfasst **3** (vgl auch Rdn. 11 vor § 37). Das gilt jedenfalls für den allg Auskunftsanspruch,[3] aber auch für die Ansprüche aus § 37b, obwohl die GemSortV einen Anspruch auf Drittauskunft nicht explizit vorsieht. Bei der Rechnungslegung über die Grundlagen des Schadensersatzanspruchs geht es nicht um eine zusätzliche, im Gemeinschaftsrecht nicht vorgesehene Wirkung des Sortenschutzes, sondern um die effektive Durchsetzung des gemeinschaftsrechtl Schadensersatzanspruchs; das nationale Recht muss diese gewährleisten.[4] Art 107 GemSortV verpflichtet die Mitgliedstaaten jedoch, alle geeigneten Maßnahmen zu treffen, um sicherzustellen, dass für die Ahndung von Verletzungen eines gemeinschaftlichen Sortenschutzes die gleichen Vorschriften in Kraft treten, die für eine Verletzung entsprechender nationaler Rechte gelten. Dies verpflichtet die Mitgliedstaaten zur Anwendung des nationalen Rechts auch auf den gemeinschaftlichen Sortenschutz.[5]

C. Inhalt

Die Regelung über den (verschuldensunabhängigen) Auskunftsanspruch[6] ent- **4** spricht weitestgehend der Regelung in § 140b PatG (Abweichung bei der

---

1 Vgl Begr PrPG BlPMZ 1990, 173, 193; *Leßmann/Würtenberger*[2] § 7 Rn. 74 ff.

2 BGBl I 2586 = BlPMZ 2009, 87, 89.

3 BGHZ 166, 203 = GRUR 2006, 575 Melanie; OLG Karlsruhe GRUR-RR 2004, 283: auf gewohnheitsrechtl Grundlage.

4 Vgl *Leßmann/Würtenberger*[2] § 7 Rn. 75.

5 Vgl BGH Melanie.

6 Vgl *Metzger/Zech* Rn. 3 ff.

Verwendung des Begriffs Material statt Erzeugnisse) sowie den übrigen Regelungen im Bereich des gewerblichen Rechtsschutzes und des Urheberrechts. Zu ihrer Erläuterung kann daher auf die Kommentierungen zu diesen Gesetzen[7] Bezug genommen werden. Der Anspruch erfasst nach Maßgabe des Abs 2 nicht nur den Verletzer, sondern auch Dritte (»Drittauskunft«).[8]

5   Die Regelung erfasst auch auf die Verwendung der **Sortenbezeichnung.**

6   Ein **Wirtschaftsprüfervorbehalt** kommt insoweit wie im Patentrecht grds nicht in Betracht.[9]

D. Durchsetzung

7   Aus den verschiedenen Sprachfassungen der DurchsetzungsRl ergibt sich nicht, dass der Auskunftsanspruch in ein und demselben Verfahren, in dem auch die Rechtsverletzung festgestellt werden soll, geltend machen muss; Geltendmachung ist daher noch in einem gesonderten Verfahren möglich.[10]

E. Allgemeiner Auskunftsanspruch

8   Hier gelten dieselben Grundsätze wie im Patentrecht.[11] Auch im SortRecht der Beginn der Verletzungshandlung nicht nachzuweisen.[12] Der Verletzer hat Rechnung zu legen über die Benutzungshandlungen, die er in dem dafür überhaupt in Betracht kommenden Zeitraum während der Schutzdauer des Rechts vorgenommen hat. Hierdurch wird er nicht ungerechtfertigt beschwert; denn der SortInhaber wird idR den tatsächlichen Umfang einer Verletzung seines Rechts durch einen Vermehrer nur und erst auf Grund der Rechnungslegung des Verletzers feststellen können. Das ohnehin begrenzte Recht des Züchters

---

7   ZB *Busse/Keukenschrijver*, Kommentierung zu § 140b PatG; *Benkard,* Kommentierung zu § 140b PatG; *Schulte,* Kommentierung zu § 140b PatG; *Ströbele/Hacker,* Kommentierung zu §19 MarkenG.

8   Vgl *Metzger/Zech* Rn. 7; *Leßmann/Würtenberger*[2] § 7 Rn. 55; näher *Busse/ Keukenschrijver* § 140b PatG Rn. 7 ff.

9   OLG München 8.7.1999 6 U 4120/97; *Leßmann/Würtenberger*[2] § 7 Rn. 87; vgl BGH GRUR 1995, 338 Kleiderbügel; *Fitzner/Lutz/Bodewig* PatG § 140b Rn. 24; wohl aA *Mes* PatG § 140b Rn. 43.

10 EuGH 18.1.2017 C-427/15 GRUR 2017, 316.

11 Vgl etwa die Kommentierung bei *Busse/Keukenschrijver* § 140b PatG Rn. 48 ff.

12 BGHZ 117, 264 = GRUR 1992, 612 Nicola; die gegenteilige Auffassung für das Markenrecht in BGH GRUR 1988, 307 Gaby hat der I. Zivilsenat des BGH aufgegeben, BGHZ 173, 269 = GRUR 2007, 877 Windsor Estate.

würde aber in seiner Durchsetzbarkeit erheblich beschränkt, wäre der Sort-Inhaber genötigt, die Rechnungslegungspflicht des Verletzers auf den Zeitraum ab der konkret festgestellten Verletzungshandlung zu beschränken.[13] Sofern ein Abnehmer zumindest eine Verletzungshandlung begangen hat, ist der Lieferant, der dies pflichtwidrig und schuldhaft mitverursacht hat, grds verpflichtet, über alle Lieferungen an diesen Abnehmer Rechnung zu legen.[14]

Grenzen. Der Auskunfts- und Rechnungslegungsanspruch geht nicht über **9** den Rahmen des verletzten Rechts hinaus. Er verpflichtet den Verletzer nicht zu einer über den durch § 259 BGB gesteckten Rahmen hinausgehenden Auskunft darüber, ob er neben den festgestellten Verletzungshandlungen auch weitere Vertriebshandlungen vorgenommen hat, die möglicherweise andere SortRechte verletzen.[15]

Form; eidesstattliche Versicherung. Die Auskunft ist schriftlich zu erteilen; **10** Auskunft in elektronischer Form soll nicht geschuldet sein.[16] Nach der geltenden Rechtslage bestehen durchgreifende Bedenken, einen Anspruch auf Abgabe der eidesstattlichen Versicherung im Rahmen des § 37c zu bejahen, dies insb in Hinblick auf die strafrechtl Folgen der eidesstattlichen Versicherung.[17]

F. Auskunftsansprüche bei Nachbau

Zu den weitergehenden Auskunftsansprüchen nach § 10a und nach Art 14 **11** GemSortV Rdn. 33 ff, 40 zu § 10a.

§ 37c Besichtigungs- und Vorlageansprüche

(1) [1]Bei hinreichender Wahrscheinlichkeit einer Rechtsverletzung im Sinn von § 37 Abs. 1 kann der Rechtsinhaber oder ein anderer Berechtigter den vermeintlichen Verletzer auf Vorlage einer Urkunde oder Besichtigung einer

---

13 BGH Nicola; BGH 25.2.1992 X ZR 50/90; vgl LG Mannheim 12.9.2003 7 O 810/00.

14 BGHZ Vv = GRUR Vv (GRURPrax 2017, 327 KT) 16.5.2017 X ZR 120/15 Abdichtsystem.

15 BGHZ 117, 264, 277 = GRUR 1992, 612 Nicola; BGH 25.2.1992 X ZR 50/90.

16 So OLG Karlsruhe 24.2.2016 6 U 51/14 Mitt 2016, 506 Ls.

17 Vgl zur parallelen Problematik ua in § 140c PatG Busse/Keukenschrijver § 140c PatG Rn 36 und neuerdings eingehend Kaess FS G. Schulze (2017) (im Erscheinen).

Sache in Anspruch nehmen, die sich in dessen Verfügungsgewalt befindet, wenn dies zur Begründung seiner Ansprüche erforderlich ist. [2]In Fällen einer in gewerblichem Ausmaß begangenen Rechtsverletzung erstreckt sich der Anspruch auch auf die Vorlage von Bank-, Finanz- oder Handelsunterlagen. [3]Soweit der vermeintliche Verletzer geltend macht, dass es sich um vertrauliche Informationen handelt, trifft das Gericht die erforderlichen Maßnahmen, um den im Einzelfall gebotenen Schutz zu gewährleisten.

(2) Der Anspruch nach Absatz 1 ist ausgeschlossen, wenn die Inanspruchnahme im Einzelfall unverhältnismäßig ist.

(3) [1]Die Verpflichtung zur Vorlage einer Urkunde oder zur Duldung der Besichtigung einer Sache kann im Wege der einstweiligen Verfügung nach den §§ 935 bis 945 der Zivilprozessordnung angeordnet werden. [2]Das Gericht trifft die erforderlichen Maßnahmen, um den Schutz vertraulicher Informationen zu gewährleisten. [3]Dies gilt insbesondere in den Fällen, in denen die einstweilige Verfügung ohne vorherige Anhörung des Gegners erlassen wird.

(4) § 811 des Bürgerlichen Gesetzbuchs sowie § 37b Abs. 8 gelten entsprechend.

(5) Wenn keine Verletzung vorlag oder drohte, kann der vermeintliche Verletzer von demjenigen, der die Vorlage oder Besichtigung nach Absatz 1 begehrt hat, den Ersatz des ihm durch das Begehren entstandenen Schadens verlangen.

Ausland: Litauen: vgl Art 41[2] Abs 1 SortG

Schrifttum

Battenstein Instrumente zur Informationsbeschaffung im Vorfeld von Patent- und Urheberrechtsverletzungsverfahren, 2006; *Deichfuß* Rechtsdurchsetzung unter Wahrung der Vertraulichkeit von Geschäftsgeheimnissen GRUR 2015, 436; *Dörre/Maaßen* Gesetz zur Verbesserung der Durchsetzung von Rechten des geistigen Eigentums, GRUR-RR 2008, 220; *Eck/Dombrowski* Rechtsschutz gegen Besichtigungsverfügungen im Patentrecht, GRUR 2008, 367; *Eck/Dombrowski* Wenn der Sachverständige zwei mal klingelt: Probleme der wiederholten Besichtigung im Verfügungsverfahren am Beispiel des Patentrechts, FS 50 Jahre BPatG (2011), 169; *Götting* Die Entwicklung neuer Methoden der Beweisbeschaffung von Schutzrechtsverletzungen – Die Anton-Piller-Order – ein Modell für das deutsche Recht? GRUR Int 1988, 729; *Grabinski* Die Zwangsvollstreckung der Duldungsverfügung im patentrechtlichen Besichtigungsverfahren, FS P. Mes (2009), 129; *Guiadek* Die Beweisermittlung im gewerblichen Rechtsschutz und Urheberrecht, 2011; *Haedicke* Urkundenvorlagepflichten des vermeintlichen Patentverletzers im Gesetz zur Verbesserung der Durchsetzung von Rechten des geistigen Eigentums, FS D. Leipold (2009), 53; *Ibbeken* Das TRIPS-Übereinkommen und die vorgerichtliche Beweishilfe im gewerblichen Rechtsschutz, 2004; *Kather/Fitzner* Der Patentinhaber, der Berechtigte, der Gutachter und sein Gutachten, Mitt 2010, 325; *Köklü/Müller-Stoy* Zum Dringlichkeitserfordernis im Besichtigungsverfahren, Mitt 2011, 109; *König* Die Beweisnot des Klägers und der Besichtigungsanspruch nach § 809 BGB bei Patent- und Gebrauchsmusterverletzungen, Mitt 2002, 153; *König* (Anm), Mitt 2002, 457; *Kreye* Der Besichtigungsanspruch nach § 140c PatG im Spannungsfeld von Informations- und Geheimhaltungsinteressen, FS W. von Meibom (2010), 241; *U. Krieger* Durchsetzung gewerblicher Schutzrechte in Deutschland und die TRIPS-Standards, GRUR Int 1997, 421; *Kröger/Bausch* Produktpiraterie im Patentwesen, GRUR 1997, 321; *Kühnen* Die Besichtigung im Patentrecht. Eine Bestandsaufnahme zwei Jahre nach »Faxkarte«, GRUR 2005, 185; *Kühnen* Update zum Düsseldorfer Besichtigungsverfahren, Mitt 2009, 211; *Leppin* Besichtigungsanspruch und Betriebsgeheimnis, GRUR 1984, 552, 695, 770; *Marshall* Der Besichtigungsanspruch, FS A. Preu (1988), 151; *Melullis* Zum Besichtigungsanspruch im Vorfeld der Feststellung einer Verletzung von Schutzrechten, FS W. Tilmann (2003), 843; *Mes* Si tacuisses – Zur Darlegungs- und Beweislast im Prozeß des gewerblichen Rechtsschutzes, GRUR 2000, 934; *Mes* Zum »gewerblichen Ausmaß« im gewerblichen Rechtsschutz und Urheberrecht, GRUR 2011, 1083; *Meyer-Dulheuer* Der Vorlegungsanspruch bei biotechnologischen Erfindungen, GRUR Int 1987, 14; *Müller-Stoy* Nachweis und Besichtigung des Verletzungsgegenstandes im deutschen Patentrecht, 2008; *Müller-Stoy* Durchsetzung des Besichtigungsanspruchs, GRUR-RR 2009, 161; *Müller-Stoy* Der Besichtigungsanspruch gemäß § 140c PatG in der Praxis: Voraussetzungen und Reichweite des Anspruchs, Mitt 2009, 361; *Müller-Stoy* Der Besichtigungsanspruch gemäß § 140c PatG in der Praxis: Der Schutz der Interessen des Anspruchsgegners, Mitt 2010, 267; *Nordemann-Schiffel* Kein Freibrief zur Ausforschung: Der Besichtigungsanspruch nach § 101a UrhG im einstweiligen Verfügungsverfahren, FS A.-A. Wandtke (2013), 385; *Peukert/Kur* Stellungnahme des Max-Planck-Instituts für Geistiges Eigentum, Wettbewerbs- und Steuerrecht zur Umsetzung der Richtlinie 2004/48/EG zur Durchsetzung der Rechte des geistigen Eigentums in deutsches Recht, GRUR Int 2006, 292; *Ringer/Wiedemann* Die Durchsetzung des Besichtigungsanspruchs nach § 19a MarkenG im einstweiligen Verfügungsverfahren, GRUR 2014, 229; *Rinken* Der Wegfall von Besitz und Eigentum an patentierten Erzeugnissen nach Rechtshängigkeit – kein Fall des § 265 II 1 ZPO, GRUR 2015, 745; *Seitz* Fact-Gathering in Patent Infringement Cases: Rule 34 Discovery and the Saisie-Contrefacon, 2009; *Stadler* Geheimnisschutz im Zivilprozess aus deutscher Sicht, ZZP 123 (2010), 261; *Stauder* (Anm) GRUR 1985, 518; *Stephan* Die Streitwertbestimmung im Patentrecht, Diss TU München 2015; *Stjerna* (Anm) Mitt 2010, 187; *Stjerna* Das Dringlichkeitserfordernis im Besichtigungsverfahren, Mitt 2011, 271; *Stjerna* Pflicht des Schuldners zur Vorlage von Belegen im Rahmen der Auskunft und Rechnungslegung, GRUR 2011, 789; *Stürner/Stadler* (Anm), JZ 1985, 1101; *Teplitzky* Das Verhältnis des objektiven Besichtigungsanspruchs zum Unterlassungsanspruch im Wettbewerbsrecht, WRP 1984, 365; *Tilmann* Beweissicherung nach europäischem und deutschem Recht,

FS E. Ullmann (2006), 1013; *Tilmann/Schreibauer* Die neueste BGH-Rechtsprechung zum Besichtigungsanspruch nach § 809 BGB, GRUR 2002, 1015; *Tilmann/Schreibauer* Beweissicherung vor und im Patentverletzungsprozess, FS W. Erdmann (2002), 901; *Tilmann/Schreibauer* (Entscheidungsanm), GRUR 2006, 967; *Ubertazzi* Die EG-Beweisaufnahmeverordnung und die Beschreibung einer Verletzung des geistigen Eigentums, GRUR Int 2008, 807; *Véron* Saisie-Contrefaçon[2] (2005); *von Hartz* Beweissicherung im gewerblichen Rechtsschutz und Urheberrecht: Umsetzung internationaler Vorgaben in nationales Recht, Diss Freiburg (Br) 2003; *Wilhelmi* Das gewerbliche Ausmaß als Voraussetzung der Auskunftsansprüche nach dem Durchsetzungsgesetz, ZUM 2008, 943; *Werner* Beweissicherung bei Schutzrechtsverletzungen in Belgien, Frankreich und Deutschland, VPP-Rdbr 2003, 76; *Zekoll/Bolt* Die Pflicht zur Vorlage von Urkunden im Zivilprozess – Amerikanische Verhältnisse in Deutschland? NJW 2002, 3129; *Zöllner* Der Vorlage- und Besichtigungsanspruch im gewerblichen Rechtsschutz – Ausgewählte Probleme, insbesondere im Eilverfahren, GRURPrax 2010, 74.

Übersicht   Rdn.
A.   Entstehungsgeschichte   1
B.   Anwendungsbereich   2
C.   Inhalt   3

A. Entstehungsgeschichte

1   Die Bestimmung, die an die Stelle der bis 2008 in § 37c geregelten Verjährung (jetzt § 37f) getreten ist, ist wie die parallelen in § 140c PatG, § 24c GebrMG, § 19a MarkenG, § 46a GeschmMG (jetzt: DesignG) und § 101a UrhG durch das Gesetz zur Verbesserung der Durchsetzung von Rechten des geistigen Eigentums vom 7.7.2008 in Umsetzung von Art 6 DurchsetzungsRl neu in das Gesetz eingestellt worden.

B. Anwendungsbereich

2   Hinsichtlich der Anwendung auf den **gemeinschaftlichen Sortenschutz** gelten dieselben Grundsätze wie bei § 37b.[1]

---

1 Vgl *Metzger/Zech* Rn. 9; *Leßmann/Würtenberger*[2] § 7 Rn. 54, 189 ff.

C. Inhalt

Die Regelung über Besichtigungs- und Vorlageansprüche[2] entspricht wörtlich **3**
der Regelung in § 140c PatG sowie den übrigen Regelungen im Bereich des
gewerblichen Rechtsschutzes und des Urheberrechts. Zu ihrer Erläuterung
kann daher auf die Kommentierungen zu diesen Gesetzen[3] Bezug genommen
werden.

Weitergehend als die frühere Rspr[4] ist die Vorgabe in dem Beweise betref- **4**
fenden **Art 43 TRIPS-Übk.** Die »nicht ohne weiteres unmittelbar anwend-
bar(e)«[5] Bestimmung lautet in der amtlichen Übersetzung:[6]

**(1) Hat eine Partei alle vernünftigerweise verfügbaren Beweismittel zur
hinreichenden Begründung ihrer Ansprüche vorgelegt und rechtserhebliche
Beweismittel zur Begründung ihrer Ansprüche, die sich in der Verfügungsgewalt der gegnerischen Partei befinden, bezeichnet, so sind die Gerichte
befugt anzuordnen, daß diese Beweismittel von der gegnerischen Partei vorgelegt werden, gegebenenfalls unter Bedingungen, die den Schutz vertraulicher Informationen gewährleisten.**

**(2) In Fällen, in denen eine Prozeßpartei aus eigenem Willen und ohne
stichhaltigen Grund den Zugang zu notwendigen Informationen verweigert
oder diese nicht innerhalb einer angemessenen Frist vorlegt oder ein Verfahren zur Durchsetzung eines Rechts wesentlich behindert, kann ein Mitglied
die Gerichte ermächtigen, auf der Grundlage der ihnen vorgelegten Informationen, einschließlich der Klageschrift oder des Vorbringens der durch
die Verweigerung des Zugangs zu den Informationen beschwerten Partei,
bestätigende oder abweisende Entscheidungen vorläufiger und endgültiger**

---

2 Vgl *Metzger/Zech* Rn. 3 ff.
3 ZB *Busse/Keukenschrijver*, Kommentierung zu § 140c PatG*; Benkard,* Kommentierung zu § 140c PatG; *Schulte,* Kommentierung zu § 140c PatG; *Ströbele/Hacker*,
   Kommentierung zu §19a MarkenG.
4 Vgl *König* Zur Harmonisierung des Patentrechts – ein dritter Weg, Mitt 1997, 240,
   244; *Krieger* GRUR Int 1997, 426 Fn 44; *Schäfers* GRUR Int 1996, 775, 776; *Mes*
   GRUR 2000, 934, 940.
5 BGHZ 150, 377, 385 = GRUR 2002, 1046 Faxkarte; die unmittelbare Anwendbarkeit der Art 9 und 13 TRIPS-Übk als einfaches nationales Recht hat bereits BGHZ
   141, 13, 35 = GRUR 1999, 707 Kopierversanddienst bejaht.
6 BGBl 1994 II 1438 = BlPMZ 1995, 23.

Art zu treffen, sofern die Parteien die Gelegenheit hatten, zu dem Vorbringen und den Beweisen Stellung zu nehmen.

5   Der Anspruch soll **Substanzeingriffe** auch dann nicht umfassen, wenn diese voraussichtlich nicht zu dauernden Schäden führen.[7] Art 43 TRIPS-Übk legt insoweit, wie bereits für das UrhRecht von der BGH-Rspr vollzogen, auch für den Sortenschutz eine Neubewertung nahe,[8] wiewohl einer Übernahme der brit Praxis[9] (»Anton-Piller-Order«) verfassungsrechtl Bedenken entgegenstehen dürften.[10] In einer zum UrhRecht ergangenen Entscheidung hat der BGH den Anspruch auch dann zuerkannt, wenn das Bestehen der Ansprüche des Gläubigers von der Existenz oder Beschaffenheit abhängt.[11] Dies gilt auch im Patentrecht[12] und wird gleichermaßen im SortRecht gelten müssen, jedenfalls soweit den Interessen des Verpflichteten durch Sicherheitsleistung nach § 811 BGB Rechnung getragen werden kann.[13] Der vermeintliche Verletzer soll aber allenfalls dann verpflichtet sein, einen Standort zu benennen, an dem die Vorrichtung (das Material) besichtigt werden kann, wenn die Voraussetzungen des § 809 BGB vorliegen, dh zumindest eine gewisse Wahrscheinlichkeit einer Rechtsverletzung gegeben ist.[14]

---

7   BGHZ 93, 191, 198 ff = GRUR 1985, 512 Druckbalken; differenzierend OLG Düsseldorf GRUR 1983, 745, 747; abl für das UrhRecht BGHZ 150, 377, 385 = GRUR 2002, 1046 Faxkarte, wo darauf abgestellt wird, dass das Integritätsinteresse des Schuldners nicht unzumutbar beeinträchtigt werden darf; kr auch *Stauder* (Urteilsanmerkung) GRUR 1985, 518; *Stürner/Stadler* (Urteilsanmerkung) JZ 1985, 1101; *Marshall* FS A. Preu (1988), 151, 159 f; *Götting* GRUR Int 1988, 729, 739; *König* Mitt 2002, 153, 162 f; *Tilmann/Schreibauer* FS W. Erdmann (2002), 901, 906 f; bei Mikroorganismen auch *Meyer-Dulheuer* GRUR Int 1987, 14, 17.

8   Vgl *U. Krieger* GRUR Int 1997, 421, 424 f; vgl auch *Kröger/Bausch* GRUR 1997, 321, 328; zurückhaltend allerdings OLG Hamburg GRUR 2003, 873, SortSache.

9   Vgl *Götting* GRUR Int 1988, 729, vgl auch HoL GRUR 1982, 262; OG Tokio IIC 1999, 452.

10   Vgl BVerfG NJW 1981, 1431; *Fitzner/Lutz/Bodewig* § 140c PatG Rn. 68; für Beweiserleichterungen in solchen Fällen *U. Krieger* GRUR Int 1997, 421, 424 f.

11   BGHZ 150, 377, 383 f = GRUR 2002, 1046 Faxkarte.

12   BGH GRUR 2013, 316 Rohrmuffe mwN.

13   Vgl *König* (Anm) Mitt 2002, 457, 458; *Tilmann/Schreibauer* GRUR 2002, 1015, 1019.

14   OLG Düsseldorf 3.1.2003 2 U 71/00 Mitt 2003, 333 Ls.

Zur Sicherung des Anspruchs können Sequestration und Besichtigung durch 6
einen neutralen Sachverständigen durch **einstweilige Verfügung** angeordnet
werden.[15]

Die **Vollstreckung** des Anspruchs erfolgt nach hM[16] nach § 883 ZPO, nicht 7
nach § 888 ZPO. Isolierte Besichtigungsansprüche können im Weg des selbstständigen Beweisverfahrens (§§ 485 ff ZPO) durchgesetzt werden, wobei der
Beweissicherungsbeschluss mit einer Duldungsverfügung kombiniert wird,
wenn die Sache (das Material) nicht frei zugänglich ist.[17] Die Vollstreckung der
Duldungsverpflichtung erfolgt nach §§ 890, 892 ZPO.[18]

Weitere Rechtsgrundlagen für Vorlageanordnungen enthalten insb §§ 142, 8
144 ZPO,[19] die – auch im Licht von Art 6 DurchsetzungsRl – im Bereich
unterschiedlicher Rechtsmaterien differenzierend zu betrachten und anzuwenden sind,[20] und § 258 HGB. Die Bestimmung erfasst nicht nur Schutzrechtsverletzungen, sondern auch sonstige Streitigkeiten aus Schutzrechten
(vgl Art 28 Abs 2 TRIPS-Übk).[21]

Die Bestimmungen sind im Bereich der technischen Schutzrechte iSd im 9
Inland nicht unmittelbar anwendbaren[22] **Art 43 TRIPS-Übk** zu interpretie-
ren, jedoch sind die Bestimmungen des dt Rechts in einer Weise auszulegen,
dass mit ihrer Hilfe den Anforderungen des TRIPS-Übk genügt wird.[23]

---

15 OLG Düsseldorf GRUR 1983, 745; KG NJW 2001, 233; LG Erfurt 5.10.2006 3
    O 317/06; OLG Frankfurt GRUR-RR 2006, 295, wonach das besondere Interesse
    an einer Herausgabe vor Abschluss des Hauptsacheverfahrens dargelegt werden
    muss; vgl *Rauschhofer* GRUR-RR 2006, 249.
16 *Thomas/Putzo* § 883 ZPO Rn. 3; *Baumbach/Lauterbach/Albers/Hartmann* § 883
    ZPO Rn. 16 mwN; vgl BGH WuM 2006, 632; OLG Zweibrücken JurBüro 2004,
    160; *Fitzner/Lutz/Bodewig* § 140c PatG Rn. 61; *Grabinski* FS P. Mes (2009), 129,
    135 f.
17 *Kühnen* GRUR 2005, 185, 187 f mit Muster; Bedenken bei *Melullis* FS W.
    Tilmann (2003), 843, 853 ff.
18 *Grabinski* FS P. Mes (2009), 129, 139.
19 Hierzu neben den einschlägigen ZPO-Kommentaren insb *Benkard* § 140c PatG
    Rn. 40 und § 139 PatG Rn. 115, *Fitzner/Lutz/Bodewig* § 140c PatG Rn. 65;
    Tilmann/Schreibauer FS W. Erdmann (2002), 901, 909 ff.
20 BGHZ 169, 30 = GRUR 2006, 962 Restschadstoffentfernung.
21 BGH Restschadstoffentfernung.
22 BGHZ 150, 377, 385 = GRUR 2002, 1046 Faxkarte.
23 BGH Faxkarte.

10 §§ 142, 144 ZPO[24] sind wie die materiellrechtl Norm des § 809 BGB ein Mittel, einem **Beweisnotstand** des Berechtigten zu begegnen, wie er sich gerade im Bereich der besonders verletzlichen technischen Schutzrechte in besonderem Maß ergeben kann.[25]

§ 37d Sicherung von Schadensersatzansprüchen

(1) [1]Der Verletzte kann den Verletzer bei einer in gewerblichem Ausmaß begangenen Rechtsverletzung in den Fällen des § 37 Abs. 2 auch auf Vorlage von Bank-, Finanz- oder Handelsunterlagen oder einen geeigneten Zugang zu den entsprechenden Unterlagen in Anspruch nehmen, die sich in der Verfügungsgewalt des Verletzers befinden und die für die Durchsetzung des Schadensersatzanspruchs erforderlich sind, wenn ohne die Vorlage die Erfüllung des Schadensersatzanspruchs fraglich ist. [2]Soweit der Verletzer geltend macht, dass es sich um vertrauliche Informationen handelt, trifft das Gericht die erforderlichen Maßnahmen, um den im Einzelfall gebotenen Schutz zu gewährleisten.

(2) Der Anspruch nach Absatz 1 Satz 1 ist ausgeschlossen, wenn die Inanspruchnahme im Einzelfall unverhältnismäßig ist.

(3) [1]Die Verpflichtung zur Vorlage der in Absatz 1 bezeichneten Urkunden kann im Wege der einstweiligen Verfügung nach den §§ 935 bis 945 der Zivilprozessordnung angeordnet werden, wenn der Schadensersatzanspruch offensichtlich besteht. [2]Das Gericht trifft die erforderlichen Maßnahmen, um den Schutz vertraulicher Informationen zu gewährleisten. [3]Dies gilt insbesondere in den Fällen, in denen die einstweilige Verfügung ohne vorherige Anhörung des Gegners erlassen wird.

(4) § 811 des Bürgerlichen Gesetzbuchs sowie § 37b Abs. 8 gelten entsprechend.

Ausland: Litauen: vgl Art 41[2] Abs 2 SortG

Schrifttum

Ahrens Gesetzgebungsvorschlag zur Beweisermittlung bei Verletzung von Rechten des geistigen Eigentums, GRUR 2005, 837; *Dörre/Maaßen* Das Gesetz zur Verbesserung

---

24   Zur zeitlichen Anwendbarkeit *Zöller* ZPO Art 26 EGZPO Rn. 2.

25   BGHZ 169, 30 = GRUR 2006, 962, 966 Restschadstoffentfernung mAnm *Tilmann/Schreibauer* GRUR 2006, 967; *Tilmann/Schreibauer* FS W. Erdmann (2002), 901 ff.

der Durchsetzung von Rechten des geistigen Eigentums, GRUR-RR 2008, 217; *Mes* Zum »gewerblichen Ausmaß« im gewerblichen Rechtsschutz und Urheberrecht, GRUR 2011, 1083; *Peukert/Kur* Stellungnahme des Max-Planck-Instituts für Geistiges Eigentum, Wettbewerbs- und Steuerrecht zur Umsetzung der Richtlinie 2004/48/EG zur Durchsetzung der Rechte des geistigen Eigentums in deutsches Recht, GRUR Int 2006, 292; *Stjerna* Pflicht des Schuldners zur Vorlage von Belegen im Rahmen der Auskunft und Rechnungslegung, GRUR 2011, 789; *Tilmann/Schreibauer* Die neueste BGH-Rechtsprechung zum Besichtigungsanspruch nach § 809 BGB, GRUR 2002, 1015; *Tilmann/Schreibauer* Beweissicherung vor und im Patentverletzungsprozess, FS W. Erdmann (2002), 901; *Tilmann/Schreibauer* (Entscheidungsanm), GRUR 2006, 967; *von Hartz* Beweissicherung im gewerblichen Rechtsschutz und Urheberrecht: Umsetzung internationaler Vorgaben in nationales Recht, Diss Freiburg (Br) 2003; *Wilhelmi* Das gewerbliche Ausmaß als Voraussetzung der Auskunftsansprüche nach dem Durchsetzungsgesetz, ZUM 2008, 942.

Übersicht   Rdn.
A.   Entstehungsgeschichte   1
B.   Anwendungsbereich   2
C.   Inhalt   3

A. Entstehungsgeschichte

Die Bestimmung ist wie die parallelen in § 140d PatG, § 24d GebrMG, § 19b **1** MarkenG, § 46b GeschmMG (jetzt: DesignG) und § 101b UrhG durch das Gesetz zur Verbesserung der Durchsetzung von Rechten des geistigen Eigentums vom 7.7.2008 in Umsetzung von Art 9 Abs 2 DurchsetzungsRl neu in das Gesetz eingestellt worden. Der praktische Nutzen der Bestimmung wird als gering bezeichnet.[1]

B. Anwendungsbereich

Für die Anwendung auf den **gemeinschaftlichen Sortenschutz** gilt dasselbe **2** wie zu § 37b und § 37c.[2]

---

1 *Mes* Rn. 7.
2 Vgl *Metzger/Zech* Rn. 8.

C. Inhalt

3   Die Regelung über die Sicherung von Schadensersatzansprüchen[3] entspricht wörtlich der Regelung in § 140d PatG sowie den übrigen Regelungen im Bereich des gewerblichen Rechtsschutzes und des Urheberrechts. Zu ihrer Erläuterung kann daher auf die Kommentierungen zu diesen Gesetzen[4] Bezug genommen werden.

§ 37e Urteilsbekanntmachung

[1]Ist eine Klage auf Grund dieses Gesetzes erhoben worden, kann der obsiegenden Partei im Urteil die Befugnis zugesprochen werden, das Urteil auf Kosten der unterliegenden Partei öffentlich bekannt zu machen, wenn sie ein berechtigtes Interesse darlegt. [2]Art und Umfang der Bekanntmachung werden im Urteil bestimmt. [3]Die Befugnis erlischt, wenn von ihr nicht innerhalb von drei Monaten nach Eintritt der Rechtskraft des Urteils Gebrauch gemacht worden ist. [4]Der Ausspruch nach Satz 1 ist nicht vorläufig vollstreckbar.

Ausland: Finnland: Sec 40 SortG 2009; **Frankreich:** Art L 623-28-1 Abs 2 CPI (eingefügt 2007)

Schrifttum

Dörre/Maaßen Das Gesetz zur Verbesserung der Durchsetzung von Rechten des geistigen Eigentums, GRUR-RR 2008, 217; *Steigüber* Der »neue« Anspruch auf Urteilsbekanntmachung im Immaterialgüterrecht? GRUR 2011, 295; *Tonninger* Urteilsveröffentlichung jenseits des Talionsprinzips? ecolex 2008, 1139; *Walchner* Der Beseitigungsanspruch im gewerblichen Rechtsschutz und Urheberrecht: Widerruf – Vernichtung – Urteilsveröffentlichung, Diss München 1996.

Übersicht   Rdn.
A.   Entstehungsgeschichte   1
B.   Inhalt   2

---

3 Vgl *Leßmann/Würtenberger*[2] § 7 Rn. 204 f.
4 ZB *Busse/Keukenschrijver*, Kommentierung zu § 140d PatG; *Benkard*, Kommentierung zu § 140d PatG; *Schulte*, Kommentierung zu § 140d PatG *Ströbele/Hacker*, Kommentierung zu §19b MarkenG.

A. Entstehungsgeschichte

Die Bestimmung ist wie die parallelen in § 140e PatG, § 24e GebrMG, § 19c **1**
MarkenG, § 47 GeschmMG (jetzt: DesignG) und § 103 UrhG durch das
Gesetz zur Verbesserung der Durchsetzung von Rechten des geistigen Eigentums vom 7.7.2008 in Umsetzung von Art 15 DurchsetzungsRl, hinter dem
sie jedoch zurückbleibt,[1] neu in das Gesetz eingestellt worden.

B. Inhalt

Die Regelung über die Urteilsbekanntmachung[2] entspricht wörtlich der Rege- **2**
lung in § 140e PatG sowie den übrigen Regelungen im Bereich des gewerblichen Rechtsschutzes und des Urheberrechts. Zu ihrer Erläuterung kann daher
auf die Kommentierungen zu diesen Gesetzen[3] Bezug genommen werden.

Klagen aufgrund dieses Gesetzes (Satz 1) sind infolge der Regelung in § 38 **3**
Abs 5 auch Klagen, die sich auf den **gemeinschaftlichen Sortenschutz** stützen.[4]

§ 37f Verjährung

[1]Auf die Verjährung der Ansprüche wegen Verletzung eines nach diesem
Gesetz geschützten Rechts finden die Vorschriften des Abschnitts 5 des
Buches 1 des Bürgerlichen Gesetzbuchs entsprechende Anwendung. [2]Hat der
Verpflichtete durch die Verletzung auf Kosten des Berechtigten etwas erlangt,
findet § 852 des Bürgerlichen Gesetzbuchs entsprechende Anwendung.

GemSortV:

Art 96 Verjährung

Die Ansprüche nach den Artikeln 94 und 95 verjähren in drei Jahren von
dem Zeitpunkt an, in dem der gemeinschaftliche Sortenschutz endgültig
erteilt worden ist und der Inhaber von der Handlung und der Person des
Verpflichteten Kenntnis erlangt hat, oder, falls keine solche Kenntnis erlangt
wurde, in dreißig Jahren von der Vollendung der jeweiligen Handlung an.

---

1 *Dörre/Maaßen* GRUR-RR 2008, 217, 222.
2 Vgl *Leßmann/Würtenberger*[2] § 7 Rn. 217 f; *Metzger/Zech* Rn. 3 f.
3 ZB *Busse/Keukenschrijver*, Kommentierung zu § 140e PatG*; Benkard,* Kommentierung zu § 140e PatG; *Schulte,* Kommentierung zu § 140e PatG; *Ströbele/Hacker*,
  Kommentierung zu § 19c MarkenG.
4 Vgl auch *Metzger/Zech* Rn. 5.

Ausland: Frankreich: Art L 623-29 CPI; **Kroatien:** Art 42 SortG (geänd 2008); **Slowenien:** Art 48 SortG; **Spanien:** Art 18 Abs 4 SortG

Übersicht   Rdn.
A. Entstehungsgeschichte   1
B. Verjährung   2
I. Allgemeines zur nationalen Regelung   2
II. Gemeinschaftlicher Sortenschutz   5

A. Entstehungsgeschichte

1   Die Bestimmung, die ihre Vorgängerin in § 47 Abs 3 SortG 1968 hat, war seit 1985 als § 37 Abs 4 eingestellt, wobei aus Gleichbehandlungsgründen und zur Angleichung an die Regelung im PatG auch der Entschädigungsanspruch in § 37 Abs 3 einbezogen wurde.[1] Sie ist durch das PrPG als § 37c verselbstständigt worden und hat ihre geltende Fassung durch das Gesetz zur Modernisierung des Schuldrechts vom 26.11.2001[2] erhalten. Die Einstellung unter der jetzigen Paragraphenbezeichnung beruht auf der Umsetzung der Durchsetzungsrichtlinie.

B. Verjährung

I. Allgemeines zur nationalen Regelung

2   Die Regelung,[3] der die in § 24f GebrMG, § 20 MarkenG, § 49 DesignG und § 102 UrhG parallel läuft, entspricht auch nach der Neufassung mit der Abweichung, dass sie die Ansprüche wegen Verletzung eines nach diesem Gesetz geschützten Rechts und nicht des Patentrechts betrifft, derjenigen in § 141 PatG einschließlich der Verweisung auf § 852 BGB.[4] Insb auf die Kommentierungen zu § 141 PatG[5] ist zu verweisen.

---

1   Vgl Begr BlPMZ 1986, 136, 143 f.
2   BGBl I 3138.
3   Zum Inhalt *Metzger/Zech* Rn. 5 ff.
4   Vgl *Leßmann/Würtenberger*[2] § 7 Rn. 107.
5   ZB *Busse/Keukenschrijver,* Kommentierung zu § 141 PatG; *Benkard,* Kommentierung zu § 141 PatG; *Schulte,* Kommentierung zu § 141 PatG; *Ströbele/Hacker,* Kommentierung zu § 20 MarkenG; eingehende Darstellung auch bei *Leßmann/Würtenberger*[2] § 7 Rn. 100 ff.; zur str Verjährung des Auskunftsanspruchs *Busse/Keukenschrijver* § 141 PatG Rn. 16.

Durch die Stellung im Gesetz wird klargestellt, dass die Regelung **alle** vorher- 3 gehenden **zivilrechtlichen Ansprüche** nach dem SortG erfasst.[6] Grobfahrlässige Unkenntnis iSd § 199 Abs 1 BGB wurde im Nachbaurecht ein Jahr nach Eingang der Mitteilung des Aufbereiters angenommen.[7] Die Verjährung der Ansprüche wegen berechtigten Nachbaus richtet sich unmittelbar nach nationalem Recht, in Deutschland nach dem BGB.[8]

Bei **Ansprüchen nach § 37 Abs 3** beginnt die Verjährung nicht schon dann, 4 wenn der Berechtigte Kenntnis von der Benutzung erlangt.[9] Zwar fehlt eine Regelung über die Hemmung wie in § 33 Abs 3 PatG und § 141 Satz 2 PatG, jedoch bestimmt § 199 Abs 1 BGB, dass die Verjährung mit dem Schluss des Jahrs beginnt, in dem der Anspruch entstanden ist; dies ist aber erst mit Schutzerteilung der Fall.[10]

II. Gemeinschaftlicher Sortenschutz

Die Verjährungsregelung ist für Ansprüche nach Art 94, 95 GemSortV, dh 5 wegen Sortenschutzverletzung und wegen Handlungen vor Erteilung des gemeinschaftlichen Sortenschutzes, in Art 96 GemSortV enthalten. Die Regelverjährungsfrist beträgt drei, die lange Verjährungsfrist 30 Jahre. Art 96 GemSortV erfasst nur Schadensersatzansprüche für Sortenschutzverletzungen, nicht auch Entschädigungsansprüche für rechtmäßigen Nachbau, deren Verjährung sich nach nationalem Recht bestimmt (Rdn. 2).[11]

Die Regelung knüpft den **Verjährungsbeginn** kumulativ[12] an die Erteilung des 6 Sortenschutzes und die Kenntnis des Inhabers (insoweit wegen des Anspruchs aus Art 94 Abs 1 Buchst b zu eng) von der Handlung und dem Verantwortlichen. Die hat insb Bedeutung für den Anspruch aus Art 95 GemSortV,

---

6 Begr PrPG BTDrs 11/4792 = BlPMZ 1990, 173, 193.
7 LG Braunschweig 16.1.2008 9 O 325/07.
8 Vgl *Krieger* (2001), 191.
9 AA *Leßmann/Würtenberger*[2] § 7 Rn. 104, die aber § 852 Abs 2 BGB für entsprechend anwendbar halten.
10 Vgl *Metzger/Zech* Rn. 15; *Leßmann/Würtenberger*[2] § 7 Rn. 104; zur früheren Rechtslage *1. Aufl* § 37c Rn. 2.
11 OLG Düsseldorf GRUR-RR 2005, 243; OLG Braunschweig 17.11.2009 2 U 110/08.
12 Vgl *Leßmann/Würtenberger*[2] § 7 Rn. 102; *Würtenberger/van der Kooij/Kiewiet/Ekvad* European Union Plant Variety Protection[2] (2015) Rn. 7.43; *Metzger/Zech* Rn. 21; aA *van der Kooij* Art 96 Anm 2, der ersichtlich von Alternativität ausgeht.

der schon aufgrund der Verjährungsregelung erst drei Jahre nach Erteilung verjähren kann (vgl Rdn. 32 zu § 37). Bei Verletzung der Auskunftspflicht bei Nachbau nach Gemeinschaftsrecht beginnt die Verjährung erst, wenn der SortInhaber den Landwirt sortenspezifisch zur Auskunft aufgefordert hat, der Landwirt die Auskunft nicht, nicht vollständig oder nicht rechtzeitig erteilt und der SortInhaber von einer nicht angegebenen Wiederaussaat von geschütztem Vermehrungsmaterial Kenntnis erhält.[13]

7   Da die Bestimmung nur die **Verjährungsfrist** als solche, nicht aber Fragen der Hemmung und Unterbrechung der Verjährung regelt, wird insoweit das nationale Recht entsprechend anwendbar sein.

8   Einen **Restbereicherungsanspruch** entsprechend Satz 2 sieht die GemSortV nicht ausdrücklich vor. Insoweit verweist jedoch Art 97 Abs 1 GemSortV (abgedruckt bei § 37) auf das nationale Recht.[14]

§ 37g Ansprüche aus anderen gesetzlichen Vorschriften

Ansprüche aus anderen gesetzlichen Vorschriften bleiben unberührt.

Schrifttum
s zunächst die ausführlichen Hinweise bei *Busse/Keukenschrijver* zu § 141a PatG; speziell zum Sortenschutz *Eggener* Schutz neuer Pflanzenzüchtungen nach UWG sowie in Verbindung mit §§ 21, 20 des Gesetzes gegen Wettbewerbsbeschränkungen, Mitt 1959, 172.

Übersicht		Rdn.
A.	Entstehungsgeschichte	1
B.	Andere Anspruchsgrundlagen	2
I.	Allgemeines	2
II.	Wettbewerbsrechtlicher Schutz	4
III.	Schutz nach § 823 BGB bzw nach § 17 UWG	8

A. Entstehungsgeschichte

1   Die Bestimmung ist durch das Gesetz zur Verbesserung der Durchsetzung von Rechten des geistigen Eigentums vom 7.7.2008 in das Gesetz eingestellt

---

13 *Metzger/Zech* Rn. 10.
14 Vgl auch *Leßmann/Würtenberger*[2] § 7 Rn. 107.

worden. Sie hat ihre Parallele in den Regelungen in § 141a PatG, § 24g GebrMG, § 19d MarkenG, § 50 DesignG und § 102a UrhG.

B. Andere Anspruchsgrundlagen

I. Allgemeines

Auf die Kommentierungen zu den Parallelbestimmungen[1] ist zu verweisen. **2**

Der Grundgedanke der Regelung wird auch beim **gemeinschaftlichen Sorten-** **3** **schutz** anwendbar sein, vgl Art 97 Abs 1 GemSortV; Art 97 Abs 3 GemSortV (bei § 37f abgedruckt) sollte dem nicht entgegenstehen, weil er nur die spezifisch sortrechtl Ansprüche erfasst.[2]

II. Wettbewerbsrechtlicher Schutz

Wettbewerbsrechtlicher Schutz ist in der Rspr mehrfach zugesprochen wor- **4** den,[3] jedoch hat der BGH die Rspr zur sklavischen Nachahmung nicht auf die vegetative Vermehrung von Pflanzenzüchtungen angewandt,[4] Wettbewerbswidrigkeit ist in diesem Fall jedoch unter dem Gesichtspunkt der Rufausbeutung bejaht worden, wenn die Vermehrung zielbewusst geschieht, um die Gütevorstellung, die der Verkehr mit den eigenartigen und in den Fachkreisen bekannten Züchtungsergebnissen eines anderen verbindet, zur Empfehlung der eigenen Nachzüchtungen auszubeuten.[5] Der öOGH hat bereits die unberechtigte Vermehrung neuer Pflanzenzüchtungen als wettbewerbswidrig angesehen.[6] Ob dem für das seit 2004 geltende UWG noch zu folgen sein wird, kann als zwh gelten.

Die durch das in Klarstellung zur EU-Richtlinie 2005/29/EG erlassene 2. **5** Gesetz zur Änderung des Gesetzes gegen den unlauteren Wettbewerb vom

---

1 ZB *Busse/Keukenschrijver*, Kommentierung zu § 141a PatG; *Benkard,* Kommentierung zu § 141a PatG; *Schulte,* Kommentierung zu § 141a PatG; *Ströbele/Hacker*, Kommentierung zu §19d MarkenG.
2 Vgl zur Problematik *Würtenberger/van der Kooij/Kiewiet/Ekvad* European Union Plant Variety Protection[2] (2015) Rn. 7.41.
3 Vgl *Eggener* Mitt 1959, 172; *Wuesthoff*[2] Historische Entwicklung 7. S 30; vgl auch BGH GRUR 1968, 382, 384 Favorit II; öOGH ÖBl 1958, 79 Concerto.
4 BGH GRUR 1959, 240 Nelkenstecklinge.
5 BGH Nelkenstecklinge; vgl OLG Braunschweig GRUR 1955, 45; OLG Düsseldorf 11.10.1974 2 U 133/72.
6 ÖOGH Concerto, bdkl.

2.12.2015[7] neu gefasste und auf jegliche unlautere geschäftliche Handlung ausgedehnte **Generalklausel** unterscheidet sich in vierfacher Hinsicht von der des § 1 UWG aF: Sie betrifft Wettbewerbshandlungen, ersetzt den Begriff des Verstoßes gegen die guten Sitten durch den der Unlauterkeit, setzt eine nicht nur unerhebliche Verfälschung des Wettbewerbs zum Nachteil der Mitbewerber, der Verbraucher oder der sonstigen Marktteilnehmer voraus und spricht keine konkrete Rechtsfolgenanordnung aus. § 3a UWG bestimmt nunmehr, dass unlauter handelt, wer einer gesetzlichen Vorschrift zuwiderhandelt, die auch dazu bestimmt ist, im Interesse der Marktteilnehmer das Marktverhalten zu regeln, und der Verstoß geeignet ist, die Interessen von Verbrauchern, sonstigen Marktteilnehmern oder Mitbewerbern spürbar zu beeinträchtigen; nach dem neuen § 4a UWG werden aggressive geschäftliche Handlungen als unlauter definiert. §§ 4–7 UWG konkretisieren den Katalog mit (nicht abschließenden) Beispieltatbeständen.[8] In der Sache hat sich durch die Gesetzesänderung für den Tatbestand des Rechtsbruchs nichts geänd.[9]

6   **Einzelfälle.** Wurde der unrichtige Eindruck erweckt, eine als Saatgut angebotene Ware sei in dem vorgesehenen behördlichen Prüfungsverfahren positiv beurteilt worden, lag darin ein Verstoß gegen § 3 UWG aF ohne Rücksicht darauf, ob die im einzelnen behaupteten Eigenschaften der Ware objektiv gegeben waren; dies galt auch, wenn das mit einem negativen sachlichen Bescheid abgeschlossene Prüfungsverfahren erneut in Gang gebracht wird.[10] Insoweit wird nunmehr § 5 Abs 1 Satz 2 Nr 1 UWG (produktbezogene Irreführung) heranzuziehen sein.[11] Als irreführend wurde auch die Verwendung von Sortenbezeichnungen (Phantasiebezeichnung, jedenfalls bei »typischer« Sortenbezeichnung und weiteren hinzutretenden Umständen, neben einer Handelsbezeichnung) angesehen, die eine tatsächlich nicht bestehende Sort-Anmeldung suggerieren.[12] Gleiches gilt für die Verwendung einer geschützten Sortenbezeichnung für eine andere Sorte.[13] § 3 Abs 1 SaatG regelt iSd § 3a UWG das Marktverhalten.[14] Zur Frage der Beurteilung der Verletzung von Aufzeichnungspflichten als Marktverhaltensregel Rdn. 61 f zu § 10a.

---

7   BGBl I 2158 = BlPMZ 2016, 77.

8   Zu deren Konkretisierung *Köhler/Bornkamm* § 3 UWG Rn. 6 ff.

9   BGH GRUR 2016, 516 Wir helfen im Trauerfall.

10   BGH GRUR 1961, 541 Buschbohne; *Metzger/Zech* Rn. 8.

11   Vgl *Köhler/Bornkamm* UWG § 5 Rn. 5.112 ff.

12   LG Hamburg 11.1.2006 315 O 779/05.

13   *Metzger/Zech* Rn. 8; vgl *Köhler/Bornkamm* UWG § 5 Rn. 1.85.

14   BGH GRUR 2017, 537 Konsumgetreide; BGH 27.4.2017 I ZR 215/15 WRP 2017, 941 Aufzeichnungspflicht.

Sortenschutzberühmung. Einer Heranziehung der Regelungen in § 146 7
PatG, § 30 GebrMG und § 59 DesignG im Weg der Rechtsanalogie erscheint
geboten.

III. Schutz nach § 823 BGB bzw nach § 17 UWG

Schutz nach § 823 BGB (Eingriff in den eingerichteten und ausgeübten 8
Gewerbebetrieb)[15] bzw nach § 17 UWG (aF/nF) kommt in Betracht, soweit
es sich um Betriebsgeheimnisse handelt.[16]

Vor § 38 Verfahren in Sortenschutzstreitsachen

GemSortV:

Art 103 Anwendbares Verfahrensrecht

Soweit nach den Artikeln 101 und 102 die Zuständigkeit nationaler Gerichte
gegeben ist, sind unbeschadet der Artikel 104 und 105 die Verfahrensvorschriften des betreffenden Staates für gleichartige Klagen anzuwenden, die
entsprechende nationale Schutzrechte betreffen.

Art 104 Klagebefugnis bei der Verletzungsklage

(1) Die Verletzungsklage wird durch den Inhaber erhoben. Ein Nutzungsberechtigter kann die Verletzungsklage erheben, sofern solche Klagen im Fall
eines ausschließlichen Nutzungsrechts nicht ausdrücklich durch eine Vereinbarung mit dem Inhaber oder durch das Amt gemäß den Artikeln 29 bzw.
100 Absatz 2 ausgeschlossen sind.

(2) Jeder Nutzungsberechtigte kann der vom Inhaber erhobenen Verletzungsklage beitreten, um den Ersatz seines eigenen Schadens geltend zu
machen.

Ausland: Schweiz:

Art 43 Vorsorgliche Massnahmen

Ersucht eine Person um die Anordnung vorsorglicher Massnahmen, so kann
sie insbesondere verlangen, dass das Gericht Massnahmen anordnet:
a.   zur Beweissicherung;

---

15 *Leßmann/Würtenberger*[2] § 7 Rn. 107.
16 Vgl *Eggener* Mitt 1959, 172, 174 f; *Metzger/Zech* Rn. 5.

b. zur Ermittlung der Herkunft von Material, das mit der Sortenbezeichnung einer in der Schweiz geschützten Sorte versehen ist;

c. zur Wahrung des bestehenden Zustandes; oder

d. zur vorläufigen Vollstreckung von Unterlassungs- und Beseitigungsansprüchen.

Bulgarien: Art 30 (Beweis) Pflanzen- und TierzuchtG; **Finnland:** Sec 35, 47 SortG 2009; **Frankreich:** Art L 623-27-1 (Beweismittel, vorläufige Maßnahmen, eingefügt 2007); **Litauen:** Art 41^4 (vorläufige Maßnahmen) SortG; **Rumänien:** Art 45 (vorläufige Maßnahmen, Beweis) SortG; **Schweden:** vgl Kap 10 Växtförädlarrättslag; **Slowenien:** Art 49 (Sicherstellung, geänd 2006), Art 50 (Beweissicherung) SortG

Schrifttum

Ekvad Provisions on enforcement in Counsel Regulation (EC) No 2100/94, Vortragsmanuskript Brüssel (CPVO) 5.10.2005; *Ghijsen* To be or not to Be an EDV, ProphytAnn 1998, 24; *Grand* Does the enforcement system meet the needs of the breeders? Vortragsmanuskript Brüssel (CPVO) 5.10.2005; *Hesse* Die Behauptungs- und Beweislast im Sortenschutz-Verletzungsprozeß, GRUR 1975, 455; *Jestaedt* Sortenschutz und einstweilige Verfügung, GRUR 1981, 153; *Suelmann* Procedural rules applicable in some Member States of the EU, Vortragsmanuskript Brüssel (CPVO) 4.10.2005; *van der Walt* Identification Technologies: EDVs Urge for Reliable Testing Methods, ProphytAnn 1998, 55; *von Gierke/Trauernicht* Die Rechtsdurchsetzung im Sortenschutzrecht, in: *Metzger (Hrsg)* Rechtsschutz von Pflanzenzüchtungen (2014), 141; *Wolf* Procedural remedies in the Netherlands, Vortragsmanuskript Brüssel (CPVO) 4.10.2005; *Würtenberger* Beweisrechtliche Fragen im Sortenschutzverletzungsverfahren, GRUR 2004, 566; *Würtenberger* Zur Zulässigkeit der Restitutionsklage bei vorzeitigem Verzicht auf den Sortenschutz, GRUR 2010, 998.

Übersicht   Rdn.

A.   Allgemeines   1
B.   Verfahrensbeteiligte   2
C.   Klageverfahren   6
      I.   Klageschrift   6
      II. Verfahren erster Instanz   9
      III. Rechtsmittelverfahren   18
      IV. Restitutionsklage   19
D.   Einstweilige Verfügung; Beweissicherung   20
E.   Zwangsvollstreckung   22

A. Allgemeines

Der SortProzess entspricht im wesentlichen dem gerichtlichen Verfahren in 1
Patentstreitsachen. Insoweit wird auf die patentrechtliche Lit[1] verwiesen. Die
nachfolgende Kommentierung betrifft nur die Besonderheiten in SortSachen.
Dem Rolleneintrag spricht die Rspr des BGH im Patentrecht »erhebliche
Indizwirkung« für die Sachbefugnis (Aktivlegitimation) zu.[2]

B. Verfahrensbeteiligte

Für den gemeinschaftlichen Sortenschutz die Regelung in Art 104 GemSortV 2
zu beachten, was die Geltendmachung von Ansprüchen durch den Nutzungsberechtigten betrifft.[3] Hierdurch dürfte aber nur dem ausschließlichen Nutzungsberechtigten eine Klagebefugnis eingeräumt sein.[4]

Das **Fehlen der Fähigkeit** nach nationalem Recht, Inhaber von Rechten aus 3
dem SortG zu sein (§ 15), wirkt sich nur auf die materiellrechtl, nicht auch
auf die verfahrensrechtl Stellung des Betroffenen aus.

Auswärtige bedürfen zur Teilnahme am Verfahren eines **Verfahrensvertreters** 4
(Rdn. 12 ff. zu § 15).

Patentanwälte können nach § 4 PatAnwO auch in SortStreitsachen mitwir- 5
ken.

C. Klageverfahren

I. Klageschrift

Auch hier gelten dieselben Grundsätze wie in Patentstreitsachen.[5]   6

---

1   Ua *Busse/Keukenschrijver* vor § 143 PatG, *Kühnen* Hdb der Patentverletzung[8] (2016);
    Schramm Der Patentverletzungsprozess[7] (2012).
2   Vgl BGHZ 197, 196 = GRUR 2013, 713 Fräsverfahren (Nr 58); LG Mannheim
    27.11.2015 2 O 106/14; weitergehend *Leßmann/Würtenberger*[2] § 7 Rn. 149; hiergegen *Metzger/Zech* Art 101–107 GSortV Rn. 26.
3   Vgl *Leßmann/Würtenberger*[2] § 7 Rn. 143 ff; *Metzger/Zech* Art 101–107 GSortV
    Rn. 17 ff; *van der Kooij* Art 104 Anm 1; EuGH C-140/10 Slg 2011 I 10075 =
    GRUR 2012, 49 Greenstar-Kanzi Europe NV/Jean Hustin (Nicoter); zur Tenorie-
    rung des sortrechtl Unterlassungsgebots im Fall unerlaubten Inverkehrbringens von
    Pflanzkartoffeln LG Düsseldorf 17.1.1995 4 O 304/94.
4   Vgl *Leßmann/Würtenberger*[2] § 7 Rn. 144; *Metzger/Zech* Art 101–107 GSortV
    Rn. 19.
5   Hierzu *Busse/Keukenschrijver* vor § 143 PatG Rn. 72 ff.

7   Der **Klageantrag**[6] ist an die Verletzungsform anzupassen.[7] Jedoch muss bei Vertrieb veränderter (eingefärbter) Verletzungsgegenstände der Unterlassungsantrag nicht auf diese veränderten Gegenstände gerichtet werden.[8] Feststellung der Schadensersatzpflicht kann wie im Patentrecht beantragt werden.[9] Das Gericht ist weder berechtigt noch verpflichtet, den Kläger auf eine in Betracht kommende andere Anspruchsgrundlage hinzuweisen.[10]

8   **Streitwert.**[11] Streitwertbegünstigung (Teilstreitwert) kommt in SortSachen mangels einer § 144 PatG entsprechenden Vorschrift nicht in Betracht.[12]

II. Verfahren erster Instanz

9   Das Verfahren[13] entspricht dem in Patentstreitsachen,[14] jedoch wird häufiger von der Möglichkeit einer Übertragung auf den Einzelrichter Gebrauch gemacht. SortSachen sind keine originären Einzelrichtersachen.[15] Ist die Sache auf den Einzelrichter als obligatorischen Einzelrichter übertragen worden, kommt eine Vorlage an die Kammer nur unter den Voraussetzungen des § 348a Abs 2 ZPO erfolgen. Im Zusammenhang mit den Ansprüchen wegen Nachbaus ist von »einer Klagewelle von über 2 500 Klagen« berichtet worden.[16]

10   Ein Zwang zur **Klagenkonzentration** wie nach § 145 PatG besteht nicht; dies kann bei abgeleiteten Sorten (§ 10) von Bedeutung sein.

11   **Entscheidungsgrundlage.** Ein erteiltes SortRecht ist im Verletzungsprozess so, wie es erteilt ist, hinzunehmen und nicht auf seine Rechtsbeständigkeit

---

6   Muster *Leßmann/Würtenberger*[2] § 7 Rn. 164; *Wuesthoff*[2] § 37 Rn. 56.
7   Vgl *Leßmann/Würtenberger*[2] § 7 Rn. 158 ff; OLG Düsseldorf 16.11.2005 2 U 94/05.
8   LG Mannheim 12.9.2003 7 O 810/00.
9   Vgl LG Mannheim 12.9.2003 7 O 810/00.
10   BGH RdL 2004, 271 Pelargonien, zu § 32 PflSchG; vgl BGHZ 154, 342= GRUR 2003, 716 Reinigungsarbeiten.
11   Vgl zur Höhe des Streitwerts *Leßmann/Würtenberger*[2] § 7 Rn. 224.
12   Vgl *Busse/Keukenschrijver* § 144 PatG Rn. 4.
13   Zur Kostentragungspflicht bei nicht sofortigem Anerkenntnis des Anspruchs auf Auskunft über Nachbau OLG Frankfurt AgrarR 2001, 328.
14   Hierzu *Busse/Keukenschrijver* § 143 PatG Rn. 30 ff.
15   Vgl OLG Zweibrücken 4.12.2003 4 U 35/03.
16   Niedersächsischer Landtag Drs 14/1985 (Fn 20 zu § 10a).

zu prüfen.[17] Für den gemeinschaftlichen Sortenschutz ergibt sich das aus der Bestimmung des Art 105 GemSortV.[18] Die Ersetzung der Nichtigerklärung durch Rücknahme und Widerruf im nationalen Recht hat nicht zu einer Überprüfbarkeit der Schutzfähigkeit im Verletzungsstreit geführt.[19]

Eine »sklavische Bindung« des Verletzungsrichters an die Sortenbeschreibung im **Erteilungsbeschluss** besteht nicht.[20]   **12**

Beweisfragen.[21] Der Verletzungsnachweis knüpft traditionell an den Phäno-   **13** typ der Pflanze an, der aber nicht notwendig vollständigen Aufschluss geben muss. Der Nachweis erfolgt klassisch durch Anbau des verdächtigen Materials (Vergleichsanbau, bei dem es sich, wie aus § 10 und Art 13 GemSortV folgt, nicht notwendig um eine Sorte handelt) über eine Vegetationsperiode.[22] Die Kriterien des Erteilungsverfahrens gelten aber weder hinsichtlich der Zahl der Vergleichspflanzen noch hinsichtlich der Dauer des Vergleichsanbaus.[23] Verletzungsnachweis hinsichtlich einer einzigen Pflanze reicht grds aus; Feststellungen zu anderen konkreten Pflanzen haben allenfalls indizielle Bedeutung.[24] Die Feststellung der Verletzungshandlung ist Sache des Tatrichters; das Berufungsgericht ist grds an die Tatsachenfeststellungen des Landgerichts gebunden.[25]

Eine besondere **Methode** muss nicht angewendet werden.[26] Es obliegt dem   **14** (sachverständig beratenen) Verletzungsrichter, geeignete Methoden zu

---

17 BGH GRUR 1964, 682, 685 Climax; LG Hamburg AgrarR 2002, 24, 25; LG Hamburg 15.2.2001 315 O 613/00; vgl *Leßmann/Würtenberger*[2] § 7 Rn. 9; *Metzger/Zech* Art 101–107 GSortV Rn. 23; *Wuesthoff*[2] § 37 Rn. 61.
18 *Metzger/Zech* Art 101–107 GSortV Rn. 21 ff.
19 Vgl *Leßmann* GRUR 1986, 19, 25; *Wuesthoff/Leßmann/Würtenberger*[1] Rn. 1225 ff.
20 OLG Düsseldorf Mitt 2015, 392 unter Hinweis auf BGH GRUR 2009, 750 Lemon Symphony.
21 Vgl *Hesse* GRUR 1975, 455. Zum Beweis des ersten Anscheins *Leßmann/ Würtenberger*[2] § 7 Rn. 178; zu den Anforderungen an das substantiierte Bestreiten der SortVerletzung LG Düsseldorf 17.1.1995 4 O 304/94.
22 Vgl *Bauer* S 250.
23 BGHZ 166, 203 = GRUR 2006, 595 Melanie; OLG Karlsruhe GRUR-RR 2004, 283; LG Mannheim 12.9.2003 7 O 810/00; vgl für die Bestimmung des Toleranzbereichs OLG Düsseldorf GRUR-RR 2004, 281 = InstGE 4, 127; OLG Düsseldorf Mitt 2015, 392; LG Düsseldorf InstGE 5, 275 = Mitt 2006, 219, und für die Beurteilung der Entnahme BGH GRUR 2004, 936 Barbara.
24 Vgl BGH Melanie; LG Mannheim 12.9.2003 7 O 810/00.
25 BGH Melanie; vgl OLG Düsseldorf Mitt 2015, 392.
26 BGHZ 166, 203 = GRUR 2006, 595 Melanie.

bestimmen, mit denen er sich davon überzeugen kann, ob angegriffenes Pflanzenmaterial von einer geschützten Sorte unter Berücksichtigung zu erwartender Modifikationen unterscheidbar ist.[27]Nach Auffassung der OLG Karlsruhe beschränkt sich der Vergleich auf die äußeren Merkmale (»botanischer« Vergleich), eine gentechnische Analyse verbiete sich aus Rechtsgründen.[28] Dem ist schon im Grundsatz nicht beizutreten.[29] Mit der Einführung einer immer größeren Zahl von Sorten, der Einführung der Regelung bezüglich abgeleiteter Sorten und der Verwendung gentechnischer Methoden gewinnt die Verwendung gentechnischer Nachweismethoden an Bedeutung.[30] Allerdings können Bedenken mit Rücksicht auf die Konformität im dem PflZÜ 1991 bestehen. Es kann jedenfalls den Fall nicht erfassen, dass die bei Gewährung des SortSchutzes berücksichtigten »maßgebenden« Merkmale auch Besonderheiten im Genom einschließen (Rdn. 6 zu § 3; vgl auch Rdn. 21, 49 zu § 10). Die Düsseldorfer Rspr berücksichtigt grds die Genomanalyse.[31] Das gilt auch für die niederländ Rspr.[32] Untersuchungen, bei denen mittels DNS-Analyse sogenannte Fingerprints gewonnen werden, sind demnach geeignet, vorhandene genetische Übereinstimmungen zwischen den untersuchten Pflanzen festzustellen, so dass dann, wenn eine der jeweils verglichenen Pflanzen einer geschützten Sorte angehört, feststeht, dass auch die andere Pflanze zu dieser Sorte gehört.[33] Der Nachweis, dass das Material, das zur Klagesorte gehören soll, tatsächlich der geschützten Sorte angehört, kann bei sich vegetativ vermehrenden Pflanzen nur aus einem Vergleich der bei der Registerprüfung erfassten und im Erteilungsbeschluss niedergelegten Merkmale mit den Ausprägungsmerkmalen des aktuellen Pflanzenmaterials ergeben; hierbei sind die Grundsätze des BSA nicht ohne weiteres anwendbar, denn es ist zu berücksichtigen, dass es bei sich vegetativ vermehrenden Pflanzen neben eher

---

27   OLG Düsseldorf Mitt 2015, 392.
28   OLG Karlsruhe GRUR-RR 2004, 283.
29   BGH Melanie; kr auch OLG Düsseldorf 21.12.2006 2 U 94/05 GRUR-RR 2007, 221 Ls; vgl OLG Düsseldorf Mitt 2015, 392.
30   Vgl *Funder* EIPR 1999, 551, 555 Fn 57; *van der Walt* ProphytAnn 1998, 55; *Ghijsen* ProphytAnn 1998, 24.
31   LG Düsseldorf 22.5.2001 4 O 228/00: »Gestützt wird die Feststellung der Übereinstimmung in allen Merkmalen … auch durch die DNA-Analyse … Der hohe Grad der genetischen Übereinstimmung lässt darauf schließen, dass hinsichtlich der Merkmale keine deutliche Unterscheidbarkeit besteht«.
32   RB Den Haag BIE 2003, 185, 187f Gypsofila I; vgl RB Den Haag PVP 99 (2005), 9.
33   OLG Düsseldorf 18.5.2002 2 U 152/01.

konstanten Ausprägungsmerkmalen auch sich aufgrund der äußeren Einflüsse in den einzelnen Vegetationsperioden mehr oder weniger stark verändernde Ausprägungsmerkmale gibt.[34] Für die Frage der Verletzung wurden drei Abweichungen bei mehr als 200 DNS-Fragmenten (genetische Übereinstimmung von 99,985%) als relevant angesehen.[35]

Der Nachweis konnte insb dann Schwierigkeiten machen, wenn der Verlet- **15** zer behauptete, das von ihm verwendete Material beruhe auf **eigenständiger Züchtung**;[36] hier haben indessen die Regelungen in § 10 Abs 2 und in Art 13 Abs 5, 6 GemSortV zumindest teilweise Abhilfe geschaffen.[37] CIOPORA hat Regeln zur Prüfung bei abgeleiteten Sorten vorgeschlagen;[38] danach soll bei Zierpflanzen der Nachweis bei Mutationen und genetisch veränderten Pflanzen im Weg des Beweises des ersten Anscheins geführt sein, wenn ein Jaccard-Index (Jaccard-Koeffizient, Kennzahl für die Ähnlichkeit von Mengen) von >0,9 erreicht wird, bei im Weg der Kreuzung und Selektion gewonnenen Plagiaten (»me-too-varieties«) bei einem Grad, auf den sich die Züchter einigen sollen sowie Übereinstimmung in den wesentlichen Eigenschaften im Phänotyp, die nicht die abgeleitete Sorte ausmachen.

Es ist im Interesse eines ausreichenden Rechtsschutzes gefordert worden, die **16** **Anforderungen an den Beweis** und die Glaubhaftmachung nur so hoch anzusetzen, dass das Schutzrecht seiner Funktion, den Züchter für die Ergebnisse seiner Züchtungsarbeit zu belohnen, nicht beraubt wird.[39] Gentechnische Methoden werden nach der hier vertretenen Auffassung auch dann herangezogen werden können, wenn Unterschiede im Phänotyp nicht festzustellen sind, sich aus den gentechnischen Untersuchungen aber ergibt, dass die danach gegebenen Unterschiede eine Identität oder das Vorliegen einer im wesentlichen abgeleiteten Sorte ausschließen; höchstrichterlich ist dies nicht entschieden. Die Stellungnahme eines unabhängigen Amts wurde von der Haager Rspr als gewichtiger als ein Privatgutachten angesehen;[40] dies wird nach den Grundsätzen des nationalen Rechts zum Beweisrecht allerdings nur

---

34 LG Düsseldorf InstGE 5, 275 = Mitt 2006, 219; nachgehend OLG Düsseldorf GRUR-RR 2007, 221 und BGH GRUR 2009, 750 Lemon Symphony.
35 LG Düsseldorf 22.5.2001 4 O 228/00.
36 Vgl OLG Frankfurt Mitt 1982, 212; *Wuesthoff*[2] § 37 Rn. 63 ff.
37 Vgl auch *Leßmann/Würtenberger*[2] § 7 Rn. 176; relativierend *Bauer* S 250.
38 Im Internet unter http://www.ciopora.org/publications.html.
39 *Würtenberger* GRUR 2004, 566, 567 f; vgl LG Mannheim 12.9.2003 7 O 810/00.
40 RB Den Haag 13.7.2005 Gypsofila II.

im Rahmen der Beweiswürdigung fallweise entschieden werden können, denn dem Tatrichter kann nicht vorgeschrieben werden, wie er sich im Rahmen der beweisrechtl Vorschriften der ZPO seine Überzeugung bildet.[41]

17 **Aussetzung des Verfahrens** kommt nach nationalem Recht nach § 148 ZPO in Betracht.[42] Ein Antrag auf Widerruf der geschützten Sorte wegen mangelnder Homogenität rechtfertigt idR keine Aussetzung des Verletzungsstreits und keine Versagung der wegen SortVerletzung beantragten einstweiligen Verfügung.[43] Eine Verfahrensaussetzung aus Zweckmäßigkeitsgründen kommt grds nicht in Betracht.[44] Jedoch haben die Gerichte in verschiedenen Fällen Verfahren mit Rücksicht auf beim BGH anhängige parallel gelagerte Fälle[45] oder dem EuGH zur Vorabentscheidung vorgelegte Verfahren[46] ausgesetzt. Der BGH hat indessen eine Aussetzungsmöglichkeit wegen anhängiger Parallelverfahren verneint,[47] eine solche im Hinblick auf EuGH-Vorlagen jedoch offengelassen.[48] Zur Aussetzung bei Verfahren, die den gemeinschaftlichen Sortenschutz betreffen, Rdn. 16 vor § 37.

III. Rechtsmittelverfahren

18 Für die Rechtsmittelverfahren gelten keine Besonderheiten.[49] In der Revisionsinstanz entspricht die Zuständigkeit der Senate des BGH der im Rechtsbeschwerdeverfahren (Rdn. 2 zu § 35). 2016 (2015) sind beim BGH 1 (5)

---

41 Vgl BGHZ 166, 203 = GRUR 2006, 595 Melanie; zur genetischen Übereinstimmung auch OLG Düsseldorf Mitt 2015, 392.

42 Vgl hierzu *Busse/Keukenschrijver* § 140 PatG Rn. 7 ff; *Schulte* § 139 PatG Rn. 279 ff; *Benkard* § 139 PatG Rn. 107 ff; *Leßmann/Würtenberger*[2] § 7 Rn. 207 ff; *Wuesthoff*[2] § 37 Rn. 84; *Hesse* GRUR 1975, 455, 460.

43 LG Düsseldorf Entsch 1997, 15.

44 OLG Koblenz 5.4.2001 19 W 201/01.

45 Vgl OLG Koblenz 21.9.2004 1 U 224/04; OLG Koblenz 21.9.2004 1 U 225/04; OLG Koblenz 21.9.2004 1 U 674/04; OLG Koblenz 21.9.2004 1 U 683/04; OLG Koblenz 21.9.2004 1 U 697/04.

46 OLG Koblenz 21.9.2004 1 U 658/04; OLG Saarbrücken 23.5.2001 7 U 919/00-219, unter Hinweis auf die Aussetzungsmöglichkeit bei Vorlage an das BVerfG.

47 BGHZ 162, 373 = GRUR 2005, 615 Aussetzung wegen Parallelverfahren und Entscheidungen BGH 30.3.2005 X ZB 20/04 Mitt 2005, 327 Ls, BGH 30.3.2005 X ZB 21/04, BGH 30.3.2005 X ZB 22/04, BGH 30.3.2005 X ZB 23/04, BGH 30.3.2005 X ZB 25/04, jeweils zu den vorgenannten Aussetzungsbeschlüssen des OLG Koblenz.

48 BGHZ 162, 373 = GRUR 2005, 615 Aussetzung wegen Parallelverfahren.

49 Vgl hierzu *Busse/Keukenschrijver* vor § 143 PatG Rn. 190 ff, 211 ff.

Revision(en) oder Nichtzulassungsbeschwerden zu Sortennamen und 0 (1) Revision in einer Sortenschutzrechtssache eingegangen,[50] daneben wurden sortrechtl Fragen in mehreren wettbewerbsrechtl Verfahren berührt. UU kommt auch eine Zuständigkeit des Kartellsenats in Betracht.

IV. Restitutionsklage

Die Restitutionsklage in Sortenschutzsachen kommt in analoger Anwendung 19 von § 580 Nr 6 ZPO in Betracht, wenn das Schutzrecht vor Ablauf der gesetzlichen Dauer erlischt.[51] Ist das Schutzrecht mit Wirkung ex nunc weggefallen, ist eine erfolgte Verurteilung auf die Restitutionsklage hin nur für den Zeitraum nach dem Erlöschen des Schutzrechts aufzuheben. Ist der Beklagte auch zur Unterlassung verurteilt worden, ist auf entsprechenden Antrag des Klägers insoweit die Erledigung des Rechtsstreits in der Hauptsache festzustellen.[52]

D. Einstweilige Verfügung; Beweissicherung

Die einstweilige Verfügung spielt in SortSachen eine erhebliche Rolle.[53] 20 Dringlichkeit kann fehlen, wenn entgegen den Bestimmungen des Lizenzvertrags jahrelang Lieferungen durch den Lizenzgeber erfolgt sind; sie lebt nicht bereits dadurch wieder auf, dass der Lizenzvertrag gekündigt wurde.[54] Ein Verfügungsgrund[55] kann bei Nachbau nicht angenommen werden, wenn der Kläger nach einer Verletzungshandlung, die ihm durch eine Nachbauerklärung bekannt geworden ist, bis zum Antrag auf Erlass der Verfügung rund drei Jahre zuwartet.[56] Die Unterlassungsverfügung ist nicht schon auf-

---

50 Jahresstatistik Zivilsachen des BGH 2015 und 2016, abrufbar unter http://www.bundesgerichtshof.de/SharedDocs/Downloads/DE/Service/StatistikZivil/jahresstatistikZivilsenate2015.pdf?__blob=publicationFile und http://www.bundesgerichtshof.de/SharedDocs/Downloads/DE/Service/StatistikZivil/jahresstatistikZivilsenate2016.pdf?__blob=publicationFile.

51 BGHZ 187, 1 = GRUR 2010, 996 Bordako; vgl *Würtenberger* GRUR 2010, 998.

52 BGH Bordako.

53 Vgl *Jestaedt* GRUR 1981, 153; *Leßmann/Würtenberger*[2] § 7 Rn. 219 ff; *Metzger/Zech* § 37 Rn. 106; *Wuesthoff*[2] § 37 Rn. 89 ff; zu den Anforderungen an die Glaubhaftmachung bei Sortenschutzverletzung *Würtenberger* GRUR 2004, 566, 571 ff, auch zur Glaubhaftmachung durch DNS-Vergleich und durch Aussagen sachverständiger Zeugen.

54 OLG Hamburg GRUR 2003, 873.

55 Vgl zur Glaubhaftmachung *Metzger/Zech* § 37 Rn. 106.

56 OLG Naumburg 4.3.2005 10 U 3/04 OLGR Naumburg 2006, 118, Ls auch in GRUR-RR 2006, 32.

zuheben, wenn der Antragsteller nicht innerhalb der Frist des Art 50 Abs 6 TRIPS Hauptsacheklage erhoben hat; insoweit gilt vielmehr die Regelung in § 926 ZPO.[57] Der bloße Ablauf des Zeitraums, für den ein gerichtliches Verbot (Rodung einer Anbaufläche) besteht, bedeutet keine Erledigung der Hauptsache.[58]

21 **Beweissicherung.** Droht Beweisverlust, kommt das selbstständige Beweisverfahren (§§ 485 ff ZPO) in Betracht.[59]

E. Zwangsvollstreckung

22 Die Vollstreckung aus Auskunftstiteln erfolgt, da es sich um eine unvertretbare Handlung handelt, nach § 888 ZPO durch Festsetzung von Zwangsgeld, bei Uneinbringlicshkeit von Zwangshaft.[60]

§ 38 Sortenschutzstreitsachen

(1) Für alle Klagen, durch die ein Anspruch aus einem der in diesem Gesetz geregelten Rechtsverhältnisse geltend gemacht wird (Sortenschutzstreitsachen), sind die Landgerichte ohne Rücksicht auf den Streitwert ausschließlich zuständig.

(2) [1]Die Landesregierungen werden ermächtigt, durch Rechtsverordnung die Sortenschutzstreitsachen für die Bezirke mehrerer Landgerichte einem von ihnen zuzuweisen. [2]Die Landesregierungen können diese Ermächtigung auf die Landesjustizverwaltungen übertragen. [3]Die Länder können außerdem durch Vereinbarungen den Gerichten eines Landes obliegende Aufgaben insgesamt oder teilweise dem zuständigen Gericht eines anderen Landes übertragen.

(3) Von den Kosten, die durch die Mitwirkung eines Patentanwalts in dem Rechtsstreit entstehen, sind die Gebühren nach § 13 des Rechtsanwaltsvergütungsgesetzes und die notwendigen Auslagen des Patentanwalts zu erstatten.

---

57 OLG Hamburg GRUR 2003, 873; vgl *Busse/Keukenschrijver* vor § 143 PatG Rn. 300.
58 LG Düsseldorf Entsch 1997, 15, 17 f.
59 Zur Beweissicherung *Leßmann/Würtenberger*[2] § 7 Rn. 196 ff; *Wuesthoff*[2] § 37 Rn. 79 ff; *Jestaedt* GRUR 1982, 595, 599 f.
60 Vgl LG Leipzig 15.12.2004 5 O 6785/02.

(4) Die Absätze 1 bis 3 gelten auch für alle Klagen, durch die ein Anspruch aus einem der in der Verordnung (EG) Nr. 2100/94 des Rates vom 27. Juli 1994 über den gemeinschaftlichen Sortenschutz (ABl. EG Nr. L 227 S. 1) in ihrer jeweils geltenden Fassung geregelten Rechtsverhältnisse geltend gemacht wird.

GemSortV:

Art 101 Zuständigkeit und Verfahren für Klagen, die zivilrechtliche Ansprüche betreffen

(1) Das Lugano-Übereinkommen sowie die ergänzenden Vorschriften dieses Artikels und der Artikel 102 bis 106 dieser Verordnung sind auf Verfahren für Klagen anzuwenden, die die in den Artikeln 94 bis 100 genannten Ansprüche betreffen.

(2) Verfahren der in Absatz 1 genannten Art sind anhängig zu machen bei den Gerichten

a) des Mitgliedstaats oder sonstigen Vertragsstaats des Lugano-Übereinkommens, in dem der Beklagte seinen Wohnsitz oder Sitz oder, in Ermangelung eines solchen, eine Niederlassung hat, oder,

b) falls diese Voraussetzung in keinem Mitgliedstaat oder Vertragsstaat gegeben ist, des Mitgliedstaats, in dem der Kläger seinen Wohnsitz oder Sitz oder, in Ermangelung eines solchen, eine Niederlassung hat, oder,

c) falls auch diese Voraussetzung in keinem Mitgliedstaat gegeben ist, des Mitgliedstaats, in dem das Amt seinen Sitz hat.

Die zuständigen Gerichte sind für die Entscheidung über die in einem jeden der Mitgliedstaaten begangenen Verletzungshandlungen zuständig.

(3) Verfahren für Klagen, die Ansprüche wegen Verletzungshandlungen betreffen, können auch beim Gericht des Ortes anhängig gemacht werden, in dem das schädigende Ereignis eingetreten ist. In diesem Fall ist das Gericht nur für die Verletzungshandlungen zuständig, die in dem Mitgliedstaat begangen worden sind, zu dem es gehört.

(4) Für das Verfahren und die Zuständigkeit der Gerichte gilt das Recht des nach den Absätzen 2 oder 3 bestimmten Staates.

Art 102 Ergänzende Bestimmungen

(1) Klagen, die den Anspruch auf das Recht nach Artikel 98 betreffen, unterliegen nicht der Anwendung von Artikel 5 Absätze 3 und 4 des Lugano-Übereinkommens.

(2) Ungeachtet des Artikels 101 sind Artikel 5 Absatz 1, Artikel 17 und Artikel 18 des Lugano-Übereinkommens anzuwenden.

(3) Für die Anwendung der Artikel 101 und 102 wird der Wohnsitz oder Sitz einer Partei nach den Artikeln 52 und 53 des Lugano-Übereinkommens bestimmt.

Ausland: Österreich:

§ 24. (1) [abgedruckt bei § 37]

(2) Für Klagen und einstweilige Verfügungen nach diesem Bundesgesetz oder der Verordnung (EG) Nr. 2100/1994 ist das Handelsgericht Wien zuständig. Die §§ 7 Abs. 2 erster Satz, 7a und 8 Abs. 2 JN sind anzuwenden. Das gilt auch für einstweilige Verfügungen.

Belgien: Art 38 SortG; **Bulgarien:** Art 51 Pflanzen- und TierzuchtG; **Finnland:** Sec 46 SortG 2009; **Frankreich:** Art L 623-31 (geänd 2011), Art R 623-51 – 53 CPI; **Irland:** vgl Sec 21 PV(A)A; **Niederlande:** Art 78 – 83 Zaaizaad- en plantgoedwet 2005; **Norwegen:** Art 29 SortG; **Rumänien:** vgl Art 42 SortG; **Schweden:** vgl Kap 10 § 3 Växtförädlarrättslag; **Slowakei:** Art 25 Pflanzen- und TierzuchtG; **Slowenien:** Art 48 Abs 2 SortG (geänd 2006); **Vereinigtes Königreich:** Sec 42–47 PVA

Schrifttum

van der Kooij Het Interflora-arrest en de geldige reden, Berichten Industriële Eigendom 2 (2011), 360

Übersicht	Rdn.
A. Entstehungsgeschichte	1
B. Gerichtliche Zuständigkeit	2
I. Internationale Zuständigkeit	2
1. Nationaler Sortenschutz	2
2. Gemeinschaftlicher Sortenschutz	3
3. Klagen aus ausländischen Sortenschutzrechten	6
II. Rechtswegabgrenzung	7
III. Sachliche Zuständigkeit	8
1. Sortenschutzstreitsachen	8
2. Ausschließliche Zuständigkeit des Landgerichts	10
IV. Örtliche Zuständigkeit	11
1. Allgemeines	11

    2. Zuständigkeitskonzentration (Abs 2)........................... 12
    3. Übersicht über die zuständigen Gerichte..................... 13
V.   Schiedsgerichtsbarkeit.. 15
C. Kosten des mitwirkenden Patentanwalts (Abs 3).................... 16
D. Kosten des auswärtigen Rechtsanwalts 17

A. Entstehungsgeschichte

Die Bestimmung entspricht der dem früheren § 51 (jetzt § 143) PatG **1** nachgebildeten Regelung in § 48 SortG 1968.[1] Das PrPG hat Abs 1 und Abs 2 Satz 1 an die Formulierungen in den übrigen Gesetzen zum Schutz des gewerblichen Rechtsschutzes angepasst.[2] Die zuletzt geltende Fassung des früheren, durch das OLGVertrÄndG aufgehobenen Abs 3 durch das Gesetz zur Neuordnung des Berufsrechts der Rechtsanwälte und der Patentanwälte vom 2.9.1994[3] beruhte auf der Aufhebung des Lokalisationsgebots in § 78 Abs 1 ZPO für das landgerichtliche Verfahren. Das OLGVertrÄndG hat Abs 3 ganz aufgehoben und die Abs 4 und 5 als Abs 3 und 4 eingestellt. Der jetzige Abs 4 wurde als Abs 5 anstelle des früheren Abs 5 eingefügt durch das SortÄndG 1997; damit sind auch Ansprüche nach der GemSortV erfasst.[4] Das KostRegBerG vom 13.12.2001[5] hat in Anpassung an den geänd § 143 Abs 5 PatG in Abs 4 (jetzt Abs 3) die Wörter »bis zur Höhe einer vollen Gebühr« gestrichen. Die Begr führt dazu ua aus, die bisher bestehende Einschränkung sei nicht mehr vertretbar, da sie die tatsächliche Arbeitsleistung und die Stellung des Patentanwalts nicht berücksichtige. Das Geschmacksmusterreformgesetz hat in Abs 2 in Übereinstimmung mit der Änderung des § 143 PatG und anderer Bestimmungen den Satz 3 angefügt.[6] Das Kostenrechtsmodernisierungsgesetz hat in Abs 3 die Verweisung in die gleichzeitig außer Kraft getretene BRAGebO durch eine solche in das Rechtsanwaltsvergütungsgesetz (RVG) ersetzt.

---

1 Vgl Begr BTDrs V/1630 = BlPMZ 1968, 215, 226; *Metzger/Zech* Rn. 2.
2 Begr PrPG BTDrs 11/4792 = BlPMZ 1990, 173, 193; vgl *Metzger/Zech* Rn. 2.
3 BGBl I S 2278.
4 Vgl *Metzger/Zech* Rn. 2.
5 BGBl I 3656 = BlPMZ 2002, 14, 32.
6 Vgl Beschlussempfehlung und Bericht des Rechtsausschusses BTDrs 15/2191 = BlPMZ 2004, 258, 260.

B. Gerichtliche Zuständigkeit

I. Internationale Zuständigkeit

1. Nationaler Sortenschutz

2   Hier gelten die gleichen Grundsätze wie im Patentrecht.[7] Für Verletzungen des nationalen SortSchutzes ist grds allein § 38 maßgebend.[8]

2. Gemeinschaftlicher Sortenschutz

3   Das GSA hat eine Initiative für Gemeinschaftssortenschutzgerichte veranlasst. Hier sind für die Ansprüche aus den Art 94 – 100 GemSortV zunächst die Art 101, 102 GemSortV zu beachten. Danach gelten in erster Linie die Bestimmungen des Lugano-Übereinkommens (LugÜ), die sachlich denen des EuGVÜ entsprechen, die durch die EuGVVO (VO [EG] Nr 44/2001 des Rates über die gerichtliche Zuständigkeit und die Anerkennung und Vollstreckung von Entscheidungen in Zivil- und Handelssachen) vom 22.12.2000 (Brüssel I-VO)[9] abgelöst worden ist.[10] Jedoch geht die Regelung in Art 101 Abs 2 GemSortV vor, nach der in erster Linie die Gerichte des Mitgliedstaats oder Vertragsstaats des LugÜ zuständig sind, in denen der Beklagte Wohnsitz, Sitz oder Niederlassung hat (Buchst a),[11] nachrangig der Wohnsitz-, Sitz- oder Niederlassungsstaat des Klägers (Buchst b),[12] in dritter Linie der Mitgliedstaat, in dem das GSA seinen Sitz hat, dh Frankreich (Buchst c).[13] Das danach zuständige Gericht ist für Ansprüche wegen Verletzung in allen Mitgliedstaaten zuständig (Art 101 Abs 2 Satz 2 GemSortV).[14] Wegen des Wohnsitzes oder Sitzes verweist Art 102 Abs 3 GemSortV auf Art 52, 53 LugÜ. Die Bestimmungen des LugÜ gehen den nationalen Regelungen in §§ 38 – 40 ZPO vor.[15]

---

7   Vgl *Busse/Keukenschrijver* § 143 PatG Rn. 5 ff.

8   Vgl *Metzger/Zech* Rn. 3.

9   ABl EG L 12/1 vom 16.1.2001 = GRUR Int 2002, 414.

10   Zu diesen *Busse/Keukenschrijver* § 143 PatG Rn. 8 ff; vgl *Metzger/Zech* Rn. 3.

11   Vgl *Leßmann/Würtenberger*[2] § 7 Rn. 126.

12   Vgl *Leßmann/Würtenberger*[2] § 7 Rn. 127; *Metzger/Zech* Art 101–107 GSortV Rn. 6.

13   Vgl *Leßmann/Würtenberger*[2] § 7 Rn. 128.

14   Vgl *Leßmann/Würtenberger*[2] § 7 Rn. 129.

15   Vgl BAG NZA-RR 2012, 320; *Metzger/Zech* Art 101–107 GSortV Rn. 11.

Deliktsgerichtsstand. Daneben ist wahlweise, allerdings beschränkt auf 4
Ansprüche wegen Verletzung im Gebiet des jeweiligen Mitgliedstaats, das Tatortgericht zuständig[16] (Art 101 Abs 3 GemSortV). Die Regelung entspricht sachlich der in Art 5 Abs 3 LugÜ.[17]

Daneben kommen weiter nach Art 102 Abs 2 GemSortV die Gerichtsstände 5
des **Erfüllungsorts** (Art 5 Abs 1 LugÜ[18]), ein **vereinbarter Gerichtsstand**
(Art 17 LugÜ) und Zuständigkeit aufgrund **rügeloser Einlassung** (Art 18
LugÜ)[19] in Betracht. Für Ansprüche nach Art 98 GemSortV (Abtretungs-
und Übertragungsansprüche) schließt Art 102 Abs 1 GemSortV die deliktischen und quasideliktischen Gerichtsstände des Art 5 Abs 3, 4 LugÜ ausdrücklich aus.[20]

3. Klagen aus ausländischen Sortenschutzrechten

In Betracht kommt eine Zuständigkeit dt Gerichte auch für Klagen aus aus- 6
ländischen Sortenschutzrechten.[21]

II. Rechtswegabgrenzung

Hinsichtlich der Rechtswegabgrenzung gelten im wesentlichen die gleichen 7
Grundsätze wie im Patentrecht,[22] jedoch entfällt die erstinstanzliche Zuständigkeit des BVerwG im Fall der Benutzungsanordnung.[23] Streitigkeiten über
ArbNZüchtungen und -entdeckungen sind keine SortStreitsachen iSv Abs 1,
sondern fallen als bürgerliche Rechtsstreitigkeiten zwischen ArbN und
ArbGeb aus dem Arbeitsverhältnis in die Zuständigkeit der Gerichte für
Arbeitssachen (§ 2 Abs 1 Nr 3 Buchst a ArbGG) oder bei öffentlich-rechtl

---

16 Vgl *van der Kooij* Art 101 Anm 1; *Metzger/Zech* Art 101–107 GSortV Rn. 6.
17 Vgl *Leßmann/Würtenberger*[2] § 7 Rn. 130.
18 Vgl *Busse/Keukenschrijver* § 143 PatG Rn. 13; *Leßmann/Würtenberger*[2] § 7 Rn. 131; *van der Kooij* Art 102 Anm 1.
19 Vgl *Busse/Keukenschrijver* § 143 PatG Rn. 22; *Leßmann/Würtenberger*[2] § 7 Rn. 131; *van der Kooij* Art 102 Anm 1.
20 Vgl *Leßmann/Würtenberger*[2] § 7 Rn. 136 f; *Metzger/Zech* Art 101–107 GSortV Rn. 10; *van der Kooij* Art 102 Anm 1.
21 Vgl *Busse/Keukenschrijver* § 143 PatG Rn. 26 ff.
22 Vgl *Busse/Keukenschrijver* § 143 PatG Rn. 37 ff.
23 *Busse/Keukenschrijver* § 143 PatG Rn. 41.

Dienstverhältnissen der Verwaltungsgerichte (§§ 126 BRRG, § 172 BBG, § 59 Soldatengesetz); § 39 ArbEG ist daher unanwendbar.[24]

III. Sachliche Zuständigkeit

1. Sortenschutzstreitsachen

8   Seit der Änderung durch das PrPG ist der Begriff der SortStreitsache dem der Patentstreitsache angepasst.[25] Dass der Begriff weit auszulegen sei,[26] trifft in dieser Allgemeinheit nicht zu.[27] Auch Verfahren, die den Nachbau betreffen, sind Sortenschutzstreitsachen.[28] Klagen, die auf wettbewerbsrechtl Anspruchsgrundlagen gestützt sind, sind grds keine SortStreitsachen (sehr str).[29]

9   Nach Abs 5 sind auch Streitigkeiten aus dem **gemeinschaftlichen Sortenschutz** erfasst. Dies entspricht der Regelung in Art 101 Abs 4, 103 GemSortV.[30]

2. Ausschließliche Zuständigkeit des Landgerichts

10 Insoweit gelten die gleichen Grundsätze wie im Patentrecht.[31] Jedoch ist abw, allerdings in Übereinstimmung mit den Regelungen in § 140 Abs 1 MarkenG und § 52 Abs 1 DesignG die Zuständigkeit nicht ausschließlich der Zivilkammer zugewiesen,[32] weshalb, soweit es sich um eine Handelssache handelt, auch die Kammer für Handelssachen angerufen werden kann;[33] zu beachten ist allerdings, dass SortSachen anders als Marken- und Designsachen (§ 95 Abs 1 Nr 4 c GVG) nicht per se Handelssachen iSd § 95 GVG sind.

---

24 *Keukenschrijver* FS K. Bartenbach (2005), 243, 256 f; teilweise abw *1. Aufl.*

25 Zu letzterem *Busse/Keukenschrijver* § 143 PatG Rn. 51 ff; *Schulte* § 143 PatG Rn. 7 ff; *Benkard* § 143 PatG Rn. 1 ff; *Leßmann/Würtenberger*[2] § 7 Rn. 115; *Metzger/Zech* Rn. 5; zum zu engen Begriff des SortG 1985 zust *Wuesthoff*[2] Rn. 2; zu Ansprüchen ausländ Rechten *Busse/Keukenschrijver* § 143 PatG Rn. 74; *Wuesthoff*[2] Rn. 3.

26 *Leßmann/Würtenberger*[2] § 7 Rn. 115; *Metzger/Zech* Rn. 5.

27 Näher hierzu *Busse/Keukenschrijver* § 143 PatG Rn. 51.

28 *Metzger/Zech* § 10a Rn. 48; *Krieger* (2001), 264.

29 Vgl *Busse/Keukenschrijver* § 143 PatG Rn. 67; aA *Metzger/Zech* Rn. 5.

30 Vgl *Metzger/Zech* Art 101–107 GSortV Rn. 16.

31 Hierzu *Busse/Keukenschrijver* § 143 PatG Rn. 80 ff; *Leßmann/Würtenberger*[2] § 7 Rn. 116 ff; *Wuesthoff*[2] Rn. 4 f.

32 Insoweit zu Unrecht abw *Metzger/Zech* Rn. 4.

33 Unzutr insoweit *1. Aufl.*

IV. Örtliche Zuständigkeit

1. Allgemeines

Auch hier gelten die gleichen Grundsätze wie im Patentrecht.[34] Aufgrund 11 einer Gerichtsstandsvereinbarung kann, soweit diese nach §§ 38 – 40 ZPO möglich ist, nur dann die Zuständigkeit eines anderen als des örtlich zuständigen Gerichts erreicht werden, wenn dieses ein Gericht für SortStreitsachen ist (also zB des LG Mannheim anstelle des LG München I, nicht aber des LG Nürnberg oder des AG Aschaffenburg).[35]

2. Zuständigkeitskonzentration (Abs 2)

Die Konzentrationsermächtigung entspricht der in § 143 Abs 2 PatG.[36]   12

3. Übersicht über die zuständigen Gerichte

Von der Konzentrationsermächtigung ist Gebrauch gemacht und Zustän- 13 digkeitsübertragungen sind durch Staatsverträge (teilweise abweichend vom Patentrecht) erfolgt:

– **Baden-Württemberg:** LG Mannheim (§ 2 Nr 26 SubVOJu vom 7.9.1998[37] iVm § 14 der VO über Zuständigkeiten in der Justiz vom 20.11.1998[38]).
– **Bayern:** LG München I (§ 2 Nr 31 DelV vom 28.1.2014[39] iVm § 42 GZVJu vom 11.6.2012[40]).
– **Brandenburg:** LG Cottbus (§ 1 Nr 42 JuZÜV vom 9.4.2014[41] iVm § 5 VO über gerichtliche Zuständigkeiten und Zuständigkeitskonzentrationen vom 2.9.2014[42]).

---

34 Hierzu *Busse/Keukenschrijver* § 143 PatG Rn. 86 ff; *Leßmann/Würtenberger*[2] § 7 Rn. 122 ff, 1334, 1331; *Wuesthoff*[2] Rn. 9 f, 7, 4.
35 Vgl *Leßmann/Würtenberger*[2] § 7 Rn. 117; *Metzger/Zech* Rn. 6.
36 Hierzu *Busse/Keukenschrijver* § 143 PatG Rn. 107 f; vgl *Leßmann/Würtenberger*[2] § 7 Rn. 118; *Metzger/Zech* Rn. 7.
37 GBl S 561.
38 GBl S 680.
39 GVBl S 22.
40 GVBl S 295.
41 GVBl II Nr 23.
42 GVBl II Nr 62.

– **Bremen:** LG Hamburg (§ 1 Abk vom 17.11.1992, Gesetz vom 18.5.1993[43], in Kraft seit 1.2.1994); die Übertragung ist durch die Neufassung des Abs 2 nunmehr auf eine eindeutige Grundlage gestellt.
– **Hessen:** LG Frankfurt/M. (§ 11 JustizDelegV vom 21.12.2015[44] iVm § 39 JustizzuständigkeitsVO vom 3.6.2013[45]).
– **Mecklenburg-Vorpommern:** LG Hamburg (Abk vom 17.11.1992, wie Bremen,[46] Gesetz vom 6.11.1993[47]).
– **Niedersachsen:** LG Braunschweig (§ 1 Nr 40 RPflErmÜtrV ND 2007 idF vom 6.3.2014[48] iVm § 12 der VO zur Regelung von Zuständigkeiten in der Gerichtsbarkeit und der Justizverwaltung vom 22.1.1998[49]).
– **Nordrhein-Westfalen:** LG Düsseldorf (§ 1 GemMarkenuaZuwV NW idF vom 30.8.2011[50]).
– **Rheinland-Pfalz:** LG Kaiserslautern (§ 1 Nr 35 RpflErmV RP idF vom 9.6.2015,[51] insoweit geänd durch Art 1 der LandesVO vom 24.10.2001,[52] iVm § 16 der LandesvVO über die gerichtliche Zuständigkeit in Zivilsachen und Angelegenheiten der freiwilligen Gerichtsbarkeit vom 22.11.1985 idF vom 28.7.2005, wobei es bei den vor dem 1.1.2002 anhängig gewordenen SortStreitsachen bei der früheren (nicht konzentrierten) Zuständigkeit verblieb.
– **Sachsen:** LG Leipzig (§ 1 Nr 37 ZustÜVOJu idF vom 16.10.2014[53] iVm § 14 Nr 5 SächsJOrgVO idF vom 7.3.2016[54]).
– **Sachsen-Anhalt:** LG Magdeburg (§ 6 VO über Zuständigkeiten der Amtsgerichte und Landgerichte in Zivilsachen vom 1.9.1992 idF der 3.ÄnderungsVO vom 5.12.1995[55]).
– **Schleswig-Holstein:** LG Hamburg (wie Bremen, Staatsvertrag und Gesetz vom 27.9.1993[56]).

---

43 GBl S 154, GVBl Hamburg 1993, 34, GRUR 1994, 350 = BlPMZ 1995, 236.
44 GVBl 2016, 2.
45 GVBl S 386.
46 GVOBl 1993, 919.
47 GVOBl 1993, 919.
48 GVBl 2007, 244.
49 GVBl S 66.
50 GV NW S 468.
51 Ursprüngliche Fassung GVBl 1982, 460.
52 GVBl S. 274.
53 GVBl S 673.
54 GVBl S 103.
55 GVBl S 360.
56 GVBl S 497; vgl LG Hamburg 3.11.1999 315 O 326/99.

– **Thüringen:** LG Erfurt (§ 5 Abs 1 Nr 6 ThürGerZustVO vom 17.11.2011[57]).

In den **übrigen Bundesländern** ist eine Konzentration oder Übertragung 14 nicht erfolgt. Es sind somit zuständig als einziges Landgericht das LG Berlin für das Land Berlin, das LG Hamburg für die Freie und Hansestadt Hamburg und das LG Saarbrücken für das Saarland.

V. Schiedsgerichtsbarkeit[58]

Zur Verfügung stehen prinzipiell dieselben Organisationen wie im Patent- 15 recht.[59] Eine weitere Möglichkeit wurde im Rahmen des Züchterverbands ASSINSEL (jetzt ISF) eingerichtet.[60] Zu Schiedsgerichtsabreden bei Vermehrungsverträgen liegen Entscheidungen der Braunschweiger Gerichte[61] vor, die diese als wirksam ansehen. Haben die Parteien eines Vermehrungsvertrags für Saatgetreide vereinbart, dass Streitigkeiten aus oder im Zusammenhang mit diesem Vertrag der Entscheidung durch ein Schiedsgericht unterworfen sein sollen, schließt diese Abrede Streitigkeiten über die Verwendung des vom Züchter gelieferten und zur Vermehrung bestimmten Saatguts für den Nachbau ein.[62]

C. Kosten des mitwirkenden Patentanwalts (Abs 3)

Insoweit ist auf die parallele Regelung in § 143 Abs 3 PatG zu verweisen.[63] Das 16 Gesetz über die Beiordnung von Patentanwälten bei Prozesskostenhilfe vom 5.2.1938[64] in der Neufassung vom 1.1.1987,[65] zuletzt geänd durch das Gesetz

57 GVBl S 511.
58 Zur Schiedsgerichtsfähigkeit vgl *Busse/Keukenschrijver* vor § 143 PatG Rn. 19 ff.
59 Hierzu *Busse/Keukenschrijver* vor § 143 PatG Rn. 18 ff.
60 Vgl *Lange* GRUR Int 1993, 137, 141; Regeln (Stand Juli 2015) in englischer Sprache im Internet abrufbar unter http://www.worldseed.org/wp-content/uploads/2015/10/ISF_Procedure_Rules_Dispute_Settlement_2015.pdf.
61 OLG Braunschweig 11.2.2015 2 U 165/12 undok zu LG Braunschweig 28.11.2012 9 O 3029/11.
62 BGH GRUR 2017, 296 Scarlett.
63 Hierzu *Busse/Keukenschrijver* § 143 PatG Rn. 155 ff; *Schulte* § 143 PatG Rn. 27 ff; *Benkard* § 143 PatG Rn. 19 ff; *Leßmann/Würtenberger*[2] § 7 Rn. 225 ff; *Wuesthoff*[2] Rn. 12 ff; zur zeitlichen Anwendbarkeit BGH GRUR 2006, 702 Erstattung von Patentanwaltskosten.
64 RGBl I 116 = BlPMZ 1938, 48.
65 BGBl I 557.

zur Modernisierung des Geschmacksmustergesetzes sowie zur Änderung der Regelungen über die Bekanntmachungen zum Ausstellungsschutz, ist auch in SortSachen anzuwenden. Nach früherer Rechtslage kam es lediglich darauf an, ob Gegenstand des Rechtsstreits eine Sortenschutzstreitsache war, nicht darauf, ob über den SortSchutz selbst gestritten wurde.[66]

D. Kosten des auswärtigen Rechtsanwalts

17 Die Kosten für einen nicht am Ort des Prozessgerichts ansässigen Rechtsanwalt sind nur dann zu erstatten, wenn dessen Beauftragung notwendig war, dies hat vor allem für die Prozessvertretung der STV (und der jeweiligen Beklagten) eine Rolle gespielt;[67] die Notwendigkeit wurde bejaht, weil es sich bei SortSachen um eine rechtl Spezialmaterie handle, die sinnvoll und kostendeckend nur von einem mit dieser Rechtsmaterie vertrauten Anwalt bearbeitet werden könne.[68] Eine am Ort ihrer Zweigniederlassung verklagte Gesellschaft, deren Rechtsangelegenheiten an ihrem Hauptsitz bearbeitet werden, kann idR die Reisekosten eines an ihrem Hauptsitz ansässigen Rechtsanwalts erstattet verlangen.[69]

§ 39 Strafvorschriften

(1) Mit Freiheitsstrafe bis zu drei Jahren oder mit Geldstrafe wird bestraft, wer

---

66 OLG Hamburg OLGRep 2001, 98.
67 BGH GRUR 2004, 447 auswärtiger Rechtsanwalt III: falls sachgerechte Information nur in einem persönlichen mündlichen Gespräch erfolgen kann; BGH GRUR 2004, 448 auswärtiger Rechtsanwalt IV; BGH GRUR 2004, 886 auswärtiger Rechtsanwalt im Berufungsverfahren; anders bei Unternehmen mit Rechtsabteilung, BGH GRUR 2003, 725, 726 auswärtiger Rechtsanwalt III; BGH auswärtiger Rechtsanwalt IV; BGH auswärtiger Rechtsanwalt im Berufungsverfahren; die Kosten für einen Rechtsanwalt am dritten Ort sind nicht auf die Kosten für einen Unterbevollmächtigten beschränkt, BGH GRUR 2005, 1072 auswärtiger Rechtsanwalt V gegen OLG München 22.7.2004 11 W 2541/04 OLGRep 2005, 261, SortSache; OLG Koblenz 6.5.2004 14 W 326/04, wo darauf abgestellt wird, dass angesichts des geringen Streitwerts der Nachbausachen eine solche von einem nicht spezialisierten Anwalt nicht kostendeckend bearbeitet werden könne.
68 OLG Frankfurt 6.10.2010 6 W 7/10; OLG Frankfurt 19.1.2016 6 W 109/15 AGS 2016, 497.
69 BGH NJW-RR 2005, 922 Zweigniederlassung.

1. entgegen § 10 Abs. 1, auch in Verbindung mit Abs. 2, Vermehrungsmaterial einer nach diesem Gesetz geschützten Sorte, eine Pflanze, ein
Pflanzenteil oder ein Erzeugnis erzeugt, für Vermehrungszwecke aufbereitet, in den Verkehr bringt, einführt, ausführt oder aufbewahrt oder
2. entgegen Artikel 13 Abs. 1 in Verbindung mit Abs. 2 Satz 1, auch in
Verbindung mit Abs. 4 Satz 1 oder Abs. 5, der Verordnung (EG)
Nr. 2100/94 des Rates vom 27. Juli 1994 über den gemeinschaftlichen
Sortenschutz (ABl. EG Nr. L 227 S. 1) Material einer nach gemeinschaftlichem Sortenschutzrecht geschützten Sorte vermehrt, zum Zwecke der Vermehrung aufbereitet, zum Verkauf anbietet, in den Verkehr
bringt, einführt, ausführt oder aufbewahrt.

(2) Handelt der Täter gewerbsmäßig, so ist die Strafe Freiheitsstrafe bis zu
fünf Jahren oder Geldstrafe.

(3) Der Versuch ist strafbar.

(4) In den Fällen des Absatzes 1 wird die Tat nur auf Antrag verfolgt, es sei
denn, daß die Strafverfolgungsbehörde wegen des besonderen öffentlichen
Interesses an der Strafverfolgung ein Einschreiten von Amts wegen für geboten hält.

(5) [1]Gegenstände, auf die sich die Straftat bezieht, können eingezogen werden. [2]§ 74a des Strafgesetzbuches ist anzuwenden. [3]Soweit den in § 37a
bezeichneten Ansprüchen im Verfahren nach den Vorschriften der Strafpro-
zeßordnung über die Entschädigung des Verletzten (§§ 403 bis 406c) stattgegeben wird, sind die Vorschriften über die Einziehung (§§ 74 bis 74f des
Strafgesetzbuches) nicht anzuwenden.

(6) [1]Wird auf Strafe erkannt, so ist, wenn der Verletzte es beantragt und
ein berechtigtes Interesse daran dartut, anzuordnen, daß die Verurteilung
öffentlich bekanntgemacht wird. [2]Die Art der Bekanntmachung ist im
Urteil zu bestimmen.

GemSortV:

Art 107 Ahndung der Verletzung des gemeinschaftlichen Sortenschutzes

Die Mitgliedstaaten treffen alle geeigneten Maßnahmen, um sicherzustellen, daß für die Ahndung von Verletzungen eines gemeinschaftlichen Sortenschutzes die gleichen Vorschriften in Kraft treten, die für eine Verletzung
entsprechender nationaler Rechte gelten.

Ausland: Österreich:

Strafbare Sortenschutzverletzungen

§ 25. (1) Wer Handlungen gemäß § 4 oder Art. 13 der Verordnung (EG) Nr. 2100/1994 ohne Zustimmung des Sortenschutzinhabers setzt und somit ein Sortenschutzrecht verletzt, ist vom Gericht mit Geldstrafe bis zu 360 Tagessätzen zu bestrafen.

(2) Die Verfolgung findet nur auf Verlangen des Verletzten statt.

(3) Für das Strafverfahren gelten die §§ 148, 149 und 160 des Patentgesetzes 1970 sinngemäß.

(4) Die Gerichtsbarkeit in Strafsachen nach diesem Bundesgesetz oder der Verordnung (EG) Nr. 2100/1994 steht den die Strafgerichtsbarkeit ausübenden Landesgerichten zu.

Schweiz:

Art 48 Sortenschutzverletzungen

(1) Wer unberechtigt Handlungen nach Artikel 5 Absatz 1 mit Vermehrungsmaterial oder Erntegut einer geschützten Sorte oder einer Sorte nach Artikel 5 Absatz 2 Buchstaben a–c vornimmt oder dieses Material zur Erzeugung von Vermehrungsmaterial einer neuen Sorte fortlaufend verwendet, wird, wenn er vorsätzlich handelt, auf Antrag des in seinen Rechten Verletzten mit Freiheitsstrafe bis zu einem Jahr oder Geldstrafe bestraft.

(2) Handelt der Täter fahrlässig, so ist die Strafe Busse.

(3) Das Antragsrecht erlischt nach Ablauf von sechs Monaten seit dem Tag, an dem der Täter dem Verletzten bekannt wurde.

Art 50 Einziehung von Gegenständen

Der Richter kann ohne Rücksicht auf die Strafbarkeit einer bestimmten Person die Einziehung von widerrechtlich hergestellten Erzeugnissen verfügen.

Art 51 Strafverfolgung

Die Strafverfolgung obliegt den Kantonen.

Bulgarien: Art 52 Pflanzen- und TierzuchtG; **Dänemark:** Art 26 SortG; **Finnland:** Sec 41, 42, 43, 44 SortG 2009; **Frankreich:** Art L 623-32 (geänd 2011), Art L 623-32-1 (eingefügt 2007), Art L 623-32-2 (geänd 2009), Art L 623-33 CPI; **Island:** Art 25 SortG; **Niederlande:** Art 96 SaatG; **Norwegen:** Art 22 SortG; **Polen:** Art 37 SortG;

Portugal: Art 7 GesetzesVO 213/90; **Rumänien:** Art 43 SortG; **Schweden:** Kap 9 § 1 Växtförädlarrättslag; **Slowakei:** Art 27 Pflanzen- und TierzuchtG; **Slowenien:** Art 51 (geänd 2006), Art 52 (geänd 2006) SortG

Schrifttum
Fontaine Grund- und Strukturprobleme des § 142 PatG, 2011

Übersicht	Rdn.
A. Entstehungsgeschichte	1
B. Strafnorm	5
I. Allgemeines	5
II. Straftatbestände	6
III. Strafantrag (Abs 4)	13
C. Rechtsfolgen	14
D. Ermittlungs- und Strafverfahren	15

A. Entstehungsgeschichte

Die Bestimmung, die ihre Vorgängerin in § 49 SortG 1968 hat, mit dem **1** erstmals **strafrechtlicher Schutz** in Anlehnung insb an die Regelung im PatG eingeführt wurde,[1] ist durch das PrPG wie die anderen Straftatbestände im gewerblichen Rechtsschutz geänd worden.[2] Dabei ist in Abs 1 die Strafdrohung von einem auf drei Jahre heraufgesetzt worden; die bisherigen Abs 2 und 3 sind durch die geltenden Abs 2 – 6 ersetzt worden. Damit haben sich gegenüber dem früheren Rechtszustand folgende weitere Änderungen ergeben:
– Einführung eines qualifizierten Tatbestands (Abs 2),
– Begründung der Strafbarkeit des Versuchs (Abs 3),
– Umwandlung in ein relatives Antragsdelikt[3] und im qualifizierten Fall in ein Offizialdelikt (Abs 4),
– strafrechtliche Einziehungsmöglichkeit (Abs 5).

Abs 1 ist durch das SortÄndG 1997 neu gefasst worden; aufgrund der erwei- **2** terten Schutzwirkung des Sortenschutzes wurde es im Interesse eines effektiven gewerblichen Rechtsschutzes und hinsichtlich einer einheitlichen Bewertung der Schutzrechtswirkungen als geboten angesehen, auch die Strafvorschriften entsprechend anzupassen. Da dem SortRecht auf dem Gebiet

---

1 Vgl Begr BTDrs V/1630 = BlPMZ 1968, 215, 226 f.
2 Vgl Begr BTDrs 11/5744 = BlPMZ 1990, 173, 193 f.
3 Vgl *Metzger/Zech* Rn. 1.

der Pflanzenzüchtung eine ebenso wichtige Rolle wie dem Patentrecht oder dem Markenrecht auf ihren jeweiligen Gebieten zukomme, wurde auch die Aufbewahrung von geschütztem Material wie in den anderen Bereichen der strafbewehrt. Ferner wurde der Bestimmung in Art 107 GemSortV Rechnung getragen, nach der die Mitgliedstaaten für Verletzungen des gemeinschaftlichen SortSchutzes die gleichen Ahndungsvorschriften vorsehen müssen, wie sie für die Verletzung nationaler SortRechte gelten; deshalb wurden die Verletzungen des **gemeinschaftlichen Sortenschutzes** einbezogen.[4] Die EU-Kommission hat am 12.7.2005 Vorschläge über strafrechtliche Maßnahmen zur Bekämpfung von Verletzungen der Rechte des geistigen Eigentums vorgelegt, die zu einem Richtlinienvorschlag führten.[5] Dieser ist jedoch gescheitert.[6] In Abs 5 Satz 3 wurde durch das Gesetz zur Reform der strafrechtlichen Vermögensabschöpfung vom 13.4.2017[7] die Verweisung auf die §§ 74 bis 74f StGB eingefügt.

3 Eine **konventionsrechtlich abzuleitende Verpflichtung** zur Schaffung einer strafrechtl Sanktionsnorm ergibt sich weder aus dem PflZÜ noch aus dem TRIPS-Übk.[8]

4 **Inkrafttreten.** Die Neuregelung durch das PrPG ist am 1.7.1990 in Kraft getreten (§ 14 PrPG), die durch das SortÄndG 1997 am 25.7.1997 (Tag nach der Verkündung; Art 3 SortÄndG 1997).

B. Strafnorm

I. Allgemeines[9]

5 Die Regelung entspricht im wesentlichen der **Strafnorm im Patentrecht** (§ 142 PatG), auf deren Kommentierung[10] weitestgehend verwiesen werden kann.

II. Straftatbestände

6 Unter Strafe gestellt sind nur Verletzungen des **materiellen Sortenschutzes**. Der Versuch ist strafbar (Abs 3); die Relevanz ist jedoch gering, weil bereits

---

4 Begr BTDrs 13/7038 S 15; vgl *Metzger/Zech* Art 101–107 GSortV Rn. 37.
5 Dokument KOM(2006) 169 endg; vgl *Metzger/Zech* Rn. 5.
6 Näher *Metzger/Zech* Rn. 5; vgl *Busse/Keukenschrijver* § 142 PatG Rn. 2.
7 BGBl I 872.
8 *Metzger/Zech* Rn. 3.
9 Zur Bedeutung der Strafdrohung vgl *Leßmann/Würtenberger*[2] § 7 Rn. 229 ff; zur Lage vor Inkrafttreten des PrPG *Wuesthoff*[2] Rn. 1.
10 Ua bei *Busse/Keukenschrijver, Benkard* und *Schulte*.

das Aufbewahren in den Tatbestand einbezogen ist (Rdn. 7).[11] Verstöße gegen das Recht der Sortenbezeichnung sind in § 40 als Ordnungswidrigkeitentatbestände ausgestaltet.

Abs 1 Nr 1 stellt das Erzeugen einer nach dem SortG geschützten Pflanze, 7 eines Pflanzenteils oder eines Erzeugnisses, das Aufbereiten für Vermehrungszwecke, Inverkehrbringen, Einführen, Ausführen und Aufbewahren entgegen § 10 Abs 1, auch in Verbindung mit Abs 2, unter Strafe.[12] Wegen der danach in Betracht kommenden Tathandlungen ist auf die Kommentierung zu § 10 zu verweisen; als erfasst werden auch Handlungen im Toleranzbereich (Rdn. 50 f. zu § 10)[13] sowie bei im wesentlichen abgeleiteten Sorten (Rdn. 11 ff. zu § 10)[14] angesehen. Erfasst ist damit grds auch der Nachbau, wenn die insoweit bestehenden Auskunfts- und Zahlungsverpflichtungen des Landwirts nicht eingehalten werden (vgl die Kommentierung zu § 10a).[15] Rückwirkender Wegfall des Sortenschutzes lässt auch hier den Tatbestand entfallen.[16]

Abs 1 Nr 2 stellt entspr das Vermehren von Material einer nach gemeinschaft- 8 lichem SortRecht geschützten Sorte, das Aufbereiten zum Zweck der Vermehrung, das Anbieten zum Verkauf, das Inverkehrbringen, Einführen, Ausführen und Aufbewahren entgegen Art 13 Abs 1 iVm Abs 2 Satz 1, auch iVm Abs 4 Satz 1 oder Abs 5 GemSortV unter Strafe.

Für die Behandlung von Irrtumsfällen ist die Frage von Bedeutung, ob das 9 Vorliegen eines **Erlaubnistatbestands** schon die Tatbestandsmäßigkeit oder nur die Rechtswidrigkeit beseitigt.[17]

Auf der subjektiven Tatseite ist **Vorsatz** erforderlich.[18] Die Irrtumsproblematik 10 ist wie bei § 142 PatG hoch umstr.[19]

---

11 Vgl *Leßmann/Würtenberger*[2] § 7 Rn. 245; *Metzger/Zech* Rn. 18.
12 Vgl *Metzger/Zech* Rn. 6.
13 *Metzger/Zech* Rn. 2, 7; vgl *Leßmann/Würtenberger*[2] § 7 Rn. 233.
14 *Metzger/Zech* Rn. 8.
15 Bedenken gegen die Strafbarkeit äußert insoweit *Krieger* (2001), 243 f.
16 Vgl *Busse/Keukenschrijver* § 142 PatG Rn. 16; *Leßmann/Würtenberger*[2] § 7 Rn. 234; *Wuesthoff*[2] Rn. 3; *Metzger/Zech* Rn. 7.
17 Hierzu *Busse/Keukenschrijver* § 142 PatG Rn. 20 f; *Leßmann/Würtenberger*[2] § 7 Rn. 237.
18 *Busse/Keukenschrijver* § 142 PatG Rn. 19; *Leßmann/Würtenberger*[2] § 7 Rn. 238.
19 Vgl *Busse/Keukenschrijver* § 142 PatG Rn. 20 f; *Metzger/Zech* Rn. 11 ff.

11 Hinsichtlich **Täterschaft und Teilnahme** stellen sich dieselben Probleme wie im Patentrecht.[20] Der SortInhaber kommt auch dann nicht als Täter in Betracht, wenn er ein ausschließliches Nutzungsrecht vergeben hat;[21] gleiches gilt für den Mitinhaber, der ohne Einwilligung der anderen Mitinhaber nutzt.[22]

12 **Gewerbsmäßiges Handeln** bildet nach Abs 2 einen qualifizierten Tatbestand.[23]

III. Strafantrag (Abs 4)

13 Wie im Patentrecht ist die Tat »**relatives**« **Antragsdelikt**, im Bereich der Qualifizierung nach Abs 2 Offizialdelikt.[24] Der auswärtige SortInhaber bedarf zur Antragstellung keines Verfahrensvertreters, dessen bloßes Vorhandensein ausreicht,[25] jedoch wird man entsprechend der Regelung in § 25 PatG auch den Verfahrensvertreter als zur Antragstellung berechtigt ansehen müssen. Der Verletzte kann außerhalb des Qualifizierungstatbestands auf den Privatklageweg verwiesen werden.[26] Die Strafantragsfrist von drei Monaten ab Kenntnis der Tat und der Person des Täters (§ 77b StGB) ist zu beachten.[27]

C. Rechtsfolgen

14 Die Rechtsfolgen der Tat[28] entsprechen denen im Patentrecht. Auch Fragen der Tateinheit und Tatmehrheit sind wie im Patentrecht zu lösen.[29] Dasselbe gilt für Konkurrenzen mit anderen Delikten.[30]

---

20 Vgl *Busse/Keukenschrijver* § 142 PatG Rn. 23 ff.

21 Zutr *Metzger/Zech* Rn. 9; aA *Leßmann/Würtenberger*[2] § 7 Rn. 242.

22 *Metzger/Zech* Rn. 9; aA auch insoweit *Leßmann/Würtenberger*[2] § 7 Rn. 242.

23 Vgl *Busse/Keukenschrijver* § 142 PatG Rn. 14; *Leßmann/Würtenberger*[2] § 7 Rn. 241; *Metzger/Zech* Rn. 17.

24 Vgl *Busse/Keukenschrijver* § 142 PatG Rn. 29 ff; *Leßmann/Würtenberger*[2] § 7 Rn. 244 ff; *Metzger/Zech* Rn. 19; zur Rechtslage vor Inkrafttreten des PrPG *Wuesthoff*[2] Rn. 8 ff.

25 *Busse/Keukenschrijver* § 142 PatG Rn. 32; aA *Wuesthoff*[2] Rn. 11; *Leßmann/Würtenberger*[2] § 7 Rn. 247; *Metzger/Zech* Rn. 22; *Schulte* § 25 PatG Rn. 23.

26 *Busse/Keukenschrijver* § 142 PatG Rn. 45 f; *Metzger/Zech* Rn. 20 f.

27 *Busse/Keukenschrijver* § 142 PatG Rn. 33; *Metzger/Zech* Rn. 23.

28 Vgl *Busse/Keukenschrijver* § 142 PatG Rn. 35 ff; *Leßmann/Würtenberger*[2] § 7 Rn. 253 ff.

29 Vgl *Busse/Keukenschrijver* § 142 PatG Rn. 37 f; *Metzger/Zech* Rn. 16.

30 Vgl *Busse/Keukenschrijver* § 142 PatG Rn. 27.

D. Ermittlungs- und Strafverfahren

Gegenüber dem Verfahren bei strafbarer Patentverletzung ergeben sich keine   15
Besonderheiten.[31] Das Verfahren ist Wirtschaftsstrafsache nach § 74c Abs 1
Nr 1 GVG.

§ 40 Bußgeldvorschriften

(1) Ordnungswidrig handelt, wer vorsätzlich oder fahrlässig
1. entgegen § 14 Abs. 1 Vermehrungsmaterial einer nach diesem Gesetz
geschützten Sorte in den Verkehr bringt, wenn hierbei die Sortenbezeichnung nicht oder nicht in der vorgeschriebenen Weise angegeben ist,
2. entgegen § 14 Abs. 3 eine Sortenbezeichnung einer nach diesem Gesetz
geschützten Sorte oder eine mit ihr verwechselbare Bezeichnung für eine
andere Sorte derselben oder einer verwandten Art verwendet oder
3. entgegen Artikel 17 Abs. 1, auch in Verbindung mit Abs. 3, der Verordnung (EG) Nr. 2100/94 des Rates vom 27. Juli 1994 über den gemeinschaftlichen Sortenschutz (ABl. EG Nr. L 227 S. 1) die Bezeichnung
einer nach gemeinschaftlichem Sortenschutzrecht geschützten Sorte
nicht, nicht richtig, nicht vollständig oder nicht in der vorgeschriebenen
Weise verwendet.

(2) Die Ordnungswidrigkeit kann mit einer Geldbuße bis zu 5 000 Euro
geahndet werden.

(3) [1]Gegenstände, auf die sich die Ordnungswidrigkeit bezieht, können eingezogen werden. [2]§ 23 des Gesetzes über Ordnungswidrigkeiten ist anzuwenden.

(4) Verwaltungsbehörde im Sinne des § 36 Abs. 1 Nr. 1 des Gesetzes über
Ordnungswidrigkeiten ist das Bundessortenamt.

Ausland: Österreich:

Verwaltungsstrafen

§ 26. Wenn die Tat nicht den Tatbestand einer in die Zuständigkeit der
Gerichte fallenden strafbaren Handlung bildet oder nach anderen Bestimmungen mit strengerer Strafe bedroht ist, begeht eine Verwaltungsübertre-
tung und ist von der Bezirksverwaltungsbehörde mit Geldstrafe bis zu 7
270 €, im Wiederholungsfalle bis zu 36 440 € zu bestrafen, wer

---

31 Hierzu *Busse/Keukenschrijver* § 142 PatG Rn. 44 ff; *Metzger/Zech* Rn. 27 ff.

1. Vermehrungsmaterial einer Sorte vertreibt, ohne die im § 17 Abs. 1 oder in Art. 63 Abs. 1 der Verordnung (EG) Nr. 2100/1994 vorgeschriebene Sortenbezeichnung zu verwenden,

2. eine im Sortenschutzregister eingetragene Sortenbezeichnung oder eine ähnliche Bezeichnung für eine andere Sorte derselben oder einer verwandten Art verwendet,

3. beim Vertrieb einen nicht bestehenden Sortenschutz vortäuscht.

Schweiz:

Art 49 Sortenschutzberühmung und andere Übertretungen

(1) Wer in der Werbung, auf Geschäftspapieren oder in Verbindung mit Erzeugnissen, die er in Verkehr setzt, Angaben macht, die zu Unrecht den Eindruck erwecken, dass ein Sortenschutz besteht,

wer die Sortenbezeichnung bei gewerbsmässigem Vertrieb von Vermehrungsmaterial einer geschützten Sorte nicht benützt,

wer die Sortenbezeichnung einer geschützten Sorte oder eine mit ihr verwechselbare Bezeichnung für eine andere Sorte derselben botanischen oder einer botanisch verwandten Art gewerbsmässig benützt,

wer in anderer Weise gegen dieses Gesetz oder die gestützt darauf erlassenen Ausführungsvorschriften verstösst,

wird, wenn er vorsätzlich handelt, mit Busse bestraft.

(2) Versuch und Gehilfenschaft sind strafbar.

Ausland: Finnland: Art 34a, 35 SortG; Frankreich: vgl Art L 623-35 CPI (geänd 2000); Irland: Sec 23, 24 PVA, geänd 1998; Polen: Art 37a, Art 37b SortG; Slowakei: Art 28 Pflanzen- und TierzuchtG; Spanien: Art 29–31 SortG 2000; Vereinigtes Königreich: Sec 19 Abs 4, 5 PVA

Übersicht	Rdn.
A. Entstehungsgeschichte	1
B. Ordnungswidrigkeiten	2
I. Allgemeines	2
II. Ordnungswidrigkeitentatbestände	4
III. Versuch	10
C. Rechtsfolgen	11
I. Geldbuße	11
II. Einziehung	12

D. Verfahren 16
E. Verjährung 19

A. Entstehungsgeschichte

Die durch das PrPG in der Überschrift unter Anpassung »an den im Neben- 1
strafrecht üblichen Sprachgebrauch«[1] und durch Einfügung des Abs 3 geänd
Bestimmung, die ihre Vorgängerin in § 51 SortG 1968 hat, bezieht sich auf die
Regelungen über die Sortenbezeichnung in § 14. Abs 1 ist durch das SortÄndG
1997 im Hinblick auf Art 107 GemSortV neu gefasst worden.[2] Vgl für das
Saatgutverkehrsrecht § 60 SaatG. Art 13 des Fünften Euro-Einführungsgeset-
zes vom 27.6.2001[3] hat mit Wirkung vom 1.1.2002 (Art 45) die Bußgeldbewehrung von bis zu 10 000 DM durch einen Betrag bis 5 000 EUR ersetzt.

B. Ordnungswidrigkeiten

I. Allgemeines

Ordnungswidrigkeiten sind rechtswidrige und vorwerfbare Handlungen, die 2
den Tatbestand eines Gesetzes verwirklichen, das die Ahndung mit Geldbuße
zulässt (§ 1 Abs 1 OWiG). Es handelt sich um Verwaltungsunrecht ohne
eigentlich kriminellen Charakter. Ordnungswidrigkeiten sind dem gewerblichen Rechtsschutz bei den technischen Schutzrechten an sich fremd, finden
sich aber zB in § 145 MarkenG, der zT an den früheren § 27 WZG anknüpft.

Durch die **Sortenbezeichnung** soll im öffentlichen Interesse eine gewisse Ord- 3
nung und Übersichtlichkeit im Verkehr mit Vermehrungsgut erreicht werden.
Daher wurde es als gerechtfertigt angesehen, die Nichtbenutzung oder miss-
bräuchliche Benutzung einer Sortenbezeichnung als Ordnungswidrigkeit mit
Geldbuße zu bedrohen.[4]

II. Ordnungswidrigkeitentatbestände

Ordnungswidrigkeitentatbestände sind die in Abs 1 genannten. Es handelt 4
sich jeweils um Verstöße im Zusammenhang mit der Benutzung der Sortenbezeichnung, auch beim gemeinschaftlichen Sortenschutz. Die zunächst
vorgesehene Sanktionierung der nicht rechtzeitigen Beantragung einer neuen

---

1 So Begr PrPG BTDrs 11/5744 = BlPMZ 1990, 173, 194.
2 Vgl Begr BTDrs 13/7038 S 15.
3 BGBl I 1215.
4 Vgl Begr SortG 1968 BTDrs V/1630 = BlPMZ 1968, 215, 227.

Sortenbezeichnung ist schon 1968 auf Vorschlag des Bundesrats nicht in das Gesetz aufgenommen worden.[5]

5 **Abs 1 Nr 1** sanktioniert das Inverkehrbringen von Vermehrungsmaterial einer nach dem SortG geschützten Sorte, wenn dabei die Sortenbezeichnung entgegen § 14 Abs 1 nicht oder nicht in der vorgeschriebenen Weise angegeben ist. Täter ist auch und in erster Linie der SortInhaber selbst.[6] Ordnungswidrig sind danach auch unterlassene oder nicht ordnungsgemäße Verwendung der Sortenbezeichnung nach Ablauf des Sortenschutzes.[7] Die Bestimmung ist nicht auf den Fall anwendbar, dass der Sortenschutz erloschen ist.[8]

6 **Abs 1 Nr 2** sanktioniert die Verwendung einer Sortenbezeichnung einer nach dem SortG geschützten Sorte oder einer mit ihr verwechselbaren Bezeichnung entgegen § 14 Abs 3 für eine andere Sorte derselben oder einer verwandten Art.[9]

7 **Abs 1 Nr 3** bildet die Sanktionsnorm für entsprechende Verstöße beim gemeinschaftlichen Sortenschutz, Danach handelt ordnungswidrig, wer entgegen Art 17 Abs 1, auch iVm Abs 3 GemSortV die Bezeichnung einer nach gemeinschaftlichem SortRecht geschützten Sorte nicht, nicht richtig, nicht vollständig oder nicht in der vorgeschriebenen Weise verwendet.

8 Die Tatbestände sind (anders als nach § 145 Abs 1 MarkenG, aber wie nach § 145 Abs 2 MarkenG) auch **bei fahrlässiger Begehung** erfüllt (Abs 1; vgl § 10 OWiG).[10]

9 **Weitere Ordnungswidrigkeitentatbestände**, ua im Zusammenhang mit Aufzeichnungspflichten, insb nach § 1 SaatAufzV, normiert § 60 Saatgutverkehrsgesetz.[11] Der Aufbereiter kann keine Aufzeichnungen treffen, wenn ihm die Sorte nicht vom Landwirt mitgeteilt wird oder sie ihm auf sonstige Weise bekannt wird.[12]

---

5 Vgl Ausschussbericht BlPMZ 1968, 229, 230; *Metzger/Zech* Rn. 4.

6 Vgl *Wuesthoff*[2] Rn. 1; *Metzger/Zech* Rn. 4.

7 *Wuesthoff*[2] Rn. 1; *Leßmann/Würtenberger*[2] § 7 Rn. 258, die allerdings auf die insoweit kaum bestehenden Überwachungsmöglichkeiten hinweisen.

8 Zutr *Metzger/Zech* Rn. 4; aA *Leßmann/Würtenberger*[2] § 7 Rn. 258.

9 Vgl *Metzger/Zech* Rn. 5.

10 Vgl *Metzger/Zech* Rn. 4.

11 Zu den Anforderungen an die Urteilsbegründung OLG Hamm 16.12.2014 2 RBs 64/14.

12 OLG Hamm 17.12.2012 3 RBs 109/12; zur wettbewerbsrechtl Beurteilung der Verletzung von Aufzeichnungspflichten durch den Aufbereiter BGH 27.4.2017 I ZR 215/15 WRP 2017, 941 Aufzeichnungspflicht gegen OLG Karlsruhe AUR 2015, 460.

III. Versuch

Der Versuch ist mangels entsprechender Regelung nicht sanktioniert (Art 13 **10** Abs 2 OWiG).[13]

C. Rechtsfolgen

I. Geldbuße

Abs 2 sieht Geldbuße bis 5 000 EUR vor; im Fahrlässigkeitsfall reduziert sich **11** der Höchstbetrag auf die Hälfte (§ 17 Abs 2 OWiG). Hinsichtlich der Zumessung gelten im übrigen die Kriterien des § 17 Abs 3, 4 OWiG.[14]

II. Einziehung

Einziehung wird durch Abs 3 (eingefügt durch das PrPG) ermöglicht.[15]   **12**

Gegenstände, auf die sich die Ordnungswidrigkeit bezieht, können Etiketten **13** und Aufkleber[16] sein, daneben auch das Verpackungsmaterial, soweit sich der Verstoß in ihm verkörpert. Das Vermehrungsgut selbst kommt grds nicht als Gegenstand iSd Bestimmung in Betracht.[17]

Infolge der Verweisung in Abs 3 Satz 2 kommt eine Einziehung auch dann in **14** Betracht, wenn nicht die Voraussetzungen des § 22 Abs 2, 3 OWiG, sondern nur die der **erweiterten Einziehung** (§ 23 OWiG) vorliegen.[18]

Der Grundsatz der **Verhältnismäßigkeit** (§ 24 OWiG) ist zu beachten. Er **15** schließt die Einziehung ua dann aus, wenn es ausreicht, den Gegenstand unbrauchbar zu machen oder zu ändern.[19]

D. Verfahren

Abs 4 bestimmt das BSA als **Ordnungswidrigkeitenbehörde**[20] (nach § 145 **16** Abs 1, 5 MarkenG ist bei der Kennzeichnung von Waren oder Dienstleistungen

---

13 Vgl *Metzger/Zech* Rn. 4.
14 Vgl *Leßmann/Würtenberger*[2] § 7 Rn. 259 f; *Metzger/Zech* Rn. 6.
15 Zur geringen Relevanz der Vorschrift *Leßmann/Würtenberger*[2] § 7 Rn. 264; *Metzger/Zech* Rn. 7.
16 *Leßmann/Würtenberger*[2] § 7 Rn. 264.
17 *Metzger/Zech* Rn. 7.
18 Vgl *Metzger/Zech* Rn. 7.
19 Vgl *Metzger/Zech* Rn. 7.
20 *Metzger/Zech* Rn. 8.

insb entgegen § 8 Abs 2 Nr 2 MarkenG das Bundesamt für Justiz zuständig). Nach § 47 OWiG gilt das Opportunitätsprinzip.[21] Das BSA kann auch das Verwarnungsverfahren (§§ 56 – 58 OWiG) durchführen.

17   Die Ahndung erfolgt sonst durch **Bußgeldbescheid** (§§ 65, 66 OWiG). Gegen diesen kann innerhalb von zwei Wochen nach Zustellung beim BSA Einspruch eingelegt werden, den zunächst das BSA zu prüfen hat (§ 69 Abs 1, 2 OWiG). Soweit das BSA nicht selbst entscheiden kann, hat es die Akten an die Staatsanwaltschaft weiterzuleiten (§ 69 Abs 3 OWiG), auf die damit die Aufgaben der Verfolgungsbehörde übergehen (§ 69 Abs 4 OWiG).[22]

18   Für **gerichtliche Entscheidungen** aufgrund des § 40 ist das Amtsgericht Hannover als das Gericht, in dessen Bezirk die Verwaltungsbehörde ihren Sitz hat, zuständig (§ 68 OWiG). Das Hauptverfahren richtet sich nach §§ 71 – 78 OWiG. Die Entscheidung erfolgt durch Urteil oder nach Maßgabe des § 72 OWiG durch Beschluss. Gegen die Entscheidung ist die Rechtsbeschwerde nach Maßgabe des § 79 OWiG oder nach Zulassung durch das Beschwerdegericht (§ 80 OWiG) statthaft. Wegen der Einzelheiten ist auf die Kommentare zum OWiG zu verweisen.

E. Verjährung

19   Die Verjährungsfrist beträgt für die **Verfolgungsverjährung** zwei Jahre (§ 31 Abs 2 Nr 2 OWiG). Sie beginnt mit der Beendigung der Ordnungswidrigkeit (§ 31 Abs 3 Satz 1 OWiG).[23]

20   Für die **Vollstreckungsverjährung** beträgt die Verjährungsfrist fünf Jahre bei einer Geldbuße von mehr als 1000 EUR, sonst drei Jahre (§ 34 Abs 2 OWiG).

§ 40a Vorschriften über Maßnahmen der Zollbehörde

(1) [1]Material, das Gegenstand der Verletzung eines im Inland oder nach der Verordnung (EG) Nr. 2100/94 des Rates vom 27. Juli 1994 über den gemeinschaftlichen Sortenschutz (ABl. EG Nr. L 227 S. 1) in der jeweils geltenden Fassung erteilten Sortenschutzes ist, unterliegt, soweit nicht die Verordnung (EU) Nr. 608/2013 des Europäischen Parlaments und des Rates vom 12. Juni 2013 zur Durchsetzung der Rechte geistigen Eigentums durch

21 Vgl *Leßmann/Würtenberger*[2] § 7 Rn. 262; *Metzger/Zech* Rn. 8.
22 *Metzger/Zech* Rn. 8.
23 *Leßmann/Würtenberger*[2] § 7 Rn. 261; *Metzger/Zech* Rn. 4.

die Zollbehörden und zur Aufhebung der Verordnung (EG) Nr. 1383/2003 des Rates (ABl. L 181 vom 29.6.2013, S. 15), in ihrer jeweils geltenden Fassung anzuwenden ist, auf Antrag und gegen Sicherheitsleistung des Sortenschutzinhabers bei seiner Einfuhr oder Ausfuhr der Beschlagnahme durch die Zollbehörde, sofern die Rechtsverletzung offensichtlich ist. [2]Dies gilt für den Verkehr mit anderen Vertragsstaaten nur, soweit Kontrollen durch die Zollbehörden stattfinden.

(2) [1]Ordnet die Zollbehörde die Beschlagnahme an, so unterrichtet sie unverzüglich den Verfügungsberechtigten sowie den Antrag-steller. [2]Dem Antragsteller sind Herkunft, Menge und Lagerort des Materials sowie Name und Anschrift des Verfügungsberechtigten mitzuteilen; das Brief- und Postgeheimnis (Artikel 10 des Grundgesetzes) wird insoweit eingeschränkt. [3]Dem Antragsteller wird Gelegenheit gegeben, das Material zu besichtigen, soweit hierdurch nicht in Geschäfts- oder Betriebsgeheimnisse eingegriffen wird.

(3) Wird der Beschlagnahme nicht spätestens nach Ablauf von zwei Wochen nach Zustellung der Mitteilung nach Absatz 2 Satz 1 widersprochen, so ordnet die Zollbehörde die Einziehung des beschlagnahmten Materials an.

(4) [1]Widerspricht der Verfügungsberechtigte der Beschlagnahme, so unterrichtet die Zollbehörde hiervon unverzüglich den Antragsteller. [2]Dieser hat gegenüber der Zollbehörde unverzüglich zu erklären, ob er den Antrag nach Absatz 1 in bezug auf das beschlagnahmte Material aufrechterhält.
1. Nimmt der Antragsteller den Antrag zurück, hebt die Zollbehörde die Beschlagnahme unverzüglich auf.
2. Hält der Antragsteller den Antrag aufrecht und legt er eine vollziehbare gerichtliche Entscheidung vor, die die Verwahrung des beschlagnahmten Materials oder eine Verfügungsbeschränkung anordnet, trifft die Zollbehörde die erforderlichen Maßnahmen.

[4]Liegen die Fälle der Nummern 1 oder 2 nicht vor, hebt die Zollbehörde die Beschlagnahme nach Ablauf von zwei Wochen nach Zustellung der Mitteilung an den Antragsteller nach Satz 1 auf; weist der Antragsteller nach, daß die gerichtliche Entscheidung nach Nummer 2 beantragt, ihm aber noch nicht zugegangen ist, wird die Beschlagnahme für längstens zwei weitere Wochen aufrechterhalten.

(5) Erweist sich die Beschlagnahme als von Anfang an ungerechtfertigt und hat der Antragsteller den Antrag nach Absatz 1 in bezug auf das

beschlagnahmte Material aufrechterhalten oder sich nicht unverzüglich erklärt (Absatz 4 Satz 2), so ist er verpflichtet, den dem Verfügungsberechtigten durch die Beschlagnahme entstandenen Schaden zu ersetzen.

(6) [1]Der Antrag nach Absatz 1 ist bei der Generalzolldirektion zu stellen und hat Wirkung für ein Jahr, sofern keine kürzere Geltungsdauer beantragt wird; er kann wiederholt werden. [2]Für die mit dem Antrag verbundenen Amtshandlungen werden vom Antragsteller Kosten nach Maßgabe des § 178 der Abgabenordnung erhoben.

(7) [1]Die Beschlagnahme und die Einziehung können mit den Rechtsmitteln angefochten werden, die im Bußgeldverfahren nach dem Gesetz über Ordnungswidrigkeiten gegen die Beschlagnahme und Einziehung zulässig sind. [2]Im Rechtsmittelverfahren ist der Antragsteller zu hören. [3]Gegen die Entscheidung des Amtsgerichts ist die sofortige Beschwerde zulässig; über sie entscheidet das Oberlandesgericht.

Ausland: Litauen: Art 41[7] SortG; Schweden: vgl Kap 9 § 8 Växtförädlarrättslag

Schrifttum

Ahrens Die europarechtlichen Möglichkeiten der Beschlagnahme von Produktpirateriewaren an der Grenze unter Berücksichtigung des TRIPS-Abkommens, RIW 1996, 727; *Ahrens* Die gesetzlichen Grundlagen der Grenzbeschlagnahme von Produktpirateriewaren nach dem deutschen nationalen Recht, BB 1997, 902; *Clark* The Use of Border Measures to Prevent International Trade in Counterfeit and Pirated Goods: Implementation and Proposed Reform of Council Regulation 3295/94, EIPR 1998, 414; *Daele* Regulation 1383/2003: A New Step in the Fight against Counterfeit and Pirated Goods at the Borders of the European Union, EIPR 2004, 214; *David* Hilfeleistung der Zollverwaltung zum Schutz des geistigen Eigentums, SMI 1995, 207; *Donath* Die neue Produktpiraterie-Verordnung, ÖBl 2014, 55; *Eichelberger* Das vereinfachte Verfahren zur Vernichtung rechtsverletzender Waren bei der Grenzbeschlagnahme nach der VO (EG) 1383/2003, Mitt 2010, 281; *Günther/Beyerlein* Die Auswirkungen der Ost-Erweiterung der Europäischen Union auf die Grenzbeschlagnahme im gewerblichen Rechtsschutz, ERP 2004, 452; *Hacker* Gewerbliche Schutzrechte und internationaler Handel im Spannungsverhältnis, FS 200 Jahre Carl Heymanns Verlag (2015), 363; *Henke* Produktpiraterie und Zoll, in: Rechtsfragen des internationalen Schutzes geistiger Eigentums (2002), 211; *Hoffmeister* Die Zollverwaltung als Partner der Wirtschaft bei der Bekämpfung der Marken- und Produktpiraterie, DDZ 1998 F 12–15, 17–18, 25–29; *Hoffmeister* Die Zollverwaltung – ein Partner der Wirtschaft bei der Durchsetzung ihrer Rechte, MarkenR 2002, 387; *Hoffmeister/Böhm* Kehren neue Besen gut? Der Vorschlag der Kommission für eine Verordnung des Rates über das Tätigwerden der Zollbehörden hinsichtlich

Waren, bei denen der Verdacht besteht, dass sie bestimmte Rechte am geistigen Eigentum verletzen, und die hinsichtlich Waren, die bestimmte Rechte am geistigen Eigentum verletzen, zu treffenden Maßnahmen, FS G. Eisenführ (2003), 161; *Hoffmeister/Meyer* Das vereinfachte Vernichtungsverfahren gem. Art. 11 (EG) VO 1383/2003 in der Praxis, CIPR 2010, 62; *Kampf* Zur Änderung der Produktpiraterieverordnung, Zs für Zölle 1999, 263; *Kramer* Produktpiraterie: Vorbeugung durch Zollüberwachung, FS 75 Jahre Pro Honore (2000), 121; *Kühnen* Die Haftung wegen unberechtigter oder zu Unrecht unterbliebener Grenzbeschlagnahme nach der VO (EU) Nr. 608/2013, GRUR 2014, 811, 921; *Langfinger* Grenzbeschlagnahme: ein internationaler Vergleich, VPP-Rdbr 2013, 7; *Pickrahn* Produkt- und Markenpiraterie, gesetzliche und rechtliche Grundlagen für Grenzbeschlagnahmungen – national und in der EU, VPP-Rdbr 2000, 14; *Rinnert* Die neue Customs-IP-Enforcement-Verordnung, GRUR 2014, 241; *Schaeli* Ausbau der Hilfeleistung der Zollverwaltung im Kampf gegen Nachahmung und Piraterie – Die Vorschläge im Rahmen der laufenden Patentgesetzrevision, sic! 2004, 603; *Scheja* Bekämpfung der grenzüberschreitenden Produktpiraterie durch die Zollbehörden, CR 1995, 714; *Scherbauer* Die Grenzbeschlagnahme von Produktpiraterieware im Immaterialgüterrecht, 2000, zugl Diss Konstanz; *Schöner* Die Bekämpfung der Produktpiraterie durch die Zollbehörden, Mitt 1992, 180; *Weber* Maßnahmen der Zollbehörden zur Bekämpfung der Produkt- und Markenpiraterie = Measures taken by customs authorities to combat piracy and counterfeiting, Vortragsmanuskript Brüssel (CPVO) 5.10.2005

Übersicht   Rdn.
A.   Grenzbeschlagnahme   1
B.   Abgabenordnung   4

A. Grenzbeschlagnahme

Die durch das PrPG neu eingestellte,[1] durch das 1. SortÄndG in Abs 1 Satz 1 **1** und durch das Gesetz zur Neuorganisation der Zollverwaltung vom 3.12.2015[2] in Abs 6 sowie zuletzt durch das Gesetz zur Änderung des Designgesetzes und weiterer Vorschriften des gewerblichen Rechtsschutzes vom 4.4.2016[3] durch Ersetzen der Verweisung auf die EG-VO 1383/2002 durch Verweisung auf die EU-VO 608/2013 geänd Bestimmung entspricht sachlich dem § 142a PatG mit Ausnahme der durchgängigen Verwendung des Begriffs »Material« statt

---

1 Vgl Begr PrPG BTDrs 11/5744 = BlPMZ 1990, 173, 194.
2 BGBl I 2178.
3 BGBl I 558.

»Erzeugnis«.[4] Erfasst ist auch der Parallelimport von Originalware, hinsichtlich derer Erschöpfung nicht eingetreten ist.[5] Transitvorgänge wird man auch nach der zur VO (EG) 3295/94 ergangenen Rspr des EuGH[6] nicht als erfasst ansehen können (anders liegt es im Anwendungsbereich der VO 608/2013). Für die Offensichtlichkeit der Rechtsverletzung genügen ausreichende Anhaltspunkte (schlüssiger, glaubhafter Vortrag), zB Angaben zum Transportweg, Ausfuhrland, Zollwert oder bei Nennung bestimmter Ein- oder Ausführer, maßgeblich sind die Fallumstände; Offensichtlichkeit kommt auch bei Parallelimporten in Betracht; aufgrund der Beschaffenheit der Ware muss sie nicht zu erkennen sein.[7] Wegen der Einzelheiten kann auf die Kommentierung zu den parallelen Bestimmungen in den einschlägigen Kommentaren insb zum PatG, zum MarkenG, zum UrhG und zum Designrecht verwiesen werden.

2   **GemSortV.** Die Regelung war bis Ende 2001, wie sich aus dem eindeutigen Wortlaut in früheren Abs 1 ergab, nur auf den national erteilten Sortenschutz anwendbar, nicht auf den gemeinschaftlichen.[8] Das KostRegBerG vom 13.12.2001[9] hat die GemSortV einbezogen (vgl Begr zu Art 21 Nr 3).

3   **Europäischer Wirtschaftsraum.** Nach dem EWR-Abk vom 2.5.1992[10] findet freier Warenverkehr auch zwischen den Staaten der EU und des EWR statt; Abs 1 Satz 2 ist daher nur noch mit dieser Einschränkung anwendbar. Das berücksichtigt der Gesetzeswortlaut seit der Änderung durch das EWR-Anpassungsgesetz[11] im Jahr 1993.

---

4   Vgl *Leßmann/Würtenberger*[2] § 7 Rn. 265 ff; vgl weiter die Kommentierung bei *Metzger/Zech* vor § 40a und § 40b und zu § 40a, sowie zur parallelen Regelung im PatG die Kommentierungen bei *Busse/Keukenschrijver, Benkard* und *Schulte* je zu § 142a PatG sowie in den markenrechtl Kommentaren zu §§ 146 ff MarkenG.

5   BFH/NV 2000, 613 = GRUR Int 2000, 760 Markensache; vgl *Beußel* GRUR 2000,188 unter Hinweis auf abw Entscheidungen des FG München vom 24.6.1998 3 K 5312/97 Zs für Zölle und Verbrauchssteuern 1998, 349, und 3 K 875/98; *Blumenröder* MarkenR 2000, 46.

6   EuGH 6.4.2000 C-383/98 Slg 2000 I 2519 = GRUR Int 2000, 748 Polo-T-Shirts; vgl aber EuGH 26.9.2000 C-23/99 Slg 2001 I 7653 = GRUR Int 2001, 57 Kommission/Frankreich.

7   BFH BFH/NV 2000, 613 = MarkenR 2000, 52; vgl *Ströbele/Hacker* § 146 MarkenG Rn. 15 ff.

8   *Wuesthoff/Leßmann/Würtenberger*[1] Rn. 1466.

9   BGBl I 3656 = BlPMZ 2002, 14, 32.

10   BGBl 1993 II 1294.

11   BGBl 1993 I 512.

B. Abgabenordnung

Die Einfuhr schutzrechtsverletzender Ware kann gegen §§ 370, 372 AO ver- 4
stoßen, was eine Beschlagnahme auch von Amts wegen ermöglicht.[12]

§ 40b Verfahren nach der Verordnung (EU) Nr. 608/2013

Für das Verfahren nach der Verordnung (EU) Nr. 608/2013 gilt § 40a
Absatz 5 und 6 entsprechend, soweit die Verordnung keine Bestimmungen
enthält, die dem entgegenstehen.

Fassung bis 30.6.2016:

Beschlagnahme nach der Verordnung (EG) Nr. 1383/2003

*(1) Setzt die zuständige Zollbehörde nach Artikel 9 der Verordnung (EG)
Nr. 1383/2003 die Überlassung der Waren aus oder hält diese zurück, unterrichtet sie davon unverzüglich den Rechtsinhaber sowie den Anmelder oder
den Besitzer oder den Eigentümer der Waren.*

*(2) Im Fall des Absatzes 1 kann der Rechtsinhaber beantragen, die Waren
in dem nachstehend beschriebenen vereinfachten Verfahren im Sinn des Artikels 11 der Verordnung (EG) Nr. 1383/2003 vernichten zu lassen.*

*(3) Der Antrag muss bei der Zollbehörde innerhalb von zehn Arbeitstagen
oder im Fall leicht verderblicher Waren innerhalb von drei Arbeitstagen nach
Zugang der Unterrichtung nach Absatz 1 schriftlich gestellt werden. Er muss
die Mitteilung enthalten, dass die Waren, die Gegenstand des Verfahrens sind,
ein nach diesem Gesetz geschütztes Recht verletzen. Die schriftliche Zustimmung des Anmelders, des Besitzers oder des Eigentümers der Waren zu ihrer
Vernichtung ist beizufügen. Abweichend von Satz 3 kann der Anmelder, der
Besitzer oder der Eigentümer die schriftliche Erklärung, ob er einer Vernichtung zustimmt oder nicht, unmittelbar gegenüber der Zollbehörde abgeben.
Die in Satz 1 genannte Frist kann vor Ablauf auf Antrag des Rechtsinhabers
um zehn Arbeitstage verlängert werden.*

*(4) Die Zustimmung zur Vernichtung gilt als erteilt, wenn der Anmelder, der
Besitzer oder der Eigentümer der Waren einer Vernichtung nicht innerhalb
von zehn Arbeitstagen oder im Fall leicht verderblicher Waren innerhalb von
drei Arbeitstagen nach Zugang der Unterrichtung nach Absatz 1 widerspricht.
Auf diesen Umstand ist in der Unterrichtung nach Absatz 1 hinzuweisen.*

---

12 Vgl *Scheja* CR 1995, 714, 715.

(5) Die Vernichtung der Waren erfolgt auf Kosten und Verantwortung des Rechtsinhabers.

(6) Die Zollstelle kann die organisatorische Abwicklung der Vernichtung übernehmen. Absatz 5 bleibt unberührt.

(7) Die Aufbewahrungsfrist nach Artikel 11 Abs. 1 zweiter Spiegelstrich der Verordnung (EG) Nr. 1383/2003 beträgt ein Jahr.

(8) Im Übrigen gilt § 40a entsprechend, soweit nicht die Verordnung (EG) Nr. 1383/2003 Bestimmungen enthält, die dem entgegenstehen.

Übersicht	Rdn.
A. Unionsrechtliche Regelungen zur Grenzbeschlagnahme	1
B. Geltende Regelung	5

A. Unionsrechtliche Regelungen zur Grenzbeschlagnahme

1   Die **VO des Rates der EWG Nr 3842/86** über Maßnahmen zum Verbot der Überführung nachgeahmter Waren in den zollrechtlich freien Verkehr vom 1.12.1986,[1] die am 1.1.1988 in Kraft getreten war, sah Grenzbeschlagnahme bei Warenzeichenverletzungen vor. Auf SortVerletzungen war sie nicht anwendbar.

2   Sie ist mWv 1.7.1995 durch die **EG-RatsVO 3295/94** vom 22.12.1994[2] über Maßnahmen zum Verbot der Überführung nachgeahmter Waren und unerlaubt hergestellter Vervielfältigungsstücke oder Nachbildungen in den zollrechtlich freien Verkehr oder in ein Nichterhebungsverfahren sowie zum Verbot ihrer Ausfuhr und Wiederausfuhr ersetzt worden, die auch Urheber- und Geschmacksmusterrechte einbezieht. SortVerletzungen wurden auch durch die neue VO nicht erfasst[3] und sind anders als Patentrechte auch durch die am 1.7.1999 in Kraft getretene ÄnderungsVO (EG) Nr 241/1999 des Rates[4] nicht einbezogen worden.

---

1 ABl EG L 357/1 = GRUR Int 1987, 98.
2 ABl EG L 341/8 = BlPMZ 1995, 211.
3 Vgl *Leßmann/Würtenberger*[2] § 7 Rn. 266; *Scheja* CR 1995, 714, 718.
4 ABl EG Nr L 27 vom 2.2.1999, 1 = BlPMZ 1999, 251.

Die am 1.7.2004 in Kraft getretene **VO (EU) 1383/2003** vom 22.7.2003,[5] 3
die die VO 3295/94 ersetzt, erfasste dagegen alle Waren, die ein Recht geistigen Eigentums verletzen, und damit erstmals auch den Sortenschutz.[6]

Diese VO ist wiederum durch die **VO (EU) 608/2013** vom 12.6.2013[7] 4
ersetzt worden. Ergänzende Bestimmungen zur VO 608/2013 enthält die
DurchführungsVO (EU) Nr 1352/2013 vom 4.12.2013;[8] sie betrifft jedoch
nur die zu verwendenden Formblätter.

B. Geltende Regelung

Die am 1.7.2016 in Kraft getretene, durch das Gesetz zur Änderung des 5
Designgesetzes und weiterer Vorschriften des gewerblichen Rechtsschutzes
vom 4.4.2016[9] an die Stelle der seit 1.9.2008 geltenden früheren getretene
geltende Regelung entspricht der gleichzeitig in Kraft getretenen in § 142b
PatG, § 25b GebrMG, § 57a DesignG, § 150 MarkenG und § 111c UrhG.[10]

Die VO 608/2013 gilt nach ihrem Art 1 und insb Art 2 Abs 1 Buchst h und i für 6
alle Waren, die im Verdacht stehen, ein Recht geistigen Eigentums zu verletzen,
und damit auch für SortRechte nach dem GemSortV und dem SortG. Wegen
der Einzelhauten wird auf die Kommentierung zu § 142b PatG[11] verwiesen.

Für Rechte des gemeinschaftlichen Sortenschutzes können **Unionsanträge** 7
gestellt werden (Art 4 VO 608/2013), für Rechte des nationalen Sortenschutzes dagegen nur nationale Anträge.

---

5 ABl EG Nr L 196/7 vom 2.8.2003.
6 Vgl *Leßmann/Würtenberger*[2] § 7 Rn. 287 ff.
7 ABl EU Nr L 181/15 vom 29.6.2013.
8 ABl EU Nr L 341/10 vom 18.12.2013.
9 BGBl I 558.
10 Vgl die Kommentierung zu § 140b in *Busse/Keukenschrijver* PatG, dort (Rn. 5 ff)
auch Kurzkommentierung der EU-VO 608/2013.
11 S auch die Kommentierung zu § 42b bei *Metzger/Zech*.

Abschnitt 6 Schlußvorschriften

Vor § 41

1 Die ursprünglichen §§ 41, 42 (Verhältnis zum Patent; Übergangsvorschriften) sind durch § 41 idF des 1.SortÄndG ersetzt worden. §§ 43, 44 (Aufhebung und Änderungen von Rechtsvorschriften; Berlinklausel) sind durch dieses Gesetz **aufgehoben** worden.

2 Zum **Verhältnis zum Patent** s Rn. 15 ff Einl.

§ 41 Übergangsvorschriften

(1) Für Sorten, für die beim Inkrafttreten dieses Gesetzes Sortenschutz

1. nach dem Saatgutgesetz in der im Bundesgesetzblatt Teil III, Gliederungsnummer 7822-1, veröffentlichten bereinigten Fassung, zuletzt geändert durch Gesetz vom 23. Dezember 1966 (BGBl. I S. 686), in Verbindung mit § 52 Abs. 1 des Sortenschutzgesetzes vom 20. Mai 1968 (BGBl. I S. 429) in der Fassung der Bekanntmachung vom 4. Januar 1977 (BGBl. I S. 105, 286) noch besteht oder

2. nach dem Sortenschutzgesetz vom 20. Mai 1968 in der jeweils geltenden Fassung erteilt oder beantragt worden ist,

gelten die Vorschriften dieses Gesetzes mit der Maßgabe, daß im Falle der Nummer 1 die Erteilung des Sortenschutzes nach § 31 Abs. 2 nur zurückgenommen werden kann, wenn sich ergibt, daß die Voraussetzungen des § 2 Abs. 2 des Saatgutgesetzes bei Erteilung des Sortenschutzes nicht vorgelegen haben.

(2) ¹Ist für eine Sorte oder ein Verfahren zu ihrer Züchtung vor dem Zeitpunkt, in dem dieses Gesetz auf die sie betreffende Art anwendbar geworden ist, ein Patent erteilt oder angemeldet worden, so kann der Anmelder oder sein Rechtsnachfolger die Patentanmeldung oder der Inhaber des Patents das Patent aufrechterhalten oder für die Sorte die Erteilung des Sortenschutzes beantragen. ²Beantragt er die Erteilung des Sortenschutzes, so steht ihm der Zeitrang der Patentanmeldung als Zeitvorrang für den Sortenschutzantrag zu; § 23 Abs. 2 Satz 2 und 3 gilt entsprechend. ³Die Dauer des erteilten Sortenschutzes verkürzt sich um die Zahl der vollen Kalenderjahre zwischen der

Einreichung der Patentanmeldung und dem Antragstag. [4]Ist die Erteilung des Sortenschutzes unanfechtbar geworden, so können für die Sorte Rechte aus dem Patent oder der Patentanmeldung nicht mehr geltend gemacht werden; ein anhängiges Patenterteilungsverfahren wird nicht fortgeführt.

(3) [1]Ist für eine Sorte ein gemeinschaftlicher Sortenschutz erteilt und durch Verzicht beendet worden, ohne daß die Voraussetzungen einer Nichtigerklärung oder Aufhebung vorlagen, so kann innerhalb von drei Monaten nach Wirksamwerden des Verzichts ein Antrag auf Erteilung eines Sortenschutzes nach diesem Gesetz gestellt werden. [2]Für diesen Antrag steht dem Inhaber des gemeinschaftlichen Sortenschutzes oder seinem Rechtsnachfolger der Zeitrang des Antrags auf Erteilung des gemeinschaftlichen Sortenschutzes als Zeitvorrang für den Sortenschutzantrag nach diesem Gesetz zu. [3]Der Zeitvorrang erlischt, wenn der Antragsteller nicht innerhalb der vorgenannten Frist die Unterlagen über den Antrag auf Erteilung des gemeinschaftlichen Sortenschutzes, seine Erteilung und den Verzicht auf ihn vorlegt. [4]Wird für die Sorte der Sortenschutz nach diesem Gesetz erteilt, so verkürzt sich die Dauer des erteilten Sortenschutzes um die Zahl der vollen Kalenderjahre zwischen der Erteilung des gemeinschaftlichen Sortenschutzes und der Erteilung des Sortenschutzes nach diesem Gesetz.

(4) [1]Sorten, für die der Schutzantrag bis zu einem Jahr nach dem Zeitpunkt gestellt wird, in dem dieses Gesetz auf die sie betreffende Art anwendbar geworden ist, gelten als neu, wenn Vermehrungsmaterial oder Erntegut der Sorte mit Zustimmung des Berechtigten oder seines Rechtsvorgängers nicht früher als vier Jahre, bei Rebe und Baumarten nicht früher als sechs Jahre vor dem genannten Zeitpunkt zu gewerblichen Zwecken in den Verkehr gebracht worden sind. [2]Wird unter Anwendung des Satzes 1 Sortenschutz erteilt, so verkürzt sich seine Dauer um die Zahl der vollen Kalenderjahre zwischen dem Beginn des Inverkehrbringens und dem Antragstag.

(5) Abweichend von § 6 Abs. 1 gilt eine Sorte auch dann als neu, wenn Pflanzen oder Pflanzenteile der Sorte mit Zustimmung des Berechtigten oder seines Rechtsvorgängers vor dem Antragstag nicht oder nur innerhalb folgender Zeiträume zu gewerblichen Zwecken in den Verkehr gebracht worden sind:
1. im Inland ein Jahr,
2. im Ausland vier Jahre, bei Rebe (Vitis L.) und Baumarten sechs Jahre,

wenn der Antragstag nicht später als ein Jahr nach dem Inkrafttreten des Artikels 1 des Gesetzes vom 17. Juli 1997 (BGBl. I S. 1854) liegt.

(6) Die Vorschrift des § 10 Abs. 1 ist nicht auf im wesentlichen abgeleitete Sorten anzuwenden, für die bis zum Inkrafttreten des Artikels 1 des Gesetzes vom 17. Juli 1997 (BGBl. I S. 1854) Sortenschutz beantragt oder erteilt worden ist.

(7) Artikel 229 § 5 des Einführungsgesetzes zum Bürgerlichen Gesetzbuche findet mit der Maßgabe entsprechende Anwendung, daß § 37c in der bis zum 1. Januar 2002 geltenden Fassung den Vorschriften des Bürgerlichen Gesetzbuchs über die Verjährung in der bis zum 1. Januar 2002 geltenden Fassung gleichgestellt ist.

GemSortV:

Art 116 Ausnahmebestimmungen

(1) Abweichend von Artikel 10 Absatz 1 Buchstabe a) und unbeschadet der Bestimmungen von Artikel 10 Absätze 2 und 3 gilt eine Sorte auch dann als neu, wenn Sortenbestandteile oder Sortenerntegut vom Züchter oder mit seiner Zustimmung höchstens vier Jahre, bei Sorten von Reben und Baumarten höchstens sechs Jahre vor Inkrafttreten dieser Verordnung im Gebiet der Gemeinschaft verkauft oder auf andere Weise zur Nutzung der Sorte an andere abgegeben worden sind, wenn der Antragstag innerhalb eines Jahres nach diesem Zeitpunkt liegt.

(2) Die Bestimmungen von Absatz 1 gelten für solche Sorten auch in den Fällen, in denen vor Inkrafttreten dieser Verordnung in einem oder mehreren Mitgliedstaaten ein nationaler Sortenschutz erteilt wurde.

(3) Abweichend von den Artikeln 55 und 56 nimmt das Amt die technische Prüfung dieser Sorten soweit wie möglich auf der Grundlage der verfügbaren Ergebnisse von Verfahren zur Erteilung eines nationalen Sortenschutzes im Einvernehmen mit der Behörde vor, bei der das betreffende Verfahren stattgefunden hat.

(4) Wurde ein gemeinschaftlicher Sortenschutz gemäß Absatz 1 oder 2 erteilt, so

– gilt Artikel 13 Absatz 5 Buchstabe a) nicht in bezug auf im wesentlichen abgeleitete Sorten, deren Bestehen vor dem Zeitpunkt des Inkrafttretens dieser Verordnung in der Gemeinschaft allgemein bekannt war;

- ist Artikel 14 Absatz 3 vierter Gedankenstrich nicht auf Landwirte anwendbar, die eine eingeführte Sorte im Einklang mit Artikel 14 Absatz 1 weiterhin verwenden, wenn sie die Sorte bereits vor Inkrafttreten dieser Verordnung zu den in Artikel 14 Absatz 1 genannten Zwecken ohne Entschädigungszahlung verwendet haben; diese Bestimmung gilt bis zum 30. Juni des siebten auf das Jahr des Inkrafttretens dieser Verordnung folgenden Jahres. Vor diesem Zeitpunkt wird die Kommission einen Bericht über die Lage jeder einzelnen eingeführten Sorte vorlegen. Der vorstehend genannte Zeitraum kann im Rahmen der Durchführungsvorschriften nach Artikel 114 verlängert werden, sofern der von der Kommission vorgelegte Bericht dies rechtfertigt;
- gelten die Bestimmungen von Artikel 16 unbeschadet der Rechte aufgrund eines nationalen Schutzes sinngemäß für Handlungen, die Material betreffen, das vom Züchter selbst oder mit seiner Zustimmung vor dem Zeitpunkt des Inkrafttretens dieser Verordnung an Dritte abgegeben wurde, sowie für Handlungen, die von Personen ausgeführt wurden, die bereits vor diesem Zeitpunkt solche Handlungen vorgenommen oder dazu wirkliche und ernsthafte Vorbereitungen getroffen haben.

Haben solche früheren Handlungen eine weitere Vermehrung beinhaltet, die im Sinne von Artikel 16 Buchstabe a) beabsichtigt war, so ist die Genehmigung des Inhabers für eine weitere Vermehrung nach Ablauf des zweiten Jahres, bei Sorten von Reben und Baumarten nach Ablauf des vierten Jahres nach dem Zeitpunkt des Inkrafttretens dieser Verordnung erforderlich.

- Abweichend von Artikel 19 verringert sich die Dauer des gemeinschaftlichen Sortenschutzes
- im Fall von Absatz 1 um den längsten Zeitraum, in dem entsprechend den Ergebnissen des Verfahrens zur Erteilung des gemeinschaftlichen Sortenschutzes Sortenbestandteile oder Sortenerntegut vom Züchter selbst oder mit seiner Zustimmung im Gebiet der Gemeinschaft verkauft oder auf andere Weise zur Nutzung als Sorte an andere abgegeben wurden;
- im Fall von Absatz 2 um den längsten Zeitraum, in dem ein nationaler Sortenschutz bestand;

keinesfalls jedoch um mehr als fünf Jahre.

Art 117 Übergangsbestimmungen

Das Amt ist so rechtzeitig zu errichten, daß es vom 27. April 1995 an die ihm nach dieser Verordnung obliegenden Aufgaben vollständig wahrnehmen kann.

Ausland: Österreich:

Übergangsbestimmungen

§ 27. (1) Für jene Sorten, die nach dem Pflanzenzuchtgesetz, BGBl. Nr. 34/1948, als Hochzucht im Zuchtbuch für Kulturpflanzen eingetragen waren und gemäß § 36 Sortenschutzgesetz, BGBl. Nr. 108/1993, in das Sortenschutzregister übernommen wurden, endet der Sortenschutz frühestens mit 1. März 2003. Diese Sorten sind in das Sortenschutzregister zu übertragen.

(2) Jene Sorten, für die ein Sortenschutzrecht nach dem Sortenschutzgesetz, BGBl. Nr. 108/1993, erteilt wurde, sind in das Sortenschutzregister zu übertragen.

(3) Für Sorten, die gemäß Abs. 1 und 2 in das Sortenschutzregister übertragen worden sind, ist der Zeitraum, für den ein Schutzrecht erteilt wurde, auf die Schutzdauer gemäß § 5 und die Bemessung der Gebühren anzurechnen.

(4) In § 26 tritt bis zum 31. Dezember 2001 an die Stelle des Betrages von 7 270 € der Betrag von 100 000 S und an die Stelle des Betrages von 36 440 € der Betrag von 500 000 S.

(5) § 176b des Patentgesetzes 1970 ist sinngemäß anzuwenden.

Schweiz:

Art 53 Übergangsbestimmungen zur Änderung vom 5. Oktober 2007

(1) Abweichend von Artikel 8b Absatz 2 gelten während einer Übergangszeit von einem Jahr ab Inkrafttreten der Änderung vom 5. Oktober 2007 Sorten auch dann als neu, wenn deren Vermehrungsmaterial oder Erntegut seit weniger als einem Jahr vor Inkrafttreten dieser Änderung in der Schweiz mit Zustimmung des Züchters zum Zwecke der Auswertung der Sorte verkauft oder auf andere Weise abgegeben wurde.

(2) Artikel 5 Absatz 2 Buchstabe a gilt nicht für im Wesentlichen abgeleitete Sorten, die bereits vor Inkrafttreten der Änderung vom 5. Oktober 2007 bekannt waren.

Dänemark: Art 28, 30 SortG; **Irland:** Sec 22 PV(A)A; **Italien:** Art 28–30 VO 455; **Slowakei:** Art 30 Pflanzen- und TierzuchtG; **Slowenien:** Art 53, 54 SortG; **Tschech. Rep.:** Art 29 – 31 SortG 2000

Übersicht   Rdn.
A.   Entstehungsgeschichte   1
B.   Übergangsregelung nach Abs 1   3
C.   Übergangsregelung nach Abs 2   5
D.   Umwandlung gemeinschaftlichen Sortenschutzes in nationalen (Abs 3) . 11
E.   Übergangsregelung nach Abs 4 15
F.   Übergangsregelung nach Abs 5 17
G.   Übergangsregelung nach Abs 6 18
H.   Übergangsregelung nach Abs 7 19
I.   Ausnahmeregelungen nach Art 116 GemSortV und sonstigem
     Gemeinschaftsrecht 20

A. Entstehungsgeschichte

§ 41 idF des 1. SortÄndG entspricht den geltenden Abs 1, 2 und 4. Das 1
SortÄndG hat den geltenden Abs 3, der strenggenommen keine Übergangsregelung darstellt, sowie die Abs 5 und 6 eingefügt. Das Gesetz zur Modernisierung des Schuldrechts vom 26.11. 2001[1] hat Abs 7 angefügt.

Weitere Übergangsregelungen ergaben sich aus dem Beitritt der ehem DDR 2
(Rn. 30 ff Einl) sowie ergeben sich aus Art 116 GemSortV (Rn. 20 f).

B. Übergangsregelung nach Abs 1

Soweit bei Inkrafttreten des Gesetzes Schutz nach dem SaatG noch bestand 3
(Abs 1 Nr 1) oder nach dem SortG 1968 erteilt oder angemeldet war, setzte sich dieser grds nach neuem Recht, das auch für die Schutzdauer maßgeblich ist, fort.

Maßgabe. Die Bestimmung modifizierte für die Übergangsfälle die Rücknah- 4
meregelung des § 31 Abs 2 dahin, dass im Fall der Anwendbarkeit des SaatG

---

1 BGBl I 3138.

auf die Voraussetzungen nach § 2 Abs 2 SaatG abzustellen war. Infolge Zeitablaufs ist die Übergangsregelung inzwischen obsolet.

C. Übergangsregelung nach Abs 2

5   Die Regelung ist durch das 1. SortÄndG anlässlich der Ausweitung des Sortenschutzes auf alle Arten geänd worden. Sie gibt in den Fällen, in denen bereits ein Patent angemeldet oder erteilt war, dem Anmelder oder Patentinhaber ein Wahlrecht, das Patent »aufrechtzuerhalten« oder Erteilung des Sortenschutzes zu beantragen (Satz 1). Die Kollisionsvorschrift regelt nur den Fall, dass bei Inkrafttreten 1. SortSchÄndG für eine Sorte bereits ein Patent erteilt oder angemeldet war.[2]

6   **Wahlrecht.** Nach der Systematik der Übergangsregelung soll dem Berechtigten entweder weiterhin Patentschutz oder Sortenschutz zustehen, nicht aber beides zugleich.

7   **Vor Ausübung des Wahlrechts** besteht ein Rechtsschutzbedürfnis an der Aufrechterhaltung des Patents, dem auch die Erstreckung des DDR-Sortenschutzes nicht entgegensteht.[3] Die Kollisionsvorschrift in Abs 2 erfasst jedoch nicht den durch den EinigV herbeigeführten Doppelschutz. Auch eine entsprechende Anwendung der Bestimmung auf diesen Fall kommt nicht in Betracht.[4]

8   **Wirkung.** Der Gesetzgeber hat einen Erlöschenstatbestand für das Patent bei Anmeldung oder Erteilung des Sortenschutzes nicht vorgesehen. Satz 4 bestimmt lediglich, dass bei unanfechtbarer Erteilung des Sortenschutzes das Patenterteilungsverfahren nicht fortgeführt wird und Rechte aus dem Patent bzw der Patentanmeldung nicht mehr geltend gemacht werden können.[5] Der Bestand eines bereits erteilten Patents wird demnach nicht berührt. Diese abschließende Regelung der Rechtsfolgen schließt es auch aus, in solchen Fällen den Patentierungsausschluss des § 2 Nr 2 Satz 1 PatG im Einspruchs- bzw Nichtigkeitsverfahren geltend zu machen.

---

2 BGHZ 122, 144 = GRUR 1993, 651, 652 tetraploide Kamille; vgl BPatG BlPMZ 1991, 72, 77 »Kamille«.
3 BGHZ 122, 144 = GRUR 1993, 651, 652 tetraploide Kamille.
4 BGH tetraploide Kamille.
5 Vgl BGHZ 122, 144 = GRUR 1993, 651, 652 tetraploide Kamille.

Zeitvorrang.[6] Für den Sortenschutz gilt der Zeitrang der Patentanmeldung 9 als Zeitvorrang, § 23 Abs 2 Sätze 2, 3 gelten entsprachend (Satz 2). Hat die Patentanmeldung selbst eine Priorität nach §§ 40, 41 PatG oder nach dem EPÜ in Anspruch genommen, ist dieser Prioritätszeitpunkt maßgebend.[7]

Verkürzung der Schutzdauer. Nach Satz 3 verkürzt sich die Schutzdauer für 10 den Sortenschutz um die Zahl der vollen Kalenderjahre zwischen Einreichung der Patentanmeldung und Antragstag des SortAntrags.

D. Umwandlung gemeinschaftlichen Sortenschutzes in nationalen (Abs 3)

Die Regelung ist durch das SortÄndG 1997 eingeführt worden. Sie trägt 11 einem aus der Züchtungswirtschaft vorgetragenen Bedürfnis Rechnung, ein gemeinschaftliches SortRecht in ein nationales überführen zu können, wenn die wirtschaftliche Bedeutung der geschützten Sorte ein Aufrechterhalten des gemeinschaftlichen Sortenschutzes nicht mehr rechtfertigt.[8] Die Regelung lehnt sich an die in Abs 2 an.[9]

Voraussetzungen. Wegen des in Art 92 GemSortV geregelten Doppelschutz- 12 verbots kommt die Erteilung nationalen Sortenschutzes erst nach Erlöschen des gemeinschaftlichen durch Verzicht in Betracht. Die Möglichkeit soll jedoch dann nicht bestehen, wenn für den gemeinschaftlichen Sortenschutz die Voraussetzungen für eine Aufhebung oder eine Nichtigerklärung vorla- gen;[10] darin zeigt sich der Umwandlungscharakter der Regelung.

Antrag; Frist; Zeitvorrang. Der Antrag ist innerhalb von drei Monaten nach 13 Wirksamwerden des Verzichts zu stellen (Satz 1); Nichteinhaltung der Frist führt jedoch nicht zur Unzulässigkeit des SortAntrags, sondern lediglich zum Verlust des durch Satz 2 gewährten Zeitvorrangs auf den Antragstag des gemeinschaftlichen Sortenschutzes (Satz 3). Für den Zeitvorrang (»Umwand- lungspriorität«) ist es weiter schädlich, wenn innerhalb der Frist nicht die in Satz 3 genannten Unterlagen vorgelegt werden. Zur Wiedereinsetzungsfähig- keit Rn. 13 f zu § 23.

Schutzdauerverkürzung. Die Regelung (Satz 4) entspricht der in Abs 2. 14

---

6 Vgl *Würtenberger* S 139 ff.
7 Vgl *Würtenberger* S 145 f.
8 Begr BTDrs 13/7038 S 15 f; *Leßmann/Würtenberger*[2] § 6 Rn. 65.
9 Begr BTDrs 13/7038 S 15 f.
10 Begr BTDrs 13/7038 S 16.

E. Übergangsregelung nach Abs 4

15   Die Regelung führt im Rahmen der Einführung des Sortenschutzes für alle
Arten eine Übergangsregelung hinsichtlich des Neuheitserfordernisses für Sorten der Arten ein, auf die der sachliche Geltungsbereich des Gesetzes erweitert
wurde.[11] Sofern für diese der SortAntrag innerhalb eines Jahrs nach dem Zeitpunkt gestellt wurde, in dem das Gesetz auf die Art anwendbar wurde, gelten
sie als neu, wenn die Abgabe von Vermehrungsmaterial oder Erntegut nicht
früher als vier bzw sechs Jahre vor dem Anwendbarwerden des Gesetzes auf die
Art erfolgt ist, dh bei Anwendbarwerden die Neuheitsvoraussetzungen nach
früherem Recht erfüllt waren; die strengeren Voraussetzungen nach geltendem
Recht müssen insoweit nicht erfüllt sein. Die Regelung übernimmt damit
übergangsweise und bezogen auf den Zeitpunkt des Anwendbarwerdens die
Neuheitsschonfrist (Rn. 18 ff zu § 6) in ihrer früheren Länge.

16   Für solche Sorten verkürzt sich die Schutzdauer abw von der Regel des § 13
unter übergangsweiser Übernahme der **Kürzungsvorschrift** des früheren § 13
Abs 2 (vgl Rn. 1 zu § 13) um die Zahl der vollen Kalenderjahre zwischen
dem Beginn des Inverkehrbringens und dem Antragstag. Ein wo auch immer
erfolgtes Inverkehrbringen vor dem Antragstag ist damit schutzdauerschäd-
lich, soweit es volle Kalenderjahre betrifft.[12] Das Abstellen auf den Antragstag
beruht dabei auf Billigkeitserwägungen.[13]

F. Übergangsregelung nach Abs 5

17   Die Regelung, nach der für eine Übergangszeit von einem Jahr nach Inkrafttreten der Änderung durch das SortÄndG die bis dahin gültige Regelung
weiterhin angewendet werden konnte, diente der Wahrung der Interessen
möglicher Antragsteller, die im Vertrauen auf die bisher auch gegenüber den
anderen EG-Mitgliedstaaten geltende Neuheitsschonfrist von vier Jahren Vor-
arbeiten getätigt haben oder Verpflichtungen eingegangen sind.[14]

---

11 Vgl Begr BTDrs 12/1059 S 7.
12 Vgl *Wuesthoff*[2] § 13 Rn. 6.
13 Begr BTDrs 10/816 = BlPMZ 1986, 136, 140.
14 Begr BTDrs 13/7038 S 16; vgl *Wuesthoff/Leßmann/Würtenberger*[1] Rn. 188.

G. Übergangsregelung nach Abs 6

Mit der Regelung wird klargestellt, auf welche im wesentlichen abgeleiteten **18** Sorten sich die Schutzwirkung der Ausgangssorte erstrecken soll. Ein Großteil der UPOV-Verbandsstaaten neigt dazu, Sorten, die bei Inkrafttreten der Regelung der »im wesentlichen abgeleiteten Sorte« bereits geschützt sind, nicht unter die Abhängigkeitsregelung fallen zu lassen, während Sorten, die sich noch im Verfahren befinden, den Abhängigkeitsregelungen unterliegen sollen.[15] Nach Auffassung des Gesetzgebers entspricht es den Vorstellungen vom Vertrauensschutz eher, das bisher bestehende Recht auch auf die Sorten anzuwenden, für die die Schutzerteilung im Hinblick auf die bestehende Rechtslage beantragt, darüber aber noch nicht entschieden ist; die Regelung stellt deshalb auch bei abgeleiteten Sorten auf den Antrag (vor dem 24.7.1997) ab.[16] Bei derartigen Altsorten kommen Ansprüche nach § 37 wegen unberechtigter Benutzung der Ausgangssorte nicht in Betracht.[17]

H. Übergangsregelung nach Abs 7

Die das zum Jahresanfang 2002 geänd Verjährungsrecht betr Übergangsrege- **19** lung entspricht der in § 147 Abs 1 PatG idF des SchuldRModG.[18] Sie ergänzt die Überleitungsvorschrift in Art 229 § 6 EGBGB.

I. Ausnahmeregelungen nach Art 116 GemSortV und sonstigem Gemeinschaftsrecht

Die Regelung in Art 116 Abs 1 GemSortV betrifft sog »Konversionssor- **20** ten«.[19] Sie entspricht der in Abs 4 Satz 1; maßgeblich für die Jahresfrist ist der Zeitpunkt des Inkrafttretens der GemSortV (1.9.1994; die Frist lief mithin bis 31.8.1995[20]). Art 116 Abs 2 GemSortV dehnt diese Regelung auch

---

15 Begr BTDrs 13/7038 S 16.

16 Begr BTDrs 13/7038 S 16; *Wuesthoff/Leßmann/Würtenberger*[1] Rn. 332; vgl BGHZ 166, 203 = GRUR 2006, 595 Melanie, unter Ablehnung der vom LG Düsseldorf 21.5.2001 4 O 228/00 und LG Mannheim 12.9.2003 7 O 810/00 vertretenen Auffassung.

17 OLG Düsseldorf 15.1.2009 2 U 99/07 »Caluna vulgaris«.

18 Vgl OLG Braunschweig 17.11.2009 2 U 110/08; s hierzu die Kommentierung bei *Benkard, Busse/Keukenschrijver* und *Schulte*.

19 Zum Begriff *Krieger* (2001), 71 ff.

20 *Wuesthoff/Leßmann/Würtenberger*[1] Rn. 186.

auf die Fälle aus, in denen vor Inkrafttreten der GemSortV bereits nationaler Sortenschutz erteilt wurde. Art 116 Abs 4 1. Gedankenstrich GemSortV nimmt für nach den Abs 1, 2 erteilten gemeinschaftlichen Sortenschutz die Anwendung von Art 13 Abs 5 Buchst a GemSortV (Schutz der im wesentlichen abgeleiteten Sorte, »EDV«) in bezug auf solche im wesentlichen abgeleitete Sorten aus, deren Bestehen vor dem Zeitpunkt des Inkrafttretens der GemSortV (1.9.1994) allgemein bekannt war;[21] insoweit wird auf die neuheitsschädlichen Handlungen nach Art 10 GemSortV zurückzugreifen sein.[22] Art 116 Abs 4 2. Gedankenstrich GemSortV nimmt in diesem Fall zunächst für eine Übergangszeit bis zum 30.6. des siebten auf das Inkrafttreten der GemSortV folgenden Jahrs (2001) die Anwendung von Art 14 Abs 3 4. Gedankenstrich GemSortV (Entschädigungspflicht bei zulässigem Nachbau) für solche Personen aus, die eine eingeführte Sorte weiterhin verwenden, die sie bereits vor Inkrafttreten der GemSortV ohne Entschädigungszahlung verwendet haben.[23] Die Befreiung wird noch nicht durch einen vor dem 1.9.1994 erfolgten Anbau von lizenziertem Saatgut, sondern erst durch einen vor dem Stichtag vorgenommenen Nachbau von aus dem lizenzierten Saatgut gewonnenem Vermehrungsgut begründet.[24] Nach Art 116 Abs 4 3. Gedankenstrich GemSortV gilt die Erschöpfungsregelung des Art 16 GemSortV – unbeschadet der Rechte aufgrund nationalen Sortenschutzes – sinngemäß für Handlungen, die Material betreffen, das vom Züchter oder mit dessen Zustimmung vor Inkrafttreten der GemSortV an Dritte abgegeben wurde, sowie für Handlungen von Personen, die bereits zuvor solche Handlungen vorgenommen oder dazu qualifizierte Vorbereitungen getroffen haben. Sofern die Handlungen eine weitere Vermehrung beinhalten, ist hierfür nach Ablauf des zweiten Jahrs, bei Reben und Baumarten des vierten Jahrs, nach Inkrafttreten der GemSortV die Genehmigung des SortInhabers erforderlich.

21   Art 116 Abs 4 4. Gedankenstrich GemSortV sieht eine **Verringerung der Schutzdauer** im Fall von Art 116 Abs 1 GemSortV um den längsten Zeitraum vor, in dem entsprechend den Ergebnissen des Verfahrens zur Erteilung des gemeinschaftlichen Sortenschutzes Sortenbestandteile oder Sortenerntegut vom Züchter selbst oder mit seiner Zustimmung im Gebiet der Gemeinschaft

---

21   Vgl *Wuesthoff/Leßmann/Würtenberger*[1] Rn. 332.
22   *Leßmann* Festgabe R. Lukes (2000), 79, 89.
23   Hierzu auch *Wuesthoff/Leßmann/Würtenberger*[1] Rn. 372; LG München I 19.7.2000 21 O 12476/99.
24   LG Düsseldorf 7.9.2004 4a O 132/04 InstGE 5, 20.

verkauft oder auf andere Weise zur Nutzung als Sorte an andere abgegeben wurden, im Fall des Art 116 Abs 2 GemSortV um den längsten Zeitraum, in dem ein nationaler Sortenschutz bestand, jedoch nicht um mehr als fünf Jahre.[25]

Schließlich sieht Art 1 Abs 2 der VO (EG) Nr 2470/96 des Rates vom 17.12.1996[26] aus Anlass der Schutzdauerverlängerung für **Kartoffelsorten** auf 30 Jahre eine Ausnahme für solche Sorten vor, für die einzelstaatlicher Sortenschutz bereits erteilt war.

22

§ 42 Inkrafttreten

Dieses Gesetz tritt am Tage nach der Verkündung in Kraft.

GemSortV:

Art 118 Inkrafttreten

(1) Diese Verordnung tritt am Tag ihrer Veröffentlichung im Amtsblatt der Europäischen Gemeinschaften in Kraft.

(2) Die Artikel 1, 2, 3 und 5 bis 29 sowie 49 bis 106 gelten ab dem 27. April 1995.

Diese Verordnung ist in allen ihren Teilen verbindlich und gilt unmittelbar in jedem Mitgliedstaat.

Ausland: Österreich:

In-Kraft-Tretens-Bestimmung

§ 28. (1) Dieses Bundesgesetz tritt mit 1. September 2001 in Kraft.

(2) Verordnungen auf Grund dieses Bundesgesetzes können bereits von dem seiner Kundmachung folgenden Tag an erlassen werden. Diese Verordnungen dürfen frühestens mit 1. September 2001 in Wirksamkeit gesetzt werden.

---

25 Vgl *Leßmann/Würtenberger*[2] § 6 Rn. 10.
26 ABl EG L 335/10 vom 24.12.1996.

(3) Mit dem In-Kraft-Treten dieses Bundesgesetzes treten das Bundesgesetz über den Schutz von Pflanzensorten (Sortenschutzgesetz), BGBl. Nr. 108/1993, und Art. 11 des Euro-Umstellungsgesetzes Land- und Forstwirtschaft, Umwelt und Wasserwirtschaft – EUG-LFUW, BGBl. I Nr. 108/2001, außer Kraft.

(4) § 6 Abs. 6 bis 8 in der Fassung des Bundesgesetzes BGBl. I Nr. 42/2005 (Biotechnologie-Richtlinie – Umsetzungsnovelle) tritt mit Beginn des auf die Kundmachung des genannten Bundesgesetzes folgenden Tages in Kraft.

(4) § 19 in der Fassung des Bundesgesetzes BGBl. I Nr. 189/2013 tritt am 1. Jänner 2014 in Kraft.

(5) § 7 Abs. 2, §§ 20, 22 Abs. 2 Z 9, § 27 Abs. 5 und § 29 Z 3 in der Fassung der Patent- und Markenrechts-Novelle 2014, BGBl. I Nr. 126/2013, treten mit 1. Jänner 2014 in Kraft.

Schweiz:

Art 56 Referendum und Inkrafttreten

(1) Dieses Gesetz untersteht dem fakultativen Referendum.

(2) Der Bundesrat bestimmt das Inkrafttreten.

1 **A. Sortenschutzgesetz.** Die frühere Bestimmung des § 45 ist durch das 1. SortÄndG als § 42 eingestellt worden. Sie betrifft das Inkrafttreten des Gesetzes in seiner **ursprünglichen Fassung**.

2 Das **Inkrafttreten der Änderungen** ergibt sich aus den jeweiligen Änderungsgesetzen und den Übergangsregelungen in § 41.

3 Das Gesetz ist am 17.12.1985 im BGBl **verkündet** worden.

4 **B. Verordnung über dem gemeinschaftlichen Sortenschutz.** Die Regelung über das Inkrafttreten ist in Art 118 GemSortV getroffen.

Anhänge

Übersicht   **Seite**

Anhang 1 Abdrucknachweise   692

Anhang 2 Ausländisches Sortenschutzrecht.   702

Anhang 3 Internationales Übereinkommen zum Schutz von
Pflanzenzüchtungen in der Fassung vom 19. März 1991   739

Anhang 4 Verordnung über Verfahren vor dem Bundessortenamt
(BSAVfV) vom 30.12.1985 (BGBl 1986 I 23) – Auszug –   761

Anhang 5 Einigungsvertrag – Auszug –   776

Anhang 1 – Abdrucknachweise

Abdrucknachweis der Bestimmungen der GemSortV

Erster Teil – Allgemeine Bestimmungen	
Art 1	Einl
Art 2	Einl
Art 3	§ 10c
Art 4	vor § 16
Zweiter Teil – Materielles Recht	
Kapitel 1 – Voraussetzungen für die Erteilung des Gemeinschaftlichen Sortenschutzes	
Art 5	§ 2
Art 6	§ 1
Art 7	§ 3
Art 8	§ 4
Art 9	§ 5
Art 10	§ 6
Kapitel II – Berechtigte Personen	
Art 11	§ 8
Art 12	§ 15
Kapitel II – Wirkungen des gemeinschaftlichen Sortenschutzes	
Art 13	§ 10

Art 14	§ 10a
Art 15	§ 10a
Art 16	§ 10b
Art 17	§ 14
Art 18	§ 14
Kapitel IV – Dauer und Beendigung des gemeinschaftlichen Sortenschutzes	
Art 19	§§ 13, 31
Art 20	§ 31
Art 21	§ 31
Kapitel V – Der gemeinschaftliche Sortenschutz als Vermögensgegenstand	
Art 22	§ 11
Art 23	§ 11
Art 24	§ 11
Art 25	§ 11
Art 26	§ 11
Art 27	§ 11
Art 28	§ 11
Art 29	§ 12

Dritter Teil – Das gemeinschaftliche Sortenamt	
Kapitel I – Allgemeine Bestimmungen	
Art 30	vor § 16
Art 31	vor § 16
Art 32	vor § 16
Art 33	vor § 16
Art 33a	vor § 16
Art 34	vor § 16
Art 35	vor § 16
Kapitel II – Der Verwaltungsrat	
Art 36	vor § 16
Art 37	vor § 16
Art 38	vor § 16
Art 39	vor § 16
Art 40	vor § 16
Art 41	vor § 16
Kapitel III – Leitung des Amtes	
Art 42	vor § 16
Art 43	vor § 16
Art 44	vor § 16
Kapitel IV – Die Beschwerdekammern	
Art 45	vor § 34

Art 46	vor § 34
Art 47	vor § 34
Art 48	vor § 34
Vierter Teil – Das Verfahren vor dem Amt	
Kapitel I – Der Antrag	
Art 49	vor § 21
Art 50	§ 22
Art 51	§ 23
Art 52	§ 23
Kapitel II – Die Prüfung	
Art 53	§ 26
Art 53a	§ 31
Art 54	§ 26
Art 55	§ 26
Art 56	§ 26
Art 57	§ 26
Art 58	§ 33
Art 59	§ 25
Art 60	§ 25
Kapitel III – Die Entscheidung	
Art 61	vor § 28
Art 62	vor § 28
Art 63	§ 7

Kapitel IV – Die Aufrechter- haltung des gemeinschaftlichen Sortenschutzes	
Art 64	§ 31
Art 65	§ 31
Art 66	§ 30
Kapitel V – Die Beschwerde	
Art 67	vor § 34
Art 68	vor § 34
Art 69	vor § 34
Art 70	vor § 34
Art 71	vor § 34
Art 72	vor § 34
Art 73	vor § 34
Art 74	vor § 34
Kapitel VI – Sonstige Verfahrens- bestimmungen	
Art 75	vor § 21
Art 76	vor § 21
Art 77	vor § 21
Art 78	vor § 21
Art 79	vor § 21
Art 80	vor § 21
Art 81	vor § 21
Art 82	vor § 21

Kapitel VII – Gebühren, Kosten- regelung	
Art 83	§ 33
Art 84	§ 33
Art 85	§ 33
Art 86	§ 33
Kapitel VIII – Register	
Art 87	§ 28
Art 88	§ 29
Art 89	vor § 16
Art 90	vor § 16
Art 91	vor § 16
Fünfter Teil – Auswirkungen auf sonstiges Recht	
Art 92	§ 10c
Art 93	vor § 37
Sechster Teil – Zivilrechtliche Ansprüche, Rechtsverletzungen, gerichtliche Zuständigkeit	
Art 94	§ 37
Art 95	§ 37
Art 96	§ 37f
Art 97	§ 37
Art 98	§ 9
Art 99	vor § 37
Art 100	§ 9

Art 101	§ 38
Art 102	§ 38
Art 103	vor § 38
Art 104	vor § 38
Art 105	vor § 37
Art 106	vor § 37
Art 107	§ 39
Siebenter Teil – Haushalt, Finanzkontrolle, gemeinschaftsrechtliche Durchführungsvorschriften	
Art 108	vor § 16
Art 109	vor § 16

Art 110	vor § 16
Art 111	vor § 16
Art 112	vor § 16
Art 113	§ 33
Art 114	§ 32
Art 115	§ 33
Achter Teil – Übergangs- und Schlußbestimmungen	
Art 116	§ 41
Art 117	§ 41
Art 118	§ 42

Abdrucknachweis der Bestimmungen der GemSortVDV

Titel I Verfahrensbeteiligte, Amt und Prüfungsämter	
Kapitel I Verfahrensbeteiligte	
Art 1	vor § 21
Art 2	vor § 21
Art 3	vor § 21
Art 4	vor § 21
Art 5	vor § 21
Kapitel II Das Amt	
Abschnitt 1 Ausschüsse des Amts	
Art 6	vor § 16

Art 7	vor § 16
Art 8	vor § 16
Art 9	vor § 16
Art 10	vor § 16
Abschnitt 2 Die Beschwerdekammer	
Art 11	vor § 34
Art 12	vor § 34
Kapitel III Prüfungsämter	
Art 13	§ 26
Art 14	§ 26
Art 15	§ 26

Titel II Verfahren vor dem Amt	
Kapitel I Antrag auf gemeinschaftlichen Sortenschutz	
Abschnitt 1 Der Antrag	
Art 16	§ 22
Art 17	§ 22
Art 18	§ 22
Art 19	§ 22
Art 20	§ 23
Art 21	§ 22
Abschnitt 2 Durchführung der technischen Prüfung	
Art 22	§ 26
Art 23	§ 26
Art 24	§ 26
Art 25	§ 26
Art 26	§ 26
Art 27	§ 26
Abschnitt 3 Sortenbezeichnung	
Art 28	§ 7
Art 29	§ 7
Art 30	§ 7
Kapitel II Einwendungen	
Art 31	§ 25
Art 32	§ 25

Kapitel III Aufrechterhaltung des gemeinschaftlichen Sortenschutzes	
Art 33	§ 31
Art 34	§ 31
Art 35	§ 31
Art 36	§ 30
Kapitel IV Erteilung von Nutzungsrechten durch das Amt	
Abschnitt 1 Zwangslizenz gemäß Artikel 29 der Grundverordnung	
Art 37	§ 12
Art 38	§ 12
Art 39	§ 12
Art 40	§ 12
Art 41	§ 12
Art 42	§ 12
Art 43	§ 12
Abschnitt 2 Nutzungsrechte nach Artikel 100 Absatz 2 der Grundverordnung	
Art 44	§ 12
Titel III Verfahren vor der Beschwerdekammer	
Art 45	vor § 34
Art 46	vor § 34
Art 47	vor § 34
Art 48	vor § 34
Art 49	vor § 34

Art 50	vor § 34
Art 51	vor § 34
Art 51a	vor § 34
Art 52	vor § 34

Titel IV Allgemeine Verfahrensvorschriften

Kapitel I Entscheidungen, Mitteilungen und Unterlagen

Art 53	vor § 28
Art 54	vor § 21
Art 55	vor § 21
Art 56	vor § 21
Art 57	vor § 21
Art 58	vor § 21

Kapitel II Mündliche Verhandlung und Beweisaufnahme

Art 59	vor § 21
Art 60	vor § 21
Art 61	vor § 21
Art 62	vor § 21
Art 63	vor § 21

Kapitel III Zustellung

Art 64	vor § 21
Art 64a	vor § 21
Art 65	vor § 21
Art 66	vor § 21

Art 66a	vor § 21
Art 67	vor § 21
Art 68	vor § 21

Kapitel IV Fristen und Unterbrechung des Verfahrens

Art 69	vor § 21
Art 70	vor § 21
Art 71	vor § 21
Art 72	vor § 21

Kapitel V Verfahrensvertreter

Art 73	vor § 21
Art 74	vor § 21

Kapitel VI Kostenverteilung und Kostenfestsetzung

Art 75	§ 33
Art 76	§ 33
Art 77	§ 33

Titel V Unterrichtung der Öffentlichkeit

Kapitel I Register, Einsichtnahme und Veröffentlichungen

Abschnitt 1 Register

Art 78	§ 28
Art 79	§ 28
Art 80	§ 28
Art 81	§ 28
Art 82	§ 29

Abschnitt 2 Aufbewahrung von Unterlagen, Einsichtnahme in Unterlagen und in den Anbau einer Sorte	
Art 83	§ 29
Art 84	§ 29
Art 85	§ 29
Art 86	§ 29
Abschnitt 3 Veröffentlichungen	
Art 87	vor § 16
Art 88	vor § 16
Art 89	vor § 16

Kapitel II Amts- und Rechtshilfe	
Art 90	vor § 16
Art 91	vor § 16
Art 92	vor § 16
Titel VI Schlussbestimmungen	
Art 93 (Aufhebungsvorschrift)	
Art 94 (Inkrafttreten)	
Anhang	nicht abgedruckt

Abdrucknachweis der Bestimmungen des Sortenschutzgesetzes (Österreich)

1. Teil Allgemeine Bestimmungen	
§ 1	§ 2
§ 2 Abs 1	§ 1
§ 2 Abs 2	§ 10c
§ 2 Abs 3	§ 10
§ 3 Abs 1	§ 1
§ 3 Abs 2	§ 3
§ 3 Abs 3	§ 4
§ 3 Abs 4	§ 5
§ 3 Abs 5	§ 6
§ 4 Abs 1, 2	§ 10
§ 4 Abs 3, 4	§ 10a
§ 4 Abs 5	§ 10b
§ 5	§ 13

§ 6	§ 12
2. Teil Sortenschutzerteilung	
§ 7	§ 22
§ 8	§ 23
§ 9	§ 24
§ 10	§ 25
§ 11	§ 26
§ 12	vor § 28
§ 13	§ 11
§ 14	§ 31
§ 15	§ 31
§ 16	§ 31
3. Teil Sortenbezeichnung	
§ 17	§ 7

§ 18	§ 30	§ 24 Abs 1	§ 37
4. Teil Behörden		§ 24 Abs 2	§ 38
§ 19	vor § 16	§ 25	§ 39
§ 20	vor § 34	§ 26	§ 40
§ 21	§ 32	§ 27	§ 41
§ 22	§ 28	§ 28	§ 42
5. Teil Sonstige Bestimmungen		§ 29	§ 32
§ 23	§ 33		

Abdrucknachweis der Bestimmungen des Bundesgesetzes über den Schutz von Pflanzensorten (Sortenschutzgesetz) (Schweiz)

1. Kapitel Allgemeine Bestimmungen		Art 8b Abs 2	§ 6
Art 1	§ 1	Art 8b Abs 3	§ 3
Art 2	§ 2	Art 8b Abs 4	§ 4
Art 3	§ 15	Art 8b Abs 5	§ 5
Art 4	§ 15	3. Abschnitt Recht auf Sortenschutz	
1a. Kapitel Sortenschutz		Art 9	§ 8
1. Abschnitt Wirkungen des Sortenschutzes		Art 10	§ 8
		Art 11	§ 23
Art 5	§ 10	4. Abschnitt Sortenbezeichnung und Marke	
Art 6	§ 10a		
Art 7	§ 10a	Art 12	§ 7
Art 8	§ 10a	Art 13	§ 7
Art 8a	§ 10b	Art 13a	§ 30
2. Abschnitt Schutzfähige Sorten		Art 13b	§ 7
Art 8b Abs 1	§ 1		

5. Abschnitt Änderungen im Bestand des Sortenschutzes	
Art 14	§ 13
Art 15	§ 31
Art 16	§ 31
Art 17	§ 31
6. Abschnitt Änderung im Recht auf Sortenschutz und im Recht am Sortenschutz	
Art 18	§ 11
Art 19	§ 9
Art 20	§ 12
7. Abschnitt Lizenzen	
Art 21	§ 11
Art 22	§ 12
Art 22a	§ 12a
Art 22b	§ 22b
2. Kapitel Organisation und Verfahren	
1. Abschnitt Organisation und Zuständigkeiten	
Art 23	vor § 16
Art 24	§ 18
Art 25	aufgehoben
2. Abschnitt Anmeldung, Prüfung der Sorte und Erteilung des Sortenschutzes	
Art 26	§ 21
Art 27	§ 27
Art 28	§ 24

Art 29	§ 25
Art 30	§ 26
Art 31	vor § 28
Art 31a	vor § 28
3. Abschnitt Sortenschutzregister, Veröffentlichungen und Gebühren	
Art 32	§ 28
Art 33	§ 28
Art 34	§ 29
Art 35	§ 28
Art 36	§ 33
3. Kapitel Zivilrechtlicher Schutz	
Art 37	§ 37
Art 38	§ 37
Art 39	aufgehoben
Art 40	aufgehoben
Art 41	aufgehoben
Art 42	aufgehoben
Art 43	vor § 38
Art 44	aufgehoben
Art 45	aufgehoben
Art 46	aufgehoben
Art 47	aufgehoben
4. Kapitel Strafrechtlicher Schutz	
Art 48	§ 39
Art 49	§ 40

Art 50	§ 39
Art 51	§ 39
5. Kapitel Schlussbestimmungen	
Art 52	nicht abgedruckt

Art 53	§ 41
Art 54	§ 32
Art 55	aufgehoben
Art 56	§ 42

Abdrucknachweis der Verordnung über den Schutz von Pflanzenzüchtungen (Sortenschutzverordnung) (Schweiz)

1. Abschnitt Gegenstand	
Art 1	§ 32
2. Abschnitt Verfahren	
Art 2	§ 21
Art 3	§ 22
Art 4	§ 21
Art 5	§ 22
Art 6	§ 22
Art 7	§ 22
Art 8	§ 22
Art 9	§ 22
3. Abschnitt Artenliste für das Landwirteprivileg	
Art 10	§ 10a

4. Abschnitt Gebühren	
Art 11	§ 33
Art 12	§ 33
Art 13	§ 33
Art 14	§ 33
Art 15	§ 33
Art 16	§ 33
Art 17	§ 33
5. Abschnitt Schlussbestimmungen	
Art 18	nicht abgedruckt
Art 19	nicht abgedruckt
Art 20	nicht abgedruckt

Anhang 2 Ausländisches Sortenschutzrecht

Schrifttum, allgemein: *Eggener* Schutzrechtsmöglichkeiten für neue Pflanzenzüchtungen in anderen Ländern und ihre praktische Brauchbarkeit, Mitt 1956, 4; *Johnson* Property Rights and New Plant Varieties, 1 Int J of Bioscience and the Law (1996), 135; *Kongolo* New Options for African Countries with Regard to Protection for New Varieties of Plants, 2001 JWIP 349; *Pray* Plant Breeders' Rights Legislation, Enforcement and R&D: Lessons for Developing Countries, in: *Peters/Stanton (Hrsg)* Sustainable Agricultural Development: The Role of International Cooperation, Proceedings of the 21st International Conference of Agricultural Economists, Tokyo, August 22–29, 1991; *Franz Wuesthoff* Schutzumfang inländischer und ausländischer Sortenschutzrechte, GRUR Int 1977, 433

Die nachfolgenden Angaben erheben keinen Anspruch auf Vollständigkeit. Zur Registrierung eines im Bundesgebiet zugelassenen Anwalts im Rechtsdienstleistungsregister für den Bereich der Rechtsdienstleistungen im ausländischen Recht (hier: Indien) OVG Berlin-Brandenburg 24.10.2013 OVG 12 B 42.11 GRURPrax 2014, 24 KT. Zahlreiche Gesetze sind in englischer Fassung oder Übersetzung im Internet unter www.upov.int/npvlaws/index.htm oder über http://clea.wipo.int zugänglich. Angaben meist aus UPOV- und WIPO-Unterlagen, Hinweise zur Gesetzgebung in Entwicklungsländern zT aus www.gene.ch/genet/1999/Aug/msg00009.html. Auf parallele Bestimmungen der Vertragsstaaten ist bei den jeweiligen Paragraphen hingewiesen.

Ägypten

Verordnungsentwurf 1999 nach Art 34 Abs 3 PflZÜ 1991 UPOV vorgelegt, nicht vollständig im Einklang mit PflZÜ (vgl PVP 85 [1999], 45; 86 (1999), 6; 87 (2000), 4). Beitrittsverfahren zum PflZÜ ist eingeleitet.

Albanien (PflZÜ 1991)

Gesetz Nr. 8880 vom 15.4.2002 über Pflanzenzüchterrechte (PVP 99 [2005], 32. Schutzfähige Arten PVP 99 (2005), 5.

Zuständige Behörde: National Seed an Seedlings Institute, Ministry of Food, Agriculture and Protection of Consumer, Rr. Siri Kodra, Tirana, Tel und Fax: (3554) 230324.

Anmeldungen 2013: 0

Algerien

Zu Gesetzgebungsvorhaben PVP 85 (1999), 45; 87 (2000), 8.

Andenstaaten (Cartagena-Abk; Bolivien, Ecuador, Kolumbien, Peru, Venezuela)

Für Pflanzensorten Schutzzertifikat (Beschluss 345 vom 21.10.1993 PVP 75 [1994], 43, vgl GRUR Int 1994, 539; Gesetz 110/94 PVP 79 (1996), 13; Pacón Aktuelle Tendenzen im gewerblichen Rechtsschutz Lateinamerikas: Verstärkung und Harmonisierung des Schutzes, GRUR Int 1994, 888, 893f). Die Sorte muss neu, unterscheidbar, homogen und stabil sein und eine angemessene Gattungsbezeichnung aufweisen. Laufzeit von 20 bis 25 Jahren für Weinsorten, Waldbäume und Obstbäume und von 15 bis 20 Jahren für andere Pflanzenarten.

Argentinien (PflZÜ 1978)

Schrifttum: *Cascardo/Gianni/Piana* Variedades Vegetales en Argentina, 1998; *Witthaus* Schutz von transgenen Pflanzen in Argentinien und Brasilien: Patentrecht – Sortenschutz, GRUR Int 2001, 128

Gesetz über Saatgut und Pflanzenzüchtungen vom 30.3.1973 IndProp 1973, 375, PVP 70 (1993), 33, Resolution Nr 35/96 PVP 81 (1997), 37. Anpassung an das Landwirteprivileg durch Gesetz 20.247 (1996) PVP 94 (2002), 19.

Zuständige Behörde: Instituto Nacional de Semillas, Secretaría de Agricultura, Ganadería y Pesca, Ministerio de Economía y Obras y Servicios Publicos, Avda. Paseo Colón 922 – 3. Piso, 1063 Buenos Aires, Tel. +5411 43492497, Fax +5411 43492417

Anmeldungen 2011: 267

Armenien

Schrifttum: *Abovyan* Intellectual Property Rights – Legislation and Enforcement in the Republic of Armenia, IIC 2008, 4

Das am 27.12.2000 in Kraft getretene armenische Gesetz entspricht im wesentlichen dem PflZÜ 1991. Armenien kann daher dem PflZÜ beitreten (PVP 99 [2005], 12).

Aruba PflZÜ 1978 wurde als anwendbar bezeichnet (PropInd 1986, 377).

Aserbaidschan (PflZÜ 1991)

Gesetz über Züchtungsergebnisse vom 17.11.1996 (engl Übersetzung PVP 98 [2004], 28). Schutzfähige Arten PVP 106 (2013), 5.

Zuständige Behörde: State Commission on the Test and Protection of Selection Novelty, Necef Narimanov st. 7A, 1006 Baku, Tel. +994124625420

Anmeldungen 2014: 19

Äthiopien

Die National Seed Industry Agency arbeitet ein SortG aus (vgl *Eshete* Grundzüge des äthiopischen Patentrechts [2001], 59, 233). Zu Kontakten mit UPOV und zur National Seed Industry Agency PVP 87 (2000), 10.

Australien (PflZÜ 1991)

Schrifttum: *Fitzgerald* Grain Pool of WA v. The Commonwealth – (Australian) Constitutional Limits of Intellectual Property Rights, EIPR 2001, 103; *Forsyth* Biotechnology, Patents and Public Policy: A Proposal for Reform in Australia, 11 AIPJ 202 (2000); *Lawson* Patents and Biological Diversity Conservation, Destruction and Decline? Exploiting Genetic Resources in Queensland under the Biodiscovery Act 2004 (Qld), EIPR 2006, 418

Frühere Rechtslage: Plant Variety Act 1987

Geltendes Recht: Plant Breeder's Rights Act 1994 (Nr 110/1994; PVP 79 (1996), 13), konsolidierte Fassung 2013 PVP 107 (2015), 55); Plant Breeder's Rights Regulations (No. 352 of 1994), zuletzt geänd 3.10.1995. Schutzfähig sind alle Pflanzenarten einschließlich fungi und algae, ausgenommen Bakterien, Bakteroide, Mycoplasmen, Viren, Viroide und Bakteriophagen; PVP 77 (1995), 2.

Zuständige Behörde: The Registrar, Plant Breeders' Rights, IP Australia, P.O. Box 200, Woden, A.C.T. 2606, Tel. +612 62832999, Fax +612 62837999

Anmeldungen 2014: 341

Bahrain

Schrifttum: *Price* Intellectual Property Protection in the Middle East Gulf Region, IIV 35 (2004), 281, 287f.

Die Absicht, ein Sortenschutzgesetz zu erlassen, wurde geäußert (WTO-Dokument IP/Q/BHR/1 (01-6218) vom 6.12.2001.

Bangladesh

Plant Varieties Act of Bangladesh, text proposed by the National Committee on Plant Genetic Resources, Dhaka, 29.9.1998 (vgl auch PVP 85 [1999], 49).

Barbados

Zu Kontakten mit UPOV PVP 87 (2000), 10.

Belarus (Weißrussland) (PflZÜ 1991)

Sortenschutzgesetz 1995, zuletzt geänd 2014, engl Übersetzung PVP 108 (2015), 6. Schutzfähig sind alle Genera und Species (PVP 106 [2013], 6).

Zuständige Behörde: Committee for the State Testing and Protection of Plant Varieties of the Republic of Belarus, 90, Kazintza str., Minsk 220108, Tel +37517 2770421, Fax +37517 2783530.

Anmeldungen 2014: 29

Belgien (PflZÜ 1961/72 mit Notifikation nach Art 34 Abs 2 PflZÜ 1978)

Schrifttum: *de Brabanter* Brevetabilité des inventions microbiologiques, IngCons 1972, 45; *Dervaux* De conventie van Parijs en haar toepassingen in de Belgische wetgeving, in: Kweekproducten van Landbouwgewassen, in het bijzondere voedergewassen, hun internationale bescherming en verspreiding, Gent 1968, 11; *Dervaux* Het kwekersrecht in België, AgrarischR 1984, 176; *Gaspa*r Les plantes et les médicaments ne seront-ils plus brevetables en Belgique? IngCons 1959, 219; *Gotzen* Intellectuele eigendom en nieuwe technologieën. Bescherming van computerprogramma's. Biologische uitvindingen. Kwekersrechten, Rechtskundig Weekblad 1983/84, 2375; *Hendrickx* La protection des obtentions végétales, IngCons 1968, 101; *Keersmaeker/Le Clercq* Biotechnologie, in: *Bodsen (Hrsg)* Technologische innovatie en overdracht van technologie, 1985, 179; *Jaune* Protection des droits des créateurs agricoles, Annales de Gembloux 1949, 146: *Laclavière* Droits de l'obtenteur sur l'exploitation des variétés de plantes qu'il a créés, IngCons 1951, 232: *Leherte* Le certificat d'obtention végétale en Belgique, IngCons 1978, 287; *Leherte/Lanvin* Le certificat d'obtention végétale en Belgique, in: Droits des affaires dans les pays du Marché Commun, IX. Brevets et Marques, Paris 1980; *Renier* Nouveautés végétales et droit de l'inventeur, Annales de Droit et de Sciences Politiques 1960, 253; *Vander Haeghen* Inventions et découvertes en culture, IngCons 1951, 224; *Van Eylen* Kwekersrecht in België: Toepassing van het Internationaal Verdrag tot Bescherming van Kweekproducten, Brussels Diensten van de Eerste Minister – Openbaar Ambt – Algemene Directie voor Selectie en Vorming 4 (1978); *van Overwalle* Kwekersrecht, in: *Deschemaeker/Oleo/Raspoet (Hrsg)* Valorisatie van onderzoek, Leuven 1995, 295; *van Overwalle* The Legal Protection of Biological Material in Belgium, IIC 2000, 259; *van Overwalle* The Implementation of the Biotechnology

Directive in Belgium and its After-Effects, IIC 37 (2006), 889; *Van Reepinghen* La protection légale des nouvelles variétés végétales et florales, IngCons 1951, 91; *Vrijdags* Een nieuw industrieel eigendomsrecht in België: het kwekersrecht, Rechtskundig Weekblad 1977/78, 2113

Patente für mikrobiologische Verfahren wurden von Anfang an erteilt, so schon 1836 für Bierhefe (Patent 1264), später auch für Bakterienkulturen, Steroide, Enzyme, Antimykotika, Vakzine usw (van Overwalle IIC 2000, 259, 267f). Zur Erteilung von Pflanzenpatenten (seit 1949) auch Eggener Mitt 1956, 4, 5 und van Overwalle IIC 37 (2006), 889. Die Rspr hat unterschiedlich entschieden (RB Dendermonde 2.5. 1958 einerseits, 18.10.1964 andererseits). Erster Gesetzesvorschlag für ein Züchterrecht 1933, zweiter Vorschlag 1959 (Nachw bei van Overwalle IIC 2000, 259, 266).

Frühere Rechtslage: SortG (Wet tot Bescherming van Kweekproducten; Loi sur la protection des obtentions végétales) vom 20.5.1975 (PropInd 1975, 282; PVP 59 (1990), 41). VO vom 22.7.1977, geänd 18.10.1978, 16.7.1981, 11.12.1981 (BfS 1983, 229). GebührenVO vom 22.7.1977, geänd 15.1.1981, 14.2.1984. VO zu Art 46 vom 27.3.1981. VO zu Art 49 vom10.5.1978. Artenverzeichnis vom 25.11.1977, geänd 17.9.1979, 17.10.1981, 10.2.1983, 21.5.1985, 12.3.1991, 1.10.1993 (PVP 74 [1994], 2). Gebühren PVP 42 (1985), 2.

Geltendes Recht: Code de droit économique/Wetboek van economisch recht/ Wirtschaftsgesetzbuch Art XI.104 ff (deutsche Übersetzung liegt noch nicht vor), eingefügt mWv 1.7.2015 (frz Text PVP 108 [2015], 19; hierzu Arrêté vom 15.5.2015 PVP 108 (2015), 38). Schutzfähige Genera und Species PVP 105 (2012), 4.

Zuständige Behörde: Service public fédéral économie, P.M.E., Classes moyennes & energine, Office de la Propriété Intellectuelle, Rue du Progrès 50, B 1210 Brüssel, Tel +322 2779555, Fax +322 2775262

Anmeldungen 2014: 3

Benin s OAPI

Bhutan

Zu Kontakten mit UPOV PVP 87 (2000), 11.

Bolivien (PflZÜ 1978) s Andenstaaten

General Regulations on Seed Certification an Inspection, Secretariat Resolution No. 064/96 (PVP 87 [2000], 39). Regulations on Protection of Plant Varieties (April 2001), engl Übersetzung PVP 95 (2003), 51. Schutzfähig sind alle Arten (PVP 85 [1999], 4).

Zuständige Behörde: Dirección Nacional de Semillas, Secretaria Nacional de Agricultura y Ganadería, Avda. 6 de Agosto 2006, Edif. Hoy, Casilla 4793, La Paz, Tel +5912 2441609, Fax +5912 2113629

Anmeldungen 2014: 6

Brasilien (PflZÜ 1978)

Schrifttum: *Del Nero* Propriedade Intelectual. A Tutela juridica da biotecnologia, 1998; *B. Goebel* S. 103; *Scholze* Das Leis de Propriedade Intelectual a Legislaçao de Biosegurança: as Oportunidades da biotecnologia e da Biodiversidade Brasileiras, 1999; *Witthaus* Schutz von transgenen Pflanzen in Argentinien und Brasilien: Patentrecht – Sortenschutz, GRUR Int 2001, 128

Gesetz Nr. 9 456 vom 28.4.1997 (PVP 89 [2000], 4); VO Nr. 2 366 vom 5.11.1997 (PVP 89 [2000], 14). Schutzfähige Arten PVP 107 (2015), 4.

Zuständige Behörde: Serviço Nacional de Proteção de Cultivares – SNPC, Secretaria de Desenvolvimento Agropecuário e Cooperativismo – SDC, Ministério da Agricoltura, Pecuária e Abastecimento, Esplanada dos Ministérios, Bloco D, Anexo A, Sala 251, CEP 70043-900, Brasilia, DF; Tel +5561 32182547, Fax +5561 32242842

Anmeldungen 2014: 344

Bulgarien (PflZÜ 1991)

Gesetz über den Schutz neuer Pflanzensorten und Tierzüchtungen, veröffentlicht am 4.10.1996 (engl Übersetzung PVP 84 [1998], 49). Schutzfähig sind alle Genera und Species (PVP 107 [2015], 7). Vgl auch Hinweis GRUR Int 1993, 509, 510.

Zuständige Behörde: State Patent Office of the Republic of Bulgaria, 52B, Dr. G.M. Dimitrov Blvd., BG-1040 Sofia, Tel +3592 8735175, Fax +3592 8735178

Anmeldungen 2014: 21

Burkina Faso s OAPI

Burundi

Zu Kontakten mit UPOV PVP 87 (2000), 9.

Chile (PflZÜ 1978)

Gesetz Nr 19 342 PVP 81 (1997), 41; VO PVP 81 (1997), 48. Schutz¬fähig sind alle botanischen genera und species (PVP 79 [1996], 5).

Zuständige Behörde: Ministerio de Agricultura, Servicio Agrícola y Ganadero, Departamento de Semillas, Avda Bulnes 140, Casilla 4088, Santiago de Chile, Tel +562 2345 1560, Fax +562 697 2179

Anmeldungen 2014: 134

China, VR (PflZÜ 1978, bis auf weiteres nicht für Hongkong)

VO über den Schutz neuer Pflanzensorten (PVP 85 [1999], 87; in Kraft 1.10.1997; vgl Bodewig GRUR Int 1997, 855). Aktueller Stand (engl Über-setzung): Regulations of the People's Republic of China on the Protection of New Varieties of Plants, as amended in 2013 (PVP 108 [2015], 100). Ergän-zung der Liste schutzfähiger Genera und Species PVP 106 (2013), 6.

Zuständige Behörden: Plant Variety Protection Office, Ministry of Agricul-ture, Building 20, No. 11 Nongzhanguannanli Chaoyang District, Beijing 100125, Tel 8610 59193150, Fax 8610 59193142; Department of Science and Technology, Office for the Protection of New Varieties of Forest Plants, State Forestry Administration, Nr. 18 Hepingli East Street, Beijing 100714, Tel +8610 84239104, Fax +8610 6 84238883

Anmeldungen 2014: 2026

Costa Rica (PflZÜ 1991)

Gesetz Nr 8631 vom 6.3.2008 über den Schutz neuer Pflanzensorten, geänd durch Gesetz Nr 8686 vom 21.11.2008 (engl Übersetzung des konsolidierten Texts PVP 102 [2008], 19). Schutzfähig sind alle Genera und Species (PVP 102 [2008], 2).

Zuständige Behörde: Oficina Nacional de Semillas, Apartado 10309, 1000 San José, Tel (506) 2223 5922, Fax (506) 2221 7792

Anmeldungen 2014: 20

Cuba

Zu Kontakten mit UPOV PVP 85 (1999), 48; PVP 87 (2000), 11.

Dänemark (PflZÜ 1991, nicht für Färöer und Grönland)

Schrifttum: *Skov* La loi danoise relative aux droits des obtentions de nouveautés végétales, PropInd 1971, 31; *Toft* Patenting of Living Organisms in Denmark? in: ICDA (1989), 61

Pflanzenpatente wurden nicht erteilt (*Eggener* Mitt 1956, 4, 6). Gesetz vom 16.6.1962.

Geltendes Recht: Konsolidiertes Sortenschutzgesetz vom 5.2.1996 (PVP 87 [2000], 52), beruhend auf Gesetz vom 23.12.1987 (vgl PVP 78 [1995], 25); gilt nach seinem Art 29 nicht auf den Färöer-Inseln und in Grönland. Schutzfähig sind alle Pflanzenarten und -sorten (PVP 79 [1996], 9.

Zuständige Behörde: Plantenyhedsnævnet, Teglværksvej 10, Tystofte, DK 4230 Skælskør, Tel +45 58160600, Fax +45 58160606

Anmeldungen 2014: 16

Deutschland (PflZÜ 1991)

Anmeldungen 2014: 69

Dominica

Zu Gesetzgebungsvorhaben und Kontakten mit UPOV PVP 85 (1999), 48; 87 (2000), 11.

Dominikanische Republik (PflZÜ 1991)

Schutzfähig sind alle Genera und Species (PVP 101 [2007], 2).

Zuständige Behörde: Viceministerio de Planificación Sectorial Agropecuaria, Ministerio de Agricultura, Km. 6 ½ De la Autopista Duarte (Frente a Leche Rica), Urbanización Jardines del Norte, Santo Domingo, República Dominicana, Tel 809-547-3888 Ext.3001/3002, Fax 829-544-7932

Anmeldungen 2011: 0

Dschibuti s OAPI

Ecuador (PflZÜ 1978) s Andenstaaten

Schutzfähig sind alle botanischen genera und species (PVP 82 [1997], 3).

Zuständige Behörde: Instituto Ecuatoriano de la Propriedad Intelectual, Dirección Nacional de Obtenciones Vegetales, Avenida República 396 y Diego de Almagro, Edificio FORUM 300, Planta Baja Piso 1, Quito, Tel +5932 2394 0000

Anmeldungen 2014: 50

Elfenbeinküste s OAPI

Estland (PflZÜ 1991)

Plant Variety Protection Law, in Kraft 10.4.1994.

Geltendes Recht: Plant Variety Rights Act, in Kraft 1. Juli 1998, geänd durch Gesetz vom 19.1.2000, in Kraft 1.3.2000 (PVP 89 [2000], 23). Zur Lage PVP 84 (1998), 22.

Zuständige Behörde: Estonian Agricultural Board, Variety Department, Vabaduse plats 4, 71020 Viljandi, Tel.(372) 4351240, Fax (372) 435124

Anmeldungen 2014: 7

Europäische Union (PflZÜ 1991)

Die EU ist am 29.6.2005 dem PflZÜ 1991 beigetreten. Das gemeinschaftliche SortRecht ist in der Kommentierung abgedruckt.

Zuständige Behörde: O.C.V.V., Boîte Postale 10201, F – 49021 Angers Cedex 02

Anmeldungen 2014: 3625

Fidschi

Zu Kontakten mit UPOV PVP 85 (1999), 49 f; PVP 87 (2000), 12.

Finnland (PflZÜ 1991)

Frühere Rechtslage: Gesetz über Pflanzenzüchterrechte Nr 789/1992 (PVP 71 [1993], 49), geänd durch Gesetz Nr 238/1999 vom 5.3.1999 (konsolidierte Fassung PVP 88 [2000], 31). VO über den Plant Variety Board PVP 71 (1993), 63. VO über Pflanzenzüchterrechte Nr. 907 vom 9.10.1992 PVP 71 (1993), 65.

Geltendes Recht: Plant Breeder's Rights Act Nr 1279/2009 (englische Übersetzung PVP 104 [2011], 6).

Zuständige Behörde: Finnish Food Safety Authority EVIRA, Plant Variety Office, Tampereentie 51, P.O.Box 111, FIN-32201 Loimaa

Anmeldungen 2014: 6

Frankreich (PflZÜ 1991, auch für Überseedepartements und -territorien)

Schrifttum: *de Coustin* L'examen préalable à la délivrance du certificat d'obtention végétale, 1981; *Deniniolle* Une étude de cas: le droit des obtentions végétales à l'épreuve de la prtique, Jurisclasseur périodique 1987, éd E II 15014; *Großhauser* Das neue französische Gesetz zum Schutz von Pflanzenzüchtungen, GRUR Int 1972, 15; *Guttmann* La protection des inventions biotechnologiques dans le cadre de l'Organisation européenne des brevets et, plus particulièrement, en France, PropInd 1991, 398; *La Clavière* La loi française sur la protection des obtentions végétales, PropInd 1971, 43; *Neumeier* S 31; *von Lewinski* in Dreier/Kraßer Das französische Gesetzbuch des geistigen Eigentums, 1994

VO vom 5.12.1922 (vgl *Schade* GRUR 1950, 312, 315; *Eggener* Mitt 1956, 4). Gesetz vom 27.1.1933.

Frühere Rechtslage: Gesetz vom 11.6.1970 (PVP 33 [1983], 21).

Geltendes Recht: Art L 623-1 – 623-35, R 623-1 – 623-58 CPI; zuletzt geänd durch Gesetz vom 28.11.2011, JO 8.12.2011 (auch PVP 105 [2012], 51); Übersicht zur Rechtslage PVP 107 (2015), 102.

Zum Inhalt des Getreidesortenschutzes TGI Nancy GRUR Int 1988, 688.

Zuständige Behörde: Instance Nationale des Obtentions Végétales (INOV), 25, rue Georges Morel, F-49071 Beaucouzé, Tel +33 (0)241 22 8622, Fax.+33 (0)241 22 8601

Anmeldungen 2014: 102

Gabun s OAPI

Georgien (PflZÜ 1991)

Geltendes Recht: Law of Georgia on New Breeds of Animals and Varieties of Plants vom 29.12.2006, zuletzt geänd 2010 (engl Übersetzung PVP 107 [2015], 115). Schutzfähig sind alle Genera und Species (PVP 102 [2008], 2).

Zuständige Behörde: National Intellectual Property Center of Georgia Sakpatenti, 31, Nino Ramishvili Str., 0179, Tbilisi, Georgia, Tel (995 32) 2252533, Fax.(995 32) 2988426

Anmeldungen 2014: 61

Ghana

Zu Gesetzgebungsvorhaben und Kontakten mit UPOV PVP 87 (2000), 10.

Golf-Kooperationsrat

Schrifttum: *Price* Intellectual Property Protection in the Middle East Gulf Region, IIV 35 (2004), 281, 288.

Die den Sortenschutz betr Bestimmungen der Regelung 1992 wurden 2000 aufgehoben. Jedoch wurden 2002 Möglichkeiten des Sortenschutzes geprüft.

Griechenland

Artikel 8 des Gesetzes Nr 1564/1985 über die Organisation der Herstellung und Vermarktung von Vermehrungsmaterial von Pflanzenarten (Νόμος 1564/1985, Οργάνωση παραγωγής και εμπορίας του πολλαπλασιασμού υλικού φυτικών ειδών), bisher nicht in Kraft getreten.

Der WTO wurde notifiziert: 'The Law contains provisions governing the protection of the rights of plant varieties creators. The actual implementation of the Article 8 depends on the issuing of Presidential Decrees (paragraphs 10 and 11) regarding the content and properties of plant varieties, the criteria for selection, the issuing of relevant plant variety certificates and other procedural issues.'

Teilnahme als Beobachter an Tagungen von UPOV.

Zuständige Behörde: Ministry of Agriculture, Variety Research Institute of Cultivated Plants, EL 57400 Sindos Thessaloniki, Tel. +3031 799684, Fax +3031 799392

Guinea s OAPI

Guinea-Bissau s OAPI

Honduras

Gesetzesvorlage (Proyecto de Ley para la Protección de las Obtenciones Vegetales de Honduras [UPOV-Dokument C(extr.)17/5) nach Art 34 Abs 3 PflZÜ UPOV vorgelegt, überwiegend im Einklang mit PflZÜ 1991. Beitrittsverfahren zum PflZÜ ist eingeleitet.

Indien

Schrifttum: *Antons* Sui Generis Protection for Plant Varieties and Traditional Agricultural Knowledge: The Example of India, EIPR 2007, 480; *Challa/Kalla* World Trade Agreement and Trade-Related Aspects of Intellectual Property Rights – Relevance to Indian Agriculture, 4 Commonwealth Agricultural Digest (1995), 1; *Chaturvedi/Agraval* Analysis of Farmers' Rights in the Light of the Protection of Plant Varieties and Farmers' Rights Act of India, EIPR 2011, 708; *Cullet* Revision of the TRIPS Agreement concerning the Protection of Plant Varieties. Lessons from India concerning the Development of a Sui Generis System, 2 JWIP 617 (1999); *Das* Patenting and Ownership of Genes and Life Forms – The Indian Perspective, JWIP 2000, 577; *Dhar/Chaturvedi* Introducing Plant Breeders' Rights in India, 1 JWIP 245 (1998); *Dhar/Rao* Plant Breeders and Farmers in the New Intellectual Property Regime: Conflict of Interests? 1997; *FAO* Plant Breeders' Rights in India: A Report to the Government of India, TCF/IND/0052, 1990; *FAO* Technical Cooperation Programme, Plant Breeders' Rights: India, 1993; *Seed Association of India* Plant Variety Protection: Pros and Cons, 1990; *Srinivasan* Current Status in Plant Variety Protection in India, in *Swaminathan (Hrsg)* Agrobiodiversity and Farmers' Rights, Proceedings of a Technical Consultation on the Implementation Framework for Farmers' Rights, 1996, 77

Gesetzentwurf (Plant Varieties Act) 1994. Ministry of Agriculture & Cooperation, Government of India, The Plant Varieties and Farmers' Rights Protection Bill, 1998, No. 18-136/97/SD-IV, am 14.12.1999 im Parlament eingebracht. Verfahren zum Beitritt zum PflZÜ 1978 wurde eingeleitet (vgl PVP 85 (1999), 50; 86 (1999), 7; 96 (2003), 12).

Indonesien

Schrifttum: *Hardjasoemandri* Current Status in Plant Variety Protection in Indonesia, in *Swaminathan (Hrsg)* Agrobiodiversity and Farmers' Rights, Proceedings of a Technical Consultation on the Implementation Framework for Farmers' Rights, 1996, 95

Iran

Zu Kontakten mit UPOV PVP 85 (1999), 46.

Irland (PflZÜ 1991)

Plant Varieties (Proprietary Rights) Act, 1980, Nr 24, geänd durch Plant Varieties (Proprietary Rights) (Amendment) Act, 1998; sämtliche Texte abgedruckt in PVP 105 (2012), 67 ff. Regulation 1984 Nr 137, 1986 Nr 46, 1988 Nr 46, 1990 Nr 199, 1991 Nr 31, 1992 Nr 35 und Nr 396, 1993 Nr 78 und Nr 332, 1994 Nr 393. Plant Varieties (Proprietary Rights) (Amendment)

Regulations, 2000 (PVP 105 [2012], 108). Plant Varieties (Farm Saved Seed) Regulations, 2000 (PVP 105 [2012], 112).

Zuständige Behörde: Controller of Plant Breeders' Rights, Department of Agriculture, Food and the Marine, Backweston Crops Centre, Leixlip Co. Kildare, Tel. +353 16302909, Fax +353 16280634

Anmeldungen 2014: 2

Island (PflZÜ 1991)

Gesetz über Züchterrechte (Breeder's Right Act) Nr 58 vom 19.5.2000, in Kraft seit 10.4.2003 (engl Übersetzung PVP 100 [2006], 36). Schutzfähig sind alle Genera und Species (PVP 100 [2006], 2).

Zuständige Behörde: Agricultural Research Institute, Ministry of Agriculture, Solvholsgata 7, 4th floor, IS-150 Reykjavik, Tel (354) 545 9750, Fax (354) 552 1160

Anmeldungen 2014: 0

Israel (PflZÜ 1991)

Gesetz über Pflanzenzüchterrechte 5733-1973 mit Änderungen Nr 1 (1983) und Nr 2 (1996), PVP 47 (1985), 31; 61 (1991), 31; 86 (1999), 30. Gebühren PVP 67 (1992), 18.

Zuständige Behörde: The Plant Breeders' Rights Council, Ministry of Agriculture and Development, P.O. Box 30, Bet-Dagan 50250, Tel (972-3) 948 5450, Fax (972-3)-948 5839

Anmeldungen 2014: 79

Italien (PflZÜ 1978)

Schrifttum: *Bruchhausen* Die päpstliche Verordnung vom 3. September 1833 – ein frühes Zeugnis des Sortenschutzes, FS H. Kirchner (1985), 21; *Ghidini/Hassan* Biotecnologie novità vegetali e brevetti, 1990; *Hassan* Ornamental Plant Variety Rights: A Recent Italian Judgement, IIC 1987, 219; *Lodi* La tutela delle novità vegetali (nell'ordinamento giuridico italiano e nelle legislazioni estere), 1976; *Lodi* Les usages, les coutumes et les contrats dans le domaine de la diffusion des nouvelles variétés végétales, PropInd 1976, 189 = Usage, Practices and Contracts for the Distribution of New Plant Varieties, PVP 10 (1977); *Mangini* The Protection of Plant Varieties in Italy and the UPOV Convention, PatWorld 1987/6, 25; *Terragni* Patenting Life Forms: The Debate in Italy, in: ICDA (1989), 59

Ehem Kirchenstaat: Gesetz vom 3.9.1833 bei *Bruchhausen* FS H. Kirchner (1985), 21, 32 mit Übersetzung S 35.

Früheres Recht: Gesetz Nr 722 vom 16.7.1974; VO Nr 974 vom 12.8.1975 (Decreto del Presidente della Repubblica – Norme per la protezione delle nuove varietà vegetali) mit Änderungen durch VO Nr 338 vom 22.6.1979 und Gesetz vom 14.10.1985 Nr 620. Ital Pflanzensortenpatente waren ihrer Rechtsnatur nach SortRechte (*MGK/Moufang* Art 53 EPÜ Fn 195). Schutzfähige Arten PVP 76 (1995), 4; 79 (1996), 10.

Geltendes Recht: Gesetzesdekret Nr 455 vom 3.11.1998 (PVP 91 [2001], 5).

Zuständige Behörde: Directorate General for the fight against counterfeiting – IPTO, Ministry of Economic Development, 19, Via Molise, 00187 Roma, Tel. (39-06) 4705 5616, Fax (39-06) 4705 5635

Anmeldungen 2014: 5

Jamaika

Zu Kontakten mit UPOV PVP 87 (2000), 11.

Japan (PflZÜ 1991)

Patentschutz wurde gewährt (*Eggener* Mitt 1956, 4, 6).

Schrifttum: *Someno* Grundlagen und Probleme des japanischen Patentrechts, GRUR Int 1994, 371; *Takii/Kiyofuji/Sommer* Rechtliche Fragen zum Schutz gentechnologischer Erfindungen in Japan, GRUR Int 1997, 210

Frühere Rechtslage: The Seeds and Seedlings Law (Gesetz Nr 115) vom 2.10.1947, zuletzt geänd durch Gesetz Nr 91 vom 12.5.1995.

Geltendes Recht: The Plant Variety and Seed Act Nr 83 vom 29.5.1998, zuletzt geänd durch Nr 49/2007 (engl Übersetzung PVP 101 [2007], 9).

Zuständige Behörde: New Business and Intellectual Property Division, Food Industry Affairs Bureau, Ministry of Agriculture, Forestry and Fisheries, 1-2-1 Kasumigaseki – Chiyoda-ku, Tokyo 100, Tel (81-3) 67 38 64 44, Fax (81-3) 35 02 53 01

Anmeldungen 2014: 1018

Jordanien (PflZÜ 1991)

SortG Nr 24 (2000), in Kraft seit 2.8.2000, engl Übersetzung PVP 98 (2004), 35. Komsolidierte Liste schutzfähiger Arten PVP 106 (2013), 7.

Zuständige Behörde: The Registrar, New Plant Variety Protection Office, Ministry of Agriculture, Q. Rania Alabdalah street, Amman, Tel. +962 65686151, Fax +962 65651786

Anmeldungen 2014: 12

Kamerun s OAPI

Kanada (PflZÜ 1991 seit 19.7.2015, zuvor PflZÜ 1978)

Schrifttum: *Creber/McKhool* Recent Developments in Protecting Plants and Seeds under the Canadian Patent Act, C.I.P. Rev. 3 (1987), 27

Plant Breeders' Rights Act, S.C. 1990, c. 20 (PVP 108 [2015], 50); Regulations Respecting Plant Breeders' Rights, SOR/91–594 (PVP 69 [1992], 19) as last amended by SOR/94–750. Schutzfähig ist das gesamte Pflanzenreich mit Ausnahme von Bakterien, algae und fungi (PVP 85 [1999], 26). Zum Patentierungsausschluss für Pflanzensorten SuprC 5.12.2002 34 IIC (2003), 656, 663 Harvard mouse.

Zuständige Behörde: Plant Breeders' Rights Office, Canadian Food Inspection Agency (CFIA), 59 Camelot Drive, Ottawa, Ontario K1A0Y9, Tel +1613 7737188, Fax +1613 7737115

Anmeldungen 2014: 345

Kasachstan

Regelungen in Kap 53 des Zivilgesetzbuchs vom 1.7.1999 sowie im Gesetz Nr 422-I über den Schutz von Züchtungsergebnissen vom 13.7.1999 (Bericht Bodewig GRUR Int 2000, 1096), nach Art 34 Abs 3 PflZÜ 1991 UPOV vorgelegt (UPOV-Dokument C(extr.)/17/4 vom 7.4.2000), mit PflZÜ 1991 im Einklang (vgl PVP 87 [2000], 12). Beitrittsverfahren zum PflZÜ ist eingeleitet.

Kenia (PflZÜ 1991 seit 11.5.2016, zuvor PflZÜ 1978)

Schrifttum: *Juma* Intellectual Property Rights for Biological Inventions, in: *Juma/Ojwang* Innovation and Souvereignity, Nairobi 1989, 143; *King'Arui* Towards a National Patent System for Kenya, in: *Juma/Ojwang* aaO S 209

The Seeds and Plant Varieties Act, 1972. Änderungen 2002 PVP 94 (2002), 35; Regulations PVP 94 (2002), 55. Schutzfähig sind alle Genera und Species mit Ausnahme von bacteria und algae (PVP 105 [2012], 8.

Zuständige Behörde: The Managing Director, Kenya Plant Health Inspectorate Service (KEPHIS), Headquarters, Oloolua Ridge, Karen, Waiyaki Way, P.O. Box 49592-00100, Nairobi, Kenya, Tel +254 20 3597201

Anmeldungen 2014: 69

Kirgisien (PflZÜ 1991)

Frühere Rechtslage: Law on the Legal Protection of Selection Achievements 1998, in Kraft 14.1.2000 (PVP 90 [2000], 29.

Geltendes Recht: Law on the Legal Protection of Selection Achievements vom 27.2.2003, zuletzt geänd durch Gesetz vom 8.8.2006 (PVP 103 (2010), 53. Schutzfähig sind alle Genera und Species (PVP 104 [2011], 5).

Zuständige Behörde: State Service of Intellectual Property (Kyrgyzpatent), 62 Moskovskaya Street, 720021 Bishkek, Tel +9963312 510810, Fax +9963312 510813

Anmeldungen 2014: 1

Kolumbien (PflZÜ 1978) s auch Andenstaaten

Schrifttum: *Calle* Juridical and Sociocultural Problems on the Definition of a Law Concerning Property, Usage and Access to Genetic Resources in Colombia, 51 J of Ethnopharmacology (1996), 127; *Mutter* Traditional Knowlwdge related to Genetic Resources and its Intellectual Property Protection in Colombia, EIPR 2005, 327

Decreto No. 533 vom 8.3.1994, PVP 75 (1994), 55; PVP 83 (1997), 13. Strafnorm: Art 306 Criminal Code (engl Übersetzung PVP 101 [2007], 8). Schutzfähig sind alle botanischen Genera und Species (PVP 80 [1996], 3).

Zuständige Behörde: Instituto Colombiano Agropecuario (ICA), División de Semillas, Carrera 41 No 17–81 Piso 4o, Zona Industrial de Puente Aranda, Bogotá D.C., Tel +571 3323700 ext. 1361-1367

Anmeldungen 2014: 106

Komoren s OAPI

Kongo s OAPI

Korea, Dem. Rep. (Nord-Korea)

Zu Kontakten mit UPOV PVP 85 (1999), 50.

Korea, Rep. (PflZÜ 1991)

Das PatG 1946 sah Pflanzenpatente vor (vgl *Kim* Das neue Patentverfahren in Korea, GRUR Int 1999, 417).

Geltendes Recht: Seed Industry Law 1995, zuletzt geänd am 26.1.2001 (PVP 92 [2001], 37). Schutzfähig sind alle Genera und Species (PVP 105 [2012], 8).

Zuständige Behörde: The Director General, Korea Seed & Variety Service, Ministry of Agriculture, Food and Rural Affairs (MAFRA), 119, Hyeoksin 8-ro, Gimcheon-si, Gyeongsangbuk-do 39660, Republic of Korea, Tel (+82-54) 912-0170, Fax (+82-54) 912-0175

Anmeldungen 2014: 661

Kroatien (PflZÜ 1991)

SortG, veröffentlicht am 5.12.1997, Änderungen veröffentlicht am 16.6.2000; engl Übersetzung PVP 96 (2003), 35; Änderungsgesetz vom 16.6.2000, engl Übersetzung PVP 96 (2003), 42. Änderungen vom 30.5.2008 engl Übersetzung PVP 105 (2012), 15. Durchführungsbestimmungen und VO über Kosten am 13.7.2001 veröffentlicht, Übersetzung PVP 96 (2003), 44, 48, 52. Ausführungsbestimmungen über die Registereintragung vom 13.5.2012 (engl Übersetzung) PVP 105 (2012), 26. Ausführungsbestimmungen für die DUS-Prüfung vom 10.5.2011 (engl Übersetzung) PVP 105 (2012), 41. Ordinance Laying Down the Conditions for Use of Harvested Material of the Protected Variety on One's Own Agricultural Holding and the Criteria for Determining Small Farmers vom 21.9.2011 PVP 105 (2012), 48.

Zuständige Behörde: Institute for Seeds an Seedlings, Vinkovacka cesta 63c, 31000 Osijek, Tel +38531 275206, Fax +38531 275193

Anmeldungen 2014: 3

Lesotho

Zu Kontakten mit UPOV PVP 85 (1999), 47.

Lettland (PflZÜ 1991)

Frühere Rechtslage: Sortenschutzgesetz 1993.

Geltendes Recht: Sortenschutzgesetz 2002 mit Änderungen vom 17.11.2005, 21.12.2006, 17.6.2010 und 16.12.2010. Aktueller Stand (englische Übersetzung): PVP 108 (2015), 127.

Zuständige Behörde: Seed Control Department, State Plant Protection Service, Ministry of Agriculture, Lielvardes 36/38, LV-1006 Riga, Tel (+371) 673 65568, Fax (+371) 673 65571

Anmeldungen 2014: 6

Libanon

Zu Kontakten mit UPOV PVP 87 (2000), 9.

Litauen (PflZÜ 1991)

Früheres Recht: Sortenschutzgesetz auf der Grundlage von PflZÜ 1978 mit zwei Änderungsgesetzen. Schutzfähige Arten PVP 96 (2003), 3.

Geltendes Recht: Sortenschutzgesetz Nr IX-618 vom 22.11.2001, in Kraft 1.4.2002, zuletzt geänd 2012, engl Übersetzung PVP 107 (2015), 130. Schutzfähig sind alle Genera und Species (PVP 105 [2012], 8).

Zuständige Behörde: Plant Variety Division State Plant Service under the Ministry of Agriculture of the Republic of Lithuania, LT-08200 Ozo st. 4A Vilnius, Lithuania, Tel +370 5 234 3647, Fax +370 5 273 0233

Anmeldungen 2014: 7

Luxemburg

Ein nationales Schutzsystem besteht nicht.

Madagaskar

Zu Kontakten mit UPOV PVP 85 (1999), 47; 87 (2000), 10.

Mali s OAPI

Malta

Ein nationales Schutzsystem besteht nicht.

Marokko (PflZÜ 1991)

Gesetz Nr. 9–94 über den Schutz neuer Pflanzensorten (engl Übersetzung PVP 100 [2006], 64). Ausführungsbestimmungen sind 2004 veröffentlicht worden. Konsolidierte Liste der schutzfähigen Arten PVP 105 (2012), 9.

Zuständige Behörde: Division du contrôle des semences et plants, Office National de Sécurité Sanitaire des Produits Alimentaires (ONSSA), Ministère de l'Agriculture, de la Pêches Maritimes, Rue Hafiane Cherkaoui, B.P. 1308, Rabat-Instituts, Maroc, Tel.: +212 5 37 77 10 85

Anmeldungen 2014: 76

Mauretanien s OAPI

Zu Kontakten mit UPOV PVP 85 (1999), 47.

Mauritius

Zu Gesetzgebungsvorhaben und Kontakten mit UPOV PVP 85 (1999), 47; 87 (2000), 10. Beitrittsverfahren zum PflZÜ wurde eingeleitet. Das Pflanzenzüchtergesetz ist mit dem PflZÜ konform (vgl PVP 99 [2005], 13).

Mazedonien (frühere jugoslawische Republik) (PflZÜ 1991)

Law on the Breeder's Rights vom 21.4.2009, engl Übersetzung PVP 104 (2011), 41. Schutzfähige Genera und Species: PVP 104 (2011), 4.

Zuständige Behörde: Ministry of Agriculture, Forestry and Water Economy, Directorate for Seed and Seedling Materials, Aminta Treti 2, 1000 Skopje, Tel (389) 2 3226417, Fax (389) 2 3230429

Mercosur s Argentinien, Brasilien, Paraguay, Uruguay

Schrifttum: *Hassemer* Gewerbliche Schutzrechte im Mercosur. Patent-, Muster-, Sorten- und Kennzeichenschutz in Argentinien, Brasilien, Paraguay und Uruguay, 2000 (Bespr *Witthaus* GRUR Int 2001, 101)

Mexiko (PflZÜ 1978)

Schrifttum: *B. Goebel* S 103; *Goodman* Food Transnational Corporations and Developing Countries. The Case of Improved Seed Industry in Mexico, in: *Ruttan/Pray* Policy for Agricultural Research, 1987, 433 ff

Federal Law on Plant Varieties (PVP 82 [1997], 21). Regulations of the Plant Variety Law 1998 (PVP 87 [2000], 57).

Zuständige Behörde: Servicio Nacional de Inspección y Certificación de Semillas – SNICS, Secretaria de Agricultura, Ganadería y Desarrollo Rural, Pesca y Alimentación, Av. Presidente Juárez No. 13, Col. El Cortijo, 54000 Tlalnepantla, Estado de Mexico, Tel +5255 3622 0667, Fax +5255 3622 0670

Anmeldungen 2014: 180

Moldova (PflZÜ 1991)

Frühere Rechtslage: Law on the Protection of Plant Varieties Nr 915/1996, engl Übersetzung PVP 94 (2002), 61.

Geltendes Recht: Gesetz Nr 39-XVI vom 29.2.2008 über den Schutz von Pflanzensorten (zuletzt geänd durch Gesetz Nr 162 vom 30.7.2015). Engl Übersetzung PVP 108 (2015), 156. Schutzfähig sind alle Genera und Species einschließlich Hybriden (PVP 103 [2010], 6.

Zuständige Behörde: State Commission for Crops Variety Testing and Registration, Ministry of Agriculture, Bul. Stefan cel Mare 162, C.P. 1873, 2004 Chisinau, Tel +3732 246222, Fax +3732 246921

Anmeldungen 2014: 34

Mongolei

Zu Kontakten mit UPOV PVP 87 (2000), 12.

Montenegro (PflZÜ 1991)

Law on the Protection of Plant Varieties vom 11.8.2008 (englische Übersetzung PVP 108 [2015], 141).

Zuständige Behörde: Ministry of Agriculture and Rural Development, Phytosanitary Directorate, Department of seeds, planting material, protection of plant varieties, GMOs, Ul. Bratstva i jedinstva bb, 81000 Podgorica, Montenegro, Tel +382 20 621 111, Fax +382 20 621 008

Neuseeland (PflZÜ 1978)

Plant Varieties Act 1973 (PropInd 1975, 291)

Geltendes Recht: The Plant Variety Rights Act 1987 (mit Änderungen bis 1994) PVP 78 (1995), 35, zugeänd 2.9.1996 (PVP 82 [1997], 31, 33) und 14.10.1999 (PVP 90 [2000], 73); The Plant Variety Rights Regulations 1988, zuletzt geänd 31.5.1993; The Plant Variety Rights (Fees) Order 1991. Zur Lage (auch zu Ansprüchen der Maori aufgrund des Vertrags von Waitangi 1840) PVP 84 (1998), 15. Gebühren PVP 85 (1999), 57.

Zuständige Behörde: The Commissioner, Intellectual Property Office of New Zealand, Plant Variety Rights, Ministry of Business, Innovation & Employment, P.O. Box 9241, Marion Square, Wellington 6141, Tel (64 4) 9783624, Fax (64 4) 978 3691

Anmeldungen 2014: 148

Nicaragua (PflZÜ 1978)

Ley de Protección para las Obtenciones Vegetales Nr 318, beschlossen am 21.10.1999 (engl Übersetzung PVP 93 [2002], 18).

Zuständige Behörde: Registro de la Propiedad Intelectual, Ministerio de Fomento, Industria y Comercio (MIFIC), Apartado postal 8, Managua, Tel (505) 267 3061, 237 2417, 267 2417 ext. 1279, 1221, Fax (505) 267 5393

Anmeldungen 2014: 7

Niederlande (PflZÜ 1991, nur für das Königreich in Europa)

Schrifttum: *Bootsmann* Het Kwekersrecht en de Implementatie van het UPOV-Verdrag, AgrarR 1999 Beil I S 7; *Gielen* Kwekersrecht, 1983; *Jühe* Das niederländische Saat- und Pflanzgutgesetz, GRUR Int 1967, 228; *Neumeier* S 32; *van der Kooij* Kwekersrecht in ontwikkeling, 1990; *van der Kooij* Enkele opmerkingen over het ontwerp-Uitvoeringswet UPOV 1991, AgrarischR Juli 1995; *van Harreveld* Bescherming van den kwekerseigendom, Diss Amsterdam 1934

PflanzenzüchterVO vom 13.12.1941 (Verordeningenblad 1942, 8, BlPMZ 1950, 166; vgl Schade GRUR 1950, 312, 315; Eggener Mitt 1956, 4, 5). Gesetz über Saatgut und Pflanzmaterial (Zaaizaad- en Plantgoedwet; ZPW) vom 6.10.1966 (mit Änderung 1984 PVP 53 [1987], 33), zuletzt geänd durch Gesetz vom 28.1.1999. Zum Verhältnis Patentschutz – Sortenschutz Hinweis GRUR Int 1990, 54. Schutzfähig waren alle Taxa des Pflanzenreichs (PVP 61 [1991], 20). Territoriale Erstreckung PVP 52 (1987), 2.

Geltendes Recht: Zaaizaad- en plantgoedwet 2005 (engl Übersetzung PVP 103 [2010], 102), geänd durch Wet van 8 maart 2007 tot aanpassing van het Wetboek van Burgerlijke Rechtsvordering, de Auteurswet 1912, de Wet op de naburige rechten, de Databankenwet, de Handelsnaamwet, de Wet van 28 oktober 1987, houdende regelen inzake de bescherming van oorspronkelijke topografieën van halfgeleiderprodukten (Stb. 484), de Zaaizaad- en plantgoedwet 2005 en de Landbouwkwaliteitswet ter uitvoering van Richtlijn nr. 2004/48/EG van het Europees Parlement en de Raad van 29 april 2004 betreffende de handhaving van intellectuele-eigendomsrechten).

Zuständige Behörde: Raad voor Planterassen, Postbus 40, NL 2370 AA Roelofarendsveen, Tel. +3171 3326137

Anmeldungen 2014: 699

Niger s OAPI

Nigeria

Schrifttum: *Nwauche* Die Reform des Gewerblichen Rechtsschutzes in Nigeria und die Perspektive Afrikas südlich der Sahara, GRUR Int 2000, 829, 843f

National Crop and Livestock Breed (Registration, etc.) Act, 1990.

Zuständige Behörde: National Register for Crop Varieties and Livestock Breeds

Norwegen (PflZÜ 1978)

Lov om planteforedlerrett vom 12.3.1993; VO vom 6.8.1993 (PVP 74 [1994], 35), zuletzt geänd 16.7.1997 (PVP 90 [2000], 41). Schutzfähig sind alle Pflanzenarten und -sorten (PVP 80 [1996], 7).

Zuständige Behörde: Plantesortsnemnda, c/o Mattilsynet, Felles Postmottak, Postboks 383, N-2381 Brummunddal, Tel +47 64944400, Fax +47 64944410

Anmeldungen 2014: 18

OAPI (Äquatorialguinea, Benin, Burkina Faso, Elfenbeinküste, Dschibuti, Gabun, Guinea, Guinea-Bissau, Kamerun, Komoren, Kongo, Mali, Mauretanien, Niger, Senegal, Togo, Tschad, Zentralafrikanische Republik) (PflZÜ 1991)

Geltendes Recht: Annex 10 des revidierten Übk von Bangui, engl Übersetzung PVP 107 (2015), 19. Seit 2006 können alle Genera und Species geschützt werden.

Anmeldungen 2014: 0

Oman (PflZÜ 1991)

Schrifttum: *Price* Intellectual Property Protection in the Middle East Gulf Region, IIC 35 (2004), 281, 287 f.

Royal Decree No. 49/2009 promulgating the Law on the Protection of Breeders' Rights in New Varieties of Plants (engl Übersetzung PVP 103 [2010] 128. Liste der schutzfähigen Genera und Species PVP 103 (2010), 2.

Organisation für Afrikanische Einheit (OAU)

Entwurf eines Modellgesetzes im Jahr 2000 vorgelegt (vgl *Seuret/Brac de la Perrière* Le Monde diplomatique Nr. 6192 vom 14.7.2000 S 8; *Wendland*

33 IIC (2002), 606, 613; zuvor Entwurf: African Model Legislation for the Recognition and Protection of the Rights of Local Communities, Farmers and Breeders, and for the Regulation of Access to Genetic Resources, Juni 1999, Addis Ababa.

Österreich (PflZÜ 1991)

Schrifttum: *Hron* Sortenschutz in Österreich und in der EU, ÖBl 1998, 145

Zur Erteilung von Pflanzenpatenten nach 1938 *Eggener* Mitt 1956, 4, 5.

Früheres Recht: Pflanzenzuchtgesetz vom 12.12.1946 (BGBl Nr 34/1947; vgl öOGH ÖBl 1958, 79, 80 Concerto), das auf das sog Zuchtbuchgesetz vom 28.8.1934 zurückgeht. Bundesgesetz über den Schutz von Pflanzensorten vom 12.2.1993 (BGBl 1993, 1209), in Kraft 1.3.1993, geänd durch Bundesgersetz BGBl I Nr 72/1997.

Geltendes Recht: Bundesgesetz über den Schutz von Pflanzensorten (Sortenschutzgesetz) 2001 (BGBl I Nr 109), zuletzt geändert BGBl I Nr 93/2015.

Zuständige Behörde: Bundesamt für Ernährungssicherheit, Institut für Sortenwesen, Spiegelfeldstraße 191, Postfach 400, A 1226 Wien, Tel. +43 1732164000, Fax +43 1732164211

Nationale Anmeldungen 2003: 5, 2004 – 2014 je 0 – 2

Pakistan

Vorschlag für ein Sortenschutzgesetz (Plant Breeders' Law) 1998, hiergegen Sustainable Development Policy Institute, Islamabad

Panama (PflZÜ 1991)

Gesetz Nr. 23 vom 15.7.1997, über Geistiges Eigentum, Titel IV, Art 231 ff (PVP 90 [2000], 46). AusführungsVO Nr 13 vom 19.3.1999 (PVP 90 [2000], 56). Änderungsgesetz Nr 63 vom 5.10.2012 PVP 106 (2013), 67 (spanisch), PVP 107 (2015), 147 (englisch). Schutzfähige Arten PVP 101 (2007), 7.

Zuständige Behörde: Dirección General del Registro de la Propriedad Industrial (DIGERPI), Ministerio de Comercio e Industrias, Apartado 9658 – Zona 4, Panamá 4, Tel +507 2273987, Fax +507 2272139

Anmeldungen 2014: 3

Paraguay (PflZÜ 1978)

Ley No. 385 de Semillas y Protección de Cultivares vom 11.8.1994 (PVP 83 [1997], 17). VO Nr. 7797/00 vom 7.3.2000 (PVP 90 [2000], 62). Schutzfähige Arten PVP 81 (1997), 3.

Zuständige Behörde: Servicio Nacional de Calidad y Sanidad Vegetal y de Semillas (SENAVE), Dirección de Semillas, Gaspar Rodriguez de Francia No. 685, Ruta Mariscal Estigarribia, San Lorenzo, Tel (595) 21 584645, Fax (595) 21 584645

Anmeldungen 2013: 34

Peru (PflZÜ 1991) s auch Andenstaaten

Übk von Cartagena (engl Übersetzung PVP 104 [2011], 21. Supreme Decree No 035-2011-PCM Approving the Regulations for the Protection of the Rights of Breeders of the New Plant Varieties (PVP 104 (2011), 29). Regulations for the Protection of the Rights of Breeders of new Plant Varieties (engl Übersetzung PVP 104 [2011], 30). Vgl auch *Barreda Moller* in Intellectual Property Peruvian Newsletter, Juni 2000.

Zuständige Behörde: Dirección de Invenciones y Nuevas Tecnologías, Instituto Nacional de Defensa de la Competencia y de la Protección de la Propiedad Intelectual (INDECOPI), Calle De La Prosa 104, San Borja, Lima 41, Tel (51) 1 224 7800, Fax (51) 1 224 7800

Anmeldungen 2014: 56

Philippinen

Plant Protection Bill war im parlamentarischen Verfahren (vgl PVP 85 [1999], 50).

Polen (PflZÜ 1991)

Früheres Recht: Saatgutindustriegesetz vom 24.11.1995; Änderungen am 1.1.2000 in Kraft getreten (ua alle Arten schutzfähig; Schutzdauer; Beschränkung des Landwirteprivilegs); VO des Ministers für Ackerbau und Ernährung vom 15.4.1996 über die Ausführung einiger Bestimmungen des Saatgutindustriegesetzes.

Geltendes Recht: SortG vom 26.6.2003, zuletzt geänd 2011, engl Übersetzung PVP 106 (2013), 80.

Zuständige Behörde: Research Center for Cultivar Testing (COBORU), 63-022 Slupia Wielka, Tel +4861 2852341, Fax +4861 2853558

Anmeldungen 2014: 75

Portugal (PflZÜ 1978)

Decreto-Lei no. 213/90 vom 28.6.1990; Decreto-Ministerial n.°940 vom 4.10.1990 (PVP 66 [1991], 27; PVP 83 (1997), 23), zuletzt geänd am 1.10.1996. Schutzfähig sind nunmehr alle Arten (PVP 98 [2004], 7). Gebühren PVP 66 (1991), 47.

Zuständige Behörde: Direção Geral de Alimentação e Veterinária (DGAV), Campo Grande No. 50, P-1700-093 Lisboa, Tel (351-213) 239 655, Fax (351-213) 463 518

Anmeldungen 2014: 0

Rumänien (PflZÜ 1991)

Schrifttum: *Torje* Variétés de plantes agricoles en Roumanie, PropInd 1971, 132

Regelung zunächst in Art 7 Abs 3, Art 11 PatG 1991 und Kap III Regierungsbeschluss Nr 152/1992.

Geltendes Recht: Gesetz Nr 255 vom 30.12.1998 über den Schutz von Pflanzensorten mit Änderungen 2006 (PVP 102 [2008], 65); konsolidierte Version vom 1.2.2014. Ausführungsreglement vom 17.3.2000 (PVP 91 [2001], 25). Schutzfähig sind alle Genera und Species (PVP 91 [2001], 2).

Zuständige Behörde: Oficiul de Stat pentru Tesarea si Inregistrarea Soiulriolor (ISTIS), B-dul Marasti, nr. 61, sect.1, 011464 Bucuresti, Tel. (40-2) 1318 4380, Fax (40-2) 1318 4408

Anmeldungen 2014: 32

Russische Föderation (PflZÜ 1991)

Schrifttum: *Kitava* Procedure for Obtaining Legal Protection for Varieties of Agricultural Crops in the Soviet Union, PVP 6 (1976); *Komissarov* Some Aspects of the Legal Protection of Plant Varieties in the Soviet Union, PVP 6 (1976)

VO über den Rechtsschutz neuer Pflanzensorten in der UdSSR vom 13.8.1980 (vgl GRUR Int 1981, 195).

Geltendes Recht: Law on the Protection of Selection Achievements vom 6.8.1993 (PVP 76 [1995], 25. Schutzfähig sind alle Genera und Species (PVP 92 (2001), 12).

Zuständige Behörde: State Commission of the Russian Federation for Selection Achievements, Test and Protection, Orlicov per. 1/11, 107139 Moskau, Tel +7095 2044926, Fax +7095 411 83 66

Anmeldungen 2014: 722

Rwanda

Zu Kontakten mit UPOV PVP 87 (2000), 10.

Sambia

Schrifttum: *Zulu/Makano/Banda* National Experiences and Plans to Implement a Sui generis System of Protection in Zambia, paper presented at the UPOV-WIPO-WTO Joint Regional Workshop on »The Protection of Plant Varieties under Article 27.3(b) of the TRIPS Agreement«, Nairobi, 6./.7.5.1999

Gesetzgebung in Vorbereitung.

Schweden (PflZÜ 1991)

Schrifttum: *Oredsson* Biological Inventions and Swedish Patent Legislation, NIR 1985, 229 = PVP 48 (1985) und 50 (1986); *Walles* Biotechnological Inventions and Swedish Patent Litigation, PVP 50 (1986)

Pflanzenpatente wurden erteilt (*Eggener* Mitt 1956, 4, 6). Gesetz vom 27.5.1971.

Geltendes Recht: Växtförädlarrättslag (SFS 1997:306; PVP 91 (2001), 59, geänd SFS 1998:1460; 2004:360 PVP 99 (2005), 109). Schutzfähig sind alle botanischen Genera und species (PVP 81 [1997], 4).

Zuständige Behörde: Swedish Board of Agriculture (Jordbruksverket), Crop Production Division, S-551 82 Jönköping, Tel (46-36) 15 55 15/15 58 85, Fax (46-36) 71 05 17

Anmeldungen 2014: 0

Schweiz (PflZÜ 1991)

Schrifttum: *Blum/Pedrazzini* Bd I S 91 ff; *Bovard* Neue schweizerische Gesetzgebung auf dem Gebiet des Immaterialgüterrechts, Mitt 1978, 61, 65 f: *Gfeller* Plant Variety Protection in Switzerland: a Comparative Legal Survey, PVP 13 (1978); *Matthey* Les brevets de végétaux, Diss Lausanne 1954; *von Büren/David (Hrsg)* Patentrecht und Know-how, unter Einschluss von Gentechnik, Software und Sortenschutz, 2006 (darin Sortenschutzrecht von *Tscharland* S 757 ff)

Botschaft des Bundesrats an die Bundesversammlung über die Revision des Bundesgesetzes betr. die Erfindungspatente (1950), S 21 ff. Hierzu *Tscharland* in *von Büren/David* (2006), 757 f; vgl auch *Eggener* Mitt 1956, 4, 5. Bestimmungen über Anerkennung und Inverkehrbringen von Saatgut erstmals im Landwirtschaftlichen Hilfsstoffbuch 1955 (AS 1955, 159).

Geltendes Recht: SortG vom 20.3.1975 (AS 1977, 862; SR 232.16), in Kraft seit 1.6.1977, Stand 1.1.2011. SortVO vom 25.6.2008 (SR 232.161), in Kraft seit 1.9.2008 (im Internet abrufbar unter https://www.admin.ch/opc/de/classified-compilation/20080201/index.html). Schutzfähig sind alle Genera und Species (PVP 102 [2008], 3).

Zuständige Behörde: Bundesamt für Landwirtschaft, Büro für Sortenschutz, Mattenhofstraße 5, 3003 Bern, Tel +4131 3222524, Fax +4131 3222634

Anmeldungen 2014: 53

Senegal s OAPI

Serbien (PflZÜ 1991)

Schrifttum: *Marković* Protection of Inventions and Parainventions of Plant Varieties by Patent, Copyright and Sui Generis Right, Magisterarbeit 1985

Geltendes Recht: Gesetz vom 22.11.2011 über den Schutz der Rechte der Pflanzenzüchter (englische Übersetzung PVP 106 [2013], 103).Schutzfähig sind alle Genera und Species von Pflanzen (PVP 106 [2013], 3).

Zuständige Behörde: Ministry of Agriculture, Forestry and Water Management Plant Protection Directorate Group for Plant Variety Protection and Biosafety, Omladinskih brigada 1, 11124 Belgrade, Republic of Serbia, Tel. (381) 11 311 70 94/11 260 93 52, Fax (381) 11 311 70 94

Anmeldungen 2014: 53

Seychellen

Zu Kontakten mit UPOV PVP 87 (2000), 12.

Simbabwe

Schrifttum: *Bellah Mpofu* National Experience and Plan to Implement a Sui Generis System in Zimbabwe; paper presented at the UPOV-WIPO-WTP Joint Regional Workshop on the Protection of Plant Varieties under Article 27.3b of the TRIPS Agreement, Nairobi, 6-7 May, 1999

Züchterschutzsystem seit 1975, entspricht nicht voll dem PflZÜ, Reform im Gang. Beitrittsverfahren zum PflZÜ ist eingeleitet (vgl PVP 85 [1999], 40; 86 (1999), 7; 87 (2000), 10).

Singapur (PflZÜ 1991)

SortG (Plant Varieties Protection Act Chapter 232 A), zuletzt geänd 2014 (Wortlaut PVP 107 [2015], 160. Plant Varieties Protection Rules PVP 107 (2015), 199. Schutzfähig sind alle Genera und Species (PVP 107 [2015], 7).

Zuständige Behörde: Intellectual Property Office of Singapore (IPOS), 51 Bras Basah Road 01-01, Manulife Centre, Singapore 189554, Tel (65) 6339 8616, Fax (65) 6339 20252

Anmeldungen 2014: 6

Slowakei (PflZÜ 1991)

Gesetz Nr 132/1989 über den gesetzlichen Schutz neuer Pflanzensorten und Tierzüchtungen, geänd durch Gesetz Nr 22/1996 (PVP 87 [2000], 68); Ausführungsbestimmungen vom 15.11.1989, geänd durch Gesetz Nr 22/1996 sowie durch Titel II PatG 2001 (BlPMZ 2002, 442, 459).

Zuständige Behörde: Ministry of Agriculture, Dobrovicova 12, 81266 Bratislava, Tel +4217 3066290, Fax +4217 3066602

Anmeldungen 2014: 16

Slowenien (PflZÜ 1991)

Pflanzensortenschutzgesetz vom 11./18.12.1998 (engl Übersetzung PVP 86 [1999], 49). Änderungsgesetz 2006 (engl Übersetzung PVP 101 [2007], 60).

Zuständige Behörde: Ministry of Agriculture and the Environment (MAE), Agriculture Directorate, Dunajska cesta 22, 1000 Ljubljana, Tel (386-1) 478 91 17, Fax (386-1) 478 90 35

Anmeldungen 2014: 3

Spanien (PflZÜ 1991)

Schrifttum: *Gallard Reixach* La protection juridique des nouveautés végétales en Espagne, PropInd 1955, 119

Zur Erteilung von Pflanzenpatenten und -gebrauchsmustern Eggener Mitt 1956, 4f.

Früheres Recht: Gesetz 12/1975 vom 12.3.1975 (PropInd 1975, 286; PVP 67 (1992), 21), Ley de protección de las obtenciones vegetales.

Real Decreto 1674, de 10 de junio 1977, por el que se aprueba el Reglamento General sobre Protección de Obtenciones Vegetales (PVP 67 [1992], 35). Schutzfähige Arten PVP 72 (1993), 16.

Geltendes Recht: Gesetz 3/2000 betreffend den Schutz von Pflanzensorten (PVP 91 [2001], 39). Danach sind seit 10.4.2000 alle Arten und Sorten einschließlich Hybriden von Arten und Sorten schutzfähig.

Zuständige Behörde: Oficina Española de Variedades Vegetales (OEVV), Ministerio de Agricultura, Alimentación y Medio Ambiente, C/Almagro No. 33, planta 7a, 28010 Madrid, Tel (34) 91 347 6659, Fax (34) 91 347 67 03

Anmeldungen 2014: 54

Sri Lanka

Zu Gesetzgebungsvorhaben und Kontakten mit UPOV PVP 85 (1999), 50.

Südafrika (PflZÜ 1978)

Zur Erteilung von Patentschutz *Eggener* Mitt 1956, 4, 5.

Geltendes Recht: Plant Breeders' Rights Act 1976 (PVP 36 [1983], 33), revidiert 1996 (PVP 82 [1997], 35; zur Anwendbarkeit der verschiedenen Fassungen Supreme Court 28.11.2003, referiert in EIPR 2004 N-69. Regulations Relating to Plant Breeders' Rights No. R 1186 vom 12.9.1997 (PVP 87 (2000), 78). Genetically Modified Organisms Act 1997 PVP 93 (2002), 33. Schutzfähige Genera und Species PVP 107 (2015), 8.

Zuständige Behörde: The Registrar, Department of Agriculture, Forestry & Fisheries, Directorate: Genetic Resources, Private Bag X 973, Pretoria 0001, Tel (27-12) 319 6183, 319 6096, 319 6226, Fax (27-12) 319 6385

Anmeldungen 2014: 243

Sudan

Zu Kontakten mit UPOV PVP 85 (1999), 47.

Surinam

Zur Nichtgeltung des PflZÜ 1961/72 für diesen Staat vgl PVP 85 (1999), 49. Zu Kontakten mit UPOV PVP 87 (2000), 11.

Syrien

Zu Kontakten mit UPOV PVP 87 (2000), 9.

Tadschikistan

Sortenschutzgesetz, mit PflZÜ konform. Verfahren zum Beitritt zum PflZÜ wurde eingeleitet (vgl PVP 85 [1999], 51; 86 (1999), 6; 87 (2000), 4, 13).

Tanzania (PflZÜ 1991)

Getrennte Gesetzgebung für Sansibar (Plant Breeders' Rights Act, 2014, PVP 108 (2015), 214) und das frühere Tanganjika (The Plant Breeders' Rights Act, 2012, PVP 108 (2015), 183)

Zuständige Behörde (Festland): Registrar, Plant Breeders' Rights Office, Ministry of Agriculture, Livestock and Fisheries, P.O. Box 9192, Kilimo Complex, 1 Kilimo Road, 15471 Dar Es Salaam, Tel (255 22) 2861404, Tel (255 754) 322206, Fax (255 22) 2861403

Zuständige Behörde (Sansibar): Registrar, Plant Breeders' Rights Office, Ministry of Agriculture, Natural Resources, Livestock and Fisheries, P.O. Box 159, Zanzibar, Tel (255 22) 2233320, Tel.(255 774) 742799, Fax (255 22) 2234650

Thailand

Schrifttum: *Hiranpradit* Current Status in Plant Variety Protection in Thailand, in *Swaminathan (Hrsg)* Agrobiodiversity and Farmers' Rights, Proceedings of a Technical Consultation on the Implementation Framework for Farmers' Rights, 1996, 98; *Lertdhamtewe* Plant variety protection in Thailand: The need for a new coherent framework, JIPLP 2013, 33

(Draft) Plant Varieties Protection Act.

Togo s OAPI

Trinidad und Tobago (PflZÜ 1978)

The Protection of New Plant Varieties Act, 1997 (PVP 85 [1999], 65), geänd 2000. The Protection of New Plant Varieties Regulations, 2000 (PVP 92 [2001], 73). Konsolidierte Liste schutzfähiger Genera und Species PVP 106 (2013), 21.

Zuständige Behörde: Controller, Intellectual Property Office, Ministry of Legal Affairs, 72-74 South Quay, Port of Spain, Tel +1868 6259972, Fax +1868 6241221

Anmeldungen 2013: 0

Tschad s OAPI

Tschechische Republik (PflZÜ 1991)

Früheres Recht: Sortenschutzgesetz vom 17.3.1921 (vgl *Eggener* Mitt 1956, 4, 6). Gesetz Nr 132/1989 vom 15.11.1989 über den gesetzlichen Schutz neuer Pflanzensorten und Tierzüchtungen (PVP 64 [1991], 53; vgl GRUR Int 1989, 648), geänd durch Gesetz über den Schutz biotechnologischer Erfindungen vom 21.6.2000 (BlPMZ 2001, 117).

Geltendes Recht: Gesetz Nr 408/2000 vom 25.10.2000 über den Schutz der Rechte an Pflanzensorten, in Kraft 1.2.2001 (engl Übersetzung PVP 93 [2002], 8); Änderung durch Gesetz Nr 184/2008 (engl Übersetzung PVP 102 [2008], 17). Gesetz über den Schutz biotechnologischer Erfindungen vom 21.6.2000, in Kraft 1.10.2000 (BlPMZ 2001, 116).

Zuständige Behörde: Central Institute for Supervising and Testing in Agriculture, National Plant Variety Office, Hroznová 2, 656 06 Brno, Tel +420543548221, Fax +420543212440

Anmeldungen 2014: 99

Tunesien (PflZÜ 1991)

Gesetz Nr 99–42 vom 10.5.1999 über Saatgut, Pflanzgut und Pflanzenzüchtungen Tunesiens, engl Übersetzung PVP 96 (2003), 63; Präsidialdekret über die Technische Kommission vom 18.1.2000, engl Übersetzung PVP 96 (2003), 69; VO des Landwirtschaftsministeriums vom 24.6.2000 mit Artenverzeichnis, engl Übersetzung PVP 96 (2003), 70.

Zuständige Behörde: Direction générale de la protection et du contrôle de la qualité des produits agricoles, Service d'homologation et de protection des obtentions végétales, 30, rue Alain Savary, 1002 Tunis, Tel (216 71) 788979/800419, Fax (216 71) 784419

Anmeldungen 2014: 7

Türkei (PflZÜ 1991)

Sortenschutzgesetz Nr 5042 vom 8.1.2004 (engl Übersetzung PVP 101 [2007], 63). Liste der schutzfähigen Arten PVP 101 (2007), 3.

Zuständige Behörde: Variety Registration and Seed Certification Center, Ministry of Food, Agriculture and Livestock, Gayret Mahallesi, Fatih Sultan Mehmet Bulvarı No:62, 06172 Yenimahalle – Ankara, Tel (90 312) 315 46 05, Fax (90 312) 315 09 01

Anmeldungen 2014: 202

Turkmenistan

Zu Gesetzgebungsvorhaben und Kontakten mit UPOV PVP 85 (1999), 51; PVP 87 (2000), 13.

Ukraine (PflZÜ 1991)

Schrifttum: *von Füner* Das Pflanzensortenschutzgesetz der Ukraine, Mitt 1994, 111

Geltendes Recht: Pflanzensortenschutzgesetz 1994 in Anpassung an PflZÜ 1991, in Kraft 1.7.2002. Fassung mit Änderung vom 2.11.2006 in engl Übersetzung PVP 100 (2006), 78. Schutzfähig sind alle Genera und Species (PVP 100 [2006], 5).

Zuständige Behörde: State Services for Plant Variety Rights Protection, 15, Henerala Rodimtseva str., 03041 Kyiv, Tel (380-44) 257 99 33, Fax (380-44) 257 99 34

Anmeldungen 2014: 1447

Ungarn (PflZÜ 1991)

Schrifttum: *Földes/Pálos* Der Rechtsschutz von Pflanzenzüchtungen in Ungarn, GRUR Int 1967, 390; *Földes/Pálos* Die Neuregelung des Rechtsschutzes von Pflanzenzüchtungen in Ungarn, GRUR Int 1970, 263; *Vida* Ungarische Rechtsprechung zu biotechnologischen Erfindungen, Mitt 1989, 210; *Vida* Patentfähigkeit neuer Pflanzensorten und Tierarten in Ungarn, FS R. König (2003), 511; *Vida/Hegyi* Zweite Reform des ungarischen Patentgesetzes: Anpassung an das europäische Patentsystem und den PCT, GRUR Int 2003, 708

Frühere Rechtslage: Ungarn gewährte bis Ende 2002 Patentschutz für Sorten (§§ 105 ff PatG vom 25.4. 1995, PVP 84 (1998), 69; vgl GRUR Int 1995, 742 f).

Geltendes Recht: Durch das Gesetz XXXIX/2002 wurden die Bestimmungen an gleicher Stelle durch solche über den Sortenschutz ersetzt; diese wurden durch Gesetz XXVII/2009 (englische Übersetzung der geltenden Fassung PVP 103 [2010], 39) geänd.

Zuständige Behörde: Szellemi Tulajdon Nemzeti Hivatala (Hungarian Intellectual Property Office – HIPO), Tel +361 3124400, Fax +361 474 5534

Anmeldungen 2014: 30

Uruguay (PflZÜ 1978)

Gesetz Nr 16 811, PVP 82 (1997), 35, geänd durch Gesetz Nr 18 476 vom 27.2.2009 (engl Übersetzung PVP 103 [2010], 135. Schutzfähige Arten PVP 76 (1995), 2. Vgl auch Gesetz Nr 15 173 PVP 76 (1995), 57 und VO Nr 84/983 PVP 76 (1995), 59.

Zuständige Behörde: Instituto Nacional de Semillas (INASE), Cno. Bertolotti s/n y Ruta 8, km 29, Barros Blancos, Canelones, Tel (598-2) 2288 7099, Fax (598-2) 2288 7077

Anmeldungen 2014: 49

Usbekistan (PflZÜ 1991)

Law on Selection Achievements vom 30.8.2002, engl Übersetzung PVP 98 (2004), 41. Schutzfähige Arten PVP 98 (2004), 3.

Zuständige Behörde: State Patent Office, 2a, Toitepa St., 700047 Tashkent, Tel. +99871 1320013, Fax +99871 1334556

Anmeldungen 2014: 29

Vanuatu

Zu Kontakten mit UPOV PVP 87 (2000), 12.

Venezuela (s auch Andenstaaten). Verfahren zum Beitritt zum PflZÜ wurde eingeleitet (vgl PVP 84 [1998], 6; (5 (1999), 40, 49).

Vereinigte Arabische Emirate

Bisher kein Sortenschutzsystem (vgl *Krämer* Übersicht über das Immaterialgüterrecht der Vereinigten Arabischen Emirate, GRUR Int 2006, 108, 115).

Vereinigte Staaten von Amerika (PflZÜ 1991 mit Vorbehalt nach Art 35 Abs 2)

Schrifttum: *Adler* Können Patente und Pflanzenzüchterrechte nebeneinander bestehen? GRUR Int 1988, 11 = Can Patents Coexist with Breeders' Rights? IIC 1986, 195; *Allyn* Plant Patent Queries, JPOS 1933, 180; *Allyn* More About Plant Patents, JPOS 1933, 963; *Allyn* The First Plant Patents, 1934; *Bauer* S 50 ff; *Bent* CAFC Narrowly

Construes Scope of Plant Patent Application, 5 Biotechnology Law Report (1995) 806; *Bijman* Agracetus: Patenting All Transgenic Cotton, 21 BiotDevMon (1994), 8; *Byrne* Fifty Years of Botanical Plant patents in the USA, EIPR 1981, 116; *Cook* The First Plant Patents Decision, JPOS 1933, 275; *Cooper* Do We Need a Special patent Law for Biological Inventions? 2 Bio/Technology 192 (1984); *Cooper* Patent Protection for New Forms of Life, 38 Federal Bar J 34 (1979); *Gioia* Plant Patents – R.I.P., JPTOS 1987, 516; *Gioia* The Patent System and the »New Biology«, 8 Rutgers J 1 (1980); *Goldstein* Der Schutz biotechnologischer Erfindungen in den USA, GRUR Int 1987, 310; *Herzfeld-Wuesthoff* Patentierte Pflanzen in Amerika, Der Züchter 1930, 339; *Ihnen* Patenting Biotechnology: A Practical Approach, Rutgers J 11 (1985), 407; *Ihnen* US Intellectual Property Protection for Plants: A Summary, PatWorld 1987, 17; *Isbester* New Growth in the World of Plant Patents, 5 Biotechnology Law Report (1994), 601; *Jeffery* The Patentability and Infringement of Sport Varieties: Chaos or Clarity? JPOS 1977, 645; *Jeffery* The Infringement of Plant Patents in the United States of America, in: *CIOPORA (Hrsg)* Fourth International Colloquium on the Protection of Plant Breeders' Rights, 1982, 87; *Kidd/Dvorak* Agracetus' Cotton Patent Draws Opposition, 12 Bio/Technology (1994), 659; *Kjeldgaard/Marsh* Recent United States Developments in Plant Patents, Molecular Breeding 95–96; *Lesser* Patenting Seeds in the United States of America: What to Expect, IndProp 1986, 360 = La protection des semences par brevet aux États-Unis d'Amérique: perspectives, PropInd 1986, 392; *Linck* Patentable Subject Matter and Section 101 – Are Plants Included? JPOS 1985, 489; *Manuson* A Short Discussion on Various Aspects of Plant Patents, JPOS 1948, 493; *Neumeier* S 63 ff; *Rollin* Loi des Etats-Unis sur la protection des obtentions végétales, PropInd 1972, 176; *Rossman* Plant Patent No. 1, JPOS 1931, 521; *Rossman* Plant Patents, JPOS 1931, 7; *RAFI* Utility Plant Patents: A Reveiw of the U.S. Experience (1985 – July 1995), RAFI Communiqué 1 – 10, 1995; *Seay* Proprietary Protection of Plants and Varieties in the U.S., The World Biotech report 1985, Bd 2, U.S.A., 1985, 39, 189; *Snell* Die »Erläuterungen« zum amerikanischen Pflanzenpatentgesetz, Der Züchter 1931, 58; *Stallmann/ Schmid* Property Rights in Plants: Implications for Biotechnology Research and Extension, 69 American J of Agricultural Economics (1987), 432; *Sung/Pelto* The Biotechnology Patent Landscape in the United States as we enter the New Millenium, 1 JWIP 889 (1998); *Williams* Securing Protection for Plant varieties in the USA, EIPR 1981, 222; *Williams* Schutzrechtliche Aspekte der Gentechnologie bei Pflanzensorten, GRUR Int 1983, 702; *Franz Wuesthoff* Schutzumfang des Sortenschutzrechts und Benutzungszwang für die Sortenbezeichnung, GRUR 1972, 68

Zwei parallele Schutzsysteme: Pflanzenpatentgesetz (Plant Protection Act, PPA; Townsend-Purnell Act, 35 U.S.C. §§ 161–164) vom 23.5.1930 BlPMZ 1930, 214; vgl Schade GRUR 1950, 312, 317, 322; Eggener Mitt 1956, 4; die Regelung betraf vegetativ vermehrbare Pflanzen; Plant Patent Amendment Act 1998 (PVP 91 [2001], 69). U.S. Plant Variety Protection Act 1970 (PVPA), für generativ vermehrbare Pflanzen (PVP 80 [1996], 53; Regulations

PVP 80 (1996), 73; Leahy-Smith America Invents Act (PVP 106 [2013], 121). Patentierbarkeit von Mikroorganismen ist seit SuprC GRUR Int 1980, 627 Diamond v. Chakrabarty, Patentierbarkeit von Pflanzen nach Patentrecht seit der Hibberd-Entscheidung des USPTO (GRUR Int 1986, 570) anerkannt, Patentierbarkeit auch von vegetativ vermehrbaren Pflanzen nach allg Patentrecht (35 U.S.C. § 101) seit CAFC GRUR Int 2000, 946 Pioneer Hi-Breed v. J.E.M; damit kommt Schutz nach allg Patentrecht und daneben nach PPA oder PVPA in Betracht (vgl zur nachfolgenden Entscheidung des SuprC vom 10.12.2001 GRUR Int 2002, 182 und PVP 92 [2001], 18). Zum Schutzgegenstand Funder EIPR 1999, 551, 556 mwN. Zur Patentierung transgener Baumwolle (Agracetus-Patent 5 159 135) Funder aaO S 559. Zur Lage PVP 84 (1998), 21.

Zuständige Behörden: The Director of the U.S. Patent and Trademark Office (USPTO), Mail Stop Office of Policy and External Affairs, 600 Dulany St. Madison West, Alexandria, VA 22313-1450, Tel (1-571) 272 9300, Fax. (1-571) 273 0085

The Commissioner, USDA, AMS, S&T, Plant Variety Protection Office, 1400 Independence Ave., S.W., Room 4512 – South Building, Mail Stop 0273, Washington, CD 20250, Tel (1-202) 260 8983, Fax (1-202) 260 8976

Anmeldungen 2014: Pflanzenpatente 1063, PVPA 504

Vereinigtes Königreich (PflZÜ 1991)

Schrifttum: *Ardley* New United Kingdom Law on Plant Variety Rights, BSLR 1997, 146; *Dworkin* Plant Breeders' Rights – The Scope of United Kingdom Protection, EIPR 1982, 11; *Dworkin* The Plant Variety Act 1983, EIPR 1983, 270; *Lesser* Anticipating UK Plant Variety Patents, EIPR 1987, 172; *Murphy* Plant Breeders' Rights in the United Kingdom, EIPR 1979, 236; *Tang* Recent Development of Patent Law Protection for Products of Genetic Engineering in Great Britain – Genentech Inc.'s Patent for tPA, 15 Syrac.J.Int.L. & Comm. 125 (1988); *Wipf* Les droits des obtenteurs d'espèces végétales (Plant Breeders Rights), PropInd 1961, 165

Patentschutz wurde nicht gewährt (vgl *Eggener* Mitt 1956, 4, 5f). Gesetze vom 12.3.1964 und vom 9.5.1983.

Geltendes Recht: Plant Varieties Act 1997 (PVP 85 [1999], 92); Plant Breeders' Rights Regulations 1998 Nr 1027 (PVP 87 [2000], 91); Patents and Plant Variety Rights (Compulsory Licensing) Regulations 2002 (PVP 93 [2002], 41; vgl EIPR 2004 N-112); Plant Breeders' Rights (Fees) Regulations 1998; Seeds (National Lists of Varieties) (Fees) (Amendment) Regulations

1998; Seed Potatoes (Fees) Regulations 1998; Seeds (Fees) (Amendment) Regulations 1999; Plant Breeders' Rights (Information Notices) (Extension to European Community Plant Variety Rights) Regulations 1998 (PVP 87 [2000], 84); Plant Breeders' Rights (Information Notices) Regulations 1998 (PVP 87 [2000], 85); Plant Breeders' Rights (Farm Saved Seed) (Specification of Species and Groups) Order 1998 Nr 1025 (PVP 87 [2000], 87); Plant Breeders' Rights (Farm Saved Seed) (Specified Information) Regulations 1998 Nr 1026 (PVP 87 [2000], 88). Weitere Rechtsgrundlagen s EIPR 2004, 380 f. Zur Geltung auf den Kanalinseln und der Insel Man Sec 53 Abs 2 Plant Varieties Act.

Zuständige Behörde: Department for the Environment, Food and Rural Affairs (DEFRA), Varieties and Seeds Policy Team, Eastbrook, Shaftesbury Road, Cambridge CB2 8DR, Tel (44-300) 060 0762

Anmeldungen 2014: 36

Viet Nam (PflZÜ 1991)

Intellectual Property Law (No. 50/2005/QH11) (Teil IV, V) (in Kraft seit 1.7.2006, engl Übersetzung PVP 101 [2007], 85); Law of 2009 Amending and Supplementing a Number of Articles of the Law on Intellectual Property (PVP 106 [2013], 177; Decree No. 88/2010/ND-CP of the Government of August 16, 2010, detailing and guiding a Number of Articles of the Law on Intellectual Property and the Law Amending and Supplementing a Number of Articles of the Law on Intellectual Property regarding Rights to Plant Varieties. Decree Nr 104/2006 on detailed Regulations to implement some Articles in the Intellectual Property Law, Chapter on Plant Variety Rights, engl Übersetzung PVP 101 (2007), 106. Konsolidierte Liste schutzfähiger Genera und Species PVP 105 (2012), 13; Liste zusätzlicher schutzfähiger Genera und Species PVP 106 (2013), 21.

Zuständige Behörde: Plant Variety Protection Office of Viet Nam, Ministry of Agriculture and Rural Development (MARD), No 2 Ngoc Ha Str, Ba Dinh District, Hanoi, Viet Nam, Tel (84 4) 8435182, Fax (84 4) 7342844

Anmeldungen 2014: 109

Zentralafrikanische Republik s OAPI

Zypern

Frühere Rechtslage: Patentgesetz 1957, Kap 266, Patents Rules of 1987, Suppl. III(1), p. 83.

Geltendes Recht: The Legal Protection of New Varieties of Plants Law 2004
(21.1.2004) (Law no. 21[I]/2004 (Ο περί προστασίας των νέων ποικιλιών
των φυτών νόμος του 2004), in griechischer Sprache abrufbar unter http://
www.wipo.int/edocs/lexdocs/laws/el/cy/cy031el.pdf.

Anhang 3 Internationales Übereinkommen zum Schutz von Pflanzenzüchtungen

in der Fassung vom 19. März 1991

Kapitel I Begriffsbestimmungen

Artikel 1 Begriffsbestimmungen

Im Sinne dieser Akte sind:
i) dieses Übereinkommen: diese Akte (von 1991) des Internationalen Übereinkommens zum Schutz von Pflanzenzüchtungen;
ii) Akte von 1961/1972: das Internationale Übereinkommen zum Schutz von Pflanzenzüchtungen vom 2. Dezember 1961 in der durch die Zusatzakte vom 10. November 1972 geänderten Fassung;
iii) Akte von 1978: die Akte vom 23. Oktober 1978 des Internationalen Übereinkommens zum Schutz von Pflanzenzüchtungen;
iv) Züchter:
   – die Person, die eine Sorte hervorgebracht oder sie entdeckt und entwickelt hat,
   – die Person, die der Arbeitgeber oder Auftraggeber der vorgenannten Person ist, falls die Rechtsvorschriften der betreffenden Vertragspartei entsprechendes vorsehen, oder
   – der Rechtsnachfolger der erst- oder zweitgenannten Person;
v) Züchterrecht: das in diesem Übereinkommen vorgesehene Recht des Züchters,
vi) Sorte: eine pflanzliche Gesamtheit innerhalb eines einzigen botanischen Taxons der untersten bekannten Rangstufe, die, unabhängig davon, ob sie voll den Voraussetzungen für die Erteilung eines Züchterrechts entspricht,
   – durch die sich aus einem bestimmten Genotyp oder einer bestimmten Kombination von Genotypen ergebende Ausprägung der Merkmale definiert werden kann,
   – zumindest durch die Ausprägung eines der erwähnten Merkmale von jeder anderen pflanzlichen Gesamtheit unterschieden werden kann und
   – in Anbetracht ihrer Eignung, unverändert vermehrt zu werden, als Einheit angesehen werden kann;

vii) Vertragspartei: ein Vertragsstaat dieses Übereinkommens oder eine zwischenstaatliche Organisation, die eine Vertragsorganisation dieses Übereinkommens ist;

viii) Hoheitsgebiet, im Zusammenhang mit einer Vertragspartei: wenn diese ein Staat ist, das Hoheitsgebiet dieses Staates, und wenn diese eine zwischenstaatliche Organisation ist, das Hoheitsgebiet, in dem der diese zwischenstaatliche Organisation gründende Vertrag Anwendung findet;

ix) Behörde: die in Artikel 30 Absatz 1 Nummer ii erwähnte Behörde;

x) Verband: der durch die Akte von 1961 gegründete und in der Akte von 1972, der Akte von 1978 sowie in diesem Übereinkommen weiter erwähnte Internationale Verband zum Schutz von Pflanzenzüchtungen;

xi) Verbandsmitglied: ein Vertragsstaat der Akte von 1961/1972 oder der Akte von 1978 sowie eine Vertragspartei.

Kapitel II Allgemeine Verpflichtungen der Vertragsparteien

Artikel 2 Grundlegende Verpflichtung der Vertragsparteien

Jede Vertragspartei erteilt und schützt Züchterrechte.

Artikel 3 Gattungen und Arten, die geschützt werden müssen

(1) [Staaten, die bereits Verbandsmitglieder sind] Jede Vertragspartei, die durch die Akte von 1961/1972 oder die Akte von 1978 gebunden ist, wendet dieses Übereinkommen

i) von dem Zeitpunkt an, in dem sie durch dieses Übereinkommen gebunden wird, auf alle Pflanzengattungen und -arten, auf die sie zu diesem Zeitpunkt die Akte von 1961/1972 oder die Akte von 1978 anwendet, und

ii) spätestens vom Ende einer Frist von fünf Jahren nach diesem Zeitpunkt an auf alle Pflanzengattungen und -arten

an.

(2) [Neue Verbandsmitglieder] Jede Vertragspartei, die nicht durch die Akte von 1961/1972 oder die Akte von 1976 gebunden ist, wendet dieses Übereinkommen

i) von dem Zeitpunkt an, in dem sie durch dieses Übereinkommen gebunden wird, auf mindestens 15 Pflanzengattungen oder -arten und

ii) spätestens vom Ende einer Frist von zehn Jahren nach diesem Zeitpunkt an auf alle Pflanzengattungen und -arten

an.

Artikel 4 Inländerbehandlung

(1) [Behandlung] Die Angehörigen einer Vertragspartei sowie die natürlichen Personen, die ihren Wohnsitz, und die juristischen Personen, die ihren Sitz im Hoheitsgebiet dieser Vertragspartei haben, genießen im Hoheitsgebiet jeder anderen Vertragspartei in bezug auf die Erteilung und den Schutz von Züchterrechten die Behandlung, die nach den Vorschriften dieser anderen Vertragspartei deren eigene Staatsangehörige gegenwärtig oder künftig genießen, unbeschadet der in diesem Übereinkommen vorgesehenen Rechte, vorausgesetzt, daß die genannten Angehörigen und natürlichen oder juristischen Personen die Bedingungen und Förmlichkeiten erfüllen, die den Angehörigen der genannten anderen Vertragspartei auferlegt sind.

(2) [»Angehörige«] Im Sinne des vorstehenden Absatzes sind Angehörige, wenn die Vertragspartei ein Staat ist, die Angehörigen dieses Staates und, wenn die Vertragspartei eine zwischenstaatliche Organisation ist, die Angehörigen der Mitgliedstaaten dieser Organisation.

Kapitel III Voraussetzungen für die Erteilung des Züchterrechts

Artikel 5 Schutzvoraussetzungen

(1) [Zu erfüllende Kriterien] Das Züchterrecht wird erteilt, wenn die Sorte
i) neu,
ii) unterscheidbar,
iii) homogen und
iv) beständig
ist.

(2) [Andere Voraussetzungen] Die Erteilung des Züchterrechts darf nicht von weiteren oder anderen als den vorstehenden Voraussetzungen abhängig gemacht werden, vorausgesetzt, daß die Sorte mit einer Sortenbezeichnung nach Artikel 20 gekennzeichnet ist und daß der Züchter die Förmlichkeiten erfüllt, die im Recht der Vertragspartei vorgesehen sind, bei deren Behörde der Antrag auf Erteilung des Züchterrechts eingereicht worden ist, und er die festgesetzten Gebühren bezahlt hat.

Artikel 6 Neuheit

(1) [Kriterien] Die Sorte wird als neu angesehen, wenn am Tag der Einreichung des Antrags auf Erteilung eines Züchterrechts Vermehrungsmaterial oder Erntegut der Sorte

i)   im Hoheitsgebiet der Vertragspartei, in der der Antrag eingereicht worden ist, nicht früher als ein Jahr und

ii) im Hoheitsgebiet einer anderen Vertragspartei als der, in der der Antrag eingereicht worden ist, nicht früher als vier Jahre oder im Fall von Bäumen und Reben nicht früher als sechs Jahre

durch den Züchter oder mit seiner Zustimmung zum Zwecke der Auswertung der Sorte verkauft oder auf andere Weise an andere abgegeben wurde.

(2) [Vor kurzem gezüchtete Sorten] Wendet eine Vertragspartei dieses Übereinkommen auf eine Pflanzengattung oder -art an, auf die sie dieses Übereinkommen oder eine frühere Akte nicht bereits angewendet hat, so kann sie vorsehen, daß eine Sorte, die im Zeitpunkt dieser Ausdehnung der Schutzmöglichkeit vorhanden ist, aber erst kurz zuvor gezüchtet worden ist, die in Absatz 1 bestimmte Voraussetzung der Neuheit erfüllt, auch wenn der in dem genannten Absatz erwähnte Verkauf oder die dort erwähnte Abgabe vor den dort bestimmten Fristen stattgefunden hat.

(3) [»Hoheitsgebiet« in bestimmten Fällen] Zum Zwecke des Absatzes 1 können alle Vertragsparteien, die Mitgliedstaaten derselben zwischenstaatlichen Organisation sind, gemeinsam vorgehen, um Handlungen in Hoheitsgebieten der Mitgliedstaaten dieser Organisation mit Handlungen in ihrem jeweiligen eigenen Hoheitsgebiet gleichzustellen, sofern dies die Vorschriften dieser Organisation erfordern; gegebenenfalls haben sie dies dem Generalsekretär zu notifizieren.

Artikel 7 Unterscheidbarkeit

Die Sorte wird als unterscheidbar angesehen, wenn sie sich von jeder anderen Sorte deutlich unterscheiden läßt, deren Vorhandensein am Tag der Einreichung des Antrags allgemein bekannt ist. Insbesondere gilt die Einreichung eines Antrags auf Erteilung eines Züchterrechts für eine andere Sorte oder auf Eintragung einer anderen Sorte in ein amtliches Sortenregister in irgendeinem Land als Tatbestand, der diese andere Sorte allgemein bekannt macht, sofern dieser Antrag zur Erteilung des Züchterrechts oder zur Eintragung dieser anderen Sorte in das amtliche Sortenregister führt.

Artikel 8 Homogenität

Die Sorte wird als homogen angesehen, wenn sie hinreichend einheitlich in ihren maßgebenden Merkmalen ist, abgesehen von Abweichungen, die auf Grund der Besonderheiten ihrer Vermehrung zu erwarten sind.

Artikel 9 Beständigkeit

Die Sorte wird als beständig angesehen, wenn ihre maßgebenden Merkmale nach aufeinanderfolgenden Vermehrungen oder, im Falle eines besonderen Vermehrungszyklus, am Ende eines jeden Zyklus unverändert bleiben.

Kapitel IV Antrag auf Erteilung des Züchterrechts

Artikel 10 Einreichung von Anträgen

(1) [Ort des ersten Antrags] Der Züchter kann die Vertragspartei wählen, bei deren Behörde er den ersten Antrag auf Erteilung eines Züchterrechts einreichen will.

(2) [Zeitpunkt der weiteren Anträge] Der Züchter kann die Erteilung eines Züchterrechts bei den Behörden anderer Vertragsparteien beantragen, ohne abzuwarten, bis ihm die Behörde der Vertragspartei, bei der er den ersten Antrag eingereicht hat, ein Züchterrecht erteilt hat.

(3) [Unabhängigkeit des Schutzes] Keine Vertragspartei darf auf Grund der Tatsache, daß in einem anderen Staat oder bei einer anderen zwischenstaatlichen Organisation für dieselbe Sorte kein Schutz beantragt worden ist, oder daß ein solcher Schutz verweigert worden oder abgelaufen ist, die Erteilung eines Züchterrechts verweigern oder die Schutzdauer einschränken.

Artikel 11 Priorität

(1) [Das Recht; seine Dauer] Hat der Züchter für eine Sorte einen Antrag auf Schutz in einer Vertragspartei ordnungsgemäß eingereicht (»erster Antrag«), so genießt er für die Einreichung eines Antrags auf Erteilung eines Züchterrechts für dieselbe Sorte bei der Behörde einer anderen Vertragspartei (»weiterer Antrag«) während einer Frist von zwölf Monaten ein Prioritätsrecht. Diese Frist beginnt am Tage nach der Einreichung des ersten Antrags.

(2) [Beanspruchung des Rechtes] Um in den Genuß des Prioritätsrechts zu kommen, muß der Züchter in dem weiteren Antrag die Priorität des ersten

Antrags beanspruchen. Die Behörde, bei der der Züchter den weiteren Antrag eingereicht hat, kann ihn auffordern, binnen einer Frist, die nicht kürzer sein darf als drei Monate vom Zeitpunkt der Einreichung des weiteren Antrags an, die Abschriften der Unterlagen, aus denen der erste Antrag besteht, sowie Muster oder sonstige Beweise vorzulegen, daß dieselbe Sorte Gegenstand beider Anträge ist; die Abschriften müssen von der Behörde beglaubigt sein, bei der dieser Antrag eingereicht worden ist.

(3) [Dokumente und Material] Dem Züchter steht eine Frist von zwei Jahren nach Ablauf der Prioritätsfrist oder, wenn der erste Antrag zurückgewiesen oder zurückgenommen worden ist, eine angemessene Frist vom Zeitpunkt der Zurückweisung oder Zurücknahme an, zur Verfügung, um der Behörde der Vertragspartei, bei der er den weiteren Antrag eingereicht hat, jede nach den Vorschriften dieser Vertragspartei für die Prüfung nach Artikel 12 erforderliche Auskunft oder Unterlage sowie das erforderliche Material vorzulegen.

(4) [Innerhalb der Prioritätsfrist eintretende Ereignisse] Die Ereignisse, die innerhalb der Frist des Absatzes 1 eingetreten sind, wie etwa die Einreichung eines anderen Antrags, die Veröffentlichung der Sorte oder ihre Benutzung, sind keine Gründe für die Zurückweisung des weiteren Antrags. Diese Ereignisse können kein Recht zugunsten Dritter begründen.

Artikel 12 Prüfung des Antrags

Die Entscheidung, ein Züchterrecht zu erteilen, bedarf einer Prüfung auf das Vorliegen der Voraussetzungen nach den Artikeln 5 bis 9. Bei der Prüfung kann die Behörde die Sorte anbauen oder die sonstigen erforderlichen Untersuchungen anstellen, den Anbau oder die Untersuchungen durchführen lassen oder Ergebnisse bereits durchgeführter Anbauprüfungen oder sonstiger Untersuchungen berücksichtigen. Für die Prüfung kann die Behörde von dem Züchter alle erforderlichen Auskünfte und Unterlagen sowie das erforderliche Material verlangen.

Artikel 13 Vorläufiger Schutz

Jede Vertragspartei trifft Maßnahmen zur Wahrung der Interessen des Züchters in der Zeit von der Einreichung des Antrags auf Erteilung eines Züchterrechts oder von dessen Veröffentlichung an bis zur Erteilung des Züchterrechts. Diese Maßnahmen müssen zumindest die Wirkung haben, daß der

Inhaber eines Züchterrechts Anspruch auf eine angemessene Vergütung gegen jeden hat, der in der genannten Zeit eine Handlung vorgenommen hat, für die nach der Erteilung des Züchterrechts die Zustimmung des Züchters nach Artikel 14 erforderlich ist. Eine Vertragspartei kann vorsehen, daß diese Maßnahmen nur in bezug auf solche Personen wirksam sind, denen der Züchter die Hinterlegung des Antrags mitgeteilt hat.

Kapitel V Die Rechte des Züchters

Artikel 14 Inhalt des Züchterrechts

(1) [Handlungen in bezug auf Vermehrungsmaterial]

a) Vorbehaltlich der Artikel 15 und 16 bedürfen folgende Handlungen in bezug auf Vermehrungsmaterial der geschützten Sorte der Zustimmung des Züchters:

   i) die Erzeugung oder Vermehrung,

   ii) die Aufbereitung für Vermehrungszwecke,

   iii) das Feilhalten,

   iv) der Verkauf oder ein sonstiger Vertrieb,

   v) die Ausfuhr,

   vi) die Einfuhr,

   vii) die Aufbewahrung zu einem der unter den Nummern i bis vi erwähnten Zwecke.

b) Der Züchter kann seine Zustimmung von Bedingungen und Einschränkungen abhängig machen.

(2) [Handlungen in bezug auf Erntegut] Vorbehaltlich der Artikel 15 und 16 bedürfen die in Absatz 1 Buchstabe a unter den Nummern i bis vii erwähnten Handlungen in bezug auf Erntegut, einschließlich ganzer Pflanzen und Pflanzenteile, das durch ungenehmigte Benutzung von Vermehrungsmaterial der geschützten Sorte erzeugt wurde, der Zustimmung des Züchters, es sei denn, daß der Züchter angemessene Gelegenheit hatte, sein Recht mit Bezug auf das genannte Vermehrungsmaterial auszuüben.

(3) [Handlungen in bezug auf bestimmte Erzeugnisse] Jede Vertragspartei kann vorsehen, daß vorbehaltlich der Artikel 15 und 16 die in Absatz 1 Buchstabe a unter den Nummern i bis vii erwähnten Handlungen in bezug auf Erzeugnisse, die durch ungenehmigte Benutzung von Erntegut, das unter die Bestimmungen des Absatzes 2 fällt, unmittelbar aus jenem Erntegut hergestellt wurde, der Zustimmung des Züchters bedürfen, es sei denn, daß

der Züchter angemessene Gelegenheit hatte, sein Recht mit Bezug auf das genannte Erntegut auszuüben.

(4) [Mögliche zusätzliche Handlungen] Jede Vertragspartei kann vorsehen, daß vorbehaltlich der Artikel 15 und 16 auch andere als die in Absatz 1 Buchstabe a unter den Nummern i bis vii erwähnten Handlungen der Zustimmung des Züchters bedürfen.

(5) [Abgeleitete und bestimmte andere Sorten]

a)   Die Absätze 1 bis 4 sind auch anzuwenden auf

   i)   Sorten, die im wesentlichen von der geschützten Sorte abgeleitet sind, sofern die geschützte Sorte selbst keine im wesentlichen abgeleitete Sorte ist,

   ii) Sorten, die sich nicht nach Artikel 7 von der geschützten Sorte deutlich unterscheiden lassen, und

   iii) Sorten, deren Erzeugung die fortlaufende Verwendung der geschützten Sorte erfordert.

b)   Im Sinne des Buchstabens a Nummer i wird eine Sorte als im wesentlichen von einer anderen Sorte (»Ursprungssorte«) abgeleitet angesehen, wenn sie

   i)   vorwiegend von der Ursprungssorte oder von einer Sorte, die selbst vorwiegend von der Ursprungssorte abgeleitet ist, unter Beibehaltung der Ausprägung der wesentlichen Merkmale, die sich aus dem Genotyp oder der Kombination von Genotypen der Ursprungssorte ergeben, abgeleitet ist,

   ii) sich von der Ursprungssorte deutlich unterscheidet und,

   iii) abgesehen von den sich aus der Ableitung ergebenden Unterschieden, in der Ausprägung der wesentlichen Merkmale, die sich aus dem Genotyp oder der Kombination von Genotypen der Ursprungssorte ergeben, der Ursprungssorte entspricht.

c)   Im wesentlichen abgeleitete Sorten können beispielsweise durch die Auslese einer natürlichen oder künstlichen Mutante oder eines somaklonalen Abweichers, die Auslese eines Abweichers in einem Pflanzenbestand der Ursprungssorte, die Rückkreuzung oder die gentechnische Transformation gewonnen werden.

Artikel 15 Ausnahmen vom Züchterrecht

(1) [Verbindliche Ausnahmen] Das Züchterrecht erstreckt sich nicht auf

i)   Handlungen im privaten Bereich zu nichtgewerblichen Zwecken,

ii) Handlungen zu Versuchszwecken und

iii) Handlungen, die zum Zweck der Schaffung neuer Sorten sowie in Artikel 14 Absätze 1 bis 4 erwähnte Handlungen mit diesen Sorten, es sei denn, daß Artikel 14 Absatz 5 Anwendung findet.

(2) [Freigestellte Ausnahme] Abweichend von Artikel 14 kann jede Vertragspartei in angemessenem Rahmen und unter Wahrung der berechtigten Interessen des Züchters das Züchterrecht in bezug auf jede Sorte einschränken, um es den Landwirten zu gestatten, Erntegut, das sie aus dem Anbau einer geschützten Sorte oder einer in Artikel 14 Absatz 5 Buchstabe a Nummer i oder ii erwähnten Sorte im eigenen Betrieb gewonnen haben, im eigenen Betrieb zum Zwecke der Vermehrung zu verwenden.

Artikel 16 Erschöpfung des Züchterrechts

(1) [Erschöpfung des Rechtes] Das Züchterrecht erstreckt sich nicht auf Handlungen hinsichtlich des Materials der geschützten Sorte oder einer in Artikel 14 Absatz 5 erwähnten Sorte, das im Hoheitsgebiet der betreffenden Vertragspartei vom Züchter oder mit seiner Zustimmung verkauft oder sonstwie vertrieben worden ist, oder hinsichtlich des von jenem abgeleiteten Materials, es sei denn, daß diese Handlungen

i) eine erneute Vermehrung der betreffenden Sorte beinhalten oder

ii) eine Ausfuhr von Material der Sorte, das die Vermehrung der Sorte ermöglicht, in ein Land einschließen, das die Sorten der Pflanzengattung oder -art, zu der die Sorte gehört, nicht schützt, es sei denn, daß das ausgeführte Material zum Endverbrauch bestimmt ist.

(2) [Bedeutung von »Material«] Im Sinne des Absatzes 1 ist Material in bezug auf eine Sorte

i) jede Form von Vermehrungsmaterial,

ii) Erntegut, einschließlich ganzer Pflanzen und Pflanzenteile, und

iii) jedes unmittelbar vom Erntegut hergestellte Erzeugnis.

(3) [»Hoheitsgebiet« in bestimmten Fällen] Zum Zwecke des Absatzes 1 können alle Vertragsparteien, die Mitgliedstaaten derselben zwischenstaatlichen Organisation sind, gemeinsam vorgehen, um Handlungen in Hoheitsgebieten der Mitgliedstaaten dieser Organisation mit Handlungen in ihrem jeweiligen eigenen Hoheitsgebiet gleichzustellen, sofern dies die Vorschriften dieser Organisation erfordern; gegebenenfalls haben sie dies dem Generalsekretär zu notifizieren.

Artikel 17   Beschränkungen in der Ausübung des Züchterrechts

(1) [Öffentliches Interesse] Eine Vertragspartei darf die freie Ausübung eines Züchterrechts nur aus Gründen des öffentlichen Interesses beschränken, es sei denn, daß dieses Übereinkommen ausdrücklich etwas anderes vorsieht.

(2) [Angemessene Vergütung] Hat diese Beschränkung zur Folge, daß einem Dritten erlaubt wird, eine Handlung vorzunehmen, die der Zustimmung des Züchters bedarf, so hat die betreffende Vertragspartei alle Maßnahmen zu treffen, die erforderlich sind, daß der Züchter eine angemessene Vergütung erhält.

Artikel 18   Maßnahmen zur Regelung des Handels

Das Züchterrecht ist unabhängig von den Maßnahmen, die eine Vertragspartei zur Regelung der Erzeugung, der Überwachung und des Vertriebs von Material von Sorten in ihrem Hoheitsgebiet sowie der Einfuhr oder Ausfuhr solchen Materials trifft. Derartige Maßnahmen dürfen jedoch die Anwendung dieses Übereinkommens nicht beeinträchtigen.

Artikel 19   Dauer des Züchterrechts

(1) [Schutzdauer] Das Züchterrecht wird für eine bestimmte Zeit erteilt.

(2) [Mindestdauer] Diese Zeit darf nicht kürzer sein als 20 Jahre vom Tag der Erteilung des Züchterrechts an. Für Bäume und Rebe darf diese Zeit nicht kürzer sein als 25 Jahre von diesem Zeitpunkt an.

Kapitel VI   Sortenbezeichnung

Artikel 20   Sortenbezeichnung

(1) [Bezeichnung der Sorten; Benutzung der Sortenbezeichnung]
a)   Die Sorte ist mit einer Sortenbezeichnung als Gattungsbezeichnung zu kennzeichnen.
b)   Jede Vertragspartei stellt sicher, daß, vorbehaltlich des Absatzes 4, keine Rechte an der als Sortenbezeichnung eingetragenen Bezeichnung den freien Gebrauch der Sortenbezeichnung in Verbindung mit der Sorte einschränken, auch nicht nach Beendigung des Züchterrechts.

(2) [Eigenschaften der Bezeichnung] Die Sortenbezeichnung muß die Identifizierung der Sorte ermöglichen. Sie darf nicht ausschließlich aus Zahlen

bestehen, außer soweit dies eine feststehende Praxis für die Bezeichnung von Sorten ist. Sie darf nicht geeignet sein, hinsichtlich der Merkmale, des Wertes oder der Identität der Sorte oder der Identität des Züchters irrezuführen oder Verwechslungen hervorzurufen. Sie muß sich insbesondere von jeder Sortenbezeichnung unterscheiden, die im Hoheitsgebiet einer Vertragspartei eine bereits vorhandene Sorte derselben Pflanzenart oder einer verwandten Art kennzeichnet.

(3) [Eintragung der Bezeichnung] Die Sortenbezeichnung wird der Behörde vom Züchter vorgeschlagen. Stellt sich heraus, daß diese Bezeichnung den Erfordernissen des Absatzes 2 nicht entspricht, so verweigert die Behörde die Eintragung und verlangt von dem Züchter, daß er innerhalb einer bestimmten Frist eine andere Sortenbezeichnung vorschlägt. Im Zeitpunkt der Erteilung des Züchterrechts wird die Sortenbezeichnung eingetragen.

(4) [Ältere Rechte Dritter] Ältere Rechte Dritter bleiben unberührt. Wird die Benutzung der Sortenbezeichnung einer Person, die nach Absatz 7 zu ihrer Benutzung verpflichtet ist, auf Grund eines älteren Rechtes untersagt, so verlangt die Behörde, daß der Züchter eine andere Sortenbezeichnung vorschlägt.

(5) [Einheitlichkeit der Bezeichnung in allen Vertragsstaaten] Anträge für eine Sorte dürfen in allen Vertragsparteien nur unter derselben Sortenbezeichnung eingereicht werden. Die Behörde der jeweiligen Vertragspartei trägt die so vorgeschlagene Sortenbezeichnung ein, sofern sie nicht feststellt, daß diese Sortenbezeichnung im Hoheitsgebiet der betreffenden Vertragspartei ungeeignet ist. In diesem Fall verlangt sie, daß der Züchter eine andere Sortenbezeichnung vorschlägt.

(6) [Gegenseitige Information der Behörden der Vertragsstaaten] Die Behörde einer Vertragspartei stellt sicher, daß die Behörden der anderen Vertragsparteien über Angelegenheiten, die Sortenbezeichnungen betreffen, insbesondere über den Vorschlag, die Eintragung und die Streichung von Sortenbezeichnungen, unterrichtet werden. Jede Behörde kann der Behörde, die eine Sortenbezeichnung mitgeteilt hat, Bemerkungen zu der Eintragung dieser Sortenbezeichnung zugehen lassen.

(7) [Pflicht zur Benutzung der Bezeichnung] Wer im Hoheitsgebiet einer Vertragspartei Vermehrungsmaterial einer in diesem Hoheitsgebiet geschützten Sorte feilhält oder gewerbsmäßig vertreibt, ist verpflichtet, die Sortenbezeichnung auch nach Beendigung des Züchterrechts an dieser Sorte zu benutzen, sofern nicht gemäß Absatz 4 ältere Rechte dieser Benutzung entgegenstehen.

(8) [Den Bezeichnungen hinzugefügte Angaben] Beim Feilhalten oder beim gewerbsmäßigen Vertrieb der Sorte darf eine Fabrik- oder Handelsmarke, eine Handelsbezeichnung oder eine andere, ähnliche Angabe der eingetragenen Sortenbezeichnung hinzugefügt werden. Auch wenn eine solche Angabe hinzugefügt wird, muß die Sortenbezeichnung leicht erkennbar sein.

Kapitel VII Nichtigkeit und Aufhebung des Züchterrechts

Artikel 21 Nichtigkeit des Züchterrechts

(1) [Nichtigkeitsgründe] Jede Vertragspartei erklärt ein von ihr erteiltes Züchterrecht für nichtig, wenn festgestellt wird,
i)   daß die in Artikel 6 oder 7 festgelegten Voraussetzungen bei der Erteilung des Züchterrechts nicht erfüllt waren,
ii) daß, falls der Erteilung des Züchterrechts im wesentlichen die vom Züchter gegebenen Auskünfte und eingereichten Unterlagen zugrunde gelegt wurden, die in Artikel 8 oder 9 festgelegten Voraussetzungen bei der Erteilung des Züchterrechts nicht erfüllt waren oder
iii) daß das Züchterrecht einer nichtberechtigten Person erteilt worden ist, es sei denn, daß es der berechtigten Person übertragen wird.

(2) [Ausschluß anderer Gründe] Aus anderen als den in Absatz 1 aufgeführten Gründen darf das Züchterrecht nicht für nichtig erklärt werden.

Artikel 22 Aufhebung des Züchterrechts

(1) [Aufhebungsgründe]
a) Jede Vertragspartei kann ein von ihr erteiltes Züchterrecht aufheben, wenn festgestellt wird, daß die in Artikel 8 oder 9 festgelegten Voraussetzungen nicht mehr erfüllt sind.
b) Jede Vertragspartei kann außerdem ein von ihr erteiltes Züchterrecht aufheben, wenn innerhalb einer bestimmten Frist und nach Mahnung
    i)   der Züchter der Behörde die Auskünfte nicht erteilt oder die Unterlagen oder das Material nicht vorlegt, die zur Überwachung der Erhaltung der Sorte für notwendig gehalten werden,
    ii) der Züchter die Gebühren nicht entrichtet hat, die gegebenenfalls für die Aufrechterhaltung seines Rechtes zu zahlen sind, oder
    iii) der Züchter, falls die Sortenbezeichnung nach Erteilung des Züchterrechts gestrichen wird, keine andere geeignete Bezeichnung vorschlägt.

(2) [Ausschluß anderer Gründe] Aus anderen als den in Absatz 1 aufgeführten Gründen darf das Züchterrecht nicht aufgehoben werden.

Kapitel VIII Der Verband

Artikel 23 Mitglieder

Die Vertragsparteien sind Mitglieder des Verbandes.

Artikel 24 Rechtsstellung und Sitz

(1) [Rechtspersönlichkeit] Der Verband hat Rechtspersönlichkeit.

(2) [Geschäftsfähigkeit] Der Verband genießt im Hoheitsgebiet jeder Vertragspartei gemäß den in diesem Hoheitsgebiet geltenden Gesetzes die zur Erreichung seines Zweckes und zur Wahrnehmung seiner Aufgaben erforderliche Rechts- und Geschäftsfähigkeit.

(3) [Sitz] Der Sitz des Verbandes und seiner ständigen Organe ist Genf.

(4) [Sitzabkommen] Der Verband hat mit der Schweizerischen Eidgenossenschaft ein Abkommen über den Sitz.

Artikel 25 Organe

Die ständigen Organe des Verbandes sind der Rat und das Verbandsbüro.

Artikel 26 Der Rat

(1) [Zusammensetzung] Der Rat besteht aus den Vertretern der Verbandsmitglieder. Jedes Verbandsmitglied ernennt einen Vertreter für den Rat und einen Stellvertreter. Den Vertretern oder Stellvertretern können Mitarbeiter oder Berater zur Seite stehen.

(2) [Vorstand] Der Rat wählt aus seiner Mitte einen Präsidenten und einen Ersten Vizepräsidenten. Er kann weitere Vizepräsidenten wählen. Der Erste Vizepräsident vertritt den Präsidenten bei Verhinderungen. Die Amtszeit des Präsidenten beträgt drei Jahre.

(3) [Tagungen] Der Rat tritt auf Einberufung durch seinen Präsidenten zusammen. Er hält einmal jährlich eine ordentliche Tagung ab. Außerdem kann der Präsident von sich aus den Rat einberufen; er hat ihn binnen drei

Monaten einzuberufen, wenn mindestens ein Drittel der Verbandsmitglieder dies beantragt.

(4) [Beobachter] Staaten, die nicht Verbandsmitglieder sind, können als Beobachter zu den Sitzungen des Rates eingeladen werden. Zu diesen Sitzungen können auch andere Beobachter sowie Sachverständige eingeladen werden.

(5) [Aufgaben] Der Rat hat folgende Aufgaben:
i)   Er prüft Maßnahmen, die geeignet sind, den Bestand des Verbandes sicherzustellen und seine Entwicklung zu fördern.
ii)   Er legt seine Geschäftsordnung fest.
iii) Er ernennt den Generalsekretär und, falls er es für erforderlich hält, einen Stellvertretenden Generalsekretär und setzt deren Einstellungsbedingungen fest.
iv)   Er prüft den jährlichen Bericht über die Tätigkeit des Verbandes und stellt das Programm für dessen künftige Arbeit auf.
v)   Er erteilt dem Generalsekretär alle erforderlichen Richtlinien für die Durchführung der Aufgaben des Verbandes.
vi)   Er legt die Verwaltungs- und Finanzordnung des Verbandes fest.
vii) Er prüft und genehmigt den Haushaltsplan des Verbandes und setzt den Beitrag jedes Verbandsmitglieds fest.
viii) Er prüft und genehmigt die von dem Generalsekretär vorgelegten Abrechnungen.
ix)   Er bestimmt den Zeitpunkt und den Ort der in Artikel 38 vorgesehenen Konferenzen und trifft die zu ihrer Vorbereitung erforderlichen Maßnahmen.
x)   Allgemein faßt er alle Beschlüsse für ein erfolgreiches Wirken des Verbandes.

(6) [Abstimmungen]
a)   Jedes Verbandsmitglied, das ein Staat ist, hat im Rat eine Stimme.
b)   Jedes Verbandsmitglied, das eine zwischenstaatliche Organisation ist, kann in Angelegenheiten, für die es zuständig ist, die Stimmrechte seiner Mitgliedstaaten, die Verbandsmitglieder sind, ausüben. Eine solche zwischenstaatliche Organisation kann die Stimmrechte ihrer Mitgliedstaaten nicht ausüben, wenn ihre Mitgliedstaaten ihr jeweiliges Stimmrecht selbst ausüben, und umgekehrt.

(7) [Mehrheiten] Ein Beschluß des Rates bedarf der einfachen Mehrheit der abgegebenen Stimmen; jedoch bedarf ein Beschluß des Rates nach Absatz 5 Nummer ii, vi oder vii, Artikel 28 Absatz 3, Artikel 29 Absatz 5 Buchstabe b

oder Artikel 38 Absatz 1 einer Dreiviertelmehrheit der abgegebenen Stimmen. Enthaltungen gelten nicht als Stimmabgabe.

Artikel 27 Das Verbandsbüro

(1) [Aufgaben und Leitung des Verbandsbüros] Das Verbandsbüro erledigt alle Aufgaben, die ihm der Rat zuweist. Es wird vom Generalsekretär geleitet.

(2) [Aufgaben des Generalsekretärs] Der Generalsekretär ist dem Rat verantwortlich; er sorgt für die Ausführung der Beschlüsse des Rates. Er legt dem Rat den Haushaltsplan zur Genehmigung vor und sorgt für dessen Ausführung. Er legt dem Rat Rechenschaft über seine Geschäftsführung ab und unterbreitet ihm Berichte über die Tätigkeit und die Finanzlage des Verbandes.

(3) [Personal] Vorbehaltlich des Artikels 26 Absatz 5 Nummer iii werden die Bedingungen für die Einstellung und Beschäftigung des für die ordnungsgemäße Erfüllung der Aufgaben des Verbandsbüros erforderlichen Personals in der Verwaltungs- und Finanzordnung festgelegt.

Artikel 28 Sprachen

(1) [Sprachen des Büros] Das Verbandsbüro bedient sich bei der Erfüllung seiner Aufgaben der deutschen, der englischen, der französischen und der spanischen Sprache.

(2) [Sprachen in bestimmten Sitzungen] Die Sitzungen des Rates und die Revisionskonferenzen werden in diesen vier Sprachen abgehalten.

(3) [Weitere Sprachen] Der Rat kann die Benutzung weiterer Sprachen beschließen.

Artikel 29 Finanzen

(1) [Einnahmen] Die Ausgaben des Verbandes werden gedeckt aus
i)   den Jahresbeiträgen der Verbandsstaaten,
ii) der Vergütung für Dienstleistungen,
iii) sonstigen Einnahmen.

(2) [Beiträge: Einheiten]
a)   Der Anteil jedes Verbandsstaats am Gesamtbetrag der Jahresbeiträge richtet sich nach dem Gesamtbetrag der Ausgaben, die durch Beiträge der Verbandsstaaten zu decken sind, und nach der für diesen Verbandsstaat

nach Absatz 3 maßgebenden Zahl von Beitragseinheiten. Dieser Anteil wird nach Absatz 4 berechnet.

b) Die Zahl der Beitragseinheiten wird in ganzen Zahlen oder Bruchteilen hiervon ausgedrückt; dabei darf ein Bruchteil nicht kleiner als ein Fünftel sein.

(3) [Beiträge: Anteil jedes Verbandsmitglieds]

a) Für jedes Verbandsmitglied, das zum Zeitpunkt, zu dem es durch dieses Übereinkommen gebunden wird, eine Vertragspartei der Akte von 1961/1972 oder der Akte von 1978 ist, ist die maßgebende Zahl der Beitragseinheiten gleich der für dieses Verbandsmitglied unmittelbar vor diesem Zeitpunkt maßgebenden Zahl der Einheiten.

b) Jeder andere Verbandsstaat gibt bei seinem Beitritt zum Verband in einer an den Generalsekretär gerichteten Erklärung die für ihn maßgebende Zahl von Beitragseinheiten an.

c) Jeder Verbandsstaat kann jederzeit in einer an den Generalsekretär gerichteten Erklärung eine andere als die nach Buchstabe a oder b maßgebliche Zahl von Beitragseinheiten angeben. Wird eine solche Erklärung während der ersten sechs Monate eines Kalenderjahrs abgegeben, so wird sie zum Beginn des folgenden Kalenderjahrs wirksam; andernfalls wird sie zum Beginn des zweiten auf ihre Abgabe folgenden Kalenderjahrs wirksam.

(4) [Beiträge: Berechnung der Anteile]

a) Für jede Haushaltsperiode wird der Betrag, der einer Beitragseinheit entspricht, dadurch ermittelt, daß der Gesamtbetrag der Ausgaben, die in dieser Periode aus Beiträgen der Verbandsstaaten zu decken sind, durch die Gesamtzahl der von diesen Verbandsstaaten aufzubringenden Einheiten geteilt wird.

b) Der Betrag des Beitrags jedes Verbandsstaats ergibt sich aus dem mit der für diesen Verbandsstaat maßgebenden Zahl der Beitragseinheiten vervielfachten Betrag einer Beitragseinheit.

(5) [Rückständige Beiträge]

a) Ein Verbandsstaat, der mit der Zahlung seiner Beiträge im Rückstand ist, kann, vorbehaltlich des Buchstabens b, sein Stimmrecht im Rat nicht ausüben, wenn der rückständige Betrag den für das vorhergehende volle Jahr geschuldeten Beitrag erreicht oder übersteigt. Die Aussetzung des Stimmrechts entbindet diesen Verbandsstaat nicht von den sich aus diesem Übereinkommen ergebenden Pflichten und führt nicht zum Verlust der anderen sich aus diesem Übereinkommen ergebenden Rechte.

b) Der Rat kann einem solchen Verbandsstaat jedoch gestatten, sein Stimmrecht weiter auszuüben, wenn und solange der Rat überzeugt ist, daß der Zahlungsrückstand eine Folge außergewöhnlicher und unabwendbarer Umstände ist.

(6) [Rechnungsprüfung] Die Rechnungsprüfung des Verbandes wird nach Maßgabe der Verwaltungs- und Finanzordnung von einem Verbandsstaat durchgeführt. Dieser Verbandsstaat wird mit seiner Zustimmung vom Rat bestimmt.

(7) [Beiträge zwischenstaatlicher Organisationen] Ein Verbandsmitglied, das eine zwischenstaatliche Organisation ist, ist nicht zur Zahlung von Beiträgen verpflichtet. Ist es dennoch bereit, Beiträge zu zahlen, so gelten die Absätze 1 bis 4 entsprechend.

Kapitel IX Anwendung des Übereinkommens; andere Abmachungen

Artikel 30 Anwendung des Übereinkommens

(1) [Anwendungsmaßnahmen] Jede Vertragspartei trifft alle für die Anwendung dieses Übereinkommens notwendigen Maßnahmen, insbesondere

i) sieht sie geeignete Rechtsmittel vor, die eine wirksame Wahrung der Züchterrechte ermöglichen,

ii) unterhält sie eine Behörde für die Erteilung von Züchterrechten oder beauftragt die bereits von einer anderen Vertragspartei unterhaltene Behörde mit der genannten Aufgabe und

iii) stellt sie sicher, daß die Öffentlichkeit durch die periodische Veröffentlichung von Mitteilungen über

– die Anträge auf und Erteilung von Züchterrechten sowie
– die vorgeschlagenen und genehmigten Sortenbezeichnungen unterrichtet wird.

(2) [Vereinbarkeit der Rechtsvorschriften] Es wird vorausgesetzt, daß jeder Staat und jede zwischenstaatliche Organisation bei Hinterlegung seiner oder ihrer Ratifikations-, Annahme-, Genehmigungs- oder Beitrittsurkunde entsprechend seinen oder ihren Rechtsvorschriften in der Lage ist, diesem Übereinkommen Wirkung zu verleihen.

Artikel 31 Beziehungen zwischen den Vertragsparteien und den durch eine frühere Akte gebundenen Staaten

(1) [Beziehungen zwischen den durch dieses Übereinkommen gebundenen Staaten] Zwischen den Verbandsstaaten, die sowohl durch dieses Übereinkommen als auch durch eine frühere Akte des Übereinkommens gebunden sind, ist ausschließlich dieses Übereinkommen anwendbar.

(2) [Möglichkeit von Beziehungen mit den durch dieses Übereinkommen nicht gebundenen Staaten] Jeder Verbandsstaat, der nicht durch dieses Übereinkommen gebunden ist, kann durch eine an den Generalsekretär gerichtete Notifikation erklären, daß er die letzte Akte dieses Übereinkommens, durch die er gebunden ist, in seinen Beziehungen zu jedem nur durch dieses Übereinkommen gebundenen Verbandsmitglied anwenden wird. Während eines Zeitabschnitts, der einen Monat nach dem Tag einer solchen Notifikation beginnt und mit dem Zeitpunkt endet, zu dem der Verbandsstaat, der die Erklärung abgegeben hat, durch dieses Übereinkommen gebunden wird, wendet dieses Verbandsmitglied die letzte Akte an, durch die es gebunden ist, in seinen Beziehungen zu jedem Verbandsstaat, das nur durch dieses Übereinkommen gebunden ist, während dieses Verbandsmitglied dieses Übereinkommen in seinen Beziehungen zu jenem anwendet.

Artikel 32 Besondere Abmachungen

Die Verbandsmitglieder behalten sich das Recht vor, untereinander zum Schutz von Sorten besondere Abmachungen zu treffen, soweit diese Abmachungen diesem Übereinkommen nicht zuwiderlaufen.

Kapitel X Schlußbestimmungen

Artikel 33 Unterzeichnung

Dieses Übereinkommen wird für jeden Staat, der zum Zeitpunkt seiner Annahme ein Verbandsmitglied ist, zur Unterzeichnung aufgelegt. Es liegt bis zum 31. März 1992 zur Unterzeichnung auf.

Artikel 34 Ratifikation, Annahme oder Genehmigung; Beitritt

(1) [Staaten und bestimmte zwischenstaatliche Organisationen]
a) Jeder Staat kann nach diesem Artikel eine Vertragspartei dieses Übereinkommens werden.

b) Jede zwischenstaatliche Organisation kann nach diesem Artikel eine Vertragspartei dieses Übereinkommens werden, sofern sie
   i) für die in diesem Übereinkommen geregelten Angelegenheiten zuständig ist,
   ii) über ihr eigenes, für alle ihre Mitgliedstaaten verbindliches Recht über die Erteilung und den Schutz von Züchterrechten verfügt und
   iii) gemäß ihrem internen Verfahren ordnungsgemäß befugt worden ist, diesem Übereinkommen beizutreten.

(2) [Einwilligungsurkunde] Jeder Staat, der dieses Übereinkommen unterzeichnet hat, wird Vertragspartei dieses Übereinkommens durch die Hinterlegung einer Urkunde über die Ratifikation, Annahme oder Genehmigung dieses Übereinkommens. Jeder Staat, der dieses Übereinkommen nicht unterzeichnet hat, sowie jede zwischenstaatliche Organisation werden Vertragspartei dieses Übereinkommens durch die Hinterlegung einer Urkunde über den Beitritt zu diesem Übereinkommen. Die Ratifikations-, Annahme-, Genehmigungs- und Beitrittsurkunden werden beim Generalsekretär hinterlegt.

(3) [Stellungnahme des Rates] Jeder Staat, der dem Verband nicht angehört, sowie jede zwischenstaatliche Organisation ersuchen vor Hinterlegung ihrer Beitrittsurkunde den Rat um Stellungnahme, ob ihre Rechtsvorschriften mit diesem Übereinkommen vereinbar sind. Ist der Beschluß über die Stellungnahme positiv, so kann die Beitrittsurkunde hinterlegt werden.

Artikel 35 Vorbehalte

(1) [Grundsatz] Vorbehaltlich des Absatzes 2 sind Vorbehalte zu diesem Übereinkommen nicht zulässig.

(2) [Möglichkeit einer Ausnahme]
a) Abweichend von Artikel 3 Absatz 1 kann jeder Staat, der zum Zeitpunkt, in dem er Vertragspartei dieses Übereinkommens wird, Vertragspartei der Akte von 1978 ist und in bezug auf vegetativ vermehrte Sorten Schutz unter der Form eines gewerblichen Schutzrechts vorsieht, das einem Züchterrecht nicht entspricht, diese Schutzform weiterhin vorsehen, ohne dieses Übereinkommen auf die genannten Sorten anzuwenden.
b) Jeder Staat, der von dieser Möglichkeit Gebrauch macht, notifiziert dies dem Generalsekretär zu dem Zeitpunkt, in dem er seine Ratifikations-, Annahme-, Genehmigungs- oder Beitrittsurkunde zu diesem Übereinkommen hinterlegt. Dieser Staat kann jederzeit die genannte Notifikation zurücknehmen.

Artikel 36 Mitteilungen über die Gesetzgebung und die schutzfähigen Gattungen und Arten; zu veröffentlichendeInformationen

(1) [Erstmalige Notifikation] Jeder Staat und jede zwischenstaatliche Organisation notifizieren bei der Hinterlegung ihrer Ratifikations-, Annahme-, Genehmigungs- oder Beitrittsurkunde zu diesem Übereinkommen dem Generalsekretär

i)   ihre Rechtsvorschriften über das Züchterrecht und

ii) die Liste der Pflanzengattungen und -arten, auf die sie dieses Übereinkommen zum Zeitpunkt anwenden werden, zu dem sie durch dieses Übereinkommen gebunden werden.

(2) [Notifikation der Änderungen] Jede Vertragspartei notifiziert unverzüglich dem Generalsekretär

i)   jede Änderung ihrer Rechtsvorschriften über das Züchterrecht und

ii) jede Ausdehnung der Anwendung dieses Übereinkommens auf weitere Pflanzengattungen und -arten.

(3) [Veröffentlichung von Informationen] Der Generalsekretär veröffentlicht auf der Grundlage der Notifikationen seitens der Vertragsparteien Informationen über

i)   die Rechtsvorschriften über das Züchterrecht und jede Änderung dieser Rechtsvorschriften sowie

ii) die in Absatz 1 Nummer ii erwähnte Liste der Pflanzengattungen und -arten und jede in Absatz 2 Nummer ii erwähnte Aus-dehnung.

Artikel 37 Inkrafttreten; Unmöglichkeit, einer früheren Akte beizutreten

(1) [Erstmaliges Inkrafttreten] Dieses Übereinkommen tritt einen Monat nach dem Zeitpunkt in Kraft, in dem fünf Staaten ihre Ratifikations-, Annahme-, Genehmigungs- oder Beitrittsurkunde hinterlegt haben, wobei mindestens drei der genannten Urkunden von Vertragsstaaten der Akte von 1961/1972 oder der Akte von 1978 hinterlegt sein müssen.

(2) [Weiteres Inkrafttreten] Jeder Staat, auf den Absatz 1 nicht zutrifft, oder jede zwischenstaatliche Organisation werden durch dieses Übereinkommen einen Monat nach dem Zeitpunkt gebunden, in dem sie ihre Ratifikations-, Annahme-, Genehmigungs- oder Beitrittsurkunde hinterlegt haben.

(3) [Unmöglichkeit, der Akte von 1978 beizutreten] Nach dem Inkrafttreten dieses Übereinkommens nach Absatz 1 kann keine Urkunde über den Beitritt zur Akte von 1978 hinterlegt werden; jedoch kann jeder Staat, der gemäß der

feststehenden Praxis der Vollversammlung der Vereinten Nationen ein Entwicklungsland ist, eine solche Urkunde bis zum 31. Dezember 1995 hinterlegen, und jeder andere Staat kann eine solche Urkunde bis zum 31. Dezember 1993 hinterlegen, auch wenn dieses Übereinkommen zu einem früheren Zeitpunkt in Kraft getreten ist.

Artikel 38 Revision des Übereinkommens

(1) [Konferenz] Dieses Übereinkommen kann von einer Konferenz der Verbandsmitglieder revidiert werden. Die Einberufung einer solchen Konferenz wird vom Rat beschlossen.

(2) [Quorum und Mehrheit] Die Konferenz ist nur dann beschlußfähig, wenn mindestens die Hälfte der Verbandsstaaten auf ihr vertreten ist. Eine revidierte Fassung des Übereinkommens bedarf zu ihrer Annahme der Dreiviertelmehrheit der anwesenden und abstimmenden Verbandsstaaten.

Artikel 39 Kündigung

(1) [Notifikationen] Jede Vertragspartei kann dieses Übereinkommen durch eine an den Generalsekretär gerichtete Notifikation kündigen. Der Generalsekretär notifiziert unverzüglich allen Vertragsparteien den Eingang dieser Notifikation.

(2) [Frühere Akte] Die Notifikation der Kündigung dieses Übereinkommens gilt auch als Notifikation der Kündigung der früheren Akte, durch die die Vertragspartei, die dieses Übereinkommen kündigt, etwa gebunden ist.

(3) [Datum des Wirksamwerdens] Die Kündigung wird zum Ende des Kalenderjahrs wirksam, das auf das Jahr folgt, in dem die Notifikation beim Generalsekretär eingegangen ist.

(4) [Wohlerworbene Rechte] Die Kündigung läßt Rechte unberührt, die auf Grund dieses Übereinkommens oder einer früheren Akte an einer Sorte vor dem Tag des Wirksamwerdens der Kündigung erworben worden sind.

Artikel 40 Aufrechterhaltung wohlerworbener Rechte

Dieses Übereinkommen schränkt keine Züchterrechte ein, die auf Grund des Rechtes der Vertragsparteien oder einer früheren Akte oder infolge anderer Übereinkünfte zwischen Verbandsmitgliedern als dieses Übereinkommen erworben worden sind.

Artikel 41 Urschrift und amtliche Wortlaute dieses Übereinkommens

(1) [Urschrift] Dieses Übereinkommen wird in einer Urschrift in deutscher, englischer und französischer Sprache unterzeichnet; bei Unstimmigkeiten zwischen den verschiedenen Wortlauten ist der französische Wortlaut maßgebend. Die Urschrift wird beim Generalsekretär hinterlegt.

(2) [Amtliche Wortlaute] Der Generalsekretär stellt nach Konsultierung der Regierungen der beteiligten Staaten und der beteiligten zwischenstaatlichen Organisationen amtliche Wortlaute in arabischer, italienischer, japanischer, niederländischer und spanischer Sprache sowie in denjenigen anderen Sprachen her, die der Rat gegebenenfalls bezeichnet.

Artikel 42 Verwahreraufgaben

(1) [Übermittlung von Abschriften] Der Generalsekretär übermittelt den Staaten und den zwischenstaatlichen Organisationen, die auf der Diplomatischen Konferenz, die dieses Übereinkommen angenommen hat, vertreten waren, sowie jedem anderen Staat und jeder anderen zwischenstaatlichen Organisation auf deren Ersuchen beglaubigte Abschriften dieses Übereinkommens.

(2) [Registrierung] Der Generalsekretär läßt dieses Übereinkommen beim Sekretariat der Vereinten Nationen registrieren.

Anhang 4 Verordnung über Verfahren vor dem Bundessortenamt (BSAVfV) – Auszug

vom 30.12.1985 (BGBl 1986 I 23)

in der Fassung der Bek vom 28.9.2004 (BGBl I 2552), geänd durch die 6. VO zur Änderung der VO über Verfahren vor dem Bundessortenamt vom 17.4.2007 (BGBl I 578), die 7. VO zur Änderung der VO über Verfahren vor dem Bundessortenamt vom 21.7.2009 (BGBl I 2111), die 8. VO zur Änderung der VO über Verfahren vor dem Bundessortenamt vom 2.10.2009 (BGBl I 3232), die 9. VO zur Änderung der VO über Verfahren vor dem Bundessortenamt vom 7.3.2012 (BGBl I 451), das Gesetz zur Strukturreform des Gebührenrechts des Bundes vom 7.8.2013 (BGBl I 3154), die 10. VO zur Änderung der VO über Verfahren vor dem Bundessortenamt vom 28.11.2014 (BGBl I 1937) und § 4 Abs 83 des Gesetzes zur Aktualisierung der Strukturreform des Gebührenrechts des Bundes vom 18,7.2016 (BGBl I 1666)

Auf Grund des § 32 des Sortenschutzgesetzes vom 11. Dezember 1985 (BGBl. I S. 2170) und der §§ 53 und 55 Abs. 2 Satz 1 des Saatgutverkehrsgesetzes vom 20. August 1985 (BGBl. I S. 1633) verordnet der Bundesminister für Ernährung, Landwirtschaft und Forsten und auf Grund des § 33 Abs. 2 des Sortenschutzgesetzes und des § 54 Abs. 2 des Saatgutverkehrsgesetzes, jeweils in Verbindung mit dem 2. Abschnitt des Verwaltungskostengesetzes vom 23. Juni 1970 (BGBl. I S. 821) verordnet der Bundesminister für Ernährung, Landwirtschaft und Forsten im Einvernehmen mit dem Bundesminister der Finanzen:

Abschnitt 1 Verfahren

§ 1 Antrag

(1) Der Sortenschutzantrag ist in zweifacher Ausfertigung, der Antrag auf Sortenzulassung in dreifacher Ausfertigung zu stellen, die Sortenbezeichnung ist in zweifacher Ausfertigung anzugeben.

(2) Für die Anträge und die Angabe der Sortenbezeichnung sind Vordrucke des Bundessortenamtes zu verwenden.

(3) *[betrifft Sortenzulassung; nicht abgedruckt]*

§ 1a Zulassung der elektronischen Form

Beim Bundessortenamt können in folgenden Antragsverfahren elektronische Dokumente eingereicht werden:
1. Sortenschutz,
2. Sortenzulassung.

§ 1b Art und Weise der Einreichung der Anträge in elektronischer Form

(1) Die elektronischen Dokumente sind in der in der Anlage *[1]* bezeichneten Art und Weise einzureichen.

(2) [1]Die elektronischen Dokumente können ebenfalls ohne elektronische Signatur in Papierform eingereicht werden. [2]In diesem Fall sind der nach dem Ausdrucken automatisch erzeugte 2D-Barcode und die handschriftliche Unterschrift zwingend notwendig.

§ 2 Registerprüfung

(1) [1]Das Bundessortenamt beginnt die Prüfung der Sorte auf Unterscheidbarkeit, Homogenität und Beständigkeit (Registerprüfung) in der auf den Antragstag folgenden Vegetationsperiode, wenn der Antrag bis zu dem für die jeweilige Art bekanntgemachten Termin vollständig eingegangen ist. [2]Im Falle des § 26 Abs. 4 des Sortenschutzgesetzes beginnt das Bundessortenamt die Registerprüfung in der Vegetationsperiode, die dem Einsendetermin folgt, bis zu dem das Vermehrungsmaterial vorgelegt worden ist. [3]Grundlage der Registerprüfung ist das vom Antragsteller für die Prüfung erstmals vorgelegte Vermehrungsmaterial oder Saatgut.

(2) Bei Sorten, deren Pflanzen durch Kreuzung bestimmter Erbkomponenten erzeugt werden, kann das Bundessortenamt die Registerprüfung von Amts wegen auf alle Erbkomponenten erstrecken.

(3) Bei Rebe und Baumarten kann das Bundessortenamt auf Antrag die Registerprüfung später beginnen, und zwar bei
1. Sorten nach Artengruppe 6 der Anlage 2 bis zur Zulassung als Ausgangsmaterial nach § 4 des Forstvermehrungsgutgesetzes vom 22. Mai 2002 (BGBl. I S. 1658) in der jeweils geltenden Fassung;
2. Sorten von Obstarten einschließlich Unterlagssorten sowie von Gehölzen für den Straßen- und Landschaftsbau bis längstens 15 Jahre nach der Antragstellung;

3. Ziersorten bis längstens 8 Jahre nach der Antragstellung.

(4) [1]Die Registerprüfung dauert bis zum Ende der für das Feststellen ausreichender Prüfungsergebnisse für die Erstellung des Prüfungsberichtes nach § 7 erforderlichen Zeit (Regelprüfzeit), soweit ausreichende Prüfungsergebnisse für die Erstellung eines Prüfungsberichtes gemäß § 7 vorliegen. [2]Das Bundessortenamt macht die Regelprüfzeit für die einzelnen Arten bekannt.

(5) Bei der Registerprüfung kann das Bundessortenamt auch Ergebnisse der Wertprüfung heranziehen.

§ 3 Wertprüfung

[betrifft die Sortenzulassung; nicht abgedruckt]

§ 4 Prüfung der physiologischen Merkmale bei Rebe

[betrifft die Sortenzulassung; nicht abgedruckt]

§ 5 Vermehrungsmaterial, Saatgut

[1]Das Bundessortenamt bestimmt, wann, wo und in welcher Menge und Beschaffenheit das Vermehrungsmaterial oder Saatgut für die Registerprüfung sowie das Saatgut für die Wertprüfung und bei Sorten von Rebe für die Prüfung der physiologischen Merkmale vorzulegen ist. [2]Das Vermehrungsmaterial oder Saatgut darf keiner Behandlung unterzogen werden, soweit nicht das Bundessortenamt eine solche vorgeschrieben oder gestattet hat.

§ 6 Durchführung der Prüfungen

(1) [1]Unter Berücksichtigung der botanischen Gegebenheiten wählt das Bundessortenamt für die einzelnen Arten die für die Unterscheidbarkeit der Sorten wichtigen Merkmale aus und setzt Art und Umfang der Prüfungen fest. [2]Dabei erstreckt das Bundessortenamt
1. im Falle der in Artikel 1 der Richtlinie 2003/90/EG der Kommission vom 6. Oktober 2003 mit Durchführungsbestimmungen zu Artikel 7 der Richtlinie 2003/53/EG des Rates hinsichtlich der Merkmale, auf welche sich die Prüfungen mindestens zu erstrecken haben, und der Mindestanforderungen für die Prüfung bestimmter Sorten landwirtschaftlicher Pflanzenarten (ABl. EU Nr. L 254 S. 7) genannten Arten sowie

2. im Falle der in Artikel 1 der Richtlinie 2003/91/EG der Kommission vom 6. Oktober 2003 mit Durchführungsbestimmungen zu Artikel 7 der Richtlinie 2003/55/EG des Rates hinsichtlich der Merkmale, auf welche sich die Prüfungen mindestens zu erstrecken haben, und der Mindestanforderungen für die Prüfung bestimmter Sorten von Gemüsearten (ABl. EU Nr. L 254 S. 711) genannten Arten

die Prüfung auf die Erfüllung der dort jeweils genannten Bedingungen unter Einbeziehung der dort jeweils in den jeweiligen Artikel 2 genannten Merkmale und berücksichtigt die dort jeweils in den jeweiligen Artikel 3 genannten Anforderungen. 3Soweit in den jeweiligen Artikeln 1 bis 3 der Richtlinien 2003/90/EG und 2003/91/EG auf die Anhänge dieser Richtlinien verwiesen wird, wendet das Bundessortenamt die Anhänge in der jeweils geltenden Fassung an. 4Werden diese Anhänge geändert, wendet das Bundessortenamt die Anhänge in der geänderten und im Amtsblatt der Europäischen Union veröffentlichten Fassung mit Beginn des in der Änderungsrichtlinie festgelegten Anwendungstages an.

(2) *[betrifft die Sortenzulassung; nicht abgedruckt]*

§ 7 Prüfungsberichte

Das Bundessortenamt übersendet dem Antragsteller jeweils einen Prüfungsbericht, sobald es das Ergebnis der Registerprüfung, der Wertprüfung, oder bei Sorten von Rebe die Prüfung der physiologischen Merkmale zur Beurteilung der Sorte für ausreichend hält.

§ 8 Nachprüfung des Fortbestehens der Sorte, Überwachung der Sortenerhaltung

(1) Für die Nachprüfung des Fortbestehens der geschützten Sorten und die Überwachung der Erhaltung der zugelassenen Sorten gelten die §§ 5 und 6 Abs. 1 entsprechend.

(2) *[betrifft die Sortenzulassung; nicht abgedruckt]*

(3) ¹Der Sortenschutzinhaber hat dem Bundessortenamt die für die Nachprüfung des Fortbestehens der Sorte notwendigen Auskünfte zu erteilen und die Überprüfung der zur Sicherung des Fortbestehens getroffenen Maßnahmen zu gestatten. ²Der Züchter und jeder weitere Züchter hat dem Bundessortenamt die für die Sortenüberwachung oder die Überwachung der weiteren Erhaltungszüchtung notwendigen Auskünfte zu erteilen und

die Überprüfung der für die systematische Erhaltungszüchtung getroffenen Maßnahmen zu gestatten.

(4) Ergibt die Nachprüfung des Fortbestehens der Sorte oder die Sortenüberwachung, daß die Sorte nicht homogen oder nicht beständig ist, so übersendet das Bundessortenamt dem Sortenschutzinhaber oder dem Züchter einen Prüfungsbericht.

§ 9 Anbau- und Marktbedeutung

[betrifft die Sortenzulassung; nicht abgedruckt]

§ 10 Bekanntmachungen

Als Blatt für Bekanntmachungen des Bundessortenamtes wird das vom Bundessortenamt herausgegebene Blatt für Sortenwesen bestimmt.

Abschnitt 2 Anerkennung von Saatgut nicht zugelassener Sorten

§ 11

[nicht abgedruckt]

Abschnitt 3 Gebühren und Auslagen (aufgehoben mWv 1.10.2021)

§ 12 Grundvorschrift

(1) Die Gebührentatbestände und Gebührensätze bestimmen sich nach dem jeweiligen Gebührenverzeichnis (Anlagen 2 und 3).

(2) Das Bundessortenamt erhebt nur die in § 10 Abs. 1 Nr. 1 bis 3 und 5 des Verwaltungskostengesetzes in der bis zum 14. August 2013 geltenden Fassung bezeichneten Auslagen.

§ 13 Prüfungsgebühren

(1) [1]Die Prüfungsgebühren (Gebührennummern 102, 202, 203, 204, 222, 230, 232 und 251 der Anlage 2) werden, soweit in der Anlage nichts anderes bestimmt ist, für jede angefangene Prüfungsperiode erhoben. [2]Die Gebührenschuld entsteht für jede Prüfungsperiode zu dem vom Bundessortenamt bestimmten Zeitpunkt. [3]Die Gebühren werden nicht erhoben für

eine Prüfungsperiode, in der das Bundessortenamt die Prüfung der Sorte oder Erhaltungszüchtung aus einem vom Antragsteller nicht zu vertretenden Grund nicht begonnen hat.

(2) Können bei Sorten mehrjähriger Arten wegen der artbedingten Entwicklung der Pflanzen die Ausprägungen der Merkmale oder Eigenschaften in einer Prüfungsperiode nicht oder nicht vollständig festgestellt werden, so wird für diese Prüfungsperiode die Hälfte der Prüfungsgebühren erhoben.

(3) Hat der Antragsteller für eine Sorte mehr als eine Nutzungsrichtung oder Anbauweise angegeben, so wird die Gebühr für jede Nutzungsrichtung oder Anbauweise erhoben, für die eine besondere Prüfung notwendig ist.

(4) Die Prüfungsgebühren (Gebührennummer 102, 202, 203, 204 der Anlage 2) erhöhen sich bis zur Höhe der entstandenen Kosten im Falle
1. der Durchführung der vollständigen Anbauprüfung oder sonst erforderlicher Untersuchungen durch eine andere Stelle im Ausland oder Übernahme von Prüfungsergebnissen einer solchen Stelle oder
2. einer Prüfung außerhalb des üblichen Rahmens der Prüfung von Sorten der gleichen Art.

(5) Bei Sorten, deren Pflanzen durch Kreuzung bestimmter Erbkomponenten erzeugt worden sind und bei denen das Bundessortenamt die Registerprüfung auf die Erbkomponenten erstreckt, wird für diese Prüfung zusätzlich eine Gebühr nach den Gebührennummern 102 und 202 der Anlage 2 erhoben.

(6) Für die Zulassung von Erhaltungssorten gelten die in Anlage 3 gesondert aufgeführten Gebührentatbestände und Gebührensätze.

§ 14 Jahresgebühren, Überwachungsgebühren

(1) Die Gebühren für jedes Schutzjahr (Jahresgebühren) oder für die Überwachung einer Sorte oder einer weiteren Erhaltungszüchtung (Überwachungsgebühren) sind während der Dauer des Sortenschutzes, der Zulassung der Sorte oder der Eintragung des weiteren Züchters für jedes angefangene Kalenderjahr zu entrichten, das auf das Jahr der Erteilung des Sortenschutzes, der Zulassung oder der Eintragung folgt.

(2) [1]In den Fällen des § 41 Abs. 2 und 3 des Sortenschutzgesetzes werden bei der Einstufung der Jahresgebühren die Jahre mitgerechnet, um die nach

diesen Vorschriften die Dauer des Sortenschutzes zu kürzen ist. *[Satz 2, 3 nicht abgedruckt, betreffen die Sortenzulassung]*

(3) Soweit für eine Sorte eine Jahresgebühr zu entrichten ist, wird daneben eine Überwachungsgebühr nicht erhoben.

(4) *[nicht abgedruckt, betrifft die Sortenzulassung]*

Abschnitt 4 Schlußvorschriften

§ 15 Verkehr mit anderen Stellen

[nicht abgedruckt, betrifft die Sortenzulassung]

§ 16 Übergangsvorschrift

Prüfungsgebühren, bei denen die Gebührenschuld nach § 13 Abs. 1 Satz 2 vor dem 1. Januar 2016 entstanden ist, sind nach den bis zum 31. Dezember 2015 geltenden Vorschriften dieser Verordnung zu erheben.

§ 17 Inkrafttreten

(1) [1]Diese Verordnung tritt vorbehaltlich des Absatzes 2 am Tage nach der Verkündung in Kraft. [2]Gleichzeitig treten außer Kraft: *[nicht abgedruckt]*

(2) Abschnitt 3 und § 15 Abs. 2 treten mit Wirkung vom 18. Dezember 1985 in Kraft.

Anlage (zu § 1b Abs. 1)
1. Die elektronischen Dokumente sind mit einer qualifizierten elektronischen Signatur zu versehen und an das Bundessortenamt im Wege der Dateiübertragung mittels des Protokolls HTTP-S (Hyper Text Transfer Protocol Secure) zu übermitteln.
   Die offene Übertragung als Dateianhang an eine elektronische Nachricht (E-Mail) ist nicht erlaubt.
   Die Übermittlung auf Datenträgern ist nicht zugelassen.
2. Zur qualifizierten elektronischen Signatur sind die aktuellen Hinweise auf der Internetseite
   http://www.bundessortenamt.de/signatur
   zu beachten.
   Die Signatur bezieht den Antrag mit allen seinen Anlagen ein.

3. Das elektronische Dokument muss folgenden Formatbedingungen genügen:
   a) Antrag mit Technischem Fragebogen
      Adobe PDF 1.6 (Portable Document Format) und höher (gemäß den bereitgestellten Anträgen), Formatänderungen sind nicht erlaubt,
   b) Anlagen
      aa) Adobe PDF 1.3 (Portable Document Format) und höher
      bb) Microsoft Word 97 und höher
      cc) Microsoft Excel 97 und höher
      dd) ASCII (American Standard Code for Information Interchange)
      ee) JPEG (Joint Photographic Experts Group).
4. Die Dateinamen für Anlagen müssen einer der folgenden Bedingungen genügen:
   a) Bezeichnung »Anlage« mit fortlaufender Nummer
      – Beispiel 1: Anlage1.pdf
      – Beispiel 2: Anlage2.doc,
   b) Bezeichnung »Anlage« mit inhaltlicher Kurzbezeichnung
      (Dateiname einschließlich dessen Erweiterung: maximal 25-stellig, ohne Sonderzeichen; Umlaute sind zu umschreiben)
      – Beispiel 3: Anlage Vollmacht.pdf
      – Beispiel 4: Anlage Zeitvorrang.pdf
      – Beispiel 5: Anlage Foto1.jpg.
5. Die Anlagen können für die Übersendung in einer Archivdatei des Formates ZIP zusammengefasst werden. Das ZIP-Archiv darf keine anderen ZIPArchive und keine Verzeichnisstrukturen enthalten. In einem ZIP-Archiv sollen nur Dateien abgelegt werden, die zu einem Antrag gehören
   – Beispiel 6: Anlage.zip.

Anlage 2 (zu §§ 12–14; aufgehoben mWv 1.10.2021)

Gebührenverzeichnis

Vorbemerkungen

Die im Gebührenverzeichnis aufgeführten Artengruppen werden wie folgt gebildet:
1 Artengruppe 1
   Getreide einschließlich Mais
   Unterartengruppe 1.1

Winterweichweizen, Wintergerste, Winterroggen, Wintertriticale, Sommergerste, Mais
Unterartengruppe 1.2
Sommerhafer, Sommerweichweizen, Mohrenhirse, Sudangras und Hybriden aus der Kreuzung von Sorghum bicolor x Sorghum sudanense
Unterartengruppe 1.3
Sonstige Getreidearten
2 Artengruppe 2
Futterpflanzen
Unterartengruppe 2.1
Deutsches Weidelgras
Unterartengruppe 2.2
Welsches Weidelgras, Einjähriges Weidelgras, Bastardweidelgras, Schafschwingel, Rotschwingel, Rohrschwingel, Wiesenschwingel, Wiesenrispe, Wiesenlieschgras, Ölrettich, Futtererbse, Ackerbohne
Unterartengruppe 2.3
Sonstige Futterpflanzen
3 Artengruppe 3
Öl- und Faserpflanzen
Unterartengruppe 3.1
Winterraps
Unterartengruppe 3.2
Sommerraps, Senfarten, Sonnenblume
Unterartengruppe 3.3
Sonstige Öl- und Faserpflanzen
4 Artengruppe 4
Rüben
Unterartengruppe 4.1
Zuckerrüben
Unterartengruppe 4.2
Runkelrüben
5 Artengruppe 5
Kartoffel
6 Artengruppe 6
Reben
7 Artengruppe 7
Sonstige landwirtschaftliche Arten
8 Artengruppe 8
Gemüsearten, Arznei- und Gewürzpflanzen

 9 Artengruppe 9
    Obstarten
10 Artengruppe 10
    Gehölzarten
11 Artengruppe 11
    Zierpflanzenarten
    Unterartengruppe 11.1
    Rosen, Pelargonien, Impatiens, Petunien, Calluna, Kalanchoe, Cali-
    brachoa
    Unterartengruppe 11.2

Sonstige Zierpflanzenarten

Gebüh-rennum-mer	Gebührentatbestand	Bezogene Vor-schrift(SortG)	Gebühr (Euro)
1	2	3	4
1	**Sortenschutzgesetz (SortG)**		
100	Verfahren zur Erteilung des Sorten-schutzes	§ 21	
101	Entscheidung über die Erteilung des Sortenschutzes	§ 22	600
102	Registerprüfung	§ 26 Abs. 1 bis 5	
102.1	bei Sorten der Unterartengruppe 1.1		1 610
102.2	bei Sorten der Unterartengruppe 1.2		1 150
102.3	bei Sorten der Unterartengruppe 1.3		920
102.4	bei Sorten der Unterartengruppe 2.1		1 380
102.5	bei Sorten der Unterartengruppe 2.2		1 150
102.6	bei Sorten der Unterartengruppe 2.3		920
102.7	bei Sorten der Unterartengruppe 3.1		1 610
102.8	bei Sorten der Unterartengruppe 3.2		1 150

Gebührennummer	Gebührentatbestand	Bezogene Vorschrift(SortG)	Gebühr (Euro)
1	2	3	4
102.9	bei Sorten der Unterartengruppe 3.3		920
102.10	bei Sorten der Unterartengruppe 4.1		1 150
102.11	bei Sorten der Unterartengruppe 4.2		920
102.12	bei Sorten der Artengruppe 5		1 500
102.13	bei Sorten der Artengruppe 6		1 500
102.14	bei Sorten der Artengruppe 7		920
102.15	bei Sorten der Artengruppe 8		1 270
102.16	bei Sorten der Artengruppe 9		1 270
102.17	bei Sorten der Artengruppe 10		1 270
102.18	bei Sorten der Unterartengruppe 11.1		1 270
102.19	bei Sorten der Unterartengruppe 11.2		920
102.20	bei Übernahme vollständiger Anbauprüfungs- und Untersuchungsergebnisse einer anderen Stelle, einmalig	§ 26 Abs. 2	360

Gebührennummer	Gebührentatbestand	Bezogene Vorschrift (SortG)	Gebühr (Euro)		
1	2	3	4		
			Artengruppe		
110	Jahresgebühren	§ 33 Abs. 1	1.1	1.2	1.3
			2.1	2.2	2.3

Gebüh-rennum-mer	Gebührentatbestand	Bezogene Vorschrift (SortG)	Gebühr (Euro)		
1	2	3	4		
			Artengruppe		
			3.1	3.2	3.3
			4.1	6	4.2
			5		7
					8
					9
					10
					11.1
					11.2
110.1	bei Sorten, für die der Sorten-schutz nicht ruht				
110.1.1	1. Schutzjahr		290	170	60
110.1.2	2. Schutzjahr		350	230	120
110.1.3	3. Schutzjahr		460	290	170
110.1.4	4. Schutzjahr		580	350	230
110.1.5	5. Schutzjahr		690	400	290
110.1.6	6. Schutzjahr		810	460	350
110.1.7	7. Schutzjahr		920	580	350
110.1.8	8. Schutzjahr und folgende je		1040	690	350

Gebüh-rennum-mer	Gebührentatbestand	Bezogene Vorschrift (SortG)	Gebühr (Euro)		
1	2	3	4		
			Artengruppe		
110.2	bei Sorten, für die der Sortenschutz ruht und keine Sortenzulassung nach § 30 SaatG besteht, für jedes Jahr des Ruhens des Sortenschutzes	§ 10c	170	120	60

Gebüh-rennum-mer	Gebührentatbestand	Bezogene Vor-schrift(SortG)	Gebühr (Euro)
1	2	3	4
120	**Sonstige Verfahren**		
121	Erteilung eines Zwangsnutzungs-rechtes	§ 12 Abs. 1	710
122	Eintragungen oder Löschungen eines ausschließlichen Nutzungsrechtes oder Eintragung von Änderungen in der Person eines in der Sortenschutz-rolle Eingetragenen, je Sorte	§ 28 Abs. 1 Nr. 5 und Abs. 3	120
123	Rücknahme oder Widerruf einer Erteilung des Sortenschutzes	§ 31 Abs. 2 bis 4 Nr. 1 und 2	600
124	Widerspruchsentscheidung		
124.1	gegen die Zurückweisung eines Sor-tenschutzantrags oder die Rücknahme oder den Widerruf einer Erteilung des Sortenschutzes	§ 18 Abs. 3; § 31 Abs. 2 bis 4 Nr. 1 und 2	600

Gebüh-rennum-mer	Gebührentatbestand	Bezogene Vor-schrift(SortG)	Gebühr (Euro)
1	2	3	4
124.2	gegen die Entscheidung über einen Antrag auf ein Zwangsnutzungsrecht	§ 12 Abs. 1	710
124.3	gegen eine andere Entscheidung		180
125	Abgabe eigener Prüfungsergebnisse zur Vorlage bei einer anderen Stelle im Ausland	§ 26 Abs. 5	360

Die Gebühren nach dem Saatgutverkehrsgesetz sind nicht abgedruckt

3	Verwaltungsgebühren in beson-deren Fällen		
300	Auskunft, soweit sie nicht die eigene Sorte betrifft, sowie Aus-züge aus der Sortenschutzrolle, der Sortenliste oder anderen Unterlagen, je Sorte	§ 29 SortG § 49 SaatG	20
310	Rücknahme oder Widerruf einer Amtshandlung in den Fällen der Gebührennummern 121, 221, 244, 245 und 246	75 v. H. der Gebühr für die individuell zurechen-bare öffentliche Leistung; Ermäßigung bis zu 25 v. H. der Gebühr für Leistungen oder Absehen von der Gebührener-hebung, wenn dies der Billigkeit entspricht (§ 15 Abs. 2 VwKostG vom 23. Juni 1970 in der am 14. August 2013 geltenden Fassung)	

3	Verwaltungsgebühren in besonderen Fällen		
320	Rücknahme eines Antrags, nachdem mit der sachlichen Bearbeitung begonnen worden ist, in den Fällen der Gebührennummern 101, 121, 201, 221, 231, 244, 245 und 246		
330	Ablehnung eines Antrags aus anderen Gründen als wegen Unzuständigkeit in den Fällen der Gebührennummern 121, 221, 231, 244, 245 und 246		

*) Soweit nichts anderes angegeben.

Anlage 3 (nicht abgedruckt; aufgehoben mWv 1.10.2021)

Anhang 5 Einigungsvertrag (Auszug)

Anlage I Kapitel VI Sachgebiet A Abschnitt III Nr 5

Bundesrecht tritt in dem in Artikel 3 des Vertrages genannten Gebiet mit folgenden Maßgaben in Kraft:

5. Sortenschutzgesetz vom 11. Dezember 1985 (BGBl. I S. 2170), geändert durch Artikel 7 des Gesetzes vom 7. März 1990 (BGBl. I S. 422), mit folgenden Maßgaben:

a) Überleitung der Sortenschutzrechte

(1) Die nach dem Sortenschutzgesetz und die nach der Sortenschutzverordnung vom 22. März 1972 (GBl. II Nr. 18 S. 213) erteilten und am Tag des Wirksamwerdens des Beitritts noch bestehenden Sortenschutzrechte haben im gesamten Geltungsbereich des Sortenschutzgesetzes Wirkung.

(2) Die Dauer des Sortenschutzes bestimmt sich nach § 13 des Sortenschutzgesetzes.

(3) Ist ein Sortenschutz für eine Sorte sowohl nach dem Sortenschutzgesetz als auch nach der Sortenschutzverordnung erteilt worden, so ist die Dauer des Sortenschutzes vom Tage der ersten Erteilung an zu rechnen.

(4) [1]Ist der Sortenschutz für eine Sorte nach dem Sortenschutzgesetz einer anderen Person erteilt worden als nach der Sortenschutzverordnung, so gilt als Sortenschutzinhaber der Ursprungszüchter oder Entdecker der Sorte oder sein erster Rechtsnachfolger. [2]Der andere bisherige Sortenschutzinhaber hat für den Bereich, für den ihm bisher das Recht aus dem Sortenschutz zugestanden hat, gegenüber dem verbleibenden Sortenschutzinhaber einen Anspruch auf Erteilung eines ausschließlichen Nutzungsrechts. [3]Solange dem Bundessortenamt nicht nachgewiesen ist, wem der Sortenschutz künftig zusteht, steht er den bisherigen Sortenschutzinhabern gemeinschaftlich zu.

(5) Die nach der Sortenschutzverordnung erteilten und fortbestehenden Sortenschutzrechte werden in die Sortenschutzrolle nach § 28 des Sortenschutzgesetzes eingetragen; § 28 Abs. 2 Satz 2 des Sortenschutzgesetzes ist anzuwenden.

(6) [1]Stimmen für eine nach dem Sortenschutzgesetz geschützte und für eine andere, nach der Sortenschutzverordnung geschützte Sorte die

Sortenbezeichnungen überein, so ist hinsichtlich der Sorte, für die der Sortenschutz später erteilt worden ist, § 30 des Sortenschutzgesetzes anzuwenden. [2]Diese Vorschrift ist auch auf Sortenbezeichnungen für Sorten anzuwenden, für die Sortenschutz nach der Sortenschutzverordnung erteilt worden ist, wenn ein Ausschließungsgrund nach § 7 Abs. 2 oder 3 des Sortenschutzgesetzes vorliegt.

(7) [1]Ein Sortenschutz, der nach der Sortenschutzverordnung einem anderen Inhaber als einer natürlichen oder juristischen Person oder einer Personenhandelsgesellschaft erteilt worden ist, ist innerhalb von drei Monaten nach dem Tag des Wirksamwerdens des Beitritts oder innerhalb einer vom Bundessortenamt etwa gesetzten Nachfrist auf einen derartigen Berechtigten zu übertragen; bei Versäumung der Frist wird er widerrufen. [2]Ein Sortenschutz wird nicht allein deshalb widerrufen, weil er einem Inhaber erteilt worden ist, der nicht Angehöriger eines der in § 15 des Sortenschutzgesetzes bezeichneten Staaten ist oder nicht in einem solchen Staat seinen Wohnsitz oder Sitz hat.

(8) Soweit für eine nach der Sortenschutzverordnung geschützte Sorte eine natürliche Person als Verfahrensvertreter nach § 15 Abs. 2 des Sortenschutzgesetzes zu bestellen, aber nicht bestellt ist, ist er innerhalb von drei Monaten nach dem Tag des Wirksamwerdens des Beitritts oder innerhalb einer vom Bundessortenamt etwa gesetzten Nachfrist zu bestellen; bei Versäumung der Frist wird der Sortenschutz widerrufen.

b) Umwandlung von Wirtschaftssortenschutz

(1) Soweit für Sorten nach der Sortenschutzverordnung ein Wirtschaftssortenschutz erteilt worden ist und am Tag des Wirksamwerdens des Beitritts noch besteht, gilt dieser als Sortenschutz nach dem Sortenschutzgesetz.

(2) [1]Innerhalb von drei Monaten nach dem Tag des Wirksamwerdens des Beitritts hat der bisherige Inhaber des Wirtschaftssortenschutzes dem Bundessortenamt mitzuteilen, welche Person in Anwendung des § 8 des Sortenschutzgesetzes als Sortenschutzinhaber in die Sortenschutzrolle eingetragen werden soll. [2]Geht diese Mitteilung nicht innerhalb der genannten Frist oder innerhalb einer vom Bundessortenamt etwa gesetzten Nachfrist dort ein, so kann der Sortenschutz widerrufen werden.

(3) Soweit am Tag des Wirksamwerdens des Beitritts Dritte auf Grund der für den Wirtschaftssortenschutz maßgebenden Bestimmungen zulässigerweise vegetatives Vermehrungsmaterial verwendet haben und den Aufwuchs

zu wirtschaftlichen Zwecken nutzen, ohne hierfür zur Zahlung einer Vergütung an den Inhaber des Wirtschaftssortenschutzes verpflichtet worden zu sein, können sie diese Benutzung bis zum 30. Juni 1993 fortsetzen, ohne zur Zahlung einer Vergütung an den Sortenschutzinhaber verpflichtet zu sein.

c) Überleitung von Anträgen auf Erteilung des Sortenschutzes

(1) [1]Anträge auf Erteilung des Sortenschutzes, die bis zum Tag des Wirksamwerdens des Beitritts nach der Sortenschutzverordnung gestellt worden sind, gelten als Anträge auf Erteilung des Sortenschutzes nach dem Sortenschutzgesetz. [2]Der Tag des Eingangs bei der Zentralstelle für Sortenwesen gilt als Antragstag. [3]Die weitere Behandlung des Antrags richtet sich nach den Vorschriften des Sortenschutzgesetzes, soweit nachfolgend nichts anderes bestimmt ist. [4]Buchstabe a Abs. 7 Satz 1 gilt entsprechend; bei Versäumung der Frist wird der Antrag zurückgewiesen.

(2) Für den Antragsteller eines als Wirtschaftssortenschutz angemeldeten Sortenschutzes gilt Buchstabe b Abs. 2 entsprechend; bei Versäumung der Frist kann der Antrag zurückgewiesen werden.

(3) Das Bundessortenamt macht die Anträge nach Absatz 1 sowie die dafür angegebenen Sortenbezeichnungen bekannt.

d) Überleitung von Rechtsbehelfen

Beschwerdeverfahren nach § 16 der Sortenschutzverordnung, die am Tag des Wirksamwerdens des Beitritts anhängig sind, werden als Widersprüche im Sinne des Sortenschutzgesetzes weiterbehandelt.

e) Übergangsvorschriften

(1) Abweichend von § 6 Abs. 1 Nr. 1 des Sortenschutzgesetzes ist eine Sorte auch dann neu, wenn

1. für sie bis zum Tag des Wirksamwerdens des Beitritts die Erteilung des Sortenschutzes bei der Zentralstelle für Sortenwesen beantragt worden ist und Vermehrungsmaterial oder Erntegut der Sorte mit Zustimmung des Berechtigten oder seines Rechtsvorgängers innerhalb von drei Jahren vor dem Antragstag auf dem Gebiet der Deutschen Demokratischen Republik oder im Geltungsbereich des Sortenschutzgesetzes gewerbsmäßig in den Verkehr gebracht worden ist oder

2. sie in dem in Artikel 3 des Vertrages genannten Gebiet gezüchtet worden ist und in diesem Gebiet Vermehrungsmaterial oder Erntegut der Sorte mit Zustimmung des Berechtigten oder seines Rechtsvorgängers

innerhalb von weniger als drei Jahren vor dem Tag des Wirksamwerdens des Beitritts gewerbsmäßig in den Verkehr gebracht worden ist und der Antragstag innerhalb von drei Jahren nach dem erstmaligen Inverkehrbringen liegt.

(2) [nicht mehr anzuwenden, Art 2 1. SortÄndG] Bei Sorten von Ackerbohne, Erbsen, Gemüsebohnen, Getreide, Kartoffel, Lupinen und Raps, für die Sortenschutz besteht, hat dieser über die Vorschrift des § 10 des Sortenschutzgesetzes hinaus die Wirkung, daß in dem in Artikel 3 des Vertrages genannten Gebiet in einem Unternehmen gewonnenes Erntegut bis auf weiteres nur mit Zustimmung des Sortenschutzinhabers im selben Unternehmen als Saatgut verwendet werden darf.

f) Rechtsverletzungen

(1) *[nicht mehr anzuwenden, Art 2 1. SortÄndG]* Die Vorschriften des Abschnitts 5 des Sortenschutzgesetzes sind auch auf Handlungen anzuwenden, die entgegen Buchstabe e Absatz 2 vorgenommen werden.

(2) § 37 Abs. 3 des Sortenschutzgesetzes ist nicht auf Sorten anzuwenden, für die am Tag des Wirksamwerdens des Beitritts Sortenschutz bei der Zentralstelle für Sortenwesen beantragt war.

(3) Vorschriften anderer Gesetze, die nach den Vorschriften des Abschnitts 5 des Sortenschutzgesetzes im Falle von Rechtsverletzungen anzuwenden sind, sind auch dann heranzuziehen, wenn die anderen Vorschriften als solche für das in Artikel 3 des Vertrages genannte Gebiet noch nicht allgemein in Kraft getreten sind.

g) Zuständige Stelle

Zuständige Stelle für die Durchführung der in § 16 Abs. 2 des Sortenschutzgesetzes genannten Aufgaben einschließlich der in dieser Nummer aufgeführten Überleitungsmaßnahmen ist das Bundessortenamt.

h) Gebühren

Gebühren, die im Jahr des Wirksamwerdens des Beitritts für Sorten entstehen, für die nach der Sortenschutzverordnung der Sortenschutz erteilt oder beantragt worden ist, werden nach Vorschriften erhoben, die in dem in Artikel 3 des Vertrages genannten Gebiet am Tag vor dem Wirksamwerden des Beitritts gegolten haben.

Entscheidungsregister

(Entscheidungen zum Patentrecht umfassend in den Zusammenstellungen in den Kommentaren zum Patentgesetz, insb bei *Busse/Keukenschrijver* PatG[8] 2016, BGH nach Schlagworten, *Schulte* PatG[9], 2014, ua BGH – chronologisch, und *Mes* PatG[4], 2015, BGH nach Schlagworten)

Entscheidungsregister BGH nach Datum

Datum	Aktenzeichen	Entscheidungsstichwort	Fundstellen
02.10.1956	I ZR 9/54	Flava-Erdgold	BGHZ 22, 1;
			GRUR 1957, 215;
			NJW 1957, 140;
			BlPMZ 1957, 44
21.11.1958	I ZR 61/57	Nelkenstecklinge	BGHZ 28, 387;
			GRUR 1959, 240;
			NJW 1959, 576
15.06.1959	III ZR 45/58	Importzulassungsstellen	NJW 1959, 1967
12.05.1961	I ZR 12/60	Buschbohne	GRUR 1961, 541
06.07.1962	I ZR 74/59	Rosenzüchtung	GRUR 1962, 577;
			NJW 1962, 2058;
			Mitt 1963, 17
18.09.1963	Ib ZB 21/62	Schweizer Käse	GRUR 1964, 136;
			BPatGE 4, 221
16.06.1964	Ia ZR 198/63	Climax	GRUR 1964, 682;
			NJW 1964, 1722
18.12.1964	Ib ZR 51/64	Funkmietwagen	GRUR 1965, 607;
			NJW 1965, 630

Datum	Aktenzeichen	Entscheidungsstichwort	Fundstellen
14.04.1965	Ib ZR 72/63	Warnschild	BGHZ 43, 359; GRUR 1965, 612
16.02.1967	Ia ZR 114/64	Favorit I	GRUR 1967, 419; BlPMZ 1967, 323
29.02.1968	Ia ZR 49/65	Voran	BGHZ 49, 331; GRUR 1968, 195; GRUR Int 1969, 129; NJW 1968, 1042
07.06.1967	Ib ZR 34/65	Favorit II	GRUR 1968, 382
27.11.1975	X ZB 24/73	Rosenmutation	BGHZ 65, 347; GRUR 1976, 385; NJW 1976, 849; BlPMZ 1976, 254; IIC 1977, 266
19.12.1984	I ZR 181/82	Provisionsweitergabe	BGHZ 93, 177; GRUR 47; NJW 1985, 301
10.12.1986	I ZR 213/84	Sechspunktschrift	GRUR 1987, 301; NJW 88, 766
13.05.1987	I ZR 68/85	Lesbarkeit I	GRUR 1988, 68; NJW 1988, 767
13.05.1987	I ZR 85/85	Lesbarkeit III	GRUR 1988, 71
13.05.1987	I ZR 86/85	Lesbarkeit II	GRUR 1988, 70; NJW 1988, 768

Datum	Aktenzeichen	Entscheidungsstichwort	Fundstellen
15.12.1987	X ZR 55/86	Achat	BGHZ 102, 373;
			GRUR 1988, 370;
			GRUR Int 1988, 681;
			NJW 1988, 2110;
			IIC 1989, 898
24.11.1988	I ZR 144/86	Lesbarkeit IV	GRUR 1993, 52;
			NJW-RR 1989, 301
03.11.1988	I ZR 231/86	Mietwagentestfahrt	GRUR 1989, 113;
			NJW-RR 1989, 428
07.06.1990	I ZR 206/88	Leserichtung bei Pflichtangaben	NJW 1990, 2316
08.07.1991	II ZR 213/90	Futterrübensamen	AgrarR 1992, 21
25.02.1992	X ZR 41/90	Nicola [u.a.]	BGHZ 117, 264;
			GRUR 1992, 612;
			NJW 1992, 2292
25.02.1992	X ZR 50/90	Gesa	BGH-DAT Z
30.03.1993	X ZB 13/90	tetraploide Kamille	BGHZ 122, 144;
			GRUR 1993, 651;
			NJW 1994, 199;
			BlPMZ 1993, 439;
			IIC 1994, 580
09.06.1994	III ZR 126/93	Hela	AgrarR 1995, 179;
			NVwZ 1994, 1237;
			RdL 1994, 238;
			VersR 1995, 533

Datum	Aktenzeichen	Entscheidungsstichwort	Fundstellen
08.04.1996	I ZR 108/93	Amoxicillin	NJWE-WettbR 1996, 265
01.12.1999	I ZR 49/97	Marlene Dietrich	BGHZ 143, 214;
			GRUR 2000, 709;
			NJW 2000, 2195
13.11.2001	X ZR 134/00	Auskunftsanspruch bei Nachbau I	BGHZ 149, 165;
			GRUR 2002, 238;
			AgrarR 2002, 21;
			BGHRep 2002, 111;
			IIC 34 (2003), 92;
			Mitt 2002, 30;
			RdL 2002, 108
11.05.2004	KZR 37/02	Nachbauvergütung	GRUR 2004, 763;
			AUR 2005, 222;
			EuZW 2004, 537;
			RdL 2004, 246;
			WRP 2004, 1053;
			WuW DE-R 1267
11.05.2004	KZR 4/03	Nachbauvergütung 01	
03.06.2004	III ZR 56/03	Pelargonien	AUR 2005, 138;
			NuR 2004, 755;
			RdL 2004, 271
29.06.2004	X ZR 203/01	Barbara	GRUR 2004, 936;
			BGHRep 2005, 33;
			WRP 2004, 1391

Datum	Aktenzeichen	Entscheidungsstichwort	Fundstellen
07.10.2004	I ZR 91/02	Lila-Schokolade	GRUR 2005, 427;
			GRUR-RR 2005, 631;
			MarkenR 2005, 187;
			Mitt 2005, 308
11.10.2004	X ZR 156/03	Nachbauentschädigung I	GRUR 2005, 240
11.10.2004	X ZR 157/03	Nachbauentschädigung 01	
11.10.2004	X ZR 158/03	Nachbauentschädigung 02	
30.03.2005	X ZR 191/03	Aufbereiter I	GRUR 2005, 668;
			AUR 2005, 374;
			LRE 51, 93;
			RdL 2005, 211
30.03.2005	X ZB 20/04	Aussetzung wegen Parallelverfahren 01	Mitt 2005, 327 L
30.03.2005	X ZB 21/04	Aussetzung wegen Parallelverfahren 02	
30.03.2005	X ZB 22/04	Aussetzung wegen Parallelverfahren 03	
30.03.2005	X ZB 23/04	Aussetzung wegen Parallelverfahren 04	
30.03.2005	X ZB 25/04	Aussetzung wegen Parallelverfahren 05	
30.03.2005	X ZB 26/04	Aussetzung wegen Parallelverfahren	BGHZ 162, 373;
			GRUR 2005, 615;
			NJW 2005, 1947;
			WRP 2005, 899

Datum	Aktenzeichen	Entscheidungsstichwort	Fundstellen
19.05.2005	I ZR 299/02	PRO-Verfahren	BGHZ 163, 119;
			GRUR 2005, 757;
			BGHRep 2005, 1337;
			WRP 2005, 1177
15.07.2005	GSZ 1/04	unberechtigte Schutz-rechtsverwarnung I	BGHZ 164, 1;
			GRUR 2005, 882;
			IIC 37 (2006), 94;
			Mitt 2005, 520;
			NJW 2005, 3141
13.09.2005	X ZB 30/04	auswärtiger Rechtsan-walt V	GRUR 2005, 1072;
			NJW-RR 2005, 1662;
			WRP 2005, 1546
13.09.2005	X ZR 170/04	Auskunftsanspruch bei Nachbau II	GRUR 2006, 47;
			BGHRep 2006, 111;
			RdL 2006, 18
14.02.2006	X ZR 149/03	Auskunftsanspruch bei Nachbau III	GRUR 2006, 407;
			Mitt 2006, 219 L;
			RdL 2006, 460
14.02.2006	X ZR 185/03	Aufbereiter II	GRUR 2006, 405;
			Mitt 2006, 219 L
14.02.2006	X ZR 70/04	Auskunftsanspruch bei Nachbau 01	
14.02.2006	X ZR 93/04	Melanie	BGHZ 166, 203;
			GRUR 2006, 575
27.06.2007	X ZR 85/03	Nachbauentschädigung 03	

Datum	Aktenzeichen	Entscheidungsstichwort	Fundstellen
27.06.2007	X ZR 156/03	Nachbauentschädigung II	GRUR 2007, 865;
			RdL 2007, 267;
			WRP 2007, 1237;
			Mitt 2007, 419 L
27.06.2007	X ZR 157/03	Nachbauentschädigung III	GRUR 2007, 867;
			WRP 2007, 1239;
			Mitt 2007, 419 LS
27.06.2007	X ZR 158/03	Nachbauentschädigung IV	GRUR 2007, 868:
			RdL 2008, 21;
			WRP 2007, 1242;
			Mitt 2007, 420 L
23.04.2009	Xa ZR 14/07	Lemon Symphony	GRUR 2009, 750;
			GRUR Int 2009, 1044;
			WRP 2009, 854
29.07.2010	Xa ZR 118/09	Bordako	BGHZ 187, 1;
			GRUR 2010, 996;
			Mitt 2010, 483;
			WRP 2010, 1265
30.09.2010	Xa ZR 123/09	Solara	GRUR 2010, 1087;
			GRUR Int 2011, 162;
			RdL 2011, 13;
			WRP 2010, 1534
27.11.2012	X ZR 123/09	Solara 01	CIPR 2013, 13 L

Datum	Aktenzeichen	Entscheidungsstichwort	Fundstellen
13.01.2014	X ZB 18/12	Fond Memories	GRUR 2014, 355;
			BlPMZ 2014, 222;
			Mitt 2014, 171
25.10.2016	X ZR 27/15	Scarlett	GRUR 2017, 296
02.03.2017	I ZR 194/15	Konsumgetreide	GRUR 2017, 537
27.04.2017	I ZR 215/15	Aufzeichnungspflicht	WRP 2017, 941
16.05.2017	X ZR 120/15	Abdichtsystem	GRURPrax 2017, 327 KT

Bundesfinanzhof

29.07.1975	VII R 93/73		BFHE 116, 420
14.05.1991	VII R 65/89		BFH/NV 1992, 213
22.07.1992	II R 69/88		BFHE 168, 428; BStBl II 1992, 877; HFR 1992, 682
10.11.1994	IV R 76/93		BFHE 176, 544; BStBl II 1995, 455; DB 1995, 1256; HFR 1995, 462
07.10.1999	VII R 89/98		BFH/NV 2000, 613; GRUR Int. 2000, 780; HFR 2000, 431; MarkenR 2000, 52
27.03.2000	V B 177/99		BFH/NV 2000, 1255

Bundesverwaltungsgericht

13.01.1959	I A 90/54		landeskultureller Wert; BVerwGE 8, 85, BB 1959, 463; RdL 1959, 161
25.06.1981	3 C 35/80		Bussard; BVerwGE 62, 330; RdL 1981, 300; BfS 1982, 150
02.02.1984	3 C 75/82		Carat; BVerwGE 68, 330; AgrarR 1985, 53; BfS 1984, 168
29.12.2012	7 C 8.11		Freisetzung (Rapssorte Taurus); BVerwGE 142, 73; NVwZ 12, 1179; RdL 2012, 180

Bundespatentgericht

22.09.1961	5 W (pat) 56/61	Schnittblumen; BPatGE 1, 145; GRUR 1965, 84
17.05.1968	24 W (pat) 1290/65	Mosaic; Mitt 1968, 192
05.03.1970	33 W (pat) 1/68	Peragis; BPatGE 11, 179; BlPMZ 1974, 13; BfS 1971, 8; GRUR 1971, 151; Mitt 1971, 179
02.02.1972	33 W (pat) 1/71	Prüfungsgebühr; BPatGE 13, 105; GRUR 1972, 715; Mitt 1972, 133
09.03.1973	24 W (pat) 195/72	Marie Celeste; BPatGE 15, 230; GRUR 1975, 75
16.07.1973	33 W (pat) 1/73	Sport; BfS 1974, 105; Mitt 1984, 94
16.10.1973	32 W (pat) 82/72	Usambaraveilchen; GRUR 1975, 654; BfS 1974, 164; BlPMZ 1974, 203
19.03.1975	33 W (pat) 2/73	SLW 500; BfS 1975, 142; GRUR 1975, 449
19.03.1975	33 W (pat) 2/74	Tanolfeu 71; Mitt 1976, 196
26.04.1977	26 W (pat) 76/76	Seelenheil; Mitt 1977, 211
25.01.1978	33 W (pat) 1/77	Akteneinsicht; BfS 1978, 154
28.10.1982	5 W (pat) 8/82	Starterkultur; BPatGE 25, 60; Mitt 1983, 73
03.08.1983	26 W (pat) 5/82	Schoasdreiber; Mitt 1983, 156
16.01.1986	25 W (pat) 394/84	Coran; BPatGE 28, 41
16.07.1987	5 W (pat) 424/86	Blumenstielstütze; BPatGE 29, 102; GRUR 1986, 202; BlPMZ 1986, 189
16.08.1990	16 W (pat) 8/88	Kamille; BlPMZ 1991, 72
21.08.1990	33 W (pat) 1/89	Besenheide; BPatGE 31, 248; BlPMZ 1991, 229; GRUR 1991, 222
26.11.1997	26 W (pat) 107/97	Schenkelspreizer; juris
15.04.1999	35 W (pat) 1/98	Schnee; BPatGE 42, 26; GRUR 2000, 312
30.07.1999	35 W (pat) 1/99	Muskat-Lemberger

21.12.2000	35 W (pat) 1/00	Calluna (Besenheide); GRUR 2002, 243
16.10.2002	24 W (pat) 140/01	Dalailama; BPatGE 46, 66; BlPMZ 2003, 217
03.04.2003	25 W (pat) 152/01	urbi et orbi; juris
30.07.2003	28 W (pat) 115/02	Rose von Jericho; juris
20.10.2004	28 W (pat) 396/03	Pötschke Ambiente/AMBIENTE
27.10.2004	28 W (pat) 64/04	Orangerie; juris
06.09.2012	36 W (pat) 1/10	Clematis florida fond memories; BPatGE 53, 277; GRUR Int 2013, 243; BlPMZ 2013, 131 Ls
05.09.2014	36 W (pat) 1/10	Clematis florida fond memories

Oberlandesgerichte

Berlin (Kammergericht)

| 09.10.1920 | 10 U 5242/18 | Substantia-Nachbau; JW 1921, 1550 A Katz |

Braunschweig

22.04.1954	2 U 144/53	Federnelken; GRUR 1955, 45; PropInd 1955, 114
02.06.1998	2 U 21/98	bei Krieger Fn 370
29.06.2000	2 U 35/00	Auskunftsanspruch nach § 10a
04.07.2002	2 U 123/01	Nachbauvergütung
25.09.2003	2 U 186/02	Nachbauvergütung
25.09.2003	2 U 187/02	Nachbauvergütung
25.09.2003	2 U 188/02	Nachbauvergütung
22.04.2004	2 U 151/03	Aktivlegitimation
16.12.2004	2 U 241/03	Auskunftsanspruch
16.12.2004	2 U 83/04	Einsicht in Aufzeichnungen und Unterlagen
09.12.2005	2 W 83/05	sortenspezifische Anhaltspunkte (Beschluss)

| 17.11.2009 | 2 U 110/08 | Ritmo; NL-BzAR 2010, 411 |
| 11.02.2015° | 2 U 165/12 | Schiedsgerichtsabrede bei Vermehrungsvertrag |

Celle

| 26.01.2000 | 20 U 60/99 | Farino; NJW-RR 2001, 135 |
| 05.12.2002 | 13 U 69/02 (Kart) | Kooperationsabkommen, OLGRep Celle 2003, 89 |

Dresden

22.07.2003	14 U 792/03	Aufbereiter
27.07.2007 B	14 U 2027/06	blaue Lupine
23.09.2009	11 U 422/09	blaue Lupine; BeckRS 2010, 20788

Düsseldorf

11.10.1974	2 U 133/72	
05.06.1986	2 U 64/80	zitiert bei Jestaedt GRUR 1991, 260
21.03.1996	2 U 20/95	Cilena; Mitt 1998, 153
25.04.1996	2 U 52/95	Cilena 01
22.11.1998	2 U 24/98	OLGRep 1999, 122 L
22.03.2001	2 U 57/00	Auskunft über Sortennachbau (Vorlagebeschluss); undok
13.09.2001	2 U 29/98	Verena
16.05.2002	2 U 152/01	Kapmargeriten
11.12.2003	2 U 155/02	Hinweisbeschluss (Calibrachoa-Pflanzen)
11.03.2004	2 U 95/03	Osteospermum = Lemon Symphony/Seimora; GRUR-RR 2004, 281; InstGE 4, 127; OLGRep 2004, 428
15.07.2004	2 U 56/00	Anhaltspunkte; InstGE 5, 22

14.10.2004	2 U 18/04	Nachbauvereinbarung; GRUR-RR 2005, 243; InstGE 5, 31; OLGRep 2005, 175; Mitt 2005 453 L
07.01.2005	2 U 18/04	Ansprüche aus dem Nachbau von Pflanzen; Mitt 2005, 376 L
02.06.2005	2 U 29/98	Verena
16.11.2005	2 U 94/05	einstweilige Einstellung der Zwangsvollstreckung
06.04.2006	2 U 155/02	Calibrachoa
04.05.2006	2 U 66/05	Charger; InstGE 6, 262
21.12.2006	2 U 41/03	Aufbereitung von Hybridroggensorten; juris
21.12.2006	2 U 94/05	Summerdaisy's Alexander; GRUR-RR 2007, 221 L, GRUR-RR 2009, 328 L
26.04.2007	2 U 87/01	Melanie; Mitt 2007, 504
10.05.2007	2 U 93/06	Prinzess
20.12.2007	2 U 40/07	Calluna
18.12.2008	2 U 125/07	Vergleich
15.01.2009	2 U 99/07	Caluna vulgaris
03.01.2011	2 U 149/09	Auskunftspflicht des Aufbereiters; InstGE 13, 18
06.11.2012	20 U 102/11	Marktverhaltensregel
18.07.2013	2 U 145/09	Cubus u.a. (Raiffeisen-Waren-Zentrale Rhein-Main); Mitt 2014, 87 L (EuGH-Vorlage)
16.10.2014	15 U 21/14	Kapmargeriten; Mitt 2015, 40; MarkenR 2015, 316
12.02.2015	2 U 63/14	Hinweispflicht auf ausländisches Recht
03.07.2015	15 U 75/14	Kapmargeriten (Summerdaisys Maxima); Mitt 2015, 392; GRUR 2015, 985 L; BeckRS 2015, 11859

Frankfurt

04.12.1980	6 U 106/78	Sympathie; Mitt 1982, 212; BlPMZ 1983, 27 L
07.06.2000	6 U 25/00	Streitwert
01.08.2000	6 U 25/00	Auskunft über Sortennachbau (EuGH-Vorlage); GRUR Int 2000, 1015; AgrarR 2001, 121, 2002, 25
22.03.2001	6 W 24/01	Kosten bei Anerkenntnis; AgrarR 2001, 328
29.03.2004	6 U 25/00	Auskunft über Sortennachbau
29.03.2004	6 U 99/01	Auskunft über Sortennachbau
06.10.2010	6 W 7/10	auswärtiger Rechtsanwalt
26.11.2015	6 U 46/15	Auskunftsanspruch bei Betriebsübergang; AUR 2016, 102
19.01.2016	6 W 109/15	auswärtiger Rechtsanwalt; AGS 2016, 497
19.05.2016 B	6 U 89/15	Sortenbestandteile; Mitt 2016, 393 L

Hamburg

11.07.2002	3 U 17/02	Pflanzgutangebot; GRUR 2003, 873; Mitt 2003, 406; OLGRep 2003, 147 L

Hamm

22.06.2004	4 U 12/04	Sortenreinheit
22.06.2004	4 U 13/04	Sortenreinheit; GRUR-RR 2005, 141; NJW-RR 2005, 348
17.12.2012	2 RBs 109/12	Aufzeichnungspflichten des Aufbereiters
16.12.2014	2 RBs 64/14	Aufzeichnungspflichten des Aufbereiters

Karlsruhe

26.08.1998	6 U 36/98	Beweislast für Erschöpfung; GRUR 1999, 343

26.05.2004	6 U 216/03	botanischer Vergleich; GRUR-RR 2004, 283; OLGRep 2004, 503
14.10.2015	6 U 165/14	Aufzeichnungspflicht des Aufbereiters; AUR 2015, 460

Koblenz

05.04.2001	12 W 201/01	Aussetzung
21.05.2001	3 W 240/01	Aussetzung
29.09.2003	1 U 1189/01	Aussetzung
06.05.2004	14 W 326/04	Reisekosten des auswärtigen Anwalts
21.09.2004	1 U 224/04	Aussetzung
21.09.2004	1 U 225/04	Aussetzung
21.09.2004	1 U 643/04	Aussetzung
21.09.2004	1 U 658/04	Aussetzung
21.09.2004	1 U 674/04	Aussetzung
21.09.2004	1 U 683/04	Aussetzung
21.09.2004	1 U 697/04	Aussetzung
09.09.2015	9 U 651/15	Konsumgetreide

Köln

10.11.1998	3 U 232/97	Kopffäule; NJW-RR 2000, 136; AgrarR 2001, 35, 64; RdL 2000, 173; VersR 1999, 1155

München

20.03.1953	6 U 1245/52	Sieglinde; GRUR 1953, 491
11.04.1985	6 W 3085/84	Asterix; ZUM 1985, 572
08.07.1999	6 U 4120/97	Poinsettien
30.01.2003	U (K) 3604/02	Kooperationsabkommen; WuW/DE-R 1132–1134; Mitt 2004, 119 L; OLGRep 2003, 369 L

22.05.2003	6 U 1574/03	Producent = Nachbauvereinbarung; NJOZ 2003, 2449; GRUR-RR 2003, 365 L; OLGRep 2003, 346 L; juris
25.09.2003	6 U 3623/02	Carola-Saatgut; GRUR-RR 2003, 361; OLG-Rep 2004, 114; Mitt 2003, 559 L
22.07.2004	11 W 2541/04	Rechtsanwalt an drittem Ort; AGS 2005, 43; OLGRep 2005, 261
23.06.2005	6 U 3737/04	Aufbereiter; Mitt 2006, 271; OLGRep 2005, 722

Naumburg

23.12.2003	7 U 86/03	Auskunftsanspruch gegen Aufbereiter; OLGRep 2004, 257; Mitt 2004, 367 L
11.11.2004	4 U 150/04	Auskunftsanspruch; OLGRep 2005, 678; Mitt 2005, 453 L
04.03.2005	10 U 3/04	Wegfall des Verfügungsgrunds; NJOZ 2005, 3686; GRUR-RR 2006, 32
26.06.2006	10 U 11/06	Auskunftsanspruch des Sortenschutzinhabers; GRUR 2007, 584

Saarbrücken

23.05.2001	7 U 919/00-219	Aussetzung
20.04.2005	1 U 144/04	OLGRep 2005, 635; Mitt 2006, 130 Ls

Zweibrücken

04.12.2003	4 U 35/03	Aufbereiter; OLGRep Zweibrücken 2004, 351
19.01.2006	4 U 35/03	Auskunftsanspruch wegen Nachbaus
02.10.2013	4 U 69/12	Auskunftspflicht des Aufbereiters; OLGRep Mitte 9/2014 Anm. 8; juris
20.11.2014	4 U 27/14	Auskunftsanspruch; RdL 2015, 134

Landgerichte

Bad Kreuznach

14.12.1999	2 O 301/99	Auskunftsanspruch nach § 10a; InstGE 1, 57 (Beschluss)
14.11.2001	3 O 337/00	Nachbauvergütung
08.12.2003	2 O 352/00	Kostenauferlegung nach Erledigung (Beschluss)
28.04.2004	2 O 345/00	Auskunftsanspruch
28.04.2004	2 O 347/00	Auskunftsanspruch
28.04.2004	2 O 350/00	Auskunftsanspruch

Braunschweig

16.02.2000	9 O 2234/99	Auskunftsanspruch nach § 10a
23.02.2000	9 O 934/99	Auskunftsanspruch nach § 10a
09.01.2002	9 O 1801/01	Aussetzung
23.01.2002	9 O 837/01	Nachbauvergütung
04.07.2002	9 O 3440/00	
05.08.2002	9 O 1968/02	Aufbereiter (e.V.)
22.08.2002	9 O 786/01	Nachbauvergütung
13.11.2002	9 O 3278/01	Nachbauvergütung
13.11.2002	9 O 3354/01	Nachbauvergütung
13.11.2002	9 O 3725/01	Nachbauvergütung
21.11.2002	9 O 2084/01	
19.11.2003	9 O 2378/01	Auskunftsanspruch
17.12.2003?	9 O 2407/01	Auskunftsanspruch
25.02.2004	9 O 878/00	Auskunftsverlangen
	9 O 1845/03	Schadensersatz bei Nachbau

16.01.2008	9 O 325/07	Mitteilung des Aufbereiters
27.02.2008	9 O 313/07	Lizenzanalogie bei Nachbau
30.07.2008	9 O 449/08	Haven; Ritmo
28.11.2012°	9 O 3029/11	Schiedsgerichtsabrede bei Vermehrungsvertrag

Dresden

| 27.02.2015 | 3 O 417/14 | Aufzeichnungspflicht des Aufbereiters |

Düsseldorf

24.08.1993	4 O 342/92	Kartoffelsortenvermischung I
30.11.1993	4 O 167/93	ELSANTA-Erdbeeren
18.01.1994	4 O 2/91	unautorisierte Pflanzkartoffeln I
18.01.1994	4 O 255/92	unautorisierte Pflanzkartoffeln II
15.03.1994	4 O 413/93	Kartoffelsortenvermischung II
17.05.1994	4 O 240/93	Cilena I; Mitt 1996, 21
17.01.1995	4 O 252/94	Nebenerwerbslandwirt; AgrarR 1995, 374
17.01.1995	4 O 304/94	Linda
12.03.1995	4 O 220/95	unautorisierte Pflanzkartoffeln III; Entsch 1996, 12
02.07.1996	4 O 83/95	Poinsettien I; Entsch 1996, 56 L
19.12.1996	4 O 324/96	Anette; Entsch 1997, 15
03.06.1997	4 O 380/96	Cilena 001
15.01.1998	4 O 186/95	Besenheide
24.11.1998	4 O 404/97	Poinsettien II; Entsch 1999, 36 L
09.03.2000	4 O 260/99	Nachbauvergütung
09.03.2000	4 O 271/99	Auskunftsanspruch bei Nachbau
09.03.2000	4 O 346/99	Nachbauvergütung; Entsch 2000, 69

22.05.2001	4 O 228/00	Melanie
05.04.2001	4 O 267/00	Nachbauvergütung, InstGE 1, 61
29.04.2001	4a O 426/00	Aussetzung
28.06.2001	4 O 260/00	Nachbauvergütung
23.08.2001	4 O 131/01	Nachbauvergütung IV
17.09.2002	4a O 371/01	Aufbereiter; GRUR Int 2002, 1029, InstGE 2, 195
04.03.2003	4 O 399/02	Aufbereitung von Hybridsorten
11.09.2003	4a O 191/03	Kapmargeriten (Verfügungsverfahren)
20.01.2004	4 O 214/03	Nachweise; undok
07.09.2004	4 O 132/04	Ritmo; InstGE 5, 20
31.05.2005	4b O 26/05	Auskunftsanspruch wegen Nachbaus; undok
23.06.2005	4b O 58/05	Schadensersatz bei verhehltem Nachbau
12.07.2005	4a O 347/03	Lemon Symphony II = Sortenschutz für Kapmargeriten; InstGE 5, 275; Mitt 2006, 219
04.08.2005	4a O 81/05	Winterweizen (Schadensersatz bei Nachbau)
08.09.2005	4a O 371/01	Auskunftsanspruch wegen Nachbaus; undok
13.12.2005	4b O 240/05	Winterweizen (Schadensersatz bei Nachbau)
	4a O 35/05	Schadensersatz bei Nachbau; undok
09.03.2006	4a O 63/05	Tilburi (Schadensersatz bei Nachbau)
08.06.2006	4b O 368/05	Drifter (Schadensersatz bei Nachbau)
13.07.2006	4b O 28/06	Pflanzkartoffeln im Nachbau
17.04.2007	4b O 158/06	Verena; Mitt 2008, 26
18.09.2007	4b O 320/06	Calluna
05.11.2009	4a O 191/08	Cubus u.a. (Raiffeisen-Waren-Zentrale Rhein-Main)
02.07.2013	4a O 3/12	Kapmargeriten

03.09.2013	4a O 184/12	Auskunftspflicht des Landwirts; CIPR 2014, 14 L
20.12.2013	4a O 251/05	Kapmargeriten; undok
18.09.2014	4a O 24/14	Tocada CIPR 2014, 98 L

Erfurt

| 17.02.2000 | 3u O 36/99 | Auskunftsanspruch nach § 10a; InstGE 1, 59 (Beschluss) |

Frankfurt/M

15.12.1999	2/6 O 247/99	Auskunftsanspruch nach § 10a; www.prolink. de/~hps/organic/LGFrankfurt15121999.html
15.12.1999	2/6 O 271/99	Auskunftsanspruch nach § 10a
14.02.2001	2/6 O 604/00	Nachbaugebühr; AgrarR 2001, 328
28.02.2001	2/6 O 518/00	Auskunftsanspruch wegen Nachbaus
28.03.2001	A2/6 O 607/00	Nachbauvergütung
19.06.2002	2/6 O 17/02	Nachbauvergütung
12.10.2005	2/6 O 103/05	Auskunftsanspruch wegen Nachbaus

Hamburg

03.11.1999	315 O 326/99	Auskunftsanspruch nach § 10a
16.08.2000	315 O 138/00	Auskunftsanspruch nach § 10a
01.02.2001	315 O 498/00	Schadensersatz für Nachbau; AgrarR 2002, 24
15.02.2001	315 O 613/00	Zentos
27.06.2002	315 O 646/01	Aufbereiter
12.12.2002	315 O 180/02	Aufbereiter; EuGH-Vorlage
29.12.2004	315 O 1094/04	Sortenbezeichnung SEIMORA
04.01.2005	315 O 1/05	Sortenbezeichnung SEIMORA

09.03.2005	315 O 1094/04	Sortenbezeichnung SEIMORA
09.03.2005	315 O 1/05	Sortenbezeichnung SEIMORA
01.12.2005	315 O 123/05	Hinweisbeschluss
11.01.2006	315 O 779/05	unzutreffende Sortenbezeichnungen

Hannover

| 05.02.2002 | 18 O 1947/01 (Kart.) | Kooperationsabkommen |

Kaiserslautern

| 27.01.2003 | 3 O 478/02 | Aufbereiter |
| 09.03.2012 | 3 O 874/10 | Aufbereiter |

Koblenz

24.11.1999	1 O 284/99	Auskunftsanspruch nach § 10a (Beschluss)
21.03.2001	8 O 314/00	Auskunftsanspruch nach § 10a
24.04.2001	9 O 413/00	Auskunftsanspruch nach § 10a
22.06.2001	10 O 546/00	Auskunftsanspruch nach § 10a
31.07.2001	1 O 457/00	Auskunftsanspruch nach § 10a
04.11.2002	16 O 469/01	Nachbauvergütung

Landau

| 10.07.2001 | 2 O 219/01 | Auskunftsanspruch nach § 10a |

Leipzig

12.10.1995	5 O 1620/94	bei Krieger S 24 Fn 133
26.11.1999	5 O 8430/99	Auskunftsanspruch nach § 10a (Beschluss)
31.03.2003	5 O 6785/02	Aufbereiter

| 15.12.2004 | 5 O 6785/02 | Zwangsvollstreckung |
| 19.10.2006 | 5 O 7774/04 | blaue Lupine |

Lüneburg

| 09.02.1989 | 8 O 431/89 | VersR 1991, 296 |
| 21.04.1989 | 3 O 441/88 | BfS 1989, 226 |

Magdeburg

04.01.2001	7 O 82/00	Auskunftsanspruch nach § 10a
03.08.2001	7 O 825/01	Hinweisbeschluss
19.06.2003	7 O 1703/02	Auskunftsanspruch gegen Aufbereiter
29.04.2004	7 O 825/01	Auskunftsanspruch
	7 O 109/05	
	7 O 241/05	
19.05.2005	7 O 398/05	Lizenzanalogie bei Nachbau
06.06.2007	7 O 2601/06	Nachbaugebühr

Mainz

| 30.01.2001 | 4 O 145/00 | Auskunftsanspruch nach § 10a |

Mannheim

09.07.1999	7 O 31/99	bei Krieger Fn 290
16.08.1999	7 O 200/99	bei Krieger Fn 353
21.01.2000	7 O 318/99	Auskunftsanspruch nach § 10a
17.03.2000	7 O 351/99	Auskunftsanspruch nach § 10a; AgrarR 2000, 371
13.04.2000	7 O 72/00	bei Krieger Fn 597
05.05.2000		bei Krieger Fn 331

13.08.2001	7 O 515/00	Aussetzung
19.09.2001	7 O 327/01	Aussetzung
09.11.2001	7 O 303/01	Kostenerstattung für Auskunft
30.08.2002	7 O 180/02	Aussetzungsbeschluss
12.09.2003	7 O 810/00	Melanie, Amethyst
17.12.2004	7 O 163/03	Auskunftsanspruch wegen Nachbaus
19.08.2005	7 O 571/04	Auskunftsanspruch wegen Nachbaus
10.12.2010	7 O 442/04	Winterweizen (abgeleitete Sorte); bei Metzger Rechtsschutz von Pflanzenzüchtungen S 189
09.05.2014	7 O 168/13	Nachbaugebühr statt Lizenz (EuGH-Vorlage), GRURPrax 2014, 330 KT; EuZW 2014, 680 Ls; Anm Ullmann jurisPR-WettbR 7/2014 Anm. 2
10.10.2014	7 O 68/14	Aufzeichnungspflicht des Aufbereiters

München I

16.01.1976	7 O 742/75	EGR ArbEG § 2 Nr 8, § 39 Nr 5
15.05.1997	7 O 18496/96	Poinsettien
21.01.2000	7 O 318/99	bei Krieger Fn 465
19.07.2000	21 O 12476/99	Auskunftsanspruch nach § 10a
30.05.2001	33 O 16332/00	Auskunftsanspruch nach § 10a
30.05.2001	33 O 16391/00	Auskunftsanspruch nach § 10a
15.03.2002	21 O 13265/01	Kooperationsabkommen
23.05.2002	7 O 5540/01	Auskunft über Nachbau
03.09.2002	7 O 22433/01	Nachbauvergütung
29.11.2002	21 O 1554/02	Nachbauvergütung
18.12.2002	21 O 18544/01	Aufbereiter
19.12.2002	7 O 18152/01	Aufbereiter

20.12.2002	7 O 18582/01	Aufbereiter
16.01.2003	7 O 1027/02	Nachbauvergütung
22.01.2003	21 O 2822/02	Nachbauvergütung
19.05.2004	21 O 15705/03	Aufbereiter
09.12.2004	7 O 16581/04	Verpächter-Nachbauauskunft; InstGE 5, 107
	21 O 2450/07	Schadensersatz bei Nachbau
24.01.2008	7 O 4210/07	Lizenzanalogie bei Nachbau
15.06.2011 B	7 O 15337/10	Auskunftspflicht bei Hofübergabe; Mitt 2011, 522 L

Neuruppin

16.12.2003	5 O 185/00	Hinweisbeschluss

Osnabrück

26.01.1999	7 O 362/98	Farino; NJW-RR 2000, 617; AgrarR 2001, 127; RdL 2000, 120

Potsdam

22.06.2001	2 O 178/01	Auskunftsanspruch nach § 10a

Saarbrücken

08.10.2000	16 O 317/00	Auskunftsanspruch nach § 10a
08.11.2000	16 O 324/00	Auskunftsanspruch nach § 10a

Trier

10.10.2000	11 O 495/99	Auskunftsanspruch nach § 10a
15.10.2001	2 O 136/01	Auskunftsanspruch nach § 10a
15.01.2004	6 O 225/00	Auskunftsanspruch nach § 10a

Zweibrücken

22.08.2000	2 O 138/00	Auskunftsanspruch nach § 10a

Amtsgerichte

Recklinghausen

21.03.2014	35 OWi 41 Js 67/12 – 303/12	Auskunftsanspruch nach § 10a

ehem Bezirksgerichte

Potsdam

30.7.1993	7 S 11/93	zitiert bei Papier GRUR 1995, 241, 246

Finanzgerichte

FG Baden-Württemberg

01.09.1993	13 K 204/89	juris

Verwaltungsgerichte

VGH Kassel

19.01.2011	6 A 400/10	Vernichtungsanordnung; AUR 2011, 239; RdL 2011, 213

OVG Lüneburg

27.01.2014	13 LC 101/12	Vernichtungsanordnung; AUR 2015, 115; RdL 2014, 159

OVG Magdeburg

29.11.2012	2 L 158/09	Nachweis gentechnisch veränderten Saatguts; NUR 2013, 205

VGH München

31.03.1982	45 V 78	Albalonga; GRUR 1982, 559; Mitt 1984, 95; RdL 1982, 146

OVG Münster

| 17.11.1989 | 4 A 2352/87 | Usambaraveilchen; GRUR 1991, 38; AgrarR 1990, 350; RdL 1990, 78 |

VG Hannover

| 18.12.1996 | 11 A 569/94 | unveröffentlicht |

Bundessortenamt

| 30.04.1973 | Tannimoll | GRUR 1973, 604 |

Patentamt (Kaiserliches, Reichs-, Deutsches, Deutsches Patent- und Markenamt)

12.06.1914	Kinematographische Vorführungen BlPMZ 1914, 257
19.09.1932	Kulturverfahren BlPMZ 1932, 240; GRUR 1932, 1114
31.10.1934	Saatgut für Tabak Mitt 1936, 94
20.12.1934	Lupinensaatgut Mitt 1936, 95
29.06.1936	kleinkörnige Markerbse Mitt 1936, 286
23.05.1956	Poinsettia GRUR Int 1958, 337; BlPMZ 1959, 228 L
05.04.1957	Weizenroggen BlPMZ 1957, 291; GRUR 1957, 337 L
17.09.1958	Rosenzüchtung BlPMZ 1959, 70; GRUR 1959, 235 L
20.03.1959	Pappelsorte BlPMZ 1960, 86; GRUR 1960, 232 L A Müller

Gerichtshof der Europäischen Union/Gemeinschaften (Europäischer Gerichtshof)

08.06.1971	Rs 78/70	
08.06.1982	Rs 258/78	Polydor = Deutsche Grammophon/Metro; Slg 1971, 487; GRUR Int 1971, 450
19.04.1988	Rs 27/87	Maissaatgut = Nungesser/Kommission; Slg 1982, 2015; GRUR Int 1982, 530

07.03.1991	C-116/89	Erauw-Jacquery/La Hesbignonne; Slg 1988, 1919; GRUR Int 1989, 663; IIC 1988, 664; NJW 1989, 3084
06.04.2000	C-383/98	Erntesaatgut; Slg 1991 I, 1095; RIW 1991, 687
09.10.2001	C-377/98	Polo-T-Shirts; Slg 2000 I 2519 (frz Ausgabe); GRUR Int 2000, 748; WRP 2000, 713
10.04.2003	C-305/00	Niederlande/Parlament und Rat (BioTRl) II; Slg 2001 I 6229; GRUR Int 2001, 1043; BlPMZ 2001, 357
11.03.2004	C-182/01	Schulin/STV = Auskunft über Sortennachbau; Slg 2003 I 3225; GRUR 2003, 868; GRUR Int 2003, 736; AUR 2003, 177; Mitt 2003, 311; NVwZ 2003, 1234
14.10.2004	C-336/02	STV/Jäger; Slg 2004 I 2263; GRUR 2004, 587; GRUR Int 2004, 621; Mitt 2004, 219
08.06.2006	C-7/05-C 9/05	STV/Brangewitz = Aufbereiter; Slg 2004 I 9801; GRUR 2005, 236
15.04.2010	C-38/09	Schräder/Gemeinschaftliches Sortenamt = SUMCOL 01 (II); Slg 2010 I 3209; GRUR Int 2010, 591
20.10.2011	C-140/10	Greenstar-Kanzi Europe NV/Jean Hustin (Nicoter); Slg 2011 I 10075; GRUR 2012, 49; Mitt 2011, 571
05.07.2012	C-509/10	Geistbeck (Solara); GRUR 2012, 1013; GRUR Int 2012, 745
12.07.2012	C-59/11	Association Kokopelli/Graines Baumaux (Landsorten); GRUR 2012, 898; GRUR Int 2012, 1013
06.09.2012	C-36/11	Pioneer Hi Bred Italia/Ministerio delle Politiche agricole alimentari e forestali; NuR 2012, 770; LRE 64, 187
15.11.2012	C-56/11	Raiffeisen-Waren-Zentrale Rhein-Main/STV; GRUR 2013, 60; GRUR Int 2013, 45; BlPMZ 2013, 295 L; Mitt 2013, 240 L

19.12.2012	C-534/10 P	Gala Schnitzer; GRUR Int 2013, 131; GRUR-RR 2013, 202
10.10.2013	C-38/09	CPVO/Schräder; Mitt 2014, 246 L
21.05.2015	C-546/12 P	Lemon Symphony (Schräder/CPVO); GRUR-Prax 2015, 282 KT
25.06.2015	C-242/14	Finita; Entschädigung bei Nachbau; GRUR 2015, 878; GRUR Int 2015, 813; LMuR 2015, 161; AUR 2015, 422
09.06.2016	C-481/14	Hansson/Jungpflanzen Grünewald (Kapmargeriten); GRUR 2016, 1043 *A Trauernicht/Thöne* GRUR Int 2016, 804; Mitt 2016, 334 L
20.07.2016	C-546/12	Schräder/Hansson (Kostenfestsetzung)
20.07.2016	C-546/12	Schräder/Hansson (Kostenerstattung)
08.06.2017	C-625/15 P	Gala Schnitzer; GRUR Int 2017, 616
14.06.2017	C-546/12 P-DEP	Schräder/CPVO – Hansson (Kostenfestsetzung)

Europäisches Gericht (früher: EG I. Instanz)

08.07.1999	T 163/98	Baby-dry; Slg 1999 II 2383; GRUR Int 1999, 1060; MarkenR 1999, 315; Mitt 1999, 276; NJWE-WettbR 1999, 223
05.03.2004	T 94/02	Streithelfer; GRUR Int 2004, 1027
31.01.2008	T-95/06	Nardocott; Slg 2008 II 31; GRUR Int 2008, 413
03.04.2008	T-133/08	Lemon Symphony I
04.04.2008	T-134/08	Lemon Symphony II
19.11.2008	T-187/06	SUMCOL 01; Slg 2008 II 3151; GRUR Int 2009, 133
13.09.2010	T-135/08	Gala Schnitzer; ABl EU 2010, Nr C 301, 26 L
04.07.2011	T-367/11	Southern Splendour (zu GSA A 7/10)

18.09.2012	T-133/08 und ver-bundene	Lemon Symphony und SUMOST 01; ABl EU 2012, Nr C 331, 17 L
13.12.2013	T-240/10	Amflora; EuGRZ 2014, 415
18.05.2015	T-559/14	Nagoya-Protokoll
18.05.2015	T 560/14	Nagoya-Protokoll
10.09.2015	T-91/14	Gala Schnitzer
10.09.2015	T-92/14	Gala Schnitzer
04.05.2017	T-425/15, T-426/15, T-428/15	Lemon Symphony – SUMOST 01

EG-Kommission

13.12.1985	IV/30.017	Pitica/Kyria; GRUR Int 1986, 253; PVP 54 (1988)
14.12.1998	IV/35.280	SICASOV; WuW/E EU-V 187; ABl EG 1998 L 4/27

Gemeinschaftliches Sortenamt, Beschwerdekammer

14.09.1999	A 2/98	Jubileum; InstGE 2, 296; ABl GSA 15.4.2000
25.01.2000	A 1/99	Enara; InstGE 2, 189; ABl GSA 15.4.2000
27.03.2001	A 2/00	Estrade; InstGE 2, 192; ABl GSA 15.6.2000
06.12.2001	A 4/00	Branglow; InstGE 2, 270; ABl GSA 15.4.2002
28.05.2002	A 5/00	Egypt; InstGE 4, 32; ABl GSA 15.8.2002
01.04.2003	A 1-3/02	Maribelle; InstGE 4, 40; ABl GSA 15.6.2003
02.04.2003	A 5/02	Santis 99; InstGE 4, 43; ABl GSA 15.6.2003
03.04.2003	A 17/02	Broccoli; ABl GSA 15.6.2003
14.05.2003	A 18/02	Inuit; InstGE 4, 35; ABl GSA 15.8.2003
15.05.2003	A 8-13/02	Terexotic; InstGE 4, 39; ABl GSA 15.8.2003

08.10.2003	A 23/02	Begonia rex BCT9916BEG; ABl GSA 15.12.2003
08.12.2003	A 31/02	Jonabel; ABl GSA 15.2.2004
09.12.2003	A 21/02	Helianthus annuus, ABl GSA 15.2.2004
04.06.2004	A 3/03	Probril; InstGE 5, 190; ABl GSA 15.8.2004
04.06.2004	A 4/03	Silver Edge; InstGE 5, 186; ABl GSA 15.8.2004
28.09.2004	A 5-6/04	Sunglow; InstGE 5, 193; ABl GSA 15.12.2004
16.12.2004	A 1/04	Phasion; InstGE 5, 199; ABl GSA 15.2.2005
15.06.2005	A 6/04	Natasja King; ABl GSA 15.8.2005
16.06.2005	A 5/04	Walfrasun; ABl GSA 15.8.2005
18.07.2005	A 4/04	Ginpent; ABl GSA 15.8.2005
08.11.2005	A 1/05	Nadrocott; ABl GSA 15.01.2006
27.12.2005	A 3/04	Sumcol 01 – Beweisbeschluss; GRUR Int 2009, 136
02.05.2006	A 3/04	Sumcol 01; ABl GSA 15.08.2006
07.07.2006	A 7/05	Thunderbolt; ABl GSA 15.10.2006
13.10.2006	A 4/05	Moreya; ABl GSA 15.12.2006
11.09.2007	A 1/07	Cowichan; ABl GSA 15.12.2007
21.11.2007	A 3, 4/07	Gala Schnitzer; ABl GSA 15.02.2008
04.12.2007	A 5/07	Sumost 01; ABl GSA 15.02.2008
04.12.2007	A 6/07	Lemon Symphony; ABl GSA 15.02.2008
04.12.2007	A 7/07	Lemon Symphony; ABl GSA 15.02.2008
09.09.2008	A 11/07	Gasore; ABl GSA 15.12.2008
02.12.2008	A 9/08	Barberina; ABl GSA 15.04.2009
04.12.2008	A 1/08	Yuval I; ABl GSA 15.06.2009
04.12.2008	A 2/08	Yuval II; ABl GSA 15.06.2009

23.01.2009	A 10/07	Lemon Symphony; ABl GSA 15.06.2009
21.04.2009	A 4, 5/08	Gold Star und Fach004; ABl GSA 15.08.2009
08.10.2009	A 10/08	Jewel; ABl GSA 15.02.2010
08.10.2009	A 11/08	Santa Fe; ABl GSA 15.02.2010
15.03.2010	A 18/08	ASEHOR/CPVO
18.02.2011	A 1, 5, 6/10	Lyder/Liner
18.02.2011	A 7/10	Lyder/Liner (Southern Splendour)
17.01.2012	A 9/11	Rogalski/CPVO (Rogbret)
10.10.2012	A 1/12	Rijn Plant N.V./CPVO (RYN 200574)
23.04.2013	A 7/11	Rannacher ua/CPVO
20.09.2013	A 3/07	SNC Elaris/Schniga, CPVO
20.09.2013	A 4/07	Brookfield New Zealand/Schniga, CPVO
13.01.2014	A 6/13	Neath Investments/CPVO
04.04.2014	A 4/13	Sprilecpink; Sprint Horticulture/CPVO
01.07.2014	A 8/13	Banana Cream; Walters Gardens/CPVO
02.07.2014	A 7/13	Oksana; Boomkwekerij Van Rijn–de Bruijn ua/ CPVO
11.09.2014	A 16/13	Skonto (Jahresgebühr); Niehoff/CPVO
12.09.2014	A 8/13	Walters Gardens/CPVO
15.09.2014	A 7/13	Xenia; Boomkwekerij Van Rijn-de Bruijn ua/ CPVO
26.11.2014	A 10/13	Zuckerrübe M 02205; Aurora/CPVO/SES Van- derHave NV/SA
24.02.2015	A 7/09	Schräder/Hansson
24.02.2015	A 2/10	Schräder/Hansson
24.02.2015	A 3/10	Schräder/Hansson

24.02.2015	A 2/14	Schräder/Hansson
15.05.2015	A 7/09, A 1-2/10	Schräder/Hansson
15.12.2015	A 1/15	Braeburn 78; MEMA GmbH/CPVO
15.12.2015	A 2/15	Rhododendron HORT04; Hortibreed N.V./CPVO
03.03.2016	A 1/14	Tang Gold (Einsichtnahme); Nador Cott/CPVO, UCR
03.03.2016	A 3/14	Tang Gold (Akteneinsicht); Nador Cott/CPVO, UCR
22.04.2016	A 5/14	Gala Schnico; Schniga/CPVO
29.04.2016	A 6/14	Tang Gold; UCR/CPVO, Nador Cott, CVVP
29.04.2016	A 7/14	Tang Gold; CVVP/CPVO, UCR, Nador Cott
29.04.2016	A 8/14	Tang Gold; Nador Cott/CPVO, CVVP, UCR
15.08.2016	A 6/15	Markeep; Keep/CPVO
22.08.2016	A 9/15	Starlight; Staat Israel/CPVO
06.09.2016	A 5/07	RENV Schräder/CPVO (2 Entscheidungen)
06.09.2016	A 5/07	RENV Schräder/CPVO (2 Entscheidungen)
06.09.2016	A 5/07	RENV Schräder/CPVO (2 Entscheidungen)

Harmonisierungsamt für den Binnenmarkt, Beschwerdekammer

03.12.2009	R 1743/07-1	VESUVIA
01.03.2012	R 1095/11-5	SHARBATI; http://oami.europa.eu/LegalDocs/BoA/2011/en/R1095_2011-5.pdf

Harmonisierungsamt für den Binnenmarkt

19.12.2012	6590C	DISCUS

Europäisches Patentamt:

EPA, Große Beschwerdekammer

20.12.1999	G 1/98	transgene Pflanze II; ABl EPA 2000, 111; GRUR Int 2000, 431; IIC 2000, 430; PVP 87 (2000), 29
09.12.2010	G 2/07, G 1/08	Brokkoli und Tomate I; ABl EPA 2012, 130; GRUR Int 2011, 266; IIC 2012, 595
25.03.2015	G 2/12	Brokkoli II; GRUR 2016, 596 L; Mitt 2015, 274 L
25.03.2015	G 2/13	Tomaten II; GRUR 2016, 585; Mitt 2015, 273 L

EPA, Technische Beschwerdekammern

26.07.1983	T 49/83	Vermehrungsgut; ABl EPA 1984, 112; GRUR Int 1984, 301, 302
10.11.1988	T 320/87	Hybridpflanzen; ABl EPA 1990, 71, 79; GRUR Int 1990, 629
21.02.1995	T 356/93	Pflanzenzellen = PGS; ABl EPA 1995, 545; GRUR Int 1995, 978
13.11.1997	T 1054/96	transgene Pflanze; ABl EPA 1998, 511; GRUR Int 1999, 162
15.06.2004	T 475/01	Phosphinotricin-Resistenzgen
06.04.2005	T 179/01	Round-up
04.04.2008	T 1242/06	mikrobiologisches Verfahren (Tomate); ABl EPA 2008, 523; GRUR Int 2009, 238

EPA, Einspruchsabteilung

| 05.06.1992 | Lubrizol Genetics referiert bei *van de Graaf* S 94 |
| 15.12.1992 | Patent für pflanzliche Lebensformen GRUR Int 1993, 865; IIC 1993, 618 |

| 07.02.2001 | Round-up |
| 08.02.2001 | Anti-Matsch-Tomate |

WTO Panel

| 20.04.2003 | USA v. European Communities (Case WT/DS 174) |

Ausländische Gerichte und Behörden

Australien

Federal Court

| 25.03.2003 | P34/98 | Sir Walter; PVP 96 (2003), 10 (Zusammenfassung); Volltext www.austlii.edu.au/cgi-bin/disp.pl/au/cases/cth/federal%5fct/2003/230.html |
| 21.05.2004 | | Franklin; PVP 98 (2004), 14 (Zusammenfassung); Volltext www.austlii.edu.au//au/cases/cth/federal_ct/2004/638.html |

High Court

| 23.03.2000 | P34/98 | The Grain Pool of Western Australia v. The Commonwealth of Australia & Amor (2000) 170 A.L.R. 111; PVP 89 (2000), 3 (Zusammenfassung) |

Belgien

Rechtbank Dendermonde

| 02.05.1958 | Rosensorte IngCons 1958, 150; J des Tribunaux 1959, 171 A Motte |
| 18.10.1964 | unveröffentlicht referiert von van Overwalle IIC 2000, 259 |

Hof van beroep Gent

| 01.12.2014 | Greenstar/Kanzi 2014/16842 |

Frankreich

Cour de Cassation

04.03.1986	Maissorte GRUR Int 1988, 596; RDPI 1986 Nr 4, 107

Cour d'Appel Nancy

13.09.1988	Flamenco PIBD 1988 III 572

Cour d'Appel Paris

09.07.1976	Recueil Dalloz 1977, 120 A Franck
19.06.1986	Plaminogène activateur PIBD 1986 III 379
09.07.1991	MB 30 PIBD 1991 III 661
26.02.1992	PIBD 1992 III 308
	11/20113 Sanofi/Novartis, bei *Würtenberger/van der Kooij/Kiewiet/Ekvad²* Rn. 7.115

Tribunal de grande instance Nancy

15.05.1987	Getreidesortierung GRUR Int 1988, 688

Tribunal de grande instance Paris

08.12.2011	11/58301, bei *Würtenberger/van der Kooij/Kiewiet/Ekvad²* Rn. 7.115

Tribunal de grande instance Straßburg

07.02.1989	PIBD 1989 III 406

Italien

Tribunale San Remo

13.01.1986	referiert von *Hassan* IIC 1987, 219

Kanada

Supreme Court

02.06.1989	Sojabohnen (Pioneer Hi-Breed v. Commissioner of Patents) GRUR Int 1991, 154
05.12.2003	Harvard mouse 34 IIC (2003), 656
21.05.2004	Monsanto v. Schmeiser (Roundup canola) GRUR Int 2004, 1036

Neuseeland

oh. Datum	Apollo/Gemini PVP 48 (1985)
28.09.2004	Cropmark Seeds/Winchester Intl (High Court) PVP 99 (2005), 11
05.12.2005	Winchester Intl/Cropmark Seeds (Court of Appeal) EIPR 2006 N174

Niederlande

Hoge Raad

12.04.1985	Elvira BIE 1985, 393 GRUR Int 1986, 560
27.11.1987	Chloe v. Peeters, Nederl Jurisprudentie 1988, 722
23.02.1990	Hameco v. SKF, Nederl Jurisprudentie 1990, 664

Gerechtshof Den Haag

02.11.1995	White Charla BIE 1997, 232
01.04.1999	Tomatensaat Roncardo BIE 2000, 291

Rechtbank Den Haag

29.08.1997	Tomatensaat Roncardo BIE 2000, 289
18.10.2002	Gypsofila (gipskruid) I BIE 2003, 185
13.07.2005	Gypsofila (gipskruid) II IER 2005, 79, PVP 99 (2005), 9

Octrooiraad

06.02.1958	Poinsettia GRUR Int 1958, 338 BlPMZ 1959, 234 L

Raad voor het Kwekersrecht

29.04.1993	White Charla BIE 1997, 231

Österreich

Oberster Gerichtshof

09.10.1957	3 Ob 417 Concerto; ÖBl 1958, 79

Schweiz

Bundesgericht

27.01.1953	Rouge Meilland-Happiness BGE 79 I 77
27.03.1995	Manzana II BGE 121 III 125 SMI 1995, 358, 361 GRUR Int 1996, 1059 A Calame

Handelsgericht Bern

16.12.1993	Manzana SMI 1995, 331 GRUR Int 1995, 511

Bundesamt für geistiges Eigentum

23.10.1986	Orello GRUR Int 1987, 615

Eidgenössische Rekurskommission für geistiges Eigentum

30.05.2001	SO 01/00 Johanniter sic! 2001, 530

Südafrika

Supreme Court

28.11.2003	Canna »Phasion« EIPR 2004 N-69

Board of Appeal

1997 o. Datum	SUGARONE PVP 81 (1997), 31

Vereinigte Staaten von Amerika

Supreme Court

| 16.06.1980 | Diamond v. Chakrabarty GRUR Int 1980, 627 |
| 10.12.2001 | Pioneer Hi-Bred GRUR Int 2002, 355 PVP 92, 18 (Bespr) |

Court of Appeal for the Federal Circuit (CAFC)

| 19.01.2000 | Pioneer Hi-Bred v. J.E.M = Patent für aus Samen wachsende Pflan-zen GRUR Int 2000, 946 |
| 28.07.2006 | Synergenta Seeds v. Delta Cotton |

USPTO, Board of Appeals and Interferences

| 18.09.1985 | ex parte Hibberd GRUR Int 1986, 570 |

Vereinigtes Königreich

oh. Datum	Canna Wheat FSR 1968, 639
oh. Datum	Golden Promise Spring FSR 1981, 562
oh. Datum	Moulin PVP 46 (1985)

House of Lords

| | American Cynamid v. Ethicon, [1975] AC 396 [HL] |

High Court (Chancery Division)

| 16.12.1953 | Wheatcroft RPC 1954 Nr 3, 43 |

Patents Appeal Tribunal

| 24.02.1954 | Poinsettia GRUR Int 1958, 337 BlPMZ 1959, 234 L RPC 1954, 192 |

Controller of Plant Variety Rights

| 31.10.2001 | Lady Rosetta Plant Varieties and Seed Gazette 16.11.2001; EIPR 2002 N-38 |

Stichwortverzeichnis

Halbfett gedruckte Ziffern verweisen auf die kommentierte Bestimmung und mager gedruckte Ziffern auf die Randnummer der Kommentierung.

Abänderungsbefugnis **V34** 25
Abgabe
– mit Zustimmung des Berechtigten
  6 12
– unschädliche **6** 13 ff.
– von Material **29** 11
  – von Pflanzen/Pflanzenteilen
    6 5 ff.
– zu Demonstrationszwecken **6** 19
– zu gewerblichen Zwecken **6** 10
– zu Versuchszwecken **6** 18
– zur Nutzung auf andere Weise **6** 11
Abgabenordnung **40a** 4
Abgeleitete Sorten **10** 8 ff., 14 f.,
  21 ff.; **10a** 9 f.; **37** 38; **41** 18
Abgrenzung
– zeitliche **37** 32
Abhängigkeit **10a** 7; **10** 8 ff.
– patentrechtliche **10** 10
– sortenschutzrechtliche **10** 9
Abhängigkeitslizenz **12** 1, 7; **12a** 2 ff.
Abhängigkeitspyramiden **10** 15
Abhilfe **V34** 5; **21** 19
– »kassatorische« **21** 19
Abhilfemöglichkeit **25** 16
Abhilfeverfahren **V34** 14; **34** 15
Ablehnung s Ausschließung
Ableitung **10** 17
Abnehmer **10** 36
Absaaten **10a** 12
Abschlag
– fühlbarer **10a** 38
Abschluss
– des Verfahrens **21** 10
Abschlusserklärung **30** 8

Abtretungsansprüche **V37** 16
Abweicher
– somaklonale **10** 18
Abweichung(en) **V38** 14
– instabile **10** 51
Aktenaufbewahrung **29** 10
Aktenaussonderung **29** 10
Akteneinsicht s Einsicht
Aktivlegitimation **10a** 49; **37** 10
Algen **2** 3
**Amt der Europäischen Union für Geis-
  tiges Eigentum (EUIPO)**
  V34 20, 23
Amtsermittlung **V21** 4; **21** 5; **25** 15
Amtsgerichte **21** 7
Amtshilfe **V21** 5; **V16** 11
Anbau **10b** 10; **10** 31
– im eigenen Betrieb **10a** 24
– im sortenrechtlichen Prüfungsverfah-
  ren **10a** 3; **26** 35
Anbaubedingungen **26** 35
Anbauprüfung **4** 6; **5** 7; **25** 6 ff.
– Ergänzung **26** 6
– Ersetzung **26** 6
  – keine **6** 2
Änderung
– bezüglich der Merkmale **28** 6
– der Sortenbezeichnung **30** 2 ff.
– Verfahren **30** 11 ff.
  – in der Person des Inhabers **28** 5
Änderungsgründe
– Ausschließungsgrund **30** 4 f.
  – bei Eintragung **30** 4 f.
– nachträglicher **30** 6
– Nebeninterventionswirkung **30** 9

– Rechte Dritter   30 7
– Untersagung   30 8
Anerkennung
– ausländischer Titel   V28 11
Anfallwirkung   34 10
Anfechtbarkeit   21 10
Anfechtung   10a 41
– der Entscheidung des EuG   V34 26
Angabe
– der Person des Entdeckers   28 5
– der Person des Ursprungszüch-
    ters   28 5
Angaben
– beschreibende   7 29
Anhaltspunkte   10a 59
Anhörung   V21 4; 21 5, 8, 19; 26 18;
    33 11
Anmeldestaat   23 6
Anmeldetag s Antragstag
Anpassung
– an die Verletzungsform   V38 7
Anschlussbeschwerde   34 5
Anstößigkeit   7 24, 43; 30 6
Antrag   12 15; 21 6; 22 2; 31 30
– auf Ausschließung von der Aktenein-
    sicht   29 8
    – früherer   23 6
    – Wirkung   29 9
– späterer   23 8
Antragsberechtigung   V37 16; 31 31,
    52
Antragsdelikt   39 13
Antragserfordernis   12 5; 28 5
Antragsgebühren   33 28
– Rückzahlung   33 30
Antragsgrundsatz (Sortenbezeich-
    nung)   7 7
Antragsrücknahme s Rücknahme des
    Antrags
Antragstag   2 18; 3 13; 6 23; 23 2
– Gemeinschaftlicher Sortenschutz
    23 24

Antragsteller   22 2; 24 14
– Identität   23 11
    – Mehrheit   15 16; 22 3
– nichtberechtigter   23 2
    – Verfahrensvertreter   22 2
    – Vertreter   22 3; 24 14
Antragsverfahren   22 22
Anwaltszwang   V34 24
Anwuchsjahre   33 10
Äquivalenzbereich s Toleranzbereich
ArbEG   8 14 ff.
Arbeitgeber   8 9
Arbeitnehmer   8 14
– maßgebliche Rechtsordnung   8 14
Arbeitnehmerentdeckung   8 4
Arbeitnehmerzüchtung   8 4, 27
Arbeitsgemeinschaft bäuerliche Land-
    wirtschaft   10a 13
Arglisteinwand   37 36
Art   2 2, 4; 28 4
– fremdbefruchtende   4 5 f.
– verwandte   7 37 ff.; 14 24
Arten
– mehrjährige   33 10
Artengruppen   33 6
Artenverzeichnis   1 4
ASSINSEL   10 12; 38 15
Aufbereiter   10 32 f.
Aufbereitung   10a 16, 25; 10 32 f.
Aufbereitungshandlungen   10 43
Aufbewahren   10 39
Auffinden   8 13
Aufforderung
– des BSA   27 4
    – des GSA   27 12; 31 50
    – zur Änderung der Sortenbezeich-
        nung   26 28
Aufhebung   31 2, 15, 45 ff.
– Entscheidung   31 55
– Verfahren   31 52 f.
– Wirkung   31 55

Aufhebungsgrund s auch Widerrufs-
grund 15 17; 31 46 ff.
– Nichterfüllung der Voraussetzungen
des Art 12 GemSortV oder des Art 82
GemSortV 31 49
Auftraggeber 8 9
Aufzeichnungspflichten 10a 62 f.;
11 26
Ausfuhr 10b 9 f.; 10 37 ff.
Ausgangssorte 10 13 f., 17, 22 f.
Auskreuzung 10 52
Auskünfte
– an ausländische Stellen 26 24
 – Sortenbezeichnung 26 25
– über Prüfungsergebnisse 26 25
Auskunftsanspruch s auch Auskunfts-
pflicht
– allgemeiner 37b 8 f.
– bei Nachbau 10a 33 ff., 40; 37b 10
– Grenzen 37b 9
Auskunftspflicht
– Aufbereiter 10a 27, 60 ff.
– Behörde 12 34 f.
– Hauptpflicht 10a 27
– Landwirt 10a 27, 53
– Umfang 10a 54 ff.
– Verletzer 37b 2 ff.
– weitergehende 10a 53
Auskunftsverlangen 10a 64
Auslagen 33 3, 18
Auslagenvorschuss V21 5
Ausland
– schutzfreies 10 31
Auslandsbezug 37 24
Auslandspriorität s Verbandspriorität
Auslandsvermehrung
– nichtlizenzierte 10 43
Auslaufklauseln 11 23
Auslegung
– gemeinschaftskonforme 10a 15
– teleologische 10a 26
Auslese 8 7

Ausnahmeregelungen 41 20
Ausprägungen 28 4; 33 10
Ausprägungsmerkmale V38 14
Ausprägungsstufe 10 50
Aussaat 10 54
Aussaatjahr 33 10
Ausschließlichkeitsrecht 8 16
Ausschließung V21 4; 21 5
– von der Akteneinsicht 29 8
Ausschließungsgründe 7 24
Ausschluss
– der Entschädigung 30 10
Ausschlussfrist 9 5, 13
Ausschuss V28 4
Äußerung
– Recht auf s Anhörung
Aussetzung V37 16; V38 17; 22 22;
37 4
– bei Parallelverfahren V38 17
– bei Vorlage an den EuGH V38 17
Aussprechbarkeit 7 27
Ausstellungspriorität 23 21
Ausstellungsschutz 6 19

Bakterien 2 3
Bauernvorbehalt s Landwirteprivileg
Baumarten s Bäume
Bäume 6 25; 10a 21; 26 15, 36
Bedingungen
– angemessene geschäftsübliche 12a
10
Beeidigung 21 7
Beendigung
– des Sortenschutzes 28 4; 31 2 ff.
– des Verfahrens 31 32
Beendigungsgrund 28 4; 31 2 ff.
Befangenheit s Ausschließung
Begehungsgefahr 37 12
Beginn
– des Sortenschutzes 28 4
Begründung V28 2, 5; 21 5
Begründungsmangel 31 11

Beistände 21 5

Beitreibung 31 27

Beitritt
– des Präsidenten des BSA 34 17

Beitrittsgebiet 10a 14

Bekanntgabe
– der Gebührenentscheidung 27 10

Bekanntheit
– allgemeine 3 16

Bekanntmachung 7 37; 12 25
– des Rolleneintrags 28 9
– des Sortenschutzantrags 24 3 ff.
– des Wegfalls des Sortenschutzantrags 24 10 f.
– Gemeinschaftlicher Sortenschutz
24 12
– Inhalt 24 4
– Wirkung 24 8 f.
– Zurückweisung des Antrags 24 11

Bemessungsgrundlage 10a 39

Benutzungsrecht 10 6

Beratungshilfe 36 3

Berechtigter 8 12
– abgeleiteter 8 6
– Mehrheit 8 30

Berechtigung
– fehlende 25 9, 19
– formelle 8 20 ff., 28; 22 10
– gemeinsame 8 24
– gemeinschaftliche 8 18 ff.; 11 3
– materielle 8 2 ff., 21, 23; 22 10;
23 2

Bereicherung
– aufgedrängte 10 52

Bereicherungsanspruch V37 10; 37
33

Bericht
– über die technische Nachprüfung 31 54

Berichterstatter V34 15

Berühmung 37g 7

Beschlagnahme 40a 4

Beschränkungen
– der Generationen 10a 19
– quantitative 10a 19

Beschwer V34 13; 34 13

Beschwerde V34 5; 12 27; 34 2 ff.
– direkte s Klage, unmittelbare
– Förmlichkeiten V34 9 ff.; 34 6 f.
– gegen Festsetzung einer Sortenbezeichnung 34 12
– Statthaftigkeit 34 2 ff.
– Wirkung(en) 34 10 ff.
– Anfallwirkung 34 10
– aufschiebende 34 11 f.
– zum BPatG 32 2 ff.

Beschwerdebegründung V34 10

Beschwerdeberechtigung V34 13;
34 4

Beschwerdefrist V34 9; 34 7 f.

Beschwerdegebühr V34 11; 34 8 f.
– Höhe 34 9
– Rückzahlung V34 11

Beschwerdekammer V34 5 f.
– Besetzung V34 6

Beschwerdesenat
– für Sortenschutzsachen 34 22
– Besetzung 34 23

Beschwerdeverfahren V34 2 ff., 14 ff.;
34 14 f.
– Beteiligte V34 13; 34 16 f.

Besichtigung 29 12; 37c 3

Besitzen 10 40

Beständigkeit 5 2 ff.

Bestandskraft 37 4

Bestreiten 10 22

Beteiligte 21 5; 31 33

Betriebsgeheimnis 29 7; 37g 8

Bevollmächtigte 21 5; 22 3

Beweis V38 13
– des ersten Anscheins 10 25

Beweisanforderungen V38 16

Beweisaufnahme s Beweiserhebung
Beweiserhebung
– vor dem GSA   V21 5
Beweiserleichterungen   10 25
Beweislast   9 2; 10b 4, 8; 10 22; 26 6;
  31 52; 37 38
Beweislastumkehr   9 2; 37 38
Beweismittel   V21 5; 21 5
Beweisregel   37 2
Beweissicherung   V38 21
Beweisverfahren   V38 21
Beweiswürdigung   V34 26
Bewertung   E 50
Bezeichnung
– verwechselbare   14 21
Billigkeit   33 7
Bindung
– »sklavische«   V38 12
– an bestehende Sortenbezeich-
  nung   30 5
– des Berufungsgerichts an Tatsachen-
  feststellungen   V38 13
Biotechnologie-Richtlinie   10b 11 f.;
  10a 69 ff.
Blatt für Sortenwesen   24 3; 32 4
Bonitierung   3 21
»Brexit«   6 31; 15 7
Bösgläubigkeit   9 5
Brüssel I-Verordnung   38 2
Bulk   8 7
Bundesamt für Justiz   40 16
Bundesgebührengesetz   22 16; 33 2
Bundesgerichtshof   35 2
– Rechtsbeschwerdeverfahren   35 2, 4
– Revisionsgericht   35 2
Bundeskasse Hannover   33 20
Bundesministerium
– für Ernährung und Landwirt-
  schaft   16 3; 17 3; 20 7; 32 2
Bundespatentgericht (BPatG)   V34 1,
  3; 34 6

Bundessortenamt (BSA)   16 1 ff.
– Abteilungen   16 3
– als Erteilungsbehörde   17 3
  – Anschrift   16 4
– Bedeutung   16 6
  – Behördenvorstand   17 5
  – Entstehung   16 2
  – Fachreferate   16 3
– Gliederung   16 3
– Hilfsmitglieder   17 9
– Mitglieder   17 3 ff., 6 ff.
– Präsident   17 3, 5 ff.; 34 17
– Prüfabteilungen   18 2 ff.
  – Besetzung   19 5
  – Zusammensetzung   19 2 ff.
– Prüfstellen   16 5
– Sitz   16 4
– Stellung   16 3
– Verwaltungsbehörde   16 3
  – Widerspruch   25 20
– Widerspruchsausschüsse   18 4
  – Beisitzer   20 4, 7
  – Beschlussfähigkeit   20 6
  – Mündlichkeit   21 9
  – Stellvertretung   20 5
  – Verfahren   21 12
  – Zusammensetzung   20 2 ff.
  – Zuständigkeit   16 7
  – Zustellung   21 20
Bundesverband Deutscher Pflanzen-
  züchter (BDP)   10a 39
Bußgeldbescheid   40 17
Bußgeldbewehrung   37 9; 40 1
Bußgeldrecht   V37 18
Bußgeldverfahren   40 16 ff.

Charakter
– deklaratorischer der Eintragung
  28 2
– strafprozessualer   V37 3
Chromosomenveränderung   10 18

CIOPORA   V38 15; 10 12
Cosmetic breeding s Imitationszüchtung

Darlegungslast s Beweislast
Datenbankabruf   29 12
Dauer
– des gemeinschaftlichen Sortenschutzes   13 5
– des Sortenschutzes   13 6 ff.; 23 2
  – Berechnung   13 12
  – höchstmögliche   37 32
  – regelmäßige   13 8
  – verkürzte   41 10, 16
  – verlängerte   13 9
  – Verringerung   41 21
DDR   E 40
Deliktsgerichtsstand   38 4
Dereliktion   8 2
Deutsche   15 5
Deutscher Bauernverband   10a 39
Devolutiveffekt s Anfallwirkung
Dienstleistungen
– vorbereitende   10a 25
Distinctness s Unterscheidbarkeit
DNA s DNS
DNS
– Analyse   V38 14; 10 49; 37 38; 38 25
Doppelschutz   3 9; 10c 1, 5; 10 8; 23 5
Doppelzüchtung s Parallelzüchtung
Dreierbesetzung   V34 17; 34 23
Dreimonatsfrist   23 22
»Dreiteilungslehre«   10 47
Dringlichkeit   V38 20
Drittauskunft   V37 1, 11; 37b 3–4
Durchfuhr   10 38
Durchführungsvorschriften (EU)   32 6 ff.
Durchsetzung   V37 11
– des EU-Rechts   37 26

Durchsetzungsrichtlinie   V37 1, 4; 37 30
DUS-Kriterien   V28 8

EDV (essentially derived variety)   10 11; 41 20
Eidesabnahme s Beeidigung
Eigentum
– sachenrechtliches   8 5, 13
Eigentumsgarantie   10a 17
Eignung   7 26
– des Antragstellers   12 8
– zur Aussaat   10 54
Einfuhr   10 37 ff.
Eingriff   10 30 ff.
– in den eingerichteten und ausgeübten Gewerbebetrieb   37g 8; 37 40
  – bei Nichterfüllung der Verpflichtungen aus dem Nachbau   37 17
  – rechtswidriger   37 17
Einheitlichkeit   4 3 f.
Einigungsvertrag   R 40; 10a 14
Einlegung
– elektronische   35 7
Einräumung
– eines Nutzungsrechts   12 9
Einrede   37 37
Einrichtung   15 16
Einsicht   29 2 ff.
– Antrag   29 5, 13
– Einschränkungen   29 6
– Grundsätze   29 3
Einsichtnahme s Einsicht
Einsichtsrecht
– Gegenstand   29 3 f.
– vor Bekanntmachung   29 4
Einspruch
– gegen Bußgeldbescheid   40 17
Eintragbarkeit
– der Sortenbezeichnung   26 28
Eintragung   3 17
– Bekanntmachung   28 9; 30 15

– in anderem Verbandsstaat   22 11
– in die Sortenschutzrolle   28 3 ff.; 30
  15
– Wirkung   28 8
Eintragungshindernisse   30 4
Einwand
– des besseren Rechts   37 37
– des freien Stands der Technik   37 36
Einwendung
– rechtsvernichtende   10c 3
Einwendungen   24 3; 25 3 ff.; 37 36
– Begründetheit   25 18
– Begründung   25 13, 28
– Behandlung   25 16 ff., 19
– Bekanntmachung   28 9
– Dritter   25 3
– Form   25 11
– Frist   15 27; 25 12
– Rechtsbehelf   25 20
– Sprache   25 26
– Verspätung   25 14
– Vorschaltung   25 23
– Zulässigkeit   25 17
Einwendungsberechtigung   25 5 f., 25
Einwendungsgründe   25 7 ff.
Einwendungstatsachen
– Berücksichtigung von Amts
  wegen   25 14
Einzelhändler   37 24
Einzelrichter   V38 9
Einziehung   39 1; 40 12 ff.
– erweiterte   40 14
Elternlinie   5 6
Endophyta   2 3
Entdecker   8 2, 11 ff.; 22 9; 28 4
Entdeckung s Entdecker
Enteignung   12 45; 14 13
Entgelt
– Angemessenheit   10a 37
Entnahme   9 2
Entnahmeeinwand   9 5, 7; 37 36
Entnahmepriorität   25 22

Entschädigung
– Ausschluss   30 10
Entschädigungsanspruch   V37 8; 10a
  30, 42; 24 9; 37 2, 34 f.
– Umfang   37 35
Entscheidung
– Begründung   V21 6; 21 10
– Bekanntgabe   21 10
– beschwerdefähige   V34 7 f.; 34 3
– des Gemeinschaftlichen Sorten-
  amts   V21 6 ff.
– Form   V21 7; 21 10
– gerichtliche   40 18
– über Beschwerde   V34 17; 34 18 ff.
– über nationalen Sortenschutzan-
  trag   V28 1 ff.
– über Zwangslizenz   12 21 ff.
– Verkündung   V21 6
– Zustellung   V28 5; V21 6, 8; 21 10
Entscheidungsgebühr   33 6
Entschidungsgrundlage   V38 11
Erbkomponenten   26 20; 28 4; 29 5,
  7 ff.; 33 12
Erfinderbenennung   28 5
Erfinderverordnung   E 52
Erfindung   8 15
Ergänzungslizenz   10a 31
Erhaltungszüchtung   5 5 f.; 10 28 f.
Erkennbarkeit
– leichte   14 28
Erklärung
– fremdsprachige   25 11
Erlaubnistatbestand   39 9
Erledigung
– der Hauptsache   V38 19 f.
Erlöschen
– des gemeinschaftlichen Sortenschut-
  zes   10c 4
Ermächtigungsnorm   33 5
Ermessen   V28 9; 3 8; 12 41; 26 28;
  27 6, 15; 30 17; 31 29, 55 f.; 33 24
Ermessensspielraum s Ermessen

Ermittlungsverfahren   39 15
Erntegut   6 6 f.; 10a 24; 10 45
Erschöpfung   10b 3 ff.
Erstantrag   23 7
Erstattung
– bei erfolgreicher Beschwerde/Rechts-
  beschwerde   33 23 f.
– der Gebühren des beigeordneten
  Vertreters   36 4 ff.
  – der Widerspruchsgebühr
    33 22 ff.
  – von Auslagen   33 25
Erstbegehungsgefahr   37 16
Erteilung   V28 2
– des gemeinschaftlichen Sortenschut-
  zes   V21 7; V28 9
Erwerb
– derivativer   11 19
Erzeugnisse   10 42, 46
Erzeugung   10 31
Europäischer Gerichtshof   V34 20 ff.,
  26
Europäischer Wirtschaftsraum   40a 3
Europäisches Gericht   V34 20 ff.

Fahrlässigkeit   37 19 ff.; 40 9
– leichte   37 30
Fälligkeit   27 9; 31 25
Fälligkeitsregelung   31 25
Farmers' privilege s Landwirteprivileg
Faserpflanzen   10a 21
Fernsprechgebühren   33 18
Feststellung
– der Schadensersatzpflicht   V38 7
Feststellungsklage   10a 51
Fiktion   27 2, 8
– der Nichterhebung der
  Beschwerde   27 12
– der Nichtstellung des Antrags   27 12
Finalität   10 38, 40
Fingerprints   V38 14
»first-to-file«-Grundsatz   23 2

Folgesorten   10 16
Formalprüfung   24 13; 26 5
Forschungsvorbehalt   10a 6
Fortbestehen
– der Sorte   13 7; 16 8
Fortschritt   12a 9
Freihaltebedürfnis   7 28
Fremdaufbereitung   10a 25
Fristen   V21 8
Fristsetzung   27 4; 31 50
Fristversäumnis   27 15
Futterpflanzen   10a 21

Gartencenter   37 24
Gebietsschutz   11 15
Gebrauch
– nicht bestimmungsgemäßer   10b 7
Gebühr   12 20
– bei Antragsrücknahme   22 18
– Fälligkeit   22 15; 33 19
– für Eintragung einer Änderung   33 6
– für Eintragung oder Löschung eines
  ausschließlichen Nutzungsrechts
  33 6
– für Erteilung eines Zwangsnutzungsrechts   33 6
– für Prüfung auf Antrag ausländischer/
  supranationaler Stellen   33 16
– für Rücknahme oder Widerruf der
  Erteilung   33 6
– Höhe   22 17
– Sortenschutzantrag   22 14 ff.
Gebühren   33 3 ff.
– »schlafende«   33 17
– des GSA   33 27 ff.
– Fälligkeit   33 31
– für individuell zurechenbare Leistungen   33 6
– Säumnis   33 21
Gebührenbescheid   31 25
Gebührenentscheidung
– Bekanntgabe   27 10

Gebührenerhebung
– Absehen von **33** 7
Gebührenerstattung
– beigeordneter Vertreter **36** 4 ff.
Gebührenfehlbeträge **27** 14
Gebührenhöhe **33** 29
Gebührenpflicht **22** 14; **25** 4
Gebührenschuld **22** 14; **33** 10
Gebührenvergünstigungen **33** 7, 13
Gebührenverzeichnis **33** 5
Gebührenzahlung **33** 20, 32
Gefährdung
– der Rechte des Sortenschutzinha-
  bers **37** 14
Gegenlizenz **12a** 8, 12
Gegenseitigkeit **15** 11
Gegenseitigkeitsgrundsatz **15** 3
Geheimhaltung **29** 8
Geheimsortenschutzrechte **29** 6
Gehilfen **8** 9, 12
Gehör
– rechtliches s Anhörung
Geldbuße **40** 11
Geltendmachung
– außergerichtliche **37** 39
Geltendmachungsverbot **14** 17
Gemeinschaftlicher Sortenschutz
  E 44 ff.
Gemeinschaftliches Sortenamt **V16**
  1 ff.
– Amtsblatt **V16** 10
– Aufbau **V16** 3
– Ausschüsse **V16** 4
– Beschwerdekammern **V16** 6; **V34** 6
  – Errichtung **V16** 1
– Gebührenkonto **V16** 2
– Haushalt **V16** 7
– Organisation **V16** 4
– Präsident **V16** 3
– Prüfung, technische **V16** 8; **26** 35 f.
– Rechnungskontrolle **V16** 7
– Sitz **V16** 1

– Verfahren **V21** 2 ff.
– Verfahrensgrundsätze **V21** 2 ff.
– Veröffentlichung **V16** 9
Gemeinschaftsmarke s Unionsmarke
Gemeinschaftssortenschutzge-
  richte **38** 2
Gemüse **10a** 21
Gemüsehändler **37** 24
Genehmigung
– der Sortenbezeichnung **V28** 10
Genomanalyse **V38** 14; **10** 22
Genotyp **2** 10 f.; **3** 4; **10** 21 f.
Gentechnik **8** 7
Gentechnikregelungsgesetz **26** 14
Gerichtsstand
– aufgrund rügeloser Einlassung **38** 5
– deliktischer **38** 5
– des Erfüllungsorts **38** 5
– quasideliktischer **38** 5
– vereinbarter **38** 5
Gerichtsstandsvereinbarung **38** 11
Gesetz über die Beiordnung von Paten-
  tanwälten bei Prozeßkostenhilfe
  38 16
Gesetzgebungskompetenz **E** 11
Getreide **10a** 21
Gewinnerzielungsabsicht **10a** 3
Glaubhaftmachung **7** 22; **30** 7
Gleichbehandlungsgrundsatz **15** 3
GMO **8** 7
Grenzbeschlagnahme **V37** 19; **40a**
  1 ff.
– unionsrechtliche Regelungen
  40b 1 ff.
Grünflächen **10a** 3
Gruppenfreistellungsverordnun-
  gen **11** 15
Gutgläubigkeit **V21** 11; **9** 11

Handeln
– gewerbsmäßiges **39** 12
Handelsklassenverordnung **14** 22

Handelssache   38 10
Handlungen
– zu Versuchszwecken   10a 4 f.
Harmonisierungsamt für den Binnen-
   markt   V34 20
Hauptleistungspflicht   10a 34
Hauptsacheklage   V38 20
Hauptsitz   38 17
Hauptverfahren   40 18
Hausgärten   10a 3
Heterogenität   4 3
Heterosis   5 6; 10a 22; 10 29
Hinweis
– des Gerichts   V38 7
Homogenität   4 2 ff.
Hybridomtechnologie   8 7
Hybridsorte   5 6; 6 9; 10a 22
Hybridzüchtung   5 6; 8 7; 26 20; 29 7

Identifizierung   23 2
Identitätsbereich   10 49
Imitationszüchtung   10 11
Import   10 31
Importsaatgut   10 37
Inanspruchnahme
– des Zeitvorrangs   10 22
Individualinteressen   25 3
Individualvereinbarungen   10a 36
Indizwirkung
– des Rolleneintrags   V38 1
Information
– durch amtliche Stellen   10a 68
Inhaber   28 2, 4
– des ausschließlichen Nutzungs-
   rechts   28 4
– gemeinsame   11 9
Inhaberschaft
– Wechsel   V37 13
Inhalts- und Schrankenbestim-
   mung   10a 13
Inkrafttreten   42 1 ff.
Inländerbehandlung s Inländerprinzip

Inländerprinzip   15 3
Inlandsvertreter   21 5
Insertion   8 7
Insolvenzverfahren   11 11 f.
Interesse
– berechtigtes   29 13; 30 14
– der Allgemeinheit   25 3
Interessengemeinschaft gegen die
   Nachbaugesetze und Nachbaugebüh-
   ren   10a 49
Internationaler Code der Nomenklatur
   der Kulturpflanzen   7 15, 45
Internationaler Sortenschutz   E 49
Internationaler Vertrag über pflanzen-
   genetische Ressourcen für Ernährung
   und Landwirtschaft   10a 12
Internationales Privatrecht   11 14
Inverkehrbringen   2 17; 3 19; 7 35 f.;
   10a 18; 10 34 f.; 11 24; 14 4 f.
– als Konsumgut   14 5, 26
Inzuchtlinie   6 9
Inzuchtverfahren   5 6
Irreführung   37g 6
Irreführungsgefahr   7 24, 41 f.; 30 6
Irrtum   39 9 f.
ISF   10 12; 38 15

Jaccard-Index   V38 15
Jahresfrist   31 36
Jahresgebühren   33 4, 9, 17
– Staffelung   33 17
Jedermannrecht   11 27
Jedermannserlaubnis s Jedermannrecht
Justizvergütungs- und Entschädigungs-
   gesetz (JVEG)   33 18

Kalenderjahr   33 17
Kammer
– für Handelssachen   38 10
Kanariengras   10a 21
Kartellrecht   11 15 f.
Kartellsenat   35 2

Kartoffel(n) **10a** 21; **41** 22
– Veräußerer **37** 23
Kartoffelchips **12** 7
»Kaskadenlösung« **10** 42 ff., 55; **37** 20
Kichererbse **10a** 21
Klage(n)
– an bestimmten Gerichtsstandorten **V37** 14
– aus ausländischen Sortenschutzrechten **38** 6
– Form **V34** 23
– unmittelbare **V34** 27
– Verfahren **V34** 24
– zum Europäischen Gericht **V34** 20 ff.
Klageantrag **V38** 7
Klagebefugnis **V37** 14; **V34** 21
Klagefrist **V34** 22
Klagegründe **V34** 25
Klagenkonzentration **V38** 10
Klageschrift **V38** 6 f.; **V34** 25
Klageverfahren **V38** 6 ff.
Klagewelle **V38** 9
Klassenbreite **10** 50
Klassenliste **7** 38
Klauselerteilung **33** 36
Kleinlandwirte **10a** 15, 23, 42, 46 f., 58
Klonen **8** 7
Kollision **1** 8
– erstreckter Schutzrechte **E** 42
Kombination
– der festgelegten Ausprägungsmerkmale **10** 48
– von Genotypen **10** 17
Kombinationszüchtung **29** 7
Konformität
– genetische **10** 11, 17, 19 f.
Konkurrenzen **9** 6, 12
Konkursverfahren s Insolvenzverfahren
Konsumgut s Konsumware

Konsumware **6** 10; **10** 31, 45; **14** 22
Konversionssorte **10a** 34, 53; **41** 20
Konzernartige Verflechtung **10a** 24
Konzerninterner Verkehr **6** 17
»Kooperationsabkommen« **10a** 35, 39, 41
Kosten **33** 2 ff.
– außergerichtliche **37** 26
– der Prüfungsämter **33** 37
– des auswärtigen Rechtsanwalts **38** 17
– des mitwirkenden Patentanwalts **38** 16
Kostenbegriff
– gebührenrechtlicher **33** 3
Kostenentscheidung **34** 21
Kostenfestsetzung **33** 35
Kostenfestsetzungsverfahren **37** 28
Kostenverteilung **33** 34
Kreuzlizenz s Gegenlizenz
Kreuzung **28** 4; **33** 12
Kreuzungszüchtung **8** 7
Kumulierung
– Zeitvorrang und Neuheitsschonfrist **23** 17

Landeskultureller Wert **1** 1
Landhandelsunternehmen **37** 16
Landwirt **10a** 23
Landwirteprivileg **10a** 12 ff.
– Nichtgeltung **E** 43
Landwirtevorbehalt s Landwirteprivileg
Legitimationswirkung **28** 2, 8
Leistung, schöpferische **8** 11, 18
Leitlinie **10a** 44
Lieferant **37** 24
Lizenz
– am gemeinschaftlichen Sortenschutz **11** 26
– am nationalen Sortenschutz **11** 23 ff.
– ausschließliche **28** 13

– beschränkte   11 24
– Form   11 23
Lizenzanalogie   10a 30; 37 29
Lizenzbereitschaftserklärung   10a 34
Lizenzgebühren   37 27
Lizenzierbarkeit
– der Sortenschutzanmeldung   11 13
Lizenzierung   11 13 ff.
Lizenzvertrag   V37 7
Lohnaufbereitung   6 16
Lohnerzeugung   6 16
Lokalisationsgebot   38 1
Löschungsanspruch
– gegenüber Marke   14 15
Lugano-Übereinkommen   V37 14;
   38 2

Mahnung   31 24
Mängelbeseitigung   V28 6
Marke   7 14, 21
– begleitende   14 12, 28
– Kollision   14 15, 29
Markenanmeldung   23 21
Markenrecht   E 36 ff.
Marker   3 6
Marktverhaltensregel   37g 5 f.
Marktverwirrung   37 29
Material   10 54
– biologisches   10b 11 f.
– der geschützten Sorte   10 41
– patentgeschütztes   10b 11 d
– sonstiges   26 19 f.
– Vorlage   26 19 ff.
– zur Erzeugung einer anderen
   Sorte   6 9
Mehrheit von Berechtigten s Berechtig-
   ter, Mehrheit
»me-too-varieties« s Plagiat
Meistbegünstigung   15 3
Merkbarkeit   7 27
Merkmal
– maßgebendes   V38 14; 3 5; 4 1; 5 1;
   28 1

– morphologisches   3 6
– physiologisches   3 6
– qualitatives   10 50
– quantitatives   10
– quasi-qualitatives   10 50
– unwesentliches   10 48
– wesentliches   4 1; 5 1; 10 48; 24 6
– wichtiges   3 5; 5 1; 24 6; 28 1
Merkmalsausprägungen   28 6
Methode
– der Tatsachenfeststellung   V38 14
– gentechnische   V38 16
Mikroinjektion   8 7
Ministerium
– zuständiges   33 5
Mitteilungsanspruch
– des Arbeitgebers   8 16
Mittel
– milderes   30 13
Mitwirkungspflicht
– bei Geltendmachung eines Zeitvorrangs   26 21 ff.
– des Antragstellers   26 19 ff., 34
Monatsfrist   25 22; 27 10–11
Mündlichkeit   V21 2; 21 9
Mutagenese   8 7
Mutant   10 18, 21; 14 31
Mutation   11 15
– spontane   8 8, 13
Mutationszüchtung   8 7

Nachanmelderecht   9 2, 9; 25 2, 21 ff.,
   29
Nachanmeldestaat   23 6
Nachanmeldung   26 21
»Nachbarschaftshilfe«   10a 24
Nachbau   10a 12 ff.
– »verhehlter«   10a 30
– Hybride   10a 16
– Rechtmäßigkeit   10a 26
– Strafbarkeit   39 7
– synthetische Sorten   10a 16
– Zulässigkeit   10b 3

Nachbaulizenz   10a 35
Nachbauvereinbarung   10a 36
Nachfrist   31 26
Nachprüfung
– an Ort und Stelle   V28 9
– beschränkte   26 19
– des Fortbestehens der Sorte   5 8; 29 13
Nachweise
– Vorlage   10a 65
Nagoya-Protokoll   10a 6
Nebenpflicht
– arbeitsvertragliche   8 16
Neuheit   V28 7; 6 2 ff.; 23 2; 24 14; 41 15
Neuheitsschonfrist   6 3, 20 ff., 29 f.; 41 17
Nichttakt   31 11
Nichtangabe
– einer Sortenbezeichnung   27 3
Nichtberechtigter   9 2
Nichtentrichtung
– des Zuschlags   31 51
– – teilweise   31 51
– fälliger Prüfungsgebühren   27 3, 10
Nichtigerklärung   31 2, 45 ff.
– Entscheidung   31 55
– Verfahren   31 52 f.
– Wirkung   31 56
Nichtigkeitsgründe   31 46 ff.
– Erteilung an nichtberechtigte Person   31 14
– fehlende Beständigkeit   31 13
– fehlende Homogenität   31 13
Nichtvorlage
– erforderlicher Unterlagen   27 3
– von Vermehrungsmaterial   V28 6; 27 3
Nichtvornahme
– der Verfahrenshandlung   27 2, 4, 8
Niederlassung s Sitz
Nießbrauch   11 13

Novelty s Neuheit
Novenverbot   V34 16, 25
Nutzungsberechtigter   V38 2; V37 7; 37 10
Nutzungserschwerung   12 9
Nutzungsrecht   11 13 ff., 23; 12 9; 31 37
– ausschließliches   28 4
– nichtausschließliches   9 11
Nutzungsverweigerung   12 9

Obstpflanzen   10a 21
Offensichtlichkeit
– der Rechtsverletzung   40a 1
Öffentliche Ordnung   10a 11
Öffentliches Interesse   12 7; 12a 11
Öffentlichkeit
– des Verfahrens vor dem GSA   V21 4
Offizialdelikt   39 1, 13
Offizialverfahren   31 29
OLG Celle   34 1
Ölpflanzen   10a 21
Opportunitätsprinzip   40 16
Ordentliche Gerichte   V34 1
Ordnungsvorschrift   V28 5
Ordnungswidrigkeiten   V37 3; 39 6; 40 2 ff.
– nach Saatgutverkehrsgesetz   40 9
– Tatbestände   40 4 ff.
Ordnungswidrigkeitenbehörde   40 16
Originalware   40a 1

Parallelimport   40a 1
Parallelzüchtung   8 19, 26; 24 3
Passivlegitimation   10a 50; 37 11
Patentanwälte   V38 5
Patentgesetz
– Anwendung   36 1 ff.
Patentierung
– von Pflanzen/Pflanzenteilen   12 4
Patentrecht   E 15 ff.
Pedigree   8 7

Person
– juristische   8 9; 15 16
– natürliche   8 9; 15 16
Pflanze   2 2 ff.; 6 6
– fertige   10 31
Pflanzenforschungsprivileg   10a 6
Pflanzengruppe   2 21
Pflanzenpatente   23 6
Pflanzensorte s. Sorte
Pflanzenteile   2 9; 6 6; 10 42
Pflanzkartoffeln   10 35
Phänotyp   V38 13, 15 f.; 4 3; 10 19, 21 f., 27
Phantasiebezeichnung   37g 6
Pilze   2 3
Pilzresistenz   10 17
Plagiat   V38 15
Plagiatsorten   10 8
»Popularantrag«   31 31
Präsident
– des BSA   34 17
Priorität s Zeitvorrang
– innere   23 21
Prioritätserklärung   23 12 f.
Prioritätsfrist   23 10, 16
Prioritätsintervall   23 16
Prioritätsunterlagen   22 14; 23 14
Prioritätswirkung   22 11; 23 20
Privatgutachten   V38 16
Privatklageweg   39 13
Prozessstandschaft   10a 49, 52
Prüfabteilung   31 34
Prüfmaterial   26 35
Prüfung
– Beginn   26 13
– Dauer   26 17
– durch andere geeignete Einrichtungen   26 32 f.
– durch Dienststellen des GSA   26 33
– durch nationale Ämter   26 32
– eigenverantwortliche   37 24

– ergänzende   26 35
– im nationalen Verfahren   26 3 ff.
– nach Gemeinschaftsrecht   26 31 ff.
– Sortenbezeichnung   26 30 f.
  – Umfang   26 10
– weitere   26 35
– Zeitpunkt   26 13 ff.
– Zeitvorrang   26 16
Prüfungsamt   26 8 f., 37
– im Ausland   26 8
Prüfungsaufschub   26 23
Prüfungsbeginn   26 36
Prüfungsberichte   26 18, 26, 35, 37
Prüfungsergebnisse
– unterschiedliche   26 35
Prüfungsgebühr(en)   26 4; 33 6, 9 ff.
– Erhöhung   33 11
– Säumnis   33 21
– zusätzliche   33 12
Prüfungsgrundsätze   26 8, 12
Prüfungsmethoden   26 8
Prüfungsperiode   33 10
Prüfungsrichtlinien   3 21; 4 7
Prüfungssystem   26 10 f.
– Bekanntmachungen   26 11
Prüfungsvereinbarungen   26 9
Publizität   23 18

Quasigerichtliches Organ   V34 6

Ramschzüchtung   8 7
Ratsrichtlinien
– 2002/53/EG   26 5
– 2005/55/EG   26 5
Realakt   8 3
Rebe(n)   6 25; 10a 21; 26 15, 36
Recht
– absolutes   10a 17
– am Sortenschutz   11 2
– auf den Sortenschutz   8 2 ff.

– auf gemeinschaftlichen Sorten-
    schutz 8 29
– auf Nachbau 10a 17
– geschütztes 37 3 ff.
Rechte Dritter 7 25; 14 19
Rechtliches Gehör s Anhörung
Rechtmäßigkeit
– Aufbereitung 10a 27
– Erzeugung 10a 26
– Nachbau 10a 26, 29
Rechtsanwaltsvergütungsgesetz 38 1
Rechtsbehelfsbelehrung V28 5; 21 11
Rechtsbeschwerde 12 27; 35 1 ff.;
    40 18
– nicht zugelassene 35 8
– Statthaftigkeit 35 5
– Wirkung 35 6
    – aufschiebende 35 6
– zugelassene 35 8; 40 18
– zulassungsfreie s nicht zugelassene
Rechtsdienstleistungsgesetz 15 15
Rechtseinräumung
– fiduziarische 11 13
Rechtserwerb 11 17
– derivativer 15 4
– gutgläubiger 11 22
– von Todes wegen 11 19; 15 4
Rechtsfolgenverweisung 37 33
Rechtsgrundverweisung 37 33
Rechtsgültigkeit V37 15
Rechtshilfe V16 11; 21 7
Rechtsmissbrauch 30 8
Rechtsmittel
– Entscheidung über Zwangsnutzungs-
    recht 12 26 ff.; 28 4
Rechtsmittelbelehrung V34 18
Rechtsmittelverfahren V38 18
Rechtsnachfolge(r) 8 9, 17; 11 10 ff.
Rechtsübergang 8 16; 11 10 ff., 22
Rechtsüberprüfung V34 26
Rechtsverletzungen V37 1 ff., 6 ff.
Rechtsvorgänger 6 12

Rechtsweg 31 42
– Abgrenzung 38 7
– zu den Arbeitsgerichten 38 7
– zu den Verwaltungsgerichten 34 1;
    38 7
– zum BPatG 34 2
Rechtzeitigkeit
– der Gebührenzahlung 27 13
Regelprüfzeit 26 17
Regelung
– vorläufige 12 19
Register
– des GSA 28 12
    – für Anträge 28 12
    – für erteilte Sortenschutzrechte
      28 12
Registereinsicht 29 11 f.
Registerprüfung 3 21; 26 6 ff.
Reihenfolge
– im Eingangsbuch 23 3
Reinigen 10 43
Reis 10a 21
Research exemption s Forschungsvor-
    behalt
Resistenz 10 17
Restbereicherungsanspruch 37f 8
Restitutionsklage V38 19
Revisionsgericht 35 2
Reziprozität s Gegenseitigkeitsgrund-
    satz
Rollenauszüge 28 10
Rolleneintrag V38 1; 11 17, 23; 12
    24; 28 2, 3 ff.; 30 15; 37 4, 10
Rom II-Verordnung 11 14
Rom I-Verordnung 11 14
Rückkreuzung 10 18
Rücknahme
– der Einwendungen 25 14
– des Antrags 31 32
– des Rücknahmeantrags 34 16, 20
– des Sortenschutzantrags 22 13, 18;
    26 23

– des Sortenschutzes **31** 11 ff., 16 ff.;
   37 4
   – Rechtsnatur **31** 16
   – Wirkung **31** 37
Rücknahmeentscheidung **31** 35 f.
Rücknahmegründe **31** 17
Rücknahmeverfahren **31** 29 ff.
– Prüfung **31** 34
Rückruf **37a** 1 ff.
Rückwirkungsverbot **10a** 17
Rufausbeutung **37g** 4
Ruhen
– des Sortenschutzes **10c** 2 ff.; **33** 17

Saatgut **2** 14
– Vorlage **26** 19
Saatgutgesetz
– Durchführungsbestimmungen **32** 3
Saatgutverkehrsrecht **E** 38
Saatkartoffeln s Pflanzkartoffeln
Sachlage
– maßgebliche **34** 19
Sachprüfung **24** 14
Sachverständige **V38** 14; **21** 7
Säumnis **27** 2 ff.
– Rechtsfolge **27** 6
Schaden
– weiterer **10a** 32
Schadensausgleich **37** 26
Schadensberechnung **37** 25 ff.
Schadensersatzanspruch **10a** 16, 30;
   37 17 ff.
– bei Verletzung des Rechts an der
   Sortenbezeichnung **37** 18
– Sicherung **37d** 3
– Verschulden **37** 19 ff.
Schiedsgerichtsbarkeit **38** 15
Schnittblumen **2** 15; **10b** 7; **10a** 18;
   10 31, 45
Schrebergärten **10a** 3
Schriftformerfordernis s Schriftlichkeit

Schriftlichkeit **V21** 2; **V28** 4
Schuldverhältnis
– gesetzliches **10a** 34
– vertragliches **10a** 35
Schutz
– vor Erteilung **37** 5, 7
– vorläufiger **24** 9
Schutzbereich **10** 47 ff.
– dynamischer **10** 50
Schutzdauer s Dauer
Schutzfähigkeit
– fehlende **25** 8
– im anderen Verbandsstaat **15** 10
Schutzhindernis **14** 15
Schutzlücken **10** 31
Selbstaufbereitung **10a** 25
Selbstbindung **3** 7; **7** 15, 39
Sepoma-Abkommen **10** 12
Sequestration **9** 7
Sicherheitsleistung **12** 13
Sitz **11** 6 ff.; **15** 6; **38** 2
Sonderprüfung **3** 21
Sorgfalt
– äußerste **37** 14
Sorgfaltspflichten **37** 22 ff.
Sorte **2** 5 ff.
– andere **3** 14 f.
– gentechnisch veränderte **26** 14
– geschützte **14** 6 f.
– identische **10** 48
– im wesentlichen abgeleitete **10** 11;
   28 12
– nicht deutlich unterscheidbare
   10 27
– schutzfähige **2** 8
– synthetische **10a** 16, 22
Sortenamt
– Gemeinschaftliches s Gemeinschaftliches Sortenamt
Sortenbeschreibung **10** 48; **26** 37
Sortenbestandteil **2** 22; **6** 7

Sortenbezeichnung   7 2 f.; **28** 4; **37**
  8 f.
– als Gattungsbezeichnung   7 13; 14
  6, 8
– andere   **30** 11
– Änderung   **26** 27; **30** 2 ff.
– Angabe   **14** 8, 10 f.; 22 11; 26 26 ff.
– bei abgeleiteten Sorten   **14** 23
– Benutzungszwang   **14** 3 ff., 27
– Bindung an bestehende   7 17
– endgültige   **22** 12
– Festsetzbarkeit   **V28** 6; 24 14
– Festsetzung   **30** 12
– Form   **14** 10
– gemeinschaftlicher Sortenschutz   **14**
  25 ff.
– Grundsätze   **22** 12
– Kennzeichnung   **14** 8
– Kollision   **14** 13 ff.
– maßgebliche   **14** 9
– Nichteintragbarkeit   **25** 10; 26 27
– Prüfung   **26** 26 ff., 29 f.
– Pseudobezeichnungen   **14** 14
– Übereinstimmung   7 32, 40
– Verwechselbarkeit   7 32, 34, 40
– Verwendung   **14** 3 ff.
  – Unterlassen   **37** 9
– vorläufige   7 45; 22 12; 26 27; 30 3,
  12
– Wirkung   **37** 8
Sorteneigenschaft   **14** 14
Sortenidentität   **23** 9
Sorteninhaber   **8** 2
Sortenliste   **28** 1
Sortenname   7 1, 10
Sortenregister s Sortenschutzrolle
Sortenschutz
– Erlöschen   **14** 7
– erteilter   **37** 4, 6
– gemeinschaftlicher   **37** 6 f.
– materieller   **37** 4 ff.
– nationaler   **37** 4 ff.

– Rechtsnatur   **E** 12 ff.
– Zuordnung zum gewerblichen
  Rechtsschutz   **34** 1
Sortenschutzantrag   **22** 2 ff.
– Angaben   **22** 9
  – zum Entdecker   **22** 9
  – zum Züchter   **22** 9
– Bekanntmachung   **24** 3 ff.
– Form   **22** 4 f.
– Gebühr   **22** 14 ff., 21
– Gemeinschaftlicher Sortenschutz
  Angaben   **22** 19 ff.
– Inhalt   **22** 7 ff., 20
– Rücknahme   **22** 13, 18
– Sprache   **22** 6
– Vordrucke   **22** 5
Sortenschutzberechtigter   **8** 2; 15 3 ff.
Sortenschutzrolle   **28** 2 ff.
– Änderungen   **28** 5 ff.
– Gebühren   **28** 11
– Inhaber   **28** 7
– Vertreter   **28** 7
– Wirkung der Eintragung   **28** 2, 8
Sortenschutzstreitsache   **31** 42; 38 8 f.
Sortenverzeichnis   7 33
Sortenzulassung   **1** 2; 4 1; 5 1; 28 1;
  30 1
Sortieren   **10** 43
Speisekartoffeln   **2** 15; 6 10; 10b 7;
  10a 18; 14 22; 37a 2; 37 23
Spezialmaterie   **38** 17
Spitzenverbände
– Anhörung   **12** 18
Sports   **8** 8, 11
Sprachenregelung
– vor dem GSA   **V21** 3; 25 26
Staatsanwaltschaft   **40** 17
Stability s Beständigkeit
Stammbaumzüchtung   **8** 7
Stellung
– beteiligtenähnliche   **25** 16
Steuerrecht   **E** 50 ff.; 11 15

Strafantrag 39 13
– Frist 39 13
Strafnorm 39 5 ff.
Strafrecht V37 3, 18
Straftat
– Rechtsfolgen 39 14
Straftatbestände 39 6 ff.
Strafverfahren 39 15
Streitwert V38 8
Streitwertbegünstigung s Teilstreitwert
Strohmann 8 22
Stufe 10 44
STV 10a 36, 40, 44, 49; 38 17
Subsistenzlandwirtschaft 10a 2
Sukzessionsschutz 9 4; 11 25
Suspensiveffekt V28 2; 34 11 f.
System
– zweispuriges V34 1

Tatbestand
– qualifizierter 39 12
Tatbestände
– gebührenpflichtige 33 5
Tateinheit 39 14
Täterqualität 37 9; 39 11
Täterschaft 39 11
Tatmehrheit 39 14
Tatsache(n)
– anspruchsbegründende 37 38
– einzutragende 28 3 f.
Tatsachenbewertung 26 35
Tatsachenfeststellung
– Methode V38 14
Tausch 10a 3, 24
Täuschung 14 19
Taxon 2 10
Teilnahme 39 11
Teilstreitwert V38 8
Teilverzicht 31 5
Territorialitätsgrundsatz 10b 8
Testkauf 37 27 f., 39 ff.
Testkäufer s Testkauf

Tiere 1 4
Tierproduktion 10a 15
Toleranzbereich 10 50; 39 7
Topfpflanzen 10a 18; 10 31, 45
Transitvorgänge 40a 1
Treuhandverhältnis 8 22, 28
»Trittbrett«-Züchtung 10 11

Übereinstimmung
– genetische V38 14; 10 49
Übergangsregelung
– für Prüfungsgebühren 33 14
Übergangsvorschriften 41 3 ff.
Überlegungsfrist 37 17
Übernahme
– von Prüfungsergebnissen 33 13
Überprüfbarkeit
– der Schutzfähigkeit im Verletzungs-
  prozess V38 11
Überprüfung 24 7
– der Schutzrechtslage 37 24
Übersetzungen 33 18
Übertragbarkeit
– Zwangsnutzungsrecht 12 32
Übertragung 11 13 ff.; 28 2
– des gemeinschaftlichen Sortenschut-
  zes 11 20 ff.
– des nationalen Sortenschutzes
  11 17 f.
– Form 11 17, 22
– territorial beschränkte 11 17
Übertragungsanspruch V37 13; 9 2 ff.
– des Arbeitgebers 8 16
Überwachungsgebühren 33 17
Überzeugungsbildung
– richterliche V38 16
»Umschreibung« 28 7
Umwandlung
– gemeinschaftlichen Sortenschutzes in
  nationalen 41 11 ff.
Umwandlungspriorität 41 13
Unanfechtbarkeit 26 17

Uniformity s Homogenität
Unionsmarke   14 16; 23 21
Unmittelbare Klage s Klage, unmittelbare
Unterlage   13 10
Unterlagen   26 19; 29 3
Unterlagsrebe s Unterlage
Unterlassen
– der Verwendung der Sortenbezeichnung   37 18
Unterlassungsanspruch   10a 16, 28 f.; 37 12 ff.
– bei Gefährdung der Rechte des Sortenschutzinhabers   37 14
– gegen Unterlassen der Verwendung der Sortenbezeichnung   37 13
– vertraglicher   37 12
Unterlassungserklärung   37 16
Unterlassungsverfügung   V38 20
Unterrichtung
– der Öffentlichkeit   24 3
Unterscheidbarkeit   3 2 ff.; 23 17
– der abgeleiteten Sorte   10 19 f.
– deutliche   3 3, 10 f.
– nicht deutliche   10 27
Unterscheidungskraft   7 28, 30
Untersuchungsgrundsatz   12 17
Unzuständigkeit
– des Gerichts   V34 26
UPOV-Richtlinien   3 20; 26 12
Ursprungssorte   28 12
Ursprungszüchter   8 2, 7 ff., 10; 22 9; 28 4
Urteilsbekanntmachung   37e 2 f.

Vegetationsperiode   V38 13; 10 50; 26 13, 23
Verarbeitung   10 46
Verbandsangehöriger   23 5
Verbandsmitglied   2 20; 7 4, 32 f.; 15 7, 9
Verbandsprinzip   15 3

Verbandspriorität   22 5 ff.; 23 4
Verbesserungsvorschlag   8 15
Verbietungsrecht   10 26; 14 30
Vereinbarung
– mit berufsständischen Vereinigungen   10a 36, 45, 52
Verfahren
– bis zur Bekanntmachung des Sortenschutzantrags   24 2
– erster Instanz   V38 8 ff.
– in Sortenschutzstreitsachen   V37 1
Verfahrensbeteiligte(r)   V38 2 ff.; 30 17; 31 30
Verfahrensbeteiligung   31 31 f.
Verfahrensbevollmächtigte   24 5
Verfahrenserzeugnis
– unmittelbares   10 46
Verfahrensfehler   V34 26
Verfahrenshandlung   27 2
Verfahrenskosten   35 3
Verfahrenskostenhilfe   36 3
Verfahrenssprache   V34 24
Verfahrensvertreter   V21 2; V38 4; V28 7; 11 22; 15 12 ff.; 22 3; 24 5; 25 25; 28 4; 37 10; 39 13
Verfolgungsbehörde   40 17 f.
Verfolgungsverjährung   40 19
Verfügung
– einstweilige   V38 20
Verfügungsgrund   V38 20
Vergleich   V38 14; 3 12
– »botanischer«   V38 14
Vergleichsanbau   V38 13; 10 50; 29 12; 31 34
Vergleichsbasis   28 6
Vergütung
– Bestimmung   10a 44
– Höhe   10a 36, 42; 37 26
– Zwangsnutzungsrecht   12 12
Vergütungsanspruch   24 3; 37 5
– des Arbeitnehmers   8 16
Vergütungspflicht   10a 33 ff.

Verhältnismäßigkeit 12 10, 12; **40** 15
Verhandlung V34 15
Verjährung V37 9; **10a** 34, 67; 33 34;
    37f 2 ff.; **40** 19
– Beginn 37f 4, 6
Verjährungsfrist 37f 7; **40 19 d**
Verkauf **10a** 24
Verkündung 42 3
Verletzergewinn **10a** 30; 37 26
Verletzerzuschlag 37 26
Verletzter 39 13
Verletzung
– des Unionsrechts V34 26
– wiederholte **10a** 32
Verletzungshandlungen V37 1; **V38**
    13
Verletzungsnachweis V38 13
– gentechnischer V38 14
Verletzungstatbestände V37 7
Vermehrung 5 4 f.; **10** 31; **11** 24
– einschrittige 5 5
– generative 2 14; 5 5
– vegetative 2 14; 5 5
Vermehrungsgut s Vermehrungsma-
    terial
Vermehrungsmaterial 2 14 f.; **10b** 7;
    10a 18; **10** 43, 46; **26** 19
– geborenes 2 16
– gekorenes 2 16; **10** 35
– Verwendungsverbot 14 22
– Vorlage 23 15; **26** 19
– Zurverfügungstellen 12 14
Vermehrungszyklus 5 4 ff.
Vermögensausgleich
– bei Rücknahme 31 39
– bei Widerruf 31 40 f.
– Verfahren 31 42
Vernichtung V37 1; **37a** 1 ff.
– des Pflanzenmaterials 26 17
Vernichtungsanspruch V37 12
Veröffentlichung 24 3

Verordnung
– über das Verfahren vor dem Bundes-
    sortenamt (BDAVfV) 32 2 ff.
Verordnungsermächtigung **10a** 20;
    32 5
Verpfändung 11 13
Verschulden 27 6; 37 19 ff.
Versicherung
– eidesstattliche **10a** 66
Versuch
– Strafbarkeit 39 1, 6; **40** 10
Versuche **10a** 4 f.
Vertragsstaat 2 19; 7 32 f.; **15** 7, 13
Vertreter
– beigeordneter 36 4 ff.
    – Gebührenerstattung 36 4 ff.
Vertretungszwang s Verfahrensvertreter
Vertrieb
– von zur Vermehrung geeignetem
    Material 37 14
Vertriebsstufe
– gewerbsmäßige 37 14
Verurteilung
– unbefristete 37 32
Verwaltung
– gebundene V28 9; **16** 3
Verwaltungsakt V28 3; **12** 28; **29** 5
– begünstigender V28 2
– nichtiger 31 11
Verwaltungsgebühren 33 8
Verwaltungsgerichte V34 1; **21** 7
Verwaltungskostengesetz 33 2
Verwaltungsunrecht 40 2
Verwaltungsverfahren 29 5
– förmliches 21 5 ff., 6
Verwaltungsverfahrensgesetz 21 5 ff.
Verwaltungsverfahrensrecht
– europäisches 31 53
Verwaltungsvollstreckungsgesetz
    33 21
Verwarnung 37 39 f.

Verwarnungsverfahren **40** 16
Verwendung
– freie **14** 18
– im eigenen Betrieb **10a** 24
Verwendungsverbot 14 20 ff., 31
Verwirkung 10b 4
– des Bereicherungsanspruchs **37** 36
Verzicht 31 3, 43
– Anfechtung **31** 4
– Befristung **31** 7
– Erklärungsempfänger **31** 8
– Form **31** 7
– Gebühr **31** 7
– Inhalt **31** 7
– Legitimation **31** 6
– Rechtsnatur **31** 3
– Rollenvermerk **31** 10
– Wirkung **31** 9
– Zustimmungsvorbehalt **31** 6, 43
Verzugszinsen 37 26
Viererbesetzung 34 24
»Vindikation« 9 2
Virusresistenz 10 17
Vollmacht 22 3
Vollstreckung 33 21, 37
Vollstreckungstitel 12 28
Vollstreckungsverjährung 40 20
Vollziehbarkeit 37 4
Vollziehung V28 2
– sofortige **34** 13
Vorabentscheidung V37 17
Vorabentscheidungsverfahren V34 26
Vorausverfügung 8 16
Vorbehaltene Handlungen 10 6 ff.
Vorbenutzungsrecht 10a 72
Voreintragung 7 18 ff.
Vorkehrungen 10 35
Vorlage
– ungeeigneten Materials **27** 5
– vorzeitige **26** 22
Vorlageanspruch 37c 3

Vorlagefrist 26 23
Vorlagetermin 33 10
Vorsatz 37 19 ff.; **39** 10
Vorsitzender
– der Beschwerdekammer **V 34** 15
Vorteil
– des Verletzers **37** 31
Votum V34 15

Warenzeichen 7 1 f., 13
Wechsel
– der Inhaberschaft **V37** 13
Wegfall
– des Sortenschutzes **39** 7
Weiterbenutzungsrecht V21 11
Weitergabe 10a 3
Weiterzüchtungsvorbehalt s Züchter-
   ausnahme
Welthandelsorganisation (WTO)
   15 3
Weltneuheit 6 3; **31** 39
Werbung mit Sortenschutz 10 7
Wertprüfung 3 21; **25** 7
Wertungsfehler 31 11
Wesensgleichheit 9 3
Wettbewerbsrecht 37g 4 f.
Widerruf
– der Erteilung **30** 13; **31** 11 f., 15,
   19 ff.
– des Verwaltungsakts **30** 2
– Rechtsnatur **31** 19
– Wirkung **31** 38
Widerrufsentscheidung 31 35 f.
Widerrufsgründe 31 20 ff.
– fehlende Beständigkeit **31** 20
– fehlende Homogenität **31** 20
– Nichtangabe einer anderen Sortenbe-
   zeichnung **30** 13; **31** 21 f., 48; **40**
   3 ff.
– Nichtentrichtung einer fälligen
   Gebühr **31** 21, 23 f., 49

– Nichterfüllung einer Verpflichtung hinsichtlich Nachprüfung des Fortbestehens   **31** 21, 25, 48
– Zeitpunkt   **31** 28
Widerrufstatbestand   **30** 6
Widerrufsverfahren   **31** 29 ff.
Widerspruch   **12** 26
– Abhilfe   **21** 19
– Frist   **12** 26
– Gebühr   **12** 26; **21** 17; **33** 6, 15
– Rücknahme   **21** 16
– Verfahren   **21** 13 ff.
– Zuständigkeit   **21** 18
Widersprüche   **31** 11
Widerspruchsausschüsse   **34** 2
Widerspruchsbescheid   **21** 20
Widerspruchsverfahren   **21** 13; **34** 2
Wiederaufgreifen   **30** 2
Wiederaufnahme   **22** 22
Wiederaussaat   **10** 43
Wiedereinsetzung in den vorigen Stand   **V21** 10; **21** 5; **23** 10, 13 f., 22; **25** 15, 22; **27** 7; **41** 13
Wiedereinsetzungsantrag   **V21** 10
Wiederholbarkeit   **1** 5
Wiederholungsgefahr   **37** 15
Wirksamkeit
– der Gebührenzahlung   **27** 11
Wirksamwerden   **V28** 2
Wirtschaftsprüfervorbehalt   **37b** 6
Wirtschaftsstrafsache   **39** 15
Wissen   **37** 34
Wissenmüssen   **37** 34
Wohnsitz s Sitz
Wuchsform   **13** 11
Würdigung des Sachverhalts
– freie   **V34** 25

Zahlen   **7** 30
Zahlungsfrist   **10a** 31
Zahlungsverpflichtungen
– Beendigung s Verjährung

Zeitpunkt
– Rücknahme   **31** 18
Zeitrang
– Gemeinschaftlicher Sortenschutz   **23** 25
– Markenanmeldung   **23** 21
– Nachanmelderecht   **25** 21
– nicht prüfungsfähige Sorte   **26** 23
– Sortenbezeichnung   **14** 15, 19; **23** 19 ff.
– Sortenschutzantrag   **23** 2
Zeitraum
– angemessener   **27** 6
Zeitvorrang   **3** 13; **6** 27, 32; **23** 4 ff.; **26** 23
– Anwartschaft   **25** 22
– Erlöschen   **23** 27
– Gemeinschaftlicher Sortenschutz   **23** 26
– Nachanmelderecht   **25** 22
– Rechtsnatur   **23** 4
– Wirkung   **23** 16
Zeitvorrangfrist   **26** 21
Zeugen   **21** 7
Ziele
– des Sortenschutzes   E 8 ff.
Zierpflanzen   **10a** 21; **10** 45, 55; **12** 4, 6
Zivilsenat   **35** 2
»Z-Lizenz«   **10a** 37, 39
Zollbehörde
– Maßnahmen   **40a** 1 ff.
Z-Saatgut   **10b** 7
Zuchtbuchaufzeichnungen   **10** 24
Züchter   **8** 9, 23; **22** 9
Züchterausnahme   **10a** 6 ff.; **10** 8, 11
– bei im wesentlichen abgeleiteten Sorten   **10a** 9 f.
– gegenüber Patent   **12a** 3 f.
– vom Sortenschutzrecht abhängiges Patent   **12a** 8 ff.

Züchterehre s Züchterpersönlichkeits-
recht
Züchterpersönlichkeitsrecht 8 3; 11
17
Züchterrechte
– Durchsetzung V37 1
Züchterverbände
– Richtlinien 10 24
Züchtervorbehalt s Züchterausnahme
Züchtung 8 7
– eigenständige V38 15
– in vitro 8 7
– in vivo 8 7
Züchtungsgleichheit s Sortenidentität
Züchtungsmethode 10 23
Zumutbarkeit 12 10
Zünslerresistenz 8 7
Zurechnung E 51
Zurückverweisung V34 18; 34 19
Zurückweisung
– aus materiellen Gründen V28 8
– beim gemeinschaftlichen Sortenschutz V28 6 ff.
– des Antrags V28 3, 6; 24 11; 26 23;
27 2, 6
Zurverfügungstellen
– von Vermehrungsmaterial 12 14
Zusammenarbeit
– des GSA mit anderen Ämtern
V16 11
– zwischenstaatliche 26 24
Zuständigkeit 12 16
– ausschließliche 38 10
– gerichtliche 38 2 ff.
– internationale 38 2 f.
– örtliche 38 11 ff.
– sachliche 38 8 ff.

Zuständigkeitskonzentration 38 12
Zustellung V34 18; 31 50
Zustimmung 8 25; 10b 4 f.; 10a 15
Zwangserlaubnis 12 1
Zwangsgeld V38 22
Zwangshaft V38 22
Zwangslizenz 10 15; 12 2
– abgeleitete Sorte 12 39
– am gemeinschaftlichen Sorten-
schutz 12 36 ff.
– Änderung 12 42
– Antragsberechtigung V28 7; 12 39
– Aufhebung 12 42
– Auflagen 12 40
– Bedingungen s Auflagen
– Rechtsbehelfe 12 44
Zwangsnutzungsrecht 12 2 ff.; 28 12
– Auflagen 12 11 ff., 23; 28 4
– Neufestsetzung 12 30 f.
– Bedeutung 12 3
– Bedingungen s Auflagen
– Beendigung 12 33 ff.
– vorzeitige 13 13
– bei biotechnologischen Erfindun-
gen 12a 2 ff.
– Patentverletzung 12a 2 f.
– Rücknahme 12 33
– Übertragbarkeit 12 32
– Vergütung 12 12
– Wirkung 12 28 ff.
Zwangsvollstreckung V38 22; 11 11;
15 4; 28 12
Zweckbestimmung 10a 19; 10 36
Zweigniederlassung 38 17
Zwischenentscheidungen V34 8